G2 H2

3 H3

H4

H5

I6

7

KB101900

y Teenie V

Yellow Polkadot Bi
Brian Hyland/Jerry Ke

HIT ▶

RE COMES SUM

"SHAKE, RATTLE & RC
HIT ▶ BILL HALEY & COMETS
"SEE YOU LATER, ALLIGA

MCA

"ONLY THE LONELY"
(KNOW THE WAY I FEEL)
HIT ▶ ROY ORBISON
"DREAM BABY" (HOW LONG MUS
DREAM)

ERIC 71

"AT THE HOP"
HIT ▶ DANNY & THE
"ROC

1001 SONGS

죽기 전에 꼭 들어야 할 팝송 1001

1001 SONGS
죽기 전에 꼭 들어야 할 팝송 1001

책임 편집 **로버트 다이머리**
서문 **토니 비스콘티**
옮긴이 **이문희**

마로니에북스

1967년, 디스크자키 테리 다우슨이 그의 컬렉션을 자랑하고 있다.

1001 SONGS
YOU MUST HEAR BEFORE YOU DIE

Copyright © 2010 Quintessence
www.1001beforeyoudie.com
Korean Translation ©2013 Maroniebooks

죽기 전에 꼭 들어야 할
팝송 1001

책임편집 로버트 다이머리
서 문 토니 비스콘티
옮 긴 이 이문희

1판 1쇄 발행일 2013년 1월 10일
개정 1판 발행일 2017년 9월 10일
개정 2판 발행일 2021년 7월 30일

펴 낸 이 이상만
펴 낸 곳 마로니에북스
편집진행 최홍규·한혜진·김희성
등 록 2003년 4월 14일 제2003-71호
주 소 (03086) 서울특별시 종로구 동숭길 113
전 화 (02) 741-9191(대)
편 집 부 (02) 741-9191
팩 스 (02) 3673-0260
홈페이지 www.maroniebooks.com

*책값은 뒤표지에 있습니다.

ISBN 978-89-6053-609-8
       978-89-6053-600-5(set)

Printed in China

목차

서문

토니 비스콘티

태초에, 싱글이 있었다. 그것은 한 편의 노래만을 담은 독립형 음반이었다. 1877년 토머스 앨바 에디슨이 발명한 축음기에는 두루마리 화장지의 마분지 심보다 약간 더 크고 두꺼운 원통이 쓰였는데, 이 원통은 2분 길이의 음악을 저장할 수 있었다. 그러나 그것이 이 매체의 한계였다. 왁스 혼합물로 만들어진 이 원통들은 몇 십 번 회전시키고 나면 매끄럽게 닳아 수명이 다하는 것이다. 그보다 좀 더 우월한 매개였던 플라스틱 원료의 원통들이 훗날 규격화되었고, 더 오랜 내구성을 가지게 되었다. 하지만 여전히 거기 담긴 음악은 마치 감자튀김 집에서 녹음된 듯 들릴 뿐이었다. 그럼에도 대중은 이에 낙담하지 않고 싱글 구매에 열을 올렸다.

신흥 발명가 에밀 베를리너가 새로운 형태의 녹음 및 재생 수단인 원판형 음반을 소개했을 때 에디슨은 계속해서 돈을 쓸어 담고 있었다. 1분당 78회전 수를 자랑한 이 음반은 포드사의 모델 티와 마찬가지로 검정 빛깔이 기본 색이다. 베를리너는 자신의 음반이 더 우월한 사운드를 생산한다고 말할 입지에 오르게 되었고(실제로 더 우월했다), 게다가 이 새로운 음반은 반대 면을 이용해 또 다른 2분 길이의 음악을 추가적으로 수록할 수도 있었다. 베를리너의 새로운 발명품은 이렇듯 명백한 장점이 있었음에도 에디슨은 계속 자신의 실린더 포맷을 고집스럽게 지지했다. 이 어리석음은 자신의 회사를 유일하게 인정받는 레코드 레이블로 유지하려다 회사를 파산 위기까지 몰고 간다. 베를리너는 에디슨을 패배시켰을 뿐 아니라(교류를 발명한 니콜라 테슬라가 그랬듯 말이다), 그 결과 우연히 B사이드라는 것을 발명하게 된 것이다.

나의 부친 앤소니는 열렬한 싱글판 수집가였다. 소년 시절 나는 아버지의 78회전판이 아찔한 속도로 도는 것을 지켜보곤 했다. 그럴 때면 나는 눈을 깜박여 라벨을 고정시켜 보려 했다. 글렌 밀러 오케스트라와 도시 브라더스(타미와 지미)의 짧은 재즈조 튠들, (프랭크 시나트라가 리드하는) 파이드 파이퍼스의 클로스 하모니 보컬 곡, 또는 브루클린의 애틀랜틱 애비뉴에 위치한 아랍인 이주민 가게에서 산 이집트 싱글들이 아랍어로 흘러나오기도 했다. 나는 앨범 슬리브에서 소중한 검정 빛 셸락 판을 꺼내 조심스레 회전반에 올려놓는 아버지의 의식을 지켜보며 톤암(tonearm)이 리드인 그루브(도입부 홈)로 사뿐히 하강하는 것을 목격했고, 레코드 판 표면의 요란한 스크래치 노이즈가 갑자기 음악으로 돌변하는 순간을 숨죽이며 기다렸다. 난 살아가며 수도 없이 그때의 경험을 되살려보곤 한다.

내가 이 정교한 리코딩 매체를 존중할 줄 알게 된 것은 한 번의 혹독한 경험을 통해서였다. 4세 때 나는 갑자기 괴이한 충동과 마주했다. 부서지기 쉬운 10인치 셸락 디스크들을 바닥과 평행하게 집어 든 나는 꼭 쥔 손을 펴, 바닥에 부딪히는 레코드 판들이 수많은 작은 조각들로 산산조각 나는 모습을 바라보는 데 즐거움을 느끼게 된 것이다. 5분이란 짧은 시간 안에 나는 아버지의 컬렉션 중 상당량을 완전 섬멸시켰고, 별다른 완충재가 덧대 있지 않았던 내 엉덩이는 철썩철썩 두들겨 맞았다. 비 오듯 눈물을 흘린 것은 나뿐만이 아니었다. 나는 아버지의 눈에서도 눈물이 글썽거리는 것을 목격했다.

좀 밝은 분위기의 이야기를 해보자. 부친은 코믹음반들을 몹시나 좋아하셨다. 1940년대에, 아버지는 나에게 밴드 리더 스파이크 존스와 그의 시티 슬리커스가 연주하는 엉뚱한 현대 팝송 패러디물들을 들려주셨다. 내가 가장 좋아했던 코믹송은 "All I Want for Christmas Is My Two Front Teeth"였다. 이 사이로 휘파람을 불던 가수(트럼페터 조지 록)가 "Christmas"라는 말을 부를 때 카나리아 같은 트릴로 'S'를 특이하게 발음하던 것이 나를 얼마나 웃게 했는지 모른다. 하지만 존스의 "Cocktails for Two"를 들은 나는 본능적으로 이런 의구심이 들었다. 존스의 밴드 멤버들이 자기 악기를 연주하는 동시에 이토록 화려한 음향 효과를 낸다는 것이 사실상 불가능하다는 것 말이다(난 당시 이미 어린 능숙한 우쿨렐레 연주자였다). 녹음 스튜디오 안에서 뭔가 수상쩍은 일이 일어나고 있었다. 나는 그 방법을 알고 싶었고, 그날 이후 내가 왜 리코딩 스튜디오에서 헤아릴 수 없이 많은 시간을 보냈는지에 대해선 별다른 해명이 필요 없을 듯하다. 그곳에서 난, 수상쩍은 일들을 해내는 신비의 기교를 마스터하기 위해 노력했다.

내가 나만의 음반으로 처음 구매했던 것은 바로 팻츠 도미노의 "Blueberry Hill"이었다. 이즈음 되어 난 아버지의 축음기를 혼자서 작동시켜도 될 만큼 성숙해 있었다. 음반에 담긴 미세한 뉘앙스 하나하나가 모두 머릿속에 각인될 때까지 그 매끈한 검정빛 78회전 싱글을 거듭 틀어댔다. 여덟 음의 솔로 피아노 인트로부터 시작하여 마지막 최후의 코드를 갑작스레 중단시키는 스내어 드럼의 활약까지 말이다. 한편, 난 음반의 '2면'을 더 많이 듣곤 했다. 라디오에서 들어보지 못한 노래가 실려있었기에 더 그랬다. B사이드 곡은 강한 뉴올리언즈 억양으로 부르는 "Honey Chile"였다. 비록 노래 가사 첫 구절을 도무지 파악할 수 없긴 했지만, 난 그것을 발음대로 외웠다. 이 싱글은 나의 재산이었다. 나의 문화적 재산에 다름없었던 것이다! 이 음반은 나의 작은 78회전판 수집에 즐거운 시작점을 제공했고, 내 컬렉션은 한발 더 성장해 리틀 리처드의 "Tutti Frutti"와 부캐넌 앤 굿맨의 "Flying Saucer"를 포함하게 됐다. 나는 방과 후만 되면 이 3장의 음반을 끝도 없이 틀어대곤 했다. 종종 퇴근하여 귀가하신 아버지는 이렇게 고함을 치셨다. "그 망할 음반 좀 당장 꺼!" 정말 그런가 보다. 아버지의 음악은 나의 음악이 될 수 있었지만, 나의 음악은 아버지의 음악이 될 수 없었다.

　음반 수집이라는 중독성 강한 취미 활동에 착수한 지 얼마 지나지 않아, 난 우리에게 너무나도 익숙한 포맷 전쟁의 희생자가 되어버린다. 새로운 매개수단이 된 비닐 레코드는 깨뜨리는 것이 거의 불가능했으며, 그 표면은 톤암으로 인한 마모를 버텨내는 데 훨씬 더 강한 내구력을 가졌다. 비닐 싱글판들은 셸락에 비해 더 작고 조밀한 구성을 갖추고 있었으며, 휴대가 편한 박스 안에 여러 장이 간편하게 들어갔다. 난 아직도 그 박스를 간직하고 있다. 외동아이였던 나에게 45회전 싱글들은 한결같은 동반자가 되어주었다. 난 내가 우상시하던 기타리스트 겸 가수들의 싱글을 구매했다. 내가 산 엘비스 프레슬리, 척 베리, 버디 홀리, 더비 녹스, 미키(베이키) 앤 실비아(밴더풀)의 음반 중에서도 (미키 앤 실비아의)"Love Is Strange"(B사이드의 "No Good Lover")는 기타 톤의 전형이라 할 수 있었다. 1957년 나는 브루클린 패러마운트의 분장실 입구 밖에서 나의 기타 영웅을 만나게 되었다. 믹키와 실비아가 출연자 명단에 있었는데, 그들은 당시 하루에 최다 6번이란 공연 스케줄을 감행하고 있었다. 아침 쇼가 끝나고 (아마도 젤리롤도넛에 커피 한잔하러) 급히 나가던 믹키는 친절하게도 멈춰 서서 내가 내민 앨범 슬리브에 사인을 해주었다. 그는 나에게 기타 피크까지하나 건네주었다. 기타 피크는 공연해서 사용해 망가지고 말았지만 나는 그것을 수년 동안 나의 지갑에 간직하고 있다.

　프로그레시브 로큰롤의 초기 시절, 대단히 비옥했던 이 인생의 한 시기가 내 음악적 DNA의 50퍼센트를 차지하게 되었다. 싱글 음반들, 비닐 레코드 냄새, 불가사의한 메시지들이 적혀 있는 형형색색의 레코드 라벨들(괄호 안에 적혀있는 작곡가들의 성, 일련 번호들, 경고 메시지들)이 바로 나의 일부가 된 것이다. 나라는 사람, 그리고 내가 하는 일을 만들어준 것이 바로 그것들이기 때문이다. 물론, 이즈음 되어 음반사들은 33회전 12인치 비닐 음반들을 생산하고 있었지만, 이것들은 도리스데이 같은 인물들을 좋아하는 어른 팬들을 위한 것이었고, 아이들이 구매하기에는 너무 높은 가격으로 판매되었다. 나는 앨범은 구매하지 않다시피 했다. 왜냐하면 그 당시조차도, 똑같은 싱글들과 B사이드를 중복 구매한다는 것이 그다지 가치 있어 보이지 않았기 때문이다. 게다가 그저 공간을 채우려는 목적으로 재빨리 녹음해 앨범에 수록하는 "필러"(filler) 트랙들을 산다는 게 아까웠다. 내가 정말 좋아하는 아티스트로부터 싱글을 구매할 때 난 최고의 가격대비를 노렸다(예를 들어 근사한 "Not Fade Away"가 B사이드로 딸려 오는 크리케츠의 "Oh Boy"같은 것 말이다!). 음반 업계에서 싱글 1장은 하나의 판매 "단위(unit)"에 지나지 않았지만 나에게 그것은 바로 즐거움 지수를 나타내는 단위였다.

결국에 일부 팝 아티스트들은 재생 시간이 더 긴 "앨범 커트"를 포용해가기 시작했다. 이것은 싱글 발매에서 레코드 레이블로부터 받는 상업적 부담감에 얽매이지 않고 더 풍부한 깊이와 뉘앙스를 표현하고자 했던 아티스트들의 선택이었다. 70년대 미국에서는, FM라디오들이 LP를 통째로 방송에 내보내는 대담함을 보이기 시작하면서 싱글들이 뒷전으로 밀리게 된다. 록 컨셉트 앨범(concept album)의 인기와 위신이 하늘 높은 줄 모를 때, 라디오 싱글들은 그저 앨범을 홍보하는 수단 정도의 취급을 받게 된다(그렇다고 해서, 히트 싱글 하나가 모母앨범의 히트를 보장해준 것도 아니다). 그들 중 일부는 패어런트 앨범에 수록되지 못하는 "고아 신세"를 당한 것도 있었고, 일부 다른 경우에는 수수께끼 같은 B사이드곡들을 동반하고 있었다(예를 들어 로니 스펙터의 "Try Some, Buy Some"의 B사이드 에는 도무지 관련성이 없어 보이는 "Tandoori Chicken"이 들어앉아 있었다).

비닐 LP는 그 뒤를 따른 정규 앨범 사이즈 CD와 인터넷 다운로드라는 변혁과 함께 사람들이 음악을 구매하는 방식을 뒤바꾸어 놓았다. 「죽기 전에 꼭 들어야 할 팝송 1001」에서는 내가 싱글 음반으로 수집했던 노래들 중 다수와, 앨범 트랙으로 발매되었던 많은 노래들을 만나볼 수 있을 것이다. 이제, 그 어느 때보다 더, 사람들은 자신들이 가장 많이 마음에 드는 곡과, 흥행(붙) 되어 마땅하다고 생각하는 곡들을 스스로 결정할 수 있는 환경에 살게 되었다.

그러나 싱글 음반, 특히 45회전 음반들은 음악과 인간 문화에 뿌리 깊은 혁명적 역할을 맡았다. 그들은 또한 가혹한 비즈니스 모델에 변화를 가져왔다. 60년대 말까지, 모든 표준 음반 계약 규정에는 레이블이 "파손"의 이유로 아티스트의 로열티 중 최고 10퍼센트까지 보류할 권한을 가질 수 있다고 명시되어 있었다. 이미 50년대 중반부터 강한 내구력의 45회전, 33회전 음반들이 소개되었음에도 말이다. 롤링 스톤스의 매니저 앤드류 루그 올드햄이 자신의 고객들을 위해 데카 음반사와 계약 조건을 재교섭할 때, 그는 10퍼센트 '파손'에 관련한 조항을 없앨 것을 강력히 주장했다고 한다. 레이블 간부들이 이 한물간 조항을 가리켜 "표준"이라고 우겨대자, 올드햄은 자기 코트 주머니에서 45(디스크)를 한 장 꺼내 들고 그걸로 레이블 간부의 책상을 후려치며 "한번 부숴봐!"라고 도전했다고 한다. 그리고 이 조항은 이제 더이상 존재하지 않는다.

토니 비스콘티, 그리니치 빌리지, NYC

머리말

로버트 다이머리 | 책임 편집

믿기 힘든 일이지만「죽기 전에 꼭 들어야 할 팝송 1001」이 서점에 시판된 지 벌써 5년이란 세월이 흘렀다. 최고의 록과 팝 LP들을 선별하여 하나의 책으로 엮어낸다는 것은 난제임에 분명했고, 이 책의 제작팀 내에 열띤 분쟁이 일어난 것은 너무나 당연한 일이었다. 대중음악 역사의 풍부하고 더할 나위 없이 다양한 유산으로부터 1001편의 필수 트랙을 취사선택하는 일이었기 때문이다. 우선, 음악적 기호란 것은 구제불능이라 할 만큼 주관적인 것이고 이는 정기적으로 정정되기 마련이다. 아마도 당신은 이 책의 마지막 페이지에 이르러, 굉장히 다른 종류의 1001 곡을 선택했으리라 생각하게 될지도 모른다.

그러면 도대체 무엇을 시작점으로 삼아야 할 것인가? 애초부터 우리의 초점을 조금 더 분명하게 하자는 뜻에서, 우리는 가사가 있는 노래들로 선택을 제한하기로 정했다. 다시 말해, 인스트루멘털 트랙들은 포함시키지 않기로 한 것이다(그리하여 지미 헨드릭스의 "The Star-Spangled Banner"는 또 다른 책이 출판되기까지 좀 기다려야 할 처지가 되었다). 그럼에도, 선택이라는 문제는 어마어마한 난제로 남아 있었다. 후보 곡 리스트는 끊임없이 수정을 거쳤고, 비주류 곡들은 좀 더 익숙한 트랙들로 자리를 양보하게 되었다(물론 반대의 경우도 발생했다). 그리고 너무 당연한 일이긴 하지만, 열띤 토론은 그 후에도 계속되었다.

물론 내 이름이「죽기 전에 꼭 들어야 할 팝송 1001」책 표지에 멋있게 박혀 있긴 하지만 이 책이 그 모든 작가들, 편집자들, (전 세계에 이 책을 발행하는) 출판사들의 기여와 공로가 모여 만들어진 합동 작품이라는 것은 따로 말이 필요 없는 사실이다. 특히나 후자의 경우에는 무수히 다양한 국가들과 문화 환경에서 출현한 주요 트랙들을「죽기 전에 꼭 들어야 할 팝송 1001」에 포함시킴으로써 이 책의 시야를 넓히는 데 중추적 역할을 맡아 했다. 세계는 크고 넓지만, 점점 더 작아지고 있으며, 서방 뮤지션들은 비서방 세계 아티스트들과 그들의 스타일로부터 음악적 아이디어들을 막힘 없이 빌려다 사용한다. 한편, 이들은 비서방 세계 아티스트들의 음악에 역으로 영향을 미치기도 했다.

우리는 독자가 이 책의 페이지를 넘기며, 대중에게 잘 알려진 히트 곡들뿐 아니라 뜻밖의 음악적 기쁨으로 가득 찬 선물 주머니를 발견하게 될 것을 바라고 있다. 이 책은 "O sole mio"로 그 여정을 시작해 출판 마감일을 기준으로 단 몇 달 전 발매된 트랙들까지 모두 포괄하고 있다. 그 여정을 밟아가며 독자는 재즈와 블루스가 성장해온 과정을 되짚어볼 수 있게 될 것이며, R&B와 웨스턴 스윙이 로큰롤로 진화해간 발자취를 더듬어보게 될 것이다. 그렇다. 이 책의 진미 중 하나는 여기 담겨 있는 흥미진진한 일화들이라 할 수 있다. 그중 가장 눈길을 끄는 폭로의 이야기들은 주로, 여기 실린 작품들을 직접 불러 이름을 떨치게 된 유명인들보다는 그 배후에서 일했던 이들과 관련되어 있는 경우가 더 많다.

머리말을 끝내기 전, 이 책에서 우리가 1001편의 곡을 기재한 방식에 대해 몇 마디 남기겠다. 여기 수록된 글에 기재된 숫자는 그것이 논의하고 있는 노래가 처음으로 모습을 드러냈던 연대를 나타내고 있다. 물론, 이것은 처음 싱글 발매된 날짜와 동일하지 않을 수 있다. 일부 트랙들은 싱글로서 나름대로의 생명을 얻기 이전 앨범의 일부로 먼저 모습을 드러내기도 하기 때문이다.

각 노래들에 해당하는 세부사항 외에도 각 항목마다 별도의 정보를 추가해 넣었다. ◀ 기호는 그 항목의 논점이 되는 노래에 영향을 미쳤을 것으로 추정되는 노래를 나열하고 있다. 반면, ▶ 기호는 그 항목에서 논점이 되는 노래로부터 영향을 받은 것으로 추정되는 곡들을 나열하고 있다. 일부의 경우, 이렇게 영향을 주었다는 곡들 사이의 관계가 (때로는 송라이터의 자발적 고백에 의해서) 사실로 받아들여지거나, 대개의 경우라도 그 타당성을 인정받는 것이 통례이지만, 일부 다른 경우에는 그 "영향"이라는 것의 정도가 꽤나 주관적인 것이라 할 수밖에 없다. 절대 우리가, 이 아티스트들이 일부러 다른 특정한 곡들과 비슷한 사운드의 노래를 만들려 했다는 사실을 의미하려는 것은 아니다. 이 책의 그런 특색은, 2트랙 사이에 공존하는 음악적 유산을 짚어보는 유쾌한 추론 정도로 여겨주면 될 것이다. 마지막으로, 이 책의 마지막 부분에 이르러 독자는 관심을 기울여 볼 만한 또 다른 긴 곡목 리스트를 맞닥뜨리게 될 것이다. 그러므로 이 책에 열거된 곡의 가짓수는 10,001곡에 달한다!

우리는 변화한 작사/작곡 관련 앨범 크레딧에 최신 정보를 제공하려 부단한 노력을 했다(예를 들어, 샘플을 사용한 노래들 중 훗날에 와서야 그 본래 작곡자의 이름이 더해진 경우가 있다). 그러므로 여기 기재된 이름들이 오리지널 발매 앨범에 실려있는 크레딧과 일치하지 않을 수도 있다. 가능한 경우에는 우리의 자료들을 ASCAP와 BMI 데이터베이스에 있는 것과 대조·검토하기도 했지만, 장래에 있을 재판본을 위해 정정의 의견도 기꺼이 환영한다.

이 노래들은 세계를 바꿔놓았다. 그 이유를 발견하고 이 곡들을 직접 들어보시길 바란다.

- 1925년 베시 스미스가 "St. Louis Blues"로 대대적 히트를 거둔다.

- 뮤지컬 영화들이 스탠더드 튠들을 낳는다. 1939년의 "Over the Rainbow"가 그 한 예이다.

- 1942년, 빙 크로스비가 베스트셀링 영화 음악 "White Christmas"를 발매한다.

- 1948년, 컬럼비아 레코드사가 뉴욕에서 33회전 LP를 소개한다.

- 행크 윌리엄스가 다수의 히트작으로 컨트리 음악의 이미지를 상승시킨다.

1950년대 이전

O sole mio
Enrico Caruso (1916)

Writer | Giovanni Capurro,
Eduardo di Capua
Producer | Uncredited
Label | Victor Talking Machine
Album | N/A

찰리 패튼과 로버트 존슨이 미시시피 델타 지역을 전 세계에 알렸듯, 엔리코 카루소는 자신의 고향 나폴리에 이태리의 총애 받는 도시인 로마와 피렌체조차 넘보지 못할 높은 지위를 선사했다. 아름다운 목소리를 소유했던 이 테너 가수는 세계 최초의 수퍼스타 엔터테이너 중 하나로 부상했다.

카루소는 '칸초네 나폴레타나(canzone napoletana-나폴리의 노래)'의 위대한 아이콘이며, 대중 가요와 오페라를 자연스럽게 융화시킨 발라드 대작 "O sole mio"는 변함없는 나폴리의 성가로 남아 있다. 칸초네 나폴레타나의 대가들은 시나트라/마틴이 주축을 이루는 계보의 선조 격이다. 실제로 카루소는 모든 남성 발라드 싱어의 원조라고 할 수 있다. 그가 만든 "O sole mio" 버전은 위대한 나폴리적 색채가 살아 숨 쉰다. 카루소가 오페라 계에서 가장 탁월한 테너 중 하나라는 사실에도 불구하고, 대부분의 청중은 그를 자신의 고향 나폴리의 성가를 부른 가수로 기억하고 있다.

"오 나의 태양"으로 해석할 수 있는 "O sole mio"는 햇살 따스한 날을 향한 찬미에서 시작해 위대한 사랑 노래로 전개해간다. 카루소가 녹음하기 이전부터 이미 대중 사이에서 꾸준한 인기를 누렸던 이 곡(1898년에 작곡되었다)은, 카루소를 통해 세계로 뻗어나간다. 그가 뉴욕 메트로폴리탄 오페라하우스 공연에서 대대적 갈채를 받은 이후, 이 곡은 청중의 영원한 애청곡으로 자리 잡는다. 콘서트와 음반 양쪽 모두를 통해 카루소는 "O sole mio"를 스탠더드 곡으로 정착시키는 한편, 이 곡이 사실상 제2의 이태리 국가로 자리 잡게 되는 데 크게 기여한다. **GC**

St. Louis Blues
Bessie Smith (1925)

Writer | W. C. Handy
Producer | Uncredited
Label | Columbia
Album | N/A

"St. Louis Blues"는 역사에 남을, 그리고 실제로 그렇게 남아 있는 대사건이었다. 전통적으로 대물림된 곡이 아닌, 완전히 새로이 작곡된 블루스 노래로 대단한 히트를 기록했으니 말이다. W.C. 핸디가 1913년에 이 곡을 만들었을 때만 해도, 곡의 인기 순위를 제대로 기록해 보여주는 차트가 존재하지 않았다. 그럼에도 악보 판매 수익이 이 곡의 성공 규모를 어느 정도 증명해 보였다. 40년 남짓한 세월에 걸쳐 이 곡은 매년 2만5천 달러의 수익을 창출했으며, 이를 오늘날 기준으로 따지면 핸디는 백만장자나 다름없는 부를 누렸을 것으로 추측된다.

수많은 블루스, 재즈 뮤지션이 이 곡을 녹음했지만, 그 어느 것도 베시 스미스(Bessie Smith) 버전만큼 수려하지는 못하다. 하모늄에 프레드 롱셔, 탁월한 코넷 연주자 루이 암스트롱만을 대동한 베시 스미스는 시크한 세인트루이스 여인과 함께 달아나버린 자신의 연인에 대한 이야기를 슬픔에 잠긴 목소리로 전한다. 그는 "Ma man's got a heart like a rock cast in da sea(내 사랑은 바다를 내던진 바위 같은 마음을 가졌지)"라는 그 여인의 말을 곡의 한 구절로 그대로 활용했다.

전통적인 12마디 블루스 형식에 하바네라 리듬—"스페인적 빛깔(Spanish Tinge)"로 알려진, 박자에 불규칙으로 악센트를 주는 것—을 활용한 16마디 브리지를 적어 넣어 변화를 시도했다는 점에서 작곡가로서 핸디의 역량이 두드러지게 드러난다. 이렇게 함으로써 그는 단순한 블루스 반복구에 대조적 요소를 첨가해 이 곡을 한 세기의 가장 가슴 아픈 탄식으로 승화시켰다. **SA**

블루스의 여제. 1923년 베시스미스의 홍보용 스튜디오 촬영샷.

Allons à Lafayette
Joe & Cléoma Falcon (1928)

Writer | Traditional
Producer | Uncredited
Label | Columbia
Album | N/A

1928년 4월 27일, 뉴올리언스에서 조 팔콘과 그의 아내 클레오마 브로는 기지 넘치는 투스텝(two-step) 케이즌 댄스곡 "라파예트로 가자(Allons a Lafayette)"를 녹음했다. 이것은 케이즌 음악 최초의 녹음이었다. 이 곡이 거둔 성공은 루이지애나 스웜프(swamp) 음악에 대한 대중의 욕구를 입증해 보임으로써 신흥 미국 음악 업계를 놀라게 했다.

케이즌인은 18세기 중반 영국인이 오늘날의 노바 스코샤 지역에서 강제 이송한 프랑스인 이주민들 또는 1791년 노예봉기를 피해 아이티를 떠나온 망명자들의 후손으로, 프랑스어를 구사한다. 그들만의 뚜렷한 언어와 문화—그리고, 루이지애나 강 내포 늪지대에 거주한다는 사실—에 기인해 이들은 미국 주류와 동떨어진 삶을 살았다. 그러나 이들의 역동적인 음악은, 지리적인 이유에서 함께 어울려 지낼 수밖에 없었던 독일과 아프리카 이주민들의 영향과 전통적인 17세기 피들 악기 노래가 혼합되어 독특한 미국 혼종 음악을 창조하게 된다. 케이즌 음악은 컨트리 음악과 로큰롤 모두에 영향을 미쳤고 자이데코라는 흑인 프랑스 음악을 탄생시켰다.

조와 클레오마는 지역 댄스 신(scene)에서 꾸준한 연주 활동으로 자신의 사운드를 다져나간다. 조는 아코디언을, 클레오마는 타악기처럼 연주하는 기타 사운드 연출을 담당했고, 노래는 두 사람이 돌아가며 불렀다. 이 리코딩은 도발적 가사와 활기찬 그루브 덕에 동족 케이즌인 사이에서 대단한 유명세를 얻게 된다. 80년도 넘는 세월 동안 우리 귀를 즐겁게 해온 조와 클레오마는 여전히 변함없이 유쾌하다. **GC**

Lágrimas negras
Trio Matamoros (1928)

Writer | Miguel Matamoros
Producer | Uncredited
Label | RCA Victor
Album | N/A

쿠반 손(Cuban son)의 발전에서 가장 큰 영향력을 미친 그룹 가운데 하나인 '트리오 마타모로스'는 1925년 산티아고 데 쿠바에서 기타리스트 겸 싱어로 그룹에서 작곡을 전담했던 미겔 마타모로스가 결성했다. 그의 음악은 세련되면서도 쉽게 공감할 수 있는 가사에 간결하고 기억하기 쉬운 멜로디를 한데 조화시켰다. 그의 작품들중 가장 잘 알려진 곡이자 가장 사랑 받아온 곡이 바로 "Lagrimas negras(검은 눈물)"이다. 마타모로스는 도미니카공화국의 수도 산토 도밍고 체류 당시 자신의 거처 부근에서 한 여인의 울음소리를 듣게 되었고, 여기서 영감을 얻어 거절당한 사랑의 번민 섞인 묵상을 노래로 써내려갔다. 원래 탱고로 만들려 했던 이 곡은 마타모로스 버전을 통해 신종 장르의 한 본보기로 다시 태어나게 되었다. 손과 볼레로(bolero)의 융화를 꾀했던 이 장르를 '볼레로-손'이라 부른 것은 어쩌면 당연한 일인 듯하다.

피아니스트 앙헬 로드리게스가 만든 흥분 섞인 재즈풍 인스트루멘털 버전과, 쿠바 뮤지션 콤파이 세군도, 오마라 포르투온도의 커버 버전을 포함한 다양한 커버 버전이 존재한다. 2003년에 "Lagrimas negras"는 급진적인 편곡 과정을 거쳐, 쿠바의 베테랑 피아니스트 베보 발데스와 떠오르는 집시 싱어 디에고 엘 시갈라의 영감 충만한 콜라보레이션 앨범의 타이틀 트랙으로 수록된다. 엘 시갈라는 즉흥적으로 새로운 가사를 만들어 자신의 정력 넘치는 울부짖음으로 뽑아냈다. 파키토 드리베라의 아름다운 알토 색소폰 솔로도 돋보인다. 이 앨범은 대단한 히트를 기록하는 한편 라틴 그래미상을 수상한다. **JLu**

Pokarekare | Ana Hato (with Deane Waretini) (1929)

Writer | Traditional, arranged Paraire Tomoana
Producer | Uncredited
Label | Parlophone
Album | N/A

흔히 "Pokarekare Ana"로 알려져 있는, 기원에 논란의 여지가 있는 이 마오리족 러브송은 뉴질랜드의 비공식적 국가로 굳어지게 된다. 게다가 정치, 스포츠, 영리 목적을 위해 여러 분야에서 광범위하게 이용돼왔다.

최초의 녹음은 아나 하토로 기록되어 있다. 그녀는 뉴질랜드 북도 중앙의 로토루아시 와카레와레와 "온천 마을"을 찾는 관광객을 상대로 전통 마오리족 와이아타(노래들)를 공연하며 콘서트 파티에 모습을 드러내곤 했다. 1927년 그곳에서 하토는 합창 반주에 맞추어 "Pokarekare"의 어쿠스틱 버전을 녹음하게 된다. 2년 후 시드니에서 그녀는 좀 더 잘 알려진 "짜릿한" 버전을 만드는데, 여기서 하토의 수려한 보컬은 바이올린과 첼로, 피아노의 반주를 비롯해, 그녀의 사촌이자 종종 협력자로 함께 일했던 딘 와레티니의 보컬 하모니를 대동했다.

비록 이 곡이 로토루아시와 가장 흔히 연관되긴 하지만, 1921년에 자신만의 "Pokarekare" 버전을 발표한 작곡가 파레르 토모아나는 이 곡이 뉴질랜드 최북단인 노스랜드에서 유래되었다고 추정했다. 그는 제1차 세계대전 전투지로 향하던 차 오클랜드 지역에 주둔중이던 마오리족 군부대가 이 노래를 부르는 것을 들었다고 증언했다. 이 곡은 탈마티아 지역, 나아가, 아일랜드의 민간 전승에서 유래된 것으로 추정된다.

다른 뉴질랜드인들이 녹음한 대중적 버전 중에는 이니아 테 위아타, 하워드 모리슨 퀴텟, 데임 키리 테 카나와, 프린스 투이 테카, 헤일리 웨스턴라의 곡이 있다. **JLu**

St. James Infirmary Blues | Louis Armstrong & His Hot Five (1929)

Writer | Uncredited
Producer | Don Redman
Label | Okeh
Album | N/A

루이 암스트롱을 "Hello, Dolly!"나 "What a Wonderful World" 같은 히트 곡을 부른 가수로만 기억하는 이들은 그가 1920년대 재즈계에서 가장 획기적인 인물이었다는 사실을 잘 알지 못한다. 암스트롱은 음악의 혁명가였다. 그는 밴드라는 환경 내에서 합주하는 데 그치지 않고 스스로를 재즈 역사상 가장 위대한 즉흥 솔로이스트로 혁신시킨 트럼펫 연주가였다.

그는 싱어이기도 했다. 그가 소유했던 깊고 멋진 목소리는 이 고전 명작에서도 여지없이 대단한 효과를 자아낸다. 어느 영국 민요에 기반해 만든 이 곡은 매춘부들에게 돈을 쓰다가 성병에 걸려 런던 세인트 제임스 병원에서 죽음에 이르는 한 선원의 이야기를 담고 있다. 1928년, 암스트롱이 이 곡을 녹음하게 된 즈음 이야기의 배경은 미국으로 바뀌어 있었고 줄거리도 한 남자가 병원에 찾아가 죽은 여자친구를 보게 된다는 내용으로 탈바꿈되었다. 전통 노래인 탓에 그 작곡가는 이미 잊혀진 지 오래였지만, 때로는 조 프림로즈(어빙 밀스의 필명)가 작곡했다는 설이 제기되기도 했다.

이 곡을 연주한 '핫 파이브'는 사실, 피아노, 트롬본, 밴조, 드럼, 클라리넷과 색소폰이 참여한 육중주 편성이었다. 장송곡적 기악 인트로가 곡을 시작하면, 중간 템포의 멜로디가 시작된다. 그리고 나서 얼 하인스가 가볍게 내려치는 홍키통크 피아노 솔로를 선보이고, 이후 암스트롱이 위풍당당하게 등장해 첫 두 절을 노래한다. 여기에 트롬본 솔로가 뒤따르고 암스트롱이 강렬한 트럼펫 연주로 곡을 마무리한다. 단 한 음에서도 헛된 구석이라고는 찾아볼 수 없다. **SA**

El manisero | Don Azpiazú & His Havana Casino Orchestra (1929)

Writer | Moisés Simón (later "Simons")
Producer | Uncredited
Label | RCA Victor
Album | N/A

"Ma-ni!"라는 외침과 함께, 1930년 초반 세계를 휩쓸었던 '룸바 열풍'에 제동을 건 노래가 시작되었다. 20년대 당시만 해도, 아바나의 노점상들은 광고 배경음악 같은 '프레곤(pregon)'을 이용해 자신의 땅콩을 선전했다. 작곡가 모이세스 시몬은 이것에 손(son. 쿠바의 민속음악 스타일 전체를 포괄하는 용어)을 융화시켜 "El manisero"를 창조했다. 그가 원작자인지의 여부는 논란이 되기도 했지만, 어쨌든 이 곡 덕에 그는 대단한 부자가 되었다. 당시에는 무척 중요한 척도였던 악보 판매고가 1백만 부를 돌파하는 한편 78회전 레코드 판매도 같은 기록을 세웠다.

쿠바 배우 리타 몬타나가 1928년 최초의 버전을 녹음하긴 했으나, 진정 세계를 휩쓴 것은 안토니오 매친의 보컬이 함께한 '돈 아즈피아주 앤 히스 하바나 카지노 오케스트라' 버전이었다. 그들은 뉴욕에 도착한 지 얼마 지나지 않아 1930년 5월에 이 곡을 녹음했고, 미국에서 이 음반은 1931년의 최다 판매 레코드가 됐다.

이 곡의 영향을 가장 영속적으로 받은 지역은 서부와 중부 아프리카일 것이다. 아즈피아주의 78회전 수입 음반들은 당시 "룸바 폭스트로트"라는 꼬리표를 단 채 큰 인기몰이를 했고, 그 성공이 너무나 대단해 룸바 콩골레즈(rumba congolaise)라는 이름의 기원이 바로 이 곡이라고 여길 정도였다. 이후 지금까지 "El manisero"는 그 광대한 지역의 모든 대규모 아프리카 오케스트라에게 필수 레퍼토리가 되었다. "El manisero"는 160번도 넘게 녹음되었는데, 루이 암스트롱(1931)과 스탄 캔튼(1947)의 버전이 잘 알려져 있다. 이것은 미국 재즈에 라틴 음악이 미친 영향을 입증하는 증거물이다. **jlu**

Minnie the Moocher | Cab Calloway & His Orchestra (1931)

Writer | Cab Calloway, Irving Mills
Producer | Uncredited
Label | Brunswick
Album | N/A

"하이데호 맨(Hi-de-hoh Man)"으로 알려지게 된 캡 캘러웨이는 1930년대 당시 가장 성공적이었던 빅밴드의 리더 가운데 하나였다. 그는 현란한 공연 연출로 유명했으며, 특히나 스캣 싱잉(즉, 아무 의미 없는 애드리브 된 말들)으로 명성을 날렸다. "Minnie the Moocher"의 반복구 "Hi de hi de hi de hi(하이데 하이데 하이데 하이)"는 그의 애칭이 되고 캘러웨이에게 처음으로 유명세를 안겨주기도 했다.

"다른 어떤 노래를 한창 부르다 그 가사를 잊어버렸어요. 그래서 스키-티-터-비와 하이-데-호 같은 말들을 집어넣어 보았죠. 그랬더니 괜찮은 효과를 볼 수 있었어요." 캘러웨이는 훗날 자신의 가장 유명한 작품에 대해 이렇게 회고했다. "그리고 전 자리에 앉아 "Minnie the Moocher"를 써내려갔죠." 음악적으로나 가사로 보나, 이곡은 〈The Cabin in the Cotton〉(1932)에서 베티 데이비스가 불렀던 프랭키 "하프-파인트" 잭슨의 "Willie the Weeper"(1927)에 기초를 두고 있었다. 곡의 이야기는 'Minnie the Moocher'를 중심으로 전개된다. 그녀는 쾌락을 좇는 거칠고 터프한 여성이었으나 "고래만큼 넓은 마음"을 가지고 있었다. 이 곡은 마약과 관련된 은어로 가득하다. 미니가 얽히게 된 '스모키'라는 이름의 남성은 "cokey", 즉, 코카인을 흡입했고, 차이나타운에서 그는 "showed her how to kick the gong around"했다. 다시 말해, 아편을 흡입하는 법을 보여주었다. 이 곡은 1백만 장을 가뿐히 넘는 판매 기록을 세운다. 70대 나이에 접어든 캘러웨이는 영화 〈블루스 브라더스〉(1980)에서 이 곡을 매력적인 모습으로 소생시킨다. **SA**

캡 캘러웨이. 빅밴드 시대의 가장 현란했던 프론트맨이라 해도 과언은 아닐 것이다. ➜

Need a Little Sugar in My Bowl
Bessie Smith (1931)

Writer | Clarence Williams, J. T. Brymn, Dally Small
Producer | Frank Walker
Label | Columbia
Album | N/A

언뜻 보기에는, 베시 스미스가 그저 레이 헨더슨의 발랄한 "You're the Cream in My Coffee"(1928) 스타일로 노래하는 것처럼 보일 수도 있다. 인기 좋은 양념을 비유적으로 이용해 '네가 있어야 난 완전해'라는 메시지를 전하는 노래 스타일을 구사하고 있다는 착각 말이다. 그러나 후렴구 2번째 구절("Need a little hot dog between my rolls(내 허벅지 사이에 작은 핫도그를 넣어줘)")에 다다르면, 듣는 이는 이 곡이 '더티 블루스'라고 알려진 은밀한 서브장르의 한 예라는 사실을 깨닫게 된다. 시피 월래스의 "I'm a Mighty Tight Woman"(1929)는 듣는 이가 미성년자라는 것을 가정하는 "19금" 따위의 스티커로 장식되지 않았다. 이런 곡들은 어른들에 의해, 순전히 어른들을 위해서 불렀기 때문이다.

"Need a Little Sugar"를 전하는 스미스의 나른한 목소리는 이 곡이 솔직한 욕구와 욕망을 가진 관능적 여성의 음성이라는 걸 명백히 드러낸다. 유일하게 클래런스 윌리엄스가 연주하는 고상한 커피하우스 피아노 사운드만을 대동한(1923년 그는 스미스의 첫 반주자로 나섰고, 콜럼비아와 함께 만든 그녀의 마지막 리코딩 가운데 하나인 이 트랙에서 연주를 맡았다) 스미스는 그녀의 멘토였던 마 레이니와 같은 통큰 목소리를 통해 당시 사용한 원시적 마이크에 적당한, 관능적인 외침을 거침없이 뽑아낸다. 블루스의 여제가 이 곡을 부르면, 외설적 풍자까지도 호소력 넘치는 다정함의 비유로 승화되는 것이다.

"더티 블루스"가 우리에게 "로큰롤"이라는 완곡한 어구를 선사했다는 사실은 다시 한 번 새길 필요가 있다. **SP**

Brother, Can You Spare a Dime?
Bing Crosby (1932)

Writer | Jay Gorney, E.Y. "Yip" Harburg
Producer | Uncredited
Label | Brunswick
Album | N/A

태생도, 천성도 사회주의자였던 뉴욕의 작사가 이프 하버그는 1929년 월 스트리트 붕괴 이후 미국인에게 너무나 익숙한 일이 되어버린 대량실업과 끝없는 식량 배급 행렬에 크게 마음이 움직였다. "Brother, Can You Spare a Dime?"은 국가의 철로와 마천루를 짓고 전쟁에 나가 싸운, 하지만 이제 길거리에 구걸하는 신세가 되어버린 '보통 사람'의 삶, 그리고 그들의 불운한 나날에 드리운 절망을 한 편의 음악으로 담아낸 것이다. 가사에는 분노와 당혹감이 서려 있고, 거기 담긴 말투는 곡이 전개됨에 따라 '일반적'에서 '사적'으로 변해간다. 곡의 화자가 청자의 동정심과 기억을 일깨우려 시도하지만, 이에 실패하자 '형제여'라는 가사가 "친구여(Buddy)"로 바뀌는 것을 볼 수 있다. 마침내 그는 "Say, don't you remember(저기, 기억 안 나요)?"라고 호소하며, 가슴 찢어지는 연민의 정을 자아낸다("I'm your pal(난 당신 친구요)!").

뮤지컬 'Americana'를 위해 만든 이 곡은 청중에게 너무도 강한 인상을 심어주었고, 뮤지컬의 나머지 부분들은 이 곡에 가려져 그 존재가 희미해졌다고 한다. 뉴욕 타임스는 "구슬픈, 우레와 같은" 곡이라 쓰며 갈채를 보냈다. 앨 졸슨과 루디 밸리 모두 이 곡을 불렀지만, 막상 가장 오랜 인기를 유지한 건 빙 크로스비 버전이다. 초반에 절제된 채 기분 좋게 흐르는 그의 음성은 노래가 갈수록 점점 더 다급해지며 마지막 부분 가사의 통렬함을 생생히 연출해냈다.

7년의 세월이 지난 후 이프 하버그는 "Over the Rainbow"으로 다시 한 번 시대정신을 완벽히 포착해낸다. 이 곡을 통해 그는, 지쳐버린, 그러나 포기하지 않는 아메리칸 드림의 간절함을 재구성했다. **RD**

빙 크로스비가 1935년 홍보사진에서 그의 미심쩍은 기타연주 스킬을 선보인다. ➡

Mal hombre
Lydia Mendoza (1934)

Writer | Traditional, arranged by Lydia Mendoza
Producer | Eli Oberstein
Label | Blue Bird
Album | N/A

리디아 멘도사는 미국 음악의 위대한 선구자 가운데 한 명인 동시에 멕시코 음악에서 전설 같은 존재다. 1916년 텍사스주 휴스턴에서 태어난 그녀의 가족은 혁명의 대혼란을 피해 떠난 멕시코인이었고, 그녀와 그녀의 형제 자매는 학교에 간 적이 없다. 대신에 이들은 모친과 함께 거리와 들판을 배회하면서 음악을 연주했고, 생존을 위해 길거리 악사 생활을 했다.

어린 나이부터 리디아는 놀라운 싱어로, 그리고 12현 기타와 만돌린 연주에도 재능을 보였다. 1934년에 그녀는 텍사스주 샌안토니오에서 거리의 가수이자 라디오 연주가로 명성을 누리고 있었다. 이런 음악적 성공은 인디 레이블 블루 버드와의 협력관계로 이어졌고 그녀는 자신의 첫 78회전 음반 "Mal Hombre"(나쁜 남자)를 발표하기에 이른다. 리디아는 "Mal Hombre"의 가사를 한 풍선껌 포장지에서 (당시 이것은 획기적인 마케팅 방식이었다) 익혔고, 여기에 노래를 입혔다. 리디아는 인정사정없이 여색을 밝히는 한 남자의 이야기를 담은 이 노래를 공격적이고 단호하게 불렀고, 여기에 자신의 탄탄한 12현 반주를 삽입했다.

이 곡은 즉각 반응을 얻었다. 그녀의 최초이자 최대 히트작이었던 이 곡은 미국 남서부 전역을 휩쓸며 대단한 인기를 누렸고, 리디아를 대스타로 부상시켰으며, 멕시칸-아메리칸 음반 제작 붐에 시동을 걸었다. 이런 성공에 힘입은 리디아는 연주 여행을 다니며 미 전역을 종횡무진 했고, 이후 멕시코, 컬럼비아, 그리고 쿠바까지 방문했다. 청명한 그녀의 목소리와 낭랑한 기타 사운드는 리디아의 진정한 독자적 입지를 확고하게 했다. **GC**

Hula Girl
Sol Hoopii (1934)

Writer | Sunny Cunha
Producer | Uncredited
Label | Brunswick
Album | N/A

하와이 음악은 1915년 '샌프란시스코-파나마-태평양 엑스포'에서 미국 청중에게 소개된 이후 최초의 "월드뮤직" 열풍을 몰고 왔다. 이 박람회에서, 풀잎 치마를 입은 댄서들과 '키호알루(슬랙 키)' 기타리스트들이 등장해 미국 전체를 하와이의 모든 것에 열광하게 만들었다. 이 중 상당 부분이 그저 신기한 흥밋거리를 찾는 대중 심리에 기인했지만, 이는 서정적인 하와이 기타 사운드만큼은 훗날에 가서도 대단한 영향력을 미치게 된다. 멕시코와 포르투갈 이주민들이 하와이에 기타와 우쿨렐레를 유입했고, 폴리네시아 토착민들이 이것을 재정비해 '슬랙 키' 기타 스타일을 창조해낸다. 이것은 19세기 말 하와이에서 발전된 연주 테크닉으로, 무릎에 기타를 올려놓고 오픈 튜닝 상태에서 스트링 위에 메탈 소재의 막대를 미끄러뜨려 사운드를 생성하는 방식이었다. 슬랙 키의 공명하는 사운드는 특히 단조롭게 윙윙대어 애통함을 자아내는 데 효과적이었고, '슬라이드 기타 테크닉'의 모습으로 블루스에 큰 영향을 미쳤으며 '햅-스틸 기타'의 형태로 컨트리 음악에도 큰 영향 요소로 작용했다.

솔 후피는 1920~30년대에 가장 위대한 슬랙 키 기타리스트였다. 그는 재즈에서 영향 받은 요소를 가미하는 한편, 코드, 화성, 프레이즈의 활용에서 탁월한 실력을 자랑했다. 그가 발전시킨 튜닝은 페달 스틸 기타의 도래로 이어졌고 훗날 컨트리 뮤직에 포함되었다. 쾌활한 "Hula Girl"을 통해 후피의 천재성을 경험할 수 있다. 환희에 찬 재즈 같은 리듬은 그의 멜로디컬하고 풍부한 솔로가 보여주는 멋진 일탈로 마무리된다. **GC**

Can the Circle Be Unbroken (By and By) | The Carter Family (1935)

Writer | A. R. Habershon, C. H. Gabriel, A. P. Carter
Producer | Ralph Peer
Label | Okeh
Album | N/A

1920년대에서 30년대에 이르는 동안, 앨빈 플레전트 "A.P." 들레니 카터와 그의 아내 사라, 그녀의 사촌 메이벨은 컨트리 뮤직과 블루그래스의 기초공사를 위한 벽돌을 차곡차곡 쌓아 올린다. 그들이 만든 곡조 하나하나는 그 어느 한 곡 빠지지 않고 오늘날 컨트리 음악이라는 구조물이 지닌 고결함에 필수불가결한 요소의 역할을 하고 있다.

카터 패밀리가 1935년 "Can the Circle Be Unbroken (By and By)"를 녹음했을 때, 그들은 이미 갓 태어난 음악산업 속에서 '개척자'라는 공적을 인정받은 상태였다. 애팔래치아 산맥에서 농사를 짓고 살던 이 가족은 1920년대 후반 상당수의 히트 곡을 발표했지만 대공황의 고통에 어쩔 수 없이 무릎을 꿇어야만 했다. 곤궁, 상실, 믿음을 이야기하는 카터 패밀리의 잊을 수 없는 노래들은 단순히 그들에게뿐 아니라 수많은 이의 지친 삶에 배경음악이 되어준다.

'멈출 줄 모르는 혁신가' 역할은 A.P.가 맡았다. 그는 그 시대의 민요를 찾아 "개조하기" 위해 끝없이 광대한 평원과 목초지를 전전한다. '재능의 소유자' 역할은 사라와 메이벨이 담당했다. 그들은 리드미컬하고 서정성 풍부한 기타 스타일인 "카터 스크래치(Carter scratch)"를 고안했고, 이것은 훗날 꾸준히 모방의 대상이 된다.

대공황의 여파는 A.P.와 사라의 결혼생활을 파경으로 몰고 갔다. 에이다 R. 하버숀과 찰스 H. 가브리엘의 찬송가 "Can the Circle Be Unbroken"을 개작해 만든 이 작품은 모친의 장례를 치르는 슬픔에 잠긴 한 아들의 목소리를 담았다. 그러나 A.P.의 보컬은 스토리의 또 다른 일면을 전했고, 여기서 그는 사랑과 실연을 한꺼번에 내비치는 버려짐과 두려움을 표현했다. "신이여" 그가 외쳤다. "그녀가 떠나는 게 몸서리쳐집니다"라고. **MO**

Cross Road Blues
Robert Johnson (1936)

Writer | Robert Johnson
Producer | Don Law
Label | Vocalion
Album | N/A

미시시피 출신 블루스맨이 뽑아내는 어쿠스틱 기타 사운드의 힘으로 전진하는 이 노래가 그 신화적 지위에 오르게 된 것은, 1936년 첫 녹음이 이루어진 바로 그 순간부터였다. "Cross Road Blues"는 거칠고 리드미컬한 기타 사운드와 구슬픈 보컬을 자랑했고, 이것은 오늘날의 록 거물들이 1960년대와 70년대에 출셋길을 닦는 데 큰 밑거름이 되었다. 그러나 일설에 따르면, 이 곡을 정작 악명 높게 한 것은 클라크스데일시에 있는 49번 고속도로와 66번 고속도로의 교차지점을 배경으로 한 존슨의 자전적인 가사였다고 한다. 이곳에서—또는 로즈데일 근처에서—존슨은 블루스의 명인이 되는 대가로 악마에게 영혼을 팔았다는 이야기가 전해진다.

브라이언 존스(롤링 스톤스), 피터 그린(플리트우드 맥), 존 메이올(블루스브레이커스), 지미 페이지(야드버즈, 레드 제플린), 모두 존슨의 사운드에 사로잡혔지만, 이 곡을 대중화하는 데 가장 크게 기여한 이는 에릭 클랩튼이었다. 일렉 기타로 재해석한 클랩튼의 "Crossroads"는 그의 밴드 크림(Cream)의 라이브에서 고정 레퍼토리였으며, 크림의 미국 넘버 원 앨범 〈Wheels of Fire〉의 수록 곡이기도 하다. 블루스의 역사에 주된 역할을 한 이 곡은 영화 〈십자로(Crossroads)〉(1986)에 영감을 불어넣기도 했다.

그러나 존슨 개인의 "Crossroads" 이야기는 불행한 결말을 맺는다. 이 곡을 녹음한지 2년 만에, 출셋길이 막 열리려 할 때 즈음, 로버트 존슨의 전설은 제대로 효과를 발휘한다. 수많은 로맨스에 연루되었던 존슨은 한 여인의 남편에게 질투심 때문에 독살당한다. 그의 나이 27세 때 벌어진 일이다. **DR**

Hellhound on My Trail
Robert Johnson (1937)

Writer | Robert Johnson
Producer | Don Law
Label | Vocalion
Album | N/A

로버트 존슨에 대해 알려진 바는 그다지 많지 않다. 그래서 그에 관련된 얽히고설킨 사실과 전설을 서로 풀어놓으려 하는 건 헛수고일 뿐이다. 선 하우스(Son House)와 윌리 브라운(Willie Brown)이 시시한 기타리스트라며 비웃었던 로버트 존슨이 어떻게 최고의 블루스맨으로 부상하게 된 걸까? 그것도 단 2년 만에? 그의 사망 원인은 무엇일까? 그가 묻힌 곳은 어디일까? 이 모든 것은 물론, 악마가 원했던 바였을 것이다. 존슨은 미시시피에 있는 61번과 49번 고속도로의 교차점에서 자신의 영혼을 진정 팔았을 수도, 팔지 않았을 수도 있다. 어쨌든 그는 생전에 도망자의 삶을 살았고, 죽음을 통해 블루스가 초자연적 힘일 수 있다는 걸 모두에게 상기시킨 인물이었다.

한 가지 분명한 것은, 존슨이 1937년 6월 20일에 텍사스주 댈러스에서 그의 2번째이자 마지막 리코딩 세션에서 "Hellhound on My Trail"을 녹음했다는 사실이다. 홀연히 출현해 죄인들을 지옥으로 끌고 간다는 사탄의 엽견 이야기는 남부 지역 교회 신자 사이에서 널리 퍼져 있었다. 게다가 존슨의 오싹하고 통렬한 테너, 강하게 요동치는 기타의 퉁김을 듣고 있으면, 그가 단순히 어떤 심상을 환기시키려 이런 말을 꾸며낸 것이 아니라는 느낌이 분명해진다. 가사를 통해 전해지듯, 존슨은 방랑자의 삶을 살았고, 미시시피 삼각주를 종횡무진 하며 자신의 혁신적 보틀넥 기타 스타일을 선보였다. 존슨은 1938년 8월 13일 심한 통증을 호소했다고 한다. 그리고 3일 후, 이 델타 블루스의 제왕은 이 세상을 떠났다. **MO**

Strange Fruit
Billie Holiday (1939)

Writer | Abel Meeropol (credited as Lewis Allan)
Producer | Uncredited
Label | Commodore
Album | N/A

"Strange Fruit"은 본래 노래가 아닌, 한 장의 사진에서 비롯되었다. 고등학교 교사였던 에이블 미어로폴은 백인 구경꾼 무리에 빙 둘러싸여 나무에 매달려 있는 두 흑인 남성의 사진을 보고 영감을 받아 펜을 집어 들게 되었다고 한다. 그가 써내려간 것은 한 편의 시였다. 거기에는 백인 자경단원들이 아프리카계 미국인에게 가한 린치 행위에 반한 저항의지가 담겨 있었다. "Southern trees bear a strange fruit(남쪽 나무에는 이상한 과일이 열려 있네)"라는 구절은, 이 사진이 실제로 인디애나주 북부 마리온시에서 촬영됐다는 것을 깨닫지 못 한 채 딥 사우스(Deep South) 지역을 지배하고 있던 문제의 심각성을 언급하려는 것 같다.

곡을 녹음하려던 시도는 컬럼비아 레코드사 간부들과의 문제를 야기했다. 컬럼비아는 이 곡의 주제가 너무나 큰 논란으로 불거질 것을 염려했다. 그러자 라이벌 레이블 코모도어에서 컬럼비아가 디뎌보지 못한 영역을 개척하려 했다. 홀리데이가 이 곡을 공연하지 못하도록 저지하려는 방송국과 공연 기획자들의 노력이 있었지만, 결국 그녀는 실현불가능할 것만 같았던 한 편의 히트 곡을 거머쥐게 된다. 미어로폴의 시와 홀리데이의 리코딩은 깊은 호소력을 발산했고, 그들이 전하고자 하는 메시지는 단순한 표현력과 전달 방식에 힘입어 한층 더 강렬하게 다가왔다. 아무것도 덧붙이지 않은 보컬과 반주를 통해 12줄로 길게 늘인 은유가 가슴 깊은 곳을 두드린다. 이 곡은 대단한 영향력을 미쳤던 노래였음에도 라디오에서 자주 들을 수가 없다. "Strange Fruit"은 여전히 듣는 이를 불편하게 하기 때문이다. **WF-J**

1947년 빌리 홀리데이의 공연 모습. 그해 처음으로 그녀는 약물소지로 체포된다. ➡

Over the Rainbow
Judy Garland (1939)

Writer | Harold Arlen, E. Y. "Yip" Harburg
Producer | Uncredited
Label | MGM
Album | N/A

"Over the Rainbow"가 없는 〈오즈의 마법사〉 영화는 상상하기 힘들다. 하지만 사실 이 곡은 영화에서 아예 누락될 뻔했다고 한다. 시사회를 마친 MGM 간부들은 이 곡이 전체 흐름을 늦춘다며 삭제할 것을 요구했다. 과거, 작곡가로 활동하다 영화감독으로 새로운 행보를 시작한 아서 프리드가 강압적으로 개입한 덕분에 이 발라드는 겨우 목숨을 부지한다. 그런 노래가 후에 '베스트 오리지널 송'으로 오스카상을 수상했다.

해롤드 알렌은 영화관으로 향하던 길에 로스앤젤레스의 선셋 대로를 운전해 가던 중 이 곡을 구상해냈다. 작사가 이프 하버그는 이 곡에 선뜻 정을 붙이지 못했다. 하지만 알렌이 아이라 거슈윈의 조언을 받아 곡의 템포를 약간 높이고 불필요하게 화려한 화성을 날씬하게 다듬자, 얼어붙었던 하버그의 마음이 슬슬 움직이기 시작했고, 그는 멜로디의 상승과 하강을 아름답게 반영하는 극적 무지개를 탄생시켰다.

이 곡은 토니 베넷이나 아레사 프랭클린 같은 저명한 보컬들이 숱하게 녹음했다(알렌도 녹음을 시도했지만 그의 목소리는 캔자스만큼이나 납작 눌려 있었다). 그러나 영원히 이 곡은 주디 갈랜드의 것으로 남아 있을 것이다. 그녀의 영화 밖, 그리고 현실 속 삶은 이 곡이 담고 있는 천진한 낙천주의와 절박한 우울함의 혼합을 구현한 것과 다름없다. 하버그는 이렇게 말했다. "그녀의 삶 전체가 마치 도스토옙스키의 소설처럼, 이 아름다운 한 어린아이의 노래에 딱 들어맞았죠. 색채감, 유쾌함, 아름다움, 희망이 담겨 있었거든요…그런데도 그녀는 너무나도 절망적이었어요." **WF-J**

The Gallis Pole
Lead Belly (1939)

Writer | Huddie Ledbetter, Alan Lomax
Producer | John Lomax, Alan Lomax
Label | Library of Congress
Album | N/A

허디 레드베터의 난폭했던 신화적 삶은, 민속학자 존 로맥스와 앨런 로맥스가 1934년 루이지애나의 악명 높은 앙골라 교도소에 수감된 그를 처음 발견한 이래 수많은 이들을 매혹시켜왔다. 일설에 따르면, 로맥스 부자가 찾아왔을 당시 레드벨리는 이미 노래로 사람들을 감복시켜 교도소에서 풀려난 상태였음에도 그의 폭력적 성향 때문에 다시 수감되고 말았다고 한다. 로맥스 부자가 현대 문명에 "더럽혀지지 않은" 싱어를 찾아내고자 길을 떠났을 때, 그들은 12현 기타를 연주하며 말 그대로 수백 가지의 노래를 외워 부르던 이 몸집 큰 흑인 남성에게 홀딱 반해버린다. 레드벨리의 레퍼토리 중에는 그가 힐빌리 뮤지션에게 배워 익힌 후 개작한 듯한 옛 영국 발라드 "The Gallis Pole"도 포함되어 있었다. 1939년 리코딩에서 레드벨리는 현란한 리듬을 기타로 쌓아 올리고, 그 위에 한 사형수의 이야기를 얹었다. 이야기 속 화자는, 자신을 교수형에서 벗어나게 해줄 금이나 은, 또는 다른 뇌물거리를 가져왔냐며 사랑하는 이들을 필사적으로 다그친다.

레드벨리는 우디 거스리, 조시 화이트, 피트 시거, 소니 테리, 브라우니 맥기 등 미국 포크의 선구자격 뮤지션들과 친분을 다지는 한편, 그들에게 큰 영향을 미쳤다. 아이러니한 사실은, 이런 그의 음악을 애지중지 받아들인 이들이 바로 젊은 백인 청중이었다는 점이다. 미국 흑인 대중의 마음을 사로잡기에 그의 음악은 너무도 "구식"이었나 보다. 그의 노래는 로니 도니건과 비치 보이스의 히트 곡으로 소생하는 한편, 다른 많은 뮤지션의 소중한 레퍼토리 속에서 계속 살아 숨 쉬고 있다. **GC**

Mbube | Solomon Linda
& The Evening Birds (1939)

Writer | Solomon Linda
Producer | Griffiths Motsieloa
Label | Singer
Album | *Mbube* (1939)

"처음에 한 줄루족 남성이 마법을 선보였다. 그리고 백인들이 등장해 돈을 벌었다. 이것이 바로 한 경이로운 멜로디의…비밀스러운 역사이다." 라이언 말란의 롤링 스톤 매거진 기사 'In the Jungle'(2000)은 이렇게 시작되었다. 그 멜로디란 바로, 남아프리카 뮤지션 솔로몬 린다의 "Mbube"였다.

"Mbube"의 역사는 문화적 착취로 어둡게 가려져 있다. 그 이야기는 에릭 갈로의 요하네스버그 스튜디오에서 시작된다. 여기서 이주민 줄루족인 뮤지션 린다와 그의 그룹 '이브닝 버즈'는 그들의 오리지널 송의 대가로 10실링을 받게 된다. 황홀한 아카펠라 보컬과 귓가를 떠나지 않는 멜로디로 무장한 "Mbube"(Lion)은 즉각 히트를 거두었고 40년대 들어 1만 장의 음반 판매 기록을 세운다. 이 음반이 발매된 지 10년이 지난 후 포크 뮤지션 피트 시거가 곡의 줄루어 반복구 부분에 홀딱 반하게 된다. 하지만 가사를 잘못 알아들은 시거는 곧 이것을 팝 히트작 "Wimoweh"로 승화시킨다. 1961년, 조지 데이비드 와이스, 휴고 페레티, 루이지 크리아토레는 좀 더 부드러운 편곡과 이국적인 가사를 입혀 "The Lion Sleeps Tonight"으로 저작권을 등록한다.

남아프리카에서 명사 취급을 받으며 줄루 합창 음악(또는 '음부베(Mbube)')의 창시자로 명성을 떨친 린다는 1962년 피구제민 신세로 사망한다. 그와 그의 상속인 모두 이 곡으로 발생한 로열티를 단 한 푼도 만지지 못했다고 한다. 그 중에는 디즈니 영화 〈라이온 킹〉에서 발생한 1천5백만 달러도 포함된다. 2006년에 와 최초 퍼블리셔 알리빈 뮤직사는 린다의 상속인들과 배상금 합의를 하게 된다. **MK**

Java Jive
The Ink Spots (1940)

Writer | Milton Drake, Ben Oakland
Producer | Uncredited
Label | Decca
Album | N/A

섹스 '그리고' 마약이 로큰롤을 지배하기 이전인 먼 옛날, 잉크 스파츠는 커피 항아리가 주는 좀 더 때 묻지 않은 자극을 찬미하는 뜻에서 노래를 불렀다.

이들 4인조는 1934년 오하이오주 신시내티에서 처음 결성됐다. 그들은 트레이드마크적 오스티나토 기타 인트로를 앞세워, 향기롭게 끓여낸 한 잔의 커피처럼 따스한 보컬 하모니를 무기로 재빨리 미국 전역의 흑인과 미국 라디오 청취자들의 마음을 사로잡는 크로스오버적 성공을 거두었다. 같은 해 말에는 영국으로 연주 여행을 떠나기도 했다. 이들이 다수의 하모니 중심 R&B 그룹들, 특히 플래터스에게 대단한 영향력을 행사했던 것은 유명하다.

이 그룹의 오리지널 라인업은 오빌 "호피" 존스, 아이보리 "딕" 왓슨, 제리 다니엘스(이후 테너 빌 케니로 대체된다), 찰리 푸쿠아였다. 하지만 이후 수많은 변화를 거쳐갔고, 옛 동료들 사이에는 대단한 적대감이 존재했다. 그러나 멤버를 둘러싼 이 난기류는 달콤한 멜로디를 담은 음반에서는 전혀 찾아볼 수 없다. 이들의 음반을 가리켜 멜로디 메이커는 "아름답게 균형 잡힌, 정교하게 프레이즈 처리된 가창법"이라고 격찬했다. 1940년에 작곡해 같은 해 7월 잉크 스파츠가 녹음했던, 카페인 찬양가 "Java Jive"는 경쾌한 분위기 때문에 다른 쓸쓸한 외로움을 고백하는 최면적 발라드보다 좀 더 이 그룹에게 잘 어울렸다. 가사에 담은 재치 있는 말장난은 감미로운 하모니 속에 파묻혀 있고, 왓슨의 장난기 섞인 보컬로 끝을 맺는다(왓슨은 커피 주전자를 '음악 도구'로 사용했던 그룹 퍼콜레이팅 퍼피스의 멤버로 한때 활동한 바 있다). **JD**

Gloomy Sunday
Billie Holiday (1941)

Writer | Rezső Seress, László Jávor, Sam Lewis
Producer | Uncredited
Label | Okeh
Album | N/A

팝 뮤직은 허구를 먹고 산다. 그중 가장 장수한 신화를 하나 꼽자면 헝가리 작곡가 레조 세레스가 1933년 쓴 "Szomoru Vasarnap"을 둘러싼 이야기가 있다. 세레소는, 집시 음악과 커피하우스 레퍼토리를 섞은 헝가리 혼종 음악 'Magyar nota'의 영향을 받아 만든 자신의 구슬픈 멜로디에, 돌아올 수 없는 징검다리를 건너려는 실연에 빠진 영혼의 이야기를 담은 라즐로 야보르의 가사를 짝지웠다. 이 곡은 "Gloomy Sunday"라는 제목으로 서양에 알려지게 되며, 할 캠프 앤 히스 오케스트라가 1936년에 처음 녹음한다. 폴 롭슨, 세르주 갱스부르, 엘비스 코스텔로, 비요크 등의 쟁쟁한 실력가들이 커버송을 만들도록 유혹했지만, 그 결정판은 빌리 홀리데이의 음성을 통해 탄생했다. 테디 윌슨 앤 히스 오케스트라의 구슬프고 절제된 반주에 맞춰, 때때로 요염하기까지한. 달콤하게 애처로운 홀리데이의 음악적 표현감은 멜로디에 담긴 줄다리기를 유혹적으로 자연스레 연출해내며, 가사에 담긴 좌절감을 호소력 있게 표현한다. 이걸 듣고 있자면, 이 세상에 작별을 고하려는 선택이 오히려 묘하게 매력적으로 다가오는 것을 느낄 수 있을 것이다.

샘 루이스가 쓴 가사 버전은 "Would they be angry if I thought of joining you(내가 당신을 뒤따라간다 하면 그들이 화를 낼까요?)"라는 오싹한 말까지 추가해 넣었다. 자살에 대한 암시는 오리지널 버전에서는 모호하게 처리되어 있었지만, BBC를 포함한 많은 라디오 방송국은 이 곡의 방송을 거부한다. 묘하게도 이 곡은 몇 년의 세월에 걸쳐 실제 자살 사건과 줄줄이 연관되었다. 레조 세레스는 자신의 노래가 가진 불길한 평판에 사로잡혀 살다 1968년 자살했다. **RD**

Guantanamera
Joseíto Fernández (1941)

Writer | Joseíto Fernández
Producer | Uncredited
Label | RCA Victor
Album | N/A

오늘날 관타나모는 음악보다 다른 이유 때문에 악명이 자자하다. 그러나 30년대만 해도, 쿠바에서는 '관타나모'라는 말이 역대 가장 널리 알려진 어느 쿠바 노래와 동의어처럼 통했다. 거의 누구나 이 곡의 후렴 부분 멜로디와 가사를 잘 알고 있다. 곡의 본래 제목과 동일한 이 후렴구 가사는 "관타나모에서 온 여인"을 의미할 수도 있고 곡의 쿠바 컨트리 뮤직의 한 종류인 '구아히라' 스타일 자체를 가리키는 말일 수도 있다.

호세 페르난데즈 디아즈(훗날 예명을 짓는다)는 이 곡을 1928년에 작곡한다. 가사는 저명한 쿠바의 민족주의자 호세 마르티의 시에 기반했다. 본래 관타나모가 아닌 아바나 출신인 페르난데즈의 그룹은 1935년 CMCQ 라디오 방송국에서 데뷔 무대를 가졌다. 여기서 그들은 "Guajira Guantanamera"를 그들의 테마 송으로 사용했고 멜로디에 맞춰 데시마(10행으로 이루어진 시)를 즉흥적으로 읊어 연주했다. 이것은 스페인의 후손이었던 쿠바 소농민들이 18세기 초반에 발전시킨 '푼토 구아히로' 스타일의 연주였다.

페르난데즈가 이 곡을 "Mi biografia(자서전)"라는 이름으로 녹음한 것은 1941년이 다 되어서였다. 1943년, 그는 또 다른 라디오 방송국에서 이 곡을 불렀고 뉴스와 가십 코너에 템플릿으로 활용하기도 했다. 14년 후, 이 쇼가 마지막 회 방송을 할 즈음 이 곡은 이미 쿠바 대중에게 깊이 각인되어 있었다. 한편 이 곡은 미국 포크의 아이콘인 피트 시거가 1962년 쿠바 미사일 위기 때 이 곡을 녹음하고 나서 쿠바 외 나라에서도 인기를 얻기 시작했다. **JLu**

God Bless the Child
Billie Holiday (1941)

Writer | Billie Holiday, Arthur Herzog Jr.
Producer | Uncredited
Label | Okeh
Album | N/A

다른 이의 노래를 훌륭히 해석해내는 재능을 소유한 가수로 명성을 얻게 된 빌리 홀리데이는 막상 자작곡이 거의 없다. 그러나 "God Bless the Child"는 예외이다. 그녀의 자서전 「레이디 싱즈 더 블루스」에서 홀리데이는 어머니 세이디와 벌였던 수많은 논쟁을 거론했는데, 돈에 관련된 다툼도 포함되어 있었다. 한창 티격태격하다 그녀는 "God bless the child that's got his own(가진 것이 있는 아이는 신의 축복을 받은 것)"이란 속담을 내뱉었다고 한다. 그리고 그 말은 후에 그녀가 부를 한 노래의 1번째 절을 장식했다.

"God Bless the Child"는 1941년 5월 9일 뉴욕에서 피아니스트 에디 헤이우드의 오케스트라와 함께 녹음했다. 매끄러운 3인의 색소폰 라인업과 함께, 간결한 솔로를 선보이는 고명한 로이 엘드리지의 트럼펫 연주가 등장한다. 리듬 섹션은 피아노, 기타, 베이스, 드럼으로 구성했다.

홀리데이는 마태복음 25:29과 관련이 있는 듯한 말로 곡의 첫 마디를 시작한다: "Them that's got shall get / Them that's not shall lose(돈은 친구를 부르지만 / 가난한 친구를 떠나가게 한다)." 그러나 자신의 두 발로 당당히 서 있는 신의 자녀는 운명의 변덕에도 끄떡없고, 진정 축복받은 존재이다. 홀리데이의 마치 다 안다는 듯한, 그러나 상처받기 쉬울 것 같은 목소리와 절제된 반주가 이루는 절묘한 균형을 통해 전해지는 이 자립 선언의 노래는 듣는 이를 무장해제시키는 효과를 자아냈다. "빌리 홀리데이는 노래 한 마디 한 마디에 담은 의도와 내용에 귀 기울이게 만든다. 설령 음정과 톤을 희생시키는 한이 있더라도." 조니 미첼이 한 말이다. **SA**

Stormy Weather
Lena Horne (1943)

Writer | Harold Arlen, Ted Koehler
Producer | Uncredited
Label | Unknown
Album | N/A

영화 〈스토미 웨더〉는 주연배우인 댄서 빌 '보쟁글스' 로빈슨의 실제 삶에 어느 정도 기반을 둔 뮤지컬이다. 로빈슨은 여기서 빌 윌리엄슨을 연기했다. 이 배역은 1918년 전쟁터에서 귀향해 공연인으로 직업인생을 살아보려는 한 댄서를 그리고 있었다. 여기서 허구로 만들어낸 그의 애정 상대는 셀리나 로저스라는 이름의 싱어였는데, 레나 혼이 이 역할을 맡았다. 이 영화는 특히 당시 최정상을 달리던 다수의 아프리카계 미국인 공연 대가들—그중에는 캡 캘러웨이와 그의 밴드, 피아니스트 패츠 월러도 포함되어 있었다. 월러의 경우 영화가 발표된 지 몇 달 지나지 않아 사망한다—을 선보여 주목을 더 받았다.

이 영화의 제목이기도 한 노래 "Stormy Weather"는 사실 영화보다 10년이나 오래되었으며, 1933년 해롤드 알렌이 작곡하고 테드 쾰러가 작사를 맡았다. 이 곡은 할렘의 코튼클럽에서 이슬 워터스가 처음 불렀다. 레나 혼이 RCA 빅터사와 함께 이 곡을 처음 녹음한 것은 1941년이었고, 영화 사운드트랙으로 쓰려고 1943년에 재녹음했다.

"Stormy Weather"는 실망과 후회를 담은 노래이며, 곡의 화자는 부재중인 연인을 무척 그리워한다. 나쁜 날씨는 여기서 그녀의 감정을 은유적으로 나타내고 있다("Don't ,Since my man and I ain't together / Keeps rainin' all the time(하늘에 왜 해가 없는지 모르겠네 / 험한 날씨 / 나와 그이가 이별한 그때부터 / 항상 비만 내리네)"). 이후 죽 이 곡이 토치(torch) 싱어와 여장남자들에게 사랑받았다는 것은 그리 놀랄 일이 아니다. 수많은 커버 버전 가운데 주디 갈랜드 버전과 빌리 홀리데이 버전이 특히 주목할 만하다. **SA**

Rum and Coca-Cola
Lord Invader (1943)

Writer | Rupert W. Grant, Lionel Belasco
Producer | Uncredited
Label | Decca
Album | N/A

제2차 세계대전 중 모든 침략을 사전에 방지하자는 명분을 내세워 약 2만 명의 미군 병사가 트리니다드에 배치되었다. 이런 상황이 마음에 들지 않았던 한 지역 뮤지션은 '로드 인베이더'라는 예명으로, "미국의 사회적 침략"이라는 주제를 담은 "Rum and Coca-Cola"라는 제목의 칼립소 곡을 지어 발표했다. 이 곡은 당시 행해지던 비공식적 매춘 행위를 폭로하는 외설적 노래였다. ("Both mother and daughter / Workin' for the Yankee dollar"(모녀가 함께 / 달러를 벌기 위해 일을 하네).)" "Rum and Coca-Cola"는 군인들이 선호하던 알코올 음료인 동시에 2가지 문화가 "한데 섞이는" 일을 은유적으로 표현한 말이다. 로드 인베이더는 또 다른 트리니다드 출신 칼립소 가수 라이오넬 벨라스코가 저작권을 가지고 있던 곡 "L'annee passee"에 기반해 멜로디를 만들었다.

이 트랙은 1943년 트리니다드에서 대단한 히트를 거두었다. 그러나 1945년에 앤드류 시스터가 이 곡과 유사한 노래를 발표했다. 제목도 같고, 주제도 비슷했으며 가사도 어느 정도 일치했다. 그 버전은 미국에서 최다 판매 히트 송으로 등극했다. 음반 크레딧에는 모리 암스테르담과 다른 두 명의 사업 파트너가 작곡가라고 적혀 있었다. 앤드류 시스터스 버전은 로드 인베이더가 언급한 이슈를 가볍게 보이도록 시사했고, 트리니다드 악센트를 서툴게 모방한 흔적도 역력했다. 이 곡을 두고 벌인 법정 재판 과정 중에 암스테르담이 로드 인베이더의 곡이 한참 히트 중이었던 당시 그 섬을 방문한 사실이 밝혀지면서, 결국 저작권 침해를 범했다는 판결을 받았다. **JLu**

This Land Is Your Land
Woody Guthrie (1944)

Writer | Woody Guthrie
Producer | Moe Asch
Label | Folkways
Album | N/A

우디 거스리의 작품 가운데 가장 큰 영향력을 가지고 있는 이 곡은 1944년에 처음 녹음되었는데, 작곡은 이보다 4년이나 앞섰다. 거스리는 어빙 벌린의 "God Bless America"가 너무나 진부하다고 느껴 그 노래에 화답하는 의미에서 "This Land Is Your Land"를 작곡했다고 한다. 이후 이 곡은 제2의 "미국 국가"로 통하게 된다.

거스리는 자신이 쓴 가사에 카터 패밀리의 "Little Darlin', Pal of Mine"의 멜로디에서 상당 부분을 가져와 입혔다. 이것은 자신의 곡이 지니는 매력을 증가시키기 위해 거스리가 종종 쓰던 테크닉이기도 했다. 당시 어려웠던 경제 상황 때문에 9곡의 다른 노래 및 엄선된 일러스트레이션과 함께 수동 인쇄 소책자에 인쇄한 "This Land Is Your Land"는 25센트의 가격에 불티나게 팔려나갔다. 주로 이 경로를 통해 이 노래가 대중에게 보급되었으며, 제2차 세계대전의 영향으로 경제적 곤궁을 겪던 이들 사이에서 매우 큰 인기를 끌었다.

가사가 전하는 감동과 호소력 덕분에 이 곡은 세계 방방곡곡에서 저항의 포크 송으로 큰 지지를 받게 된다. 포크 송이 대개 그렇듯, 이 곡도 시대와 지역에 따라 각 상황에 맞게 가사를 개작해 불렀다. 그 중에서도 인도, 캐나다, 아일랜드공화국 버전이 잘 알려져 있다.

2009년 1월에, 우디 거스리의 오랜 친구였던 피트 시거와 브루스 스프링스틴은 워싱턴 D.C. 소재 링컨 기념관의 버락 오바마 대통령 취임식 공연에서 함께 이 곡을 불렀다. **CR**

Lili Marleen
Marlene Dietrich (1945)

Writer | Hans Leip, Norbert Schultze, Mack David
Producer | Uncredited
Label | Decca
Album | N/A

"Lili Marleen"은 1938년 처음 녹음되었다. 하지만 이 곡의 가사는 이보다 훨씬 전인 1915년에 한 어린 독일 병사가 썼다. 병사의 이름은 한스 라이프였고, 그는 정치적 격변이 한창이던 시대를 견디며 자신이 느낀 향수를 가사에 담아내고자 했다. 그의 시 제목은 〈Das Madchen unter der Laterne(랜턴 아래의 소녀)〉이었다. 그 소녀의 이름인 '릴리'는 라이프 여자친구의 이름이었으며, 그가 제1차 세계대전 중 알게 된 한 간호사의 이름이기도 했다.

라이프의 작품은 1937년 어느 시집에 등장했고, 작곡가 놀베르트 슐처가 이것을 노래로 만드는 일에 착수했다. 이 곡은 1939년 인기 독일 가수 랄레 안데르센이 처음 녹음했지만, 초반에는 별다른 반응이 없었다. 그러나 1941년 독일군 라디오 주파수를 타고 독일 아프리카 군단(Afrika Korps)에게 전해지면서 판도가 뒤바뀌게 된다. 곡에서 풍기는 애달픈 로맨티시즘은 독일군, 그리고 독일군 방송을 엿듣던 동맹군 모두의 심금을 울렸다. 이후 이 발라드의 영어 버전이 신속하게 만들어졌고, 이 곡은 놀랍게도, 2가지 버전 모두 양 진영에서 방송되었다.

이런 뜻밖의 '문화적 친선'은 이 곡을 부른 이들 가운데 가장 유명한, 독일계 할리우드 배우이자 확고한 반나치주의자인 마를레네 디트리히가 완벽하게 상징하고 있다. 디트리히의 이름은 이 곡과 동일어로 통하게 되었고, 그녀는 "북아프리카, 이탈리아, 알래스카, 그린란드, 아이슬란드, 영국을 돌며, 기나긴 3년 동안" 미국 보병대를 위해 이 노래를 불렀다. **DaH**

(Get Your Kicks on) Route 66
The Nat King Cole Trio (1946)

Writer | Bobby Troup
Producer | Uncredited
Label | Capitol
Album | N/A

작곡가 바비 트룹은 펜실베이니아에서 로스앤젤레스로, 서쪽을 향해 미대륙을 횡단하던 중 자신이 타고 가던 고속도로 '루트 66'에 관한 노래를 지어보겠다는 생각을 했다. 그는 재빨리 멜로디와 제목을 결정했지만, 가사를 만드는 건 쉽지 않았다. 결국 트룹은 미주리주의 세인트루이스와 조플린에서 아리조나주 플래그스태프까지 가는 여정을 거친 도시들의 이름을 나열하기로 마음먹는다. 도중에 그는 우리가 "위노나를 잊지 않도록" 하게 하려고 동쪽으로 되돌아 방금 지나온 길을 잠시 되짚기도 하지만, 결국 캘리포니아주의 샌 버나디노에서 서쪽을 향한 여정을 마쳤다.

트룹은 냇 킹 콜을 위해 이 곡을 작곡했고, 콜의 트리오는 이 곡으로 팝과 R&B 차트에서 대단한 히트를 기록한다. "Route 66"는 이 도로가 선사한 자유와, 이 도로가 뻗은 방향에 있어, 한 해안에서 다른 편 해안까지, 대륙 전체를 지배하겠다는 미국 국민의 '명백한 사명'을 기리고 있다. '루트66' 건설은 1925년에 시작되었고, 1932년 무렵 완전하게 가동상태가 되어 농업 중심의 남부를 북부의 산업도시뿐 아니라 캘리포니아주의 '햇살 머금은' 도시들과 연결시켜 주었다.

콜의 버전은 스윙조의 피아노가 리드하는 재즈 버전으로, 전형적인 그의 스타일리시한 보컬이 완성도를 높인다. 한편, 척 베리와 롤링 스톤스 버전을 비롯한 여타 버전들은 이 곡을 R&B 고전으로 굳어지게 하는 데 한몫한다. **SA**

Al gurugu
La Niña de los Peines (1946)

Writer | Uncredited
Producer | Uncredited
Label | La Voz de su Amo (HMV)
Album | N/A

1890년 안달루시아의 수도 세비야. 한 가난한 집시 가정에서 태어난 파스토라 마리아 파본 크루즈는 20세기 최초의 플라멩코 스타로 성장했다. 오늘날 그녀는 가장 위대한 여성 플라멩코 싱어로 추앙받는다. 일찍이 "라 니냐 데 로스 페이네스(La Nina de los Peines-빗의 소녀)"라는 예명을 얻게 된 그녀는 어린 시절 가족을 부양하는 비용을 보태기 위해 노래를 시작했다. 그녀의 목소리는 힘차고 강렬한 색채감을 소유해 집시 공동체를 넘어 많은 사람의 이목을 끌게 되었고, 곧 시인 페데리코 가르시아 로르카와 기타리스트 안드레스 세고비아 같은 거물이 그녀의 예술성을 지지하고 나섰다. 어린 나이에 스페인 순회 연주를 돌았던 라 니냐는 1910년에 첫 녹음을 했다. 그녀는 위대한 플라멩코 싱어 페페 핀토와 결혼했다. 그들은 스페인내전을 피해 아르헨티나로 갔다. 1940년대에 다시 스페인으로 돌아왔고, 그녀는 이곳에서 음악 활동을 이어갔다. "Al gurugu"는 플라멩코 전문가들이 플라멩코의 황금빛 여명을 기록한 결정적 리코딩으로 인정한다.

이 곡의 제목은 아무 의미 없는 말이다. "두-두-두"와 비슷한 정도라고나 할까. 이것은 주로 발성 효과음으로 활용되며 "My husband's left me all alone / He's gone to war in France(내 남편은 나를 홀로 남겨두었지 / 그는 참전하기 위해 프랑스에 갔다네)"처럼 라 니냐가 즉흥적으로 만든 가사를 보조해준다. 플라멩코 기타와 팔마스(palmas-손뼉)가 보조를 맞추고 있는 "Al gurugu"는 라 니냐의 전성기 모습을 고스란히 보여주며, 여전히 칸테 혼도(cante jondo-깊은 노래)의 열정적 본보기로 남아 있다. **GC**

La vie en rose
Edith Piaf (1946)

Writer | Edith Piaf, Louiguy
Producer | Uncredited
Label | EMI
Album | N/A

이 곡의 제목은 "장밋빛 유리를 통해 본 인생" 정도로 해석될 수 있다. 에디트 피아프가 부른 이 아이콘적 입지의 발라드는 이 카바레 가수의 충격적 삶과 시공을 초월한 음악적 유산의 구현이다. 이 곡은 1998년에 그래미 홀 오브 페임 어워드를 수상했다.

피아프의 동료와 친구들은 그녀가 1945년에 작곡한 이 곡을 두고 좋지 않은 선택이라며 비난했지만, 이 곡은 라이브 무대에서 즉각적으로 청중의 인기를 끌며 그녀의 대표곡이 되었다. 에디트가 가사를 썼고, 카탈로니 출신 작곡가이자 "루이구이"라는 예명으로 활동한 루이스 구리엘미가 멜로디를 썼다.

염치없다 싶을 정도인 이 곡의 낭만성은 정열적인 관현악과 쌍벽을 이루며 이 곡을 세계적 히트 곡으로 만들었다. 디즈니의 작사가이자 작곡가인 맥 데이비드는 곧 이 곡의 영어 버전을 썼다. 이 노래는 이후 제2의 "La Marseillaise"로 부상하며 새로운 세대의 프랑스 국민을 대변하게 된다.

이 고전은 끊임없이 대중문화에 영향을 미쳤으며 스티븐 스필버그의 〈라이언 일병 구하기〉(1998), 올리버 스톤의 〈올리버 스톤의 킬러〉(1994), 픽사의 〈월-E〉(2008) 같은 다양한 할리우드 영화에 모습을 드러낸다. 또한 오스카상을 수상한 피아프의 전기영화 〈라비앙 로즈〉(2007)의 제목이 되어주기도 했다. 이언 플레밍은 〈007 카지노 로얄〉의 13장 제목을 "La vie en rose"의 이름을 따 명명했고, 추가적으로 'You Only Live Twice'와 'Diamonds Are Forever'에서 이것을 언급했다. **KL**

1946년 에디트 피아프의 공연 모습. 관중들은 그녀가 노래에 담아내는 원초적 감정에 사로잡혀 얼어붙곤 했다.

La mer
Charles Trenet (1946)

Writer | Charles Trenet, Albert Lasry
Producer | Uncredited
Label | EMI
Album | N/A

샤를 트레네는 그 세대의 가장 존경받고 사랑받는 아티스트 가운데 한 명이었다. 그는 60년의 음악 인생 동안 1천 곡 이상의 호소력 강한 샹송을 창작했음에도 프랑스 밖에서는 교향악적 고전 "La mer"로만 알려져 있다.

전설적 인물로 통했던 트레네는 활력 넘치는 무대 연출과 괴팍한 성격 탓에 처음에 "노래하는 광인"이라고 불렸다. 이런 이미지는 속 편해 보이고 괴팍하며 독특한 그의 보컬 스타일과 한데 어우러져 그에게 성공 문을 여는 열쇠가 되어주었다. 그러나 트레네가 자신의 인기에 편승해 제대로 출세를 꾀할 수 있게 된 것은 제2차 세계대전이 끝나고 난 후의 일이었다. 그는 "La mer"를 포함한 새로운 노래들을 대중에게 소개한다.

1945년 발표한 이 곡은 대양에 부치는 한 편의 서정시로, 대상이 가지는 최면적 특성들을 거의 초현실주의적 분위기로 포착했다. 이 곡이 세계적 히트 곡이 되었음에도 곡의 기원에 대해 알려진 바는 그다지 많지 않다. 2001년, 나이 지긋해진 트레네는 "La mer"의 가사가 16세 때 지었던 시였으며, 그 음악은 1943년 있었던 짧은 기차 여행 동안 화장실 휴지에 휘갈겨 써 작곡한 것이라고 털어놓았다.

1950년대 말, 미국 작곡가 잭 로렌스는 "La mer"를 전격 변신시킨다. 가사를 개작하는 한편, 이것을 동경에 찬 낭만적 노래로 바꾸었고 "Beyond the Sea"라고 재명명했다. 이 영어 버전은 수많은 미국 여인의 마음을 두근거리게 한 바비 다린의 메가 히트작으로 부상했다. **BC**

White Christmas
Bing Crosby (1947)

Writer | Irving Berlin
Producer | Uncredited
Label | Decca
Album | *Merry Christmas* (1947)

어빙 벌린은 대단한 음악성을 발휘한 적이 한 번도 없다. 그는 제롬 컨의 화성적 재능도, 조지 거슈윈의 저돌성도 소유하지 못했다. 그렇다고 콜 포터의 재치를 가진 것도 아니었다. 그의 피아노 연주는 끔찍했으며, 제대로 기보법을 배운 적도 없었다. 그런데도 언뜻 보기에 세련되지 못해 보이는 그의 손은 일련의 명작을 속속 탄생시켰다. 그 중에는 "God Bless America", "There's No Business Like Show Business"처럼 도저히 언급하지 않으면 안 될 유명 곡부터 크리스마스 노래의 제왕 "White Christmas"까지 있었다. 1940년 초반, 벌린이 첫 윤곽을 잡아놓았던 "White Christmas"는 1942년에 영화 〈홀리데이 인〉에서 빙 크로스비의 음성을 타고 첫선을 보였다. 크로스비의 음반이 발매된 시기는 한여름의 절정과 맞물렸지만, 이보다 더 좋은 타이밍은 있을 수 없었다. 미국이 제2차 세계대전에 점점 더 깊이 개입하고 있던 시기에 맞추어, 이 곡이 가진 감상적 힘은 사랑하는 이와 떨어져 지내야 했던 많은 이의 가슴을 울렸다(크로스비의 버전이 벌린의 본래 가사 도입부 일부를 생략한 것도 긍정적인 영향을 미쳤다. 왜냐하면 본래 가사에서는 화자의 위치가 비벌리힐스로 설정되어 있었다). 이 곡은 10월 즈음 차트 1위로 올랐고, 1943년에 들어서는 방방곡곡에 울려 퍼지고 있었다.

5년이 지난 후, 크로스비는 "White Christmas"를 재녹음한다. 오리지널 마스터본이 손상되었다는 것이 그 이유였다. 오늘날 많은 이가 가장 잘 알고 있는 버전은 바로 이 재녹음 버전이다. **WF-J**

Good Rockin' Tonight
Roy Brown (1947)

Writer | Roy Brown
Producer | Jules Braun
Label | DeLuxe
Album | N/A

로이 브라운은 록과 소울의 역사에서 가장 위대했던 "잊혀진 영웅" 가운데 한 명으로 남아 있다. "Good Rockin' Tonight"을 통해 그는 종전 이후 시대를 살던 미국 대중에게, 막 성장하기 시작한 격동의 새로운 음악 스타일로 앤섬 (anthem) 한 곡을 지어 선사했다. 루이지애나 태생이었던 브라운은 가스펠을 부르며 성장했다. 본래 빙 크로스비를 모창했던 그는 휴스턴 청중이 블루스 싱어들에게 돈을 던지는 모습을 본 이후 재빨리 자신의 사운드를 재정비했다.

라이브 무대에서 큰 인기가 있는 엔터테이너였던 브라운은 무대에서 원기 왕성한 에너지와 다재다능한 음악 기량을 선보여 뉴올리언스에서 가장 인기 있는 흑인 보컬로 등극했다. 그는 1946년 "Good Rockin' Tonight"을 작곡했고, 부기우기 피아니스트 세실 건트에게 이 곡을 연주해 보였다. 이 곡에 홀딱 반한 건트는 뉴저지 디럭스 레코드사의 줄스 브라운에게 전화를 걸었다. 그리고는 로이에게 전화로 "Good Rockin' Tonight"을 부르게 했다. 줄스 브라운은 곧 건트에게 이렇게 지시했다. 우선 로이에게 1백 달러를 쥐어주고 듀드랍 여관에 방을 하나 잡아준 다음 어디로 가지 못하게 감시하라는 것이었다. 이틀 뒤 뉴올리언스에 도착한 줄스 브라운은 리코딩 세션을 마련했고, 1947년 5월 "Good Rockin' Tonight"을 발매했다.

이 레코드는 점프 블루스의 원초적 힘과 흥분을 고스란히 포착해냈고 뉴올리언스에서 즉각 히트를 거둔 후 1948년에 전국 차트에 입성했다. 그 무렵 블루스 싱어 위노니 해리스의 커버 버전은 R&B 차트 정상에 올라 있었다. **GC**

Nature Boy
The Nat King Cole Trio (1948)

Writer | Eden Ahbez
Producer | Uncredited
(arranged by Frank DeVol)
Label | Capitol
Album | N/A

1947년 이든 아베즈가 이 곡을 냇 킹 콜의 매니저에게 보여주었고, 며칠 뒤 콜은 이 곡을 로스앤젤레스의 나이트클럽 보케이지에서 라이브로 공연했다. 콘서트를 끝낸 콜이 분장실에 다다르기도 전에 어빙 벌린이 나타나 이 곡을 사겠다고 제의했다고 한다.

피아니스트 냇 킹 콜은 1930년대 말 재즈 트리오의 리더로 각광받게 된다. 싱어로서 그는 아름답게 매끄러운 스타일과 분명한 발음을 구사했고, 1940년에 백인 청중에게 어필하는 히트 곡을 줄줄이 발표했다. 당시만 해도 이것은 말처럼 쉬운 일이 아니었다. 미국 음악계는 인종에 따라 분열되어 있어서 흑인 재즈에서 백인 팝으로 '크로스오버'해 대중의 호응을 산다는 것은 매우 어려운 일이었다. 그러나 콜은 "Nature Boy"를 통해 멋들어지게 이 위업을 이루어냈고 이 곡은 미국 차트 넘버 원 자리에 올랐다.

곡의 멜로디는 이디시어의 노래 "Schwieg mein Hertz"를 반영했고, 드보르작의 피아노 5중주 곡의 일부와도 유사하다. 그러나 콜이 1947년 8월 22일 녹음한 오리지널 버전은 캐피톨 레코드 소속 편곡가 프랭크 드볼의 풍부한 관현악 사운드를 통해 멋지게 변신했고, 드볼의 현과 플루트를 활용한 편곡 기법은 이 '네이처 보이'가 지닌 마법에 걸린 야릇함을 성공적으로 연출했다. 덕분에 몇 개의 다른 커버 버전이 동시에 발표되었음에도 이 곡은 대단한 히트를 기록했다. 대중가수 콜의 탄생은 바로 이렇게 이루어졌다. **SA**

Saturday Night Fish Fry | Louis Jordan & His Tympany Five (1949)

Writer | Louis Jordan, Ellis Walsh
Producer | Uncredited
Label | Decca
Album | N/A

흑인 음악 역사에서 루이스 조던만큼 대단한 성공과 영향력을 향유한 인물은 매우 드물다. 싱어이자 색소폰 연주자였던 그는 1930년대 뉴욕에서 칙 웹의 빅밴드 멤버로 음악 인생을 시작했다. 그러나 조던이 진정 스타의 행보를 내디딘 것은 그의 밴드 팀파니 파이브와 함께 활동하면서부터다. R&B 사운드를 대표하는 이 밴드는 40년대, 50년대 초반 즐겁고 흥겨운 싱글을 줄줄이 발표하며 타의 추종을 불허하는 연속적 히트 기록을 세운다.

"Saturday Night Fish Fry"는 여러 모로 조던 스타일의 전형을 보여준다. 약간의 부기우기 피아노와 간간이 구두점을 찍어주는 혼 리프, 소규모 리듬 섹션, 익살스러운 이야기 등이 그것이다. 이 즈음에 조던의 그룹은 그 어느 때보다 더 맹렬한 유쾌함을 전달하고 있었다. 제임스 "햄" 잭슨의 한껏 소리 높인 일렉 기타 릭은 로큰롤과 직접적인 연관성을 지녔다.

미국 R&B 차트 정상을 12주 동안 지킨 "Saturday Night Fish Fry"는 조던이 거둔 마지막 히트 곡 가운데 하나이다. 1951년에 이르자 10년 동안 계속된 그의 차트 군림은 하락세를 보이게 되고, 그가 스스로 발명을 도운 로큰롤 뮤직에 의해 이 하락세는 한층 더 촉진되었다. 그의 음악을 대중이 재발견하기까지 40년이란 세월이 걸렸다. 조던의 노래들을 중심으로 클라크 피터슨이 만든 신나는 뮤지컬 'Five Guys Named Moe'는 런던 근교에서 시작해 웨스트엔드와 브로드웨이로 옮겨 가 장기공연 행진을 구가하게 되고, 조던이 남긴 음악 유산은 새롭게 가치를 인정받게 된다. **WF-J**

I'm So Lonesome I Could Cry Hank Williams (1949)

Writer | Hank Williams
Producer | Uncredited
Label | MGM
Album | N/A

컨트리 음악은 오랫동안 '기술'과 '고백', 그리고 '예술성'과 '신실성'을 별개로 치는 원칙을 따라왔다. 하지만 어느 날 행크 윌리엄스가 등장했고, 그는 극과 극을 한데 묶는 데 성공한다. 윌리엄스는 작곡 기술에 숙련된 대가였고, 재능 있는 싱어였다. 그 이전에 활동했던 그 어떤 컨트리 싱어보다 더, 그는 자신의 노래에 자신의 삶을 깊이 새겨 넣을 줄 알았고, 맥주가 모자란다고 푸념하는 곡("My Bucket's Got a Hole in It"은 윌리엄스의 건강을 악화시켰던 알코올 의존증을 별일 아니라는 듯 언급한다)부터 스스로의 몰락을 예언하는 오싹한 노래("I'll Never Get Out of This World Alive"는 그가 사망하기 몇 주 전 발표했다)까지 이런 그의 재능은 한껏 두각을 나타냈다. 평탄치 않았던 결혼생활에 관해 쓴 듯한 "I'm So Lonesome I Could Cry"는 자전적 이야기와 상상력을 멋지게 융화시킬 줄 아는 그의 음악을 전형적으로 보여주었다.

"I'm So Lonesome I Could Cry"는 노래가 아닌 시로 처음 잉태되었다는 점에서 다른 윌리엄스의 작품들과 상이하다. 윌리엄스는 이 시에 4분의 3박자의 구슬프고 심플한 음악을 입힌다. "My Bucket's Got a Hole in It"의 B면에 수록되어, 별다른 빛을 보지 못한 이 곡은 발표 당시 히트를 거두지 못했다. 그러나 이 곡은 이후 죽 윌리엄스의 불운한 삶을 나타내는 시금석처럼 남아 있다. 그는 1953년 새해 전야, 모르핀과 알코올에 취해 차 뒷좌석에서 일생을 마감한다. 그의 나이 29세였다. **WF-J**

행크 윌리엄스는 꾸밈없는 전달력과 통렬한 가사로 컨트리 음악계의 거물이 되었다. ➡

- 1951년, 디제이 앨런 프리드가 백인 청취자를 상대로 흑인 알앤비 음악을 주파수에 내보내기 시작한다.

- 1954년 흑인 하모니 그룹들이 미국에 두-왑 붐을 일으키기 시작한다.

- 1955년 빌 헤일리 앤 히스 카메츠가 "Rock Around the Clock"을 발매한다.

- 1956년 엘비스 프레슬리가 〈에드 설리번 쇼〉에 출연해 미국을 흥분에 빠뜨린다.

- 1959년, 베리 고디 주니어가 모타운 레이블, 일명 "히츠빌 USA"을 설립한다.

1950년대

Autumn Leaves
Jo Stafford (1950)

Writers | Joseph Kosma, Jacques Prévert, Johnny Mercer
Producer | Uncredited
Label | Capitol
Album | N/A

보컬 하모니 그룹 파이드 파이퍼스의 일원으로 처음 유명세를 맛본 조 스태포드는 제2차 세계대전 중 미군의 연인으로 모든 총애를 한몸에 받았고, 애정 어린 별칭 "지아이 조"도 얻었다. 그녀는 애달픈 발라드("Some Enchanted Evening", "A Sunday Kind of Love")부터 프랭키 레인과 생기 넘치는 듀엣("Hambone", 행크 윌리엄스의 "Hey, Good Lookin")까지 이 모든 것들을 선사하며 다양한 히트 곡을 수십 편이나 연이어 발표한다. 이들은 모두, 스태포드의 풍부하고 우아하며 아름답게 절제된 깊은 소프라노 목소리를 통해 두각을 나타냈다.

"Autumn Leaves"는 오늘날 미국의 재즈 스탠더드로 통한다. 하지만 사실 이 곡은 1964년에 작곡된 프랑스 노래 "Les feuilles mortes"(고엽)이었다. 이 곡은 송라이터 조니 머서가 40년대 말 조셉 코스마의 멜로디에 새로운 영어 가사를 붙이면서 대서양을 넘어 미국으로 건너온다. 할 무니가 이끄는 오케스트라를 대동한 전형적인 스태포드 스타일의 이 장중한 음반은 머서가 새로 쓴 가사를 활용한 최초 버전이라는 추측도 있다.

그녀의 성공적 행보는 50년대 내내 멈출 줄을 모른다. 그동안 스태포드는 영국에서 2번째 넘버 원 싱글 "You Belong to Me"를 발표하는 한편, 베스트 코미디 앨범 부문 그래미상을 수상하기도 한다. 그녀는 40대를 넘기기 전에 보컬을 그만두었고, 수천 명의 현역 군인들은 가슴 아파했다. 자신의 목소리에 스스로 만족하지 못하겠다는 것이 그 이유였다. 은퇴를 고하며 스태포드는 말했다. "라나 터너가 더이상 수영복 모델을 하지 않는 것과 같은 이유"라고 말이다. **WF-J**

Summertime
Sarah Vaughan (1950)

Writers | George Gershwin, DuBose Heyward
Producer | Joe Lippman
Label | Columbia
Album | N/A

〈포기와 베스〉는 아프리카계 미국인의 삶의 초상으로 오랜 세월에 걸쳐 많은 논란을 야기했다. 유태계 백인 음악가 조지 거슈인이 남부 출신 백인 뒤보스 헤이워드의 1924년 소설 「포기」에 기반해 헤이워드가 가사를 직접 쓴 1935년의 이 포크 오페라는 남부 지방의 흑인 생활에 대한 백인의 정형화된 관념을 부추긴다는 비난을 샀다. 그러나 거기 등장하는 노래 하나하나가 이런 비난의 표적이 된 것은 아니다. 특히 "Summertime"은 그런 비판과는 거리가 멀었다. 이 곡은 재즈 스탠더드 튠으로 자리 잡기까지 했다.

거슈인이 흑인 영가에 기반을 두고 쓴 이 곡은 펜타토닉 멜로디를 가진다. 말하자면, 좀 더 전통적인 7음계보다 5음계에서 가져온 음으로 멜로디를 구성한다. 이것은 다수의 흑인 영가와 가스펠 곡에 일반적으로 나타나는 특징이다. 주 테마에 단지 6개의 음만 사용했으며, 이런 단순성이 이 곡을 현대음악 곡이라기보다는 전통 민요에 가깝게 들리게 만든다.

사라 본의 손을 거치게 되면서 이 곡은 극적인 무엇으로 둔갑하게 된다. 하향 진행하는 스트링과 베이스 드럼 리프는 도입부에서 두 번 반복되며, 곡 전반에 걸쳐 간헐적으로 모습을 드러낸다. 그러고 나면 굳건한 목적의식이 느껴지는 사라 본의 음성이 이어진다. 혼 섹션의 확고함, 풍성한 스트링 편성이 그녀의 풍부하고 강력한 목소리를 지지해주고 있다. "여름철" 한때 "삶은 안락"했지만, 불안감이 자리를 틀고 있었고, 어딘지 모를 위험이 서려 있기까지 했다. 이 스탠더드 튠은 수많은 버전을 통해 접할 수 있지만, 사라 본의 보컬만큼 이목을 사로잡는 독창적인 버전은 찾아보기 힘들다. **SA**

1956년 공연 중인 사라 본. 빡빡한 재즈 공연 스케줄을 소화하는 중이다. ➡

Goodnight, Irene
The Weavers (1950)

Writer | Traditional; Huddie Ledbetter, John A. Lomax
Producer | Uncredited
Label | Decca
Album | N/A

"Goodnight, Irene"은 너무나 대단해 이 곡을 처음 대중화시킨 남성을 감옥에서 석방시켜주었다는 전설이 있다. 1934년 허디 "레드벨리" 레드베터가 살인미수죄를 사면받게 된 가장 큰 이유가 바로 이 블루스맨의 "Irene" 음반이 루이지애나 주지사에게 너무나 큰 즐거움을 주었기 때문이라고 한다.

"Irene"의 정확한 기원은 알려져 있지 않다. 이 곡은 종종 레드벨리의 것이라고 이야기되지만 그 역시 삼촌에게 배운 노래였다고 하며, 본디 뿌리는 1880년대까지 거슬러 올라가며, 거시 로드 데이비스의 "Irene, Good Night"이 이 곡의 기원이라고 추정하기도 한다. 이토록 사랑에 번민하는 이야기를 처음 자아냈던 이가 누구였던 간에, 사실관계에 연연하기보다 레드벨리 버전을 녹음해 기록에 남긴 음악학자 존과 앨런 로맥스에게 고마워하는 것이 나을 것이다. 왜냐하면 이 작품은 20세기 전체를 통틀어 가장 위대한 미국 포크 스탠더드 튠 가운데 하나로 인정받게 되었으니 말이다.

한편, 고결한 지위를 진정으로 확보하는 데 성공한 버전은 레드벨리의 것이 아니라 위버스의 것이었다. 레드벨리에게 직접 이 튠을 익힌 피트 시거의 포크 쿼텟은 "And if Irene turn her back on me, I'm gonna take morphine and die"과 같은, 물의를 일으킬 만한 일부 가사를 생략하고 노래했다. 그러나 이렇게 가사를 "예쁘게" 만든 덕분에 수백만 명의 사람들이 "Irene"을 즐길 수 있는 기회가 마련되었다. 이 곡은 미국에서 차트 1위에 올랐고 거의 반년에 걸쳐 차트에 머물렀다. 이후 프랭크 시나트라부터 라피까지 셀 수 없을 만큼 많은 이가 자신의 버전을 발표했다. **JiH**

Mambo No. 5
Pérez Prado (1950)

Writer | Pérez Prado
Producer | Uncredited
Label | RCA Victor
Album | N/A

탁월한 밴드 리더, 피아니스트, 편곡가, 작곡가이자 공연인인 페레즈 프라도는 자신의 혁신적 음악을 "너무 이상하다"고 생각하는 음반사의 태도에 숨이 막혀 결국 1947년에 고향 쿠바를 떠나게 된다. 푸에르토리코에 잠시 체류하며 여행을 계속한 그는 마침내 멕시코에 정착하게 되었고, 이곳에서 그가 선보인 초기 단계의 "맘보" 스타일은 즉각 히트했다. 무엇보다 그의 음악이 다수의 멕시코 영화에 삽입된 것이 성공에 큰 요소로 작용했다. 비록 단독으로 이 음악 스타일 자체를 고안해낸 것은 아니지만, 50년대 세계적 맘보 열풍에서 가장 큰 역할을 한 인물은 누가 뭐래도 프라도였고, 가장 큰 사건은 이 곡이 78회전판으로 발매되었다는 사실이다.

그가 발표한 몇 편의 맘보 작품은 번호가 매겨져 있는데, "Mambo No.5"도 그중 하나이다. 이 곡은 경련하듯 갑작스러우면서도, 뽐내듯 거드름을 피우는 면에서 맘보 스타일의 전형적 본보기라 할 수 있고, 높게 질러대는 트럼펫, 박력 있는 색소폰, 다혈질의 퍼커션이 고막을 사정없이 때려댄다. 서스펜스 넘치는 갑작스런 침묵이 트랙 여기저기에서 구두점을 찍어주고, 프라도의 트레이드마크가 된 외침이 곡의 마무리를 장식한다. 이 외침은 곧 맘보 스타일과 동의어가 된다.

1999년에 무명 독일 아티스트 루 베가가 이 오리지널 버전을 철저히 재정비해 "Mambo No.5 (A Little Bit of⋯)"라는 새로운 이름으로 다시 선보인다. 오리지널보다 더 지적이진 않지만, 이 곡은 세계적으로 대대적 히트를 기록하게 된다. 그 후 이 곡은 줄줄이 커버 버전을 낳았으며, 가차 없이 패러디를 당했다. **JLu**

Rocket 88 | Jackie Brenston
& His Delta Cats (1951)

Writer | Jackie Brenston
Producer | Sam Phillips,
Ike Turner
Label | Chess
Album | N/A

종종 최초의 로큰롤 음반으로 꼽곤 하는 "Rocket 88"에는 무명의 아이지어 러스터 터너 주니어의 쿵쾅대는 피아노 사운드가 담겨 있다. 1951년 3월, 터너는 자신의 밴드 킹스 오브 리듬과 함께 테네시주 멤피스 706 유니언 가에 위치한 샘 필립스의 멤피스 리코딩 서비스(훗날 '선 스튜디오(Sun Studio)'가 된다)에서 리코딩 세션을 가지기 위해 미시시피주 클락스데일에서 북쪽을 향한 육로 여정을 떠난다. 이 밴드의 보컬리스트 겸 색소폰 주자였던 터너의 사촌 재키 브렌스턴은 "Rocket 88"에서 리드 보컬을 맡아 올즈모빌 에이티에잇(Oldsmobile 88)이 주는 즐거움에 부치는 시를 읊었다. 필립스는 마스터를 시카고의 체스 레코드에 대여해주었고, 체스 레이블은 재키 브렌스턴 앤 히스 델타 캐츠라는 이름을 달아 음반으로 발매한다. 터너는 이것을 매우 유감스럽게 생각하며 이 곡이 빌보드 R&B 차트의 정상으로 치솟는 과정을 분한 마음으로 지켜봐야 했다. 또한 터너는 브렌스턴이 단독 작곡가로 앨범 크레딧에 명시된 데에 이의를 제기하기도 했다.

이 트랙에는 디스토션과 퍼즈를 이용한 기타 사운드가 등장한다. 밴드의 차가 스튜디오로 오던 중 기타리스트 윌리 키자트의 앰프가 자동차 지붕에서 떨어져 스피커 콘에 구멍이 난 것이 그 발단이 되었다 한다. 필립스는 앰프에 신문지를 쑤셔 넣어 터진 곳을 고치려 해보았다고 한다. 리틀 리처드의 "Good Golly, Miss Molly"(1958)는 아이크 터너의 "Rocket 88"의 피아노 리프를 고스란히 가져다 사용했다. 사실 터너의 리프도 지미 리긴스의 "Cadillac Boogie"(1947)에서 슬쩍해 온 것이다. **JoH**

Cry | Johnnie Ray
& The Four Lads (1951)

Writer | Churchill Kohlman
Producer | Uncredited
Label | Okeh
Album | N/A

50년대 초, 조니 레이는 보컬계에 새로운 센세이션을 불러 일으킨다. 그의 스타일은 빙 크로스비 같은 크루너들에게 상당 부분 빚지고 있었다. 하지만 레이를 진정 독창성 있는 가수로 차별화시킨 것은 그가 자신의 음악에 대한 극적 효과와 강한 개성이었다.

"Cry"는 그가 보여준 독특한 보컬 스타일의 완벽한 전형 그 자체였다. 이 목메고 눈물 나는 스토리를 듣고 있자면 마치 그가 금방이라도 주저앉아 눈물을 쏟아낼 것 같았다—실제로 그는 많은 콘서트 무대에서 이런 연기를 선보였다. 괴로웠던 유년기와 10세 때 당했던 사고로 보청기가 필요했다는 사실은 그의 연약한 매력에 긍정적으로 작용하기만 했다. "So let your hair down and go right on and cry(그러니 모든 걸 털어놓고, 주저 말고 울어버려)"라는 가사의 조언을 들은 팬들은 이것을 곧 실행에 옮겼다. 레이의 콘서트는 가슴 뭉클한 경험을 안겨주었고, 이런 격한 감정은 60년대의 비틀매니아나 70년대의 티니바퍼(teenybopper) 시대 현상에 견줄 만한 것이었다. 레이 스스로도 자신의 음정이 "테이블처럼 납작 눌려" 있다는 것을 인정했지만 그런 것은 전혀 문제가 되지 않았다. 그는 항상 광란하는 소녀들의 비명에 파묻혀 있었고, 그의 팬들은 종종 그의 옷을 찢기도 했다.

처음에 루스 케이시가 불러 인기몰이를 했던 이 처칠 콜맨의 노래는 조니 레이의 것으로 재탄생되어 빌보드 싱글 차트 정상에 올랐고, 오랜 시간을 지나면서 본래의 특성들을 잃었다. 이 곡은 오리지널 버전에 좀 더 충실한 컨트리 커버 버전들을 낳았고, 태미 와이넷과 크리스털 게일과 같은 아티스트가 재해석하기도 했다. **DR**

How High the Moon
Les Paul and Mary Ford (1951)

Writer | Morgan Lewis, Nancy Hamilton
Producer | Uncredited (Les Paul)
Label | Capitol
Album | N/A

세미 어쿠스틱 기타는 단독으로 연주하기에는 그 사운드가 너무 앙상했고, 앰프에 연결해 쓸 때 너무 쉽게 피드백 현상을 야기했다. 결국, 레스 폴은 솔리드 바디 기타를 앰프에 연결해 쓰는 것이 해결책이라는 결론에 다다른다. 그는 목재 한 대를 가져다 이런 기타를 만들어내는 데 성공했다. 하지만 청중이 그 외양을 기이하게 여기자 여기에 어쿠스틱 기타의 잘린 몸통 부분을 장식 목적으로 붙여 넣어보았다고 한다. "로그(the Log)"라는 별칭이 붙은 이 악기는 최초의 일렉트릭 기타였으며, 폴을 기리는 이름을 가지고 훗날 등장할 깁슨 모델의 직계 조상이라고 할 수 있다.

이렇게 새로운 기타를 탄생시키는 데 성공한 불굴의 기타리스트 폴은 또 다른 문제를 해결하는 데 도전한다. 바로 '라이브 녹음'의 필요성이다. 1947년에 자신의 차고에서 아세테이트 디스크를 만지작대던 폴은 로저스와 하트가 작곡한 노래 "Lover (When You're Near Me)"를 녹음한 후 여기에 8개의 기타 파트 오버 더빙을 넣는다. 그의 오랜 리코딩 파트너 빙 크로스비가 폴의 테이프 레코딩 기술 실험을 위한 자금을 대기 시작하면서, 오버 더빙은 더욱 용이해진다.

그가 개조해 만든 암펙스 테이프 리코더에 녹음한 초기 작품 가운데 하나가 바로 "How High the Moon"이었다. 폴이 휘황찬란하게 여러 겹 쌓아놓은 기타 트랙은 정반대되는 것이 서로 끌리게 마련이듯 포드의 우아하게 드리운 보컬과 완벽한 조화를 이룬다. 연속 9주간 빌보드 차트 1위를 기록한 이 트랙은 그가 "사운드 온 사운드 리코딩"이라 불렸던 중대 실험의 정점을 말하고 있다. **WF-J**

London Is the Place for Me
Lord Kitchener (1951)

Writer | Aldwyn Roberts
Producer | Denis Preston
Label | Melodisc
Album | N/A

로드 키치너는 1923년 트리니다드의 올드윈 로버츠에서 대장장이의 아들로 태어났다. 그는 자신의 섬 곳곳에 울려 퍼지던 초기 칼립소 음악과 댄스홀을 가득 채우던 스페인 노래들을 들으며 성장했다. 마이티 스패로와 함께, 키치너는 세계 곳곳을 휩쓴 칼립소 인기몰이에 한 몫 하게 된다.

키치너는 40년대 말 무렵에는 이미 트리니다드에서 급성장한 칼립소 신의 주도적 인물로 활동하고 있었고, 미국과 영국 곳곳을 돌며 공연을 펼쳤다. 그는 MV 엠파이어 윈드러시를 타고 1948년 영국으로 이민 왔고(당시 촬영된 뉴스 영화를 보면, 그가 실제로 이 노래를 부르며 하선하는 모습이 나온다), 곧 런던에 거주하는 카리브해 이주민에게 영검 같은 존재로 굳어지게 된다. 낯선 땅에 온 이주민들은 초반에 스스로 조성한 공동체와 재밋거리에 의존했고, 그들에게 칼립소는 정치부터 성적 이슈까지 모든 화젯거리를 언급하는 수단이 되어준다.

"London is the Place For Me"는 그 시대의 낙천적 분위기를 잘 포착해냈고, 잿빛으로 물든 영국의 수도에 화려한 섬의 색채감을 가져다 준다. 이 곡의 도입부와 종결부에 등장하는 피아노 구절들은 빅벤에서 울려 퍼지는 "웨스트민스터 쿼터" 종소리를 흉내 내고 있으며, 런던을 상징하는 아이콘적 심상을 나타내고 있다. 이 곡은 영국에 거주하는 이주민들뿐만 아니라 서아프리카 지역의 영연방 국가들, 그리고 카리브해 지역에서도 큰 인기몰이를 한다. **CR**

부부 듀오 레스 폴과 매리 포드가 1955년 홍보용 샷을 위해 장난스레 분위기를 맞추는 중이다.

They Can't Take That Away From Me | Fred Astaire (1952)

Writer | George Gershwin, Ira Gershwin
Producer | Norman Granz
Label | Clef
Album | *The Astaire Story* (1952)

이 곡이 첫선을 보인 것은 프레드 애스테어와 진저 로저스의 영화 〈쉘 위 댄스〉(1937)에서였다. 이 최초 버전은 오스카상 '베스트 오리지널 송' 부문 후보가 되지만, 수상에는 실패한다.

애스테어는 〈바클레이스 오브 브로드웨이〉(1949)에 출연해 로저스에게 다시 한 번 이 곡을 속삭인다. 그러나 그가 이 곡이 가진 느긋한 매력을 진정 제대로 포착해낸 것은 1952년 마침내 발표된 그의 데뷔 LP에서였다. 1999년에 그래미 명예의 전당에 당당히 입성한 그의 4부작 음악 인생 회고록「디 애스테어 스토리(The Astaire Story)」에는 피아니스트 오스카 피터슨이 참여하기도 했다. 이 음반의 프로듀서는 흥행의 대가 노먼 그란츠였다. 그는 몇 년 전 카네기홀 공연을 통해 오스카 피터슨을 스타덤에 올려놓았다. 이들은 서로 합동해 재즈 스타일의 은은하고 다정다감한 해석을 연출해냈고 여기에 애스테어의 섬세하고 순진한 목소리가 탄력을 더했다. "연기도 못하고 노래도 못한다"는 비난 가득 찬 스크린 테스트 결과 보고를 받은 남성 배우치고는 꽤나 훌륭한 퍼포먼스였다.

"They Can't Take That Away From Me"는 풍요로운 여생을 보내게 된다. 사라 본(1957), 엘라 피츠제럴드(1959), 프랭크 시나트라(1962) 등 쟁쟁한 뮤지션이 앞다투어 커버 버전을 발표한 이 곡은 '미국 명곡선(The Great American Songbook)'으로 당당히 자리하고 있으며, 좀 더 낭만적이었던 한 시대의 상징물로 남아 있다. **MH**

Dust My Broom
Elmore James (1952)

Writer | Elmore James
Producer | Lillian McMurry
Label | Trumpet
Album | N/A

"Dust My Broom"은 그 어느 블루스 곡보다 더 복잡한 이력을 지니고 있다. 특히 수수께끼의 사나이 로버트 존슨이 연루되어 더 그랬다. 1936년 11월, 존슨은 "(I Believe I'll) Dust My Broom"이란 제목의 자작곡을 녹음했다. 하지만 당시에는 이미 이 곡의 제목과 멜로디가 기존의 다른 곡에 모두 사용된 상태였다. 때때로 엘모어 제임스가 이 곡의 정식 작곡가로 언급되는데, 실제로 존슨이 이 곡을 녹음할 당시 제임스는 아직 18세 밖에 되지 않았을 때였고, 게다가 두 사람은 1937년 이전에 만난 적이 없었다. 아마도 존슨이 1937년 이후 제임스에게 이 곡을 가르친 게 아닐까 생각한다.

어쨌든 한 가지 확실한 것은 1951년 프로듀서 릴리언 맥머리가 엘모어 제임스를 이끌고 리코딩 스튜디오로 들어섰다는 점이다. 그녀는 존슨이 예전에 쓴 곡들의 존재에 대해 알지 못한 채, 제임스의 이름으로 이 곡의 저작권을 등록시킨다. 엘모어 제임스의 버전은 "Dust My Broom"이라 명명되었고, 가사는 약간 수정되었다. 그러나 이 버전에서 가장 중요한 측면은 그가 존슨처럼 단순히 어쿠스틱 기타를 사용한 게 아니라 일렉트릭 슬라이드 혹은 보틀넥 기타 테크닉을 사용했다는 점이다.

제임스는 하모니카와 베이스 드럼의 지원을 받으며 이 곡을 케이블과 앰프를 통과시킨 밴시(banshee)의 울음소리로 전환시켰다. 이 곡이 진정 전달하는 의미에는 논란의 여지가 있다. 청소에 관한 것일 수도, 아니면 성적 뉘앙스를 담은 것일 수도 있다. 1952년 발표한 이 곡은 많은 이의 예상을 뒤엎고 히트했다. 도입부의 짜릿한 리프는 현대 블루스 음악에 가장 잘 알려진 사운드 가운데 하나이기도 하다. **SA**

Foi Deus
Amália Rodrigues (1952)

Writer | Alberto Janes
Recording Engineer | Hugo Ribeiro
Label | Valentim de Carvalho
Album | N/A

문자 그대로 '운명', '숙명'이란 뜻의 파두(fado)는 포르투갈 특유의 민속음악이며, 대개 침울한 분위기가 감돈다. 오늘날, 역대 가장 위대한 '파디스타'(파두 가수)로 인정받는 아말리아 로드리게스가 이미 포르투갈에서 스타로 이름을 날리고 있던 어느 날, 무명 작곡가 알베르토 자니스가 그녀의 집 문을 두드린다. 자니스는 자작곡 "Foi Deus(그것은 신이었다)"를 팔기 위해 끈질기게 매달렸다.

22세의 어린 나이에 아말리아는 이미 자신의 트레이드마크라 할 수 있는 '미끄러지는 듯한' 보컬 테크닉을 완벽히 연마했다. 이 기술 속에 오페라 디바들만 구사할 수 있는 정확성과 제어력, 그리고 전통음악 가수의 감정적 정직성이 완벽하게 융합되어 있었다. 곡의 기악 편성은 파두의 전통적 트리오 구성을 활용한다. 어쿠스틱 베이스와 스페니시 기타, 그리고 여기에 조화를 이루는 12현 '기타라 포르투게사(guitarra Portuguesa)'가 바로 그것이다. 발표 당시 일부 순수주의자들은 이 곡이 전통에서 벗어났다며 이단 취급을 했다. 이들이 지지하는 전통을 따르자면, 2백 수 정도 전해 내려오는 전통 멜로디 가운데 하나를 활용해 부르는 노래만이 '제대로 된' 파두 취급을 받을 수 있었다.

"Foi Deus"는 아말리아와 너무나 깊은 연관을 맺고 있어서 이 곡을 선뜻 녹음하려 나서는 이가 그다지 많지 않았다. 그럼에도 1992년에 리스본을 중심으로 활동하던 앙골라계 가수 바데마르 바스토스가 탁월한 커버 버전을 발표한다. 군더더기를 모두 빼고, 기타와 보컬만 활용한 그의 버전은 자신의 내면 깊은 비애를 남김없이 포착했다. **JLu**

Le gorille
Georges Brassens (1952)

Writer | Georges Brassens
Producer | Jacques Canetti
Label | Polydor
Album | *La mauvaise réputation* (1952)

1952년, 순응을 거부하는 음유시인 조르주 브라상은 첫 자작곡 가운데 하나인 "Le gorille"로 악명을 떨치게 된다. 이 곡은 제2차 세계대전 중 그가 수감되었던 독일의 강제노동 수용소에서 잉태되었다. 그는 함께 수용소 생활을 하던 동료 노동자들을 즐겁게 해주기 위해 이런저런 노래들을 작곡했다. 한번은 그에게 수용소를 벗어나 파리에 갈 수 있는 기회가 생겼고, 여기서 그는 음반 발표를 목적으로 자작곡 가운데 하나를 손질했다. 그 결과, 본래 만들었던 곡에서 유일하게 남은 단 한 구절이 바로 "Beware of the gorilla!"였다. 이것은 본래 수용소 감시원들을 가리키는 한정된 의미를 지니고 있었다. 그러나 정식 발매 버전에서 '고릴라'는 단단한 성기를 가진 프리아포스적 존재로 그려지며, 일반적인 의미의 권력자들, 그리고 무엇보다도 사형이라는 개념을 비난하는 데에 사용되었다. 곡이 절정을 향하면서 이 고릴라는 방금 전 어떤 남성에게 단두대형을 선고한 한 판사를 노년의 여성으로 착각하고 그에게 남색 행위를 한다.

이 곡은 폭풍과 같은 논란을 불러일으켰고 1955년 프랑스 라디오에서 방송금지를 당했다. 이 곡이 일으킨 부정적 반응에 브라상은 꿈쩍도 하지 않았고, 오히려 한술 더 떠, 좀 더 강한 반권위주의적 메시지를 담고 있던 마지막 절을 삭제해 누그러뜨린 게 이 정도라고 주장해댄다. "Le gorille"로 그는 잠시 악명을 샀으나, 브라상의 다른 작품들은 많은 상을 받았고, 수많은 프랑스 학교에서 그의 작품을 교과서에 수록했다. 오늘날에 이르기까지, 일부는 브라상이 1952년에 선사한 이 반항적 트랙의 진가를 알아본다. 논란을 몰고 다니는 래퍼, 조이 스타는 2006년 "Gare au jaguar"로 "Le Gorille"에 경의를 표하기도 했다. **DC**

Singin' in the Rain
Gene Kelly (1952)

Writer | Nacio Herb Brown, Arthur Freed
Producer | "Musical direction" credited to L. Hayton
Label | MGM
Album | Singin' in the Rain OST (1952)

"Singin' in the Rain"은 'The Hollywood Revue of 1929' 에서 선보인 이후 여러 뮤지컬 영화에 그 모습을 드러냈지만 단 한 번도 제대로 인기를 얻은 적은 없었다. 이 곡의 공동 창작자 중 1명의 끈질긴 고집이 없었다면 이 곡은 아직도 무명의 존재로 한숨짓고 있었을 것이다.

아서 프리드는 할리우드 활동 초기에 임시 고용직 작사가로 일하며 MGM 조립 라인에 대량으로 노래를 찍어 내놓았다. 1930년대 말 승진한 덕에 그는 영화 제작진에 투입되는데, 차마 음악에서 손을 떼지는 못했다. 그리하여 1950년대 초, 'Easter Parade'와 'On the Town'의 성공으로 한창 달아오른 그는 작곡가 나시오 허브 브라운과 합심해, 자신이 20년대와 30년대에 작곡했던 곡들을 중심으로 영화를 만들어 보기로 마음먹는다. 그렇게 해서 탄생한 작품이 바로 'Singin' in the Rain'이다.

이 영화의 타이틀 곡을 감상할 때 보지 않고 그저 듣기만 한다는 것은 거의 불가능할 정도다. 진 켈리는 한 번도 뛰어난 가창력을 소유한 적이 없었지만, 언제나 노래 한 곡 정도를 제대로 팔아넘길 능력은 갖추고 있었고, 켈리의 호소력은 그의 발에 의존할 때 특히 큰 효과를 발휘했다. 이 곡은 시각적 도움 없이 감상하면 그저 잔잔한 스윙 소품일 뿐이었지만 춤과 함께 보면 도저히 저항할 수 없는 마력을 지니게 된다. 스탠리 큐브릭부터 (1976년 촌극에서 응용한) 영국 코미디언 듀오 몰캠 앤 와이즈까지 다양한 인물이 이 곡을 자신의 작품에 활용했다. **WF-J**

Just Walkin' in the Rain
The Prisonaires (1953)

Writer | Johnny Bragg, Robert Riley
Producer | Sam Phillips
Label | Sun
Album | N/A

1953년 6월, 살인, 성폭행, 절도 등 다양한 혐의로 유죄 선고를 받은 5명의 범죄자가 오늘날 전설로 통하게 된 샘 필립스의 테네시주 멤피스 소재 선 스튜디오에 느긋하게 들어선다. 이 전과자들이 스튜디오를 찾아온 것은 이곳을 털 목적에서가 아니었다. 프리즈네어스로 알려진 이들은 내슈빌 주교도소의 일일 석방 명령을 받고 나와, 50년대가 낳은 가장 짙은 감성의 아름다운 발라드 가운데 하나를 녹음하게 되었던 것이다.

그룹을 창단한 후 리드 싱어인 조니 브래그(강간죄로 99년형을 살고 있었지만 그는 이 혐의를 늘 부인했다)와 강도짓을 하다 수감된 로버트 라일리가 작곡을 맡은, 애달픈 "Just Walkin' in the Rain"은 창살 뒤에서 보내는 고립된 삶 속의 절망감과 후회를 완벽히 포착하고 있다. 브래그는 자신의 진정한 사랑을 잊으려 노력하는 한 남자에 대해 노래하고, 그의 리드 보컬 라인은 그룹 멤버들이 부르는 섬세한 두-왑 보컬 하모니와 간소하게 퉁겨 내리는 기타 소리 위로 가볍게 떠다닌다.

리코딩 세션이 끝나고, 재소자들은 다시 감옥으로 발걸음을 옮긴다. (그들의 간수가 건물 옆 카페에서 대기하고 있었다.) 그러나 이들은 이제 더이상 단순한 범죄자들이 아니었다. 음반이 발매된 직후, 이 곡은 지역 라디오 방송국 사이에서 히트를 거두게 되었고, 마침내 미국 R&B 톱 10에 진입했다. 3년이 지난 후, 부드럽게 노래하는 "눈물 대부호(nabob of sob)" 조니 레이가 이 트랙을 커버했고, 그의 버전은 영국 차트 정상, 미국에서 2위까지 상승한다. 그러나 레이의 과장된 음악적 해석은 오리지널 버전이 소유했던 영혼과 친밀함을 담아내지 못했다. **TB**

Please Love Me
B. B. King (1953)

Writer | Jules Taub (Joe Bihari), B. B. King
Producer | Jules Bihari
Label | RPM
Album | N/A

라일리 킹은 1951년에 처음으로 R&B 넘버 원을 거머쥔다 —그의 "B.B."라는 애칭은 테네시주 멤피스의 유명한 거리 이름을 따 만든 "Beale Street Blues Boy"의 약자이다. 2년 후, 그는 "Please Love Me"와 함께 다시 정상의 자리로 상 승한다. 킹은 이 곡을 전적으로 혼자 썼지만, 당시 대부분의 아티스트들처럼, 그 공로와 거기에서 비롯되는 로열티 수익 을 경영자들이나 음반사 소유주들과 공유해야 했다. 이 곡 에 줄스 "타웁"의 이름이 공동작곡가로 앨범 크레딧에 올랐 지만, 이것은 RPM 레코드사 소유자 가운데 한 명이었던 줄 스 비하리의 가명이다.

이 곡은 시작부터 돌진한다. 짜릿한 기타 인트로는 엘 모어 제임스의 고전 "Dust My Broom"과 깊은 연관성을 가지고 있다. 혼 섹션이 리드하는 스윙 비트, 끊임없이 칙 칙거리는 심벌 소리에 입혀놓은 4절 가사, 여기에 킹은 갈 망으로 바짝 긴장된 목소리로 익명의 여인에 대한 사랑을 강조하며 그녀의 모든 변덕에 맞춰주겠다고 서약한다. 곡 이 끝날 무렵 그는 "당신이 있는 어느 곳이든 날 데려다 줄 수 있는 캐딜락"까지 구입하겠다고 약속한다. 킹의 맹렬한 기타가 전하는 짧막한 코다를 끝으로 곡은 마무리된다.

이 곡은 사실 B.B.보다는 B.B.에게 중요한 영향을 미친 티본 워커나 하울링 울프와 더 관련되는 요란하고 거친 R&B이다. B.B.의 기타는 도입부와 종결부에서만 잠시 들 을 수 있다. "The Thrill is Gone"과 같은 대작에서 듣게 되 는 아름다운 구성의 침착한 솔로를 들으려면 몇 년 더 기다 려야 했다. 어쨌든 "Please Love Me"는 기막힌 곡임에 틀 림없다. **SA**

Crying in the Chapel
The Orioles (1953)

Writer | Artie Glenn
Producer | Uncredited
Label | It's a Natural (Jubilee)
Album | N/A

한 야구단이 이 도시에 나타나 그 이름을 단숨에 꿰차기 8년 전인 1946년 결성된 볼티모어의 오리올스는 이미 두-왑 규칙서 작성에 착수한 상태였다. 메릴랜드 주조의 이름을 따 명명한 이 보컬 그룹은 곧 R&B계에 큰 파문을 일으킨 다. 40년대 말까지 이미 여러 편의 히트 싱글을 발표했지만 50년대 초반에 이르면서 그 샘이 마르기 시작했으나 운이 다해버리기 이전에 이들은 정상급 두-왑 "Crying in the Chapel"을 멋들어지게 지저귀고 갔다.

이 나긋나긋한 가스펠 작품은 컨트리, R&B, 팝적으로 다양한 해석을 낳는 팔방미인 같은 매력을 지니고 있었고, 오리올스의 고공비행 보컬에 완벽한 매개체가 되어주었다. 이 곡에서는 두-왑 역사에 기릴 그 어느 캄보 못지않은 4인 의 조화가 두드러진다. 조지 넬슨(바리톤)과 조니 리드(베이 스)가 현세의 모든 짐을 지고 무덤을 파는 동안 테너 알렉산 더 샤프와 소니 틸은 천국의 존재를 약속하며 창공으로 날 아오른다. 이것은 "하나님"께 바치는 송가였지만, 악마적 기운이 내면에 감돌았다.

"Crying in the Chapel"은 엘비스와 아레사를 포함해 많은 이를 거치며 거듭 히트를 거두지만 볼티모어의 일인 자들만큼 이 임무를 능숙히 처리해낸 이는 없었다. 오리올 스의 버전은 미국 R&B 차트 1위에 올랐고 5주간 그 자리를 지켰으며, 이 밴드의 최대, 그리고 마지막 히트작으로 남게 된다. 20년이 지난 후, 결정판이라 할 수 있는 버전이 영화 〈청춘 낙서(American Graffiti)〉(1973) 사운드트랙에 실려 소 개되었다. **JiH**

Riot in Cell Block No. 9
The Robins (1954)

Writer | Jerry Leiber, Mike Stoller
Producer | Jerry Leiber, Mike Stoller
Label | Spark
Album | N/A

리버와 스톨러가 코스터스를 위해 만든 유머러스한 "촌극들"은 로큰롤 시대의 가장 길이 남을 추억 어린 유품들이다. 그러나 리버/스톨러 듀오가 코스터스의 선배 그룹 로빈스를 위해 만든 영향력 있는 싱글 "Riot in Cell Block No.9"도 거기에 뒤지지 않는다.

사이렌 소리와 두두두 갈겨대는 기관단총 소리가 이 교도소 폭동 스토리에 시동을 걸고, 잔뜩 뻐기는 머디 워터스 스타일 리프가 지지대 역할을 하고 있다. 가사에는 반항성이 다분했고, FBI가 실제로 그 가사를 정밀히 조사하기까지 했다고 한다. 그런데도 리버는 항상 "Riot in Cell Block No. 9"에 깊은 의미가 있는 것은 아니라며 부인했고, 이것은 단순히 〈갱 버스터스〉라는 라디오 쇼에서 유래했다고 주장한다. 설령 그게 사실이라 해도 이 곡에는 시사하는 바가 있다고 의심하게 만드는 것이 내재되어 있다. 우선, 이 노래에는 그저 우스갯소리로 하는 말이라고 공개적으로 인정하는 가사를 하나도 찾을 수 없다. 그리고 마지막 부분은 이들의 소행이 아직 완전히 끝난 이야기가 아니라는 암시를 던지고 있다.

한편, 리버와 스톨러가 만들고 엘비스가 부른 "Jailhouse Rock"의 경우 좀 더 마음 편한 경쾌함이 있다. 이 곡의 피를 이어받은 진정한 후손은 슬라이 스톤의 1971년 명반 〈There's a Riot Goin' On〉이라 할 수 있다. 이 작품은 로빈스의 곡에 담겨 있는 그늘진 구석을 본격적으로 언급하기 시작한다. 이것을 통해 아직도 인종문제로 불안정하고, 베트남의 후유증으로 아파하며, 폭동으로 잡아 뜯긴 한 나라의 이야기를 전하고 있기 때문이다. **RD**

Love for Sale
Billie Holiday (1954)

Writer | Cole Porter
Producer | Norman Granz
Label | Verve
Album | *Billie Holiday* (1954)

콜 포터는 1930년 12월에 브로드웨이 데뷔 뮤지컬 〈더 뉴요커스〉를 위해 "Love for Sale"을 작곡했다. 이 곡은 한 매춘부의 노래로, 사랑에 대한 노골적이고 놀랄 만큼 비낭만적인 시각을 전한다.

본래는 백인 배우 캐스린 크로포드가 불렀지만, 포터는 곧 이 곡을 흑인 가수 엘리자베스 웰치에게 넘겨주었다. 이 곡은 논란을 야기했고 헤이스규약이 그해 도입되며 한동안 방송금지를 당했다.

곡이 가진 입지를 고려해볼 때, 빌리 홀리데이가 이 노래를 단 한 번만 녹음했다는 것은 매우 흥미로운 사실이다. 1952년 4월, 6인 밴드가 참여한 녹음 세션의 일부로 작업을 진행했는데, 이 곡만큼은 그저 피아니스트 오스카 피터슨만 연주에 참여했다. 게다가 녹음이 마무리된 이후에도, 8곡을 담은 10인치 앨범 〈Billie Holiday〉(1954)에 수록되기 전까지는 다른 어느 곳에도 모습을 드러내지 않았다.

이 곡의 주제가 빌리 홀리데이의 아물지 않은 상처를 건드렸다는 것은 말할 필요도 없다. 뉴욕에서 보낸 젊은 나날 동안 그녀는 한때 매음굴에서 일한 적도 있었던 데다가, 1930년 즈음에는 호객행위를 하다 감옥에 간 적도 있었는데, 그해에 이 곡이 브로드웨이 무대에 데뷔했으니 말이다. 물론 그녀가 이 곡에 후회 서린, 모든 것을 알고 있다는 듯한 분위기를 내비치는 건 사실이지만, 그건 홀리데이의 본래 트레이드마크인 보컬 스타일이기도 했다. 진상이 어쨌건 간에, 그녀의 버전이 진한 감동을 주는 고전인 것은 분명하다. **SA**

The Wind | Nolan Strong
& The Diablos (1954)

Writer | Nolan Strong, Bob Edwards
Producer | Jack Brown, Devora Brown
Label | Fortune
Album | N/A

고등학교 동창이 모여 결성한 두-왑 콤보 놀란 스트롱 앤 더 디아블로스는 당시 놀란 스트롱이 학교 수업을 위해 읽던 책 'El nino diablo'의 제목을 따서 그룹의 이름을 지었다. 1954년 포춘 레코드사를 창립한 잭 브라운과 데보라 브라운은 오디션을 보고 곧 음반 계약을 맺는다. 포춘 레코드는 디트로이트의 한 가게 뒷방이 녹음실인 가족 경영 레이블이었다.

디아블로스의 2번째 싱글 "The Wind"는 이 곡이 처음 녹음되었을 때 가졌던 마력을 오늘날에도 고스란히 지니고 있다. 살금살금 뜯는 더블베이스 사운드 위로 "Wind, blow, wind"라는 말이 나지막하게 흐르며 디아블로스의 아름다운 하모니가 한데 어우러진다. 그러고 나면 스트롱이 노래를 시작하고, 그의 때 묻지 않은 달콤한 팔세토가 트랙을 가로질러 황홀하게 흐르면 소름이 돋을 정도로 멋지다.

"The Wind"는 중서부 지역에서 대단한 인기몰이를 했지만 단 한 번도 전국적 규모로 성장하지 못했다. 동네 소년 스모키 로빈슨도 대단한 팬이었다. 거기다 베리 고디도 이들의 팬이었다. 고디는 이 그룹을 5천 달러에 모타운과 계약하려 했지만, 포춘 레코드는 1만5천 달러를 달라고 맞섰다. 스트롱은 60년대에 들어서서도 여전히 자신이 십 대 때 포춘과 계약한 것에 발목이 잡혀 옴짝달싹하지 못했다. 답답하게도, 포춘은 이들을 더 나은 배급 능력을 가진 대규모 레이블에 넘겨주기를 거부했다. 자신의 재능이 족쇄에 묶여 빛을 보지 못하는 동안 모타운이 대대적 성공을 거두는 것을 지켜보기만 해야 했던 스트롱의 마음이 얼마나 아팠을지 그저 상상이나 해볼 따름이다. **SH**

My Funny Valentine
Chet Baker (1954)

Writer | Richard Rodgers, Lorenz Hart
Producer | Richard Bock
Label | Pacific Jazz
Album | *Chet Baker Sings* (1956)

쳇 베이커가 암스테르담의 한 호텔 창문에서 떨어져 사망했던 1988년 당시, 그의 잘생긴 외모와 벨벳 같은 목소리는 이미 40년 동안 계속된 약물남용으로 엉망이 되어 있었다. 이런 최후를 맞이했지만, 쳇 베이커는 "My Funny Valentine"을 부드럽고 나지막하게 부르던 잘생긴 외모의 상처받기 쉬운 영혼으로 대부분 기억된다.

베이커가 본래 브로드웨이 뮤지컬 'Babes in Arms'를 위해 작곡했던 이 발라드를 처음 접한 것은 1952년 제리 멀리건 쿼텟에서 트럼펫을 불던 때였다. 제임스 개빈은 쳇 베이커 전기 「딥 인 어 드림」에서 이렇게 기록했다. "이 곡은 베이커를 완전히 사로잡았다. 이 곡은 그가 뮤지션으로 이루고자 했던 모든 것을 담고 있었다. 아름다운 주제를 세련되게 답사한다는 점, 우아하게 연결된 프레이즈까지."

그의 우아하게 절제되고 조용한 표현력은 웨스트코스트 재즈가 말하는 "쿨" 스타일을 단 한 곡으로 요약해서 보여주었다. 이 곡으로 그가 평론가들에게 인정받은 것은 전혀 아니다. 어떤 평론가는 베이커가 보컬까지 맡아 한다는 것이 "시간을 잡아먹는 버릇"일 뿐이라고 핀잔을 주기도 했다.

어쨌든 그는 십 대들의 우상으로 등극했다. 더 중요한 것은, 강인함과 여린 구석, 자기성찰, 낭만이 완벽한 균형을 보여준 베이커의 보컬이 이후 등장하게 되는 보컬 능력에 결함이 있는 팝과 록 영웅들 대부분에게 청사진을 제시했다는 사실이다. 오늘날에는 피트 도허티와 에이미 와인하우스도 쳇 베이커가 50년 전에 닦아놓은 길을 걷고 있지 않은가. **TB**

웨스트 코스트의 신동. 쳇 베이커의 1956년 모습. ➡

Shake, Rattle and Roll | Big Joe Turner & His Blues Kings (1954)

Writer | Charles E. Calhoun
Producer | Ahmet Ertegun, Jerry Wexler
Label | Atlantic
Album | N/A

빅 조 터너의 깜짝 놀랄 음악 인생은 1930년대부터 1980년 대까지 오랜 세월에 걸쳐 꾸준히 이어졌다. 그는 캔자스시티를 떠나 뉴욕으로 가 '블루스 샤우터(blues shouter)'로 활동했다. 한창 부기우기가 선풍적 인기몰이를 할 때였다. 카운트 베이시 밴드의 오프닝 액트로 할렘 소재 아폴로 시어터에 출연했을 때 그는 격심한 야유를 받으며 처참하게 공연을 마쳤다. 그런데도 애틀랜틱 레코드의 대표 아흐멧 에르테군은 존에게 음반 계약을 맺자고 설득했고, 이들은 함께 R&B 음반 작업에 돌입하게 된다.

1951년과 1956년 사이 터너는 14편의 톱 10 R&B 히트를 거둔다. 그중에서도 가장 주목할 만한 곡은 R&B 차트 정상에, 팝 차트 2위에 오른 "Shake, Rattle and Roll"이었다. 캔자스시티의 베테랑 재즈 뮤지션 제시 스톤이 (찰스 E. 칼훈이라는 예명으로) 작곡한 "Shake, Rattle and Roll"의 원기왕성한 리듬은 터너의 보컬로 하여금 정욕의 환희를 담아 자신의 연인을 찬양할 수 있게 했다. 빌 헤일리와 엘비스 프레슬리도 이 곡을 커버했지만, 두 사람은 성적 뉘앙스를 담은 가사("Way you wear those dresses, the sun come shinin' through / I can't believe my eyes, all that mess belongs to you(네가 그렇게 원피스를 입은 모습, 햇살이 쪼여 비추면 / 내 눈을 믿을 수 없지, 그게 다 네 몸의 일부란 것이)"가 본래 가사였다)를 제거해 발표했다.

"Shake, Rattle and Roll"이 터너에게 그의 음악 인생 최대 히트 기록을 안겨주었을 당시 그의 나이 43세였다. 그는 뜻밖에도 로큰롤 열풍 현상의 수혜자였다. 1958년 이후 히트 기세가 점점 쇠퇴해갔지만, 터너는 74세의 나이로 사망하기 직전까지 음반 작업과 공연을 멈추지 않았다. **GC**

(We're Gonna) Rock Around the Clock | Bill Haley & His Comets (1954)

Writer | Max Freedman, Jimmy deKnight (aka James E. Myers)
Producer | Milt Gabler
Label | Decca
Album | N/A

말쑥하고 토실토실하게 살이 오른 데다, 이마에 곱슬머리를 납작하게 눌러 붙인 29세의 남성, 수많은 로큰롤 곡들을 흥행시킬 인물의 외모로는 매우 뜻밖이었다. 그러나 음악적 영양실조 상태에 빠진, 십 대 백인 청중에게 빌 헤일리가 "Rock Around the Clock"을 외쳐대자 앞서 말한 그 뜻밖의 일이 바로 실현되고 만다. 점프밴드 스타일 비트에 극적 림샷을 더하고, 고동치는 더블 베이스와 대니 세드론이 강력하며 곡예에 가까운 기타 솔로(1952년 "Rock the Joint"에서 그가 보여준 릭 하나하나를 고스란히 옮겨놓은 것이긴 했다)를 한데 섞어 만든 이 곡은, 미국의 인종차별적 방송 전파상에 청각적 격변이 일고 있음을 알렸다.

요들, 폴카 댄스, 웨스턴 스윙 스타일은 유행에서 뒤처지게 되었고, 그 자리에 강렬한 에너지 넘치는 부기우기 비트가 들어서게 됐다. 드디어 힐빌리에게 작별을 고할 때가 온 것이다. 이제는 로커빌리가 대세인 것이다.

이런 새로운 사운드의 등장을 미리 예고했던 곡으로, R&B 히트작 "Rocket 88"의 커버 버전(1951)과 "Crazy Man Crazy"(1953)를 꼽을 수 있다. "Crazy Man Crazy"는 미국 빌보드 싱글 차트에 입성한 최초의 로큰롤 트랙이었다. 뒤이어 "Rock Around the Clock"이 등장했지만 이전만큼의 차트 성적을 거두지는 못했다. 하지만 할리우드의 도움을 받아 히트한다. 비행 청소년들에 대한 영화 〈폭력교실〉(1955)의 오프닝 크레딧 음악으로 삽입되면서 구제받게 된 것이다. 그 결과 이 곡의 재발매 싱글은 1955년 7월 9일에 차트 정상에 올랐다. **JJH**

빌 헤일리 앤 히즈 코미츠가 첫 영국 공연을 위한 리허설 도중 장난기를 발휘한다. ➡

I Get Along Without You Very Well | Chet Baker (1954)

Writer | Hoagy Carmichael
Producer | Dick Bock
Label | Pacific Jazz
Album | *Chet Baker Sings* (1956)

트럼펫 주자 쳇 베이커는 모던 재즈계의 제임스 딘이었다. 그는 인상적 외모 덕에 '쿨'의 전형으로 통하게 된다. 진실을 말하자면, 그의 트럼펫 연주 능력은 한계를 보였지만 탁월한 발라드 가수였다. 그는 은은하게 어른거리는 섬세한 불빛을 연상케 하는 보컬 라인으로 연약한 아름다움을 표현했다. 그의 정교한 솔로 연주를 가장 적절히 묘사하는 데는 "살금살금 조심스럽게"라는 말이 가장 알맞을 듯하다.

베이커는 미국의 웨스트코스트에서 1952년 처음으로 이름을 날린다. 피아노 없는 쿼텟의 일원으로 바리톤 색소폰 주자 제리 멀리건과 함께 활동했다. 이 밴드의 유별난 라인업은 그가 내뱉는 공기처럼 가벼운 보컬과 거칠고 쉰 듯한 바리톤 색소폰 사운드의 조화를 도왔고, 이것을 지지하고 있는 베이스, 드럼과 한데 어우러져 뜻밖에도 발레 같은 느낌을 자아냈다. 몇몇 트랙에서 베이커에게 보컬을 맡기자는 아이디어는 레코드 레이블 대표 딕 복이 낸 것이었다. "그에게 노래해보라고 격려했고, 그 결과 그에게 각별한 재능이 있다는 걸 알게 되었죠." 복은 나중에 이렇게 회고했다.

감정의 절제를 살려내는 베이커의 보컬은, 진정한 의미에서의 음악성을 자랑했다. 그의 벨칸토 테너 보컬은 완벽한 호흡 조절과 긴장 완화를 활용했고, 음정 또한 정확했던 데다 곡 전반에 걸친 프레이징도 완벽했다. 다른 트랙들과 다르게 그가 부른 호기 카마이클의 작품에서는 피아노, 베이스, 드럼의 보조만을 받는다. 그리고 다른 트랙들과는 달리 트럼펫을 전혀 연주하지 않았다. 강한 호소력을 가진 퍼포먼스이다. 겉보기는 단순하고 별다른 노력이 필요 없어 보이지만, 그 이면에는 상당한 테크닉이 숨어 있다. **SA**

In the Wee Small Hours of the Morning | Frank Sinatra (1955)

Writer | David Mann and Bob Hilliard
Producer | Voyle Gilmore
Label | Capitol
Album | *In the Wee Small Hours* (1955)

'컨셉트 앨범'은 오늘에 와서 심하게 조롱받는 음악 상품으로 전락해버렸다. 대부분 지독하게 상업적인 과대포장의 도움을 받은, 도가 지나친 예술적 상상력의 산물이라고 평가받는다. 그러나 처음부터 끝까지 일정한 주제나 분위기로 통합되고, 여기에 맞춰 수록 트랙을 계획하는 앨범이라는 개념은 프랭크 시나트라의 손을 거쳐 귀감이 될 만한 본보기를 낳았고, 시나트라는 이 포맷의 예술적 잠재성을 실현시켜 보인 최초의 싱어 가운데 한 명으로 남게 되었다.

시나트라는 〈Songs for Young Lovers〉와 〈Swing Easy〉를 통해 이미 서로 연관성이 있는 노래들을 모아 앨범으로 엮어내는 실험을 한 전적이 있었다. 하지만 그가 완전한 개념의 컨셉트 앨범을 현실화한 것은 〈In the Wee Small Hours〉에 이르러서다. 타이틀 트랙에서 시작해 16곡 모두가 밤의 고독, 잃어버린 사랑에 대한 회한을 그리고 있다. 앨범 전체가 발라드 곡이었고, 특별히 이 앨범에 수록할 목적으로 녹음된 것이었다. 넬슨 리들은 애정 어린 손길로 이 곡들을 소규모 앙상블과 스트링 섹션용으로 편곡했다.

여기서 그가 말하는 사랑의 대상은 에바 가드너였다. 두 사람은 1951년부터 부부였지만, 평탄치 않은 결혼생활 끝에 결국 1957년 이혼했다. 앨범의 타이틀 트랙이 전체 분위기를 잡아주면, 시나트라는 자신이 잃어버린 여인을 되새기며 스스로 저지른 실수들에 대한 후회를 토로한다. 상실에 대한 이야기를 차근 전개해나가는 나머지 수록 곡들이 콜 포터나 로저스 앤 하트 같은 대가들이 쓴 대중적인 스탠더드였는데, "In the Wee Small Hours of the Morning" 만큼은 이 앨범을 위해 특별히 작곡해 수록했다. **SA**

1955년 스튜디오 리코딩 중 총 지휘권을 쥔 프랭크 시나트라의 모습이 밀착 인화지를 통해 기록에 남겨졌다.

Tutti Frutti
Little Richard (1955)

Writer | Richard Penniman, Dorothy LaBostrie
Producer | Robert "Bumps" Blackwell
Label | Speciality
Album | *Here's Little Richard* (1957)

거칠게 시작하는 "Tutti Frutti"는 항상 리틀 리처드의 공연 무대에서 인기몰이를 해온 곡이었지만, 리처드는 이 곡이 음반으로 발매되리라 기대한 적이 없었다. 성적 수위가 높은 가사 때문이었다. 팝의 본질을 정의내리는 음반 하나가 1955년 9월 14일 뉴올리언스의 J&M 스튜디오에서, 리처드가 리코딩 세션 막바지에 이르러 "Tutti Frutti"를 마구 두들겨대던 중 탄생하게 된다. 프로듀서 "범프스" 블랙웰은 이 곡이 발산하는 흥분과 에너지에 깊은 인상을 받았고, 작곡가 도로시 라보스트리를 고용해 좀 덜 자극적인 가사를 만들게 했다.

라보스트리는 '대청소'를 벌여 곡을 다듬었는데, 리틀 리처드의 리코딩은 단정하게 정돈한 팻 분의 "Tutti Frutti"에 맞서 차트 대결을 펼치기에 충분할 만큼 방송되지 못했다. 그러나 더 오래 사랑받은 것은 리처드의 휘황찬란한 버전이었고, 리버풀처럼 멀리 떨어진 곳의 비틀스도 그의 팬이 되었다. 그것을 넘어 많은 십 대들을 마법에 홀리게 한 것도 바로 리처드의 "Tutti Frutti"였다.

가스펠과 점프 블루스에 부기우기 피아노를 혼합시킨 리처드를 팝 역사에 주요 인물로 남을 수 있게 해준 독특한 요소는 바로 그의 강한 개성이었다. 그의 폼파도르 헤어스타일, 화장, 광란의 동작들을 본 50년대 중반 미국 대중은 충격에 휩싸이는 한편 놀라워했다. "Tutti Frutti"로 그는 일약 스타덤에 올랐고, 1년 후 영화 〈더 걸 캔트 헬프 잇〉에 출연하면서 리틀 리처드는 전 세계적으로 폭발적인 인기를 누리게 되었다. **DR**

Only You (and You Alone)
The Platters (1955)

Writer | Buck Ram
Producer | Buck Ram
Label | Mercury
Album | *The Platters* (1955)

몇몇 곡은 그 음악 장르에서 앤섬으로 통한다. 레게에는 밥 말리 앤 더 웨일러스의 "One Love", 아프로팝에는 펠라 쿠티의 "O.D.O.O."가 있다. 그럼 두-왑의 하이라이트는 무엇일까? 플래터스의 "Only You (and You Alone)"라고 할 수 있다.

이 로스앤젤레스 출신 5명의 보컬이 부른 "Only You"는 미국에서 5위를 기록한다. (후속작 "The Great Pretender"는 1위에 올랐다.) "Only You"는 흑인 그룹의 최초 "크로스오버" 히트작의 핵심 곡 가운데 하나다. 당시만 해도 "인종" 음반(race records)이 백인 청중에게 사랑받고 팝 차트까지 영향력을 발휘하는 일은 매우 드물었다. 그러므로 이 그룹이 1990년 로큰롤 명예의 전당에 입성했다는 것은 너무나 바람직한 일이다—이들은 이런 경의의 표시를 받은 첫 두-왑 그룹이기도 했다.

페더럴 레코드사와 함께한 첫 시도는 별다른 성과를 거두지 못했다. 그러나 머큐리 레이블과 함께한 두 번째 도전은 성공적이었는데, 힐타퍼스가 경쟁 버전을 내놓았지만 흔들리지 않고 흥행에 성공했다. 영화 〈폭력교실〉(1956)에 출연해 "Only You"를 부른 것도 이 곡이 전설적 존재로 입지를 다지게 하는 데 도움이 되었다.

현대 청중의 귀로 평가해도 "Only You"의 매력은 여전하다. 리드 보컬리스트 토니 윌리엄스의 보컬은 자신 있는 동시에 상처받기 쉬운 듯 보이고, 더 높은 음역대로 고조될수록 그의 음성은 통제력을 잃지 않은 전율을 구사한다. 이 곡은 그 본질상 하나의 음악적 과도기를 보여준다. 윌리엄스의 보컬 스타일에는 스윙시대 크루너와 기탄없는 로커적 양면이 모두 존재한다. **YK**

Cry Me a River
Julie London (1955)

Writer | Arthur Hamilton
Producer | Bobby Troup
Label | Liberty
Album | *Julie Is Her Name*
(1955)

아서 해밀튼이 "Cry Me a River"를 작곡했을 당시 그는 이 곡이 영화 'Pete Kelly's Blues'(1955)에서 엘라 피츠제럴드가 부를 것이라 예상했다. 그러나 이 곡은 영화 사운드트랙에서 누락되고 만다. 결국, 그 영예는 과거 정글 영화 출연 배우로 나른한 목소리만큼이나 뇌쇄적인 슬리브 사진들로 유명했던 줄리 런던에게 돌아간다. 또한 이 곡은 제인 맨스필드의 모습을 통해 영화 〈더 걸 캔트 헬프 잇〉(1956)에서 듣게 된다. 이 곡은 로큰롤을 기리는 영화 속에서 과거가 남긴 잔재로 등장하지만, 이런 것쯤은 몇백만 장 팔리는 데 장애가 되지 않았다. 결국 이 노래는 역대 가장 많은 커버 버전을 낳은 스탠더드 튠으로 자리 잡는다.

해밀튼의 재지 블루스 작품은 불씨가 꺼져가는 토치 송(torch song) 장르에 몇 가지 변화를 줘 다시 불을 붙인다. 이 장르에 속하는 대개의 곡들과 다르게, 이 노래에서는 상황에 굴하지 않고 맞서는 화자가 등장한다. 그녀는 자신을 버린 남자(사랑이 "너무 천하다"는 명목을 내세우는 남자라는 것을 고려해보면, 비열한 녀석임이 분명하다)가 다시 돌아와 굽실거리자 그에게 고스란히 보복한다. 이 곡에 활용한 간소한 기악 편성 또한 전대미문의 것이었다. 과거의 토치 싱어들이 피아노와 오케스트라의 보조를 받아 노래했던 반면, 이 곡에는 레이 레더우드의 업라이트 베이스와 편곡가 바니 케셀의 건조한 일렉트릭 기타만 지지대 역할을 하고 있다. 이런 선구적 사운드는 많은 이에게 영감이 되어주었고, 그중 1명인 브라질의 기타리스트 주앙 질베르토는 삼바를 미니멀리즘으로 해석한 스타일, 곧, 보사 노바를 발전시킨다. **SP**

Sixteen Tons
Tennessee Ernie Ford (1955)

Writer | Merle Travis
Producer | Lee Gillette
Label | Capitol
Album | N/A

"벌 아이브스(Burl Ives)가 모든 포크 송을 다 불러버렸어요." 1964년에 캐피톨 레코드사가 멀 트래비스에게 우디 거스리가 몰고 온 미국 루츠 뮤직 열풍에 편승해 돈을 벌 수 있는 앨범을 녹음해보자고 제안하자 이 웨스턴-스윙 스타가 그렇게 대답하며 한숨을 지었다고 한다. 그래서 트래비스는 노동요와 대공황 시대의 체인갱 돌림노래에서 아이디어를 얻어 켄터키 주에서 광부로 일했던 부친이 했던 말들에 음악을 입혀본다. 그 결과, 등골이 빠질 듯한 고역의 대가는 현금이 아닌 "스크립(scrip)"(이것은 지금을 확약하는 대용 화폐로 회사에서 소유하는 가게에서만 사용 가능했다)이라는 미국 광부들의 껄끄러운 현실이 드러났다. 미국 정계에서 매카시즘이 한창 이슈가 되고 있을 시절, 노동자들에 대한 이런 연민은 철저히 위험 분자의 행위로 받아들여졌고 일부 라디오 방송국들은 트래비스의 음악을 방송금지하기까지 했다.

9년이 지난 후, 파사데나를 중심으로 활동하던 디제이 테네시 어니 포드가 이 노래를 다듬어 다시 불렀다. 트래비스의 버전이 부드럽게 퉁기는 어쿠스틱 기타 사운드를 활용했던 반면 포드의 버전은 밴드 리더 잭 파시나토가 편곡한 스무드 재즈 스타일의 느긋함을 지녔다. 이 트랙은 클라리넷, 슬랩 베이스, 뮤트 트럼펫 사운드를 중심으로 한 오블리가토가 지지대 역할을 했다.

포드의 따뜻한 바리톤 음성은 본래 B사이드 곡으로 만들었던 이 곡을 세계적인 히트 곡으로 부상시켰다. 이 노래는 빌보드차트 정상을 8주간 지켰으며, 채 한 달이 지나기 전에 1백만 장이 판매되었다. **SP**

I'm a Man
Bo Diddley (1955)

Writer | Ellas McDaniel
Producer | Leonard Chess,
Phil Chess
Label | Checker
Album | *Bo Diddley* (1958)

보 디들리는 "창시자(The Originator)"라는 별명을 달고 다니는 데다, 버디 홀리부터 롤링 스톤스, 유투(U2), 지저스 앤 매리 체인에게도 영향을 미친 존재였다. 하지만 록의 선구자라고 하기에는 뜻밖의 인물이었다. 본명은 엘라스 오사 베이츠, 1928년 미시시피에서 태어난 보 디들리는 토실 토실 살찐 데다 근시 안경을 쓴 남자로, 체크무늬 재킷과 나비넥타이를 즐겨 입었고 토끼털로 뒤덮인 직사각형 기타를 연주했다. 하지만 그에 대한 기억은 널리 편재한 "보 디들리 비트"를 통해 아직도 살아 숨 쉬고 있다.

시카고 길모퉁이에서 음악을 연주하기 시작한 디들리는 1954년 말 두 곡의 데모를 녹음했다. 그 중 하나가 "Uncle John"(선정적인 가사 때문에 후에 음란한 부분을 삭제했고, 그렇게 탄생한 새로운 버전은 "Bo Diddley"로 재명명된다)이고, 다른 하나는 머디 워터스의 노래에서 영감을 얻어 만든 "I'm a Man"이었다. 워터스의 노래에서 사용했던 기타 패턴을 동일하게 활용하며, 디들리는 어슬렁대는 호색적 블루스 위로 성적 역량을 자랑 삼아 이야기한다. 전설적인 체스 스튜디오에서 재녹음한 "I'm a Man"은 보의 데뷔 싱글 B사이드로 등장했고, 1955년 3월 발표 이후 R&B 차트 1위로 상승했다. 이것은 보가 1964년 유럽 공연 여행을 다녔을 당시 영국 비트 밴드들이 접한 버전과 동일했는데, 야드버즈는 미국 발매 컴필레이션 앨범 〈Having a Rave Up〉에 그 커버 곡을 수록했다. 한편, 야드버즈 버전은 1965년 발표 이후 수많은 교외의 백인 거라지 록 밴드들에게 본보기로 자리 잡았다. **PL**

Blue Monday
Fats Domino (1956)

Writer | Fats Domino,
Dave Bartholomew
Producer | Dave Bartholomew
Label | Imperial
Album | *This Is Fats Domino* (1957)

대중음악 역사에서, 그 역사의 선구자가 분명함에도 그 공로를 제대로 인정받지 못하는 이가 있으니, 그가 바로 안트완 "패츠" 도미노이다. 그는 엘비스 프레슬리, 존 레논부터 오티스 레딩, 밥 말리까지 수많은 전설적인 뮤지션에게 영향을 미쳤다. 오늘날, 이 뉴올리언스 피아니스트는 비틀즈의 "Lady Madonna"로 가장 널리 알려져 있다. 하지만 50년대 당시, "Blue Monday"는 이미 그의 5번째 빌보드 R&B 차트 1위 곡이었다. 더 의의 있는 것은 이 곡이 팝 차트에서 그의 6번째 스매시 히트작이었다는 사실이다. 간결한 컨트리 앤 웨스턴 스타일을 통해 그는 흑인과 백인 청중 모두에게 큰 인기를 끌며 수백만 장의 판매고를 올렸다.

뉴 오더의 1983년 명곡 "Blue Monday"의 제목에 영감이 된 것도 바로 패츠 도미노의 "Blue Monday"였다. 평론가 데이브 마시는 'The Heart of Rock & Soul'에서 이 곡이 "주중 업무를 향한 증오와 잃어버린 주말을 향한 열망을 노래하는 로큰롤의 전통에 기초"가 되어주었다고 적었다. 실제로 십 대 시절 패츠는 낮에는 공장에서 일했고(밤에는 클럽에서 공연을 했다), 여기서 영감을 받아 뽀루퉁하면서도 매력적인 가사를 탄생시켰다("How I hate blue Monday / Got to work like a slave all day(난 우울한 월요일이 너무나 싫어 / 하루 종일 노예마냥 일해야 하지)"). 이런 불평과 불만에는 망치처럼 두들겨대는 드럼과 복슬복슬한 색소폰 소리가 보조를 맞추고 있다. 8마디 브레이크에서 그와 오랜 세월을 함께해온 색소포니스트 허브 하데스티가 보여준 솔로를 가리켜 평론가 행크 데이비스는 "거의 무섭다 할 만큼의 경제성이 빛나는 보배"라고 격찬했다.

들리는 바에 의하면, 이것은 팻츠가 자신의 리코딩 중 가장 좋아하는 트랙으로 꼽은 곡이라 한다. **BM**

Burundanga
Celia Cruz (1956)

Writer | Oscar Muñoz Bouffartique
Producer | Uncredited
Label | Seeco
Album | N/A

본명 울술라 힐라리아 실리아 데 라 카리다드 크루즈 알폰소로 쿠바의 아바나 태생이었던 그녀는 실리아 크루즈, 또는 '살사의 여왕'이라는 이름으로 더 잘 알려져 있다. 그러나 크루즈는 "살사"라는 말 자체가 탄생하기 이미 오래 전부터 "Burundanga"와 같은 좀 더 온화한 아프로큐반 작품들로 많은 히트를 기록하고 있었다. 영어권에서 스매시 히트를 기록한 이 곡의 가사는 스페인어를 구사하는 이들도 선뜻 이해하기 힘들다. 가사는 '아바쿠아(Abakua)'에 관한 이야기다. 아바쿠아는 남동부 나이지리아와 서(west) 카메룬으로 유래되었다고 추측하는 남성 전용 비밀결사이며, 그 멤버들은 노예 매매자들에 의해 쿠바로 이주되었다. 하지만 가사의 내용 자체를 이해하기 힘든 것이 아니라 크루즈가 가사를 발음하는 방식 때문에 잘 들리지 않는 것이다.

"Burundanga"는 크루즈에게 음악을 지도했던 한 음악 대가가 작곡했다. 이 곡은 피델 카스트로가 1959년 산중 은신처에서 쿠바혁명을 은밀히 계획하던 당시 자신의 총을 닦을 때 배경음악으로 가장 즐겨 들었던 음악이라고 한다. 아이러니하게도, 크루즈와 그녀의 배킹 밴드 소노라 마탄세라는 1960년 7월 쿠바를 벗어나 망명 길에 올랐다. 1957년에 그녀는 이 곡 덕분에 받게 된 골드디스크를 가지러 미국 뉴욕에 갔는데, 반평생 이상을 이곳에서 보내게 되리라고는 상상도 못했을 것이다. 또한 "Burundanga"가 성공하면서 컬럼비아에서 첫 투어를 했다. 컬럼비아에서는 오늘날 "Burundanga"가 '스코폴라민'을 가리키는 말로 통한다. 이것은 현재 컬럼비아의 상황을 잘 보여주는 현상이다. 스코폴라민은 강도와 강간범들이 희생자에게 먹이는 최면 유도제이다. **JLu**

Let's Do It (Let's Fall in Love)
Ella Fitzgerald (1956)

Writer | Cole Porter
Producer | Norman Granz
Label | Verve
Album | *Ella Fitzgerald Sings the Cole Porter Songbook* (1956)

고상한 "Ev'ry Time We Say Goodbye"를 녹음한 지 이틀이 지난 후, 엘라 피츠제럴드는 사랑에 대해 재치 있게 까불어대는 한 편의 곡을 녹음하며 앨범 〈Cole Porter Songbook〉 작업을 계속 이어갔다. 표면적으로는 "Let's Do It (Let's Fall in Love)"가 사랑에 대한 노래로 보이겠지만, 사실 이 곡은 전체가 모두 섹스를 가리키는 완곡한 어구로 빽빽하게 채워져 있다. 엘라는 체구도, 품행도 위엄 있었다. 고상했지만, 섹시하지는 않았다. 수많은 사람 가운데 그녀가 섹스에 대해 노래한다는 것 자체로 그녀의 버전을 더 큰 스릴 있게 들었을 것이다.

이 곡은 1928년 콜 포터가 쓴 것으로, 그에게 처음으로 브로드웨이에서 성공을 가져다 준 'Paris'에 등장하는 곡이었다. 곡의 가사는 쌍쌍이 성적 암시를 풍기는 문구와 터무니없는 이중의미의 선정적 어구의 나열로 이루어져 있다(이런 재치 있는 나열은 포터를 대표하는 가사 스타일로 통하게 된다). 이 곡은 섹스를 의미하는 유서 깊은 완곡 어구 "Birds do it, bees do it"이라는 간결한 서술문으로 시작한다. 언어유희가 줄줄이 이어지고 "Lithuanians and Letts do it"이라는 의견이 즉각적으로, 두운법을 생성하며 "Let's do it"으로 이어지기도 한다. "Oysters down in Oyster Bay do it"의 가사는 정말 훌륭하다. 굴들은 굴 양식장(oyster bed)에 살고, 우리 모두 침대(bed)의 용도는 이미 잘 알고 있으니까.

커버 곡으로 대단한 인기를 누리는 이 곡에서는 단어 하나 흐트러질 것 없이 모든 가사가 적재적소에 배치되어 있다. 완벽하게 배치된 암시 어구가 3분 30초 동안 펼치는 대향연을 맛볼 수 있다. **SA**

I've Got You Under My Skin
Frank Sinatra (1956)

Writer | Cole Porter
Producer | Voyle Gilmour
Label | Capitol
Album | *Songs For Swingin' Lovers!*
(1956)

프랭크 시나트라가 "I've Got You Under My Skin"을 자신의 곡으로 만들기 20년 전, 미국의 싱어 겸 배우 버지니아 브루스가 이미 이 곡을 뮤지컬 〈본 투 댄스〉(1936)에서 부른 적이 있다. 시나트라가 콜 포터의 작품을 다루기 시작한 것은 1940년대였지만, 팬들이 최고의 리코딩이라 입을 모아 격찬한 음반을 탄생시킨 것은 넬슨 리들의 번뜩이는 스윙 스타일 빅밴드 편성의 도움을 받은 1956년이 되어서였다. 천천히 발전·전개되는 크레센도가 빌트 번하트의 환희에 찬 트롬본 솔로로 폭발하게 되는 이 앨범의 중심부를 장식한 곡은 라벨의 "Bolero"에서 어느 정도 영감을 얻어 만든 것 같다. 하지만 번하트가 스탄 켄턴의 "23 Degrees North 82 Degress West"에 참여했던 것도 영향을 준 듯하다.

차트 2위를 기록한 그의 앨범 〈Songs For Swingin' Lovers!〉의 B면 첫 곡인 이 곡은 한창 전성기를 누리는 한 싱어가 보여주는 풍부함과 윤택함을 남김없이 보여주었다. 이 앨범은 1956년 7월에 영국에서 한 단계 더 높은 성적을 거두었고, 영국의 첫 앨범 차트 정상 정복이란 기록을 세우게 되는 한편, 좀 기이한 일이지만, 그 일이 있기 한 달 전에는 싱글 차트에 오르기도 했다.

"I've Got You Under My Skin"을 향한 시나트라의 꺼질 줄 모르는 열정은 1994년에 치른 그의 마지막 무대 공연 때까지 계속되었다. 이때까지 이 곡은 시나트라의 공연 세트 리스트의 한자리를 꿋꿋하게 지켰다. 그리고 공적을 인정받아야 할 인물에게 합당한 경의를 표하듯, 시나트라는 이 곡을 "넬슨 리들의 영광의 순간"이라 말하기도 했다. **DR**

Ev'ry Time We Say Goodbye
Ella Fitzgerald (1956)

Writer | Cole Porter
Producer | Norman Granz
Label | Verve
Album | *Ella Fitzgerald Sings the Cole Porter Songbook* (1956)

50년대 중반에 이르러 엘라 피츠제럴드는 이미 시대에 맞지 않는 싱어로 전락해버렸다. 그녀가 스윙 시대 동안 칙 웹 밴드와 함께 누린 흥행 행진은 종말을 맞이했다. 그러나 LP 시대가 도래했고, 상업적·예술적 양면에서 빈틈없던 레코드 프로듀서 노먼 그란츠의 힘 덕분에 엘라 피츠제럴드는 구원받았다. 그란츠는 자신이 새로 설립한 레코드 레이블 버브와 음반 계약을 맺게 한 후 시리즈로 앨범을 발표하는 게 어떻겠냐고 제안했다. 각 음반마다 위대한 미국의 송라이터를 1명씩 다뤄보자는 것이 그의 아이디어였다.

그 1번째가 바로 〈Cole Porter Songbook〉이었다. 2장의 LP로 1956년에 공개한 이 앨범은 즉시 성공을 거두었다. 여기 담긴 하이라이트 가운데 하나가 바로 "Ev'ry Time We Say Goodbye"였다. 콜 포터가 1944년 뮤지컬 〈세븐 라이블리 아츠(Seven Lively Arts)〉를 위해 처음 작곡했던 이 곡은 총 10줄의 간결한 가사와 복잡하지 않은 멜로디 덕분에 한층 더 효과적으로 감동을 선사했다. 가사의 첫 6줄 시작 부분은 제목으로 쓴 가사 부분을 포함해 단일 음을 반복 유지하며 최면적 효과를 자아낸다. 멜로디가 절정에 다다르면, 포터는 즐거운 장조에서 좀 더 블루지한 단조로 분위기 전환을 시도해 울적함을 한층 더 짙은 색채로 그려냈다. 음악으로 가사의 내용을 표현하는 기법은 헨델을 비롯한 바로크 작곡가들이 활용했던 작곡 방식이었다.

콜 포터 앨범이 성공하자 자신감을 얻은 엘라는 로저스 앤 하트, 듀크 엘링턴, 어빙 벌린, 조지 앤 아이라 거슈윈의 노래들을 아름답고 인상적인 음반들로 승화시킨다. **SA**

Be-Bop-A-Lula | Gene Vincent & His Blue Caps (1956)

Writer | Tex Davis, Gene Vincent
Producer | Ken Nelson
Label | Capitol
Album | N/A

진 빈센트는 로커빌리계 어둠의 왕자이다. 기막힌 50년대 리코딩, 그리고 짧고 고통스러웠던 그의 삶은 빈센트를 아이코닉 입지에 단단히 고정시켰다.

빈센트 유진 크래독은 버지니아 주 노포크에 있는 부모님 가게에서 컨트리, 블루그래스, 가스펠, 블루스 음악을 들으며 성장했다. 미 해군 복무 중 오토바이 사고로 왼쪽 다리에 심한 부상을 입은 후 노래에 전력을 기울이기 시작한 빈센트는 지역 라디오 디제이 텍스 데이비스의 눈에 띄었다. 로스앤젤레스의 캐피톨 레코드가 엘비스 돌풍에 편승하려는 의도가 있음을 인식하고 있던 데이비스는 진 빈센트를 데려다 데모를 녹음하게 했다.

진 빈센트 앤 히스 블루 캡스는 내슈빌로 급파된다. 프로듀서 켄 넬슨은 로큰롤을 녹음하는 방식을 전혀 모르던 상태였고, 블루 캡스의 능력이 부족할 경우를 대비해 세션 뮤지션들도 고용했다. 하지만 기타리스트 클리프 갤럽이 리드한 빈센트의 밴드는 고도의 기교를 뽐내는 화려한 연주를 선보였고, 리듬 섹션이 나긋나긋한 그루브를 뽑아낼 동안 빈센트는 자신의 연인을 향한 '정말 거짓말 아닌("don't mean maybe")' 마음에 대해 속삭이며 탁월하게 프레슬리를 모방했다. 소용돌이치는 갤럽의 기타 솔로와 베이시스트 "점핑" 잭 닐의 함성은 훗날 비틀즈부터 클래시까지 모두가 필적하려 애쓰게 될 로커빌리 템플릿을 창조해냈다.

"Be-Bop-A-Lula"가 세계 차트를 타고 올라 상승한 이후, 빈센트의 음악 인생은 점차 내리막길을 걷게 된다. 그는 1971년 36세의 나이에 알코올 중독으로 사망했다. **GC**

Heartbreak Hotel Elvis Presley (1956)

Writer | Mae Boren Axton, Tommy Durden, E. Presley
Producer | Steve Sholes
Label | RCA
Album | N/A

"I walk a lonely street(난 외로운 거리를 걷지)." 지역신문 기사에 인용된 자살 유서 한 구절에서 영감을 받은 작곡가 메이 보렌 액스턴과 타미 더든은 엘비스를 일약 스타덤에 올려놓게 될 히트작을 써낸다. 하지만 처음에는 이 곡이 그런 역할을 하게 될지 꿈에도 몰랐다고 한다.

데모 리코딩용 가이드보컬이었던 글렌 리브스는 이 곡의 제목이 멍청하다며 끔찍이 싫어했던 나머지 자기 이름을 언급하지 말아달라고 부탁했다 한다. 엘비스의 왕년 멘토 샘 필립스는 이 곡을 "정신병적 난장판"이라며 공공연히 비난했다. RCA의 A&R 스티브 솔스는 그가 선 레이블 아티스트 가운데 인물을 잘못 지목했다면서 칼 퍼킨스가 더 적합한 보컬이라며 칭얼거렸다. 그의 상관들은 이 곡을 다시 녹음하라고 지시한다.

하긴, 필립스의 선 레이블 레코드 특유의 깔끔한 '슬랩백' 리버브 효과를 흉내 내려는 시도는 잘해야 그저 그런 수준일 수밖에 없었다. RCA의 엔지니어들은 결국 에코 효과를 위해 복도에서 녹음을 하게 되었는데, 그 결과 훨씬 더 탁한 사운드가 만들어졌다. 그러나 이 곡이 50년대 중반, 당시의 다른 팝 음악들과 극명한 차이를 보여준 육중하고 블루지한 탄식은 플로이드 크레이머의 담배 연기 자욱한 술집 피아노 사운드와 꾸벅꾸벅 졸듯 전체 분위기에 잠시 제동을 거는 스코티 무어의 들쭉날쭉한 기타 솔로의 힘을 입어 최면적 마력을 내포하게 된다. 엘비스의 트레이드마크라고 할 수 있는 미끄러지는 듯 부정확한 발음의 보컬 스타일 또한 톡톡히 한몫했다는 사실은 말할 것도 없다. **RD**

1956년, 엘비스가 스튜디오에서 'Heartbreak Hotel'의 골드 레코드가 끼워진 액자를 들고 있다. ➜

Blueberry Hill
Fats Domino (1956)

Writer | Vincent Rose, Al Lewis, Larry Stock
Producer | Dave Bartholomew
Label | Imperial
Album | *This Is Fats* (1956)

1956년 즈음, 패츠 도미노는 이미 다수의 톱 10 R&B 싱글을 보유한 상태였다. "Blueberry Hill"도 패츠만큼이나 인상적인 이력을 가진 곡이었다. 1940년 처음 발표된 이 곡은 글렌 밀러와 루이 암스트롱 같은 특출한 엔터테이너가 녹음했고, 그중 1949년 발매된 암스트롱의 버전은 도미노에게 영감을 불어넣었다.

도미노의 버전은 쓸쓸하긴 하지만 눈물을 글썽댈 정도는 아니며, 기악 요소가 보컬의 가사보다 더 큰 호소력을 자아냈다. 그의 피아노 연주는 간명하고 매혹적이었으며, 그의 음성은 한시도 평정을 잃지 않고 만남과 이별이라는 사랑 이야기를 전해주었다. 이 모든 것은 너무나 유명한 가사 "I found my thrill(난 행복을 찾았네)…"로 시작한다.

"Blueberry Hill"을 〈This Is Fats〉의 첫 트랙으로 삼는 것은 너무나 당연했다. 그런데 그는 이 곡을 아예 녹음조차 못 할 뻔했다고 한다. 할리우드의 마스터 레코더스에서 이 곡을 녹음한 날 악보가 온데간데없이 사라졌다. 도미노는 계속하여 가사를 잊어버렸고, 처음부터 끝까지 단 한 번도 제대로 부르지 못했다. 어쨌든 이렇게 해서 탄생한 미완성 트랙들을 잘라 붙여 최종 완성본을 만든 것은 엔지니어 버니 로빈이었다. 아무도 이것을 알아채지 못했다.

"Blueberry Hill"은 팝 차트 2위로 올라섰고, R&B 차트에서는 11주간 정상의 자리를 지켰다. 이 곡이 거둔 성공은 엘비스 프레슬리, 리틀 리처드 같은 다른 로커들에게 곧 영감을 제공했고, 그들은 각각 커버 버전을 발표했다. 1967년 도어스를 일약 스타덤에 올려놓은 히트 곡 "Light My Fire"의 베이스 라인에게도 영감이 되었다는 소문이 있기도 하다. **JiH**

Hound Dog
Elvis Presley (1956)

Writer | Jerry Leiber, Mike Stoller
Producer | Steve Sholes
Label | RCA
Album | N/A

1956년 마이크 스톨러가 유럽 여행에서 돌아와 뉴욕 항구에 닿자, 작곡 동료 제리 리버가 그를 반겼다. 리버는 두 사람이 공동 작곡한 "Hound Dog"가 대단한 히트를 거두었다며 즐거운 소식을 전한다. 하지만 1953년에 이 곡을 최초로 녹음했던 빅 마마 손튼 이야기가 아니었다. 이 희소식의 주인공은 '엘비스 프레슬리라는 이름의 한 백인 청년'이었다.

손튼의 오리지널 버전은 느리고, 음탕했으며, 블루지했다. 처음에 스톨러는 프레슬리의 버전이 "경직된 듯하고, 너무 빠르며, 신경과민적"이라고 생각했다. 리버는 이 버전을 "다량의 소음"이라고 말했는데, 이건 다시 말해 1급 로큰롤이란 뜻이 아니겠는가! 엘비스는 가사를 입에서 마구 뱉어내고, 절 사이사이로 디제이 폰타나는 기관총 드럼 필을 사정없이 쏘아댔으며, 스코티 무어는 두 번의 재기 넘치는 기타 솔로를 선보였다.

밀튼 벌 쇼에서 이 곡을 부른 엘비스는 종결부에 자신의 트레이드마크인 속도를 반으로 늦춘 엔딩을 추가해 넣었고, 선정적인 골반 춤을 가미해 빗발치는 항의를 야기했다. 그는 자신의 이런 '죄'를 대중 앞에서 속죄하겠다는 의미에서, 이 곡을 녹음하기 하루 전날 밤 턱시도를 입은 채 스티브 앨런 쇼에 끌려나와 냉담한 바셋 하운드 한 마리를 향해 이 곡을 불러야만 했다. 이에 무척 기분이 상한 엘비스는 다음 날 스튜디오 세션에서 자신의 전부를 쏟아낸다. 무려 30차례나 녹음을 반복한 그는 걷잡을 수 없는 에너지를 발산하는 요란하고 조소 섞인 음악을 창조했다. 그 결과, 7백만 장의 음반 판매 기록을 세우며 한 장르를 정의내리는 아이콘적 입지의 미국 차트 정상 곡이 탄생하게 되었다. **RD**

Honey Hush
The Johnny Burnette Trio (1956)

Writer | Big Joe Turner
Producer | Owen Bradley
Label | Coral
Album | N/A

조니 버넷의 기타리스트 폴 벌리슨이 부주의로 자신의 펜 더 디럭스 앰프를 쓰러뜨렸을 때, 그는 자신의 깔끔하고 튕김 강한 기타 사운드가 디스토션 된 것을 발견했다. 숙련된 전기 기술공이었던 벌리슨은 이러한 '효과'가 진공관이 제 자리를 벗어난 탓에 일어났다는 진단을 내렸고, 원하기만 하면 언제든지 되살릴 수 있다는 걸 간파했다. 그가 '퍼즈 톤'을 발명하게 된 것은 이렇게 우연한 사고를 통해서였다.

이들 3인조의 3번째 싱글에서, 바로 이 발칙하고 짜릿한 새 사운드가 고삐를 풀고 모습을 드러낸다. 이 싱글 음반은 타이니 브래드쇼의 "Train Kept A-Rollin'" 그리고, 거구의 동네 아저씨 같은 빅 조 터너의 1953년 작품 "Honey Hush"를 수록하고 있었다. 터너가 녹음한 "Honey Hush" 버전은 마치 다음 해 나올 그의 히트작 "Shake, Rattle and Roll"의 예행 연습처럼 들렸다. 이 버전에서 터너는 경쾌한 템포의 12마디 블루스 위로 자신의 여인을 닦아세워 조작하겠다는 장난스러운 가사를 즉흥적으로 노래했다(필요하다면 야구 방망이까지 동원하겠다 했다). 버넷의 버전은 이 곡에 로커빌리의 원시적 정력을 주입해 재해석했다. 제정신 아닌 촌놈처럼 마구 짖고 지껄이는 조니의 보컬은 터너의 명랑한 우스갯말을 위협적이고 야만적인 무언가로 탈바꿈시켰다. 더블베이스 주자 도시 버넷과 세션 기타리스트 그레이디 마틴도 뒷전에서 야단법석을 떨지만, 정작 듣는 이의 귀를 사로잡는 것은 벌리슨의 탄력 넘치는 리드기타였다. 이것은 디스토션을 고의적으로 활용한 사운드가 음반에 담긴 최초의 본보기 중 하나이며, 마치 고무줄로 퉁겨 연주하기나 한 듯 대담하게 진동한다. 미래의 기타 영웅들도 이것을 듣고 주의를 기울였다. **SP**

I Walk the Line
Johnny Cash (1956)

Writer | Johnny Cash
Producer | Sam Phillips
Label | Sun
Album | N/A

"I find it very, very easy to be true(난 그게 진실이란 걸 너무 절실히 느껴)"라고 반세기 이전 조니 캐쉬가 노래했다. 캐쉬의 음악 인생이 동틀 무렵, 선 스튜디오 소유주 샘 필립스에 의해 녹음되었던 "I Walk the Line"은 순진한 동시에 심오하다. 여기 활용된, 금속이 부딪히는 듯 철컥거리는 사운드는 캐쉬의 레이블 동료 엘비스 프레슬리의 초기 히트작에 등장했던 것과 같았다. 그리고 여기 쓰인 간결한 기타 라인이 오늘날 시대에 뒤지게 들리는 것만은 정말 어쩔 수 없다. 그러나 가사만큼은 다르다. 이 곡에 수십 년 동안 설득력을 잃지 않는 힘은 바로 거기 담긴 가사에서 나온다.

캐쉬가 "I keep a close watch on this heart of mine(난 내 마음을 항상 주의 깊게 살핀다네)"이라 노래하면, 그가 굳이 이 말의 의미를 하나하나 설명하지 않더라도 그의 내면 약한 구석을 바로 느낄 수 있다. 음악 자체도 뻔하지 않다. 각 절마다 몇 초간의 허밍이 선행하는데, 이것은 꽤나 최면적인 효과를 일으킨다. 캐쉬는 이것이 그가 음정을 제대로 맞추는데 도움을 준다고 설명했지만(1956년 녹음된 오리지널 발매본을 들어보면 각 절마다 조가 바뀐다), 이것은 그것뿐 아니라 곡 전체에 명상적 분위기를 조성한다.

"I Walk the Line"은 싱글로 발매된 지 8년이 지난 후 동명의 앨범을 위해 재녹음되었고, 재녹음에서는 재편곡 과정을 거치는 한편 더 깨끗한 사운드를 얻게 되었다. 이 곡은 한 1970년 영화를 비롯해, 좀 더 잘 알려진 캐쉬의 전기 영화(2005)에 그 제목을 내주기도 한다. 캐쉬는 자신의 긴 음악 인생의 여정 동안 좀 더 대담한, 훈계조의 노래들을 썼다. 그러나 이 곡만큼 인생에 대해 명쾌하게 노래한 것도 정말 드물다. "I Walk the Line"은 들을 자세가 되어 있는 모든 이들의 가슴을 명쾌하게 두드린다. **JMc**

1957년 촬영에서 조니 캐쉬가 카메라를 향해 울적하게 담배를 피우고 있다. ➡

Knoxville Girl
The Louvin Brothers (1956)

Writer | Traditional, arr. by Ira and Charles Louvin
Producer | Ken Nelson
Label | Capitol
Album | *Tragic Songs of Life* (1956)

"Knoxville Girl"의 작곡자는 그저 "전통민요"라 표기돼 있다. 하지만 이 곡의 기원은 테네시주 녹스빌에서 무려 4천 마일 떨어진 곳에서 발단되었다고 추정되며, 그 시발점은 "The Bloody Miller"(영국의 슈루즈베리 부근에서 일어난 살인 사건에 대한 1680년대 곡)나 "The Berkshire Tragedy"(또 다른 고대 영국 발라드)라 추측된다. 이 곡은 셀 수 없을 만큼 많이 변형되어 불리다가("The Oxford Girl", "The Wexford Girl"도 포함된다), 결국 테네시까지 흘러들어가게 되었고, 미국의 고전적인 '살인을 소재로 한 발라드'로 굳어지게 된다.

앨라배마 태생의 두 형제, 아이라와 찰스 루더밀크는 모친으로부터 이 곡을 처음 익혔고, 그들이 음악 활동을 시작한 40년대부터 꾸준히 이 곡을 연주해왔다. 형제는 곧 이 곡을 제쳐두고 가스펠 음악에 집중하지만, 50년대 중반 세속가로 다시 방향전환을 하게 되며 "Knoxville Girl"을 레퍼토리에 복귀시킨다. 유명 라디오 프로그램 'Grand Ole Opry'를 통해 그들을 후원했던 프린스 앨버트 담배에서 가스펠 이외 장르의 튠들을 더 선호한다고 말한 것이 그 이유였다. 찰리의 경우, 그 이유를 이렇게 설명했다. "가스펠 쇼에 나오면 5백 불을 받고, 컨트리 쇼에 나오면 2천5백 불을 받죠."

또 다른 형제 보컬 팀 더 블루 스카이 보이스가 남겨놓은 30년대 버전에 큰 빚을 진 루빈 형제의 구슬픈 트랙은 드디어 1956년 모습을 드러냈다. 찰리는 18세 생일 이전이 곡을 다시 녹음했지만, 아이라는 이것을 듣지 못하고 세상을 떠나게 된다. 1965년, 아이라의 폭풍 같았던 삶은 미주리주의 한 음주운전자에 의해 끝을 맺는다. **WF-J**

Ella
José Alfredo Jiménez (1956)

Writer | José Alfredo Jiménez
Producer | Uncredited
Label | RCA
Album | N/A

멕시코 음악 애호가들에게 호세 알프레도 히메네스라는 존재는 한마디로 행크 윌리엄스와 자크 브렐을 합쳐놓은 것이라 할 수 있다. 그는 멕시코 노래 전서를 지배하고 재정비한 대단한 재능의 소유자였다. 전설에 따르면, 1956년 히메네스는 한 레스토랑에서 웨이터로 일하다가, 식사를 하러 온 대중 가수 미구엘 아세베스 메히아를 만나게 되었다는 것이다. 히메네스는 메히아에게 자신의 노래를 들어보라고 간청했고, 그 결과 2사람은 며칠 후 함께 만났다. 메히아가 히메네스에게 기타를 칠 줄 아냐고 묻자 그는 못한다고 대답했다. "그럼 이 노래가 무슨 왈츠나 와팡고 같은 겁니까?" 하고 묻자 히메네스는 이렇게 대답했다. "모릅니다." 거기다 대고 히메네스는 자기가 무슨 조로 노래를 하고 있는지조차 몰랐다 한다. 하지만 메히아가 이 가수 지망생을 막 돌려보내려고 할 참에 히메네스가 노래를 시작했다. 그리고 곧 메히아는 이 웨이터가 이미 수십 곡의 훌륭한 노래를 작곡해놓았다는 사실을 알게 되었다. 그 중 하나가 바로 "Ella"(그녀)이다. 천한 웨이터라는 이유로 딸의 구혼자의 뜻을 거절하는 부모와 그들이 좌절시킨 구혼자의 사랑에 대한 솔직한 이야기였다. 히메네스는 란체라(싱어가 경험한 고난, 불운을 가사로 자세히 풀어나간다는 면에서 컨트리나 블루스와 유사한, 멕시코 대중가요 형태) 스타일의 가수였다. 히메네스는 어린 시절부터 곡을 써왔고 멜로디를 듣는 귀, 작사가로서의 재능, 목소리까지 타고났다(그의 목소리는 거칠었지만, 노래를 연출하는 데 오히려 극적 효과를 자아냈다). "Ella"는 히메네스가 녹음한 초반의 노래들 중 하나였고, 정열 가득한 보컬은 재잘대는 마리아치 스타일 금관과 달콤 쌉싸름한 현이 감싸는 반주 음악에 어우러져, 이 곡을 대단한 히트작으로 부상시켰다. **GC**

Take My Hand, Precious Lord
Mahalia Jackson (1956)

Writer | Thomas A. Dorsey
Producer | Mitch Miller
Label | Columbia
Album | *Bless This House* (1956)

토마스 A. 도로시는 초반에 마 레이니의 반주자이자 블루스 피아니스트로서 활동을 펼쳤고, 1928년 대대적 히트를 거둔 더티 블루스(dirty blues) 곡 "It's Tight Light That"을 탬파 레드와 공동 작곡하기도 했다. 이후 그는, 자신의 이름을 세상에 알리게 될 음악 장르인 '가스펠'로 진출하게 된다. 도로시는 1932년 "Take My Hand, Precious Lord"를 작곡했다. 부인이 출산 중 사망한 후(아기도 곧 사망했다), 비탄에 빠지고 수심에 잠겨 쓴 곡이었다. 이 곡의 멜로디는 조지 N. 알렌의 1844년 찬송가 "Maitland"에서 차용해 온 것이다. 즉시 가스펠 고전으로 인정받게 된 이 곡을 통해 도로시는 시카고 최고의 가스펠 작곡가로 명성을 얻게 되었다.

1929년 그는 십 대의 마할리아 잭슨을 만나게 된다. 당시 그녀는 뉴올리언즈에서 시카고로 온지 얼마 되지 않은 상태였고, 이미 교회를 '무너뜨릴' 만한 보컬 능력을 소유하고 있었다. 도로시는 그녀의 멘토가 되었고, 이들 둘은 공연 여행도 함께하게 된다. 그녀는 도로시가 쓴 곡을 노래했고, 그는 새로운 가스펠 악보를 팔았다. 잭슨은 1956년 3월 컬럼비아 레이블과 "…Precious Lord"를 녹음했고, 컬럼비아 음반사는 다른 여느 재즈나 팝 세션에 못지않게 이 녹음 세션에 심혈을 기울였다. 그 결과, 힘과 위엄을 갖춘 음반이 하나 탄생했고, 이것은 잭슨의 이름을 방방곡곡에 널리 알리게 된다. 마틴 루터 킹 주니어 목사는 마할리아가 녹음한 트랙을 자신이 가장 좋아하는 노래로 꼽았다. 그녀는 킹 목사의 1968년 장례식에서 이 곡을 노래하여 세계적으로 주목을 (그녀 자신과 노래 모두) 받게 된다. 4년 후, 아레사 프랭클린이 잭슨의 장례식에서 "…Precious Lord"를 불렀다. **GC**

Folsom Prison Blues
Johnny Cash (1956)

Writer | Johnny Cash, Gordon Jenkins (uncredited)
Producer | Sam Phillips
Label | Sun
Album | *With His Hot and Blue Guitar* (1957)

조니 캐쉬의 "Folsom Prison Blues"은 1956년 첫 발매되었다. 그러나 이 곡이 미국 빌보드 차트 정상에 오르게 된 것은, 〈At Folsom Prison〉(1968) 라이브 앨범 발매 무렵 즈음하여 곡이 재발매되고 난 후의 일이었다. 캐쉬는 서독에서 미공군으로 복무 중일 당시 1951년 다큐멘터리 〈Inside the Walls of Folsom Prison〉을 시청한 후 감동을 받아 이 곡을 썼다. 캐쉬는 고든 젠킨스의 "Crescent City Blues"에서 음악적 아이디어를 차용했고, 이로 인해 1968년 앨범 발매 후 재판에 연루된다. 이것은 젠킨스의 승소로 마무리되었다. 캐쉬는 탄압받는 수감자들과 동질감을 느꼈고, 포크 뮤직 장르 최고의 인기 요소(감옥과 기차 노래들) 2가지를 한데 섞어 곡을 만들어냈다. 여기서 가장 인상 깊은 구절인 "I shot a man in Reno / Just to watch him die(난 리노에서 한 남자를 쏘았지 / 그저 그가 죽는 것을 보고 싶어서)"에 대해 캐쉬는 이렇게 설명했다. "전 손에 펜을 쥐고 곰곰이 생각했죠. 한 사람이 다른 사람을 죽이는 데 가장 최악의 이유가 될 수 있는 게 뭔지를 생각해본 거예요. 그래서 그런 말이 나오게 된 거라고요. 하지만 그게 한 번에 쉽게 떠올려진 것은 아닙니다." 캐쉬는 투옥된 자들에게 끊임없이 사랑받는다. 하지만 사실 라이브 버전(그 암울한 가사 즈음에)에서 들리는 환호는 녹음 후에 추가된 것이라 한다. 수감자들은 간수들의 보복을 경계한 나머지 감옥이나 범죄 행위에 관련된 내용의 가사에 아예 반응할 엄두조차 내지 못했다는 것이다. "Folsom Prison Blues"는 캐쉬의 라이브 무대에서 빠질 수 없는 곡이 되었고, 그의 '검은 옷을 입은 남자', '반항아' 이미지의 본보기가 되었다. 이로 인해 캐쉬는, 로커빌리부터 펑크까지, 훗날 도래할 수많은 음악장르에 영향을 미친 인물로 남았다. **CR**

I Put a Spell on You
Screamin' Jay Hawkins (1956)

Writer | Jalacy Hawkins
Producer | Arnold Maxon
Label | Okeh
Album | *At Home With Screamin' Jay Hawkins* (1958)

"I Put a Spell on You"는 진정 예사롭지 않은 트랙이다. 1956년 오케(컬럼비아 레코드사의 R&B 자회사)를 통해 발매되었을 당시, "식인적"이라고 낙인이 찍히는가 하면, 라디오 방송 금지를 당하기도 했으니 말이다. 색소폰 주자 샘 "더 맨" 테일러를 포함해, 밴드 전체가 비교적 나직하고 블루지한 왈츠를 연주하는 동안, 과거 권투 선수였던 호킨스는 가사 사이로 비명, 고함, 신음을 섞어냈다.

이 트랙은 한 번도 대대적 히트를 기록하지 못했지만, 결국에는 1백만 장 재고를 팔아치우는 데 성공한다(후기 프레싱 과정에서 레이블이 곡 마지막 부분에 나오는 호킨스의 신음과 꿀꿀거리는 소리를 삭제했음에도 불구하고 말이다). 호킨스는 그가 본래 이 곡을 발라드로 부르려 했다고 즐겨 말한다. 그는, 스튜디오에서 파티가 벌어졌고 자신이 너무 취하는 바람에 그런 광인적 보컬을 뽑아냈다며, 녹음 과정 자체가 아예 기억이 나지 않는다 말한다. 그렇기 때문에 라이브 무대에서 이 곡을 공연하기 전 스스로 자기 음반을 들어가며 부르는 법을 익혀야 했다고 주장한다. 뉴욕 디제이 앨런 프리드의 격려를 받아, 호킨스는 그의 괴짜 레퍼토리에 어울릴 만한 무대 연출 방식을 개발했고, 망토를 두른 채 헨리라는 이름의 해골을 막대에 꽂아 들고 관에 실려 무대에 도착하곤 했다.

"I Put a Spell on You"는 짐 자무시의 영화 〈천국보다 낯선〉(1984)에 삽입된다. 게다가 호킨스는 자무시의 영화 〈미스터리 트레인〉(1989)에서 호텔 데스크 직원 역을 직접 연기하기도 했다. 호킨스가 선보인 이런 과장된 충격효과를 활용한 로큰롤은 곳곳에 영향을 미쳤고, 그의 뒤를 따른 제자 중에는 앨리스 쿠퍼, 아서 브라운, 스크리밍 로드 서치 등이 있었다. **JoH**

Just a Gigolo / I Ain't Got
Nobody | Louis Prima (1956)

Writer | L. Casucci, J. Brammer, I. Caesar, S. Williams, R. Graham
Producer | Voyle Gilmore
Label | Capitol
Album | *The Wildest!* (1957)

수많은 뮤지션들이 수년에 걸쳐 "미국인의 삶에는 2막이 없다"라는 F. 스콧 피츠제럴드의 가설에 반박하려는 시도를 거듭해왔다. 그러나, 루이스 프리마만큼 '제2막'을 사는 것이 그토록 즐거울 수 있다는 사실을 몸소 보여준 이는 많지 않았다. 1910년 뉴올리언즈에서 이태리계 부모 아래 태어난 프리마는 뉴욕에서 밴드 리더로 활동하며 30년대에 성공을 거두었지만, 유행이 변함에 따라 결국 무대에서 사라지게 된다. 1954년, 프리마와 그의 밴드(젊은 뉴올리언즈 색소폰 주자 샘 부테라가 이끌고, 프리마의 아내 킬리 스미스가 추가로 합류했다)는 라스베이거스의 사하라 카지노 라운지에서 공연을 하기로 예약되어 있었다. 여기서 단 몇 달 만에 그의 음악 인생은 소생하게 된다. 그가 라스베이거스의 라운지 여흥이란 개념 자체를 발명했다 말해도 과언은 아닐 것이다.

이 찬란한, 스튜디오에서 보여주는 라이브 공연 메들리는 그들이 당시 들려주었을 '들썩하고, 즐겁고 억제할 수 없는' 사운드를 훌륭히 포착했다. 신 나게 즐기고 있음이 여실히 드러나는 밴드의 연주에 맞춰, 프리마는 귀를 뗄 수 없는 보컬을 뽑아냈고, 이 트랙은 마치 루이스 암스트롱과 루이스 조던을 융화시켜놓은 이탈리안-아메리칸 퓨전물같이 들렸다. 부테라에 의해 연결된 듯 보이지만 사실 이 2곡은 서로 연관성이 없다. 그러나 프리마의 영향이 너무 절대적인 나머지 이 2곡은 오늘날 한 쌍으로 묶어 연주하는 것이 통례이다. 비틀즈가 1964년 뉴욕에 착륙할 시기 즈음, 프리마는 다시 한 번 유행과 어긋나며 힘든 시기를 겪는다. 하지만, 'The Jungle Book'에서 킹 루이스 목소리를 연기한 그는 또다시 스포트라이트를 받으며 유종의 미를 거두게 된다. **WF-J**

Rock Island Line | Lonnie Donegan Skiffle Group (1956)

Writer | Uncredited
Producer | Hugh Mendl
Label | London
Album | N/A

"Rock Island Line"은 50년대 중반 잠시 영국을 휩쓸었던 스키플(skiffle)열기를 대중화하는 데 그 어느 레코드보다 더 큰 역할을 수행했다.

글라스고 태생인 로니 도니건은 이 옛 아칸소주 감옥 노래(표면상, 시카고와 미시시피 사이에 뻗어 있는 록 아일랜드 철도에 관한 내용을 담고 있다) 커버 버전이 대서양 양편에서 차트 8위를 기록한 후부터, "스키플의 왕"이라는 별명을 얻는다(컨트리-블루스 대가 레드 벨리가 1930년 이 곡을 처음 녹음했다). 맹렬한 속도로 내달리는 로니 도니건 개조 버전은 새로운 세대의 영국 십 대들이 애타게 기다리던 바로 그런 존재였다. 한편 이 곡은 텔레비전을 통해 홍보된 최초의 팝 트랙 중 하나이기도 하다.

돈 코넬(1956)과 조니 캐쉬(1970) 모두 이 곡의 커버 버전을 발표해 미국 내에서 그럭저럭 차트 성공을 거두었다(캐쉬의 경우 1957년 이 곡의 커버 버전을 이미 낸 적이 있다). 그러나 감수성 예민한 청소년들의 상상력을 제대로 사로잡은 것은 도니건의 비음 섞인 보컬에 현저히 드러나는 에너지이며, 16세의 존 레논도 이 레코드에 영향을 받아 도니건의 기타 연주와 보컬 스타일을 흉내 내기 시작했다.

B사이드 곡 "John Henry"(이 곡은 브루스 스프링스틴과 같은 뮤지션들이 20세기에 커버버전을 발표한 덕에 루츠 뮤직 고전으로 자리 잡게 되었다)와 달리, "Rock Island Line"은 현대 유명 아티스트들의 주목을 비교적 끌지 못했다. 어쨌든, 마노 네그라와 리틀 리처드 앤 피시본이 발표한 80년대 커버 버전이 있기는 하다. **DR**

Whole Lot of Shakin' Going On | Jerry Lee Lewis (1957)

Writer | Sunny David (Roy Hall), Dave Williams
Producer | Jack Clement
Label | Sun
Album | N/A

선 스튜디오에서 오디션을 보기로 단단히 마음먹은 제리 리 루이스는 1956년 말 멤피스로 갈 돈을 마련하기 위해 계란 장사를 했다. 샘 필립스는 부재중이었고, 프로듀서 잭 클레멘트는 이 젊은이에게 오디션 테이프를 만들도록 허락했다. 이후 다시 스튜디오 돌아오게된 루이스는 그의 1번째 선 레이블 싱글이 될 "Crazy Arms"와 "End of the Road"를 녹음하게 된다. 2번째 녹음 세션에서, 다시 클레멘트가 제어실 지휘를 맡고, 루이스의 "Whole Lot of Shakin' Goin On"이 탄생하게 되었다. 이것은 팝 역사의 지반을 흔든 트랙 중 하나로 남는다. 이 노래가 완전히 새로운 곡은 아니었다. 퀸시 존스가 프로듀서를 맡고 R&B 싱어이자 피아니스트인 빅 메이벨이 1955년 3월 녹음한 버전이 이미 존재했지만 이 버전은 흥행에 실패했다. 이 곡의 공동 작곡가 로이 홀이 이듬해 9월, 나름대로의 버전은 냈지만 이것도 마찬가지로 실패했다. 그러나 이 곡은 루이스의 라이브 공연 무대 레퍼토리로 굳어졌고, 1957년 초 소규모 아칸소주 클럽에서 했던 공연이 군중의 열띤 환호를 받자 제리 리는 이 곡을 선 스튜디오에서 녹음해보기로 마음먹게 되었다.

초반에 대중의 반응은 무관심했지만, 결국 성공을 거두었고, 텔레비전이 이 곡의 성공에 큰 역할을 수행했다. 원초적인, 피아노를 때려 부수는 듯한 리듬은 텔레비전을 통해 볼 때 전혀 다른 차원의 경험을 선사했다. 수백만의 시청자들이 제리 리가 그의 텔레비전 데뷔와 스티브 앨런 쇼 공연에서의 극적 연주를 목격한 후, 이 음반은 1957년 여름 빌보드 차트 상승을 시작하는 한편, 결국 6백만 장 이상의 음반 판매를 기록했다. 제리 리는 그의 첫 히트 곡을 낸 것이다. 많은 로큰롤 가수들이 이것을 재현하려 했지만, 결국 세월을 견뎌낸 것은 제리 리의 대지진 버전이었다. **DR**

'킬러' 제리 리 루이스의 고약하고 짓궂은 '다중 노출' 샷. ➜

That'll Be the Day
Buddy Holly & The Crickets (1957)

Writer | Jerry Allison, Buddy Holly, Norman Petty
Producer | Norman Petty
Label | Brunswick
Album | N/A

Little Darlin'
The Diamonds (1957)

Writer | Maurice Williams
Producer | Nat Goodman
Label | Mercury
Album | N/A

버디 홀리의 넘버 원 히트작 "That'll Be the Day"(이 제목은 영화 〈수색자〉에서 존 웨인이 느릿한 말투로 뱉어 유행어가 된 문구로부터 영감을 끌어왔다)는 로큰롤의 진정한 전설 중 한 사람의 입지를 굳히는 데 도움을 준다. 이 곡은 그의 1956년 버전과는 판이하게 다른 느낌이었다. 본래 버전은 느린 템포였고 카랑카랑한 높은 음조의 목소리가 담겨 있었으며… 음, 한마디로 말해, 도저히 로큰롤이라 말할 수 없는 그런 음악이었다. 데카가 이 버전을 싫어하고 발매하지 않은 이유는 사실 좀 이해할 만하다. 하지만 그를 레이블에서 쫓아낸 것은 영민하지 못한 행동이었다(비틀즈의 데모 테이프를 부적합 판정한 것도 마찬가지다. 하지만 그것은 별개의 이야기다). 제멋대로 할 수 있게 된 홀리는 자신의 데모 테이프를 프로듀서 노먼 페티에게 가져갔다. 페티는 이미 버디 녹스의 "Party Doll"(1957년 미국 넘버 원 히트 곡이었다)을 작업한 쟁쟁한 이력의 소유자였다. 인사 이동 후 '크리케츠'라는 새로운 이름의 밴드(드럼에 제리 앨리슨, 베이스에 조 B. 모들린, 기타에 니키 설리번)를 대동하게 된 홀리는 자신에게 좀 더 편한 음역에서 노래하며 좀 더 경쾌한 버전을 만들어냈고, 페티는 이 트랙을 녹스의 레이블이었던 룰렛에 팔아보려 했다. 룰렛은 이것을 거절했고, 컬럼비아, RCA, 애틀랜틱도 마찬가지의 반응을 보였다. 하지만 브룬스윅(아이러니하게도 데카의 자회사였다)의 A&R 부서장 밥 틸은 데모가 마음에 들었고 홀리와 음반계약을 맺었다. 이후 전세가 바뀌기 시작한다. 데카가 여전히 버디 홀리의 이름 아래 "That'll Be the Day"를 소유하고 있었으므로, 틸은 더 크리케츠라는 그룹명 아래 이 곡을 재녹음해 발매했다. **JJH**

두-왑 순수주의자들은 다이아몬즈를 조롱하고 비웃는다. 이들은 주류 청중을 상대로 흑인 보컬 그룹들의 레퍼토리를 부르는데 활동의 초점을 맞춘 부유한 배경의 캐나다 4인조였다. 그러나 "Little Darlin'"을 통해(이 트랙은 스튜디오 시계가 4시를 막 가리키려 할 때 단 1번의 시도로 녹음을 마무리했다), 다이아몬즈는 단순히 별 볼 일 없는 모방으로 끝났을 커버송을 진정한 히트작(미국 2위)으로 탈바꿈시킨다. 작곡가 모리스 윌리엄스와 그의 그룹 글라디올라스가 만든 오리지널 버전은 R&B에 룸바와 칼립소적 요소를 혼합시킨 독창적 음악이었지만, 제작 과정상 문제로 결과물이 혼탁한 사운드를 지녀 별다른 반응을 얻지 못했다(테네시의 한 레코드 가게 뒷방에서 녹음되었으니 어쩔 수 없었다).

다이아몬즈는 노래의 오리지널 편곡 구성을 그대로 유지하는 한편, 여기에 도입부의 허둥대는 캐스터네츠 소리부터 테너 테드 코왈스키가 팔세토 음성으로 부르는 '라-라-라'까지, 보증된 쇼맨십을 가미해 넣었다. 이 트랙에는 드럼이 없다(이미 드러머는 떠나고 없었다). 리드 보컬리스트 데이브 소머빌은 각 구절 마지막을 심하게 과장함으로써 윌리엄스의 오리지널에 담긴 억제된 표현방식을 패러디에 가까울 정도의 느낌으로 바꾸어 놓았다("My dear-ah, I was wrong-ah(자기, 내가 잘못했었어)."). 브릿지에서, 온화한 남성미의 베이스 파트 담당 빌 리드가 앞으로 한 발짝 나서 감미로운 극적 어조의 말투(이것은 잉크 스파츠의 하피 존스가 대중화시킨 방식이다)로 가사를 말한다. 이러한 노래 방식은 후에 바비 피켓에게 영감을 주었다. 피켓은 공포영화 스타 배우인 보리스 칼로프 방식의 무덤처럼 을씨년스러운 어조로 노래했고, 그가 무대에서 연출한 엉뚱함은 1962년 히트작 "Monster Mash"로 승화되었다. **SP**

Great Balls of Fire
Jerry Lee Lewis (1957)

Writer | Jack Hammer, Otis Blackwell
Producer | Sam Phillips
Label | Sun
Album | N/A

건반을 부수어버릴 듯한 이 로큰롤 고전은 제리 리 루이스에게 그의 최고 미국 차트 성적을 기록해준 대히트작이었다. 빌보드 핫 100의 2위까지 상승한 이 곡은 대니 앤 더 주니어스의 "At the Hop"의 방해로 정상까지 오르지 못했지만 영국에서만큼은 그런 불상사가 없었다. 이 곡은 1958년 영국 차트 정상을 2주간 지켰다. 이 곡을 창시한 두 인물이 동등하게 작업량을 나누었던 것은 아니었다. 잭 해머가 그저 곡의 제목을 생각해낸 데 반해 곡 전체의 작곡을 전담한 것은 오티스 블랙웰이었다(블랙웰은 엘비스 프레슬리를 위해 "All Shook Up", "Don't Be Cruel", "Return to Sender" 등의 위대한 로큰롤 고전 작품들을 줄줄이 써낸 인물이었다).

"더 킬러"라는 별명의 루이스는, 이글이글 타는 눈으로 공격적 연주를 선보이는 한편 때로는 쇼크한 행동을 서슴지 않았지만 어느 정도의 감수성은 항상 지니고 있었다. 이것은 그의 가장 유명한 곡 도입부 라인에서 여실히 드러난다. "Great Balls of Fire"에 제동을 거는 오리지널 버전 가사는 본래 "Great God almighty(전능한 신이시여)…"였다. 하나님을 무서워할 줄 아는 깊은 신앙의 성장과정 때문에 이 가사가 마음에 걸렸던 루이스는 이 부분을 "Goodness gracious, great balls of fire(에그머니나, 거대한 불덩이들)"로 바꾸었다. 록 역사에 가장 오래 기억될 인트로 중 하나는 바로 이렇게 탄생했다.

이 곡의 커버 버전을 내놓은 몇몇 아티스트를 선정하자면 돌리 파튼(그녀는 1979년 동명의 앨범을 내놓는다)과, 타이니 팀(매우 상이한 버전으로 그의 1968년 대히트작 "Tip-Toe Through the Tulips with Me"의 B사이드를 채워 넣었다)이 있다. 데니스 퀘이드가 출연한 제리 리 루이스의 전기 영화(1989)는 휴면 상태에 빠졌던 제리 리의 음악활동에 활활 불을 붙였다. **DR**

When I Fall in Love
Nat King Cole (1957)

Writer | Edward Heyman, Victor Young
Producer | Lee Gillette
Label | Capitol
Album | *Love Is the Thing* (1957)

냇 킹 콜은 30년대 말 피아노 트리오를 이끌며 첫 유명세를 맛보았다. 50년대 말에 이르러 그는 이미 싱어로서 주류를 돌파한 상태였고, 그가 한때 재즈 뮤지션이었다는 것을 더 이상 알아채지 못할 팝 히트작을 줄줄이 불러내었다. 그의 음악은 이따금 대대적 희생을 치르기도 했다. 그가 후기에 발표한 음반들 중 일부는 너무 달짝지근해 듣기 불편할 정도였다. 그런 〈Love Is the Thing〉(1957) LP는 풍부한, 꿀빛 같은 완벽 그 자체였다. 이것은 콜이 고든 젠킨스와 함께한 첫 앨범이었다(젠킨스는 딕 헤임즈와 같은 크루너들의 편곡을 맡아 해왔고 후에는 프랭크 시나트라와 작업하기도 한다). 넬슨 리들과 같은 동시대 뮤지션들과 다르게 젠킨스는 스윙감을 부각시키기보다는 박력 있는 호른 섹션보다는 향기로운 스트링을 선호했다. 젠킨스가 만들어낸, 때로는 지나칠 정도로 감상적인 음악을 제대로 소화하는 데에는 진정 숙련된 발라드 싱어가 필요했다. 그리고 50년대 말에 이르러, 그 역할을 수행할 이로 콜만 한 대가가 없었다.

이들 2사람은 "When I Fall in Love"에서 최고 기량의 호흡을 맞춘다(이 곡은 〈One Minute to Zero〉(1952)라는 로버트 미첨의 흥행 실패작에 처음 등장했다가, 도리스 데이의 인도를 받아 차트에 입성하게 됐던 노래다). 콜은 자신의 보컬 테크닉에서 겸손한 모습을 보였지만, 그의 프레이징은 정말 한 곳도 흠잡을 데가 없었다. 그의 음성은 풍부한 스트링 위로 매끈한 원호를 그렸고, 여기에 눈치채지 못 하는 사이, 부드러운 리듬 섹션이 미끄러져 들어온다. 젠킨스도 마음껏 능력발휘를 한다. 그가 즐겨 쓰는 반짝이는 하프 소리조차도 적절히 사용되었다. 첫 발매 당시 영국에서 히트를 거두었던 이 음반은 1987년 영국 차트로 다시 돌아오게 된다. **WF-J**

You Send Me
Sam Cooke (1957)

Writer | Charles "L. C." Cooke
(Sam Cooke)
Producer | Bumps Blackwell
Label | Keen
Album | N/A

진정한 사랑의 여정은 한 번도 평탄했던 적이 없다. 역대 가장 위대한 팝 러브 송 하나의 여정도 마찬가지였다. 과연, "You Send Me"의 부드러운 어루만짐을 느끼고 있다 보면 이 곡의 논란 많았던 탄생 과정을 잊게 된다. 1957년, 샘 쿡은 스페셜티 레이블에서 보컬 그룹 소울 스터러스와 함께 가스펠 가수로 활동했다. 가스펠 팬들을 소원하게 만들고 싶지 않았던 쿡은 세속가 "Lovable"을 녹음해 발매했고, "Dale Cook"이라는 예명을 사용했다. 하지만 여기에 속은 사람은 몇 없었다. 이 싱글로 인해 쿡은 소울 스터러스를 떠나 솔로 아티스트로서의 활동을 시작하게 된다.

스페셜티 레이블 아티스트로 여전히 활동하며 쿡은 크로스오버적 레퍼토리를 배로 더 많이 다루었고, 프로듀서 범프스 블랙웰과 함께 자작 팝송을 포함한 새로운 노래들의 작업에 착수한다. 그러나 레이블 소유주 아트 루프가 "You Send Me"에 쓰인, 뚜렷이 백인임을 알 수 있는 배킹 싱어들의 음성을 들었을 때, (일설에 의하면) 그는 쿡과 블랙웰에게 선을 넘은 행동을 했다고 항의했다 한다. 그러나 블랙웰이 쿡의 계약과 새로운 마스터본을 루프로부터 구입하자 이 문제는 재빨리 해결되었다. 그 후 "You Send Me"는 밥킨이 신설한 킨 레이블을 통해 발매되었고, 법적 이유로 인해 앨범상에는 샘의 남동생 찰스 "L.C." 쿡의 이름이 작곡가로 기재됐다. B사이드에는 거슈윈의 "Summertime"을 독특하게 해석해놓은 버전이 실렸다.

이 싱글은 곧 차트를 휩쓸며, 팝과 R&B 차트 양쪽에서 정상의 자리를 차지했고, 2백만 장의 음반 판매 기록을 세웠다. 소울 발명가 샘 쿡은 이렇게 탄생했다. **TS**

It's Only Make Believe
Conway Twitty (1958)

Writer | Conway Twitty,
Jack Nance
Producer | Jim Vienneau
Label | MGM
Album | *Conway Twitty Sings* (1958)

해롤드 젠킨스는 한때 프로 야구선수가 되는 꿈을 품었다. 어쨌든 멤피스에서 온 '힐빌리 고양이(Hillbilly Cat)'의 음악을 듣기 전까지는 그랬다. 하지만 그 후 그는 연예 사업으로 눈을 돌리게 되었고, 엘비스 프레슬리만큼 인상에 남을 터무니없는 무대명이 필요함을 깨달았다. 그리하여 그는 아칸소주의 두 도시 이름을 결합시킨다. 아칸소주의 콘웨이와 텍사스주의 트위티가 바로 그것이었다. 그를 스타덤에 올려놓은 싱글 트랙에서, 트위티는 프레슬리의 혼탁한 발음을 완벽할 정도로 가장한다. 한편 멜로디를 수면으로 떠오르게 하는 바버샵 쿼텟 스타일의 '바-바-바-범' 부분은 다름 아닌 엘비스의 백 보컬단 '더 조다네어스'가 맡아 불렀다. "It's Only Make Believe"는 1958년 발매됨으로써 엘비스가 군복무로 안식 기간을 가지고 있던 상황의 덕을 톡톡히 보았지만, 이 곡이 프레슬리의 후기 '베가스 시대'를 특징 짓는 결혼 생활의 불신에 대한 노래들을 예견하고 있는 맹종적 모방작이라고 생각하면 큰 오산이다. 짝사랑에 대한 내용의 이 곡은 오히려 플래터스의 1956년작 "My Prayer"와 더 유사한 범주의 노래였다. 플래터스의 작품이 동경과 낙관에 가득 차 있었다면, 이 곡은 절망적인 환상 속 이야기였다. 노래의 음조는 잇따른 가사 구절의 등장에 맞춰 단계적으로 상승하며, 트위티는 나름대로 자신의 희망과 꿈을 항목별로 상세히 밝힌다. 그러나 결국, 제목의 문장으로 이루어진 반복구를 절망적으로 외치며 이런 희망들을 물리친다. 대서양 양편에서 1위를 거둔 이 곡은 수십 가지의 커버 버전을 낳았다. 한편, 바로 여기에서, 로이 오비슨이 60년대 초 자신의 장사 밑천으로 삼게 될 진정 어린 통속극적 음악 스타일이 잉태되었다. 한 콘서트 중간 휴식 동안 7분 만에 써낸 곡이 남긴 유산치고 정말 나쁘지 않다. **SP**

Johnny B. Goode
Chuck Berry (1958)

Writer | Chuck Berry
Producer | Little "Bongo" Kraus
Label | Chess
Album | *Chuck Berry Is on Top*
(1959)

1977년, 나사는 저 먼 우주공간의 광대한 침묵 속으로 도금 음반 한 장을 쏘아 올린다. 이것은 세계 곳곳의 문화를 상징하는 노래들의 90분짜리 모음집이었다. 독일은 바흐와 베토벤을 선택했다. 영국은 우아하고 격식 있는 "The Fairie Round"를 골랐다. 미국은 척 베리를 선택했다. 그리하여 시공을 초월한 명작 "Johnny B. Good"이 여기 수록되었다.

이러한 미국의 선택은 20년 안에 한 나라의 태도에 얼마나 큰 변화가 올 수 있는지를 보여주는 놀라운 증언이었다. 훗날 이 곡을 행성 간의 명함으로 선택하게 될 그 인물들은, 베리가 "Johnny B. Goode"을 쓰고 녹음했던 1958년 당시만 해도, 이 곡이 대변하고 있는 바를 매우 거북하게 여겼으니 말이다. 엘비스 프레슬리의 골반이 많은 이들에게 우려의 원인으로 작용한 것은 사실이지만, 척 베리는 또 별개의 이야기였다. 바로 모든 곡을 스스로 작곡하고, 라디오상의 그 어느 누구보다 더 기타를 잘 다루는 흑인 남성이 등장한 것이다. 그리고 그는 (이미 많은 이들을 두려움에 휩싸이게 한) 로큰롤이란 음악으로 거금을 벌어보겠다는 내용의 노래를 부를 대담함까지 소유하고 있었다. 머리카락을 곤두세우는 도입부 기타 리프(훗날 키스 리처즈의 모조 치아 값을 톡톡히 하게 된다)는 루이스 조던의 음반에서 고스란히 가져온 것이었다. 이 곡에서 베리는 미래가 없어 보였지만, 타고난 기타 솜씨 덕에 결국 돈과 유명세를 얻는 한 "시골 소년"의 이야기를 전한다. 1958년 즈음, 베리는 이미 로큰롤 음악에서의 기악법과 리듬의 상당 부분에서 선구자 역할을 확실히 수행한 상태였다. "Johnny B. Good"과 함께 베리는 로큰롤에서 그 다음으로 필수 불가결한 요소를 선보이게 된다. 바로 '자아 도취'이다. **MO**

Move It!
Cliff Richard & The Drifters (1958)

Writer | Ian Samwell
Producer | Norrie Paramor
Label | Columbia
Album | N/A

1958년, 잠에서 깬 영국은 나름대로 입을 쭉 빼고 삐죽거리는 영국의 엘비스를 맞아들이게 된다. "Move It!"이 출현하여 잠든 음악 신을 흔들어 깨우고 있었다.

클리프 리처드 앤 더 드리프터스(후에는, 거듭된 라인업 변화 후, 더 섀도우스로 바뀐다)는 런던 셰퍼즈 부시 지역 소재 고몽 극장에서 토요일 아침 열린 탤런트쇼를 기회로 음악 활동을 시작하게 된다. 여기서 만난 공연 대행업자 조지 가누는 이 그룹이 레코드사에 홍보에 쓸 데모 테이프의 제작 비용을 지불한다. EMI 프로듀서 노리 파라모어는 "Breathless"와 "Lawdy Miss Clawdy"와 같은 로큰롤 고전 트랙을 듣고 좋은 인상을 받아 이들의 오디션을 주선한다. 그 결과 탄생한 것이 바로 미국의 바비 헴의 발라드 "Schoolboy Crush"를 A사이드로 한 아세테이트 디스크였다. B사이드에는 런던 기타리스트이자 한때 드리프터로 활동했던 이안 샘웰이 작곡한 로큰롤 곡을 실었다. 우레와 같은 기타 사운드를 앞세운 샘웰의 "Move It!"은, 헌신적 TV 프로듀서이자 방송인이었던 잭 굿이 리처드를 자신의 TV 쇼 'Oh Boy!'에 소개하며 일대 혁명을 몰고 왔다. 대중 노출 결과, A사이드가 된 "Move It!"은 영국 싱글 차트 2위까지 상승한다.

풍부한 에코를 활용한 기타 인트로의 불가항력적 매력은 트랙 도입부로 제격이었다. 그러나 곡의 판매를 촉진한 것은 보컬이 발산한 불꽃 같은 섹스 어필이었다. 이렇게 시작된 리처드의 팝 인생은 60년간 이어졌다. 엘비스를 직접 만나보지 못할 영국인들에게 "Move It!"은 진품에 가장 가까운 흥분을 선사했다. 비트 붐(Beat boom)이 로큰롤을 밀어내기 전까지는 말이다. **DR**

척 베리가 1950년대 말 자신의 세미 어쿠스틱 깁슨 기타를 들고 장난스레 포즈를 취한다.

La Bamba
Ritchie Valens (1958)

Writer | Traditional, arranged by
Ritchie Valens and Bob Keane
Producer | Bob Keane
Label | Def-Fi
Album | *Ritchie Valens* (1959)

로스앤젤레스의 레이블 경연인 밥 킨이 16세의 리처드 발렌수엘라의 연주를 처음 본 것은 어느 로스앤젤레스 영화관에서였다. 발렌수엘라의 다듬어지지 않은 재능을 간파한 킨은 그에게 자신이 소유했던 델-파이 레이블과 계약을 맺게 한 후 다음 절로 된 그의 이름을 리치 발렌스로 단축시켰다. 킨은 발렌스가 자신만의 레퍼토리를 확보해가는 것을 도왔고 드러머 얼 파머와 기타리스트 르네 홀과 같은 탁월한 세션 뮤지션들과 연주하게 했다.

발렌스는 멕시코계 미국인 가정에서 태어나 마리아치, 플라멩코, 블루스를 들으며 성장했다. 어느 날 발렌스가 "La Bamba"(베라크루즈 지역에서 유래한 멕시코의 인기 결혼식 노래)를 만지작거리는 것을 듣게 된 킨은 그에게 이 곡을 록으로 전환시켜볼 것을 제안한다. 처음에 발렌스는 그러기를 주저했다. 스페인어를 유창하게 구사하지 못하는 데다 멕시코인들이 이 유명한 멜로디를 록 버전을 만드는 것을 싫어할 것이라 염려했기 때문이다. 킨은 설득을 거듭했고, 그들은 함께 번뜩이는 멕시코 혈통의 미국 로큰롤 대작을 창조하게 된다. 발렌스의 폭풍우 같은 기타와 함께 스피커로부터 경주용 스포츠카냥 돌진해 나오는 것을 듣고 있자면 그의 폭발적 치카노 파티에 몸을 기대지 않을 수 없었다. 3개의 화음을 반복 순환시키는 기법은 수많은 로큰롤 명작들에 영향요소가 되어주며, 아이슬리 브라더스의 "Twist and Shout"도 그 본보기 중 하나가 되었다.

"La Bamba"는 발렌스의 2번째 히트 싱글(황홀한 발라드 "Donna")의 B사이드로 발매된다. 그러나 디제이들은 B사이드도 방송에 내보내기 시작했고, A사이드와 마찬가지로 1959년 1월 "La Bamba"는 이미 차트를 상승하고 있었다. 이 곡은 결국 22위까지 상승한다. **GC**

Yakety Yak
The Coasters (1958)

Writer | Jerry Leiber, Mike Stoller
Producer | Jerry Leiber,
Mike Stoller
Label | Atco
Album | N/A

50년대 말 코스터스는 순항을 계속하고 있었다. 이 로스앤젤레스 보컬 일당은 음악 활동 전반에 걸쳐 14곡의 R&B 히트를 기록했고 그 중 6곡은 팝 차트 톱 10 히트 곡을 겸했다. 하지만 이들을 로큰롤의 주요 창조자 중 하나로 그 입지를 확고히 굳힌 것은 "Yakety Yak"이었다. 1955년 전설적 송라이팅 팀 제리 리버와 마이크 스톨러의 보호 아래 오게 된 코스터스는 그들의 멘토가 "플레이레츠"(짧고 익살맞은 이야기 노래)라고 부르는 음악들로 즉각적 성공을 거두었다. 이런 플레이레트의 예인 "Yakety Yak"의 경우, 집안 잔심부름을 둘러싼 부모와 십 대 자녀 사이의 옥신각신하는 일상을 그리고 있다. 노래가 시작되면 부모님이 이것저것 명령을 한다("Take out the papers and the trash(신문하고 쓰레기 갖다 내놔)"). 재미 있는 것은 이런 부모님의 말을 아이가 무조건 "yakety yak"으로 해석해 듣는다는 것이다. 카를 가드너의 자신감에 찬 리드를 따르는 코스터스의 두-왑풍 4성부 보컬 공격에 아돌프 제이콥스의 떠들썩하고 명랑한 기타과 킹 커티스의 꽥꽥대는 테너 색소폰(일명 그의 "야케티 색소폰")이 가세했다. 코스터스가 남긴 수많은 고전들의 특징적이고 기발한 일면이었다.

이 그룹은 1959년 "Charlie Brown", "Along Came Jones", "Poison Ivy" 등의 스매시 히트 삼총사를 줄줄이 내놓았지만, 이후 그들이 장기 삼던 음악 스타일이 유행을 벗어나게 된다. 그러나 "Yakety Yak"만은 침묵하기를 거부했다. 이 곡은 50년대 음악 컴플레이션 앨범, 다양한 영화 사운드트랙, 그리고 가장 결정적으로, 어린이들의 만화영화에 활용되면서 세대를 거듭해 대물림되었다. **JiH**

At the Hop
Danny & The Juniors (1958)

Writer | Arthur Singer,
John Medora, David White
Producer | Arthur Singer
Label | ABC-Paramount
Album | N/A

흥겹게 들썩이는 제리 리 루이스풍 피아노 사운드 위로 꼬리를 물고 4번 반복되는 "Bah(바)"의 도입부와 함께, "At the Hop"은 당신의 명치를 한 대 가격한 이후 단 한 번도 숨 쉴 기회를 허락하지 않는다. 이것이 바로 'High School Musical'이 등장하기 50년 전 이미 완성된 고등학생 전용 댄스 음악이었다.

바리톤 조 테라노바가 첫 "Bah"(그리고 "oh baby")를 외치면 리드 보컬리스트 대니 랩, 세컨드 테너 프랭크 마페이, 퍼스트 테너 데이브 화이트가 차례로 합류한다. 비트를 가진 바버샵 쿼텟, 대니 앤 더 주니어스는 필라델피아의 한 고등학교에서 발단하여 유버네어스라는 이름으로 처음 활동을 시작했다. 학교 행사, 개인 파티, 때로는 클럽에서 공연을 하던 이들은 싱귤러 레코드 소속 프로듀서 아서 "아티" 싱어에 의해 발탁된다. 그는 이들에게 보컬 레슨을 받게 하는 한편 그룹명을 바꾸도록 설득한다.

이 그룹은 사실 'American Bandstand'쇼(뮤지컬 헤어스프레이의 코니 콜리스 쇼 정도라고 생각하면 된다)의 진행자 딕 클라크에게 줄 데모에서 "At the Bop"이라는 노래를 불렀다. 그러나 클라크는 이 곡의 공동 작곡가 데이브 화이트와 존 메도라에게 이미 유행이 지난 "밥"보다는 현재 고등학교 댄스 플로어를 채우고 있는 은어 "Hop"을 사용해 다시 싱글을 써보라 제안했다. 이 개작된 버전은 1958년 1월 6일 빌보드 차트 정상에 올라 5주 동안 자리를 지킨다.

오늘날 대부분의 사람들은 'Woodstock' 다큐 영상에서 샤 나 나가 보여준 광란의 무대 공연을 통해 "At the Hop"을 기억한다. 70년대에는 샤 나 나를 비롯해, '더 주니어스'의 복제판 그룹이 이 곡의 재부흥을 이끌었고, "At the Hop"은 1976년에 다시 한 번 히트를 거두었다. **JJH**

Stagger Lee
Lloyd Price (1958)

Writer | Traditional
Producer | Uncredited
Label | ABC-Paramount
Album | N/A

"Stagger Lee"는 미국의 흑인 택시 운전사이자 뚜쟁이였던 리 셸튼의 이야기를 전한다. 셸튼은 1895년 크리스마스 전야에 미주리주 세인트루이스에 있는 한 술집에서 친구 윌리엄 "빌리" 라이언스를 저격했다. 이들 2명은 술을 마시던 중이었고 정치에 대해 말다툼을 하기 시작했다. 라이언스는 리의 모자를 잡아채고 다시 돌려주기를 거절했으며, 여기 응수해 리는 라이언스를 총으로 쏘고, 모자를 회수한 다음, 차분히 술집을 걸어 나갔다. 라이언스는 후에 상처 때문에 숨지게 된다. 셸튼은 결국 재판을 받고 유죄 판결을 받아 감옥에 보내진다.

이 노래가 지닌 힘은 그가 저지른 범죄에 대한 시시콜콜한 이야기보다 '스태거 리'라는 한 인간 원형에 기반한다. 그는 억척 같은 흑인 남성이었고, 침착하고 부도덕한 인물로 백인 권위자들과 법을 거부했다. 이 곡은 20년대 초 미시시피 강 하류 부근의 흑인 공동체에서 처음 모습을 드러냈고, 1910년 민속학자 존 로맥스가 1910년 처음 정식으로 녹음했다. 1928년, 미시시피 존 허트가 이 곡의 결정판을 발표하였으며 그 외에도 여러 버전으로 존재한다.

프라이스는 이 곡을 우렁찬 보컬의 R&B 곡으로 전환시켰다. 대규모 금관 섹션과 보컬 리스폰스로 한결 분위기를 띄우고 통 큰 테너 색소폰 솔로를 곁들였다. 그는 1953년과 1956년 사이 한국과 일본에서 군복무를 하던 중 이 곡을 처음 공연했다. 당시 그는 노래하는 동안 동료 병사들에게 자신이 써놓은 각본을 연기하도록 했다. 군에서 제대한 후 그는 다시 이 곡을 연주했고 1959년 1월 빌보드 핫 100차트 1위에 오르며 대단한 성공을 이루었다. **SA**

Summertime Blues
Eddie Cochran (1958)

Writer | Eddie Cochran, Jerry Capehart
Producer | Uncredited
Label | Liberty
Album | N/A

로큰롤 반항아의 이미지 결정판을 나열해보면, 차를 가지고 있거나, 퀴프 헤어스타일을 했거나, 기타를 가진 젊은이의 모습이 떠오른다. 잔인할 만큼 어렸던 21세의 나이에 사망한 에디 코크런의 경우 이 3가지 이미지 모두를 다 갖추었다. 그는 뮤지션으로 활동한 단 2년 동안 역대 고전으로 남을 "Summertime Blues"와 "C'mon Everybody"를 새로운 세대의 십 대들에게 선사했고, 이들은 중년, 노년이 되어서까지 이 곡을 소중히 간직한다. 이 과정에서 앞서 언급한 두 노래들은 그룹 후(Who)부터 마크 볼란까지, 수많은 로커들에게 영감이 된다.

엘비스 프레슬리가 코크런보다 몇 년 전 이미 로큰롤을 미국 차트에 입성시킨 것은 사실이지만, 그의 이미지는 반항아보다는 섹스 심볼이었다. 에디는 여기에 십 대의 분노를 가미해 미국 시민들의 투표 연령에 대한 불만을 배출하는 등 불만에 찬 한 세대의 젊은이들의 대변인 역할을 했다. 물론 "Summertime Blues"가 레이지 어겐스트 더 머신이라는 건 아니다. 하지만 그 당시 한창 십 대들은 자신들의 정체성을 막 찾아가기 시작할 때였고, 이 곡은 문화적 다이너마이트였다.

이 트랙이 가지는 의의는 시간이 흐르며 불가피하게 증가해간다. 코크런의 작품 해설자들은 그를 설명할 때마다 "die young, leave a good-looking corpse(젊은 나이에 요절해 잘생긴 시체를 남긴)"라는 상투 문구를 빼놓지 않았다. 코크런은 영국의 웨스트 컨트리 지역에서 타이어 파열로 인한 차 사고로 사망했고, 세계는 재기 넘치고, 정제되지 않은 재능의 소유자 한 명을 잃게 되었다. 누가 알겠는가? 그가 또 다른 밥 딜런으로 성장했을지도 말이다. **JMc**

Dans mon île
Henri Salvador (1958)

Writer | Maurice Pon, Henri Salvador
Producer | Uncredited
Label | Barclay
Album | *Dans mon île* (1958)

카에타노 벨로조가 이렇게 노래했다. "Quem nao sentiu o swing de Henri Salvador(앙리 살바도르의 스윙을 느껴보지 않은 이가 있겠는가)?" 그다지 많지 않을 것이다. 2008년 90세의 나이로 사망한 이 위대한 샹송 가수의 이름이 비록 낯익지 않을지는 모르겠지만, 살바도르는 장고 라인하르트의 세컨드 기타리스트로 활동했고 파리에서 늦은 시간까지 미국의 재즈 영웅들과 연주를 즐겼다. 그는 제2차 세계대전이 시작하고 얼마 지나지 않아 밴드 리더 레이 벤투라와 함께 미대륙으로 넘어가게 된다. "샹송 두스"라 불리우는 한 스타일을 발전시킨 살바도르는 고음역에서 은은하게 노래했지만 풍부한 색채감을 전달했고 타악기나 어쿠스틱 기타를 반주 삼았다. 세련된 화성과 카리브해 어조를 소유했던 그의 스타일은 에드 설리번 쇼와 이태리 텔레비전에 방영될 만큼 인기가 좋았다. 1958년, 어떻게 된 일인지 모르겠지만, 오래전 잊혀진 한 이태리 영화가 브라질 영화관에서 상영되었는데, 그 유명한 "Dans mon lie"가 바로 이 영화에 삽입된 사운드트랙 중 하나였다. 이 영화를 관람한 이들 중 작곡가 안토니오 카를로스 조빔이 있었고, 보사 노바 스타일을 발전시키는 데 한창 주앙 주베르토와 경쟁하고 있던 그는 영감을 찾고 있던 차, 바로 이 곡에 착안하게 된다. 기대치 않은 횡재를 한 셈이었다. 바로 여기, 이미 완전히 형성이 끝난 한 음악 스타일이 간택되기만을 기다리고 있었으니 그 나머지는 굳이 말하지 않아도 될 듯하다. 살바도르의 마지막 앨범 〈Reverence〉(2006)은 완전한 브라질 앨범으로 제작되었다. 새로운 버전의 "Dans mon ile"와 함께 듀엣 트랙들도 수록되었는데, 벨로소와의 듀엣 트랙뿐 아니라, 브라질의 문화 공보부 장관 질베르토 질과 함께 부른 듀엣도 있었다. **DH**

Lonesome Town | Ricky Nelson (1958)

Writer | Baker Knight
Producer | Jimmie Haskell
Label | Imperial
Album | *Ricky Sings Again*
(1959)

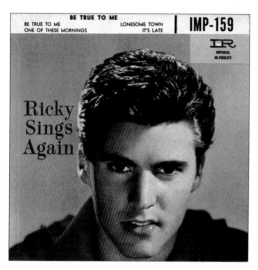

"그가 우리에게 말했죠.
'내가 리코딩할 때, 당신들이 내 뒤에서
'우' 하고 '아' 소리 좀 내줬으면 좋겠어요.'"

고든 스토커, 더 조다네어스, 2000

> **Influenced by: I'm So Lonesome I Could Cry** • Hank
> Williams (1949)
> **Influence on: Wicked Game** • Chris Isaak (1989)
> **Covered by:** The Ventures (1961) • Shakin' Stevens
> and the Sunsets (1975) • The Cramps (1979) • Paul
> McCartney (1999) • Richard Hawley (2008)

1958년 즈음, 로큰롤계는 엘비스가 노래했던 '호텔(hotel)'
로는 역부족이었다. 이제 한 '마을(town)' 전체가 동원되는
게 불가피해진다. 그래도, "Lonesome Town"에 실린 베이
커 나이트의 가사가 엘비스의 첫 RCA 싱글 덕을 확실히 보
고 있다는 것은 사실인 듯하다. 하지만 그렇다고 해서 이
곡이 "Heartbreak Hotel"을 재탕한 것이라 보면 오산이다.
"후회로 가득 찬 거리들"이 자리한 곳은 바로 온정 없는 도
시 중 으뜸가는 곳 할리우드를 가리켜 말하고 있다. 일명
'산산조각 난 꿈들이 서성이는 대로'이다.

나이트는 행크 윌리엄스의 작품이 지닌 엄격하리만큼
의 간결성으로부터 영감을 얻어 이 침울한 느낌의 발라드
한 곡을 썼다. 그는 본래 에벌리 브러더스를 마음에 두고
작곡했지만 결국 이 곡은 리키 넬슨의 몫이 된다. 어쨌든
넬슨처럼 뚜렷한 쇼비즈니스 배경을 가진 싱어에게 이 곡
이 돌아간 게 결국은 더 적절히 잘된 일인 듯싶다. 십 대들
의 우상이었던 리키 넬슨은 장수 시트콤 〈오지와 헤리엇의
모험〉('The Osbournes'와 같은 MTV프로그램의 선조 격이라 보면
된다. 단지 넬슨 가족이 직접 본인들을 연기할 뿐)에서 아역 배우
로 활동했던 전적이 있었으니 말이다. 리키는 한 소녀에
게 좋은 인상을 줄 작정으로 음반 활동을 시작했다(상대가
얼마나 엘비스를 좋아하는지 한참 떠들어대는 것을 들은 그는 자신
도 사실 가수라고 말해버렸다). "Lonesome Town"으로 넬슨
의 음악 활동에 판도가 바뀌었다. 그의 초기 LP들은 부드럽
게 누그러뜨린 로큰롤로 가득 차 있었다(팻 분과 같은 류의 음
악까지는 아니었지만, 원조 십 대 반항아의 목소리와는 거리가 멀었
다). 그러나 이 쓸쓸한 탄식조의 노래는 그의 새로운 성숙함
을 내비쳤다. 마치 "릭" 넬슨으로 포크 음악에 집중하게 될
그의 60년대 활동을 예견하듯, 그는 배킹 밴드 없이 어쿠스
틱 기타 한 대를 쓸쓸히 퉁겨가며 노래한다. 여기 곁들여진
반주는 조다네어스의 음성 뿐이다. 그들의 서글픈 보컬 하
모니는 제목이 가리키는 도시의 버림받은 영혼들을 하나둘
불러내고 있다. 이렇게 해서, 엘비스가 되고 싶었던 한 소년
은 드디어 자신만의 목소리를 찾게 되었다. **SP**

Fever | Peggy Lee (1958)

Writer | Otis Blackwell (credited as John Davenport), Eddie Cooley
Producer | Dave Cavanaugh
Label | Capitol
Album | N/A

"'로큰롤'은…젊은이들에게 매력적으로 다가가죠. 왜냐하면 단순하고 기본적인 리듬에 주안점을 두니까요…
바로 '리듬'이 중요해요."

페기 리, 1958

Influenced by: Calypso Blues • Nat King Cole (1950)
Influence on: Bad Day • Carmel (1983)
Covered by: Frankie Avalon (1959) • Elvis Presley (1960)
Ben E. King (1962) • Conway Twitty (1963) • Suzi Quatro
(1975) • Boney M. (1976) • The Cramps (1980) • Joe
Cocker (1989) • Madonna (1992) • Beyoncé (2003)

페기 리가 "Fever"와 인연을 맺을 수 있었던 것은 당시 그녀의 베이시스트였던 맥스 베넷 덕이었다. 베넷이 1956년 R&B 싱어 리틀 윌리 존의 히트 곡이었던 "Fever"를 처음 들은 것은 한 소규모 클럽 공연에서였다. 그는 당시 이 곡이 리에게 딱 들어맞을 것이라 느꼈다 한다. 리도 마찬가지였다. 구성을 전면 수정작업하고, 조바꿈 몇 개를 가미해 넣고, 그녀가 직접 쓴 가사를 추가했다. 그러나 그녀는 자신의 작사 부분의 판권을 확보해놓지 않았다. "그런 생각이 떠오르지 않았어요." 그녀가 30년 후, 후회 섞인 목소리로 이렇게 말했다. 당시 그녀는 대대적 히트 곡을 손에 쥐고 있었으니 말이다.

존의 오리지널 버전과 리의 백색칠 된 재고안물 사이에서 하나를 선택하라고 하는 것은 억지이다. 존의 거친 보컬은 좀 더 음탕하고 필사적이며, 그를 보조한 밴드는 그 규모가 더 컸다. 리의 음악적 해석은 더욱 신비에 싸인 듯하고 관능적이었으며, 단지 셸리 맨의 드럼(맨손으로 쳤다), 하워드 로버츠의 핑거 스냅, (베넷이 아닌) 조 몬드라곤의 베이스만이 그녀의 보조를 맞추고 있었다. 이 곡을 리에게 제안했던 베넷(사실 한편으로는 곡 전반에 지배적 존재로 등장하는 베이스 라인에 잔뜩 눈독 들였을 것이다)은, 당시 엘라 피츠제럴드와 공연 여행을 하느라 녹음 세션에서 부재중이었다.

페기 리의 커버 버전은 1958년 대서양 양편에서 톱 10에 진입하며 리틀 윌리 존의 오리지널 버전이 거둔 성적을 능가한다. 이 곡은 그녀를 대표하는 곡으로 자리 잡게 되고, 앞으로 40년간 더 지속될 그녀의 음악 인생 동안 청중의 애청 곡으로 남게 된다. 그러나 "Fever"가 지나간 자리에 계속된 음악 인생 중 가장 흥미진진한 시간을 누렸던 이는 바로, 녹음 세션 때 부재중이었지만 그래도 영향력을 미친 베넷이었을 것이다. 여기저기에서 임시직을 맡던 재즈 뮤지션이었던 그는 후에 일렉트릭 베이시스트로 자신을 재창조한다. 10년 이상의 세월이 흐른 후, 그는 프랭크 자파의 〈Hot Rats〉, 〈Chunga's Revenge〉와 같은 너무나도 상이한 록 고전들 뿐 아니라, 조니 미첼의 〈The Hissing of Summer Lawns〉에 모습을 드러내는 등 신출귀몰한다. **WF-J**

One for My Baby (and One More for the Road) | Frank Sinatra (1958)

Writer | Harold Arlen, Johnny Mercer
Producer | Voyle Gilmore
Label | Capitol
Album | *Frank Sinatra Sings for Only the Lonely* (1958)

《In the Wee Small Hours》의 발매 3년 전 이미 시나트라와 에바 가드너와의 관계는 파국의 조짐을 보이기 시작했고, 이로부터 영향을 받아 탄생한 것이 바로 시나트라의 첫 성공적 컨셉트 앨범이었다. 이 앨범에는 넬슨 리들의 호소력 넘치는 편곡 구성을 중심으로 구축된 실연의 절망에 대한 16편의 발라드가 담겨 있었다. 이것이 발매된 후, 시나트라가 십 대 아이돌에서 성인 아티스트로 전환하고 있음이 더욱 분명해졌고, 그는 테마가 있는 앨범이라는 행로를 계속 밟아가며, 경쾌한 스윙 곡들과 쓸쓸하고 울적한 곡들을 줄줄이 섞어 소화했다. 《Only the Lonely》는 후자의 범주에 속한다. 조니 머서의 가사를 담은, "One for My Baby"가 처음 모습을 드러낸 것은 1943년 영화 《더 스카이스 더 리미트(The Sky's The Limit)》에서 였다. 영화상에서 프레드 아스테어가 이 노래를 불렀지만 너무 매끄럽게 전달한 나머지 그의 노래는 아무런 호소력도 가지지 못했다. 시나트라도 후에 이 곡을 두 번이나 시도해보았지만, 두 버전 모두 원하는 대로 풀리지 않았다. 결국 《Only the Lonely》에서 그는 템포를 한껏 늦추고, 리들에게 간섭하지 말 것을 신신당부한 다음, 피아니스트 빌 밀러를 스포트라이트로 끌어왔다. 그의 "One for My Baby"는 그가 얼마나 가사에 깊은 감정 이입을 보여주는지가 참으로 인상적이다. 거의 속삭임 정도에 지나지 않는 첫 구절, "make the music easy and sad(조용하고 슬픈 음악을 들려줘)"라고 바텐더에게 재촉하는 노골적인 절망감, 트랙 끝에 달해 조용히 마이크로부터 물러서는 마무리까지. 시나트라의 전기를 집필한 윌 프라이드월드는 그의 저서에서 이 곡을 "시나트라가 보여준 최고의 음악 연기"였다고 묘사한다. **WF-J**

Le poinçonneur des Lilas | Serge Gainsbourg (1958)

Writer | Serge Gainsbourg
Producer | Denis Bourgeois
Label | Philips
Album | *Du chant à la une!…* (1958)

1921년부터 통근자들을 위해 제구실을 해온 포르트 데 릴라(Porte des Lilas)는 파리의 유명 전철(Metro) 역 중 하나이다. 그것은 영화 감독들 덕이기도 하고(1958년 오스카상 후보작의 제목이 동명이었던 데다 메릴 스트립의 2009년 영화 《줄리&줄리아》에 이 역이 등장하기도 했다), 세르주 갱스부르의 덕이기도 하다.

대중 선동을 즐기기로 유명한 이 가수는 "Le poinçonneur des Lilas"(릴라의 열차 승무원)을 통해 이 기차역에 매력적이지 못한 이미지로 노출시킨다. 이 곡은 자기 일을 죽도록 지루하게 여기는 한 개찰원과, 단순히 직업뿐 아니라 삶 자체에 아예 종지부를 찍어볼까 하는 그의 몽상에 대해 노래했다("난 구멍들을 찍어내지, 작은 구멍을…감정을 못 이기는 순간이 올 거야. 그러면 난 권총을 집어들고 / 내 몸에 작은 구멍을 내겠지. 작은 구멍을…그들은 날 큰 구멍에 집어넣겠지"). 죽음에 관한 병적 우울 증세를 보인 사람으로 갱스부르가 처음은 아니었지만, 이런 생각을 팝송으로 표현한 이로는 최초였다. 이 곡은 피아노를 지지대로 전속력의 기차와 같은 리듬을 따라 칙칙폭폭 내달린다. 옛 전통을 따른 상송 전형의 열정이 담긴 보컬의 리드로 이 곡은 비전 없는 직업에 매여 있는 이들의 공감을 샀다.

이 곡은 갱스부르의 1958년 데뷔 LP의 1번째 트랙으로 선정됐고, 이에 따라 듣는 이들은 그가 동시대에 활동한 대부분의 대중 음악 예술가들과 무언가 다르다는 사실을 재빨리 깨닫게 된다. 갱스부르는 음악 생애 전반에 논란을 야기하는 길을 지속적으로 밟아갔고, 급기야는 1969년의 "Je t'aime…moi non plus"에서 오르가슴적 한숨을 내쉬는가 하면 1985년에는 자신의 딸과 "Lemon Incest"를 듀엣으로 불러 사람들의 눈살을 찌푸리게 했다. **JiH**

1959년, 파리의 '에투알 극장'에서 묵상에 잠겨 있는 세르주 갱스부르. ➡

Nel blu dipinto di blu
Domenico Modugno (1958)

Writer | D. Modugno, F. Migliacci
Producer | Uncredited
Label | Fonit
Album | *La strada dei successi di Domenico Modugno* (1958)

"In the blue, painted blue(파란색으로, 파랗게 칠한)"라고 번역되는 제목을 가진 곡이 코러스 부분의 훅 가사를 따 그냥 "Volare"(날다)라는 이름으로 알려지게 된 것은 사실 좀 당연한 일이다. 비록 고국 이태리에서 도메니코 모두뇨가 원히트 원더라는 개념과 상당히 거리가 있다고는 하나, 그는 이 곡을 통해 맛본 대스타적 성공을 이후 다시 재현하지 못한다(이 곡은 1958년 미국 차트 정상을 5주간 지키는 한편 그에게 2개의 그래미상과 3장의 골드 디스크를 안겨주었다). 긴 음악 인생에 걸쳐, 그리고 그가 정치인이 된 순간까지도, 그는 항상 "미스터 볼라레"라는 별명으로 불렸다.

공동 작곡가 프랑코 밀리아치의 말에 따르면, 그가 멍하니 담뱃갑 뒷면을 응시하고 있던 어느 날 "Nel blu dipinto di blu"라는 가사 아이디어가 떠올랐다 한다. 그를 자극한 시각적 심상이 자신의 얼굴과 손을 파랗게 칠한 후 하늘 곡으로 쓸려들어 가는 꿈을 꾸는 한 남자에 관한 가사를 쓰도록 영감을 불어넣어 주었다. 모두뇨는 가사를 마무리 짓도록 도왔고 여기에 멜로디를 입혔다. 화려한 빅밴드 편곡 구성과 한데 어우러져, 이 곡은 즉각적 히트를 거두었다.

1958년 산레모 뮤직 페스티벌에서 우승한 이 곡은 그해 유로비전 송 콘테스트에 이태리 대표로 출전한다. 당시 3위에 오르는 것에 그치긴 했지만, 이 곡은 유로비전 노래 경연 대회 50주년 기념 축하연에서 유로비전 역사상 2번째로 최고 인기를 끌었던 노래로 꼽히게 된다(아바의 "Waterloo"가 1위를 차지했다). 수많은 아티스트들이 다양한 언어로 이 곡의 커버 버전을 냈고 그 중에는 클리프 리처드, 데이비드 보위, 집시 킹스도 포함되어 있다. **JLu**

All I Have to Do Is Dream
The Everly Brothers (1958)

Writer | Felice Bryant, Boudleaux Bryant
Producer | Archie Bleyer
Label | Cadence
Album | N/A

돈과 필 에벌리 형제는 두 곡의 로큰롤 스매시 히트작들로 차트 인생을 시작한다(그들의 데뷔 싱글 "Bye Bye Love"와 "Wake Up Little Susie"가 빌보드 핫 100차트에서 각각 2위와 1위를 차지했다). 그러나 이들 2인조만의 독특한 매력을 가장 잘 나타낸 것은 느린 템포의 최면적 노래 "All I Have to Do Is Dream"이었다. 그들의 기품 있는, (보기에) 힘 하나 들이지 않고 뽑아내는 고음역 하모니는 송라이터 팀 부들로와 펠리스 브라이언트가 15분 만에 완성한 이 완벽한 매개체를 통해 빛을 발했다.

"All I Have to Do Is Dream"은 1958년 3월 녹음되고 한 달 후 발매된다. 여기 담긴 독자적 사운드는 케이던스 레코드 레이블 소유주이자 제작자였던 아치 블라이어의 작품이다. 이 음반에 작용한 더욱 멋진 영향 요소는 바로 곡이 시작하는 순간 전반 분위기를 조성하는 쳇 앳킨스의 기타 트레몰로의 '쉬머(shimmer)' 사운드였다. "쳇 앳킨스가 바로 저희가 내쉬빌로 오게 된 이유였죠." 필 에벌리가 이렇게 인정했다.

이 곡은 형제가 대서양 양편에서 거둔 2곡의 차트 정상 트랙 중 1번째 곡이었으며, 나아가 다른 여러 아티스트들에게도 계속적인 히트 기록을 안겼다. "저희가 녹음했던 것들 중 가장 중요했던 곡에 속합니다." 필이 말했다. 서프 팝, 컨트리 록과 같은 60년대 장르들도 이들 형제의 보컬 스타일을 모방했다. 십 대의 캘리포니아 소년 데이비드 크로스비와 맨체스터의 내쉬는 훗날 크로스비, 스틸스 앤 내쉬를 공동 창단하였고 에벌리 형제의 클로즈 하모니 보컬을 차용해 그들 것에 견줄 만큼 감흥 넘치는 음반들을 남기게 된다. **DR**

To Know Him Is to Love Him
The Teddy Bears (1958)

Writer | Phil Spector
Producer | Phil Spector
Label | Dore
Album | N/A

필 스펙터는 차트 정상에 오르는 데 요구되는 기나긴 난항을 겪지 않았다. 그는 첫 히트 곡부터 노다지로 직행했다. 스펙터가 작곡자로서, 프로듀서로서, 밴드 운영자로서 지닌 능력은 처음부터 명백히 드러났다. 그건 과거 패어팩스 고등학교 학생들이 로스앤젤레스로부터 출현해 스스로를 테디 베어스라 부르며 애틋한 "To Know Him Is to Love Him"을 녹음했을 때부터였다.

부친의 묘비에 적혀 있던 비문으로부터 영감을 얻어 곡을 쓰게 된 십 대의 스펙터는 여자친구의 베스트 프렌드였던 아넷 클라인바드(그녀는 후에 자신의 이름을 캐롤 코너스로 바꾸고 성공적인 송라이터로 성장하게 된다)를 선발해 자신을 비롯한 또 다른 테디베어스 멤버인 마샬 립과 보컬 그룹을 결성한다. 모든 예행 연습을 끝낸 스펙터는 할리우드의 골드 스타 스튜디오스에서 녹음 세션을 가능케 주선하였고, 여기서 테디베어스는 (이번이 첫 데뷔인) 드러머 샌디 넬슨을 대동하여 단 20분 만에 "To Know Him Is to Love Him"의 녹음을 마친다. 새로 설립된 도어 레이블은 이 트랙을 B사이드로 강등시켰지만, 노스 다코타주 파고시의 한 디제이는 B사이드를 내보내 새로운 추세를 몰고 갔고, 10주 동안 계속되는 판매 행진 끝에 이 싱글은 1958년 12월 빌보드 핫 100의 정상에 오르는 한편 3주간 그 자리를 지킨다.

이 곡은 훗날 대단한 유연성과 적응력을 발휘한다. 초기 비틀즈 공연 무대에 사랑받는 애청 곡이었던 이 곡은 피터 앤 고든을 비롯해 바비 빈튼의 커버 버전으로 다시 차트에 복귀한다. 돌리 파튼, 린다 론스태드, 에밀루 해리스로 구성된 전설의 3인조에 의해 아름다운 커버 버전으로 재탄생한 이 곡은 1987년 컨트리 차트 정상의 자리에 오르기까지 했다. **DR**

Brand New Cadillac
Vince Taylor & His Playboys (1959)

Writer | Vince Taylor
Producer | Norrie Paramor
Label | Parlophone
Album | N/A

영국 태생 브라이언 홀든은 수년간의 미국 생활을 마치고 고국으로 돌아온다. 하지만 그가 발견한 영국의 로큰롤 신은 BBC 라이트 프로그램을 통해 흘러나오는, 전향한 재즈 뮤지션들이 연주하는 빌 헤일리풍 스윙조 음악이 전부였다. 빈스 테일러라는 이름 아래 홀든은 이제 영국에게 로커빌리의 떠들썩한 원시적 비트를 소개할 준비를 시작한다. 테일러의 초기 45회전 레코드는 커버 송들로 채워졌다. 레이 스미스의 "Right Behind You Baby"와 조니 에이스의 "Pledging My Love" 등이 그것이었다. 그러나 후자의 B사이드에는 테일러의 자작곡 "Brand New Cadillac"이 수록돼 있었다. 모레티의 빙글빙글 도는 기타가 몰고 가는 도입부 첫 몇 마디부터, 이미 이 곡이 무언가 다르다는 사실이 확연히 느껴진다. 포드 컨설과 모리스 옥스포드가 굴러다니던 땅에, 테일 핀(tail-fin) 스타일 차를 운전하는 연인이란 심상은 매우 새롭고 이국적인 것이었다. 동시대의 동료 영국인 뮤지션들과는 직접 대조를 이루는 테일러의 야생마적 보컬은 선 스튜디오에서 흘러나온 것이라 해도 믿을 정도였다. 그는 2번째 솔로가 나오기 전 "Hangin' on Scotty, here we go(꽉 잡아 스카티 / 이제 간다)!"라며 엘비스 프레슬리의 기타리스트 스카티 모어의 이름을 외친다. 이에 따라 밴 모리슨부터 조 스트러머까지 모두들 그를 숭배의 대상으로 여기게 되었지만, 이 가죽 차림 로커의 불꽃은 순식간에 타오른 후 꺼져버린다. 점차 알코올과 약물로 정신 혼란을 겪게 된 그는 1964년 청중들에게 "내 이름은 마테우스요. 난 새로운 예수이고 신의 아들이라오"라 말한 것으로 유명하다. 데이비드 보위의 1972년 앨범 〈Ziggy Stardust〉에 담긴 로큰롤적 자기 제물화 이야기의 기반 모델로 그가 선정됐다는 것은 어찌 보면 놀랄 일은 아닌 듯하다. **SP**

What'd I Say (Parts 1 & 2)
Ray Charles (1959)

Writer | Ray Charles
Producer | Ahmet Ertegun,
Jerry Wexler
Label | Atlantic
Album | What'd I Say (1959)

"What'd I Say"의 뒷이야기를 듣고 있자면 "우리 여기서 당장 쇼를 벌이자" 같은 실없는 할리우드 스타일 허풍이라 해석할 수밖에 없다. 여기 얽힌 전설에 의하면, 레이 찰스와 그의 잘 훈련된 최강 밴드에게 어느 날 한 고급 클럽에서 기나긴 공연을 마칠 즈음하여 아직 15분의 여유가 남아 있었다는 것이다. 그룹의 레퍼토리 전체를 이미 다 훑어버린 탓에 찰스는 키보드 리프 하나를 즉석에서 뽑아냈고, 여기에 즉흥적으로 가사를 붙여 노래를 시작했으며 여기 곧 다른 뮤지션들이 합세했다. 곧 관중들이 술렁거리기 시작했고, 찰스는 프로듀서 제리 웩슬러에게 전화 한 통을 걸어 뭔가 대단한 걸 하나 잡은 것 같다고 힌트를 남겼다.

뒤따른 스튜디오 세션에서 엔지니어 톰 다우드의 손을 거쳐 음반 양면에 분할 수록된 6분 30초의 "What'd I Say"는 여전히 찬란하게, 준비 없이 급조된 듯한 즉흥성을 고스란히 전하고 있었다. 이후 찰스는 매 공연을 이 곡으로 마무리했다.

음악적 구조로 따져볼 때 "What'd I Say"는 교과서적 12마디 블루스 형식에 압운을 띤 2행 연구 가사를 엮어놓은 것밖에 되지 않는다. 그러나 음반이란 것은 이론을 가지고 만드는 것이 아니다. 여기 담긴 달아오른 건반, 강한 추진력을 담은 밀트 터너의 라틴풍 드럼, (그리고 주지하는 바와 같이) 찰스가 뽑아내는 음탕한 가스펠적 콜 앤 리스폰스 보컬이 라이엘레츠와 이루는 보컬 인터플레이가 한데 어우러져 "What'd I Say"로 하여금 놀라운 에너지와 흥분을 창조하도록 고무시켰다. 이 싱글이 거둔 성공은 하나의 진리를 입증해 보였다. 때때로 무엇을 연주하는지보다는 어떻게 연주하는지가 모든 걸 좌우한다. **WF-J**

I Only Have Eyes for You
The Flamingos (1959)

Writer | Harry Warren, Al Dubin
Producer | Uncredited
Label | End
Album | Flamingo Serenade (1959)

1934년 영화 〈여인네들(Dames)〉에서 딕 파웰과 루비 킬러의 음성으로 타고 일부는 노래, 일부는 말로 구성된 듀엣 곡으로 첫선을 보인 "I Only Have Eyes for You"는 재빨리 스탠더드 튠의 대열에 합류했다. 그런 이유로 이 곡은 50년대 동안 틴 팬 앨리와 로맨스를 나누었던 두-왑 신의 손쉬운 표적이 되었다. 조금 놀라운 사실은, 이 곡을 녹음할 임무가 플라밍고스의 몫으로 돌아갔다는 사실이다. 이 시카고 출신의 그룹은 1953과 1958년 사이 흥행에 실패한 싱글들을 이미 여럿 내놓았던 과거가 있었기 때문이다.

그러나 플라밍고스가 편곡가 테리 존슨, 그리고 프로듀서 조지 골드너와 인연을 맺으며 판도가 바뀌기 시작한다. 이 6인조는 "Lovers Never Say Goodbye"와 함께 1959년 초 첫 차트 입성에 성공하였고, 이후 골드너는 그들에게 틴 팬 앨리에서 영감을 얻어볼 것을 격려했다. 즉각적 성공이 그 결과로 나타났다. 곡 전체를 단단히 붙들어 매고 있는 우아한 리듬 섹션, 리드를 맡은 네이트 넬슨의 애처롭고 기품 있는 보컬, 에코 효과에 흠뻑 젖은 배킹 보컬 하모니가 더하는 색채감, 이 모든 것이 한데 어우러져 이 곡은 영묘하면서도 자극적인 호소력을 지니게 되었고, "I Only Have Eyes for You"는 이 그룹이 거둔 최대 히트작이자, 50년대가 남긴 가장 인상적인 싱글 중 하나로 남게 되었다.

플라밍고스는 이후 이 곡을 통해 맛본 정도의 성공을 재현하지 못한다. 한편, 이 트랙은 조지 루카스의 1973년 영화 〈청춘 낙서(American Graffiti)〉를 비롯해 (25년이 흐른 후) 〈뱀파이어 해결사(Buffy the Vampire Slayer)〉의 한 에피소드에 삽입됨으로써 영원한 생명을 보장받게 된다. **WF-J**

Ne me quitte pas | Jacques Brel (1959)

Writer | Jacques Brel
Producer | Uncredited
Label | Philips
Album | La valse à mille temps (1959)

"그 시절—60년대 중반—
브렐의 노래를 듣고 있자면
방 안에 허리케인이 불어닥친 것 같았죠."

스콧 워커, 2008

Influenced by: Les feuilles mortes • Yves Montand (1946)
Influence on: Once Was • Marc & The Mambas (1983)
Covered by: Nina Simone (1965) • Sandy Shaw (1967)
Scott Walker (recorded as **"If You Go Away"**) (1969)
Daniel Guichard (1972) • Serge Lama (1979)

예부터, 펍에서 술 한잔을 기울일 때면 벨기에 출신 유명인 다섯을 대보라는 도전을 받게 된다. 여기 응수하는 이는 어김없이 자크 브렐의 이름을 말한다. 하지만 실제로 브렐은 자신이 성장했던 나라와 거북한 관계를 고수해온 인물이었다. 그는 50년대 중반 20대의 나이로 브뤼셀을 떠나 파리로 이주했고, 고국을 향해 돈키호테 스타일의 애증을 품은 채 남은 인생을 보냈다. 한편 동료 벨기에인들 또한 그를 이와 비슷한 입장으로 바라보게 되었다.

자신의 태생을 무시한 브렐의 음악은 일련의 프랑스성을 대변하게 되었다. 그의 음악에는 정열적이고 시적이며 연극조의 진지함이 담겨 있었다. 한때 연인 사이였던 수잔느 가브리엘로를 위해 쓰였던(파리 올랑피아 극장 사회자였던 가브리엘로는 자신의 지위를 활용해 브렐을 유명인사로 승격시켰다) "Ne me quitte pas"는 브렐의 음악 세계를 상징하는 곡으로 자리하게 된다. 물론 여기 담긴 애걸조의 멜랑콜리는 대개 필사적 연애감정보다 유머와 사회 논평을 일삼는 브렐 음악의 전형과 거리감이 크기는 하다.

브렐의 그의 작품들이 영어로 해석된 후 더 널리 알려지게 된다. 처음에는 2급 시인 로드 매큐엔이 영어 해석에 도전했고, 후에는 에릭 블라우와 브릴 빌딩의 충신 모트 슈먼이 이 임무를 수행했다(후자의 경우, 브렐을 소재로 한 오프브로드웨이 히트 뮤지컬을 위한 작업이었다). 노래의 해석에서는 문학적 정밀성이 항상 요구되지 않는 탓에, 결국 매큐엔의 영어 해석 버전이 더 큰 호응을 얻게 된다. 그리고 프랭크 시나트라부터 레이 찰스까지 모두가 "If You Go Away"라 재명명된, 매큐엔 전형의 서투른 개작물의 손을 들어준다. 그러나 브렐의 또 다른 작품에 부친 매큐엔의 한층 더 서툴러빠진 영어 버전이 있었으니, 이것은 그가 만든 다른 어떤 버전도 따라잡지 못할 대대적 성공을 거두게 된다. "Le Moribond"가 바로 그 주인공이다. "Seasons in the Sun"이라 다시 이름 붙여진 이 곡은 테리 잭스뿐 아니라 훗날 웨스트라이프에게까지 영국 차트 정상의 기록을 안겨준다. **WF-J**

Shout (Parts 1 & 2) | The Isley Brothers (1959)

Writer | O'Kelly Isley, Ronald Isley, Rudolph Isley
Producer | Hugo Peretti, Luigi Creatore
Label | RCA
Album | Shout! (1959)

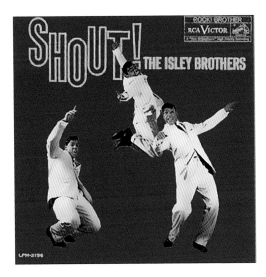

"우리가 교회에서 하는 그런 류의 것…
그런 데서 그 노래가 만들어졌죠."

로널드 아이슬리, 1975

◄ **Influenced by: Lonely Teardrops • Jackie Wilson**
(1958)
► **Influence on: White Lines (Don't Don't Do It)**
Grandmaster Melle Mel (1983)
● **Covered by:** Lulu & The Luvvers (1964) • Joan Jett
(1980) • Grandmaster Melle Mel (1983)

재키 윌슨의 훌쩍거리는 두-왑 송 "Lonely Teardrops"의 커버 버전에 콜 앤 리스폰스 보컬을 비벼 넣어 라이브 무대에 올린 아이슬리 브라더스는 단 한 줄의 매력 만점 가사 구절을 던져 넣는다. "You know you make me want to shout(너 때문에 난 소리치게 돼)!" 이에 대해 워싱턴 D.C. 군중은 이 가사에 곧이곧대로 반응했다. 당시 청중 속에 묻혀 있던 한 RCA 간부는 이러한 대중의 호응을 하나의 기회라 재빨리 간파했고 아이슬리 형제들을 덥석 잡아챈 후 이 초반 우세 분위기를 몰아 '곡 하나 써볼 생각 없냐'는 제안을 한다. 오켈리, 로널드, 루돌프 아이슬리는 본래 가스펠 싱어였다. 하지만 이제 그들은 자신의 능력을 세속 음악에 쓸 기회에 맞부딪친다. 그것이 바로 이 곡에 얽힌 전설이다. "Shout"는 아이슬리 브라더스를 통해(차트 성적이 그저 그랬음에도 불구하고) 유행되는 한편, 스탠더드 튠으로 정착했으며 급기야는 대대적 음반 판매까지 기록하게 된다. 브릴 빌딩 2인조 휴고 앤 루이지(휴고 페레티와 루이지 크리에이티)가 프로듀서를 맡은 이 싱글은 45회전판 양면에 분할 수록되었다. 곡의 주요부는 파트 1과 청중 참여 부분("A little bit louder now(조금만 더 크게)…")인 파트 2로 나뉘어진다. 전체로 한데 묶어볼 때, "Shout(Parts 1&2)"는 짜릿한 파티용 트랙이고 기운찬 콜 앤 리스폰스 인터플레이에 초점을 맞춘 덕에 함께 빠져들지 않고는 못 배기게 하는 마력을 발산했다. 그러나 이 곡을 탄생시킨 영감의 샘은 오래 가지 못했다. 브라더스는 60년대로 완전히 들어서기 전까지 혼란을 거듭한다. 그렇다고 해서 그들의 남은 음악 인생에 새로운 막이 열리지 않았다는 것은 아니다. 오히려 "Shout"보다 더 큰 영광의 순간들이 그들을 기다리고 있었으니까. 이 곡은 많은 커버 버전을 탄생시킨다. 그중에서 아마도 스코틀랜드의 꼭두각시 룰루가 만든 쾌활하게 지껄이는 1964년 버전이 가장 잘 알려져 있다. 룰루의 버전은 파트 2 섹션을 완전히 무시한다. 다행히 이 부분은 1978년 영화 〈애니멀 하우스의 악동들〉의 인상적인 사교클럽 파티 장면에서 활기 넘치게 소생한다. 스토리상 존재했던 가공의 밴드 오티스 데이 앤 더 나이츠의 연출이 너무나 그럴 듯했던 나머지, 그들은 실제로 이 곡을 녹음해보라는 제의를 받는다. **MH**

Mack the Knife
Bobby Darin (1959)

Writer | Kurt Weill, Bertolt Brecht, Marc Blitzstein
Producer | Ahmet Ertegun
Label | Atco
Album | *That's All* (1959)

It Ain't Necessarily So | Diahann
Carroll & The André Previn Trio (1959)

Writer | George and Ira Gershwin, DuBose Heyward
Producer | Jack Lewis
Label | United Artists
Album | *Porgy and Bess* (1959)

세련되고 흥겨운 "Mack the Knife"는 대부분의 팝 히트 곡이 찢어진 가슴과 사랑, 외로움에 대해 노래하던 시대에 미국과 영국 양쪽에서 의외의 차트 정상 기록을 세운다. 이 곡에 담긴 죽음과 강도질에 관한 가사는 1928년 작곡된 브레흐트-바일 협력 발라드 "Die Moritat von Mackie Messer"를 위해 창작되었고('Messer'라는 배역은 존 게이의 〈거지의 오페라〉의 극중 인물, 아무짝에도 쓸모없는 인간 맥히스에 기반한 것이다), 이 발라드는 그들이 함께 쓴 〈서 푼짜리 오페라〉에서 중요한 노래가 된다. 마크 블리츠스타인이 1954년 영어 가사를 썼다.

바비 다린은 루이 암스트롱의 1956년 버전을 듣고 영감을 받아 이 곡의 커버 버전을 만들었다. 처음에 그는 이 곡의 싱글 발매를 주저했지만, 결국 이것은 빌보드 핫 100 정상에서 9주간 머물렀고, 프랭크 시나트라는 다린의 재즈 스타일 버전이 이 곡에 결정판이라는 말까지 하였다.

시나트라가 정말 제대로 본 것이다. 이 곡은 다린이 거둔 최고의 히트작인 한편 그에게 1959년 '베스트 뉴 아티스트'와 '레코드 오브 더 이어' 부문 그래미상을 안겨준다. 다린은 이후 "Mack the Knife"로 거두었던 성공을 다시 재현하지는 못한다. 그의 톱 10 히트 행보는 60년대 중반까지 이어졌지만, 다른 많은 스타 가수들이 그랬든 비틀즈가 지나간 자리에 일게 된 싱어-송라이터 붐에 밀려 그의 인기는 차차 약해지게 된다. 그러나 이 쇼우 튠은 단 한 순간도 유행에 구속된 적이 없다. 영화 〈맥의 나이프〉(1989) 사운드트랙으로는 비번의 후 보컬리스트 로저 달트리가, 2004년 전기 영화 〈비욘드 더 씨〉에서는 다린을 연기한 케빈 스페이시가 이 곡의 커버 버전을 불렀다. **DR**

조지 거슈인의 "포크 오페라" 〈포기와 베스〉는 1935년 브로드웨이에서 첫선을 보이며 평단의 뒤섞인 반응을 불러일으킨다. 일부는 이 작품을 오페라라고 부르는 것 자체에 의문을 제기했고 다른 이들은 거슈윈이 그린 아프리카계 미국인의 초상에 확신을 가지지 못했다.

이 오페라가 받아 마땅한 주목을 사기까지는 오랜 세월이 걸린다. 그러나 "Summertime"과 "It Ain't Necessarily So" 만큼은 즉각 스탠더드 튠 대접을 받게 되며 엘라 피츠제럴드, 빌리 할러데이, 빙 크로스비 등의 대가들의 음반을 채우기도 한다.

〈포기와 베스〉는 1959년 MGM 영화로 제작되었고 시드니 포이티어, 도로시 댄드릿지, 새미 데이비스 주니어, 다이앤 캐롤이 출연진으로 발탁되었다. 캐롤은 영국의 데일리 텔레그래프에 이렇게 말하기도 했다. "파라마운트 스튜디오 내에서 우리가 유일한 흑인들이었죠." 스타 출연진에도 불구하고 많은 주역배우들의 목소리는 오페라 싱어가 더빙했고(캐롤도 여기 포함된다), 이런 상황은 뒤이어 발매된 사운드트랙 앨범에서도 계속되었다. '스포팅 라이프' 배역을 연기하는 새미 데이비스 주니어의 경우 영화상에서 자신의 목소리로 "It Ain't Necessarily So"를 부르긴 하지만, 그가 부른 트랙은 막상 사운드트랙 앨범에서 계약 의무 관련 이유로 누락된다.

영화 사운드트랙에 참여한 앙드레 프레빈은 오스카상을 수상하지만 곧 자신의 트리오와 캐롤을 이끌고 좀 더 여백을 살린, 재즈 스타일의 해석 버전을 발표한다. 캐롤은 이 곡에 담긴 성서 교리를 향한 조소 섞인 가사에 미묘한 강렬함을 더한다. 캐롤 자신도 훗날 토니상을 수상하는 한편 오스카상 후보에 오르기도 한다. **DC**

1962년, 바비 다린이 고전 빅밴드 크루너의 포즈를 취하며 핑거 스냅을 보여준다.

- 모타운이 미국 R&B, 소울 음악을 세계 청중에게 소개한다.

- 1964년, 비틀즈의 미국 정복, 그리고 "영국 침공"이 시작된다.

- 1965년 뉴포트 포크 페스티벌에서 밥 딜런은 요란한 일렉트릭 사운드 연주를 선보인다.

- 1969년, '러브 제네레이션'이 우드스탁 페스티벌에 회합한다.

- 1969년, 알타몬트에서의 폭력과 무질서는 히피족의 꿈이 종말을 맞이함을 암시한다.

1960년대

Wondrous Place
Billy Fury (1960)

Writer | Jeff Lewis, Bill Giant
Producer | Jack Good
Label | Decca
Album | *Billy Fury* (1960)

팝 아이돌 빌리 퓨리(본명 로널드 위철리)는 타고난 재능을 가진 음반 아티스트이자 송라이터였고, 로큰롤 뮤지션이었다. 또한 그는 무대에서도, TV에서도 매우 스타일리시한 모습을 보여주었던 걸로 알려져 있다.

"Wondrous Place"는 은색 라메이 수트를 차려입은 이 남자에게 매우 이상적인 매개체로 입증되었다. 2명의 엘비스 송라이터들이 쓰고 본래 미국에서 짐 "핸디맨" 존스가 처음 녹음 발표했던 이 곡은, 에코 챔버(echo chamber)의 반향까지 완벽히 갖춘 브리티시 팝캣의 "Heartbreak Hotel"과도 같았다. TV 팝계 스벵갈리 잭 굿은 퓨리와 마찬가지로, 이 곡에 담긴 다른 세계에서 온 듯한 오묘한 성격이 완벽한 선택임을 확신해 마지않았다. "우린 둘 다 후끈한 늪지대 같은 곡이 필요하다는 것에 동의했죠. 엘비스 프레슬리의 'Crawfish'적 색채가 도는 것 말이에요. 무대에 올리기에 정말 훌륭한 곡이었고, 빌리의 무대 처리 기교는 끝내줬어요." 굿의 회상이다.

보컬이 갑자기 멈출 때마다 극적이면서 오싹한 분위기, 그리고 최소한의 기악 반주 덕에, 이 곡은 콘서트의 모든 갈채를 한몸에 받곤 했다. 퓨리는 이 곡을 너무 좋아했던 나머지 자신의 음악 인생 전체를 통틀어 5번에 걸쳐 녹음을 하기도 했다. 비록 오늘날, 클리프 리처드의 "Move It!", 마티 와일드의 "Endless Sleep"과 함께 영국 로큰롤 고전으로 분류되긴 하지만 이 곡은 당시 영국 싱글 차트에서 25위 밖에 기록하지 못한다.

이 곡은 시공을 초월하여 메아리친다. 21세기가 도래할 즈음 도요타 야리스 TV 광고에 등장하는가 하면, 인디계 총아들 더 라스트 쉐도우 퍼펫츠가 그들의 2008년 데뷔 싱글 음반의 한 트랙으로 이 곡을 녹음하기도 했다. **DR**

Save the Last Dance for Me
The Drifters (1960)

Writer | Doc Pomus, Mort Shuman
Producer | Jerry Leiber,
Mike Stoller
Label | Atlantic
Album | N/A

엘비스가 저물고 비틀즈가 도래하기 이전, 최고 팝의 상당량은 뉴욕의 브릴 빌딩에서 흘러나왔다. 포머스와 슈먼은 당시 "A Teenager in Love", "Sweets for My Sweet", "(Marie's the Name)His Latest Flame", "Can't Get Used to Losing You" 등의 히트를 거두며 최고의 송라이터 대열 사이에 굳건히 자리를 지키고 있었다. 하지만 드리프터스가 거둔 미국 넘버 원 히트 곡만큼 감동적인 것도 없었다. "Save the Last Dance for Me"는 브라질의 바이옹(baion) 비트를 특징적으로 활용했으며(슈먼은 스스로 "맘보닉"임을 자인했다), 스트링이 단단히 감싸고 있었다. 2가지 모두 당시 기준으로 매우 획기적인 것이었다(물론 드리프터스의 경우 1995년 이미 두 가지 모두 사용했던 적이 있긴 하다). 가사 속 이야기—댄스가 모두 끝나고 난 후 여자가 함께 집으로 향할 이가 누구인지에 대해 남자가 상기시키는 내용—가 어쩌면 좀 진부하게 들릴지도 모른다. 하지만 유심히 들어보면, 일상적인 모든 것 속에서도, 진정한 근심의 어조가 드러난다("If he asks…can he take you home, you MUST tell him no(만일 그가 물으면…당신과 오늘 밤 함께할 수 있냐고 물으면, 꼭 안 된다고 거절해야 돼)").

어린 시절 소아마비를 앓은 닥 포머스는 목발 없이 걸을 수 없었다. 1957년 있었던 그의 결혼식에서 그는 자신의 신부에게 댄스 무대에서 그녀 혼자라도 마음껏 즐기라며 따뜻이 격려를 보냈다. 하지만 이것은 그에게 매우 시원섭섭한 경험이었다. 자신이 영원히 그녀의 춤 파트너가 되지 못할 것이기 때문이었다. 몇 년이 지난 후 그는 옛 청첩장을 우연히 발견했고, 이때 만감이 다시 교차해 이 곡을 쓰게 되었다. 리코딩 세션에서 애틀랜틱 레코드사의 아흐멧 아티건은 싱어 벤 E. 킹에게 가사의 유래를 설명해주었다. **RD**

Chaje shukarije
Esma Redžepova (1960)

Writer | Esma Redžepova, Stevo Teodosievski
Producer | Stevo Teodosievski
Label | RTB
Album | N/A

"집시들의 여왕"이라는 찬사를 받았던 에스마 레제포바는 발칸 반도의 집시 음악을 세계의 대중에게 소개하는 데 50년을 보냈다. 1943년 마케도니아 스코페의 한 집시 가정에서 출생한 그녀는 어린 시절부터 춤과 노래를 익혀 왔다. 그녀는 1956년 한 탤런트 대회에서 우승을 한 후 마케도니아의 밴드리더 스테보 테오도시에브스키에게 재능을 인정받는다. 에스마는 그때부터 학업을 중단하고 프로 싱어의 길로 전향한다. 마케도니아어와 세르비아어를 비롯해 자신의 모국어인 로마니어로 노래하던 그녀는 유고슬라비아의 독재적이긴 했으나 선지자적 통치자인 티토 대통령의 총애를 받게 된다. 그는 에스마와 테오도시에브스키 앙상블을 사회주의 유고슬라비아의 대표로 해외에 보냈으며, 이들이 전파한 동양적 발라드와 발칸반도 스타일의 댄스 튠의 역동적 조화는 대규모 청중들을 홀딱 반하게 한다. "Chaje shukarije"(로마니어로 "아름다운 소녀")는 에스마의 초기 히트작 중 하나였다. 이 곡은 자신을 거부하는 한 아름다운 소녀와 사랑에 빠진 한 젊은이의 이야기를 그리고 있다. 두근거리는 아코디언, 클라리넷, 핸드 드럼 위로 에스마의 보컬이 얹혀져, "Chaje shukarije"는 밝은 코러스를 따라 돌진해가며, 그 매력 덕에 청중들은 에스마가 무대에 설 때마다 이 곡을 불러달라 소리칠 수밖에 없었다. 이 곡은 발칸반도의 스탠더드 튠으로 자리를 잡았고, 집시 브라스 밴드를 비롯해, 팝 가수, 재즈 밴드 등 많은 이들이 연주를 즐겨 한다. 또한 2007년, 영화 〈보랏〉의 오프닝 크레딧 배경 음악으로도 쓰였다. 에스마는 발칸 반도에서 살아있는 전설로 통하며, 유고슬라비아 전쟁으로 인한 난민들을 도운 공적을 인정받아 노벨평화상 후보에 2차례나 올랐다. **GC**

Oh Carolina
Folkes Brothers (1960)

Writer | John Folkes
Producer | Prince Buster
Label | Buster Wild Bells
Album | N/A

물론 "Oh Carolina"가 발매되기 이전부터 자메이카에 음악 산업이 존재했던 것은 사실이다. 하지만 이 곡은 자메이카의 음악적 성숙을 알린 첫 신호탄으로 많은 이들의 기억 속에 남아 있다. 이것은 라스타파리안적 풍미를 지닌 첫 음반이자, 프린스 버스터가 최초 제작한 작품이었고, 자메이카의 팝음악이 시공을 초월한 영원성을 가질 수 있다는 걸 입증해 보인 최초의 곡이었기 때문이다.

포크스 브라더스(존, 미코, 주니어)는 듀크 리드의 주류 판매점에 오디션을 보러가 프린스 버스터를 만난 적이 있었다. 그곳에서 그들이 부른 음악은 스타일적으로 '멘토'(셔플 느낌으로 연주하는 1950년대 자메이칸 사운드)였지만, 버스터의 그의 노래들에 무언가 독특한 점이 있다는 것을 간파한다. 그는 이미 야외 '사운드 시스템들(sound system)'을 운영하여 명성을 얻은 상태였고, 프로듀서나 레이블 대표로 사업을 시작하려던 참이었다. 버스터는 이들 형제의 실력에 감복하였고 음반을 만들자며 그들을 초청했다. 피아노에는 오웬 그레이가, 나야빙기(Nyahbhingi) 드럼(그 덕에 손에 잡힐 듯한 아프리카적 풍미가 더해진다)에는 라스타 원로 카운트 오지가 참여한 가운데, 가슴 터지도록 열정적으로 노래하는 형제들이 스튜디오에 함께 모여 "Oh Carolina"를 완성시켰다. 이 곡은 자메이카에서 바로 성공을 거두었고, 프린스 버스터를 음악 업계에 자리매김시킨다. 포크스 브라더스는 대중의 시선에서 금세 희미해져 갔다. 하지만 존 포크스만은 후에 섀기가 이 곡으로 세계적 히트를 거두게 되자 다시 모습을 드러냈고, 프린스 버스터와 누가 "Oh Carolina"를 작곡했는지에 대한 분쟁을 벌이며 재판까지 가게 된다. 결국 그가 승소하며 저작권료를 받게 되는 것으로 일이 마무리된다. **GC**

The Click Song (Qongqothwane)
Miriam Makeba (1960)

Writer | The Manhattan Brothers, Miriam Makeba
Producer | Bob Bollard
Label | RCA Victor
Album | *Miriam Makeba* (1960)

그녀는 가수이자 배우, 정치 운동가였다. 그녀는 대통령들을 상대로 공연하였을 뿐 아니라 교황을 알현하기도 했다. 그래미상을 수상한 최초의 아프리카 여성이었던 그녀는 "마마 아프리카(Mama Afrika)", "아프리카 노래의 여제"로 통했다. 그러나 아프리카 대륙 밖에서 미리암 마케바를 가장 널리 알린 것은 아마도 짝짓기를 위해 배를 땅에 두드려 우는 검은 쇠똥구리에 관한 자장가였다고 할 수 있다. 그녀는 전통 코사족 민요 "Qongqothwane"을 나름대로 해석한 버전을 통해 아프리카 음악을 향한 서방 청중의 귀를 활짝 열었다.

미국의 청중들은 마케바가 부르는 모국어 코사족 고유 언어가 가진 '딸깍(click)' 소리의 의성어적 매력에 홀딱 반해버렸다. 타임 매거진은 이 독특한 사운드(타악기마냥 혀로 구개를 잽싸게 튕겼다)를 "샴페인 코르크가 뻥 하고 튀어 오르는 소리"에 비유하며, 마케바에게 "이제껏 수년간 등장한 신인 가수 중 가장 흥미진진하다"는 찬사를 보냈다. 1960년, 빌보드 매거진에 실린 첫 리뷰는 열광적이었고, 마케바를 향해 저널리스트들은 "딸깍 딸깍 여인(click-click girl)"이라는 별명을 지어주었다.

"The Click Song"은 이후 50년간 그녀의 라이브 공연에 빠지지 않는 대표 곡으로 자리 잡았지만, 정작 마케바 자신은 이 곡에 사랑과 증오를 동시에 느꼈다. 흑인 의식 운동의 적극적 지지자로서, 그녀는 이 곡이 "이국적" 존재로서 단지 이색적 가치만을 소통한다는 것을 스스로 너무 잘 알고 있었기 때문이다. 아파르트헤이트가 끝난 후에야, 마케바는 이 곡의 새로운 스튜디오 버전을 녹음한다. 이 트랙은 그녀의 마지막 앨범 〈Reflections〉(2004)에 수록되었다. **MK**

Will You Love Me Tomorrow
The Shirelles (1960)

Writer | Gerry Goffin, Carole King
Producer | Luther Dixon
Label | Scepter
Album | *Tonight's the Night* (1961)

셔를스의 1961년 빌보드 넘버 원 곡은, 비틀즈가 미국을 휩쓸기까지 팝 뮤직을 지배하게 될 걸 그룹 시대의 시발점이었다는 점과, (드리프터스의 2위 곡 "There Goes My Baby"에 뒤를 좇아) 스트링 리프와 소울 사이의 결속력을 강화시켰다는 점에서 큰 의의를 지닌다. 하지만 이 곡이 성취한 가장 큰 업적은 무엇보다도, 성적 표현 수위에 있어 과거의 한계를 초월함으로써 아이젠하워 정부하의 미국(이 곡이 녹음되었던)과, 케네디의 캐멀롯(이 곡이 차트에 올랐던) 사이의 간극을 약삭빠르게 메웠다는 사실이다.

제리 고핀은 캐롤킹이 마작을 하러 자리를 비운 사이 그녀가 테이프 녹음기에 남겨놓은 멜로디에 잠자리에 헤픈, '나쁜 여자'에 대한 가사를 붙여놓았고, 셔를스의 싱어 셜리 오웬스는 자신이 불러야 할 가사가 좀체 거북하기만 했다. 하지만 여기서부터 'Hair', 'Oh! Calcutta!', 자유연애로까지 가는 길은 짧고 가파른 내리막길이었다. 이 곡이 바로 팝계의 '채털리 부인의 사랑'이었던 것이다.

탁월한 보컬과 대단한 멜로디도 물론 자랑거리였지만, 이 곡이 성공한 데에는 가사의 아슬아슬한 묘미가 크게 작용했다. 자신의 순결을 내맡길 생각을 하고 있는 한 십 대 소녀가 남자친구에게 행여나 예상치 못한 결과가 생기더라도(이건 피임약이나 낙태라는 것이 전혀 용납되지 않았던 시대의 곡이다) 그녀의 곁을 지켜줄 것이냐며 헌신을 약속받고 싶어 하는 내용이었기 때문이다. 표면적으로는 아직 마음을 정하지 못한 듯 보이면서도, 사실 오웬스가 이미 마음의 결정을 내렸다는 것은 누구나 아는 사실이었다. 바로 그 때문에, 이 곡은 한결 더 강렬하게 다가왔다. **DH**

Love Hurts
The Everly Brothers (1960)

Writer | Boudleaux Bryant
Producer | Uncredited
Label | Warner Bros.
Album | *A Date with the Everly Brothers* (1960)

에벌리 브라더스는 활동 시작부터 자신들의 가족 관계를 강조하려고 작정한 듯 보였다. 이들 2인조의 초기 앨범 중 하나(이건 강건한 의지의 전통적 튠들로 구성되어 있었다)가 〈Songs Our Daddy Taught Us〉로 명명된 것을 보아도 알 수 있다. 하지만 사실, 그렇게 강조할 필요는 없었다. 돈과 필 에벌리의 음성이 힘 하나 들이지 않고 (주로 달콤하고 구슬픈 3도 간격으로) 조화를 이루는 것을 보면 굳이 말하지 않아도 느낄 수 있었기 때문이다. 이들은 훗날 비틀즈나 사이먼 앤 가펑클 등의 그룹들에 영향을 미칠 음악 세력으로 성장하게 된다.

이 형제들은 1956년 자신들의 첫 싱글을 발매한다. 돈과 필은 불과 19세, 17세였다. 이들은 부부 송라이팅 팀인 부들로, 펠리스 브라이언트(이들은 40년대 말 내쉬빌로 이주하여 활동했고, 리틀 지미 디킨스나 카를 스미스 등의 뮤지션들이 그들의 노래를 청했다)를 만난 이후 성공을 맛본다. 에벌리 형제의 1번째 히트작 "Bye Bye Love"도 이들 부부의 손에서 탄생한 것이었다. 뒤따른 차트 정상 곡들 "Wake Up Little Susie"(브라이언츠 부부가 함께)와 "All I Have to Do Is Dream"(부들로가 단독으로)도 마찬가지였다. 부들로가 단독으로 쓴 또 하나의 작품이었던 "Love Hurts"는 간결하면서 당당했고, 아름다웠다.

에벌리 형제는 26개의 미국 톱 40 히트를 거두는 한편 30곡의 영국 차트 진입 곡을 기록했다. 놀라운 사실이지만, "Love Hurts"는 그 중에 끼지 못했다. 단순히 앨범 트랙으로만 모습을 드러냈던 것이다. 하지만 이 곡은 그들이 남긴 가장 잘 알려진 곡들 중 하나로 굳어진다. 그것은 조안 제트, 로이 오비슨, (아마도 가장 기억에 어릴) 그램 파슨스와 에밀루 해리스가 만든 커버 버전들 덕이었다. **WF-J**

September Song
Ella Fitzgerald (1960)

Writer | Kurt Weill, Maxwell Anderson
Producer | Norman Granz
Label | Verve
Album | *Ella Fitzgerald Sings* (1960)

1960년 4월, 엘라 피츠제럴드는 그녀의 〈Great American Songbook〉 시리즈를 위한 힘겨운 녹음 스케줄을 벗어나 잠시 휴식을 취한다. 단 한 명의 피아니스트(폴 스미스)를 대동한 그녀는 〈렛 노 맨 라이트 마이 에피타프(Let No man Write My Epitaph)〉의 사운드트랙을 위해 13곡을 녹음한다. 이 영화는 윌러드 모틀리가 쓴 1958년 소설을 각색한 것으로, 시카고의 사우스 사이드 지역의 가난과 범죄를 배경으로 하고 있다. 엘라는 약에 찌든 피아노 연주자를 연기했고, 그 외 출연진으로는 쉘리 윈터스와 벌 아이브스도 포함되어 있었다. 이 영화는 사라져버린 지 오래지만 그 음악만은 남아 〈The Intimate Ella〉라는 제목의 CD를 통해 접할 수 있다.

이 사운드트랙 중에는 저명한 독일 작곡가 쿠르트 바일의 곡도 포함되어 있었다. 그는 1935년 나치들을 피해 미국에 정착한 유대인 망명가였다. 미국에 도착한 이후부터 그는 베르톨트 브레히트와의 협력 작업 당시 추구했던 정치적 성향을 띤 음악으로부터 전환을 시도하며, 미국의 뮤지컬과 인기 곡들에 몰두한다. 이런 새로운 성향을 보인 초기 작품 중 하나가 바로 〈니커보커 홀리데이〉였고(1938년작 브로드웨이 뮤지컬로 맥스웰 앤더슨이 작사를 맡았다), 여기 등장한 노래 중 하나가 바로 "September Song"이었다.

이것은 사랑하는 이와 "값진 며칠"을 보내는 한 여인을 그린, 느릿한 속도의 기분 좋은 러브 송이다. 엘라는 이 곡을 노래한다기보다는 어루만진다. 그녀 전형의 풍성한 음성을 낮고 부드러운 목소리로 은은하게 전환시켜 말이다. 피아니스트 폴 스미스는 그녀의 완벽한 단짝으로, 한 마디 한 마디를 조심스레 받쳐주고 있다. 완벽하게 은은한 앨범 중 만나볼 수 있었던 매우 친밀한 순간이었다. **SA**

엘라 피츠제럴드는 탁월한 음악성과 3옥타브를 넘나드는 음역으로 최고의 찬사를 받았다. ➔

Shakin' All Over | Johnny Kidd & The Pirates (1960)

Writer | Fred Heath
Producer | Walter J. Ridley
Label | HMV
Album | N/A

"제가 요구했던 수당만큼
7파운드 10실링을 현금으로 받았습니다.
오버 더빙하는 데 1파운드를
추가로 받았고요."

조 모레티, 2006

◀ **Influenced by: Whole Lotta Shakin' Goin' On**
Jerry Lee Lewis (1957)
▶ **Influence on: Back in Black** · AC/DC (1980)
● **Covered by:** The Swinging Blue Jeans (1964)
The Guess Who (1965) · Suzi Quatro (1973) · Alvin
Stardust (1979) · Cliff Richard (1981) · Mud (1982)

뉴올리언즈 밖에 있는 "레일 로드"에 대한 로니 도니건의 횡설수설부터 시작해서, 클리프 리처드의 시골 프레슬리 흉내까지, 로큰롤을 향한 영국의 엉거주춤한 첫 걸음마는 빌려온 스웨이드 신발을 신은 채 너무 어색하기만 했다. 런던 콤보 조니 키드 앤 더 파이어츠의 4번째 7인치 판이 발표되고 난 후에서야 영국의 록은 자리를 잡은 듯했고, 단순한 모방보다는 혁신을 추구하기 시작했다. 하지만 클리프를 스타덤에 올려놓은 1958년작 "Move It"이 그랬듯, "Shakin' All Over"(영국 차트 정상 곡)도 본래 훨씬 더 별 볼 일 없는 싱글의 B사이드에 불과했다. 후자의 경우, 백발 고령의 트래드-재즈 곡 "Yes Sir, That's My Baby"가 A사이드였다.

이 B사이드 곡은 녹음 하루 전 소호의 한 커피숍에서 서둘러 작곡된 것으로 단 1번의 테이크로 완성되었다. 안대를 쓴 조니 키드(본명 프레드 히스)는, 뚜렷한 영국 악센트로(한 예쁜 여인을 볼 때마다 그와 그의 방탕한 친구들이 서로 버릇처럼 주고받는 말들에 기반해서) 자신을 떨게 만드는 이 고통에 대해 장황한 설명을 늘어놓는다: "She gives me quivers down the membranes(그녀를 보면 내 세포막이 떨려)."

더 파이어츠는 스코틀랜드인 세션 뮤지션 조 모레티를 강제 징집하여 그로부터 오싹한, 단조 기타 훅을 얻어냈다. 그는 코러스 부분 시작 이전 프렛보드 위로 담배 라이터를 미끄러뜨려 "쉬머(shimmer)" 사운드를 내는데(이것은 오버 더 빙된 부분이다), 그 공적을 인정받아 별도로 1파운드의 세션 비를 더 받았다.

이런 오싹한 분위기는 앨런 캐디의 곤충 같은 핑거 피킹 주법으로 더욱 증폭되며, 캐디의 기타 사운드는 브라이언 그레그의 베이스라인의 피치카토 메아리인 양 울려 퍼지며 고음역대를 둥둥 떠다닌다. 그리고 모레티의 역사에 남을 솔로(클렘 캐티니의 경쾌하게 내달리는 드럼 브레이크가 이것을 소개해준다)에서는 조지 해리슨과 키스 리처즈의 초기 단계 기타 사운드를 발견할 수 있다. 드디어, 영국인들의 진격이 시작됐다. **SP**

그것은 과연 해적질이었을까? 조니 키드는 미국에서 로큰롤을 슬쩍해 갔다. ➡

Non, je ne regrette rien
Edith Piaf (1960)

Writer | Charles Dumont,
Michel Vaucaire
Producer | Uncredited
Label | EMI
Album | N/A

녹음 4년 전 작곡되었던 "Non, je ne regretted rien"은 곧 에디트 피아프를 대표하는 노래로 통하게 된다. 이 프랑스 가수는 본디 자신의 음반을 당시 알제리아 전쟁에 참전한 프랑스 외인 부대에 헌정했다. 외인 낙하산부대 제1연대는 알제리아 저항세력의 문민지도 세력이 흔들렸을 때 이 곡을 채택한다. "Non, je ne regrette rien"은 이후 프랑스 외인 부대 전통에 필수 불가결한 존재가 되었다.

한 노래를 해석하는 것에서 피아프가 보여주었던 헌신, 그리고 노래와 하나 되어 '사는' 그녀의 열정은 세대를 거듭하여 수많은 싱어들에게 영향을 미친다. 그 중에는 뻔히 예상할 수 있는 뮤지션들만 있었던 것이 아니다. 한참 '지기' 시대를 살던 데이비드 보위 또한 1973년, "에디트 피아프는 나의 각별한 아이돌"이라고 말했다. 그는 후에 자신의 수작 'Ziggy Stardust'의 마지막 트랙 "Rock 'n' Roll Suicide"를 가리켜 '피아프적 샹송의 풍미가 곁들여진 50년대 록'이라 표현했다. "그녀를 라이브 환경에서 본 적은 없어요. 그녀의 공연은 영상을 통해서만 접해봤죠. 거기서 전 최소한의 움직임만을 사용해 거대한 양의 에너지를 발산시키는 그녀를 목격했죠." 2년 후, 그녀를 흠모하는 에밀루 해리스가 이렇게 고백했다. "전 그녀가 뭐라고 하는지 한마디도 못 알아듣겠지만, 그녀는 제 가슴을 찢어놓아요."

2000년, 루 리드는, 곡이 내포한 감성을 연기자와 같은 기량으로 해석해냈던 피아프의 능력에 진심 어린 경의를 표했다. "모든 건 당신이 그 싱어를 전적으로 믿을 수 있느냐에 달려 있죠. 에디트 피아프의 경우, 완전히 신뢰해도 무방합니다." "Non, je ne regrette rien"에서 그녀가 보여주는 열정과 에너지가 바로 그 말을 충분히 뒷받침하고 있다. **KL**

Spanish Harlem
Ben E. King (1961)

Writer | Jerry Leiber, Phil Spector
Producer | Jerry Leiber,
Mike Stoller
Label | Atco
Album | N/A

소울 싱어 벤 넬슨은 1938년 노스 캐롤라이나에서 출생했고 9세에 뉴욕, 할렘으로 이주했다. 그는 1958년, 두-왑 콤보였던 파이브 크라운스에 합류한다. 드리프터스의 매니저가 그해 말 그룹 전체를 해고했을 때, 그 자리를 대체하게 된 것은 다름 아닌 파이브 크라운스였다. 넬슨은 드리프터스의 노래 중 10곡을 노래했고, 1959년 히트 "There Goes My Baby"의 공동 작곡을 맡기도 했다. 하지만 봉급 인상을 받지 못하고 온당한 만큼의 로열티를 분배받는 데 실패하자 1960년, 결국 그룹을 떠났다.

이후 넬슨은 자신을 벤 E. 킹으로 홍보했으며 솔로 전향에 성공한다. 그의 1번째 히트작은 그가 성장했던 지역을 노래한 곡이었다. 엄밀히 말해, 리버의 가사는 그의 평상시 수준에 미치지 못한다("그 장미를 꺾어 들고, 동시에 그것이 내 정원에서 자라는 것을 지켜본다"는 건 사실상 불가능한 이야기이다). 하지만 그런 트집은 이 곡이 지닌 매력과 반짝이는 편곡 구성에 비추어보았을 때 그저 심술맞은 잔소리에 불과하다. 이 곡은 3분 내에 정말 많은 것을 담아낸다. 트랙 서두의 마림바 셋잇단음표부터 매력적인 당김음 멜로디, 듬뿍 덧바른 에코, 따스한 배킹 보컬(다운 워워를 피처링한 보컬 트리오 '더 가스펠레어스')이 모두 조화를 이루며 진정한 의미에서의 라틴적 갈망을 창조해내고 있다.

"Spanish Harlem"은 성공을 거두지만 어마어마한 히트는 아니었다(빌보드 R&B 차트에서 15위에, 팝 차트에서는 10위에 올랐다). 하지만 후에 이 곡은 인기 있는 스탠더드 송으로 자리를 잡아갔고, 수많은 커버 버전을 탄생시켰다. 그중에서도 아레사 프랭클린의 것이 단연 가장 탁월했다. **SA**

Mad About the Boy
Dinah Washington (1961)

Writer | Noël Coward
Producer | Uncredited
Label | Mercury
Album | N/A

물론 디나 워싱턴의 음악 인생이 순탄했던 것만은 아니었지만, 그녀가 무대 밖에서 헤쳐나가야 했던 험난한 굴곡에 비하면 그나마 완만했던 편이었다. 1924년, 본명 루스 존스로 출생한 그녀는 십 대 때 라이오넬 햄프턴의 밴드에 합류하며 정제되지 않은 열정의 블루스 싱어로 활동했지만, 점차적으로 자신의 뿌리를 떠나 발라드와 '토치 송(torch song)'으로 전향해간다. 50년대가 저물 무렵, 그녀는 "What a Diff'rence a Day Makes"와 같은 호화 리코딩을 비롯해 브룩 벤턴과 함께한 얄팍한 듀엣 싱잉으로 주류적 유명세를 얻게 된다. 그녀를 자신들의 동족으로 여겼던 재즈 보수파들은 이를 보고 충격에 휩싸인다. 하지만 워싱턴은 그다지 신경 쓰지 않는 듯 보였다. "Mad About the Boy"를 자기 방식대로 연출한 이 1961년 버전이 출현한 것도 바로 이 논란 많던 (하지만 수익성은 좋았던) 시기였다.

"Mad about the Boy"는 노엘 카워드가 자신의 1932년 레뷰(revue)작품 'Words and Music'을 위해 쓴 곡이다. 워싱턴이 처음 녹음한 건 1952년이 처음이었고, 당시에는 비교적 좀 더 수수한, 재즈적 편곡과 구성을 갖추고 있었다. 하지만 9년이 지난 후 그녀가 감행한 2번째 시도에서는 조야한 부분들과 재즈적 억양이 거의 사라진 상태였다. 퀸시 존스의 편곡은 멋질 뿐 아니라 위엄 있기까지 했고, 빌리 바이어스 마이어스의 트롬본 인트로와 코다 연주는 뇌리를 떠날 줄 모르는 인상을 남겼다. 그래도 이건, 워싱턴이 없었다면 아무것도 아니었을 음반이다. 그녀의 어렴풋이 신랄한 보컬은 그저 달콤하기만 했을 음악에 적절한 균형감을 부여했다. 워싱턴은 "Mad About the Boy"를 녹음한 지 2년 후 사망한다. 뜻하지 않게 수면제를 과다복용한 것이 사인이었다. 그녀의 나이 39세였다. **WF-J**

Lazy River
Bobby Darin (1961)

Writer | H. Carmichael, S. Arodin
Producer | Ahmet Ertegun, Nesuhi Ertegun, Jerry Wexler
Label | Atco
Album | N/A

60년대 초 바비 다린은 음악 인생의 절정기를 누리고 있었다. 자작곡 "Splish Splash"와 "Dream Lover"를 시작으로, 재즈 스탠더드인 "Mack the Knife"와 "Beyond the Sea"(샤를 트레네의 "La mer"에 영어 가사를 붙여 편곡한 곡)에 빅밴드를 곁들여 재해석한 버전이 그 뒤를 따르는 등 그의 히트 행진은 멈출 줄을 몰랐다. 그는 라이브 무대에서 큰 인기를 끌었고, 그는 다수의 라스베이거스 클럽들에서 주요 가수로 정기적 활동을 펼쳤으며, 뉴욕의 코파카바나 클럽에서 열린 그의 공연은 전석 매진을 기록했다. 다린의 전속 레이블, 앳코(Atco)는 계속되는 로큰롤의 인기 급증에 편승해 수익을 높여보려는 생각으로, 다린의 스타일 전향을 부추겼다. 스윙 스타일로 연주하는 재즈-팝 곡들이 바로 그의 특기였다. 다린은 자신의 친구이자 홍보 담당자, 해리엇 "헤쉬" 바서의 조언을 받아들여 이미 입증된 그의 장기를 계속 밀고 나가기로 결정한다.

1961년, "Lazy River"라는 그의 선택은 좀 예기치 않은 것이었다. 호기 카마이클이 작곡한 이 1930년 작품은 제목이 말하듯, 느긋한 분위기로 그에 의해 불렸고, 이는 다린이 지금껏 보여준 에너지 넘치는 스타일에 부적격한 곡처럼 보였다. 과거에 등장한 커버 버전들은 카마이클이 발표한 오리지널 버전의 분위기를 계속 이어갔고, 그 중간에 로베르타 셔우드가 발표한 1956년 버전이 어느 정도의 속도감과 뉴올리언스 재즈적 풍미를 이 스탠더드 튠에 주입시켰다. 하지만 리처드 웨스의 힘 있고 풍성한 관현악 편성과 함께 이 곡을 제대로 된 스윙조의 쾌활한 작품으로 탈바꿈시킨 것은 바로 다린이었다. 이것은 미국 톱 20위에 진입하며, 위대한 스윙 싱어 중 하나라는 그의 명성을 재확인시켰다. **MW**

Back Door Man
Howlin' Wolf (1961)

Writer | Willie Dixon
Producer | Willie Dixon
Label | Chess
Album | *Howlin' Wolf*, aka "The Rockin' Chair Album" (1962)

제2차 세계대전 이후 시카고에서 탄생한 최고의 블루스 음악 상당수의 배후에는 윌리 딕슨이 존재했다. 머디 워터스, 리틀 월터, 하울링 울프가 더 많은 각광을 받기는 했으나 이들이 이룬 것들 중 상당 부분은 딕슨의 도움이 있었기에 가능했고, 딕슨은 이들 블루스맨들이 낳은 최고 명반이 있기까지 필요했던 작곡, 제작, 때때로 연주까지 도맡아 했다.

앞서 언급한 블루스 거장들 중, 딕슨과의 인연으로 가장 큰 이익을 보았던 인물이 바로 울프였다. 딕슨의 "Evil"을 담은 1954년 발매 음반으로 대단한 히트를 거둔 울프는 60년대 전반을 딕슨의 작품집에만 거의 전적으로 집중한다. 그 결과, "Spoonful", "The Red Rooster"(일명 "Little Red Booter"), "Back Door Man" 등의 고전 명반들이 탄생하며, 블루스 역사에 길이 남을 인상적 음반 행렬이 이어졌다. "Back Door Man"은 울프와 정말 완벽한 한 쌍을 이루었다(자정이 다 된 한밤중에 줄줄이 늘어놓는 무시무시하면서도 선정적이며 거만한 가사였다). 울프는 이 곡의 화자로 너무나 완벽히 둔갑한 나머지, 그가 사는 동네의 모든 남편들을 겁에 질리게 할 정도였다. 그는 카사노바 겸 포식자의 역할을 너무나도 그럴 듯하게 수행해내며, 위협적 가사("When everybody's tryin' to sleep / I'm somewhere making my midnight creep(모두들 잠들려 할 시간 / 난 어딘가에서 심야 잠입에 한창이지)")를 그르렁댔다. 울프의 정규 스튜디오 밴드가 연출한 음악 반주 부분은 느리고 끈덕졌고 심야 영업소 냄새를 짙게 풍겼다.

이 곡은 "Wang dang Doodle"의 B사이드로 발매된다. 이후 다양한 앨범에 재등장하는 이 곡은 블루스 스탠더드 튠으로 자리 잡아간다. 도어스의 1967년 데뷔 앨범 〈The Doors〉에 실린 커버 버전이 매우 유명하다. **JiH**

The Red Rooster
Howlin' Wolf (1961)

Writer | Willie Dixon
Producer | Willie Dixon
Label | Chess
Album | *Howlin' Wolf*, aka "The Rockin' Chair Album" (1962)

"The Red Rooster"(이후 커버 버전에서는 친밀감을 나타내는 "Little"이 제목에 추가된다)는 작곡가 겸 베이스 주자인 윌리 딕슨의 작품으로 인정받는다. 하지만 울프는 수년 전 블루스 기타리스트 찰리 패튼이 이 곡을 부르는 걸 들었다고 회상했다. 딕슨의 곡과 패튼의 1929년 작품 사이에 많은 유사성이 존재하는 것은 사실이긴 하다. 그 후 다른 많은 블루스 싱어들이 행방불명이 된 수탉의 생생한 심상을 주제로 삼아 노래했다. 그 중에서도 멤피스 미니가 발표한 "If You See My Rooster(Please Run Him Home)"(1936)가 매우 주목할 만하다. 울프의 버전에서는 기타, 피아노, 드럼을 대동한 작곡가 자신이 베이스 주자로 직접 출연한다. 하지만 단연 모든 관심을 독차지한 것은 울프가 리드 기타리스트로서 보여준 슬라이드 기타 테크닉이었다. 장례식을 방불케하는 느린 속도를 유지하며, 울프는 자신이 가졌던 "너무 게으른 나머지 날이 밝아도 울지 않는 작고 빨간 수탉"에 대해 이야기를 늘어놓는다. 하지만 "이 수탉이 일단 거리를 배회하기 시작하면, 개들이 짖고, 사냥개들이 울었다"라며 화자는 누군가에게 이 수탉을 집으로 좀 끌고 와달라고 간청한다. 여기서 부정한 남편에 대한 비유가 명확하게 드러나며, 롤링 스톤스의 커버 버전에서는 한층 더 노골적으로 드러난다(스톤스 싱어는 스스로를 여기 등장하는 수탉으로 표현한다). 1961년 싱글로 발매된 이 트랙은 1962년 발매된 울프의 2번째 앨범 〈Howlin' Wolf〉에 수록된다. 1963년에는, 소울 싱어 샘 쿡의 버전이 R&B 차트와 팝 차트 모두에서 성공을 거둔다. 쿡은 곡의 해석에서 좀 더 순수한 블루스적 접근 방식과 소울적 취급 방식을 택했고, 이러한 조합은 롤링 스톤스가 1964년 발표한 커버 버전이 거둔 성공에 일등 공신 역할을 한다. **SA**

Johnny Remember Me
John Leyton (1961)

Writer | Geoff Goddard
Producer | Joe Meek
Label | Top Rank International
Album | N/A

비틀즈가 각광을 받기 전, 일명 "데스 디스크(death discs)"라 불리는 음반들이 잠시 유행한다. 이것은 불운의 'Romeo and Juliet'과 같은 사태로 고조되는 십 대들의 멜로드라마이다. 아마도 이 장르 최고의 표본이라 할 수 있는 "Johnny Remember Me"는 런던 홀로웨이 도로 소재의 한 아파트라는, 의외의 장소에서 녹음되었다. 집안 곳곳의 여러 방 사이로 전선들을 늘어뜨려 연결한 채, TV 배우 존 레이톤은 거실에서 노래했고, 배킹 보컬리스트들은 화장실에서, 스트링 섹션은 계단에서 진을 치고 있었으며, 조 믹은 부엌에 머물며 자신의 믹싱 데스크를 지켰다. 믹은 그의 트레이드마크인, 번득거리는 고음 사운드를 창조할 목적으로 결과물에 많은 컴프레션을 걸었다. 그 결과 소형 허리케인이 생성되었다. 빌리 카이는 가차없이 돌진하는 플라멩코 스타일의 기타를 퉁겨댔고, 드러머 바비 그레이엄과 베이시스트 채스 하지스(그는 후에 "로크니(rockeny)"듀오 채스 앤 데이브의 일원이 된다)는 본 면로의 컨트리 히트작 "Riders in the Sky"(1949)를 그대로 재현한 듯한 질주하는 말발굽 비트를 연출했다. 작곡가 제프 고다드는 "the girl I loved and lost a year ago(1년 전 잃은, 내가 사랑했던 그녀)"가 실제 죽은 상태라고 분명히 말하길 회피한다(물론 리사 그레이의 영묘한 보컬을 들어보면 의심할 여지도 없지만 말이다). 영의 세계와의 교감은 단지 몇 개의 오싹한 음향 효과에서만 나타난 것이 아니다. 고다드가 1961년 9월 '사이킥 뉴스' 신문에 전한 바에 따르면, 이 노래는 버디 홀리의 영혼이 꿈에 나타나 그에게 받아쓰도록 한 것이라 한다. 그 후 열린 교령회에서 이 안경을 쓴 히트메이커가 또다시 나타나 고다드에게 이 곡이 두말할 것 없는 넘버 원이될 것이라 말해주었다는 것이다. 어쨌든 넘버 원의 예언은 실현되었다. **SP**

I Fall to Pieces
Patsy Cline (1961)

Writer | Hank Cochran, Harlan Howard
Producer | Owen Bradley
Label | Decca
Album | *Patsy Cline Showcase* (1961)

물론 그녀가 컨트리 음악의 세계를 돌파한 최초의 여성 싱어는 아니다. 그녀 전에 이미 팻시 몬태나와 키티 웰스를 포함해 여럿 존재했다. 하지만 팻시 클라인이야말로 컨트리 뮤직 발라드 가장 교과서를 완성시키다시피 한 인물이었고, 그녀가 남겨놓은 교훈들은 조지 존스부터 트리샤 이어우드까지 모든 이들이 읽고, 흡수하고, 실행해왔다. 몬태나는 자신의 음반에 소박한 사운드를 담았고, 웰스는 자신의 기타리스트들이 쳐낸 날카로운 통김 사운드와 완벽한 조화를 이룰 비음 섞인 보컬(twang)을 연출했다. 클라인의 유려한 스타일은 감동의 스토리를 갈망하는 컨트리의 목마름과 팝 싱어가 연출하는 극적 분위기를 제대로 결합시켰다.

그녀가 데카의 내쉬빌 사업부와 음반계약을 맺을 당시 클라인은 레이블대표 오웬 브래들리의 도움을 받았다고 전해진다. 그녀는 첫 히트작 "Walkin' After Midnight"으로 1957년 성공을 거두었지만, 그 후속 싱글들은 별다른 성공을 거두지 못했다. 하지만 레이블 교체를 통해 그녀의 운명이 달라졌다. 브래들리와 클라인이 함께 작업한 첫 작품이었던 "I Fall to Pieces"는 컨트리 차트 정상에 오를 뿐 아니라 빌보드 핫 100의 12위에 오르는 크로스 오버 히트작으로 부상했던 것이다.

클라인은 "I Fall to Pieces"의 후속작으로 "Crazy"를 선택했고(이것은 윌리 넬슨이 쓴 초기 히트작 중 하나이다), 그녀의 스타덤은 따놓은 당상이었다. 하지만 그녀의 전도유망한 음악 인생은 1963년 갑작스러운 종말을 맞는다. 당시 30세였던 클라인은 싱어인 카우보이 코파스, 호크쇼 호킨스와 함께 비행기로 이동 중 추락 사고로 사망한다. 클라인의 매니저 랜디 휴스가 그 비행기의 파일럿이었다. **WF-J**

Stand by Me
Ben E. King (1961)

Writer | Ben E. King, "Elmo Glick" (Jerry Leiber and Mike Stoller)
Producer | Jerry Leiber, Mike Stoller
Label | Atco
Album | *Don't Play That Song!* (1962)

현대 스탠더드 튠으로 통하게 될 작품을 쓴다는 것은 각별한 위업이다. 벤 E. 킹은 이것을 "Stand By Me"를 통해 달성한다. 킹은 닥 포머스와 몰트 슈먼이 쓴 화려한 50년대 후반 히트 곡들("I Count the Tears", "This Magic Moment", "Save the Last Dance for Me")을 노래했던 드리프터스의 리드 싱어로 활동했었고, 애틀랜틱 레코드사를 통해 이미 솔로 스타가 될 만반의 준비가 이미 되어 있었다.

1961년, 킹은 "Stand by Me"를 발표한다. 이 곡은 옛 가스펠 곡에 기반해 그가 스튜디오 내에서 만들어낸 곡이다. 드리프터스에게 라틴 리듬이 얼마나 잘 어울렸던지 이미 잘 알고 있던 리버와 스톨러는 여기에 두근거리는 아프로-큐반 그루브를 더해 넣었고, 지그재그형의 첼로 사운드와 부드러운 보컬 쿼텟 하모니를 추가했다. 킹의 매끄러운 테너 보컬은, 간절하면서도 힘이 있었고, 상처받기 쉬워 보이면서도 권위적이었고, 곡 전체가 긴장감과 욕구로 거의 폭발할 지경에 이르기까지 거듭 고조해간다(초반에 가늘게 구성돼 있던 기악 편성도 이와 마찬가지로 전개된다).

아름다운 연주로 제작된 이 곡은 R&B 차트를 석권하고 팝 차트에서는 4위를 기록한다. 25년의 세월이 지난 후 스티븐 킹의 단편소설 「더 보디」가 할리우드 영화 〈스탠 바이 미〉로 각색되었을 때, 벤 E. 킹의 노래가 이 영화의 테마곡으로 쓰이게 된다. 즉시 이 곡은 미국 톱 10에 재진입한다. 1987년에는 리바이스 청바지 광고가 이 곡을 영국 차트 정상에 올려놓는다. "Stand by Me"는 시공을 초월하는 매력을 소유하며, 염려와 안심의 말을 동시에 전달한다. 이것은 인류가 하나 되는 데 부치는 시 한 수이다. **GC**

Blue Moon
The Marcels (1961)

Writer | Richard Rodgers, Lorenz Hart
Producer | Stu Phillips
Label | Colpix
Album | *Blue Moon* (1961)

50년대 말 미국 팝계에 생긴 공백을 메워보려 그 주변을 서성대는 보컬 그룹들이 급증하여, 보컬 그룹 과잉 공급이 발생한다. 그 결과, 최고의 그룹들에게조차도 출세의 기회가 요행처럼 가뭄에 콩 나듯 했다. 하지만 마르셀스의 경우 옛날 방식을 그대로 따라 입신양명의 기회를 거머쥐었다. 1960년, 이 피츠버그 5인조(우연히 한 헤어스타일의 이름을 따 이름 붙여졌다)는 컬럼비아 픽처스의 자회사였던 콜픽스 레코드사에 데모 테이프들을 보냈다. 레이블 설립자 스투 필립스는 데모가 마음에 들어 이 그룹(3명의 흑인 싱어와 2명의 백인 싱어로 구성돼 있었다)을 뉴욕으로 초대해 녹음 작업을 한번 시도해본다. 스튜디오 내에서 무슨 일이 일어났는지에 대한 진실은 오늘날에도 논란의 소지가 있다. 일부 사람들의 말은 이렇다. 그룹이 칼리지안스의 싱글 "Zoom Zoom Zoom"(1958)을 커버하길 원했고, 필립스는 이것이 마음에 들지 않았지만 거기 사용된 '봄프-바바-봄프' 베이스 리프가 좋았던 나머지 그들로 하여금 이 리프에, 사랑받는 로저스 앤 하트 스탠더드 "Blue Moon"을 결합시켜보도록 지시했다는 것이다. 또 다른 설에 의하면, 이 베이스 라인을 쓰자는 아이디어가 마르셀스의 것이 아닌 필립스의 머리에서 탄생한 것이라고도 한다. 어찌 되었건 간에, 마르셀스는 이 녹음 세션이 마무리될 무렵 두 테이크의 "Blue Moon"을 완성시킨다. 그중(그냥 우연히 닮았다고 하기에는 "Zoom Zoom Zoom"과 너무나도 유사했던), 2번째 것이 채택되었다.

이 테이프는 콜픽스 내 홍보 사원의 손을 거쳐 저명한 뉴욕 디제이 머레이 더 케이에게 전해진다. 그는 테이프가 거의 닳아 빠지도록 돌려댔다. 몇 주 만에, 이 엉뚱하고 가벼운 두-왑 곡은 빌보드 핫 100의 정상에 우뚝 서게 된다. **WF-J**

Crazy
Patsy Cline (1961)

Writer | Willie Nelson
Producer | Owen Bradley
Label | Decca
Album | *Patsy Cline Showcase* (1961)

"Crazy"는 팝계에서 가장 흔히 쓰이는 노래 제목 중 하나이다. 대서양을 낀 양 국가 간에 이 이름을 지닌 차트 히트 곡을 따져보면 20곡도 넘을 테니 말이다. 그중 가장 장수하는 곡이 바로 팻시 클라인의 컨트리 발라드일 것이다. 그녀는 엘비스 프레슬리의 배킹 보컬 그룹과 함께 단 한 테이크 만에 녹음을 마쳤다.

텍사스 출생 뮤지션 윌리 넬슨이 60년대 초 내쉬빌로 이주해 왔을 때, 그는 연주자와 작곡가로서 이중 생활을 살기 시작했다(그러는 과정에서 존경받는 컨트리 뮤직 아이콘으로서의 명성을 찾아간다). 넬슨은 클라인이 기록한, 가장 성공적인 앨범의 곡을 써준 장본인으로, 컨트리 스타 클라인의 구슬프고, 호소력 넘치는 깊은 음성에 완벽히 들어맞는 컨트리 고전 작품을 탄생시켰다. 녹음 2개월 전 당한 아슬아슬했던 차 사고 당시 얻은, 낫지 않는 상처는 이 곡을 제대로 불러보겠다는 클라인의 굳센 의지(그녀는 처음에 이 곡을 몹시나 싫어했었다)를 더 뜨겁게 불타오르도록 했다. 이 곡은 컨트리 팬들의 마음을 빼앗아갔고, 그녀가 목발을 짚고 그랜드 올 오프리(Grand Ole Opry) 무대에 서 이 곡을 노래했을 때 기립 박수가 3차례나 이어졌다.

이 노래가 사람들의 마음속에 그토록 잘 보존된 이유는 비단 클라인 특유의 보컬 때문만은 아니다. "Crazy"를 녹음한 지 2년 후 그녀는 또 다른 사고를 당하는데, 이번에는 그녀가 탑승하고 있던 소형 비행기가 내쉬빌로 가던 도중 테네시 전원 지역에 추락했던 것이다. 클라인도 2번째 사고에서는 살아남지 못했다. 귓속을 맴도는, 애처로운 "Crazy"는 수십 년의 세월을 넘어 그녀를 대표하는 곡으로 통하고 있다. **DR**

Tous les garçons et les filles
Françoise Hardy (1962)

Writer | F. Hardy, Roger Samyn
Producer | Chuck Blackwell
Label | Vogue
Album | *Tous les garçons et les filles* (1962)

프랑스와즈 아르디는 1944년 파리에서 홀몸으로 가정을 꾸려가는 어머니 아래 태어난다. 16세 생일 선물로 기타를 받은 그녀는 프랑스와 미국의 포크 송, 팝송들을 연주하기 시작한다. 1961년, 그녀는 어린 싱어를 찾는다는 신문 구인 광고를 보고 연락을 취했다. 인상적 외모, 숨소리 섞인 음성, 자기 성찰적 곡들로, 그녀는 곧 음반 계약을 맺는다. 1962년 6월 발매된 그녀의 첫 45회전판은 A사이드로는 "Oh oh cheri"가 채택되었고, 그에 짝지어 아르디의 자작곡 "Tous les garcons et les filles"가 수록되었다. 그녀의 무심한 듯하면서도 감정 짙은 보컬 외에는 심플한 왈츠 리듬만 사용되었다.

"Oh oh cheri"는 흥행에 실패한다. 1962년 프랑스 TV에 출연한 아르디는 "Tous les garcons et les filles"를 부른다. 이 곡은 곧 프랑스 내에서 대단한 히트를 거두었고, 결국 7만 장의 음반 판매 기록을 세우게 된다. 이 곡의 화자는 자기 주변의 행복한 연인들에 대한 자기 심정을 전하고, 막상 1번도 사랑을 경험해보지 않은 자신은 외톨이로 남아 있다고 노래한다. 아르디는 후에 이 곡의 영어 버전 "Find Me a Boy"를 녹음한다.

프랑스와즈 아르디는 프랑스의 최고 인기(또한 평단의 갈채를 받는) 싱어-송라이터로 성장한다. 그녀의 자작곡들은 프랑스어를 모르는 청중조차도 저항하기 힘든 감정적 섬세함과 호소력 있는 사운드로 소통한다. 밥 딜런과 블러 모두 아르디에게 지지를 보냈고(후자의 경우 1994년 그녀와 함께 녹음 작업에 참여한다), "Tous les garcons et les filles"는 60년대 프렌치 팝 고전으로 남아 있다. **GC**

프랑스와즈 아르디가 60년대의 아이코닉한 패션 악세서리인 피케트 캡을 과시하고 있다. ➡

You've Really Got a Hold on Me
The Miracles (1962)

Writer | "Smokey" Robinson
Producer | "Smokey" Robinson
Label | Tamla
Album | *The Fabulous Miracles*
(1963)

1959년, 아직 풋내기에 불과했던 탐라 레이블과 음반 계약을 맺은 미라클스는, "Shop Around"(1960)로 탐라 레이블의 첫 1백만 장 이상의 판매 기록을 세우며, 초기 모타운 사운드를 확립하는 데 필수적 역할을 하게 된다. 짙은 감정에 호소력 깊은 발라드, "You've Really Got a Hold on Me"는 미라클스의 리더 윌리엄 "스모키" 로빈슨이 한 뉴욕 호텔 방에서 샘 쿡의 "Bring It on Home to Me"를 들으며 작곡했다고 한다.

당시 로빈슨은 쿡의 곡과 비슷하게 작곡해보길 원했고, 쿡과 그의 동료 소울 싱어 루 롤스가 창조해내는 끈끈한 보컬 하모니를 흉내 내보았다. 곡의 스타일로 따져보았을 때, 여기에는 문글로우스와 같은 두-왑 보컬 그룹의 영향도 묻어났다. 곡의 구성은 매우 단순했고, 스모키의 팔세토와 밴드 동료 바비 로저스의 테너 보컬이 마브 타플린과 펑크 브라더스(세션 뮤지션들)의 일원 에디 윌리스가 뽑아내는 전염성 강한 기타 라인 위로 조화를 이루었다. 이 곡이 장수하는 요인은 로빈슨이 창조한 독창적 가사에 있었다. 그는 자신을 함부로 대하는 한 여자와 정신 없이 사랑에 빠져버린 한 남자를 이야기했다. 이 곡의 첫 구절("I don't like you but I love you(난 네가 좋은 게 아니고 널 사랑해)"은 단숨에 듣는 이들의 마음을 사로잡았고, 그들을 이 실연당한 낙오자의 혼란스런 머릿속으로 빠져들게 만들었다.

비틀즈는 영국 차트 석권에 빛나는 그들의 2번째 앨범 〈With the Beatles〉에 이 곡의 커버 버전을 수록했다. 여기서 존 레논이 리드 보컬을 맡고 조지 해리슨이 보컬 하모니를 담당했다. 커버 버전을 발표한 그룹 들 중에는 좀비스와 스몰 페이시스 외에, 모타운 소속 아티스트들 수프림스와 템테이션스도 있었다. **JoH**

Boom Boom
John Lee Hooker (1962)

Writer | John Lee Hooker
Producer | Uncredited
Label | Vee-Jay
Album | *Burnin'* (1962)

아마도 영국 R&B 그룹 디 애니멀스가 1964년 발표한 커버 버전으로 더 유명한 "Boom Boom"은 1961년 시카고에서 최초로 녹음되었다. 당시 일렉트릭 기타리스트 존 리 후커는 미래 모타운을 밝힐 대가 6명의 지원을 받았다. 여기에는 베이시스트 제임스 제이머슨을 비롯해(그는 훗날 모타운에서 "현대 베이스 기타의 아버지"라는 평판을 얻는다), 그와 모타운 스튜디오 전속 밴드 '더 펑크 브라더스'에서 함께 활약하는 드러머 베니 벤자민도 참여했고, 그 외에도 2명의 색소폰 주자, 1명의 피아니스트, 한명의 세컨드 기타리스트가 합류해 섹스텟을 구성했다.

후커는 보컬을 시작하기 전 이 곡의 대표적인 리프를 연주한다(여기서 가볍게 두드려주는 피아노가 베이스, 드럼을 대동하고 매번 복창한다). 외설적 내용의 각 보컬 프레이즈는 기악부의 응답이 그대로 받아 메아리친다. 보컬은 더디게나마 확실히 추진력을 쌓아가고, 그러다가 후커가 전속력으로 전진한다. 그러면 보컬의 재등장 이전까지 밴드 전체가 후커의 리드 기타를 선두로 우레와 같은 비트를 펼쳐 보인다. 보컬이 귀환하면, 이번에 그는 가사를 으르렁 뱉어대고, 그의 이런 걸쭉하고 외설적인 음성은 가사의 내용을 더욱 명확히 드러낸다. 자신의 여인을 데려와 집에 모셔놓은 후, 그녀가 '그렇게 걷고, 그렇게 말하는 것'을 모두 끝내고 나면 이제 "붐 붐 붐 붐"을 한다는 것이다.

과연 그렇다. 후커는 아예 문맹의 처지나 다름없지만, 그의 가사는 간결하고 유창하게 섹스에 대해 말하고 있다. 이건 2분 30초 동안 원초적으로 쿵쾅대는 R&B 포르노라고 할 수 있다. 지상 낙원인 것이다. **SA**

He's a Rebel
The Crystals (1962)

Writer | Gene Pitney
Producer | Phil Spector
Label | Philles
Album | *He's a Rebel* (1963)

이 곡의 주인으로 본래 의도되었던 '셔를스'는 가사 주제가 (그 시대 상황으로서는) 논란의 소지가 있다는 이유로 곡을 거절한다. 그 결과, "He's a Rebel"은 필 스펙터의 이목을 끌었고, 스펙터는 이 곡이 '더 크리스털스'에게 매우 이상적 선택이 될 것이라 판단했다. 하지만 당시 (바바라 앨스턴이 이끌었던) 더 크리스털스는 미국 동부에서 공연 여행 중이었고, 스펙터는 그들이 자신의 로스앤젤레스 소재 스튜디오에 도착해 녹음을 마치고 음반을 내길 기다렸다가는 적기를 놓칠 것이란 결론을 내렸다(그는 라이벌 버전이 나오기 전에 발매를 마치고자 했다). 그 결과, 스펙터는 다렌느 러브와 그녀의 밴드 '블로썸스'를 선발하여 녹음을 마무리한다. 하지만 발매 음반에는 '더 크리스털스'의 이름을 사용했다.

"He's a Rebel"에 스트링이 사용되지는 않았지만, 그럼에도 이 트랙은 스펙터의 초기 "사운드의 벽(wall of sound)" 프로덕션 테크닉의 신뢰할 만한 본보기라는 평을 널리 샀다. 스펙터는 트랙을 하나 가져다(물론 애초에 작곡 자체도 훌륭했지만) 한 곡의 앤섬으로 승화시키는 능력을 소유하고 있었다. 이 곡은 결국 미국 차트 1위를 달성한다. 게다가 이 노래는 걸 그룹 동향의 방향 전환을 의미하는 징표가 되었고 "나쁜 남자"의 성적 매력을 새로이 제시하였으며, 이런 추세는 결국 샹그리-라스의 "Leader of the Pack"으로까지 상황을 몰아간다. 크리스털스는 이미 '고핀/킹' 송라이터 팀의 싱글 "He Hit Me (and It Felt Like a Kiss)"를 발표하여 논란을 일으킨 적이 있었던 전적이 있었다. 다렌느 러브와 블로썸스의 라인업을 다시 한 번 내세운 후속 트랙 "He's Sure the Boy I Love"가 발표되었고 이것은 빌보드 차트 11위에 오른다. 차후에 발매된 음반에는 '크리스털스'가 부른 "오리지널" 버전이 수록되었다. **CR**

Do You Love Me
The Contours (1962)

Writer | Berry Gordy Jr.
Producer | Berry Gordy Jr.
Label | Gordy
Album | *Do You Love Me (Now That I Can Dance)* (1962)

베리 고디가 컨투어스에게 고디 레코드사와 함께 그의 노래 "Do You Love Me"를 부를 그룹으로 그들이 선발되었다고 전했을 때, 이들은 너무나 기뻤던 나머지 이 악명 높도록 냉혹한 모타운 대표를 덮쳐 안고 포옹을 했다. 1962년 그때, "Do You Love Me"는 템테이션스의 곡이 될 수도 있었다. 고디가 그들을 '히츠빌 USA' 스튜디오에서 찾을 수 있었다면 그렇게 될 것이다. 템테이션스는 당시 디트로이트에서 가스펠 뮤직 쇼케이스에서 공연 중이었지만, 고디의 입장에서는 이들이 무단 탈영한 것이나 다름없었다. 그리하여 고디가 컨투어스를 복도에서 우연히 마주쳤을 때 그는 곡을 그들에게 주기로 결정한다. 이렇게 된 이상, 이 곡이 갈 길은 완전히 결론이 났다고 볼 수밖에 없는 것이다. 그 열정적 반복구를 외쳐댈 역할로, 빌리 고든 외에 더 나은 적임자를 찾는다는 것이 정말 가능할까?(그뿐 아니라, 곡에 맞춰 트위스트를 춰보라 지시할 인물로 과연 컨투어스 멤버들보다 더 나은 적임자들이 있겠는가 하는 말이다!) 이 곡은 첫 발매에서만 1백만 장을 넘는 판매 기록을 세운 데다, 빌보드 핫 100 차트의 3위에 오른다. 또한 몇 년 안에 이 곡은 '영국 침공' 그룹들의 스탠더드 커버 곡으로 굳어질 뿐 아니라(더 홀리스, 데이브 클락 파이브), 미국 펑크 그룹의 시초 격인 '더 소닉스'도 이 곡의 커버 버전을 발표한다. 20년이 지난 후 브루스 스프링스틴도 이 곡에 지지 의사를 표했다. "Do You Love Me"는 80년대 들어 최대 규모의 청중을 이끌게 된다. 영화 'Dirty Dancing'에 삽입된 후로 말이다. 게다가 컨투어스는 '더티 댄싱' 공연 투어에 로니 스펙터와 합류하기도 했으며, 오늘날까지도 이 곡을 멋지게 라이브 무대에 올리고 있다. (축하의 의미에서,) 모두에게 포옹을. **SH**

Your Cheating Heart
Ray Charles (1962)

Writer | Hank Williams
Producer | Sid Feller
Label | ABC-Paramount
Album | *Modern Sounds in Country and Western Music Volume Two* (1962)

레이 찰스는 1959년 이미 컨트리 송을 녹음한 전적이 있다(행크 스노우의 'I'm Movin' on"). 그럼에도, 〈Modern Sounds in Country and Western Music〉(1962)은 장르를 넘나드는 데 그다지 익숙하지 않던 음악 산업계에 대단한 충격이었다(이것은 찰스와 프로듀서 시드 펠러가 12곡의 '백합처럼 하얀(lily-white)' 컨트리 곡들을 가져다 철저히 까만 피부의 소울적 표현 방식으로 재해석한 것이었다). 이 앨범은 각종 미국 차트 정상을 휩쓸며, 찰스를 주류로 쏘아 넣는다. 이 앨범의 성공으로 그 후속 앨범까지 탄생한다. 전작에 비해 조금도 뒤지지 않았던 이 앨범에 수록된 곡 중 하나가 바로 "Your Cheating Heart"였다. 찰스는 1번째 'Modern Sounds' 앨범에 두 곡의 행크 윌리엄스 곡을 녹음해 넣었다(경쾌한 "Hey Good Lookin"과 심신이 고단한 듯한 "You Win Again"이 그 2곡이다). 하지만 이들조차도 '볼륨 2'에 실린 (또 다른 행크 윌리엄스 커버) "Your Cheatin' Heart"를 능가하진 못했다(찰스의 버전은 본래 제목에 빠진 'g'를 복귀시켰다). 임시직 할리우드 편곡가 마티 파이크가 편곡한 이 트랙은 수양버들같이 흐느끼는 스트링과 끈적이는 감상적인 배킹 보컬 때문에 곡 전체가 망쳐질 뻔했다(두 'Modern Sounds' 음반들 중 제럴드 윌슨의 금관 편성 트랙들이 가장 두각을 나타낸다). 하지만 찰스의 재즈적 색채가 배인 피아노와 완벽한 음정 조절에 빛나는 보컬 덕에 이 트랙은 다행히 추락을 면한다. 레이 찰스의 모든 컨트리 관련 트랙들을 단순한 골동품 취급할 수 없는 이유는 바로 이 찰스의 정력적이고, 때로는 원초적인 보컬 덕이다. "전 '컨트리-웨스트' 스타일로 부르는 게 아니에요." 그가 이렇게 설명했다. "저라는 사람같이 부를 뿐이죠." **WF-J**

Cry Baby | Garnet Mimms
& The Enchanters (1963)

Writer | Bert Russell (aka Bert Berns), Norman Meade (aka Jerry Ragovoy)
Producer | Jerry Ragovoy
Label | United Artists
Album | *Cry Baby and 11 Other Hits* (1963)

종교적 가정에서 성장한 가넷 밈스는 십 대 시절 가스펠 싱어로서 자신의 목소리를 찾았다. 그는 1958년 하워드 테이트와 함께 두-왑 그룹 '더 게이너스'를 결성했고, 자신의 달란트를 최대한 활용하며 60대 내내 그럭저럭 괜찮은 성공을 줄줄이 거두다가, 70대에 들어 목사로 활동하리라 마음을 굳힌다. 물론, "Cry Baby"가 듣는 이에게 이토록 등골 오싹한 전율을 주는 이유 중 하나는 바로 여기 담긴 열정 덕분이다. 교회 천정을 덜컹덜컹 흔들 만한 열정과 함께, 밈스의 음성은 비단같이 잔잔한 바리톤과 공중에 손을 번쩍 치켜든 팔세토(falsetto) 사이를 자유자재로 넘나든다.

정말 신 나는 반전은 바로 "Cry Baby"가 4분 길이로 증류된 순수한 갈망을 담은 침실용 노래라는 점에 있다. 주인공은 다른 남자와 사랑에 빠져 있는 한 여인을 사랑한다. 그러니 안 봐도 뻔하듯, 그녀의 마음을 찢어놓았을 때 그 자리에 기다렸다 그녀의 눈물을 닦아줄 사람이 우리의 주인공 말고 또 누가 있겠는가 말이다. "Cry Baby"는 마치 향이 짙어지는 커피처럼 정점으로 치닫는다. 트랙 도입부는 부드럽게 '칙칙'대며 6/8박으로 전진해가다가 곧 달콤하게 속삭이는 여성 싱어들의 합창이 등장하여(후에, 디온 워윅과 도리스 트로이가 이 일행에 합류한다) 점점 추진력을 얻다가, 결국은 폭발해버린다. 그러다 곡은 다시 잠잠해지며 서서히 향기롭게 끓어오르다. 밈스의 당당한 독백이 시작된다("I'll always love you, darlin' / And I can see that you got some more tears to shed(항상 널 사랑할 거야, 달링 / 그리고 난 네가 아직 흘릴 눈물이 남아 있다 걸 알 수 있어)"). 그의 독백은 다음 후렴구까지 점점 고조된다. 견디고 듣는 것이 거의 불가능할 정도로 복받치는 이 곡은 1963년 대단한 히트를 거둔다(빌보드 팝 차트에서 4위를, R&B 차트에서는 1위를 기록했다). **SH**

레이 찰스는 1962년 "Your Cheating Heart"로 컨트리 영역에 발을 들여놓는다.

La javanaise
Juliette Gréco (1963)

Writer | Serge Gainsbourg
Producer | Uncredited
Label | Philips
Album | *Juliette Gréco No. 8* (1963)

세르주 갱스부르는 그의 조국 밖에서, 프랑스 남성형을 말하는 한 부류의 전형을 상징하는 인물로 알려져 있었다. 그것은 우악스럽고, 면도하지 않은 얼굴로 줄담배를 피워대는, 색욕에 찬 남성상이었다. 갱스브루는 50년대 말과 60년대 초, 몇 장의 솔로 앨범을 발표했지만 판매가 매우 저조했다. 그가 유명세를 얻게 된 것은 다른 뮤지션들을 위해 곡을 써주는 작곡가로 활동하고 난 후부터였다. 특히 비트 시인이자 재즈 싱어였던 줄리엣 그레코와 한 팀을 이루어 1959년 자신의 곡들을 EP로 발표한 것이 그의 음악 인생에 전환점이 되었다. 파리의 생 제르맹 데 프레의 보헤미안 스타일 카페의 단골로, 그 곳에서 장 콕토, 마일스 데이비스와 어울려 시간을 보내곤 했던 그레코는 경외감을 불러일으키는 가공할 만한 존재였다. 갱스부르가 그레코와 첫 대면을 했을 때, 그는 너무도 수줍었던 나머지 말도 제대로 못했었다. "La javanaise"는 갱스부르가 작곡가로서 보여준, (진정한 의미에서의) 첫 명작이었다. 이국적인 재즈 테마를 기반으로 만들어진 이 곡은 영어만 아는 이들에게는 그저 전형적인 프랑스 스타일의, 실연에 대한 탄식 정도로 보일 수도 있다. 하지만 사실, 갱스부르는 훨씬 큰 야심이 있었다. 이 곡의 제목은 "Javanais"라는 프랑스어로, 은어 어법을 암시한 말장난이었다(이 은어는 1950년대에 크게 유행했는데, 단어 중간에 "av"라는 음절을 추가해 넣어 단어의 뜻을 거의 이해 불가능하게 만드는 말장난이었다). 여기에 맞춰, 이 곡의 가사에는 "av"의 음절이 포함된 단어를 최대한 많이 끼워 넣었다. 행여나 프랑스어를 모르는 이일지라도 갱스부르의 장난을 못 알아듣는다는 이유로 걱정할 필요는 없다. 그레코의 애교 넘치는 관능적 보컬과 앙드레 포프의 싱싱한 기악 편성이 여전히 이 곡을 찬란하게 만들기 때문이다. **PL**

Harlem Shuffle
Bob & Earl (1963)

Writer | Bobby Relf, Earl Nelson
Producer | Fred Smith
Label | Marc
Album | N/A

60년대 초기의 댄스 열풍을 반영하는 싱글들은 끝없이 다른 히트작들을 끌어들여 활용하기에 급급했다. 그나마 제구실 좀 한다고 하는 모든 보컬리스트들은 와투시 댄스와 트위스트 댄스, 헐리 걸리 댄스의 이름들을 마구 던져댔다. 그건, 마치 스퀘어 댄스에서 콜러(caller)의 역할과 같이, 듣는 이들의 댄스 스텝을 지시하며 이끌어가려는 의도에서였다. "Harlem Shuffle"은 러셀 버드의 "Hitch Hike"과 메이저 랜스의 "The Monkey Time", 그리고 파이브 두-톤스의 "Shake a Tailfeather"를 언급하지만, 그 음악 자체는 캘리포니아 싱어 라운드 로빈의 잘 알려지지 않은 한 기악 곡에 뿌리를 두고 있다. 여기 활용된 로빈의 쾌활한 고고(go-go) 곡의 이름은 "Slauson Shuffle"이었다(남부 로스앤젤레스의 주요 도로의 이름을 따 명명되었다). "우리는 이 곡을 전국적 히트곡으로 만들고 싶었죠." 바비 렐프가 말했다. "동부에 사는 사람들이 슬러슨에 대해선 모르지만, 할렘은 알더라고요." 승리에 환희하는 도입부 팡파르는 1992년 하우스 오브 페인의 샘플로 소생한다. 1992년 트랙에 너무나 그럴 듯하게 들어맞았기에 현대의 청중들이 곡의 오리지널 버전을 들으면, 도입부를 따라 이어지는 나른하게 비스듬한 음악 구성에 놀라 당황할 것이다. 밥 앤 얼의 가스펠풍 보컬은 듣는 이를 춤추게 하며, 클라리온(Clarion) 사운드가 도중 구두점을 찍어준다. 이 클라리온 소리가 조지 해리슨의 귀를 사로잡은 것은 분명하다. 왜냐하면, 비틀즈의 달달한 패러디 "Savoy Truffle"(1968)을 들어보면 그 메아리가 분명히 들려오기 때문이다. 이듬해, "Harlem Shuffle"은 영국 차트에 첫 진입하여 7위까지 상승한다. 프레드 스미스의 고혹적 매력의 진보적 제작력을 입증하는 사건이었다. **SP**

줄리엣 그레코의 1962년 모습. 그녀는 50년대 동안 성공적으로 영화계 이력을 쌓은 후 가수 활동을 시작했다.

On Broadway
The Drifters (1963)

Writer | Barry Mann, Cynthia Weil
Producer | Jerry Leiber,
Mike Stoller
Label | Atlantic
Album | N/A

본래 부부 송라이팅 팀 배리 만과 신시아 웨일이 작곡했던 "On Broadway"는 브로드웨이와 성공을 향해 내달리는 한 소녀에 대한 발랄한 가사를 담고 있었다. 이 곡은 경쾌한 멜로디와 겹박자로 쓰였고, '더 쿠키스'가 최초로 녹음했다 (하지만 크리스털스의 버전이 먼저 발매되었다).

이 곡은 어쩌면 여기서 운이 다했을 수도 있었다. 하지만 다행히도, 전설적 프로듀서들인 제리 리버와 마이크스톨러에게 다음 날 드리프터스의 스튜디오 세션에서 곡이 하나 모자라는 일이 발생했다는 것이다. 맨과 웨일은 이 두 제작자에게 "On Broadway"를 보내보지만, 그들은 이 곡이 어딘가 부족하다고 느꼈다. 이 4사람은 그날 밤을 지새며 곡을 수정해 갔다. 곡의 독특한 배킹 리프에는 좀 더 블루지한 느낌이 가미되었고, 박자표는 단순화되었다. 무엇보다도, 화자에 변화를 주어 브로드웨이로 향하는 한 남자 스타 지망생이 주인공으로 선정된다. 스토리상 그는 주머니 사정이 좋지 않은 "가는 다임 1개" 남은 처지였다.

브로드웨이는 뉴욕에 위치한 연극과 뮤지컬의 본거지이다. 브로드웨이에서 성공한다는 것은 "그 어디서든 성공할 수 있다"는 것을 의미한다. 라이자 마넬리가 뉴욕에 대해 1977년 노래했었다. 드리프터스의 버전에 등장하는 이 스타 지망생(루디 루이스가 부른다)은 시도 끝에 실패한다. 하지만 그는 비평가들이 틀렸다는 것을 증명해 보이고 스타로 등극할 것이다. 그리고 정말 제대로 된 기타 연주를 보여줄 것이다. 바로 조지 벤슨이 그의 카멜레온 같은 커버 버전에서 그랬듯 말이다. 무엇보다도, 오리지널 트랙에 리드를 맡았던 세션 기타리스트가 그랬듯 말이다. 그는 바로 어린 필 스펙터였다. **SA**

Louie Louie
The Kingsmen (1963)

Writer | Richard Berry
Producer | Ken Chase
Label | Jerden and Wand
Album | *The Kingsmen in Person*
(1963)

리처드 베리(더 파라오스의 프론트맨이었던 R&B 싱어)는 르네 투제 앤 히스 오케스트라가 녹음했던 "El Loco Cha Cha"에서 영감을 얻어 (리버브를 잔뜩 넣은) 원초적 로큰롤 한 조각을 창조한다. 하지만 이 모든 공로에도 불구하고, 그는 이 곡을 우선 1957년 싱글 "You Are My Sunshine"의 B사이드로 사용하는 것에 만족한다.

로킹 로빈 로버츠 앤 더 웨일러스가 1961년 발표한 원시적 버전이 몇 편의 커버 송 탄생을 부추긴다. 그리고 결국 프로듀서 켄 체이스의 도움을 받아 킹스맨은 이 곡을 녹음한다. 포틀랜드의 라디오 스테이션 KISN의 음악 감독이었던 체이스는 한 십 대 댄스 클럽('더 체이스')을 운영했는데, 거기 오는 청소년들을 미친 듯 흥분시킬 버전으로 이 곡을 바꾸기를 원했다. 젊고, 깔끔한 이미지의 그룹, 킹스맨을 고용한 그는 그룹을 노스웨스트 리코더스 스튜디오에 데려간 후, 그들이 무대에서 연주하는 것처럼 이 곡을 한번 연주해보라고 지시했다. 체이스는 재즈 팬이었고, 그 어느 것보다도 전체적 분위기에 초점을 맞추었다. 그리하여, 보컬리스트 잭 일리가 기타 브레이크 직후 타이밍을 어기고 조금 일찍 들어왔을 때에도 그다지 신경 쓰지 않았다. 여기 담긴 순진한 실수들은 그저 매력을 더할 뿐이다. 돈 갈루치의 찌르는 듯한 키보드와 밥 노비의 웅웅거리는 베이스, 마이크 미첼이 뽑아내는 광란의 기타 솔로, 린 이스턴의 뒹굴대는 드럼을 힘으로 전진하는 이 트랙에서, 일리의 보컬은 너무 해독하기 힘들었던 나머지 FBI가 나서서 이 곡에 혹시나 음란한 가사가 숨어 있을까 하고 수사 활동을 펼치기까지 했다. "Louie Louie"는 1963년, 빌보드 차트 2위에 올랐다. 그리고 역대 최고 많이 커버 버전으로 만들어진 노래 중 하나이기도 하다. **JoH**

깔끔한 외모의 킹스맨이 프랭–록 앤섬의 지존 "Louie Louie"를 뽑아낸다. ➡

One Fine Day | The Chiffons (1963)

Writer | Gerry Goffin, Carole King
Producer | The Tokens
Label | Laurie
Album | *One Fine Day* (1963)

"일부 데모 트랙들은
결국 음반으로 발매되었어요.
몇몇 사람들이 너무 멋진 곡이라
말했기 때문이었죠."

캐롤 킹, 1989

◀ **Influenced by: Will You Love Me Tomorrow**
The Shirelles (1960)
▶ **Influence on: Sweet Blindness** • Laura Nyro (1968)
● **Covered by:** The Mindbenders (1966) • Cliff Richard
(1967) • Rita Coolidge (1979) • Carole King (1980)
Natalie Merchant (1996)

오늘날, 조지 해리슨으로부터 로열티를 짜낸 사건(법원은 이 과거 비틀즈 멤버의 "My Sweet Lord"가 고의 아니게 쉬퐁스의 미국 넘버 원 트랙 "He's So Fine"을 모방했다는 판결을 내린다)으로 주로 알려진 그룹 '더 쉬퐁스'는 60년대 초기, 선구자적 입지의 걸 그룹이었다. 그들은 1960년, 뉴욕의 브롱스에서 결성되었고, 본래 학교 친구들인 주디 크레이그, 페트리샤 베넷, 바바라 리 존스로 구성되어 있었으나, 얼마 후 '리틀 지미 앤 더 톱스'의 실비아 피터슨이 선발되어 합류한다. 배킹 싱어들로 성장한 덕에, 이 그룹은 뉴욕의 브릴 빌딩을 포함한 정상급 업계 중심지에서 나돌던 곡들을 충분히 접해보는 혜택을 누렸다. 하지만 "One Fine Day"는 그저 스쳐 지나갈 뻔했던 인연이었다.

이전 해 "The Loco-motion"으로 톡톡히 재미를 보았던 R&B 가수 리틀 이바가 "One Fine Day"(제리 고핀과 캐롤 킹의 작품)를 부를 인물로 자연스럽게 지목되었다. 그녀가 데모 버전을 만들었으나 결국 제작팀 '더 토큰스'가 이 곡을 가로챈다. 그들의 문하생들이 부른 비슷한 제목의 곡 "He's So Fine"의 성공에 연결시켜 또 한 번의 성공을 이룰 호기라고 느꼈던 것이다. 알려진 바에 따르면, 그 오리지널 데모 버전의 기악 트랙은 보존되었고, 보컬 부분만 삭제되었다는 것이다. 이 부분을 쉬퐁스가 다시 채워 넣은 것이다. 이 곡을 전진해 몰아가는 흥겨운 피아노 파트는 캐롤 킹이 직접 연주해 넣었다.

"One Fine Day"는 미국에서 5위까지 치솟는다. 하지만 수프림스의 출현과 록계 정황이 변화하며, 쉬퐁스는 초반에 누렸던 성공의 바람을 계속 몰고 가지 못한다. 주디 크레이크가 이끄는 불안정한 라인업으로 아직도 이따금씩 공연을 하기는 하지만, 결국 "One Fine Day"가 오히려 이들의 수명을 능가했다. 게다가 고핀과 킹, 두 사람이 만든 다수의 다른 작품들이 그랬듯, 이 곡도 수많은 커버 버전들을 탄생시킨다. 여기 담긴 메시지("One fine day we'll meet once more / And then you'll want the love you threw away before(어느 화창한 날 우리는 다시 한 번 만나게 될 거야 / 그리고 넌 네가 전에 버렸던 사랑을 다시 한 번 원하게 될 거야)")는 영원히 귓전에 맴돌 것이다. **MH**

In Dreams | Roy Orbison (1963)

Writer | Roy Orbison
Producer | Fred Foster
Label | Monument
Album | *In Dreams* (1963)

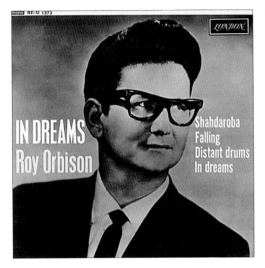

"그것은 정말 말 그대로 꿈꾸어왔던
'꿈의 노래'였죠. 이렇게 말하니
마치 제가 지어낸 말 같은데요!"

로이 오비슨, 1988

◀ **Influenced by: Surrender** • Elvis Presley (1961)
▶ **Influence on: Wicked Game** • Chris Isaak (1989)
● **Covered by:** Tom Jones (1971) • Chris de Burgh (1995)
John Terra (1999) • Jan Keizer (2001) • Big Fat Snake
with TCB Band & Sweet Inspirations (2003)

'더 빅 오(the Big O)'의 대표적 튠은, 이 텍사스 출신 로큰롤 싱어가 잠을 자던 도중 떠올렸다고 전해지는 몇 곡의 이채로운 노래들 중 하나였다. "다음 날 아침 깨어나보니, 여전히 기억이 나더라고요." 그가 이렇게 밝혔다. "그리고 전 20분 만에 종이를 앞뒤로 가득 채웠어요." 이렇게 짧은 시간 안에 그런 대작을 완성해낼 아티스트는 많지 않다. "In Dreams"는 '버스-코러스(verse-chorus)' 형태의 표준 구성을 제쳐놓고, 3분을 채우지 않는 시간 안에 7개의 악장을 따라 유유히 흐르는 소서사시 형태를 택했다. 가슴속의 고통이 전율하는 크레센도로 그려지고 난 후 곡은 끝을 맺는다. "바리톤인데 여기서 제가 부르는 것처럼 이렇게 높이 올라가는 건 좀 웃기는 일이에요." 오비슨이 인정한다는 듯 말하다. "그건 단순히 제가 저 스스로도 도대체 뭘 하고 있는 건지 도통 모르고 있었단 사실에 기인하죠." 그러나 그가 소유했던 전대미문의 음성은 이 곡에서 가장 큰 호소력을 발휘하고 있다. 이 곡은 미국 차트에서 7위까지 오른다.

근 25년이 지난 후, "In Dreams"는 컬트 영화 감독 데이비드 린치의 불온한 영화 〈블루 벨벳〉(1986)에 대량 사용되면서 예상치 못했던 부흥기를 맞이하게 된다(오비슨은 린치에게 이 곡의 사용을 불허했다. 하지만 린치는 여기 개의치 않고 일을 진행했다). 린치는 이 곡의 한켠에 숨어 있던 섬뜩한 이면을 읽어낸 것이다. 그건 오비슨의 기품 있는, 실연에 아파하는 어투에서 잘 드러나지 않았던 측면이었다. 데니스 하퍼가 연기하는 등장 인물 프랭크 부스는 이 곡을 "Candy-Colored Clown"이라 부르며, 여기 나오는 관현악 트릴을 배경으로 상대를 마음껏 두들겨 패기 시작한다. 많은 이들에게 곡이 가지는 의미가 영영 바뀌는 순간이었다. 린치의 영화로 인해, 오비슨은 다시금 각광받게 된다. 그리고 그에게 다가온 제2의 전성기는 수퍼 그룹 트레블링 월버리스에 잠시 몸담는 동안 받은 인기로 더욱 찬란해진다. 오비슨 특유의 음성은 음역은 물론 그것이 전하는 감동이 단 1번도 흔들린 적은 없다. 몇십 년이 지난 후 그가 자신의 '스완송'이 될 〈Mystery Girl〉(1989)을 부를 때도 이것은 여전했다. 이 트랙은 "In Dreams"에 사로잡혀 잠시 열병을 앓았던 유투의 보노가 쓴 곡이었다. **MH**

Sally Go 'Round the Roses
The Jaynetts (1963)

Writer | Zell Sanders, Lona Stevens
Producer | Abner Spector
Label | Tuff
Album | *Sally Go 'Round the Roses*
(1963)

제이너츠가 결성된 것은 50년대 후반이었다. 처음에는 멤버 변동이 잦았다. 1963년, 브롱스가 근거지였던 이 그룹은 메리 수 웰스, 에셀 데이비스, 이본 부셀로 구성되어 있었다. J&S 레코드 컴퍼니사의 유일한 직원이었던 젤 샌더스는 이들과 친숙한 관계였다. 시카고의 터프 레코드사의 관리자 애브너 스펙터가 걸 그룹을 찾아 이 지역을 찾았을 때, 샌더스는 제이너츠를 내놓으며, 여기 더해 자신의 작품 "Sally Go 'Round the Roses"도 함께 제공했다.

이 곡은 전래 동요와 묘한 분위기의 경고를 섞어 만든 기묘한 조합물이었다. 스펙터(필과 친족관계가 아니다)는 피아니스트 아티 버틀러를 고용해 편곡을 맡게 하는 한편, 녹음 세션 중 대부분의 악기를 연주하도록 지시한다. 외견상 무의미해 보이는 터무니없는 가사(실연당한 샐리에게 친구들이 시대로 가지 말라고 경고하며 이런 간접적 충고를 던진다. "roses they can't hurt you(장미꽃들은 널 아프게 할 수 없어)")는 수많은 설을 야기했으며, 일부는 이 곡이 성적 고민으로 힘들어하는 젊은 여성에 관한 것이라고 주장하기까지 했다. 나긋나긋한 비트, 동요하는 피아노, 축제 마당을 연상케 하는 오르간, 약음 처리된 보컬에 힘입어, "Sally Go 'Round The Roses"는 압도적 매력을 지닌 아름다운 팝의 고전으로 당당히 자리 잡고 있다. 당연히 이 곡은 미국 차트에서 2위에 오른다. 하지만 제이너츠는 이에 비견할 만한 성공을 다시 거두지 못한다. 한편 아티 버틀러는 달랐다. 그는 샹그리-라스의 히트 곡들 편곡을 맡아 승승장구 전진한다. 전해지는 바에 의하면, 앤디 워홀은 "Sally"를 가리켜 "역대 만들어진 팝 레코드 중 가장 위대하다"고 말했다 한다. 게다가 아름다우면서도 음산한 팝 아트를 그리는 동안 이 45회전판을 틀고 또 틀어댔다는 것이다. **GC**

Be My Baby
The Ronettes (1963)

Writer | P. Spector, E. Greenwich, J. Barry
Producer | Phil Spector
Label | Philles
Album | *Presenting the Fabulous Ronettes featuring Veronica* (1963)

"전 여자친구와 제 차 안에 있었어요." 비치 보이스의 브라이언 윌슨이 1996년 이렇게 회상했다. "그런데 난데없이, 윙크 마틴데일이라는 디제이가 이렇게 말하는 거예요. '자 이제, 로네츠의 "Be My Baby"를 듣겠습니다.' 워, 워! 전 도로변으로 얼른 차를 세웠어요. 전 완전 제정신이 아니었어요…그건 흥분 때문에 정신이 나간 것이라기보다, 정신의 완전 개조와 같은 경험이었죠." 윌슨이 받은 계시는 159초 동안의 완벽이 보내준 음성이었다. 이 트랙은 할 블레인의 아이콘적 (그리고 자주 모방되는) 드럼 연주로 시작되고, 캐스터네츠의 딸각거림으로 봉우리를 터뜨리며, 소용돌이치는 스트링의 돌풍으로 만개한다. 그 정상에는 브루클린의 미녀 로니 스펙터의 음성이 하늘 높이 솟구친다. 그녀는 이 트랙의 프로듀서이자 경외의 대상이었던 스펙터의 뮤즈였던 것이다. 이 곡은 필 스펙터의 뉴욕 펜트하우스에서 작곡되었다. "전 그곳에 있었어요." 로니가 롤링 스톤에 말했다. "하지만 필은 그 누구도 이 사실을 몰랐으면 하고 바랐죠…전 벽에다가 귀를 갖다 댔어요. 그들이 저에 대해 의논하는 이야기가 들렸죠. '그녀는 너무 순수해, 그녀는 스페니시 할렘 출신이지…' 너무 특별하고 멋지게 느껴졌어요. 왜냐하면 그들이 저를 위해 곡을 쓰고 있다는 것을 알았기 때문이죠." 로니는 스펙터를 위해 "Why Won't They Let Us Fall in Love"의 녹음을 이미 마친 상태였다. 하지만 그는 "Be My Baby"를 로네츠의 데뷔 곡으로 채택한다. 한 편의 장관과 같았던 이 호화 싱글(대서양을 끼고 양국 모두에서 대단한 히트를 거둔다)은 로니를 대표하는 작품으로 여전히 기억된다. 1963년 당시, 브라이언 윌슨은 이 곡에 너무 감격한 나머지 그 후속작을 스스로 작곡했다(하지만 필 스펙터는 이 곡을 거절하고 대신 "Baby I Love You"를 선택했다). **BM**

Surfin' Bird
The Trashmen (1963)

Writer | Al Frazier, Carl White, Sonny Harris, Turner Wilson Jr.
Producer | Uncredited
Label | Garrett
Album | Surfin' Bird (1963)

미네소타 그룹 '트래시맨'은 무심코 "Surfin' Bird"를 탄생시킨다. 라이브 무대 공연 중, 두 곡의 인기 R&B/두-왑 트랙(미서부 지역 밴드 '리빙턴스'의 "The Bird is the Word"와 "Papa-Oom-Mow-Mow")을 결합시켜 만든 것이다. 당시 공연 현장에 있던 지역 라디오 디제이 빌 딜은 그들에게 이 곡을 녹음하여 싱글로 발매할 것을 설득한다. "The Bird"와 "Papa" 2곡 모두에서, 제목을 제외하곤 나머지 부분을 모두 떼어낸 후, 정신착란적 보컬 스타일로 이것을 거듭 반복해 불러 만든 덕에 "Surfin' Bird"는 그 특유의 정신 나간, 에너지 넘치는 색깔을 띠게 되었다. 이 곡의 또 다른 영향 요소로는 1급 서프 밴드 '더 벤처스'의 "Pipeline"과 '더 캐스트어웨이스'의 서프 히트 "Liar, Liar"의 더블타임 연주에 배인 급박감을 꼽을 수 있었다.

이 트랙으로 그들은 시카고 한 지역에서 열린 밴드 배틀(battle of the bands)경연 대회에서 우승하며 개럿 음반사의 이목을 끌게 된다. 이 레이블을 통해 발매한 "Surfin' Bird"는 즉각적 성공을 거두었고 빌보드 핫 100에서 4위를 차지한다. 20년도 더 지나, 이 곡은 스탠리 큐브릭의 1987년 영화 〈풀 메탈 재킷〉의 사운드트랙으로 쓰이며, 솟구치는 아드레날린과 베트남 전쟁 전투의 맹렬한 대혼란을 생생하게 전달했다.

"Surfin' Bird"의 성공을 기회로 삼아보고자, 트래시맨은 그 후속작 "Bird Dance Beat"를 발표한다(여기 관련된 댄스 트랙들과 방향을 같이하자는 게 그들의 의도였다). 그러나 이것은 그들의 데뷔 트랙에 견줄 만한 영향력을 발휘하지 못했다. 그럼에도 이 밴드는 후세에 수많은 그룹들에 영향을 미친다. 그중에는, 크램프스, 라몬스, 지저스 앤 매리 체인까지 포함된다. **CR**

Sapore di sale
Gino Paoli (1963)

Writer | Gino Paoli
Producer | Arr. Ennio Morricone
Label | RCA
Album | Basta chiudere gli occhi (1964)

가토 바르비에리의 색소폰을 포함시킨, 엔니오 모리코네의 편곡에 빛나는 "Sapore di sale"(소금의 향미)는 이태리 가수 지노 파올리가 거둔 최대 히트 곡 중 하나였다. 1963년, 이 곡은 칸타지로 페스티벌 무대에 오르게 되었고, 여기서 파올리는 그로서는 최초로 직접 청중에게 깊은 인상을 심어 주었다.

파올리는 자기 인생에서 어려운 시기를 겪던 당시 이 곡에 대한 영감이 떠올랐다 한다. 기혼자였던 그는 배우 스테파니아 산드렐리와 정열적인 불륜 관계에 빠지며 몹시 고민에 빠진다. 출산을 앞둔 산드렐리와 그는 함께 시실리로 날아갔고, 그곳의 해변에 누운 그가 자신의 과거와 현재를 머릿속에 그리며 떠오른 생각들을 담은 것이 바로 이 노래였던 것이다. 이번만큼은 적어도, 파올리의 작품임에도 울적하다거나 지나치게 진지하지 않다. 이 곡은 근심 없는 여름날의 정취를 완벽히 포착했다. 태양, 바다, 사랑에 겨워 보내는 나날, 해변에서 보내는 한가로운 시간 등의 정취 말이다: "Taste of salt/Taste of sea / That you have on your skin / That you have on your lips / When you leave the water / And you come and lie down / Near to me (소금의 풍미 / 바다의 맛 / 네 살결 위의 / 네 입술 위의 / 네가 물속에서 나와 / 다가와 누울 때 / 내 옆 자리에)." 동시에 이 곡은 잃어버린 것들, 먼 곳에 두고 온 것들이 주는 짭짤한, 약간의 쓸쓸한 맛을 넌지시 가사에 비춘다. ("Where the world is different / Different from here (그 다른 세상 / 이곳과는 다른).") 그럼에도 불구하고, 이 곡은 여름의 관능적 쾌락을 즐기는 이태리인의 향유를 멋지고 생생히 전달하고 있다. **LSc**

Leader of the Pack
The Shangri-Las (1964)

Writer | Jeff Barry, Ellie Greenwich, George "Shadow" Morton
Producer | "Shadow" Morton
Label | Red Bird
Album | N/A

"잘못된 동네 출신(from the wrong side of town)"의 그 망나니 청년이 노래 마지막 부분에 이르러 오토바이 사고의 잔해 속에서 사라지듯, "Leader of the Pack"의 내막 또한 신비로운 전설에 휩싸여 있다. 그와 샹그리-라스가 거둔 1번째 히트작 "Remember(Walking in the Sand)"(1964)의 후속작이 급히 필요했던, 프로듀서 조지 "섀도" 모튼은 (그의 주장에 따르면) 한 간이식당에서, 가죽옷 차림으로 질겅질겅 껌을 씹어대는 여자애들과 마주친 후 이 곡의 영감을 얻었다. 아버지의 명령에 따라 상처받기 쉬운 자신의 폭주족 남자친구를 차버리고 실연의 아픔을 겪는 십 대 소녀에 대한 비극적 이야기는 마치 셰익스피어를 연상케 했다. 물론 여기서 두 남녀가 만난 장소는 한 과자 가게였다.

모튼은 사실 이 곡을 부를 대상으로 '더 구디스'라는 이름의 한 지역 걸 그룹을 마음에 두고 있었다. 그의 말에 따르면 송라이팅계 거물들이자 레이블 두목들인 제리 리버와 마이크 스톨러가 십 대들의 금지된 사랑과 불행한 최후를 근거로 처음에 이 곡을 거절했다고 한다. 그래서 모튼은 한참 꽃피우기 시작한 샹그리-라스를 슬며시 데려다가 그들을 뉴욕의 울트라소닉 스튜디오에 몰래 넣어놓고 은밀히 녹음 작업을 진행시켰다고 전했다. 하지만, "Leader"의 송라이터로 인정받은 다양한 레드 버드 레코드사 관계자들(전설의 송라이터 엘리 그리니치를 포함하여)은 모튼이 늘어놓은 이야기 중 상당 부분, 혹은 전체에 이의를 제기하고 나섰다. 두근거리는 베이스 라인, 대화체 스타일, 메리 와이스의 애처로운 리드 보컬의 안장에 꼭 붙어 앉은 "Leader of the Pack"은 1위로 단번에 올라간다. **MO**

Les copains d'abord
Georges Brassens (1964)

Writer | Georges Brassens
Producer | Georges Meyerstein-Maigret
Label | Philips
Album | Les copains d'abord (1964)

프랑스 외의 지역에서 놀라우리만큼 잘 알려지지 않은 조르주 브라상스는 고국에서 아이코닉 존재로 통한다. 프랑스에서 그는 여전히 애정 어린 별칭 'tonton Georges'(조르주 삼촌)나 'notre nounours national'(국민 테디 베어)로 불리곤 한다.

고전 프랑스 샹송의 가장 위대한 대가 중 하나인 그는 친밀감 넘치는 데다 절로 흥얼거리게 되는 전염성 강한 멜로디들을 썼다. 하지만 그의 매력은 재치 넘치고 박식한 시적 가사에서 진가를 발휘한다. 애석하게도, 그의 가사가 해석하기에 너무나 힘겹다는 사실은 다시 말해 프랑스어를 알아야만 브라상스를 진정으로 이해할 수 있다는 것이다. 이 노래의 제목만 해도 그렇다. "친구들이 우선이다"라 해석해봤자 뭔가 시원찮은 구석이 남는다. 왜냐하면 이것은 어감이 비슷한 'copains de bord'(동료 선원)라는 말과 연관 지어 익살맞게 장난친 것이기 때문이다. 항해에 관련된 암시는 이것이 1번째이다. 그 외에도 트라팔가 전투라든지 〈메두사 호의 뗏목(The Raft of the Medusa)〉에 대한 암시가 온통 널려 있다. 또한 여기에는 파리의 표어인 라틴어 문구 'Fluctuat nec mergitur'(파도에 흔들릴지언정 침몰하지 않는다)도 등장한다. 브라상스는 사실 프랑스 남부 출생으로 평생 동안 지역 사투리를 간직했지만, 그럼에도 많은 이들은 그를 파리와 연관시켜 떠올렸다.

브라상스는 부드럽고 절제된 바리톤 목소리의 소유자였고, 주로 어쿠스틱 기타를 가지고 스스로 반주를 했다(그는 독학으로 피아노를 공부하기도 했다). 여기서도 마찬가지다. 이브 로베르의 영화 〈레코뱅(Les Copains)〉(1964)을 위해 작곡된 이 곡의 제목은 같은 해 나온 브라상스의 앨범 타이틀 트랙으로 수록된다. **JLu**

Samba malato
Nicomedes Santa Cruz (1964)

Writer | Traditional, arr. Nicomedes Santa Cruz
Producer | Uncredited
Label | Philips
Album | *Cumanana* (1964)

아프로 페루비안 음악이 품고 있던 보배가 세계적으로 인정받게 된 것은 데이비드 번의 루아카 밥 레이블이 〈The Soul of Black Peru〉 컴플레이션 앨범이 발매되고 난 후부터였다.

그러나 이미 근 40년 전, 뮤지션 겸 시인이자 작가였던 니코메데스 산타 크루즈가 여러 장의 앨범 발매와 함께 아프로 페루비안 음악의 부흥에 제동을 걸었다. 선배 뮤지션 돈 포르포리오 바스케즈가 40년대 동안 펼친 음악 행보에서 영감을 얻은 그는, 조부모와 모친이 연주했던, 외면당하고 사라져버릴 위기에 처한 음악 예술을 수집하고 복원하는 한편 해석하는 데 주력한다. 이 노래들은 수세기 이전 페루로 옮겨온 노예들이 전한 아프리카의 언어와 리듬을 풍부히 담고 있었다.

그의 가장 잘 알려진 "Samba malato" 버전은 신경지를 개척한 더블 LP 〈Cumanana〉에 수록되었으며 "Lando"(그것은 이 곡에 쓰인, 독특하게 주저주저 절룩거리는 리듬의 명칭으로, 외설적 댄스에 쓰이기도 한다)라는 부제를 달고 있다. 편곡 구성을 살펴보면, 어쿠스틱 기타와 다량의 퍼커션 사운드(전형적 페루 드럼인 카혼이 특히 지배적이다), 그의 구수한 리드 보컬과 여기에 답하는 제창을 발견할 수 있다. 미니멀한 가사는, 스페인어에 키콩고('Kikongo'는 콩고와 앙골라 지방에서 여전히 사용되는 언어) 혼성어를 섞어 만들어졌다. 다른 아프리카계 페루인 아티스트들(루실라 캄포스, 페루 네그로, 수사나 바카)이 낳은 나중 버전에 담긴 가사들은 좀 더 자세하게 변화되었다. **JLu**

Walk On By
Dionne Warwick (1964)

Writer | Burt Bacharach, Hal David
Producer | Burt Bacharach, Hal David
Label | Scepter
Album | *Make Way for Dionne Warwick* (1964)

디온 워윅과 환상의 송라이터 듀오 버트 배커락, 할 데이비드에게 60년대는 그야말로 황금 시대였다. 그 10년간, 이들은 19개의 미국 톱 40 레코드를 기록했고, 8곡의 톱 10을 거머쥐었으니 말이다. "Walk On By"는 그중 가장 오래 사랑받은 곡들 중 하나다.

이 곡은 자칫 다른 운명에 처했을 수도 있었다. 본래 "Walk On By"는 "Any Old Time of Day"의 B사이드로 발매되었고, 그녀의 레이블과 매니저, 그녀 자신 스스로도 거듭된 실패 끝에 자신들이 기대하는 히트 성적을 기록할 곡으로 "Any Time of Day"를 지목했었다. 그러나 영향력 있는 뉴욕 디제이 머레이 "더 케이" 코프먼의 생각은 달랐다. B사이드가 더 유력한 히트 후보라 판단한 그는 "Any Old Time of Day"를 거부하고 "Walk On By"를 추천한다.

그의 고집 덕에 좋은 결과가 따랐다. 청취자들은 떼를 지어 "Walk On By"를 샀고, 이 곡은 미국에서 대단한 히트 기록을 달성하는 한편 영국에서 톱 10에 진입한다. 그 후로, 서로 다른 40명 이상의 아티스트들이 너도 나도 이 곡의 커버 버전을 내놓는다. 그 중에는 푸초 앤 히스 라틴 소울 브라더스부터 신디 로퍼까지 포함되어 있었다. 이 곡은 3시간 길이의 스튜디오 세션 중 녹음되었고, 그날 같은 자리에서 "Anyone Who Had a Heart"(이 곡은 워윅의 첫 미국 톱 10 히트작)의 작업이 마무리된다. 배커락은 말했다. "제가 스튜디오에서 한 레코드 작업에 두 대의 그랜드 피아노를 사용한 건 'Walk On By'가 처음이었죠… 전 이 노래에 대단한 무언가가 있단 걸 알고 있었어요." 디온 워윅의 완성도 높은 보컬은 한 음 한 음에 심혈을 기울인 정확한 감정이입을 보여주었다. 그녀의 이렇게 말했다. "당시에 그와 같은 인물과 일할 기회가 흔한 게 아니었답니다." **DC**

1964년의 디온 워윅. 그해, 듣자 하니, 남자들이 그녀를 지나쳐 갔다 한다. ➜

Don't Gimme No Lip Child
Dave Berry (1964)

Writer | Don Thomas, Jean Thomas, Barry Richards
Producer | Mike Smith
Label | Decca
Album | N/A

라이브 공연 무대에서, 셰필드 태생의 싱어 데이브 베리('데이비드 홀게이트 그런디'가 본명인 그는 과거 용접공으로 일했다)는 온통 검은 옷을 입고 가죽 재킷의 깃을 추켜세우고는 까맣게 머리를 염색한 채 등장했다. 때때로 그는 망토를 두르고 가죽 장갑 착용을 즐겼다. 게다가 공연 중간 중간 도무지 그 뜻을 알 수 없는 손동작을 일삼는가 하면, 불안감을 일으키도록 무언가를 뚫어져라 빤히 응시하기도 했다.

"Memphis, Tennessee"와 같은 커버 버전이나 배커락과 데이비드의 "Baby It's You" 등으로 그럭저럭 괜찮게 성공했던 그는, 4번째 싱글 "The Crying Game"으로 1964년 7월 영국에서 차트 5위까지 상승한다. 어두운 느낌의 감상적인 발라드였던 반면, 그 플립 사이드는 깔아뭉개는 말투의 톡톡 튀고 정력적인 60년대를 풍미한 곡으로 2분 남짓 건방지게 지껄이다 화려하게 퇴장해버렸다. 단 토마스와 그의 누나 진(얌전한 세션 보컬리스트였던 그녀는 후에 닐 다이아몬드와 바바라 스트라이샌드의 레코드에 배킹 싱어로 등장한다)이 함께 작곡한 "Don't Gimme No Lip Child"는 건달 '덩이' 같은 브리티시 블루스(Brit-blues)였다. 고약한 가사, 강렬하게 폭발하는 하모니카, 지미 페이지(그는 당시 20세의 세션 뮤지션이었다)의 더듬거리는 기타 솔로가 이 트랙을 특별하게 만든다.

여기 묻어나는 무례함은 후에 펑크 밴드들의 공감을 샀고, 활동 초기 섹스 피스톨즈도 여기 포함됐다. 피스톨즈는 활동 초기 리허설에서, 베이스 플레이어 글렌 매트록이 제안한 60년대 개라지와 프릭비트(freakbeat) 수작들 한 무더기와 나란히 이 곡의 커버 버전을 녹음했고, 이 트랙은 〈그레이트 록 앤 스윈들〉 영화 사운드트랙에 최초 정식 앨범 수록되었다. **PL**

E se domani
Mina (1964)

Writer | Giorgio Calabrese, Carlo Alberto Rossi
Producer | Carlo Alberto Rossi
Label | Ri-Fi
Album | *Mina* (1964)

1964년 산레모 뮤직 페스티벌에서 파우스토 칠리아노와 진 피트니가 함께 불러 대중에게 첫선을 보였던 "E se domain"(그리고 어쩌면 내일)은 최종 결승까지 버티지 못했다. 곡의 작곡자들 중 하나였던 카를로 알베르토 로시는 미나에게 이 곡을 불러 그녀의 발매 예정 앨범에 수록할 것을 열심히 설득한다. Ri-Fi 레이블과 함께한 첫 앨범 〈Mina〉는 "E se domain"와 "Non illuderti"를 제외하고는 미국과 브라질 곡들의 커버 버전만을 수록하고 있었다. "E se domain"는 이 앨범 수록 곡 중 최고로 꼽힐 뿐 아니라, 미나의 음악 인생 전체를 통틀어 가장 우수한 트랙으로 여겨진다. 평론가들은 〈Mina〉를 1964년 최고의 앨범으로 꼽았으며, 같은 해 미나는 '오스카 델 디스코'상을 수상한다.

"E se domain"의 가사는 짧고 단순하며 오늘날에도 이태리에 매우 잘 알려져 있다. 자신이 사랑하는 이를 더이상 보지 못하게 된다면 무슨 일이 일어나는지에 대해 한 여인이 머릿속에 그려보는 내용이다. 그녀는 자신이 사랑하는 그 남자뿐 아니라 자신의 전 세계를 잃어버릴 것이라 말한다―"E se domain / e sottolineo se / all'improvviso / perdessi te / avrei perduto/il mondo intero / non solo te(만약 내일 / 정말 '만약'에 말인데 / 갑자기 / 당신을 잃게 되면 / 난 잃게 될 거야 / 세상 모든 것을 / 단지 너만이 아니라)."

유별나다고 생각할지 모르지만, "E se domain"는 그것이 거둔 대적적 성공 때문에 2개의 다른 싱글들의 B사이드에 수록된다. 1964년의 "Un anno d'amore"가 그 중 하나이고 1965년의 "Brava"가 다른 하나이다. 전자의 경우 연속 16주간 이태리 국내 1위에 머물렀고, 이것은 미나에게 개인 최고 기록에 해당하는 것이다. **LSc**

The Girl from Ipanema
Stan Getz & João Gilberto (1964)

Writer | Antônio Carlos Jobim, Norman Gimbel
Producer | Creed Taylor
Label | Verve
Album | Getz/Gilberto (1964)

'보사 노바'라고 알려진 브라질 음악(이것은 포르투갈어로 "새로운 물결" 혹은 "새로운 트렌드"로 해석된다)이 매우 특이한 점은 이것이 거의 단 한 사람의 단독 발명품이었다는 사실이다. 그 주인공은 바로 안토니오 카를로스 조빔이다. 리우데자네이루에서 발전하게 된 보사 노바는 삼바로부터 진화하였지만 타악기의 사용을 덜 강조했고, 화성적으로는 더 복잡했다.

햇살을 즐기러 남쪽으로 향하는 미국 재즈 뮤지션들은 이 음악이 가진 경쾌한 리듬과 느긋한 태도를 즐겁게 음미했다. 예를 들어 기타리스트 찰리 버드는 색소포니스트 스탄 게츠를 보사노바에 입문시킨다. 1962년, 버드와 게츠는 함께 브라질 음악만을 수록한 앨범 한 장(〈Jazz Samba〉)을 녹음하는데, 이것은 70주간 빌보드 차트를 떠나 줄 몰랐다. 이 앨범 수록 곡 중 조빔의 "Desafinado"(음정이 맞지 않는)"는 특히 대단한 히트를 거두었다.

1년 후, 게츠는 같은 수법을 반복한다. 이번에는 브라질 기타리스트 주앙 주베르토와 조빔이 피아노를 맡아 합동한다. 두 트랙에서, 게츠는 본래의 포르투갈어 가사를 영어로 해석해 부르길 원했다. 그리고 주베르토의 부인 아스트루드에게 이것을 부르길 요청한다. 그녀는 직업 가수가 아니었고, 음정에 맞지 않게 노래하는 습성을 가졌지만, 어쨌든 한 발짝 나서 마이크를 잡게 되었다. 그녀가 부른 무표정한 영어(실제로 약간 반음 낮게 노래한) 보컬은 게츠가 뽑아낸 탁월한 색소폰 연주와 완벽한 짝을 이루었다. 이 곡으로 아스트루드는 명성을 얻었고, 게츠는 느긋한 멋의 전형으로 재확인됐다. 이 보사의 고전에 대해, "더 사운드"로 알려지게 된 장본인은 한마디 던졌다. 곧 "거기 싫증이 났죠. 하지만 어쨌든 애들 대학까지의 학비는 다 댔습니다." **SA**

A Change Is Gonna Come
Sam Cooke (1964)

Writer | Sam Cooke
Producer | Sam Cooke, Hugo Peretti, Luigi Creatore
Label | RCA
Album | Ain't That Good News (1964)

샘 쿡은 50년대 초반 처음 성공을 맛보게 된다. 가스펠 그룹 '더 소울 스터러스'와의 활동뿐만 아니라 솔로 싱어로서 그는 명성을 찾아간다. "You Send Me"는 1957년 미국 1위에 오르며 2백만 장의 판매 기록을 세운다. 그는 노래, 작곡, 공동 프로듀싱까지 하며 "Wonderful World"(1959), "Chain Gang"(1960), 그리고 "Cupid"(1961)와 같은 히트 곡들을 줄줄이 탄생시켰고 자신만의 레이블 SAR 레코드사를 설립한다.

"A Change Is Gonna Come"이야말로 쿡이 남긴 가장 큰 위업이라 할 수 있다. 쿡은 이 곡이 잠결에 꿈속에서 떠올랐다고 주장했다. 쿡의 전기 작가 피터 거랄닉의 말에 따르면, 이 곡의 영감은 3개의 사건에서 비롯된다는 것이다. 하나는 1963년 5월 공연을 마친 후 노스 캐롤라이나주 더럼에서 학생 연좌대모 시위자들과 이야기를 나눈 일이고, 다음은 밥 딜런의 "Blowin' in the Wind"를 듣고 난 후, 백인이 이토록 의미심장한 메시지를 담은 곡을 쓰고 있다면 자신도 그렇게 해야만 한다고 느낀 일이며, 마지막으로 1963년 10월, 루이지애나 주의 슈리브포트 소재 (백인 전용) 홀리데이 인 호텔에 묵으려 하다가 체포된 일이 바로 그것이다. 뿐만 아니라, 같은 해, 마틴 루터 킹 주니어는 평등을 외치며 '일자리와 자유를 위한 워싱턴 행진'을 이끌었고 그 유명한 "I Have a Dream"를 연설했다.

1963년 12월 21일, 로스앤젤레스 RCA 스튜디오에서, 쿡은 구슬픈 흑인 평등 설교를 녹음한다. 예배당 밖에서 좀체 듣기 힘든 깊은 감정을 실어 그는 이렇게 외친다. "It's been a long, a long time coming / But I know a change gonna come / Oh yes it will(너무나 오랜 세월이 벌써 지났지 / 하지만 난 알아. 변화가 올 것임을 / 그럼, 그렇고말고)." **JoH**

Dancing in the Street
Martha & The Vandellas (1964)

Writer | William "Mickey" Stevenson, Marvin Gaye, Ivy Jo Hunter
Producer | "Mickey" Stevenson
Label | Gordy
Album | *Dance Party* (1965)

I Just Don't Know What to Do with Myself | Dusty Springfield (1964)

Writer | Burt Bacharach, Hal David
Producer | Johnny Franz
Label | Philips
Album | *A Girl Called Dusty* (1964)

"Dancing in the Street"의 중반 즈음 마사 리브스는 "디트로이트를 잊을 수 없다(can't forget the Motor City)"고 외친다. 아니 그 누가 그를 잊을 수 있겠는가. 레코드 발매 당시 디트로이트 레이블 모타운은 창의성과 상업성 양면으로 전성기에 접어들고 있었다. 하지만 이 도시가 또 스포트라이트의 중심에 서게 된 것은 전국적으로 흑인과 백인 사이의 긴장감이 최고조에 달하면서였다.

모타운의 주류적 성공이 미국의 흑인과 백인 사이의 문화적 간극을 메우는 데 도움이 된 것은 사실이지만, 1964년 7월 린든 B. 존슨이 미국의 흑인 차별을 없앨 목적으로 공민권법을 서명하는 획기적 사건이 일어났을 당시에도, 두 집단 사이의 격차는 여전히 어마어마했다. 단 몇 주 안에, 이것이 얼마나 힘든 여정이 될 것인지 보여주기나 하려는 듯 뉴욕의 할렘과 로체스터에서 폭동이 일어났다. 백인 경찰관들이 지역 흑인 주민들을 무자비하게 대했다는 주장에서 유발된 사건이었다.

같은 달 발매된 "Dancing in the Street"는 이와 같은 이슈들을 재고하고, 흑인 사회 공동체에게 행동을 취할 것을 장려하는 은근한 시도처럼 들렸다. 리브스 스스로는 항상 이 곡이 민중 동원을 의도한 것이 아니며 단순히 파티에 초대하는 노래라고 자신의 주장을 고수해왔다. 그 메시지가 무엇이었건 간에, 현란한 팡파르부터 "all we need is music(우리에게 필요한 건 음악뿐)"이라는 리브스의 희열에 넘친 선언까지 이 곡은 멈출 줄 모르고 전율한다. 발매 이후 근 50년의 세월이 지난 지금에까지, 모타운의 짜릿한 미학을 이보다 더 잘 담아낸 싱글은 찾아보기 힘들다. **WF-J**

2년 전 토미 헌트가 자신의 동명 앨범에 수록하려 이미 녹음했던 과거가 있긴 했지만, 그럼에도 "I Just Don't Know What to Do with Myself"를 자신만의 것으로 정복해버리는 데 성공한 것은 더스티 스프링필드였다.

이 트랙—대체적으로 토치 송 장르라 할 수 있다. 이것은 스프링필드가 특히 뛰어났던 장르이기도 했다—은 그녀와 버트 배커락과의 협력 관계의 시작을 확고히 한 첫 투자 아이템이었고, 이 둘의 파트너십은 훗날 대대적 성공을 거두게 된다(배커락은 "Wishin' and Hopin'"과 "The Look of Love" 등 그녀를 위해 수많은 히트작들을 작곡했다). 게다가 이 트랙을 통해 듣는 이들은 그녀의 소울적 음성이 표현할 수 있는 감정의 폭을 맛볼 수 있었다. 그것은 숨소리 배인 관능미와 원초적 열정의 조화를 보여주며, 많은 이들로 하여금 그녀가 흑인인 미국 보컬리스트라고 착각하게 만들었다.

팝, 발라드, 컨트리, 소울을 포함한 수많은 장르를 손쉽게 넘나드는 스프링필드의 능력 때문에 그녀는 엘비스와 비교되곤 했다. 2명 모두, 무대에서나 사회에서 모두 흑백 사이의 장벽을 허무는 역할을 한 백인 가수들이었기 때문이다. 특히 영국에서 그녀는 백인 가수들로 하여금 "흑인적" 음악을 다루도록 앞장서 안내자 역할을 수행했고, 룰루, 샌디 쇼, 실라 블랙과 같은 가수들을 위해 길을 터주었으며 후자는 그녀가 열어놓은 문을 통해 나아가 소울 음악을 녹음하기에 이른다. 또한 아이작 헤이즈와 디온 워윅 등, 다수의 소울 아티스트들이 이 곡의 커버 버전을 발표한다. 2003년, 화이트 스트라이프는, 모델 케이트 모스가 주연을 맡고 소피아 코폴라 감독이 연출한 뮤직비디오와 함께, 이 곡을 펑크 발라드로 재해석함으로써 문맥의 전환을 시도하여 이목을 끌게 된다. **CR**

1963년. 지붕 위에 선 더스티 스프링필드의 모습. 어찌할 바를 몰라("don't know what to do")하고 있다. ➜

You've Lost That Lovin' Feeling | The Righteous Brothers (1964)

Writer | Phil Spector, Barry Mann, Cynthia Weil
Producer | Phil Spector
Label | Philles
Album | *You've Lost That Lovin' Feeling* (1965)

"이건 스펙터가 이루어낸
가장 위대한 제작물입니다.
오늘날 만나보는 미래의 사운드 중
최첨단이라 할 수 있죠."

앤드루 루그 올드햄, 1965

◀ **Influenced by: Baby I Need Your Loving** • The Four Tops (1964)
▶ **Influence on: The Sun Ain't Gonna Shine Anymore** The Walker Brothers (1965)
● **Covered by:** Isaac Hayes (1970) • Tom Jones (1970) Erasure (2003)

블루-아이드 소울의 정점이자 빌 메들리, 바비 햇필드의 황금기였던 그 4분간은, 필 스펙터가 미국 팝계에서 우두머리 수컷으로 군림한 마지막 순간이기도 했다. 그가 다음 발표한 '십 대들의 교향악'이었던 아이크와 티나 터너의 "River Deep, Mountain High"는 미국 내에서 흥행에 실패했고, 이 "십 대들의 왕"은 무대에서 은퇴한다. 자신은 물론 다른 프로듀서들이 과거에 거두어낸 창작물을 모두 능가할 전대미문의 작품을 만들겠다는 의지를 비롯해, 비틀즈와 모타운이 새로운 방식으로 녹음 스튜디오를 활용하는 데에서 영감을 받아, 스펙터는 라이처스 브라더스를 소규모 문글로우 레이블로부터 스카웃해 온다. 그들이 로네츠의 서포트 그룹으로 공연하는 것을 지켜본 후의 일이었다. 스펙터는 곧 부부 작곡 팀 배리 만과 신시아 웨일을 동원해 라이처스 브라더스를 위한 곡을 쓰도록 했다.

본래 3분 45초인 트랙을 레이블에서 3분 5초라며 속인 일은 매우 유명하다. 이것은 길고 장황한 노래를 방송에 내보내기 주저하는 라디오 스테이션들을 속이려는 의도에서였다. 하지만 이 곡을 처음 들어본 이들은 하나같이 트랙의 도입부 몇 초 동안 쇼크 상태에 빠진다. 여기서 메들리의 깊은 음성은 "You never close your eyes anymore when I kiss your lips(내가 너의 입술에 키스할 때 넌 이제 더 이상 눈을 감지 않지)"라는 문구를 간신히 넘기며 점점 느려지는 듯 들렸고, 만이 이것을 처음 들었을 때 그는 트랙이 33회전으로 돌고 있는 것 같다며 투덜거렸다.

도입부가 지나가면 몇 번이고 거듭하여 멋진 혹들이 줄줄이 등장한다. 그리고 나면, 햇필드의 하모니와 함께 첫 코러스 부분에서 "사운드의 벽"이 모습을 드러냈다가 2번째 구절에서 다시 모습을 감춘다. 3번째 구절에 다다르면, 솟구치는 바리톤 음성이 무릎을 꿇고, 테너 보이스가 들려오면서 그의 연인이 예전에 보여주던 사랑을 환기시키려 애쓴다. 여기서부터 듣는 이들은 크레셴도에 휘말려 들어가 헤어나오지 못할 것이다.

8백 번도 더 주파수를 타며, 이 곡은 미국 라디오 역사상 최다 에어플레이를 받은 곡으로 부상하게 된다. 8백 번을 다시 들어도 지루하지 않을 곡이다. **DH**

You Really Got Me | The Kinks (1964)

Writer | Ray Davies
Producer | Shel Talmy
Label | Pye
Album | *Kinks* (1964)

"'You Really Got Me'는
블루스 리프의 절정이라고 할 수 있었죠.
제가 그걸 하고 있는지조차 몰랐어요."

레이 데이비즈, 1984

◀ **Influenced by: Louie Louie** • The Kingsmen (1963)
▶ **Influence on: I Can't Explain** • The Who (1965)
● **Covered by:** Robert Palmer (1978) • Van Halen (1978)
The 13th Floor Elevators (1978) • Sly and The Family
Stone (1983) • Iggy Pop (1995) • Small Faces (1996)
The Patron Saints (2005)

런던 부부 머즈웰 힐로부터 출연한 R&B/비트 그룹 '킨크스'는 1964년 7월, 그들의 3번째 싱글 "You Really Got Me"를 녹음하기 위해 포틀랜드 플레이스 소재 IBC 스튜디오에 들어선다. 이전에 발매된 두 싱글이 흥행에 실패한 이유로 히트를 거두어야 한다는 부담감이 이만저만이 아니었다. 리틀 리처드의 "Long Tall Sally"의 커버 버전을 비롯해, 싱어 겸 리듬 기타리스트인 레이 데이비즈의 자작곡 "You Still Want Me"는 이들이 가진 머지비트(Merseybeat)의 음악적 역량을 입증해 보였지만, 훗날 대중음악에 혁명을 몰고 올 밴드라는 낌새는 전혀 찾아볼 수 없었다. 하지만 "You Really Got Me"로 인해 이야기가 달라진다. 킨크스는 처음에 이 곡을 느린 템포로 녹음했지만 대담성이 부족하다며 이 버전을 삭제해줄 것을 요청했다. 재녹음된 버전에서는 파워 코드와 퍼즈톤의 기타 리프가 등장해 헤비 록을 위한 주춧돌을 마련할 뿐 아니라 '후'의 음악 인생에 기반을 마련한다. 핏 타운센드는 이 곡이 후의 최초 히트작 "I Can't Explain"에 영향을 주었다며 공개적으로 인정했다. 레이의 단도직입적 가사와 이 트랙의 돌진하는 듯한 공격적 사운드는 훗날 펑크 음악이 보여줄 반항적 태도의 시조라 할 수 있다.

스튜디오 세션에 돌입하자, 프로듀서 셸 탈미는 킨크스의 드러머 믹 에이보리를 세션맨 바비 그레이엄으로 대체한다. 또한 지미 페이지가 리드 기타를 맡았다는 뜬소문과는 달리, 레이의 남동생 데이브 데이비스가 리프를 비롯한 원시적 느낌의 "레이브-업(rave-up)"기타 솔로를 모두 맡아 연주했다. 데이브는 자신의 에피폰 기타로부터 원하는 사운드를 얻어내기 위해 본인 소유였던 스몰 사이즈 4와트 앰프의 스피커 콘을 면도날로 잘라냈다. 그것을 스카치 테이프로 붙인 다음 핀으로 고정시키고 나서 볼륨을 최대로 높였고 여기서 생성된 사운드를 낮은 볼륨으로 30와트 앰프로 통과시켜 자신이 원했던 디스토션 효과를 얻어냈다.

8월 3일 발매된 "You Really Got Me"는 영국에서는 차트 정상으로, 미국에서는 7위까지 차고 오르며 킨크스의 출셋길을 터준다. **JoH**

The House of the Rising Sun | The Animals (1964)

Writer | Traditional (credited arranger: Alan Price)
Producer | Mickie Most
Label | Columbia
Album | N/A

"그 당시 저희는 오전 8시에 시작해서
8시 15분에 이미 'House of the Rising Sun'
녹음을 마친 상태였습니다…그래서 아예
앨범 한 장을 다 만들어버렸죠."

미키 모스트, 프로듀서, 1981

◀ **Influenced by: Honey Hush ·** Big Joe Turner (1953)
▶ **Influence on: Delta Lady ·** Joe Cocker (1969)
● **Covered by:** The Supremes (1964) · Frijid Pink (1969)
Tim Hardin (1969) · Santa Esmeralda (1977)
Tracy Chapman (1990) · Sinéad O'Connor (1994)
The Walkabouts (1996) · Muse (2002)

애니멀스의 데뷔 히트작 "Baby let Me Take You Home"의 후속 싱글을 선택하는 데 최종 결정권을 쥐고 있던 인물은 다름 아닌 팝계의 스벵갈리 미키 모스트였다. 레코드사는 너무 긴 듯한 느린 템포의 블루스 곡 "The House of the Rising Sun"을 달가워하지 않았지만, 이 싱글은 결국 대서양 양쪽에서 차트 정상에 올랐다.

애니멀스가 발표한 첫 두 싱글은 모두 밥 딜런과 연계성을 가진다. 밥 딜런은 자신의 데뷔 앨범에 "Baby, Let Me Follow You Down"(일명 "Baby Can I Take You Home")을 정리해 싣는 한편 수세기 묵은 전통 미국 포크송 "The House of the Rising Sun"의 커버 버전을 수록했었으니 말이다. 하지만 애니멀스의 버전을 다른 레코드보다 한층 더 인상적으로 만들었던 요소들은 블루스맨 조쉬 화이트의 1937년 리코딩에서 영감을 받은 블루스 중독자 에릭 버든의 으르렁대는 보컬과 앨런 프라이스의 키보드 편곡이었다. 이것은 헛수고한다는 의미의, "뉴캐슬에 석탄을 나른다"는 격언을 뒤집는 사건이었다. 공업 지역인 영국의 북동부로부터 온 애니멀스가 뉴올리언즈 매음굴에 대한, 미국에서 옛날 옛적부터 내려오던 이야기를 다시 고향 미국으로 되돌려 보냈기 때문이다. 어쨌든, 이 트랙은 애니멀스의 고향에서 1위를 기록한지 단 2달만에 미국 차트 정상에 오른다.

놀라운 것은, 이 역사에 한 획을 긋는 중대한 트랙(이것은 미국의 '영국 침공'에 중추적 요소로 작용한다)이 그다지 많은 수고나 시간을 요구하지 않았다는 사실이다. 이 곡은 런던 스튜디오에서 어느 일요일 이른 아침 단 두 테이크 만에 완성되었으니 말이다. 애니멀스가 너무도 빨리 이 트랙을 끝마친 덕에, 프로듀서 미키 모스트는 리코딩 세션의 남는 시간 동안 앨범 전체를 재빨리 녹음하도록 떠밀었다. 그는 이렇게 말했다. "우린 앨범 전체를 24파운드에 완성시켰습니다. 꽤 괜찮은 가격이었죠." **DR**

그룹 애니멀스의 멤버들 에릭 버든(좌)과 채스 챈들러가 "전통적"인 것이 결코 고루한 것만은 아니란 설 식섭 보여주고 있다. ➡

Go 'Way from My Window
John Jacob Niles (1964)

Writer | John Jacob Niles
Producer | Moses Asch
Label | Smithsonian Folkways
Album | *John Jacob Niles Sings Folk Songs* (1964)

루이즈빌시는 어둡고 음울한 음악의 생산지로 유명하다. 오늘날, 이곳이 탄생시킨 스타로 윌 올드햄과 슬린트를 꼽을 수 있지만 루이즈빌이 낳은 가장 오싹한 사운드는 누가 뭐라 해도 40년대 '살인 발라드(muder ballad)'의 대가 존 제이콥 나일스의 것이라 할 수 있다.

나일스는 마틴 스콜세지의 밥 딜런 다큐멘터리 〈노 디렉션 홈〉에 등장한다. 여기서 파닥거리는 빈티지 텔레비전 영상에 나타난 백발의 호리호리한 노인이 과장된 몸짓을 취하며 팔세토로 노래하는 것을 볼 수 있다. 듣는 것으로나 보는 것으로나, "이 세상 사람 같지 않은"이라는 말이 정말 절로 나온다. 카랑카랑하고 맑은 그의 음성은 남성적이지도, 그렇다고 여성적이지도 않다. 그는 마치 자신이 부르고 있는 노래에 완전히 홀린 듯 노래했고, 애팔래치안 덜시머를 퉁기는 그의 검은 눈동자는 재빠르게 이리저리 움직였다. 나일스는 후에 이렇게 회상한다. "1908년 제 아버지는 오브제럴 재킷이라는 흑인 중노동자를 일꾼으로 두었었죠. 그가 도랑을 팔 때면 "Go 'way from my window, go 'way from my door(내 창문으로부터 떨어져, 내 문으로부터 떨어져)"이라고 노래를 불렀어요. 그 말들만 계속 반복하더라고요. 단 두 음만을 사용해서요. 재킷 옆에서 하루종일 일하며 저는 이걸로 뭔가를 만들어봐야겠다고 결심했어요. 그 결과 탄생한 게 파란 눈동자의 금발 소녀에게 바치는 4절 길이 노래였습니다. 이 곡은 1908년부터 1929년까지 그냥 죽어지냈어요. 이후 전 이 곡을 편곡하는 한편, 더 높은 조로 조바꿈했죠." 이 곡은 말리나 디트리히의 버전을 포함해 다양한 커버 버전을 낳았다. 뿐만 아니라 그 제목은 밥 딜런의 "It Ain't Me Babe"의 첫 구절을 장식하기도 했다("Go 'Way from My Window(내 창에서 떨어져라)"). **SH**

Amsterdam
Jacques Brel (1964)

Writer | Jacques Brel
Producer | Uncredited
Label | Barclay
Album | *Enregistrement public à l'Olympia* (1964)

파리의 올림피아 음악홀에서 첫 라이브 앨범을 녹음한 지 거의 정확히 3년 되던 1964년 10월 16일, 자크 브렐은 다시 같은 무대에 모습을 드러내 이틀 밤의 공연을 마치고 또 하나의 라이브 콘서트 LP를 발매한다. 이 앨범의 오프닝 트랙이었던 "Amsterdam"은 이후 단 한 번도 스튜디오 작업되지 않음에도 불구하고, 브렐이 창조한 가장 중요한 곡 중 하나로 남게 된다.

4절 가사 내내, 노래의 화자는 부둣가 술집을 지켜보고 있는 관찰자 역할을 한다. 이 곡은, 곤드레만드레 술에 취해 맛없는 생선을 먹어대며, 금전 한 푼에 정조를 파는 매춘부들에 정욕을 느끼는 선원들이 맛 간 아코디언 소리에 춤추는 모습을 전하고 있다. 그는 인간의 환락을 그리는 불쾌한 장면을 묘사해가며 대부분의 남성들이 그 깊은 내면에서 이 역설적인 유혹의 생활을 원하고 있다며 말없이 인정하고 있다. 하지만 마지막 2구절에서 이 관찰자는 이렇게 더듬거린다. "Et ils pissent comme je pleure / Sur les femmes infidels(그리고 그들은 내가 우는 것처럼 오줌을 싸대지 / 정조 없는 여자들을 가지고 말이야)." 1967년 스콧 워커는 이 구절의 영어 버전을 당당히 노래했다. "And he pisses as I cry / For an unfaithful love(그는 내가 부정한 연인 때문에 울음보를 터뜨리듯 오줌보를 터뜨린다네 / 부정한 연인 때문에 울음보를 터뜨리듯)."

그가 프랑스 국외에서 컬트적 존재로 자리 잡은 지 30년의 세월이 흐른 현재, 그의 라이브 공연이 얼마나 파워풀했는지 직접 감을 잡기란 여간 힘든 것이 아니다. "Amsterdam"의 정점에 다다라 브렐은 스포트라이트로부터 등을 돌린다. 마치 바닥에 난 트랩도어로 떨어져 사라져버린 듯이 말이다. **DH**

1967년, 자크 브렐이 파리의 오베르빌리에 극장에서 최면적 공연을 펼치고 있다. ➡

La paloma
Caterina Valente (1965)

Writer | Sebastián de Iradier
Producer | Uncredited
Label | Decca
Album | *Caterina Valente's Greatest Hits* (1965)

Sinnerman
Nina Simone (1965)

Writer | Traditional
Producer | Hal Mooney
Label | Philips
Album | *Pastel Blues* (1965)

"La paloma"(비둘기)는 역사상 가장 널리 공연되고 녹음된 노래임이 확실하다. 아방가르드 뮤지션 칼레 라르(그는 독일 레이블 트리콘트와 함께 세계 각국에 널린 수많은 버전을 모아 6장을 이 컴플레이션 앨범을 만든다)의 집계에 따르면, 이 곡의 리코 딩은 2천 개 넘게 존재한다고 한다. 이태리 태생의 싱어 카테리나 발렌테의 버전은 한 시대를 대표하는 풍부하 고 듣기 편한(easy-lisenign) 음악적 해석을 선보인다. 베르 너 밀러의 오케스트라는 화려하고 윤택한 하프, 대담한 금 관 섹션, 적절히 조화를 이루는 라틴 퍼커션 사운드와 함 께 발렌테의 관능미 넘치는 스페인어 보컬의 든든한 밑받 침을 마련한다. 엘비스는 그의 베스트셀러 앨범 〈Blue Hawaii〉(1961)에 "No More"라고 재명명된 영어 버전을 녹 음한 적이 있다. 그러나 사실 그 외에도 수백 개의 인스트 루멘털 버전이 존재하며, 이것은 유명한 아티스트부터 무명 의 뮤지션까지 다양한 이들의 손에서 거듭 재탄생한다. "전 통" 악곡이라는 그릇된 인식이 따라다니는 "La paloma"는 1860년대 초반 바스크인 작곡가 세바스티안 데 이라디에 르가 쿠바를 방문한 이후 쓴 곡이다. 그는 쿠바 특유의 비 틀대는 리듬 '하바네라'를 사용했고, 이것은 아르헨티나 탱 고의 구성 요소로 쓰인다. 이라디어의 작품 중 가장 잘 알 려진 또 다른 곡으로 "El Areglito"가 있는데 이것 역시 '하 바네라' 음악이다. 비제의 오페라 〈카르멘〉의 아리아 "L' amour est un oiseau rebelled"는 사실 "El Areglito"의 멜 로디를 그대로 사용한 것이다. 현재로서 "La paloma"의 최초 녹음 버전으로 추정되는 것은 1883년과 1890년 사이 만들어진 버전이며 하바나의 음악박물관에 소장되어 있 다. 이 곡은 수많은 영화에 모습을 드러냈고, 이것 자체를 주된 소재로 다루고 있는 책과 영화까지 존재한다. **JLu**

60년대 초, 나나 시몬은 가스펠 스탠더드 곡 "Sinnerman"을 자신의 뉴욕 라이브 공연에서 에너지 넘치는 피날레로 사 용해 극적 효과를 자아내며, 이 곡을 자신의 트레이드마크 적 레퍼토리 일부로 확립해간다. 그러나 이 곡의 발매는 1964년 그녀가 콜픽스 레이블에서 필립스로 옮겨 가며 실 현된다. 1962년 발매작 〈Nina at the Village Gate〉에서 콜픽스 레이블은, 그리니치 빌리지에서 만들어진 이 곡의 라이브 트랙을 누락시키는 너무도 뻔한 잘못을 저질렀던 것이다.

그녀가 필립스로 이전한 시기는 우연히도 시몬이 흑인 평등권 운동에 점점 더 적극적 참여를 보이던 시기와 일치 했다. 필립스를 통해 발표한 그녀의 첫 앨범 〈Nina Simone in Concert〉(1964)에는 "Mississippi Goddam"과 "Old Jim Crow"가 수록되어 있고, 이러한 흑인 평등에 대 한 메시지는 이듬해 발표된 〈Pastel Blues〉 앨범에서도 이 어진다. 스튜디오에서 녹음된 "Sinnerman" 트랙은 이 앨 범에 적절히 들어맞았다. 베시 스미스 고전 "Nobody Knows You When You're Down and Out"과 빌리 홀리 데이의 "Strange Fruit"의 커버 버전을 담은 〈Pastel Blues〉에 이 곡은 (그녀의 라이브 무대에서 그랬던 것처럼) 화려 한 피날레 트랙이 되어주었다. "Power!"라는 외침과 함께 흑인 평등권이라는 주제도 잊지 않았다.

시몬은 어린 시절부터 "Sinnerman"을 알아온 듯하다. 이 곡은 전통 흑인 영가(spiritual)이며, 시몬이 다루기 전 이미 수많은 버전들이 존재했지만, 특히 위버스의 1959년 버전으로 널리 알려지게 되었다. 〈Pastel Blues〉에 수록 된, 10분 길이가 넘는 "Sinnerman"트랙은 시몬이 남긴 가 장 확정적 버전으로 여겨진다. **MW**

The Irish Rover | The Clancy Brothers & Tommy Makem (1965)

Writer | Arr. The Clancy Brothers & Tommy Makem
Producer | Tom Wilson
Label | CBS
Album | N/A

"The Rising of the Moon"의 B사이드로 발매된 "The Irish Rover"는 클랜시 브라더스와 토미 메이컴의 가장 사랑받는 노래 중 하나이다. 킹스턴 트리오, 위버스와 같은 미국 포크 뮤직 부흥 운동가들로부터 영향을 받은 이 그룹은 60년대 아일랜드 발라드 부흥을 거의 단독적으로 이끌었다고 할 수 있을 정도이다.

이 곡의 기원은 비록 논란의 대상이 되고 있지만, "The Irish Rover"는 19세기 뱃노래(shanty, 선원들이 부르는 노동요)로 추측되며, 농가 댄스 축제 음악(barn dance)에서와 마찬가지로 떠들썩한 분위기로 연주한다. 유머를 무척이나 좋아했던 그룹인 만큼 이 곡은 웅장한 뉴욕 시청을 위해 벽돌을 잔뜩 싣고("a cargo of bricks / For the grand City Hall of New York"), 코크주 코브항("Cobh (cove) of Cork")에서 출항하는 상상 속의 선박에 대한 익살스런 이야기를 전한다. 이 배는 결국 난파되고 만다. 이 곡 중간에는 셀 수도 없을 만큼 많은 펍의 이름들과 레스토랑, 배를 비롯해, 가톨릭 대학 신문, 그리고 축구팀의 이름까지 등장한다. 1963년, 새로이 이주해 온 북아일랜드 이민자들이 결성한 'The Irish Rovers'라는 이름의 한 캐나다 밴드가 출범한다. 믿기지 않는 일이지만, 이들은 아직도 연주 여행을 다니며, 자신들 우상의 수명을 능가하고 있다('클랜시 브라더스와 타미 메이컴'의 마지막 생존 멤버인 리암 클랜시는 2009년 12월 별세한다). 포그스와 더블리너스는 1987년 단결하여 "The Irish Rover"의 커버 버전을 발표한다. 이 두 그룹은 데이브 로빈슨(스티프 레코드사 설립자이다)과 프로듀서 에이먼 캠벨의 제안으로 합동하게 되었다. 이들이 함께 만든 싱글은 영국 팝 차트에서 8위에 올랐고, 새로운 세대의 팬들에게 더블리너스를 소개하는 장을 마련한다. **JLu**

Needle of Death
Bert Jansch (1965)

Writer | Bert Jansch
Producer | Bill Leader
Label | Transatlantic
Album | *Bert Jansch* (1965)

수많은 60년대 영국 포크 앨범들이 그렇듯, 버트 잰쉬의 데뷔 앨범은 오래된 스탠더드 튠들을 고쳐 쓴 것으로 꽉 차 있었지만, 여기에 둘러싸여 아늑히 자리를 튼 중독과 상실에 관한 곡이 하나 있었으니, 여기 담긴 이야기는 듣는 이의 뇌리를 맴돌며 떠날 줄 몰랐다. 많은 이들은 처음에 이 곡이 마약에 관련한 자화상이라 믿었다(LP 커버에 실린 잰쉬의 모습이 후줄그레하고, 부랑자처럼 보이는 것은 사실이다). 그러나 "Needle of Death"는 사실 기타리스트 데이비드 "벅" 폴리를 위해 쓴 애가이다(폴리는 헤로인과 코카인 과다 복용으로 1964년 6월 사망했다). 하트브레이커스나 벨벳 언더그라운드 등, 후에 등장한 앤섬들은 마약 중독자의 삶과 선택을 반문화적 행동으로 그린다. 반면 잰쉬의 경우, "피로 녹아드는 새하얀 눈"의 알갱이에 의지하려 한 폴리의 결정이 "불안정했던 젊은 나날"에서 도피하려는 수단이었다고 말한다. 일반적으로 아편 냄새 스민 곡들이 주로 스스로에게 초점을 맞추며 마약과 싱어 자신 사이의 투쟁을 상세히 노래하는 반면, 잰쉬의 트랙은 폴리의 중독 증세를 비롯해 지인들의 죽음이 미친 영향에 대해 이야기한다. 손가락으로 부드럽게 퉁기는 멜로디 위로 잰쉬는 이렇게 노래한다. "How tears have filled the eyes / Of friends that you once had walked among(어찌나 눈물이 차오르던지 / 한때 함께했던 친구들의 눈에)." 이 곡은 또 다른 포크계의 전설 닐 영의 심금을 울렸고, 여기서 영감을 얻은 영은 1972년 앨범 〈Harvest〉를 위해 "Needle and the Damage Done"이란 곡을 작곡하기에 이른다. 닐 영은 이런 고백을 털어놓았다. 1974년작 "Ambulance Blues"를 쓰기 위해 그가 잰쉬의 멜로디를 거의 토시 하나 빼놓지 않고 표절했다는 사실에 대해 깊은 후회를 느낀다는 것이다. **TB**

Papa's Got a Brand New Bag
James Brown (1965)

Writer | James Brown
Producer | James Brown
Label | King
Album | N/A

La bohème
Charles Aznavour (1965)

Writer | Charles Aznavour,
Jacques Plante
Producer | Uncredited
Label | Barclay
Album | La bohème (1965)

1965년, 제임스 브라운은 대단한 변화를 일으킬 만반의 준비가 되어 있었다. 두-왑, 소울, R&B 모두 최고의 작곡자이자 공연 대가임을 만인에게 확인시킨 그는 더 맹렬하고 농후한 사운드를 향해 매진한다. 그가 킹 레이블, 스매시 레이블과 맺은 복잡한 음반 계약 때문에 "Papa's Got a Brand New Bag"(이 곡은 싱글 양면에 2파트로 나뉘어 실리게 된다)은 이미 발매된 트랙 "Out of Sight"을 재작업한 버전으로 탄생한다. 그 결과 이어진 사건들로 킹은 레이블과 음반 제작 및 판권 계약을 재협상하게 되었고, 결국 브라운은 더 많은 로열티를 받는 한편 전면적 창작 지휘권을 획득한다.

이 곡은, 브라운을 펑크(funk)의 창시자로 부상시킨 사운드의 첫 본보기로 인식된다. "Out of Sight"가 2번째, 4번째 비트를 강조한 반면, 이 새로운 버전은 1번째 3번째 박자인 "다운비트"를 중심으로 구축되었기 때문이다. 혼 섹션과 두드러진 리듬, 기타가 삼위일체를 이루는 트레이드마크적 혹은 댄스 플로어에서 새로운 현란한 춤을 선보이길 두려워하지 않는 어느 나이든 남성에 관한 이야기에 활기찬 배경이 되어준다. 세션 뮤지션 중에는 마세오와 멜빈 파커 형제도 출동했는데(각각 색소폰과 드럼을 맡았다), 이들은 장래 제임스 브라운의 "헤비-펑크(heavy-funk)" 사운드에 주요한 기여자 역할을 하게 될 것이다.

평론가 데이브 마시가 말했다. "'Papa's Got a Brand New Bag'을 좀 더 짜릿하게 만든다는 게 과연 가능할까요? 불가능하죠. 제임스 브라운이 만약 스피커에서 뛰쳐나와 당신 어깨를 잡고 방을 휘휘 돌며 춤을 추게 한다면 또 몰라요." **CR**

오늘날 "프랑스의 프랭크 시나트라"라고 불리는 샤를 아즈나부르는 성공에 대한 대가를 치를 만큼 치렀다. 30년대에 처음 쇼비즈니스에 입문한 그는 9세 때 무대에 데뷔한다. 이 아르메니아계 프랑스인 샹송 가수는 이후 25년간 옥신각신하며 살아간다. 한때는 에디트 피아프의 기사로 일한 적도 있다. 그러다 50년대 말 그에게 운명의 여신이 손을 내밀었다. 음반 계약을 맺은 것도, 처음으로 영화 출연 제의를 받은 것도 바로 이 시기였다(그는 이후 다수의 영화에 출연한다).

1965년 그는, 향후 세기의 위대한 가수 중 하나로 그의 지위를 확고히 할 프랑스어 노래를 녹음하게 된다. "La boheme"이 바로 그것이다. 이 눈부신 한 편의 피아노 발라드는 잃어버린 사랑을 되새겨보는 남자의 관점에서 작곡되었다. 눈에 눈물이 고인 채, 손에는 보르도 와인 잔을 들고, 다른 한 손에 타들어 가는 담배를 쥔 아즈나부르는 소박한 보헤미안적 생활 스타일을 애정 어리게 회상한다. 몽마르트 근처에 사랑의 보금자리를 틀고, 누드 초상화를 그리며, 다음 끼니거리가 언제 생길지 근심하지 않는 그런 삶이 그려진다. ("제 노래는 정말 유심히 들어야 해요." 그가 2001년 이렇게 말했다. "모든 건 가사 안에 담겨 있죠.")

그의 거친 음성(아즈나부르 자신은 "이상하다"고 표현했다)은 여기서 오히려 유리하게 작용한다. 감정 전달에, 정식 훈련을 받은 "디보(divo)"는 죽었다 깨어도 하지 못할 감동이 전해지기 때문이다(조쉬 그로번의 2008년 버전이 그 증거이다). 아즈나부르는 "She", "The Old Fashioned Way"를 포함한 다수의 탁월한 노래들을 남겼다. 하지만 이 곡만큼 그의 입지를 확고히 해주는 곡도 없을 것이다. **JiH**

1965년 자신의 송라이팅업의 주요 연장과 함께 자리한 샤를 아즈나부르.

California Dreamin' | The Mamas & The Papas (1965)

Writer | John Phillips, Michelle Phillips
Producer | Lou Adler
Label | Dunhill
Album | *If You Can Believe Your Eyes and Ears* (1966)

"그렇게 멋진 것이 길에서
그냥 굴러들어 오다니,
믿을 수 없었습니다."

루 애들러, 1966

◀ **Influenced by: Mr. Tambourine Man** · The Byrds (1965)
▶ **Influence on: Sunday Will Never Be the Same** · Spanky and Our Gang (1967)
● **Covered by:** The Seekers (1966) · Bobby Womack (1968)
  The Four Tops (1969) · M.I.A. (1985)
  The Beach Boys (1986)

존 필립스는 자신의 60년대 중반 포크-록 동년배들보다 적어도 10살 이상 많았다. 하지만 세월과 경험은 그의 작곡 실력을 연마해주었고, 대중의 관심을 사로잡는 것이 무엇인지에 대한 교훈을 심어주었다. 필립스는 자신의 젊고 아름다운 부인 미셸, 그리고 통 큰 목소리와 허리둘레의 소유자 캐스 엘리엇, 금빛 목소리의 미남, 데니 도허티를 소집해 히피 스타일 포크-팝 밴드를 결성하고 뉴욕 그리니치 빌리지 포크 신에 이들을 투입시킨다.

이 그룹(폭주족들이 여성과 남성을 부를 때 사용한 속어를 따 이름 지었다 한다)은 자신의 동년배들이 로스앤젤레스에서 유명세를 찾아가고 있음을 깨닫고 서부로 향한다. 포크-팝스타 배리 맥과이어는 그들을 자신의 프로듀서 루 애들러에게 소개했고, 애들러의 첫 반응은 (미셸을 보고) "금발머리한 그 사람 누구야?"였다는 것이다. 처음에 애들러는 마지못해 이들을 고용해 맥과이어의 배킹 보컬로 사용했지만, 이 밴드의 자작곡들을 들어보고 곧 이들과 음반 계약을 맺었다.

존은 뉴욕에서 "California Dreamin'"을 작곡했다. 추운 날씨가 끔찍이 싫다며 캘리포니아가 그립다고 미셸이 불평하는 것을 듣고 쓴 것이다(그녀는 작사를 돕는다). 이 곡의 잠재력을 간파한 애들러는 글렌 캠벨, 할 블레인, 조 오스본, 래리 넥텔 등 최상급 세션 뮤지션들을 동원해 배킹밴드로 배치한다. 여기에 재즈 고참 버드 솅크가 수심에 잠긴 듯한 플루트 솔로를 더했다.

이 곡은 캘리포니아를 황금빛 낙원으로 찬양했지만, 긴장감과 근심이 묻어나는 표현법을 사용했다. "I'd be safe and warm if I was in L.A(로스앤젤레스에 있었다면 안정되고 훈훈했을 텐데)." 꿀빛의 하모니가 조화를 이루고 있지만, 곡 전체에 흐르는 단조적 우울함은 이런 심정과 모순을 이루고 있다. 그룹을 즉각 세계적 스타덤에 올려놓은 이 곡은 다수의 커버 버전을 낳았고, 영화와 TV에 끊임없이 삽입되었다. 하지만 밴드가 탄생한지 10년도 되기 전 카스 엘리엇은 세상을 뜬다. 한편, 존 필립스와 도허티는 마약에 찌들어 만신창이가 되어버렸다. **GC**

Ticket to Ride | The Beatles (1965)

Writer | John Lennon, Paul McCartney
Producer | George Martin
Label | Parlophone
Album | *Help!* (1965)

"제가 리켄배커를 마련한 데에는
조리 해리슨의 영향이 컸죠.
'Ticket to Ride'는 정말 멋진 노래였어요!"

조니 마, 1990

◀ **Influenced by: When You Walk in the Room**
The Searchers (1964)
▶ **Influence on: Tomorrow Never Knows**
The Beatles (1966)
● **Covered by:** The 5th Dimension (1967)
The Carpenters (1969) • The Punkles (1998)

비틀즈 음반은 항상 히트를 거두었다. 그것도 대대적으로 말이다. 그러나 이 최고 흥행 밴드들의 왕 중 왕이 거둔 상업적 성공(그리고 뒤따른 우상화)에만 초점을 맞추다 보면 이들의 끊임없는 매력의 토대가 된 진정한 혁신에의 추구를 간과하기 쉽다.

"Ticket to Ride"가 바로 그 1번째 증거다. 이것은 물론 대서양 양편에서 차트 1위를 거머쥔다. 하지만 이 곡은 미국에서 단 일주일 동안만 차트 정상에 머물렀다. 사실을 말하자면, 이 곡은 탁월한 A사이드감은 아니다. 느긋한 템포인 데다(게다가 이전 발표된 비틀즈 트랙보다 더 길기까지 하다), 드럼 파트가 제동과 정지를 어색하게 반복하고(코드에 변화가 있기 전 인트로 부분까지 합하여), 곡의 첫 부분 10마디 내내 한 코드에 죽어라 매달리고 있으니 말이다.

한마디로 말해, "Ticket to Ride"는 순수 팝으로부터 좀 더 차트 비친화적인(하지만 더 흥미로운) 영역으로의 전환을 나타내고 있다. 여기 주요한 영향이 된 것 중에는 탐라 모타운 레이블(화음에 변화를 주지 않고 단일 코드에 초점을 맞춰 끌어가는 '드론(drone)'을 도입부에 사용하는 수법은 마사 앤 더 반델라스의 "Dancing in the Street"과 같은 모타운 히트작에서 사용하던 것이었다)과 머지사이드 동지들인 '서처스'가 선보인 밝은 기타 사운드라고 할 수 있다(비틀즈 트랙에서 조지 해리슨이 자신의 12현 리켄배커를 사용하는 것은 여기가 마지막이다). 이전 발매작들보다 몇 보 전진한 이 트랙은 쨍그랑거리는 소리의 고음역대 중심이며(게다가 드럼 파트가 일방적으로 두드러진다), 한시도 동요하기를 멈추지 않는다. 여기서 울려 퍼지는 드럼 사운드는 1966년 링고스타가 보여줄 "Tomorrow Never Knows"(양 트랙 드럼 파트 모두 폴 매카트니가 제안한 것이다)와 "Rain"의, 귀감이 될 만한 드럼 플레이를 예감하고 있다. 또한, 여기 담긴 돌출된 기타 사운드와 두드러진 베이스 라인은 아마도 레논이 훗날 "Ticket to Ride"가 "최초로 만들어진 헤비 메탈 레코드 중 하나"라고 한 이유일 듯 하다. 이를 증명이나 하려는 듯, 헤비 메탈의 원생이라 할 수 있는 바닐라 퍼지가 2년후 이 곡의 커버 버전을 시도한다. 하지만 이 무렵, "Ticket to Ride"에 심어져 있던 씨앗들은 이미 사이키델리아로 만개해 있었다. **RD**

(I Can't Get No) Satisfaction | The Rolling Stones (1965)

Writer | Mick Jagger, Keith Richards
Producer | Andrew Loog Oldham
Label | Decca
Album | N/A

> "바로 제가 자면서
> 'Satisfaction'을 쓴 사람입니다."
>
> 키스 리처즈, 2003

◀ **Influenced by: Dancing in the Street** · Martha & The
　 Vandellas (1964)
▶ **Influence on: Sunshine of Your Love** · Cream (1967)
● **Covered by:** Sandie Shaw (1968) · The Troggs (1975)
　 Devo (1977) · Tom Jones (1996) · Cat Power (2000)
　 Britney Spears (2000)

키스 리처즈는 자리를 잡고 앉아 부지런히 노래를 억지로 쓰는 것보다 자연스럽게 노래가 자신을 찾아오도록 유도하는 인물로 이미 정평이 나 있었다. 아무리 그런 리처즈라고는 하지만, "(I Can't Get No) Satisfaction"(1965)의 성공은 진정 (신성 개입이 아닌) '신성 만취'다.

1965년 봄 어느 날 밤, 스톤스가 미국에서 공연 여행을 다니던 중, 리처즈는 플로리다의 한 모텔에서 술에 곤드레만드레 취해 자고 있었다. 갑자기 그는 일어나, 역대 가장 유명한 록 리프와 "I can't get no satisfaction"이라는 말을 자신이 항상 지니고 다니던 테이프 리코더에 녹음하고는 다시 잠에 떨어졌던 것이다. 후에 리처즈는 이렇게 말했다. 거기 들은 녹음 테이프에는 "'Satisfaction'이 2분, 내가 코 고는 소리가 40분" 녹음되어 있었다고 말이다.

몇 주가 지난 후 5월, 스톤스는 할리우드 소재 RCA 스튜디오에서 이 트랙의 예행 버전을 만든다(이것은 후에 미국 LP 〈Out of Out Heads〉에 모습을 드러낸다. 영국 버전에서는 아니었다). 믹 재거는 "satisfaction"이라는 개념을 뚜렷이 정신적, 그리고 성적이라는 2가지 방향으로 나누어 해석하여 미국에 만연하는 상업주의에 대한 가사를 썼다. 한때 그는 상업주의에 매료된 동시에 혐오감을 가졌다(텔레비전에 나오는 그 남자는, 재거가 원하지도 않는 상품들을 그에게 팔려고 들 뿐아니라, 재거의 성생활에 아무 도움이 되지 않는 존재였던 것이다!).

리처즈는 이 곡의 기반을 이루고 있던 음 3개짜리 기타 리프의 자리에 혼 섹션을 넣을 계획이었다. 그러기 전까지 우선 자신의 기타 사운드에 살을 좀 붙일 작정으로, 그는 깁슨 마에스트로 퍼즈박스를 사용했고, 이것은 그의 리프 (그리고 밴드 또한)만의 음란하고 위험한 느낌을 만들어내는 데 한몫한다. 리처즈는 본인이 원했던 혼 섹션을 영영 집어넣지 못한다. "갑자기," 그가 후에 이렇게 회상했다. "모든 라디오 스테이션에서 이 곡을 틀기 시작했죠. 그리고 전 '그거 가지고 이러쿵저러쿵하진 말아야지'라고 생각했어요. 하지만 단 한 번도 그게 완전히 마무리된 음악이라고 생각해본 적은 없습니다." **MO**

1964년 TV 리허설 중인 롤링 스톤스에게 '만족'이란 좀체 쉽지 않았다. ➤

The Tracks of My Tears
The Miracles (1965)

Writer | Smokey Robinson,
Warren Moore, Marvin Tarplin
Producer | Smokey Robinson
Label | Tamla
Album | *Going to a Go-Go* (1965)

1960년 이래, 모타운 거장 스모키 로빈슨은 자신의 밴드 미라클스를 대동하고 미국 차트를 계속 강타해왔다. 그는 딜런과 비틀즈, 롤링 스톤스에게 영감이 되어주는 한편 (이 그룹들과 마찬가지로), 자신 최고의 앨범들을 터뜨리는 해로 1965년을 선택했다. 타이틀 트랙을 비롯한 "A Fork in the Road"와 같은 멋진 선물들로 가득 찬 〈Going to a Go-Go〉는 "The Tracks of My Tears"라는 명작을 오프닝 트랙으로 수록했다. 이 곡은 기타리스트 마빈 타플린이 지은 멜로디로부터 기원한다(앨범 크레딧상 로빈슨과 또 다른 마라클 멤버인 워렌 모어가 공동 작곡가로 명시되어 있다). 유창한 가사를 적어 넣은 것은 바로 스모키였다(피트 타운센드는 스모키가 가사에 "substitute"이라는 말을 사용한 데서 영감을 얻어 그것을 제목으로 한 후(Who) 트랙을 작곡한다). 그러나 이 트랙을 그 R&B/두-왑 혈통에서 구분 지어주는 요소는 스모키의 극적 제작 수완이었다. 여기 쓰인 드럼과 혼 섹션은, 모타운의 라이벌 레이블 스택스의 제작물들과 종종 연관되어 왔던 '다급함'을 연출했다. 그들의 협력 관계가 막 시작될 당시, 모타운 우두머리, 베리 고디는 스모키에게 이렇게 말했다. "노래 한 곡 한 곡은 모두 어떤 생각을 담고 있어야 하고, 이야기를 전해야 하며, 무언가 의미를 가져야 한다." 만족시키기 어렵기로 악명 높은 고디가 이 트랙을 가리켜 걸작이라고 한 것을 보면 로빈슨이 거둔 위업이 얼마나 대단했는지 알 수 있다. 미국에서 이 곡은 16위에 오르는 것에 그친다. 그러나 무수한 커버 버전(아레사 프랭클린의 1969년 버전과 린다 론스타트의 1975년 버전을 포함하여)이 이 곡의 매력을 입증하고 있다. 이 곡은 80년대 들어 〈새로운 탄생(The Big Chill)〉이나 〈플래툰〉 같은 영화에도 삽입했다. **BM**

Mr. Tambourine Man
The Byrds (1965)

Writer | Bob Dylan
Producer | Terry Melcher
Label | Columbia
Album | *Mr. Tambourine Man*
(1965)

로스앤젤레스 5인조 버즈의 데뷔 히트작 "Mr. Tambourine Man"은 미국에서 1965년 4월12일 발매되었고, 6월 26일에는 이미 빌보드 차트 정상에 올라 있었다. 이 곡은 버즈의 밴드 매니저 짐 딕슨의 선택이었다. 딕슨은 작곡자 밥 딜런이 1964년 몬트레이 포크 페스티벌에서 이 곡을 부르는 걸 듣고 난 후 결정을 내리게 되었으며, 그는 딜런의 레이블로부터 데모를 요청하기까지 했다. 하모니 파트를 맡은 램블링 잭 엘리엇과 딜런이 늘어놓는 두서 없는 노래를 들은 딕슨의 문하생들은 이 곡이 탐탁지 않았다(1964년 11월까지만 해도 이들은 아직 '제트족'으로 알려져 있었다). 딕슨은 이들에게 가사 부분을 과감하게 수정하고 비트 그룹 스타일 리듬을 추가해 넣으라고 끈질기게 권유했지만, 내키는 분위기가 아닌 것은 매한가지였다. 하지만 버즈를 찾아와 이들의 버전을 들어본 딜런이 "이야! 이거 거기 맞춰 춤도 출 수 있겠는걸!" 하고 감탄하자, 그제서야 이들의 마음이 바뀌었다.

사실 버드 멤버 중 단 1명만이 이 싱글 트랙에 실제 참여했다. 짐(후에 '로저'로 알려진다) 맥긴은 12현 기타인 자신의 리켄배커 360을 들고, 기타며 노래까지 도맡았다. 자신의 노래 스타일을 가리켜 그는 스스로 "딜런과 레논 중간 즈음"된다고 말했다. 22번의 테이크가 진행되는 동안 배킹 밴드 역할을 한 세션 뮤지션들은 다름 아닌 레킹 크루였다(과연, 드러머 할 블레인과 베이시스트 레리 넥틸의 플레이가 두드러지긴 했다). 그 밖의 버드 멤버들은 아직 연주 실력이 부족하다는 이유로 저지당했다. 그러나 진 클라크와 데이비드 크로스비가 여기 더한 보컬 하모니는 일품이었다. 이 싱글은 딜런에게 작곡자로서 첫 세계 1위 기록을 안겨주는 한편, 버즈를 포크-록 선구자로 각인시킨다. **JoH**

고향 캘리포니아에서 멀리 떨어진, 비 오는 뉴욕의 라디오시티 스튜디오 옆을 걷는 버즈. ➜

Like a Rolling Stone | Bob Dylan (1965)

Writer | Bob Dylan
Producer | Tom Wilson
Label | Columbia
Album | *Highway 61 Revisited* (1965)

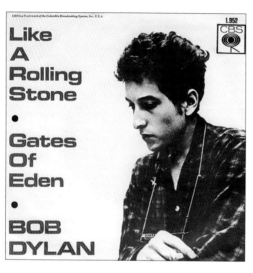

"'Rolling Stone'은
제가 쓴 곡 중 최고입니다."

밥 딜런, 1965

◀ **Influenced by: Lost Highway** · Hank Williams (1949)
▶ **Influence on: Hey Jude** · The Beatles (1968)
● **Covered by:** The Turtles (1965) · Cher (1966)
The Jimi Hendrix Experience (1970) · Spirit (1975)
Mick Ronson (1994) · The Rolling Stones (1995)
Nancy Sinatra (1999) · Green Day (2009)

밥 딜런의 곡 중 최고를 꼽는 것은 반 고흐의 최고 명작을 뽑는 것만큼이나 쓸데없는 짓이다. 그러나 대부분의 딜런 팬들은 이미 한번쯤 해보았을 것이다. 그리고 그들은 거의 대부분 "Like a Rolling Stone"을 선택했다.

최면적이고, 시적이며, 신랄한, 그러나 너무나 멋진 그 루브와 절로 따라 부르게 되는 코러스를 지닌 "···Rolling Stone"은 난데없이 탄생하게 된 곡이 아니다. 1965년 앨범 〈Bringing It All Back Home〉은 딜런이 '포크'와 '시위'라는 족쇄로부터 자유로워졌음을 시사했다. 그러나 스네어 드럼이 '타닥' 하고 트랙의 시작을 알리면, 그 누구도 귀를 기울이지 않고는 배기지 못했다. 곡의 제목은 행크 윌리엄스 곡의 가사에서 기원했다. 회전목마 같은 가스펠 오르간은 앨 쿠퍼의 작품이다(쿠퍼는 녹음 작업 진행 과정 중 어쩌다 자동적으로 트랙에 기여하게 되었다. 그러나 그가 넣은 리프야말로 이 트랙의 초석이 된 요소였다). 한편, 딜런은 냉소 넘치는 태도로 한 여자를 비웃는다. 그녀는 불운을 당한 사교계 명사였다. 어떤 이들은 그 주인공이 에디 세즈윅이라 말하고('잇걸'의 원생이자 워홀의 뮤즈였다), 다른 이들은 딜런 자신을 말하고 있다 주장한다. 무엇이 사실이건 상관없다. 군말 필요 없이 그저 와 닿는, 강렬한 작품이니까 말이다.

"How does it feel?"이라고 딜런은 따져 묻는다. 여러 부분 생략하고 간단히 줄여 말한 탓에, 가사는 점점 비유적이 되고("You used to ride on the chrome horse with your diplomat / Who carried on his shoulder a Siamese cat(넌 네 외교가와 함께 크롬 말을 타곤 했지 / 어깨에 샴고양이를 얹은 그 외교가)"), 그러면서 곡은 멈출 줄 모른다. 결국 이 곡은 6분까지 이어지지만(싱글로서는 전례 없는 일이다), 미국에서 2위까지 오르며 다른 아티스트들에게도 에어플레이 시간 제한의 한계를 넘어설 용기를 심어준다. 밥 말리부터 마이클 볼튼까지 수많은 이들이 커버 버전을 만들었지만, 딜런의 본래 버전을 대체할 만한 것은 또 다른 딜런 버전밖에 없다. 여기에는 1966년 그가 치른 힘겨운 영국 공연 여행 중 녹음한 생기 넘치는, 라이브 무대 입담이 담겨 있으며, 이 버전은 〈The Bootleg Series: Vol.4〉에 수록되어 있다. **PW**

1965년 뉴포트 포크 페스티벌에서 밥 딜런이 스트라토캐스터를 들고 첫 나들이를 했을 때 많은 팬들은 경악을 금치 못했다.

People Get Ready
The Impressions (1965)

Writer | Curtis Mayfield
Producer | Johnny Pate
Label | ABC-Paramount
Album | *People Get Ready*
(1965)

1958년, 시카고를 중심으로 발전한 보컬 그룹 '임프레션스'는 제리 버틀러의 리드 아래 버틀러의 "For Your Precious Love"로 첫 히트를 거둔다. 그가 솔로 활동을 위해 그룹을 떠나자 커티스 메이필드가 리드 싱어를 맡게 되었고, 1963년즈음 이들의 라인업은 소울 트리오로 정착한다(하이 테너를 부르는 커티스 메이필드를 테너에 프레드 캐쉬와 베이스 파트에 샘 구든이 보조하게 된다).

1964년, 메이필드는 가스펠 향이 스민 흑인 평등권 앤섬 "Keep on Pushing"을 작곡했고, 이 곡은 미국 빌보드 팝 차트 톱 10을 기록한다. 이듬해, 그들은 "People Get Ready"로 빌보드 R&B 차트 3위, 팝 차트 14위에 오른다. 명상적이고 고무적인 이 곡은 메이필드의 종교적 확신과 가스펠 음악 배경의 조화를 또다시 보여주는 본보기였고, 여기에 인종간의 통합과 흑인 권한 부여라는 미묘한 메시지까지 담겨 있었다. 가스펠 영가에서 흔히 쓰이는 기차 모티브(피스크 주빌리 싱어스의 "The Gospel Train" 등이 그 예이다)를 활용하여, 메이필드가 프레드 캐시와 가스펠 콜 앤 리스폰스(call and response)를 따라 가사를 주고받는 동안 샘 구든은 자니 페이트가 편성한 절제된 스트링과 브라스(여기에 메이필드가 기타로 양념을 친다) 위로 배킹 하모니를 불러 넣는다. 기차에 탑승할 수 없는 유일한 이는 바로 "모든 인류에게 고통을 주고 자신만 챙기려는 구제 불가능한 죄인" 뿐 이라는 것이다.

이 메시지는 밥 말리의 이목을 끈다. 웨일러스는 임프레션스에게서 많은 것을 보고 배웠으며, 말리는 "One Love"를 만드는 데 이 곡을 참고했다. **JoH**

Who Do You Love
The Preachers (1965)

Writer | Bo Diddley
Producer | Ray Maxwell
Label | Moonglow
Album | N/A

빳빳한 성직자 칼라를 맞춰 입고 어깨에 살짝 닿는 머리 길이를 한 프리처스, 허모사 비치에서 출현한 이들은 1965년 당시의 기준으로 봐도 꽤나 파격적이었다. 3장의 싱글을 내는 과정에서 이 5인조는 "Stay Out of My World"와 같은 경멸조의 제목들을 단 불굴의 인기작들에 펑크의 시조격 같은 건방진 에너지를 이입시켰다. 그러나 이들의 첫 발매 트랙은 보 디들리의 로큰롤 고전 "Who Do You Love"의 커버 버전이었다. 이 싱글은 옛 미국 블루스와 R&B의 영국 침공적 해석으로부터 영감을 슬쩍하고, 거의 풍자적이라 할만큼의 볼륨과 에너지 레벨 모두를 추어올렸다. 프리처스는 디들리의 오리지널에 담겨 있던 (아주 소량의) 미묘한 뉘앙스를 훌훌 던져버리고, 마치 목을 가다듬는 양 들리는 보컬 하모니와 서프-기타를 연상시키는 브레이크, 키보드 주자 루디 갈자가 마치 권투 장갑을 끼고 악기를 부수는 듯한 효과를 마음껏 펼쳤다. 텔레비전 음악 버라이어티 쇼 〈쉬바리〉에 출연한 이들은 카메라를 노려보며 킹크스의 데이브 데이비스에 심취한 열성팬인 양 세차게 머리를 흔들어댄다.

싱어 리처드 포르투나토는 그들의 레이블 문글로우로부터 곧 해고당한다. 그의 정도가 지나친 보컬 스타일이 그 이유였다. 하지만 "Who Do You Love"는 개러지 밴드 고정 수요 상품으로 자리 잡게 되며, 미국 곳곳에서 초심으로 돌아가자는 철학의 그룹들이 이 곡의 커버 버전을 시도한다. 그중에서도 미시칸의 울리스가 낸 1966년 버전이 눈에 띈다. 도어스는 〈Absolutely Live〉(1970) 콘서트 LP에서 현란한 슬라이드 기타를 선보이며 이 곡을 6분 이상 길이의 체력 테스트로 한껏 늘였지만, 여전히 그 누구도 프리처스만 한 정력은 보여주지 못했다. **PL**

The Carnival Is Over
The Seekers (1965)

Writer | Tom Springfield
Producer | Uncredited
Label | Columbia
Album | N/A

피터, 폴 앤 매리 풍의 포크 맛 나는 팝 음악 유형에 풍부하고 빈틈없는 하모니를 담아 표현한 시커스는 60년대 초반 "I'll Never Find Another You", "Morningtown Ride", 그리고 쾌활한 "Georgy Girl"을 포함해 줄줄이 히트 행진을 계속한다. 그 과정에서 이들은, 해외에서 이만한 성공을 거둔 호주 그룹으로 최초가 된다. 그러나 이 모든 히트곡 중 그 어느 것도 "The Carnival Is Over"만큼 조용하며 장엄했던 곡도 없다.

이 곡의 멜로디는 옛 러시아 민요에서 유래한다. 하지만 작곡가 톰 스프링필드는 아마도 이 멜로디를 "River of My People" 피트 시거 버전(1953)을 통해 처음 접했을 것으로 추측된다. 주디스 덜햄은 잃어버린 사랑에 대한 탄식을 그녀 특유의 청명하고 진심 어린 보컬로 전달하고, 구슬픈 멜로디는 가사에 담긴 비애감에 적절히 보조를 맞추고 있다. 스트링은 브릿지 부분에서 장중하게 상승하며, 더험의 평정을 잃지 않는 리드나 그녀를 보조하는 블록 하모니의 힘을 전혀 희생시키지 않는 동시에 사운드의 폭을 넓혀간다. 어느 모로 보나 감명 깊었던 연주를 보여준 "The Carnival Is Over"는 그 절정에서 하루에 9만 장의 판매 기록을 올렸고, 2번째이자 마지막으로 영국 1위를 그들에게 안겨주었다.

1986년, 닉 케이브 앤 더 배드 시즈는 〈Kicking Against the Pricks〉 커버 버전 모음집에서 "Carnival"을 뜻밖의 버전으로 재해석하기도 했다. 케이브의 버전은 귀를 사로잡는 정취 있는 음악적 해석을 보여주며, 곡의 침울하고 어두운 구석에 접근함으로써, 60년대를 대표하는 곡 중 하나에 새로운 잔향을 일깨웠다. **RD**

Psycho
The Sonics (1965)

Writer | Jerry Roslie
Producer | Buck Ormsby, Kent Morrill
Label | Etiquette
Album | *Here Are The Sonics* (1965)

그런지가 출현하기 훨씬 전, 미국 태평양 연안 북서부는 생산직 육체노동자적 로큰롤을 만드는 것으로 이미 정평이 나 있었다. 그들의 음악은 찬란하도록 근본에 충실했고 로스앤젤레스나 뉴욕과 같은 요란한 음악 업계 핵심지와는 거리를 두었다. 동족 업계 또래들과는 다르게, 이 지역 밴드들은 지리적으로 고립된 덕에 자신들만의 사운드를 착실히 키워나갈 수 있었다. 게다가, 대규모 스튜디오를 쉽게 접할 수 없었던 탓에 자신들만의 알아서 하기(D.I.Y.) 노동관을 고수해야 했다. 이것은 훗날 도래할 펑크 신의 시초였다.

시애틀의 킹스맨 같은 그룹들과 어깨를 나란히 한 소닉스는 항상 보슬비 잦은 도시 타코마(워싱턴주) 출신의 십대들 5인조로 구성되었다. 그 지역에서 활동하던 디제이 '디제이 스위프틀리'가 이들의 데뷔 싱글 "The Witch"를 소개한 후, 이들은 거의 광적이라 할 수 있는 추종자들을 몰고 다니게 된다. 그러나 이 레코드의 B사이드(리틀 리처드의 "Keep a Knockin'"의 광란적 커버 버전이었다)에서 아무런 로열티를 받지 못한다는 것을 깨달은 이들은 동네 클럽 '레드 카펫'에서 토요일 밤 고정 출연을 마친 어느 날 자신들만의 자작곡을 쓰기로 결심한다. "우리가 새벽 1시쯤 공연을 마쳤을 때, 자리를 잡고 앉아 함께 'Psycho'를 작곡하고 리허설했죠. 아마 15분 정도 걸렸을 거예요." 싱어이자 키보드 주자인 제리 로슬리가 이렇게 회상한다.

그렇게 하여 탄생한 결과물은 결국 자체 싱글 발매된다. 이것은 몇십 년이 지난 후에도 여전히 스피커를 폭파시킬 듯한, 짜릿하게 전율하는 원초적 보컬의 로큰롤로 남아 있다. 과연, 소닉스는 21세기에 재결합하였고, 세계 곳곳에서 매진 공연을 이어가게 된다. **PL**

I've Been Loving You Too Long (to Stop Now) | Otis Redding (1965)

Writer | Otis Redding, Jerry Butler
Producer | Otis Redding, Jerry Butler
Label | Volt
Album | *Otis Blue: Otis Redding Sings Soul* (1965)

Stop! In the Name of Love
The Supremes (1965)

Writer | B. & E. Holland, L. Dozier
Producer | B. Holland, L. Dozier
Label | Motown
Album | *More Hits by The Supremes* (1965)

오티스 레딩은 60년 초 리틀 리처드 유형의, 통 큰 목소리의 R&B 가수로 음악 인생을 시작했다. 그러나 그가 자신 스스로와 스택스 레이블 사운드를 정의내린 것은 몇 년이 지나고 자신의 아이돌 샘 쿡이 사망한 데 이어 일어난 일이다. 그가 비로소 쿡으로부터 소울 브라더 넘버 원이라는 지위, 다시 말해, 그의 왕좌를 물려받게 된 것이다. 〈Otis Blue〉(1965) 앨범을 위해, 레딩은 리처드의 성적 뉘앙스 섞인 짖는 소리와 쿡의 고상한 테너 사이에서 절절한 균형을 이루며 주류와의 로맨스를 시작한다. 이 앨범의 중심에는 바로 천천히 타오르는 애원의 목소리 "I've Been Loving You Too Long"이 자리하고 있었다. 쿡이 로스앤젤레스 모텔 주인에게 충격을 당해 사망한 지 단 몇 달도 지나지 않아, 레딩은 자신의 자작곡을 스택스 레코드 하우스 밴드(전설적 존재들인 북커 티 앤 디 엠지스)에게 소개한다. 쿡의 "A Change Is Gonna Come"이 그랬듯 오티스의 발라드에서는 끈덕지고 강력한 보컬 리드가 지지대 역할을 했으며, 이것은 감정 복받치는 절정으로 솟았다가 고백적 탄식으로 잠잠해지곤 했다. 가사는 제목에 담긴 구절로 시작된다. 이것은 익명의 연인에게 보내는 호소인 만큼, 떠나간 자신의 영웅에게 보내는 말이기도 하다. 레딩은 이 발라드로 대대적인 흥행을 기록한다. 사실 롤링 스톤스가 자신들의 첫 라이브 앨범에 "I've Been Loving You Too Long"의 커버 버전을 수록한 덕도 좀 보았다. 1967년 몬테레이 팝 페스티벌에서 그는 이 곡을 무기로 무지한 군중들을 반하게 만든다. 그럼으로써 크로스오버적 성공까지 거머쥐었다. 그러나 그해 12월 10일, 그는 쿡이 있는 세상으로 떠났다. 공연 여행 중이던 그가 탄 비행기가 차디찬 위스콘신 호수로 곤두박질친 것이다. **MO**

"Stop! In the Name of Love"는 수프림스에게 그들의 4번째 미국 팝 차트 1위 기록을 안기는 한편, 이들의 무대 공연 하이라이트로 굳어진다. 1965년 즈음, 이들 3인조는 모타운이 낳은 가장 멋진 아티스트로 이미 각인된 상태였고, 베리 고디는 이들을 슈퍼스타로 키우는 데 여념이 없었다. 이건 부분적으로 순전히 상업적 결정이었다. 수프림스는 당시 다른 그 어떤 미국 흑인 그룹보다 대중의 마음을 끄는 수완을 잘 알고 있었다. 그런 한편으로 이것은 감정을 수반한 결정이기도 했다. 고디가 점점 다이애나 로스에게 빠지게 된 것이다.

레이몬트 도지어가 자신의 여자친구와 다투던 중 "그만! 사랑의 이름으로"라고 불쑥 말한 것에서 착상해 만든 이 곡은 브라이언 홀란드의 손을 거쳐 피아노가 주도하는 사색적 발라드로 발전하며 극적 모습을 갖추었다. 고디는 이 곡이 가진 우수성을 알아보긴 했지만, 이제껏 수프림스의 싱글이 모두 추진력 강한 댄스 곡들이었던 것을 감안해 홀란드와 도지어에게 템포를 올릴 것을 강력히 주장한다. 이에 따라, 제임스 기튼스의 일렉트릭 오르간 위로 베이시스트 제임스 재머슨이 맹렬히 전진하는 리듬을 깔았고, 이 곡은 강력한 댄스 그루브를 지니게 되었다. 곡의 가사는 기본적인 걸 그룹 식이었다. 남자친구가 다른 여자와 연루되는 것에 대해 로스가 걱정하는, 그런 내용이었다. 그러나 보컬에서만큼은 그녀가 보여준 가장 호소력 넘치는 것 중 하나였다. 남자친구에게 둘 사이의 관계가 얼마나 소중한지 상기시키고 마구 놀아나는 것을 멈추라고 요구하면서 교통 순경 스타일의 손 제스처를 곁들여 부른 "Stop! In the Name of Love"는 이 그룹의 가장 사랑받는 노래 중 하나로 자리 잡는다. **GC**

1964년 수프림스. 좌로부터 메리 윌슨, 다이애나 로스, 플로랜스 블라드.

Subterranean Homesick Blues | Bob Dylan (1965)

Writer | Bob Dylan
Producer | Tom Wilson
Label | Columbia
Album | *Bringing It All Back Home* (1965)

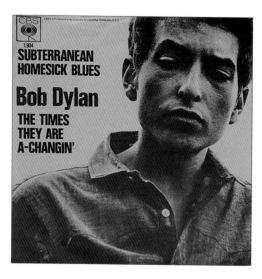

"말썽쟁이들이 손잡이를 훔쳐가서
물펌프를 쓸 수가 없어—The pump don't
work 'Cause the vandals stole the handle—
평생 이 구절을 사랑할 겁니다."

로저 워터스, 1987

◀ **Influenced by: Too Much Monkey Business**
Chuck Berry (1956)
▶ **Influence on: We Didn't Start the Fire**
Billy Joel (1989)
● **Covered by:** Harry Nilsson (1974) • Red Hot Chili
Peppers (1987) • Mountain (2007)

"Johnny's in the basement / Mixing up the medicine(조니는 지하에서 / 약을 섞고 있고)…." 톰 요크가 1997년 〈OK Computer〉를 위한 인터뷰에서 이런 인용구를 사용했다. 라디오헤드 리드 기타리스트 조니 그린우드를 넌지시 언급한 것이기도 했지만, 밴드의 장난기 섞인 뻔뻔한 곡 제목 "Subterranean Homesick Alien"을 두고 한 말이기도 했다. 1964년, "It Ain't Me, Babe"의 발매와 함께 딜런은 포크 뮤직에 이별을 고한다. 이듬해 발매된 〈Bringing It All Back Home〉은 청각적 쇼크였고 너무나 인습 타파적이었던 나머지, 1975년 섹스 피스톨즈란 발명품이 탄생하기 전까지는 로큰롤계에 이만한 변화가 없을 정도였다. "Outlaw Blues"와 "On the Road Again"이 전체적 분위기를 잡지만, 〈Bringing It All Back Home〉에서 가장 강한 기를 발휘한 것은 "Subterranean Homesick Blues"였다. 이 곡은 척 베리의 "Too Much Monkey Business"의 별난 재정비 버전이었다. .

딜런은 자신의 우상 우디 거스리로부터 음악 재료를 훔쳐오는 것을 주저하지 않았다. 그는 거스리와 피트 시거의 "Taking It Easy"에서 가사들을 슬쩍해 와("Mom was in the kitchen preparing to eat / Sis was in the pantry looking for some yeast(엄마는 부엌에서 밥 먹을 준비를 하고 / 누이는 식료품 창고에서 이스트를 찾고 있어)"), 그만의 것으로 탄생시켰다. 딜런의 가사이기에 너무도 당연한 것이지만, 그 의미를 이해하려면 정말 뚫어져라 샅샅이 곡을 살펴보아야 한다. 주요 구절들은 도무지 의미를 모를 말들의 뒤범벅이며, 그 예로 자주 인용되는 구절 "You don't need a weatherman / To know which way the wind blows(꼭 기상예보관이 필요한 건 아니야 / 바람이 어느 쪽으로 부나를 아는 데에는)"가 있다.

사실 그 결과물이 베리의 본래 가사("I don't want your botheration, get away, leave me(네가 귀찮게 하는 게 싫어! 저리가, 날 내버려둬)!")보다 엄청나게 더 심오한 무언가를 의미한 것은 아니다. 하지만 딜런의 거대한 재능과 영향력 덕에, 그리고 아이콘적 영상 덕에(그가 곡 가사의 핵심 부분이 적힌 큐카드를 들고 있는 영상) 이 곡은 그에게 첫 빌보드 차트 히트를 가져다 준다. **BM**

The Sounds of Silence | Simon & Garfunkel (1965)

Writer | Paul Simon
Producer | Tom Wilson
Label | Columbia
Album | *Sounds of Silence* (1966)

> "그것은 청소년기 이후에 겪는
> 불안감이었죠…하지만 수많은 이들이
> 여기에 공감했어요."

폴 사이먼, 2004

◀ **Influenced by: Masters of War** • Bob Dylan (1963)
▶ **Influence on: Catch the Wind** • Donovan (1965)
● **Covered by:** The Bachelors (1966) • Bud Shank (1966)
The Ventures (1970) • Edward Woodward (1970)
James Last (1974) • Nevermore (2000)
Shaw-Blades (2007)

존 F. 케네디 대통령 암살의 여파 속에 쓰인 "The Sounds of Silence"는 미국 음악 역사에 특정한 한 순간을 상징하고 있다. 그것은 커피하우스를 드나드는 포크 싱어들의 진심 어린 정치 참여가 모두의 예상을 뒤엎고 주류에 받아들여진 순간이었다.

동기 동창생 친구들이었던 폴 사이먼과 아트 가펑클은 의외의 협력관계처럼 보였지만, 그들이 이루어내는 하모니가 가진 순수성은 너무나도 강한 설득력을 가졌던 나머지 갓 대학을 졸업한 사이먼의 살짝 천진해 보이는 가사를 보완해주고도 남았다(그는 이 가사를 완성하는데 6개월이 걸렸다). 이 곡의 첫 녹음 버전(사이먼의 어쿠스틱 기타와 둘의 보컬만으로 구성된)은 그들의 데뷔 앨범 〈Wednesday Morning, 3 am〉(1964)에 수록되었다. 이 앨범이 흥행에 대대적 실패를 거두자 2인조는 그룹을 해체했다. 그리고 사이먼은 솔로 활동을 할 작정으로 유럽으로 떠났다. 하지만 덴마크에서 공연을 하기 얼마 전, 그는 프로듀서 톰 윌슨이 이 트랙에 일렉트릭 기타, 베이스, 드럼을 넣어 작곡자들에게는 한마디의 말도 없이 이 새로운 버전을 발매해버렸다는 소식을 접하게 된다.

들리는 바에 의하면, 이들 둘은 경악을 금치 못했다 한다. 그러나 이들의 분노는 오래가지 못한다. 1865년 말즈음, "The Sound of Silence"는 이미 차트들 정상에 올라 있었으니까. 이로써 훗날 사이먼 앤 가펑클이 이룰 넘버원 히트 행진의 첫 곡이 탄생한 것이다. 이 곡이 소유했던 60년대 청춘의 소외감을 상징하는 토템적 지위는 영화 〈졸업〉(1967)의 사운드트랙으로 쓰이며 더욱 확고해진다(마이크 니콜스 감독이 연출을 맡은 이 영화는 더스틴 호프만을 주연으로 성년이 되어가는 청춘을 그렸다). 사이먼 앤 가펑클의 곡들을 다수 담은 이 영화의 사운드트랙 앨범은 1968년 최다 판매 기록 앨범 중 하나로 부상하며, 비틀즈의 'White Album'을 차트 정상에서 결국 끌어내린다. **PL**

My Generation
The Who (1965)

Writer | Pete Townshend
Producer | Shel Talmy
Label | Brunswick
Album | *My Generation* (1965)

오늘날까지도, 여전히 후의 가장 잘 알려진 곡은 3번째 싱글이다. 반감 많은 젊은이를 위한 이 아드레날린 질주하는 찬란한 앤섬과 곡에 담긴 신랄한 반항의 표현은 이들 밴드 활동 초기에 그들을 좇았던 런던 모드족(mods)으로부터 일부 영감을 받아 탄생했다. 기타리스트이자 작곡가인 피트 타운센드는 본래 느린 속도의 지미 리드풍, 시카고 블루스 스타일의 곡으로 "My Generation"을 머릿속에 그리고 있었다. 사실, 밴드는 후에 〈Live at Leeds〉(1970)에서 블루스 버전을 남기기도 했다. 그러나 이 빠른 템포의 최종 버전이야말로 1965년 당시 그 어느 것과도 견줄 수 없는 폭발적이고 저돌적인 팝이었다. 타운센드의 피드백과 디스토션 효과를 사용한 기타 사운드, 그리고 존 엔트위슬의 천둥 같은 베이스, 키스 문의 쿵쾅거리는 드럼과 심벌이 "I hope I die before I get old(나는 나이 들기 전에 죽었으면 좋겠어)"라는 로저 달트리의 시건방진 냉소를 한층 신랄하게 만든다. 이건 팝 역사에 가장 유명한 가사 구절 중 하나일 듯하다. 한편, 공동 매니저 킷 램버는 달트리에게 "Why don't you all f-fade away(너희들 모두 다 사, 사라져버리지 그래)" 부분을 더듬거리라고 말했으며, 그럼으로써 달트리가 훨씬 더 지독한 말을 마음에 두고 있었다는 것을 넌지시 비추게 했다.

이 곡은 영국에서 2위에 올랐으며, 후의 라이브 공연마다 절정을 장식했다. 그리고 대게 타운센드의 리켄배커로부터 전율하는 하울링 피드백 소리로 끝을 맺으면, 그는 곧 기타를 스피커 캐비닛으로 메다 꽂는다. 그동안 문은 드럼세트를 밀치고 난 후 무대를 가로질러 발길질을 해댔다. 그리고 그들의 전성기 무대 연출이 그렇듯, "My Generation"은 록을 정의하는 존재로 남아 있다. **JoH**

Unchained Melody
The Righteous Brothers (1965)

Writer | Alex North, Hy Zaret
Producer | Bill Medley
(credited to Phil Spector)
Label | Philles
Album | *Just Once in My Life* (1965)

라이처스 브라더스(바비 햇필드와 빌 메들리)는 필 스펙터 소유의 필리스 레이블에서 음반 녹음을 진행했다. 스펙터의 경우 이들 형제의 싱글 발매의 프로듀서를 맡았을 뿐 아니라, 사실 메들리가 프로듀싱을 맡았던 다수의 앨범 트랙과 B사이드에서 그의 공로까지 가로챘다. 메들리는 이런 이해 관계에 그다지 마음을 쓰지 않았지만, 스펙터는 디제이들이 자신이 만든 A사이드(제리 고핀/캐롤 킹의) "Hung on You"보다, B사이드 곡인 "Unchained Medlody"에(사실 바비 햇필드가 혼자 노래했다)에 더 많은 방송 시간을 할애하자 남몰래 분노에 차 있었다. 본래 앨범 트랙용으로 녹음되었던 "Unchained Melody"는 메들리의 베이스보다 햇필드의 테너 보이스에 더 적절하게 들어맞는 솔로 발라드였지만, 싱글 발매시 최종적으로 라이처스 브라더스라는 이름을 연주자 크레딧으로 달았다.

"Unchained Melody"가 차트에 오른 것이 이번이 처음은 아니다. 1955년 감옥 영화 〈언체인드〉의 테마 곡으로 작곡된 이 곡은 레스 박스터가 불러 정상에 오른 적이 있었고, 알 히블러의 커버 버전이 몇 주 안에 다시 3위에 오르기도 했다. 그해 말, 로이 해밀턴, 준 밸리, 해리 벨라폰트가 모두 각각 자신의 버전들로 미국 톱 40위 진입을 달성했다. 한편 지미 영의 커버 버전은 영국 차트 정상에 올랐다.

라이처스 브라더스의 버전은 영화 〈고스트〉(1990)에 삽입된 이후 다시 한 번 인기를 누렸고, 결국 재발매되었다. 여기 힘입어 영국에서는 라이처스 브라더스의 또 다른 히트작이었던 "You've Lost That Lovin' Feelin'"의 2번째 재발매까지 이루어졌다. **MW**

Et moi et moi et moi
Jacques Dutronc (1966)

Writer | Jacques Lanzmann, Jacques Dutronc
Producer | Jacques Dutronc
Label | Disques Vogue
Album | *Jacques Dutronc* (1966)

자크 뒤트롱은 엘 토로 에 레 시클론스에서의 활동을 비롯해, 에디 미첼 등 스타들의 세션 기타리스트로 자신의 음악 인생을 시작했다. 그는 이후 디스크 보크 레이블에서 작사가이자 대본작가 자크 랑즈만과 함께 존속 작곡가로 일을 시작한다. 2명의 자크는 본래 프랑스 팝 싱어 벵자망을 위해 이 곡을 만들었지만, 그의 성공이 오래가지 못하자, 레이블의 아티스틱 디렉터인 자크 울프손은 이 노래를 뒤트롱의 솔로 데뷔 곡으로 제안한다.

이 트랙은 즉각적으로 성공을 거두었고, 뒤트롱을 프랑스의 60년대 말 예-예 신(Ye-ye scene)의 주도적 인물 중 하나로 탈바꿈시켰다. 프리티 씽스와 킨크스의 퍼즈 걸린 프릭비트(Freakbeat)풍 기타사운드를 가져다 뒤트롱은 자신만의 신랄한 프랑스인 전형적 태도를 가미했고 이런 조화는 대단한 효과를 창조했다.

이 곡에 담긴 농조의 가사와 포크 음악 저항 운동의 약점을 향한 비난의 목소리는 (언어 장벽이 있음에도 불구하고) 영국의 모드 신에서 특히나 큰 인기를 끌었다. 그것은 프랑스의 모드족이었던 르 미네스와도 마찬가지였다.

초기 프랑스 거라지 히트 곡들은 일명 '예-예 걸스'라고 부르는 뮤지션들로부터 탄생하게 된다. 프랑스 갈, 실비 바탄, 프랑스와즈 아르디(80년대 초반 그녀는 뒤트롱과 결혼한다) 등이 바로 그들이다. 그러나 "Et moi.."는 태평한 남성 주도 프랑스 R&B의 시대가 도래함을 알렸고, 이것이 형성한 공감대는 조니 할리데이와 세르주 갱스부르 등의 프랑스인 수퍼스타들의 작품에서 나타난다. **CR**

Stay with Me
Lorraine Ellison (1966)

Writer | Jerry Ragovoy, George Weiss
Producer | Jerry Ragovoy
Label | Warner Bros.
Album | N/A

스튜디오는 이미 예약이 된 상태였고, 오케스트라도 만반의 준비가 되어 있었다. 그런데 싱어가 없었다. 본래 예정된 프랭크 시나트라가 병가를 낸 것이다. 워너 브라더스는 프로듀서 제리 라고보이를 그 시간대에 배정해주기로 했고, 이 세션은 라고보이가 최근 작곡해놓은 곡의 편곡을 끝마치는 데 충분했다. 그는 이 곡의 가수로 로레인 엘리슨(본명 매리벨 루레인)을 마음에 두고 있었다. 엘리슨은 존경받는 가스펠 싱어였고, 1964년 세속에 합류했고, 이듬해 R&B 히트작 "I Did You Baby"를 내놓았다. 그리하여 그녀는 매우 힘과 깊이가 있는 명작을 녹음한다. 그 결과 탄생한 것은 '소울 뮤직'이라는 용어를 정의 내리는 장르다. 그녀의 음악적 입지를 정의 내린 것은 말할 것도 없다.

"Stay with Me"(미국 R&B 차트 11위에 오른다)는 천천히, 조심스럽게 시작된다. 1분이 막 채워지기 전, 1번째 구절이 끝에 달하며 이 음악은 꽉 차오르며 고조되고 엘리슨은 복받쳐 오르며 "leave"라는, 비명에 가까운 목소리로 이 말을 5초 동안 붙들고 있다. 이것은 듣는 이에게 충만한, 축성된 가스펠적 체험이될 것이다. 언뜻 보면 격한 감정에 심취해 자신도 잊어버리는 듯 보이면서도, 엘리슨은 단 한 번도 자제력을 잃지 않으며 각 구절로 다시 돌아올 때마다 분위기를 완벽하게 끌어내린다. 사실, 이 노래를 잘 아는 이에게도 그녀의 오페라적 고성 하나하나가 더욱 쇼크로 다가오는 이유는 코러스 부분 사이사이 그녀의 완벽한 발음 때문이다. 그녀가 녹음 세션 마지막에 자신의 연인이 안절부절 버티지 못하고 문득으로 사라지는 것을 보고 바닥에 주저앉아 흐느껴 울었다 해도 믿을 것만 같다. 진정한 남자라면 그녀 옆을 지켰을 것이다. **DH**

Al-atlal
Umm Kulthum (1966)

Writer | Riyad al-Sunbati, Ibrahim Naji
Producer | Uncredited
Label | Sono Cairo
Album | El Atlal (1966)

엄 컬섬('Oum Kalthoum', 'Kalthum' 혹은 'Khalsoum'으로 적기도 한다)은 20세기에 가장 저명한 아랍 싱어였다. 1975년 그녀가 사망하자 약 4백만 명의 사람이 카이로 거리를 메우며 그녀의 죽음을 애도했다. 그녀가 남긴 방대한 양의 음악 유산 중에서도 "Al-atlal"(폐허)는 가장 아이코닉 입지의 곡으로 널리 알려져 있다. 보컬 능력으로 따졌을 때 절정기를 지났다고 할 수 있는, 음악 인생 후반에 녹음된 곡이긴 하지만, 그럼에도 그녀는 마이크로부터 6피트나 물러서서 노래해야 했다.

컬섬은 아랍 음계(마카맛)를 완벽히 능수능란하게 다루었고, 그녀의 노래는 샤간(간절한 동경의 감정)이 깊이 배어있었다. 1966년 즈음 그녀는 고전적 이집트 음악으로부터 좀 더 현대적인 포맷으로 이미 전향을 시도하던 시기에 있었지만, "Al-atlal"의 경우 매우 복잡한 전통 아랍 음계를 사용한다. 길고 긴, 신음 같은 인트로가 지나면(여기서 대규모의 황홀지경의 이집트 오케스트라가 그녀의 멜리즈마적 프레이즈를 받아 응한다), 현대적 댄스 리듬이 주도권을 잡는다. 가사는 닥터 이브라힘 나지의 두 시가 한데 어우러져 이루고, 파경에 이르는 로맨스에 관한 내용에 관한 것이다. 여기에는 비극적이지만 밝게 빛나는 심상들("We outran our own shadows(우린 우리의 그림자보다 더 빨리 달렸지)")이 가득 차 있다. 하지만 이 곡은 나세르 정부를 향한 환멸감을 표현한 연장 은유라고 해석되기도 한다.

또한 1966년 컬섬은 중동 지역 밖에서는 단 한 번, 유일하게 공개 석상에 출두한다. 파리에서 열린 6시간 마라톤 콘서트에서 그녀는 3곡을 불렀고 그 중 하나가 바로 "Al-atlal"였다. **JLu**

You're Gonna Miss Me | The
Thirteenth Floor Elevators (1966)

Writer | Roky Erickson
Producer | Lelan Rogers
Label | International Artists
Album | The Psychedelic Sounds of the 13th Floor Elevators (1966)

최근 델 컴퓨터에서 자신들의 XPS 랩탑 광고에 사용했던 "You're Gonna Miss Me"는 초기 미국 사이키델릭 록의 정점이라고 할 수 있다. 이 곡을 부른 밴드는 일상적으로 관중들에게 무료 LSD를 나누어주는가 하면 일렉트릭 저그 연주자를 고용해 무대 위에 올리기도 했고, (전해지는 바에 의하면) '마리화나'를 암시하려고 알파벳 13번째 글자인 "M"을 의미하는 밴드명을 선택했다고 한다. 게다가 이들 앨범의 슬리브 노트에는 고조된 "비-아리스토텔레스 학설적" 지각 상태에 이르는 관문으로 마약의 사용을 지지하는 메시지를 담고 있었다.

"You're Gonna Miss Me"는 잠 못 자 눈이 벌게진 60년대 펑크의 공격성을 담아 스릴 넘치도록 간명하게 폭파시킨 것이다. 록키 이렉슨의 다른 세상에서 온듯한 짖어댐과 정력 넘치는 서프-기타 브레이크 그리고 토미 홀의 야릇하게 지저귀는 저그 소리를 한데 모은 이 곡은 에릭슨의 밴드인 '더 스페이즈'가 처음에 녹음해 소규모의 지역 레이블을 통해 발매했다. 하지만 이후 엘리베이터스가 재녹음을 한 것(싱글 음반에 붙은 라벨처럼 "13th"가 아니라 "Thirteenth"가 맞다)이 인터네셔널 아티스트 레코드 레이블에게 채택된 것이다. "You're Gonna Miss Me"는 이 텍사스주 오스틴 출신 밴드가 거둔 국내 유일한 히트 곡이 되며 빌보드 차트 55위의 기록을 거둔다.

뒤이어 점점 더 정신이상을 방불케 하는 앨범들과 싱글들을 한 웅큼 내놓은 후 1969년, 에릭슨은 정신이상을 구실로 마약혐의를 벗어나려 했지만, 결국 정신 병원에 수용되고 만다. 하지만 지지 탑, R.E.M., 프라이멀 스크림과 같은 팬들과 친구들의 지지로 그는 최근 몇 번의 성공적 컴백 투어를 마친 상태다. **PL**

Substitute | The Who (1966)

Writer | Pete Townshend
Producer | Pete Townshend
Label | Reaction
Album | N/A

"스모키 로빈슨은 'substitute'라는 단어를
너무도 완벽하게 불러냈죠…
거기에 부치는 노래를 만들어 그 단어
자체에 축배를 들기로 마음먹었습니다."

핏 타운센드, 1987

◄ **Influenced by: 19th Nervous Breakdown**
The Rolling Stones (1966)
► **Influence on: Pretty Vacant · Sex Pistols (1977)**
● **Covered by:** Sex Pistols (1979) · The Glitter Band (1986)
Ramones (1993) · Blur (1994) · Richard Thompson
(2006) · Crosbi (2007)

이 곡을 작곡한 피트 타운센드의 말에 따르면, "Substitute"
은 처음에 롤링 스톤스의 "19th Nervous Breakdown"을
놀리기 위해 만든 것이었다. 스톤스의 매니저 앤드루 루그
올드햄은 이 곡의 완성되지 않은 믹스를 타운센드에게 들
려준 것이 곡의 탄생 계기였다. 타운센드는 이 곡을 도용
하여 자신만의 데모 청사진으로 삼고, 여기다 믹 재거의
보컬 스타일을 흉내 내기까지 했다.

곡의 제목 "Substitute"은 스모키 로빈슨이 미라클의
"The Tracks of My Tears"에서 "substitute"이란 단어를
사용한 데 탄복한 타운샌드가 그 말을 따다 지은 것이다.
한편 곡의 리프는 롭 스톰 앤 더 위스퍼스의 "Where Is
My Girl"에서 낚아채 온 것이다(타운센드가 멜로디 메이커의
"Blind Date" 칼럼을 위해 싱글 평론을 할 때 들었던 곡이다).

곡의 녹음을 위해, 타운센드는 당시 자신의 상징물과
도 같았던 리켄배커 일렉트릭을 내려놓고 12현 어쿠스틱
을 잡는다. 하지만 악기 편성에 교체가 있었다고 해서, 예
전에 발매된 후의 싱글들이 소유했던 짜릿함이 없어진 것
은 아니다. 달트리는 주체성, 착각, 현실에 대한 타운센드
의 가장 독창적이고, 자기 비하적 가사에 있는 대로 조소
를 담아 뱉는다. "I look all white but my dad was
black(난 온통 하얀 피부지만 우리 아빠는 흑인이었어)"이란 구절
은 미국에서는 너무 큰 논란이 될 거란 결정에 따라 미국
버전 싱글에서는 삭제된다(그 대신 "I try going forward but my
feet walk back(난 앞으로 나아가려 하지만 내 발은 뒷걸음치네)"으
로 대체된다). 이 곡은 프로듀서 셸 탈미와 결별한 후 타운센
드가 처음으로 프로듀싱을 맡은 것이었다.

존 엔트위슬의 모타운으로부터 착상한 베이스 리프가
그토록 크게 들렸던 이유는 그가 녹음 세션 중 고의로 볼
륨을 높여서 발생한 결과였다(결국 그런 식으로 베이스 솔로가
창조된다). 한편 키스 문은 들리는 바에 의하면 약에 너무
취한 나머지 녹음 세션이 기억도 나지 않는다 한다.

이 싱글은 영국에서 5위에 오르게 되고 그들의 라이브
공연 주요 곡목록에 포함된다. **JoH**

Eight Miles High | The Byrds (1966)

Writer | Gene Clark, Roger McGuinn, David Crosby
Producer | Allen Stanton
Label | Columbia
Album | *Fifth Dimension* (1966)

"그 곡이 약물에 관한 노래였단 것은
당연한 거예요…
그 곡을 쓸 때 저희가 얼마나
대마초에 취해 있었는데요."

데이비드 크로스비,1980

◀ **Influenced by: India** • John Coltrane (1963)
▶ **Influence on:** Raga rock
● **Covered by:** Golden Earring (1969) • Roxy Music (1980)
Hüsker Dü (1984) • Ride (1990) • Robyn Hitchcock
and The Egyptians (1996) • Dave Cloud (1999) • Chris
Hillman (2005) • The Postmarks (2008)

버즈의 1965년 영국 첫 투어 공연은 실패로 끝났다. 우선 기대치가 지나치게 높았다. 어리석게도, 이들을 "미국의 비틀즈"라고 요란하게 선전을 해댄 것이다.―비틀즈 스스로는 사실 버즈를 최고 좋아하는 밴드로 꼽기도 했다―게다가, 이들 특유의 트레이드마크인 '캘리포니아 쿨'(무대에서 튜닝하는데 한참 걸린다)과 무관심한 듯한 연주 스타일은 여기 그다지 도움이 되지 않았다. 그럼에도, 1가지 좋은 결과가 탄생한다.

이 밴드가 투어로 인해 경험한 문화 충격은 "Eight Miles High"로 스며들어 간다. 이것은 역대 발매된 가장 비범한 싱글 중 하나였다(본래 제목은 민간 항공기의 비행 고도를 의미하는 "Six Miles High"였지만, 충분히 시적이지 않다는 이유로 거부당했다). 곡의 가사는 험난했던 공연 여행 중 경험한 자신들의 심정 고백이다. '스윙잉 런던(Swinging London)"을 받아들이기 급급했던 이들은 밴드 내의 대립까지 경험해야 했다는 것이다("Nowhere is there warmth to be found / Among those afraid of losing their ground(어디서도 온기를 찾을 수 없네 / 뒤쳐질 것을 두려워하는 자들 사이에서는)").

"Eight Miles High"의 음악적 측면을 따져보면 비틀즈가 왜 이들에게 그토록 후한 점수를 주었는지가 단번에 알 수 있다. 불길한 베이스 인트로를 따라, 로저 맥긴의 트레이드마크 리켄배커 12현 기타 사운드가 그 유명한 4음 리프에 제동을 걸고, 이후 들쭉날쭉 전진하기와 멈추기를 거듭하며 동요하는 음들이 고삐를 풀고 뛰쳐나온다. 재즈의 귀재 존 콜트레인이 여기 영향 요소로 작용한 것이 명확히 보인다. 특히 그의 트랙 "India"(1963)가 크게 작용한 듯하다. 비록 찬사는 덜 받지만, 동등하게 필수 불가결한 존재임에 분명한 마이클 클라크는 찬란한 심벌 플레이와 등골 오싹한 드럼 필(fill)을 버스(verse) 중간중간 찔러 넣는다.

버즈에게는 안 된 일이지만, 당시 한창 라디오 스테이션들이 노래에 가미된 약물 사용에 대한 암시에 주의를 기울이기 시작할 시대였다. "Eight Miles High"는 미국에서 방송 금지를 당했지만 어쨌건 빌보드 차트 14위에 오른다. 영국에서 이 곡은 24위에 오르는 데 그치고, 그로써 이들은 차트 경쟁으로부터 뒷전으로 밀려났다. **RD**

Sunny Afternoon | The Kinks (1966)

Writer | Ray Davies
Producer | Shel Talmy
Label | Pye
Album | *Face to Face* (1966)

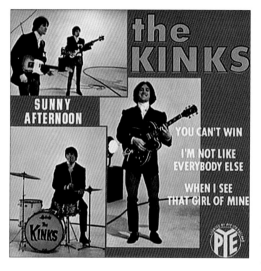

"전 모든 게 잘 돌아갈 거라고
너무도 확신했죠. 그래서 셀에게
이렇게까지 말했어요. '셀, 한 테이크 만에
완성시키는 거 알지. 그렇게 끝내는 거야."

레이 데이비즈, 1984

◀ **Influenced by: Let's All Go down the Strand**
Clarence Wainwright Murphy (composed 1904)
▶ **Influence on: Everybody Knows (Except You)**
The Divine Comedy (1997)
● **Covered by:** Bob Geldof (1992) • Jimmy Buffett (1994)
Stereophonics (1999)

"You Really Got Me"와 "All Day and All of the Night" 등의 초기 히트작들로 하드 록을 고안한 (잘못된 정보를 통해, 헤비 메탈을 발명했다는 말도 있지만 그것은 아니다) 킨크스는 다소 코미컬한 '뮤직홀(music hall)' 부류의 영역으로 방향전환을 시도해 모두를 놀라게 한다(그들의 1965년 히트작 "A Well Respected Man"도 비슷한 영역을 개척했다). "Sunny Afternoon"은 기가 막히게 천재적이었다. 홍키 통크 피아노와 꽥꽥대는 기타, 움파 밴드의 리듬을 섞어낸 이 곡은 나태함이 주는 쾌락을 찬양하는 것이 유일한 목적인 듯 보였다. 아니면, 더 깊은 의미가 있었던 걸까?

1966년과 1968년 사이 발매된 많은 곡들이 그렇듯, "Sunny Afternoon"은 당시 미국과 유럽 전역을 휩쓸고 지나가던 변화의 정신을 구현하고 있는 듯 보인다. "Tune on, Turn in, and drop out(흥분하라, 함께하라, 그리고 이탈하라)"이라는 문구가 유행했던 것은 이유가 있다. 반문화의 가장자리에서, 점점 더 많은 이들이 스스로가 주류의 일부로 살아가지 않아도 된다는 사실을 깨닫기 시작했던 것이다. 기억하는가? 1966년, 비틀즈 또한 팬들에게, 긴장을 누그러뜨리고 주변으로부터 정신을 차단한 채 하류로 유유히 흘러내려 가보라는 충고를 던졌던 적이 있다. 하지만 사실 그것은 킨크스가 더 먼저였다.

음악적으로 보나 가사면으로 보나 "Sunny Afternoon"은 일종의 계시와도 같았다. 이 곡을 통해 작곡가 레이 데이비스는 과거로 더듬어 올라가는 역행적 행보를 보여준다. 밴드의 초기 히트작들이 암시하던 진보적 전진보다는 오히려 어린 시절로부터의 뮤직홀 쇼에 눈을 돌린 것이다. 그것은 지금 돌아보면 너무나도 천재성 번뜩이는 선택이었다. 이 트랙에 담긴 따스함과, 간결하고 함축적인 감찰맛 나는 온화함은 배후에 자리한 영악한 생각들을 숨겨주었다. 여기 숨은 정신은 (또다시) 비틀즈에게까지 동등하게 적용될 수 있는 것이었고, 비틀즈는 이듬해 "Being for the Benefit of Mr. Kite"라는 이름의 자신들만의 뮤직홀 소산물을 녹음한다. 다들, 정말이지 영리한 청년들이다. **JMc**

Paint It Black | The Rolling Stones (1966)

Writer | Mick Jagger, Keith Richards
Producer | Andrew Loog Oldham
Label | Decca
Album | N/A

"절 어둠의 세계로 인도한 것은
바로 가사였어요.
그 곳에는 도어즈와 벨베츠, 밴시스로
통하는 길이 나 있었죠."

마크 아몬드, 2007

◀ **Inspired by:** *Ulysses* • James Joyce (1922)
▶ **Influence on: Thirteen** • Big Star (1972)
● **Covered by:** Chris Farlowe (1966) • Eric Burdon & The Animals (1967) • After Hours (1987) • Echo & The Bunnymen (1988) • Deep Purple (1988) • Dominion (1998) • Acid Mothers Temple (2003)

스톤스의 10번째 영국 싱글(대서양 양편에서 1위를 차지한다)은 1966년 팝에 감돌던 햇살 머금은 낙천주의에 유례 없는 그림자를 드리운다. "Paint It Black"은 블루스였다. 하지만 이 밴드가 이전에 발표한 그 어느 것보다 더 허무주의적인 블루스였다(앨범 커버에 그 불가사의한 콤마는 왜 삽입한 것일까? 키스 리처즈의 말에 따르면 레코드사에서 작은 문제가 있었다 한다). 믹 재거의 가사("I have to turn my head until my darkness goes(난 내 안의 어둠이 사라질 때까지 고개를 돌려야만 해)")는 제임스 조이스의 'Ulysses'를 참고한 것이며, 사랑하는 이의 죽음을 절망과 황폐함 가득한, 희망이라고는 조금도 보이지 않는 막연한 세계관의 촉매적 요인으로 삼고 있다. "그건 마치 비참한 사이키델리아의 첫 나날들과 같았죠." 재거는 수년이 지난 후 이렇게 회고했다. "롤링 스톤스가 모든 것의 발단이었죠." 여기 가장 강한 음악적 존재감을 드러내는 것은 바로 브라이언 존스의 시타 연주다. 이것이 일으키는 동요하는 듯한 위협적 분위기 덕에 이 곡은 누덕누덕 기운 〈Their Satanic Majesties Request〉(1967) LP보다 훨씬 더 간결하고 성공적인 사이키델리아로의 유람을 창조할 수 있었다(이 트랙은 오리지널 영국 버전이 아닌, 미국 〈Aftermath〉 LP에 수록된다). 사실, 존스가 이 이국적인 악기를 집어들고 음들을 하나하나 뜯어내기 전까지, 이들의 녹음 세션은 아무런 진전을 보지 못하고 있었다. "저희는 펑키(funky)한 리듬을 이용해보기도 했지만, 잘 풀리지 않았어요." 리처즈가 후에 이렇게 묵묵히 말했다. "그리고 존스가 '시타'를 연주하기 시작하자, 모두들 거기 따라붙었어요." 존스의 시타 플레이—이 악기가 낼 수 있는 매혹적이게 쟁그렁거리는 윙윙거림을 제대로 활용하고 있다—를 조지 해리슨이 "Norwegian Wood"에서 보여준 밋밋한 연주와 비교해보라. 초기 버전에서 개그 스타일 오르간 사운드를 연출한 빌 와이먼은 결국 오르간의 베이스 페달로 자신의 베이스 파트를 더블링한다.

개러지 펑크의 으르렁거림—편두통처럼 고동치는 찰리 와츠의 부족 의식적 드럼에 힘입어 정곡을 두드린다—에 극도의 비참함을 융화시킨 "Paint It Black"은 팝 역사에서 가장 황홀한 진혼곡이다. **RD**

Summer in the City
The Lovin' Spoonful (1966)

Writer | J. & M. Sebastian, S. Boone
Producer | Erik Jacobsen
Label | Kama Sutra
Album | *Hums of the Lovin' Spoonful* (1966)

2년에 걸쳐 더 러빙 스푼풀의 절묘하게 아름다운 "Do You Belive in Magic"과 "Daydream" 등은 줄줄이 흥행에 성공했다. 여기에는 60년대 중반 팝의 최대 장점들이 너무나 명쾌하게 요약되어 있었다. 그 무더기 정상에는 바로 "Summer in the City"가 자리했다.

2류 영화에 나올 법한 공포스러운 키보드 사운드와 찰싹 내려치는 스네어 드럼 소리로 시작되는 이 곡은 극도의 리버브 효과를 누리기 위해 건물 계단통에서 녹음되었다. 자동차 경적 소리와 착암용 드릴 소리는 지글지글 끓어오르는 도시의 하루 속 끈적거리는 압박감을 축약적으로 나타내고 있다. 같은 해 여름 영국에서 히트를 거둔 킹크스의 비꼬는 듯한 "Sunny Afternoon"에서도 그랬듯, 이 곡의 버스(verse) 부분은 마이너 코드들을 거치며 근음의 단계적 하향 진행을 꾀하다가("Back of my neck all dirty and gritty⋯Doesn't seem to be a shadow in the city(내 목 뒤는 온통 더럽고 까칠해. 이 도시엔 그림자조차 없는 듯 보여)"), 코러스 부분에 접어들며 메이저 코드로 근심을 털고 "But at night it's a different world(하지만 밤엔 완전히 다른세상)!"라고 외친다.

곡의 가사는 스푼풀의 주요 송라이터인 존의 남동생 마크 세바스찬이 아직 블레어 아카데미에 재학 중일 당시 썼다고 한다. 형 존은 이것을 가져다 키보드 파트를 추가해 녹초가 된 낮 동안의 기진맥진한 상태와 희열에 찬 밤의 행복감 사이의 대조를 더욱 극명하게 나타냈다.

"한 싱글에서 다른 싱글로 넘어갈 때마다 완전히 전혀 다른 사운드를 선보이는 게 저희가 뛸 수 있는 유일한 길이라고 생각했죠." 그가 후에 이렇게 기억을 되짚었다. 좋은 작전이다. 차트로 따지면, 이 곡은 빌보드 정상까지 오르며 (그들의 유일한 미국 넘버 원이다) 영국에서 8위까지 올랐다. **RD**

God Only Knows
The Beach Boys (1966)

Writer | Brian Wilson, Tony Asher
Producer | Brian Wilson
Label | Capitol
Album | *Pet Sounds* (1966)

1966년, 브라이언 윌슨은 할리우드에 있었다. 당시 그는 자신만의 비틀매니아 열병에 걸려 끙끙 앓던 중이었다. 〈Rubber Soul〉만 한 음반을 만들겠다고 선언하고 실제로 그 능력을 가진 사람을 이 지구상에서 찾는다면 그가 정말 유일했을 것이다. 브라이언과 비치 보이스는 3년 동안 9장의 정규 앨범을 만들었고, 모든 역경을 딛고, 일시적일 것이라 예상했던 슈퍼 뮤직 붐을 클래식 음악을 향한 팝의 회답으로 탈바꿈시킬 기세였다.

〈Pet Sounds〉는 〈Rubber Soul〉을 향한 비치 보이스의 재빠른 응수였다. 이것을 지지하고 있는 것은 눈부신 발라드 "God Only Knows"였고, 이것은 사랑에 대한, 그리고 사랑이 없을 때 느끼는 이루 말할 수 없는 절망감에 대해 노래했다. 아코디언, 프렌치 호른, 클라리넷, 색소폰, 첼로가 이루는 음악적 파노라마를 창조하기 위해 20명 이상의 스튜디오 뮤지션을 끌어 모은 윌슨은 조심스러운 믿음으로 영성에 다가가는 3성부 찬송가를 작곡했다.

처음으로, 누군가가 나서 정신 집중을 요구하는 팝 음악을 만든 것이다. 버스 부분에서는 록 코드 진행의 한계를 무너뜨렸고, 그것을 잇는 브릿지 부분은 목적지에 다다를 때까지 행선지를 밝히지 않는다. 카를 윌슨의 리드 보컬은 마치 양치기와 같이 듣는 이의 안내자 역할을 한다. "I may not always love you(너를 향한 내 사랑은 영원하지 않을지도 몰라)"같이 우울한 말로 시작하는 사랑 노래가 그다지 많지는 않을 것이다. 하지만 그 뒤를 이어 "But long as there are stars above you / You'll never need to doubt it(하지만 당신 위에 별이 뜨는 한 / 그건 단 한시도 의심하지 않아도 돼)"라는 말이 흘러나오면, 우리도 바로 느낀다. 신은 창조하는 만큼 파멸시킨다는 것을 말이다. **MO**

비치 보이스가 1966년 몇 대의 주문 제작된 미니 모크 차 위에서 대중을 향해 포즈를 취하고 있다.

(I'm Not Your) Stepping Stone
Paul Revere & The Raiders (1966)

Writer | Tommy Boyce, Bobby Hart
Producer | Terry Melcher
Label | Columbia
Album | *Midnight Ride (1966)*

역사는 60년대가 낳은 위대한 밴드 중 하나에 관대하지 않았다. 결국에는 외모를 따진다. 그리고 레이더스의 18세기 독립 전쟁 의상은 매번 그들에게 불리한 요소로 작용했다. 1958년 결성된 이 그룹은 딕클라크의 텔레비전 쇼의 후원에 힘입어 1965년 차트에 입성한다. 기이하게 들릴지 모르겠지만, 이 세모난 모자를 쓴 남자들이 바로 첫 펑크 밴드이다. "…Stepping Stone", "Steppin' Out"을 비롯해, 마약 사용에 반대하는 "Kicks"와 같은 트랙들에는 몽롱한 오르간, 짜릿한 기타. 스테로이드를 복용한 재거를 연상케 하는 마크 린시의 으르렁거림이 등장한다. 린지가 이 곡을 부르는 걸 듣고 나면 이기 팝이 소유한 "펑크의 대부"라는 직함에 대한 자격 여부가 의심스러워진다. 특히 "book of Who's Who"라는 가사 부분에서 더욱 그렇다.

타미 보이스와 바비 하트(그리고 그들의 밴드 '더 캔디 스토어 프로페츠')는 1966년 당시 더 몽키스의 스튜디오 팀이었다. 레이더스의 〈Midnight Ride〉에 수록된 "…Stepping Stone"의 발매에 뒤이어 이들 2인조는 제목을 살짝 바꾸고("Stepping"을 "Steppin'"으로 대체한다), 미키 돌렌즈를 할리우드 웨스턴 리코더스 스튜디오로 질질 끌고 와 린지보다 더 으르렁거리도록 지시했다. 돌렌즈가 비록 실패하긴 했지만, 어쨌든 이 트랙은 몽키스가 만든 가장 성깔 있는 곡으로 남아 있다. 물론 함부로 대하는 것을 참고 있지만은 않겠다는 내용의 가사를 몽키스가 부른다는 데서 느껴지는 아이러니만큼은 어쩔 수 없지만 말이다. 대서양 양편에서 넘버 원 자리를 휩쓴 "I'm a Believer"의 B사이드로 발매된 몽키스 버전은 당당히 빌보드 톱 20위에 진입한다. 하지만 무엇보다 더 중요한 것은 그 으르렁거림이 남긴 긴 꼬리의 자취이다. **DH**

Mas que nada
Sérgio Mendes & Brasil '66 (1966)

Writer | Jorge Ben
Producer | Herb Alpert
Label | A&M
Album | *Herb Alpert Presents … (1966)*

조르제 벤의 오리지널 버전이 비록 1963년 브라질에서 대단한 히트를 거두었다고는 하지만, "Mas que nada"('뭐야, 말도 안 돼' 정도의 뜻)는 세계 곳곳에 걸쳐 세르지오 멘데스(일명 '리오에서 온 스윙어')의 버전이 가장 널리 알려져 있다. 벤은 또 다른 카리오카(리오데자네이루 태생 주민)에게 경의를 표하는 뜻에서 이 곡을 썼다. 그 주인공은 벤의 친구 로지나로, 그녀는 코파카바나에 살았고 습관적으로 늘 "mas que nada"라는 표현을 썼다고 한다.

클래식 음악 교육을 받은 피아니스트였던 멘데스는 새로이 정권을 잡은 군부 독재가 다른 많은 아티스트들에게 그랬듯, 그를 감시하기 시작하자 1964년 재빨리 브라질을 떠났다. 처음에는 로스앤젤레스 라운지 신에서 허우적거렸던 멘데스는 허브 앨퍼트의 A&M레이블과 손을 잡고 〈Brasil '66〉 앨범을 만들며 횡재를 한다. 이 앨범의 리드 트랙은 그가 만든 "Mas que nada"("Mais que nada"로 제목이 달렸다)의 기운찬 재해석 버전이었고, 여기서는 멘데스의 피아노 연주와, 빈틈없는 기운 찬 리듬 섹션, 그가 새로이 등용하게 된 시카고 토박이 싱어 라니 홀의 경쾌한 리드 보컬을 만나볼 수 있다. 라니 홀의 경우, 그녀가 곡의 가사를 발음대로 배워 익힌 것이라고 하지만 너무나 그럴 듯했던 나머지 브라질 사람들은 그녀가 포르투갈어를 구사하는 줄 알았다 한다. 하지만 사실은 아니었다.

이 곡은 놀랄 만큼 오랜 인기를 누린다. 그가 이룬 성공의 40주년을 기념하는 의미에서 멘데스는 블랙 아이드 피스의 윌.아이.엠과 함께 힙합과 삼바의 조화를 꾀하는 최신 버전을 재녹음했고 이것의 그의 앨범 〈Timeless〉에 수록되었다. 그가 이 곡에 대해 느끼는 바를 전하는 제목인 듯하다. **JLu**

El muerto vivo

Peret (1966)

Writer | Guillermo González Arenas
Producer | N/A
Label | Ariola
Album | N/A

페레 푸빌 칼라프, 일명 페레는 1935년 바르셀로나에서 로마니(집시) 부모 슬하에서 태어났다. 그의 음반 활동은 1957년 시작된다. 본래 플라멩코를 연주하던 그는 미국의 로큰롤과 쿠바의 댄스 뮤직에서 가져온 음악 요소를 자신의 음악에 더하기 시작했다. 이 새로운 사운드는 "룸바 플라멩코" 혹은 "룸바 카탈라냐"로 불리게 되었고, 즉각적 인기를 얻었다. 1966년 녹음된 "El muerto vivo"(살아 있는 죽은 자들)이 다양한 사회배경을 가진 음악 팬들에게 널리 인기를 얻은 것이다. 여기서 보여준 플라멩코 기타와 룸바 리듬의 쾌활한 조합과 페레의 다른 60년대 음반들은 모든 카탈로니아 집시 음악에 영향을 미쳤고, 스페인의 팝 음악을 재고안하는 데 도움을 준다. 한편, 페레는 아카데미상 후보 영화 〈로스 타란토스〉(1963)에서 연기와 함께 음악을 맡기도 했다(이것은 바르셀로나의 옛 집시 거주 지역인 소모로스트로에서 촬영된, 로미오와 줄리엣에 기반한 스토리의 영화였다).

프랑코 정권이 물러가고 스페인의 민주주의로 발길을 돌리자, 페레는 총애를 잃었고, 설교로 전향한다. 아이러니하게도, 그리고 난 후 집시 킹스(프랑스 남부 출신의 카탈로니아어를 구사하는 집시들이었다)는, 페레가 개척해놓은 사운드를 가져다 대대적으로 팝 청중에게 소개했다. 마누 차오와 오호스 데 브루호 같은 뮤지션들이 플라멩코와 룸바 리듬을 섞은 페레의 멋진 혼합물을 바르셀로나의 민족적 사운드로 지지하기 시작했고, 페레는 다시 한 번 유행의 선도자 입지에 섰던 것이다. 그는 2009년, 오호스 데 브루호의 마리나와 함께 "El muerto vivo"를 듀엣으로 재녹음했다. **GC**

Tomorrow Is a Long Time

Elvis Presley (1966)

Writer | Bob Dylan
Producer | Felton Jarvis
Label | RCA Victor
Album | *Spinout* (1966)

1966년 즈음, 엘비스 프레슬리로부터 위대함을 기대하는 이들은 더이상 없었다. 그를 고집스럽게 지지하는 완고한 팬들 외에는 말이다. 그러나 그해 5월과 6월, 프레슬리는 그의 한창 때 이후 가장 중요하다고 할 수 있는 트랙들을 속속 뽑아낸다. 이 녹음 세션들은 1967년 그래미상을 수상한 가스펠 앨범 〈How Great Thou Art〉(이것은 왕의 음악적 컴백을 포고했다)에 수록된 노래들로 가장 잘 알려져 있고 여기에는 밥 딜런의 "Tomorrow Is a Long Time"의 커버 버전도 실려 있다. 딜런은 이것을 자신이 가장 좋아하는 커버라며 갈채를 보내기도 했다.

딜런의 음반 목록 속으로 다녀온 프레슬리의 유람이 이번이 처음은 아니다. 프레스리는 비슷한 시기에 집에서 "Blowin' in the Win"를 녹음했고, 후에 "Don't Think Twice, It's Alright"와 "I Shall Be Released"를 커버하기도 했다. 한편 "Tomorrow Is a Long Time"의 프레슬리 버전에 쓰인 템플릿은 밥 딜런에게 영향을 주었던 포크 싱어 오데타 앨범에 쓰였던 것으로, 빽빽하지 않고 블루지한 느낌이었다. 프레슬리의 다른 동시기 리코딩과는 현저한 부조화를 이루었던 이 트랙은 무시무시한 느낌인데다가, 5분 이상 이상의, 보기 드물게 긴 곡이기도 했다.

한편, 본래 〈The Freewheelin' Bob Dylan〉(1963)에 수록하려 만들었던 딜런의 오리지널 버전은 미발매된 채 남았다. 그러는 동안, 이 곡은 로드 스튜어트(〈Every Picture Tells a Story〉)부터 닉 드레이크(유작으로 발매된 데모 버전들)까지 많은 아티스트들이 커버 버전을 내놓았다. 하지만 이들조차도, 게다가 후에 등장한 샌디 데니가 만든 버전이나 그 어느 다른 그 누구의 버전도 프레슬리의 결정판에 근접한 우수성을 보여준 것은 단 하나도 없었다. **BM**

Eleanor Rigby | The Beatles (1966)

Writer | John Lennon, Paul McCartney
Producer | George Martin
Label | Parlophone
Album | *Revolver* (1966)

"그 전까지만 해도, 음악이 꼭 '중요한' 것이라기보다 그냥 정말 좋은 것이라고만 생각했어요. 그런데, 'Eleanor Rigby'를 시작으로 제 생각이 바뀌었죠."

폴 매카트니, 2009

◀ **Influenced by:** Vivaldi
▶ **Influence on: A Rose for Emily** • The Zombies (1968)
● **Covered by:** The Standells (1966) • Richie Havens (1967) • Vanilla Fudge (1967) • P. P. Arnold (1968) Aretha Franklin (1969) • Four Tops (1969) • John Denver (1970) • The Crusaders (1974)

당시 이 노래가 미쳤던 쇼크는 대단했다. 게다가, 이 곡이 데뷔한 전후의 상황이 부분적으로 한몫했다. 고의적으로 유치하게 만든 "Yellow Submarine"와 더블 A사이드로 발매되었던 것이다. 하지만 이런 부조화가 없었어도, "Eleanor Rigby"는 그것을 둘러쌌던 차트에 눈먼 팝들 사이에서 쉽게 눈에 띄었다. 스윙잉 블루 진스가 "Eleanot Rigby"와 같이 비발디와 버나드 허먼으로부터 영감을 얻어 만든 스트링 섹션의 반주에 맞춰 한 여성의 외로움과 죽음에 대해 노래하는 곡을 발표할 확률은 거의 희박했기 때문이다.

그가 약간의 도움을 받았다고는 하지만(특히 링고는 이 노래에 "밤에 양말을 기우는" 맥켄지 신부라는 생생한 심상을 더해준 장본인이었다), 어쨌든 "Eleanor Rigby"는 폴 매카트니의 노래였다. 그가 만든 다른 여러 노래처럼, 송라이터가 이야기 대상으로부터 떨어져 서서 이야기하고 있는 곡들 중 하나인 듯하다. 조지 마틴의 스트링 편곡은 냉담할 만큼 안정적으로 연주되고, 이것은 매카트니가 쓴 가장 신랄한 가사 중 하나인 곡의 가사에 오히려 더 큰 무게를 실어줄 뿐이었다. 레논과 해리슨이 매카트니의 리드에 따라 배킹 보컬을 더해 넣었다. 하지만 "Eleanor Rigby"는, 밴드 멤버 중 그 누구도 악기에 손을 대지 않고 만들어진 소수의 비틀즈 트랙 중 하나였다.

하지만 도대체 누가 엘레너 릭비였을까? 리버풀의 울튼 공동묘지에 엘레너 릭비의 유골이 묻혀 있음을 나타내는 묘비가 있다고는 하지만(이것은 교회에 인접해 있으며, 매카트니와 레논은 1957년 여기서 만난 적이 있었다), 매카트니는 그 이름이 허구이며, 비틀즈가 영화 〈헬프〉에서 함께 일했던 엘레너 브론과 매카트니가 브리스톨(이곳에서 그의 여자친구 제인 애셔가 연극에 출연했다)과 길을 걷다가 눈에 띄었다는 한 와인 샵 '릭비 앤 에벤스'를 합쳐 만든 이름이라고 주장했다. "전 그저 자연스럽게 들리는 이름을 찾고 있었죠." 매카트니가 1984년 이렇게 말했다. "'Eleanor Rigby'가 자연스럽게 들렸어요." **WF-J**

1996년 기차를 타고 스트레스 탈출 중인 비틀즈. ➜

River Deep—Mountain High | Ike & Tina Turner (1966)

Writer | Phil Spector, Jeff Barry, Ellie Greenwich
Producer | Phil Spector
Label | Philles
Album | *River Deep—Mountain High* (1966)

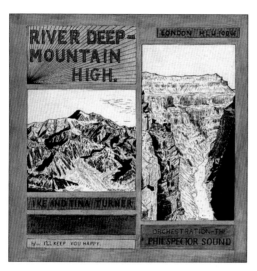

"아마 그 곡을 50만 번은 불렀을 거예요.
땀에 완전히 젖어버렸죠.
전 상의를 벗고 서서…
브래지어만 입은 채 노래해야 했어요."

티나 터너, 2004

◀ **Influenced by: Be My Baby** · The Ronettes (1963)
▶ **Influence on: Born to Run** · Bruce Springsteen (1975)
● **Covered by:** The Easybeats (1967) · Harry Nilsson
(1967) · The Supremes & The Four Tops (1970) · Erasure
(1988) · Neil Diamond (1993) · Neil Diamond (1993)
Céline Dion (1996)

스펙터의 '사운드의 벽' 프로듀싱의 결정판이라고 할 수 있
는 "River Deep-Mountain High"는 스펙터의 권력 절정
기에 탄생했고, 이것은 티나 터너의 음악 인생에서도 매우
중요한 사건으로 남는다. 이후 터너는 남편 아이크 없이
솔로 아티스트로서 거둘 앞날의 성공을 예상하게 된다.

스펙터는 이미 거의 1년 동안 대단한 히트를 거두지 못
한 상태였다. 그를 위해 "Da Doo Ron Ron", "Then He
Kissed Me", "Be My Baby"와 같은 히트작을 써주었던 제
프 배리와 엘리 그리니치 송라이팅 팀과 함께 작업에 착수
하며, 스펙터은 이 다음 싱글에 그의 전부를 쏟아붓는다.
여기서 필요한 것은 티나의 보이스였다. 그가 마음속에 그
리는 강력한 사운드를 당해낼 힘을 지닌 보이스의 소유자
는 티나밖에 없는 듯 여겨졌지만, 그는 필리스 레이블로
그녀를 얻어오기 위해 아이크 앤 티나 터너를 듀오로 계약
해야 했다. 기이한 일이지만, 그는 이후 아이크에게 참여
하지 않는다는 조건으로 2만 달러를 지불했고, 남편과 아
내 모두의 이름을 싱글에 올리기로 동의했다.

스펙터는 이 곡의 제작에 전혀 돈을 아끼지 않았고 재
즈 기타리스트 바니 케셀이나 컨트리 크루너 글렌 캠벨 등
유명 뮤지션들을 고용해 배킹 밴드로 사용했다. 이 싱글의
성공 여부에 그의 명성뿐 아니라 부가 함께 내기에 걸린
셈이다. 결국 2만 2천 달러라는 최종 경비를 들여, 이 싱글
은 1966년 9월에 발매된다. 이 것은 영국에서 3위에 오르
며 유럽 지역에서 괜찮은 성공을 거두었지만, 미국 차트에
서는 88위에 그친다. 이것은 몹시 신경질적이었던 스펙터
에게 최후의 결정타였다. 이에 따라 그는 음악 업계로부터
퇴장하는 한편 필리스 레이블 운영도 중단시켰다.

이 곡은 1969년 미국에서 재발매되며 좀 더 그 진가를
인정받게 되며, 이후 스펙터의 명장으로 공인을 받는다.
티나 터너는 그녀를 대표하는 "시그니처 송들" 중 하나로
이 곡을 채택했다. 이후 그토록 대단한 히트작들을 많이
낳았음에도 불구하고 말이다. **MW**

7 and 7 Is | Love (1966)

Writer | Arthur Lee
Producer | Jac Holzman
Label | Elektra
Album | Da Capo (1966)

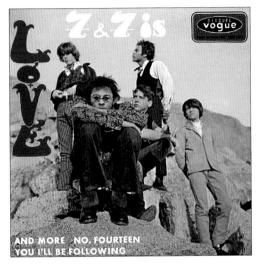

"도어스는 아서를 우상처럼 여겼죠.
그들은 러브의 스타일을 많이 모방했어요.
그건 두말할 여지도 없습니다."

폴 로스차일드, 프로듀서, 1994

◀ **Influenced by:** Get Off of My Cloud • The Rolling
Stones (1965)
▶ **Influence on:** Skeleton Key • The Coral (2002)
● **Covered by:** Alice Cooper (1981) • Billy Bragg (1990)
The Ramones (1993) • The Electric Prunes (2001)
Amoeba (2004) • Rush (2004)

"7 and 7 Is"는 1966년 6월 17일, 그리고 20일에 거쳐 할리우드의 선셋 사운드 리코더스 스튜디오에서 녹음되었다. 그 무시무시한 속력과 수수께끼 같은 가사로 러브는 그들이 거둔 유일한 미국 빌보드 톱 40위의 기록을 세운다. 리드 싱어 아서는 처음에 다른 러브 멤버들이 잠을 자고 있는 동안 선셋 대로의 콜로니얼 아파트 화장실에서 밥 딜런 스타일의 포크 송으로 이 곡을 고안했다. "제 곡들은 새벽이 오기 바로 직전에 떠오르곤 했죠." 그가 후에 작가 필 갈로에게 이렇게 말했다. "전 꿈속에서 노래를 들어요."

리의 외양상 초현실주의적 가사 속에는 자서전적인 줄거리가 숨어 있으며, 이것을 통해 리의 어린 시절을 넌지시 엿볼 수 있다. 그 불가사의한 제목은 리가 자신의 십 대 시절 여자친구였던 아니타와 함께 나누었던 동일한 생년월일(3월 7일)에서 비롯되었다. 또한 가사 중 "In my lonely room I'd sit, my mind in an ice-cream cone(난 외로이 방에 앉아 있곤 했지 아이스크림 콘에 머리를 담고)"은 자신이 학교에서 불성실했을 때 모친이 리를 혼자 방에 앉아 있게 한 데서 나왔다 한다. 여기서 "ice-cream cone"은 체벌용 바보 모자를 비유적으로 한 말이다. 러브의 리드 기타리스트 조니 에콜스는 작가 앤드루 산도발에게, 리의 모친은 학교 선생님이었으며 그 때문에 리는 능력 부족을 느낄 때가 있었다고 말한 적이 있다. "그는 학구적으로 그다지 소질이 없었어요"라는 것이 그 이유였다.

이 곡은 러브의 손에 들어가면서 포크로부터 완전한 변화를 거치게 된다. 광란의, 실험적인 펑크의 원생이 그 결과물이었고, 여기에서 소외감과 분노 섞인 보컬, 두들겨 맞는 드럼은 함께 질주하다 결국 속도를 늦춘 총소리에 이른다. 발포 소리는 프로듀서 잭 홀즈먼의 작품이었고, 원자폭탄의 폭파 소리를 흉내 내려 한 것이었다.

이 곡의 호된, 재빠른 템포는 다중 작업을 요구했다. 일부 사람들은 트랙 완성본에서 드럼을 친 이가 올번 "스누피" 피스터러가 아닌 리 자신이었다고 주장한다. 그러나 기타리스트 에콜스는 이 스릴 넘치는 '나자빠지는(wipe out)' 스타일의 서프 밴드적 웅웅거림이 모두 피스터러의 작품이라고 고집했다. **JoH**

96 Tears
? & The Mysterians (1966)

Writer | Rudy Martinez
Producer | Rudy Martinez
Label | Pa-Go-Go
Album | *96 Tears* (1966)

2009년 공연 투어에서 브루스 스프링스틴과 그의 이 스트리트 밴드는 관객들에게, 자신들이 연주 못하는 곡이 있는지 찾아보라며 아무 곡명이나 외쳐보라고 요청했다. 애틀랜타에서 터진 신청 곡이 바로 "96 Tears"였다. 오르간이 중심 역할을 하는 이 1966년 넘버 원 스매시 히트는 퀘스천 마크 앤 더 미스테리언스의 작품이었다. 스프링스틴은 잠시 멈추었다가 바로 야단법석을 치며 이 곡의 스타트를 끊었다. "Louie Louie"와 마찬가지로 이 곡은 세계 곳곳의 수많은 개라지 밴드들이 연주했던 곡이다. 인디 레이블 파-고-고를 통해 첫 발매된 "96 Tears"는 카메오 파크웨이에 채택되며 1위에 오른다. 미국은 날카로운 보컬과 오르간 리프에 대고 몸을 흔들며, 가사에 담긴, 사악함 서린 복수 환타지를 못 본 체했다. 일본 공포영화의 이름을 따 명명한 미스테리언스는 미시간에서 결성되었다. 그들의 싱어는 '퀘스천 마크'였고, 자신이 1만 살이며 화성에서 태어났다고 주장했지만, 그의 이름은 루디 마르티네즈였을 것이며 선글라스 없이는 사진 찍히기를 절대 거부하는 멕시코계 미국인이었다. "96 Tears"는 급증하는 개라지 밴드들에게 영감이 되어주었지만, 정작 이 장르를 정의 내리는 〈Nuggets〉 앨범에는 수록되지 않았다. 다른 카메오의 백 카탈로그 곡들과 마찬가지로, 이 곡의 오리지널 버전이 금고에 단단히 잠겨 있었기 때문이다(이것은 2005년 재발매된다). 하지만 그런 장애조차도 이 곡이 문화적 아이콘으로 부상하는 것을 막을 수는 없었다. B-52's와 톰 러셀, 더 크램프스 등의 다양한 그룹들의 노래에 인용되는 한편 아레사 프랭클린과 수어사이드는 이 곡의 커버 버전을 내놓는다. 게다가 이 곡은 스프링스틴을 포함한 수많은 술집 밴드의 화려하고 힘찬 연주를 통해 생명력을 잃지 않고 있다. **PW**

Pushin' Too Hard
The Seeds (1966)

Writer | Sky Saxon
Producer | Marcus Tybalt
Label | GNP Crescendo
Album | *The Seeds* (1966)

'틴 신(Teen Scene)' 매거진에 따르면, 이 곡은 리드 싱어 스카이 색슨(본명 리처드 마시)이 슈퍼마켓 주차장에서 여자친구를 기다리는 동안 10분 만에 작곡했다 한다. "Pushin' Too Hard"는 화음 2개짜리 개라지 펑크 고전이며, 시즈의 독특한 사운드의 이상을 보여주고 있다고 할 수 있다.

색슨은 후에 이 곡이 선셋 스트립 소재 '판도라스 박스' 클럽이 폐점 된 사건에서 부분적으로 영감을 얻어 만든 것이라 주장한다(이 클럽 밖에서 야간 단속령에 대한 청년 시위가 벌어졌고 이것은 일명 '선셋 스트립 폭동'이라 불리우는 사건으로 이어진다. 이후 이 클럽은 로스앤젤레스 시의회가 취득했다). 이 사건이 일어난 것은 1966년 11월이고, 시즈의 2번째 싱글이 첫 발매된 것은 3월이고 히트를 거둔 게 8월이므로, 색슨의 기억력이 좀 수상쩍은 것은 사실이다. 하지만 이 곡이 서던 캘리포니아 젊은이들의 반항적 풍조를 곡에 잘 포착한 것 또한 사실이며, 이로 인해 시즈는 로스앤젤레스를 중심으로 대규모의 추종자들을 획득했다. 색슨의 냉소적이며 비음 섞인 앵앵거리는 보컬, 초보적이긴 하지만 재즈적 냄새 풍기는 대릴 후퍼의 일렉트릭 피아노, 서프와 퍼즈를 섞어 연출한 잰 새비지의 기타, 릭 앤드리지의 원시적 드러밍이 특징적인 이 싱글은 전국 36위를 기록했다.

어쨌든 후퍼의 두드러진 일렉트릭 피아노가 다른 '천사의 도시' 거주민인 더 도어즈의 레이 만자렉에게 영향을 준 것은 분명해 보인다. 그리고 "Pushin' Too Hard"는 레니 케이의 1972년 일렉트라 레코드사 컴플레이션 앨범 〈Nuggets: Original Artyfacts of the First Psychedelic Era, 1965–68〉에 수록된다. 이 앨범이 70년대 펑크 신에 영향을 준 것에 대해 반박하지 못한다는 사실은 공공연히 알려져 있다. **JoH**

Psychotic Reaction
The Count Five (1966)

Writer | The Count Five
Producer | Hal Winn,
Joseph Hooven
Label | Double Shot
Album | *Psychotic Reaction* (1966)

"전 로큰롤의 진정한 기준이 상스러움이라는 걸 마침내 깨 닫게 되었습니다." 레스터 뱅스가 이렇게 적었다. 그는 이 개러지 록 앤섬에서 영감을 얻다 자신의 저서 「Psychotic Reactions and Carburetor Dung」을 완성했다. 60년대 중 반 꾀죄죄한 십 대들이 만든 시끄럽고 지저분한 녹음 트랙 중에서도 "Psychotic Reaction"은 그 시대 음악의 땀 냄새 진동하는 전율을 가장 잘 포착했다. 유령 같은 하모니카 의 흐느낌부터 갑작스런 템포 변화, 꽥꽥거리는 기타 스 트러밍, 록 곡에서 통례적인 비명까지 어느 하나 빠질 데 가 없었다.

카운트 파이브는 캘리포니아 산 호세에서 처음 결성했 을 때 그저 어린 아이들에 불과했다. 당시 이들은 19세 싱 어 겸 리듬 기타리스트인 존 번이 이끄는 5명의 멤버로 구 성되어 있었다. 이런 이야기가 있다. 번은 대학에서 정신 병에 관한 보건 교육을 받던 중이었고, 그의 친구 랩 램이 "Psychotic Reaction"이 노래 이름으로 좋겠다는 의견을 내놓았다는 것이다. 그리고 번은 이 제목을 이용해 하루 종일 자신의 머릿속을 맴돌던 멜로디를 구체화시켰다.

이들 라이브 공연에서, 카운트 파이브는 연주를 시작 하기 전 드라큘라 스타일 망토를 두르고 무대 위를 활보한 다. 그리고 매 공연마다 "Psychotic Reaction"을 재창조하 며 극대의 정신 이상을 연출하는 기회로 삼는다. 이들의 노력은 결국 보상받는다. "Psychotic Reaction"은 1966년 빌보드 차트 5위에 올랐으며, 1백만 달러 상당의 출연 예 약을 받았다. 하지만 그 대신 이들은 대학에 진학한다. 최 근 그 결정을 후회하지 않냐는 질문을 받고, 번은 이렇게 대답했다고 한다. "네. 당신 같으면 안 그렇겠어요?" **SH**

Reach Out (I'll Be There)
The Four Tops (1966)

Writer | Eddie Holland,
Lamont Dozier, Brian Holland
Producer | B. Holland, L. Dozier
Label | Motown
Album | *Reach Out* (1967)

포 탑스에게 2번째 미국 1위 곡이었던 "Reach Out"은 이 들의 오랜 음악 활동의 정점을 장식하게 된다. 이 곡은 그 들의 초기 스타일로부터 뚜렷한 단절을 보여주었지만(장조 와 단조의 대비를 이용하여, 더 어둡고 더 극적인 효과를 연출했다), 가장 두드러지는 것은 리드 싱어 리바이 스텁스의 새로운, 날카로운 보컬 스타일이었다. 녹음 세션에서 모타운 송라 이팅-프로덕션 팀인 홀란드-도지어-홀란드는 스텁스에 게 그의 바리톤 음역 최상부에서 노래를 부르게 격려했다. 이 곡이 가진 콜 앤 리스폰스 스타일과 그의 보이스에 묻 어나는 팽팽한 긴장감이 합쳐져, 이 트랙은 가스펠을 연상 케 하는 열정과 긴장감을 지니게 되었다. 여기에 다른 멤 버들과 함께 모타운의 전속 여성 싱어들인 안단테스가 부 른 배킹 보컬이 조화를 이루었다.

이 곡을 녹음한 후(주장에 따르면 단 2테이크만에 끝냈다 한 다), 그들은 이것이 단순히 앨범 트랙으로 쓰일 것이라 여 겼다. 그러나 모타운 우두머리인 베리 고디는 이 곡이 히 트의 잠재성이 있다는 것을 간파하고 1966년 말 싱글 발 매시킨다. 몇 주만에 이 곡은 R&B 차트뿐 아니라 빌보드 핫 100 양쪽에 정상에 우뚝 선다. 어쨌든 나중에 〈Reach Out〉의 리드 트랙으로 앨범에 수록되기는 한다.

또 다른 홀란드-도지어-홀란드 작품인 "Standing in the Shadows of Love"를 통해 포 탑스는 1966년 11얼 다 시 차트로 복귀했다. 그러나 이것이 그들의 마지막 대히트 였다. 하지만 이들 4인조는 인기 있는 라이브 공연 그룹으 로 계속 활동해간다. 50년대 포 에임스로 처음 함께 시작 했던 동일한 라인업을 유지해가며 말이다. 1997년 로렌스 페이튼이 사망할 때까지 그 활동은 이어졌다. **MW**

Good Vibrations
The Beach Boys (1966)

Writer | Brian Wilson,
Mike Love
Producer | Brian Wilson
Label | Capitol
Album | *Smiley Smile* (1967)

비틀즈의 야심찬 팝에서 영감을 받은 비치 보이, 브라이언 윌슨은 심플한 서프 앤섬의 세계에 이별을 고하고 자신만의 복잡한 대작을 만드는 데 착수했다. 그 결과, 1996년 〈Pet Sounds〉가 탄생했고, 이것은 실험적 록에서 비틀즈가 세워놓은 기준점을 넘는 새로운 수준의 음악이었다. 그러나 윌슨의 가장 중대한 성명서는 발표되지 않은 상태였다. "Good Vibrations"는 〈Pet Sounds〉녹음 세션 중 잉태되었다. 하지만 이 곡의 녹음이 완성되기까지는 〈Pet Sounds〉가 발매된 후 몇 달을 더 기다려야 했다. 자신의 머릿속에 들려오는 그 사운드를 확실히 포착하겠다고 단단히 결심한 윌슨은 이 장대한 트랙의 녹음을 마치기 위해 8개월 동안 몇몇 스튜디오를 돌아다니며 작업했다. 이런 세부적인 것에 대한 전례 없는 관심이 1967년 벌어진 윌슨의 신경쇠약과 연관되기도 하지만, 어쨌든 이런 수고는 결국 그의 모든 예상을 뛰어넘고 후하게 보상받았다.

"Good Vibrations"를 "포켓 심포니"라고 부른 공로는 윌슨의 홍보 담당자 데렉 테일러에게 돌아간다. 화려하면서도 간결하기까지 한 이 3분 30초 길이의 싱글은, 어마어마한 야망과 라디오 방송에 적절한 음악을 감별할 줄 아는 귀의 덕을 톡톡히 보았다. 바로크 음악이 몇 단원에 걸쳐 펼쳐지며, 낭만적인 심상과 무성한 하모니, (테레민을 포함한) 보기 드문 악기 편성과 한데 결합한다. 저항할 수 없는 야릇한 힘을 가진 이 곡은 너무나 많은 아이디어가 밀집되어 있기 때문에 몇 번이나 다시 들어야 한다.

"Good Vibrations"는 이 밴드의 3번째 미국 넘버 원이자 1번째 차트 정상 곡이었다. 37년의 세월이 지난 후, 이 곡은 〈Smile〉 앨범에 참여하기로 계획되어 있던 밴드 가족들이 합동하여 재녹음하였다. **JiH**

Dead End Street
The Kinks (1966)

Writer | Ray Davies
Producer | Shel Talmy
Label | Pye
Album | N/A

비틀즈 다음으로 60년대 위대한 영국 밴드들 중 음향 측면에서 가장 대담했던 이들을 들자면 '킨크스'를 꼽을 수 있다. 게다가 데이비스는 그 세대의 가장 독특한 송라이터라고 할 수 있었다. 가사나 주제에 물을 타지 않고도 그는 매카트니의 감상벽과 레논의 냉소주의 사이의 절충안을 찾을 줄 알았다. 그리고 "Dead End Street"를 통해 그는 깔보는 듯하지 않으면서도 동정 어린, 분개하지 않으면서도 분노할 줄 아는, 가난에 관한 곡을 쓰는 데 성공했다.

그의 천재성은 디테일에서 번뜩인다. 데이비스는 짧고 기지 번뜩이는 4줄의 도입부 가사로 전체 배경을 설정한다: "There's a crack up in the ceiling / And the kitchen sink is leaking / Out of job and got no money / A Sunday joint of bread and honey(천장에 틈이 있어 / 부엌 싱크대는 새고 있지 / 직장도 돈도 없고 / 내 일요일 만찬은 빵과 꿀)." 화자에게 60년대는 전혀 '스윙잉 런던'의 시대가 아니었던 것이다. 이 곡의 사운드 또한 매우 독자적이다. 블루스와 포크의 수법을 활용하는 튠을 지지하고 있는 구슬픈 트럼펫 소리 하며, 급격한 리듬의 변화, 자존심과 절망의 불가결한 자각을 극복하려는 듯 마구 외치는 배킹 보컬 등. 동료 킨크스 멤버 데이브 데이비스와 피트 쿠웨이프는 둘 다 레이가 쓴 곡 중 최고 3곡 중 하나로 "Dead End Street"를 꼽았다. 그리고 이 곡이 미치는 영향(고적한 이야기를 뒷받침하는 쾌활한 멜로디)은 이후 등장하는 위대한 영국 노동자 계급 밴드들의 작품에서 뚜렷이 메아리친다. 특히, 매드니스, 스미스, 펄프 등을 포함한, 모든 영국 수필가들의 음악 속에서 말이다. **PW**

1967년 킨크스가 몽키즈의 마이크 네스미스(좌측 자리에 앉아 있음)를 생기 없는 모습으로 만나고 있다.

The Sun Ain't Gonna Shine Any More | The Walker Brothers (1966)

Writer | Bob Crewe, Bob Gaudio
Producer | Johnny Franz
Label | Philips
Album | N/A

비틀즈가 진두지휘한 60년대 "영국 침공"으로 영국 그룹들이 미화를 싹쓸이하긴 했지만, 이게 항상 일방통행이었던 것만은 아니다. 이 전미대표 3인조는 깊은 생각에 잠긴 보이 밴드 이미지로 영국에서 자신들을 재창조해 1966년 최대의 팝 그룹으로 부상하는 데 성공한다. 1966는 이들의 2번째 영국 넘버 원, 바로 이 싱글이 군림한 해였다. 그들은 사실 형제도 아니고 성이 워커도 아니었지만, 마치 형제인 양 보였고, 정말 깨물어주고 싶게 잘생긴 미남들이었다. 노엘 스콧 엥겔(이후 스콧 워커로 바뀐다)이 최고 매력남이었고 여기에 개리 리즈와 존 마우스가 가세했다.

마리아치 스타일의 기타 스트로크와 트럼펫 사운드가 이 중간 템포의 곡의 도입부를 연다. 그러고 나면 우레와 같은 필 스펙터풍 사운드의 벽이 나타나고, 깊이 갈라진 틈을 통해 드럼과 베이스가 내뿜어져 나오며 듣는 이를 첫 단어("Loneliness")에 푹 감싸 안는다. 스콧의 호소력 깊고 감미로운 보컬은 사랑을 꿈꾸는 십 대 소녀들에게 너무도 완벽한, 애달픈 간청이었다. 제목의 문장을 외치며 이 곡이 장대한 코러스에 달하면, 세 남자가 그들의 전부를 바치고, 여기에 이보 레이몬드가 편곡한, 무성하고 극적인 한 편의 영화와 같은 관현악 음악이 펼쳐진다.

프랭키 밸리 앤 더 포 시즌스가 1965년 첫 녹음했던 이 곡은 워커 브라더스에게 1966년 3월 영국 차트 정상을 안긴다(미국에서는 13위까지 오른다). 이듬해 이들은 각자의 길을 가게 되었고, 스콧 워커만이 남아 솔로 싱어로 유명세를 얻으며 자칭 은둔자("음반 업계의 오슨 웰스")로 지냈다. **JJH**

Season of the Witch | Donovan (1966)

Writer | Donovan Leitch
Producer | Mickie Most
Label | Epic
Album | *Sunshine Superman* (1966)

"Season of the Witch"는 도노반의 "Sunshine Superman"이나 "Mellow Yellow"만큼 잘 알려져 있진 않다(이 '플라워 파워(flower power)'에 힘입은 음유시인에게 후자의 곡들은 각각 미국 넘버 원과 넘버 투의 자리를 안겼다). 그러나 이 곡이야말로 그가 향후 받아들일 더욱 강력한 사이키델릭 사운드의 완벽한 표본이라고 할 수 있다. 이 사운드는 그로 하여금 (아마 애초에 스스로 그다지 원하지 않았던) "영국의 밥 딜런"이라는 꼬리표를 벗어던지게 돕는다.

드러머 "패스트" 에디 호와 함께 키보드에 레니 매틀린, 지역 베이시스트 바비 레이와 합동한 도노반과 프로듀서 미키 모스트는 로스앤젤레스의 CBS 스튜디오를 예약하고, 팝을 향한 자신들의 새로운 접근법을 시도해본다. 레이의 육중한 백비트(backbeat) 베이스 위로 도노반은 하얀 펜더 텔레캐스터 일렉 기타를 둘러메고 아무렇게나 난화음들을 마구, 무작정, 덩어리째 내려쳤으며(대부분의 곡에서 그저 2개씩만) 이것은 서서히 소름 끼치게 볼륨을 높여가며, 울부짖는 오싹한 코러스로 다다른다. CBS 엔지니어들의 반대에도 불구하고 레벨을 한껏 높인 베이스 사운드는 그로써 만족스러운 무게감을 가지게 되었고, 하나의 아이콘적 리프를 탄생시켰다.

자신과 종종 연관되는 엉뚱함을 고의적으로 피한 도노반은 반문화의 함정과 상업화에 일제 사격을 가하는 날카로운 눈초리의 가사를 구사한다. 위협적 분위기가 트랙 전체에 감돌며, LSD로 느끼는 희열은 언젠가 대가를 치뤄야 할 날이 올 것이라는 암시를 비춘다. 그렇기에, 이 곡은 구스 반 산트 감독의 억제되지 않고 생각 없는 야망에 대한 인상 깊은 연구를 담은 〈투 다이 포〉(1995)의 엔딩 크레딧 음악으로 완벽히 어울렸다. **JJH**

서로 형제 아닌 형제. 워커 브라더스. 좌로부터 존 마우스, 스콧 엥겔, 개리 리즈.

Friday on My Mind | The Easybeats (1966)

Writer | George Young, Harry Vanda
Producer | Shel Talmy
Label | United Artists
Album | N/A

"이지비츠는…호주의 비틀즈라고
할 수 있었죠. 우리는, 그들과
어울려 다니며 이렇게 생각하곤 했죠.
'우리도 이렇게 잘 나가야지!'"

말콤 영, AC/DC, 2000

◀ **Influenced by:** The Swingle Singers
▶ **Influence on: The Sound of the Suburbs**
   The Members (1979)
● **Covered by:** The Shadows (1967) · David Bowie (1973)
   London (1977) · Peter Frampton (1998) · Richard
   Thompson (2003) · Ben Lee (2008)

1966년 여름, 이지비츠가 고향 호주에서 스타가 된 지 이미 1년도 더 넘었을 시기였다. 하지만 이들의 이름은 미국과 영국 시장에서 아무런 의미가 없었고, 이곳에서는 그들의 음반이 발매조차 되지 않았다. 여기에 짜증이 난 5인조는 유나이티드 아티스트와 음반 계약을 맺고 런던으로 활동지를 옮긴 다음, 후와 킨크스의 프로듀서 셸 톨미와 함께 새로운 싱글을 녹음한다.

사이키델리아가 바로 모퉁이까지 와 있었지만, 숨가쁜 "Friday on My Mind"는 "Rip It Up"이나 "C'mon Everybody"와 같은 "드디어 주말이다!" 하는 느낌의 말들을 환기시켰다. 보컬 그룹 더 스윙글 싱어즈의 전형적 이지-리스닝 편곡에서 영감을 얻은—기이하게도 말이다—도입부 음들과 함께, 60년대 파워 팝의 지나치도록 강렬한 한 모금은 간절히 기다려온 "지루한 5일"의 끝과 그후 시내에서 즐기는 신 나는 밤이 주는 보상을 노래했다. 곡이 고꾸라질 만큼 빠른 속도로 몰고 가는 기타는 달콤한 해방을 기다리는 동안 조바심 내며 까탈을 부리고 보컬리스트 스티비 라이트는 하루하루가 가기를 손꼽아 기다린다. 배킹 보컬은 가까스로 억누른 환희를 참지 못하고 지껄이듯 야단법석을 친다.

예상한 바와 같이, 영국 톱 10 진입 곡이 당연했던 "Friday on My Mind"는 호주에서 더 좋은 성적을 거두었다. 그곳에서 연속 8주간 차트 정상에 머문 것이다(이지비츠의 성공을 본 신출내기 비지스는 호주로부터 곧 다시 영국으로 서둘러 돌아온다). 안타깝지만, 이 곡은 이지비츠의 마지막 곡이었다. 계약 문제로 지옥을 헤매고, 마약으로 탈선하게 된 이들은("그 즈음 되어 밴드는 거의 대부분의 시간을 몸 끝까지 약에 취해 보냈죠." 기타리스트 조지 영이 이렇게 털어놓았다), 1968년 늦게나마 후속 히트작 "Good Times"(스몰 페이스 멤버 스티브 매리엇을 배킹 보컬로 피처링했다)를 내놓았음에도 불구하고 기세가 꺾여 좌초한다. 그래도 영(Young) 형제만큼은, 훗날 70년대가 도래한 후 조지의 남동생들 앵거스와 말콤의 AC/DC를 통해 멋들어진 차트 군림을 재기하게 된다. **RD**

I'm a Believer | The Monkees (1966)

Writer | Neil Diamond
Producer | Jeff Barry
Label | Colgems
Album | *More of the Monkees* (1967)

the monkees **stereo**
i'm a believer · daydream believer
last train to clarkosville · a little bit me, a little bit you

"제 생각은 이거였죠.
'흠, 사람의 능력으로 상상 가능한
가장 촌스러운 것 중
내가 할 만한 게 뭐가 있지?'"

로버트 와이엇, 1996

◀ **Influenced by: Cherry Cherry** · Neil Diamond (1966)
▶ **Influence on: Sugar Sugar** · The Archies (1969)
● **Covered by:** The Ventures (1967) · The Four Tops (1967)
Wanda Jackson (1968) · Robert Wyatt (1974) · Tin Huey
(1979) · The Frank and Walters (1992) · Sugar Beats
(1997) · The Patron Saints (2008)

몽키스는 60년대 팝 히트 고전 중 이 곡을 포함한 다수에서 직접 악기 한 번 만져보지 못한다. 90년대의 밀리 바닐리처럼 이들이 엄청난 욕을 먹은 것도 아니다. 처음부터 이들은 아예 속이지조차 않았다. 몽키스는 비틀매니아 물결을 활용하고자 만들어진 한 TV 쇼에 출연시킬 특정 목적을 띄고 결성된 밴드였다(잡지 구인 광고는 "미쳤다!"를 외치며, "정신 나간 소년들을 위한 배역을 정함."이라는 말을 실었다. 이것은 리처드 레스터의 별나고 불손한, 빠른 진행의 비틀즈 영화 〈하드 데이즈 나이트〉를 넌지시 암시한 말들이었다). "몽키스가 밴드라고 하는 건 마치 레너드 니모이를 발칸족이라고 하는 것과 같다." 과거 〈서커스 보이〉 아역 배우이자 몽키스의 드러머 미키 돌렌즈가 이렇게 한마디 했다. 이 말은 사실 당시 대중 문화를 시사하는 발언이기도 하다. 왜냐하면 (니모이가 자신의 트레이드마크인 뾰족한 귀를 달고 나온) 스타트랙과 TV시리즈 〈더 몽키스〉에 대한 예고편이 둘 다 TV에 나온 것은 1966년이었기 때문이다.

"I'm a Believer"는 흠 하나 잡을 수 없는 브릴 빌딩 군락으로부터 탄생한다. 닐 다이아몬드가 멜로디를 쓴 한편(본래 컨트리 스타 에디 아놀드를 주려고 쓴 것이다), 리드 기타를 연주해 넣었고, 캐롤 킹이 백그라운드 보컬을 불렀다. 돌렌즈는 데이비드 존스(몽키스의 유일한 영국인)의 힘을 빌려 환희에 넘치는 리드 보컬을 불러 넣는다. 존스(그의 역할은 '그 귀여운 애'의 이미지를 연출하는 것이었다)는 이미 이전에 브로드웨이 무대에서 'Oliver!'의 아트풀도저 연기를 한 데 비롯해 (비틀즈를 미국 거실 방 안으로 소개한) 그 유명한 〈에드 설리번 쇼〉에 이미 출연한 경험이 있었다.

분개한 마이크 네스미스(기타리스트였던 그는, 4번째 멍키 피터 토크와 마찬가지로, 연기 경험 없이 뮤지션 배경만을 가지고 있었다)는 프로듀서 제프 배리에게 약간 훌쩍거리며 "전 송라이터인데요. 그건 히트감이 아니에요"라고 말했다. 그러나 "I'm a Believer"가 예약 구매만 1,051,280장 기록을 올리고 거기 담긴 중독성 강한 버블검 팝적 오르간 사운드, 비틀즈풍의 기타와 하모니가 미국에서 7주간 정상의 자리를 지켰을 때, 네스미스조차도 기분이 나쁘진 않았을 듯하다. **JJH**

Dirty Water
The Standells (1966)

Writer | Ed Cobb
Producer | Ed Cobb
Label | Tower
Album | *Dirty Water* (1966)

미국 개라지 트랙의 원형이자 보스턴 레드 삭스 팀의 공식 승리가로서, "Dirty Water"는 오늘날 60년대 펑크와 보스턴 야구팀 매니아들 모두의 가슴속에 애정 어린 존재로 숨 쉬고 있다. 그러나 롤링 스톤스를 향해 보내는 이 노골적인 경의의 표시를 녹음하게 된 밴드는 사실 보스턴에는 실제 가보지도 못했을 뿐 아니라 호화 서퍼 클럽(supper club)에서 연주하며 생계를 꾸리는 이들이었다.

스탠델스의 매니저이자 프로듀서였던 에드 콥(그는 글로리아 존스의 노선 소울 고전 "Tainted Love"를 작곡한 인물이기도 하다)이 작곡한 간결한 12마디 블루스, "Dirty Water"는 60년대 초반 있었던 콥의 불운했던 보스턴 방문에서 영감을 받아 쓰였다(그는 찰스 리버에 놓인 다리에서 강도를 만났다). 보스턴 하버의 오염상태를 언급하는 한편, 그 시절과 시대적 연관성을 가졌던 보스턴 살인사건과 보스턴 대학 여학생들의 당시 통행금지 시간을 암시하는 말들도 끼워 넣었다. 이렇게 하여 완성된 노래를 그는 자신이 담당하고 있던 '더 스탠델스'에게 주었다. 리드는 전 미키마우스클럽 출신 딕 더드가 맡았다.

"Dirty Water"는 1966년 6월 톱 10 히트를 거두었고 이 밴드는 이후 다시는 여기에 버금갈 성공을 거두지 못한다. 하지만, 이 곡은 90년대에 레드 삭스 팀에 의해 채택되었고, 이들이 2004년 월드 시리즈에서 우승했을 당시 스탠델스가 펜웨이 파크에서 공연을 맡았다. 유투, 스틸리 댄, 마르스 볼타, 에어로 스미스, 브루스 스프링스틴까지 마다 할 것 없이 모두들 이 곡을 보스턴에서 라이브 공연을 커버했다. **PL**

I Feel Free
Cream (1966)

Writer | Jack Bruce, Pete Brown
Producer | Robert Stigwood
Label | Reaction
Album | N/A

데뷔 싱글 "Wrapping Paper"라는 기묘하고 어긋난 시작 이후, 크림(잭 브루스, 에릭 클랩튼, 진저 베이커로 이루어진 세계 최초 록 수퍼 그룹이었다)은 이 그룹의 결성을 둘러싼 대대적인 광고와 기대에 부응하는 존재임을 입증해 보여야 했다. 그러나 "I Feel Free"와 함께, 모든 두려움이 곧 사라지며. 진지한 블루스 뮤지션들이 진정한 팝 음악을 만들 수 있다는 것을 제대로 보여준 것이다.

베이시스트 겸 보컬리스트인 브루스와 작사가 피트 브라운이 쓴 이 싱글(런던의 라이 뮤즈 스튜디오에서 녹음된다)은 입안을 깔끔하게 정리해주었다. 영국에서 11위를 기록한 이 곡은 공격적 환희의 한바탕이었고, 비트가 마침내 사이키델리아에게 자리를 내주기 바로 직전 탄생하게 된다. 온통 마음을 다 빼앗아가버리는, 사랑에 대한 브라운의 쾌활한 메시지를 통해 그는 범상치 않은 목소리의 소유자임을 입증해 보였다. 클랩튼은 간결함이 특히 눈에 띄는 기타 솔로로 상당량의 기타 스킬을 정제해 넣었다. 베이커는 자신의 드러밍이 단 한 번도 마음에 들지 않았지만, 어쨌든 이 곡의 광란적 속도에 완벽한 보완 역할을 했다.

이들의 데뷔 앨범 〈Fresh Cream〉의 영국 버전에서 비록 누락되긴 했지만, 이 트랙은 미국 발매 버전의 오프닝 트랙으로 쓰였고, 이로써 전국민과 크림 사이에 훗날 계속될 격렬한 로맨스가 시작되었다. 이 그룹을 흠모한 이들 중 데이비드 보위도 있었다. 그는 자신의 1972년 지기 스타더스트 투어에서 이 곡을 무대에 올리는 한편, 1993년 〈Black Tie White Noise〉 앨범에 녹음하여 수록하기도 했다. 푸 파이터스 또한 생기 넘치는 재해석 버전을 발표했다.

이 곡은 크림의 가장 찬란했던 순간들 중 하나로 남아 있다. **DE**

You Keep Me Hangin' On
The Supremes (1966)

Writer | B. & E. Holland, L. Dozier
Producer | B. Holland, L. Dozier
Label | Motown
Album | *The Supremes Sing Holland-Dozier-Holland* (1967)

소울과 팝에 완전하게 물들어 있음에도, 모타운은 록 음악에 대한 세심한 주의를 놓치지 않았다. "You Keep Me Hanging' On"은 노먼 휫필드가 60년대 말 템테이션스를 통해 보여줄 더욱 강렬한 사이키델릭 소울의 전조로 인정받는다.

프로듀서로 참여한 브라이언 홀란드와 라몬트 도지에는 극적으로 돌격해 가는 기타 도입부를 창조했다. 이것은 펑크 브라더스가 뛰어들어 팽팽한 그루브를 몰고 가기 전, 우선 듣는 이의 귀를 단단히 사로잡아놓는다. 모스 코드와 같은 리프는 아픈 감정의 구조를 위한 비상 신호와 같이 들린다. 다이애나 로스는 열정적이고 극적인 목소리로 배킹 보컬을 타고 달린다(다른 수프림스 멤버들이 합류하기 전 거의 1분이라는 시간이 흐른다. 아마도 이것은 로스가 솔로 스타덤을 위한 준비를 이미 시작했다는 표시일지도 모른다). 짙은 오르간 사운드와 당김음 처리된 탬버린, 고동치는 베이스, 부서질 듯한 드럼 소리, 잠행성의 기타 리프 등이 보조를 맞춰 수프림스는 전에 없었던 필사적 분위기를 연출했다. 로스가 "And there ain't nothin' I can do about it(내가 어쩔 수 있는 건 하나도 없어)!"이라고 선언할 때, 그녀는 마치 블루스 싱어처럼 가사를 뱉어낸다. 플로렌스 발라드와 매리 윌슨은 마음을 뒤흔드는 가스펠풍 배킹 보컬을 넣고, 거의 중독 수준에 육박한 사랑의 자기 과대평가는 이 곡의 극적 수위를 한껏 더 고조시킨다. "You Keep Me Hangin' On"은 록 밴드들에게 사랑받는 곡이 된다. 2003년, 송라이터인 브라이언 홀란드는 바닐라 퍼지가 이 곡을 프로그 록 한바탕으로 재해석한 버전에 찬사를 날렸다. "그들은 이 곡을 전혀 다른 방향으로 끌고 갔죠. 하지만 바닐라 퍼지는 이 곡에 완전히 새로운 세상을 보여주었죠." **GC**

Happenings Ten Years Time Ago
The Yardbirds (1966)

Writer | Yardbirds
Producer | Simon Napier-Bell
Label | Columbia (UK)
Album | N/A

지미 페이지와 제프 벡이 함께 기타를 연주하는 야드버즈 싱글로는 이것이 유일하다. 또한 이 밴드가 녹음한, 두 남자를 함께 등장시키는 유일한 3곡 중 하나이기도 하다(그 외에 이 곡의 B사이드 "Psycho Daisis"가 있고, 또 미켈란젤로 안토니오니의 〈욕망(Blow Up)〉 사운드트랙에 수록된 "Stroll On"이 있다). "Still I'm Sad"나 "Shapes of Things"와 같은 선구자적 실험정신이 담긴 트랙들로 잘 익은 음반 목록 중에서도 그룹이 발표한 가장 진보적 트랙은 바로 이 곡이라 할 수 있다. 이것은 사이키델릭 뮤직의 초기 이정표이다.

페이지는 본래 이 그룹의 베이스 주자였던 폴 샘웰-스미스(그는 프로듀서가 되기 위해 그룹을 떠났다)의 후임으로 밴드에 합류했다. 하지만 곧 그는 리드 기타를 연주하게 되었다. 놀랍도록 농후한, 다층으로 이루어진 이 트랙에서 페이지는 벡과 함께 쌍두마차를 이루며, 이 음반에서는 피드백 효과, 경찰 사이렌과 폭파 소리를 흉내 내는 기타와, 리버스 테이프, 천둥 같은 리프가 활용된다. 또한 여기에는 키스 렐프가 부르는 어렴풋이 윤회를 암시하는 몽롱하고 환각적인 가사가 입혀 있다—"Was it real, was it in my dreams? I need to know what it all means(생시인가 꿈인가? 그 모든 것의 의미를 난 알아야만 해)." 존 폴 존스가 베이스를 연주하며 레드 제플린으로 이뤄질 페이지와의 협력관계를 먼저 선수 친다(레드 제플린은 본래 '뉴 야드버즈'라는 이름으로 잉태되었다).

1966년 10월 발매된 이 싱글은, 43위에 오르는 데 그치며, 5개의 영국 톱 10 싱글을 낸 이 밴드의 히트 행진을 정지시킨다. 미국에서는 빌보드 차트 30위, 캐시박스에서 34위를 거두며 조금 더 나은 성적을 거두었다. 하지만 차트는 차트일 뿐이다. **JoH**

Tomorrow Never Knows
The Beatles (1966)

Writer | John Lennon,
Paul McCartney
Producer | George Martin
Label | Parlophone
Album | *Revolver* (1966)

1963년, 비틀즈는 이제 한 여인의 손을 잡는 것만으로는 만족할 수 없는 지경에 이른다. "Tomorrow Never Knows"가 등장할 무렵, 이들은 온 우주와 사랑을 나누길 원했다. 60년대 말 환각성 마약이, 특히나 LSD가 팝의 세계를 180도로 바꾸어 놓았고 이제 초점은 학교 운동장 연애 사건에서 다름 아닌 영적 깨달음으로 전환됐다.

〈Revolver〉(1966)의 마지막 트랙 "Tomorrow Never Knows"도 마찬가지였다. 최초의 사이키델릭 록 트랙 중 하나인 이것은 오늘날에도 짜릿한 현대적 감각이 돋보인다. 존 레논이 LSD를 이리저리 사용하기 시작한 직후 그는 애시드 그루 티모시 리어리의 저서 'The Psychedelic Experience'를 손에 넣었고, 여기서 곡의 가사 첫 구절을 빌려온다("Turn off your mind, relax and float downstream(생각을 멈추고 긴장을 풀고 흘러 내려가)"). 화학과 철학이 충돌한 결과 이 혁명적 음악이 탄생하게 된다. 고동치는 드럼을 동력으로 이 트랙에는 드론(drone)과 기이한 새 울음 같은 소리가 출몰을 거듭한다. 후자의 경우 마치 초자연적 해안선 위로 원을 그리는 갈매기들을 연상케 했다. 레논의 보컬은 이 범상치 않은 음향을 배경으로 새로운 믿음의 교리를 개괄한다.

"Tomorrow Never Knows"에는 흥미로운 사실들이 소소하게 여럿 얽혀 있다. 상당 부분 편집 과정을 거친, 역방향 기타 솔로 트랙은 사실 〈Revolver〉의 오프닝 트랙인 "Taxman"에서 슬쩍한 것이었다. 한편 이 곡의 제목은 한 BBC 텔레비전 인터뷰 중 링고 스타가 내뱉은, 링고 특유의 수수께끼 같은 말을 따 곡명으로 쓴 것이라 한다. **JD**

The End
The Doors (1967)

Writer | John Densmore, Robert Krieger,
Ray Manzarek, Jim Morrison
Producer | Paul A. Rothchild
Label | Elektra
Album | *The Doors* (1967)

당신이 개인적으로 마음에 들지 않을지언정, 그럼에도 감탄하지 않을 수 없는 노래들이 종종 있다. "The End"가 바로 그중 하나일 것이다. 이 곡은 길이로 보나 범위로 보나 어마어마하며, 대중음악계가 극단의 한계 탐험에 한참 빠져들기 시작했을 무렵인 1967년 기준으로 볼 때조차 한계 극복적이고 금기 타파적인 존재라 할 수 있었다.

처음부터 이렇게 될 것을 작정한 것은 아니다. "The End"는 사실, 수태 당시만 해도 도어즈를 일약 스타덤에 올려놓았던 "Light My Fire" 같은 3분 길이의 일반 팝송의 모습을 하고 있었다. 그러나 약물에 흠뻑 젖은 채 계속된 로스앤젤레스 공연들을 거치며 한 대 맞은 듯 제대로 모양이 변했다. 그들의 데뷔 앨범의 마지막 트랙으로 간택될 시기에 이르러 이 곡은 무려 12분의 육중한 거구가 되어 있었고, 그 속에는 사악한 기운의 오르간, 인도풍 기타 드론, 빽빽하지 않은 재즈 드러밍이 논란의 여지를 남기는 숨은 문맥상 의미를 담은 오이디푸스 콤플렉스적 말들의 격류와 병치되어 있었다.

이것은 전대미문의 음악이었고 블랙 사바스부터 컬트, 조이 디비전까지 수많은 밴드에게 영감을 불어넣는다. 그러나 모리슨이 땀 냄새 나는 자기 풍자 행위에 빠지게 된 후 도어즈는 감각이 떨어지는 밴드로 전락한다. 프란시스 포드 코폴라가 훌륭하지만 좀 과도했던 'Apocalypse Now'에 "The End"를 빌려 활용한 후부터 이 곡은 오만함의 기준점같이 여겨지게 되었고, 자파부터 너바나까지 유행의 선두를 달리는 젊은이들의 조롱거리로 전락해버렸다. 그러나 이 모든 걸 막론하고, "The End"는 오지만디아스적 업적으로 남아 있다. 온몸이 전율하는 고도의 예술적 기교와 야심찬 광휘를 자랑하는 업적 말이다. **PW**

Electricity | Captain Beefheart & His Magic Band (1967)

Writer | Don Van Vliet, Herb Bermann
Producer | Richard Perry, Bob Krasnow
Label | Buddah
Album | *Safe As Milk* (1967)

영국의 디제이 존 필이 이런 말을 남긴 적이 있다. "대중음악 역사 중에 만일 천재라는 것이 한 번이라도 존재한 적이 있다면 그건 비프하트일 거예요. 지난주 제가 들은 음반 중 몇몇에서 그의 음악적 영향을 느낄 수 있었습니다. 이번주에 듣는 음반에서는 아마 더 많이 경험하게 될 거예요." 캡틴 비프하트 앤 히스 매직 밴드 열성 팬들에게 〈Safe as Milk〉 수록곡 "Electricity"는 밴드의 과거를 투영함과 동시에 그들의 미래를 예언하고 있었다.

반 블릿(비프하트는 60년대 초 자신의 이름 부분에 "Van"을 추가해 넣었다)은 훗날 이 앨범에 담긴 삐딱한, 때때로 어두운 음악 소재 탓에 A&M 레코드사가 그룹을 내보냈다고 주장했다. A&M과 결별한 이후 그들은 기타리스트 라이 쿠더(라이징 선스에서 일한 적이 있다)와 합동해 앨범을 녹음한다. A&M이 하다 만 이야기는 부다 레코드사가 개입해 계속 이어갔다.

반 블릿 상회의 데뷔 앨범에서는 델타 블루스(Delta blues)적 근본이 진하게 느껴지지만, 그 전통에서 크게 벗어나 마음씨 좋은 대령이 훗날 선보일 음악적 아이디어 상당 부분을 예견하고 있다. "Electricity"가 바로 이것을 입증하는 좋은 예다. 사이키델릭 열전처럼 기를 죽여놓는 "Electricity"는 블루지한 리듬에 극도의 기이함을 한데 섞었다. 특히 후자의 경우는 반 블릿의 '의식의 흐름'적 가사와 거칠게 내뱉어 반복하는 곡의 제목에서 확연히 드러난다. 드러머 존 "드럼보" 프렌치의 능숙한 하이햇 연주가 곡에 구두점을 찍었고, 쿠더는 누그러질 줄 모르는 끈덕진 보틀넥 기타 리프를 선사했다. 부르르 떨어 대는 독특한 테레민 사운드는 닥터 사무엘 호프만의 작품이다. **CS-J**

Corcovado | Frank Sinatra & Antônio Carlos Jobim (1967)

Writer | Antônio Carlos Jobim, Gene Lees
Producer | Sonny Burke
Label | Reprise
Album | *Francis Albert Sinatra & Antônio Carlos Jobim* (1967)

보사 노바("새로운 트렌드"라는 의미의 포르투갈어)가 브라질에 첫선을 보인 지 이미 수년이 지난 후에도, 영어권에서 인기를 얻기까지는 좀 더 오랜 시간이 걸렸다. 결국 그것이 인기를 얻게 되자, 안토니오 카를로스 ('톰') 조빔의 노래들이 수많은 가수들의 레퍼토리에 유입되기 시작했다. "Corcovado"(이 노래의 제목은 그 유명한 '크리스토 헤덴토르'상이 서있는 리우데자네이루 소재 코르코바도산과 관련해 있다), 혹은 진 리스의 영어 버전 가사를 따라 "Quiet Nights of Quiet Stars(고요한 별들의 고요한 밤)"라고 불리기도 하는 이 곡은 토니 베넷, 도리스 데이, 페리 코모, 조니 마티스 등이 커버 버전을 냈고 마일즈 데이비스를 포함한 재즈계 거물들이 스탠더드 튠으로 정착시켰다.

1967년에는 프랭크 시나트라도 보사 노바를 받아들였다. 이것은 과거 그의 장기였던 화려한 쇼 스타일로부터의 과감한 전환을 의미했다. 52세의 시나트라는 이제 직접 조빔과의 공동 작업에 착수하며, 이 장르 전형인 절제된 보컬 스타일을 연출하기 위해 자신의 색깔을 진정시킨다. 게다가 이제는 빅밴드 스타일 반주도 쓰지 못했다. 그 자리에는 조빔과 긴밀한 관계에 있던 클라우스 오거만과 그의 오케스트라 사운드로 편곡해 넣은 반주가 들어선다. 그 결과 탄생한 〈Fancis Albert Sinatra & Antonio Carlos Jobim〉은 조빔 노래들의 결정판 버전들을 모아놓은 앨범이었고, 특히 "Quiet Nights of Quiet Stars"는 오늘날 고전으로 통하게 된다. 평단의 갈채를 받고 그래미상을 수상했음에도 이 앨범은 크게 흥행에 성공하지 못한다. 그리하여 계획에 있던 2번째 앨범은 〈Sinatra & Company〉(1971) 롱플레이의 한 면으로 결국 축소되었다. **MW**

Heroin
The Velvet Underground (1967)

Writer | Lou Reed
Producer | Tom Wilson (Andy Warhol credited)
Label | Verve
Album | *The Velvet Underground and Nico* (1967)

"When I put a spike into my vein / Then I tell you, things aren't quite the same / When I'm rushing on my run / And I feel just like Jesus' son(내 혈관에 주삿바늘을 꽂아 넣을 때 / 있잖아, 모든 게 달라 보여 / 약에 흥분할 때면 / 내가 마치 예수의 아들인 것처럼 느껴져)," 루 리드가 첫 구절 시작 후 15초 경과하는 시점에서 나지막이 뱉은 말이다. 이것이 바로 록 역사에서의 분수령이었다. 버즈("Eight Miles High")와 밥 딜런("Ray Day Women #12 and 35")이 이 금기 소재를 다룬 적이 있기는 하나, 록 밴드가 이토록 마약 사용에 대해 노골적으로 노래한 것은 "Heroin"이 처음이었다.

이 곡은 1964년, 리드가 아직 픽윅 레코드사 인턴으로 기술을 연마하고 있던 시절에 작곡되었고, 여기 담긴 허무주의적 가사는 60년대 말 판을 친 자유연애 히피 정신과는 너무도 동떨어진 것이었다. 그러나 "Heroin"은 주의를 촉구하는 교훈적 이야기도, 마약 사용의 자부심을 미화하는 것도 아니었다. 이것은 그저 한 수의 시였다.

음악적으로도 이 곡은 그 가사만큼이나 혁신적이었다. 곡의 7분 12초 전부가 언뜻 보기에 간단한 메이저 코드를 중심으로 만들어졌지만, 스털링 모리슨의 리듬-기타 아르페지오와 날카롭게 울리는 존 케일의 일렉트릭 비올라, 최면적인 모린 터커의 드럼이 함께 이루는 소용돌이는 록계의 그 어느 것과도 비교할 수 없는, 마약 효과적 희열의 음악적 은유였다. 클래식 음악 교육 배경을 가진 케일이 구사하는 무조성적인 단일 코드 드론은 최초로 팝 음악의 정맥에 미니멀리스트 계열의 아방가르드적 불협화음을 주입했다.

그 음악적 유산은 여전히 남아 수많은 뮤지션, 작가, 영화 제작자들의 작품속에 살아 숨 쉬고 있다. **MK**

Chelsea Girls
Nico (1967)

Writer | Lou Reed, Sterling Morrison
Producer | Tom Wilson
Label | Verve
Album | *Chelsea Girl* (1967)

독일 태생 모델 크리스타 패프겐(패션 사진작가 헤르베르트 토비아스가 그녀에게 니코라는 이름을 지어주었다)은 타고난 가수가 아니었다. 그러나 그녀는 인상적인 외모의 소유자였다. 금발 머리와 큰 키의 아름다운 독일 여성이었던 그녀는 신비스러움을 유지하며 그럴듯하게 가장할 줄 알았고, 헤로인 중독에 시달려 종종 제정신이 아닌 행동을 일삼았다.

벨벳 언더그라운드의 데뷔 앨범에서 노래한 직후 그녀는 자신의 첫 솔로작 〈Chelsea Girl〉의 작업에 착수했다. 앨범 제목은 그녀가 출연했던 앤디 워홀의 1966년 영화 〈첼시 걸스〉에서 따 온 것이었다(제목 'Chelsea Girls'는 이 영화를 위한 촬영이 대부분 이루어졌던, 퇴폐적이기로 악명 높은 호텔 첼시와 관련돼 있다). 이 호텔에 대한 니코의 7분 20초 길이 노래는 기타리스트 스털링 모리슨이 연주하는 간결한 일렉트릭 기타 라인, 끈덕진 플루트 소리, 이따금씩 등장하는 스트링 반주로 구성되어 있다. 니코는 이 호텔에 거주하는 마약에 취한, 정서 불안적 투숙객들에 대한 이야기를 심드렁하게 읊조린다. 그들은 양성 혹은 무성의 여인들로 "All wrapped up in foil(은박에 온통 싸여 있는)," 브리짓과 "Who thinks she's some man's son(대단한 이의 아들인 줄 아는)." 페퍼가 그 중 일부이다. "Here they come now / See them run now…Chelsea Girls(여기 그들이 온다네 / 그들이 뛰는 것을 보기 위해…첼시의 소녀들)."

니코는 앨범 전체를 작업했고, 그중 이 트랙을 끔찍이 싫어했다. 그것은 제작자 톰 윌슨이 래리 팔론의 플루트 / 스트링 편성을 그녀 몰래 트랙에 추가한 데다가 여기에 드럼 사운드가 부족하다고 느꼈기 때문이다. 어쨌든, 쾌락주의적이고 허무주의적인 60년대 뉴욕 거주민들의 모습을 담은 스냅샷, "Chelsea Girls"는 타의 추종을 불허한다. **SA**

잊을 수 없는 얼굴, 잊을 수 없는 노래들. 60년대의 니코. ➜

For What It's Worth
The Buffalo Springfield (1967)

Writer | Stephen Stills
Producer | Charles Greene, Brian Stone
Label | Atco
Album | *Buffalo Springfield* (1967)

"For What It's Worth"는 60년대 중반부터 말까지 오랜 기간에 걸쳐 발생한 청년들의 소요 사태를 시사하는 반체제 앤섬으로 추대받는다. 미국 서부 출신 그룹 버팔로 스프링필드는 미국 록 음악의 발전에 오랜 기간 동안 한몫할 2명의 송라이터들을 자랑한다. 닐 영과 스티븐 스틸스가 바로 그들이다. 스틸스가 시기적절하게 내놓은 저항 노래는 막 고개 들기 시작한 십 대의 자주적 독립 정신을 명쾌히 포착했고, 그 덕에 버팔로 스프링필드는 잠시나마 상업적 성공을 맛보았다. 스프링필드가 남긴 유일한 대히트 곡인 이것은 7위까지 차트 상승하는 한편 빌보드 핫 100에 15주간 머물렀다.

종처럼 울리는 단순한 기타 음형이 1966년 웨스트 할리우드의 선셋 대로에서 발생한 경찰과 십 대 간의 충돌을 그린 곡의 격정을 누그러뜨린다. 수백 명의 히피들이 판도라스 박스, 그리고 위스키 어 고고와 같은 인기 클럽 밖 보도에 집합하면, 동네 상점 주인들은 거리를 정리하기 위해 로스앤젤레스 경찰들의 도움을 요청하곤 했다. 그 결과 발생한 폭동, 구타, 연행 등을 목격한 스티븐 스틸스는 마음이 어수선해졌고, 자신의 집에서 그저 몇 블록 떨어진 지역에 "전선(戰線)이 그려지고 있다"는 내용을 담아 거의 신문 기사에 가까운 곡 한 편을 쓰는 일에 착수했다.

"What a field day for the heat"라는 가사는, 경찰대를 향해 은근하지만 의심의 여지 없는 비난을 날리고 있다(이것은 1967년 당시 노래에 담기에 매우 민감한 소재였다). 좀 더 근래에 가까워, 이 곡은 〈웨스트 윙〉부터 〈포레스트 검프〉까지 여러 TV와 영화 사운드트랙으로 활용되었다. **DR**

The Look of Love
Dusty Springfield (1967)

Writer | Burt Bacharach, Hal David
Producer | Phil Ramone
Label | Colgems
Album | *Casino Royale* (1967)

오늘날 제임스 본드 패러디 영화 〈카지노 로얄〉은, 이 고전이 되어버린 노래로 가장 많이 기억된다. 버트 배커락에게 허브 앨퍼트의 티후아나 브라스가 장악하게 될 인스트루멘털 사운드트랙을 작곡하라는 임무가 내려오고 그는 울슐라 안드레스가 피터 셀러스를 유혹하는 장면에 헤어 나오지 못하게 빠져들었다. 그는 주선율을 써내는 데 성공했지만, "The Look of Love"가 제대로 구색을 갖추게 된 것은 할 데이비드가 이 가볍디 가벼운 보사 노바에 가사를 붙이기로 마음먹고 난 후부터였다.

이전부터 더스티 스프링필드가 자신의 곡을 부르는 방식을 유난히 좋아했던 배커락은 이 곡을 부를 가수를 이미 마음속에 지목한 상태였다. 그러나 (마치 스프링필드가 제리 웩슬러와 함께한 멤피스 리코딩 세션의 전조인 듯), 이들 2명의 녹음 세션에는 심한 긴장감이 감돌았다. 비록 다른 관점에서이기는 하나 2명 모두 완벽주의자들이었고, 이 곡은 스프링필드와 배커락이 함께 작업한 마지막 트랙이 되었다. 배커락이 일단 만족하고 앨범이 발매된 순간까지도 스프링필드는 여전히 불신을 버리지 못했다. 그녀는 런던으로 돌아와 평소 함께 일하던 프로듀서 조니 프란즈와 곡을 재녹음했고, 더 짧은 길이의 새 버전에서 좀 더 자신감 있는 음성을 들려주었다.

영화가 재정적 성공을 거두며, 이 곡에 대한 수요가 상당히 많음에도, 2번째로 만들어진 버전은 "Give Me Time"의 B사이드로 수록되는 것에 그친다. 몇몇 커버 버전들이 발매되었고, 그 중에서도 니나 시몬의 것이 가장 별스러웠다. 이후 디제이들은 더스티의 버전을 발굴하기 시작했고, 이것은 미리 받아 마땅했던 관심을 누리게 된다. 한 번은 아카데미상 후보작으로 선정되기도 했다. **DH**

I'd Rather Go Blind
Etta James (1967)

Writer | Billy Foster,
Ellington Jordan
Producer | Rick Hall
Label | Cadet
Album | *Tell Mama* (1968)

에타 제임스는 60년대 초 미국 싱글 차트를 부둥켜 않은 채 떠날 줄 몰랐다. 그녀의 대표 곡이 되어버린 "At Last"나, "Trust in Me"와 같은 히트작들이 그 이유였다. 그러나 그녀가 헤로인 중독과 투쟁을 벌이며 정신병원에서 지내게 되자 60년대 중반, 그녀의 음악 인생도 탈선한 것이다.

1967년, 제임스는 컴백이 절실히 필요했다. 당초에 제임스를 스타로 키워낸 레너드 체스의 추천으로, 그녀는 앨라배마의 머슬 숄스로 여행을 떠나 이곳에서 7번째 앨범 〈Tell Mama〉의 작업에 착수했다. 그 결과 감동적인 오티스 레딩 "Security" 커버 버전과 가슴 메는 러브 송 "I'd Rather Go Blind"를 담은 그녀 최고의 앨범 중 하나가 탄생한 것이다. 단 2개의 코드를 사용한 "I'd Rather Go Blind"는 해가 갈수록 지독할 만큼 아름다워지기를 거듭했다. 실로 I'd Rather Go Blind"는 적어도 "At Last"만큼 잘, 아니 더욱 그윽하게 익어갔고, 그것은 이 곡이 후자보다 향수의 제약을 덜 받았기 때문이었다. 벌어져 있는 상처를 음악으로 만든다면 이 곡처럼 들릴 것이다. 제임스는 깊은 구렁 속으로 몸을 젖힌 여인을 연상케 하며, 이 여인은 자신의 남자가 떠나가는 것을 현실로 받아들이지 못한다. "날 떠나가는 걸 지켜보느니 차라리 눈이 멀고 말겠어"라며 그녀가 애원하는 것이다.

본래 "Tell Mama"의 B사이드로 발매되었던 이 곡은 히트를 거두지 못했다. 하지만 이 곡은 패어런트 앨범(제임스가 7년만에 처음으로 거둔 미국 톱 100히트였다)이 인기를 누리게 된 요인 중 하나로 작용했고, 그녀의 컴백을 크게 도왔다. **JiH**

(Your Love Keeps Lifting Me)
Higher & Higher | Jackie Wilson (1967)

Writer | Raynard Miner, Carl Smith,
Gary Jackson, Billy Davis
Producer | Carl Davis
Label | Brunswick
Album | *Higher and Higher* (1967)

사랑에 빠진 자의 순수한, 현기증 날 만큼 아찔한 환희를 표현한 단 하나의 노래를 꼽으라 한다면, 그것은 바로 이, 재키 윌슨의 정열에 넘치는 고전이 될 것이다. 털썩 주저앉은 운으로 고생한 60년대 중반을 지낸 그는 다시 음악 활동에서 소생을 꿈꾸고, 윌슨은 시카고의 소울 프로듀서 카를 데이비스와 함께 작업하기로 마음먹는다. 안타깝게도, 이들의 전설적 파트너십은 순조롭게 시작되지 못했고, 그것은 윌슨이 "(Your Love Keeps Lifring Me) Higher and Higher"를 발라드로 여겼기 때문이었다.

들리는 바에 의하면, 윌슨은 너무 답답했던 심정에 데이비스를 향해 그럼 한번 나와서 이 곡을 어떻게 불러야 되나 직접 보여달라고 요청했다는 것이었다. 데이비스의 말에 의하면, 그가 자기 방식을 직접 보여주자 윌슨이 그것을 보고 "다시 거기 들어가 단 한 테이크 만에 녹음을 마쳤다"는 것이다.

그 결과 탄생한 음악은, 갈라지기까지 하는 윌슨의 목소리와 함께, 마치 그의 가슴속으로부터 솟구쳐 나오는 듯한 느낌을 전한다. 그는 "1백만에 하나 있을까 말까 한" 자신의 여인을 찾은 지금, 실망과 낙담이라는 그의 오랜 벗이 다시는 얼굴을 내밀지 않게 될 것이란 사실이 아직도 꿈만 같이 느껴진다고 말했다. 모타운 하우스 밴드인 펑크 브라더스가 그의 곁에서 빠르고 황홀한 음악을 연주했다.

이 싱글은 미국 R&B 차트의 1위에 오르고 정규 톱 10을 기록한다. 그러나 윌슨은 이 성공을 그다지 큰 기회로 활용하지 못했다. 그럼에도 "(Your Love Keeps Lifting Me) Higher and Higher"만은 남아 〈고스트버스터즈II〉(1989)에 출연해 자유의 여신상을 소생시키며 그 꺼지지 않는 불꽃을 불태웠다. **MH**

Strawberry Fields Forever | The Beatles (1967)

Writer | John Lennon, Paul McCartney
Producer | George Martin
Label | Parlophone
Album | N/A

The Beatles

"정신 분석에
음악을 입혀놓은 겁니다."

존 레논, 1970

◀ **Influenced by: Mr. Tambourine Man**
Bob Dylan (1965)
▶ **Influence on: Rainy Day, Dream Away** • The Jimi
Hendrix Experience (1968)
● **Covered by:** Richie Havens (1969) • Todd Rundgren
(1976) • The Runaways (1980)

리처드 레스터의 영화 〈나는 전쟁에 어떻게 이겼는가(How I Won the Wa)〉'에 출연하게 된 존 레논은 촬영차 스페인 남부 알메리아에 방문했고, 촬영 사이사이에 생긴 많은 시간 여유를 마리화나를 피우고 생각하며 보냈다. 사이키델릭 시대의 가장 위대한 작품이라 할 수 있는 이 곡은 그렇게 탄생했다. 회상과 자기성찰의 몽롱한 자유 연상(free association)이라고나 할까.

곡의 가사에서 레논은 자신이 유년 시절 자주 찾던 곳을 기억에서 불러낸다. 그곳은 리버풀 교외 지역 울튼에 위치한 '스트로베리 필드'란 이름의 구세군 고아원이었다. 어린 시절 레논은 주변 공원에서 열리는 연간 가든 파티에 종종 참석하곤 했다. 그러나 노래상에서 그 장소 자체는 그의 의식 세계를 해부하는 촉매제 역할을 할 뿐이다(이곳은 "nothing is real, and nothing to get hung about").

런던에 돌아온 레논은 이 곡을 프로듀서 조지 마틴과 공유한다. 마틴은 곧 이 곡에 담긴 "흐릿한 인상주의적 꿈의 세계"에 감탄을 표했다. 마틴이 더한 침울한 금관, 스트링 편성은 폴 매카트니의 멜로트론 연주와 조지 해리슨의 서드만델(인도에서 유래한 현악기)과 너무나 멋진 상쇄 효과를 연출했다.

비틀즈는 애비 로드 스튜디오에서 45시간에 걸쳐 이 곡을 녹음했고 이 세션들은 1966년 말 거의 1달에 걸쳐 진행되었다. 그 결과 2개의 후보 버전이 탄생했고, 이 2트랙이 서로 약간 어긋난 속도와 조로 녹음되었음에도 불구하고 마틴은—레논의 요청을 받아—이 두 버전을 이음새 없이 병합시킨다. 〈Sgt. Pepper's〉가 여전히 작업 중이었음에도 매니저 브라이언 엡스타인은 싱글 발매를 재촉했고, 이 곡은 "Penny Lane"(매카트니가 작곡, 울튼을 배경으로 한 또 다른 유년 시절에 대한 몽상을 담고 있다)과 함께 더블 A사이드로 발매된다. 희한한 일이지만, 이 곡은 영국 차트에서 2위에 그치면서, "Please Please Me"(1963) 이후 정상에 미치지 못한 첫 비틀즈 싱글이 된다. **TS**

White Rabbit | Jefferson Airplane (1967)

Writer | Grace Slick
Producer | Rick Jarrard
Label | RCA Victor
Album | *Surrealistic Pillow* (1967)

"저희는 두 가지 선택이 있다고 생각했죠.
결혼해서 교외에 정착하고 살든지…
아니면, 앨리스 B. 토클라스나 피카소,
디아길레프처럼 살든지였어요."

그레이스 슬릭, 2002

◀ **Influenced by:** *Sketches of Spain* • Miles Davis (1960)
▶ **Influence on:** *Where Is My Mind?* • Pixies (1988)
● **Covered by:** George Benson (1971) • The Damned
(1980) • Sanctuary (1988) • The Murmurs (1995)
Shakespear's Sister (2004) • Lana Lane (2006)
Patti Smith (2007)

그녀의 가장 유명한 노래, "White Rabbit"을 도대체 어떻게 작곡했냐는 질문을 받은 그레이스 슬릭은 시치미를 뚝 떼고 재빨리 대답했다. "어떻게요? 연필이랑 종이를 가지고 했죠."

마일즈 데이비스의 〈Sketches of Spain〉과 라벨의 "Bolero"로부터 영감을 얻어 만들어진 슬릭의 궤변적 베드타임 스토리는 그녀가 이전에 그레이트 소사이어티에 몸담았던 시절 잉태되었다. 환각성 약물이 낳는 환각 작용에 대한 짓궂은 감상을 담은 "White Rabbit"은 루이스 캐롤의 오디세이 「이상한 나라의 앨리스」(1865)의 기상천외한 이야기로부터 영감을 끌어왔다. 캐롤의 작품에 나오는 등장 인물(앨리스, 쐐기 벌레, 붉은 여왕, 겨울잠 쥐)들을 언급함과 동시에, "Feed your head!"라는 외침과 그녀 세대를 위한 유행어를 고안했다. 그러나 슬릭은 "거기엔 뇌에게도 밥을 먹여야 한다는 의미도 있어요"라고 주장했다.

1966년 11월 3일 제퍼슨 에어플레인이 트랙을 녹음할 때 즈음, 이미 곡의 템포는 늦춰졌고, 장식적 부분들이 제거되어 슬릭이 중심부에 심어놓은 볼레로 리듬이 회복되었다. 잭 캐서디는 펑키(funky)한 베이스 라인을, 스펜서 드라이덴은 나긋나긋한 스페인풍 리듬을 삽입해 넣었고, 조마 키코넨은 기타로 공격을 가했다. 여기에 슬릭이 날카로운 보컬로 진두지휘했다. 이러한 매력 만점의 조합은 밴드에게 (같은 패어런트 앨범 〈Surrealistic Pillow〉에서 추출한) "Somebody to Love"에 이은 그들의 2번째 톱 10 히트 기록을 안긴다(환각적 가사에도 불구하고 이 곡은 방송 금지를 당하지 않았다). 면도칼처럼 날카로운 타락을 수반한 환각적 60년대의 종말을 예언하는, "White Rabbit"은 급격히 한 세대의 앤섬으로 굳어갔다.

이 곡은 수해에 걸쳐 대중문화에 계속 그 존재를 각인시켰다. 올리버 스톤의 영화 〈플래툰〉, 헌터 S 톰슨의 저서 「라스베이거스에서의 공포와 혐오」(닥터 곤조의 지독한 LSD 환각 체험을 묘사하는 장면에서)에 등장하는가 하면 적어도 3회분의 〈심슨 가족〉에 모습을 드러냈다. **KL**

Purple Haze | The Jimi Hendrix Experience (1967)

Writer | Jimi Hendrix
Producer | Chas Chandler
Label | Track
Album | N/A

"저기요. 인생에서 말이에요,
하고 싶은 것을 하고 살아야 돼요.
당신의 정신과 환상을 무한히 자유롭게
흐르고 또 흐르게 해야죠."

지미 헨드릭스, 1968

◀ **Influenced by: The Times They Are A-Changin'**
Bob Dylan (1964)
▶ **Influence on: Hey Dude** · Kula Shaker (1996)
● **Covered by:** Soft Cell (1983) · Kronos Quartet (1986)
Frank Zappa (1991) · The Cure (1993)
Paul Rodgers and Company (1993)

선명한 디지털 방식에 익숙하고 메탈 친화적인 현대에 사는 사람들에게, 가장 높은 소리를 내도록 만들어진 일렉트릭 기타 사운드가 처음 등장했을 때 울려 퍼졌을 반발의 아우성을 상상한다는 것은 쉬운 일이 아니다. 그러나 디스토션과 같은 기타 이펙트를 그 최대 한도까지 활용한 최초의 뮤지션 제임스 마셜 헨드릭스가 R&B 세션 신으로부터 "Purple Haze"와 같은 곡(이 곡은 영국에서 비앨범 싱글로 발매되었다. 하지만 미국 버전 〈Are You Experienced〉LP에는 수록된다)들을 대동하고 대중 앞에 처음 출현했을 때, 그는 마땅히 '선구자'로 추앙받았다. 3온음(감 5도 혹은 '음악의 악마(diabolus in musica)'라 불리는 이 음정은 중세 사람들 사이에서 실제로 '악하다'고 여겨졌다)에 기반한 강하게 증음(增音) 구동된 불협화적 리프로 시작되는 "Purple Haze"는 오늘날까지도 위협적으로 들린다. 히피족의 '사랑의 여름(Summer of Love—샌프란시스코를 비롯한 몇몇 북미 지역 대도시에 히피들이 한데 모였던 사건)'이 미국 사회를 술렁이게 했던 그해 여름, 곡의 인트로도 다 끝나기 전 사람들은 이미 충격에 휩싸였다.

"Purple Haze"에서, 당시 25세의 헨드릭스는 그 시기 대중 문화의 최첨단을 변형시키고 있던 환각제를 언급할 때 의도적으로 불명료한 방식을 택했다. 관련 당국이 판독하기에는 너무 애매한, 하지만 날로 성장해가는 헨드릭스의 "헤이즈(마약 사용자)"부대에게만은, 천국이 내린 만나(manna)와도 같았을 그의 가사는 환각의 안개 속 몽롱함을 생생히 전달했다. 그러나 한편으로는, 그가 이 안개 속에서 헤어나올 의향이 없음을 강렬하게 전하고 있다. 후끈 타오르는 기타 솔로로 자신의 말들을 지지하고 있는 헨드릭스는, 아무런 잣대도 존재하지 않는 지옥인 듯, 혹은 천국인 듯한 총체적 혼돈을 그렸다.

"Purple Haze"는 만국어 사전에서 '혼란'의 동의어로 통하게 된다. 그러나 이 곡에 담긴 의도만은 무엇보다도 명확하다. 헨드릭스는 이 트랙을 통해 자신의 방식으로 세상을 보고자 하는 이들에게 그들이 경험해야 할 필수적 단계가 '의식 변성 상태'라는 것을 말하고 있었다. 이토록 저항하기 힘든 강렬도 많지 않을 듯하다. **JMc**

1967년 프랑스 공연에서 지미 헨드릭스가 '뒤통수에 대고 솔로하기'라는 비범한 묘기를 선보이고 있다. ➡

I'm a Man
The Spencer Davis Group (1967)

Writer | Steve Winwood, Jimmy Miller
Producer | Jimmy Miller
Label | Fontana
Album | N/A

스펜서 데이비스 그룹은 탁월한 기량의 수많은 60년대 영국 블루스 그룹 중 하나일 뿐이었다. 그러나 이들을 그들의 동료들과 차별화했던 것은 바로 그들의 조숙한 리드 보컬리스트 스티브 윈우드였다. 기타리스트 스펜서 데이비스는 버밍엄에서 친형 머프의 재즈앤블루스 밴드 피아니스트로 활동하고 있는 윈우드를 발굴했다. 당시 15세밖에 되지 않았던 윈우드는 1963년, 형과 함께 기타리스트 데이비스의 그룹에 합류했다.

그들의 1966년 히트작 "Keep on Running"으로 사기가 오른 윈우드가 스스로 작품을 쓰기 시작할 무렵, 데이비스 그룹은 사운드를 업그레이드할 희망으로 미래의 롤링 스톤스 프로듀서 짐미 밀러의 협력을 요청한다. 그들의 1번째 콜라보레이션 "Gimme Some Lovin'"은 곧장 "I'm a Man"으로 이어졌고 이 곡은 1967년 1월 영국과 미국에서 9위와 10위를 기록한다. 윈우드가 겨우 18세일 때였다. 이 노래(동명의 보 디들리 노래와 아무 연관이 없다)는 다급함이 배어 있는 R&B 곡이었다. 피트 요크의 드럼, 형 머프의 집요한 베이스, 데이비스의 리듬 기타, 프로듀서 밀러의 지글지글하며 흥미진진한 퍼커션 연주, 윈우드가 도맡아 한 리드기타와 하몬드 B-3 오르간 연주, 이 모든 것을 엔진 삼아 윈우드는 레이 찰스의 영향이 확연히 느껴지는 그 특유의 고음역 테너 보컬을 선보였다.

윈우드의 뒤에서는 보컬리스트 짐 카팔디, 데이브 메이슨, 크리스 우드가 보조를 맞췄다. 이 곡이 성공한지 세 달 만에 윈우드는 스펜서 데이비스를 떠날 것을 공표했다. 그리고 그는 카팔디, 메이슨, 우드와 함께 자신의 그룹 '트래픽'을 결성했다. **SA**

Venus in Furs
The Velvet Underground (1967)

Writer | Lou Reed
Producer | Tom Wilson (Andy Warhol credited)
Label | Verve
Album | *The Velvet Underground and Nico* (1967)

앨범 커버에 적힌 프로듀서 크레딧에도 불구하고 〈The Velvet Underground and Nico〉는 사실 워홀이 프로듀싱을 맡았다기보다 후원을 했다고 하는 편이 더 맞다. 워홀은 맨해튼 이스트빌리지 소재의 '카페 브자르'라는 이름의 술집에서 이 밴드가 연주하는 것을 본 후, 1965년 말 그들을 자신의 아래로 거두어들였다. 그리고 난 후 워홀은 이들에게 고동(foghorn) 같은 목소리를 소유한 독일 여배우 니코를 게스트 싱어로 받아들이라고 우기며 그녀와 함께 그룹의 데뷔 앨범을 만들 자금을 대주기를 자청했다. 루 리드의 말에 의하면, 워홀은 이 그룹의 "보호자" 역할을 하며, 그의 영향력을 이용해 스튜디오 엔지니어와 레이블 간부에게 겁을 줘 변경을 요청하지 못하도록 했다는 것이다. 이 음반의 사운드로 보나, 곡이 다루고 있는 소재로 보나 워홀의 이런 도움은 필수불가결했다.

"Venus in Furs"는 19세기 오스트리아의 작가 레오폴트 폰 자허-마조흐가 쓴 동명의 (일설에 의하면) 자전적 저서로부터 영감을 받아 만들어졌다(이 저자의 이름은 후에 '마조히즘'이란 말의 탄생으로 이어진다). 이 곡은 앨범 전체를 이루는 미학 세계의 축소판이라 할 수 있다. 어두운 가사, 단순하면서 쉽게 잊을 수 없는 멜로디로 거의 한 편의 단조 전승동요 같은 느낌이다. 여기에 귀에 부딪혀 거슬리는 장례식 만가 같은 반주가 배경을 이루고 있었다. 존 케일의 날카로운 비명 같은 비올라는 모린 터커의 주름 하나 없는 드럼과 리드의 드론조 기타(6현을 모두 같은 음으로 튜닝했다)에 색채감을 더했다. 이 앨범은 첫 발매 당시 별다른 반응을 얻지 못했다. **WF-J**

미래를 바라보는눈: 1996년 라이브 공연 중인 벨벳 언더그라운드.

Fire | The Jimi Hendrix Experience (1967)

Writer | Jimi Hendrix
Producer | Chas Chandler
Label | Track
Album | *Are You Experienced* (1967)

"지미가 마가렛 '레딩'에게 말했죠.
'불 옆에 서 있게 좀 해주세요.'
…이 노래는 거기에 착안한 거죠."

미치 미첼, 1990

◀ **Influenced by: The Red Rooster** · Howlin' Wolf (1961)
▶ **Influence on: Sex on Fire** · Kings of Leon (2008)
● **Covered by: Five by Five** (1967) · **Red Hot Chili Peppers**
(1988) · **Trick Bag** (1990) · **Kingston Wall** (1992) · **Nigel
Kennedy** (1993) · **The New Mastersounds** (2001) · **Joan
as Police Woman** (2009)

이 곡에 관련하여 2008년 온라인에 유출된 섹스 테이프(고
인이 된 지미 헨드릭스가 생전에 지인 여성들과 즐거운 시간을 보내
고 있는 모습을 담은 영상이었다)를 언급하는 것이 천박해 보일
지 모르겠으나, "Fire"의 맥락으로 따져볼 때, 이러한 언급
이 상황에 적합해 보이는 것이 사실이다. 지미가 자신의
팬들에게 '의식 상태를 깨우고 주변 환경과 조화롭게 소통
하고, 자신을 분리시켜라(turn on, tune in, drop out)'는 말에
관련해 그들의 정신적 영역을 확장시킬 것을 강하게 촉구
한 것은 사실이지만 동시에 그는 육욕에 탐닉할 것을 권고
하기도 한다. 그리고 그가 "I have only one burning
desire / Let me stand next to your fire(내 안에 타오르는 욕
망은 단지 하나뿐 / 네 불 옆에 있게 해줘)"라고 노래했을 때, 그
가 품은 의도는 너무나도 뚜렷했다.

어떤 의미에서, "Fire"는 그가 발표한 다른 어느 솔로
작품들보다도 R&B 세션맨으로 일했던 지미의 과거에 더
큰 빚을 지고 있다. 이 곡이 다루는 소재는 관능적이고 정
욕에 차 있으며, 노골적이다. 이미 30년대 블루스 곡 모음
집에 나왔던 수많은 전례("Squeeze my lemon till the juice run
down my leg(주스가 다리를 타고 줄줄 흐를때까지 내 레몬을 짜)"
라 노래한 로버트 존슨을 기억하는가)에서 그랬듯 말이다.
그리고 지금 여기서 심각하게 얘기하고 있는 사람은 아무
도 없다. 지미는 이 곡에서 선지자처럼 굴고 싶은 기분 상
태가 아니다. 그저 난롯가 옆에서 음란행각을 할 생각에만
온통 관심이 가 있다. 그는 "Rover"에게 우선 비키라고 말
한다. 이것은 헨드릭스가 베이시스트 노엘 레딩의 모친 집
에 있는 난롯가에서 여자친구와 함께 몸을 따뜻하게 하려
는 것을 말한다. 그곳에는 그레이트데인 종 개가 항상 자리
를 차지하고 있었다. 한 세대의 사람들 모두 여기 의견을
같이했다.

"Fire"는 헨드릭스의 가장 인기 있는 곡 중 하나로 남아
있다. 이 곡은 빠르고(드러머 미치 미첼도 제대로 능력을 발휘한
다) 재미 있으며, 그와 동시대인들 노래의 다수가 좀체 그
렇지 않았던 방식으로 방탕하다. 그리고 늘 그렇듯, 그의
기타 플레이는 귀감이 되고 있다. 익스피리언스는 종종 라
이브 무대를 이 곡으로 시작하곤 했다. **JMc**

Waterloo Sunset | The Kinks (1967)

Writer | Ray Davies
Producer | Ray Davies, Shel Talmy
Label | Pye
Album | *Something Else by the Kinks* (1967)

"그 곡만큼이나 작업 내내 처음부터
끝까지 순전히 즐거움을 주기만 한 곡은
예전에 경험해본 적이 없었죠."

레이 데이비스 1984

◀ **Influenced by: Penny Lane** • The Beatles (1967)
▶ **Influence on: For Tomorrow** • Blur (1993)
● **Covered by:** Affairs of the Heart (1983) • Cathy Dennis
(1996) • Fastbacks (2001) • David Bowie (2003) • David
Essex (2003) • Scrabbel (2005) • Def Leppard (2006)
MiG (2007) • The Rushes (2007)

킨크스의 리드 싱어이자 리듬 기타리스트, 주요 송라이터인 레이 데이비스는 본래 머지비트(Merseybeat)의 종말을 뜻하는 의미에서 이 곡을 "Liverpool Sunset"이라 부를 작정이었다. 그러나 자신이 런던내기인 관계로, 고향에 대해 곡을 쓰는 게 더 맞겠다는 결론을 내렸다

이 곡은 데이비스에게 사적으로 깊은 의미를 지녔고, 그는 워털루 지역에 대해 특별한 기억을 가지고 있었다. 그는 십 대 초반 워털루 지역 성 토마스 병원에서 기관 절개술을 받아 입원한 적이 있었는데, 회복기 중 간호사들이 병원 발코니로 휠체어를 끌어다 주어 (노래에 "dirty old river(지저분하고 오래된 강)"라고 표현된) 템즈강을 볼 수 있었다는 것이다. 또한 데이비스는 미술 학도로 크로이든 아트 스쿨로 매일 이 곳을 거쳐 통학했다. 그게 다가 아니다. 그는 첫 아내 라사에게 결혼 전 구애중일 당시 템즈 강 제방 길을 따라 산책을 즐겼다.

이 노래에서, 이야기를 전하는 고독한 화자는 '테리와 줄리'라는 한 커플을 지켜보고 있다. 그들은 워털루 역에서 만나 워털루 브릿지를 타고 런던 북부로 강을 건너며 자기들만의 세계에 빠져 행복에 겨워한다. 노래하는 이는 깊은 생각에 잠겨("But I don't need no friends(하지만 난 친구가 필요 없어)"), 런던 지평선 위로 지는 해를 바라보고 그 분위기에 빠지며 내면의 만족을 찾는다. 테리와 줄리라는 등장 인물을 1967년 〈성난 군중으로부터 멀리〉에 함께 출연한 영국 배우 테렌스 스탬프와 줄리 크리스티인 것으로 종종 추정되지만, 데이비스는 그 어느 구체적 사실도 언급하길 거부한다. 그리고 여기 나오는 커플은 막 연애를 시작한, 서로에게 푹 빠져 있는 천진한 젊은이들이고 허구의 인물이라 말했다. 하지만 호주에 사는 레이의 조카 이름도 사실은 테리가 맞았다.

1967년 여름, 영국 차트 2위를 기록한 "Waterloo Sunset"은 데이비스 최고의 작품이다. 런던 황혼을 생생하게 그려내는 아름답고 수심에 잠긴, 하지만 따뜻한 곡이다. **JoH**

Ode to Billie Joe
Bobbie Gentry (1967)

Writer | Bobbie Gentry
Producer | Kelly Gordon
Label | Capitol
Album | *Ode to Billie Joe*
(1967)

라스베이거스의 카지노와 비벌리힐스의 컨트리 클럽에서 버라이어티 싱어로 가수 활동을 시작한 바비 젠트리는 자신의 고향이었던 조촐한 치카소 카운티(미시시피 주)로 회귀하여, 이것을 영감으로 캐피톨 레코드 데뷔 싱글작을 탄생시킨다. A사이드로 "Mississippi Delta"를 지시받은 그녀는 B사이드로 자작곡 "Ode to Billie Joe"를 내놓았다. 하지만 후자가 큰 인기를 끌면서 상황이 전환되고 결국 이 곡을 A사이드로 발매하기로 한다. 현명한 선택이었다. 이 곡은 8번이나 그래미상 후보에 올랐고, 빌보드 차트에서 1위를 기록했으며 세계적인 스매시 히트작으로 부상했으니 말이다.

이 노래는 화자의 남자친구(작품의 명칭과 동일한)빌리 조 맥칼리스터의 이야기를 전한다. 빌리 조는 미지의 이유로 자살했다. 신비에 싸인 그의 죽음뿐 아니라, 화자와 그녀의 가족이 저녁식사를 하며 빌리 조의 죽음에 대한 소식을 나누는 모습에서 화자가 보이는 사무적인 반응은 이 곡에 좀체 잊을 수 없는 묘한 분위기를 선사했다. 이러한 야릇함은 을씨년스러운 현악 편성과 젠트리가 퉁기는 간소한 나일론현 기타 사운드로 한층 더 짙어진다. 이후 작가 허만 로서가 "Ode…"에 기반해 소설과 각본을 쓸 것을 의뢰받는다.

빌리 조와 화자가 탤러헤차이 다리에서 무언가를 던지는 모습을 목격당한 내용의 구절은 더 큰 수수께끼에 싸여 있다. 영화에서는 봉제인형이 물속으로 던져지고, 빌리 조가 자살한 이유가 자신이 동생애자일 가능성을 두려워한 것이 이유라 한다. 그러나 정작 젠트리는 이것을 비롯한 무수한 추측과 해명을 모두 부인했고, 이 노래는 완전한 허구라고 주장했다. **CR**

The Dark End of the Street
James Carr (1967)

Writer | Chips Moman, Dan Penn
Producer | Q. Claunch, R. Russell
Label | Goldwax
Album | *You Got My Mind Messed Up* (1967)

제임스 카는 멤피스에 기반을 두고 활동한 댄 펜과 칩스 모먼 팀으로부터 1966년 이 곡을 선사받는다. 두 사람(프로듀서 댄 펜은 25세였고, 과거 스택스 레이블에 몸담았던 세션 기타리스트 칩스 모먼은 펜보다 5세 연상이었다)은 직업적·개인적으로 매우 친밀한 사이였다. 이 곡은 내쉬빌에서 열린 음악 업계 관련자 컨벤션에서 벌어진 포커 게임 중 막간을 이용해 작곡되었다. 펜은 작가 로버트 고든에게, 모먼과 자신 모두가 "항상 배반에 관한 역대 최고의 노래를 쓰고 싶어했다"고 밝혔다. 그러나 카가 품었던 야망은 그들만큼 오만하지 않았다. 미시시피주 코호마에서 출생해 멤피스에서 성장했던 문맹의 카는 노무자로 일하며 그럭저럭 생계를 꾸려나가는 한편 여러 가스펠 그룹에서 노래를 불렀다. 그러던 중 1962년 그는 잘 나가는 매니저 루즈벨트 제이미슨을 만나게 된다. 제이미슨은 카를 소규모 멤피스 레이블 골드왁스와의 음반 계약으로 인도했다. 그가 골드왁스 레이블을 위해 녹음한 첫 싱글들 중 하나(2테이크만에 완성시켰다 한다)가 바로 이 부정한 사랑에 대한 발라드였다. 카의 당당하고 열정에 찬 바리톤 보컬이 이 곡에 위엄을 실어주었다.

오늘날 서던 소울(Souther-soul)고전의 하나로 통하는 "The Dark End of the Street"은 카가 거둔 몇 개의 소규모 히트작 중 하나였다. 하지만 비통하게도, 그는 정서 불안에 시달렸고 자신의 재능이 마땅히 받아야 할 대대적 스타덤에 단 한 번도 오르지 못했다. 그리고 70년대가 동틀 무렵 음악 업계에서 사실상 이미 사라진 존재나 다름없게 된다. 그러나 그가 거둔 최고의 히트작만은 살아 남아 몇 편의 조악한 커버 버전과 밴 모리슨의 작품 한 편을 통해 그 수명을 이어갔다. **WF-J**

Suzanne
Leonard Cohen (1967)

Writer | Leonard Cohen
Producer | John Simon
Label | Columbia
Album | *Songs of Leonard Cohen*
(1967)

팝 음악계의 비위를 맞출 줄 아는 개성파 뮤지션 레너드 코헨, 그의 전설적 음악 인생은 바로 이 노래에서 시작되었다. 대중이 〈Songs of Leonard Cohen〉 수록 곡 "Suzanne"을 처음 만나게 된 것은 1967년 일이었다. 그러나 이 곡은 본래 코헨이 자신의 고향 몬트리올에 살 60년대 초 당시 작곡된 것이었다.

그가 수잔 버달을 처음 만난 것도 바로 여기서였다. 그녀는 조각가 아만드 밸리안코트와 결혼한 젊고 아름다운 무용수였다. 코헨은 이 부부가 재즈/비트 클럽들을 돌며 춤추는 모습을 지켜보곤 했다. 그가 버달을 만난 것은 잠시뿐이었지만 몇 년이 지나 그녀는 남편과의 결별 이후 세인트 로렌스 강으로 이주했고, 이후 두 사람은 의미 있는 정신적 관계를 키워나갔다. 버달은 이렇게 말했다. "레너드는 제가 살고 있는 곳에 대해 듣게 되었죠. 그곳에는 비뚤어진 바다와 강을 내다보는 시적 경관이 있었죠. 그는 저를 여러 번 찾아왔어요. 우리는 함께 여러 차례 차를 마셨고 밀감을 즐기기도 했습니다."

바로 그런 햇빛 따스하고 나른한 나날들은, 이 노래를 통해 완벽하고 생생한 화폭으로 소생한다. 섬세한 스페니시 기타의 퉁김 위로 수잔의 아름다움을 묘사하는 코헨의 말들은 자연과 철학에 관한 좀 더 폭 넓은, 유려한 명상으로 녹아들어 간다. 이 모든 것은 그의 아편에 물든 바리톤 음성을 통해 전해졌다. 코헨에게 이 곡은 그의 음악 인생 중 가장 마음에 드는 한 존재로 남아 있지만, 버달에게는 그저 달콤 쌉싸름한 즐거움이었다. "그는 이 곡이 소개된 후 대단한 스타로 떠올랐고 작곡가의 길을 떠났어요." 그녀가 말했다. "우리 관계는 시간이 흐르며 변해갔죠." **SH**

Respect
Aretha Franklin (1967)

Writer | Otis Redding
Producer | Jerry Wexler
Label | Atlantic
Album | *I Never Loved a Man the Way I Love You* (1967)

한 편의 노래를 위해, 그 노래가 받아 마땅한 경의를 표하기 위해, 하나의 새로운 그래미상 부문이 추가되었다. 그런걸 보면, 정말 특별한 노래임이 분명하다는 생각이 들 수밖에 없을 것이다. 1968년 일어난 일이었다. 당시 아레사 프랭클린은 오티스 레딩의 "Respect"를 불꽃 같은 버전으로 승화시킨 공로를 인정받아 '베스트 여성 R&B 보컬 퍼포먼스' 부문 최초의 수상자가 되었다.

1967년, 존중받고자 하는 마음이 절실했던 수많은 이들이 있었고, 특히나 이 25세가 된 목사의 딸 아레사 프랭클린도 예외는 아니었다. 흑인 공동체들은 인종차별주의적 요식 체계의 손에 또 치욕을 당하느니 차라리 당시 그녀가 거주하던 디트로이트시를 불태워 없애버리겠다는 태도를 취했고, 한편 여성들은 흑인 인권 운동이 외치는 목표를 여성의 사회적 평등 운동 접목시켜 나름대로의 고투를 벌이고 있었다. 놀라운 재능의 소유자 프랭클린은 당시 컬럼비아 레코드사에서 몇 년 동안의 침체기를 보낸 후 애틀랜틱으로 레이블을 옮겨 커리어를 소생시키려 분투 중이었다. 그녀는 재즈로의 일탈을 행하기 전 가스펠을 토대로 성장해왔고, 이제 새로운 프로듀서 제리 웩슬러는 그녀에게 설교를 맡기게 된다. 2분 30초 동안 머지않아 소울의 여왕으로 등극할 프랭클린은 존중에 대한 시급성을 낱낱이 파헤쳤다.

이 곡을 녹음하기 전 프랭클린과 그녀의 여동생 캐롤린은 비트를 재조정하고 새로운 보컬 편성을 완성시키는 한편 이 곡의 제목에 활용된 아이콘적 철자법도 구상했다. 이것은 단순히 리듬을 살리기 위해 고안한 것이 아니었다. 문자 그대로 'R-E-S-P-E-C-T'를 표하지 않으면, 더이상 사랑을 베풀지 않겠다는 확고한 메시지였다. **MO**

Montague Terrace (in Blue)
Scott Walker (1967)

Writer | Scott Engel
Producer | John Franz
Label | Philips
Album | *Scott* (1967)

스콧 워커는 워커 브라더스와 함께 몇 편의 자작곡을 녹음한 적이 있었다. 그러나 이들 3인조의 3번째 앨범 〈Images〉의 트랙 목록를 한 번만 훑어보면, 왜 그가 이 모든 것에 작별을 고하기로 마음먹었는지 짐작할 수 있다. 앨범의 하이라이트 트랙 중 하나인 "Orpheus"(자신의 본명 스콧 엥겔을 내세워 작곡한 발라드였다)는 훗날 등장하게 될 그의 명작 "Plastic Palace People"를 미리 맛보게 했다. 그런데 이런 주옥 같은 곡을, 졸린 "Blueberry Hill"(팻츠 도미노) 커버 버전과 핏기 빠진 "Stand By Me"(벤 E. 킹)의 커버 버전과 나란히 수록하다니! 당시 벨기에의 발라드 가수 자크 브렐에 대한 집착에 한참 시달리고 있던 워커는 이따위 타협에 낭비할 시간이 없었다. 나머지 밴드 멤버들을 등진 그는(이들은 서로 가족 관계가 아니었다) 워커 브라더스의 프로듀서 존 프란즈를 자기 편에 데리고 솔로 활동을 시작했다. 그의 솔로 데뷔 앨범 〈Scott〉의 첫 트랙은 브렐의 "Mathilde"를 흥겹게 전환해놓은 커버 버전이었다. 그리고 2번째 트랙에서 바로 이 파워풀한, 시네마적 명작이 한 편의 스토리를 전하게 되었다. 여기에는 워커의 카리스마 넘치는 보컬과 심상 가득한 가사("The window sees trees cry from cold / And claw the moon(창문은 나무가 추워우는걸 지켜보지 / 달을 할퀴는 모습도)")에 윌리 스톳의 자극성 강한 관현악 편성이 조화를 이루고 있었다. 솔로 전향 초반, 워커가 발표한 첫 앨범들은 3장 모두 영국 톱 3위 진입했다. 그러나 어둡고 이해하기 힘들었던 〈Scott 4〉와 지리멸렬한 〈Til the Band Comes In〉은 차트 진입에 아예 실패했다. 그는 고전을 계속했지만 결국 워커 브라더스의 재결합 LP 〈Nite Flights〉(1978)를 통해 독특한 실험정신을 가진 아티스트로서 또 한 번의 승리를 거두었다. **WF-J**

A Day in the Life
The Beatles (1967)

Writer | John Lennon, Paul McCartney
Producer | George Martin
Label | Parlophone
Album | *Sgt. Pepper's Lonely Hearts Club Band* (1967)

비틀즈의 〈Sgt. Pepper〉는 팀워크의 절정을 보여주었다. 앨범의 아찔한 최종 트랙에서 매카트니는 곡 중 B섹션을 제공했지만, 여전히 가장 우세했던 것은 레논의 가사였다. 열렬한 매스 미디어 소비자였던 탓에, 그는 부분적으로 신문에서 영감을 받았다. "Lucky man who made the grade(성공한 운 좋은 남자)"는 불운의 기네스 상속인 타라 브라운에 대한 기사로부터 영감을 받은 듯하다. 한편 레논이 리처드 레스터의 블랙 코미디 〈나는 어떻게 전쟁에 이겼는가(How I Won the War)〉에 참여했던 일도 가사에 투영됐다. 또한 "I'd love to turn you on"을 통해, 이들 2명은 자신들에게 처음으로 팬들을 향한 고의적인 약물 사용 지지의 메시지를 전했고, 이것을 눈치챈 BBC는 방송을 거부했기도 했다.

슈톡하우젠, 그리고 루치아노 베리오와 같은 아방가르드 작곡가에 대한 매카트니의 관심이 급증하며, 그는 이 곡에 그 유명한 관현악적 "상승"을 제안해 넣는다. 각각의 연주자들은 최저음부터 최고음까지 모든 음조를 통과하여 24마디에 걸쳐 상승시키도록 지시받았다. 그 결과, 조지 마틴이 40인을 위해 만든 관현악 편성을 두고 레논은 "무에서 세상 끝으로 상승 전개되는 사운드"라 묘사했으며, 조지 마틴은 좀 더 함축적으로, "관현악적 오르가슴"이라 말했다.

믿기지 않을 만큼 독창적인 착상, 한 순간도 놓치지 않는 최상급 합주(스타의 미묘한, 재즈풍 드럼은 마치 꿈속을 거니는 듯하다), 아름답게 조절된 레논의 보컬이 돋보였던 "A Day in the Life"는 어쩌면 팝 역사 최고의 콜라보레이션일 것이다. **RD**

"A Day in the Life"의 존 레논의 육필가사는 경매에서 대단한 관심을 끌었다. ➡

READ THE NEWS TODAY OH BOY.
BOUT A LUCKY MAN WHO MADE THE GRADE
AND THOUGH THE NEWS WAS RATHER SAD
WELL I JUST HAD TO LAUGH
          I SAW THE PHOTOGRAPH.

E BLEW HIS MIND OUT IN A CAR
E DIDN'T NOTICE THAT THE LIGHTS HAD CHANGED
CROWD OF PEOPLE STOOD AND STARED
tEY'D SEEN HIS FACE BEFORE
BODY WAS REALLY SURE IF HE WAS FROM THE
                         HOUSE OF LORDS

I SAW AFILM TODAY OH BOY
HE ENGLISH ARMY HAD JUST WON THE WAR
A CROWD OF PEOPLE ~~turned~~ TURNED AWAY
UT I JUST HAD TO LOOK
iUST) HAVING READ THE BOOK
  + I LOVE TO TURN YOU ON
I READ THE NEWS TODAY OH BOY
FOUR THOUSAND HOLES IN BLACKBURN LANCASHIRE
ND THOUGH THE HOLES WERE ~~rather~~ SMALL
tEY HAD TO COUNT THEM ALL
w THEY KNOW HOW MANY HOLES IT TAKES TO FILL
                    THE ALBERT HALL

Alone Again Or | Love (1967)

Writer | Bryan MacLean
Producer | Bruce Botnick, Arthur Lee
Label | Elektra
Album | *Forever Changes* (1967)

"그건 딱 1번 들어보고
절대 다시 듣지 않았습니다."

브라이언 맥클린, 1996

◀ **Influenced by: Lieutenant Kije Suite · Composed by**
Sergei Prokoviev (1933)
▶ **Influence on: Nantes ·** Beirut (2007)
● **Covered by:** UFO (1977) · The Damned (1987)
Sarah Brightman (1990) · The Boo Radleys (1992)
The Oblivians (1993) · Calexico (2003)

60년대 사이키델리아의 누아르풍 창백함을 "Alone Again Or"만큼 정확하게 표현하는 노래도 없을 것이다. 본 제목 "Alone Again"(신비적 "Or"는 밴드의 제멋대로인 리더 아서 리가 추가해 넣은 것이다)의 이 곡은 원래 러브의 데뷔 앨범 〈Love〉(1966)에 수록될 예정이었다. 그러나 아득한 여자친구에게 쓴 브라이언 맥클린의 시는 1967년 〈Forever Changes〉의 녹음이 있기 전까지도 미완성으로 남아 있었다. 이 트랙이 얻게 된 컬트적 지위는 본래의 스트링 편성에 곁들여 맥클린의 암울한 결론("And I will be alone again tonight, my dear(그리고 자기, 오늘밤 난 다시 혼자가 될거야)") 즈음에 모습을 드러내 짜릿함을 더하는 애틋한 마리아치 스타일 호른 사운드에 크게 기인한다. 맥클린은 후에 이 곡에 대해, "우리가 밴드로서 함께 한 그 어떤 것보다도 더 저를 행복하게 만들었죠"라고 말했다.

그러나 이 트랙이 밴드 멤버들 사이에 균열을 야기한 사실은 매우 유명하다. 맥클린의 보컬 트랙은 리믹스되는 한편, 그가 본래 불러놓은 리드 보컬이 "너무 약하다"는 이유로 밴드 동료 아서 리의 하모니 보컬로 대체되기까지 한다. 맥클린은 결국 자신의 목소리가 멜로디를 제대로 전달하기에 충분히 강하지 못했다는 것을 인정했고, 후에 자신의 앨범 〈ifyoubelievein〉에 솔로 버전을 수록해 이 사항을 재차 언급했다.

이 곡은 1968년 싱글 발매되었을 때 롤링 스톤 매거진으로부터 "일관성이 부족하다"는 평가를 받았지만(그것도 미국 빌보드 차트 99위에서 고전하고 있을 당시), 이 묘한 매력의 트랙은 나름대로 컬트적 입지를 굳혀나갔고, 당시 사이키델릭 시대의 고전적 표현물로 자리매김했다.

"Alone Again Or"은 여러 영화에 삽입됐으며, 그 중에는 컬트 고전 〈슬리퍼스〉(1996)도 포함돼 있다. 이 곡은 부래들리스, 칼렉시코, UFO, 매튜 스위트와 수잔나 호프스 등 다양한 아티스트들에 의해 커버 버전으로 재탄생한다. 스위트와 호프스는 "우리는 '러브'를 사랑한다네!"라 말하며 "그룹 '러브'도 그렇고 말이야"라 덧붙였다. **KL**

Tin Soldier | The Small Faces (1967)

Writer | Steve Marriott, Ronnie Lane
Producer | Steve Marriott, Ronnie Lane
Label | Immediate
Album | N/A

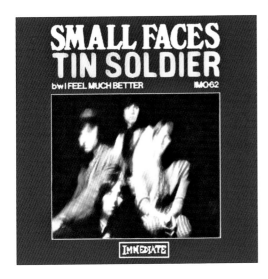

"이 곡은 제가 예전에 항상 이야기를
나누던 한 소녀 제니 라일런스를
노래하고 있죠.
그녀는 저를 정말 흥분시켰어요."

스티브 매리엇, 1967

◀ **Influenced by: Little Girl** · John Mayall & The
Bluesbreakers (1966)
▶ **Influence on: Would You Believe** · Billy Nicholls (1968)
● **Covered by:** Quiet Riot (1977) · The Hypstrz (1979)
Todd Rundgren (1983)

"Tin Soldier"는 한 여자의 환심을 사기 위해 스티브 매리엇이 이비사에서 작곡한 노래다. 그녀는 1년이 지난 후 매리엇의 아내가 되어 있었다. 이 곡은 사실 스몰 페이시스가 부를 의도로 만들어진 것이 아니었다. 이미디어트 레이블은 소속 아티스트 간에 서로 돕는 문화를 장려했고, 그 탓에 매리엇은 한때 아이크 앤 티나 터너 리뷰의 배킹 싱어로 활동하다가 런던에 정착한 팻 (P.P.) 아놀드에게 이 곡을 선사했다. 매리엇은 후에 이렇게 회상한다. "그녀가 기겁했어요. 그래서 전 그냥 참는 게 낫겠다고 생각했죠." 밴드를 위해 곡을 아껴두기로 결정한 그는 아놀드에게 비슷한 힘을 지닌 다른 곡("(If You Think You're) Groovy")을 대신 내주게 된다. 밴드는 그녀의 음반에 연주로 참여했고, 그녀는 이들의 음반에서 노래를 불러주었다.

1967년 12월 발매된 "Tin Soldier"는 런던 동부에서 온 이 4인조가 한창 인기 절정을 누리던 시절 잉태되었다. 밴드가 해체되기 이전 이미디어트 레이블을 통해 발매한 5개의 싱글 중 3번째에 해당하는 이것은 "Itchycoo Park"와 "Lazy Sunday" 사이에 오며, 스몰 페이시스가 남긴 최고의 작품을 뽑을 때 거의 선정이 확실시될 트랙이었다. 그 이전 해를 지배했던 사이키델릭 팝이 지나간 자리에, 이 곡은 그들이 활동 초기에 모드(mod) 그룹으로서 보여준 소울적 성향으로 회귀했음을 알렸고, 제자리걸음만 거듭했던 그들의 2번째 앨범 이후 밴드가 작곡가, 뮤지션, 음반 아티스트로서 대약진을 거두었음을 증명해 보였다.

초기 인스트루멘털 버전 중 하나는 본래 곡의 완성 버전에 쓰려고 의도했던 풍부한 어쿠스틱 기타 사운드를 폭로한다. 그러나 결국 채택된 최종 결과물은 1968년 도래한 헤비-록 신에 지대한 영향을 미쳤다. 이 곡은 헤드뱅어들에게 큰 기쁨을 준다. 로니 레인은 베이스를 연주하며 리듬과 리드, 양 역할을 하며, 케니 존스의 퍼커션 가격(이것은 양철북 사운드의 효과를 내기도 한다)은 반주 트랙을 때려 부수어 가루로 만들어 버릴 듯할 기세다. 매리엇의 보컬은 새롭고 성숙한 모습이다. 이 트랙의 1분 35초 지점에서, 록 시대가 본격적으로 시작된다. **DH**

See Emily Play | Pink Floyd (1967)

Writer | Syd Barrett
Producer | Norman Smith
Label | Columbia
Album | N/A

"그건 제 삶을 뒤바꾸어놨죠.
'음악에는 뭔가 특별한 것이 있구나' 하고
생각하게 만들었어요."

캡틴 센서블, 더 댐드, 2000

◀ **Influenced by: Strawberry Fields Forever**
The Beatles (1967)
▶ **Influence on: Shine On You Crazy Diamond**
Pink Floyd (1975)
● **Covered by: David Bowie** (1973) • **The Grapes of Wrath**
(1994) • **Martha Wainwright** (2008)

핑크 플로이드는 한때, 참 잘된 팝 싱글을 만드는 일을 허락했다. 레논과 매카트니의 이름이 찍힌 음반들을 우선 제외하고 볼 때, 플로이드의 2번째 싱글 "See Emily Play"는 1967년 최고의 영국 히트작이라 말할 수 있다.

이 곡은 본래 밴드의 야심찬 런던 공연 'Games for May'와 동명을 지닐 예정이었으나, 밴드 리더 시드 바렛이 런던의 유에프오(UFO)클럽 공연 중 한 "사이키델릭 스타일 여학생"을 보게 된 후 여기서 영감을 얻어 "See Emily Play"란 이름으로 재명명했다. 그러나 "(사이키델릭조의) 특수효과는 거의 쓰지 않다시피 했다"고 키보드주자 릭 라이트가 말했다. "구절 마지막마다 나오는 '하와이적' 부분은 그냥 시드의 보틀넥 기타 연주에 에코 효과를 활용한 것뿐이에요."

데이비드 길모어(그는 결국 기타리스트로서 시드의 후계자가 된다)가 1967년 5월 스튜디오를 방문했고, 그는 자신의 친구가 "멍한 표정으로…그다지 친근하게 굴지 않는" 것을 보고 꽤 마음이 상했다. 베이시스트 로저 워터스의 말에 의하면, 플로이드는 라이브 무대에서 "때때로 'Emily'를 간신히 넘기"곤 했다는 것이다. 그렇게 하지 않을 경우에는, 대신 "Reaction in G"의 인스트루멘털 버전을 연주하곤 했다고 한다. "저희는 전국 곳곳에 공연을 다니며 괴이한 음악을 연주하곤 했죠. 그리고 관중들을 화나게 했어요…" 드러머 닉 메이슨이 이렇게 회상했다.

바렛은 영국 TV 쇼 〈톱 오브 더 팝스〉에 나가 이 싱글을 홍보하는 것을 거절했다. "저희는 마침내 그 이유를 알아냈죠." 워터스가 말했다. "존 레논은 〈톱 오브 더 팝스〉 같은 곳에 출연하지 않아도 되는데 왜 자기는 해야 되냐고 하더라고요."

〈Pin Ups〉(1973)을 통해 이 곡을 엉망으로 만들어놓은 데이비드 보위는 이렇게 말했다. "핑크 플로이드는 히트 곡을 손에 쥐게 되었고 언더그라운드로부터 그럭저럭 벗어났어요. 시드는 그런 걸 조금도 원치 않았고 그런 분위기에서 퇴장하기를 원했죠. 전 그 이유를 이해해요…그들이 주류에 받아들여지게 된 거죠. 그런 걸 원하는 사람이 어디 있겠습니까." **BM**

1967년, 시드 배럿의 최신식 패션 옆에 서니, 나머지 핑크 플로이드 멤버들이 깔끔해 보인다.

A Whiter Shade of Pale
Procol Harum (1967)

Writer | Keith Reid, Gary Brooker, Matthew Fisher
Producer | Denny Cordell
Label | Deram
Album | *Procol Harum* (1967, U.S.)

판독 불가능한 가사와 소송 사건 탓에 "A Whiter Shade of Pale"은 팝 역사의 가장 수수께끼 같은, 가장 지구력 강한 창작물 중 하나로 굳어졌다. 테크니컬러의 카프탄을 휘날리던 1967년 여름, 이 팝과 고전 음악의 조화를 꾀한 싱글은 영국 싱글 차트 정상에 6주간을 머무는 '현란한' 기록을 세웠다.

프로콜 하럼은, 작사가 키스 리드와 보컬리스트 겸 키보드 주자인 개리 브루커의 노래들을 녹음할 목적으로 창단되었다. 새로이 결성된 그룹이 활동을 시작한 그 해 "A Whiter Shade of Pale"로 히트를 기록한 사건은 정말 예상 밖의 성과였다. 우울한, 바흐풍 오르간 멜로디에, 역대 팝송을 장식했던 가사 중 최고로 초현실적인 구절들이 조화를 이루어 한 편의 복잡한 노래가 만들어졌다. "가벼운 판당고"를 추고, 베스타 여신을 섬긴 신녀들이 나오는가 하면, 이야기를 늘어놓는 방앗간 주인, "날아가버린" 천장 등 그 누구도 이 가사의 진의를 이해할 수 없었고, 특히나 레코드 레이블은 더더욱 그러했다. 이 곡의 발매를 진행해야 하는지 여부에 관해 레이블이 품었던 불확신은 일단 홍보용 음반들이 영국의 동해안에 위치한 해적 라디오 방송국 '라디오 런던'에도 유입되며 모두 씻겨 내려갔다. 대중의 요구로 급히 서둘러 발매된 싱글은 3주만에 영국 넘버 원으로 등극했다(관례에 따라, 이 곡은 영국 앨범 〈Procol Harum〉(1967)에서 누락되었지만, 미국 발매 버전에는 수록되었다).

곡의 제목은 키스 리드가 한 파티에서 우연히 듣게 된 말 한마디에서 영감을 얻은 것이다. 리드의 친구이자, 디제이에서 프로듀서로 전향한 가이 스티븐스가 자기 아내에게 돌아서며 이런 말을 던진 바 있다: "아이고, 방금 얼굴색이 창백하다 못해 새하얗게 질려버렸어." **DR**

The Tears of a Clown | Smokey Robinson & The Miracles (1967)

Writer | Henry Cosby, "Smokey" Robinson, Stevie Wonder
Producer | Cosby, Robinson
Label | Tamla
Album | *Make It Happen* (1967)

스티비 원더는 1966년 모타운 크리스마스 파티에 가기 전, 자신이 예전에 가사를 붙이지 못해 고민했던 음악을 챙겨 넣었다. 스모키 로빈슨은 이 음악이 전하는 서커스 분위기에 대해 몇 마디 던졌고, 그로 인해 관중들을 계속 미소 짓게 해야 하는 외로운 광대에 대한 이야기가 나왔던 것이다(로빈슨은 "My Smile Is Just a Frown"을 위해 "Just like Pagliacci did, I'll try to keep my sadness hid(팔리아치가 그랬듯, 나도 내 슬픔을 감추려 노력할 거야)"라는 구절을 쓴 적이 있다). 미라클스는 완성된 곡을 트랙으로 녹음했고, 자신들의 1967 LP 〈Make It Happen〉에 이것을 실어 발표했다.

3년이 지난 후, 스모키 스스로가 바로 이런 쓸쓸한 존재가 되어 있었다. 공연 여행으로 떠돌아다니는 생활이 지겨워진 그는 음반 작업을 잠시 중단하고, 그룹으로부터 나와 집에서 가족들과 더 시간을 보내길 원했다. 하지만 영국에서 뉴스 한 통이 왔다. 오랜 세월 동안 기억에서 잊혀졌던 이 노래가 싱글로 발매되었고(모타운 음악의 영국 발매를 담당했던 EMI 레이블에서 일하던 한 비서가 이 곡에 강한 흥미를 보인 덕이었다), 차트 1위를 기록했다는 소식이었다. 디트로이트 본사는 여기에 강한 의혹을 품었지만, 어쨌든 본래 트랙을 가져다가 템포를 늦춘 후 드럼 트랙을 추가해 추진력을 더욱 살렸다. 12월 12일(영국에서 1위에 오른 지 3개월 만에), 이 트랙은 파트리지 패밀리를 걷어차고 미국 1위로 등극했다.

그렇다면, 1967년 당시 디트로이트가 헛짚은 것은 도대체 무엇이었을까? 그것은 아무도 모른다. 어쨌든 한 가지 확실한 것은, EMI의 캐런 스프레드버리가 그해 두둑한 크리스마스 보너스를 받아 마땅했다는 것이다. **DH**

Sunshine of Your Love
Cream (1967)

Writer | Eric Clapton, Jack Bruce, Pete Brown
Producer | Felix Pappalardi
Label | Reaction
Album | *Disraeli Gears* (1967)

1967년 기준으로 봤을 때, 크림은 스타일 퓨전의 완결판 그 자체였다. 수십 년에 걸쳐 내려온 블루스적 음악 어법에 가장 현대적인 재즈적 억양을 섞어 자유롭게 구사하는 데다, 그들만의 독특한 사이키델릭 록적 색채감을 더해 넣었다. "Sunshune of Your Love"가 이렇게 수년이 지난 후에도 계속 칭송받는 것은 너무나 당연한 일이다. 왜냐하면 이 곡은 그룹 자체가 그랬듯, 옛것과 새로운 것을 접합시킨 통합체의 화신이었으니 말이다. 이 곡은 단순하면서도 복잡했다. 수많은 기타리스트들은 기타 레슨을 처음 받을 시절, 에릭 클랩튼의 하강하는 10음 리프를 익혔던 추억을 간직하고 있을 것이다. 그러나 크림을 숭배했던, 지미 헨드릭스 같은 뮤지션들의 손을 거치며 이 곡은 막대한 힘을 가진 리프의 폭풍우로 진화했다.

모든 최고의 작품들이 그렇듯, 이 곡의 가사(이 곡의 경우, 크림과 오랜 협력 관계를 다져온 피트 브라운이 썼다)는 정확한 문법의 필요성을 배제한다. 잭 브루스의 음성을 통해 "It's getting near dawn"을 듣고 있자면, 1세대 일렉트릭 블루스에 대한 기억이 몰려온다. 이 말에 담긴 주술적 힘은 잭 브루스가 실제로 늪지대(bayou)와는 전혀 거리가 먼 사람―그는 한 왕립 음대에서 교육받은 재즈 대가였다―이라는 사실에도 굴하지 않고 한 치의 마력도 잃지 않는다. 여기 등장하는 화자는 밤의 "tired eyes"를 환기시키며 그의 욕망의 대상이 전부인 그곳으로 우리를 인도해가는 것이다. 사랑에 아파하지만 세련되고, 옛 뿌리를 고수함에도 현대적인 "Sunshine of Your Love"는 여전히 그 시대의 에너지와 작업에 참여한 이들의 재능이 모두 융합된 곡으로 남아 있다. **JMc**

Cold Sweat | James Brown
& The Famous Flames (1967)

Writer | James Brown, Alfred Ellis
Producer | James Brown
Label | King
Album | *Cold Sweat* (1967)

1966년, 제임스 브라운 앤 더 페이머스 플레임스는 당시 코트디부아르의 수도였던 아비장에서 콘서트를 열었다. 그의 공연이 서아프리카 뮤직 신에 미친 영향은 가히 전격적이라 할 수 있었고, 펠라 쿠티를 포함한 수많은 이들의 음악 활동에 활력을 불어넣었다(쿠티는 곧 브라운이 자신의 노래를 부르고 있다고까지 주장한다). 폴리 리듬적 아프리카 음악이 브라운의 음악 세계에 미친 영향의 정도는 1967년 1월 그가 취한 음악적 방향을 통해 측정해볼 수 있다. 당시 그가 소개한 "Let Yourself Go"는 브라운이 열정을 다해 찾아 해매온 순수 그루브만을 향해 그가 내디딘 멜로디로부터의 일보 후퇴이자 조심스러운 일보 전진이라 할 수 있다.

4개월 후 총 7분 길이로 LP 음반에 두 파트로 나뉘어 싱글 발매된 "Cold Sweat"은 브라운과 밴드 리더이자 알토 색소폰 주자였던 알프레드 "피위" 엘리스의 합작품이었다. 이것은 잼 세션이나 다름없다고 할 수 있다. 브라운은 이 곡이 모든 악기들의 타악기적 필에 초점을 맞추고 있다는 사실(특히 클라이드 스터블필드의 자주 샘플되는 드럼 플레이와 메이시오 파커의 테너 색소폰, 버나드 오덤의 베이스 사이의 인터플레이가 두드러진다)을 인정이나 한다는 듯 미발달된 가사만을 던져 넣었다. 전형적인 현상이긴 하지만 이 트랙에서는 솔로 브레이크 섹션보다 오히려 브라운이 던지는 권고의 외침이 더 유명하다: "Maceo, come on now, brother. Put it where it's at(마세오, 자, 친구야 멋있게 불어봐)"이나 "Give the drummer some(드러머한테도 기회를 좀 줘)."

R&B 차트에서 1위를, 팝 차트에서 7위를 기록한 "Cold Sweat"를 시작으로, 브라운은 7년간 계속될 긴 여정을 떠났고, 그의 음악 여정은 1974년 자이르에서 있을 역사적 콘서트들로 브라운을 인도했다. **DH**

The First Cut Is the Deepest | P. P. Arnold (1967)

Writer | Cat Stevens
Producer | Mike Hurst
Label | Immediate
Album | *The First Lady of Immediate* (1967)

"완전히 제 인생을 말하고 있었죠.
1번째 결혼 생활이 제 삶에 가져온
결과에 대해서요."

P.P.아놀드, 2004

◀ **Influenced by: Don't Let Me Be Misunderstood**
Nina Simone (1964)
▶ **Influence on: Back to Black** · Amy Winehouse (2006)
● **Covered by:** Rod Stewart (1976) · Martin Simpson
(1983) · Bad Manners (1993) · Bonfire (1998)
Sheryl Crow (2003) · David Essex (2003)

P.P.아놀드는 첫 영국 방문 중―아이크 앤 티나 터너의 배킹 밴드인 디 아이케츠의 일원으로서 롤링 스톤스와 함께 연주 여행 중이었다―믹 재거로부터 재능을 인정받았다. 깊은 인상을 받은 스톤스의 프론트맨은 곧 자신의 매니저 앤드루 루그 올드햄에게 그녀를 자신이 새로 설립한 이미디어트 레이블과의 음반 계약을 제안한다.

더 나이스의 키스 에머슨이나 스몰 페이시스의 스티브 매리엇, 로니 레인과 함께 작업에 임하며 아놀드는 몇몇 작곡가들과 함께 새로운 레퍼토리를 확립해갔다. 올드햄의 자작곡 "Everything's Gonna Be Alright"로 데뷔한 데 이어 그녀는 캣 스티븐스가 자곡한 "The First Cut Is the Deepest"로 자신 최대의 히트를 기록했다. 이 곡은 또 한 번의 사랑을 시도해보려는 실연당한 여인의 가슴 아픈 이야기를 담고 있었다. 스티븐스는 활동 초기, 작곡가로서의 입지를 굳히기 위해 한창 노력할 당시 이 곡을 썼다고 한다. 그가 만든 데모 트랙의 결과, 이 곡은 P.P. 아놀드를 위해 이미디어트 레이블로 30파운드에 팔리며, 1967년 5월 발매된다. 그해 말, 스티븐스는 이 트랙을 자신의 〈New Masters〉 앨범에 수록하지만 싱글로 개별 발매하지는 않는다. 아놀드의 커버가 가장 훌륭한 결정적 버전이라고 느꼈기 때문이다.

활기차고 쾌활한 템포의 아놀드 버전은 마이크 허스트(과거 스프링필즈의 일원이었다)가 녹음을 맡았고, 스트링과 호른 섹션에 하프를 나란히 사용했다. 주의 깊게 들어보면, 필 스펙터의 "사운드의 벽" 제작과 같은 촘촘한 층들과 영국 R&B 그룹들이 60년대 후반 사이키델릭 영역으로 접어들며 발전하기 시작한 기이한 손질 방법이 모두 메아리치고 있음을 확인할 수 있다.

이 곡은 차트상에서 그럭저럭 성공을 거두는 데 그치지만(영국에서 18위까지 오른다), 영국에서는 현저한 소울 신이 시작됨을 알리는 신호탄이 되었다. **CR**

I Say a Little Prayer | Aretha Franklin (1968)

Writer | Burt Bacharach, Hal David
Producer | Jerry Wexler
Label | Atlantic
Album | *Aretha Now* (1968)

"제일 눈에 확 띄는 곡은 말이죠—
아마도 그녀가 곡을 더 멋지게
바꾸어 놓아서일 거예요—
바로 아레사의 음반이었습니다."

버트 배커락, 1996

◀ **Influenced by: How I Got Over**
Mahalia Jackson (1961)
▶ **Influence on: Close Your Eyes and Remember**
Minnie Riperton (1970)
● **Covered by:** The Dells (1972) · Susan Cadogan (1975)
Al Green (1978) · Bomb the Bass (1988)

디온 워윅을 무색하게 만드는 것은 쉬운 일이 아니다. 그러나 아레사 프랭클린은 이 곡을 나름대로 재해석함으로써 그 일을 달성했다. 그녀의 버전은 워윅의 버전이 나온 지 거의 1년이란 시간이 지난 후 발매되었고, 미국에서 워윅보다 차트 성적이 좋지 않았지만 이 노래와 영원히 연관될 이름은 누가 뭐래도 프랭클린의 것임이 분명하다.

두 작곡가 버트 배커락과 할 데이비드는 워윅과 협력하여 "Anyone Who Had a Heart", 그리고 "Do You Know the Way to San Jose"와 같은 완벽한 팝을 창조해냈으나, 배커락의 경우 "I Say a Little Prayer"의 처리 방식이 완전히 만족스럽지 않았다. "전 제가 템포를 조금 너무 빠르게 잡지 않았나 하고 생각했죠"라고 말했던 그는 궁리에 빠졌다. 이 곡을 싱글로 발매하는 것에 대해 초반에 반대했던 그의 판단은 워윅의 버전이 1967년 톱 5에 진입하며 효력을 잃었다. 하지만 얼마 지나지 않아 또 다른 버전이 등장했고 이에 배커락은 또 한 번 바로 앉아 주의를 기울였다.

컬럼비아에서 애틀랜틱으로 레이블을 교체한 이후, 프랭클린의 음악은 그녀의 보이스와 동일한 박력으로 훨씬 강화되었다. 이러한 방침은 그녀가 1967년과 1968년 사이 미국에서 9개의 톱 10 히트를 거두게 되며 그 효율성이 정당화된다. 그중 마지막 히트 곡이 바로 "I Say a Little Prayer"였던 것이다. "그녀는 멜로디를 좀 바꾸고, 다른 것도 좀 바꿨죠. 전 의구심이 들었어요." 배커락이 이렇게 털어놓았다. "하지만 전 거기에 익숙해졌죠. 그녀는 정말 대단했어요. 점점 그게 신경 쓰이지 않게 됐죠."

이 곡은 시공을 초월하는 매력 덕에 오랜 영향력을 가지게 된다. 덱시스 미드나잇 러너스의 프론트맨 케빈 롤랜드는 아침에 이 노래가 없으면 뭔가 허전하고 고백한 바 있다. 한편, 루퍼트 에버렛은 1997년 로맨틱 코미디 〈내 남자친구의 결혼식〉에서 레스토랑을 배경으로 줄리아 로버츠를 향해 부르는 기운 넘치는 버전을 연출했다. 무엇보다도, 배커락이 개인적으로 가장 좋아하는 버전이 바로 이것이라는 사실이 가장 대단한 업적인 듯하다. **CB**

The Snake
Al Wilson (1968)

Writer | Oscar Brown Jr.
Producer | Marc Gordon, Johnny Rivers
Label | Soul City
Album | *Searching for the Dolphins* (1969)

이솝우화에서 힌트를 얻은, 급진적 재즈맨 오스카 브라운 주니어는 자신의 1962년 앨범 〈Oscar Brown Jr. Tells It Like It Is〉를 위해 "The Snake"를 작곡한다. 여기에는 신뢰에 대한 우화 한 편이 담겨 있다. 한 상냥한 여인이 꽁꽁 언 뱀 한 마리를 데려다 따뜻하게 보살핀다(지그문트 프로이드와 존 밀튼 둘 모두 고개를 끄덕여 인정할 시나리오다). 그리고 그것을 잘 돌보아 건강을 회복시킨 여인은 결국 독니에 물린다. "'닥쳐, 이 멍청한 여자야!'라고 말하며 파충류가 씩 웃는다 / 날 데려오기 전 이미 내가 뱀이라는 걸 뻔히 알고 있었으면서 뭘."

브라운의 오리지널 버전은 섬세한 보사 노바 스타일이었지만, 알 윌슨의 손을 거치며 포-투-더-플로어(four-to-the-floor) 리듬 패턴의 신 나는 곡으로 변신했다. 마티 마이크의 호른 섹션 편곡은 역대 최고로 스릴 넘치는 것 중 하나였다. 한 구절씩 넘어갈 때마다, 찔러주는 금관 사운드가 점점 더 광란의 도가니에 빠지며 이야기의 극적 고조를 나타낸다. 감탄을 금치 못할, 길게 늘인 드럼 필은 오른쪽 스피커에서 왼쪽으로 뱀처럼 미끄러진다. 이것은 할 블레인이 흔히 보는 5개가 아닌 12개 드럼 구성의 완전한 옥타브를 갖춘 드럼 키트를 사용해 만들어낸 것이다.

윌슨은 이 모든 극적 연출을 마음껏 즐기며, 뱀을 연기할 때는 뱀처럼 쉭쉭 마찰음을 내고 불안한 여인을 연기할 때는 코미컬하게 새된 소리를 차용한다(배킹 보컬 가수들도 여기에 가담하여, 뱀에 물리는 순간, 세련되지 못하게 "우!" 하고 소리치기도 한다). "The Snake"는 보장된 댄스 플로어 인기 곡이었고, 70년대 영국에서 큼직한 바지를 걸친 노던 소울 (Northern-soul) 팬들 사이에서 특히 그랬다. **SP**

Oh Happy Day
The Edwin Hawkins Singers (1968)

Writer | Phillip Doddridge, J. A. Freylinghausen; arr. Edwin Hawkins
Producer | Edwin Hawkins
Label | Pavilion
Album | *Let Us Go into the House of the Lord* (1968)

46명으로 무장한 강력한 노던캘리포니아주 청소년 합창단은 1968년 한 청소년 회의에 참석하기 위해 워싱턴 D.C.로 갈 경비를 마련해야 했다. 이 때문에 기금을 모아야 했을 때, 그들은 자신들의 공연을 녹음하여 라이브 음반을 만들어달라며 센추리 레코드 프로덕션스에게 이 임무를 의뢰한다. 매우 기본적인 2트랙 테이프에서 앨범에 수록될 8곡이 선택되었고(그 중 "Oh Happy Day"의 오리지널 버전도 포함되어 있었다), 이 구성으로 500장만을 발매했다.

이 음반은 이후 지역 사회에 배포되었다. 샌프란시스코의 언더그라운드 라디오 스테이션 KSAN-FM의 한 디제이가 "Oh Happy Day"를 방송에 내보냈고, 곧 다른 스테이션들도 줄지어 뒤따랐다. 이것은 부다 레코드사에 있는 닐 보거트의 이목을 끌게 되었고, 그는 국내 배포권을 사들이고 파빌리온 레이블로 앨범을 재발매했으며, "Oh Happy Day"를 싱글 발매하는 한편 이 그룹을 합창단 리더의 이름을 따 '에드윈 호킨스 싱어스'라 명명했다.

피아노와 드럼, 베이스의 단순한 반주와 훗날 가스펠 스타로 성장할 트라메인 호킨스를 포함한 합창단이 보조를 맞추는 가운데, 도로시 쿰스 모리슨이 감흥 넘치는 리드 보컬을 맡았다. 이 싱글이 거둔 성공의 결과 그녀는 즉각적으로 솔로 활동을 시작했으며 결국, 전 세계에 걸쳐 7백만 장을 판매했다. 게다가 호킨스는 4개의 그래미상을 받았다. "Oh Happy Day"는 조안 바에즈, 글렌 캠벨, 아레사 프랭클린(메이비스 스테이플스와 듀엣으로), 그리고 퀸 라티파 등 수많은 아티스트들이 커버 버전을 발표했다. **JLu**

피아노 앞에 앉은 호킨스와 함께한 에드윈 호킨스 싱어즈가 1970년 "Oh Happy Day"를 공연 중이다.

Israelites | Desmond Dekker & The Aces (1968)

Writer | Desmond Dekker, Leslie Kong
Producer | Leslie Kong
Label | Pyramid
Album | *Israelites* (1969)

"Israelites"와 함께 데스먼드 데커는 진정한 의미의 세계적 인기를 누리는 첫 자메이카 아티스트가 된다. 또한 그는 이 음반으로 뒤따라 등장할 다른 스카나 레게 그룹이 나아갈 수 있는 길을 닦아놓았다.

데커는 자신의 싱글 "007(Shanty Town)"으로 영국에서 팬층을 확보했지만, 스카는 엄밀히 카리브해 지역과 영국 내에서의 한정된 현상으로 여겨졌다. "Isaraelites"가 불가능을 가능케 하기 전까지는 그랬다. 대서양 양편에서 차트를 타고 상승기세를 보이던 이 곡은 영국, 네덜란드, 서독, 스웨덴, 캐나다에서 1위에 올랐고, 빌보드 핫 100에서는 9위까지 상승했다. 대부분의 이들이 가사를 이해하지 못하고 들었다는 사실을 감안할 때, 한결 더 대단해 보이는 위업이었다. 데커의 가사에는 몇 가지의 모호한 문화적 관련 암시가 등장했을 뿐 아니라(이 곡의 본래 제목은 "Poor Me Israelite"였다), 자메이카인이 아니고서는 거의 대부분 알아듣지 못할 말투로 불렸던 것이다.

안타까운 일이지만, 서인도제도 음악으로 미국과 유럽 시장 침투에 성공했음에도, 데커는 "Israelites" 만한 성공을 재현하지 못한다. 자메이카에서는 70년대 전반에 걸쳐 꾸준한 팬층을 유지하긴 했지만 말이다. 한편, 그의 가장 잘 알려진 곡은 인기를 유지했고 1975년 재발매되며 다시금 영국 톱 10에 진입한다. 1997년, 스웨덴의 펑크 밴드 밀렌콜린이 커버 버전을 내놓았고, 사랑받는 런던의 스카 밴드 매드니스도 〈The Dangermen Sessions Vol. 1〉(2005)에 커버 버전을 수록했다. **MW**

Wichita Lineman Glen Campbell (1968)

Writer | Jimmy Webb
Producer | Al De Lory
Label | Capitol
Album | *Wichita Lineman* (1968)

지미 웹은 아직도 그 전화 통화를 기억한다. "글렌이 'By the Time I Get to Phoenix'의 후속작으로 쓸 만한 걸 찾고 있어요." 음반 제작 감독이 이렇게 전했다. "하지만 지역에 관련된 노래여야 합니다." 당시 21세밖에 되지 않았던 웹은 처음에 그다지 흥미가 가지 않았지만, 여기 개의 치 않고 한번 시도해보기로 마음먹었다. 그는 캔사스주 리버럴시와 오클라호마 팬핸들 지역에서 일하던 전화선 수리공들에 대한 자신의 추억을 중심으로 한 곡을 머릿속에 그렸다. 그는 아직 완성된 것이 아니라는 주의와 함께 곡의 초고를 제출했다. 캘리포니아에서 전화선 보수공으로 일하는 삼촌을 둔 프로듀서 앨 드 로리는 이 곡에 반대했다고 한다.

당시 캠벨의 솔로 커리어는 그의 첫 싱글이 나온 지 거의 10년이 지난 상태였고, 그제야 한창 비상을 시작할 때였다. 그는 수년간 세션 기타리스트로 생계를 이어왔으며 로스앤젤레스의 유명 세션 뮤지션 집단이 '레킹 크루'의 중추적 일원으로 활동했다. 드 로리는 다수의 레킹 크루 멤버들을 끌어다가 이 곡 작업에 참여시켰으며, 후에 모스 코드를 흉내 내는 현악 편곡 아이디어와 함께 웹의 걸브랜슨 오르간의 별세계적 울림을 추가했다.

캠벨이 거둔 최고의 히트작으로 부상한 이후, "Wichita Lineman"은 팻백 밴드부터 R.E.M.까지 다양한 아티스트들의 커버 버전으로 재탄생했고, 웹 자신도 90년대 들어 이 곡을 녹음했다. 그는, 코러스 부분에서 "time"과 "line"을 짝지어놓은 것을 들을 때마다 움찔한다고 고백하기도 했다. 그의 말에 따르면(좀 스스로에게 너무 엄한 듯하지만), 이건 "역대 가장 크고, 지독하고, 멍청하면서 귀에 거슬리는 틀린 각운"이라는 것이다. **WF-J**

I Heard It through the Grapevine | Marvin Gaye (1968)

Writer | Norman Whitfield, Barrett Strong
Producer | Norman Whitfield
Label | Tamla
Album | *In the Groove* (1968)

모타운 우두머리 베리 고디는 대개 히트성을 간파해 빈틈 없는 직관을 발휘해왔지만, 이 곡에서만큼은 대물을 놓칠 뻔했다. 고디는 1966년과 67년 "I Heard it through the Grapevine" 음반을 이미 여럿 불합격시켰다. 그 스모키 로빈슨 앤 더 미라클스의 오리지널 버전과 소문은 무성했 지만 그 누구도 들어본 적이 없는 아이슬리 브라더스의 커버 버전, 그리고 마빈 케이의 느린 버전이 그것들이었 다. 1967년 말, 프로듀서 노먼 휫필드는 고디를 설득하여 글래디스 나잇 앤 더 핍스의 버전을 발매했고 이 버전은 미국 차트 2위까지 상승했다. 그러나 게이의 버전은 녹음 된 지 거의 18개월이 지난 1968년 8월 수면으로 모습을 드러냈고, 휫필드는 고디의 뜻을 거스르고 이것을 〈In the Groove〉에 수록했다.

이 곡은 미국의 디제이들의 반응이 없었다면 빛도 보 지 못한 채 그대로 묻혔을 것이다. 대중의 기억 속에, 나이 트의 신 나는 댄스 플로어용 버전은 아직 생생히 살아 있 었다. 하지만 게이의 느린 버전은 더 장중하게, 그리고 열 정적으로 다가왔으며, 차트 성적과는 별개로 나이트의 것 과는 전혀 다른 차원의 인기를 얻었다. 1968년 10월 결국 싱글로 발매된 게이의 버전은 미국과 영국 양쪽 차트 정상 에서 도합 10주를 머물렀으며, 그 시기 모타운 최다 판매 싱글로 기록되었다.

1986년, 이 곡은 리바이스 광고의 힘을 업고 차트로 복귀한다. 빨래방에서 닉 케이먼이 이 곡의 재녹음된 버 전을 배경으로 속옷까지 모든 옷을 벗어던지는 광고였는 데, 예산이 부족하여 게이의 오리지널까지는 확보하지 못했다 한다. **WF-J**

America | Simon & Garfunkel (1968)

Writer | Paul Simon
Producer | Roy Halee, Simon & Garfunkel
Label | Columbia
Album | *Bookends* (1968)

"제가 왜 집을 떠나 스튜어디스가 되려 하는지 이 곡이 설명할 거예요." 카메론 크로우의 영화 〈올모스트 페이 머스〉(2000)에서 주이 디샤넬이 슬픔과 분노로 가득 찬 눈 으로 레코드판에 바늘을 내려놓으며 말했다. 우리가 레코 드를 들을 동안 이야기를 잠시 멈춘다는 것은 정말 화려한 영화 제작 기법이다. 그러나 "America"와 같이 자연스런 아름다움과 미묘한 섬세함을 동시에 지닌 사운드트랙이 아니고서는 제대로 빛을 보지 못했을 아이디어였다. 도입 부에 허밍으로 부드럽게 부른 하모니를 시작으로 차츰차 츰 전개되다가 포크-록 기타와 잔잔한 파이프 오르간, 다 작 세션 드러머 할 블레인이 치는 승리에 도취된 재즈 드 럼 필이 모습을 드러낸다.

주제로 따져볼 때 이 곡은 마치 잭 케루악의 프리즘을 통해 본 척 베리의 로드 송을 연상케 한다. 화자는 자신의 여자친구 캐시(그의 1965년 솔로 LP 〈The Paul Simon Songbook〉의 커버에 있는 사이먼의 뮤즈 캐시 치타라고 추측된다) 와 미시간주 새기노부터 뉴욕까지 여행길을 떠나고, 이때 베리의 편안한 대화체 어투가 담배와 그레이하운드 버스 에 대한 이야기로 채워진 각운 없는 2행 연구에 결합되어 펼쳐지는 것이다. 650마일에 3분 조금 넘는 길이 동안, 젊 은 날의 낙천주의가 소외감으로 응어리지면서, 드디어 "I'm empty and aching and I don't know why(난 텅 비고 아파 오지만 그 이유를 모르겠어)"라는 고통에 다다른다. 여기 이르 러 곡은 기어를 변속한다. 관현악 사운드가 점점 부풀어 오르며, 초점이 물러나고 뉴저지 턴파이크 도로 위의 셀 수 없을 만큼 수많은 여행객들이 모습을 드러낸다. 그리고 맨하탄에 우뚝 선 뾰족한 건물들은 마치 지평선상에 펼쳐 진 에메랄드 시티처럼 보일 것이다. **SP**

Ain't Got No; I Got Life | Nina Simone (1968)

Writer | Galt MacDermot, James Rado, Gerome Ragni
Producer | Joe René
Label | RCA
Album | 'Nuff Said! (1968)

"내 종족이 세계를
지배하기로 마음먹은 지금…
전 제 본분을 다해야만 하겠죠."

니나 시몬, 1969

◀ **Influenced by: I Got a Woman** · Ray Charles (1954)
▶ **Influence on: You Remind Me** · Mary J. Blige (1991)
● **Covered by:** Julie Driscoll, Brian Auger & Trinity (1970)
Red Box (1986) · Jim Guthrie (2004) · Le Volume Courbe
(2005) · Mika (2008)

1968년, 록 뮤지컬 〈헤어〉가 브로드웨이와 런던 웨스트 엔드에서 막을 올렸다(이 작품은 평화와 사랑, 자유, 마약에 대한 메시지를 전하는 1960년대 히피 반문화의 중요 성명서였다). 그리고 같은 해 4월 마틴 루터 킹 주니어가 암살됐다. 3일 후, 웨스트버리 뮤직 페어에 모습을 드러낸 니나 시몬은 그날 공연 전체를 킹 목사에게 바치며 그를 추모한다. 이 공연의 녹음 기록이 〈Nuff Said!〉 앨범의 기본을 형성한다. "전 필사적으로 흑인 평등 운동 지도자들에게 인정받으려 노력했죠. 그리고 결국 해냈어요. 저항 노래만 10년을 불렀습니다." 그녀가 1991년 이렇게 말했다.

이 앨범에는 1달 후 만들어진 3개의 스튜디오 녹음 트랙이 수록됐다. 그중에는 〈헤어〉에 나오는 두 곡 "Ain't Got No"와 "I Got Life"의 메들리 버전이 포함되어 있었다. 뮤지컬상에서 이 2곡은 록 저항 앤섬과 그에 대한 기분 좋은 회답 곡으로 등장한다. 마약으로 실현된 유토피아를 꿈꾸는 히피 "부족"이 부르는 부분이다. 〈헤어〉에 나오는 많은 곡들이 그렇듯, 이 곡 또한 금세 사람들의 기억에서 잊혀질 뻔했다. 진지한 의도를 담은 〈'Nuff Said!〉에 수록됐다는 것 자체가 놀라운 일이긴 하다. 그러나 시몬의 음악적 역량에 힘입어 이 자유를 향한 외침은 다른 트랙들과 발맞춰 흑인 평등권을 외치는 냉철함을 부여받았고, 한편으로는 오리지널 버전이 전하던 쾌활함을 그대로 유지했다.

"Ain't Got No;I Got Life"는 시몬이 평상시에 해온 재즈, 가스펠, 블루스 레퍼토리로부터 출발해 팝 청중에게 다가가는 새로운 시도를 의미했다. 싱글로 발매된 이 곡은 그녀가 거둔 가장 큰 히트 곡 중 하나가 되었고, 그녀는 이제껏 익숙했던 것보다 더 넓고 어린 청중을 얻었다. 특히 유럽에서는 더더욱 그랬다. 이 곡은 네덜란드에서는 1위, 영국 차트에서는 2위까지 상승했다. **MW**

Piece of My Heart | Big Brother & The Holding Company (1968)

Writer | Bert Berns, Jerry Ragovoy
Producer | John Simon
Label | Columbia
Album | *Cheap Thrills* (1968)

"전 노래할 때,
처음으로 사랑에 빠졌을 때와 같은
느낌을 받게 돼요."

재니스 조플린, 1968

◀ **Influenced by: Strange Brew** · Cream (1967)
▶ **Influence on: You Had Me** · Joss Stone (2004)
● **Covered by:** Marmalade (1968) · Dusty Springfield
(1968) · Bryan Ferry (1973) · Bonnie Tyler (1977)
Etta James (1978) · Sammy Hagar (1981) · Faith Hill
(1994) · Beverley Knight (2006)

"무대에서 전 2만 5천 명의 관중을 애무합니다. 그리고 혼자 집으로 향하죠." 재니스 조플린이 60년대 말, 한창 최고의 절정기를 누릴 때 했던 너무나도 유명한 한마디다. 이 블루스 밴시의 레퍼토리 중 "Piece of My Heart"만큼 그녀의 말을 더 잘 요약하는 곡도 없을 듯하다.

1968년 빅 브라더 앤 더 홀딩 컴퍼니의 〈Cheap Thrills〉 LP를 위해 녹음된 "Piece of My Heart"는 어마 프랭클린(아레사의 언니이다)의 순수 소울 오리지널 버전에서 발췌해 4분 동안 고통스러운 목소리와 날카로운 기타 사운드로 비틀어진 곡이다.

재니스의 보컬은 프랭클린의 부드러운 해석과는 판이하게 다르다. 대신, 이 곡은 텍사스 태생 히피를 마음껏 보여주는 최고 시연의 무대를 마련했다. 도입부의 "Oh, come on / come on / come on…(오, 자 / 자 / 자)"부터 "…deep down in your heart I guess you know that it ain't right / Never never never never never never hear me when I cry at night(당신 마음속 깊은 곳에서 그게 잘못됐다는 걸 아는 것 같네요 / 절대로 절대로 내가 밤에 우는 걸 듣지 못하지)"에 이르기까지, 조플린은 그녀 자신만의 진실된, 가슴속 깊은 곳의 아픔을 끄집어내 곡에 이입시킨다.

그러나 "Piece of My Heart"는 재니스가 넣은 결정판 보컬만큼이나 빅 브라더 앤 더 홀딩 컴퍼니의 편곡에 신세를 지고 있다. 처음으로 커버 버전을 들어본 프랭클린도 이 곡을 알아보지 못했다며 인심 좋게 한마디를 던졌다. "그녀의 버전은 제 것과 너무 달라서 그다지 불쾌하지 않아요." 매서운 기세의 기타 사운드는 크림과 지미 헨드릭스의 발자취를 따르는 바삭바삭한 리드 파트와 함께 이 1968년 튠에 너무나도 완벽하게 들어맞는다.

이후 새미 해거부터 베벌리 나이트까지 수많은 아티스트가 이 곡을 커버했지만, 빅 브라더 앤 더 홀딩 컴퍼니의 버전이 모든 다른 커버 버전의 평가 기준으로 남아 있다. "Piece of My Heart"의 힘은 여전히 지속되었으며, 그 결과 〈Cheap Thrills〉는 2003년 롤링 스톤 선정 '역대 최고의 앨범 500'에서 338번째를 기록하기도 했다. 빌보드 차트를 석권한 지 35년이 지난 후의 일이다. **JM**

Say It Loud—I'm Black and I'm Proud | James Brown (1968)

Writer | James Brown, Alfred Ellis
Producer | James Brown
Label | King
Album | Say it Loud—I'm Black and I'm Proud (1969)

1968년 3월 흑인 평등 운동 지도자 마틴 루터 킹 주니어 박사가 테네시주 멤피스에서 암살된 사건과 캘리포니아주 오클랜드에서 흑표범당의 바비 허튼이 경찰의 총격으로 사망한 사건에 이어, 흑인 엔터테이너들은 자신의 지역 공동체를 대변해야 한다는 점점 더 큰 압박을 받았다. "Mr. Dynamite"이라 알려진 자칭 흑인 아이콘, 제임스 브라운은 흑인들의 권리를 위해 강한 입장을 밝혀야 한다는 기대를 샀지만 처음에는 아무런 행동도 취하지 않았다. 그는 민주당 예비선거에서 반-베트남전을 외치는 인기 절정의 로버트 케네디 후보에 반대해 미주부통령 휴버트 험프리를 지지했다. 그는 "America Is My Home"이란 제목의 싱글을 녹음해, "the best country"라며 고국의 미덕에 찬사를 보냈다. 그리고 베트남에서 미군을 위해 공연을 해 반전 시위자들의 비난을 사기도 했다.

그러나 8월 들어 브라운은 "Say It Loud—I'm Black and I'm Proud(크게 소리쳐. 나는 흑인이고, 그 점이 자랑스럽다고)"를 연호하는 '하드 펑크(funk)'곡으로 흑인 젊은이들의 신임을 회복했다. 이것은 흑인의 자존을 외치는 단호한 성명서였으며 브라운은 "We'd rather die on our feet / Than be livin' on our knees(차라리 두 발로 선 채 죽고 말겠어 / 무릎 꿇고 사느니 말이야)"라고 소리친다. 정치성 스민 이 앤섬은 템테이션스와 협력한 모타운 작곡가 겸 제작자였던 노먼 휫필드를 포함해, 길 스콧-헤런 등의 수많은 아티스트들에게 영향을 미쳤다. 트랙에 담긴 강한 타악기적 특성의 두드려대는 리듬과 언행을 통한 공격 행위는 힙합의 청사진을 제시했다. 에릭 B와 라킴은 "Move the Crowd" (1987)에서 이 곡을 샘플링해 썼다. **JoH**

Hard to Handle
Otis Redding (1968)

Writer | A. Jones, A. Isbell, O. Redding
Producer | Steve Cropper
Label | Atco
Album | The Immortal Otis Redding (1968)

"Hard to Handle"은 레딩 생애 마지막이 될, 1967년 말 스튜디오 세션 중 녹음되었다. 이로부터 탄생한 곡들 중 하나가 바로 "Sittin' on the dock of the Bay"이다(이 미완성 트랙은 레딩 사후에 차트 정상에 오른다).

그가 사색에 잠긴 어쿠스틱 음악으로 방향을 전환하려 했다는 증거로 "Dock of the Bay"가 종종 인용된다. 그러나 "Hard to Handle"은 그런 모든 주장을 반박하고 있다. 흥을 돋우는 도입부 피아노 리프부터, 이 곡은 거칠고 힘찬 R&B 댄스 뮤직이기 때문이다. 레딩의 음악은 항상 부드러움으로 유명했다("These Arms of Mine", "My Girl", "I've Been Loving You Too Long" 등). 하지만 그는 자신의 남성성을 과시할 수 있는 빠른 템포의 소울 곡도 자연스레 다루었다. "Hard to Handle"의 도입부 가사—"Hey there, here I am / I'm the man on the scene / I can give you what you want / but you got to come home with me(거기요 나 여깄소 / 내가 이곳에세 제일 잘 나가 / 네가 원하는 걸 난 줄 능력이 돼 / 하지만 그러면 나와 함께 밤을 보내야 돼)"는 앞으로 2분 20초간 섹시함을 과시할 무대를 마련하였다.

스티브 크로퍼(기타), 덕 던(베이스), 앨 잭슨(드럼), 북커 티 존스(피아노)와 멤피스 혼스의 탁월한 지지대 역할을 하며, 오티스의 맹렬한 보컬은 "Hard to Handle" 내내 으르렁거린다. 이 1968년 싱글은 레딩이 남긴 가장 정력적인 음반 중 하나이다. 빌보드 팝 차트에서 51위에 오르는 데 그치고 말았지만(영국에서는 15위를 기록했다), 이후 수많은 록 밴드들이 이 곡을 커버했고, 자메이카 싱어 투츠 히버트는 경쾌한 레게로 재해석했다. **GC**

A minha menina
Os Mutantes (1968)

Writer | Jorge Ben
Producer | Manoel Barenbein
Label | Polydor
Album | *Os Mutantes* (1968)

비틀즈와 슬라이 앤 더 패밀리 스톤의 사이키델릭 소울을 향한 공통된 애정에, 삼바와 보사 노바의 전통적 사운드를 융화시킨 아르날도와 세르지오 디아스 바티스타 형제, 그리고 리타 리는 1966년 오스 뮤탄테스(돌연변이들)를 결성했다. 케타노 벨로소, 그리고 질베르토 질과 같은 혁신가들과 나란히 그는 트로피칼리아(Tropicalia)라고 명명한 새로운 움직임을 주도했다. 이것은 브라질의 독재정권 시절의 음악뿐 아니라 미술, 운문, 극문학에까지 영향을 미쳤다.

이 그룹의 중독성 강한, 쾌활한 사운드는 대단한 에너지를 발산했고, 적어도 표면상으로는 벨로소와 주의 작품들보다 가벼운 성격을 내포한 듯 보였다. "A minha menina"(그대로 해석하면, "나의 이 여자")는 도입부부터 뮤탄테스 사운드의 전형을 보여준다.

나일론 스트링 기타 위로 퍼즈 걸린 일렉트릭 기타와 환희에 찬 보컬, 대혼란의 박수가 뒤덮여 있다. 이 곡은 그들의 데뷔 앨범 〈Os Mutantes〉의 초점으로 떠올랐고, 싱글로 한정 발매되었음에도 불구하고, 그들이 남긴 가장 유명한 트랙으로 남았다. 이 트랙이 미친 영향은 데이비드 번(그는 자신의 루아카 밥 레이블을 통해 밴드에게 끊임없는 지지를 보냈다)이나 벡(그는 자신의 1998 앨범을 밴드의 이름을 따 〈Mutations〉라 짓는다) 같은 부류의 뮤지션들이 입증하고 있다.

"A minha menna"는 최근 맥도날드 광고에 등장하기도 했다. 또한 비지스가 만든 충실한 (영어) 커버 버전을 통해 텔레비전뿐 아니라 독립 영화 사운드트랙으로도 널리 활용되었다. **CR**

Sympathy for the Devil
The Rolling Stones (1968)

Writer | Mick Jagger, Keith Richards
Producer | Jimmy Miller
Label | Decca/ABKCO
Album | *Beggars Banquet* (1968)

〈Their Satanic Majesties Request〉라는 제목의 앨범의 후속작으로 "Sympathy for the Devil"이라는 트랙의 발표는 록계의 원조 악마 배드 보이들에 대한 논란에 도화선이 되었다. 이전 앨범의 경우, 제목이 그랬음에도 불구하고, 내용상으론 악마에 대한 어떤 언급도 담겨 있지 않았다. 그러나 후속 앨범의 오프닝 트랙의 경우 이야기가 완전히 달라졌다. 이 곡은 종교단체들을 자극했으며, 매체는 이들을 악마 숭배자들이라 부르며 젊은 팬들을 타락하게 만든다고 비난했다.

재거는 곡의 가사가 프랑스 시인 샤를 보들레르로부터 영향을 받은 것이라 주장했지만, 정작 곡이 다루고 있는 주제는 미하일 불가코프의 소설 「더 마스터 앤드 마르가리타」와 강한 유사성을 내포한다(이 소설에서는 악령이 사람의 모습을 하고 나타나 세계 문제에 간섭하기 시작한다). 이 트랙의 녹음 작업이 진행되던 중, 로버트 케네디 상원의원이 암살되었고, 그들은 곧 이 사건을 반영하기 위해 가사를 수정했다. 이 곡의 녹음 과정은 장 뢱 고다르가 제작한 동명의 영상으로 기록되어 전해진다.

재거는 본래 이 곡을 발라드로 작곡했다. 하지만 키스 리처드의 제안으로, 전체를 어두운 삼바 리듬으로 진화시키는 한편 사악한, 최면적 성격을 더하게 되었던 것이다. 이 곡이 다루고 있는 타락천사적 주제는 스톤스의 전반적 스타일, 품행과 함께 대단한 영향을 미치며, 특히 하드록과 헤비 메탈 장르에서 그 영향이 두드러지게 나타났다. 어두운 고스적 음악도 쉽게 와 닿을 수 있다는 것을 이 트랙이 증명해 보였다. **CR**

Pressure Drop
Toots & The Maytals (1968)

Writer | Toots Hibbert
Producer | Leslie Kong
Label | Mango
Album | *Sweet and Dandy* (1968)

Cyprus Avenue
Van Morrison (1968)

Writer | Van Morrison
Producer | Lewis Merenstein
Label | Warner Bros.
Album | *Astral Weeks* (1968)

프리드릭 "투츠" 히버트는 마리화나 소지 혐의를 뒤집어 쓰고 18개월 동안 복역한 후 1967년 출소했다. 스튜디오로 복귀한 그는 음악 파트너 나타니엘 "제리" 마티아스와 헨리 "롤리" 고든과 함께 작업에 착수한다. 이들 보컬 트리오는 이미 몇 년 전 자메이카에서 스카와 록스테디 히트작들을 줄줄이 내놓은 상태였다. 프로듀서 콕슨 더드와 프린스 버스터의 참여 아래, 그들은 탄력 있는 리듬과 히버트의 강렬한 음성을 연결시킨 "Bam Bam"과 같은 트랙들을 녹음했다.

그러나 이 다음 메이톨스가 발표한 한 웅큼의 노래는 이들을 세계적 주류에 편승하도록 몰아간다. 레슬리 콩(중국계 자메이카인 레게 프로듀서로 밥 말리와 지미 클리프의 데뷔 싱글들을 주재한 인물이다)이 운전대를 잡고 진행한 이 세션들은 희망에 찬 거부할 수 없는 스캥크 곡 "Pressure Drop" 뿐 아니라, 자메이카에 새로운 레게 현상을 선언하는 "Do the Reggay"를 탄생시킨다.

"Pressure Drop"은 투츠 앤 더 메이톨스의 긍정적이고 복음적인 에너지를 한 곡에 요약하고 있다. 히버트의 리더 보컬은 어느 모로 보나 오티스 레딩, 커티스 매이필드와 같이 그가 영감으로 삼았던 미국 아티스트들의 힘을 고스란히 재현하고 있으며, 곡에 담긴 원초적인 희열은 이것을 자메이카 해안을 넘어 훨씬 더 먼 곳까지 전달하기에 충분하다. 클래쉬는 "Pressure Drop"의 커버 버전을 만들어 1979년 싱글 "English Civil War"의 B사이드로 발매했다. 메이탈스 또한 에릭 틀랩튼과 키스 리처드를 각각 대동한 새로운 버전을 만들기도 했다. **LP**

벨파스트 거리의 철로 반대편을 노래하고 있는 "Cyprus Avenue"는 대개 잘못된 철자로 쓰인다. 분명히 이 거리는 본디 'Cypress Avenue'인 것으로 여겨진다. 이 거리의 수목 하나하나가 모두 다른 종이며, 짐작건대 현재 그곳에 사이프러스 나무가 서 있든지, 아니면 한때 있었을 것으로 가정된다. 그러나 누군가의 머리에 혼란이 왔나 보다. 어쩌면 밴 모리슨을 정신 없게 만들었던 꿈 같은 상태에 푹 빠져 있었는지도 모르겠다. 모리슨의 소연하고 낭만적인 〈Astral Weeks〉에서 가장 주목할 작품인 "Cyprus Avenue"에서 그는 마차에 오른 후 미인들과 외로운 열차 운전수들, 떨어지는 낙엽에 관한 상념에 잠겨 자신을 잃은 채 십 대로 돌아가 그 시절의 집착에 사로잡힌다. 바람을 타고 코를 스치는 헤더꽃 향기처럼, 감미로운 재즈 앙상블과 조숙한 싱어가 이루는 무아지경의 흐름이 조화롭다. 이 곡은 모리슨 라이브 공연의 하이라이트로 굳어진다. 재즈와 블루스 스타일 사이로 재빨리 지나가는 긴 라이브 버전은 오리지널 버전보다 좀 더 리듬에 중심을 두로 있으며 청중들은 여기에 넋을 잃는다. 1974년 라이브 앨범 〈It's Too Late to Stop Now〉(이 앨범의 제목은 "Cyprus Avenue"라이브 무대에서 그가 마지막으로 외친 말을 딴 것이지만, 이 구절은 본래 〈Moondance〉수록 곡 "Into the Mysitc"에서 가져온 것)에 수록된 버전은 쿡쿡 찌르고 짜내어, 스윙으로부터 부기, 그리고 맹렬한 록까지 변신을 거듭한다. 모리슨은 장난기를 발휘하여, "tongue gets tied(차마 입이 안 떨어져)" 부분에서 스타카토 피아노 사운드와 함께 말을 더듬거린다. 하지만 브레이크다운 섹션에서 "all your revelation(네가 드러낸 모든 것)"이라 거듭 외치던 그는 추억의 혼란 속에 빠지며 숭배의 표현으로 모든 것을 승화시킨다. **MH**

Hey Jude | The Beatles (1968)

Writer | John Lennon, Paul McCartney
Producer | George Martin
Label | Apple
Album | N/A

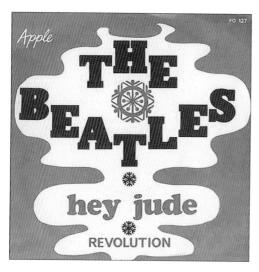

"누군가가 나에 대한 곡을
썼다는 것을 생각하면 기분이 이상해요.
전 여전히 그 사실이 가슴 뭉클합니다."

줄리안 레논, 2002

◀ **Influenced by: Somewhere to Lay My Head**
The Sensational Nightingales (1954)
▶ **Influence on: Do You Realize??** The Flaming Lips
(2002)
● **Covered by:** Wilson Pickett (1968) · Ella Fitzgerald
(1969) · Grateful Dead (1969)

존 레논은 이 곡이 자신에 대한 것인 줄로 알았다. 주디스 사이먼스(데일리 익스프레스의 저널리스트 도)이 곡이 자신에 대한 것인 줄 알고 있었다. 진실은, 곡이 발매된 지 20년이 지나고 나서야 밝혀졌다. 최다 판매 싱글 중 하나인 이 곡이 부모님의 결별을 겪은 어린 줄리안 레논을 위안하려는 생각으로 만들어졌다는 사실 말이다. "전 신시아 레논을 보러 막 운전해 나가던 참이었죠." 폴 매카트니가 당시 이렇게 밝혔다. "그녀와 존이 이별한 지 얼마 되지 않았을 때였어요. 전 줄리안과 꽤 가까운 사이였죠. 전 막연하게 이 노래를 흥얼거리며 제 차로 운전해 나가고 있었죠. 'Hey Jules, don't make it bad(저기 줄스야, 안 좋게 만들지 마)…'라고요. 전 그리고 주드라는 이름이 더 낫겠다는 생각을 했어요. 그 이름이 제게는 좀 더 '컨트리 웨스턴' 같은 느낌으로 다가왔어요."

곡의 마무리 작업은 존과 함께 심사숙고하여 끝냈다. 레논은 매카트니에게 어처구니없어 보이는 가사("The movement you need is on your shoulder(네가 필요한 동작은 바로 네 어깨 위에 있어)")를 그대로 두라고 고집을 부렸다. 비틀즈는 1968년 7월 말 애비 로드 스튜디오에서 이 곡의 리허설을 시작했다. 당시는, 훗날 'The White Album'이라 알려질 그들의 작품 작업이 한창 진행되고 있을 때였다. 그들은 7월 31일 트라이던트 스튜디오로 옮겨 가, 그곳의 8트랙 녹음 시설을 활용하는 한편 36명 구성의 오케스트라를 참여시킨다(들리는 바에 따르면, 매카트니는 단원들에게 박수 부분과 연장 코다 부분에서 함께 박수 치고 따라 부를 것을 재촉했다 한다). 작업 중 매카트니는 매우 특정한 편곡을 마음에 그리고 있었고, 세세히 그가 통제하고 지시하려 들자 스튜디오 내에서 충돌이 일어나기 시작했다. 특히 조지 해리슨과 심한 마찰이 생겼고, 해리슨은 그의 아이디어가 비난을 받자 토라지고 말았다.

이후 1달이 채 되지 않아 발매된 곡의 싱글은 밴드의 새로운 애플 레이블의 첫 작품이기도 했다. 대서양 양편에서 차트 정상으로 상승한 이 곡은 미국에서 9주간 1위를 지키는 한편 비틀즈의 최다 판매 싱글로 자리 잡게 되었다. **TS**

Voodoo Child (Slight Return) | The Jimi Hendrix Experience (1968)

Writer | Jimi Hendrix
Producer | Jimi Hendrix
Label | Polydor
Album | *Electric Ladyland* (1968)

I stand up next to a mountain and chop it down with the ledge of my hand...

I'm a Voodoo Chile...

"에릭 클랩튼은 자기가 와와 페달을 발견해냈다고 생각했죠. 그런데 지미 헨드릭스가 예전에 그것을 쓰곤 했다는 사실을 알고는 토라지던데요."

피트 타운센드, 1980

◀ **Influenced by: Mannish Boy** · Muddy Waters (1955)
▶ **Influence on: Theme from *Shaft*** · Isaac Hayes (1971)
● **Covered by:** Stevie Ray Vaughan & Double Trouble (1984) · The Hamsters (1996) · Kenny Wayne Shepherd (1997) · Angélique Kidjo (1998) · Térez Montcalm (2006) Jacques Stotzem (2009)

이 곡을 창조한 아티스트와 마찬가지로, 지미 헨드릭스의 "Voodoo Child (Slight Return)"는 너무도 명명백백한 유산인 동시에, 록계의 전설 속 안개로 뒤덮혀 있다. 이 곡은 1968년 5월 3일 녹음되었다. 동일한 튠의 긴 버전에 스티브 윈우드(오르간), 제퍼슨 에어플레인의 잭 캐사디(베이스), 익스피리언스의 미치 미첼(드럼)이 각자의 트랙 작업을 마쳤던 바로 다음 날의 일이었다. 이 15분 길이의 버전은―그 자체만으로도 전적으로 대단한 전율을 일으키지만―본질적으로 말해, 뚜렷이 비표준적인 밴드가 연주하는 표준적 블루스 잼 음악이었고, 머디 워터스의 홀린 듯한, 자기 신화적 "Mannish Boy"(1955년 첫 녹음된다)에서 영감을 받은 것이 틀림 없어 보였다.

다음 날, 지미 헨드릭스 익스피리언스는 스튜디오로 돌아온다. 미첼이 다시 드럼을 맡았고 정규 밴드 멤버인 노엘 레딩이 베이스를 맡았다. 헨드릭스 스스로 이렇게 말했다. "우리가 막 ["Voodoo Child"] 연주를 시작하는데 누군가가 와서 촬영을 시작했죠…그들은 스튜디오 내에서 저희를 촬영하고 싶어 했어요. 우리보고 '자네들이 마치 녹음 작업 중인 것처럼 보이게 하려고'라면서요. 아시다시피, 그런 장면들 있잖아요. 그래서 '오케이, 우리 E키로 한 번 갑시다, 어―하나, 어―둘, 어―셋'이렇게 외치고 저희는 바로 'Voodoo Child'로 돌입했죠."

여기서 헨드릭스는 그의 장관을 이루는 기타 스타일에 익숙지 않을 구경꾼들을 위해 맛보기 기타 리프를 추가해 넣었는데, 거기에는 그가 록계의 반박할 수 없는 기타의 헤비웨이트 챔피언임을 입증하는 모든 것이 포착되어 있었다. 와와 페달의 장관이 이루는, 미끄러지는 듯한 뱀프(vamp)는 결국 일렉트릭 기타 귀재로서의 압도적 박력으로 폭발한다. "Well I stand up next to a mountain(난 우뚝 서면 산에 대적할 정도지)"이라 그가 노래를 시작하면, 그 누구도 헨드릭스가 진정 자연 그 자체와 마찬가지의 가공할 힘을 지녔다는 것을 의심할 수 없게 된다. 손에 쥔 도끼 한 자루로 산이라도 찍어 넘길 만반의 태세가 되어 있어 보였기 때문이다. **MO**

The Pusher
Steppenwolf (1968)

Writer | Hoyt Axton
Producer | Gabriel Mekler
Label | ABC Dunhill
Album | *Steppenwolf* (1968)

피터 폰다가 달러 뭉치—코카인 거래로 올린 수익—를 플라스틱 관으로 쑤셔 넣고 난 후, 그것을 다시 자신의 주문 제작된 성조기 차퍼 바이크의 연료 탱크에 집어넣을 때, "The Pushers"의 위협적 긴장감이 귀를 조여온다. 신경지를 개척한 반문화 영화 〈이지 라이더〉의 불길한 느낌의 도입부는 이렇게 시작됐다.

컨트리 싱어 호이스 액스턴이 약물 과다복용을 한 친구의 죽음을 경험한 후 작곡한 이 곡은 중독성 마약에 정면 대항하며("I've seen a lot of people walkin' 'round / With tombstones in their eyes(난 주변에서 그런 이들을 많이 보았어 / 눈에 묘비가 서려 있는 사람들을)"), 강경하고 절대적인 반복구("God damn the pusher(망할 헤로인 밀매자들)")를 통해 공급자들을 비난하고 저항의지를 표현했다. 이 곡은 차트에 오르지 못했다(이와 반대로, 'Easy Rider'의 오프닝 크레딧에 삽입된 메탈의 원생적 곡 "Born to Be Wild"는 3주간 미국 차트 2위에 머문다). 그러나 그 냉담한 눈초리의 가사와 느슨하며 즉흥적인 느낌의 리듬, 우는 듯한 리드기타와 함께 이 곡은 불안에 초조해하는 세대를 향해 경고를 보낸다. 그러나 스테픈울프의 프론트맨 존 케이(기타, 보컬)는 "Don't Step on the Grass, Sam"의 작곡가이자 마리화나 지지자였다. 이 곡은 기본전환 목적의 약물 사용을 무작정 책망하는 것만이 아니었다. 대마초와 대마초 딜러들을 그보다 더 강한 마약성을 가진 헤로인과 헤로인 밀매자로부터 구분짓고 있기 때문이다.

"The Pusher"는 니나 시몬부터 블라인드 멜론까지 다양한 아티스트들이 커버 버전을 내놓았고, 그 최면적 리프는 네네 체리의 "Trout"(R.E.M.의 마이클 스타이프와 함께 부른 듀엣으로 1992년 앨범 〈Homebrew〉에 수록되었다)에 샘플링되기도 했다. **JJH**

The Weight
The Band (1968)

Writer | Robbie Robertson
Producer | John Simon
Label | Capitol
Album | *Music from Big Pink* (1968)

밴드를 세계에 정식으로 소개한 "The Weight"는 듣자마자 곧 친숙하게 들리는 그런 곡들 중 하나이다. 이것은 문자 그대로 의미의 '민화'이다. 한 세대에서 다음 세대로 구전되는 그런 것 말이다. 아마도 그것이 바로 "The Weight"가 미국 팝 차트 63위에 오른 이유인지도 모른다(이 곡이 그룹의 데뷔 앨범에 수록 발표되었을 때의 일이다). 너무나 중요한 곡이었던 나머지, 오래 전부터 알아온 편안한 느낌을 이미 가지고 있었던 것 같다.

1968년 가을로 향하던 시기, 대단히 많은 비명이 여기저기서 들려왔다. 지미 헨드릭스의 기타, 키스 분의 드럼, 비틀즈의 LSD 찬가부터, 마틴 루터 킹과 로버트 F. 케네디의 생명을 앗아간 총탄이 불러일으킨 원성까지. 반문화는 이성의 차분하고 믿을만한 음성이 절대적으로 필요했고, 그것을 전할 밴드가 바로 이들이었다. "I pulled into Nazareth, was feeling 'bout half past dead(내가 나자레스로 들어섰을 때 난 시체인 양 힘이 빠져 있었지)," 드러머 르본 헴이 달래는 테너 보이스로 노래한다. "I just need to find a place where I can lay my head(그저 머리 대고 편히 쉴 곳이 필요해)." 헴의 견고한 컨트리 리듬 위로 로비 로버슨은 투박한 어쿠스틱 기타를 퉁기고 리처드 마누엘이 빈자리마다 하향하는 무성한 피아노를 채워 넣는다.

실로, "짐을 털어버려야" 할 때가 왔다. 이제 사이키델릭 파티에서 집으로 돌아올 시간이었다. 혁명과 마약, 전쟁, 방종의 무게는 더이상 견디기에 너무 무거운 것이었다. 이 곡의 주인공과 마찬가지로, 밴드는 지치고 피곤한 신에 작별 인사말을 전한다. 이제, 나자레스를 떠날 때가 온 것이다. **MO**

Days
The Kinks (1968)

Writer | Ray Davies
Producer | Ray Davies
Label | Pye
Album | N/A

걸핏하면 흥분하는 밴드로 유명한 킹크스에게, 프론트맨 레이 데이비즈와 기타리스트 남동생 데이브, 그리고 다른 멤버들 사이의 주먹다짐은 매우 예사로운 일이었다. 이렇게 서로 성을 잘 내는 데다, 이전 싱글 "Wonderboy"의 판매가 실망스러웠고, 다음 앨범 준비 녹음 작업이 순탄하게 진행되지 않자(이 녹음 세션들은 〈The Kinks Are the Village Green Preservation Society〉로 발매된다) 레이 데이비스는 1968년 여름, 킹크스를 해체시키고 솔로 커리어에 착수할 생각을 품게 된다.

그런 이유로, "Days"는 달콤 씁쓸한 작별 인사와 함께 울려 퍼진다. 이 곡은 싸늘히 식어버린 서로의 관계 속 얼룩진 환희와 고통을 되새기며 세련된 애수를 끌어낸다. 레이는 제목이 말하는 그 '날들'에 감사한 만큼이나, 그날들이 이제 끝이 난 것에 감사하는 듯 보인다. 원숙함 넘치는 간절한 가사는 그를 사이키델릭 시대의 아웃사이더처럼 부각시킨다. 그의 동시대 뮤지션들이 상상력의 끝을 향해 수지 맞는 여정을 계속할 동안, 그는 현실적 생각들에서 호소력 짙은 팝 음악을 짜냈던 것이다.

"Days" 녹음 세션 도중조차도 킹크스는 화약통처럼 금방 불타버릴 것 같았다. 결국 베이시스트 피트 쾌이프는 데이비스와 맹렬한 말다툼 끝에 스튜디오를 무작정 떠나버렸다고 하지만, 1968 6월 발매에 이어 곡이 거둔 성공(영국 싱글 차트에서 10위를 기록한다)은 분위기를 조금 완화시킨다. "Days"에 묻어나는 종잡을 수 없는 깊은 내면의 흐름을 타고, 앨범 작업은 계속되었다. 비록 발매 당시 흥행에 실패했지만 이후 결국 그 진가를 인정받은 것이다. **SC**

My Way
Frank Sinatra (1969)

Writer | Paul Anka, Claude François, Jacques Revaux, Gilles Thibault
Producer | Don Costa, Sonny Burke
Label | Reprise
Album | My Way (1969)

27세의 과거 십 대 아이돌 폴 앵카가 프랑스에서 한참 휴가를 즐기던 중, 라디오에서 흘러나오는 노래 한 곡이 그의 관심을 사로잡았다. 싱어 클로드 프랑소와가 프랑스 팝 스타 프랑스 갈과 결별한 이후 작곡한 "Comme d'habitude"는 앵카가 싫어하는 끈적끈적한 발라드 스타일이였지만 그럼에도 이 곡은 그의 호기심을 자극했다. 미국으로 돌아와 이 곡에 대해 까마득히 잊고 있던 어느 날이었다. 그 곡의 판권을 냉큼 사들인 앵카에게, 프랭크 시나트라와 사전 연락 없이 저녁을 먹던 중 갑작스레 영감이 떠올랐다. 시나트라는 미아 패로우와의 이혼, 그리고 최근 활동에 찾아온 침체기에 대해 불평을 늘어놓았고, 음악 업계에서 은퇴하겠다는 위협으로 그날 저녁을 마쳤다. 앵카는 곧 "Comme d'habitude"의 가사를 개작해 시나트라의 인생관을 반영해보기로 마음먹었고, 자신의 직업 생애를 돌아보며 모든 것을 겪은 후 아무것도 후회하지 않는 한 남자의 모습으로 그를 그렸다.

시나트라가 부른 최종 버전(오리지널 버전에서 멜로디도 약간 수정되었다)은 1968년 12월 30일, 30분 만에 녹음이 마무리되었다. 이후 서둘러 발매된 이 곡은 빠른 속도로 세계적 히트로 부상했다(미국에서 27위, 영국에서 5위를 기록했다). 영국에서 톱 40위 내에 전례 없는 기간을 머물며 진기록을 세운 것이다. 이 곡에 담긴 자기 확대적 과시는 시나트라의 남은 활동 기간과 그가 1998년 사망할 때까지 앤섬으로 남아 울려 퍼진다. 수년에 걸쳐 이 곡은 수많은 아티스트들에 의해 녹음되었고, 그 중에는 엘비스 프레슬리나 시드 비셔스도 있다. 또한 아직까지 가라오케 바의 최고 인기 신청곡으로 남아 있다. **PL**

The First Time Ever I Saw Your Face | Roberta Flack (1969)

Writer | Ewan MacColl
Producer | Joel Dorn
Label | Atlantic
Album | *First Take* (1969)

영국 포크 아이콘 이완 맥콜의 "The First Time Ever I Saw Your Face" 배후에는 매우 개인적인 배경 이야기가 자리한다. 싱어–송라이터이자 극작가, 배우, 사회 운동가였던 그는 미래 자신의 3번째 부인이 될 페기 시거를 오디션에서 처음 본 후 이 곡을 작곡하게 되었다. 그러나 이 곡이 오늘날 가지는 현대 스탠더드 곡으로서의 지위를 누리기까지는 인기 영화를 통한 노출과 수많은 스타일 변화를 함께 겪어야 했다. 그동안 엘비스 프레슬리부터 조니 캐시, 셀린 디온까지 수많은 아티스트들이 이곡의 커버 버전을 발표했다.

막 활동을 시작한 R&B 보컬리스트 로버타 플랙은 그녀의 1969년 데뷔 앨범 〈First Take〉를 위해 이 곡을 녹음하게 된다. 페기 시거가 연주한 맥콜의 오리지널은 편곡 구성이 간결했고, 흘러가는 보컬과 어쿠스틱 기타의 기분 좋은 조화를 담아냈다. 반면, 꿈속에 젖은 듯한 템포를 선택한 플랙의 버전은 화려한 색채의 보컬, 효과를 자아내는 미니멀한 하이햇, 재즈계 전설 론 카터의 기품있는 더블 베이스 라인이 단단히 지지하고 있었다.

1971년 배우 클린트 이스트우드는 "The First Time Ever I Saw Your Face"를 자신의 장편영화이자 감독 데뷔작인 〈어둠 속에 벨이 울릴 때〉에 삽입한다. 여기에 힘입어, 1972년 이 곡은 플랙의 첫 미국 넘버 원으로 부상하는 한편 1973년 그래미 시상식에서 그 해의 음반상을 수상했다. 그녀는 R&B와 어덜트 팝 장르에서 성공적인 음악 인생을 이어갔다. 솔로 아티스트로서뿐 아니라 도니 해서웨이, 그리고 후에는 피보 브라이슨, 맥시 프리스트와 듀엣 활동을 펼치기도 했다. **YK**

I'm Just a Prisoner (of Your Good Lovin') | Candi Staton (1969)

Writer | George Jackson, Eddie Harris
Producer | Rick Hall
Label | Fame
Album | *I'm Just a Prisoner* (1969)

앨라배마 머슬 숄즈의 페임 스튜디오에서 녹음한 캔디 스태턴의 첫 앨범 타이틀 트랙은 태미 와이넷의 가정 생활에 대한 끈질긴 충성심에 아레사 프랭클린의 "Chain of Fools"를 조화시킨 듯 보였다(스태턴은 소녀 시절 가스펠 레뷰로 프랭클린의 공연 여행에 참여했었다). 아레사와 마찬가지로 그녀는 자신이 사랑에 발 묶이고 사로잡혔다는 것을 인정하지만 태미가 그랬듯, 자신의 남자 곁을 지키겠다는 결정을 고수했다.

이 트랙에 참여한 뮤지션들은 인종 간 음악적 융화의 완벽한 본보기를 보여준다. 흑인 평등 투쟁의 최전선이라 할 수 있었던 앨라배마에서 있었던 일인 것을 고려할 때 실로 대단한 일인 듯하다. 다인종 세션 맨 10인조 '터 페임 갱' 역대 가장 끝내주는 소울 앙상블 중 하나였고, 그들은 고도의 정확도와 감성으로 곡을 전개해간다. 도입부 몇 마디는 프리먼 브라운의 느긋한 드럼과 주니어 로우의 컨트리 기타를 중심으로 여유로운 모습을 보이지만, 코러스 부분이 등장할 즈음 미키 버킨스의 급등하는 혼 세션 편곡과 클레이튼 아이비의 펑키(funky)한 오르간 덕에 걷잡을 수 없는 회오리로 만개한다.

스테턴 또한 차분히 시작하지만("in other words"와 같은 재치 있는 대화체로 수다스럽기까지 하다. 이 구절은 바바라 루이스의 "Baby I'm Yours"에서 아이디어를 얻은 것), 페이드 인 부분에서 그녀의 목소리는 이미 감정에 무너져 거칠고 쉰 듯 갈라진다. 이는 프로듀서 릭 홀이 무수히 많은 테이크를 요구했던 탓인 듯하다. 훗날, 디스코 팬들은 그녀의 1976년 앤섬 "Young Hearts Run Free"로 스테턴을 우상화한다. 하지만 소울 감정가들만큼은 그녀를 항상 죄수로 기억하길 바랄 것이다. **SP**

She Moves through the Fair
Fairport Convention (1969)

Writer | Traditional; Padraic Colum
Producer | Joe Boyd
Label | Island
Album | *What We Did on Our Holidays* (1969)

포크 가수 샌디 데니는 1969년 페어포트 컨벤션에 합류한다. 전통 영국 곡 레퍼토리에 해박한 지식을 소유했던 그녀는 밴드로 하여금 미국 포크 음악과 포크 록으로부터 고향으로 눈을 돌려 음악 영감을 찾도록 격려한다. 이 새로운 접근 방식은 〈What We Did on Our Holidays〉 앨범에서 결실을 맺었다. 이들이 아일랜드 레이블과 함께한 첫 음반이었다.

여기 수록된 곡 중 "She Moves through the Fair"은 옛것과 새로운 것의 완벽한 종합체였다. 전통 아일랜드 가락(훗날 심플 마인즈의 "Belfast Child"에 불쑥 다시 나타난다)을 기반으로 한 이 곡은 20세기로의 전환점에서 음악학자 허버트 휴스와 시인 파드라인 콜럼을 통해 수집되었다. 그들은 가사를 바꾸고 이 곡을 자신들의 것이라 주장하고 나섰다. 앤 브리스와 데이비 그레이엄의 버전 등 수많은 음반이 탄생했고, 이를 통해 이 곡은 잘 알려지게 되었다.

그러나 페어포트 컨벤션의 경우 얘기가 조금 달랐다. 데니의 수정처럼 맑은 보컬이 두드러짐은 물론, 영묘한 사이키델릭적 배킹은 이 간결한 멜로디를 등골 오싹한 사운드의 세계로 탈바꿈시켰고, 여기에 유령 같은 가사가 조화를 이루었다. 상당 부분 데니가 모두 맡아 한 편곡 구성은, 그녀의 어쿠스틱 기타 반주와 애슐리 허칭스의 괴짜 같은 베이스 라인에 주안점을 두고 있으며, 멜로디 자체는 아무런 변화없이 그 위를 떠다닌다. 전통적 음악 소재에 새로운 생명을 불어넣는 그들의 능력은 페어포트의 미래에 청사진을 제시했고, 이들은 결국 영국 최고의 포크-록 밴드로 성장했던 것이다. **MW**

Many Rivers to Cross
Jimmy Cliff (1969)

Writer | Jimmy Cliff
Producer | Leslie Kong
Label | A&M
Album | *Jimmy Cliff* (1969)

자메이카 보컬리스트 지미 클리프의 "Many Rivers to cross"는 본래 그의 2번째 앨범 〈Jimmy Cliff〉에 수록 발매되었다(이 앨범은 1970년 미국 배포를 위해 〈Wonderful World, Beautiful People〉로 재포장된다). 이 2곡의 저항 노래들("Wonderful World"와 "Vietnam") 때문에 싱글 발매는 생략된다. 이 모든 노래들이 다 세계적 히트를 거두긴 했으나 그 중 어느 것도 "Many Rivers to Corss"만큼 인상적이지는 못했다.

이 발라드는 뇌리를 괴롭히면서도 희망에 차 있었고, 깨달음을 추구하는, 인생에 지쳤지만 아직 포기하지 않은 한 남자의 이야기를 담았다. 클리프(스스로도 당시 종교적 자각을 경험하고 있었던 그는 곧 이슬람교로 개종한다)는 한 마디 한 마디에 마치 자신의 영혼을 걸고 부르는 듯했다. 교회 오르간의 반주와 가스펠풍의 배킹 보컬은 이 곡의 영적 숭고함을 한층 강조한다. 이 곡이 당김음적 레게 리듬을 뿜어낸 했으나 트랙 자체를 어느 한 장르에 국한시키는 것은 불가능한 일이다.

완벽하게 마무리 손질을 거친 버전이 마침내 클리프가 출연한 〈어려우면 어려울수록〉(1972)의 사운드트랙에 수록된다. 의당 받아야 할 것을 받은 셈이다. 이 사운드트랙은 진실된 루츠 레게를 세계에 알렸고, 클리프를 이 장르가 낳은 진정한 의미의 최초 인터내셔널 스타로 등극시킨다. 이 영화 덕에 "Many Rivers to Cross"는 팝 스탠더드가 되었으며 수년에 걸쳐 셰어, 유비포티(UB40), 애니 레녹스 등 다양한 재능 있는 아티스트들을 통해 거듭 되새겨졌다. **JiH**

좌측부터 페어포트의 리처드 톰슨, 샌디 데니, 사이먼 니콜. 1969년 코펜하겐 공연 광경.

In the Ghetto | Elvis Presley (1969)

Writer | Mac Davis
Producer | Chips Moman (Felton Jarvis also credited)
Label | RCA
Album | *From Elvis in Memphis* (1969)

"제 생각에,
'In the Ghetto'를 선택한 엘비스는
대단한 도박을 한 겁니다.
정말 큰 모험을 한 거죠."

맥 데이비스, 2006

◀ **Influenced by: The Wind Cries Mary** • The Jimi
Hendrix Experience (1967)
▶ **Influence on: The Sun Refused to Shine**
Richard Hawley (2007)
● **Covered by:** Sammy Davis Jr. (1970) • Nick Cave & The
Bad Seeds (1984) • The Cranberries (2001)

대중의 신뢰를 회복하기 위한 엘비스의 행보는 1968년의 한 TV 특집으로 시작되었다. 이 프로그램은 "If I can Dream"에서 절정에 달하지만, "In the Ghetto" 또한 음악적인 면과 가사적인 면 모두에서 대단한 존재감을 발산했다. 파커 대령의 안전제일주의 원칙을 지켜온 엘비스는 음악을 통해 사회 현실을 논하는 데 이제껏 별다른 관심을 보이지 않았다. 그러나 바비 케네디와 마틴 루터 킹을 포함한 다수의 암살 사건(후자의 경우 엘비스의 고향 멤피스에서 사건이 발생한다)이 터지면서 그의 깊은 내면에도 변화가 일기 시작했다.

맥 데이비스(유사한 이름의 다른 송라이터와의 혼동을 피하기 위해 작곡 크레딧에 스콧 데이비스라고 표기된다) 또한 따로 생각했던 바가 있었다. 그는 가난한 삶의 절망적 악순환에 대해 이야기를 원했다. 데이비스를 이걸 가리켜 "아무 희망이 없는 환경에 태어나는 것"이라 표현했다. 그는 본래 "The Vicious Circle"이라는 제목을 마음에 두고 있었지만 이렇게 결국 스스로 인정했다 "'circle'이랑 각운이 맞는 게 하나도 없더라고요."

엘비스는 부조리에 기탄없이 맞서는 곡을 다루는 것에 확신이 서지 않았지만, 특급 프로듀서 칩스 모먼(멤피스의 아메리칸 사운드 스튜디오)은 이미 엘비스를 잘 알고 있었다. 다른 아티스트에게 이 곡을 넘겨주겠다고 넌지시 비추기만 하면 그가 바로 녹음에 착수할 사람이란 것을 말이다. 이것은 그의 음악 인생 최고로 생산적인 녹음 세션 중 하나이기도 했다. 이 곡을 23번 반복하여 부르는 동안, 엘비스는 자신의 전부를 토했다.

엘비스가 미국 톱 3를 돌파한 것은 "Crying in the Chapel"이 마지막이었다. 이미 1965년의 일이었다. 4년이 흐른 후, 그는 다시 그 자리를 탈환했다. 이 곡의 히트 기록은 이미 모든 것을 지켜본 세션맨들이 목격한 위대성을 대중을 통해 재확인받았다는 증거일 뿐이었다. "그는 정말 훌륭하게 노래했죠." 트럼펫 주자 웨인 잭슨이 말했다. **CB**

Oh Well, Parts 1 & 2 | Fleetwood Mac (1969)

Writer | Peter Green
Producer | Fleetwood Mac
Label | CBS
Album | N/A

"파트 투는 거지에프적 반향과
이스파노모리스코식 아라베스크 무늬로
가득 차 있어요."

믹 플릿우드, 1990

◀ **Influenced by: Boom Boom** · John Lee Hooker (1961)
▶ **Influence on: Black Dog** · Led Zeppelin (1971)
● **Covered by:** Big Country (1993) · Jimmy Page & The
Black Crowes (2000) · Stephen Pearcy (2006) · Todd
Wolfe & Under the Radar (2008) · The Rockets (2009)

프론트맨 피터 그린의 흠잡을 데 없는 블루스 릭 덕에 플릿우드 맥은 일찍이 대중의 이목을 샀다. 그러나 이 밴드의 오리지널 라인업은 점잖지 못하고 음탕한 로큰롤(드러머 믹 플릿우드는 종종 공연 전 자신의 드럼 키트에 해롤드라고 이름 지은 커다란 딜도를 부착시킨 것으로 악명 높다)부터 사이키델릭한 부드러움(그들의 인스트루멘털 히트 트랙 "Albatross"를 들어보라)까지, 모두 능수능란하게 다루었다. "Oh Well, Parts 1 & 2"(비앨범 싱글)는 이런 극적 대조를 8분 남짓 길이 내에 모두 포괄하며, 이 밴드를 이끈 고뇌에 찬 천재를 이해할 실마리를 던져주었다. 플릿우드는 후에 이렇게 회상했다. "피터의 성격에는 공격적인 면이 존재했죠." 한껏 으스대는 트랙 전반부는 맹렬하고 블루지한 일제 공격(그린은 사이드맨 제레미 스펜서와 대니 커원과 함께 무시무시한 3중 공격을 가한다)과 공격 대상을 향한 경멸을 담은 가사가 으르렁댔다.

이후 목가적 2부가 나타난다. 이것은 첼로, 어쿠스틱 기타, 플루트의 인스트루멘털 음악(플루트는 그린의 여자친구 산드라 엘스던이 맡았다)이 구성했다. 플릿우드의 말에 따르면, 이것은 그린의 또 다른 일면과 페르소나("사색적이고 영적 충만한 뮤지션")를 표현한다는 것이다. 양심과 적의에 찬 블루스가 앞서 갔듯, 이 온화한 음악 내면에도 위협적 암류가 흐르고 있었다.

얼마 지나지 않아 일어난 환각제 관련 우발 사고에 뒤이어, 불행했던 그린은 정신 쇠약을 앓게 되고 결국 그룹을 떠난다. 이후 오랫동안 격변의 시기를 거치는 플릿우드는 그들의 60년대 뿌리와 동떨어진 사운드를 창조하고 〈Rumours〉와 같은 앨범을 발표하며 차트 정상에 빛나는 AOR(adult oriented rock)의 거수로 거듭난다. 그러나 오늘날에 이르기까지 "Oh Well"의 블루스 록 전반부만은 그들의 공연 세트 리스트에 남아 있다. 플릿우드의 베이스 드럼에 이제 더이상 해롤드는 없지만 말이다. **SC**

The Real Thing
Russell Morris (1969)

Writer | Johnny Young
Producer | Ian "Molly" Meldrum
Label | Columbia
Album | *The Real Thing* (1969)

호주 보컬리스트 조니 영이 "The Real Thing"을 작곡했을 즈음 그는 이미 스타가 되어 있었다. 16세의 나이에 자신의 텔레비전 쇼를 진행하며 유명세를 누렸고, 60년대 중반에는 몇 곡의 히트작을 발표한 후, 영국에서 1년간 시간을 보내기도 했다. 그러나 1968년 호주로 귀환한 그는 이미 상업적으로 한물간 상태였고, 디제이로 일하게 되었다. 그리고 바로 이 시기에, 그의 가장 유명한 곡이 탄생했던 것이다.

다행히 그는 스스로 이 곡을 녹음하지 않았다. "만일 제가 불렀으면, 히트하지 못했을 거예요." 영이 선헤럴드에 말했다. "팝스타로서 제 시대는 이미 끝났죠." 한편 이 곡을 듣게 된 몰리 멜드럼은 그가 함께 일하던 어린 싱어 러셀 모리스에게 잘 어울릴 거라 판단했다. 모리스는 얼마 전 섬바디스 이미지를 떠나 솔로 활동을 막 시작할 참이었던 것이다. '멜드럼의 통찰력이 결국 맞았다'고 한다면 너무 겸손한 말일 것이다. 포크적 팝에 흥분에 취한 사이키델리아를 융화시킨 이 트랙은 거의 6분 30초에 달했지만, 너무나 중독성이 강했던 나머지 한 번만 들으면 뭔가 허전하게 느껴졌다. 모리스의 자신만만한, 그러나 맛 좋게 절제된 표현력에는 쉬퐁스의 아름다운 하모니와 그루프의 소울적 배킹, 멜드럼의 머리가 핑 돌 것 같은 제작이 완벽하게 보조를 맞추었다.

"The Real Thing"을 통해 모리스는 호주에서 진정 대단한 스타로 등극했고 이 곡은 1969년 최다 판매 싱글 기록을 세웠다. 많은 이들이 이 곡을 가리켜 호주에서 탄생한 가장 위대한 록 음악 중 하나라는 데 찬성한다. 그 중에는 호주 정부 공무원들도 분명히 포함돼 있었다. "The Real Thing"은 1998년 우표로도 만들어졌기 때문이다. **JiH**

Sister Morphine
Marianne Faithfull (1969)

Writer | Marianne Faithfull, Mick Jagger, Keith Richards
Producer | Mick Jagger
Label | Decca
Album | N/A

"Sister Morphine'을 쓴 다음에," 마리안느 페이스풀이 2002년 이렇게 말했다. "전 아무 내용이나 함부로 작곡하는 게 아니구나, 라는 교훈을 얻었죠. 그게 실현될 수도 있다는 걸 알았거든요." 이 곡은 페이스풀의 파트너 믹 재거로부터 발단한다. 그녀의 기억으로는 이 롤링 스톤스의 프론트맨이 "6개월간 이 멜로디를 머릿속에 두고 그것을 기타로 퉁기며 집 주변을 돌아다녔다"는 것이다. 거기다 페이스풀은 이렇게 덧붙였다. "처참한 교통사고를 당하는 남자의 이야기예요. 그는 죽어가고 있죠…이 곡의 가사는 병석의 간호사에게 그가 전하는 말이에요."

재거는 직접 기타를 맡아, 피아노에는 잭 니체, 기타에 라이 쿠더, 베이스에 밴드 동료 빌리 와이먼과 드럼에 찰리 와츠를 각각 배치한 후 1968년 이 곡을 녹음했다. 몇 개월 후 여기에 페이스풀이 보컬을 얹었고, 이 곡은 1969년 "Something Better"의 B사이드로 발매되었다(데카는 "Sister Morphine"의 내용이 무엇인지 깨닫고 음반을 회수한다). 스톤스는 쿠더, 니체와 다시 합동하여 그 해 말 이 곡을 재녹음했고, 이 버전은 〈Sticky Fingers〉에 수록되었다.

그녀의 당시 매니저에게 돈을 빼앗기지 않으려 혈안이 된 재거와 리처드는 페이스풀의 이름을 앨범 크레딧에 올리는 일에 소홀했다. 하지만 그녀는 로열티를 받았고, 이것은 약물 남용 습관에 자금을 대줌으로써 결국 그녀의 음악 인생을 망치는 우울한 아이러니를 낳게 되었다. 1979년 〈Broken English〉로 재기한 그녀는 이 곡을 또 다른 싱글로 녹음 발매한다. 그러나 음침하고 블루지한 오리지널이 록 역사의 가장 오싹한 예언 중 하나로 남아 있다. **BM**

1969년 마리안느 페이스풀. 그해 약물중독에 부치는 그녀는 비참한 찬가를 발표된다. ➔

Okie from Muskogee
Merle Haggard (1969)

Writer | Merle Haggard, Roy Edward Burris
Producer | Fuzzy Owen
Label | Capitol
Album | *Okie from Muskogee* (1969)

이 노래를 두고 컨트리 음악 성전 중 최고로 논란 많은 곡이라 하는 것은 정말 무리일까? 머를 해거드는 투어버스를 타고 오클라호마의 무스코기를 지나며 이 곡을 썼다. 무심코 던진 한마디가 이 노래의 잊지 못할 오프닝 라인을 장식하게 된다. "우리 무스코기 사람들은 마리화나를 안 피워". 바로 그 말을 시작으로 이 곡은, LSD를 복용하고 징병카드를 불태우며 머리를 길게 기르는 샌프란시스코 히피족들과 꾸밈없이 깃발을 흔들며 손에 손잡고 사는 무스코기 마을 사람들의 삶을 비교하기 시작한다.

닉슨 대통령은 여기 반해 해거드에게 이 노래를 백악관에서 연주해달라고 요청한다. 해거드는 이것을 거절했지만, 끝까지 반동자적 견해를 철회하지 않았다. 그럼으로써 그는, 기득권층에 대항하는 전과자인 해거드가 자신들 중 하나라고 믿어왔던 진보주의자들을 어리둥절하게 하는 한편 보수주의자들을 기쁘게 했다. 포크 히피족 그룹 영블러즈가 회유의 답을 곡으로 만들어 발표했고 이로써 분쟁이 시작되고 만다.

물론 농담이 섞여 있긴 하지만, 그래도 "Okie…"는 의심할바없는 보수파 앤섬이다. 따라서 이것은 현대 음악계의 희귀성 음악이라 할 수 있다. 하지만 해거드가 어느한 편을 지지하고 나선 것은 아니다. 그는 레이건과 존 F. 케네디 양쪽 모두에 찬사를 보냈던 인물이다. 세월이 지나며 그의 "Okie…"작곡 동기도 같이 변해갔고, 이것은 베트남전을 향한 그의 심경이—이것은 암묵적으로 곡의 중심부를 이루고 있다—변화를 거친 데에도 일부 기인한다. 진실이 무엇이건 간에, 이 곡은 3세대에 걸쳐 미국 정계를 형성해온 문화 전쟁을 대표하는 유물 중 가장 수려하다. **PW**

Heartbreaker
Led Zeppelin (1969)

Writer | John Bonham, John Paul Jones, Jimmy Page, Robert Plant
Producer | Jimmy Page
Label | Atlantic
Album | *Led Zeppelin II* (1969)

레드 제플린이 자신의 이름을 걸고 낸 데뷔 앨범에서, 이들은 영국 포크 뮤직에 날카로운 핀스트라이프 블루스를 입혀 선보였다. 〈Led Zeppelin II〉에서 이들은 이 목화밭과 교차로에 얽힌 음악을 한층 더 깊이 파고든다. 위협적이고, 도둑고양이 마냥 으스대는 "Heartbreaker"의 오프닝 리프는 그들의 사운드가 얼마나 더 위엄 있어졌는지 증명한다. 이런 발전은 지미 페이지가 깁슨 레스폴 기타를 마샬 앰프로 통과시켜 낸 사운드에 일부 기인한다. 페이지는 남은 음악 인생동안 이런 강렬한 사운드를 선호했고, 이것은 레드 제플린과의 초기 활동 중 그가 보여준 기타 사운드의 비음섞인 늘씬한 음색과 극명한 대조를 이루고 있다.

로버트 플랜트의 구슬픈 보컬은 종잡을 수 없는 한 여자의 손아귀 속에서 괴로워하는 이에 대한 경계의 이야기를 전하고 있다. 이런 고전적 블루스 송 이야기 주제에(제플린의 데뷔 LP 수록 곡 "Dazed and Confused"에서 이 주제를 이미 다룬 전적이 있다) 또 다른 강렬한 리프와 느리고—빠르고—느린 버스(verse) 구조를 입혀놓았음에도, "Heartbreaker"에는 영국적인 말쑥함이 많이 느껴지며, 여기서 플랜트는 산출 가능한 최대량의 극적 방탕함을 이야기에서 한 방울 한 방울 열심히 짜낸다.

페이지의 열광적인 즉흥 솔로가 이 트랙의 중심부를 화려하게 밝히고 있다. 이 부분은 곡의 주요부가 녹음 된 이후 추가 더빙된 것이다. 거기 담긴 능란한 기교와 쇼맨쉽은 어린 에드워드 반 헤일런에게 영감을 불어넣고, 두손 태핑 테크닉을 고안해낸 반헤일런은 록 음악을 블루스맨의 현관문으로부터 관중의 상상력을 사로잡을 스타디움용 음악으로 한층 더 전진시킨다. **JD**

Is That All There Is?

Peggy Lee (1969)

Writer | Jerry Leiber,
Mike Stoller
Producer | Phil Wright
Label | Capitol
Album | *Is That All There Is?* (1969)

페기 리의 황금기는 50년대였다. 그러나 1969년 49세의 나이에 그녀는 예상을 빗나가는 "Is That All There Is? 로 뜻밖의 톱 40 히트 기록을 세우게 된다.

이 음반은 사실 세상으로 나오지 못할 뻔 했다. 리버와 스톨러가 영국 싱어 조지아 브라운을 마음에 두고 본래 작곡했던 이 곡은 말린 디트리히와 바바라 스트라이샌드에게 제물로 바쳐졌지만, 결국 덜 인기 있는 리가 1969년 1월 녹음했던 것이다. 리가 끝내 고집을 부린 끝에 캐피톨은 마지못해 그해 11월 발매될 앨범에 이 곡을 수록·발매하였고 이 트랙은 빌보드 핫 100의 11위까지 상승하는 한편 1970년 그래미 시상식에서 베스트 컨템포러리 보컬 퍼포먼스상까지 수상했다.

리의 컴백만큼이나 곡 자체도 만만치 않게 놀라웠다. 랜디 뉴먼의 대가적 편곡 구성에 빛나는 이 곡은 무성한 관현악 배킹을 배경으로 세상에 지친 실존주의적 가사(토마스 만의 단편 소설 "Disillusionment"에 기반한다)를 이야기처럼 말로 전하다가, 브레히트의 작품에 쿠르트 바일이 입혔던 음악을 연상케 하는 반주와 함께 로테 레냐 스타일로 부른 코러스로 전개해간다. 이 곡은 당시 시대 분위기에 잘 맞았다. "Is That All There Is"는 리의 중장년층 팬들 뿐 아니라 어린 청중까지도 매료시켰고, 베트 미들러나 마돈나 등의 아티스트들에게 영향을 미쳤다. 산드라 버나드(1999), 샤카 칸(2004) 등 다양한 부류의 싱어들이 곡의 커버 버전을 발표했다. 하지만 크리스티나의 들쭉날쭉한 1980년 버전은 리버와 스톨러의 분노를 사기도 했다. **MW**

Sweetness

Yes (1969)

Writer | Jon Anderson,
Chris Squire, Clive Bailey
Producer | Paul Clay, Yes
Label | Atlantic
Album | *Yes* (1969)

호화로운 이름의 '메이블 그리어스 토이 샵'의 잿더미에서 잉태된 예스는 1969년 당시 훗날 그들이 보여줄 프로그-록 화신과는 매우 다른 모습이었다. 기껏 해야 심히 비틀즈의 실험적 록 그룹 정도였다고나 할까? 사실, 그들은 밴드명을 단 데뷔 앨범의 프로듀서로 폴 매카트니를 원했고 애플 레이블로가 오디션을 보았다. 정말 일리가 있는 결정이긴 했다. 이 음반은 'White Album' 발라드에 큰 신세를 졌으니 말이다.

"Sweetness"는 온화하고 멜로디컬한, 짧은 곡이다. 연주자들의 능력을 최대한 보여주지만 그와 동시에 과시적 플레이로 빠져들지는 않는다(이들 70년대 대부분을 후자의 모습을 보여주는 데 활용한다). 크리스 스콰이어가 연주하는 베이스 파트의 트레몰로는 매카트니가 프렛보드 위쪽에서 보여주던 기타 플레이를 넌지시 비추고 있으며, 토니 케이의 하몬드 오르간, 빌 브루포드의 절제된 드럼, 피터 뱅크스의 페이저를 사용한 부드러운 기타 사운드는 모두 존 앤더슨의 조용한 보컬과 솔직한 매력의 가사를 지지해주고 있다. 3번째 8마디 부분에서 이루어지는 극적 고조는 부드럽게 선율적인 브레이크다운 섹션에서 곧 긴장이 해결되고, 예스가 앞으로 걸을 프로그 록적 여정을 아주 희미하게 암시한다.

"Sweetness"는 예스의 데뷔 싱글이었지만 별다른 성과를 거두지 못했고 그들은 이것을 단 한 번도 라이브 무대에 올리지 않았다. 마치 이 곡을 부끄러워한다고 생각하게 만들 정도였다. 하지만 미국의 언더그라운드 배우·감독·가수인 빈센트 갈로는 이 곡을 흠모했고, 이 곡을 (〈Fragile〉(1971)의 "Heart of the Sunrise"와 같이) 자신의 1998년 컬트 고전 'Buffalo 66'에 사용했다. **DE**

Suspicious Minds | Elvis Presley (1969)

Writer | Mark James
Producer | Chips Moman, Felton Jarvis
Label | RCA
Album | N/A

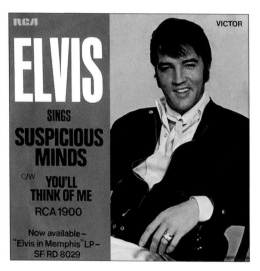

"이것 하나만은 약속하죠.
제가 실제 공감하지 않는 노래는
절대 부르지 않는다고 말이에요."

엘비스 프레슬리, 1968

◀ **Influenced by: Crying** · Roy Orbison (1961)
▶ **Influence on: Jealous Guy** · John Lennon (1971)
● **Covered by:** Dee Dee Warwick (1971) · Thelma Houston (1980) · Candi Staton (1981) · Fine Young Cannibals (1985) · Dwight Yoakam (1992) · True West (1998) · Jesper Lundgaard (2002) · Helmut Lotti (2002)

상업적 무관심 속으로 빠져들어 매우 긴 하락기를 경험한 엘비스 프레슬리는 오늘날 '68 컴백 스페셜'로 알려지게 된 텔레비전 쇼를 통해 로큰롤의 제왕 자리를 탈환했다. 그는 멤피스의 아메리칸 사운드 스튜디오 녹음 세션에서 많은 수확을 거두며 자신의 귀환을 더욱 분명히 했다. 〈Elvis in Memphis〉(1969)를 비롯한 "In the Ghetto", "Kentucky Rain", "Suspicious Minds" 등의 싱글들이 이 과정에서 탄생했다. 후자는 프레슬리의 18번째 미국 넘버 원인 동시에 그의 마지막이 됐다. 돌이켜 생각해보면, 제왕을 위한 마지막 차트 정상 곡으로 이보다 더 어울리는 곡은 찾기 힘들 듯싶다.

"Suspicious Minds"의 모든 것이 합심 속에 움직인다—프레슬리의 고도로 긴장한 보컬부터 날카로운 편곡 구성, 질투와 불신으로 "덫에 걸린" 연인의 이야기를 전하는 빽빽한 가사까지—이 가사는 멤피스의 작곡가 마크 제임스가 쓴 것이었지만, 프레슬리는 이것을 자유자재로 능숙한 통솔력을 발휘함으로써 마치 자신의 자작곡인 양 느껴지게 만들었다. 과연, 이 곡은 그가 스스로 작사한 곡처럼 들렸을 뿐 아니라, 그가 이 곡을 몸소 살아온 것 같은 뚜렷한 인상이 전달되었다. 이 곡이 소유한 또 다른 강점은 수많은 디제이들을 당혹스럽게 한 거짓 페이드-아웃과 끝에 이르러 나타나는 깜짝 페이드-인이었다. 이 모든 것의 결과, 엘비스의 과거 레퍼토리에 없었던 색다른 곡이 탄생한다.

"Suspicious Minds"는 이후 수년에 걸쳐 상당수의 아티스트들이 커버를 시도하며, 각기 놀라울 만큼 다른 해석을 보여준다. 특히, 파인 영 카니발스는 1985년 모던 록적 색깔을 입혔고 드와이트 요컴의 1992년 버전은 컨트리적 풍미를 가미했다. 한편 즉흥 잼-전문 록 밴드 피시, 인디계 스타 플레이밍 립스, 아메리칸 아이돌의 클레이 에이큰까지 이 곡의 커버 버전을 불렀다. 모두들 각자 나름대로 장점이 있었다. 그러나 그 어느 누구의 버전도 제왕의 위풍당당한 오리지널에 필적할 수는 없었다. **JiH**

Suite: Judy Blue Eyes | Crosby, Stills & Nash (1969)

Writer | Stephen Stills
Producer | Crosby, Stills & Nash
Label | Atlantic
Album | *Crosby, Stills & Nash* (1969)

"그렇게 저에게 남겨진 것은
여러 개의 노래 조각들이었습니다.
그리고 전 말했죠. '이걸 다 한꺼번에
부르고 그걸 조곡이라 부르지, 뭐.'"

스티븐 스틸스, 1991

◀ **Influenced by: All I Have to Do Is Dream** • The Everly
Brothers (1958)
▶ **Influence on: Take It Easy** • Eagles (1972)
● **Covered by:** Liberace (1969)

직업 송라이터로 일하는 데 따르는 위험을 꼽자면, 자신의 사생활과 인간관계가 풍부한 창조적 영감을 줄 때 이 모든 것을 곡에 쏟아내고 싶은 필연적 충동을 느낄 때가 있다는 것이다. 스티븐 스틸스의 4섹션 구성조 곡에서 "Judy Blue Eyes"가 의미하는 것은 다름 아닌 주디 콜린스이다. 스틸스가 이 포크 싱어의 1968년 앨범 〈Who Know Where the Time Goes〉에 게스트 출연할 당시 이 2명 사이에 로맨스가 싹텄다. 발매 전부터 큰 주목을 받았던 크로스비, 스틸스 앤 내시의 데뷔 앨범 수록을 위해 이 곡이 처음 녹음되었을 당시 "Suite: Judy Blue Eyes"는 7분을 초과했다. 하지만 그럼에도 불구하고 이것은 스틸스가 콜린스와 함께 보내는 시간 동안 쓴 수많은 시들 중 단지 소량만을 담고 있다.

3인조의 데뷔 앨범 리드 싱글 "Marrakesh Express"가 성공적으로 차트에 데뷔하는 데 이어 2번째 싱글로 발매된 "Suite: Judy Blue Eyes"는 라이브 공연에서 사랑받는 어쿠스틱 곡으로 자리 잡았다. 스틸스의 대가적 기교는 "It's my heart that's a-suffering, it's a-dying(내 가슴은 고통스러워하고, 죽어가네)…" 구절 중 보컬이 고음을 치는 인상적 부분에서 절정에 치닫는다. 그리고 그가 이 부분에서 애를 먹을 때마다 청중은 항상 넉넉한 환호를 보내며 그를 격려했다.

트랙 전체를 꽉 메우는 3파트 하모니가 너무 풍부한 나머지, 1969년 윌리 하이더의 로스앤젤레스 스튜디오에서 녹음된 이 곡에 기타. 베이스. 스틸스가 기타를 두들겨 내는 타악기적 사운드, 달라스 테일러의 드럼으로 구성된 악기 편성이 거의 전부란 사실은 정말 믿기 어렵다. 이 곡이 너무도 복잡하게 뒤얽혀 있고, 스타일상 지나친 다양성을 띠었던 나머지 스틸스는 곡을 어떻게 마칠지 몰라 큰 애를 먹는다. 결국 그는 "쿠바에 관한 작은 역전 같은 결말"을 넣는다. 그렇게라도 하지 않으면, 이 곡은 끝을 모르고 영원히 계속됐을지도 모를 일이다.

이 곡은 상상 가능한 초특급 시연장에서 모습을 드러낸다. 'Woodstock' 공연 영상에 그룹의 2번째 라이브 연주 버전이 포착된 것이다. **DR**

Pinball Wizard | The Who (1969)

Writer | Pete Townshend
Producer | Kit Lambert
Label | Track
Album | *Tommy* (1969)

"토미에게 어떤 흥미진진한 사건과
신 나는 일을 경험하게 해주자는 것이
바로 'Pinball Wizard' 곡의 요지였죠."

피트 타운센드, 1969

◀ **Influenced by: S. F. Sorrow Is Born**
The Pretty Things (1968)
▶ **Influence on: Jesus of Suburbia · Green Day (2004)**
● **Covered by:** Rod Stewart (1972) · Elton John (1975)
Mary McCaslin (1977) · Carl Dixon (2003) · McFly (2005)
The Flaming Lips (2008)

후가 남긴 최고의 앨범으로 영향력 강한 록 오페라 〈토미〉를 꼽는 이는 그다지 많지 않을 것이다. 트랙 하나하나로 따져볼 때 이 앨범은 〈Who's Next〉(1971)의 경쟁상대가 못 된다("Baba O'Riley", "Behind Blue Eyes", "Won't Get Fooled Again"이 수록된 앨범이다!). 그러나 뒤틀린 줄거리—구세주가 되는 "귀먹고, 말 못하는 장님 아이"에 대한 내용—를 연결하는 시간 때우기 트랙들 한복판에는 몇 곡의 진정한 보배가 존재했다. 그중에서도 가장 밝게 빛나는 것이 "Pinball Wizard"였다.

가사는 대단하지 않다. 그저 맹신하지 않고서야, "후각"의 힘으로 오락실에 군림하게 된 한 영웅의 존재를 믿는다는 것 자체가 쉽지는 않았으니까. 하지만 후는 맹렬하게 이 곡에 설득력을 실었다. 극도의 흥분 속에는 동등한 양의 고도의 연주기교와 야망이 내포되어 있었다. 기타리스트 피트 타운센드의 초고속 기타 스트로크만 보는 데도 입장료가 아깝지 않았다("I'm a Boy'에서 제가 바로크 기타를 흉내 냈던 부분을 이 곡 도입부에 똑같이 썼죠." 그가 후에 이렇게 밝혔다. 이건 사실 헨리 퍼셀의 "Fantasia upon One Note"을 향한 의도적 제스처였다. "그러고 나서 정력적인 플라멩코 기타 같은 걸 좀 넣었죠.")

발매 당시, 일부는 〈토미〉를 명작이라 극찬했고, 다른 이들은 제멋대로 방종이라고 묵살했다. 하지만 "Pinball Wizard"(이 앨범 수록 곡 중 가장 늦게 작곡되었다)에서 만큼은 거의 누구나 훌륭한 노래라고 입을 모았다. 기이한 것은, 이 곡에 반대 의견을 표명한 이가 다름 아닌 작곡가 자신이었고, 그는 후에 이 곡이 "내가 쓴 것 중 가장 서툰 곡"이라 말했다는 것이다. 그러나 팬들의 의견이 타운센드의 것을 수적으로 능가했고, "Pinball Wizard"는 미국과 영국 양국에서 톱 20위 내에 진입했으며 오늘날 이들 음악 인생의 하이라이트를 장식한 곡으로 여겨진다.

이 곡의 인기 덕에 〈토미〉는 수십 년 동안 주파수를 떠나지 않았고, 이 이야기가 켄 러셀의 1975년 영화(여기서 엘튼 존이 "Pinball Wizard"를 부른다)로 각색되는 데 기반을 미리 마련해놓았다. 1993년에는 뮤지컬까지 무대 데뷔한다. 그리고 이 곡의 부활은 무수히 계속되었다. **JiH**

Je t'aime … moi non plus | Jane Birkin & Serge Gainsbourg (1969)

Writer | Serge Gainsbourg
Producer | Uncredited
Label | Fontana
Album | *Jane Birkin/Serge Gainsbourg* (1969)

"모두들 말했죠.
'오 세르주. 그는 너무 위험한 남자지.'
전 '맞아요'라고 말했어요. 하지만 실제로는
말이에요, 정말 만만한 상대라구요."

제인 버킨, 2009

◄ **Influenced by: What'd I Say Parts 1 & 2**
Ray Charles (1959)

▶ **Influence on: Love to Love You Baby**
Donna Summer (1975)

● **Covered by: Donna Summer (1978) • Pet Shop Boys
& Sam Taylor-Wood (1999)**

프랑스 팝 역사에 가장 유명한 커플 중 하나였던 이 둘의 관계는 그다지 순조롭게 시작하지 않았다. 세르주 갱스부르는 슬로우 댄스 도중 이 어린 영국 모델의 발가락을 실수로 밟았고, 파리 힐튼 호텔의 자기 방 침대에 술에 곯아떨어져 정신을 잃었다. 그러는 동안 초조했던 버킨은 화장실 안에 숨어 있었다. 그러나 어떻게 해서인지, 이런 불길한 시작과 뚜렷한 세대차에도 불구하고(그녀는 맑은 21세였고 그는 희끗희끗한 40세였다), 둘의 관계는 시작되었다.

그러나 "Je t'aime…mo non plus"("I Love You…Me Neither(널 사랑해…나도 안 그래)"이 가장 대중적 해석이다. 그러나 무언가 거슬리는 부분이 없지 않다)는 갓 시작된 로맨스가 주는 희열에서 솟은 진실된 첫 싹처럼 들릴지 모르지만, 이것은 사실 눈속임이다. 갱스부르는 사실 1968년 브리지트 바르도를 위해 이 곡을 썼다. 당시 그는 바르도와 깊이 연루되어 있었고 이 두 사람은 곡의 녹음을 마쳤다. 그러나 바르도는 막상 발매 이전 겁을 먹고 발뺌을 했다. 뒤늦게 자신이 다른 이와 결혼했다는 사실을 기억해낸 것이다. 그리하여 같은 해 말 갱스부르가 버킨을 만나 관계를 가졌을 때, 그는 서류 정리장에서 이 곡을 다시 꺼내 들었고, 이 둘은 함께 곡의 재녹음에 도전했다. 아서 그린슬레이드의 나긋나긋한 편곡 구성 사이로 그들은 트랙 내내 숨찬 목소리와 신음을 섞어가며 녹음을 마쳤다.

이 곡은 필연적이다시피 발매된 거의 모든 지역에서 방송 금지를 받는다. 그리고 이에 따라 대단한 히트를 거둔다. 이 곡은 영국 차트 1위를 거둔 최초의 외국어 싱글로 기록되었고, 전형적으로 영국적인 은근쩍 뉘앙스를 내포한 커버 버전을 줄지어 낳게 된다. 갱스부르는 후에 이 곡의 제목을 버킨과 조 달레산드로를 출연시킨, 기괴하고 어지간히도 지저분했던 영화의 제목으로 재활용한다. 이 영화에는 동물에게서 성적 흥분을 느끼는 배역도 등장했다. 제라르 드파르디외가 이 역할을 연기했다. **WF-J**

Is It Because I'm Black?
Syl Johnson (1969)

Writer | Jimmy Jones,
Glenn C. Watts, Syl Johnson
Producer | Willie Mitchell
Label | Twinight
Album | *Is It Because I'm Black?* (1970)

1968년 마틴 루터 킹 주니어의 암살 이후, 흑인 평등을 외치는 정견과 소울 음악 모두가 갈수록 더 급진적이 된다. 실베스터 존슨은 이런 새로운 분위기를 또렷이 표현한 초기 인물 중 하나였다. "Is It Because I'm Black?"은 샘 쿡의 "A Change Is Gonna Come"의 잔뜩 찌푸린 B사이드와 함께 울려 퍼지며 미국 사회에 깊이 뿌리 내린 불평등에 대한 실의를 전했다. 킹이 남긴 연설 문구를 암시하며 그는 이렇게 노래했다: "Looking back at my first dreams that I once knew / Wondering why my dreams ever came true(내가 한때 알았던 내 첫 꿈들을 돌아보면서 / 내 꿈들이 왜 실현되지 않았나 궁금해하며)."

음악적으로 볼 때, 이 곡은 B.B. 킹의 동시대 히트작 "The Thrill Is Gone"의 소울 스타일을 갖춘 팽팽한 시카고 블루스였다. 존슨은 바람의 도시 시카고에서 성장했다. 그는 하모니카 주자 매직 샘의 옆집에서 자랐고, 엘모어 제임스, 프레디 킹, 하울링 울프 등의 블루스 전설들과 함께 연주하며 이미 어린 시절 경험을 쌓았다. 기타리스트 메이브 "티니" 하지스가 나긋나긋한 그루브로 배경을 만들었고, 그의 형제들인 베이스 주자 리로이와 오르가니스트 찰스가 많은 추진력 있는 편곡 구성의 보조를 받았다.

존슨의 인종 관계를 향한 평가는 매우 황량했다. "Like a child stealing its first piece of candy and got caught / Peeping around life's corner somewhere I got lost(처음으로 사탕을 훔치다 잡힌 아이인 양 / 삶의 구석구석을 훔쳐보다 어디선가 난 길을 잃었네)"라고 그는 노래하며 낙담 속에 서서히 끓어오른다. 연장된 LP 버전에서 그는 좀 더 진전된 모습을 보였다. 절망의 수렁 속에서조차, 희망이 보였다. **SP**

I Want to Take You Higher
Sly & The Family Stone (1969)

Writer | Sylvester "Sly Stone" Stewart
Producer | Sly Stone
Label | Epic
Album | *Stand!* (1969)

1969년 8월 일요일 이른 아침, 우드스톡에 집합했던 약에 취하고 피곤에 지친 40만 명의 군중은 슬라이 앤 더 패밀리 스톤이 전하는 짜릿한 "I Want to Take You Higher" 소리를 들으며 잠에서 깨어났다. 현란한 프론트맨 슬라이는 라인석 옷차림의 흑인 카우보이 모습으로 술 장식을 휘날리며 "Higher!"를 외쳤고 군중은 동일한 외침으로 여기 응했다. 혼 섹션이 날카롭게 리프를 뽑아낼 동안 슬라이의 남동생 프레디는 래리 그레이엄의 선구자적 슬랩 베이스 위로 펑키(funky)한 기타 리프를 깔아 넣었다.

이 곡은 본래 "Stand!"의 B사이드로 발매되었고, 우드스톡에 출연하기 몇 달 전 미국에서 22위에 올랐다. 이후 당당한 A사이드 자격으로 60위까지 오르기도 했다. 슬라이의 끝내주는 라이브 버전이 탄생한 이후, 이것은 1970년 6월 재발매되며 38위를 기록했다. 그들의 1968년 LP 〈Dance to the Music〉 수록 트랙 "Higher"로부터 영감을 얻은 "I Want to Take You Higher"는 인종과 성별 차이를 넘어서 슬라이의 만화경 같은 사이키델릭 소울의 본보기가 되었다. 이 밴드는 흑인 여성 싱어와 기악 주자들을 공개적으로 등용해 출연시킨 최초의 그룹 중 하나였고(트럼펫에 신시아 로빈슨, 피아노에 슬라이의 여동생 로즈가 배치된다), 혼 섹션 역시 다인종 구성이었다.

2006년 2월, 61세의 슬라이 스톤은 그래미상 시상식에서 "I Want to Take You Higher"를 공연한다. 과산화수소로 표백한 듯한 모호크 머리 모양을 한 그는 몇 구절만 부르고 자리를 떴다. 다른 최근 공연들도 이와 마찬가지로 도무지 예측 불허였다. **JJH**

1969년 우드스톡 페스티벌에서 슬라이 스톤이 40만이란 대규모 관중을 한층 더 황홀하게 만들고 있다.

The Court of the Crimson King | King Crimson (1969)

Writer | Ian McDonald, Peter Sinfield
Producer | King Crimson
Label | Island
Album | *In the Court of the Crimson King*
(1969)

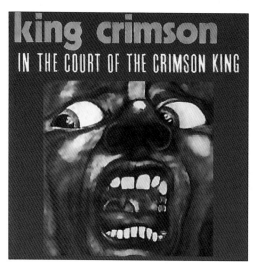

"저희는 항상…편지를 받았죠.
아이들은 이런 말들을 적어 보냈어요.
'당신이 쓴 가사를 이해 못하겠어요.
크림슨 킹이 도대체 누구예요?'"

피터 신필드, 1971

◀ **Influenced by: The Cheerful Insanity of Giles, Giles,
and Fripp** · Giles, Giles and Fripp (1968)
▶ **Influence on: The Devil's Triangle**
King Crimson (1970)
● **Covered by:** Doc Severinsen (1970) · Saxon Killing
Ground (2001)

"킹 크림슨이 신에 모습을 드러냈고 저희는 그들이 정말 기막히다고 생각했어요. 저희가 하고 싶었던, 똑같은 것들을 하고 있었죠. 더 크고 더 잘했을 뿐이었죠." 제네시스 프론트맨 피터 가브리엘이 1971년 지그재그 매거진에 열띠게 말했다. 당시만 해도 기발했던 멜로트론으로 연주한, 잊혀지지 않는 리프를 중심으로 한바탕 체조를 벌이는 "The Court of the Crimson"이 프로그 록의 모든 측면들을 한 곡에 다 담고 있다 해도 과언은 아닐 것이다. 만일, 교향악적 테마와 변화하는 박자표, 지리멸렬한 드럼, (작사가 피터 신필드의 호의로 만들어진) 꿈속을 헤매는 시상, 의심의 여지 없는 원대함이 당신이 원하는 것이라면, 답을 멀리서 찾을 필요는 없을 것이다.

밴드 리더이자 풍부한 창작력의 기타리스트 로버트 프립은 자주 바뀌는 크림슨의 라인업에 가장 지배적인 대들보 역할을 한다. 그러나 이 걸출한 트랙—대단한 에너지를 발산하는 하향 코드 진행과 좀 더 목가적이고 사색적인 어쿠스틱 간주가 교대한다—에서 프립의 역할은 이언 맥도날드가 줄지어 늘어놓는 키보드, 멜로트론, 비브라폰의 보조를 맞추는 것이었다. 아이러니한 것은 킹 크림슨의 대표 곡이, 프립이 공동 작곡하지 않은 유일한 두 트랙 중 하나라는 것이다. 런던의 웨섹스 사운드 스튜디오에서 녹음된 대략 10분 길이의 풀 버전은 그 패어런트 앨범의 장대한 피날레이자 개괄 같은 존재였다. 편집된 싱글 버전의 경우 영국에서는 차트 진입에 실패했지만 45회전판 양면으로 쪼개어 발매돼 1970년 미국에서 80위까지 오르기도 했다.

그레그 레이크는 베이스와 리드보컬로 참여해 이 곡을 장중하게 만들었고, 마이클 자일스는 프리폼 드러밍으로 여기저기 구멍을 메웠다. 그러나 이 곡은 본질적으로 이언 맥도날드의 대작이었다. 이런 그는 몇 년이 지난 후 주류 록 밴드 포리너에서 키보드를 치며 "당신은 얼음처럼 차갑지"라고 고래고래 노래를 하게 된다. **JJH**

Whole Lotta Love | Led Zeppelin (1969)

Writer | Jimmy Page, Robert Plant,
John Paul Jones, John Bonham, Willie Dixon
Producer | Jimmy Page
Label | Atlantic
Album | *Led Zeppelin II* (1969)

"원래 잘 나갈 때만 덜미를
잡히는 거예요.
그게 세상이 돌아가는 방식이죠."

로버트 플랜트, 2000

◀ **Influenced by: You Need Love** · Muddy Waters (1962)
▶ **Influence on: Whole Lotta Rosie** · AC/DC (1977)
● **Covered by:** CCS (1970) · King Curtis (1971) · Tina
Turner (1975) · Coalesce (1999) · Ben Harper & The
Innocent Criminals (2001) · Prince (2003) · The
Dynamics (2007) · Mary J. Blige (2010)

블루스맨 윌리 딕슨이 쓴 2곡("You Shook Me"와 "I Can't Quit You Baby")을 커버해 데뷔 LP에 수록했던 레드 제플린은 또다시 그의 작품 "You Need Love"(머디 워터스를 위해 작곡되었다)를 재작업하여 후속 앨범의 오프닝 트랙으로 쓸 결정을 내린다. 이 곡은 이전에 이미 스티브 매리엇의 손을 거쳐 "You Need Loving"이라는 이름으로 스몰 페이시스의 앨범에 수록된 전적이 있었다. 그러나 페이지와 플랜트는 한술 더 떠, 이 간결한 블루스 곡을 교향악적 록 대작으로 만드는 작업에 착수한다. 본래 딕슨의 이름을 명시하지 않고 만들어진지라, 이는 발매 후 제플린과 딕슨 사이의 법정 밖 협의로 이어지게 된다.

이 곡의 정규 앨범 버전에는 드럼 솔로, 테레민, 플랜트의 신음 섞인 보컬이 등장하는 연장된 브레이크 섹션이 있다. 이것은 "오르가슴 섹션"으로 알려진다. 제플린은 본래 영국에서 싱글을 발매하지 않는 걸로 알려져 있었기 때문에, 트랙의 길이(5분 33초) 자체는 영국 시장에서 그다지 큰 문제가 되지 않았다. 그러나 다른 국가들에서는 이 단적 브릿지 섹션과 트랙의 긴 길이 자체가 문제로 떠올라 결국 편집된 버전이 싱글 발매되었다. 이 곡이 활용되었던 본보기 중(특히나 그 도입부 리프가), BBC 텔레비전 쇼 〈톱 오브 더 팝스〉의 타이틀 트랙으로 등장했던 것은 잘 알려져 있다. 이것은 사실 CCS가 본래 트랙에 충실하게 만든 1970년 커버 버전이었고, 이 리프는 30년 넘는 세월 동안 이 쇼의 시작을 알렸다.

"Whole Lotta Love"는 제플린의 오리지널 라인업이 라이브로는 마지막 공연 곡이라는 이력에 빛난다(1980년 7월 7일 베를린에서의 일이다). 또한, 이후에 3명의 생존 멤버들이 라이브 에이드(1985), 애틀랜틱 레코드 40주년(1988), 아흐메트 에르테군 추모 공연(2007)에서 이 곡을 연주한다. 지미 페이지의 경우 2008년 베이징올림픽 폐막식에서 레오나 루이스와 함께 이 곡의 한 버전을 무대에 올리기도 했다. **CR**

I Wanna Be Your Dog
The Stooges (1969)

Writer | Iggy Pop, Dave Alexander, Ron Asheton, Scott Asheton
Producer | John Cale
Label | Elektra
Album | *The Stooges* (1969)

엘비스 프레슬리가 먼저 "Hound Dog"로 개집 문을 활짝 열었을지는 모르지만, 진정 개떼를 로큰롤에 들여놓은 결정적 존재는 이 개들의 육욕에 부치는 한 편의 서정시였다. 스투지는 60년대 말 히피 스타일의 사랑 노래에 쓰이는 상투 문구들을 꺼리고 대신 젊은 날의 섹스가 맛보게 한 황홀경과 고통에 대한 원초적 교미 의식을 노래했다.

기타리스트 론 애쉬튼의 디스토션 걸린 3화음(G, F#, E) 심장 박동, 그리고 프로듀서 존 케일의 한 손가락 피아노 드론 음(drone)에 편승해 보컬리스트 이기 스투지(아직 이기 팝이 아니다)는 벨벳 그라운드의 성적 일탈에 관한 감화적 무용담도 무색할 만한 비굴하고 막돼먹은 사랑에 대해 콧물도 닦지 않고 설교를 늘어놓는다.

롤링 스톤지 논평가 에드먼드 O. 워드는 이 소음을 "시끄럽고, 지루하고, 저질 취미에, 창의력 부족하고, 유치한" 음악이라 혹평했다. 그러나 이 곡이 단순히 자기 비하를 즐기는 젊은 날의 록적 계율인 것만은 아니다. 이 곡에는 야만적 경지의 미니멀리즘적 블루스에 빠진 이기의 집착이 반영된다. 빅 조 윌리엄스의 고전 "Baby Please Don't Go"를 머디 워터스가 축축하게 분해·수리한 것은 블루스–록의 단조로움을 넣은 변변찮은 새로운 칵테일로 탈바꿈시킨 것이다. 이 싱글은 차트 진입조차 하지 못했지만 여기 담긴 허무주의적 의기양양함은 70년대 말의 블랭크 세대(blank generation)의 심금을 울린다. 펑크계 핀업 보이들인 리처드 헬과 시드 비셔스부터 포스트–펑크 창시자인 펄, 페어 우부, 소닉 유스까지 너도나도 이 곡의 커버 버전을 내놓았고, 나아가 스투지스의 로큰롤 명예의 전당 입성을 기념하여 2007년 R.E.M.과 패티 스미스가 함께 이 곡을 무대에 올렸다. **MK**

Kick Out the Jams
The MC5 (1969)

Writer | M. Davis, W. Kramer, F. Smith, D. Thompson, R. Tyner
Producer | J. Holzman, B. Botnick
Label | Elektra
Album | *Kick Out the Jams* (1969)

디트로이트 그랜드 볼룸에서 이틀에 걸쳐 녹음된 동명의 라이브 데뷔 앨범에 수록된 "Kick Out the Jams"는 전투 태세를 선언하는 혁명적 록의 결정판이다. 가사에 정치적 성향이 전혀 없음에도, 이 곡은 밴드의 반체제적 입지를 뜻하는 명함이 되었다. 그들은 1968년 민주당 전당대회 폭동 중 공연을 한 한편, 마르크스주의 백표범당 설립을 도왔다.

모터 시티 5(The MC5)를 둘러싼 논란은 무궁무진했지만, 이 곡의 도입부에서 내뱉는 선동적 욕설만큼 중요한 것도 없을 것이다("Kick out the jams, motherfuckers(신 나게 연주해. 개새끼들아)!"). 이것 때문에 상점들은 이 음반을 취급하길 거부했고, 새로 편집된 음반이 발매되었으며, 이들은 매번 라이브 공연 때마다 외설관련법에 걸릴 모험을 무릅썼다.

이 곡의 제목은 60년대 말과 70년대 초의 반문화 운동들의 구호로 널리 채택되었다. 이 그룹, 특히나 그들의 매니저(백표범당 설립자 존 싱클래어)의 혁명적 성향을 감안했을 때, 이건 어느 정도 이해할 만하다. 그러나 밴드 스스로는 이것이 무대의 "재밍(jamming)"에 탐닉하는 다른 그룹들을 겨냥한 발언이라고 주장을 굽히지 않는다.

이 곡은 펑크와 개라지 록의 원조라는 평을 널리 받는다. MC5는 새로운 디트로이트 사운드를 도입해 베리 고디의 모타운 사운드를 대체했고, 동시대 디트로이트인들인 스투지스부터 레이지 어겐스트 더 머신, 몬스터 마그넷, 프라이멀 스크림까지 수많은 밴드들에게 영향을 미쳤다. **CR**

MC5의 프레드 "소닉" 스미스. 밴드의 크고 강경한 사운드의 원동력이다. ▶

I Want You Back
The Jackson 5 (1969)

Writer | The Corporation
Producer | The Corporation
Label | Motown
Album | *Diana Ross Presents The Jackson 5* (1969)

티토에겐 정말 미안하지만, 이것은 마이클 잭슨의 노래가 맞다. 잭슨 파이브의 데뷔 곡은 슬픔에 대해 쓰인 가장 즐거운 노래였고, 그룹은 이 곡을 통해 영원히 지속될 보이밴드 관련 모델을 제시한다. 이 곡을 시작으로 밴드는 1969년 4개의 연속 넘버 원 히트 곡을 줄줄이 발표했다. 물론, 재키, 말론, 저메인이 여기에 어느 정도 리드 보컬 카메오로 기여하지만, 마이클 잭슨의 성대를 전 세계에 공개함으로써 역대 가장 위대한 팝송이 탄생한 것은 단순히 우연만은 아닐 것이다.

　"I Want You Back"은 신생 음반제작 팀 '코퍼레이션'이 작곡한 곡이었다. 이 팀은 모타운 우두머리 베리 고디가 진두 지휘한 소울 싱크 탱크였다. 고디는 자신의 인디애나 출신 신동들을 프랭키 라이먼의, 희미해져버린 십 대의 꿈을 밝힐 소켓에 연결시키길 원했다. 여기 나오는 환희에 찬 피아노, 춤추는 스트링, 활기에 찬 펑크(funk) 기타, 배킹 보컬 모두 노래하는 잭슨 형제에게 완벽한 짝이 되었다. 코퍼레이션이 작곡한 흥겨운 인트로에 마이클이 합류하는 순간, 듣는 이는 이 아이가 전혀 새로운 차원의 재능을 소유하고 있다는 사실을 즉각 느낄 수 있다. "uh-huh(어-허)"만 하더라도, 그냥 "lemme tell ya, now(지금 말하게 해줘)"만 내뱉는 것으로 그의 날렵한 알토는 대부분의 위대한 어른 싱어들이 죽었다 깨어나도 손에 넣지 못할 음악적·감정적 직관력을 드러내 보였다. "I Want You Back"은 그의 음성이 보여준 최상의 것이었는지도 모른다. 11세의 아이가 "Tryin' to live without your love is one long sleepless night" 같은 가사를 쓴 것이 아님은 분명하지만, 실연의 아픔을 완벽히 행복에 차게 만들어 보일 수 있었던 유일한 사람은 마이클 잭슨뿐이었다. **MO**

The Thrill Is Gone
B. B. King (1969)

Writer | Rick Darnell, Roy Hawkins
Producer | Bill Szymczyk
Label | Bluesway/ABC
Album | *Completely Well* (1969)

B.B. 킹이 자기 인생 최대의 미국 팝 히트작(15위까지 상승한다)을 녹음했던 1969년 6월, 달짝지근한 멜로디와 통통 튀는 베이스 라인을 앞세운 모타운 사운드는 블루스를 즐겨 듣는 킹의 흑인 청중들을 흑인 라디오 방송 주파수 쪽으로 하나둘 밀어내고 있었다. 공식을 바꿀 때가 온 것이었다.

　킹은 로이 호킨스가 1951년 발표해 어느 정도 히트를 거두었던 "The Thrill Is Gone"을 녹음하길 원했다. 이 곡은 멤피스에서 디제이 활동을 할 시절 그가 즐겨 듣던 곡이었다. B.B.는 이 보기 드문 단조 블루스의 한숨 위로 대표적 기타 릭을 깔고, 좀 더 어둡고 세련된 곡(예를 들자면 "Paying the Cost to Be the Boss"같은 곡보다 말이다)을 만들어봐야겠다는 생각을 품었다. 그는 젊은 프로듀서 빌 심칙을 이상적인 공동 협력자로 지목했고, 심칙은 킹에게 평소 함께하던 밴드 대신 4명의 세션맨을 쓰자고 설득했다. 항상 그래왔듯 혼 섹션을 마구 퍼붓는 것보다 좀 더 차분한 리듬 기타와 오르간을 가미해야겠다는 생각에서였다. 킹은 사랑하는 이가 걸어놓은 주문으로부터 깨어나 자유로워짐에 느끼는 고귀한 회한에 대해 노래한다. 그의 걸걸한 비브라토 음성이 폴 해리스의 건반과 제럴드 제못의 애절한 베이스 위로 마치 유령처럼 스쳐 지나간다.

　심칙은 12명 구성의 스트링 섹션을 추가하기로 결정했다(베르트 드코토가 편곡을 맡는다). 이 곡을 주류 라디오로 몰고 가는데 유리할 것이라 판단했기 때문이다. 그 결과, (세련됨과 포르노적 성향을 1대 2 비율로 섞은) 스트링 섹션이 70년대 주류 라디오의 총아로 부상하게 되었다. "The Thrill Is Gone"은 블루스-퓨전 고전으로 자리를 확고히 하게 된 것이다. **MO**

B.B. 킹이 1969년 덴마크에서 "루실"로 공연 중이다. 루실은 그의 유명한 깁슨 ES-355 모델 개조 기타 중 하나였다.

- 밥 말리가 레게의 최고 카리스마 넘치는 스타로 두각을 나타낸다.

- 1972년 결성된 아바가 70년대 내내 차트 군림한다.

- 데이비드 보위가 그의 지기 스타더스트 페르소나를 소개한 후, 죽여 없앤다.

- 1975년 섹스 피스톨즈가 결성되어 영국 펑크록 신에 불을 당긴다.

- 1977년, 〈토요일 밤의 열기〉로 전 세계가 디스코에 매혹된다.

1970년대

Up Around the Bend | Creedence Clearwater Revival (1970)

Writer | John Fogerty
Producer | John Fogerty
Label | Fantasy
Album | *Cosmo's Factory* (1970)

"로큰롤은 남부 것이고,
그게 제가 '남부' 스타일에 속하는 이유죠.
왜냐하면 제가 배우고 익힌 것이
전부 남부 지역에서 나왔으니까요."

존 포거티, 1997

◀ **Influenced by: I've Got a Tiger by the Tail**
Buck Owens (1964)
▶ **Influence on: Out in the Street** • Bruce Springsteen
(1980)
● **Covered by:** Hanoi Rocks (1984) • Elton John (1994)
The Bates (2000)

1960년대 말, 자신들 세계에서 신격 지위를 인정받지 못한 모리슨, 헨드릭스, 클랩튼, 페이지 등의 록 밴드들은 그저 라디오 방송감이나 한번 되어보려 과하게 노력해야 했다. 짓밟혀 뭉개지고 싶지 않다면 선택은 단 2가지 였다. 약에 취한 컨셉트 앨범을 쓰거나 자기 악기를 재정의해 보이거나. 이것이 바로 미국 그룹 크리던스 클리어워터 리바이벌이 처해 있던 곤란한 상황이었다. 그들의 리드 싱어이자 기타리스트, 작곡가인 존 포거티는 비록 섹스에 관한 16분 길이 노래를 쓴다거나 와와 페달을 사용하는 것은 아니었지만 여전히 한 곡 한 곡 멋진 히트 송을 줄기차게 뽑아내고 있었다.

1970년, 2년 안에 벌써 5번째 앨범을 준비하던 포거티는 오늘날 우리가 "루츠 록"이라 부르는 음악에 자신의 천재성을 날카롭게 갈아 "Up Around the Bend"(미국 4위, 영국 3위)와 같은 노래들을 발표했다. 헨드릭스의 가방에서 가져온 비명 같은 리드 기타 릭, 비틀즈에게 빚진 추진력 강한 코드 진행, 코러스 부분에는 그레이트풀 데드의 보컬 하모니를 사용하여, 포거티는 결국 따지고 보면 크리던스 클리어워터 리바이벌이라고밖에 할 수 없는 노래 한 편을 탄생시켰다. 그건 빈틈없고 멜로디컬하며 힘이 넘치는, 2분 반 길이의 곡이었다. 이 곡은 "Run Through the Jungle"를 등에 업고 더블 A사이드 싱글로 발매되었다.

크리던스가 낳은 최고의 작품들이 대부분 그렇듯, "Up Around the Bed"의 진미는 단순성에 있다. 이 곡을 듣는 이는 동네 한컨에서 벌어지는 파티에 초대된 듯한 착각에 들뜨게 될 것이다. 그러나 그곳에는 딸기 엘리베이터나 무지갯빛 알람시계가 없을 것이란 것도 감지할 수 있을 것이다. 대신, 목재 패널과 맥주를 기대해도 괜찮을 듯하다. "Bring a song and a smile for the banjo / Better get while the getting's good(히치하이크로 고속도로 끝까지 가는 거야)"이라 포거티가 자신의 트레이드마크인 거칠고 쉰 목소리로 외친다. "Hitch a ride to the end of the highway(밴조를 칠 때 노래와 미소를 보내줘 / 시기가 적절할 때 떠나는 게 좋겠지)"라 제안하며 말이다. **MO**

Layla | Derek & The Dominos (1970)

Writer | Eric Clapton, Jim Gordon
Producer | Tom Dowd
Label | Polydor
Album | *Layla and Other Assorted Love Songs* (1970)

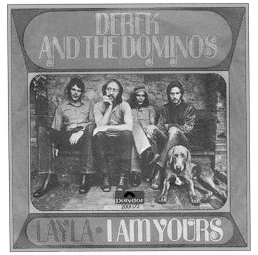

"전 'Layla'가 매우 자랑스러워요.
이 곡을 듣고 있으면, 마치 저의 곡이
아닌 아주 좋아하는 뮤지션의 곡을
듣고 있는 것 같지요."

에릭 클랩튼, 2001

◀ **Influenced by: As the Years Go Passing By**
Albert King (1967)
▶ **Influence on: Motherless Children** • Eric Clapton
(1974)
● **Covered by:** Herbie Mann (1974) • John Fahey (1984)
Henri Salvador (1994) • Bobby Broom (2001)

에릭 클랩튼의 가장 유명한 노래가 그의 이름과 지도적 역할을 숨긴 그룹에 의해 녹음되었다는 사실은 아이러니하다. 클랩튼은 이전에 수퍼 그룹들(크림과 블라인드 페이스)에서 활동하며 견뎌야 했던 부담 요소들을 일부 피하기 위해 이런 선택을 하게 되었다. 올맨 브라더스 밴드의 드웨인 올맨과 기타 리드를 분담하고, 커버송을 하지 않는 경우 나머지 그룹 멤버들과 작곡 임무를 나눠 맡은 클랩튼은, 데렉 앤 더 도미노스의 이름으로 단 한 장의 앨범만을 발표하고 다시 중독과 고통의 그림자 속으로 물러간다.

이 곡은 페르시아 시인 네자미 간자비의 12세기 시 〈레일라와 광인〉으로부터 영감을 얻어 만들어졌다. 이 시는 자신의 것으로 만들 수 없는 여인 때문에 미쳐버린 한 남자의 이야기를 전하고 있다. 실제의 레일라는 바로 클랩튼의 절친한 친구 조지 해리슨의 부인 패티 보이드였고, 클랩튼은 그녀와 정신 없이 사랑에 빠져 있었다. 더블 앨범 전체에 걸쳐, 그는 보상받지 못하는 사랑의 딜레마를 낱낱이 고백하였고, 이 모든 것은 "Layla"라는 기념비적 트랙과 함께 정점에 다다른다. 7분 남짓한 고통과 심연의 울부짖음을 담은 이 곡은 이해하기 힘들 만큼 다듬어지지 않은 원초적이고 사적인 감정을 표현했다. 그는 정신이상이 되어버리지 않을까 걱정하며, 블루스의 전설 로버트 존슨이 고난의 시절 중 던졌던 똑같은 질문을 던진다. 과연 그의 "사랑은 헛되이 끝나고(Love in Vain)" 말 것인가?

본래 클랩튼이 만든 초안의 도입부에 드웨인 올맨이 앨버트 킹의 노래를 참고해 만든 기타 릭을 가미하자 곡은 훨씬 활기를 띠게 되었고, 본래의 발라드 형태에서 6개의 기타 라인이 오버더빙된 록 넘버로 변신했다. 피아노가 장식하는 4분 길이의 대단원은 드러머 짐 고든이 만든 별개의 노래였고 3주 후 트랙에 덧붙여졌다. 한편, "Layla"의 주인공 패티 보이드는 결국 해리슨을 떠나 1979년 클랩튼과 결혼식을 올린다. 그러나 이들의 혼인 생활은 1988년 이혼으로 막을 내렸다. **SA**

War Pigs
Black Sabbath (1970)

Writer | T. Iommi, B. Ward, G. Butler, O. Osbourne
Producer | Rodger Bain
Label | Vertigo
Album | *Paranoid* (1970)

블랙 사바스 데뷔 앨범의 막을 올린 것은 다름 아닌 비와 천둥, 그리고 종소리였다. 그 악몽을 무사히 헤쳐 나온 이들을 기다리고 있던 이들의 2번째 앨범은(7개월 만에 발표했다), 숨 돌릴 여유조차 허락하지 않았다. 이 앨범의 오프닝 트랙은 공습 경보 사이렌 소리와 함께 당신이 더 끔찍한 세상에서 깨어났음을 알렸다. 이것이 바로 "War Pigs"이다. 이 트랙은 〈Paranoid〉의 히트 타이틀 트랙임에도 불구하고 사바스의 초기 음악 세계를 정의 하는 앤섬으로 명성을 이어간다. 실제로 이 곡은 앨범의 타이틀 송으로 구상되었지만(그 이유로 〈Paranoid〉의 기이한 앨범 커버 디자인이 탄생한 것이다), 베트남전과 관련하여 밴드가 정치적 궁지에 몰리게 될 가능성을 피하기 위해 이 안건은 휴지조각이 된 것이다. 오리지널 버전("Walpurgis"라는 이름으로 데모 버전이 만들어졌다)은 "빨간 재 속에서 타오르는 시체들"과 "나쁜 죄인들…죽은 쥐의 내장을 먹는" 등의 말들을 늘어놓았다. 하지만 밴드가 악마 숭배자라 믿는 대중의 인식이 염려된 사바스는 가사를 고쳐 썼고, 무심코 그 시대의 환멸감과 공포를 환기시키게 되었다. "저희는 베트남에 대해 아는 게 하나도 없었죠." 오지가 이렇게 말했다. "이건 그저 반전 노래일 뿐이에요." 베이시스트이자 주요 작사가인 기저 버틀러는 이렇게 투덜거렸다. "세상은, 제대로 형편없는 수라장이죠." 이런 최면적인 가사를 보완하는 것은 풍부한 상상력이 깃든 구성이었다. 멈출 듯 느린 인트로가 끝나면 오지 특유의 울부짖음. 토니 아이오미의 악랄한 리프. 버틀러와 드러머 빌 워드가 구사하는 거의 재즈적이다시피 한 리듬 섹션의 시연장으로 곡이 둔갑한다. 이후 20년간 군림할 헤비 메탈의 청사진이 모습을 드러낸 것이다. **BM**

When the Revolution Comes
The Last Poets (1970)

Writer | Umar Bin Hassan
Producer | East Wind Associates
Label | Douglas
Album | *The Last Poets* (1970)

"Understand that time is running out(시간이 얼마 남지 않았다는 것을이해해)!" 라스트 포에츠의 데뷔 앨범 〈Last Poets〉의 첫 구절이다. 여기서 느껴지는 필사적 다급함은 앨범 전반에 걸쳐 사라지지 않으며 마치 마법과도 같이, 불길 같은 목소리와 끊임없이 뒤척대는 타악기의 으르렁거림만으로 만들어졌다. 할렘에서 출현한 이 도시의 음유시인 3인조는 블랙 팬서스와 연계되어 있었고, 1968년 5월 말콤 엑스를 위한 축하연에서 처음 창단되었다. 이런 더 라스트 포에츠가 꿈꾸었던 것은 바로 아프리카 중심주의적인 혁명이었다. "When the Revolution Comes"는 무장을 명하는 자극적 외침("Guns and rifles will be taking the place of poems and essays(권총과 라이플 총이 시와 수필을 대체하게 될 것이다)")과 장애물로 여겨지는 이들을 향해 던지는 난잡한 공격을 차례로 내뱉는다.

포에츠는 상대적 신분 상승에서 오는 물질적 안락함에 안주하는 일부 흑인 공동체 구성원들의 태도를 반혁명적 무관심이라 여기고 그것을 비판했다. 또 다른 할렘의 시인이자 이들과 마찬가지로 래퍼들의 선조였던 길 스콧-헤론은 같은 해, 신기원적 "The Revolution Will Not Be Televised"를 통해 그러한 정치적 무기력 상태를 조롱했고 우마르 빈 하산은 많은 이들이 텔레비전에 푹 빠져 있는 동안 혁명이 일어날 지 모른다는 경고로 자신의 트랙을 시작했다. 2분 30초간의 선전 연설 동안 하산은 마약 중독자들이 대의를 위해 약을 포기할 것을, 예수가 할렘 거리를 걸을 것을, 그리고 "직모 머리의 사람들이 아프로 스타일을 해보려 할 것"을 꿈꾸어본다. 그러나 그는, 많은 동시대인들이 "파티나 즐기고 쓸데없는 짓" 하기를 더 좋아한다는 사실을 잘 알고 있었다. **SC**

Band of Gold
Freda Payne (1970)

Writer | Ron Dunbar, Edyth Wayne
(Holland-Dozier-Holland)
Producer | Holland-Dozier-Holland
Label | Invictus
Album | *Band of Gold* (1970)

프리다 페인(70년대 수프림스 멤버로 활동한 쉘리 페인의 언니)은 관중을 향해 구애해보았지만 60년대 내내 별다른 결실을 거두지 못했다. 그녀의 1, 2번째 앨범은 재즈 음반이었는데 그 어느 하나도 성공적이지 못했다. 그러나 오랜 구애는 70년대가 도래하며 보상받게 된다. 페인이 자신을 차트 정상으로 데려다 줄 노래 한 곡을 잡게 된 것이다.

"Band of Gold"를 탄생시킨 브라이언 홀란드, 에드워드 홀란드, 라몬트 도지어는 페인에게 그들이 새로 설립한 인빅터스 레이블과 음반 계약을 맺고 팝 음악을 시도해보라고 설득한다. 그들은 페인에게 흥행이 보장된 노래 한 곡을 넘겼다. 이 곡은 "에디스 웨인"이라는 필명으로 작곡되었는데, 이것은 옛 고용주 모타운과의 소송 문제로 인해 불가피한 것이었다.

아직도 해석의 여지가 남아 있는 흥미로운 가사는 일이 엉망으로 치달아 첫날밤을 각방에서 보내게 된 신혼부부의 이야기를 전한다. 무슨 이유에서인지, 신랑은 "슬픔과 침울함으로 가득 찬" 어두운 방에 신부를 혼자 남겨두고 떠나버렸다는것이다. 찢어진 가슴 외에 그녀에게 남은 유일한 것은 이 "금반지 하나"뿐이었다.

페인의 대담한 표현력 덕에 이 곡은 누군가를 저버린 사람의 이야기를 담은, 고풍스런 앤섬으로 자리 잡게 된다. 모타운의 유명 하우스 밴드 펑크 브라더스가 제공하는 든든한 반주는 페인의 목소리를 보완하고 있되, 한 순간도 재촉하지 않는다. 이 모든 것이 만나 하나의 전체를 이루며 세계적 히트로 승화되었고, 6주 동안 영국 차트 정상을 지배했다. **JiH**

Love the One You're With
Stephen Stills (1970)

Writer | Stephen Stills
Producer | Stephen Stills,
Bill Halverson
Label | Atlantic
Album | *Stephen Stills* (1970)

수퍼 그룹 크로스비, 스틸스, 내쉬 앤 영은 탁월했던 동시에 잊을 수 없는 충격으로 남은 앨범 〈Déjà vu〉의 작업을 마친 후 산산이 부서졌다. 이후 멤버들 4명은 각자 솔로 뮤지션으로서 경력을 쌓기 위한 움직임을 시작했다. "Love the One You're With"는 스티븐 스틸스가 런던의 아일랜드 스튜디오에서 녹음한 여러 새로운 곡 중 일부였고, 이 곡들은 훗날 그의 데뷔 앨범 〈Stephen Stills〉를 구성하게 된다. 뮤지션 빌리 프레스턴이 우연히 내뱉은 말을 스틸스가 어쩌다 엿들은 것이 이 곡의 제목과 노래에 영감이 되었다.

CSN&Y의 웨스트 코스트 사운드에 과다한 초점을 맞추는 세간에서 멀어지기 위해, 스틸스는 1970년 미국을 떠나 영국으로 이주해 서리에 위치한 링고 스타의 전원 저택을 빌려 (훗날 매입한다) 머물렀다. 그후 스틸스는 최상의 컨디션을 찾았고, 음반 작업에 전력을 쏟았으며, 그 결과, 몇 개의 앨범을 만들고도 남을 충분한 곡을 썼다. 최면적인 퍼커션 사운드를 비롯해 스틸스의 타오르는 오르간 연주를 지지대로 쌓아 올린 사운드의 벽(wall of sound)에 힘입은 "Love the One You're With"는 대서양 양편에서 히트를 거두었다. 여기에는 데이비드 크로스비와 그레이엄 내시가 백그라운드 보컬로 게스트 출연했다. 절충적인 뮤지션이었던 스틸스는 블루스, 라틴, 컨트리, 록 모든 장르의 음악을 자신의 솔로 음반들에 담았고 "Love the One You're With"는 소울적 감성을 담고 있다. 훗날 아이슬리 브라더스와 루서 밴드로스는 이 곡을 녹음한다. 하지만 그 어느 누구의 것보다 최고라 할 수 있는 음악적 해석은 바로 아래 아레사 프랭클린의 가스펠 소울 버전이었다. **DR**

Fire and Rain
James Taylor (1970)

Writer | James Taylor
Producer | Peter Asher
Label | Warner Bros.
Album | *Sweet Baby James* (1970)

자전적 작품으로서 제임스 테일러의 "Fire and Rain"보다 더 강한 호소력을 가지는 것이 과연 가능할까. 이 곡은 1968년 테일러가 헤로인 중독으로 재활 치료를 받고 있을 당시 작곡된 것으로, 그가 겪은 미국 정신병원에서의 경험과 한 친구의 자살을 기록하고 있다. 이 곡은 1968년, 3개월에 걸쳐 3개의 파트로 나뉘어 작곡되었다. 1번째 파트는 런던의 지하 아파트 방에서였고, 2번째는 맨해튼의 병실에서, 3번째는 매사추세츠의 오스틴 릭스 병원에서였다. 그는 이렇게 말했다. "제가 당시 겪고 있던 일들에서 3번 샘플 추출한 거라 봐야죠."

가사를 들어보면 더이상 설명이 필요 없다. 훗날 "Suzanne"은 스스로 목숨을 끊은 테일러의 친한 친구 수잔 슈네어라고 확인되었다. 한편 "sweet dreams and flying machines in pieces on the ground(달콤한 꿈들과 나는 기구들이 산산조각 나 땅에 흩어져 있네)"라는 시적 구절은 그의 실패한 밴드 '더 플라잉 머신'을 가리키는 것이었고, 그의 애원 섞인 말("Won't you look down upon me, Jesus(예수여 날 보살펴소서)")은 구원과 맑은 정신을 달라고 염치없이 간청하는 것이었다. 앨범과 싱글 모두 빌보드 차트 3위에 올랐다. 테일러는 달콤하게 흐르는 보컬과 빽빽하게 채우지 않은 반주, 마치 세상의 종말을 노래하는 듯한 가사를 한데 모아 통렬함을 자아냈고 이것은 그를 일약 스타덤에 올려놓았다. "Fire and Rain"이 대단한 노래라는 건 의심할 여지가 없습니다." 이 음반 제작을 맡은 피터 애셔가 28년의 세월이 지난 후 이렇게 말했다. "하지만 만약에 이 곡의 독특한 점을 꼽으라 한다거나 특출난 부분을 딱 집어 말하라면 좀 애를 먹을 것 같네요. 그건 전체가 하나를 이루어서 그런 겁니다." **KL**

Ain't No Mountain High Enough
Diana Ross (1970)

Writer | Nick Ashford,
Valerie Simpson
Producer | Ashford and Simpson
Label | Motown
Album | *Diana Ross* (1970)

본래 마빈 게이와 태미 테렐의 1967년 히트작이었던 "Ain't No Mountain High Enough"는 다이애나 로스에게 솔로 아티스트로서 돌파구를 마련해줄 목적 아래 프로듀서·작곡가 부부 팀 애시퍼드와 심슨의 손을 거치며 대대적으로 수정되었다. 로스는 모타운 대표 베리 고디의 지도 아래 3년 이상 솔로 스타덤에 오를 준비를 해왔고, 우선 수프림스의 싱글에서 그녀의 이름을 개별적으로 내거는 것을 시작으로 1970년 초 작별 콘서트를 끝으로 밴드를 떠났다. 그러나 로스의 첫 발매 음반은 상대적으로 완전한 실패라 할 수 있었다.

애시퍼드와 심슨의 또 다른 작품 "Reach Out and Touch (Somebody's Hand)"는 1970년 4월 빌보드 톱 20을 겨우 기록했지만 그들의 후속작은 흥행이 보장되어 있었다. 게이와 테렐의 버전은 그다지 유별날 것 없는 핑거 스냅이 어울리는 소울 곡이었고, 수프림스와 템테이션스는 1968년 합동한 자리에서 이 버전을 똑같이 사용했다(훗날 에이미 와인하우스도 2007년 발매 싱글 "Tears Dry on Their Own"에서 게이와 테렐 버전의 기악 편성을 빌려 썼다). 그러나 새로 변신한 "Ain't No Mountain High Enough"는 섹시한 앤섬이었다. 2분 가량 계속되는 사이키델릭 소울 사운드는 팽팽한 긴장감을 조성했고, 지연된 코러스의 등장은 듣는 이를 이로부터 해방시켰다.

이 곡은 미국에서 1위를 차지한다. 그러나 상황은 완전히 달라질 수도 있었다. "더스티 스프링필드가 저희 집에 들러 이 곡을 들었죠." 발레리 심슨이 훗날 이렇게 털어놓았다. "하지만 저희는 그녀에게 '당신한테 이 곡을 줄 수 없어요'라고 말했어요." 스프링필드 손실은 곧 로스의 이득을 의미했다. 이로써 한 디바의 탄생이 확정되었던 것이다. **MH**

Black Night | Deep Purple (1970)

Writer | Ritchie Blackmore, Ian Gillan, Roger Glover, Jon Lord, Ian Paice
Producer | Deep Purple
Label | Harvest
Album | N/A

"레이블에서는 싱글 곡을 내놓으라고 난리를 쳤죠. 왜냐하면 앨범 트랙들 중에 확 눈에 들어오는 싱글감이 없었기 때문이에요."

로저 글로버, 1988

◄ **Influenced by: On the Road Again** · Canned Heat (1968)
► **Influence on: Woman** · Wolfmother (2005)
● **Covered by:** Bad Manners (1997) · Deicide (2006) Pat Travers (2006) · Twilight Guardians (2007)
★ **Other key track:** Smoke on the Water (1972)

"Black Night"에는 일종의 빈티지 모터사이클 같은 매력이 있다. 야만적이면서도 원초적인, 이 정력 넘치는 영국 부기 록(boogie rock)은 쿵쿵대는 대형 엔진과 같은 중앙부 리듬으로부터 추진력을 얻어 가동한다. 차고에 주차하는 것이 혹시 가능하기나 하다면, 이 곡은 아마도 바닥에 온통 기름 웅덩이를 남겨놓을 것이다.

딥 퍼플의 최다 판매 싱글임에도 불구하고, 이 트랙은 밴드의 4번째 앨범 〈In Rock〉의 수록 곡이 아니다. 그 대신 "Black Night"는 라디오 방송에 적합한 싱글로 〈In Rock〉을 홍보할 목적으로 발매되었다. 그런 것이 두고두고 〈In Rock〉을 무색하게 만들었다는 사실은 아이러니하다고 할 수밖에 없다. 보컬리스트 이안 길런에 따르면, 곡의 제목은 아서 알렉산더의 한 옛 블루스 곡 가사에서 영감을 얻어 온 것이고, 곡의 템포의 경우 캔드 히트 특유의 로드하우스-부기 록 스타일에서 빌려온 것이라 한다. 가사는 그저 겉치레 정도라 할 수 있다. 싱글을 만들기 위해 가졌던 한 스튜디오 세션이 결실 없이 끝나버린 후 술집에서 허둥지둥 쓴 것이었다.

더 중요한 것은, 존 로드의 휘젓는 듯한 하몬드 오르간 사운드가 리치 블랙모어의 음울한 기타 사운드와 융화되는 방식이었으며, 이것은 록의 주기율표에 새로운 원소를 더한 것이었다. 마치 납과 같지만, 좀 더 '헤비'할 뿐이다. 이 전형적인 메탈 리프에 관한 흥미로운 보충 설명을 좀 하자면, 기타리스트 블랙모어의 증언을 빼놓을 수 없다. 이 리프의 영감이 되어준 것은 뜻밖에도, 조지 거슈인의 재즈 스탠더드 "Summertime"의 리키 넬슨 커버 버전에서 가져온 기타 라인이었다.

그렇다. 이 트랙이 완전히 독창적인 것만은 아니다. 트레몰로 암을 사용하여 블랙모어가 연출해낸 광선총의 소리는 사실 헨드릭스를 본딴 것이다. 한편 이안 길런의 보컬은 전통 블루스맨의 연설조 스타일의 예를 본받고 있다. 그럼에도 불구하고, "Black Night"는 새로운 혈통의 헤비 록이 눈을 떴음을 알렸다. 또한 그 미래가 빛으로 반짝이기보다는 '한밤중의 암흑'과 같다는 신호이기도 했다. **JD**

War | Edwin Starr (1970)

Writer | Norman Whitfield, Barrett Strong
Producer | Norman Whitfield
Label | Gordy
Album | *War & Peace* (1970)

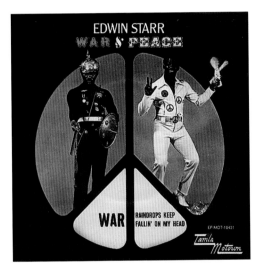

"60년대를 경험하며 자란 사람들은
매일 밤 텔레비전에서 전쟁을 목격했죠.
자신의 친구들이 몸소 싸우고 있는
전쟁을 말이에요."

브루스 스프링스틴, 1985

◀ **Influenced by: Ball of Confusion (That's What the World Is Today)** · The Temptations (1970)
▶ **Influence on: What's Going On** · Marvin Gaye (1971)
● **Covered by:** D.O.A. (1982) · Bruce Springsteen & The E Street Band (1986) · Laibach (1994) · Joan Osborne (2002) · Gilbert Montagné (2006)

글래디스 나이트가 "I Heard It Through the Grapevine"으로 1위를 거둔 이후, 노먼 휫필드는 모타운의 비밀 연구소 내 우두머리 수컷으로 군림하게 된다. 레이블 대표 베리 고디가 라스베이거스에 유치하기를 원할 만한 곡을 게토 쪽으로 끌고 갈 수 있는 힘을 가진 유일한 자가 바로 휫필드였다.

1970년 3월, 템테이션스의 앨범〈Psychedelic Shack〉이 발표되었고, 휫필드는 거의 즉각적으로 그들을 스튜디오로 되돌려 보내 종말론적 후속 싱글 "Ball of Confusion"을 녹음하게 했다. 이것은 고통과 비애에 대한 장황한 설명이 담긴 중간 템포의 곡으로, 기타의 이펙트, 블루스 하모니카, 클라비넷으로 가득 채워져 있었다. 그러나 이들이 작업을 마치기 전, 〈Psychedelic Shack〉의 한 트랙이 반전 압력 단체들의 귀를 사로잡게 된 사실이 분명해졌다(당시, 베트남전이 끝날 줄 모르고 계속되던 상황이었다). 모타운은 이 트랙을 싱글 발매해달라는 요청을 거듭 받게 되었다.

프로듀서 휫필드는 딜레마에 빠지고 만다. "War"를 싱글로 발매할 경우, 여론을 양극화해 템테이션스의 음악 인생이 끝나게 될 거라는 것이 그의 생각이었다. 게다가 "Ball of Confusion"의 작업이 이미 시작된 이 시점에서, "War"는 그저 반도 안 되는 힘으로 외치는 모깃소리 정도로 느껴졌다. 그리하여 휫필드는 적임자를 찾기 위해 레이블 소속 2급 가수들을 샅샅이 훑게 된다. 언디스퓨티드 트루스는 이 곡의 작업을 거부했고, 결국 에드윈 스타로 최종 결정이 이루어졌다. 스타는 이 곡이 꼭 자기 방식대로 녹음되어야 한다고 고집스럽게 주장했다. 여기 담긴 그 모든 앓는 소리와 비명, 애드리브는 모두("Listen to me, Good Gawd, y'all, say it, say it, say it, s-a-a-a-y it(귀 기울여봐, 모두 소리쳐, 소리쳐, 소-소-소리쳐)" 등) 스타가 즉흥적으로 뽑아낸 것이다. 결국 이 트랙은 그의 음악 인생 최대 흥행 성적을 기록했다. "Ball of Confusion"에 큰 빚을 지고 있는 트랙에 군사적 비트를 가미하고, 여기에 에드윈 스타의 제임스 브라운 말투를 단단히 동여맨 휫필드는 영원한 고전을 조합했고, 이 곡은 미국 1위를 기록할 뿐 아니라 영원한 반전 운동가들의 노래로 남았다. **DH**

(To Be) Young, Gifted and Black
Bob and Marcia (1970)

Writer | Nina Simone, Weldon Irvine
Producer | Harry "J" Johnson
Label | Harry J
Album | *Young, Gifted and Black*
(1970)

나나 시몬이 작곡하고 처음으로 녹음한 "Young, Gifted and Black"은 즉각적으로 흑인 민권 운동 앤섬으로 등극하는 한편 첫 등장 이후 몇 주 만에 소울계 전설 대니 해서웨이, 그리고 (가장 눈에 띄는) 레게 듀오 밥 앤 마루시아의 커버 송으로 재탄생하는 등 열광적 반응을 얻었다.

밥 앤디는 본래 "The Tide is High"의 오리지널 버전으로 유명한 자메이카 일단 '더 파라곤스'의 일부로 활동했었지만, 솔로로 전향하기 위해 그룹을 떠났다. 스튜디오 원(레게의 모타운이다)에서 허우적대고 있던 가수 마루시아 그리피스는 레이블 설립자 설 콕슨 도드에 의해 이리 밀리고 저리 밀리기를 거듭했고 그녀에게 성공을 가져다 줄 만큼 충분히 단단한 재목도 재료도 구하지 못한 상태였다. 그녀는 한때 애인이었던 앤디가 작곡한 노래를 부른 적이 있긴 했지만, 이들이 음반 작업에서 정식으로 한 팀을 이룬 것은 프로듀서 해리 "제이" 존슨이 등장해 "Young, Gifted and Black"의 배킹 테이프를 강매하려 들었을 때부터였다. 앤디는 이 곡을 부르는 데 동의했고 그리피스가 여기 동참할 것을 제안했다. 그 결과물에서는 재치가 번뜩였다.

이들 2인조의 산뜻한 버전은 낙관주의와 가능성을 표현했고, 이들의 보컬 하모니는 두 사람의 독자성을 자랑스럽게 알렸다. 그리고 영국 톱 5를 돌파한 버전이야말로 진정 생기 있는 발걸음으로 전진했다. 조니 아시 오케스트라(아직 학습 단계에 있는 영국 시장을 위해 레게 튠들을 맵시 있게 치장하는 데 곧 탁월한 명인으로 인정받게 된다)가 편성한 스트링 섹션이 가미된 이 버전은 3분간의 더할 나위 없는 축하연이다. **MH**

Ball of Confusion
The Temptations (1970)

Writer | Norman Whitfield,
Barrett Strong
Producer | Norman Whitfield
Label | Gordy
Album | N/A

모타운은 사회 인식이 담긴 곡들을 수용하는 데 더딘 움직임을 보였다. 하지만 70년대가 도래하며 이것을 만회할 만한 기막힌 작품들을 발표하게 되는데, 그중에는 마빈 게이의 〈What's Goin' On〉(1971), 에드윈 스타의 "War"(1970)가 있었고, 물론 더 템페이션스도 빠트릴 수 없다.

노먼 휫필드는 프로듀서 재임 기간 동안 템테이션스가 〈Cloud Nine〉(1969), 그리고 〈Psychedelic Shack〉(1970) 같은 LP들(후자의 경우 "War"의 초기 버전이 수록되어 있다)과 함께 소울적 팝에서 사이키델릭 소울로 진화해가는 모습을 지켜보았다. "Ball of Confusion"(이 곡은 슬라이 앤 더 패밀리 스톤, 조지 클린턴, 지미 헨드릭스를 향한 휫필드의 애정에 큰 빚을 지고 있다)은 서서히 타오르는, 기지 번뜩이는 기악 편성에 편집증적인 세계관을 짝지워놓았다. 펑크 브라더스의 밥 배빗의 누그러질 줄 모르는 베이스라인이 강하게 떠받치고 있는 가운데, 4명의 템테이션스 멤버들이 점점 확대되는 세계의 위기 상황들을 하나하나 짚어나갔고 데니스 에드워즈는 좀 더 어려운 가사를 처리했다. 인종 차별, 이중 인격적인 정치가들, 약물 남용, 난폭한 소요 사태, 쌓여가는 청구서, 전쟁 그리고 시종일관 쉴 새 없는 베이스와 비트는 계속적으로 긴장감을 증가시켰다. 이리저리 뒤엉킨 사이키델릭 기타 사운드가 고개를 절레절레 흔드는 싱어들의 당혹감을 반영하고 있으며, 펑키(funky)한 금관과 울부짖는 하모니카 사운드가 여기저기에 배치되어 있다. 마침내 코러스 부분에 다다르면, 하모니가 한데 어우러지며 순수한 안도감을 경험하게 한다. 반주 트랙은 가사가 쓰여지기 전, 3시간에 걸친 단 한 번의 녹음 세션으로 완성되었다. 강한 정치색을 띤 찬란함으로 승화한 이 곡의 모습을 배빗이 처음 접한 것은 4일이 지나고 난 후였다. **RD**

1920년의 템테이션스. 지구 종말의 비트에 맞춰 춤을 추는 중이다. ➔

Avec le temps
Léo Ferré (1970)

Writer | Léo Ferré
Producer | Gerhardt Lehner
Label | Barclay
Album | *Amour Anarchie*
(1970)

프랑스어에는 제일 지루한 기상예보조차 구슬프고 관능적인 느낌을 불어넣을 수 있는 발음상 장점이 있다. 슬픔과 음울한 감상을 표현하는 것은 물론, 레오 페레가 선택한 장르인 '샹송'의 고유한 본질이기도 하다.

"Avec le temps"의 가사는 시간이 지날수록 잊게 되는 얼굴들과 목소리, 더이상 뛰지 않는 심장, 그리고 어느 토요일 밤 비친 죽음의 빛을 노래한다. 이런 가사를 해석하고 나면, 이 곡은 항상 신파적이고 기이하게 들릴 수밖에 없는 듯하다.

"Avec le temps"는 페레가 54세의 나이로 곡을 녹음한 지 얼마 지나지 않은 1970년 10월, 싱글 발매를 통해 첫선을 보인다. 페레의 나이가 아마도 "Avec le temps"의 어두운 소재를 일부 해명하는지도 모르겠다. 이 곡에는 대중 아티스트로 산 페레의 삶 속에 있었던 불안과 긴장이 투영되어 있다. 모나코 출생의 그는 압제적인 이태리 기숙 학교에서 성장했고, 그 결과 페레는 사회로부터 소외감을 느끼는 한편 아웃사이더의 이미지를 기르는 데 열중했던 것이다. 모국어의 리듬을 따르는 가사를 원동력으로 삼은 노래들로 자신을 표현하던 그는 영미(英美) 팝이 강요하는 일치와 순응에 반항했으며, 좌파 성향의 지식인들과 혁명가들의 목소리로 채택되었다. 그럼에도, 이런 광범위한 인기와 그가 나머지 사회 구성원들을 향해 느낀 불화의 감정 사이에서 타협점을 찾는 다는 것은 쉬운 일이 아니었을 듯하다. 그가 "Avec le temps"을 통해 드러내 보인, 상처받기 쉬운 개인적 내면은 이런 충돌을 넌지시 투영하고 있다. **DaH**

The Man Who Sold the World
David Bowie (1970)

Writer | David Bowie
Producer | Tony Visconti
Label | Mercury
Album | *The Man Who Sold the World* (1971)

1970년 어느 날, 한 주 동안 데이비드 보위의 전화가 매일 같은 시각 울렸다. 하지만 그가 수화기를 들 때마다, 상대방은 아무 말도 하지 않았다. 티베트 불교, 알리스터 크라울리와 H.P. 러브크래프트의 오컬트(occult) 저술물의 사상과 가르침에 잔뜩 취해 있던 보위는 고인이 된 부친이 사후 세계로부터 보위와 교신하려 하는 것이란 생각을 믿어 의심치 않았다.

이러한 그의 심적 상태가 바로 보위의 3번째 LP 타이틀트랙의 탄생 배경이었다. 이 앨범은 이미 스윙 시대에 악곡으로 만들어진 적이 있는 휴스 먼스의 1899년 동요 시(nursery rhyme) "Antigonish"의 한 구절 "man who wasn't there(눈에 보이지 않는 한 남자)"를 마치 자기 것인 양 가져다 만든 한 폭의 스케치였다. 보위의 음성은 페이징(phasing)을 사용해 무시무시한 이야기에 잘 들어맞게 연출되었고, 강조가 필요한 부분에서는 더블 트랙으로 처리되었다("surprise"라는 가사에서 두 명의 보위가 홀연 등장해 익살맞게 서로 다른 인토네이션으로 노래한다). 단명한 수퍼 히어로(로 차려입은) 록 밴드 '하이프'에서 보위, 베이시스트 토니 비스콘티와의 활동을 갓 시작한 신병 믹 론슨이 소용돌이치는 동양적 기타 모티브를 협찬했다. 논란 많았던 커버 디자인(보위는 미스터 피시에서 만든 "남자용 원피스"를 입고 마치 자신이 인어인 양 비스듬히 누워 있었다)에다, 메탈의 원태라 할 수 있는 트랙들로 가득 찬 앨범에 감춰져 있던 이 곡을, 음반 구매자들은 간과했다. 1972년, 보위의 '지기 스타더스트' 앨범이 성공을 거둔 후 그의 백 카탈로그가 재발매됨으로써 곡은 좀 더 넓은 관심에 노출되었다. 그러나 이 곡이 가장 큰 주목을 받게 된 것은 너바나가 1995년 유작발매한 언플러그드 커버 버전을 통해서였다. **SP**

1970년, 스포트라이트 속 데이비드 보위.

Awaiting on You All
George Harrison (1970)

Writer | George Harrison
Producer | George Harrison, Phil Spector
Label | Apple
Album | *All Things Must Pass* (1970)

"그건 저에게 중요한 앨범이었어요." 조지 해리슨이 2000년 이렇게 썼다. "그리고 제가 비틀즈와 보낸 마지막 시간들 동안 작곡했던 모든 곡들을 담을, 시기 적절한 매개체가 되어주었죠." 팹 포(Fab Four)의 음반들에 자신의 곡을 끼워 넣으려면 고투를 벌여야 했던 해리슨은 솔로 나들이를 하는 김에 아예 트리플 앨범을 냈다. 〈All Things Must Pass〉에는 에릭 클랩튼, 링고 스타, (당시 무명이던) 필 콜린스와 같은 게스트들이 총출동했다. 그러나 해리슨의 주요 공동 작업자는 프로듀서 필 스펙터였다(스펙터는 이미 존 레논의 "Instant Karma"와 논란 많았던 비틀즈의 〈Let It Be〉 앨범의 프로듀서로 나섰던 적이 있다). 해리슨에게 보내는 편지에서 스펙터는 3면에 실려 있던 한 편의 데모 곡에 관해 이렇게 평가했다. "내가 들은 녹음본들에서는 목소리가 너무 파묻혀 있네요…우리가 이보다 더 잘할 수 있다는 걸 확신합니다."

그 데모 곡이 바로 "Awaiting on You All"이었다. 이건 해리슨의 작품 중 1967년의 "It's All Too Much" 이후 가장 황홀하게 힘이 솟는 곡이었다. 그는 훗날 스펙터의 부담스러울 만큼 차고 넘치는 음반 제작 스타일 때문에 염려했다고 털어놓았다. 그러나 여기서만큼은 스펙터의 그러한 스타일이 즐거움을 고조시킬 뿐이다. 그리고 "chanting the names of the Lord(신의 이름을 거듭 외치면)" 같은 가사가 하레크리슈나 철학을 지지하는 한편 교황이 "제너럴 모터스사의 51퍼센트"를 소유하고 있다는 냉소적 암시를 곁들였다. 이 시점에서 갑자기 당신은 "Taxman"을 썼던 이와 작곡자가 동일함을 기억하게 될 것이다. 이 앨범은 히트 곡 "My Sweet Lord"로 가장 잘 알려지게 되었지만, "Awaiting on You All"은 비틀즈 혐오자들조차도 한번 경험해 보아야 할 만큼 시공을 초월한 충만함을 선사한다. **BM**

Northern Sky
Nick Drake (1970)

Writer | Nick Drake
Producer | Joe Boyd
Label | Island
Album | *Bryter Layter* (1970)

"현대 최고의 영국 러브 송." 짧은 생애 동안 단 한 번의 성공도 누려보지 못한 어느 예술가가 남긴, 거의 40년 묵은 한 노래를 두고 2009년 영국의 음악 매거진 NME가 이렇게 선언했다.

"Northern Sky"는 벨벳 언더그라운드의 공동 창단자 존 케일이 녹음에 참여한 2편의 닉 드레이크 작품 중 하나였다(케일은 니코의 앨범에서 프로듀서 조 보이드와 함께 일했던 인물이며 드레이크의 음악에 강한 흥미를 느끼게 되었다). 케일은 "Northern Sky"를 만드는 데 드레이크와 함께 일하게 해달라고 보이드를 설득했고, 드레이크가 가장 선호했던 어쿠스틱 기타 튜닝(DADGDG)과 그의 숨 소리 가득 섞인 낮은 속삭임 뒤로 영묘한 종소리의 셀레스타 사운드와 완벽하게 조화를 이루는 피아노와 오르간 파트를 혼합시켰다. 또한 드레이크의 솟구치는 보컬 리프레인(이것이 음반을 통해 본 드레이크의 가장 힘찬 모습이라 해도 과언은 아닐 듯)으로 이어지는 브릿지 부분도 케일의 작품이다.

로버트 커비의 묘한 매력을 지닌 소규모 앙상블 편성은 다수의 드레이크 작품들에서 주요 역할을 맡으며, 그 외의 〈Bryter Layter〉 수록 트랙에서 빛을 발하지만, 여기서만큼은 그렇지 않다. 사실, 만약 커비의 기악 편성이 이 곡에 쓰였다면 그것은 이 곡이 지닌 반짝이는 단순성을 손상시켰을지도 모른다("Never felt magic crazy as this(이만큼이나 강한 마법을 느껴본 적이 없어)"—사랑을 묘사하기에 이보다 더 좋은, 더 솔직한 방법이 있을까?). 드레이크의 전기 작가 패트릭 험프리스에게 커비는 이 곡이 싱글로 발매될 수도 있었을 만한 트랙이었다고 말하며, 드레이크가 녹음 세션 중 상당히 들떠 있었다고 회상했다. "제 생각에 (드레이크는) 이 트랙이 바로 자신이 기다리던 것이라 느꼈던 것 같아요." **JJH**

Maybe I'm Amazed
Paul McCartney (1970)

Writer | Paul McCartney
Producer | Paul McCartney
Label | Apple
Album | *McCartney* (1970)

"Maybe I'm Amazed"는 1969년 폴 매카트니가 자신의 아내 린다를 위해 작곡한 곡이었다. 조지 해리슨적인 기타와 빌리 프레스턴 스타일의 오르간을 곁들여, 그는 비틀즈의 최근 음반 목록 중 그 어느 것에 견주어도 결코 뒤떨어지지 않을 무언가를 단독 창작했다. 게다가 이 곡은 비틀즈 해체 이전 마지막 18개월 동안 그들을 끈질기게 괴롭혔던 멤버들 사이의 악감정 없이 만들어졌으니 금상첨화였다. 사실 이 곡은, 밴드가 몰락한 시점에서 매카트니가 보낸 힘든 나날(이것은 "Maybe I'm a lonely man in the middle of something that he doesn't really understand(어쩌면 난 스스로 이해 못하는 그 무언가의 중간에 있는 외로운 사람인지도 몰라)"와 같은 가사에 드러나 있다) 중 그가 필요로 했을 자신감을 선사하기에 완벽했다.

상당 부분 매카트니가 직접 제작을 맡고, 집에서 녹음한 〈McCartney〉 앨범 중 의도적인 설정을 느낄 수 없는 유일한 트랙이 바로 이것이다. 물론, 갑자기 흔적도 없이 주저앉아버리는 페이드-아웃을 제외하고는 말이다. 그러나 이것조차도 듣는 이를 감질나게 할 뿐이다. 〈Wings Over America〉의 일부로 훗날 발표된 라이브 버전이 마침내 이 트랙을 개별 싱글로 원하던 팬들의 목마름을 달래준다. 이 싱글은 1977년 미국 톱 10을 기록했다. 이 버전과 뒤따라 발표된 라이브 버전들은 더 잘 다듬어진 전문성을 자랑했고, 매카트니가 본래 오리지널 버전에 쓰려고 만들어두었던 코다가 추가되어 있다. 그러나 어느 것도 1970년 녹음 버전이 보여준 조심스런 경이로움이 그랬던 것만큼 정곡을 찔러주지는 못했다. "Maybe I'm Amazed"는 폴 매카트니의 솔로 곡으로서 스톤이 선정한 역대 최고 500선 리스트에 오른 유일한 곡이다. 338번째였다. **DE**

Into the Mystic
Van Morrison (1970)

Writer | Van Morrison
Producer | Van Morrison
Label | Warner Bros.
Album | *Moondance* (1970)

이 블루-아이드 소울 고전의 가제가 "Into the Misty" 였다는 사실은 이 곡에 잘 들어맞는다. 왜냐하면 가사가 비추고 있는 문자 그대로의 의미가 온통 실안개로 덮여 있으니 말이다. 처음 들었을 때에는, 이 곡이 사랑하는 사람의 품으로 귀향하는 사람의 가슴 멍든 선언의 이야기를 전하고 있는 것처럼 보인다. 밴 모리슨 스스로도 완전히 확신하지 못했었다. 자신의 음반사 워너 브러더스를 위해 가사를 기록하는 과정에서 그는 첫 구절이 도대체 "We were born before the wind(우린 바람이 불기 전 태어났지)"인 것인지 "We were borne before the wind(우린 바람이 불기 전 대기에 떠다녔지)"인 것인지 마음을 정하지 못했다는 것이다. 들리는 바에 의하면 그는 뒤따르는 가사 구절에서도 혼란을 표했다 한다(그들이 태양(sun)보다 더 어린 것인지 아니면 아들(son)보다 더 어리다는 것인지도 기억하지 못했다). 이런 사실을 종합해볼 때, "Into the Mystic"에서 중요한 것은 거기 담긴 이야기보다 오히려 느낌이라는 사실이 명백해진다.

이 트랙이 표출하는 순수한 황홀경 속의 열정은 음악적 독립을 얻기 위해 모리슨이 걸어야 했던 고난의 행로와 모순된 것이었다. 그룹 템(Them)을 떠나 솔로 전향을 위해 그가 한 초기 노력들은 프로듀서 버트 번스와 나눈 논쟁 많았던 직업 관계로 온통 얼룩져 있었다. 그가 자기 방식대로 음악을 만들 수 있게 된 후에야 모리슨은 〈Astral Weeks〉(1968)을 통해 자신만의 독특한 목소리를 발견한다. 그러나 모리슨이 원했던 사운드를 실현 가능하게 만들 밴드가 결성된 것은 〈Moondance〉 LP 작업에 이르러서였다. 곡의 우수성에도 불구하고 이 트랙은 한 번도 싱글로 발매된 적이 없다. **TS**

Get Up (I Feel Like Being a) Sex Machine | James Brown (1970)

Writer | James Brown, Bobby Byrd, Ron Lenhoff
Producer | James Brown
Label | King
Album | N/A

"Get Up (I Feel Like Being a) Sex Machine"은 주안점의 변화를 의미했다. 이것은 어쩌면 소울의 대부에게 끝을 알리는 전조였는지도 모른다. 1970년 3월, 제임스 브라운의 펑크(funk) 거대 조직에 깊은 구멍이 생긴다. 테너 색소폰 주자 마세오 파커와 기타리스트 지미 놀런, 컨트리 켈럼을 비롯해 그 뒤를 이어 제임스 브라운 오케스트라의 나머지 멤버 대부분이 그룹을 등지는 일이 발생한 것이다. 드러머 자보 스타크스와 오르가니스트 겸 싱어 바비 버드는 나란히 자리를 지켰지만, 어쨌든 이들은 완전히 새로운 밴드가 요구되는 상황에 처한다.

이제 제이비스(The J.B.'s)의 시대가 왔다. 그리고 베이시스트 부시 콜린스와 그의 리듬 기타리스트 형 캣피시가 이 밴드의 리드를 맡았다. 콜린스 형제들은 "Get Up (I Feel Like Being a) Sex Machine"을 단단히 지지할 수 있는 그루브를 찾아냈고, 대개 항상 지배적 성향을 띠던 혼 섹션을 찔러주는 도입부로 강등시키는 한편 브라운이 내놓고 싶어하는 데는 그저 아무 데나 나오게 했다. 그러는 동안 브라운은 리듬이 충분히 제 역할을 발휘하도록 내버려둔 채 노래 사이를 뱀처럼 꿈틀대며 누비고 다니며 버드와 주고받기를 거듭했다.

전설적으로 유명한 급료 분쟁과 연주 실수에 가해진 기이한 벌금 제도는 브라운과 그의 오케스트라 사이는 극도의 긴장감을 야기했지만, 제이비스의 경우에는 상사에게 불만을 가질 일이 전혀 없었다. "상황이 조금 바뀌었습니다." 부치가 2002년 이렇게 언급했다. "왜냐하면 그는 벌금을 물게 하겠다거나 무엇을 빼앗아 가버리겠다는 협박을 할 수 없었어요. 저희는 쥐꼬리만큼도 가진 게 없었으니 말이죠." **MH**

Ohio | Crosby, Stills, Nash & Young (1970)

Writer | Neil Young
Producer | David Crosby, Stephen Stills, Graham Nash, Neil Young
Label | Atlantic
Album | N/A

1970년 5월 4일, 4명의 켄트주립대 학생이 시위 중, 오하이오 주방위군의 총격으로 사망하는 사건이 발생한다. 이것이 바로 크로스비, 스틸스, 내시 앤 영이 탄생시킨 한 비앨범 싱글 배후에 자리한 영감의 원천이었다. 이로써 록 역사에 두고두고 남을 저항 노래 중 하나가 탄생하게 되는 것이다.

데이비드 크로스비는 닐 영에게 〈라이프〉지에 실린 참혹한 총격 사진을 보여주었고, 이를 본 영은 뭔가 해야겠다는 생각에 하루만에 곡을 썼다. 크로스비, 스틸스, 내시, 앤 영 멤버들은 즉각 캘리포니아의 소살리토 소재 레코드 플랜트 스튜디오스에 소집한다. 이 작업은 최근 발매된 〈Déjà vu〉 앨범 수록 곡들과는 상반된, 강력한 팀워크의 결실이었다. 〈Déjà vu〉는 흥행면에서 대대적 성공을 거두었지만 상당 부분 연주자 각각의 기량을 보여주는 성향이 강했다. "Ohio"는 스튜디오에서 라이브로 포착되었고, 그 덕에 다듬어지지 않은 하모니와 같은 라이브 리코딩의 진미가 모두 담겨 있으며, 총격을 향한 분노가 강하게 끓어오르는 것을 느낄 수 있다. "닐은 월요일에 'Ohio'를 썼고, 할리우드의 레코드 플랜트에서 그걸 녹음했죠. 이 곡은 금요일에 이미 주파수를 타고 전해졌습니다. 이건 정말 전례 없는 일이었죠. 전 결코 그걸 잊지 못할 거예요. 우리는 'Ohio'를 단 한 테이크만에 완성했어요." "Tin soldiers and Nixon coming"과 같은 가사 구절을 통해 전달되는 공포는 CSN&Y의 〈Déjà vu〉로부터 싱글 발매된 그레이엄 내시의 컨트리-록 트랙 "Teach Your Children"과 극명한 대조를 이루었다. 어쨌든, 기타를 원동력 삼은 "Ohio"가 서둘러 발매된 결과, CSN&Y는 1970년 6월 한 달 내에 빌보드 톱 20 히트곡을 2개나 등재시키게 된다. **DR**

1970년, (좌로부터) 내시, 크로스비, 영, 스틸스가 화음을 넣는 중이다.

The Only Living Boy in New York
Simon & Garfunkel (1970)

Writer | Paul Simon
Producer | R. Halee, Simon & Garfunkel
Label | Columbia
Album | *Bridge over Troubled Water*
(1970)

포크 록계 거성들의 종말이 시작된 것은, 아트 가펑클이 마이크 니콜스 감독의 영화 〈캐치-22〉(조세프 헬러의 소설을 각색한 것)에서 네이틀리를 연기하기 위해 멕시코로 날아가 5개월간을 보내게 된 시점부터였다. 폴 사이먼은 뉴욕에 홀로 남아 그들의 LP 〈Bridge over Troubled Water〉를 위해 곡을 쓰던 중이었고, 이런 그의 경험은 한 애절한 사색적 발라드에 기념비처럼 새겨지게 된다. 뒤따른 두 사람의 결별에 얽힌 악감정을 고려해 보았을 때 이 곡의 가사는 곱슬머리 결석자를 향한 수동적이지만 공격적인 조롱이라고 해석될 수 있지만, 그럼에도 가펑클은 이 곡이 애정으로만 가득 차 있다고 기억한다. '아트'라는 이름 대신 "톰"을 향해 가사 첫 구절을 던짐으로써, 사이먼은 이 두 사람의 협력 관계의 발단인 십 대 시절을 회고한다. '톰 앤 제리'로 시작한 이들 2인조는 1957년, 에벌리 브라더스를 본딴 "Hey, Schoolgirl"로 차트 돌파에 성공한 바 있다.

이 트랙은 한 외톨이 거리 악사가 퉁기는 기타 소리로 시작되어 겹겹이 둘러싼, 풍성한 울적함으로 전개된다. 여기에는 래리 넥텔의 헌신적 오르간 코드와 드러머 할 블레인의 링고 스타일 강타, 조 오스본의 유려한 펑키(funky) 베이스가 가교 역할을 한다. 트랙에서 1분 남짓 경과하는 시점에서 '아―' 하고 흘러 나오는 목소리들은 몇 달 먼저 발매된 비틀즈의 〈Abbey Road〉 2면에 등장했던 풍부한 합창 하모니를 연상케 한다. 여기 담긴 16명 규모의 합창은 사실 폴 사이먼과 아트 가펑클의 목소리로만 구성된 것이다. 에코 체임버(반향실)에서 녹음되었고 이들 2명의 하모니를 8배 증가시켜 16명 목소리로 만든 이 트랙은 마치 옛 음악 친구들이 모여 마지막으로 함께 내뱉는 선율적 한 숨처럼 들린다. **SP**

In a Broken Dream
Python Lee Jackson (1970)

Writer | David Bentley
Producer | Miki Dallon
Label | Young Blood
International
Album | *In a Broken Dream* (1972)

신비에 싸인 파이슨 리 잭슨은 도대체 누구였을까? 질문의 답은 이렇다. 그는 1명이 아닌, 4명의 남자들이었다. 그들은 청운의 꿈을 안고 스윙잉 런던(Swinging London) 신으로 이주해 온 호주 비트 그룹이었다. 싱어 데이비드 벤틀리는 성공이 보장된 히트 곡으로 무장된 상태였다. 불안감 배인 이별의 발라드 "in a Broken Dream"이 그의 무기였다. 그러나 1968년 이 곡을 녹음하기 직전, 그는 한 부티크 출입문을 통해 조 코커가 연극조로 감정 복받치게 질러대는 "With a Little Help from My Friends"를 들었고, 자신의 목소리가 이 곡에 이상적이지 않다는 사실을 깨달았다.

당시 밴드는 존 필의 레이블인 댄들라이언 레코드사와 계약을 맺은 상태였다. 디제이 존 필은 로드 스튜어트에게 가이드 보컬을 맡겨보는 것이 어떻겠냐고 제안한다. 사포 같은 목소리를 소유한 모드족 싱어 스튜어트는 당시 밴드 활동을 잠시 쉬고 있던 중이었다. 그 결과물은 스튜어트의 음악 인생 전체의 결정판이라 할 만한 트랙들 중 하나가 된다. 세상에 지친, 미묘한 감정 표현을 담은 그의 음악적 해석은 이 곡의 분위기에 묻어나는 자포자기적 부정에 완벽히 들어맞았지만, 이 트랙은 1970년까지 미발매 상태였고, 스튜어트가 페이시스로 유명세를 얻은 이후 이 여세에 편승해 1972년 재발매가 된 후에야 비로소 차트에 입성하게 된다. 벤틀리의 여유로운 하몬드 오르간과 제이미 번의 베이스 사운드는 프로콜 하럼의 원형을 본따고 있으며, 믹 라이버의 약에 취한 듯한 기타 연주는 빅 브라더 앤 더 홀딩 컴퍼니와 같은 베이 에리어 지역 밴드들에게 큰 신세를 지고 있다. 스튜어트는 남자 재니스 조플린 정도로 보면 될 듯하다. **SP**

Oh Lonesome Me
Neil Young (1970)

Writer | Don Gibson
Producer | Neil Young, David Briggs, Kendall Pacios
Label | Reprise
Album | *After the Gold Rush* (1970)

닐 영은 〈After the Gold Rush〉에 실린 자신의 자작곡들 중 대부분이 배우 딘 스톡웰과 캡틴 비프하트의 협력자 허브 버먼이 만든 환각조 미제작 영화 각본에서 영감을 얻어 만든 것이라고 말했다. 그러나 이 탁월한 트랙만큼은 좀 더 전통적 원천에서 유래했다. 컨트리 히트작 제조 전문 딘 깁슨이 작곡한 "Oh Lonesome Me"는 홍키 통크 음악의 풍요로운 광맥을 제대로 캐내고 있다.

행크 윌리엄스의 고전 "Lovesick Blues"가 깔아놓은 지반 위로 쌓아 올린 깁슨의 음악은 또 다른 차원의 고독을 보여주며, 여기서 싱어는 근본적으로 자신이 지구상에서 가장 쓸쓸한 존재라 선언하고 있다. 깁슨이 이 곡을 떠들썩하고 흥겨운 "될 대로 되라지" 식의 태도로 해석한 한편, 영은 구수한 비통함을 자아내도록 기는 듯 속도를 늦추어 가사의 깊이를 한껏 살린다.

여기서 영의 보조를 맞추고 있는 밴드는 그가 이전 솔로 앨범 〈Everybody knows this is Nowhere〉에 참여시켰던 크레이지 호스이다. 하지만 기타리스트 대니 위튼의 약물 중독 탓에 크레이지 호스는 단 3트랙만을 〈After the Gold Rush〉에 올리게 된다. 위튼은 훗날 밴드에서 쫓겨나 1972년 약물 과다 복용으로 사망한다. 영은 1973년 녹음한 〈Tonight's the Night〉(1975년 발매)에서 위튼의 사망을 애도한다.

놀랍게도, 롤링 스톤은 발매 당시 랭던 위너의 가차 없는 평론을 통해 〈After the Gold Rush〉에 혹평을 날린다. 다행히도 위너는 훗날 록 비평을 그만두고, 정치학 교수로서의 인생을 택하게 된다. **TS**

54-46 Was My Number
Toots & The Maytals (1970)

Writer | Fred "Toots" Hibbert
Producer | Leslie Kong
Label | Beverley's
Album | N/A

클로즈하모니 그룹 더 마이탈스는 1962년 결성되었고, 초기에 프로듀서 클레멘트 "콕슨" 도드와 함께 그의 스튜디오 원 레이블을 통해 활동한다. 이 그룹은 프린스 버스터, 바이런 리와 함께 녹음을 하게 되었지만 결과는 그다지 성공적이지 못했다. 그러나 2가지 요인이 첨가되며 이들의 운명은 극적 전환을 맞이했다.

리드 보컬리스트 프레드 "투츠" 히버트는 마리화나 소지로 감옥에 수감되었다. 그가 석방된 후, 밴드는 투츠 앤 더 마이탈스라 그룹의 이름을 바꾸는 한편 중국계 자메이카인 레슬리 콩이 소유한 베벌리스 레이블로 본거지를 옮긴다. 이와 같은 결정 덕에 그들은 지금까지도 최고의 스카 크로스오버 그룹이라 인정받는 존재로 성장하게 된다.

히버트는 이 트랙의 시초였던 "54-46 That's My Number"의 가사 주제로 자신의 교도소 경험을 택했다. 하지만 수감자 번호는 허구로 지어낸 것이라 한다. 이 곡은 지미 클리프가 출연한 영화 〈어려우면 어려울수록〉(1972)에 삽입되기도 한다(그러나 사운드트랙 앨범에는 수록되지 않는다). 이것은 싱어의 무죄를 외치는 항변의 노래로, 히버트는 자신이 수감된 진짜 이유가 공식 진술에 나오는 마약 혐의가 아닌, 친구의 보석금을 내준 것 때문이라 주장한다. 기운 돋우는 보컬 인트로를 더하는 한편 "54-46 Was My Number"로 제목에 미묘한 변화를 준, 좀 더 역동적인 후속 버전은 자메이카에서뿐 아니라 해외에서도 대대적인 인기몰이를 했고, 이 곡을 시작으로 마이탈스는 발표하는 곡마다 줄줄이 히트를 거두었다.

이 트랙에 담긴 감옥과 불복이란 주제는 펑크라는 움직임 중 정치색을 띤 일부 소대들(특히 클래쉬)에게 영향을 미쳤다. **CR**

Working Class Hero
John Lennon (1970)

Writer | John Lennon
Producer | John Lennon, Yoko Ono, Phil Spector
Label | Apple
Album | *Plastic Ono Band* (1970)

존 레논의 1번째 솔로 앨범은 뉴욕 심리학자 아서 자노브 박사와 함께한 4개월 간의 프라이멀 스크림 요법의 뒤를 이어 등장했다. 이 기간 동안 그는 악마들과 맞서 싸워야 했다. 어머니가 부재했던 유년 시절, 밴드의 해체와 지원 체제를 향한 원망, 그의 우상 타파적 사상에의 모순, 죄책감, 자신의 중산층 성장 배경을 향한 경멸감, 이 모든 것이 〈Plastic Ono Band〉에 쏟아부어 진다.

폴 매카트니가 전원에 정착하고 조지 해리슨이 날개를 활짝 펼치고 있을 동안, 이 과거의 비틀즈 송라이터 에게는 아직 정리되지 않은 일이 남아 있었고, 특히 그는 스스로를 극복해야 했다. 두드러지게 밥 딜런적 성향이 강한 "Working Class Hero"는 경멸감, 전형적인 비아냥거림, 반감에 흠씬 젖어 있었다. 이 곡은 거칠게 퉁긴 포크 기타와 말하듯, 노래하듯 부른 조롱 섞인 목소리를 통해 가차 없이 자기 의견을 내뱉는다. 그는 잠시의 휴식도 취하지 않는다. 이것만으로 아직 충분히 모질지 않은 건지, 레논은 "fucking(지랄맞게)"을 2번 뱉어냄으로써 좀 더 근엄한 부류의 청중들과 스스로의 사이를 완전히 소원하게 만들어버린다. 2번째 내뱉는 "fucking(지랄맞은)"은 영원히 우리가 처한 "하층민"이라는 운명에 코웃음치는 묵살 행위로 깊은 인상을 남겼다. "거기 잘 어울리니까 집어넣은 거예요." 그가 롤링 스톤에 말했다. 그것이 자아낼 효과는 잘 알고 있었으리라. 이 곡이 전적으로 개인사만을 다루고 있는 것은 아니지만(교육, 하루하루의 지겨운 일상, 기업계의 배부른 특권층들 모두 한 방씩 맞는다), 어쨌든 레논의 경험을 말하고 있는 것임은 분명하다. **MH**

Box of Rain
The Grateful Dead (1970)

Writer | Phil Lesh, Robert Hunter
Producer | Grateful Dead, Steve Barncard
Label | Warner Bros.
Album | *American Beauty* (1970)

필 레시가 베이스를 칠 줄 알았던 것은 정말 다행이 아닐 수 없다. 그는 죽었다 깬다 해도 보컬리스트로는 성공하지 못했을 것이다. 하지만 레시가 (그의 못 미덥고 가느다란 목소리로) 노래한 몇 편의 그레이트풀 데드 노래 중 하나가 그룹의 위대한 노래 목록집에 가장 중요한 페이지 일부를 차지하게 되었다는 사실은 아이러니하다 말할 수 밖에 없다.

마치 부서지기라도 할 듯한, 어쿠스틱 풍미의 발라드 "Box of Rain"은 콘서트에서 이들의 장기로 정평이 난 저돌적 사이키델릭 잼과는 너무도 판이하게 달랐다. 이 곡은 레시가 암으로 세상을 뜬 부친을 추모하는 뜻에서 작곡했다. 그후 그는 이 곡을 외부 작사가 로버트 헌터에게 넘겨준다(헌터는 그레이트풀 데드의 명작 대부분에서 작사를 맡는다). 헌터는 물론 이러한 기회를 부여받은 것에 크게 감동했고, 몇 줄의 가사를 썼다. 이 가사를 통해 그는 히피가 군림하는 미국의 가장 위대한 송라이터로 전설적 인물이 되었다. 또 다른 그레이트풀 데드의 대표작 "Ripple"과 짙은 유사성을 띠고 있는 이 곡은 상당히 깊은 시적 감성을 담아낸다. 단 1사람의 경험을 토대로 한 곡임에도, 이것이 전하는 메시지는 만국적이다. 복받쳐 오르는 감정에 잔뜩 목이 멘 레시의 긴장된 음성은 일단 곡의 배경을 알게 되면 그냥 듣고 있기 힘들었지만, 동시에 그것이 전하는 감성을 전달하는 데 너무나도 완벽한 매개체였다. 레시는 어쿠스틱 기타로 스스로를 보조했고, 한편에서 데이비드 넬슨이 일렉트릭 도끼를 휘두르는 동안 제리 가르시아는 피아노 옆을 지켰다. 이 곡은 데드의 컨트리-포크 명작 〈American Beauty〉에 수록되었다. **JiH**

필 레시가 자신에게 가장 익숙한 장기를 선보이고 있다. 그레이트풀 데드의 멤버들 간 오가는 횡설수설 속에서 베이트 파트의 두목 행세를 하는 것이 바로 그것이다.

Life on Mars? | David Bowie (1971)

Writer | David Bowie
Producer | Ken Scott, "The actor" (aka David Bowie)
Label | RCA Victor
Album | *Hunky Dory* (1971)

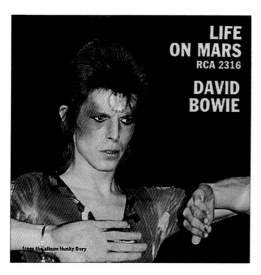

"그 노래에는 약간
선종적인 무언가가 있죠.
감정이 복받치는 노래임에도 말이에요."

믹 록, 사진작가, 2008

◀ **Influenced by: My Death** · Scott Walker (1967)
▶ **Influence on: Boy** · Ian Hunter (1975)
● **Covered by:** Barbra Streisand (1974) · The Flaming Lips
(1996) · Geoff Keezer (2000) · Seu Jorge (2004) · Tony
Christie (2006) · The Dresden Dolls (2006) · The Thing
(2008) · Enrico Ruggeri (2009)

"이 노래는 정말 누워서 떡 먹기였죠…" 2008년 데이비드 보위가 가시 단단히 박힌 장난조로 이렇게 말했다. 하지만 "Life on Mars?"의 탄생 내력은 결코 평탄하지 않았다.

1968년, 데이비드 보위는 "Even a Fool Learns to Love"를 썼다. 사실 이것은 1967년에 쓰이고, 곡의 작곡가 중 1명(클로드 프랑소와)이 녹음을 감행했던 프랑스 노래 "Comme d'habitude"에 가사를 붙인 것이다. 보위의 곡이 발매되지 않은 채 잠자고 있는 동안, 폴 앵카는 이 곡의 오리지널 프랑스어 버전에 대한 권한을 사 "My Way"로 편곡했다. 이에 따라 보위는 앵카의 곡을 녹음한 프랭크 시나트라의 리코딩에 대응하는 패러디 곡으로 "Life on Mars?"를 썼다. "노래에 어느 정도 복수의 분위기가 있긴 하죠." 그가 인정한다는 투로 말한다. 〈Hunky Dory〉의 라이너 노트에는 이 곡을 가리켜 "프랭키에게 영감을 받아 탄생한" 곡이라 묘사하고 있다(Life on Mars?'가 처음 등장한 앨범이 바로 〈Hunky Dory〉였다). 곡에 붙인 새로운 가사는 "한 예민하고 어린 소녀의 매체에 대한 반응"을 이야기하고 있다. "피아노로 쳐가며 작업을 시작했죠. 늦은 오후가 되자 가사와 멜로디 전체는 이미 다 마친 상태였습니다…" 보위가 더 메일 온 선데이에 이렇게 말했다. "릭 웨이크먼이 2주 정도 있다가 와서 피아노 파트에 살을 붙이고, 기타리스트 믹 론슨이 자신의 처음이자 최고의 스트링 파트 중 하나라고 할 수 있는 것을 창조해냈죠. 그 노래들은 정말 믿기 힘들 만큼 대단했어요." 경탄하듯 말했다.

1973년 싱글로 발매된 "Life on Mars?"는 〈Ziggy Stardust〉가 거둔 성공에 편승하여 영국에서 히트를 거두었다. 이 곡은 3위까지 상승하는 한편 13주 동안 차트를 지켰다(이후 바브라 스트라이샌드부터 아케이드 파이어까지 다양한 아티스트들이 이 곡의 커버 버전을 만들었다). 포토그래퍼 믹 록이 감독을 맡은, 강한 인상의 뮤직비디오에서 보위는 오렌지 빛깔의 부푼 머리와 터키석 정장을 차려입은 채 밝게 빛나는 흰색 배경과 대조를 이루고 있다. **BM**

Bang a Gong (Get It On) | T. Rex (1971)

Writer | Marc Bolan
Producer | Tony Visconti
Label | Fly
Album | *Electric Warrior* (1971)

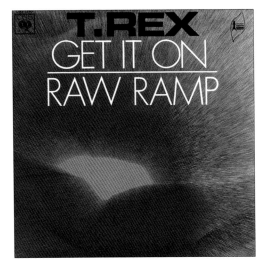

"난 정말 마크 헨드릭스라구요!
마치 제가 끝내주는 기타리스트인 양
느껴지는데요…
'Get It On'을 들어보라구요."

마크 볼런, 1972

◀ **Influenced by: Little Queenie** • Chuck Berry (1959)
▶ **Influence on: Cigarettes and Alcohol** • Oasis (1994)
● **Covered by:** Power Station (1985) • Blondie (1993)
The Glitter Band (1996) • Boy George & Edwyn Collins
(1996) • Neanderthal Spongecake (2002)
Ministry (2008)

1960년대 말, 약간 독특한 초현실적 사이키델릭-포크 그룹을 결성한 마크 볼런과 티라노사우루스 렉스는 "Ride a White Swan"을 타고 영국 차트에서 훨훨 날고 있었다. 1981년 초 당시 이들은, 짧은 공연 투어를 위해 미국으로 향하고 있었다. 뉴욕에서 가진 세션을 통해 〈Electric warrior〉의 첫 트랙이 탄생했다(이것은 그룹이 티렉스로서 발매한 것으로는 첫 앨범이었다). 하지만 볼런이 프로듀서 토니 비스콘티와 함께 진정한 금광을 발견한 것은 바로 로스앤젤레스에서였다. 이들은 마크 볼먼과 하워드 케일런과 인연을 맺는다(이들은 최근 프랭크 자파와 함께 작업했던 터틀스 싱어들이다). 공연을 하나 마치고 로렐 캐년에 위치한 케일런의 집에서 함께 뒹굴며, 이들은 볼런이 척 베리의 1959년 곡 "Little Queenie"("Almost Grown"의 B사이드 트랙이었다)에 바칠 헌정 곡으로 구상하던 아이디어를 위주로 잼 세션을 가진다. 베리의 가사 중 일부는 그대로 썼다(최종 녹음본의 페이드 아웃 부분에는 베리의 가사 어구를 그대로 가져와 써 그에게 경의를 표하고 있다). 그 결과 다급한 로큰롤과 포스트-히피적 가식을 결합시킨 트랙이 탄생하였고, 이것은 글램-록 현상을 능숙하게 요약해주고 있었다("우리가 이 곡을 라이브로 공연할 때, 때로는 20분 동안 끊임없이 계속하기도 해요. 여기다 대고 기타 솔로를 산처럼 마구 쌓아올리는 거죠." 패기 가득한 볼런이 1972년 한 인터뷰에서 이렇게 말했다).

이 곡은 "Bang a Gong (Get It On)"이라 명명된다. 체이스 밴드가 기록했던 동명의 히트 곡과의 혼동을 피하기 위해서였다. 볼런이 미국에서 거둔 대대적 히트로는 이 트랙이 유일했다. "티-렉스타시(T-Rextasy)"가 한창 절정일 당시 이 곡은 영국에서만 거의 1백만 장의 판매고를 기록했다. 티렉스가 고국에서 연 아레나 콘서트들은 매진 행진을 거듭하고 있었고, 링고 스타는 그들을 주제로 한 다큐멘터리('Born to Boogie')를 제작하고자 계약서에 사인했다. 하지만 몇 년 지나지 않아 밴드는 해체되었고, 볼런은 1977년 9월 자동차 사고로 사망했다. 그의 30세 생일이 되기 정확히 2주 전의 일이었다. **PL**

Blackwater Side
Anne Briggs (1971)

Writer | Traditional
Producer | A. L. Lloyd
Label | Topic
Album | *Anne Briggs* (1971)

스코틀랜드의 포크 뮤지션 버트 잰쉬의 주장에 따르면, 영국의 포크 신 전후 사정을 따져보았을 때, 앤 브릭스야말로 "그녀 이전에 등장했던 그 어떤 것보다 가장 펑크에 유사한" 인물이었다는 것이다. 어리고 매력적이었으며, 거침없었던 그녀는 1962년 17세에 고향 노팅엄을 떠나 순회 공연 중인 포크 레뷰(revue)에 합류했고 곧 런던의 포크 클럽들에서 명성을 날리게 되었다. 그녀의 별난 기질과 리코딩 하기를 꺼려했던 성향은, 오히려 그녀를 더욱 전설적 존재로 각인시켰다.

브릭스는 1964년, EP 〈Hazards of Love〉를 발매했고, 2년 후에는 싱어 프랭키 암스트롱과 민속학자 A.L. 로이드와 힘을 합쳐 "전통 에로틱 송" 모음 앨범을 냈다. 당시 포크의 부활은 날개를 활짝 편 전성시대를 맞았고, 브릭스가 여기서 길잡이로 등불을 밝혔다. 하지만 그녀는 60년대 대부분의 시간을 정처 없이 영국과 아일랜드를 어슬렁거리며 술에 취해 횡성수설 노래하는 데 보냈고, "경력"이라고 할 만한 것을 아무것도 남겨놓지 않았다.

그녀가 모습을 감추기 전, 브릭스의 레퍼토리에는 "Blackwater Side"가 포함되어 있었다. 이 곡은 로이드로부터 배운 전통 노래였다. 잰쉬는 1960년대 초 이 곡을 브릭스에게 배운 후 자신의 〈Jack Orion〉(1966) 앨범에 수록한다. 같은 해 2번째 앨범을 발매한 그녀는 〈Sing a Song for You〉(1973년 녹음된 이 앨범은 1996년이 되어서야 발매된다)라고 이름 지은 앨범의 발매를 스스로 막더니, 이후 대중 앞에 좀처럼 모습을 드러내지 않았다. **WF-J**

I Don't Want to Talk About It
Crazy Horse (1971)

Writer | Danny Whitten
Producer | Jack Nitzsche, Bruce Botnick
Label | Warner Bros.
Album | *Crazy Horse* (1971)

크레이지 호스로 알려지게 된 뮤지션 무리는 본래 1962년 오하이오의 캔튼에서 기타리스트-싱어 대니 위튼을 중심으로 결성되었다. 샌프란시스코로 활동 지역을 옮기며 이들은 인기 절정의 주점 밴드, 더 로케츠로 거듭난다. 한 로스앤젤레스 공연을 통해 닐 영의 배킹 밴드로 기용된 이들은 탁월한 앨범 〈Everyone Knows This Is Nowhere〉에 참여하게 된다. 여기서 위튼과 영은 보컬을 주고받는가 하면 기타 인터플레이로 호흡을 맞춘다. 프로듀서 잭 니체는 이 밴드에게 크레이지 호스라는 이름을 붙여주었고 그들과 함께 피아노에 앉아 이것저것 시도하며 함께 음악을 만들었다. 닐 영은 〈After the Gold Rush〉 작업에서 크레이지 호스를 제외한다. 이들이 해고된 이유는 위튼의 헤로인 중독 탓이었다. 이후 그들은 니체와 기타리스트 닐스 로프그렌을 비롯해 워너 브러더스와의 계약까지 흡입해버린다. 이렇게 이루어진 강력 부대는 위튼이 쓴 5곡의 대단한 노래들이 수록된 앨범 1장을 함께 녹음한다. 위튼의 계속된 마약 문제로 결국 밴드는 그를 해고해야만 했다. "I Don't Want to Talk About It"은 슬픔을 자아내는 발라드이다. 위튼의 애처로운 음성과 간절함 넘치는 가사는, 재능이 부족한 이의 손에 맡겨졌다면 아마도 자기 응시적 감상에 젖은 싱어-송라이터 무리에게나 어울리는 음악이 되었을 것이다. 하지만 이 멜로디가 가진 아름다움과 뮤지션들 간의 긴장감 넘치는 인터플레이, 거의 침묵에 가깝다고 할 수 있는 헤아릴 수 없는 슬픔은 이 노래에 보기 드문 아름다움을 부여한다. 위튼의 영혼에서 멍든 절망감이 배어나온다. "I Don't Want to Talk About It"은 위튼이 한 연인, 혹은 헤로인에게 보내는 찬가라 할 수 있다. 그는 결국 헤로인에 의해 1972년 사망한다. **GC**

A Case of You
Joni Mitchell (1971)

Writer | Joni Mitchell
Producer | Unknown
Label | Reprise
Album | *Blue* (1971)

그녀의 4번째 앨범이 마치 벌거벗은 양 자기 고백적이었
던 것은 사실이다("(그걸) 만드는 동안 전 제 생애에서 가장 무방
비상태였던 시점에 놓여 있었죠." 그녀는 1997년 이렇게 인정했다).
하지만 조니 미첼은 자신의 음악적 영감이 된 원천들을 정
확히 밝히는 것을 이미 피하기 시작했다. 분명, 용의자는
한둘이 아니었다. 이 앨범이 있기까지 몇 년 동안 미첼이
가졌던 연인들 중에는 크로스비, 스틸스 앤 내시의 그룹
멤버 3명 모두가 포함돼 있었다. 게다가 녹음 당시 그녀는
헤로인 중독에 깊이 빠진 제임스 테일러와 불륜의 관계에
있었다. 아마도 미첼이 "A Case of You"라고 한 것은 테일
러의 헤로인 중독 증세를 빗대어 말한 것인 듯싶다. 여기
서 그녀는 "악마 때문에 겁에 질려 있지(frightened by the
devil)", 하지만 "겁먹지 않는 이들에게 끌린다(drawn to
those ones that ain't afraid)"고 고백한다. 현실에서 느낀 정
신적 불안감을 곱씹어보는 것이 물론 〈Blue〉의 주요 영감
으로 작용하긴 했으나, 이로써 자신의 불안을 노래로 전환
하지 못할 위험 요소가 된다. 이전에 그녀가 발매한 앨범
3장이 모두 가볍고 매력적인 성격이었던 반면 〈Blue〉는
감정적으로 더 원초적이었고, 음악적으로는 더 풍부했다.
"A Case of You"는 바로 이에 전형적인 사례라고 볼 수
있다. 조니 미첼이 직접 애팔래치안 덜시머로 연주하고
노래한 이 곡은 가공되지 않은 친밀감과 능수능란한 시가
의 완벽한 조화이다. 여기에 테일러가 감정 이입된 기타
사운드를 약간 더했고, 퍼커션 파트가 있는 듯 없는 듯 등
장하긴 하지만, 미첼이 퍼포먼스 전체를 전담했다고 해도
과언은 아닐 듯하다. **WF-J**

Crayon Angels
Judee Sill (1971)

Writer | Judee Sill
Producer | Henry Lewy
Label | Asylum
Album | *Judee Sill* (1971)

그토록 문제가 많았던 상황에서 어쩌면 이토록 사랑스럽
고 천국 같은 사운드가 탄생할 수 있었는지 알 수 없다. 소
년원, 심각한 마약 복용 증세, 매춘, 교도소로 얼룩진 삶
은, 그 재능이 간과되었던 송라이터인 주디 씰을 낳았다.
"Crayon Angels"는 주디 씰의 데뷔 앨범 1번째 트랙이
었고, 이 앨범(〈Judee Still〉)은 데이비드 게펜의 새로운 레
이블이었던 어사일럼 레코즈의 최초 발매 앨범으로 기록
되었다. 씰의 음악은 편안한 화려함을 지니고 있었지만,
멜로디에 담긴 아름다움은 파워풀한 가사와 매우 큰 대조
를 이루었다. "Phony prophets stole the only light I
knew(가짜 예언자들이 내가 알던 유일한 빛을 훔쳐가 버렸어)"라
는 가사는 그녀가 음악 업계 거물들에게 보내는 조롱인 듯
보인다. 초기에 씰의 든든한 지지자였던 게펜조차도, 잭슨
브라운과 이글스가 어사일럼에 연속되는 흥행 기록을 세
워준 이후부터 그녀의 허약한 음악 경력을 육성하기 위한
시간을 충분히 내어줄 수 없었다.
씰은 음반 계약을 통해 캘리포니아의 송라이터 헤이븐
이 로렐 캐년에 집을 살 수 있을 만한 안정을 누리게 된다.
하지만 2번째 앨범이 잇따라 나왔음에도 상업적 성공은
따르지 못했다. 그녀는 1979년 35세의 나이로 사망한다.
이후 〈Crayon Angel: A Tribute to the Music of Judee
Sill〉이 2009년 발매되며 주디 씰의 작품들은 다시금 주목
받게 되었다. 그녀의 작품들의 가치를 재조명하는 데 한몫
한 새로운 밴드들의 행렬이 등장했고, "Crayon Angels"를
종종 라이브 공연하는 플릿 폭시즈가 이런 밴드들의 전형
적 예라고 할 수 있다. **DR**

Famous Blue Raincoat
Leonard Cohen (1971)

Writer | Leonard Cohen
Producer | Bob Johnston
Label | Columbia
Album | *Songs of Love and Hate* (1971)

비록 "Famous Blue Raincoat"가 이 캐나다의 전설적 인물의 3번째 앨범(1971년 발매)에 수록되어 있다고는 하나, 사실 이 곡이 쓰인 것은 그보다 수년 전 일이었고, 스튜디오에서 녹음되기 전까지 이 노래는 셀 수 없이 많이 라이브 무대에서 시험을 거쳐야만 했다. 레너드 코헨의 기타리스트이자 밴드 리더였던 론 코르넬리우스의 말에 따르면 코헨은 곡이 발매되기 전부터 이미 이 트랙이 그의 작품 중 최고의 인기 곡이 될 운명이었다는 것을 미리 알고 있었다 한다. "테이프에 처음 녹음하기 전, 저희는 이미 이 곡을 많이 연주해본 상태였죠. 이 곡이 큰 히트를 거둘 거란 걸 저희는 알고 있었어요. 저희는 청중들의 반응을 볼 수 있었죠. 우리가 로얄 알버트 홀에서 이 곡을 연주할 때 청중들은 홀딱 빠져 정신을 못차렸어요. 거기서 저희는 이 곡이 가진 의미를 눈으로 확인할 수 있었습니다."

코르넬리우스의 말이 맞았다. 코헨은 그의 대표작 중 하나로 통하는 "Famous Blue Raincoat" 가사에서 사랑의 종말에 대한 이야기를 모호한 말들로 풀어간다. 지인인 남성에게 보내는 편지인 듯한 노래 가사는, 사랑의 삼각관계와 그것이 야기한 이별에 대한 이야기이다. 1970년 한 콘서트에서 코헨은 이 곡의 가사가 성적 소유에 보내는 비난이라고 말했지만, 사실 여기에는 더 큰 수수께끼가 묻혀 있다. 편지를 읽어가는 듯한 가사가 발산하는 힘은, 노래한다기보다 거의 말하는 듯한 어조로 전달된다는 점에서 강하게 발휘된다. 이는 엘튼 존의 편곡가 폴 벅마스터의 정교한 스트링이 단단히 떠받치고 있는 절제된 왈츠와 한 팀을 이루고 있다는 점에서 한층 강화된다. **PL**

Chalte Chalte
Lata Mangeshkar (1971)

Writer | Ghulam Mohammed, Kaifi Azmi
Producer | Uncredited
Label | Odeon
Album | *Kamal Amrohi's Pakeezah OST* (1971)

기네스 세계 기록 역사상 최다 레코드를 남긴 싱어로 등록된 적이 있었던 아티스트를 대표하는 노래를 고른다는 일은 쉽지 않다. 1천2백 개에 이르는 발리우드 영화의 그녀가 "플레이백 싱어"로 음성을 실었던 기록을 센 다는 것도 쉽지 않기는 마찬가지다. 이 모든 것이 1942년 시작된 그녀의 음악 인생이 낳은 결과다. 한편, 라타 망게쉬카르가 개인적으로 좋아한다는 곡 중 하나인 "Chalte Chalte"는 인도에서 큰 인기를 얻었고 1971년 영화 〈파키자〉에 삽입된 트랙이었다.

이 영화의 제목은 "마음의 순수함(pure of heart)"이라는 의미를 지녔다. 이 영화는 귀족과 매춘부 사이의 좌절된 로맨스를 그리고 있으며 영화 제작을 맡은 암로히 감독의 당시 부인이었던 미나 쿠마리가 매춘부 역할을 연기했다. 영화 촬영이 시작된 후, 암로히와 쿠마리가 이혼을 하는 바람에 모든 계획이 무산된다. 이후 그들은 작품 완성을 위해서 재결합하긴 했지만 이것이 극장에 닿기까지는 10년 이상이라는 세월이 걸렸다. 처음에 〈파케자〉에 대한 대중의 반응은 미지근했다. 하지만 발매 직후 쿠마리가 사망하게 되며, 갑작스레 히트한다. 오늘날 이 영화는 영화에 담긴 스토리만큼이나 그 사운드트랙을 통해 사람들의 기억에 남아 있다. 영화 중 "Chalte Chalte"가 삽입된 장면에서, 쿠마리는 망게쉬카르의 달콤한 고성에 맞추어 립싱크를 하고 있다. 반주 부분에는 민속적이면서, 클래식 음악적인 풍미가 배어 있다. 산투르(덜시머)의 활약이 끝나면 퍼커션, '사랑기'와 시타르가 차고 들어온다. 마무리 부분에는 날카롭게 솟구치는 기차의 기적 소리 모티브가 등장한다. 이것은 영화 중 몇 차례에 걸쳐 모티브로 쓰였다. **JLu**

Maggie May | Rod Stewart (1971)

Writer | Rod Stewart, Martin Quittenton
Producer | Rod Stewart
Label | Mercury
Album | *Every Picture Tells a Story* (1971)

> "밥 딜런이 정말 정곡을 찌르는 말을
> 했어요. '노래는 쓰는 것이 아니라,
> 발견하는 것이다'라고요."

로드 스튜어트, 1976

◀ **Influenced by: Maggie May** • Traditional English folk
song (*c.1800*)
▶ **Influence on: Painkiller** • Turin Brakes (2003)
● **Covered by:** The Pogues (1989) • Blur (1992) • Mathilde
Santing (2008) • Massacre (2008) • Matthew Sweet &
Susanna Hoffs (2009)

"Maggie May"는 로드 스튜어트의 가장 유명한 노래로 소개된다. 물론 그가 발매한 "Sailing" 버전과 "Handbags and Gladrags" 버전도 여기 버금간다고 할 수 있다. 발매 후 40년이 지난 지금에도, "Maggie May"에는 시대에 뒤떨어지지 않는 감각이 살아 있다. 오늘날에 이르기까지 황홀하기만 한 인스트루멘테이션은, 한때 스튜어트의 공동 제작자였던 론 우드가 가지런히 정렬한 어쿠스틱 기타와 만돌린의 달콤한 노랫소리의 덕을 톡톡히 보고 있다. 한편 로드의 보컬은 전형적으로 거친 그의 목소리가 이루는, 타오르는 장작과 위스키 냄새 묻어나는 퍼포먼스이다. 이후 스튜어트는 이런 음색을 버리지 않고 유지했다.

달콤한 사운드가 이 노래의 모두는 아니다. "Maggie May"에서 스튜어트는 (자신의 경험에 기반하여) 끊임없이 상상력을 자극하는 스토리 하나를 풀어놓는다. 그것은 성적 경험이 미숙한 남자가 연상의 여인의 유혹에 넘어가 헤어나오지 못한다는 내용의 이야기이다. 노래가 시작되면, 학교에 다니기 위해서 그녀와의 관계를 끝내야 한다고 말하며 그는 그녀의 잠을 깨운다. 오프닝치고는 그 어느 것보다도 깜짝 놀랄 만한 것이라 할 수 있다. "All you did was wreck my bed / And in the morning kick me in the head(넌 단지 내 침대를 부수어놓았을 뿐이지 / 그리고 아침에는 머리를 발로 찼어)"라며 그는 한숨을 쉰다. 이로써 듣는 이는 둘 사이의 관계에 호기심을 가지게 되는 것이다.

하지만 곡의 심장부에는 진실된 사랑이 자리하고 있다. 스튜어트는 매기에게 나이에 개의치 않고 그녀를 영원히 아끼고 사랑할 것이라 약속한다. 1971년 당시만 해도 이것은 눈썹을 추켜올릴 만한 내용이었다. 이를 생각해볼 때, 이 노래가 결혼식이나 장례식장에서 똑같이 사랑받는 스탠더드 러브 발라드로 자리 잡았다는 것은 매우 기이한 일이 아닐 수 없다. 시간이 흐르며 스튜어트는 전업주부들 사이에서 가장 인기 있는 싱어로 성숙해갔다. 하지만 이 곡을 싸고 있는 침대보를 뒤집어보면, 거기에는 신랄한 문화 비평이 숨어 있다.

이 곡은 (이 노래를 수록한 앨범과 함께) 미국과 영국에서 동시에 차트 1위를 기록했다. **JMc**

Imagine | John Lennon (1971)

Writer | John Lennon
Producer | John Lennon, Yoko Ono, Phil Spector
Label | Apple
Album | *Imagine* (1971)

"'Imagine' 같은 노래를 위한
아이디어는 요코에서 영향을 받아
나온 것이죠."

존 레논, 1972

◀ **Influenced by: Let It Be** • The Beatles (1970)
▶ **Influence on: Don't Look Back in Anger** • Oasis (1995)
● **Covered by:** Andy Williams (1972) • Diana Ross (1973)
Susan Cadogan (1975) • Elton John (1980) • Gerry & The
Pacemakers (1981) • Liza Minnelli (1992) • David Bowie
(1997) • Ray Charles (2001)

"Imagine"은 〈Shaved Fish〉(1975)에 담긴 싱글 모음과 존 레논이 쓸어 담은 그 밖의 잡동사니들의 홍보를 위해 사용되기 전까지 영국에서 싱글로 발매되지 않았다. 곡이 처음 대중에게 소개된 시점에서부터 영국에서 싱글 발매되기까지는 4년이란 시간이 흘러야 했고, 이 곡이 도처에 깔려 있다는 사실을 고려해볼 때 이것은 매우 놀라운 사실이 아닐 수 없었다. 게다가 싱글 발매 이후에도 고작 6위에 그치고 만다. 훗날 스탠더드 넘버로 자리매김할 곡치고는 저조한 성적이었다. 레논의 2번째 솔로 앨범의 타이틀 트랙이었던 "Imagine"은 〈Plastic Ono Band〉(1970)에서보다는 덜 원초적이고, 덜 대립적인 자세를 취한 트랙들의 행렬을 선두 지휘하고 있다(그는 이전 앨범에서 프라이멀 요법적 울부짖음을 통해 매우 사적인 고민들을 치유했었다). 물론 〈Imagine〉에도 폴 매카트니에게 보내는 냉소적 한 방인, 악명 높은 "How Do You Sleep?"이 담겨 있기는 하다.

"Imagine"은 응큼한 노래이다. 노래가 전하는 모호한 권고의 메시지는 말할 것도 없고, 여기 담긴 푹신한 사운드와 단순한 가사는(이것은 레논이 매우 아꼈던 요코 오노의 「Grapefruit」 책에 담겨 있는 그녀의 간략한 철학에서 영감을 받아 쓴 시적 어구들이다), 그 안에 숨은 체제 전복적 아이디어의 위장술이라 할 수 있다. 레논 스스로는 이 곡이 "거의 공산주의 매니페스토나 다름없다"고 의견을 비추었다. 만일 있는 그대로 받아들이면, 그런 정치적 영향력이 있다고 해석될 수 있다. 하지만 이런 노골적 폭로를 곡에 담긴 메시지를 상투적 문구 정도로 희석시켰다. 1980년 12월, 레논이 살해된 이후 "Imagine"은 재발매된다. 하지만 이번만큼은, 시공을 초월하는 멜로디와 설득력 강한 레논의 보컬이 지당히 받아 마땅했던 1위의 자리에 당당히 오른다. 이로써 "(Just Like) Starting Over"와 "Woman" 등의 다른 차트 석권 트랙들과 함께 영국에서 거의 연이은 3두 정치를 펼치게 되며, 그동안 국가 전체는 그의 죽음을 애도했다. 이후 많은 커버 버전, 수상 경력, 그 어느 때보다 잦은 여론 선정의 이력들을 거치며, 고단한 여정 끝에 반론의 여지가 없는 고전의 지위에 단단히 뿌리 박는다. **MH**

Laughing
David Crosby (1971)

Writer | David Crosby
Producer | David Crosby
Label | Atlantic
Album | *If I Could Only Remember My Name…*
(1971)

이 곡이 발매되기 3년 전, 과거 버드의 멤버였던 데이비드 크로스비는 로스앤젤레스에서 솔로 계약 기회를 찾아 헤매고 있었다. 기타와 보컬만으로 이루어진 "Laughing"의 데모를 자신의 명함인 양 손에 쥔 채였다. 그는 폴 로스차일드(러브와 더 도어즈를 비롯한 여러 밴드의 프로듀서였다)에게 이 곡을 팔아보려 그를 성가시게 조른 한편, 존 세바스찬의 권유로 다른 버전을 하나 더 녹음했다. 그러나 이후 크로스비, 스틸스 앤 내시의 활동이 활발해졌고, 그들의 거대한 첫 앨범이 발매되었으며, 한 시대를 정의하는 우드스탁 앨범 세트가 소개되면서 이 곡은 한켠으로 제쳐지고 말았다.

"Laughing"은 결국 그의 스타 총출동 솔로 앨범에 수록되면서 그 모습을 드러내고 "Music is Love"의 B사이드로 싱글 발매된다. 그레이엄 내시를 포함한 이 느긋한 로렐 캐년 군단은 하이트-애쉬버리 히피들(제퍼슨 에어플레인의 폴 캔트너와 그레이스 슬릭 등)과 힘을 합쳐, 웨스트 코스트적이고 기분 좋은 분위기의 종잡을 수 없는 대작을 창조한다. 샌프란시스코 소재의 한창 떠오르는 뮤직 스튜디오였던 월리 하이더 리코딩에서 이루어진 "Laughing" 녹음은 크로스비를 비롯해 그레이트풀 데드의 핵심 멤버들이 참여한 가운데 이루어진다. 그중에는 제리 가르시아의 페달 스틸 기타와 필 레시의 육중한 베이스 사운, 빌 크로이츠만의 드럼이 빛을 발한다. 크로스비의 옛 애인들 중 하나였던 조니 미첼도 그녀 특유의 보컬을 여기 잠시 빌려준다. 여기에 가르시아가 더하는 페달 스틸 기타는 마치 딴 세계에서 온 것마냥 놀라움을 금치 못하게 한다. 크로스비 자신도 12현 기타의 반짝이는 사운드를 전한다. **JJH**

When the Levee Breaks
Led Zeppelin (1971)

Writer | Memphis Minnie, John Paul Jones,
John Bonham, Robert Plant
Producer | Jimmy Page
Label | Atlantic
Album | *Led Zeppelin IV* (1971)

전원 별장 겸 스튜디오였던 헤들리 그레인지에서 안락한 시간을 보내던 레드 제플린은 4번째 앨범을 위한 녹음 세션을 막바지에 달하여(이 앨범은 훗날, 대서사시적 "Stairway to Heaven" 덕에 레드 제플린이 거둔 최고의 성공작이 된다), 비록 먼 지투성이의 유품이긴 해도 불후의 블루스 명작으로 통하는 "When the Levee Breaks"를, 마지막으로 다시 한 번 시도해본다. 이 곡의 오리지널 버전은 부부 듀오인 캔사스 조 맥코이와 멤피스 미니가 1929년 녹음했고, 1927년 미시시피 대홍수(Great Mississippi Flood of 1927)의 피해자들이 처했던 시련에서 영감을 받아 쓰여졌다. 제플린의 거친 플레이를 스튜디오 효과에 흠뻑 적신 이 트랙(맹렬한 하모니카와 기타의 무거운 발걸음에 뚜렷한 리버스-에코가 입혀져 있다)에서 지미 페이지는 홍수의 걷잡을 수 없는 절대적 힘을 상기시키는 음악을 창조했고, 이 모든 소란 속에는 보컬리스트 로버트 플랜트의 울부짖음이 자리한다.

하지만 진정한 천재성은 바로 존 본햄이 두들겨 만든 서수적 드럼 트랙에서 드러난다. 그것이야말로 이 곡이 가지는 육중한 무게감의 비결이라고 할 수 있다. 바수어버릴 것만 같은 비트를 얻기 위해, 앤디 존스가 오래된 전원 별장의 계단 최하단에 드럼 키트를 설치한 후 천장에 마이크를 매달았다. 그리하여 본햄이 만들어내는 킥 드럼의 털썩거림, 스네어 드럼의 찰싹임은 물론 심벌의 철벅거림까지 그 모든 하나하나가 계단이란 공간에서 자연적으로 생성된 리버브의 덕을 보았다. 곡 전체가 이런 원시적 스튜디오 음향 속임수에 너무 많이 의지한 탓에 제플린은 이 곡을 무대에서 2번 이상 연주하지 않았다. 천지를 흔드는 이 트랙이야말로 그들이 만든 그 어느 것보다도 더 획기적인 것이다. **SC**

1971년의 로버트 플랜트. 록의 신으로 따지자면 그가 최고였다.

Surf's Up
The Beach Boys (1971)

Writer | Brian Wilson,
Van Dyke Parks
Producer | The Beach Boys
Label | Brother
Album | *Surf's Up* (1971)

열등한 노래라면 그 전설의 이름 아래 무게감을 못 이긴 채 무릎 꿇고 말았을 것이다. 하지만 마치 비꼬는 듯한 제목의 "Surf's Up"은 오히려 듣는 이를 더욱 감질나게 만들었다. 1971년에 와서야 발매된 이 곡은, 브라이언 윌슨이 단념했던 'Smile'프로젝트가 지닌 장엄함에 대해 세간에 떠돌던 입소문을 귀로 확인할 수 있는 기회였다. "Good Vibrations"를 제외하고 따진다면, 이것이야말로 1967년 이후 이 모습 저 모습으로 수중에 뜬 여러 자투리들을 능가하는 위풍당당함을 지녔다고 할 수 있다. 그 상대적 우월성의 정체가 무엇이건 간에, 'Smile' 프로젝트의 중심축으로 떠올랐던 "Surf's Up"은 전혀 차원이 달랐다. 윌슨은 2004년이 되어서야 마침내 〈Smile〉의 마무리 작업에 들어서게 된다. 그러나 부트레그 버전들(bootlegs)이나 〈Smiley Smile〉(1967), 〈20/20〉(1969)에 흩뿌려놓은 미완성 버전들을 제외하고도 우리는 아직 그 마지막 단계를 보지 못한 채 한숨만 쉬어야 했다. 비치 보이스가 이 곡을 제대로 완성했다면 과연 어떤 결과물이 나왔을는지 마음속에 그려볼 뿐이다.

윌슨은 자신의 정신 상태, 그리고 자의로 인해 스스로 작업에서 제외되기를 원했다. 하지만 나머지 비치 보이스 멤버들은 "Surf's Up"의 잠재성을 너무도 당연히 잘 알고 있었고, 결국 카를 윌슨이 나서, 데모 트랙들과 새로운 음악적 아이디어들을 기반으로 트랙 전체를 재건하기 시작한다. 그 결과 이들은 〈Surf's Up〉이라는 동명의 앨범을 탄생시킨다. 트랙의 전반부에서는 윌슨만의 독특한 보컬이 청명하게 고음을 소화하고, 후반부에는 브라이언의 데모 가이드가 주도권을 잡는다. 이 음성은 파크스의 거침없는 시가로부터 아름다움과 통렬함을 사정없이 짜내고 있다. **MH**

Theme from *Shaft*
Isaac Hayes (1971)

Writer | Isaac Hayes
Producer | Isaac Hayes
Label | Enterprise
Album | *Shaft OST* (1971)

와-와(wah-wah)효과를 건 펑키(funky)한 기타 사운드, 디스코 스타일 드러밍(이건 "D.I.S.C.O."가 발매되기도 전 일이다), 달짝지근하도록 풍성하지만 한 치의 타협도 없는 오케스트레이션과 함께, 아이작 헤이즈는 흑인 왜곡화 영화의 전형이라 할 수 있는 〈샤프트〉에 넣을 혁명적 사운드를 해방시킨다.

이 곡은 윌리 홀의 개성 넘치는 16분음표 하이 햇 심벌 리듬으로 시작된다. 그러고는 이 곡에 있을 법하지 않은 완전히 기발한 무엇이 금세 귀를 자극한다. 찰스 "스킵" 피츠가 연장시켜 연주하는 "Stax"스러운 경쾌한 리듬 리프가 드럼 위를 부유하고 있자면, 헤이즈의 무게감 있는 키보드 사운드가 그 뒤를 따라 귀를 덮친다. 드럼이 4/4박자의 디스코 비트로 돌입하면, 여기에 오케스트라 편곡된 금관, 목관, 현이 구두점을 찍고, 한켠에서는 와와 효과 페달이 연장 근무에 한창이다.

이 인스트루멘털 인트로를 연주한 배킹 밴드에는 바-케이스의 멤버가 여럿(베이시스트 제임스 알렉산더, 기타리스트 마이클 톨스, 그리고 홀) 끼어 있었다. 이 2분을 훨씬 웃도는 인스트루멘털 섹션이 끝나면, 헤이즈가 낮은 목소리로 이렇게 읊조리기 시작한다. "Who's the black private dick / That's a sex machine to all the chicks(그 흑인 사설탐정은 누구인가 / 모든 여인에게 섹스머신인)?" 당시 이 가사는 검열에 걸려 문제가 된다. 유명한 가사 한 부분("He's a baaaad motherfucker(그는 못된 개자식)")이 지워져야 할 운명에 처하자, 헤이즈는 백업 싱어 텔마 흡킨스로 하여금 그의 "콜" 뒷부분을 "Shut yo'mouth(입 닥쳐)!"라는 "리스폰스"로 가려달라 요청하여 이 난관을 헤쳐나간다. 1971년 11월, "Theme from Shaft"는 빌보드 핫 100의 1위를 차지한다. **JJH**

The Revolution Will Not Be Televised | Gil Scott-Heron (1971)

Writer | Gil Scott-Heron
Producer | Bob Thiele
Label | Flying Dutchman
Album | *Pieces of a Man* (1971)

"The Revolution Will Not Be Televised"가 처음 모습을 드러낸 것은 길 스콧-헤론의 데뷔 앨범 〈Small Talk at 125th and Lenox〉(1970)에서였다. 당시 이 곡은 퍼커션 반주의 '노래 시'(vocal-poetry) 형태를 갖추고 있었는데, 이 트랙은 1년 후 완전한 반주를 갖춘 곡으로 재녹음되어 〈Pieces of a Man〉에 수록된다. 이 곡은 스콧-헤론의 데뷔 싱글 "Home Is Where the Hatred Is"의 B사이드로 채택되며 그 인기가 상승했고, 2곡 모두 평단과 대중의 구미를 동시에 맞춘 히트 곡들로 부상한다.

여러 모로, 이 트랙은 당시까지 이어져 오던 시와 포크-라임(folk-rhyme)의 전통을 정류해 얻은 진액 자체라고 할 수 있다. 하지만 여기에는 초기 1970년대의 영혼이 고스란히 담겨 있기도 하다. 톡톡 튀는 유머와 냉소적인 비난 사이를 오가며, 이 곡의 가사는 대중 문화의 무뇌화(dumbing-down)와 엔터테인먼트라는 것의 무감각화적 본질에 항변한다. 이러한 문화 저속화 현상은 오늘날에 이르러서도 끊임없이 선진국 유권자들을 상대로 한 공민권 박탈에 한몫하고 있다. 따발총같이 쏘아대는 가사 문구들에는 매우 다양한 문화 사건, 인물들에 대한 언급이 죽 열거되어 있다. 여기서는 현대 광고 문구부터 정계나 문화계 인물, 텔레비전 문화, 마약에 관련 된 이름들이 쏟아져 나온다. 대학생들이 주도하는 운동들, 재즈 클럽, 댄스 홀 등에 퍼지던 이 노래는 금세 반문화의 명찬과 같이 통하게 되었다. 또한 이 곡은 더 라스트 포에츠와 같이, 재즈와 소울을 기반으로 한 시 지향적인 아티스트들의 선두 지휘적 역할을 완수했다. 게다가 오랜 시간이 흐른 후, 퍼블릭 에너미, 모스 데프가 만드는 "의식 있는" 힙합 음악에 영향을 미치기도 한다. **CR**

It's Too Late
Carole King (1971)

Writer | Toni Stern, Carole King
Producer | Lou Adler
Label | Ode
Album | *Tapestry* (1971)

"I Feel the Earth Move"와 함께 더블 A사이드로 발매된 이 곡이 1971년 6월 19일, 빌보드 1위에 올라 5주간을 머물자, 대중음악에 작은 격변이 일기 시작한다. 〈Tapestry〉의 명함 꼴이었던 이 곡은 2천 2백만 장의 판매고를 기록할 뿐 아니라, 4개의 그래미상을 수상했으며, 70년대에 일어난 싱어-송라이터 붐의 원형을 제시한다.

부드럽고 느긋한 퍼커션이 주도하는 재즈 삼바 위로 피아노가 탄력 있게 힘찬 제동을 걸면, 킹이 한편에서 귀에 착 감기는 리프와 음형등을 줄줄이 연주한다. 냉철하면서도 격한 감정이 묻어나는 편안한 유태계 브루클린 억양으로, 킹(본래 성은 '클라인'이었다)은 토니 스턴이 새로운 페미니스트적 시각으로 바라본 헤어짐과 돌이키기에는 너무 늦은 연인 관계에 대한 이야기를 시작한다. 냉장고에 남겨놓은 메모를 상상해봐도 좋다. 그녀는 자기 방식대로 그를 버리고 떠난다. 그러나 "우리가 함께 했었단 사실은 기뻐(I'm glad for what we had)"라고 말한다. "전 희망의 노래, 사랑의 노래, 원초적 감정에 대한 노래를 원해요." 킹이 1976년 배리 마일즈의 인터뷰에서 이렇게 말했다. "'In the Canyons of My Mind' 같은 데다 나비들이 정신 없이 나풀거리는 것 같은 4차원적 노래를 말고요." 할리우드의 선셋 대로 소재의 오랜 전통의 찰리 채플린 필름 스튜디오의 A&M 레코드에서 녹음이 진행된 이 트랙에 담긴 '있는 대로 다 보여주는' 가사는 거의 라이브로 하다시피 녹음이 진행되었다. 이것도 다 엘에이 스튜디오의 음악적 장인정신 덕분이었다. 대니 코치마의 재즈 기타 그루브를 타고 버스-코러스가 단절 없이 자연스레 이어지면 여기에 커티스 에이미의 소프라노-색소폰 릭이 조화를 이루고, 킹이 가세해 일렉트로닉 키보드로 완벽한 인터플레이를 보여준다. **JJH**

Dum Maro Dum
Asha Bhosle (1971)

Writer | Anand Bakshi, Rahul Dev Burman
Producer | Rahul Dev Burman
Label | Saregama India Ltd.
Album | N/A

아샤 보슬레는 1933년 영국령 인도의 봄베이에서 태어났다. 그녀는 자신의 긴 인생 동안 역대 최다 녹음을 기록한 리코딩 싱어로 꼽힐 만한 흔적을 남겼다. 특히 그녀는 발리우드의 "플레이백 싱어"로 가장 잘 알려져 있다. 다시 말해, 그녀는 발리우드 영화에서 극중 스타들의 입에서 흘러나오는 음성을 맡아 부르는 싱어였다.

보슬레는 1943년부터 플레이백 싱어로 일하기 시작했고 그녀의 언니 라타 망게쉬카르는 이미 이 분야에 종사하고 있었다. 비참한 결혼생활을 끝내고 그녀는 아이 3명을 혼자 길러야 하는 상황에 처했고, 발리우드 사운드트랙에 싱어로 참여하며 양육비를 벌어나갔다. 그녀의 말로만 따져보아도 이미 1만 2천 곡의 노래를 녹음했다는 것이다.

"Dum Maro Dum"은 영화 〈하레 크리슈나 하레 라마 (Hare Krishna Hare Rama)〉를 위해 1971년 녹음되었고 여기서 보슬리는 위대한 발리우드 작곡가 R.D. 버먼과 함께 작업하게 된다. 이 영화의 스토리는 아시아 지역으로 이주하는 서양의 히피들을 주제로 한다. 극중 이 노래가 흘러나올 때 배우 지낫 아만이 스크린에서 대마초를 피우며 트랙을 따라 립싱크한다(곡의 제목은 "피워라, 한 모금 피워라" 정도로 해석된다). 버먼은 능숙한 솜씨로 발리우드적 효과들을 록 기타나 사이키델릭적 이펙트와 잘 조화시킨다. 한편 아샤는 이 광란의 곡조에 맞추어 날카로운 고성으로 노래를 부르다 우샤 리어가 가세하는 반복적 "ah ah ah" 부분과 거의 충돌하다시피 하며, "Hare Krishna Hare Rama"를 거듭 외친다. "Dum Maro Dum"은 발리우드 사운드트랙들이 제대로 만들어졌을 때 얼마나 기이하고, 재미있으며, 독창적일 수 있는지를 여실히 보여주었다. **GC**

Tired of Being Alone
Al Green (1971)

Writer | Al Green
Producer | Willie Mitchell
Label | Hi
Album | *Al Green Gets Next to You* (1971)

미국 소울 음악의 전설 앨 그린의 개성 강한 관능적 음성을 계발하는 데에는 한 능숙한 프로듀서와 시간의 힘이 필요했다. 10세의 앨버트 그린은 그린 브라더스 가스펠 퀸텟에서 자신의 형제들과 함께 노래를 시작했다. 재키 윌슨을 듣다 아버지에게 발각된 그는 그룹에서는 물론 집에서까지 쫓겨났다.

그린은 소울 싱어가 되고 싶었고, 그의 영웅들인 재키 윌슨, 윌슨 피켓, 제임스 브라운처럼 노래하고 싶었다. 멤피스의 하이 레코즈의 윌리 미첼은 그린의 재능을 눈치챘고 동시에 그의 노래 기교가 힘찬 소울이나 R&B 보다는 좀 더 느긋하고, 친근한 스타일에 강할 것이란 사실을 간파했다. 그의 1969년 데뷔 앨범 〈Green Is Blues〉는 호른 섹션에 비중을 둔 발라드 곡들의 모음집이었다. 수록 곡 대부분이 파퓰러 송들의 커버 버전이었던 이 앨범은 어느 정도의 히트를 거두는 데 그친다. 여기 따른 후속작 〈Al Green Gets Next to You〉은 거의 모두가 앨 그린의 오리지널 송들이었고 이는 대단한 성공을 거둔다.

약간 긴장된 듯한 팔세토이면서, 탄력 있는 근육을 자랑하는 실팍한 그린의 음성은 가사 없는 배킹 보컬들이 푹신하게 받쳐주는 차임 소리 같은 기타, 베이스, 끊임 없는 드럼 비트를 등지고 있으며, 이 모두에 멤피스 호른 섹션의 갑작스러운 동일음이 중간중간 구두점을 찍고 있다. 그린이 자신의 외로움에 대해 탄식을 늘어놓는 동안 곡은 괴로움에 찬 클라이맥스로 치닫는다. 이것은 소울계에 군림한 두 사람의 협력 관계가 탄생시킨, 비길 데 없을 수작이지만, 그린의 삶에 일어난 비극적 사건 이후 그가 다시 교회로 돌아가 1976년 멤피스에서 목사 안수식을 치른 이후 이 둘의 관계도 시들해진다. **SA**

1973년 무대에 선 앨 그린. 세속 소울 음악 가수로 음악 인생의 절정을 달리던 때. ➡

Won't Get Fooled Again | The Who (1971)

Writer | Pete Townshend
Producer | The Who, Glyn Johns
Label | Track
Album | *Who's Next* (1971)

"이 곡이 실제로 일종의 앤섬으로
여겨지게 되었다는 것은
정말 재미 있는 일이에요.
본래는 교훈을 담은 노래거든요."

피트 타운센드, 1989

◀ **Influenced by: Street Fighting Man · The Rolling
Stones** (1968)
▶ **Influence on: Jump · Van Halen** (1984)
● **Covered by: Labelle** (1972) · **Skrewdriver** (1977)
Van Halen (1993)
★ **Other key track: I Can See for Miles** (1967)

"'Tommy'를 듣고 난 대중이 이후 가장 먼저 듣기를 원하는 것은." 피트 타운센드가 롤링 스톤에 말했다. "두말할 것도 없이, 다시 'Tommy'라고 할 수 있죠." 이 개척자적 노력을 능가해보겠다고 마음먹은 타운센드는 본격적인 공상 과학적 시사 풍자극(folly) 'Lifehouse'를 탄생시킨다.

밴드 동료들과 매니지먼트사는 그의 아이디어에 당혹감을 감추지 못했고, 타운센드는 작품을 다시 손질해 그들 밴드의 최다 판매 앨범으로 기록될 〈Who's Next〉(1971)에 담았다. 이 앨범은 "Behind Blue Eyes", "Baba O'Riley"와 같은 고전들로 넘쳐 흘렀고, 본래 'Lifehouse' 프로젝트의 사운드트랙으로 쓸 예정이었던 신스 사운드 주도의 명작 "Won't Get Fooled Again"에서 클라이맥스로 치닫는다.

이 곡이 처음 생명을 얻었을 당시만 해도 마운튼의 기타 대가 레슬리 웨스트의 빙글대는 듯한 플레이가 담겨 있었지만, 곡의 최종 버전에는 타운센드의 난도질하는 듯한 기타 플레이, 베이시스트 존 엔트위슬의 천둥 같은 손가락 놀림, 키스 문의 현란한 드러밍, 스피커를 움직일 만한 로저 달트리의 비명이 등장한다(20년이 지난 후 불안증에 시달리는 또 다른 '베이스–드럼–도끼' 구성의 밴드가 '너바나'라는 이름으로 등장한다. 커트 코베인은 〈Nevermind〉의 "Drain You"를 그들만의 "Won't Get Fooled Again"이라 적절히 표현했다).

싱글 발매를 위해 본래 길이의 반으로 손질된 이 곡은 "Pinball Wizard" 이후 2년 만에 영국 톱 10의 기록을 안겨준다. 이 트랙은 마치 반항의 화신인 것처럼 보이지만, 이상하게도 "Meet the new boss / Same as the old boss(새로운 보스를 만나봐 / 옛 보스와 똑같은)"라는 암울한 가사 부분에서 클라이맥스로 솟구친다(달트리는 뉴욕시에서 있었던 포스트–9·11 콘서트에서 보여준 눈부신 퍼포먼스에서 이 가사를 슬쩍 빼버린다).

어찌 되었든, 이 곡은 〈CSI 마이애미〉의 테마 송으로 계속해 수명을 이어간다(〈CSI 뉴욕〉은 "Behind Blue Eyes"를, 오리지널 CSI 시리즈는 "Who Are You"를 테마로 사용했다). 게다가 후가 〈심슨 가족〉에 게스트 출연했을 때 요란하게 흘러나왔던 것이 바로 이 곡이었다고 한다. **BM**

Vincent | Don McLean (1971)

Writer | Don McLean
Producer | Ed Freeman
Label | United Artists
Album | *American Pie* (1971)

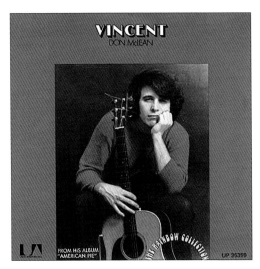

"미묘한 소재의 노래를 할 때마다,
전 그저 내면 깊은 곳을 드러내 보이고,
단지 진실만을 말하고 싶었습니다."

돈 맥클린, 2003

◀ **Inspired by:** *The Starry Night* (painting)
Vincent van Gogh (1889)
▶ **Inspiration for:** "Starry Night" • Tupac Shakur (1999)
● **Covered by:** Chet Atkins (1972) • The King's Singers
(1989) • Justin Hayward (1994) • Josh Groban (2001)
Rick Astley (2005)

돈 맥클린은 부고 음악이라는 장르의 와일드 카드였다. 그의 가장 유명한 곡은 아마도 "American Pie"일 것이다(이 곡에서 그는 버디 홀리, 리치 발렌스, 더 빅 바퍼를 희생시킨 비행기 사고에 대해 회상한다). 그러나 그가 낳은 최고의 명작은 "Vincent"라고 해도 과언이 아니다. 종종 "American Pie"의 그림자에 가려지는 "Vincent"는 네덜란드의 화가 빈센트 반 고흐의 삶과 죽음을 회상하며 간절한 어조로 노래한다. 이 곡도 꽤 상당한 팬 베이스를 확보한 데다 세계적으로는 전임자보다 오히려 더 큰 성공을 거두었다(미국에서는 12위, 영국에서는 1위를 기록한다).

이 곡을 직접 들어보면, "Vincent"가 왜 듣는 이들의 마음을 사로잡았는지 알게 될 것이다(이 트랙은 1970년 내내 암스테르담의 반 고흐 박물관에서 날이면 날마다 흘러나왔다고 한다). 차트들이 60년대의 방랑자 스타일 음악에 더 호의적이었던 반면, "Vincent"에서 맥클린은 조용한 길을 택한다. 죽은 화가의 정신분열증, 자살, 완벽을 추구하며 가혹하게 노래하는 그의 정교한 곡은 경건한 섬세함을 담고 있다. 간결한 리프와 한 치의 흔들림 없는 서정적 음성이 아래 밑받침하고 있으며, 이를 통해 맥클린은 진가를 인정받지 못했던 한 화가를 존경하는 동시에, 그의 삶과 죽음을 좀 더 이해하기 쉽도록 충분한 감정 이입을 시도한다.

차트에서 성공을 거둔 곡치고 "Vincent"는 놀라울 만큼이나 친밀감이 넘친다. 곡이 부드러운 클라이맥스에 닿을 때 맥클린은 잠시 음악의 도움 없이 화가에게 직접 이런 말을 던진다: "But I could have told you / Vincent / This world was never meant for one as beautiful as you(하지만 당신에게 이렇게 말할 수도 있었겠지 / 빈센트 / 이 세상은 당신같이 아름다운 이가 있을 곳이 못 돼)."

"때로는 제가 쓴 곡들로 비난을 사기도 했죠." 맥클린은 2003년 이렇게 회상했다. "'American Pie'는 너무 길었고 히트 곡이 될 수 없었어요. 'Vincent'는 그저 너무 이상했죠." 다행히 맥클린은 그때나 지금이나 그렇게 만만한 상대가 아니었고, 그의 "이상한" 노래는 고인이 된 화가에게 전하는 뒤늦은 추도문이라고 할 수 있었다. 이 곡은 세계 곳곳의 싱어-송라이터들에게 귀감이 되었다. **KBo**

City of New Orleans
Steve Goodman (1971)

Writer | Steve Goodman
Producer | Kris Kristofferson, Norbert Putnam
Label | Buddha
Album | *Steve Goodman* (1971)

포크-뮤직계 밖에서 스티브 굿맨은 그다지 대단한 스타가 아니었다. 물론 〈Jessie's Jig and Other Favorites〉를 통해 리코딩 아티스트로서 상업적 성공을 맛보긴 하였지만 그 유명세의 진가는 "송라이터들의 송라이터"로서 보여진다.

굿맨은 백혈병에 걸려 1984년, 36세의 나이에 사망한다. 하지만 이전에 이미 그는 "City of New Orleans"로 유산을 남긴 상태였다. 자신의 이름을 따 제목 붙인 데뷔 앨범의 발매와 함께 소개되었던 이 곡은 사실 크레센트 시티라는 별명의 이 도시 자체를 노래한 것이라기보다, 일리노이즈주의 시카고로부터 뉴올리언즈까지 가는 야행 열차 '씨티 오브 뉴올리언즈(City of New Orleans)'를 통한 "남행여정"에 관한 것이다.

굿맨의 가사는 우디 거스리 스타일처럼 애국주의와 현실주의를 균형 있게 조화시키고 있으며, 구절마다 듣는 이를 "집과 농장, 벌판을 지나", "늙은 흑인 남자들로 가득 찬 화차 조차장" 옆으로 실어 나른다. 그의 절제된 표현력(코러스 부분에서 상승조의 말투로 "Good morning, America, how are you(안녕하세요, 미국, 잘 지냈어요)?"를 노래한다)은, 핑거피킹(fingerpicking) 기타 소리와 조화를 이루면 마치 이 노래가 박스카 윌리 시대에 만들어졌다가 오랫동안 잊혀졌던 기차 노래(train song)인 양 느껴졌다. 결국 더 늦기 전에 컨트리-포크 고전으로 자리잡게 되긴 하지만, 그 지위를 얻기까지는 다른 이들의 음성들을 빌려야 했다.

이 곡을 커버했던 아티스트 중에는 알로 거스리, 자니 캐쉬, 존 덴버 등이 있다. 그러나 가장 잘 알려진 버전은 1984년 차트를 석권했던 윌리 넬슨의 트랙이다. 이로써 굿맨은 사후에 '베스트 컨트리 송'으로 그래미상을 수상한다. **JiH**

Peace Train
Cat Stevens (1971)

Writer | Cat Stevens
Producer | Paul Samwell-Smith
Label | Island
Album | *Teaser and the Firecat* (1971)

캣 스티븐스는 2009년, 〈더 크리스 아이작 아워〉에 출연하여 그의 애청가에 대해 이런 말을 털어놓았다. "음악적으로 볼 때 전 굉장히 그리스적 사운드를 가진 리프에 다시 손을 댔다고 봐야죠. 그리스의 섬에서나 들을 법한 그런 것 말이에요." 이 곡은 빌보드 핫 100 차트에서 7위에 올랐다. 이것은 미국에서 그가 거둔 첫 톱 10 히트라고 볼 수 있다. 하지만 정신적 측면에서 볼 때, 이 스티븐스의 차트 석권 곡에는 단순히 그리스계 사이프러스인 뿌리를 되짚어보는 것 이상의 무엇이 담겨 있다. "Peace Train"은 베트남 전쟁의 참사에 대한 반작용이라 볼 수 있다. 아마도 여기 묻어나는 노골적 낙관주의 때문인지, 이 곡은 곧 히피족의 앤섬으로 부상한다. 하지만 놀랍게도, 이 곡의 성공은 대서양 반대편에서 되풀이되지 않는다. 아일랜드 레코드사는 팬들의 앨범 구매를 부추기려는 목적에서 미국 밖에서 이 싱글 발매를 거부했다.

"Peace Train"은 스티븐스에게 한 시절의 스냅샷 같은 존재이다. 19세에 결핵을 앓던 그는 영적 여정에 발을 디뎠고 이 곡은 바로 그것에 대한 것이다. 후에 그는 이렇게 말했다. "곡 가사는 그 시절과 관련되어 있죠. 저의 평화 앤섬이에요." 곡에 담긴 그의 이러한 심정은 스스로를 '유수프 이슬람'으로 계명하며 다시 한번 피력된다(캣 스티븐스는 1977년 자신의 활동 절정기 때 이슬람교로 개종하여 입에 오르내리게 된다. 이라크 전쟁에서 아이들이 겪는 고통에 대한 항의 의사를 표하기 위해서였다고 한다). 이 곡은 이슬람교로 전향한 유수프가 가장 아끼는 곡이 되었다. 여기 맞게 그는 방글라데시 경제학자 무하마드 유누스의 2006년 노벨평화상 시상식에서 이 곡을 연주했다. **KL**

스티븐 조르지오(일명 캣 스티븐스)는 1970년대 동안 자기 성찰을 담은 노래들로 많은 청중을 확보했다.

Superstar
The Carpenters (1971)

Writer | Leon Russell, Bonnie Bramlett
Producer | Jack Daugherty
Label | A&M
Album | *Carpenters* (1971)

"Superstar"는 카펜터스에게 큰 실수가 되었을 수도 있었다. 싱어 카렌 카펜터는 그녀의 오빠가 이 노래를 제안했을 때, 그는 "정신이상"이라고 생각했다는 것이다. 한 록스타와의 잠자리를 갈망하는 열광 팬의 필사적인 간청을 담은 이 노래는 그들이 지녔던 귀여운 이미지의 소관 밖이라 생각했기 때문이었고, 다행히 리처드는 이 달콤 쌉싸름한 트랙에서 팝적 잠재력을 감지했다. 당시 이 곡은 들레이니 앤 보니에 의해 "Groupie (Superstar)"라는 타이틀 아래 B사이드 트랙으로 발매된 상태였다. 이후 베트 미들러, 셰어를 비롯하여 리타 쿨리지가 조 코커의 〈Mad Dogs and Englishmen〉 시사 풍자극에서 이 곡의 커버를 시도했다. "어느 날 밤 스튜디오에서 집으로 돌아와 〈투나잇 쇼〉를 보는데 당시 비교적 무명이었던 베트 미들러가 이 곡을 노래하는 걸 들었어요." 리처드가 회상했다. "하루라도 빨리 이 곡을 편곡해서 녹음해보고 싶다는 생각이 들었죠."

"하루라도 빨리 당신과 잠자리를 하고 싶어요" 부분을 "사귀고 싶어요"라고 가사를 바꾼 것은 카펜터스의 팬들에게 이 곡이 쉽게 다가갈 확률을 확실히 증가시켰다. 그러나 이 곡이 오늘날 우리가 알고 있는 "Superstar"의 승리에 찬 외침으로 탈바꿈할 수 있었던 것은 리처드의 편곡을 통해 곡이 제대로 빵빵해졌기 때문이다. 곡의 오프닝에서 뱃고동마냥 울려 퍼지는 오보에 사운드는, 이 곡이 가진 선정적 주제를 가려주는 수심에 찬 분위기를 조성한다. 코러스 부분에 리처드가 삽입한 대담한 반(半)오케스트라적 호른 섹션과 스트링 섹션은 능수 능란한 배킹 보컬과 함께 카렌의 연민에 젖은 벨벳 같은 콘트랄토 보이스가 내뱉는 탄식을 보완하고 있다. 이 모두에 힘입어 곡의 초기 버전들보다 더 가슴 뭉클한 대서사시가 탄생할 수 있었다. **KBo**

A Nickel and a Nail
O. V. Wright (1971)

Writer | D. Malone, V. Morrison
Producer | Willie Mitchell
Label | Back Beat
Album | *A Nickel and a Nail and Ace of Spades* (1971)

마치 무엇에 홀린 듯한 음성으로 따지자면 미국 음악 역사상 O.V.라이트의 보이스가 단연 최고라고 할 수 있다. 멤피스를 주요 활동 무대로 삼았던 이 소울맨은 가스펠을 부르며 성장했다. 그는 24세의 나이에 골드왁스 레이블과 "That's How Strong My Love Is"를 발매했다. 휴스턴 본사의 피콕 레코드사 소유주였던 돈 로비는 라이트가 가스펠 싱어로서 아직 자신의 레이블 소속임을 주장했고 백비트 레이블 아래에서 라이트의 45회전 레코드판을 발매하기 시작했다. 라이트가 부른 노래들은 대부분 로비가 넘겨준 곡들이었고(이들은 생활고를 겪는 송라이터들로부터 매수한 곡들이었고 '디에드릭 말론'이라는 예명을 달고 판에 올라간다), 하나같이 격렬하고 깊은 생각에 잠긴 듯한 분위기를 풍겼다. 일부는 느린 템포의 발라드 곡들이었고 나머지는 빠른 템포의 댄스 트랙들이었다. 이들이 한데 모여 딥 소울(deep soul) 최고의 명반들을 구성했다. 라이트의 음성은 원초적이고 가스펠적 냄새가 풍겼으며 짙은 블루스의 색채를 띠고 있었다("소울은 교회 음악이라 봐야 돼요." 그가 한때 이렇게 말했다. "그냥 '예수'를 '베이비'로 바꿔 부를 뿐이죠. 그게 다예요.")

"A Nickel and a Nail"에서 제작자 미첼은 라이트의 사운드에 세련된 펑크(funk) 그루브를 입힌다. O.V.는 리듬을 타고 불운과 슬픔의 이야기를 전한다. 노래가 전개될수록 그는 마치 조지아주의 전도사인 양 간증을 하고, 여기 호른 섹션이 차고 들어와 이 트랙은 소울-블루스의 황홀경으로 치닫는다. "I get in trouble(난 사고를 쳐)." 라이트가 탄식한다. "I get in jail(난 감옥에 가)." 라이트의 너무나 짧았던 삶에 대해 이미 알고 있는 이라면(그의 헤로인 중독 증세는 음악 경력에 그림자를 드리웠고 결국 그는 41세에 사망한다), 이 곡이 자전적이라 생각한다 해도 무리가 아닐 것이다. **GC**

Inner City Blues (Make Me Wanna Holler) | Marvin Gaye (1971)

Writer | Marvin Gaye, James Nyx
Producer | Marvin Gaye
Label | Tamla
Album | *What's Going On* (1971)

게이의 〈What's Going On〉 LP에서 탄생한 그의 3번째 싱글은, 마약 기운에 힘입은 낙관적인 태도를 담은 타이틀 트랙과는 상반되게 심연의 구렁텅이를 빤히 들여다보고 있다. 에디 "봉고" 브라빗과 베이시스트 밥 배빗이 리드 뮤지션으로 출연한 모타운 하우스 밴드는 곡의 시작 지점부터 마법을 부리듯 라틴적 풍미의 부두 펑크(funk)를 불러낸다. 만일 이 노래가 신과 사랑, 자연에 대한 대화이자 인류에 관련된 일종의 속죄에 관한 것이라 생각했다면 큰 오산이다. 현실 속에서 부딪히는 즉각적이고 혹독한 인생 교훈에 직면하게 될 테니 말이다. 그는 자신이 경험하고 느낀 것을 정부에게 고스란히 알려준다: "Rockets, moon shots, spend it on have-nots(로케트며, 달 탐측선 발사며, 없는 이들에게 돈을 좀 써)." 그는 사람의 생명보다는 영광과 명예에 더 열을 올리는 정부에게 재촉한다(이런 심정은 17년 후 프린스의 "Sign o' the Times"에서 "Sister killed her baby 'cause she couldn't afford to feed it / And we're sending people to the moon(한 자매가 자신의 아이를 죽였지. 먹일 것이 없다는 이유로 / 그런데 우리는 달에 사람들을 보내는 것에 정신을 쏟고 있어)"이라는 가사를 통해 다시금 메아리친다). 정부의 편극된 우선 순위에 관련해 직접 경험했었다. 그건 게이의 남동생 프랭키가 베트남전에 참전했었기 때문이었다. "God knows where we're heading(우리가 무엇을 향해 나아가고 있는지 아무도 모르지)."이란 말은 종교적 신념에 대한 말들이기보다 정신적 혼란에서 온 울부짖음이라고 하는 것이 더 맞다. 이런 사악한 힘들은 (더 긴 앨범 버전에서) 짧게 발산하는 명쾌한 투명성에 의해 극복된다. 마빈은 피아노와 단둘이 노래를 부르도록 남겨진다. 그는 '어머니'의 품에 안겨 무사히 "What's Going On"의 안식처로 복귀한다. **DH**

Papa Was a Rollin' Stone
The Temptations (1972)

Writer | Norman Whitfield, Barrett Strong
Producer | Norman Whitfield
Label | Motown
Album | *All Directions* (1972)

그때를 돌아보면, 모타운에서 제일 잘 나가던 그룹이 스스로의 멸망을 지켜보는 사운드가 바로 이 곡이라 해도 과언이 아닐 듯하다. 이 보컬 5인조는 곧 자신들의 프로듀서를 해고했고 이로써 스스로의 종말을 야기하는 꼴이 된다. 그럼에도, 이 7분 길이의 싱글(미국에서 1위에 오른다)은 거의 12분에 달하는 앨범 버전과 함께 사이키델릭 소울 시대의 정점으로 기억된다.

이 곡은 한 겹 한 겹 차례로 새로운 결을 등장시킨다. 먼저 베이스와 하이-햇. 그리고 스트링과 기타가 나타나면, 트럼펫 솔로가 모습을 드러낸다. 그리고 이들이 사라지면서 일렉트릭 피아노가 자리를 잠시 메우는 동안 뿌연 꿈결 같은 착각이 일어난다. 위협적으로 다가오는 베이스 사운드만 아니었다면 우리는 긴장을 풀었을지도 모른다. 4분이 경과되며 데니스 에드워즈가 노래를 시작한다. "It was the third of September that day I'll always remember(그날은 9월 3일이었다. 난 항상 그날을 잊지 못할 거야)…" 에드워즈의 부친이 그날 세상을 떴다고 한다. 휫필드는 이런 우연을 이용하여 스튜디오 내의 긴장감을 점차 고조시켰다. 그후 나머지 싱어들이 가세해(에드워즈 이외에도 멜빈 프랭클린, 오티스 윌리엄스, 그리고 신참들이었던 데이먼 해리스와 리처드 스트리트가 있었다). 아버지의 평판에 대한 소문들을 하나씩 캐내며 어머니에게 질문을 던진다. 어머니는 대답하기를 완강히 거부했다. "Papa was a rollin' stone / Wherever he laid his hat was his home(아빠는 구르는 돌이었단다 / 모자를 벗어놓는 곳마다 모두 그의 집이었지)." 휫필드가 이 펑크(funk) 브라더스에게 알아서 스토리의 빈 곳을 채우도록 놔두었던 것은 아무리 봐도 현명한 선택이었던 듯하다. **DH**

I'll Take You There
The Staple Singers (1972)

Writer | Alvertis Isbell (aka Al Bell)
Producer | Al Bell
Label | Stax
Album | Be Altitude: Respect Yourself (1972)

한 번에 알아볼 수 있는 베이스 라인은 해리 J 올스타스의 1969년 고전 "The Liquidator"에서 슬쩍 가져온 것이다. 머슬 숄즈 리듬 섹션이 맡은, 햇살 가득한 소울 배킹이 담긴 스테이플 싱어스의 첫 미국 넘버 원 싱글은 팝스 스테이플스가 지켜왔던 가스펠 뿌리와는 꽤 거리가 멀었다. 스택스 레이블과 1968년의 계약 이후부터, 팝스는 자신의 딸과 함께 (프로듀서 알 벨의 도움을 받아) 신비의 마력을 가지게 되었다. 그리하여 1971년 "Respect Yourself"를 통해 돌파구를 찾는다. 벨은 "I'll Take You There" 작업에도 합류하여, 반복적 코러스 부분을 써 넣는 한편 "The Liquidator"를 토대로 통합된 사회를 위한 만트라를 창조해낸다.

야심찬 가사와 빌려온 대담한 그루브, 제임스 브라운 스타일의 격려에 증언으로 무장한 밴드와 이들을 내뱉는 싱어 메이브스 스테이플스. 재능이 부족한 이들의 손에 주어졌다면 뻔했을 만한 재료들이 힘을 발휘할 수 있었던 것은 여기 담긴 솔직함 덕분이다. 메이브스가 "Let me, let me take you(당신을 인도하도록 허락해줘)"라고 간청할 때, 당신은 그녀를 따라가고 싶다. 하지만 문제는 바로 어디를 가냐는 것이다. 스테이플 싱어스가 R&B 히트를 하나둘 달성하기 시작하자 그들의 교회는 심한 공격을 퍼부었다. 결국 1997년 메이브스는 이렇게 항의했다. "천국 말고, 사람들을 데려갈 만한 데가 도대체 또 어디 있겠어요?" 그녀의 말을 액면 그대로 믿어볼 때, 우리는 "I'll Take You There"가 말하는 약속의 땅이 무지개 저편의 어느 곳이란 것이 애석할 따름이다. 그건 환희의 에너지를 실은 희망의 메시지("Ain't no smiling faces / Lying to the races(미소를 머금은 얼굴도 없지 / 흑인들에게 거짓된 말을 하는)")이며, 단순한 몽상이 아닌 음악적 귀감으로서 대접받을 만하다. **MH**

Soul Makossa
Manu Dibango (1972)

Writer | Manu Dibango
Producer | Manu Dibango
Label | Fiesta
Album | Soul Makossa (1972)

"Soul Makossa"가 없었다면, 디스코의 모습은 현저하게 달라졌을 것이다. 카메룬 태생의, 파리를 활동 무대로 삼았던 이 색소폰 주자의 대표적 리코딩은 1972년 할렘 나이트클럽들을 중심으로 한 컬트 히트 곡으로 부상한다. 이 모든 것은, '로프트 파티(loft party)'로 알려진 전설의 디제이 데이비드 만쿠소가 브루클린의 가게에서 희귀 수입판을 우연히 손에 넣게 되고, 뉴욕에서 가장 트렌디한 블랙 라디오 스테이션 WBLS의 디제이 프랭키 크로커가 이 곡을 자신의 플레이 리스트에 추가시킨 후 일어난 일이었다.

제목이 말해주듯 "Makossa"(이것은 카메룬의 두알라족 방언으로 '꼬는 댄스'라는 의미이다)는 아프리카의 의식에 나타나는 최면 상태적 리듬과 킹 커티스, 제임스 브라운의 대담한 소울-재즈 펑크(funk) 사운드의 생동감 넘치는 조화라 할 수 있다. 애틀랜틱 레코드사가 프랑스의 피에스타 레이블로부터 싱글의 판권을 받은 후 이 곡은 아프리카가 낳은 곡으로는 최초로, 진정한 의미에서의 국제적 히트로 부상했다. 클럽 플레이가 초반에 주도하여, 1973년 이 트랙은 R&B 차트와 팝 차트에서 각각 21위와 35위를 기록한다. 롤링 스톤의 데이브 마시가 후에 말하기를, 당시로서는 이 곡이 아프리카인이 만든 아프리카의 레코드로 톱 40에 진입한 유일한 곡이었다는 것이다. 쿨 앤 더 갱은 이 곡을 그들의 디스코 히트작 "Jungle Boogie"의 청사진으로 삼았고, 마이클 잭슨은 〈Thriller〉(1982)의 오프닝 트랙 "Wanna Be Startin' Something"의 마지막 브릿지 부분에 "Mama-se, mama-sa, ma-ma-ko-ssa(마마-세, 마마-사, 마-마-코싸)"를 반복 삽입한다. 한편, 어 트라이브 컬드 퀘스트도 이 곡의 후렴구를 빌려갔으며, 제이-지, 리아나, 와이클리프 진도 서슴없이 샘플링했다. **MK**

Superstition
Stevie Wonder (1972)

Writer | Stevie Wonder
Producer | Stevie Wonder
Label | Motown
Album | *Talking Book* (1972)

Elected
Alice Cooper (1972)

Writer | A. Cooper, M. Bruce,
G. Buxton, D. Dunaway, N. Smith
Producer | Bob Ezrin
Label | Warner Bros.
Album | *Billion Dollar Babies* (1973)

단호한 펑키(funky) 그루브와 함께, "Superstition"은 스티비 원더가 이전에 내놓았던 모타운 히트곡들과는 판이하게 달랐다. 또한 이 곡의 좋은 차트 성적은 대중들이 그의 성숙한 스타일을 반가이 맞이했다는 걸 의미한다. 이 곡은 원더가 기록한 미국 내 넘버 원으로는 2번째였다. 그의 1번째 넘버 원은 "Fingertips, Part2"(1963)였고 당시 그는 "리틀" 스티비 원더로 불렸다. 원더가 21세가 되던 해 그는 계약이 만료된 이전 레이블과 재협상을 시도하여 자신의 곡들에 대한 완전한 권리와 창작 활동에서의 통제권을 확보하려 한다. 이것은 모타운 레이블에서 전례없는 일이었지만, 결국 이들도 굴복하게 되었다는 것이다.

그 결과 탄생하게 된 것이 오늘날 원더의 "클래식 시대"라고 알려지게 되었고, 이 시기에 〈Music of My Mind〉를 발단으로 그 뒤를 〈Talking Book〉이 바짝 추격하였다. "Superstition"과 뒤따르는 넘버 원 히트작 "You Are the Sunshine of My Life"이 바로 후자에 담겨 있었다. 이 앨범들에서 원더는 때로 몇 가지의 서로 다른 악기들을 연주하며 녹음 트랙을 차례로 쌓아 올리곤 했는데, 이것은 마치 가상 원맨 밴드를 연상케 했다. "Superstition"(이 곡은 본래 기타리스트 제프 벡을 위해 원더가 쓴 곡이다)에서 그는 드럼을 비롯한 여러 대의 키보드를 연주해 까다로운 크로스 리듬을 구사하고, 이에 무게감 있는 금관 리프로 단단한 지지대를 능숙히 마련한다. 그러나 듣는 이의 귀를 제대로 사로잡은 것은 바로 그가 호너 클라비넷을 활용한 방식이었다. 원더는 이것을 톤토스 익스팬딩 헤드 밴드가 발전시킨 신스 사운드와 융화시켜, 그 누구도 흉내 낼 수 없는 "Superstition"만의 개성 있는 사운드를 창조해낸다. **MW**

롤링 스톤스는 탈세를 위한 국외 이주 중이었고, 섹스 피스톨즈는 아직 결성되지 않은 상태였으며, 마릴린 맨슨은 3살일 때였다. 권위에 대한 도전을 표출한 "School's Out"이후, 앨리스 쿠퍼는 록계 최고의 악당으로 부상했다. 로스앤젤레스 신스터(scenester)였던 킴 포울리(런어웨이스 배후의 지휘관이었다)의 주장에 따르면 이 스매시 히트의 후속작에 영감을 불어넣어 준 것이 바로 자신이었다 한다. 그는 앨리스의 프로듀서 밥 에즈린을 만났고 에즈린이 그에게 좋은 아이디어가 없느냐 묻자, "있지"라고 파울리가 대답했다. "앨리스 쿠퍼를 대통령으로 만들어보는 건 어때? 한창 선거 기간 때, 앨리스가 당선되는 그런 노래를 내놓아보는 거야. 그러면 〈와일드 인 더 스트리츠〉(1968)의 음반 격이 되는 셈이지." 그 결과 탄생한 것이 "Elected"였다. 후(Who) 스타일의 폭풍 무대를 일으키는 이 곡은 앨리스의 1969년 앨범 〈Pretties for You〉의 수록 곡인 "Reflected"에 기반한 것이었다. 스튜디오 작업 중 에즈린은 여기에 금관을 비롯한 화려한 관현악적 색채감을 더했는데, 이것은 후가 1973년 〈Quadrophenia〉에서 재현했다. 정말 타이밍 한번 절묘했다. "Elected"는 1972년 10월 발매되었고, 당시 워터게이트 스캔들이 리처드 닉슨의 백악관을 막 덮치려던 때였다. 〈Billion Dollar Babies〉에 새겨진 불멸의 존재로 각인되기 시작할 즈음, 이 곡은 위선과 70년대의 변태적 일면에 일침을 가하는 사회 비평같이 들렸다(한 포르노 영화를 폭로한 〈인사이드 딥 스로트〉 다큐멘터리 사운드트랙에 카메오 출연한 것도 이 때문인 듯하다). 공식적으로 말해두지만, 앨리스 스스로는 정계에 입문할 생각이 전혀 없었다. 그는 이렇게 말했다. "그건, 제가 지옥에 간다면 보게 될 것들이죠." **BM**

Sam Stone
John Prine (1972)

Writer | John Prine
Producer | Arif Mardin
Label | Atlantic
Album | *John Prine* (1972)

70년대의 많은 아티스트들은 "새로운 밥 딜런"이라는 찬사를 들었다. 그러나 그중 단 1명만이 그런 찬사에 부응하는 데뷔 앨범을 발매했고, 어쩌나 그럴 듯했는지, 딜런이 예고 없이 한 클럽 연주에 나타나 이름을 밝히지 않은 채 하모니카 연주로 일조했다는 것이다. 딜런은 오늘날에 이르러서도, 시카고에서 나타난 이 느릿한 말투의 포크 싱어 존 프라인을 자신이 가장 좋아하는 송라이터 중 하나로 뽑으며 "Sam Stone"을 지목하여 그 이유 중 하나로 꼽았다.

이 곡은 진정한 무게감과 단아함을 내포한다. 여기에는, 인정 어린, 하지만 쉽게 용서하지 않는 단호함이 서려 있으며 그 시대의 정치적 상황에 깊이 뿌리 박혀 있는 동시에 시공을 초월한 영원성을 지니고 있다. 베트남전에 관련된 다른 노래들이 모두 직접적으로 항의를 제기한 반면(크리던스 클리어워터 리바이벌의 "Fortunate Son"과 같이 기지 넘치는 곡들조차도 말이다), 프라인은 무언가 색다른 것을 써보기로 마음먹었다. 그리하여 생존한 참전 용사의 삶에 초점을 맞추는 한편("the time that he served / Had shattered all his nerves(그가 군인으로 싸웠을 때 / 정신이상이 되어버렸다)"), 고국에서의 삶이 인도차이나 반도에서의 삶보다 오히려 더 고생스럽게 느껴졌다는("But the morphine eased the pain(하지만 모르핀이 고통을 덜어줬어)") 이야기를 삽입한다. 요점은 후렴구 부분에 있다. 프라인이 "There's a hole in daddy's arm where all the money goes(아빠의 팔에 있는 바늘 구멍으로 가진 돈 전부가 들어가고 말지)"라고 내뱉을 때 풍기는 경쾌함은 등골을 오싹하게 만든다. 헤로인 중독에 대해 노래한 곡들 중 이토록 생생한 이미지를 전하는 곡도 없을 것이다. **PW**

Willin'
Little Feat (1972)

Writer | Lowell George
Producer | Ted Templeman
Label | Warner Bros.
Album | *Sailin' Shoes* (1972)

최초의 한마디를 던진 이는 바로 프랭크 자파의 마더스 오브 인벤션 드러머 지미 카를 블랙이었다. 블랙의 말에 따르면 그의 밴드 동료 로웰 조지는 "지랄 맞도록 못생긴 작은 발"을 소유했다는 것이다. 이 말에 자극을 받았던 것인지, 조지는 자파가 마더스를 떠나달라고 요구했을 때 블랙의 말을 떠올렸다고 한다. 그리하여 그의 새로운 밴드 명이 탄생했고, 비틀즈를 기리는 의미에서 "feet"의 철자를 좀 바꾸었다.

전설에 의하면, 자파는 조지의 노래 "Willin'"을 듣고 그를 밴드에서 퇴출시켰다. 이것은 "weed, whites, and wine(마리환, 암페타민, 그리고 술)"으로 전전하는 여정을 거듭하는, 떠도는 데 지친 한 화물차 운송업자들의 관점에서 쓰인 곡이었다. 자파는 만일 조지가 이런 노래나 연주하고 싶다면, 차라리 알아서 밴드를 만드는 편이 낫겠다고 말했고, 조지는 그의 말을 곧이곧대로 따랐다.

1971년 발매된 리틀 피트의 밴드명을 따 명명한 그들의 데뷔 앨범은 매우 조잡했다. 거기에 수록된 "Willin'"은 조급하고 서툴렀으며, 거의 데모 테이프나 다름 없는 수준이었다(조지가 손을 다친 후 도움을 요청해, 라이 쿠더가 슬라이드 기타사운드를 음반 녹음에 곁들였음에도 불구하고 결과는 마찬가지였다). 이듬해 발매된 〈Sailin' Shoes〉에 등장한 트랙에서는 대단한 발전이 엿보였고, 느긋한 템포로 늦추어진 데다 좀 더 살집 좋은 악기 편성을 부여받았다. 조지가 은근히 바랬듯, 이 곡은 트럭 운전자들의 앤섬으로 통하게 되었고, 리틀 피트는 공연 하이라이트로 자리 잡게 된다. 1979년, 리틀 피트는 해체되었으며 조지는 자신의 첫 솔로 앨범을 위한 투어 공연 중 심장 마비로 결국 사망했다. 그의 나이 34세였다. **WF-J**

It's a Rainy Day, Sunshine Girl
Faust (1972)

Writer | Rudolf Sosna
Producer | Uwe Nettelbeck
Label | Polydor
Album | *Faust So Far* (1972)

고전 크라우트 록의 첫 파문을 주도한 밴드들을 따져볼 때, 태평스러운 청중들에게 가장 큰 두려움을 안겨준 존재는 바로 파우스트였다 할 수 있다. 이건 톱이나 전기 드릴을 비롯해 록 공연보다는 디아이와이(D.I.Y.) 작업장이나 더 어울릴 법한 장비들이 등장하는 라이브 쇼를 그들이 즐겼던 탓이기도 하다. 그러나 이런 말 그대로의 인더스트리얼 메탈(음악 스타일 말고, 그야말로 산업용 금속)에 대한 편애 외에도 이 노련한 실험적 음악 그룹이 보여준 것은 바로 다다이즘적 유머와 순진에빠졌다 할 정도의 강한 멜로디성이라 할 수 있다. 이 모든 것은 그들이 보여준 공포스러운 이미지와 모순을 이루고 있었다(이 그룹은 1971년 서독에서 결성되어 급진적 저널리스트 우베 네텔벡과 함께 작업한다).

그 증거가 바로 여기 "It's a Rainy Day, Sunshine Girl"에 있다. 파우스트의 2번째 LP의 첫 트랙이었던 이 곡은 크라우트 록이 가장 버블검 팝적 옷을 입었을 때 어떤 모습일지를 여실히 보여준다. 코드 하나 달랑 내려치는 기타에 단단히 매인, 따라 부르기 좋은 기발한 튠, 그리고 점차적으로 광란 상태에 돌입하는 7분 이상의 시간 동안 이 튠을 듣는 이에게 전달하려 애쓰는 기본적 포-투-더-플로어(four-to-the-floor) 백비트 리듬 패턴, 이후 노래를 서서히 페이드-아웃시키는 경쾌한 색소폰 사운드가 이 노래를 구성하고 있다. "It's a Rainy Day, Sunshine Girl"은 전적으로 하나의 기괴한 청각적 체험이었고, 파우스트의 실험적 자유 자체를 몸소 말해주고 있었다. 전원적인 뷔메 지역에서 스튜디오로 변형시킨 한 작은 학교 건물에 콕 숨은 채, 이 밴드는 끝을 모르는 창작적 호기심을 충족시키는 데 힘썼다. "우린 모든 걸 다 분해해보고 연구했죠. 마치 한창 놀이에 빠진 아이들처럼 말이에요." **LP**

Sail Away
Randy Newman (1972)

Writer | Randy Newman
Producer | Lenny Waronker, Russ Titelman
Label | Reprise
Album | *Sail Away* (1972)

가사에 귀 기울이지 않을 경우, "Sail Away"는 마치 아메리칸 드림에 바치는 단순한 찬양 정도로 들릴 수 있다. 식탁에는 항상 음식이 놓여 있고, "모든 인간이 자유로운" 그런 아메리칸 드림 말이다. 그러나 랜디 뉴먼은 그러한 혼동에 기반하여 그만의 독특한 미학을 구축한다. 닿으면 베일 듯한 시퍼런 칼날 같은 가사에 유쾌한 장조 멜로디를 융화시켜서 말이다. 그런 면에서 볼 때, "Sail Away"는 뉴먼의 전형적 음악 스타일을 대표한다고 할 수 있다. 그가 남부 지방에 대해 곡을 쓴 것이 이번이 처음은 아니다. 특히 스티븐 포스터의 다정다감한 "My Old Kentucky Home"을 톡 쏘는 말들로 재구현했던 것을 꼽을 수 있다. "Rednecks"에서 그는 다시금 남부 지방에 대해 노래하는데, 이 곡에서는 외관상 볼 때 인종차별주의가 분명한 남부 지방과 진보적이라는 북부 지방 둘 다 그의 공격을 면하지 못한다. 하지만, 한 노예 상인이 자신의 잠재적 희생 대상에 던지는 선전 문구들은, 뉴먼만의 독특한 걸걸함에 실려 그가 낳은 작품 중 그 어느 것보다도 가장 자극적인 풍자를 일삼고 있다. 이후 "Sail Away"를 연주한 모든 뮤지션들이 이 곡에 담긴 메시지를 완전히 이해한 것은 아니었다. 어떤 소심한 이들은 "climb aboard, little wog(배에 올라타, 작은 유색인)" 부분의 가사를 바꾸기도 했다. 여기에 노래 전체의 무게 중심이 실려 있는데도 말이다. 뉴먼에게는 이런 일이 생소하지 않았다. 그의 가사를 액면 그대로 받아들이는 싱어들이 뉴먼의 레퍼토리를 향한 대우 방식을 보면 이것도 그리 놀랄 일은 아니었다. 그러한 오해는 뉴먼에게 그가 공연인으로서 거둔 최고의 히트 곡을 선사했다. 심한 비아냥이 담긴 "Short People"이 1978년 초반, 미국에서 대단한 히트로 떠오르게 되었다. **WF-J**

Silver Machine | Hawkwind (1972)

Writer | Robert Calvert, Dave Brock
Producer | Dave Brock (aka Dr. Technical)
Label | United Artists
Album | N/A

"록은 이 세대의 문학입니다."

로버트 캘버트, 1977

◀ **Influenced by: Astronomy Domine** · Pink Floyd (1967)
▶ **Influence on: Ladies and Gentlemen We Are
Floating In Space** · Spiritualized (1997)
● **Covered by:** James Last (1973) · Doctor & The Medics
(1985) · Thin White Rope (1993) · The Church (1999)
Sex Pistols (2002)

"Silver Machine"에 관련된 뒷이야기는 아이러니 그 자체이다. 이 곡은 오늘날에 이르기까지 호크윈드의 곡 중 가장 잘 알려진 트랙이며(영국에서는 3위에 오르기까지 했다), 한때 그들의 보컬리스트로 활동했던 이언 "레미" 킬미스터가 깔끔한 음성으로 부른 바 있다. 이것은 킬미스터가 다음으로 이전할 밴드 모터헤드에서 30년 남짓 추구하게 될 목청 떨어지는 보컬 스타일과는 매우 거리가 멀었다. 그가 호크윈드에서 나와 더 큰 상업적 성공을 거둔 그룹을 결성한 이유는 과연 무엇이었을까? 간단하다. 다른 멤버들이 그를 쫓아냈던 것이다. "Silver Machine"은 레미가 밴드에게 남긴 단 하나의 유산이다. 동시에 이것은, 호크윈드가 남긴 유일한 업적이라고도 할 수 있었다.

이 업적은 가히 대단하다고 할 수 있었다. 섹스 피스톨즈가 2002년 재결합하여 대규모 콘서트를 줄줄이 열었을 때, 그들의 공연 서두를 장식했던 것이 바로 "Silver Machine"이었다. 그들이 단순히 '펑크 대 스페이스 록 (space rock)'이라는 저의를 품고 있었건, 이 경이로운 곡의 중요성을 인정하려 했건 간에, 어쨌든 피스톨즈의 그런 행위가 70년대 문화에 이 곡이 미친 영향력을 여실히 보여주었음은 확실하다. 오늘날에 이르러서도, 이 곡이 상징하는 것은 한두 가지가 아니다. 60년대 사이키델리아부터 현대의 프로그레시브 록까지 이어지는 오랜 LSD 복용 전통에서 역대 가장 대단했던 스페이스 록 앤섬이 바로 이 곡인 것이다. 이 곡은 모터헤드의 "Iron Horse"와 나란히, 오토바이족들의 대표적 앤섬으로 꼽힌다.

이 모든 것이 상행하는 화음의 반복진행과 기본적인 부기 코드들의 만남이라는 단순함을 통해 이루어졌다. 물론 초반에 파동치는 아날로그 신스 사운드를 더해 곡의 필수 요소인 몽롱함을 어느 정도 부여하기 했지만, 이 트랙은 단순한 곡들이 정작 세월에 끄떡없는 매력을 지니고 있음을 몸소 보여주고 있다. 당신이 정신 자극적 약물을 복용한 사람이건, 아닌 사람이건 간에 말이다. 호크윈드는 이후 "Silver Machine"에 버금가는 곡을 만들지 못한다. 하지만 이런 곡을 한 번이라도 썼다는 사실 자체만으로도 존경받을 만하다. **JMc**

Tumbling Dice | The Rolling Stones (1972)

Writer | Mick Jagger, Keith Richards
Producer | Jimmy Miller
Label | Rolling Stones
Album | *Exile on Main St.* (1972)

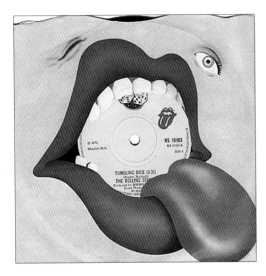

"정말 대단한 트랙입니다.
굉장히 여유만만해요. 그 그루브로
당신을 단단히 빨아들여 버리죠."

조 페리, 2002

◀ **Influenced by:** Alimony · Ry Cooder (1970)
▶ **Influence on:** Bad Obsession · Guns N' Roses (1991)
● **Covered by:** Owen Gray (1973) · Linda Ronstadt (1977)
Pussy Galore (1986) · Bon Jovi (1995) · Johnny
Copeland (1997) · Molly Hatchet (2000) · Barry
Goldberg (2002) · Jill Johnson with Kim Carnes (2007)

"이 곡의 어떤 면을 사람들이 좋아하는 건지 전 사실 잘 모르겠어요." 믹 재거가 어리둥절한 듯 말했다. "저희가 보여 줄 수 있는 최고의 모습을 담고 있다고 생각하지 않아요. 가사도 별로고요. 그런데도 사람들은 이 곡이 꽤나 마음에 드나 보던데요." 롤링 스톤스의 "Tumbling Dice"가 영국에서 처음 햇빛을 본 것은 1970년 10월이었다. 그때만 해도 이 곡은 판이하게 다른 모습을 하고 있었다. 당시 "Good Time Woman"이라 불리던 이 곡은 가사도 달랐고, 템포도 더 빨랐으며, 믹 테일러를 리드 기타로, 이언 스튜어트를 피아노로 내세운 상태였다. 테일러의 말에 의하면 이 곡은 "매우 간단한 구성을 갖추고 있었으며", "그냥 잼 세션 도중 자연스레 만들어지게 된 곡"이라는 것이다.

이듬해 여름, 이 트랙은 프랑스에 있는 키스 리처즈의 저택 지하 공간에서 재작업을 거치게 된다. "위층의 굉장히 우아하게 꾸며진 거실에서 이 리프를 썼던 게 기억나는군요." 키프가 말했다. "그리고 저희는 아래층에 내려와 그날 저녁, 바로 녹음에 돌입했죠." 그러나 엔지니어 앤디 존스가 불평을 했다. "그 녹음 작업이 2주 내내 계속되었어요. 밴드 멤버들이 그냥 걸터앉아 몇 시간이고 인트로 리프만 계속 반복해서 치던데요. 그루브를 제대로 살리겠다면서요. 아마 150번이나 200번 정도 다시 녹음했던 것 같네요." 한편에서 테일러가 베이스를 맡고, 리처즈가 기타를 손에 쥐고 나자 본격적으로 이 곡의 진화가 시작됐다(여기에 재거가 도움의 손길을 뻗쳤다). "Tumbling Dice"가 완성된 것은 1972년 3월 로스앤젤레스였다. "갑작스럽게," 제가가 믹싱 과정에서 이렇게 불평했다, "배킹 트랙이 너무…너무…평범한 것 같아요." 사실, 그 결과물은 "평범"과는 꽤 거리가 멀었다. 물론 가사는 도통 알아들을 수도 없었다. "이 곡이 특별한 이유 중 하나는," 클래시의 조 스트러머가 이렇게 말했다, "가사가 난제라는 거죠. 마치 'Louie, Louie'(재거는 이 곡이 "도박과 사랑에 대한 것"이라고 단언했다)에서처럼 말이에요." "전 'Tumbling Dice'를 정말 좋아해요." 리처즈가 흥분조로 말했다. "모두들 한 명 한 명이 아름답게 연주했죠." 라이언 아담스가 여기에 동조한다. "정말 끝내주는 트랙이죠. 완벽합니다." **BM**

Thirteen
Big Star (1972)

Writer | Alex Chilton, Chris Bell
Producer | Big Star, John Fry
Label | Ardent
Album | *#1 Record* (1972)

Big Eyed Beans from Venus | Captain
Beefheart & The Magic Band (1972)

Writer | Captain Beefheart
Producer | Ted Templeman
Label | Reprise
Album | *Clear Spot* (1972)

전형적 컬트 영웅이라 할 수 있는 알렉스 칠튼이 처음 유명세를 맛본 것은 60년대 팝그룹 박스 탑스에서였다. 그들은 "The Letter"와 같은 히트 곡들로 골드 레코드를 기록하기까지 했지만, 결국 제작자이자 작곡자였던 댄 펜의 단순한 이용 수단에 지나지 않았다. 그리하여 어린 알렉스는 스타덤을 등진 채 무명의 길을 택했다. 그러나 괴팍한 솔로 컬리어를 시작하기 전, 그는 동료 싱어-송라이터 크리스 벨과 함께 결성한 빅 스타에 몸담게 되었다. 빅 스타의 데뷔 앨범은 비틀즈적 멜로디에 롤링 스톤스적 블루스를 섞고 약간의 사이키델리아를 곁들인 조합물이었고, 빌보드는 "한 트랙 한 트랙 모두 싱글감이다"라는 격찬을 날렸다.

이 트랙들 중 하나를 가리켜 롤링 스톤 매거진은 "중학교 시절을 그리운 마음으로 재미 있게 회상한 것"이라 묘사했다. 롤링 스톤스의 "Paint It, Black"을 언급하고 있는 이 곡의 가사에 향수가 묻어 있는 것만은 분명했다. 하지만 제목이 말해주듯, "Thirteen"은 사실 좀 더 지저분한 관계에 대한 내용을 담고 있다. 그러나 곡이 전하는 청각적 배려에 담긴 짙은 감수성 덕에 2분 30초 동안 듣는 이는 마법에 걸리게 된다. "Thirteen"은 칠튼이 낳은 자식이었다. 하지만 그 스스로는 이 곡이 그저 "더듬어대는" 노래라고 일축해버린다. 게다가 빅 스타는 대단한 성공을 누려보지도 못한 채 1974년 스스로 무너졌다. 그러나 "Thirteen"만은 무쇠와 같이 단단히 고전의 자리를 지킨다. 빅 스타의 가장 큰 수하생들인 틴에이지 팬클럽은 자신들의 1993년 앨범에 이 곡의 이름을 따 'Thirteen'이라는 이름을 붙여주었다. 엘리엇 스미스와 윌코에서부터 데우스와 가비지까지, 줄줄이 커버 버전을 내놓기도 했다. **BM**

돈 반 블리에트는 진정 자신의 3번째 앨범 〈Trout Mask Replica〉(1969)가 날개 돋친 듯 팔릴 것이라 기대했던 것일까? 아무래도 의심이 간다. 어쨌든 그는 미국에서 이 앨범이 흥행에 실패하자, 자신의 음악적 괴팍함을 조금 누그러뜨리려 노력한다. 1972년(과거에 60년대 팝 그룹 하퍼즈 비자르의 멤버였고, 당시 두비 브라더스와의 작업으로 성공가도를 달리고 있었던), 테드 템플먼을 제작자로 기용한 것이다.

좀 유별난 듯한 협력 관계였지만, 사실 충분히 더 유별날 수도 있었다. 〈Clear Spot〉은 〈Trout Mask Replica〉에서 내보인 당혹스런 블루스-록과는 대단한 차이를 보였다. 그러나 비교적 깔끔하게 마무리된 이 음반은 이 전 앨범이 지녔던 카리스마만은 재현해내지 못했다. 부기의 늪이라 할 수 있는 "Nowadays a Woman's Gotta Hit a Man"이나 "My Head Is My Only House Unless It Rains"가 보여준 별 볼 일 없는 발라드로 국민의 마음을 사로잡기에는 역부족이었다.

정작 전체의 하이라이트는 앨범 끝 주변에 묻혀 있다. 로켓 모튼(실명은 마크 보스턴)과 주트 혼 롤로(빌 할클로드)의 쌍발 엔진 기타가 운전대를 잡고(여기서 롤로에게 던지는 격려의 말 "Hit that long, lunar note, and let it float(그 음을 늑대 울음같이 길게 빼봐. 그리고 멈추지 마)"이 기억에 남는다), 언뜻 보기에 굉장히 복잡한 듯 느껴지는 에드 마림바(아트 트립)의 드러밍이 바닥을 단단히 붙든 채 전진하는 "Big Eyed Beans from Venus"는 비프하트가 가진 아방가르드적 뿌리와 주류적 경향을 가장 성공적으로 융화시킨 결과물이었다. 또한 이것은 비프하트가 만든 마지막 음반들을 따져보았을 때, 가치 있다고 볼 수 있는 것들 중 하나이다. 80년대 초 그는 음악 활동을 등지고 미술가로 전향했다. **WF-J**

1972년. 밴드의 마법을 보여주며, 좌로부터 로켓 모튼, 주트 혼 롤로, 캡틴 비프하트.

Rocket Man | Elton John (1972)

Writer | Elton John, Bernie Taupin
Producer | Gus Dudgeon
Label | DJM
Album | *Honky Château* (1972)

"그건 보위로부터 훔친 것이 아니에요.
다른 녀석의 것을 슬쩍한 것이죠.
그 사람 이름은 톰 랩이에요."

버니 터핀, 1988

◀ **Influenced by: Rocket Man** • Pearls Before Swine (1970)
▶ **Influence on: 1st Man in Space** • All Seeing I (1999)
● **Covered by:** Kate Bush (1991) • Hank Marvin (1993) The Nixons (1998) • Angie Aparo (2002) • Carl Dixon (2003)

1972년, 미·소련 사이의 우주 개발 경쟁이 시들해지기 시작했다. 게다가 텔레비전을 통해 초기 아폴로 미션을 경이에 찬 눈으로 바라보던 대중들도 하나둘 자리를 뜨기 시작했다. 이런 분위기 속에서 엘튼 존이 "Rocket Man"을 발사했다. 이 노래는 우주 여행을 부러움의 대상이나 색다른 관심거리로 비추기보다는 일상의 단조로움과 외로움으로 그려냈다.

사실 엘튼이 미지의 땅을 개척한 것은 아니었다. 1969년 발매된 데이비드 보위의 히트작 "Space Oddity"만 해도 똑같은 내용을 주제 삼아 노래했었다. 게다가 프로듀서까지 "Rocket Man"과 동일했다는 것이다(거스 더전이 바로 그였다). 그러나 작사가 버니 터핀은 펄스 비포 스와인(펄스 비포 스와인은 혀 짧은 포크 뮤지션 톰 랩을 프론트맨으로 세운 사이키델릭 그룹이었다)이 발매했던 동명의 곡이 그가 받은 영감의 원천이라고 주장한다. 터핀과 랩의 작품 둘 모두 공상과학소설가 래이 브래드버리의 1951년 출판 저서 「디 일러스트레이티드맨」에 나오는 단편작에서 아이디어를 채취했음이 드러나 보인다.

곡의 황량함을, 엘튼이 연주하는 풍부한 감성의 피아노 사운드와 나머지 밴드 멤버들로부터 흘러나오는, 솟구치는 듯한 보컬 하모니들로 상쇄시키고 있다. 데이비드 헨첼이 ARP 오디세이 신디사이저로 덧붙인 초현대적인 BBC 라디오포닉 워크숍적 요소를 제외하고는, 곡 전체가 다분히 지구인적 악기 편성에 기반하고 있다(예를 들어, 각 코러스 시작 부분을 무성하게 장식하는 데이비 존스톤의 어쿠스틱 기타 플레이를 한번 들어보라). 여기 딱 들어맞는 적절한 편성인 듯 느껴진다. "I miss the Earth so much, I miss my wife / It's lonely out in space(난 지구가 너무나 그리워 내 아내가 그리워 / 우주에 있는 건 외로워)"와 같은 가사 부분은 송라이팅 역사에 오랜 전통이라 할 수 있는 '애수'를 노래하고 있다. 그렇다 하더라도 이 노래는 과거 다른 이들이 좀체 가지 않았던 영역으로 듣는 이를 인도하고 있다. 그것은 바로 가정의 품이다. 셀 수 없을 만큼 많은 블루스 싱어들이 외로움에 대해 노래해왔지만, 그들 중 결혼 생활의 안정을 향한 갈망을 시인한 자가 몇이나 되었던가? **SP**

Mama Weer All Crazee Now | Slade (1972)

Writer | Noddy Holder, Jim Lea
Producer | Chas Chandler
Label | Polydor
Album | *Slayed?* (1972)

"진 시몬스가 저희에게 말했죠.
키스가 만든
'Mama Weer All Crazee Now'가 바로
'Rock and Roll All Nite'라고요."

노디 홀더, 1987

◀ **Influenced by: L-O-N-D-O-N** · Lord Sutch & Heavy
Friends (1970)
▶ **Influence on: Rock and Roll All Nite** · Kiss (1975)
● **Covered by:** James Last (1973) · The Runaways (1978)
Mama's Boys (1984) · Quiet Riot (1984) · The Oppressed
(2001) · Reel Big Fish (2009)

어처구니없다 싶을 정도의 스택 힐과 반짝이 복장을 과시한 글램-록 제왕들 슬레이드는 70년대 전반기에 영국의 차트를 사정없이 밟아버린다. 의기양양한 태도로 철자조차 무시한 채였다. "Mama Weer All Crazee Now"의 본래 제목은 "My My We're All Crazy Now"였고 영국에서 1년 내에 그들이 기록한 3번째 넘버 원 히트였다. 그리고 그 셋 중 최고이기도 했다.

대부분 여론은 이 그룹이 라이브 무대에서 또 다른 진가를 발휘한다는 것에 동의했다. 레코드상에서 보여주는 선동적 이미지 외에도 말이다. 키스의 진 시몬스가 곰곰이 생각하다 한마디 던졌다. "슬레이드가 있기 전에는, 관중을 한 무리의 폭도들로 뒤바꿔 놓는 방법을 제대로 아는 사람이 하나도 없었죠." 슬레이드의 런던 공연 후 잔해를 두 눈으로 직접 목격한 것이 노디 홀더에게 영감을 불어넣어, 그는 베이시스트 짐 리아의 강력한 튠에 완벽하게 어울릴 이미지를 창조했던 것이다. 기타리스트 데이브 힐이 이렇게 설명한다. "'Mama Weer All Crazee Now'는 순전히 어느 하룻밤 일의 힘으로 탄생했어요. 그날 저희 공연이 잘 풀리고 있었고, 관중들은 광란하고 있었죠…저희는 어떤 젊은 녀석들이 미친 듯이 날뛰는 걸 보고 이렇게 생각했어요, '우리 다 완전 맛이 간 거 아니야!'라고요."

바삭바삭한 기타 인트로가 시작되면 홀더의 늑대 울음과 함께 아드레날린이 솟구쳐 오른다. 이것은 사실 본래 트랙에는 없던 부분이었다(이것은 그들의 프로듀서이자 과거 애니멀의 멤버였던 채스 챈들러가 홀더의 보컬 워밍업 일부를 가져다가 사용한 것이다). 대중은 이 밴드가 내보인 꾸밈없는 태도를 덥석 받아들였다. 라몬스나 톰 존스, 오아시스나 너바나와 같이 다양하며 대조적인 밴드와 아티스트를 마주한 후세들도 이런 솔직함에 똑같이 환호했다.

"Mama Weer All Crazee Now"는 슬레이드가 차트를 흔들다시피 할 시절 등장했던 곡이다. 그리고 70년대 당시 이들보다 더 많은 싱글을 판매한 록 그룹은 아예 없었다. 비록 슬레이드한테 철자법을 가르쳐달라 할 일은 없겠지만, 이들이 위대한 영국 밴드가 되는 법을 충분히 가르쳐주고 떠났다는 것만은 부정할 수 없다. **CB**

Rocky Mountain High
John Denver (1972)

Writer | John Denver, Mike Taylor
Producer | Milton Okun
Label | RCA
Album | *Rocky Mountain High*
(1972)

고인이 된 존 덴버는 70년대의 남성 수퍼스타 무리(닐 다이 아몬드, 스티비 원더, 로드 스튜어드, 배리 마닐로우 등)에서 가장 덜 자극적인 사람 중 1명이다. 이것이 바로 이 작곡가의 편안하고 건전한 음악 스타일의 한 이미지였다. 그의 음악은 M.O.R.(미들 오브 더 로드)부터 포크, 부담 없는 컨트리까지 각종 스타일의 멜로디성 강한 팝을 사랑하는 이들을 쉽게 사로잡았다.

본래 이름이 존 도이첸도르프였던 그는 성을 덴버로 바꾸었다. 미국 서부 지방에 대한 자신의 애착을 피력하고 싶었다는 게 그 이유 중 하나였다.

"Rocky Mountain High"(미국 9위)는 덴버의 내면 깊숙한 곳과 소통하고 있는 동시에 널리 만인의 공감대를 얻고 있는 곡이다. 이 곡은 2007년 콜로라도주 제2의 주가로 선포되었고, 덴버의 비공식적 앤섬으로 사람들 마음속에 각인된다. 곡의 가사는 한 인간의 영적 재탄생을 노래한다. 이 주인공은 후렴구에서 "Co-lo-ra-do-o(콜-로-라-도-오)"라 메아리치는 록키 산맥 인근 주로 돌아와 자신을 둘러싼 자연에 힘과 미에 대해 자각하게 된다. 덴버의 흔들림 없는 음성은 트랙의 중간에서 평정을 잃지 않고, 땡그렁대는 어쿠스틱 기타 사운드, 솟구치는 페달 스틸 기타가 이를 둘러싸고 있다. 여기에 트라이앵글이 최소한의 퍼커션 사운드를 넣는다.

이 노래는 "high"라는 말을 가사에 사용했다는 이유로 잠시 금지되기도 했다. 그러나 덴버는 록키 산맥의 경치 앞에서 그가 느낀 희열을 표한 것뿐이라 주장했다. 그러나 그가 LSD와 마리화나를 복용하던 중 이 곡을 썼다는 소문이 돌기 시작하면서, '자각'이라는 테마가 완전히 새로운 의미로 해석되기 시작했다. **YK**

The Night | Frankie Valli
& The Four Seasons (1972)

Writer | Bob Gaudio, Al Ruzicka
Producer | Bob Gaudio
Label | MoWest
Album | *Chameleon* (1972)

포 시즌스는 블루-아이드 소울의 전수자들 중 최고의 노련미를 인정받았고, 베리 고디는 자신의 모타운 송라이터들에게 그들의 레코드를 틀어주며 이렇게 곡을 쓰는 것을 목표로 잡으라는 힌트를 던졌다 한다. 그러나 듣기 편한 팝을 예상한 채 이 뉴저지 보이즈들을 1971년 자신의 모웨스트 레이블에 들여온 고디는 경악을 금치 못했다. 이들이 내놓은 결과물은 캐롤 킹의 최근 LP 〈Tapestry〉에 가깝다 싶은 어둡고 원숙미 넘치는 〈Chamelon〉이었다.

"The Night"는 조 롱(Joe Long)의 공격적이다 싶도록 펑키(funky)한 베이스라인으로 시작된다. 그리고 시즌스의 경고의 말 "Beware…of his promise"가 소토 보체(sotto voce)톤으로 흘러나온다. 이 곡이 단순히 야간의 쾌락주의에 관한 것만이 아니란 걸 여기서 단번에 눈치챌 수 있다. 오히려 이것은 이별에 대한 노래라 할 수 있다. 괴로움에 지친 볼리는 떠나가는 연인에게 잘 생각해보라고 말하며, 이런 결정을 후회하며 많은 밤을 지샐 거란 경고를 던진다. 이러한 메시지는 포 시즌스만 구사해 낼 법한 기막힌 팔세토 하모니로 더욱 강조되고, 여기에 빌리 디로치의 시이키델릭 기타 사운드와 신참 앨 루지스카의 변덕스런 오르간 사운드가 가세해 위협하는 듯한 곡 분위기를 조성한다.

흥행에 성공을 거두지는 못했으나 "The Night"는 영국의 노던 소울 신의 팝 고고학자들의 갈채를 받았으며, 여기에는 폴 윌슨의 폴-투-더-플로어(Four-to-the-floor) 리듬 패턴과 광기 어린 코러스 부분이 한몫했다. 노던 소울 매니아들이 여기서 느낀 매력이 워낙 대단했던지라, 이 곡은 결국 늦게나마 1975년 영국의 톱 10에 진입했다. **SP**

Reelin' in the Years
Steely Dan (1972)

Writer | Walter Becker, Donald Fagen
Producer | Gary Katz
Label | ABC
Album | *Can't Buy a Thrill* (1972)

스틸리 댄의 2번째 싱글이 보여준 귀에 착 감기는 팝 스타일은 그들이 내놓은 첫 히트작과 너무나도 이질적인 것이었다(그들의 첫 히트 "Do It Again"은 느긋하고 유혹적인 라틴적 차차 뮤직이었다). 서로 다른 그룹의 트랙이 아니냐는 오해를 살 정도였다. 도널드 페이건은 시큰둥해져버린 대학 시절의 로맨스에 대해 노래한다. 여성 혐오주의적 냄새를 살짝 풍겨대는 이 트랙은 밴드의 조롱 섞인 코러스에 힘입어 쉽게 따라 부를 수 있는 매력을 가진다. 바짝 그을린 사운드로 시작해서 멋진 솔로로 갑작스레 방향을 전환하는 기타의 행보는 겨우 조성을 비껴가지는 않는 재즈적 프레이징을 마구 풀어놓는다. 이것은 더군다나 밴드의 일원도 아니었던 엘리엇 랜달의 플레이였다. 그의 친구 제프 "스컹크" 백스터, 데니 디아즈가 가세한 이 기타 3중주는 서로 촘촘히 엉겨 맹렬하고 빈틈없는 기타 화성을 구사해낸다. 70년대 록 그룹 중에서도 강렬한 멜로디와 심도 높은 음악성을 자랑했던 몇몇 중 하나인 이 밴드의 선두 지휘는 영문학을 전공했던 도널드 페이건과 그의 동창생 월터 베커가 도맡아 하고 있었다. 여유로운 이미지와 반(反)밴드적 태도로 무명임을 자처했던 이들 2인조는 싱코페이션 리듬과 톡톡 쏘는 강한 멜로디성 음악을 구사하는 비결에 능통해 있었다. 페이건(키보드와 비음 섞인 보컬)과 베커(베이스)는 자신들의 세부적 요소에까지도 꼼꼼히 심혈을 기울여가며(이들은 자신들의 팝의 완성도를 위해 코드 차트와 다양한 스튜디오 기법을 써가며 쓸고 닦아 윤을 냈다), 절충적이라 할 수 있는 음반 목록을 만들었다. 이들의 내공은 결국 결실을 본다. 1973년 싱글로 발매된 "Reelin' in the Years"는 미국에서 11위에 오르는 한편 에프엠 라디오의 단골 곡이 되었다. **JJH**

Always on My Mind
Elvis Presley (1972)

Writer | Johnny Christopher, Mark James, Wayne Carson Thompson
Producer | Felton Jarvis
Label | RCA Victor
Album | *Separate Ways* (1972)

세상을 뜨기 5일년도 더 전에 녹음되었다고는 하지만 프레슬리의 "Always on My Mind"는 그의 부활 신화의 마지막을 예고했다(그의 1968년 컴백은 텔레비전 스페셜로 방영되며 세간의 화제가 되었다).

1972년 2월 23일, 프레슬리는 라스베이거스 힐튼 호텔에서의 공연을 성공적으로 마쳤고 제2의 전성기를 누리고 있었다. 그와 그의 단골 밴드 멤버들(기타리스트 제임스 버튼과 찰리 하딘을 비롯하여 보컬을 맡은 제이디 섬너 앤 더 스탬프스 등)이 3월 27일, 할리우드 소재 RCA 소유 스튜디오 C에 모여 만든 결과물은 정말 위대하다고 할 수 있다.

사실 3일간의 녹음 기간 동안, 프레슬리의 집중력이 저조했고, 그가 스튜디오에서 아픈 가슴을 안고 푸념을 일삼았다고는 하지만 여기서 탄생한 "Separate Ways", "Burning Love", "Fool"은 그가 70년대에 내놓은 어떤 노래보다 탁월했다. 녹음 3일째 되던 날 그가 부른 노래는 많은 이들의 가슴속에 그의 결혼 생활의 최후와 엘비스 시대의 종말을 의미하는 곡으로 남게 된다. 브렌다 리가 최근 흥행에 실패했던 트랙 "Always on My Mind"는 아직 대중들 사이에 생소한 곡이었고, 11월 "Separate Ways"와 함께 더블 A사이드 싱글로 발매된다. 이건 가히 최고의 이별 패키지이라 할 수 있다. 공동 작곡가 마크 제임스가 신이 나 이렇게 말했다. "(엘비스가) 정말 대단하고 기억에 남을 만한 퍼포먼스를 하나 리코딩으로 옮겼다". 그를 이 모습으로 기억해달라. 진정한 소울 싱어로서 말이다. **DH**

Most People I Know . . . | Billy Thorpe & The Aztecs (1972)

Writer | Billy Thorpe
Producer | Billy Thorpe
Label | Havoc
Album | N/A

몇 번에 걸친 라인업의 변화를 통해 빌리 소프 앤 디 아즈텍스는 스스로의 개조를 멈추지 않는다. 이들은 70년대 록 그룹 페르소나로 잘 알려졌으며, 당시 탄생한 것이 바로 "Most People I Know (Think I'm Crazy)"이다. "소피"라는 애칭으로도 불린 빌 소프는 2007년 사망했다. 60년대 중반 일어난 비틀즈의 차트 통치와 10대 대중 정복 사건에 그나마 위협을 가할 수 있었던 유일한 호주 밴드가 바로 빌 소프의 손으로 만든 디 아즈텍스 Mk 1 버전이었다.

70년대 초반 팝이 록으로 진화해가던 과정에서, 소프의 활동 세계에도 시각적·음악적 진화가 일어난다. 비록 "Most People I Know"가 그들이 새로 채택한 배짱 두둑한 사운드를 완전히 대변한다고 볼 수는 없지만, 그럼에도 이 곡은 그 시기에 밴드의 시그니처 튠으로 통했다. 당시 소프는 보컬리스트로 여전히 리드를 맡고, 기타를 하나 걸쳐 메고 포니 테일 머리를 휘날리며 록계 최고 시끄러운 밴드 중 하나의 프론트맨 역할을 소화했다. "Most People I Know"가 공중파를 타고 처음 대중에게 전해진 것은 1972년 여름이었고 당시 밴드는 빅토리아의 선버리 뮤직 페스티벌(Sunbury Music Festival)에서 공연했다. 그들의 신곡을 데뷔시키는 자리로 이보다 더 좋은 장소나 타이밍은 없었다. 이 곡은 호주의 우드스탁이 불리는 자리에서 4만 명에 이르는 페스티벌 참여 대중의 마음을 금세 사로잡게 된다. 이 곡의 가사가 지닌 반항적이고 사적 성격은 많은 음반 구매 대중에게 공감대를 불러일으켰고, 높은 음반 매출 기록에 힘입어 이 곡은 호주의 차트 석권은 물론 〈Aztecs Live at Sunbury〉의 발매를 부추겼다. 이 앨범에는 "Most People I Know"의 데뷔를 통해 밴드가 누린 영광의 시간들이 고스란히 담겨 있다. **DR**

Taj Mahal
Jorge Ben (1972)

Writer | Jorge Ben
Producer | Paulinho Tapajos
Label | Philips
Album | Ben (1972)

삼바에 록, 소울, 그리고 특히 펑크(funk)를 섞기 전, 축구 선수로 데뷔 할 뻔한 이력이 있다는 브라질 태생의 유명 싱어-송라이터, 조르제 벤의 1번째 히트작은 "Mas, Que Nada"(1963)였다. 그는 1972년 다시 한 번 골드 레코드를 기록하였고 이번에는 "Taj Mahal"을 통해 브라질에서 인기몰이를 했다.

이 쾌활한 트랙에는 기대했던 대로 빠지지 않는 리듬 기타에 금관 사운드가 가세해 "블랙스플로이테이션(흑인 정형화)"의 냄새가 풍기지만 쿠이카 드럼(치기보다는 주로 문질러서 소리를 낸다)이 끈질기게 끼익대는 덕에 이 곡이 가진 삼바의 뿌리가 확연히 전해진다. 이 곡의 포르투갈어 가사는 인도 무굴 제국의 왕 샤 자한의 아내 뭄타즈 마할에 대한 사랑을 노래하고 있지만 그가 아내의 이름을 기리는 영묘를 지은 과정을 자세히 이야기하고 있지는 않다. 그 대신 벤은 쾌활한 스캣 코러스의 힘을 빌린다.

로드 스튜어트의 1978년 히트작 "Da Ya Think I'm Sexy?"의 기반이 되었던 것이 바로 이 리프이다(이 곡은 스튜어트가 롤링 스톤스의 디스코 히트작 "Miss You"를 듣고 영감을 얻어 자신의 드러머 칼마인 아피스와 함께 썼다고 하며, 대서양 양쪽에서 차트 석권을 기록하며 스매시 히트로 부상했다). 벤은 스튜어트를 표절로 고소하였고, 우호적인 합의 끝에 스튜어트는 저작권 수익을 유니세프에 기부하겠다고 동의했다.

아프리카계 미국인 블루스맨 타지 마할은 "Taj Mahal"의 한 버전을 녹음한 후 제목을 "Jorge Ben"으로 대체했다. 한편 조르제 벤은 자신의 저작권 수익의 일부가 조지 벤슨에게 잘못 전달되었다는 것을 알게 된 이후, 1989년 이름을 조르제 벤조르(Jorge Benjor)로 바꾸었다. **JLu**

1972년 공연에서 조르제 벤이 자신의 경쾌한 히트 곡을 부르며 어쿠스틱 기타로 밴드를 리드하고 있다.

Walk on the Wild Side | Lou Reed (1972)

Writer | Lou Reed
Producer | David Bowie, Mick Ronson
Label | RCA
Album | *Transformer* (1972)

"어떤 사람들은 제가 완벽주의자라고
말해요. 틀린 말은 아니에요. 하지만 전
그뿐 아니라 재능도 있고, 스스로 대단한
곡을 만들 때면 눈치챌 줄도 알아요."

루 리드, 1998

◀ **Influenced by: Sweet Talkin' Guy** · The Chiffons (1966)
▶ **Influence on: Animal Nitrate** · Suede (1993)
● **Covered by:** Vanessa Paradis (1990) · The Skids (1991)
Company B (1996) · Texas Lightning (2005) · Paul
Young (2006) · Editors (2007) · Jesse Malin (2008)
★ **Other key track:** Perfect Day (1972)

컬트 아방가르드 록 그룹 벨벳 언더그라운드가 쇠락의 길을 걷게 된 이후 루 리드는 어쩔 수 없이 부모님의 집에 돌아와 살아야 했고, 부친의 회계 사무소에 취직했다. 다행히도 그는 밸런스 시트들에 곧 싫증을 느꼈고, 솔로 활동을 시작하려고 마음을 먹는다. 여기에 도움의 손길을 뻗친 게 바로 벨벳 팬이었던 데이비드 보위였다. 보위는 리드의 2번째 앨범의 프로듀싱을 맡게 되었고(당시 그가 아직 지기 스타더스트 시기에 머물 때였다) 여기에 리드의 옛 멘토 앤디 워홀이 뮤지컬 작품에 쓰려고 의뢰했던 음악 3곡을 수록하게 된다(그것은 올그린의 1956년 소설 「어 워크 온 더 와일드 사이드」를 토대로 워홀이 만들려 계획했던 뮤지컬이었다). 이 뮤지컬은 결국 무산되었다. 그러나 리드는 그 제목을 간직해두었다가 이 노래에게 붙여주었다. 워홀의 스튜디오 '더 팩토리'를 자주 드나들던 맨해튼 거리의 '수퍼 스타들' 중 몇의 삶에 대한 이야기가 이 곡에 담겨 있다. 그리하여 홀리 우드런, 캔디 달링, 조 달레산드로, 재키 커티스와 조 "슈거 플럼 페어리" 캠벨이 거둔 위업들이 단호하지만 애정 어린 한 폭의 초상화에 새겨져 불멸의 존재로 남게 된다. 여성 3인조 보컬 그룹 선더사이즈가 배킹 보컬을 맡았으며 보위의 어린 시절 색소폰 선생님이었던 론니 로스가 달콤한 색소폰 솔로를 구사했다.

성전환과 오럴 섹스, 마약에 대한 암시를 담고 있음에도 불구하고 "Walk on the Wild Side"는 미국과 영국에서 톱 20위 진입에 성공했다. BBC가 "colored girls"라는 가사 구절에 이의를 제기한 동시에 "all the girls"로 교체할 것을 요구했던 사건도 유명하다. "Walk on the Wild Side"는, 거의 전설적이다시피 호전적 반항아였던 리드가 이어갈 30년간의 흥행 실패가 있기 전 마지막 히트 곡이기도 했다. 그래도 허비 플라워즈의 인상 깊은 더블 베이스 파트는 여러 차례 샘플링되었다. 예를 들어, 어 트라이브 컬드 퀘스트의 "Can I Kick It?"(1990)에 말이다. 플라워즈가 〈Tranformer〉앨범 참여의 대가로 받은 보수는 그리 대단하지 않았다. 하지만 그는 이것을 세션 뮤지션들의 운명으로 그저 받아들였다. "그냥 맡은 일 해주고 그 자리에서 꺼지는 거죠, 뭐." **PL**

Virginia Plain | Roxy Music (1972)

Writer | Bryan Ferry
Producer | Peter Sinfield
Label | EG
Album | N/A

"'Virginia Plain'은 훨씬 더 많은 이들에게
모든 것을 열어 보였죠…
전 지식계급에게만 호소하는 것이
싫습니다."

필 만자네라, 1975

◀ **Influenced by:** I'm Waiting for the Man · The Velvet
Underground (1967)
▶ **Influence on:** A Glass of Champagne · Sailor (1975)
● **Covered by:** Spizzenergi (1979) · Slamm (1993) · Griff
Steel (2007)
★ **Other key track:** Do the Strand (1973)

브라이언 페리가 자신의 작곡에 가장 큰 영향을 준 인물로 스모키 로빈슨을 꼽은 적이 있다. 하지만 당신이 만일 그 모타운 아티스트와 록시 뮤직(크루닝 공상 과학 소설을 연상케 하는 사운드 이펙트가 담긴)의 첫 싱글 사이에서 연결 고리를 찾으려 한다면 한숨만 푹푹 쉬게 될 것이다. 이들 음악의 선배 격이 되는 존재를 굳이 찾자면, 벨벳 언더그라운드의 최면적 리듬 스타일을 꼽을 수 있을 것이다. 록시의 상주 멤버이자 과학 연구가였던 브라이언 이노도 언더그라운드를 가리켜 주요 영향 요소라 말한 바 있다.

이 곡이 귀를 덮칠 때의 그 강력한 힘은 가히 기념비적이라 할 수 있다. 마치 한 무더기의 자갈이 붕괴하는 듯한 사운드의 벽을 청각적으로 묘사해놓은 것 같았다. 이노는 자신의 수트케이스 모양 VCS3 신디사이저를 활용해 우주 시대를 연상케 하는 효과음들을 선보이며, 필 만자네라의 즉석 기타 솔로, 앤디 맥케이의 색소폰이 내는 뿡뿡거림, 페리의 바수어버릴 듯한 피아노 사운드(세일러가 1975년 이것을 슬쩍 했다)에 샹그리-라스 스타일의 오토바이 가속 사운드(마이크를 단 로드 매니저가 케이블을 질질 끌며 오토바이를 타고 런던 중심부를 돌아 얻어낸 것)를 더해 곡을 완성했다.

페리의 에두른, 슬로건적 가사는 그가 미술과 학생 시절 그린 그림에서 영감을 받아 만들어졌다. 그것은 워홀 신봉자 베이비 제인 홀저의 모습이 담긴 담배 광고였다. 홀저의 부푼 머리 스타일(페리는 이것을 "홀저의 머리털"이라 이름 짓는다)은 1964년 대단한 유행을 일으켰다. 과연, 팝 아트 도사이자 왕년에 벨벳의 프로듀서를 맡았던 워홀의 기운이 곡 전체에서 강렬하게 느껴진다. 가사 한 구절 한 구절이 아메리카나에 흠뻑 젖어 있다. 드라이브 인에 간 십대 반항아들의 세계, '자이브' 추는 힙스터들, 밤새도록 계속되는 차차, 프레드 앤 진저 2인조가 출연하는 1933년 뮤지컬 영화 〈플라잉 다운 투 리오〉가 언급되기도 한다. 이 곡의 가사는 다양한 팝컬처 현상에 대한 암시들이 한데 모여 이룬 콜라주로서, 영화계의 황금기와 로큰롤의 충돌로 탄생한 밴드명에 필적하고 있다. 이 모든 것은 "Tears of a Clown"과는 거리가 좀 멀다. **SP**

You're So Vain
Carly Simon (1972)

Writer | Carly Simon
Producer | Richard Perry
Label | Elektra
Album | *No Secrets* (1972)

Today I Started Loving You
Again | Bettye Swann (1972)

Writer | Merle Haggard, Bonnie Owens
Producer | Rick Hall, Mickey Buckins
Label | Atlantic
Album | N/A

아직도 팝계의 수수께끼로 남아 있는 것이 있다. 칼리 사이먼의 넘버 원 싱글 "You're So Vain"에 등장하는 남자는 도대체 누구일까? 그는 자가용 리어 제트기를 비행하고, "몇 년 전 내가 순진해 빠졌을 때 나를 가졌던" 사람이라 한다. 본래 사이먼은 리처드 페리와 함께 곡 작업을 진행하는 것을 탐탁지 않게 여겼다. 해리 닐슨과 바브라 스트라이샌드의 프로듀싱을 담당했던 그의 스타일은 너무 번지르르해 아마도 그녀의 취향에 맞지 않았던 듯하다. 페리는 완벽주의자였다. 이들 2명은 이 곡 하나를 가져다 3명의 서로 다른 드러머와 3차례나 녹음을 진행해야만 했다(결국에는 짐 고든의 버전을 쓴다). 그러나 중심 인물은 사이먼도, 재거도, 페리도 아니었다. 이 트랙에 곡의 시그니처 오프닝 솔로 베이스 릭을 부여한 인물은 다름 아닌 비틀즈의 〈Revolver〉 앨범 아티스트였던 클라우스 보어먼이었다. 그의 베이스 릭은 익명의 "나쁜 자식(son of a gun)"을 위한 배경을 창조했다. 한편 폴 벅마스터(엘튼 존의 첫 2앨범의 편곡을 소화한 장본인)는 동정심 어린 오케스트레이션을 던져 넣었다.

이 트랙은 결국 골드를 기록했고 1973년 상반기에 넘버원의 자리를 3주간 지킨다. 청중들은 후렴구 부분(You're so.... so vain / I'll bet you think this song is about you / Don't you? Don't you(넌 허영심 덩어리야 / 내가 장담하건대 넌 이 노래가 너에 대한 거라고 믿고 있지 / 그렇지? 그렇지?)이 누구를 향해 던지는 말인지에 대해 여러 이론을 내놓았다. 재거, 아니면 워렌 비티였을 수도 있다. 크리스 크리스토퍼슨, 아니면 사이먼의 남편 제임스 테일러였을 수도 있다(아니면 캣 스티븐스나 휴 헤프너일 수도). 30년이 지났는데도, 사이먼은 묵묵부답인 채로 있다. **JJH**

"Today I Started Loving You Again"에서 컨트리와 소울의 조화를 보여준 베티 스완은 이 곡을 마지막으로 빌보드 핫 100에 작별을 고한다. 그리고는, "삶을 바른 방식으로 살아가는 데" 혼신을 다하기 위해 음악 업계를 떠난다. 그녀는 독실한 여호와의 증인 신자로 사는 것에 전념하려 했다는 것이다. 컨트리 스탠더드인 이 곡은 스완이 캐피톨 레코드사와 계약을 맺으며 소울적 억양을 부여받았다. 새로운 프로듀서 웨인 슐러와 우연히 짝을 이루게 되어 탄생한 것이 바로 〈Don't You Ever Get Tired of Hurting Me〉였다. 루이지애나 태생의 스완이 1969년 내놓은 이 앨범에 그녀가 부른 "Today I Started Loving You Again"이 처음 실렸다. 슐러의 말에 따르면, 그는 자신에게 주어진 스완이라는 새로운 임무와 컨트리계의 전설 벅 오웬스를 짝지워 이 곡을 획기적으로 해석하려 했다는 것이다. 백인적 컨트리와 흑인적 소울의 만남이 이루는 보기 드문, 논란 많은 듀엣이었다. 그러나 60년대 후반에 이르러서도 사람들은 이런 조화에 눈살을 찌푸렸고, 유감스럽게도, 이 버전은 미발래 된 채 남아 있다. 대신 스완의 탁월한 솔로 버전이 앨범에 수록되었다(재미있는 사실은, 벅 오웬스가 이 곡의 공동 작곡가 보니 오웬스와 결혼 생활을 했고, 보니가 후에 이 곡의 작곡 파트너 머를 해걸드와 재혼했다는 것이다).

이 곡이 1973년 히트 싱글로 부활했을 당시(비록 "I'd Rather Go Blind"의 B사이드이긴 했지만) 베티 스완은 이미 캐피톨에서 애틀랜틱으로 이전한 상태였다. 곡의 본래 뿌리인 컨트리에서 너무나 멀리 떠나 온 이 버전은 그녀의 탁월한 퍼포먼스를 통해 "머슬 숄즈 사운드의 고향"인 FAME 스튜디오로부터 전해진다. 여기서는 지미 하스켈의 현악 편성과 살집 좋은 금관 섹션을 만나볼 수 있다. **DR**

Il mio canto libero
Lucio Battisti (1972)

Writer | Lucio Battisti, Mogol
Producer | Lucio Battisti
Label | Numero Uno
Album | Il mio canto libero (1972)

히트작 "Il mio canto libero"(살아 있음을 느끼는 노래)는 동명의 앨범과 함께 동시 발매되었고, 1973년 이태리 차트상 3번째로 최고의 매출을 올린 트랙으로 부상했다(이 앨범도 그해 베스트셀러가 되었으며 11주 동안 1위의 자리를 지켰다). 오늘날에 이르기까지 이태리 라디오에서 자주 흘러나오는 이 곡은 루치오 바티스티의 음악 활동의 하이라이트일 뿐 아니라 이태리 대중음악의 고전이라고 말할 수 있다. 해외에서도 대단한 성공을 거둔 이 곡은 여러 국가의 언어로 해석되어 불린다(〈Images〉에는 바티스티가 부른 영어, 프랑스어, 독일어, 스페인어 버전이 있다).

이 곡에서 가장 주요한 역할을 담당하는 것은 단연 깊은 감성의 보컬이라고 할 수 있다. 여기에 대응한 반주는 본래 오리지널 버전에서 단 1대의 기타로 시작되어 곡이 전개됨에 따라 더 풍부한 악기 구성과 드럼, 그리고 금관까지 등장시키는 형태를 띠었다. 가사는 작사가와 그의 여인이 하나 되는 사랑에 관한 것이다. 당시 많은 젊은이들은 이 가사에 크게 공감했다. 그들이 느낀 소외감이나 어른으로 살아가기 시작하며 느낀 어려움, 그리고 희망에 관한 공통된 감성이 그 비결이었던 듯하다.

가사는 자전적 성격을 띤다. 모골은 자신의 아내와 별거하게 된 후 새로운 파트너가 된 시인 가브리엘라 마라치를 만나고 이 곡을 썼다. 그는 이혼에 관해 넌지시 언급하기도 한다(자신의 사랑이 "Soaring over all the accusations / Over prejudice and affectations(모든 비난을 넘어 높이 비상한다 / 편견과 허세를 넘어)"라고 한다). 진정 이것이야말로 성숙해가는 세대를 위한 발라드 곡이었다. **LSc**

Superfly
Curtis Mayfield (1972)

Writer | Curtis Mayfield
Producer | Curtis Mayfield
Label | Curtom
Album | Super Fly (1972)

어떤 것이 최초의 '블랙스플로이테이션(blaxploitation)' 영화였는지에 관해서는 논란이 있다. 말하자면, 흑인 배우를 캐스팅한 흑인 관중을 위한 영화가 먼저인지, 흑인의 도심 생활과 게토를 테마로 한 영화가 먼저인지의 논란이다. 〈스위트 스위트백스 배다스 송〉과 〈샤프트〉 모두 1971년 개봉되었고 〈수퍼 플라이〉가 그 뒤를 재빨리 쫓아 나섰다. 여기서, 커티스 메이필드가 사운드 트랙의 작곡과 녹음을 모두 맡았다.

메이필드는 적극적 정치 참여를 보이는 소울/R&B 싱어 겸 작곡가였으며, 시민 평등, 블랙 프라이드, 블랙 파워의 강력한 지지자였다. 그가 만들어낸 사운드트랙은 영화와 상충되는 면이 없지 않았다. 〈수퍼 플라이〉는 업계에서 손을 떼려 하는 흑인 코카인 딜러에 관한 내용이다. 영화에 담긴 메시지가 어딘지 모르게 모호했던 반면, 메이필드는 그와 정반대였다. 그는 게토와 마약을 미화한 행위를 비난했고 영화의 몇몇 캐릭터를 대놓고 공격하는 직설적 가사를 줄줄이 풀어놓았다. 메이필드가 자신의 트레이드마크라 할 수 있는 팔세토(falsetto)로 부른 이 타이틀 트랙('Superfly'는 2단어가 아니라 띄어쓰기 없는 한 단어이다)은 대단한 즐거움을 선사한다. 오늘날 샘플링 단골 대상인 이 곡의 오프닝 베이스 라인과 퍼커션 브레이크는 살며시 도약하는 펑크(funk) 라인으로 이어지다가, 금관과 퍼커션이 찍어주는 코드가 날렵하게 가로채어, 보컬을 한껏 살려주는 동시에 단단히 지지하고 있다. 노래와 사운드트랙 모두 대단한 인기를 끌었고 즉각적으로 흥행에 성공했다. 영화보다 더 큰 수익을 이토록 쉽게 올린 사운드트랙도 흔치 않을 것이다. 비슷한 시기에 같이 화제가 되었던 마빈 게이의 〈What's Going On〉에 뒤떨어질 것 없는 앨범이었다. **SA**

Crazy Horses
The Osmonds (1972)

Writer | The Osmonds
Producer | Alan Osmond, Michael Lloyd
Label | MGM
Album | *Crazy Horses* (1972)

All the Young Dudes
Mott the Hoople (1972)

Writer | David Bowie
Producer | David Bowie
Label | Columbia
Album | *All the Young Dudes* (1972)

오스몬즈는 종종 김 빠진 듯한 백인 잭슨 파이브 정도로 무시당한다. 하지만 걸걸한 음성의 싱어 메릴 오스몬즈는 레드 제플린을 주요 영감으로 꼽았으며 그것을 증명이라도 해 보이겠다는 듯, 1972년 한 편의 펑크(funk) 메탈로 진정 놀라운 하드 록이 무엇인지 보여주었다. 이 곡에서, 강한 기타 사운드를 앞세워 요동치는 사운드의 중심에는 부족적 외침과 이를 뒤따르는 고음조의 'weeeeeoooooh'가 자리하고 있다(이것은 50년대 B급 영화에 쓰인 테레민을 연상케 했다. 사실 이건 틴 아이돌이었던 도니가 자신의 부클라 신디사이저를 마구 내리치는 소리였다). 짐 호른이 담당 편성한 금관 섹션이 마구 찔러주는 덕에, 밴드는 자신들의 쇼비즈니스 기질을 마음껏 펼쳐 보일 수 있었다.

그게 다가 아니다. 첫 구절이 우리에게 알려주듯, 여기에는 "공중에 감도는 메시지 하나"가 있었다. 이 곡은 70년대 초반에 발생하기 시작한 환경보호 의식을 반영하고 있다. 이것은 "하늘 위로 연기를 뿜어" 오염을 일으키는 자동차 문화에 대한 경고의 말이었다. 자동차에 관련된 모티브는 디젤 엔진처럼 칙칙거리는 웨인과 앨런의 기타 소리를 비롯해 앨범 커버가 그 이해를 돕고 있다(여기에는 연기가 덮어싸고 있는 폐차장을 그린 만화 속에 5형제가 앉아 있는 모습이 등장한다).

"Crazy Horses"에 담긴 육중한 매력의 리프 덕에 뜻밖의 지역에서 오스몬즈의 팬들이 생겨났다. 이 곡이 프랑스에서 넘버 원으로 부상한 후 그들은 그곳에 가 공연을 하기도 한다. 긴 머리를 휘날리는 블랙 사바스 팬들로 이루어진 관중을 향해 이들은 나팔 모양 점프수트와 엘비스 프레슬리 복장을 빼입고 연주했다. **SP**

수년 동안 주말 공연을 전전하며 별다른 차트 흥행을 이루지 못했던 딜런 스타일의 록 그룹 모트 더 후플은 이제 무릎을 꿇고 패배를 인정할 준비가 되어 있었다. 그러나 데이비드 보위(스벵갈리와 같은 존재로 틈새 시장을 공략하며 자수성가하게 된 보위는 루 리드, 이기 팝, 피터 눈 뒤에서 지휘관 역할을 했다)가 이들에게 나타나 당시 자신의 미발매작이었던 "Suffragette City"를 넘겨주었다. 베이스 주자 피트 왓츠가 이 곡을 거절한 후 2시간도 채 되지 않아 보위가 다시 전화를 걸었다. "좀 전에 얘기 끝낸 후 당신들을 위해 노래 한 곡을 썼는데, 정말 괜찮을 것 같네요."

이 노래는 축구 경기장 관중석에 앉아 힘차게 따라 부르기 딱 좋았고, 세대차에서 오는 불안감과 코크니 말씨(Cockney Rhyming Slang)를 두둑이 담고 있다. "사람들이 잘못 알고 있는 거죠. 이건 젊은이들을 향한 찬가가 전혀 아니에요." 보위가 1974년 이렇게 말했다. "180도 반대라고 보시면 돼요." 그는 이 가사를 〈Ziggy Stardust〉 사이클의 한 부분으로 보았다. 제목에서 언급된 '사내 녀석들(dudes)'이 이 곡을 통해 전하고 있는 메시지는, 몇 년 안에 지구가 멸망할 것이라는 예언이었다. 그러나 글리터 록에 빠져 있던 십 대들은 믹 랄프의 장대한 깁슨 파이어버드 인트로와 버든 알렌이 보여준 발군의 교회 오르간 플레이, 후렴구 내내 뱀 기어가듯 질질 끄는 전염성 강한 박수 소리에만 정신이 팔려 있었다. 글램록 스타덤은 이미 이들의 손안에 있었다. 씬 화이트 듀크로 돌아온 데이비드 보위는 때때로 "All the Young Dudes"를 공연하는 한편 1974년 〈David Live〉에 이 곡을 수록했다. "All the Young Dudes"를 반대로 감아, 1979년 앨범 〈Lodger〉의 수록 곡 "Move On"의 기반으로 사용하기도 했다. **SP**

믹 록이 촬영한 어린 소년의 환희에 찬 모습은 모트 더 후플의 1972년 앨범 커버를 장식할 뻔했다.

Personality Crisis | New York Dolls (1973)

Writer | David Johansen, Johnny Thunders
Producer | Todd Rundgren
Label | Mercury
Album | *New York Dolls* (1973)

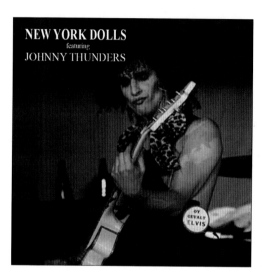

"우리는 어렸고,
우리 세대가 이 다음 나아갈 길을
온몸으로 표현했죠. 모두들 여기 주목하고
있다가, 제대로 대박을 터뜨린 거죠."

데이비드 요한센, 2006

◀ **Influenced by: Brown Sugar** · The Rolling Stones
(1971)
▶ **Influence on: Blitzkrieg Bop** · Ramones (1976)
● **Covered by: Sonic Youth** (1993) · Teenage Fanclub
(1998)
★ **Other key track:** Looking for a Kiss (1973)

뉴욕 돌스에 대한 이야기는 보통 이렇게 알려져 있다. 뉴욕에서 온 5명의 별볼일 없는 남자들 1971년 코드만 조금 배운 후 여자친구들의 옷장을 털어 대충 챙겨입고 노숙자 쉼터에서 첫 공연을 했다. 그 뒤 미국에서 절대 116위 이상 올라가지 못한 음악 음반 2장을 만든 후, 엄청난 양의 마약을 복용해대더니 4년 후에 망했다는 것이다. 누구에게 물어보느냐에 따라 대답이 좀 다르겠지만, 이것이 바로 그, 마크 볼런 페티시를 앓았던 평균 좀 넘는 실력의 술집 밴드의 이야기이다. 아니면, 펑크 록의 탄생을 설명해주는 발칙한 스토리일 수도 있다.

"Personality Crisis"는 뉴욕 돌스의 1번째 앨범의 1번째 트랙이었다. 이걸 들어보면 전자의 이야기를 믿을 것인지 후자를 지지할 것인지 알아서 결정할 수 있을 것이다. 이 3분 43초 길이의 곡은 꽤나 설명력이 있다. "And you're a prima ballerina on a spring afternoon. Change on into the wolfman, howlin' at the moon / Got a personality crisis, you got it while it was hot / It's always hard to know when frustration and heartache is what you got(그리고 넌 어느 봄날 오후의 주역 발레리나. 달을 향해 울부짖는 늑대인간으로 변해 / 정체성 위기를 잃지. 한창일 때 그걸 앓게 됐지 / 불만족과 마음의 고통에 시달리니까 항상 알아차리는 게 힘들지)." 싱어 데이비드 요한슨과 기타리스트 조니 선더스는 무작위로 아무 걸 그룹 히트 곡이나 척 베리 레코드에서 코드 3개를 슬쩍해다가 템포를 2배 올리고, 그물스타킹을 신은 채 무대에 뛰어 올라 마치 자기들이 세상을 지배하는 양 행동했다. 상부에, 실베인 실베인의 추한 리드 기타를, 하부에 아서 케인의 살인적인 베이스를 배치했다. 이런 음악을 만드는 데 굳이 음악적 천재성이 요구되지는 않겠지만, 어쨌든 1973년 등장한 펑크 록이란 사실을 따져볼 때 그 획기성을 인정하지 않을 수는 없을 듯하다. 나머지 70년대를 강타할 음악 스타일의 청사진이 바로 이 하나의 앨범에 고이 포장되어 있었다(아니, 이 한 곡만으로도 충분하다). 이후 몇 년 동안 라몬스가 이들의 코드를 가져다 썼고, 키스가 이들의 화장품을 가져다 발랐으며, 섹스 피스톨즈가 펑크족적 분노를 재현했다. **MO**

뉴욕 돌스의 데이비드 요한센. 여성 정장화를 신을 수 있는 남자는 많지 않다.

The Ballroom Blitz
The Sweet (1973)

Writer | Nicky Chinn, Mike Chapman
Producer | Nicky Chinn,
Mike Chapman
Label | RCA
Album | N/A

아이라이너를 그려 넣은 글램 록계의 전형적 공사판 인부들, 더 스위트는 1973년 1월 27일 킬마녹의 그랜드 홀의 한 무대에서 종종걸음으로 이리저리 으스대고 있었다. 이때 적의에 찬 한 무리의 군중이 이들에게 병을 던졌다. 스위트는 여기에 사기를 잃기는커녕, 그 사건으로 두고두고 대중에게 기억되었다. 바로 하드-록 "Hell-Raiser"의 후속 싱글인 "The Ballroom Blitz"를 탄생시킨 것이다. 스위트가 자신들의 히트작을 직접 쓰지 않는다는 것은 아니지만, 이번만큼은 그 영광이 니키 친과 마이크 채프먼의 손에 맡겨졌다(이들은 작곡가-프로듀서 팀으로 머드와 수지 콰트로의 창작 활동을 관리했던 인물들이다).

스위트의 성공 비결 방정식은 앤디 스콧의 바삭한 타운센드 스타일 파워 코드에 버블검 팝적 멜로디를 입히고 여기에 듣는이를 현혹시킬 만한 혹을 그득히 담아내는 것이었다. "The Ballroom Blitz"는 꾀바른 술법들을 한데 모아 만든 장대한 복합체였다. 싱어 브라이언 코널리가 나머지 밴드 멤버들을 부르는 외침—"Are you ready, Steve(준비됐나 스티브)" "Uh huh(어 허)!", "Andy(앤디)?" "Yeah(응)!". "Mick(믹)?" "OK(오케이)!"—부터 시작해서 드럼 담당 믹 터커가 부술 듯 내려치는 폴리리듬, 브릿지 부분으로 이끌어가는 "Blitz-itz-its"같이 더빙된 에코 효과 등이 그 예이다. 무엇보다도 베이스 주자 스티브 프리스트가 혹 중의 혹을 내놓는다. 그의 높게 째지는 연극조 보컬은 브릿지 섹션에서 동성애자 같은 목소리를 타고 "She thinks she's the passionate one(그녀는 바로 자기가 정열적인 사람이라 생각하지)!"이라 외친다. 이것은 비스티 보이즈가 1989년 발표한 유혹의 노래 "Hey Ladies"의 중간에 삽입되었다. **SP**

Jolene
Dolly Parton (1973)

Writer | Dolly Parton
Producer | Bob Ferguson
Label | RCA
Album | *Jolene* (1974)

자신감 저조와 나약함에 대한 노래치고 "Jolene"은 꽤나 다부진 곡이다. 상승하는 코드들이 이루는 심플한 코러스 부분과 함께 돌리 파튼을 일약 스타덤에 올려놓았던 이 팝-컨트리 히트작은 다양한 장르에 걸쳐 30명이 더 되는 아티스트들을 통해 재탄생했다. 그 중에는 민디 스미스(파튼이 가장 좋아했다)의 변덕스런 포크 송 버전이 있었고, 이 외에도 시스터스 오브 머시의 고스적 자기 혐오를 담은 버전, 화이트 스트라이프스의 구슬픈 절망의 소리로 해석된 버전도 있었다. 스트로베리 스위치블레이드가 여기에 80년대적 신스를 입혀놓았다고 한다면, 올리비아 뉴튼-존은 예술적 파토스를 훌훌 벗어버리고 디스코 플로어를 뒤흔들 트랙으로 뒤바꾸어놓았다.

가사의 내용은 그다지 재해석을 요구하지 않는다. 성공적인 컨트리 싱어-송라이터였지만 스매시 히트를 기록하지 못했던 파튼은 동네 은행에서 일하는 여자가 자신의 남편에게 추파를 던지는 것을 보고 곡을 쓰게 되었다. 곡의 가사는 파튼 전형의 노골적인 자기 비하로 마구 얼룩져 있다. 곡 중 화자가 전하는 '여자 대 여자'의 애원조 목소리는, 아름다운 졸린에게 "제발 내 남자를 가져가지 마"라 간청하고 있다. "My happiness depends on you, and whatever you decide to do(내 행복은 네 손에 달려 있어. 너의 결정이 뭐가 되느냐에)"라고 결론을 지으며 파튼은 절박하지만 결연하게 말을 건넨다. 페미니스트 앤섬과는 심히 거리가 먼 이 노래에 대응해, 커스티 맥콜은 "Caroline"(1995)에 비꼬는 답장 한 통을 담아 보내왔다. 한편, 이 노래에서든 저 노래에서든, 남편 스스로는 정작 앞으로의 일들에 찍소리도 못한 채 입 다물고 앉아 있어야 할 상황이다. **PW**

돌리 파튼. 컨트리 뮤직계에서 가장 쉽게 눈에 띄는 여성.

Next | The Sensational Alex Harvey Band (1973)

Writer | Mort Shuman, Jacques Brel, Eric Blau
Producer | Phil Wainman
Label | Mountain
Album | *Next* (1973)

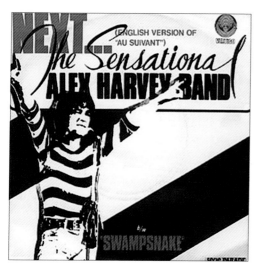

"이 밴드의 모습이 담긴 대형 포스터가
제 침실 벽에 붙어 있었죠."

이안 랜킨, 작가, 2009

◀ **Influenced by: (Whiskey Bar) Alabama Song**
The Doors (1967)
▶ **Influence on: Burst** · Magazine (1978)
● **Covered by:** Marc Almond (1989) · Gavin Friday
& The Man Seezer (1989)
★ **Other key track:** Delilah (1975)

70년 상반기, 2편의 자크 브렐 작품 커버 송들이 1년도 안 되는 간격을 두고 속속 탄생한다. 이 두 커버 송 모두, 오리지널 트랙에 담긴 번민(이 벨기에 싱어-송라이터는 자신의 작품에서 종종 괴로움을 토로해왔다)과는 정반대되는 접근 방식으로 곡을 재해석했다. 캐나다 가수 테리 잭스는 본래 "Le moribond"(죽어가는 남자)에 자리했던 냉소적인 가슴을 지워버린다. 이렇게 차가운 심장을 떼어낸 자리에 남은 것이 바로 1974년 히트작 "Seasons in the Sun"이었다. 이 트랙은 여름 햇살을 맞으며 따라 부르기 좋은 거대 베스트셀러로 부상한다. 하지만 이전에 기괴한 사건이 일어났다. 센세이셔널 알렉스 하비 밴드가 나서서 이미 그렇지 않아도 침울한 "Au suivant"(다음 사람)을 가져다 더 음울하게 만든 것이다(이 곡은 군대가 어떻게 사람들의 인격에 위협을 가하는지에 대한 내용이다). 그 과정에서 스콧 워커 버전의 "Next"(1968)는 알렉스 하비 밴드 버전의 빛에 가려 맥도 추지 못했다.

센세이셔널 알렉스 하비 밴드의 버전이 특정 연령대의 음악 팬들 사이에서 명성을 누리게 된 것은, 영국의 텔레비전 시리즈 〈올드 그레이 휘슬 테스트〉에서 그들이 보여준 퍼포먼스 덕이 크다. 여기서 그들은 마스크까지 맞춰 쓴 바이올린 주자 3명을 대동하고 나타난다. 그가 너무 기이했던 탓에, 많은 이들이 이 공연을 기억하게 된다. 그러나 이 곡을 라이브로 공연하는 것이 항상 쉬웠던 것만은 아니다. 블루 오이스터 컬트나 유라아 힙 등의 따분한 그룹들의 서포팅 액트로 자크 브렐의 해석 버전을 공연해야만 했던 경우도 있었으니 말이다. 알렉스 하비는 그 상황을 이렇게 미화시켜 말했다. "저희를 처음 보는 관중들을 상대로 그런 공연 환경에서 연주를 해야 했던 건 팬을 얻거나 잃거나 둘 중에 하나를 결정하자는 거나 마찬가지죠. 제 말은요, 많은 사람들이 'Next'를 들으면 불편해한다는 거예요. 사람들은 그걸 그냥 야비한 조롱이라고 생각하더라고요."

하지만 "Next"를 통해 하비는 그 누구도 능가할 수 없는 자신만의 장기를 마음껏 펼쳐 보인다. 군중의 기를 모두 빨아들이는 것이 바로 그의 장기였다. 그게 (특히 이 경우에) 긍정적 기이건 아니건 간에 말이다. **CB**

20th Century Boy | T. Rex (1973)

Writer | Marc Bolan
Producer | Tony Visconti
Label | EMI
Album | N/A

"티렉스를 좋아한 애들이
어떤 부류였냐고요?
학교를 증오하는 무정부주의자들이었죠."

모리세이, 2005

◀ **Influenced by: (I Can't Get No) Satisfaction**
The Rolling Stones (1965)
▶ **Influence on: Teenage Kicks · The Undertones (1978)**
● **Covered by:** Siouxsie & The Banshees (1979)
The Replacements (1984) · The Big Six (1998) · Placebo
(1998) · Naked Raygun (2001)

정전기가 빠지직거리듯 두 개의 짜릿한 기타 코드가 폭파한다. 이를 뒤따르는 것은 리틀 리처드와 프린스의 중간 정도로 들리는 희열에 찬 칭얼거림이다. 이것은 마치 제세동기가 '전기 전사(Electric Worrier)'의 멎어버린 심장과 그의 침체된 음악 활동을 소생시키는 사운드같이 들렸다. 1973년 즈음, 글램 록의 창시자의 모습이 점점 더 부적절하게 변해가고 있었다. 포동포동하게 살찐 그는 점점 더 편집증적으로 변해갔고, 신흥 세력인 데이비드 보위나 록시 뮤직의 명성에 가려 스타 파워가 실추해버렸던 것이다.

"20th Century Boy"는 마크 볼런이 아직 왕년의 힘을 잃지 않았음을 보여주는 승리의 증거물이다. 티렉스가 과거 고안했던 '경험을 통해 증명된 공식'에 변화가 필요했다는 것을 그가 뒤늦게나마 깨달았다는 것이 이 곡의 사운드에서 느껴진다. 고래고래 소리치는 색소폰 라인(하위 케이시가 맡았다)은 그의 라이벌들이 색소폰을 활용한 데서 얻은 아이디어인 듯하다. 한편, 소울적 배킹 보컬은 그의 여자친구 글로리아 존스("Tainted Love"를 부른 싱어)의 영향을 넌지시 내비치고 있다. 특히 이 접근 방식은 그의 다음 티렉스 앨범 〈Tanx〉에서 한층 더 깊은 연구 대상이 될 것이다. 프로듀서 토니 비스콘티가 런던에서 이 모든 요소들의 접합 수술을 맡아 했다고는 하지만, 볼런 스스로의 인풋도 사실 대단하리만큼 획기적이었다(볼런은 투어 중 도쿄에서 녹음을 진행했다). 티렉스의 트레이드마크라 할 수 있었던 은밀한 부기는 사라지고 이 자리를 종말론적 퍼즈톤 기타 리프가 대체한다. 마치 바그너를 연주하는 키스 리처즈 같았다.

이 노래가 부활한 것은 1991년 리바이스 광고 덕이었다(볼런 스스로는 나팔형 새틴 바지를 더 즐겨 입었다). 이 트랙은 큐어부터 플라시보까지(후자의 경우 영화 〈벨벳 골드마인드〉(1998)를 위해 녹음했다), 대단한 커버 송 행렬이 그 뒤를 따른다. 거의 모두들 자신의 커버 버전에서 "It's just like rock 'n' roll(그건 로큰롤과 똑같이)"을 "I'm just like Robin Hood(난 로빈후드와 똑같이)"로 바꾸어 부른다. 그러나 이렇게 잘못 들으면, 노래의 요점을 건너짚는 꼴이 된다. 이건 도적질에 관한 것이 아니라 위엄과 권세를 과시하는 것이기 때문이다. 무법자가 아닌, 군주의 그것 말이다. **SP**

Rock On
David Essex (1973)

Writer | David Essex
Producer | Jeff Wayne
Label | CBS
Album | *Rock On* (1973)

레트로 숭배 현상은 1960년대에 나타났다(20년대 파스티시와 사전트 페퍼의 빅토리아나를 생각해보라!). 그러나 곧 모두의 관심이 좀 더 가까운 과거로 집중된다. 이번에는 잃어버린 순수를 찾기 위해 두-왑 시대의 백 카탈로그를 약탈하려 한다. 50년대 향수의 최전방에 선 (데이비드 에섹스 주연의 영화) 〈댓 윌 비 더 데이(That'll Be the Day)〉(1973)를 위해, 이 젊은 주연 배우는 영화에 쓸 만한 테마 곡을 만들었고, 여기에 "Summertime Blues"와 "Blue Suede Shoes", 제임스 딘의 이름을 던져 넣었다.

"Rock On"이 결국 영화에 쓰이지 않았다는 사실은 어찌 보면 그다지 놀랄 일은 아닌 듯싶다. 제프 웨인의 기막힌 아방가르드적 프로덕션에 영감을 준 것은 소다샵(soda-shop)용 팝보다는 개리 글리터와 프로듀서 마이크 리앤더의 리드믹 미니멀리즘이었다고 하는 것이 더 맞을 것이다. 에섹스는 웨인에게 휴지통에 비트를 쳐가며 노래를 불러보였다. 한편 곡의 우수에 찬 여백의 미에 감동받은 웨인은 코드 없이 이 곡을 편곡 구성해 보였다. 대신에 그는 자신의 트랙 중심부에 복합적인 타악기적 슬랩 사운드와 더블 트랙 녹음된 허비 플라워즈의 에코 머금은 베이스 박동을 비롯하여 발리우드 스타일과 미끈한 디스코적 스트링 중간 정도 되는, 거의 무조이다시피 한 바이올린 섹션이 자리하고 있었다.

"Rock On"은 과거를 돌아보는 것만큼 미래도 내다본 레코드다. "이제 뭘 해야 하죠?" 자기 회의에 빠진 에섹스가 의아해했다. 그에 대한 해답은 동명의 공상 과학 소설을 관현악 편성을 통해 뮤지컬 버전으로 재해석한 〈우주전쟁〉이었다. **SP**

Search and Destroy
Iggy & The Stooges (1973)

Writer | James Osterberg, James Williamson
Producer | Iggy Pop
Label | Columbia
Album | *Raw Power* (1973)

"Search and Destroy"의 가사 첫 부분은, 로큰롤 역사상 최고 전설적인 2행 연구 중 하나로, 이기의 조롱 섞인 말투를 통해 흘러나왔다: "I'm a street-walking cheetah with a heart full of napalm / I'm a runaway son of the nuclear A-bomb(난 거리를 어슬렁거리는 치타. 내 심장은 네이팜탄으로 가득 차 있지 / 난 원자핵폭탄의 집 나간 아들)." 하지만 그렇다고 해서, 이 곡이 발표되었던 당시 즉각적으로 고전 대접을 받았던 것은 아니다.

스투지스의 미국 음반 활동을 담당했던 일렉트라 레이블은 밴드가 프리 재즈를 영감으로 삼아 만든 〈Fun House〉 이후 이미 이들로부터 깨끗이 손을 뗀 상태였다. 게다가 데이비드 보위의 요청으로 런던에 모습을 드러냈을 즈음, 스투지스는 이미 마약으로 만신창이가 된 골칫덩어리로 이미지가 굳어진 상태였다. 그러나 런던 CBS 스튜디오에서 보낸 12일 동안 이 사태에 응할 완벽한 대응책이 고안된다. 펑크의 원생이라 할 수 있는 고전, 〈Raw Power〉가 바로 그 답이었다. "Search and Destroy"는 이 앨범의 선두에 서 일제 사격을 가한다. 이 늘씬한 근육질의 로큰롤을 몰고 가는 것에 새로운 기타리스트 제임스 윌리엄슨의 하드코 메탈한 리프가 한몫했다. 이기는 타임 매거진에 실린 베트남전 관련 기사에서 노래 제목을 슬쩍 베꼈다. 이 트랙은 정신이상이 된 사람을 방불케 하는 행동으로 단 1번의 테이크 만에 완성되었는데, 여기에는 이기 팝이 '파괴'를 연출하는데 꽤나 흥겨워했음을 증명해 보이는 그의 종말론적 말투가 담겨 있다. 컬럼비아 레이블은 이 앨범에 난색을 표했고, 초반 매출은 매우 저조했다. 그러나 〈Raw Power〉은 신흥 펑크 세력에게 대단한 영향력을 발휘한다. **LP**

이기 팝 밴드가 팬들을 즐겁게 해주려 몸을 뒤로 젖힌다.

Desperado
Eagles (1973)

Writer | Don Henley, Glenn Frey
Producer | Glyn Johns
Label | Asylum
Album | *Desperado* (1973)

그룹의 데뷔 앨범 〈Eagles〉(1972)가 성공을 거둔 후 돈 헨리와 글렌 프레이는 더욱 막중한 작곡의 의무를 지게 되었다. 이글스의 2번째 앨범에 그 이름을 선사한 "Desperado"는 2명의 창의적 파트너십이 낳은, 우수에 젖은 결실이었다.

빛 바랜 술집에서 흘러나오는 희미한 홍키-통크 피아노 사운드를 연상케 하는 "Desperado"는 이야기 형식의 비극적 발라드였다. 표면상으로 이 곡은 험난한 인생 역정을 견디고 사회의 품으로 돌아올 마지막 기회를 쥔 무법자의 이야기인 듯 보인다. 하지만 이 희끗희끗 바랜 개척자를 그린 노련한 문구 속에는, 오랜 세월 사랑을 등진 탓에 속죄 받지 못하는 가슴 아픈 이야기가 숨어 있다.

기타리스트 버니 리든이 편곡을 맡아 구성한 풍부한 보컬 하모니(과거에 리든은 컨트리 록 역사에 한 획을 그었던 플라잉 부리토 브라더스의 멤버였다)와 시공을 초월하는 깊은 감동을 전하고 있음에도, "Desperado"는 싱글로 발매된 적이 없다. 그러나 1976년 발매된 밴드의 첫 그레이티스트 히트 앨범에는 수록되었다.

재미 있는 일화가 있다. 린다 론스태드(그녀는 1971년, 헨리와 프레이, 레든을 자신의 배킹 밴드로 짧은 기간 동안 고용한 적이 있었다)는 2004년 라스베이거스 공연 중, 논란 많은 영화 제작자 마이클 무어에게 "Desperado"의 커버 버전을 헌정했다. 이후 그녀는 현장에서 강제 추방당하게 된다. 지조 높은 보수파 카지노 이용자들이 그녀의 청중이었기 때문이다. **JD**

Child's Christmas in Wales
John Cale (1973)

Writer | John Cale
Producer | Chris Thomas
Label | Reprise
Album | *Paris 1919* (1973)

존 케일은 1965년 루 리드와 공동 창단한 벨벳 언더그라운드의 사운드와 진로에 대단한 영향력을 발휘했던 인물이었다. 그럼에도 그는 앞에 서거나 관심의 대상이 되는 것에 그다지 익숙하지 않았다. 케일은 1968년 그룹을 떠난 이후 음악 업계의 백스테이지에 머물며 스투지스의 첫 앨범 프로듀싱을 맡기도, 닉 드레이크의 〈Bryter Layter〉 작업에 참여하기도 했다. 스스로 스포트라이트를 받기로 결심한 그는 결국, 직접 제작을 맡아 솔로 앨범 〈Vintage Violence〉(1970)를 발표한다. 이 결과물을 가리켜 케일 스스로는 "굉장히 순박한 레코드"라고 표현했다.

정반대로, 〈Paris 1919〉에는 자신이 원하는 것과 그것을 실현시키는 방법을 명확히 아는 노련미가 담겨 있었다. 케일은 비틀즈, 핑크 플로이드와의 녹음 작업을 이력으로 소유한 크리스 토마스를 프로듀서로 등용함과 동시에 리틀 피트의 5분의 3만큼을 데려다 자신의 배킹 밴드로 썼다. 이 콜라보레이션을 통해, 그의 음악 경력에서 가장 소중하게 남을 트랙들 중 일부가 탄생하게 된다.

앨범의 오프닝 트랙은 딜런 토마스의 자전적 산문과 제목이 동일하다(토마스의 작품은 1950년 처음 등장했다). "웨일즈에서 성장하면" 케일이 인정한다는 듯 말했다. "이 시를 모를 수가 없어요." 그러나 케일은 'A Child's Christmas in Wales'를 자료로 사용하기보다는, 그것을 영감으로 삼아 그의 전형이라 할 수 있는 모호한 문구들을 꿰어 엮어냈다. 이것을 지지하고 있는 것은 로웰 조지의 슬라이드 기타가 전하는 색채감이다. 케일은 이후 활동 도중, 다시 토마스에게 도움을 요청한다. 그러나 여기에서 느껴졌던 따스함은 영영 재현하지 못한다. **WF-J**

Solid Air
John Martyn (1973)

Writer | John Martyn
Producer | John Martyn, John Wood
Label | Island
Album | Solid Air (1973)

존 마틴과 그의 동료 음유시인 닉 드레이크가 처음 만난 것은, 1960년 대 후반 즈음 아일랜드 음반사의 레이블 동지로서였다. 안쓰러울 만큼 수줍음을 타 대중 앞에서 제대로 공연을 할 수 없었던 드레이크는 스타덤을 꿈꾸었지만 자신의 기대가 구체화되지 않자 큰 실의에 빠졌다. 영국의 포크 뮤직계의 잘생긴 포스터 보이로서 그가 가졌던 자신감은 곧 동이 났다.

존 마틴의 작품 중 가장 흡착력 강한 노래 중 하나인 "Solid Air"는 그가 닉 드레이크와 나눈 우정에서 유래했다. 1972년 작곡, 녹음된 "Solid Air"에서는, 두껍게 에코가 입혀진 마틴의 절묘한 어쿠스틱 기타 사운드가, 대니 톰슨의 반향하는 더블베이스와 간소한 반주(키보드, 일렉트릭 베이스, 드럼, 콩가 구성)의 지지를 받고 있다. 색소폰 주자 토니 코의 테너 솔로는 뇌리를 맴돌며 화려한 기를 발산해 전체적 분위기 조성에 가세한다. 그러나 가장 두드러진 것은 마틴의 보컬이었다. 느릿하게 빼는 말투에, 이리저리 얼룩진, 그럼에도 너무나 청명한 그의 음성은 다음과 같이 고백한다. "I don't know what's going on in your mind / But I know you don't like what you find / When you're moving through / Solid air(네 머릿속에 무슨 생각이 있는지 난 몰라 / 하지만 난 네가 주변 상황을 좋아하지 않는다는 사실을 알아 / 네가 움직일 때 / 단단한 대기 사이로)."

"Solid Air"와 그 패어런트 앨범을 통해 마틴은 포크-록의 경계를 아우르는 혁신적인 뮤지션임을 인정받았다. 한편 드레이크는 사망한다. 사고라고 추정된 그의 사망 원인은 항우울제 과다복용으로 밝혀진다. 이 노래와 앨범이 발매된 지 18개월 후인 1974년에 일어난 일이었다. **SA**

I Know What I Like (in Your Wardrobe) | Genesis (1973)

Writer | Banks, Collins, Gabriel, Hackett, Rutherford
Producer | John Burns, Genesis
Label | Charisma
Album | Selling England by the Pound (1973)

20분을 넘는 멀티파트 교향곡도 마다하지 않는 제네시스지만, 그들은 괜찮은 팝 튠을 마주치면 그 가치를 간파할 줄도 알았다. 기타리스트 스티브 해켓이 이 그룹의 5번째 앨범 〈Selling England By the Pound〉를 위한 리허설 중 수차례에 걸쳐 비틀즈적 리프를 연주하게 되는 일이 발생했는데, 이때 토니 뱅크스가 가세해 즉흥 연주를 시작했다. 여기에 곧 다른 멤버들이 뛰어들어, 본래 해켓과 뱅크스가 만지작거리고 있던 난해한 음악에서 약간의 무게감을 덜어주었고, 피터 가브리엘은 어느 그림에서 영감을 얻어 만든 멜로디 한 구절과 가사를 더해 넣었다(이 그림은 훗날 앨범 커버로 쓰이게 될 베티 스완윅의 'The Dream'이었다).

"I Know What I Like(in Your Wardrobe)"은 제이콥이라는 한 젊은이에게 가해진 사회 순응에 대한 외부 압박을 이야기하고 있다(일설에 의하면, 이 주인공은 제네시스의 로드 매니저 제이콥 핀스터와 동일인물이다). "There's a future for you in the fire-escape trade(너는 화재 피난 업계 쪽에 직장을 잡으면 잘될 거야)"라는 가사 구절은 'The Graduate'의 등장인물 미스터 맥과이어가 벤자민에게 던지는 대사("There's a great future in plastics(플라스틱 업계가 장래성이 보인다)")를 인용하고 있다. 그러나 제이콥은 그저 잔디 깎는 일로 생계를 이어가고, 점심 시간에 햇빛을 쪼이며 조는 것에 만족한다. 일렉트릭 시타를 잡은 마이크 루터포드와 까무러칠 듯 멋진 멜로트론 리프를 쳐대는 뱅크스가 곡의 마지막을 장식하며, 모두들 대단한 자신감을 가지고 유머러스하게 종종걸음을 옮긴다. 이 노래는 작은 하부장르를 탄생시키기까지 했다. 바로 '글램-프로그'이다. 제네시스가 가브리엘, 그리고 필 콜린스와 함께 활동할 시절 이 곡은 그들의 무대 단골 곡이 된다. **DE**

Cum on Feel the Noize | Slade (1973)

Writer | Noddy Holder, Jim Lea
Producer | Chas Chandler
Label | Polydor
Album | N/A

"이게 대체 누구죠?
이 녀석 목소리 정말 마음에 드네요.
꼭 제 목소리를 듣고 있는 것 같아요."

존 레논, 1973

◄ **Influenced by: Revolution** · The Beatles (1968)
► **Influence on: Come on Feel the Illinoise** · Sufjan
Stevens (2005)
● **Covered by: Quiet Riot** (1983) · **One Way System** (1983)
The Glitter Band (1996) · Oasis (1996) · Bran Van 3000
(1997)

영국 방방곡곡의 학교 선생님들은 본래 앰브로스 슬레이드로 알려져 있던 한 뮤직 그룹의 인기 상승에 경악을 금치 못했다. 발음 대로 철자 쓰기를 좋아했던 이 밴드가 문맹을 널리 보급하게 될 것이라는 사실이 교사들의 두려움이었다. 싱어 네빌 "노디" 홀더의 말을 빌리자면, 슬레이드는 "사람들이 화장실 벽에 낙서하듯이" 철자를 썼다. 사회 지배층에서 쏟아지는 비난의 소리를 직면한 이 웨스트 미들랜드 4인조는 나름대로의 군대를 동원하여, 강하게 울려 퍼지는 파워 코드와 까칠한 보컬을 무기로 시끌벅적한 폭동을 일으켜 이 상황에 대처한다. 홀더는 줄곧 전투 태세를 늦추지 않는다. "So you think my singing's out of time, well it makes me money!(네 생각에 내 노래가 시대에 안 맞는 것 같지만, 그래도 돈말 잘 벌어주거든!)"이라며 그는 고소하다는 듯 의기양양하게 외쳐댔고, 이것은 그의 아이돌 존 레논이 고수위의 과격한 발언을 서슴지 않았던 시절을 연상케 한다.

홀더의 알 존슨적 외침("Baby-baby, baby"—이것은 프로듀서 채즈 챈들러의 지시에 마이크 체크하는 소리이다)과 함께, 돈 파웰의 다급한 기타 필링, 기타리스트 데이브 힐의 고동치는 12마디 부기와 함께, 슬레이드의 가차없는 '글램함은 "Cum on Feel the Noize"를 통해 절정에 치닫는다. 오아시스, 그리고 캘리포니아의 콕-로커 그룹 콰이어트 라이엇이 커버 송을 낸다. 이 곡의 오리지널(이자 최고인) 버전은 영국에서 1위로 차트 진입한다. 당시만 해도 아직 조작이 판을 치던 시절이 아니었던 탓에 이 기록은 그만큼 더 의의가 컸다. 이런 성과는 4년 전 비틀즈의 "Get Back" 이후 처음이었다. 슬레이드는 포퓰리즘의 지지자이기를 부끄러워하지 않았다. 〈톱 오브 더 팝스〉에서, 음악에 맞춰 몸을 흔드는 대중을 상대로 공연한다는 것은, 그들에게 너무도 자연스러운 일이었다. 그중 힐은 특히나, 글램 시대가 허락한 패션을 마음껏 즐겼다. 싱글 작업 도중, 그는 여느때 보다 더 즐겨볼 생각이었는지, 하루는 거울이 달린 머리가리개를 쓰고 스튜디오에 나타났다. 이 모습을 본 베이스 주자 짐 리아는 힐에게 "메탈 수녀" 같다고 말했고, 힐은 대답했다. "곡만 써주면, 내가 가져다 팔게." **SP**

Living for the City | Stevie Wonder (1973)

Writer | Stevie Wonder
Producer | Stevie Wonder
Label | Tamla
Album | *Innervisions* (1973)

"여기 실린 베이스 사운드는…
무그 소리인 것 같아요.
진짜 베이스 소리는 아닌 것 같네요.
그래도, 휴우!"

루 리드, 1980

◀ **Influenced by: Inner City Blues (Makes Me Wanna Holler)** · Marvin Gaye (1971)
▶ **Influence on: The Message** · Grandmaster Flash & The Furious Five (1982)
● **Covered by:** Ike & Tina Turner (1974) · Ray Charles (1975) · Bonnie Tyler (1978)

새 시대를 여는 획기적 3부작 중 제 3부라 할 수 있는 〈Innervisions〉는 원더가 모타운 레코드와 맺은 새로운 계약 조건 아래 만들어졌다. 이 앨범은 미국의 세기(American Century) 중 가장 어두웠던 시기에 탄생했고, 당시에는 60년대를 지배했던 낙관주의가 '교활한 딕(Tricky Dick)', '워터게이트', 베트남 전, 마약, 석유 위기, 범죄 증가, 도시 문제에 무릎을 꿇는 분위기였다. 그 와중, 이 앨범의 주요 트랙이 한 발짝 나서 불만 많은 중산층들을 향해, 더 오래 더 심한 고충을 겪어야만 했던 아프리칸–아메리칸의 삶에 대해 넌지시 상기시킨다.

그의 가사에 등장하는 인물들은 "불경기"의 미시시피 지역을 배경으로(미시시피는 미국에서 가장 가난한 주이다), 자식들에게 아메리칸 드림을 누릴 수 있도록 해주려 열심히 일하는 부모의 이야기를 전하고 있다. 딸은 옷이 낡았을지언정 자랑스럽게 걸치고 다닌다. 그들의 아들은 명민한 두뇌의 소유자였다. 하지만 그들은 "유색인을 고용하지 않는 곳에 살고 있으니" 이 모든 것이 무슨 소용이 있겠느냐는 것이다.

탑 10에 진입한 이 싱글은 그렇게 그냥 마무리 짓는다. 하지만 이 곡의 LP를 구매한 이들은 곡 중간 즈음에 이르러 완전히 새로운 무언가를 경험하게 된다. 여기에 젊은이의 이야기를 담은 1분 길이의 촌극으로 시작되는 구두 간주가 삽입되었던 것이다(원더는 여기서 각종 음성의 화려한 퍼레이드를 펼친다). 젊은이는 버스에 올라타, 뉴욕에 도착하고 마약 밀매에 연루되어 구속당하며, 인종 차별적 학대를 당하며 10년형을 선고받는다.

가사의 다음 절이 등장할 때, 원더는 한층 돌변한 모습으로 두 절 내내 분노에 차 목이 터져라 노래한다("He spends his life walking the streets of New York City(그는 뉴욕의 거리를 걸으며 삶을 보내네)"). 그러나 꿈이 완전히 날아간 것은 아니다. 마지막 절에 다다라 원더는 이 노래가 무언가 변화를 가져오는 데 한몫을 할 수 있기를 희망하며, 우리가 "더 나은 미래를 만들 수 있다"고 말한다.

"그래, 우리가 할 수 있다"라는 메시지를 전하는 의미에서, 촌스러운 신디사이저 사운드 정도는 좀 눈감아줄 수 있다. **DH**

I Can't Stand the Rain
Ann Peebles (1973)

Writer | Don Bryant, Ann Peebles, Bernard Miller
Producer | Willie Mitchell
Label | Hi
Album | I Can't Stand the Rain (1974)

앤 피블스를 가리켜 많은 이들은 그가 가장 위대한 싱어 중 하나라고 말한다. 앤 피블스에 비해 어느 하나 빠질 것 없는 보니 레잇조차도, "그녀는 나의 영웅"이라며 롤링 스톤스에게 열변을 토했다. 피블스는 멤피스 소울 사운드를 확립시키는 데 중요한 역할을 한다. 그녀는 "여자 알 그린"이라고도 불렸다. 하지만 이런 알 그린 커넥션은 그녀에게 전혀 도움이 되지 않았다. 그녀는 소속 레이블 하이 레코즈의 동료였던 그의 그림자에 가려 볕 들 날을 기다리면서 수년의 세월을 묵묵히 보내야 했다. 그러다 1973년 어느 날, 피블스에게 운명의 여신이 손길을 내밀었다.

피블스는 멤피스 플라이어게 이렇게 전했다. "어느 날 밤 우리는 공연장으로 갈 채비를 하고 있었죠…비가 마구 쏟아지던 밤이었어요. 천둥이 사정없이 쳤어요. 갑자기 제가 벌떡 일어나 '아 정말 비 오는 건 딱 질색인데'라고 말했어요. 그러자 단(브라이언트)이 저를 보고 이렇게 말했죠. '이야, 그거 노래 제목으로 괜찮겠는데!'" 콘서트를 뒷전으로 미룬 그녀는 그날 밤 내로 곡을 완성시켰고, 이로써 히트작 하나가 탄생했다. 브라이언트는 이 곡이 성공한 데에 프로듀서 윌리 미첼의 공이 컸음을 인정한다. BBC라디오에서 그는 이렇게 회상했다. "윌리가 손대면 항상 뭔든 특별해졌죠…(그가)일렉트릭 팀발레스를 추가했어요." 당시 스튜디오에 새로 들어온 악기 중 하나였던 팀발레스를 이용해 미첼이 빗방울 사운드 효과를 만들어냈다. 미국 R&B 차트에서는 6위에, 팝 차트에서는 50위에 진입한 이 곡은 그래미 후보로 지명되었고, 피블스는 처음으로 집을 장만할 수 있었다. 그러나 정작 최고의 찬사는 존 레논으로부터 오지 않았나 싶다. 들리는 바에 의하면 그는 이 곡을 "역대 가장 위대한 노래"라 격찬했다는 것이다. **DC**

Goodbye Yellow Brick Road
Elton John (1973)

Writer | Elton John, Bernie Taupin
Producer | Gus Dudgeon
Label | DJM
Album | Goodbye Yellow Brick Road (1973)

1973년 1월, 엘튼 존(본명 레지 드와잇)은 자메이카의 핑크 플라밍고 호텔에 처박혀 있었다. 거기에는 동료 버니 터핀이 미리 적어놓은 가사 종이들이 산더미처럼 쌓여 있었다. 거의 3일 만에 그는 〈Goodbye Yellow Brick Road〉에 실릴 주요 명곡들 대부분을 완성시켰다. 이 더블 LP를 가리켜 그는, 〈Honky Chateau〉가 (비틀즈의)〈Revolver〉라 한다면 〈Goodbye Yellow Brick Road〉는 'White Album' 격이라고 말했다. 타이틀 트랙 발라드는 그 품은 보석을 천천히 풀어놓는다. 곡의 첫 부분을 채우고 있는 것은 엘튼 자신, 그리고 그의 피아노 연주가 전부다. 점차적으로 델 뉴먼의 관현악 편성이 사운드를 높이 끌어올리고, 여기에 나이젤 올슨의 소프트 록 드럼이 가세해 깊이 전율한다. 이들은 함께 듣는 이의 손을 잡고 가사 없는 반복구 섹션으로 인도하며, 비치 보이스의 사이키델릭 하모나이징을 향한 애정을 남김없이 고백한다. 여기서 털어놓은 속마음은 그것뿐만이 아니다. 터핀의 가사에는 옛 연인을 향해 날리는 잔인한 거절의 메시지가 담겨 있다. 그는 돈이 두둑했던 인물로 곡 중 화자를 펜트하우스와 보드카, 토닉의 세계로 끌어들였고, 그를 그저 또 다른 소유물 정도로 대했다는 것이다. 곡 중 화자는 곡물 농사에 집중할 수 있는 곳, 성적 포식자가 아닌 조류 포식 동물들 지배하는 세상을 갈망한다("howling old owl in the woods / Hunting the horny-back toad(숲 속에서 울어대는 늙은 부엉이 / 뿔도마뱀을 찾고 있는)"). 이언 벡의 앨범 슬리브 일러스트레이션은 또렷한 메시지를 전달한다. 이것은 "Over the Rainbow"가 상징했던 현실 도피에 대한 회답이자, 그것의 세련된 180도 전환이며, 환상에 찬 세계보다는 전원의 진실성을 더 선호한다는 메시지를 보내고 있다. **SP**

1970년대 초반 한 콘서트에서 앨튼 존이 오버사이즈 선글라스의 기능 장애를 처리 중이다.

Future Days
Can (1973)

Writer | Karoli, Czukay, Liebezeit, Schmidt, Suzuki
Producer | Can
Label | United Artists
Album | *Future Days* (1973)

〈Future Days〉는, 캔의 자유로운 영혼, 다모 스즈키(일본 태생의 보컬리스트)가 운전대를 잡은 최후의 앨범이다. 이 앨범의 타이틀 트랙은, 쾰른을 주요 무대로 삼았던 이 그룹이 맺어놓은 가장 아름답고, 가장 오래 남을 결실이라 할 수 있다. 밴드는 1972년 싱글 "Spoon"의 예상치 못했던 차트 성공에 힘입어 얻은 수익으로 여름휴가를 다녀왔고, 이 휴가로부터 돌아와 9분 길이의 수수께끼를 하나 탄생시킨다. 여기서 그들은 평소 모습과는 상이한 여유로움을 보여주는 한편, 본래 이들의 전형이라 할 수 있는 타악기적 암류를 고스란히 유지시켰다.

"Spoon"과는 다르게 "Future Days"의 경우, '팝송'과는 매우 거리가 멀었다. 전자 음향, 삐걱대는 소리, 소용돌이치는 스트링 섹션이 만들어내는 몽롱한 안개 속에서 곡이 시작되는 데다, 야키 리베차이트의 보사 노바 색채 비트로 곡이 마침내 움직임을 보이기까지, 90초여의 시간이나 소요되었으니 말이다(리베차이트는 과거에 유럽의 프리재즈 트럼펫 주자 만프레드 슈프의 제자였다).

트랙이 본격적인 전개에 돌입해도, 각 요소 모두 약간씩만 적용된다. 미하엘 카롤리의 기타는 마치 파도 사이를 유유히 가르듯 빈둥빈둥 어슬렁거린다. 홀거 추카이의 베이스는 마치 있는 듯 없는 듯, 메트로놈 소리처럼 울려 퍼진다. 슬쩍 감추어진 듯한 다모 스즈키의 보컬은 이 트랙에서 매우 절제된 모습이다. 하지만 그의 멜로디만큼은 잔잔하고 낙관적이다. 〈Future Days〉는 캔의 마지막 고전 앨범이 되어버린다. 이 앨범의 발매를 끝으로 다모 스즈키는 밴드를 떠나 여호와의 증인 신자가 되었다. 그가 빠진 캔은, 이후 영원히, 그들만의 천부적 재능―완벽한 밀고 당기기의 조화―을 음악으로 승화시키지 못한다. **LP**

Essiniya
Nass El Ghiwane (1974)

Writer | Traditional, arranged by Nass El Ghiwane
Producer | Nass El Ghiwane
Label | Disques Ouhmane
Album | *Essiniya (Disque d'or)* (1974)

나스 엘 귀와네('새로운 데르비시들'이란 뜻)는 1960년대 말 모로코 음악 신에 뛰어들어, 전통 음악에 급진적인 보이스를 융화시켰다. 카사블랑카로부터 출현한 이 밴드는 남부 모로코에서 온 그나우아 음악을 연주했으며 여기에 현대적 서정성을 더해 북아프리카 청중이 좀 더 쉽게 접근할 수 있도록 변신시켰다. 긴 머리와 히피족 의상을 즐겨 했던 탓에 이 밴드는 롤링 스톤스에 비유되었지만, 사실 자신들의 음악을 서구화하려 한 적은 단 한 번도 없었다.(타르와 벤디르, 밴조, 다르부카를 연주하는 것을 보라). 그러나 반항적 영혼에서 만큼은 그 런던 밴드와 많이 닮기도 한 듯하다.

1974년 발매된 "Essiniya"는 대단한 반향을 일으킨다. 곡의 제목은 모로코에서 차를 받치는 둥근 상을 의미한다(이것을 중심으로 사람들이 빙 둘러앉는다). 이 곡은 당시 관습을 거부했다는 점에서 매우 혁신적인 것으로 통했다. 여기서 말하는 '관습'이란 바로, 모로코의 왕에 대한 찬미를 가사 도중 반드시 삽입해야만 한다는 것이었다. 아첨하기를 멀리한 나스 엘 귀와네는 이런 관습에 순응하지 않음으로써, 모로코의 통치를 향한 비난을 암시한 꼴이 되었다. 이들은 매우 급진적이고, 독립적인 음악인들로 통했다.

나스 엘 귀와네는 오늘날에 이르러서도 북아프리카에서 그 인기가 여전하다. 이 5인조 밴드의 창단 멤버는 거의 사망했다. 그러나 그들이 70년대에 발표한 음반들만큼은 새로운 북 아프리카 음악에 대한 청사진을 제시해주었고, 그 결과 샤비와 같은, 민속 음악의 영향이 짙은 장르들이 탄생하게 되었다. **GC**

Carpet Crawlers
Genesis (1974)

Writer | Banks, Collins, Gabriel, Hackett, Rutherford
Producer | John Burns, Genesis
Label | Charisma
Album | *The Lamb Lies Down on Broadway* (1974)

"동화 속 이야기는 빠르게 한물가버린 것인 듯 느껴졌죠." 피터 가브리엘이 제네시스의 더블 앨범 〈The Lamb Lies Down on Broadway〉의 장막을 걷으며 한 말이다. 이것은 브롱스 게토에 사는 푸에르토 리코인 주인공 라엘의 이야기이다. 가브리엘이 만들어낸 최고의 멜로디 중 하나가 바로 "Carpet Crawlers"이다. 이 곡이, 제네시스가 낳은 가장 불가해한 앨범의 하이라이트를 장식했다는 데에는 논란의 여지가 없다. "Carpet Crawlers"는 이 90분 길이 조곡의 나머지 부분과는 다르게, 빠른 시간 내에 작곡되었고, 키보드 주자 토니 뱅크스와 베이시스트 겸 기타리스트였던 마이크 루더포드의 손에서 재빨리 진화 과정을 거쳤다. 이 곡은 가브리엘의 '펑크 순례자의 길' 장면에서 등장한다. 라엘은 빨간 카펫이 깔린 복도를 가득 메운 사람들을 보게 되고, 이들은 무릎을 꿇은 채 복도 끝의 방을 향해 기어간다. 이 노래는, 라엘의 스토리 중 일부분이라는 역할을 넘어서, (뇌리를 떠나지 않는 곡의 반복적 리프레인 구절 "you've got to get in to get out(빠져나가기 위해서는 들어가야만 해)"을 통해) 난자 수정을 위해 전진하는 정자를 상징하고 있다는 설도 야기시켰다. 그 숨은 의미가 '아기'이든, "카펫 위를 기어가는 이"이든 간에 그것은 당신의 선택이다. 하지만 숨은 의미를 따지기보다 그저 이 노래의 아름다움에 귀를 기울이는 것도 괜찮다. 밴드 전체가 열정을 다해 연주하지만, 무엇보다도 그들의 절제할 줄 아는 능력이 돋보인다. 프로그레시브 록을 혐오하는 사람들에게조차 한번 들어볼 만한 제네시스 작품이다. 독특하긴 하지만 너무 동떨어지지 않은 소울-포크적 음악이기 때문이다. "Carpet Crawlers"는 제네시스가 누린 영광의 시간을 5분으로 걸러낸 증류수라 할 수 있다. **DE**

Águas de março | Antônio Carlos Jobim & Elis Regina (1974)

Writer | Antônio Carlos Jobim
Producer | Aloysio de Oliveira
Label | Verve
Album | *Elis & Tom* (1974)

고국 브라질에서는 이미 유명 인사였던 안토니오 카를로스 조빔이 세계 무대에서 주목을 받게 된 것은 1960년대 초반이었다. 이것이 다 (뒷전에 머물렀던) 1장의 앨범 덕택이다. 〈Getz/Gilberto〉(1964)로 스포트라이트를 받은 것은 미국의 색소폰 주자 스탄 게츠와 브라질의 기타리스트 주앙 질베르토였고 "The Girl from Ipanema"를 주류로 이끈 것은 주앙의 아내 아쉬트루드 질베르토의 애잔한 보컬이었다. 그러나 줄곧 안내원 역할을 모두 해온 것은 조빔이었다. 앨범 수록 곡 대부분을 작곡한 이도, 앨범 전체의 피아노를 담당 한 이도 그였다.

〈Getz/Gilberto〉의 성공 덕에 조빔은 미국에서 왕성한 음악 활동을 할 수 있게 되었다. 1974년 그는 브라질의 싱어 엘리스 레지나의 참여 아래 로스앤젤레스에서 자신의 자작곡을 모아 앨범 1장을 녹음한다. 이들 둘이 빚어낸 "Aguas de marco"는, 리오에 내린 3월의 비가 불어넣은 철학을 담은 온화한 노래이다. 조빔의 오리지널은 본래 좀 더 템포가 빨랐고 이미 2년 전 잡지에 딸려 경품으로 나간 바 있다. 그러나 서로에게 자리를 양보하는 레지나와 조빔의 인터플레이는 단순한 멜로디, 유려한 리듬, 감정 이입의 강자들인 올스타 출연 브라질 밴드와 만나 이 버전을 결정판으로 만들었다.

여느 때와 달리 조빔은 이 곡에 영어 가사를 추가로 썼고, 이것을 "Waters of March"라 이름 붙였다. 브라질의 저널리스트를 상대로 이루어진 최근 설문에서 20세기에 브라질이 낳은 최고의 곡을 묻는 질문에 "Aguas de marco"가 1위를 했다. **WF-J**

Ain't No Love in the Heart of the City | Bobby Bland (1974)

Writer | Michael Price, Dan Walsh
Producer | Steve Barri
Label | ABC Dunmill
Album | *Dreamer* (1974)

블루스 싱어로서 바비 "블루" 블랜드가 누린 화려한 음악 경력은 1960년대 말 추락을 거듭한다. R&B 차트에서 성공시킬 히트 곡도 이제는 모두 소진되었고, 재정적 압박으로 인해 밴드를 완전 해체해야만 했으며, 그에게 가장 중요한 사람이었던 작곡가이자 편곡가인 조 스콧과의 관계가 종말을 맺게 된 것이었다.

그의 레코드 컴퍼니 듀크가 ABC 그룹에 매각된 이후 그의 활동 상태가 조금 호전되었다. 그들은 블랜드의 행보를 좀 더 소울적인, 주류적 방향으로 전환시키는 한편 록 기타와 스트링 편곡을 더해 완전 무장시킨다. 그들의 지침 아래, 블랜드는 2장의 성공적인 앨범을 발매했다. 여기서 로스앤젤레스 최고의 세션맨들이 작곡과 피처링을 모두 맡아 했다. 이렇게 하여 탄생한 앨범들 중 2번째에 해당하는 것이 〈Dreamer〉였고, 이 앨범에 수록된 트랙 하나는 블랜드가 낳은 최고의 히트라는 명성을 수년간 이어갔다.

"Ain't No Love in the Heart of the City"는 코러스 하나와 버스(verse) 2개라는 꽤 기본적 구성을 가진다. 이 곡의 진미는 블랜드가 은연 중에 떠나간 연인이라는 주제와 자기 고향 도시의 쇠퇴와 좌절을 교묘히 연관시키는 데 있다. 그녀는 "이 오랜 동네처럼 날 사랑했었다." 그러나 이제 그녀가 떠나니 "해가 비추지 않는다. 도시의 심장부로부터 우리 군 경계선까지." 마빈 게이의 〈What's Going On〉 이후 도시 빈곤은 미국의 흑인 음악에 끊임없이 주제로 등장해 왔다. 그리고 블랜드의 버전은 미묘한 만큼 더 강렬했다.

헤비 메탈 밴드 화이트스네이크는 그들의 첫 EP에 이 곡을 수록한 바 있으며 후에 싱글로도 발매했다. **SA**

(Looking for) The Heart of Saturday Night | Tom Waits (1974)

Writer | Tom Waits
Producer | Bones Howe
Label | Asylum
Album | *The Heart of Saturday Night* (1974)

톰 웨이츠의 1번째 앨범 〈Closing Time〉이 자신의 목소리를 찾아가는 한 싱어의 사운드라 한다면, 〈The Heart of Saturday Night〉은 그것을 발견한 이의 사운드라 할 수 있다. 물론 그때까지만 해도, 그가 찾은 보이스가 담배로 엉망진창이 되어버리기 전이었다. 또한 타락해버린 술귀신 재주꾼으로 그가 스스로 구가한 이미지는 당시만해도 한 폭의 초상이라기보다는 간단한 스케치에 불과했다.

그럼에도 웨이츠는 앨범명과 완전 일치할 뻔한 제목의 타이틀 트랙에서 자신의 페르소나를 그다지 강조시키지 않았고, 이것은 그의 초기 작품들에서 매우 드문 현상이었다. "Tom Traubert's Blues"와 같은 다른 70년대 중반 발매 트랙에서 등장하는 자기 신화적 1인칭 화자는 여기서 온데간데없다. 웨이츠는 구경꾼으로 물러서고, 세상이 그의 눈앞에 펼쳐지는 것을 지켜볼 뿐이다.

이 노래의 테마는 주제에 이미 드러나 있다. 호주머니에 담긴 돈, 한 팔에 안은 여자, 주말, 이 모든 것이 불어넣은 순진한 낙천주의가 바로 그것이다. 오랜 세월에 걸쳐 많은 작곡가들이 이 단순한 주제를 곡에서 다루어왔다. 노련하게도 웨이츠는 이 주제를 과대 선전하지 않는다. 스냅샷 같은 가사에 그가 지금껏 만든 가장 단순하고 가장 아름다운 멜로디를 입히는 것이 전부였다.

〈The Heart of Saturday Night〉은 대중에게 그다지 대단한 인상을 주지 못했다. 웨이츠는 남은 70년대 동안 스키드 로우 지역 비트족으로 진화해간다. 그리고 나서 그 이미지를 벗어 던진다. 이후, 그는 록계에 기록되는 활동 중반 이미지 변환 사례로서 가장 놀라운 변신을 시도한다. 그 결과, 타협을 거부하며 덜거덕대는 〈Swordfishtrombones〉(1983)가 탄생했다. **WF-J**

1974년 런던을 방문했을 때 택시를 탄 톰 웨이츠가 카메라를 응시하고 있다. ➔

Sweet Home Alabama | Lynyrd Skynyrd (1974)

Writer | Ed King, Gary Rossington, Ronnie Van Zant
Producer | Al Kooper
Label | MCA
Album | *Second Helping* (1974)

"'Sweet Home Alabama'는
정말 대단한 노래라고 생각해요.
저 스스로도 라이브로 그 곡을
몇 번 공연했죠."

닐 영, 1995

◀ **Influenced by: Southern Man** · Neil Young (1970)
▶ **Influence on: Ronnie and Neil** · Drive-By Truckers
(2001)
● **Covered by:** Charlie Daniels (1981) · Hank Williams Jr.
(1987) · Leningrad Cowboys (1993) · Bonfire (1999)
Down By Law (2000) · Jewel (2002)

"Sweet Home Alabama"를 제대로 이해하고 싶다면 앨라배마 록 그룹 드라이브바이 트러커스의 곡 "Ronnie and Neil"을 들어보는 것이 좋다. 왜냐하면 이 "Sweet Home Alabama"에 얽힌 골치 아픈 내막, 그리고 남부인의 자존심을 추켜세우는 사기 충전의 외침이라는 오해 섞인 이미지에 대한 패터슨 후드의 반격을 들을 수 있기 때문이다. "Sweet Home Alabama"는 닐 영의 "Southern Man"과 "Alabama"에 응수하여 로니 반 잔트와 스키너드가 만들었다(영의 곡들은 둘 모두 소수의 인종차별 주의자들의 만행에 대해, 남부인 전체에게 비난을 퍼붓고 있었다). 이 곡에서 스키너드(그들은 단호한 반차별주의자이자 닐 영의 팬이었지만, 자신들의 뿌리에 대한 대단한 자존심을 가지고 있었다. 3명의 작곡가 모두 본래 플로리다 출신이다)는 영을 꾸짖으며, 앨라배마주에 찬사를 보낸다. 게다가 인종차별주의자로 악명 높은 주지사 조지 월래스에 대한 애매모호한 말도 남긴다(이런 메시지는 까칠하고 갈등 섞인 "Rednecks"에서 랜디 뉴먼에 의해 반복된다).

영은 이 곡이 매우 마음에 들었다. 스키너드를 비롯하여 많은 남부인들이 이 곡을 사랑했고, 비공식적으로나마 남부 지역을 대표하는 앤섬임을 인정하였다(표어로 앨라배마주 번호판에 새겨지기까지 했다). 그러나 수많은 이들이 곡에 담긴 미묘한 정치적 배경을 알아차리지 못했고, 그저 백인 우월주의 선전가 정도로 취급했다. 다른 이들은 가사 자체를 아예 무시한 채 발가락이 절로 움직이는 펑기(funky)한 배킹 리듬과 흥겨운 와-와 기타 사운드에 몸을 움직이기에 바빴다. 한편 앞서 언급한 2요소 덕에 이 곡은 영화 사운드트랙은 물론 클래식-록 컴플레이션 앨범의 단골손님이 된다. 이러한 모순은 본질적으로 서로 차이를 보이는 여러 다양한 커버 버전들이 입증하고 있다. 하나는 영국 나치 펑크 밴드 스크루드라이버의 악의에 찬, 덜떨어진 버전을 비롯하여, 더티 사우스(Dirty South) 래퍼들 B.A.M.A.가 만든 농담조의 축하 분위기 버전, MOR(Middle of the Road)포크 싱어 쥬얼 등의 버전이 그것이다. 쥬얼의 버전은 동명의 영화(별로 인상 깊지 않은 로맨틱 코메디)의 테마곡으로 쓰이기도 했다. 드라이브바이 트러커스는 후에 이것이 바로 "남부적인 것의 이원성"이라고 말했다. **PW**

Piss Factory | Patti Smith Group (1974)

Writer | Patti Smith, Richard Sohl
Producer | Lenny Kaye
Label | MER
Album | N/A

"'Piss Factory'에서 어떤 펑크 록적 관점을 대변하려 했던 것은 전혀 아닙니다. 우리 모두가 선택권이 있다는 사실을 대변하려 한 것뿐이죠."

패티 스미스, 1996

◀ **Influenced by: Desolation Row** · Bob Dylan (1965)
▶ **Influence on: Marquee Moon** · Television (1977)
● **Covered by:** Swarf Sisters (1997) · The Klone Orchestra (2009)
★ **Other key tracks:** Hey Joe (1974) · Free Money (1975) Because the Night (1978)

패티 스미스는 꽤 오래전부터 음악계의 가장자리에서 맴돌았다. 그래서인지 첫 싱글을 녹음하려 마침내 스튜디오에 입성한 그녀는 이미 만반의 준비가 다 되어 있었다. 강한 개성의 소유자이자 파워풀한 퍼포머였던 스미스는 스스로를 싱어이자 시인, 작가로 여겼다. 하지만 "Piss Factory"가 지녔던 카타르시스적 파워의 급습에 대항할 준비가 되어 있었던 자는 아무도 없었다. 이 곡은 진정 음악 역사상 가장 위대한 B사이드 싱글 중 하나이고, 있는 대로 다 까발려보자는 시(애매모호하고 방종한 가사들과 정반대다)와 로큰롤이 만나 이룬 가장 성공적인 조화 중 하나라고 할 수 있다.

리처드 솔의 기막힌 재즈조 피아노 위로 스미스는 단조로운 말투로 과거를 회상하기 시작한다. 그녀의 말에서는 강한 리듬감과 비트족적 영향이 느껴진다. 이 곡은 그녀가 1964년 16세였을 당시 뉴저지 주의 인형 공장에서 일했던 지옥의 시간들에 대한 이야기라 한다("Because you see it's the monotony that's got to me / Every afternoon like the last one / Every afternoon like a rerun(왜냐하면 그 단조로움이 나를 괴롭혔거든 / 매일 오후가 그 전날과 똑같아 / 매일 오후가 재방송 같지)"). 마지막 부분에 이르러 대담한, 클라이맥스적 다짐("I'm gonna be somebody, I'm gonna get on that train, go to New York City / And I'm gonna be so big, I'm gonna be a big star and I will never return(난 대단한 사람이 될 거야. 난 그 기차를 잡아타고 뉴욕에 갈 거야 / 난 대단해질 거야 큰 스타가 되어 다시는 여기 돌아오지 않겠어)."을 하기 전까지 이야기는 계속된다. 그리고 그녀는 이 약속을 지킨다.

이 곡에 지지 않는 독특함을 보여준 A사이드 곡은 바로 패티 허스트의 이야기를 담아 만든 "Hey Joe" 커버 버전이었다. 이 싱글 제작비는 사진작가 로버트 메이플토프가 전담했다. 스미스의 밴드 텔레비전의 공연들을 본 후 녹음 작업을 위한 영감을 얻었다는것이다. 텔레비전의 작곡가인 톰 벌렌이 "Hey Joe(Version)"/"Piss Factory" 작업에 연주로 참여하였으니, 이 2그룹이 1975년 CBGB의 전속 밴드가 되었다는 것도 전혀 놀랄 일이 아니었다. 그리하여 미국 펑크계는 랭보와 롤링 스톤스의 만남을 맞이하게 된다. **PW**

Evie
Stevie Wright (1974)

Writer | Harry Vanda, George Young
Producer | G. Young, H. Vanda,
Stevie Wright
Label | Albert
Album | *Hard Road* (1974)

60년대 중반, "리틀 스티비" 라이트는 이지비츠의 리드 싱어로 대대적인 성공을 거두었다. 이 호주 그룹은 "Friday on My Mind"와 같은 넘버 원 팝 히트 곡을 줄줄이 내놓은 덕에 고국에서 비틀매니아를 방불케 하는 인기를 누렸다.

1969년 이지비츠가 해체된 후 라이트는 변신을 거듭했고, 한때—솔로 데뷔 앨범 〈Hard Road〉를 내놓기 전까지—는 〈지저스 크라이스트 수퍼스타〉에 출연하기도 했다. 노력 끝에 그는 과거 이지비츠 멤버들(해리 반다, 조지 영)과 재결합할 수 있었다. 당시 이들 둘은 호주에서 제일 잘 나가는 히트 머신 드림 팀이 되는 과정을 밟아나가고 있었다.

몇 안 되는 진정한 록 대서사시 중 하나라 할 수 있는 "Evie"는 3파트 구성의 모음 곡이었고 머릿속에서 지워지지 않는 인상 깊은 가사와 극적 편곡 구성을 통해 11분 만에 두 남녀 사이의 이야기를 전부 펼쳐놓는다. 1부("Let Your Hair Hang Down"이라는 부제가 붙어 있다)에서는 이비에게 구애하는 거친 로커의 모습을 다루었다(이것은 반다와 영이 이후에 AC/DC통해 이루어낼 이미지의 초기 청사진임이 분명하다). 2부는 다정한, 매우 그럴 듯한 피아노 발라드로 좋은 시절을 자축하고 있다. 한편 "I'm Losing You"라는 부제가 붙은 3부는, 다 죽어가는 그들의 관계에 괴로워하는 울부짖음이라 할 수 있다. 모두 개별적으로 감상할 수 있는 섹션들이지만 한 작품 전체가 이루는 시너지 또한 거부할 수 없는 것이었다.

당시 유행에 벗어난 길이였음에도 불구하고 "Evie"는 호주에서 어마어마한 히트작이었고 〈Hard Road〉를 2위로 끌어올리는 데 한몫했다. **iH**

Free Man in Paris
Joni Mitchell (1974)

Writer | Joni Mitchell
Producer | Joni Mitchell
Label | Asylum
Album | *Court and Spark*
(1974)

레코드 레이블과 그 소유주에 관한 노래들이 칭찬조인 경우는 매우 드물다. 섹스 피스톨즈의 "E.M.I."를 들어보기를 권한다. 하지만 "Free Man in Paris"는 비교적 애정 어린 어조이다. "제가 파리에 있을 때 데이비드 게펜을 위해 그 곡을 썼죠. 대부분 그가 한 말들로 가사를 썼어요."

미첼은 게펜(그는 당시 어사일럼의 대표였다)과 그의 최신 계약 아티스트 밥 딜런 앞에서 이 곡의 패어런트 앨범을 연주해 보였다. "〈Court and Spark〉는 제게 기회를 마련해준 앨범이에요. 그런데도 전적으로, 거의 무례하다 싶을 정도로 무시당하고 있었죠." 그녀가 롤링 스톤의 카메론 크로우에게 말했다. "게펜의 변명은, 제가 당시 그의 집 방에서 살고 있었으니 이미 이 곡이 만들어지는 과정을 하나도 빼놓지 않고 다 들었다는 거예요. 그러니 그에게 이 곡은 더이상 신선하지 않았다는 거였죠."

게펜은 곡의 가사에서 "속박되지 않고, 살아 숨 쉬는" 존재로 그려진다. 그는 "부탁하려고 나에게 전화 거는" 사람들에게서 벗어나, 샹젤리제 거리를 어슬렁거린다. "만약 그의 말을 액면 그대로 받아들이면(아니면 조니의 해석 자체를 봤을 때)," 스프얀 스티븐스가 이렇게 말했다. "게펜이 한 A&R부에서 일하는 쌀쌀하고 심술궂은 사람의 이미지로 그려지죠. 할리우드의 권태로움을 경계하고, 파리의 로맨스를 갈망하는 그런 모습이요. 아이러니하게도 게펜은 자기가 직접 도와 창조한 이 업계에 분노하고 있어요."

이 찬란하도록 햇살 가득한 음악에 등장하는 플루트 연주는 톰 스콧이 맡았다. 배킹 보컬에는 데이비드 크로스비와 그레이엄 내시, 기타에는 호세 펠리시아노가 참여한다. 이 곡이 미첼에게 흥행에 성공한 마지막 노래였다. **BM**

1974년 조니 미첼. 극찬을 받은 앨범 〈Court and Spark〉가 발매된 해이다. ➔

I Will Always Love You
Dolly Parton (1974)

Writer | Dolly Parton
Producer | Bob Ferguson
Label | RCA
Album | *Jolene* (1974)

"I Will Always Love You"를 말하는 데 2편의 커버 버전에 얽힌 뒷이야기를 빼놓을 수 없다. 그것은 '실현된 것'과 '실현되었을 뻔한 것'의 이야기이다. 1974년과 1982년, 돌리 파튼은 그럭저럭 이 곡의 흥행에 성공했다. 파튼이 활동 경력을 쌓는 데 중대한 역할을 했던 포터 웨그너와의 동업 관계가 막을 내린 것이다(그는 말쑥하게 차려입는 컨트리계의 전설적인 인물이었고 이 둘의 관계는 전적으로 직업적인 것이었다). "I Will Always Love You"는 컨트리 차트에서 2번에 걸쳐 1위를 기록했지만, 팝 차트에 번거로움을 끼친 적은 없었다. 이 곡은 1992년에 휘트니 휴스턴의 손에 들어갔고, 그녀는 이 절제된 컨트리 송을 디바의 탄생을 알리는 거대한 소울 발라드로 탈바꿈시켰다. 영화 〈보디가드〉의 사운드트랙을 위해 만들어진 이 트랙은 미국에서 14주간 1위에 머무는 한편 전 세계에 걸쳐 1천 3백만 장 이상 판매되었다. 여성 아티스트로서는 당시 최고 기록이었다. 이쯤 되면 실현되지 않았던 2번째 버전에 대해 이야기를 꺼낼 때도 된 듯하다. 파튼의 쾌활한 튠이 아직 컨트리 팬들을 매료시키고 있을 당시, 엘비스 프레슬리와 그의 매니저 톰 파커 '대령'의 귀에까지 닿게 되었다. 파커는 이 곡이 난항 중인 '황제'에게 매우 이상적인 흥행거리가 될 것이라 결론을 내렸다. 하지만 파튼은 파커와 거래를 할 경우 판권의 반 이상을 넘겨주어야 한다는 것을 알게 된 후(이것은 파커와의 거래에서 관습적으로 이행되었던 조건이었다), 딱 잘라 거절했다. 우리로서는 그녀의 활발한 튠에 프레슬리의 목소리가 어우러지는 것을 들을 기회를 놓친 적이다. 그러나 20년 후 그녀의 이런 결정은 대단한 보상을 가져온다. 휴스턴의 버전으로 파튼은 6백만 달러 이상을 벌게 되었다. **PW**

The Grand Tour
George Jones (1974)

Writer | Norro Wilson, Carmol Taylor, George Richey
Producer | Billy Sherrill
Label | Epic
Album | *The Grand Tour* (1974)

조지 존스의 자서전 중 단지 몇 페이지만이 이 싱어의 레코드에 관한 내용이라는 것은 꽤 흥미로운 사실이다. 내쉬빌의 시나트라이자 비범한 재능의 소유자였던 그는 컨트리 싱글 차트에서 (매번 다른 성과로) 70번씩이나 톱 10을 들락거렸지만, 스스로의 저술(그의 대필가라고 하는 것이 더 맞을지도)에서는 초라다 할 만큼, 몇 편의 일화들 정도로 함축되고 만다. 이 일화들은 주로 그의 전설적인 알코올 중독 문제에 관련되어 있었다.

여기서 아이러니 한 것은 존스의 음악이 대체로 자신의 삶에 관한 노래라는 것이다. 이것은 음악 산업의 교활함과 컨트리계가 가졌던 신실성을 향한 소중한 갈망 사이의 간극을 메우려는 고전적인 내쉬빌 수법이었다. 그는 술병들과 싸운 나날들에 대해 노래했고("If Drinkin' Don't Kill Me(Her Memory Will)"), 그 안에 살고 있던 낭만적 일면은 수많은 싱글을 통해 산고를 겪었다. 그 중에는 태미 와이넷과 함께 부른 듀엣 1쌍이 있는데, 그들의 결혼("The Ceremony")과 이혼("Golden Ring")을 소설화한 이야기를 담고 있다. "The Grand Tour"에서 존스는, 자신을 떠나가버린 아내와 함께 머물던 집을 돌아보며 듣는 이를 구석구석 안내한다("Taking nothing but our baby and my heart(우리 아이와 내 마음만 가져간 채 나머지는 고스란히 두고 간)"). 존스의 오랜 프로듀서였던 빌리 셰릴은 종종 사족을 다는 성향을 보이기도 하지만, 여기에서만은 절제한다. 가슴 뭉클한 편곡 구성은 숨길 수 없는 감수성을 발산하지만 지나치게 감상적이지는 않다. 어찌 되었건, "The Grand Tour"는 셰릴의 것이라기보다 존스의 것이라 하는 것이 맞을 것이다. **WF-J**

Withered and Died | Richard and Linda Thompson (1974)

Writer | Richard Thompson
Producer | Richard Thompson, John Wood
Label | Island
Album | I Want to See the Bright Lights Tonight (1974)

1969년 말, 싱어-송라이터이자 기타리스트였던 리처드 톰슨은 자신의 밴드 페어포트 컨벤션과 함께 런던의 첼시에서 〈Liege and Lief〉를 녹음하고 있었다. 바로 옆 스튜디오에서는 린다 페티퍼(피터스로 알려져 있다)가 켈로그 콘플레이크 광고 음악을 녹음 중이었다. 이들 2명은 샌디 데니를 통해 만나게 되며(데니는 페어포트 컨벤션의 싱어였고 런던의 포크뮤직 클럽을 드나들며 페티퍼와 우정을 다졌다), 곧 서로에게 끌린다. 그들은 1972년 결혼식을 올렸고, 같은 해 린다는 페어포트 컨벤션을 떠나온 리처드가 한참 작업 중이던 첫 솔로 앨범에서 배킹 보컬을 맡게 된다.

톰슨 부부가 듀오로서 만든 첫 앨범인 〈I Want to See the Bright Lights Tonight〉에는 포크와 포크록적 영향이 여실히 느껴진다. 이건 "We Sing Hallelujah"의 '모두 함께 다 같이'적 코러스에서 확인할 수 있다. 그 중에는 페어포트적 사운드가 희미하게 느껴지는 "The Little Beggar Girl"도 있었다. 존 커크패트릭부터 페어포트의 사이먼 니콜 등의 게스트 출연도 이것을 증명하고 있다. 그 영향은 "Withered and Died"에까지 미친다. 머릿속에 아련히 떠나지 않는 이 발라드는 마치 훨씬 더 오래전 노래인 양 느껴진다.

1982년에 이르기까지 이 2사람은 비슷한 느낌의 앨범을 5장 더 낸다. 그러나 이후 리처드는 대규모 공연 투어 전야에 린다를 떠나 다른 여자에게로 가버린다. 린다는 "보드카, 오렌지 주스, 향우울제"를 마음껏 이용하며 가까스로 이 투어를 이겨냈다. 20년이 지난 후, 그들은 화해를 했고, 오랜 세월 지체된 린다의 솔로 데뷔 〈Fashionably Late〉(2002)에 리처드가 게스트로 출연한 바 있다. **WF-J**

Louisiana 1927
Randy Newman (1974)

Writer | Randy Newman
Producer | Lenny Waronker, Russ Titelman
Label | Reprise
Album | Good Old Boys (1974)

1926년 가을, 몇 개월에 걸쳐 미국의 중남부 지역에 폭우가 쏟아졌다. 뉴올리언스의 붕괴를 막기 위해 도시 상류의 제방들은 다이너마이트 세례를 받게 되었고 나머지는 자체 파열되었다. 도시는 살아남았지만 이듬해 난 홍수는 수백만의 목숨을 앗아갔고 루이지애나와 미시시피에 걸쳐 20만 이상의 인구가 집 없는 신세가 되었다.

반세기가 지난 후 뉴 올리언스 토박이였던 랜디 뉴먼은 딕 카벳의 TV 토크쇼에서 과거 조지아 주지사이자 한때 차별주의자로 알려졌던 레스터 매독스가 호된 매질을 당하는 것을 보게 된다. 이것이 바로 미국 남부의 뻐딱한 낭만주의를 파헤치는 비정통적 접근법을 취한 송 사이클의 탄생 계기이다. 이것저것 바꾸고 대체한 끝에 노래 한 다발이 〈Good Old Boys〉로 만들어진다.

"Louisiana 1927"은 절망에 빠진 뉴먼의 고향을 향해 바치는 탁월한 송가이다. 곡의 오프닝 부분에 등장하는 싱싱하고 풍성한 오케스트라는 매우 정중한 코티용(프랑스의 사교춤)의 장관을 연상케 한다. 그러나 곧 절제된 피아노와 뉴먼의 소박한 음성이 치고 들어온다. 그는 "이 불쌍한 크래커들의 땅에(to this poor crackers' land, 크래커는 가난한 백인 하층민들을 뜻하는 경멸조의 단어)"일어난 일을 차근히 설명한다.

2005년, 대참사가 다시 한 번 일어난다. 허리케인 카트리나가 뉴올리언스를 지도상에서 거의 지워버리다시피 한 것이다. 뉴먼의 노래에 담긴 기운(어깨를 으쓱하는 정치인들과 공민권을 박탈당한 이들의 쓰라린 고난에 대한 내용이 담겨 있다)이 다시금 뼛속 깊이까지 전해지는 듯했다. 뉴먼이 한때 자신의 터전이었던 곳에 사는 사람들을 돕는 기금을 모으기 위해 만든 자선 앨범에 이 트랙을 다시 녹음해 넣은 것은 너무 당연한 일이었다. **TS**

You Haven't Done Nothin'
Stevie Wonder (1974)

Writer | Stevie Wonder
Producer | Stevie Wonder
Label | Tamla
Album | *Fulfillingness' First Finale*
(1974)

1974년, 스티비 원더는 본인 최고의 기량을 발산하고 있었다. 23세의 젊은 나이에 그는 모타운 히트 제조기의 구속에서 벗어났고, 3장의 획기적 앨범을 통해 세계 무대의 중앙에 서게 된다. 다른 소울 아티스트들이 정치와 민권운동을 집적거려 보다 다시 전통 팝의 길로 회귀하는 것이 대부분이었던 데 반해, 그는 첫 데뷔 앨범 〈Fulfillingness' First Finale〉부터 미국 정부의 중심부에 일었던 혼란을 향해 분노를 터뜨렸다.

시작 부분부터 "We are amazed and not amused by all the things you say and you do(당신이 하는 말이나 행동은 우리 모두를 아연실색하게 만들지)"라고 짖어대는 "You Haven't Done Nothin'"은, 리처드 닉슨 전미 대통령을 향해 격렬한 불만을 쏟아낸다(닉슨은 녹음 당시 워터게이트 스캔들에 휘말려 있었다). 로버트 마굴레프와 말콤 세실 등의 엔지니어가 참여한 이 앨범에서 레지 맥브라이드의 베이스를 제외하고 모든 것은 원더가 직접 연주했다. 여기에 모타운 레이블 동료들인 잭슨 파이브가 배킹 보컬을 더한다.

이 싱글이 발매된 것은 1974년 8월, 닉슨이 대통령직을 사임하기로 되어 있던 달이었다. 호평이 자자한 한 명의 아티스트가 새로운 음반을 낸다는 사실은 떠들썩한 정계 혼란과 시기적으로 딱 들어맞아 대단한 권세를 휘두르게 되어 음반은 곧 차트 정상으로 치솟았다.

물론 원더가 자신의 의견에 멜로디를 입힌 곡 중에 더 잘 만든 것도 있었지만, "You Haven't Done Nothin'"은 여전히 경이를 자아내는, 투지에 불타오르는 곡이며 드럼 머신의 사용에 선구자적 역할을 한 더티 펑크(funk)적 선동 음악이라 할 수 있다. **DE**

This Town Ain't Big Enough for the Both of Us | Sparks (1974)

Writer | Ron Mael
Producer | Muff Winwood
Label | Island
Album | *Kimono My House*
(1974)

60년대 말 론 메일(키보드)과 그의 남동생 루셀(보컬)이 로스앤젤레스에서 결성한 그룹은 스파크스라는 이름으로 알려지게 된다. 미국에서 그들은 아웃사이더 같은 존재였다. 그들의 음악에서는 태평양 연안으로부터 굴러들어온 서부적 '필굿 바이브(Feel-good vibe)'보다는 브리티시 비트 장르와 독일 바이마르 문화로부터 받은 영향이 더 두드러졌다. 그룹의 매니저였던 존 휴렛은 베어스빌 레코드와 함께한 2장의 앨범으로 1972년 말 런던을 방문한 후, 영국을 상대로 이들 형제가 가진 상업성을 깨닫게 되었다. 시기적으로, 점점 괴팍한 곡들이 영국 차트를 지배하는 성향이 짙어지고 있었던 때였다.

이들 형제는 런던으로 이주해 왔고, 사이먼 나피에-벨의 수제자이자 과거 존스 칠드런의 베이스 주자였던 휴렛은 그들에게 새로운 밴드를 찾아주었다. 여기에는 베이스 주자 마틴 고든과 기타 주자 애드리안 피셔, 드러머 노먼 "딩키" 다이아몬드가 참여했고, 휴렛은 이들이 아일랜드 레코드와 계약을 맺게끔 도왔다. 그 결과 탄생한 앨범이 바로 〈Kimono My House〉였다. 이 앨범은 리드 싱글이었던 이 곡 때문에 한층 더 작게 보였다 한다. 엔지니어 리처드 딕비 스미스가 더한 총알 사운드 음향 효과와 함께, 론 메일의 영화와 같은 작곡물, 루셀 메일의 과장된 스타카토 표현 방식은 이 곡으로 하여금 70년대 팝의 가장 아슬아슬한 순간을 장식하도록 했다. 이들이 영국의 주간 차트 쇼 〈톱 오브 더 팝스〉를 습격했을 때, 아돌프 히틀러를 닮은 론의 모습과 루셀이 가졌던 미소년 이미지는 이들을 영국 청중에게 한층 더 신선한 이미지로 다가가게 했다. 19장의 앨범 발매와 40년이란 세월이 지난 오늘날에도, 이 곡은 여전히 스파크스의 라이브 공연 필수 곡으로 남아 있다. **DE**

스파크스 형제 러셀(좌)과 론 메일, 참 닮지 않은 2사람.

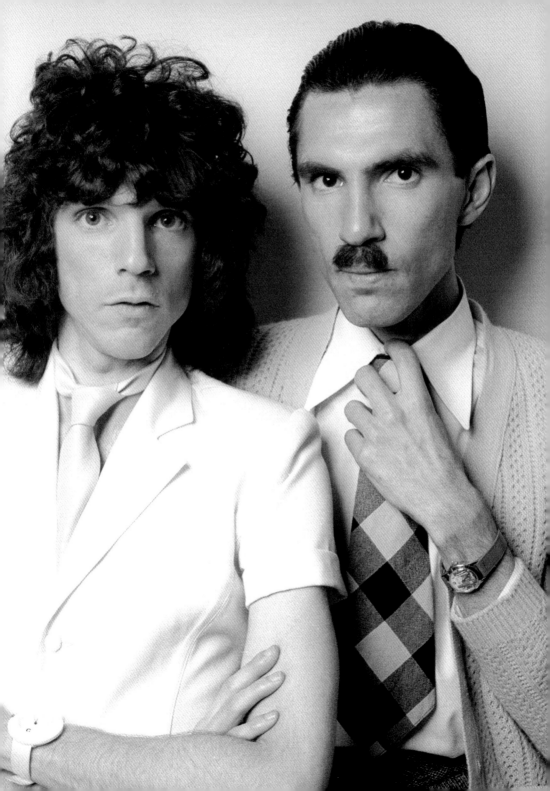

Only Women Bleed | Alice Cooper (1975)

Writer | Alice Cooper, Dick Wagner
Producer | Bob Ezrin
Label | Atlantic
Album | *Welcome to My Nightmare* (1975)

"그들은 계속 제가…곡을 쓸 줄 모른다고 떠들어댔죠. 그래서 와그너와 전 단지 작곡할 줄 안다는 것을 보여줄 작정으로 그 발라드 곡들을 써냈어요.

앨리스 쿠퍼, 1977

◀ **Influenced by: Isn't it a Pity** · George Harrison (1970)
▶ **Influence on: Knockin' on Heaven's Door** · Guns
 N' Roses (1992)
● **Covered by:** Tina Turner (1976) · Carmen McRae (1976)
 Julie Covington (1978) · Elkie Brooks (1986) · Lita Ford
 (1990) · Tina Arena (2008)

비록 오해의 소지가 있는(그리고 논란의 여지가 있는) 제목을 달고 있긴 하지만 "Only Women Bleed"는 앨리스 쿠퍼가 잘 만들기로 알려진 쇼크-록 성전의 일부라기보다는, 한 곡의 발라드이다. 사실 애틀랜틱 레이블은 좀더 짧은 길이의 싱글 버전을 위해 제목을 "Only Women"으로 축약했고, 이것은 트랙이 그 패런트 앨범인 〈Welcome to My Nightmare〉에 수록되어 발표되기에 앞서 발매되었다.

하지만 이 곡은 듣는 이들에게 여전히 쇼킹하게 다가왔다. 그것은 많은 이들이 이 노래가 월경에 대한 내용이라는 잘못된 인식을 가지고 있었기 때문이다. 그러나 사실 곡의 가사는 전혀 모호하지 않았다. 억압적이고 학대적인 관계에서 벗어나지 못하는 여자들에 관한 노래라는 것이 너무 분명히 드러나기 때문이다. 그러나 이 사실조차 일부를 진노하게 했다. 특히 여권 신장론자들은 이러한 노래가 남자의 손에 의해 작곡되고 연주된다는 사실에 반론을 제기했다. 특히 그 남자가 여성의 이름을 빌려다 쓰는, 폭력으로 악명 높은 그랑 기뇰 스타일의 공연 스타일을 일삼는 인물이었기 때문에 더더욱 그랬다는 것이다. 그럼에도 "Only Women Bleed"는 쿠퍼에게 예상치 못했던 히트작이 되어준다(악질 고전 "Cold Ethyl"이 B사이드에서 응원을 보냈다). 그 덕에 콘셉트 앨범 〈Welcome to My Nightmare〉의 발표가 좀 더 순조로웠고 이 곡의 라이브 공연을 담은 영상물을 비롯하여 빈센트 프라이스가 출연한 특집 방송 'The Nightmare'의 런칭이 가능했다.

소문에 의하면 "Only Women Bleed"는 쿠퍼의 친구 티나 터너에 관한 것이라 한다. 그녀는 후에 스스로 이 곡을 녹음한다. 다수의 여성들이 관련된 논란을 무시하고 이 곡을 선택한다. 그 중에는 줄리 코빙튼, 에타 제임스, 엘키 브룩스, 리타 포드, 토리 에이모스, 티나 아레나가 포함되어 있었다. 하지만 마치 교란을 조장하려는 듯, 건즈 앤 로지즈가 나서서 이 곡을 마초적 하드 록으로 원점화 시킨다. 그들은 라이브 무대에서 "Knockin' on Heaven's Door"로의 분위기 전환에 이 곡을 이용했다. **MW**

Jive Talkin' | Bee Gees (1975)

Writer | Barry Gibb, Robin Gibb, Maurice Gibb
Producer | Arif Mardin
Label | RSO
Album | *Main Course* (1975)

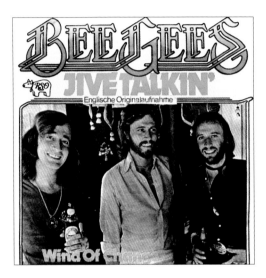

"저희는 'Jive Talkin'' 때문에 띌 듯 기뻤죠.
하지만 음반사 사람들에게
그것을 틀어 보였더니,
그들은 이 곡을 원하지 않았어요."

모리스 깁, 1998

◄ **Influenced by: Superstition** · Stevie Wonder (1973)
► **Influence on: I Want Your Sex** · George Michael (1987)
● **Covered by:** Ronnie Dyson (1976) · Cedar Walton
(1976) · Boogie Box High (1987) The Blenders (1995)
★ **Other key tracks:** Massachusetts (1967) · Nights on
Broadway (1975) · You Should Be Dancing (1976)

1973년에 다다라 비지스는 흥행 성적으로 볼 때 이미 완
충기에 충돌한 상태나 다름없었다. 줄줄 흘러나오던 스매
시 히트는 찔끔찔끔 방울져 떨어졌고, 저임대료 공연 무대
에서 카바레 뮤지션 행세를 할 상황에 처했다. 그해 나온
〈Life in a Tin Can〉 앨범도 이들의 추락을 막지는 못했다.
그러나 친구 에릭 클랩튼의 조언을 받아 다음 앨범 〈Mr.
Natural〉(1974)에서 깁스 형제는 전설적 R&B 프로듀서 아
리프 마딘과 한 조를 이루었고, 마딘은 새로운 방향 전환
을 하도록 이들을 잘 달랬다.

비록 〈Mr. Natural〉이 히트 곡을 탄생시키지는 못했지
만, 밴드와 프로듀서 모두 〈Main Course〉(1975) 작업에 매
진했다. 이번에 마딘은 기발한 아이디어를 낸다. 그는 형
제들에게 스티비 원더와 동시대의 다른 아티스트들의 음
악을 듣도록 권장했고, 배리 깁에게 음역대를 넓혀보는 것
이 어떻겠냐고 제안했다. "배리에게 한 옥타브만 더 위로
불러보는 게 어떻겠냐고 했죠." 마딘이 후에 털어놓는다.
"그렇게 해서 그들의 팔세토(falsetto)가 탄생한 거예요."

이들은 "Jive Talkin'"을 통해 혁명적 보컬 사운드를 시
연해 보인다. 그뿐 아니라 노래를 단단히 지지하고 있는
초기 디스코 리듬도 훌륭했다. "우리가 스튜디오로 가는
길에 건너가야 하는 다리가 하나 있었어요." 모리스 깁이
회상한다. "그걸 건널 때마다, 차가 짤깍짤깍 소리를 냈
죠." 이 삐걱대는 리듬 뒤에 숨은 잠재력을 간파하고, 키보
드 주자 블루 위버가 연주하는 독특한 ARP 2600 신디사이
저 베이스 라인을 추가한 비지스는 그들의 운을 소생시킬
댄스 트랙 하나를 손에 넣게 된다. 홍보 싱글 형태(화이트
레이블)로 배포된 "Jive Talkin'"은 초기에는 그다지 적극적
으로 방송되지 못했지만 그럼에도 불구하고 미국 차트에
서 1위, 영국 차트에서 5위의 기록을 세운다. 이렇게 앞으
로 계속될 승리의 해들을 선두 지휘했다.

1977년, "Jive Talkin'"은 〈Saturday Night Fever〉 사운
드트랙 앨범에 다시 고개를 내민다. 이 트랙은 밴드가 누
린 디스코 절정의 시대와 한데 어우러지며 이 모든 영광의
발단 지점을 상기시켜주었다. **MH**

Jesus' Blood Never Failed Me Yet
Gavin Bryars (1975)

Writer | Gavin Bryars
Producer | Brian Eno
Label | Obscure
Album | *The Sinking of the Titanic* (1975)

런던의 노숙자가 부르는 보컬에 관현악 반주를 입힌, 찬송가를 기반으로 한 아방가르드 클래식 음악작품(게다가 오리지널 버전은 25분에 달하는 길이였다)이 히트작이 될 확률은 매우 희박하다. 그럼에도, 개빈 브라이어스의 "Jesus' Blood Never Failed Me Yet"은 1975년 발매 이후 컬트적 인기를 끌어 모았다.

이 곡은 본래 브라이언 이노의 옵스큐어 레코드 레이블의 첫 발매작이었던 〈The Sinking of the Titanic〉의 B사이드(B사이드 전체를 차지한 유일한 노래였다)로 발표되었다(타이틀 트랙이 A사이드를 채웠다). 브라이어스는 클래식 음악교육을 받았으며, 재즈 더블 베이스 주자로 일했고, 이후 존 케이지와 모튼 펠드먼 등의 뉴욕파 미니멀리스트 작곡가들에게 영감을 받아 작곡으로 전향하게 된다. 곡의 기본을 이루고 있는 보컬 부분은 런던의 노숙자들에 관한 다큐멘터리 제작 과정에서 녹음되었다. 자기가 가장 좋아하는 찬송가를 부르고 있는 한 나이 많은 부랑자가 여기 등장한다. 브라이어스는 이 노래의 첫 섹션을 가져다 테이프 루프를 만들고 여기에 천천히 전개되다 광대한 클라이맥스로 고조되는 관현악 반주를 더했다.

브라이언 이노의 지원이 없었다면 이 노래는, 아니 앨범 전체가 아마 빛 1번 못 본 채 깨끗이 사라졌을 것이다. 이노와 브라이어스는 클래식 퍼포먼스-아트 앙상블 포츠머스 신포니아를 통해 협력관계를 다져왔고 70년대 내내 클래식 음악과 팝의 경계를 자유롭게 넘나드는 미니멀리스트 음악과 "앰비언트" 뮤직의 창작에 힘썼다. **MW**

Boulder to Birmingham
Emmylou Harris (1975)

Writer | Emmylou Harris, Bill Danoff
Producer | Brian Ahern
Label | Reprise
Album | *Pieces of the Sky* (1975)

1947년 군인 집안에서 출생한 에밀루 해리스가 컨트리 음악의 세계에 닿기 위해 걸었던 길은 결코 곧바르지 않았다. 그녀의 음악적 열정에 불을 지핀 것은 60년대 포크 음악의 부흥이었고, 당시 십 대의 해리스는 밥 딜런과 조운 바에즈에 강한 집착을 보였다. 뉴욕으로 이주한 해리스는 포크적 느낌의 첫 앨범 〈Gliding Bird〉(1970)를 내놓지만 이것은 실패로 끝난다. 게다가 결혼 생활까지 엉망이 되었다. 그녀는 다시 집으로 돌아와 워싱턴 D.C. 근교에서 부모님과 함께 거주한다.

1971년, 그녀에게 신이 손길을 뻗는다. 한창 솔로 활동에 착수하려던 그램 파슨스가 과거 밴드 동료였던 크리스 힐먼에게 듀엣을 할 만한 여성 싱어를 알고 있는지 질문을 던졌다. 당시 힐먼이 워싱턴의 포크 클럽에서 해리스가 노래하는 것을 본지 얼마 되지 않았던 때였고, 파슨스는 곧 해리스와 노래 몇 곡을 불러보며 호흡을 맞추어보게 된다. 해리스는 이 괴팍하기로 유명한 싱어로부터 아무 소식이 오지 않을 것이라 믿었지만 파슨스는 곧 그녀를 곧 로스앤젤레스로 공수해 와 자신의 솔로 데뷔 앨범에 참여시킨다. 음악계에 2번째 도전장을 낸 그녀에게 파슨스는 음악적 멘토 역할을 한다. 그러나 1973년 파슨스가 캘리포니아주 사막 지대에 위치한 한 모텔에서 약물 과다 복용을 했다는 소식이 전해졌고, 해리스는 비탄에 잠긴다. 하지만 그의 보컬 파트너였던 명성 덕에 자신만의 레코딩 계약을 얻어내어 〈Pieces of the Sky〉를 발표한다. "Boulder to Birmingham"이 여기 수록되어 있었다는 사실이 앨범의 즉각적 성공에 미친 영향을 절대 간과할 수 없다. 이 곡은 그녀가 옛 친구에게 바치는 아름다운 헌정 곡이었고, 이 앨범의 진정한 대표 곡이었다. **WF-J**

1975년. 공연 중인 에밀루 해리스. 같은 해 그녀의 솔로 커리어가 비상했다.

Fight the Power (Parts 1 & 2)
The Isley Brothers (1975)

Writer | Isley Brothers, Chris Jasper
Producer | Isley Brothers,
Chris Jasper
Label | Epic
Album | *The Heat Is On* (1975)

70년대 중반, 아이슬리 브라더스는 이미 전정한 현신자들이 되어있었다. 그들은 과거 펑크(funk)-록의 틀을 확장시켜 숨막히도록 멋진 음반들을 줄줄이 내놓았고 여기에서는 로널드 아이슬리의 천사 같은 목소리와 어니 아이슬리의 타오르는 록 기타가 완벽한 조화를 이루고 있었다.

아이슬리 브라더스는 그 존재 자체만으로도 하나의 정치적 성명을 발표하는 셈이었고, "It's Your Thing"이라든지 "The Blacker the Berry"는 급진적이라는 평가를 받았고, 〈The Heat Is On〉의 리드 트랙이었던 "Fight the Power"는 선동적 자극성을 발산했다.

어느 날 아침 샤워를 하고 있던 어니 아이슬리에게 아이디어가 떠오른다. 노래 첫 2줄을 그저 숨도 돌리지 않고 쭉 불러버렸다. 이 노래는 권력과 레드 테이프에 대항한 도전에 관해 노래한다. "어려움을 이겨나가고(rolling with the punches)"나면 "때려 눕혀지는 것(knocked to the ground)"뿐 이라며, "돌고 도는 헛짓거리들(all this bullshit going down=ahppening)"에 저항할 때가 되었다고 말한다. 코러스 부분에서 "bullshit"이라는 단어를 쓰는 것에 대해 세간에서 말이 많았다. 1975년 당시에 굉장히 과격한 단어 선택이었으니 말이다.

저항을 외치는 노래들의 대열에 늦게나마 합류한 이 곡을 두고 아이슬리 브라더스는 이것이 단순히 흑인과 백인의 대립이라는 단순한 주제를 다룬 것이 아니라 '모든' 권력자에 저항하는 곡이라고 재빨리 한마디 찔러 넣었다. 이 곡은 워터게이트 스캔들 이후 미국에 흐르던 분위기를 제대로 포착해내었다. 이 음반은 7월 한여름 R&B 차트의 정상에서 타올랐고, 팝차트에서도 톱 10위에 진입한다. **DE**

That's the Way (I Like It)
KC & The Sunshine Band (1975)

Writer | H. W. "KC" Casey, R. Finch
Producer | H. W. "KC" Casey, R. Finch
Label | TK
Album | *KC & The Sunshine Band* (1975)

디스코 시대 최고의 히트작 중 하나였던 "That's the Way (I Like It)"은 케이시 앤 더 선샤인 밴드에게 2번째 차트 석권작이었다. 이 트랙은 1975년 11월과 12월에 2번에 걸쳐 미국 차트 정상에 오르는 기록을 세운다. 공동 작곡가이자 프로듀서였던 리처드 핀치와 해리 웨인 "KC" 케이씨는 70년 초반에 서로 만났을 당시 핀치는 플로리다의 TK 스튜디오에서 엔지니어로 일하며 오션 라이너스라는 밴드에서 베이스 주자로 아르바이트를 하던 중이었다. 음반 가게에서 일하던 케이시가 키보드로 이 밴드에 참여하며 이 둘은 곧 돈독한 우정을 쌓아가게 되었고, 송라이팅 파트너의 관계를 굳혀가다가 오션 라이너의 동료 멤버인 제롬 스미스(기타), 로버트 존슨(드럼)과 함께 1973년, 다민족적이면서 다수의 멤버를 아우른 케이씨 앤 더 선샤인 밴드를 결성하게 된다. 하지만 "Rock Your Baby"(1974)로 그들이 거둔 1번째 성공은 케이시 밴드의 이름이 아닌, 조지 맥크레이의 이름으로였다(그러나 이 곡의 작곡과 프로듀싱은 케이시와 핀치가 모두 맡았고, 선샤인 밴드가 배킹 밴드로 참여했다). 이듬해, 이들은 자신의 밴드명을 제목으로 단 앨범을 발매했고 여기에는 R&B 차트 선권작 "Get Down Tonight"과 그들만의 1번째 히트작 "That's the Way (I Like It)"이 수록되어 있었다.

물론 가사가 (케이시와 여성 배킹 보컬들 사이에서 주고받는 "uh-huhs"로 뚜렷이 나타나는)노골적인 성적 뉘앙스를 풍겼으나 이것은 오리지널 리코딩에 비하면 그나마 누그러뜨려진 것이었고, 그렇게 하지 않았다면 아마도 1975년 당시 이 곡이 방송을 타기는 힘들었을 것이다. 하지만 이런 외설적 성격 덕에 이 곡이 댄스 플로어에서 한층 더 인기를 끌었다. **MW**

Kalimankou denkou
Le Mystère des Voix Bulgares (1975)

Writer | Philip Koutev
Producer | Marcel Cellier
Label | Disques Cellier
Album | *Le mystère des voix bulgares* (1975)

이건 어느 모로 보나 음악적 신비라고 할 수밖에 없다. 영국의 4AD 레이블이 〈Le mystere des voix bulgares〉(1986)를 발매했을 때, 이들은 연주자들에 대한 어떤 정보도 드러내지 않았다. 4AD의 공동 창립자인 아이보 왓츠 러셀이 남긴 기록에 의하면, 그는 피터 머피(4AD의 또 다른 소속 아티스트였던 바우하우스의 보컬리스트)가 건넨 카세트 테이프를 통해 이 곡을 처음 접하게 되었다. 또한 여기서 그는 스위스의 민족음악학자 마르셀 셀리에가 싱어들을 모아 고대 음악을 노래하게 한 다음 녹음 기록을 남겼다고 언급했다.

셀리에는 공산주의 불가리아를 여행하던 중 불가리아 국영 방송 여성 보컬 합창단(BSTVFVC)이 노래하는 것을 들었다. 최대 평균 21명의 보컬리스트를 보유했던 이 합창단은 불가리아 촌락적 풍미가 강한의 다성음악적(polyphonic) 합창에 서양 고전 음악적 개념인 화성과 형식을 결합시켜보려는 목적 아래 필립 쿠테프가 결성했다.

꿰뚫는 듯 날카로운 음성들이 쌓아 올리는 농도 짙은, 초세속적인 음악인 "Kalimankou Denkou"는 이 합창단의 진가를 보여주는 탁월한 예라고 할 수 있다. 1975년, 셀리에는 BSTVFVC의 노래가 담긴 테이프들을 스위스로 가져와 지역적으로 한정되게나마 이것을 발매했지만 곧 말소되었고, 이후 이 리코딩은 공유 테이프로만 존재하게 되었다. 이에 4AD는 셀리에를 수색해 이 음악의 판권을 얻어낸다. 언더그라운드계의 히트 앨범이었던 〈Le mystere des voix bulgares〉는 여전히 기묘한 아름다움으로 울려 퍼진다. 그러나 아이러니하게도, 공산주의에서 벗어난 오늘날의 불가리아는 다성음악적 합창 음악에 별다른 관심을 보이고 있지 않다. **GC**

Marcus Garvey
Burning Spear (1975)

Writer | Winston Rodney, Phillip Fullwood
Producer | Jack Ruby
Label | Island
Album | *Marcus Garvey* (1975)

윈스턴 로드니는 자메이카에서 밥 말리를 우연히 만난 이후 음반 발매 활동을 시작한다. 말리는 로드니에게 킹스턴 소재의 스튜디오 원베이스에서 프로듀서 클레멘트 "콕선" 도드를 만나보라고 격려한다. 공동 보컬리스트로 루퍼트 윌링턴과 팀을 이룬 그는 듀오로 활동을 시작하여 다드가 프로듀싱한 "Door Peep"(1969)로 데뷔하였고 버닝 스피어라는 이름을 사용하기 시작한다(이것은 동아프리카의 영국 식민 정부 통치 아래 수감된 정치 운동가 조모 케냐타가 지어준 별명이었다. 그는 후에 케냐의 초대 대통령으로 취임한다). 보컬리스트 델로이 하인즈도 후에 여기 동참한다.

1975년 즈음 로드니와 도드 사이의 협력 관계는 이미 있는 대로 악화된 상태였고, 이 3인조는 서둘러 그를 떠나 잭 루비와 함께 3번째 앨범 〈Marcus Garvey〉의 작업에 돌입한다. 이 앨범의 타이틀 트랙은 사망 후 라스타파리아니즘의 선지자로 추앙받게 되는 철학자이자 운동가였던 마커스 가비에게 바치는 헌정 곡이었다. 로드니는 가비가 전하는 범아프리카적 통일과 독립에 관한 메시지에 대단한 영향을 받았던 것이다. 과연 이 트랙은 대단한 성공을 거둔다. 이 곡에 담긴 억압과 구원에 관한 메시지는 펑키(funky)하고 폴리리듬적인, 금관 가득한 사운드를 타고 미국과 유럽의 리스너들을 포로로 만들어버렸다.

이 앨범에서는 블랙 디사이플스가 배킹 밴드로(이 밴드는 베이시스트 로비 셰익스피어를 포함한 자메이카 최고의 뮤지션들로 구성되어 있었다) 나선다. 이것은 즉각적 성공을 거두었고 이에 힘입어 아일랜드 레코드를 통해 세계적으로 발매되기도 한다. **CS**

Bohemian Rhapsody | Queen (1975)

Writer | Freddie Mercury
Producer | Roy Thomas Baker, Queen
Label | EMI
Album | *A Night at the Opera* (1975)

"그는 자기가 뭘 하고 있는지 정확히
파악하고 있었죠. 그건 프레디가 낳은
작품이에요. 저희는 그가 곡에 생기를
불어넣는 데 도움을 주었을 뿐이죠."

브라이언 메이, 2002

◄ **Influenced by: This Town Ain't Big Enough for Both of Us** • Sparks (1974)
► **Influence on: United States of Eurasia** • Muse (2009)
● **Covered by:** Elaine Paige (1988) • "Weird Al" Yankovic (1993) • Rolf Harris (1996) • Lucia Micarelli (2004) The Royal Philharmonic Orchestra (2005)

록과 오페라, 헤비 메탈이 이루는 7분간의 광란의 축제, "Bohemian Rhapsody"이 가진 끝없는 이분성은 이루 말할 수 없다. 이 곡은 꽤 정기적으로 대중에 의해 역대 최고의 노래로 꼽힌다. 펭귄 대중음악 백과사전에는 거만한 한 마디가 다음과 같이 적혀 있다. "세월이 가도 여전히 'Rhapsody'가 누리고 있는 인기는 음악 애호가들에게 하나의 수수께끼이다. 신문 중에 타블로이드 신문이 있다면, 음악에는 바로 이 곡이 있다고 할 수 있다."

이 곡은 미리 완성된 모습으로 프레디 머큐리의 머릿속에서 튀어나온다. 그가 밴드 멤버들에게 이 곡을 피아노로 쳐 보였을 때 오페라적 부분이 삽입될 곳은 공백으로 남겨놓았다고 한다. "Bohemian Rhapsody"는 180번의 보컬 오버더빙을 요구하는, 제작 기술력을 시험하는 트랙이었다. 밴드의 매니저 피트 브라운은 이 곡을 싱글로 발매하려는 그들이 "완전히 미친 것 같다"고 생각했었다. 그러나 그들은 몰래 계획을 진행했고, 여기에는 자발적 디제이의 도움이 한몫했다. 그는 이 곡의 홍보용 음반을 영국 라디오에 내보냈고, 대중은 "Bohemian Rhapsody"가 전하는 환희에 찬 광기와 뒤죽박죽된 상상력에 매우 즐거워했다. 프로모 클립에 한층 더 힘입은(이 비디오 덕에 밴드는 BBC 텔레비전 프로그램 〈톱 오브 더 팝스〉에서 립싱크를 면하게 되었다) 이 트랙은 영국에서는 크리스마스 시즌 넘버 원으로 등극했고, 미국에서는 톱 10에 진입한다. 이미 철든 평론가들은 이 결과에 실망을 금치 못했다. 잘 알려져 있듯 곡의 가사는 너무나 터무니없다("Scaramouche, scaramouche, will you do the fandango(스카라무쉬 스카라무쉬 판당고를 추겠는가)?"). 그러나 권태감이 곁들여진 방종한 살인과 그 살인자에 관한 이야기에서 무언가가 느껴지는 것만은 사실이다. 주제로 보았을 때 큐어의 "Killing an Arab"이나 조니 캐쉬의 "Folsom Prison Blues"에서 그 연관성을 찾아볼 수 있는 듯. "Bohemian Rhapsody"는 1991년 머큐리의 사망 이후 새로운 청중을 맞아들이며 영국에서 다시 한 번 차트를 석권한다. 미국에서는 1992년 마이크 마이어스의 헤비 메탈 광 영화 〈웨인즈 월드〉에서 귀여운 느낌의 삽입을 통해 1992년 차트 2위까지 오른다. **PW**

Gloria | Patti Smith (1975)

Writer | Van Morrison, Patti Smith
Producer | John Cale
Label | Arista
Album | *Horses* (1975)

"전 그 구절을 썼을 당시 20세였죠.
많은 사람들은 그걸 무신론자의 말로
오해해버렸어요."

패티 스미스, 1996

◀ **Influenced by: Sister Ray** • The Velvet Underground
(1968)
▶ **Influence on: C'Mon Billy** • PJ Harvey (1995)
● **Covered by:** Jimi Hendrix (1979) • Eddie & The Hot
Rods (1997) • Rickie Lee Jones (2001) • The Standells
(2001) • Simple Minds (2001)

멍청하고, 단순하며, 짐승적인 "Gloria"는 밴 모리슨이 외친 정욕의 찬가였다. 코드 3개로 먹고사는 기타리스트들이라면 하나같이 이 곡을 따라 쳐보고 싶어했다. 미국에서는 섀도우스 오브 나이트가 이 곡을 톱 10에 진입시켰고, 한편 유투, 조 스트러머, 브루스 스프링스틴을 포함한 수많은 이들이 이 곡을 로큰롤의 초석으로 인정하고 받아들인다. 따라서 이 곡이 패티 스미스의 데뷔 앨범 〈Horses〉의 오프닝 트랙으로서 펑크 장르의 개막극 격이 되었다는 것은 앞뒤가 맞는 일이다. 이 노래는 2부분으로 나뉜다. 스미스의 "Gloria in Excelsis Deo"가 "그 밴 모리슨 버전"으로 부드럽게 넘어가는 구성이다. 스미스가 만든 첫 부분의 오프닝 라인과 겨룰 만한 가사를 쓴 펑크 시인을 찾기란 매우 힘들 듯하다("Jesus died for somebody's sins but not mine(예수는 누군가의 죄를 사해주려 죽었지, 그러나 내 죄는 아니었어)").

스미스의 "Gloria"에서는 이렇게 이야기가 전개된다. 스미스가 파티에 가서 한참 지루해하던 중 젊고 귀여운 것이 "파킹 미터(주차 요금 징수기)에 대고 끙끙대며 파킹 미터에 기대어 있는 것을" 훔쳐본다. 그녀는 이 모습에 넋을 잃지만, 결국 주문에 홀리게 되는 것은 스미스라기보다 글로리아인 듯하다("Here she comes / Crawlin' up my stair(그녀가 오네 / 계단을 기어오르며)"). 스미스는 "큰 맘먹고 한번 저질러 볼 것이다"라며 "내가 그녀를 나의 것으로 만들었다고 온 세상에 말할 거야"라고 떵떵거린다. 노래 후반에 이르러 스미스가 2만 명의 여자들이 그녀의 이름을 외쳐대는 스태디움 공연장에 있는 장면에 이르러서 조차도, 그녀가 기억하고자 하는 이름은 이 여자의 이름뿐이었다. 글로리아가 일단 화자의 방에 들어선 후 전희로부터 절정에 이르기까지, 밴 모리슨과 뎀은 20분 동안 버틸 수 있었고, 짐 모리슨과 도어즈는 그 반밖에 못 버텼으나 좀 더 노골적이었다. 사람들은 이 곡을 팝의 귀류법(reduction ad absurdum) 정도로 묵살해버렸다. 다시 말해 이 노래는 그 사실을 증명한다. 남자들은 모르지만, 어린 소녀들은 이해한다는 것을 말이다. **DH**

Tangled Up in Blue
Bob Dylan (1975)

Writer | Bob Dylan
Producer | Bob Dylan
Label | Columbia
Album | *Blood on the Tracks*
(1975)

가슴이 찢어질 듯한 감동을 주는 앨범들에 주는 상이 있었다면 밥 딜런의 〈Blood on the Tracks〉가 전부 싹쓸이했을 것이다. 딜런은 이 곡들이 체호프의 단편선에서 영감을 얻어 쓰여진 것이라 말했다. 그러나 곡이 쓰인 시기는 사라 라운즈와의 결혼 생활이 한참 파경을 맞던 때와 동일하다. 게다가 이들 부부의 아들 제이콥은 이 앨범을 듣는 것이 마치 부모님이 이야기 하는 걸 듣는 것 같다고 말했다.

앨범의 오프닝 트랙인 "Tangled Up in Blue"가 전체 분위기를 잡는다. 가사에는 남녀 관계의 전개 과정이 죽 늘어서 있다. 그러나 그 관점만은 마구 흩뿌려져 있다. 이런 송라이팅 스타일은 큐비즘에 대한 딜런의 관심이 점점 자라며 나타나게 된다. "이 가사에는 암호 체계(cryptic)가 존재하죠. 그리고 시간적 개념이 존재하지 않아요." 그가 1979년 이렇게 털어놓았다. "그런 것 따위에 아무 신경도 쓰지 않는 거죠. 어제, 오늘, 내일이 모두 한방에 있다고 보면 돼요. 상상할 수 있는 모든 일이 한 번에 일어나고 있다고 보시면 되는 거죠."

그런 후 이 노래는 파편 조각들이 이루는 콜라주가 된다. 상의를 탈의한 여성이 일하는 술집의 스포트라이트에 비친 여자 얼굴의 측면이라든지, 그녀가 후에 그에게 보여주는 시집, 시 구절들이 빛이 되어 페이지 위를 타고 반짝이는 등 파워풀한 이미지들이 여기 담겨 있다. 감정적으로 볼 때, 이것은 시소를 타는 듯한 효과를 만든다. 그들은 함께하다가 헤어지고, 다시 함께하기를 반복한다. 음악적으로 볼 때, 이와 같은 움직임은 분리와 해결을 거듭하는 화음에 잘 반영되어 있다. 그는 "Tangled Up in Blue"를 완성하는 데, 사는 것 10년, 곡 쓰는것 2년 걸렸다고 노래를 소개한 적도 있었다. **SH**

Walk This Way
Aerosmith (1975)

Writer | Steven Tyler, Joe Perry
Producer | Jack Douglas
Label | Columbia
Album | *Toys in the Attic* (1975)

"뭔가 펑키(funky)한 걸 하나 써보자. 우리가 제임스 브라운 커버 버전을 만들지 않아도 되게끔 말이지." 기타리스트 조 페리가 밴드 동료들에게 이렇게 제안했단다. 그들의 3번째 앨범 제작 당시, 에어로스미스는 그들이 가졌던 롤링 스톤스적, 야드버즈적 기초를 넘어 자신들의 영역을 더 확장하기를 갈망했다. 뉴올리언스의 펑크(funk) 밴드 더 미터즈의 영향에 사로잡혀 있던 페리는 리프 하나를 구상해 내고, 이것을 "고질라 영화를 보다가 생각해 낸 또 다른 하나에 더했다"고 말한다.

그러나 스티븐 타일러의 경우, 가사를 생각해 내는 데 좀 애를 먹었다. 밴드 동료들은 답답함을 삭히기 위해 멜 브룩스의 〈영 프랑켄슈타인〉을 보러 외출했다. 베이시스트 톰 해밀턴은 이렇게 회상한다. "영화에 이런 장면이 하나 나와요. 이고르가 'Walk this way'라고 말하자, 거기 나오는 다른 남자가 똑같은 쪽으로, 구부정한 것까지 흉내 내며 따라 걸어가죠. 저흰 이렇게 웃길 걸 여태껏 본 적이 없다고 서로 생각했죠…그래서 스티븐한테 저희가 말했어요. 꼭 노래 제목을 'Walk This Way'로 하라고요. 그리고 스티븐은 그걸 아이디어로 삼아 가사를 써나가기 시작했고요."

미국에서 1976년에야 느지막이 히트가 된 이 노래는 10년이란 세월이 흐른 후 런-DMC에 의해 다시 부활한다. 런-DMC는 타일러와 페리를 녹음 작업에 초대해 참여시킨다. 이 버전이 이룬 히트 기록 덕에 에어로스미스의 음악 활동이 소생하게 될 뿐 아니라, 록과 랩 사이에 화합의 장이 마련된다. 이 노래는 에어로스미스의 공연에 중요한 초석이 되었으며, 특히 브리트니 스피어스가 함께한 2001년 수퍼 볼 공연에서 강한 인상을 남긴다. **BM**

1970년대 스티븐 타일러. 스카프로 장식한 마이크 스탠드는 그가 스스로 고안해낸 발명품이다.

Wish You Were Here
Pink Floyd (1975)

Writer | David Gilmour, Roger Waters
Producer | Pink Floyd
Label | Harvest
Album | *Wish You Were Here* (1975)

불안과 근심에 대한 앨범은 핑크 플로이드에게 부와 명예를 가져다 주었다. 그러므로 〈Dark Side of the Moon〉에 버금가는 것을 계속해서 만들어 내는 것은 쉽지 않았다. "제가 이 프로젝트에 계속적인 관심을 유지할 수 있는 유일한 길은" 리더 로저 워터스가 이렇게 회상했다. "당시 주변에 일어나는 일들에 앨범을 연관 짓는 수밖에 없었죠. 다시 말해, 그 누구도 서로의 눈을 더이상 들여다보지 않는 다는 사실이에요. 모든 것이 굉장히 기계적이었죠."

함께 앨범에 수록되었던 "Welcome to the Machine"과 "Have a Cigar"이 그랬듯 냉소적 태도를 가지고 있었지만, 워터스의 이미지 생생한 시적 감성("Two lost souls swimming in a fish bowl(어항 속에서 헤엄치는 두 길 잃은 영혼들)")과 데이비드 길모어의 가슴 터질 듯 기타 파트 덕에 만회가 가능했다. 여기 빼놓을 수 없는 플로이드적 교묘함은 차이코프스키 교향곡 4번의 한 자투리와 이를 뒤따르는 부분이 이루고 있다. 후자의 경우 길모어의 말을 빌리자면, "누군가가 방에 앉아서 라디오를 따라 기타를 연주하는" 느낌이 나도록 구성했다는 것이다.

이 노래는 플로이드의 말년과 솔로 무대에서 단골 곡으로 자리 잡게 된다. 특히, 길모어의 〈Live in Gda sk〉에서와 같이 곡의 전원적 매력에 릭 라이트가 피아노를 더한 부분이 매우 인상 깊다. 이것은 2008년 라이트의 사망 직후 발매되었다. 곡의 가장 호소력 강한 퍼포먼스는 당시 관계가 소원해진 상태였던 워터스와 길모어가 키보드에 라이트, 드럼에 닉 메이슨을 대동하여 재결합했던 2005년 Live8에서 이루어졌다. 워터스는 이 곡을 밴드 창단자 시드 바렛에게 헌정했고, 플로이드 머신의 원동력인 인간미 넘치는 불꽃을 활활 지폈다. **BM**

Time of the Preacher
Willie Nelson (1975)

Writer | Willie Nelson
Producer | Willie Nelson
Label | Columbia
Album | *Red Headed Stranger* (1975)

어떤 곡들은 보는 이는 관점에 따라 완전히 다른 2가지 인생을 살아간다. "Time of the Preacher"가 바로 그런 노래 중 하나이다. 어떤 이들에게 이 곡은 윌리 넬슨의 유례 없는 컨트리 컨셉트 앨범 〈Red Headed Stranger〉의 오프닝 트랙이었던 말수 적고 냉담한 튠(하지만 이후에도 내내 이야기 주제로 재등장한다)으로 기억되는 반면, 다른 이들에게는 영국 TV드라마의 고전 〈엣지 오브 다크니스〉에서 잊지 못할 장면을 만든 곡으로 기억될 것이다. 한 위대한 노래의 힘이란 바로 그런 것이다. 다른 누군가가 노래를 가져다 제2의 삶을 불어넣어 줄 수 있고, 그것은 작곡가가 죽었다 깨나도 모를 상상을 초월하는 또 다른 삶이었다.

넬슨 스스로도 이렇게 나란히 대치시키는 것을 좋아했을 것이다. 그는 컨트리 송라이터 중에서도 이 장르의 한 부분을 이룬 자유 분방한 반항아 집단에 속했고, 과거에—솔로로 전향하기 전—내쉬빌의 프로들을 위한 히트곡들을 줄줄이 써주곤 했었다(그중에서도 팻시 클라인에게 "Crazy"를 써준 것이 유명하다). 70년대 당시 그는 텍사스의 오스틴으로 이주하여 아웃로 컨트리(Outlaw Country) 움직임을 선동했다. 그는 이미 히트작 몇 곡을 기록한 상태였지만, 그 어느 것도 〈Red Headed Stranger〉에 견줄 수는 없었다. 이것은 자신의 아내와 아내의 애인을 죽이는 목사의 이야기였다. 아름답고 독특한 시적 감성을 지닌 이 앨범은 수백만 장 이상 판매되었으며, "Time of the Preacher"는 앨범의 섬세하고도 자신감 넘치는 특성을 잘 포착했다. 그것은 넬슨이 소유한 유일무이한 목소리 덕이 가장 크다. 자신의 사랑이 곁을 떠난 후 "아이처럼 울어대고 / 한밤중 표범처럼 울부짖은" 한 남자에 관한 이야기를 조근조근 불러가는 그의 음성은 구슬프면서도 결연하다. **PW**

Rimmel
Francesco De Gregori (1975)

Writer | Francesco De Gregori
Producer | Francesco De Gregori
Label | RCA Italia
Album | *Rimmel* (1975)

Born to Be with You
Dion (1975)

Writer | Don Robertson
Producer | Phil Spector
Label | Phil Spector Records
Album | *Born to Be with You* (1975)

싱어–송라이터 프란체스코 데 그레고리와 가장 끈끈한 연결고리를 가진 곡을 하나 꼽자면, 뭐니 뭐니 해도 "Rimmel"이라 할 수 있다(이태리어로 '마스카라'를 의미한다). 이 로마의 인기 가수가 가진 전형적 특성이 이 한 곡에 잘 드러나 있다. 신비한 가사뿐 아니라, (특히 밥 딜런, 제임스 테일러, 닐 영과 같이) 그에게 영향을 미쳤던 미국 포크–록 음악의 확연한 메아리가 곡에 담겨 있기 때문이다.

"Rimmel"은 동명의 앨범 수록 곡으로, 이 앨범은 70년대 당시 이태리에서 최다 판매된 LP 중 하나로 기록되었다. 데 그레고리의 1번째 두 앨범이(어쿠스틱 기타가 중심을 이루었다) 상대적으로 큰 주목을 끌지 못한 채 지나쳐간 반면, "Rimmel"은 그의 운명과 앞길에 중요한 전환점이 되었다. 과거의 가사들이 그의 좌익적 정치색을 담았던 반면, "Rimmel"에서 데 그레고리(그는 고국에서 '시인 왕자'란 의미의 "Il principe poeta"로 알려져 있다) 사랑 노래로 초점을 돌려 자신의 소박한 어쿠스틱 사운드에 키보드와 드럼, 베이스와 배킹 보컬을 추가해 넣었다.

우아한 피아노 멜로디, 그리고 드문 시적 심상과 함께, "Rimmel"은 옛 연인에게 그가 보내는 달콤 쓸쓸한 작별을 전하고 있다. 이 곡은 데 그레고리를 대표하는 작품으로 자리 잡게 되었고, 이 앨범에 수록된 노래들 중 반 이상의 곡들과 나란히 그의 그레이티스트 히트 성전의 일부를 차지하게 되었다. 그 결과 '시인 왕자'는 팝 수퍼스타로 거듭나게 된다. **LSc**

최근 "Born to Be with You"와 그 패어런트 앨범(필 스펙터가 제작을 맡는다)을 향한 존경의 분위기가 일고 있다. 이에 디온 디무치는 매우 당혹스러워했다. 프라이멀 스크림의 바비 길레스피와 스피리추얼라이즈드의 제이슨 피어스는 조용히 영향력을 행세했던 이 레코드를 향한 찬사에 침이 마르는 줄 몰랐다지만, 싱어 자신은 정작 이 앨범을 실패작이라 여겼다. "근본적으로 따져볼 때 그건 필의 앨범이라고 할 수 있었죠." 디온이 1976년 한숨지었다. "전 우리가 음악적 합치점을 찾을 수 있을 거라 생각했어요. 근데 일치점이 존재하지 않더라고요." 이 앨범이 흥행에 실패했다는 것은 공공연히 알려진 사실이다. 디온의 고국인 미국에서는 발매조차 되지 않았고, 영국 시장에도 별다른 인상을 남기지 못했다. 그러나 이 프로젝트가 전하는 청각적 장관과 고백적 솔직함은 단순한 매출 기록을 넘어 그 이상의 가치를 지닌다.

코데츠가 부른 이 노래의 한 버전은 1956년 미국에서 톱 5, 영국에서 톱 10에 진입한다. 의아한 일이지만, 다시금 영국의 로큰롤 부흥 운동가 데이브 에드먼즈가 1973년 이 곡의 커버 버전을 내놓는다. 그의 버전은 스펙터 특허 마크가 달린 "사운드의 벽"이 감싸고 있었고, 이에 자극을 받은 스펙터도 스스로의 특허품으로 승리를 거두어 보려 시도한다.

엘렉트라 레이블에서 원하는 아티스트를 아무나 골라 쓸 수 있었던 스펙터는 과거 틴 아이돌이자 재활을 거친 마약 중독자 였던 디온을 선택한다. 그들이 함께 한 "Born to Be with You"는 농도 짙고 뿌연, 파워풀한 모습이었다.

디온의 음성은, 스펙터가 창조해낸 걸쭉한 퍼레이드에, 역경에 지친듯한 초췌한 우아함을 더한다. **MH**

Musica ribelle | Eugenio Finardi (1975)

Writer | Eugenio Finardi
Producer | Paolo Tofani
Label | Cramps
Album | *Sugo* (1976)

"사실 'Musica ribelle'는
완전 분노에 관한 노래가 아니었습니다.
그건 독창적인 이태리적 방식의 록을
제안해보는 명쾌한 시도였죠.

유제니오 피나르디, 2009

◄ **Influenced by: Mysterious Traveller** • Weather
Report (1974)
► **Influence on: Extraterrestre** • Eugenio Finardi (1978)
● **Covered by:** Luca Carboni (2009)
★ **Other key tracks:** Amore Diverso (1983) • Le ragazze
di Osaka (1983) • La forza dell'amore (1990)

새로 창립된 인디펜던트 레이블 크램프스가 1975년, "Musica ribelle"(반항아의 음악)를 첫 발매했을 때, 이태리의 팝 음악계의 이끼 낀 연못에 돌을 던진 것과 같은 파문이 일어났다. 진정한 이탈리안 록이 대규모 히트로 부상한 것은 이번이 처음이었고, 이를 지지하고 있는 B사이드는 이태리의 초대 인디펜던트 라디오 스테이션을 위해 쓰인 CM송 "La radio"가 차지하고 있었다. 이건 한 세대를 정의하는 앤섬으로 자리 잡는다.

모친을 통해 미국인의 혈통을 반 이어받은 유제니오 피나르디는 전설적 인물 데메트리오 스트라토스와 같은 친구들과 어울려 수년간 밀라노의 언더그라운드 신을 누비며 록 블루스를 불러왔다. 그러나 긴장감이 고조된 당시 정치·사회적 분위기에 자극을 받은 그는 노래를 통해 투쟁에 보탬이 돼보려 했다. 그는 영국과 미국 록이 가졌던 반항적 태도와 에너지를 지니면서도, 이태리 음악 전통에 뿌리를 둔 사운드를 찾길 원했다. 그 결과물은 매우 독창적이면서도 자극적이었다. 〈Sugo〉는 곧 차트를 습격한다. 이 앨범의 성공 비결로는 여기 담긴 긴박감, 분노, 정치적 의지를 들 수 있을 것이다.

"Musica ribelle"의 가사는 피나르디의 감정을 명쾌하게 포착하고 있다. 그는 군중이 한데 힘을 합쳐 조직에 대항해 일어나리라 느꼈다. (There is something in the air that you just can't ignore / ··· / It's a growing wave that follows wherever you go / It's music, rebel music(도저히 모른 채 할 수 없는 무언가가 대기에 감도네 / 점점 차오르는 파도와 같이 어디를 가든 뒤쫓네 / 그건 음악이네, 반항아의 음악).")

"Musica ribelle"은 〈Sugo〉녹음 작업 1번째 날 1테이크 만에 라이브로 녹음되었다. 피나르디는 어쿠스틱 기타를 연주하며 노래를 불렀고 루치오 파브리가 피아노와 바이올린을 담당했다. 이 노래가 발산하는 에너지의 대부분은 휴 벌렌의 베이스와 발테르 칼로니의 드럼 사이에서 이루어진 인터플레이에서 비롯된다. 이들은 함께, 오늘날에 와서도 시대에 뒤지지 않을 진정 독창적인 사운드를 창조했다. **LSc**

Born to Run | Bruce Springsteen (1975)

Writer | Bruce Springsteen
Producer | Bruce Springsteen, Mike Appel
Label | Columbia
Album | *Born to Run* (1975)

"뉴저지는 네온 라이트와
빠른 차, 해안가 술집들이 채우는 낭만적
인, 신화 속의 한 무대가 되어버렸죠."

존 본 조비, 1995

◀ **Influenced by: Da Doo Ron Ron** · The Crystals (1963)
▶ **Influence on: Stuck Between Stations** · The Hold
  Steady (2006)
● **Covered by:** Frankie Goes to Hollywood (1984) · Suzi
  Quatro (1995) · Joey Tempest (1998) · The Hollies (1999)
  Melissa Etheridge (2001) · Ray Wilson (2002)

"침대에 누워 있다가 'born to run'이란 가사가 떠올랐죠."
브루스 스프링스틴이 이렇게 주장했다. "이 글자들은, 제
머릿속에 들려오는 음악과 잘 어울릴 만한 한 편의 영화와
같은 드라마를 연상시켰죠." 그의 3번째 앨범 제작을 위해
이 노래가 1974년 첫 녹음 작업에 들어갔을 때 '더 보스'의
머릿속은 온통 꿈으로 가득 차 있었다. 이 앨범은 본래 컨
셉트 앨범으로 기획되었고, 단 하나의 음표를 쓰기도 전에
이미 노래 제목부터 만들어져 있던 상태였다. "Born to
Run"도 본래는 "Wild Angels", 혹은 "That Angel"이라는
이름으로 알려졌다.

스프링스틴은 한참 동안이나 이 노래를 붙잡고 고심했
다. "역대 가장 위대한 로큰롤을 노리는 24세의 어린애"같
았다며, 그는 후에 당시 작업 과정에 대해 무미건조하게 한
마디 던졌다. 팬 매거진인 백스트리츠가 이렇게 보고했다.
"적어도 4개의 서로 다른 녹음 믹스가 존재한다. 그중에는
현악과 여성 합창이 들어가 있는 버전도 있다." 가사 또한
다수의 수정 과정을 거쳤다. 초기에는 "the American
night"를 강조하는 한편 뉴저지주에 대한 암시에다가, 제임
스 딘, 엘비스 프레슬리 등의 깜짝 등장까지 구상했었다.

이 노래는 발매되기 전 이들은 스프링스틴의 공연 무
대에서 데뷔했다. 그중 한 공연을 가리켜 미래 매니저로
뛸 존 랜다우는 이 유명한 말을 비평으로 남겼다. "난 로큰
롤의 미래를 보았고, 그 이름은 브루스 스프링스틴이다."
보스의 버전이 발표되기도 전, 홀리스의 싱어 앨런 크라크
가 이 곡을 녹음하기까지 했다(비록 발매되지는 않았지만).

"Born to Run"은 마침내 1975년 8월 발매된다. 그건
마치 필 스펙터의 그 유명한 '사운드의 벽'이 재창조된 것
을 보는 듯했다. "그가 필 스펙터적 음반을 창조해내기 위
해 합심하여 노력했다는 건 틀림 없습니다." 스프링스틴의
당시 매니저이자 공동 프로듀서였던 마이크 아펠이 증언
한 말이다. 이 기운 넘치는 곡을 통해 보스는 마침내 주류
적 인기를 누리게 된다. 그리고 이것은 스펙터의 작품이
그랬듯, 로큰롤의 미래의 기반을 형성하는 데 도움을 준
다. **BM**

Leb' Wohl
NEU! (1975)

Writer | Klaus Dinger, Michael Rother
Producer | Conny Plank
Label | Brain
Album | *NEU! '75* (1975)

크라프트베르크의 초창기 참여 멤버였던 기타리스트 미하엘 로터와 드러머 클라우스 딩거가 이 밴드를 뒤로하고 달아나 1971년 결성한 그룹이 바로 '노이!(NEU!)'였다. 노이!는 결성 직후, 이제껏 만들어진 것 중 가장 큰 영향력을 발휘하게 될 드럼 주법을 고안해냈다. 그 결과 탄생한 에너제틱한 비트는 모토릭(motorik)'이라는 이름으로 불리게 된다. 그들의 첫 LP(NEW!, 1972)의 첫 트랙인 "Hallogallo"는 이 극도로 미니멀리즘적인 리듬을 처음으로 소개하는 한편 노이!의 음악 공식을 아주 분명하게 제시해 보였다. 로터는 잔잔한 몽상가로, 금빛 찬란한 E 메이저코드를 살살 달래 뽑아내고, 딩거는 원시적이고 원초적인 세력으로, 심벌이 피로 얼룩질 때까지 드럼 키트를 마구 내리쳤다.

2장의 앨범을 만드는 데 바로 이 불과 얼음이라는 통합체가 음악 형성의 주된 기초를 이루었다. 그러나 1973년, 이 2사람은 그 격차로 인해 일시적 휴식기를 가지게 된다. 그러나 1975년, 이들은 크라우트록 프로듀서 코니 플랑크의 스튜디오에 재소집하여 그들 절정을 달리는 정신분열적 걸작 〈NEU! '75〉를 창조해낸다. 이 앨범의 정점은 "Leb' Wohl"이다. 이 9분 길이의 트랙은 이들의 음악 중 과거의 어떤 것과도 비교할 수 없는 새로운 것이었다. "작별"이라는 의미의 제목을 단 이 곡은 노이!가 이제껏 보여준 중 가장 간절한 그리움을 담고 있었다. 곡이 시작되면 집어삼킬 듯한 파도가 밀려들어온다. 그리고 미니멀리스트적인 피아노가 먼 곳에서 들려오는 폭풍우처럼 울려 퍼지며 건반들의 평온한 애가, 그리고 에코에 흠뻑 젖은 보컬의 조용한 속삭임으로 이러진다.

제목이 암시하듯, 이것이 노이!의 마지막 모습이었고, 이들은 다시 각자의 길을 떠난다. **LP**

Legalize It
Peter Tosh (1975)

Writer | Peter Tosh
Producer | Peter Tosh, Lee Jaffe
Label | Intel-Diplo HIM
Album | *Legalize It* (1976)

과거 웨일러스의 멤버였던 피터 토시의 데뷔 앨범의 타이틀 트랙 "Legalize It"은 1975년 자메이카에서 발매되었을 당시 금지 처분을 받았다. 그러나 진압 노력은 모두 헛수고로 돌아갔고, 이 트랙은 그해 히트로 부상하며 자메이카의 "약초 요법사(Bushdoctor)"에게 국제적 유명세를 부여받게 했다. "대마는 담배처럼 여겨질 거예요." 1978년 피터 토시가 NME 인터뷰에서 이렇게 예언했다. 여기 담긴 대마를 지지하는 가사와 마리화나를 피우는 포즈를 실은 커버 디자인, 전설적 존재가 된 마리화나 향 스티커가 물론 음반 판매를 조장했을지는 모르지만 이 기분 좋은 발라드가 단순히 마리화나 애용자들의 파티용 앤섬일 뿐이라 생각한다면 그건 오산이다. 토시의 깊고 힘 있는 보컬은 웨일러스의 5인 악기 반주가 빚어내는 전염성강한 멜로디에 힘입어 이렇게 요구한다. "Legalize it and I will advertise it(그것을 합법화해라 그러면 내가 그것을 선전하겠다)". 한편, 아이 스리즈(I-Threes) 중 2명의 보컬리스트(리타 말리와 주디 모왓)가 이에 응수해 동의를 표한다. 마리화나를 의약으로 사용하자는 발칙한 가사와 그의 경쾌한 공격 속에는 정치적 이슈에 대한 그의 진심 어린 염려가 담겨 있다.

자메이카 경찰의 계속되는 박해에 대한 일종의 답가였던 "Legalize It"는 사실 라스타파리를 지지하는 찬가로, 그들의 종교 내에서 마리화나를 성체로 찬미하는 의미를 지녔다. "약초요? 채소요? 우리는 라스 무리라는 상황 때문에 희생되고 있을 뿐입니다. 희생화, 식민주의는 피바다라는 결과를 낳을 거예요." 토시가 레게 블러드라인스(1977)에서 이렇게 설명했다. 그가 비참하게 변사한 것을 고려해볼 때, 토시의 이런 말들은 슬프게도 예언의 성향을 띤 것이었다. **MK**

궐련을 두려워 말라. 조류 친구와 함께하는 피터 토시.

(Don't Fear) The Reaper
Blue Öyster Cult (1976)

Writer | Donald Roeser
Producer | David Lucas, Murray Krugman, Sandy Pearlman
Label | Columbia
Album | *Agents of Fortune* (1976)

그의 백 카탈로그가 좀 더 무거운 느낌이었던 반면 그것과 대조를 이루었던 순간을 장식한 것이 바로 "(Don't Fear) The Reaper"다. 이를 통해 블루 오이스터 컬트는 결성 이후 9년이란 세월을 채우고 난 이때 주류적 성공으로의 돌파구를 마련한다. 이 트랙 덕에 패어런트 앨범 〈Agents of Fortune〉이 블루 오이스터 컬트 최초의 플래티넘 앨범이 되었다.

과거에 이 그룹이 록 평론가 리처드 멜처와 공상과학 소설가 마이클 모어콕을 데려다 작사하는 것에 도움을 받긴 했지만 "(Don't Fear) The Reaper"의 가사는 기타리스트 도널드 "벅 달마" 로저가 쓴 것이다. 그는 심장병으로 한바탕 고투를 치뤘는데 당시 죽음에 대한 두려움에 시달렸고 이에 영감을 얻어 작사를 했다. 한 죽은 소년이 돌아와 보니 자기 여자친구가 자신을 기다리고 있더라는 이야기에는 어딘가 무시무시함이 서려 있다. 가사에서는 로미오와 줄리엣이 "영원히 함께함"이 넌지시 언급되며, 이것이 후에 일부 듣는 이들에게 자살을 예찬하는 것이라 해석되었다. 이러한 해석에 다마는 기겁을 하며 1995년 이런 말을 털어놓았다. "어떤 사람들은 이 노래를 자살 광고 정도로 생각했죠. 하지만 제 의도는 전혀 그런 게 아니었습니다." 그러나 이 어두운 가사로부터 곡의 깊은 곳으로 흐르는 저류는 곡이 가진 달콤하며 애잔한 멜로디와 머리를 맴도는 버드적 화성과 완벽한 조화를 이루고 있다. 곡 중반에 일어나는 프로그래시프 록 적인 인스트루멘털 브레이크는 앨범 버전에서는 편집되었다. 이후 이 트랙은 스매시 히트가 되는 한편(1976년 롤링 스톤 매거진이 '베스트 록 싱글'로 뽑는다) 열렬히 사랑받는 록 고전으로 자리 잡는다. **SC**

More Than a Feeling
Boston (1976)

Writer | Tom Scholz
Producer | John Boylan, Tom Scholz
Label | Epic
Album | *Boston* (1976)

1975년 보스턴이 에픽과 계약을 맺을 수 있었던 데는 톰 숄즈가 자신의 홈 스튜디오에서 만든 데모 테이프의 힘이 컸다. 음악 업계에 성공적으로 입성하려 노력한 지 이미 6년이 흘렀지만, 멀티인스트루멘탈리스인 숄즈와 싱어 브래드 델프는 이 1개의 데모 테이프와 그것의 리드 송 "More Than a Feeling"을 통해 꿈을 실현한다.

"More than a Feeling"은 대담하고 자극적이며 간결하다. 이 트랙의 또 하나 놀라운 점은 시브 하샨의 드럼을 제외하고 나머지 모두를 숄즈가 직접 맡아 완성시켰다는 것이다(리듬 기타의 에너지 충전, 타오르는 솔로와 어쿠스틱으로 처리된 브레이크 다운이 바로 그것이다). 그러나 숄즈의 가사에 호소력을 불어넣는 것은 델프의 열정적인 보컬이었다. 일상적인 주제를 노래하면서도(음악이 얼마나 사람의 마음을 흔들어 놓을 수 있는지) 이들은 "한때 알던 여자"에 대한 몽상을 하나의 함축적이고 의미심장한 경험으로 그려낸다(여기서 간접적으로 암시된 곡목이 킹스맨의 "Louie Louie", 혹은 레프트 뱅크의 "Walk Away Renee"라는 설도 있다). 컴퓨터 마우스만 한 번 클릭하면 그녀가 다시 소생했을 시대 이전이었던 그 시대, 오래전 잃었던 사랑의 기억이 한 노래와 떨어질 수 없는 한몸이 되어버렸다.

이 노래는 도처에서 발견되지만('기타 히어로'비디오 게임에서 최고 인기를 누리는 노래 중 하나이다), 어떻게 보면 여전히 과소평가되고 있는 듯하다. 음악에 빠져 무아지경에 이른다는 노래의 메시지 때문에 '슬래커(slacker)'들의 앤섬으로 여겨지는 점도 있고, 커트 코베인이 "Smells Like Teen Spirit"에서 이 곡의 리프를 넌지시 암시하는 바람에 그런 경향이 더 커진 듯하다. **DE**

Sir Duke
Stevie Wonder (1976)

Writer | Stevie Wonder
Producer | Stevie Wonder
Label | Motown
Album | *Songs in the Key of Life*
(1976)

원더는 자신의 음악 영웅들에게 보내는 경의의 표시로 여러 곡을 남겼다. 1974년 사망한 밴드 리더이자 작곡자였던 듀크 엘링턴에게 바치는 헌정의 노래로 쓰인 "Sir Duke"도 그중 하나이다(이 외에도 레이 찰스를 향해 꾸벅 인사하는 〈Tribute to Uncle Ray〉(1962)와 기타리스트 웨스 몽고메리를 예찬하는 "Bye Bye World"(1968)와 "We All Remember Wes"가 있다). "Sir Duke"에서, 원더는 엘링턴을 비롯하여 스윙 밴드 시대의 다른 음악 거장들의 이름을 여럿 던져 넣는다(카운트 베이시와 글렌 밀러와 같은 밴드 리더들과 트럼페터이자 싱어였던 루이 '새치모' 암스트롱, 싱어 엘라 피츠제럴드).

"Sir Duke"는 개성 넘치는 금관 인트로로 곡에 시동을 건다. 그러나 인트로를 듣는 것만으로 뒤따라 터질 펑키(funky)한 그루브를 미리 예상하기는 힘들 것 같다. 관 섹션(두 트럼펫, 그리고 알토와 테너 색소폰)이 복귀해 버스(verse) 부분에 구두점을 찍으며 "But just because a record has a groove / Don't make it in the groove(하지만 음악에서 그루브가 느껴진다고 해서 / 음악 자체가 흥겨운건 아니지)"라는 가사를 돋보이게 한다. 이 노래에 혹을 제공해주는 것은 대단히 신나게 스윙하는(swinging) 인스트루멘털 간주이며, 이로써 "Duke"라는 제목에 자연스레 연결시킨다.

그의 베스트셀러 앨범 〈Song in the Key of Life〉(1976)에 첫 등장했던 "Sir Duke"는, 동일 앨범 수록 곡 중 하나였던 "I Wish"의 차트 석권을 뒤이어 1977년 싱글 발매된다. 이 곡 또한 미국의 팝과 R&B 차트 정상에 올랐고 영국의 싱글 차트 2위에 오른다. 2개의 히트 싱글을 낳은 이 앨범은 오늘날 원더의 '클래식 시대'라 불리는 시기의 정점과 마지막을 장식했다. **MW**

The Killing of Georgie
(Parts I & II) | Rod Stewart (1976)

Writer | Rod Stewart
Producer | Tom Dowd
Label | Warner Bros.
Album | *A Night on the Town*
(1976)

로드 스튜어트는 1975년 한 해 동안 대단히 중요한 전환기를 맞이한다. 드디어 그가 발칙한 로커 페르소나와 자신의 밴드 더 페이시스에 작별을 고하고 미국으로 이주해 간 것이다. 뻔한 의도로 명명된 〈Atlantic Crossing〉의 녹음 작업을 프로듀서 탐 다우드와 함께 마친 스튜어트는 음악 인생의 다음 단계로 접어들며 그의 모난 부분을 다듬고 주류 청중에게 구애를 시작한다. "Sailing"과 함께 그는 사례를 두둑이 받는다. 그러나 많은 이들이, 그의 무언가가 사라져버렸다는 느낌을 떨쳐버릴 수 없었다.

다우드는 〈A Night on the Town〉의 작업에서도 자리를 지켰고, 대중을 즐겁게 하는 부드러운 소울적 광택도 여전했다. 이런 배경 덕분에 "The Killing of Georgie(Parts I & II)"는 더욱 두드러져 보였다. 소문에 의하면 이 노래는 실존했던 게이 남성에 관한 것이라 한다. 그는 덴버 출신으로 가족에게 의절당하고 뉴욕 공연 때마다 페이시스의 뒤를 밟았다. 이 노래는 민감하고 진보적인 이슈를 다루고 있으며 여기에 밥 딜런의 〈Blood on the Tracks〉(1975)에서 익숙해져버린, 삶에 지친 포크-소울적 음악 색깔을 입혔다. 조지의 살인이 그의 동성애적 성향에 직접 연관되게 비추어지진 않지만 그래도 적지 않은 세심함이 요구되었고, 스튜어트는 날카로운 감성과 침착함, 가슴 에는 멜로디를 통해 진부하거나 설교적으로 들릴 위험을 피해간다.

파트 II로 가장해 코다에 등장하는 멜로디는 비틀즈의 "Don't Let Me Down"에서 영감을 받은 듯 보이고, 이것은 스튜어트가 자신의 뮤즈로부터 버림받은 듯한 상황에서도 여전히 감정적 호소력을 창조해낼 수 있음을 보여주는 반가운 신호이다. **MH**

1975년 로스앤젤레스 공연 중인 로드 스튜어트. 그해 페이시스는 뿔뿔이 흩어져 각자 제 갈 길을 간다. ➜

Dancing Queen | Abba (1976)

Writer | Benny Andersson, Björn Ulvaeus, Stig Anderson
Producer | Benny Andersson, Björn Ulvaeus
Label | Polar
Album | *Arrival* (1976)

"전 베니가 반주 트랙을 집에 가져온 애초부터 그 곡을 매우 좋아했죠… 전 너무 아름다웠던 나머지 울기 시작했어요."

애니-프리드 "프리다" 링스타드, 1994

◀ **Influenced by: Rock Your Baby** · George McCrae (1974)
▶ **Influence on: Love to Hate You** · Erasure (1991)
● **Covered by:** Garageland (1995) · Kylie Minogue (1998) S Club 7 (1999) · CoCo Lee (1999) · Sixpence None the Richer (1999) · The Ten Tenors (2006)

롤링 스톤스의 "Satisfaction"부터 너바나의 "Smells Like Teen Spirit"까지, 록 앤섬을 꼽는 일은 그다지 어렵지 않다. 하지만 팝의 대작을 꼽아보는 것은 어떨까. 무작위로 아무 피로연이나 가라오케장, '트윈(tween)'도 되지 않는 연소자들의 파자마 파티에서 조사해본다면, 아마도 아바의 "Dancing Queen"이 최종 리스트의 정상에 오를 확률이 클 듯하다.

1976년 당시 (비요른 울바에우스와 아그네사 펠트스코그 커플과 베니 안데르손, 애니-프리드 "프리다" 링스타드 커플로 구성된) 아바는 이미 "Waterloo," "S.O.S.," "Fernando" 등의 차트 성공작들로 단단히 입지를 굳힌 상태였다. 더군다나 그해 말 발매된 "Dancing Queen"은 그들에게 최초이자 유일한 미국 차트 석권작이 되며(전 세계적으로 다른 13개 국가에서 차트 정상에 오른다) 이 곡은 거의 유럽 전역을 휩쓴다. 펠트스코그는 한 텔레비전 인터뷰에서 이렇게 시인한다. "어떤 곡이 히트가 될지 예상하는 건 대부분의 경우 쉽지 않아요. 하지만 'Dancing Queen'은 예외였죠. 우리 모두 이 곡이 크게 성공할 걸 미리 알고 있었죠."

이 트랙은 불후의 팝 명작이 가져야 할 모든 필수 조건을 다 갖추고 있었다. 대담하고 경쾌한 고음역대 피아노 코드와 씩씩한 디스코 스트링 섹션, 링스타드와 펠트스코그가 전하는 달콤하게 녹아드는 보컬이 바로 그것이었다. 항상 댄스 곡으로 예정되어 있긴 했으나 본래 "Boogaloo"라 명명될 뻔했고, 이 곡의 백비트는 조지 맥크레이의 디스코 고전 "Rock Your Baby"(1974)의 리듬에서 영감을 받아 만들어졌다.

"Dancing Queen"은 2시대에 걸쳐 그 왕족적 이름에 부응한다. 우선 이 곡은 1976년 6월, 스웨덴의 카를 16세 구스타프 국왕의 결혼 전야 TV 방영 콘서트를 장식한다. 정확히 16년 후 같은 도시에서 현대 록계의 제왕 유투가 "Dancing Queen"을 공연 무대에 올린다. 여기서 키보드에는 안데르손, 어쿠스틱 기타에는 울바에우스가 게스트 출연했다. **YK**

Blitzkrieg Bop | Ramones (1976)

Writer | Dee Dee Ramone, Johnny Ramone,
Tommy Ramone, Joey Ramone
Producer | Craig Leon
Label | Sire
Album | *Ramones* (1976)

"전 펑크 록을 하는 것이 좋습니다.
그리고 그게 전부예요."

조이 라몬, 1985

◀ **Influenced by: Saturday Night** · Bay City Rollers (1976)
▶ **Influence on: St. Jimmy** · Green Day (2004)
● **Covered by:** Screeching Weasel (1992) · Yo La Tengo
(1996) · Poison Idea (1996) · The Kids (2002) · Rob
Zombie (2003) · Joe Strummer & The Mescaleros (2001)
The Beautiful South (2004)

가죽옷을 걸친 뉴욕의 펑크 선구자들 라몬스와 스코틀랜드의 팝 꼭두각시들 베이 시티 롤러스 사이의 공통점을 찾아본다면 둘 다 전원 남성 멤버이며 70년대에 결성되었고 형제들이 모여 만들었다는 사실(물론, 라몬스의 경우 가공된 현실이긴 하지만)이 꼽힐 것이다. 하지만 프론트맨 조이 라몬의 말에 따르면 여기서 이야기가 끝나지 않는다.

"신비감을 깨서 미안하지만요." 그가 말한다. "당시 사실 저희는 버블검 팝 음악을 매우 좋아했고, 베이 시티 롤러스를 너무 좋아했죠. 그들 노래 중 'Saturday Night'(1976년 초반 미국 차트 석권작이다)에 굉장히 멋진 반복구가 있었어요. 저희도 마찬가지로 반복구가 있는 노래를 만들고 싶었죠…'Blitzkrieg Bop'을 저희의 'Saturday Night'으로 보시면 돼요." "Blitzkrieg Bop"이라는 제목과 인트로에 등장하는 "Hey ho, let's go"라는 권고의 말을 앞세운, 이 곡은 라몬스의 음악 원형을 확연히 제시했다. 떠들썩하고 재미있고 자극적인 음악이다. 그러나 영국의 펑크족들이 분위기 파악을 하기까지는 6개월이란 시간이 걸렸다(이들은 더 댐드의 "New Rose"가 등장하고서야 비로소 고개를 끄덕였다).

이 밴드의 데뷔 앨범 나머지 곡들이 그렇듯 "Blitzkrieg Bop"은 밴드 멤버 모두에게 그 공적을 돌리고 있지만, 사실상 이 곡은 드러머 토미 라몬만의 창작물이라 해도 과언이 아니다. 물론 베이시스트 디 디 라몬의 제안 몇 마디도 빼놓을 순 없다(그의 제안 중에는 본 제목 "Animal Hop"에서 이름을 바꾸자는 것도 포함된다. 결국 압도적인 기세로 저항을 억누르는 히틀러의 전술 '블릿츠크리그(번개 전쟁)'를 제목으로 쓰게 된다).

토미는 "Blitzkrieg Bop"을 풀어놓았던 해 라몬스의 음악 철학에 관한 성명서를 정리해 발표해버린다. "로큰롤 말이야. 그냥 로큰롤하는 거지 뭐. 마땅히 그래야 하듯, 흥미롭고, 재미를 주고, 섹시하고, 에너제틱하고, 신 나는 거, 그런 거라고." 라몬스가 세상을 바꾸려는 걸 목표로 삼은 것은 아니지만, 어쨌든 댄스 플로어에서 그들이 전하는 압도적인 힘은 사람들로 하여금 잠시나마 세상을 잊도록 해주었다. **CB**

Love Hangover
Diana Ross (1976)

Writer | Marilyn McLeod, Pamela Sawyer
Producer | Hal Davis
Label | Motown
Album | *Diana Ross* (1976)

레이블 상사(그뿐 아니라 한때 연인이기도 했던) 베리 고디의 편애받는 수하생 다이애나 로스는 60년대 모타운의 창공을 비추던 최고 밝은 별이었다. 70년대가 도래하자 로스는 세련미와 감성을 능숙하게 융화시킨 솔로 발라드 싱어로 스스로를 재정비했다. 그러나 70년대가 저물어가며 신인 디스코 디바들이 밀물처럼 들이닥쳤다(특히, 그 중에는 1975년, 육감적인 대작 "Love to Love You Baby"로 유명세를 찾은 도나 서머도 끼어 있었다). 그녀는 무대 한켠으로 밀려나버린다.

"Love Hangover"는 이 모든 새내기들을 향한 로스의 반응이었다. 그러나 디스코를 불신했던 모타운은 이 노래를 로스에게 주는 것이 망설여졌다(같은 레이블 동료들 피프스 다이멘션도 동일한 곡을 같은 시기에 리코딩해 발표했다). 소속 레이블의 의구심이 로스의 태도에도 묻어났지만, 여기에 프로듀서 할 데이비스가 등장해 이 모든 것을 압도해버린다. 그는 스튜디오에 형형색색의 조명과 디스코 스트로브를 달아 파티 분위기를 내어 이 디바의 불안한 마음을 누그러뜨렸다.

로스는 레미 마르탱 몇 잔을 마시고 긴장을 풀었다(다른 뮤지션들과 나누어 마셨다). 마치 성교 후 웅얼거리듯 그녀가 내뱉은 숨소리 섞인 음성에는 이전 음반에서는 찾아볼 수 없던 관능미가 느껴졌다. 동요하면서도 우아함을 잃지 않는 디스코 스루브로의 전환을 꾀하는 노래 중반의 템포 변화는 다시금 다이애나를 댄스플로어로 당당히 복귀시킨다. 이건 특히나 12인치 레코드에 담아 낸 11분 길이의 화려한 리믹스 버전의 공이 컸다. 그 덕에 황홀경의 코다 부분까지 노래가 이어졌고 그 덕에 로스의 관능적이고 즉흥적인 사랑의 속삭임을 좀 더 들을 수 있었다. **SC**

Cokane in My Brain
Dillinger (1976)

Writer | Lester Bullock
Producer | Jo Jo Hookim
Label | Black Swan/Island
Album | *C.B.200* (1976)

레게 디제이 딜린저는 랩의 원생 같은 자신의 펑키(funky)한 히트작에서 "A knife, a fork, a bottle, and a cork"라는 애매한 가사로 '뉴욕'을 적어 넣었다. 이 노래의 애매모호한 가사의 해석에 관해 여러 이론이 존재한다. 마약 옹호적이라는, 혹은 그 반대입장이라는 설도 있고 미국 소울 뮤직의 부르주아화 확대에 대한 내용이라는 설(이 점은 피플스 초이스가 선정한 디스코 히트 곡 "Do It Any Way You Wanna"의 베이스 라인을 차용한 발칙함으로 더 강조되었다), 신에 만연해 있는 코카인 사용에 대한 것이란 설도 있다("No matter where I treat my guest / You see they always like my kitchen best(내가 어디서 내 손님들을 접대하건 간에 그들은 항상 내 부엌을 가장 좋아해)").

이 노래는 본래 아일랜드 레코드의 자회사 블랙스완의 지휘 아래 자메이카에서 한정판으로 발매된다. 이듬해 세계적으로 판매된 후 이 곡은 언더그라운드 히트로 부상했고 네덜란드에서 차트 정상에 오르기도 한다. 딜린저는 영국에서 특히 높은 평가를 받았는데, 그곳의 펑크족들은 이 곡을 두 팔 벌려 환영했고, 클래시는 그들의 고전 명작 "(White Man) in Hammersmith Palais"에 딜린저의 이름을 끼워넣기까지 했다.

이 노래는 딜린저에게 대단한 히트 기록을 남겼고, 그는 이 곡의 성공을 능가하는 데 꽤나 애를 먹는다. 1977년 그는 "Marijuana in My Brain"을 발매하고 뒤이어 "LSD in My Brain"(1983)을 발표한다. 그러나 2곡 모두 이전 작품이 세운 기록을 따라잡지 못한다. 이 곡은 여전히 대중문화에 영향력을 행사한다. 미국 힙합 신에 대단히 큰 영향을 준 존재라 말할 수 있는 이 트랙은 애시드 하우스 버전, 드럼 앤 베이스 버전으로도 리믹스되었다. **DC**

1977년 다이애나 로스. 그녀는 "Love Hangover"를 댄스 플로어로 진출시킨다.

Police and Thieves
Junior Murvin (1976)

Writer | Junior Murvin, Lee Perry
Producer | Lee Perry
Label | Island
Album | *Police and Thieves* (1976)

70년대 중반, 이데올로기적 동기를 가진 갱 싸움이 증가함에 따라 자메이카의 수상 마이클 맨리는 섬 전체를 "억압 상태에 놓이게" 조치를 취한다. 실제로는 계엄령을 내렸다는 말인데, 국가의 정치적·음악적 신이 서로 긴밀하게 연결되어 있던 터라 무정부주의로 빠져드는 듯 보이는 자메이카에 대해 프린스 파 더 퍼스트부터 리로이 스마트까지 수많은 레게 송라이터들은 자신의 입장을 재빨리 표명했다.

헬륨을 들이킨 듯한 가느다랗고 높은 목소리의 소유자, 싱어 머빈 스미스 주니어는 리 페리의 집 뒷마당에 있는 혁명적 스튜디오 블랙 아크의 현관문에 걸터앉아 폭력의 끝을 애원하는 "Police and Thieves"를 부르며 길거리 공연을 했다. 이 원시적인 시설에서 프로듀서 페리는 낡아빠진 구식 4 트랙 믹싱 콘솔과 에코플렉스 리버브 유닛을 위주로 사용해 페리 특유의 수중 사운드를 창조해내며, 대규모의 리듬 트랙 재고 목록을 구축해간다. 사이키델릭한 페이저 효과(phasing), 찌끄러뜨린 기타 사운드, 쉭쉭 울려대는 하이 햇과 함께 헤엄쳐가는 이 곡은 그 시대를 지배하던 순전한 광기를 명쾌하게 압축해냈고, 머빈의 애잔한, 커티스 메이필드적 팔세토에 맞춘듯 잘 맞아떨어졌다.

영국에서 "Police and Thieves"는 노팅힐의 카리브해 카니발이 대대적 폭동으로 발전했던 1976년 그해의 앤섬이 되어버린다. 이 소동 중 술판을 벌이다 여기 연루된 사람들 중에는 클래시의 조 스트러머와 폴 시모논도 있었고, 그들은 첫 앨범에 이 곡의 커버 버전을 실어보자는 아이디어를 얻게 된다. 이들의 주장에 의하면 이 버전은 "화이트 레게"가 아닌 "펑크 레게" 스타일로 재해석한 것이다. **SP**

(I'm) Stranded
The Saints (1976)

Writer | Ed Kuepper, Chris Bailey
Producer | The Saints
Label | Fatal
Album | *(I'm) Stranded* (1977)

1974년 호주 브리즈번에서 결성된 더 세인츠는 라몬스, 섹스 피스톨즈와 동시대인들이었다. 물론 이들은 이 2밴드가 잉태 중이라는 사실을 까맣게 모른 채 행복한 무지 속에 살고 있었다. 이 호주 출신 4인조는 그들 2밴드와 주류 록에 대한 경멸과 스투지스에 대한 열정을 공유했다. 그들만의 레이블을 창설한 이들은 권태와 억압에 대응하는 분노의 울음소리, "(I'm) Stranded"를 발표한다. 70년대 퀸즐랜드는(브리즈번이 이곳의 주도였다) 타락한 인종차별주의적 정부와 야만적인 경찰의 지배와 통치 아래 운영되었다. "(I'm) Stranded"에 담긴 '버즈 소우(buzz saw)' 기타 톤과 울부짖는 보컬은 호주의 펑크 록을 위한 집합 신호였다. 이 싱글 음반의 복사본들이 영국 음악 신문사들에게 보내졌고, 그중 '사운즈'는 이 곡을 '싱글 오브 더 위크'로 선정하는 한편, "격주로 싱글 오브 더 위크로 선정해도 될 만하다"며 찬사를 아끼지 않는다. 이 기세로 EMI와의 계약까지 몰고 간 더 세인츠는 곧 런던으로 공수된다.

더 세인츠가 공격적으로 연주했을지언정, "펑크"를 연주한 것은 아니다(이들이 찢어진 청바지를 입고 머리를 뾰족하게 세운 것은 아니라는 말이다). 그리하여 펑크를 패션 관련 움직임으로 간주했던 영국의 대중 매체 대부분이 이 밴드를 인정하려 들지 않았다. 더 세인츠는 그 어느 펑크 밴드들보다 자신들의 사운드 영역을 더 널리 확장시켰고, 관 섹션과 어쿠스틱 기타들을 활용했다. 그들의 박학한, 편집광적 노래들은 영국 밴드들이 시도했던 것들보다 훨씬 앞서 있었다. 이들의 음악은 다른 많은이들에게 영향을 미쳤고, 헨리 롤린스부터 닉 케이브까지 모두들 세인츠의 음악을 영감의 원천으로 언급해왔다. **GC**

Hotel California
Eagles (1976)

Writer | Don Felder, Glenn Frey, Don Henley
Producer | Bill Szymczyk
Label | Asylum
Album | *Hotel California* (1976)

이 음울한 고전만큼이나 그토록 많이 가사를 해부·분석 당한 곡도 많지 않을 것이다. "아메리칸 드림의 어두운 약점에 대한 노래"라는 것이 밴드의 드러머이자 보컬리스트인 돈 헨리의 설명이다. 로스앤젤레스에 만연했던 자멸과 쾌락주의가 근저에 테마로 깔려 있는 듯 보이지만, 헨리는 "Hotel California"의 소재에 대해 좀 더 사적 감정을 품고 있었다. 그는 다수의 이글스 노래가 일정한 여자 친구를 소재로 삼고 있다는 의견을 묵살해버리긴 했다. 그렇긴 하지만, "사실 'Hotel California'의 경멸스런 측면들은 로리 로드킨에 관한 것이 분명하다"며, "'Her mind is Tiffany-twisted, she got the Mercedes bends / She got a lot of pretty, pretty boys that she calls friends(그녀의 정신은 티파니로 점철되어 있고, 메르세데즈에 집착하지. 그녀 주변엔 "친구"라 불리우는 미소년들이 우글거리지)' 부분은 그녀에 대한 것이에요. 제가 만일 로드킨 씨 입장이라면 자랑스러울 때가 아닐 듯 싶네요"라고 헨리가 말했다. 시카고 태생의 사교계 명사 로드킨과의 오랜 연인 관계가 종말을 맞이한 후의 일이다.

프레이와 헨리가 노래 가사 대부분을 맡은 한편 이글스의 비교적 신참 멤버였던 조 월시와 결투를 벌이는 돈 펠더의 기타 플레이도 이 싱글이 흥행하는 데 한몫한다. 그 덕에 트랙은 6분 31초로 연장되었고, 레이블의 대표들은 라디오 방송에 부적합한 길이라고 느낀 나머지 발매를 망설였다. 그러나 밴드는 자신들의 입장을 고수했고 어사일럼 레이블에 일을 진행시킬 것을 설득했다. 후에 이들의 결정이 옳았음이 밝혀진다. 이 싱글이 미국에서는 1위, 영국에서는 8위까지 올랐으니 말이다. **DR**

Roadrunner
The Modern Lovers (1976)

Writer | Jonathan Richman
Producer | John Cale
Label | Beserkley
Album | *The Modern Lovers* (1976)

단골 커버 곡으로 꼽히는 바비 트룹의 "(Get Your Kicks on) Route 66"부터 스프링틴의 "Born to Run"까지, 대부분의 드라이빙 송들은 도피의 가능성을 노래한다. 그와는 대조적으로 "Roadrunner"는 그 어느 곳으로도 향하지 않는 길, 128번 도로(Route 128)를 이야기하고 있다. 128번 외곽 순환 도로는 보스턴과 그 근교를 분리시키는 60마일(96km) 길이의 환상 도로이다. 이것은 그 동네 사람이어야 알 만한 도로로, 그 동네 사람이 아닌 이상 애착을 가지지 않을 만한 도로이기도 하다. 조나단 리치먼은 차로 10분 거리인 곳에서 태어나 자랐다.

리치먼은 60년대 말 10대 청소년 시절 보스턴을 떠나 뉴욕으로 간다. 소문에 의하면 벨벳 언더그라운드를 찾기 위한 목적에서였다. 곧바로 다시 고향으로 돌아오긴 했지만 결국 1972년 그는 자신의 영웅들과 만날 기회를 가진다. 귀향 후 결성한 그의 밴드 모던 러버스가 과거 벨벳의 멤버였던 존 케일의 지휘 아래 데모를 몇 곡 녹음하게 된 것이다. 그중 한 곡이 "Roadrunner"였다. "평상시 속도보다 더 빠르게 달리는" 야간 운전에 바치는 곡으로 4분 길이의 코드 2개로 이루어져 있다. 리치먼은 여러 개의 버전을 녹음해댄다. 그러나 오늘날 가장 유명하고 최고라 꼽히는 버전은 케일이 제작을 맡았던 일렉트릭 악기 편성의 짜릿한 오리지널 버전이다.

1977년, 또다른 류의 "로드 러너" 리코딩이 뒤따라 영국의 차트에 진입한다. 돈키호테식 인스트루멘털 트랙 "Egyptian Reggae"가 바로 그것이었다. 리처먼은 잠시나마 주류에 합류하지만, 이 반(反)록적인, 로파이(lo-fi)적 아티스트는 그 세계의 일부로 남아 있는 데 별 관심을 보이지 않았다. **WF-J**

American Girl | Tom Petty & The Heartbreakers (1976)

Writer | Tom Petty
Producer | Denny Cordell
Label | Shelter
Album | Tom Petty & The Hearbreakers (1976)

무수한 밴드들이 수년에 걸쳐 이 곡의 사운드를 재현하려 했던 것만큼, "Americna Girl"의 가사는 무수한 해석을 낳게 된다. 이 곡이 플로리다 대학의 한 여학생의 자살이라는 실화에 근거하고 있다는 설이다. 페티는 이러한 설이 도시 괴담에 불과하다며 노골적으로 묵살해 버린다. 이 소녀는 복합적 존재였다. "운명지어졌던 것보다 더 크고 많은 것을 갈망했던" 것이다.

이 곡 배후에 존재한 실제 영감의 원천은(이 트랙은 미국 독립기념일이었던 7월 4일 녹음되었다) 좀 더 미묘하고 시적이라 할 수 있다. 바다 위로 부서지는 파도에 관한 가사 부분은 더욱 그렇다. 페티는 이 곡을 쓸 당시 캘리포니아의 엔시노에 거주 중이었다. "전 고속도로 바로 옆에 살았죠. 차들이 지나다녔어요. 그게 마치 바닷소리 같다고 생각하던 것이 기억나는군요."

페티가 버즈의 사운드를 금세 소화해냈듯, 더 버즈의 로저 맥귄도 이 곡을 재빨리 자기 것으로 만든다. 얼마 지나지 않아 맥귄이 자신만의 버전을 내놓은 것이다(이 곡을 처음 들은 맥귄이 자신의 매니저에게 '이 곡을 썼던 것이 기억이 나지 않는다'고 말했다는 소문도 있다). 그와 마찬가지로, 페티는 "American Girl"과 더 스트록스의 "Last Nite"사이에 존재하는 유사성에 그다지 동요하지 않는다. 그는 최근 롤링 스톤에 다음과 같이 말했다. "스트록스가 'American Girl'을 가져다 썼죠. 그들이 이런 사실을 인정하는 내용의 인터뷰를 본 적이 있습니다. 그걸 보고 큰 소리로 웃었죠. '그래, 잘했어'란 생각이 들던데요." **SH**

Detroit Rock City
Kiss (1976)

Writer | Paul Stanley, Bob Ezrin
Producer | Bob Ezrin
Label | Casablanca
Album | Destroyer (1976)

"전형적인 키스의 모습을 보여주고 있죠." 프로듀서 밥 에즈린이 이렇게 선언했다. "건방진 태도부터 스토리텔링 하는 것, 그리고 극한의 퍼포먼스까지 말이죠." 폭발적 힘의 "Detroit Rock City"가 5분 안에 정말 많은 것을 꾸려 넣은 것은 사실이다. 〈Destroyer〉 앨범에 수록된 이 곡의 첫 버전은 에즈린(그는 뉴스 리포터 부분을 연기한다)과 엔지니어 코키 스태시악이 조립해 넣은 연극적 콜라주로 시작되었다. 그들은 여기에 키스의 1975년 히트작 "Rock and Roll All Nite"의 작은 자투리까지 이용했다. 그리고 난 후, 으르렁대는 리프(이것은 그들의 빈티지 라이브 곡 "Acrobat"으로부터 살려낸 것이었다)가 등장하며 싱어 폴 스탠리가 가사로 담아낸 이야기를 소개한다. 이것은 1975년 4월 노스 캐롤라이나에서 있었던 키스의 공연을 보러 오던 한 팬이 차 사고로 사망했던 실화에 기반하고 있다.

이 극적 사건은 커티스 메이필드의 영향이 느껴지는 진 시몬스의 베이스 라인, 페터 크리스의 빼어난 드럼, 플라멩코적 색깔이 배인 에이스 프렐리의 기타 솔로의 도움으로 완성된다. 기타 솔로 부분은 에즈린이 썼으며 그는 "내 나름대로 해석한 글래디에이터 뮤직"이라 말했다. "그가 이걸 제안했을 때 저희는 그가 크랙 코카인을 하고 있다 생각했죠." 시몬스가 털어놓았다. 에즈린은 이 곡의 파워 코드들을 피아노로 더블링하는데, 이런 아이디어는 키스가 2003년 교향악단과 함께 공연하며 진정 결실을 보게 된다.

비록 "Detroit Rock City"가 싱글로서 흥행에 실패하긴 했지만(그 B사이드에 발매된 "Beth"가 오히려 차트 진입에 성공했다), 이 곡은 영구적으로 라이브 무대 단골 곡으로써 사랑받는다. **BM**

이것이 키스다: 좌로부터 진 시몬스, 폴 스탠리, 그리고 에이스 프렐리. 1976년.

Young Hearts Run Free
Candi Staton (1976)

Writer | Dave Crawford
Producer | Dave Crawford
Label | Tamla Motown
Album | *Young Hearts Run Free*
(1976)

캔디 스테이튼이 "Young Hearts Run Free"를 녹음하게 되었을 당시 그녀는 이미 노련한 무대 경험자였다. 그녀는 "Stand by Your Man"과 "In the Ghetto"의 호소력 짙은 버전들로 이미 그래미 후보 자리까지 거머 쥐어 본 상태였다.

이 곡은 그녀의 프로듀서 데이브 크라포드가 썼고, 로스앤젤레스에서 녹음되었다. 가사는 스테이튼과 흥행주 타이론 데이비스 사이의 결혼 생활에 대한 이야기에서 영감을 받아 쓰였다. "Young Hearts Run Free"는 그 자체로 완벽한 하나의 미니드라마이다. 이렇게 쓸쓸하고 절박한 노래를 이토록 달콤하게 포장해낸 것은 유례없는 일이었다. 원기 왕성한 에너지를 발산하는 호른 섹션 인트로를 발단으로 시작되는 이 곡은 수많은 댄스 플로어를 누비며 많은 이들의 사랑을 받는 과정에서 거기 담긴 진의를 종종 제대로 전달하지 못했다.

"Young Hearts Run Free"는 여성의 권리에 대한 솔직한 탄원이다. 이 곡은 사랑이 결핍된 결혼생활에서 오는 절망감과, 장난 삼아 여자를 건드리고 다니는 졸렬한 남자의 행동에 오도가도 못하고 발 묶인 여성에 관한 이야기이다. 페미니즘을 청원하는 곡이지만, 막상 그 주인공은 그녀의 "의무"에서 빠져나올 만큼 강한 의지를 소유하지 못한다. 그러나 여전히 그녀는 다른 이들에게 간청한다. 아마도 그녀의 자식들에게 자신과 같은 상황에 처하지 말라는 뜻으로 하는 말인 듯하다. 이 곡에 담긴 희망의 메시지야말로 이 곡에 가장 큰 힘을 부여한 요소였다.

이 레코드는(스테이튼에게 영국 차트 2위 기록을 안긴다) 수년에 걸쳐 상당수의 커버 버전을 낳는다. 그러나 아마도 가장 큰 호소력을 발휘했던 것은 영국의 포크 가수 낸시 월래스의 버전일 듯하다. **DE**

Chase the Devil
Max Romeo (1976)

Writer | Max Romeo,
Lee "Scratch" Perry
Producer | Lee "Scratch" Perry
Label | Island
Album | *War ina Babylon* (1976)

레게의 영적 선율을 담은 루츠(roots)가 70년대 중반 급히 인기를 얻게 되며, 맥스 로미오는 독불장군 프로듀서 리 "스크래치" 페리와 한 팀을 이루어 그가 창조해낸 중 가장 빼어나고도 진실된 작품 중 하나를 탄생시킨다. 가스펠에 기반을 둔 이 곡은 구약성서에 등장하는 피와 불로 넘쳐 흐르고 있었다.

이사야 14장 12절에서 첫 구절을 따온 "Chase the Devil"은 갑옷을 입고 사탄과 싸우는 대천사 미카엘로 로미오를 그린다. 페리는 본래 이 어둠의 왕자의 목을 매달아, 죽이고 칼로 배며, 불태워버리는 내용의 가사를 원했지만, 관용의 대변자였던 로미오는 "그를 대기권 밖으로 보내 / 다른 종족을 찾도록(send him to outer space / To find another race)" 하는 것으로 충분하다고 페리를 설득시켰다(이런 님비 의식(not-in-my-backyard)적 2행 연구는 프로디지의 1992년 발매된 열광적 레이브 도가니 "Out of Space"의 기반이 된다).

페리가 활용한 리코딩 테크닉은 매우 괴팍하다고 할 수 있었다. 사운드를 향상시키려는 목적으로 그는 돌아가는 마스터 테이프 위로 마리화나 연기를 피워대는가 하면 그것을 흙에 묻어보기도 했다. 용수철같이 튕겨대는 배킹 트랙의 기이함은 그의 이러한 색다른 작업 방식을 반영하고 있다. 스크래치의 하우스 밴드였던 업세터스는 그가 편애했던 "원-드롭" 스타일 리듬(마치 최면을 걸듯 세번째 비트에서 베이스와 킥드럼을 강조하는 리듬 스타일)을 제대로 살려내며, 여기에는 개구리 울음 같은 귀로 소리와 묵시록적 피아노 코드가 한몫한다. 이 곡에 담긴 빽빽하지 않고 초자연적 분위기의 사운드는 또 다른 새로운 차원에서 들려오는 듯했다. **SP**

New Rose
The Damned (1976)

Writer | Brian James
Producer | Nick Lowe
Label | Stiff
Album | *Damned Damned Damned* (1977)

펑크는 진화였을까, 아니면 혁명이었을까? 이 장르의 최초 싱글(어쨌든 영국 내에서는 말이다)의 1번째 구절은 전자에 대한 설득력 있는 증거를 제시한다. 데이브 배니안이 "New Rose"의 인트로에서 내뱉는 말("Is she really going out with him(그녀가 그와 사귀는 게 맞아)?")은 1964년 발매된 샹그리-라스의 "Leader of the Pack"과 바로 연결할 수 있다. 여기에 록파일의 닉 로우를 프로듀서로 던져 넣고 비틀즈의 "Help!"를 B사이드에 끼워 넣었다니, 펑크 뮤직의 '영년'은 그다지 확고해 보이지 않았다.

그들과 동시대를 살던 많은 이들이 후세에 남을 자리에 신경 쓸 동안 댐드는 순간에 충실한 삶을 살아간다. 런던 북서부에 위치한 자신의 집 아파트에서 15분 만에 "New Rose"를 써낸 브라이언 제임스는 랫 스케이비즈를 가리켜 "키스 문 계보에 있는 미치광이"라며 그가 "내가 함께 연주해본 그 누구와도 다른 드럼 연주를 보여주었다"고 말했다. 스케이비즈가 맹렬히 쏘아대는 우레와 같은 오프닝에 굽이치며 분출되는 아드레날린은 트랙이 지속되는 숨가쁜 시간 내내 약화될 기미조차 보이지 않는다. 그러고 보면, 이 트랙이 "순전히 사과술과 각성제의 힘으로" 녹음된 것이라는 베이시스트 캡틴 센서블의 말이 그다지 놀랍지 않다. 게다가 모든 것을 매우 크게 연주하라고 밴드에게 지시할 로우까지 현장에 있으니 말이다.

1976년 10월 싱글로 발매된 "New Rose"는 영국 톱 40에 얼씬도 못했지만, 피스톨즈가 "Anarchy in the U.K."(몇 주도 지나지 않아 발매된다)를 통해 상대적으로 좀 빠른 이미지로 첫 등장하길 택했던 반면, 댐드는 진지함을 가장한 음악계 분위기에 굴하지 않고 유쾌함을 잃지 않았다. **CB**

Anarchy in the U.K.
Sex Pistols (1976)

Writer | Sex Pistols
Producer | Chris Thomas
Label | EMI
Album | *Never Mind the Bollocks Here's the Sex Pistols* (1977)

자신들의 첫 공연이 있었던 1975년 11월 그 해부터 섹스 피스톨즈는 끊임없는 대혼란을 야기하고 돌아다닌다. 이들은 청중들과 싸움을 하는가 하면 런던 전역에 걸친 공연장으로부터 공연 금지를 당하게 된다. 각종 논란에도 불구하고, (아니면 그러한 논란 때문인 건지), EMI는 피스톨즈와 1976년 10월 계약을 맺었고, 이들을 스튜디오에 밀어 넣은 후 이틀 만에 그들의 첫 데뷔 싱글 녹음을 진행했다.

존 새비지의 비길 데 없는 펑크 역사 저서 「잉글랜즈 드리밍」에 따르면, "Anarchy in the U.K."의 첫 리코딩은 이 밴드의 라이브 공연이 보여주는 무질서의 에너지를 포착하는 것을 목표로 삼았다는 것이다. 글랜 매트록은 2테이크만에 이 곡의 녹음을 마쳤다고 말했다. 하지만 이 오리지널 버전이 거부당하자 그룹은 스튜디오로 복귀한다. 이번에는 좀 더 신중한 접근 방식을 택하여 "사운드의 벽"를 창조해냄으로써 라이든의 최면적이고 포악한 보컬에 자극적인 배경을 깔아준다.

1976년 11월 서둘러 발표된 "Anarchy in the U.K."는, 발매 며칠 후 있었던 이 그룹의 TV 출연이 없었다면 어쩌면 그저 그런 정도의 영향만 남기고 사라져버렸을지도 모른다. 같은 레이블 소속 그룹이었던 퀸이 ITV의 〈투데이〉 프로그램 출연을 취소하자, EMI는 그들을 대신하여 섹스 피스톨즈를 선발대로 보냈다. 거만한 태도로 이들을 무시하던 진행자 빌 그런디가 "말도 안 되게 심한 말을 한번 해보라"고 부추기자, 스티브 존스는 곧장 욕설을 해댔다. 몇 주 만에 그런디는 일시적으로 방송 정지를 당했고, 피스톨즈는 EMI에서 쫓겨났다. 하지만 불현듯, 펑크는 세상의 이목을 끌며 스포트라이트를 받았다. **WF-J**

Poor Poor Pitiful Me
Warren Zevon (1976)

Writer | Warren Zevon
Producer | Jackson Browne
Label | Asylum
Album | *Warren Zevon* (1976)

〈Warren Zevon〉에서 처럼, 다른 아티스트 앨범을 만들고 자 이토록 걸출한 뮤지션 부대가 총출동했던 경우도 사실 흔치 않다. 이 싱어-송라이터의 2번째 앨범은(여기까지 오 는 데 데뷔 앨범 발매 후 7년이란 세월이 걸렸다) 마치 70년대 유 명인사의 인명사전을 보는 듯했다. 게스트 출연자를 몇 명 읊어보자면 필 에벌리, 스티비 닉스, 돈 헨리, 보니 레이트 등이 있었고, 무엇보다도, 잭슨 브라운이 프로듀싱을 맡았 기 때문이다.

로스앤젤레스의 일류 프로듀서가 던진 지지의 한 표는 이들 뮤지션들이 팬들에게 곧 발견하게 될 것을 이미 파악하 고 있었다는 표시이기도 하다. 그것은 바로 제본이 유일무 이한 송라이터였다는 사실이다. 그는 앨범에 수록된 11개 의 트랙 중 다수를 통해, 자신의 대단한 재능을 슥슥 그려 내 보인다. 하지만 그중에서도 "Poor Poor Pitiful Me"가 그의 재주를 가장 잘 드러내고 있다. 머피의 법칙을 음악 으로 그린 이 곡은 믿기 힘들 정도로 계속되는 불운의 연 속에 대한 이야기를 담아낸다. 무표정한 분위기로, 제본은 자살 실패, 가정 폭력 등과 같은 심각한 주제들에 관해 투 덜거리기 시작하고, 이것이 왠지 모르게 듣는 이들로부터 웃음을 자아내었다.

인생 낙제생들의 앤섬인 이 곡은 당시에는 히트를 거 두지 못하지만 지본이 만든 작품들 중 가장 오래가고, 가 장 순응적인 곡으로 남게 된다. 린다 론스테드는 여성 화 자에 맞게 가사를 조금 바꾼 버전을 불러 1978년 톱 40위 에 진입했고, 캐나다 그룹 SNFU는 1984년 펑크 버전을 내 놓았으며, 테리 클라크는 1966년 이 곡을 컨트리의 길로 끌어 갔다. **JiH**

Underground
The Upsetters (1976)

Writer | Lee "Scratch" Perry
Producer | Lee "Scratch" Perry
Label | Upsetter/Island
Album | *Scratch the Super Ape* (1976)

"나는 미술가이며 음악가이고 마술사, 작가, 가수이기도 하다. 난 그 모든 것이다." 리 "스크래치" 페리가 스스로를 표현한 말이다. 아니면 스카로부터 록 스테디레게를 창조 해내고, 밥 말리의 커리어를 쏘아올린 장본인이자, 더브 (dub)뮤직의 가장 독창적이고 가장 다작을 이룬 선구자 중 하나를 표현한 말일 수도 있다.

70년대 동안 자신의 블랙 아크 스튜디오에서 페리는 다수의 고전 앨범을 만들어낸다. 특히 맥스 로미오와 더 콩고스 등의 송라이터들과 작업한 것이 눈에 띈다. 페리가 영국의 음악지 뉴 뮤지컬 익스프레스(NME)에 말하기를, 그의 이런 공동 작업들이 성공적일 수 있었던 것은 제작에 관한 그의 접근 방식 덕택이었다 한다. "전 아티스트들에 게 제가 지시하는대로 할 것을 요구합니다. 전 그들에게 모든 걸 다 가르치죠. 어떻게 연주해야 하는지, 어떻게 움 직여야 하는지까지요. 전 독재자라구요!"

그럼에도, 그 자신만의 독특한 비전만으로 창조된, 과 소평가되는 한 장의 LP가 있다. 그의 하우스 밴드 업세터 스가 참여한 〈Super Ape〉이 바로 그것이다. 이 앨범에 담 긴 보컬은 매우 한정되어 있다. 남은 공간을 통해. 페리는 듣는 이를 당혹케 하는 더브적 음경(soundscape)을 창조해 보는 실험에 임한다. 이 중 하이라이트를 장식하는 것은 바로 "Underground"이다. 이 곡은 자연(여기의 경우. "콜리 위드(collie weed)", 다시 말해 마리화나를 가리키고 있다)과 이루 는 일종의 접촉을 노래한다. 여기 쓰인 리듬은 본래 "From Creation"이라는 희귀 더브플레이트를 위해 녹음된 것이 었다. 페리가 품었던 사운드의 비전은 매시브 어택과 같은 그룹들 덕분에 그 수명을 이어가게 된다. **DC**

God Save the Queen | Sex Pistols (1977)

Writer | S. Jones, G. Matlock, P. Cook, J. Rotten
Producer | Chris Thomas
Label | Virgin
Album | *Never Mind the Bollocks Here's the Sex Pistols* (1977)

"전 이해가 안 돼요.
저희가 하려는 것은 그저 모든 것을
파괴하려는 것뿐인데요."

조니 로튼, 1977

◀ **Influenced by:** My Generation • The Who (1965)
▶ **Influence on:** Smells Like Teen Spirit • Nirvana (1991)
● **Covered by:** The Bollock Brothers (1983) • Anthrax (1985) • Quorthon (1997) • Motörhead (2000) • Enrico Ruggeri (2004) • The Enemy (2008) • Nouvelle Vague (2009)

"God Save the Queen"은 본래 A&M 레코즈에서 1977년 초반 녹음되었다. 그러나 섹스 피스톨즈는 레이블에서 다시금 쫓겨난다(이들은 이미 '빌 그런디 사건'과 데뷔 싱글 "Anarchy in the U.K."의 발매 이후 EMI로부터 쫓겨난 적이 있다).

리처드 브랜슨의 버진 레코즈와 버킹엄궁 정문 앞에서 새로 계약을 맺은 이들의 "God Save the Queen" 발매가 여왕의 25주년 기념 해와 시기적으로 일치했던 것은 꼭 들어맞는 일이었다. 여왕의 통치를 파시즘과 연관시킨 것, 영국에 "아무 미래도 없다"는 가사, 군주의 얼굴을 가로질러 글을 붙여 넣은 초상화로 만들어진 아이콘적 커버(제이미 리드의 작품) 등은 이 싱글이 대중의 이목을 끄는 데 한몫 톡톡히 할 뿐 아니라 이 그룹이 가진 악명을 한층 강화시켰다.

이 곡을 끝으로 본래 피스톨즈의 베이시스트였던 글렌 매트록은 해고당하고("너무 얌전하다"는 것이 해고 이유였다)그 자리를 시드 비셔스가 대체하게 되었다.

영국에서, BBC뿐 아니라 독립 방송 공사(IBA)에서 방송 금지를 당한 이 곡은 사실상 블랙리스트에 오른 것과 다름없는 상태였다. 그럼에도 음반 판매 기록에 힘입어 이 트랙은 뉴 뮤지컬 익스프레스(NME) 차트 정상에 오른다(한편 BBC차트 정상에는 로드 스튜어트의 "I Don't Want to Talk About It"이 자리를 차지하고 있었다). 싱글 런칭을 위해, 밴드는 대관식일(6월7일)에 맞춰 탬즈 강에서 배를 탄 채 이 곡을 공연하려 했다. 그러나 난투가 벌어지고 11명의 참석자가 체포당하게 되자 이들이 벌이려던 파티는 무산되었다.

본래 A&M과 찍어낸 싱글은 10개 정도밖에 남아있지 않고, 이것들이 일종의 "황금 악수(고액의 퇴직금)"로 레이블 간부들에게 넘겨졌다는 소문이 있다. 그 중 한 장이 공개 시장의 표면으로 얼굴을 내밀었고, 경매를 통해 1만2천 파운드 이상의 가치를 증명했다. **CR**

1977년 공연에서 '뽑아든' 피스톨즈.

Trans-Europe Express | Kraftwerk (1977)

Writer | Ralf Hütter, Emil Schult
Producer | Ralf Hütter, Florian Schneider
Label | Kling Klang
Album | *Trans-Europe Express* (1977)

"'Trans-Europe Express' 같은 곡들은
마치 스튜디오를 관통해 가는
기차처럼 등장했죠.
전 이런 류의 음악을 가장 좋아합니다."

랄프 휴터, 1991

◀ **Influenced by: Bayreuth Return** · Klaus Schulze (1975)
▶ **Influence on: Confusion** · New Order (1983)
● **Covered by:** Señor Coconut y su conjunto (2000)
★ **Other key tracks:** Autobahn (1974) · Radioactivity
(1975) · Europe Endless (1977) · Showroom Dummies
(1977) · Tour de France (1983)

크라프트베르크의 1974년 히트작 "Autobahn"은 독일의 한 유명 고속도로를 달리는 여정을 반향하고 있다. 3년이란 세월이 지난 후 "Trans-Europe Express"가 여행의 경이를 다시금 상기시킨다. 이번에는, 프랑스로부터 독일, 스위스, 네덜란드까지 뻗어 있는 국제 철도망인 TEE를 노래했다.

동명 앨범의 대표 곡으로 자리한 "Trans-Europe Express"는 이 밴드가 이룬 대단한 기술적 도약을 기념했다. 신타노르마 지크벤서('Synthanorma Sequenzer'는 탠저린 드림 등과 같은 동시대 독일 그룹들 사이에서 인기를 끌었던 주문 제작 신디사이저였다)를 사용하여 녹음된 "Trans-Europe Express"는 뻣뻣하고 기계적으로 느껴졌지만 운동감만은 탁월했다. 철로 밖으로 새어나오는 딸깍이는 소리의 리듬 비트와 쌓아올리고 사라지기를 거듭 반복하는 신스의 파도는, 전속력으로 주요 지형물을 지나칠 때 느껴지는 도플러 청각 효과를 흉내 내고 있었다.

여기 담긴 모든 퓨처리즘에도 불구하고, 이 패어런트 앨범은 유럽의 근대화 과정에 연관된 좀 더 고전파적 관련어들을 등장시킨다. ("Europe Endless"에 나오는 "parks, hotels, and palaces"라든가, "Franz Schubert" 등이 바로 그것이다). "Trans-Europe Express" 자체에서도 과거와 현재가 마법처럼 한데 섞인다. 리코딩 이전에 2명의 팬들(이기 팝과 데이비드 보위)과 베를린에서 가졌던 대화에서 받은 영향이 느껴지는 가사와 함께, 이 트랙은 샹젤리제로부터 비엔나의 심야 카페로 이어지는 길을 내어준다.

뉴욕의 힙합계가 이 곡에 눈독을 들인 후, "Trans-Europe Express"는 아프리카 밤바타 앤 더 소울소닉 포스의 1982년 히트작 "Planet Rock"의 훅에 활용된다. 이것은 샘플링 문화의 지표가 되는 사건이었고, "일렉트로"라 불리는 퓨처리스틱하고 펑키(funky)한 힙합 음악의 새로운 물결이 거세게 일어난다(이에 크라프트베르크 스스로는 그다지 영광스러워 하지 않는다. 트랙에 전혀 이름이 언급되지 않은 이들은 소송을 제기했고 결국 토미 보이 레이블 대표 톰 실버맨과 법정 밖에서 합의를 본다). **LP**

Sweet Gene Vincent | Ian Dury (1977)

Writer | Ian Dury, Chas Jankel
Producer | Peter Jenner, Laurie Latham, Rick Walton
Label | Stiff
Album | *New Boots and Panties!!* (1977)

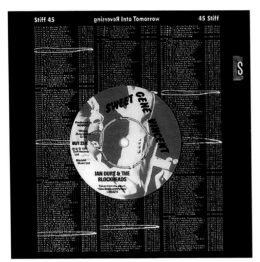

"1958년 이전 즈음
기타리스트 갤로핑 클리프 갤럽과 같이
활동할 시기가 진의 절정기였죠.
그 다음에는, 그냥 신경 쓰실 것 없어요."

이안 듀리, 1998

◀ **Influenced by: Bluejean Bop** · Gene Vincent (1956)
▶ **Influence on: Oranges and Lemons Again** · Suggs
with Jools Holland & His Rhythm & Blues Orchestra
(2001)
● **Covered by:** Robbie Williams (2001)
★ **Other key track:** Sex & Drugs & Rock & Roll (1977)

이언 듀리는 자신에게 영향을 준 요소들을 이야기할 때 "스택스와 모타운 레이블, 맥스 밀러 그리고, 다량의 텔레비전 프로그램 시청"을 꼽았다. 그러나 종종 그에게 영감의 원천이 되어준 것은 진 빈센트였다. 듀리가 자신의 1번째 밴드 킬번 앤 더 하이로즈를 결성한 것도 1971년 빈센트가 사망하고 나서였다. 그는 빈센트의 음악을 모방했고 자신의 영웅을 향한 경의의 표시로 그의 무대 페르소나, 의상 스타일(특히 검정 가죽 장갑)까지 따라했다. 어린 시절 소아마비로 불구가 된 듀리는 빈센트의 스타일과 목소리에 감명을 받은 것뿐이지, 그도 다리보조기를 찼다는 것은 뒤늦게 안 사실이라고 주장했다.

듀리의 헌정가 "Sweet Gene Vincent"는 그의 첫 솔로 앨범 〈New Boots and Panties!!〉에 실려 등장했고 이 앨범에서 싱글로 발매된 유일한 트랙이기도 했다. 이 곡에는 듀리 특유의 장난기 섞인 생생한 가사가 담겨 있고, 그것은 "Blue Jean Bop"이나 "Who Slapped John?" "Be-Bop-A-Lula" 등과 같이 빈센트의 곡에 등장하는 가사 문구들을 재치 있게 언급하고 있다. 이 곡의 공동 작곡가였던 채즈 잰켈의 말에 따르면, 듀리가 빈센트에 관해 대대적인 연구 조사를 펼친 후 곡을 썼고, 그가 쓴 초고에 따라 음악을 썼다면 아마 15분짜리 길이의 노래가 나왔을 것이라 한다. 안타깝게도, 명백한 남동부 잉글랜드 말투로 전해지는 에섹스와 런던 북부에 대한 암시와 재담으로 흘러 넘치는 가사는 해외에서(특히 미국에서) 불가해한 존재일 수밖에 없었고 이 앨범 전체와 거기 담긴 "Sweet Gene Vincent" 트랙은 굉장히 잉글랜드적인 성공으로 기록된다.

〈New Boots and Pantie!!〉 발매 후 얼마 시간이 지나지 않아, 듀리와 그의 배킹 밴드는 이언 듀리 앤 더 블록헤즈라는 이름을 달고 공연장에 등장하기 시작한다. 그리고 뒤따르는 싱글들("What a Waste", "Hit Me with Your Rhythm Stick")은 좀 더 국제적인 인기를 얻게 된다. "Sweet Gene Vincent" 또한 여러 컴플레이션 디스크에 재등장하며 제2의 인생을 살게 된다. 이 곡은 2000년 듀리가 사망하기 까지 그의 공연 세트 리스트의 단골 곡으로 남아 변함없는 사랑을 받는다. **MW**

By This River
Brian Eno (1977)

Writer | B. Eno, H. J. Roedelius, D. Moebius
Producer | Brian Eno, Rhett Davies
Label | Polydor
Album | *Before and After Science* (1977)

브라이언 이노가 70년대 내놓은 마지막 주류 "팝" 솔로 앨범의 사이드 투에서 대표 곡 역할을 한 "By This River"는 최소한의 피아노 연주와 보컬을 사용한 아름다운 곡이었다(이것은 클러스터로 활동한 일렉트로닉 음악의 실험주의자, 로델리우스와 뫼비우스가 함께 참여한 가운데 진행된 합작 녹음 세션들로부터 영감을 얻어 만들어졌다). 이노의 작품들 중 다수에는 물과 관련된 주제가 흐르고 있으며 "By This River"는 온화한 자장가 같은 곡이었다. 이노의 앰비언트 리코딩에 현저한 미니멀리즘을 담고 있는 이 곡은 전방에서 근접하게 들리는 보컬 반복구와 피아노의 융화를 꾀하는, 짧은 트랙이었다. 최면술적 매력의 "Julie with…"와 좀체 마음을 떠나지 않는 "Through Hollow Lands" 사이에서 온화하고 서정적이며 정취 있는 곡이 아늑하게 보금자리를 틀고 있었다.

"아트 록"사이드와 잔잔한, 감수성 깊은 사색적 사이드로 나뉘는 이 비닐 레코드 한 판을 완성하기 위해 이노는 오랜 시간을 고군분투했다. 추진해보고자 하는 아이디어들이 과잉상태에 달하는 상황에 직면했던 그는 이 레코드를 완성하기 위해 꽤나 애를 써야만 했다.

1977년 이후부터 1990년대의 〈Wrong Way Up〉(이노와 존 케일의 콜라보레이션 작품이다)이 있기까지, 리드 보컬 자리에서 이노는 거의 후퇴한 상태나 다름없었지만, 어쨌든 "By This River"에서 만큼은 그가 싱어로서 가진 능력이 빛을 발한다.

그가 큐레이터를 맡은 2010년 5월 브라이튼 페스티벌에서 그는 몹시 드문 자신의 라이브 공연을 보여준다. 여기서 공연한 4편의 곡들 중 "By This River"가 있었는데, 그는 이 곡이 딸이 가장 좋아하는 곡이라고 말했다. **JL**

Dum Dum Boys
Iggy Pop (1977)

Writer | David Bowie, Iggy Pop
Producer | David Bowie
Label | RCA
Album | *The Idiot* (1977)

스투지스와 작별을 고한 지 3년 정도 지나 그가 데이비드 보위와 가졌던 음악 협력관계 도중 탄생한 이기 팝 "Dum Dum Boys"이 탄생했다. 이 곡은 스투지스가 맞이한 안타까운 종말을 가슴 아프게 그리고 있다. 이 노래는 이기의 혼잣말로 시작된다(단지 핑거 스냅의 딸깍거림과 성긴 일렉트릭 피아노만이 지지대 역할을 한다). 그는 제목에 얼간이 친구들(dum dum boys), 다시 말해 과거 스투지 멤버들의 각기 다른 운명에 대해 말한다("What happened to Zeke[Zettner]? / He's dead on Jones, man / How about Dave[Alexander]? / OD'd on alcohol / Well, what's Rock[Scott Asheton] doing? / Oh, he's living with his mother(제키는 어떻게 됐지? 마약중독때문에 죽고 / 그럼 데이브는? / 알코올 과다 섭취 / 그럼 록은 뭐하고 라? / 아, 맞다, 엄마랑 살고 있지)").

이 솔직한 에필로그가 끝나면 밴드 전체의 연주가 시작된다. 그러나 이들의 사운드는 스투지스의 트레이드마크인 코드 3개짜리 대혼돈과는 거리가 멀다. 에코로 감싸진 드럼비트와 이펙트와 디스토션을 겹겹이 입힌 기타 사운드를 만든 손길들은 보위의 "Heroes"(1977)에서 다시금 짙게 묻어난다.

옛 음악적 거죽을 벗어 던지고자 갈망했음에도, "Hey, where are you now when I need your noise(이봐, 나에게 너희들의 소리가 필요한 지금, 다들 어디로 가버린 거야)?"라고 내뱉는 이기의 음성에는 그가 덤 덤 보이즈를 그리워 하고 있음이 역력히 드러난다. 2003년 이기는 이들을 다시 찾아낸다. 당시 생존하는 스투지스 멤버들은 재결합하여 공연 투어를 떠났고, 마침내, 30년 전 받아 마땅했던 청중의 환호와 인정을 얻게 되었다. **TB**

Com'è profondo il mare
Lucio Dalla (1977)

Writer | Lucio Dalla
Producer | A. Colombini, R. Cremonini
Label | RCA Italia
Album | Com'è profondo il mare (1977)

〈Com'è profondo il mare〉(깊은 것이 바다)가 루치오 달라의 10번째 앨범이긴 했으나, 스스로 모든 음악과 가사를 쓴 앨범으로는 그에게 1번째였다. 앨범과 동명인 리드 트랙에서 그의 초기 작품이 지녔던 불확실성이나 순진무구함은 이제 조금도 찾아볼 수 없었다. 편안한 느낌의 기타와 한가로운 느낌의 키보드 사운드가 구성하는 절제된 반주에 맞추어 휘파람 소리가 들려오는 경쾌한 인트로를 시작으로 유연하고 표현력 짙은 달라의 음성이 흘러나온다. 겉보기의 경쾌함과는 상반되게 그는 자신이 느끼는 격심한 절박함, 염세주의, 비관적 부정성을 듣는 이와 공유하고 있다.

아드리아 해의 트레미티 제도를 향해 배로 여행하던 중 그가 쓴 이 곡은 70년대 인간 생활에 대한 묵상이라 할 수 있다. 오프닝부터 그의 사색의 결과가 보인다("We are, we are many / We hide at night / For fear of motorists / Of linotypists / We are black cats / We are pessimists / We are bad thoughts / And we have nothing to eat(우린 여럿이야 / 방에 숨어 있지 / 운전자들이 무서워 / 라이노타이프를 쓰는 자들이 무서워서 / 우리는 검은고양이 / 우린 비관론자들 / 우린 나쁜 생각 자체지 / 그리고 먹을 게 아무것도 없다네)…") 달라는 아무 목적도, 미래도 없는 절박한 사람들의 이야기를 풀어놓는다. 하지만 그러는 내내 이를 지지하는 반주는 발랄함을 잃지 않았다.

달라의 팬 대부분은 이 곡과 앨범 모두가 너무 노골적으로 상업적이라 평가했으며, 이것을 그의 초기 작품에 대한 배신으로 간주한다. 달라의 송라이터였던 로베르토 로베르시는 이렇게 말했다. "그는 단지 그냥 혼자 있고 싶었을 뿐이라구요. 별거 아닌 것들에 대한 노래나 하며 말이죠." **LSc**

Ghost Rider
Suicide (1977)

Writer | Alan Vega, Martin Rev
Producer | Marty Thau, Craig Leon
Label | Red Star
Album | Suicide (1977)

수어사이드는 각각 조각 예술가, 프리 재즈 뮤지션으로 명성을 누렸던 앨런 베가와 마틴 레브가 빚어낸 창조물이었다. 이들은 뉴욕 소호 소재의 '프로젝트 오브 리빙 아티스트'라 불리는 갤러리 스페이스 겸 워크숍에서 첫 만남을 가졌다. 스투지스의 솔직한 대립적 태도와 워홀, 리히텐슈타인의 팝 아트에서 영감을 받은 이들 2사람은 실룩거리는 뼈대만 남도록 로큰롤을 홀랑 벗겨버릴 도전적 퍼포먼스 아트를 머릿속에 그려본다.

마블에서 출판한 동명의 만화책에서 영감을 받아 만들어진 "Ghost Rider"는 수어사이드의 그룹명을 따 명명한 그들의 1977년 데뷔 앨범의 1번째 트랙으로 등장한다. 바수듯 내리치는 드럼 머신과, 브가 레브가 파르피사 오르간으로 치는 음 1개짜리 로큰롤 리프, 엘비스 스타일로 떨리는 베가의 목소리는 에코와 리버브가 달래 진정시키고 있다. 이것은 악마에게 영혼을 판, 불꽃 이는 머리를 흩날리는 모터사이클 스턴트맨의 이야기를 전하고 있다. 가사는 그다지 세련되지 못했다. 음악 평론가 사이먼 레놀즈가 써내려 갔듯, 이 곡의 가사는 "감상적일 위험이 있고, 상투적 표현들의 영원성을 믿었다." 하지만 이렇게, 팝 문화적 테마에 베가가 가졌던 굳은 믿음은 그가 지은 가사에 오싹한 힘을 부여한다("Bebebebebebebe he's a-screaming the truth / America, America is killing its youth(비비비비비비, 그는 진실을 소리치네 / 미국이여, 미국은 미국의 젊은이들을 죽이고 있지)"). 밴드로서 수어사이드가 가진 영향력은 그들의 음반 판매량으로 계산할 수 있는 것 이상이었다. 그들이 대변한 반(反)음악 기교적 정신과 닮고 닮은 도시인적 허무주의는 80년대 초기에 뉴욕에 일은 노-웨이브(no-wave) 신 전체에 걸쳐 메아리친다. **LP**

Orgasm Addict | Buzzcocks (1977)

Writer | Pete Shelley, Howard Devoto
Producer | Martin Rushent
Label | United Artists
Album | N/A

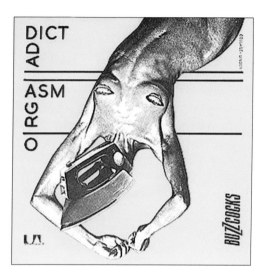

"그것은 모든 이들이
공감할 수 있는 이야기였죠."

스티브 디글, 버즈콕스, 2001

◀ **Influenced by: I Can't Control Myself · The Troggs** (1966)
▶ **Influence on: Uncontrollable Urge · Devo (1978)**
● **Covered by: Manic Hispanic (1992) · Momus (1996)**
★ **Other key tracks: Boredom (1977) · What Do I Get** (1978) · Everybody's Happy Nowadays (1979)

"Pictures of Lily"부터 "I Touch Myself"까지, 자위 행위에 부치는 시와 함께, 록 역사에 있어 가장 기발한 찰나들이 우리를 스쳐 지나갔다. 그러나 자기 만족(self-pleasure)의 모음집을 훑어볼 때, "Orgasm Addict"도 참 둘째 가라면 서러울 곡이었을 것이다.

가사 대부분은 (그가 버즈콕스를 그만두고 매거진을 결성하기 이전에) 하워드 드보토가 완성시켰다. 여기에는 한 연쇄 자위 행위자의 이례적이고 재치 넘치는 초상화가 담겨 있다 ("Well you tried it just for once, found it all right for kicks / But now you found out that it's a habit that sticks(그냥 딱 1번 해보았는데 그냥 재미로 괜찮더랬지 / 하지만 이제는 버리지 못하는 버릇이 되어버렸단 걸 깨닫게 됐지)"). 한데 엉켜 덜커덕거리는 기타와 드럼을 배경으로 유별난 환상의 대상들이 재빠르게 지나가는 기괴한 슬라이드쇼가 펼쳐진다. 이 중에는 노숙자부터 벨보이, 크리스마스케익 장식을 다는 여자들까지 등장한다고(드보토는 빵집에서 잠시 일한 적이 있었다). 이 싸구려 리스트 전체는 피트 셸리가 전하는 과장된, 유쾌하게 히스테리컬한 보컬로 읊어진다. 우연히도, 마크 볼런이 사망한 당일 녹음이 이루어졌단다. 이 트랙은 펑크가 나은, 논란의 여지 없는 고전이다. 2분도 안 되는 길이의 거친 목소리로 부르는, 체제 전복적이고 유머러스한 곡이니까.

물론 금지당한 것도 당연한 듯하다. BBC는 손가락조차 대려 하지 않았다. 아니, 그전에, 유나이티드 아티스츠 레이블은 이 곡의 프레싱조차 하려 하지 않았다. 이 레이블과 함께한 데뷔 싱글로 이 곡을 쓰려던 참이었던 밴드에게 있어 그다지 상서로운 스타트가 아님은 분명했다. 셸리 스스로 조차도 주저하는 마음이 있었다. 하지만 그 이유는 사실 순전히 기술 관련한 것이지 문학가적 망설임은 아니었다. 그는 1978년 멜로디 메이커에게 재녹음 하고 싶었던 자신의 당시 심경을 털어놓았다. "창피한 노래죠. 들었을 때 저를 그렇게 만드는 건 그 트랙밖에 없어요…몸서리 쳐지는 거요."

다행히 그는 가만히 있었다. 청소년기의 비밀스런 즐거움을 탁월하게 묘사해 놓은 점으로 따지자면 이 곡은 언더톤스의 "Teenage Kicks"와 어깨를 나란히 한다. **RD**

Holidays in the Sun | Sex Pistols (1977)

Writer | S. Jones, P. Cook, J. Rotten, S. Vicious
Producer | Chris Thomas
Label | Virgin
Album | *Never Mind the Bollocks Here's the Sex Pistols* (1977)

"당시에 저희는 런던에서
탈출해야만 했습니다.
이 곡은 그 여정을 꽤나 잘 요약하고 있죠."

스티브 존스, 1992

◄ **Influenced by: Chatterbox** · New York Dolls (1974)
► **Influence on: Good Times** · Towers of London (2006)
● **Covered by:** The Bollock Brothers (1983) · Skid Row
(1989) · Green Day (1997) · Hayseed Dixie (2007)
★ **Other key tracks:** Satellite (1977) · Pretty Vacant
(1977) · E.M.I. (1977)

조니 로튼의 오프닝 라인("A cheap holiday in other people's misery(다른 이들의 불행을 대가로 하는 저렴한 바캉스)")은 혁명 운동가들이었던 상황주의자 인터내셔널의 평등 사회 캠페인 도중 등장했던 1968년 파리의 그래피티를 향해 보내는 승낙이었다. 멋진 이력이다. 게다가 섹스 피스톨즈는 가사에서뿐 아니라 음악을 만드는 데도 사소한 약탈 행위 따위는 서슴지 않았다. "Holidays in the Sun"의 기초를 이루고 있는 리프는 사실 이들이 1977년 초반 발매된 더 잼의 "In the City"에서 뻔뻔스럽게 훔친 것이다("In the City"자체도 1966년 '후'의 B사이드 곡 "In the City"로부터 영감을 받아 만들어진 곡이었다). 시드 비셔스가 이 사실을 숨기려 한 것도 아니다. 폴 웰러는 한 런던 클럽에서 일어났던 둘 사이의 언쟁을 기억한다. "그가 저에게 다가오더니 'Holidays in the Sun'에 대해 계속 지껄여대는 거예요. 'In the City'에서 리프를 훔쳐 쓴 부분에 대해서 말이죠. 아무튼 그가 그냥 달려들더니 저를 머리로 받아버리던데요. 그래서 저도 거기에 보답했죠." 결국은 둘 다 지고 만다. 그러나 자존심의 일부는 챙겨 떠난다.

이 곡의 가사는 당시 피스톨즈를 둘러싸고 있던 숨막히는 억압적 분위기로부터 벗어나는 해방 수단으로 쓰였다. 이 그룹은 처음 저지(Jersey)로 향한다. 그러나 그들 말처럼 ("저희를 쫓아내던데요.") 이들은 갈데 없는 신세가 된다. 하지만 그룹이 악명 높았던 만큼 멤버들의 안전을 위해 도피는 필연적이었다. 로튼이 이렇게 말한다. "당시 런던에 있다는 건 마치 포로수용소 같은 환경에 갇힌 것과 다름 없이 느껴졌죠…저희가 할 수 있는 것은 그저 다른 곳의 포로수용소를 찾아 거기 진을 치는 거였죠. 베를린과 그곳의 타락이 괜찮은 선택 같아 보였어요. 이 노래는 그로부터 탄생하게 됐죠." 4번째 싱글(글렌 매트록을 공동 참여 멤버로 인정하지 않은 싱글로는 처음이었다)에서 피스톨즈가 도용해 쓴 것은 단순히 리프뿐만이 아니었다. 앨범 슬리브도 벨기에 여행안내 책자를 살짝만 바꾸어 사용한 것이었다. 해당 회사에서 이의를 제기하는 바람에 이 영국 톱 10 싱글의 앨범 커버는 후반에 가서 결국 텅 빈 백지로 대체되어 발매되었다. **CB**

Peaches
The Stranglers (1977)

Writer | The Stranglers
Producer | Martin Rushent
Label | United Artists
Album | *Rattus Norvegicus* (1977)

1977년, 라디오에서 자신의 노래를 금지 당하게 하는 데에는 다양한 방법이 있었다. 왕가를 비웃는 방법을 택한 일부가 있었던 반면, 스트랭글러스는 굉장히 영국적이고, 해변에 관련한 이야기들로 BBC의 신경을 바짝 곤두서게 했다.

심플한 만큼이나 대단히 효과적인, 역사상 가장 위대한 베이스 라인 중 하나가 이 밴드의 2번째 싱글 "Peaches"의 운전대를 잡게 된다. 그러나 재녹음 버전이 발매되기 전까지, 곡의 가사가 화를 불러일으키며 말썽을 부린다. 이 때문에 B사이드 곡 "Go Buddy Go"만 방송을 타게 되었다고. 모든 소란의 진원지는 사실 단 하나의 단어였다. 프론트맨 휴 콘웰이 해변에서 자기 앞을 으쓱대며 지나치는 여자들을 묘사하는 장면에서, 그는 여성의 외음부의 한 부분으로 해석될 수 있는 단어를 넌지시 암시한다(아니면 단지 일종의 수영복을 가리키는 프랑스어 뿐 일수도). 만일 영국과 프랑스 혼혈인 베이시스트 장-자크 버넬이 멤버로 있지 않았다면, 그리고 이후 발표된 스트랭글러스의 프랑스어 노래가 없었다면(예를 들어 1981년 발매된 "La Folie") 후자의 시나리오를 단순한 확대 해석으로 볼 수 있었을지도 모른다.

버넬은 자신이 콘웰과 공동 소유했던 대규모 마이크 장비를 런던 서부의 한 레게 집단이 빌려간 후 이 트랙을 위한 영감을 얻었다. "이때까지 그렇게 지배적인 베이스를 들어본 적이 없었죠." 버넬이 말했다. "혼자 이렇게 생각했어요. '나도 저런 노래를 만들어 봐야겠다'고요. 그리고 다음날 'Peaches'를 썼죠." 사운즈 음악 신문의 리뷰는 "건방진 깡패 리프를 아래 깔아 놓은 랩"이라는 평을 날렸다. 밴드가 이룬 첫 영국 톱 10 트랙을 정말 제대로 표현한 말들이었다. **CB**

Black Betty
Ram Jam (1977)

Writer | Traditional
Producer | Jerry Kasenetz, Jeff Katz
Label | Epic
Album | *Ram Jam* (1977)

비록 램 잼이 상대적으로 단명한 밴드이기는 하지만, 그들이 남긴 "Black Betty"버전만큼은 시공을 초월하는 인기를 누린다. 전진하는 비트와 귀에 착 감기는 리프 덕에 이 곡은 스포츠 이벤트에서 흥을 돋우는데 자주 쓰이게 된다. 그중에서도 특히, 뉴욕의 양키 스타디움에서 열리는 이벤트의 단골 손님이다.

램 잼은 뉴욕 프로듀서 제리 카세네츠와 제프 카츠가 선두 지휘한 60년대 말 버블검 팝이라는 예상 외의 출신 배경을 가지고 있다. 카세네츠 앤 카츠 팀이 작업에 참여했던 히트 곡 중 레몬 파이퍼스의 "Green Tambourine"이 있었는데, 이 그룹의 일원인 빌 바틀렛은 훗날 '스타스트럭'을 결성한 후 그룹 자체 소유 레이블인 트럭스타를 통해 "Black Betty"의 여러 버전 중 하나를 발매한다. 미적지근한 성공을 거둔 이 트랙은 곧 카세네츠와 카츠의 손에 들어가고, 바틀렛을 중심으로 한 새로운 밴드 '램 잼'에 의해 재녹음 과정을 거치게 되었다.

본래 노동가였던 "Black Betty"는 18세기에서 기원했을 가능성을 보인다. 이 노래는 30년대에 매우 잘 알려지게 되었고 특히 교도소 농장에서 성행했다. 음악학자 존 로맥스와 그의 아들 앨런이 1933년 수집한 기록에 의하면 가장 최초로 알려진 녹음 기록은 텍사스의 슈가랜드 교도소에서 수감자 제임스 "아이언헤드" 베이커와 다른 이들이 만든 것이라 한다. 그러나 바틀렛이 영감의 원천으로 삼은 것은 허디 "레드 벨리" 레드베터의 1939년 리코딩이었다.

2004년에는 스파이더바이트의 커버 버전이 이 곡을 또다시 소생시킨다. **MW**

Born for a Purpose
Dr. Alimantado & The Rebels (1977)

Writer | Winston "Dr. Alimantado" Thompson
Producer | Winston "Dr. Alimantado" Thompson
Label | Vital Food/Greensleeves
Album | *Born for a Purpose*, aka "Sons of Thunder"
(1981)

70년대 초기, 레게 싱어 닥터 알리만타도는 리 "스크래치" 페리가 제작을 맡은 싱글들을 줄줄이 내놓으며 자메이카 내에서 명망을 쌓아간다. 그의 작품 중 국제적 히트를 기록한 것은 유일하게 "Born for a Purpose / Reason for Living" 하나였는데 이 곡은 개인적 불운에서 비롯된 것이었다. 1976년 복싱 데이 당일 닥터 알리만타도는 집으로 걸어가던 중 무언가에 맞아 쓰러진 후 버스 뒤에 붙어 끌려 다니게 된다. 톰슨은 자신이 당시 자메이카에서 눈총을 샀던 드레드락 머리 스타일을 늘어뜨리고 다녔던 탓에 일어난 일이라 짐작했다.

이 노래는 그의 회복기 중 탄생한다. 소문에 의하면 그는 연필과 노트패드를 가지러 가기 위해 못쓰게 된 두 다리를 질질 끌며 집을 가로질러 가야 했다는 것이다. 이 트랙은 전설적 스튜디오 채널 원에서 녹음되었고, 참여했던 모든 뮤지션들이 알리만타도의 병원비 지불을 위해 무보수로 일해주었다.

"If you feel that you have no reason for living, don't determine my life(만일 당신이 삶의 이유를 헤아리지 못하겠다고 느끼면, 내 삶을 결정지으려 하지 마)"라는 반복구와 함께 이 트랙은 영국의 펑크 신이 내세운 이상을 제대로 담아냈고, 여기에는 조니 로튼의 도움이 큰 역할을 했다. 로튼은 1977년 디제이 토미 밴스와 함께한 단 한 번의 잘 알려진 라디오 쇼에서 이 곡을 방송에 내보냈다. 쇼 진행 도중 그는 자신이 런던에서 심한 구타를 당했을 때 이 노래가 큰 힘이 되어주었다고 말했다. "신 나게 맞고 나서, 집에 가 이 노래를 틀었죠." **DC**

Zombie
Fela Kuti & Africa 70 (1977)

Writer | Fela Kuti
Producer | Fela Kuti
Label | M.I.L. Multimedia
Album | *Zombie* (1977)

신랄한 사회·정치적 비판과 폴리리듬적 펑크(funk)의 '비치스 브루(Bitches Brew)'적 조합물이라 할 수 있는 "Zombie"는 펠라 쿠티의 아프로비트를 깔끔하게 대표하고 있다. 이 나이지리아의 선구자적 색소폰 주자의 1977년 앨범 타이틀트랙이자 대표 격이었던 이 곡은 쿠티의 가장 대담한 비평을 담고 있으며, 12분 동안 계속되는 빅밴드의 행진에 맞추어 사회적 부정에 대항한 분노를 불태운다.

아프리카 70가 날리는 광란의 스타카토 재즈 호른 섹션의 날카로운 가격, 끈질기게 이어지는 리프, 나긋나긋하지만 강한 추진력을 가진 드러머 토니 알렌의 리듬과 함께, 쿠티와 그의 백업 싱어들은 나이지리아 군대를 조롱한다. 쿠티는 자신의 트레이드마크인 피진 영어로 "Attention! Quick march! Slow march! Salute(차렷! 빠르게 행진! 느리게 행진! 경례)!" 등의 말들을 외쳐댄다. "Fall in! Fall out! Fall down! Go and kill! Go and die! Go and quench(정렬! 해산! 죽어! 가서 죽어! 가서 죽어! 가서 마음껏 해)!" 프레이즈 하나하나마다 여성 배킹 싱어들의 조롱 섞인 회답("Zombie(좀비)!")이 뒤따른다.

이러한 빈정댐은 노골적으로 군대를 공격한 행위였다. 특히나 이 노래에서, 최고 권력자 수컷들을 비웃는 행위가 부분적으로나마 여성에 의해 행해졌다는 사실이 상황을 더욱 악화시켰다. 전례없는 거센 반발이 일어났고, 그 결과 펠라는 심한 구타를 당했으며 그의 노모는 살해되었다.

그러나 만일 나이지리아 군이 이런 공격에 쿠티가 잠잠해지리라 기대했다면 그들의 예상은 빗나간 것이었다. 대륙 전역에 걸쳐 대규모 집회의 구호로 많은 이들이 입을 모아 "Zombie"를 외치게 되었다. **MK**

펠라 쿠티의 또박또박 전달하는 저항 의지는 압제적 정부 아래 신음하는 아프리카인들에게 희망을 주었다.

Wuthering Heights | Kate Bush (1977)

Writer | Kate Bush
Producer | Andrew Powell
Label | EMI
Album | *The Kick Inside* (1978)

"전 16살이었죠…
신의 기적으로 이 곡이 라디오를 통해
흘러나왔고,
너무 신 나서 거의 죽을 뻔했죠."

K.D. 랭, 1997

◀ **Influenced by: A Really Good Time** · Roxy Music (1974)

▶ **Influence on: Silent All These Years** · Tori Amos (1991)

● **Covered by:** Pat Benatar (1980) · White Flag (1992)
Angra (1993) · James Reyne (2000) · The Puppini Sisters (2006) · Hayley Westenra (2006)

"Wuthering Heights"가 섹스 피스톨즈의 "God Save the Queen"과 같은 해에 출현했다는 것은 '펑크'라는 움직임만큼이나 깜짝 놀랄 일이었다. 케이트 부시와 조니 로튼은 친구가 되었고 서로를 흠모의 대상으로 여겼지만, 여전히 이 둘은 너무나 다른 사람들이었다. 그는 핑크 플로이드 셔츠에 "I hate"라고 휘갈겨 쓰는 부랑아였고, 그녀는 플로이드의 데이브 길모어가 키운 히피였다. 1977년 발표된 각자의 아이콘적 노래에서, 그는 영국의 체제에 공격을 가했고 그녀는 한 고전문학을 찬양했다.

부시는 「폭풍의 언덕」의 저자 에밀리 브론테와 같은 날 (7월 30일) 태어났다. 그러나 이 책이 그녀의 애독서는 아니었다. "전 이 노래를 쓰기 전까지 그 책을 읽은 적이 없어요. 수년전에 텔레비전 시리즈로 시청한 적이 있긴 했죠… 그저 히스클리프와 캐시라는 인물이 있는데 캐시가 죽었다가 다시 돌아온다는 정도만 알고 있었고요. 그것은 날 사로잡았어요."

이 노래에서 가장 독특한 요소는 바로 보컬 부분이다. "제 스스로를 책에 여주인공 입장에 한번 빠뜨려보았죠." 부시가 회상한다. "그녀가 혼령이다 보니, 날카로운 고음 역대에서 울어젖히는 목소리 색깔을 입혀보았어요." 영국에서 소개된 단출한 뮤직비디오에서 케이트는 코러스 부분("Heathcliff, it's me, Cathy, I've come home / I'm so cold, let me in-a-your window(히스클리프, 나야, 캐시. 집에 왔어 / 너무 추워. 나 좀 들여보내 줘. 창문을 열어서)")을 부르며 카메라 앞에서 가볍게 몸을 흔든다. 좀 더 전통적인 "James and the Cold Gun"을 데뷔로 내놓자는 EMI의 확신과 싸워 이긴 그녀는 (19세에) 자작곡으로 차트를 석권한 최초의 여성 뮤지션이 된다.

그녀는 후에 이렇게 털어놓았다. "오해의 소지가 있긴 했어요. 너무 공상 세계와 현실 도피만을 표현하는 듯 보였죠." 그럼에도, 이 노래는 그녀의 작품 중 가장 잘 알려진 곡으로 남으며, 부시는 1986년 발매된 그레이티스트 히트 세트 〈The Whole Story〉를 위해 이 곡을 재녹음한다. "이 곡에 현재의 흔적을 남기고 싶었죠…(본 버전은) 마치 어린 소녀가 노래하는 것처럼 들렸어요." **BM**

케이트 부시가 암스테르담 공연 중. 미국판 'Wuthering Heights' 뮤직비디오에서 그랬던 것처럼 빨간색 옷을 입고 있다. ➡

Uptown Top Ranking
Althea & Donna (1977)

Writer | Althea Forrest, Donna Reid, Errol Thompson
Producer | J. Gibbs, E. Thompson
Label | Lightning
Album | *Uptown Top Ranking* (1978)

샘플링이 광범위하게 실행되기 오래전 자메이카의 사운드 시스템 문화는 이미 비슷한 형태의 음악 재활용 방식을 발전시켰다. 대부분의 레게 디스크의 B사이드는 인스트루멘털 더브(dub)곡들이 차지했고(이것들은 "버전(versions)"이라 불리운다) 자메이칸 디제이들은 이것을 새로운 트랙 작업의 배킹 트랙으로 재활용했다. 이와 마찬가지로, 앨시어 앤 도나의 대표 히트작도 그 기원이 다른 곳에 있는데, 10년 전 발표 곡인 앨튼 엘리스의 록-스테디 발라드 "I'm Still in Love with You"가 바로 그것이다. 마르시아 에이큰은 이 곡의 리듬 트랙에 좀 더 살을 붙여 만든 1977년 커버 버전을 내며, 이 트랙은 또다시 트리니트의 "Three Piece Suit"의 배킹 트랙으로 쓰인다. 트리니티의 버전에서 이 레게 디제이는 자신의 말쑥한 양복과 스타일리시한 아가일 무늬 양말에 대해 길게 자랑을 늘어놓는다.

그해 말, 학생들이었던 앨시어 포레스트와 도나 리드가 트리니티의 댄스홀용 허용 행위에 여성적 뉘앙스를 가미했고, 그의 남성복 자랑을 홀터넥 탑과 하이힐, 카키색 수트로 대체했다. "Uptown Top Ranking"에서 이 1쌍의 십 대들은 연장자들을 소외시키려는 속셈으로 은어들을 나열하며, 자신들의 화려한 토요일 밤 경력들을 공식 발표한다. 하지만 곡에 등장하는 모든 부의 상징들에도 불구하고(메르세데스 벤츠와 킹스턴의 고급 쇼핑센터 콘스턴트 스프링 등) 앨시어 앤 도나는 가식 따위는 없다고 주장한다. "Nah pop, no style(아니, 팝은 쿨하지 않아)"이라고 놀려대며 "I strictly roots(난 순전히 레게만 좋아해)"라 말하기도 한다. 영국에서 이 트랙은 디제이 존 필의 지지를 받았고, 이 레코드 덕에 윙스의 "Mull of Kintyre"가 영국 차트 1위의 자리에서 (감사하게도) 쫓겨났다. **SP**

I Feel Love
Donna Summer (1977)

Writer | Donna Summer, Giorgio Moroder, Pete Belotte
Producer | Giorgio Moroder
Label | Casablanca
Album | *I Remember Yesterday* (1977)

"I Feel Love"는 보스턴 태생 디스코 여왕 도나 서머와 이태리 프로듀서 조지오 모로더가 힘을 합친 2번째 콜라보레이션의 결정체였다. 이 트랙은 장르 전체의 흐름을 바꾸어놓는다. 1977년 이전만 해도 디스코 트랙들은 세션 뮤지션들의 라이브 합주로 연주되는 것이 통례였는데, 모로더(신디사이저의 마술사였던 그는 크라프트베르크와 아이언 버터플라이의 "In-A-Gadda-Da-Vida" 등과 같은 싸이키델릭 록 대작으로부터 영감을 얻었다)는 일손의 도움 따위를 필요로 하지 않았다.

"I Feel Love"(섬머의 1977년 LP 〈I Remember Yesterday〉 중 '미래' 부분에 수록할 계획으로 만들어졌다. 이 앨범은 콘셉트 앨범으로, 수십 년 과거의 음악과 디스코를 혼합시키는 것을 목표로 제작되었다)는 신디사이저로 전체 제작한 배킹 트랙을 내세운 트랙으로서 최초로 주목 받을 만한 가치를 가진다. 고동치는 비트와 꿈틀거리는 일렉트로닉 베이스 라인, 매끄럽고 흠잡을 데 없는 키보드 위로 치솟는 서머의 맑은 디바 보컬과 함께, "I Feel Love"는 패어런트 앨범 전체를 제압할 뿐 아니라 일렉트로닉 뮤직 장르를 히트 행진에 합류시키며, 영국 싱글 차트를 석권하는 한편, 빌보드 핫 100에서 6위를 차지한다.

이렇게 아프리칸 아메리칸 소울과 펑크(funk)에 내린 본 뿌리로부터 디스코라는 장르를 결별시키는 행위는 당시 일부 논란의 대상이 되었다. 미국 음악 평론가 넬슨 조지는 "I Feel Love"가 "리듬감 없는 친구들에게 딱 맞는"음악이라고 단언해버린다. 그러나 다른 이들은 이 트랙에 홀딱 반해버린다. 브라이언 이노는 이것을 가리켜 "미래의 사운드"라 불렀고, 이 곡은 후에 하우스와 테크노에 주요한 영향을 미친 원천으로 열렬한 지지를 산다. **LP**

Peg
Steely Dan (1977)

Writer | Walter Becker, Donald Fagen
Producer | Gary Katz
Label | ABC
Album | *Aja* (1977)

〈Aja〉(1977)가 발표된 당시 스틸리 댄은 자신이 본래 가지고 있던 매끈한 사운드를 이젠 거의 불가능하다 싶을 정도로 세련된 재즈-팝 퓨전 사운드로 이미 승화시켜놓은 상태였다. 그의 반들반들한 무기고에는 단 한 점의 흠도 찾아볼 수 없었다. "단 한 번도 주춤하지 않았죠." 〈The Royal Scam〉(1976) 작업에 참여한 뮤지션들에 대해 월터 베커가 한 말이다. 그러나 그 후속작 작업에서 베커와 도널드 페이건은 한층 더 주의를 기울이며 리 릿튼아우어, 스티브 칸과 같은 완성도 높은 재즈 기타리스트들을 참여시키는 한편, "Peg"에서의 기타 솔로를 위해서 6명의 기타리스트를 더 테스트한다.

결국 베커와 페이건을 만족시킬 만한 릭을 완성시킨 것은 임시직 용병 뮤지션이었던 프로듀서 겸 기타리스트 제이 그레이던이었다. 그가 보여준 것은 단 한 번의 급제동도, 한 땀의 땀방울도 없는, 그루브로부터 유기적으로 줄줄 흘러나오는 솔로였다. 스틸리 댄은 제이비스(the JB's)에 버금가는, 귀에 쏙 들어오는 혼 섹션과 캐스팅 카우치의 추잡함을 암시하는 가사("This is your big debut⋯So won't you smile for the camera / I know I'll love you better(이게 바로 너의 큰 데뷔 무대가 될 거야. 그러니 카메라를 보고 웃으렴 / 네가 너를 더 깊이 사랑하리란 것을 / 느낄 수 있어)")를 통해 매혹적인 팝송을 이끌어낸다.

경쾌한 반복구와 댄스곡적 매력, 눈부신 화성 덕택에 이 노래가 가진 추잡한 면을 덮을 수 있다. 화성 부분이 빵빵했던 이유에는 과거 댄의 키보디스트였지만 당시 두비 브라더 멤버로 활동 중이었던 마이클 맥도널드의 공이 컸다. 여기서 그는 후에 일어날 블루-아이드 소울적 전환의 조짐을 보여준다. **MH**

Marquee Moon
Television (1977)

Writer | Tom Verlaine
Producer | Andy Johns, Tom Verlaine
Label | Elektra
Album | *Marquee Moon* (1977)

텔레비전은 뉴욕 펑크 신의 선구자들이었으나 그의 음악에서는 다른 펑크 동료들과의 공통점을 거의 찾아볼 수 없었다. 라몬스와 하트브레이커스가 코드 3개짜리 기적을 마구 토해내는 동안, 텔레비전은 재즈로부터 영감을 찾아 복잡한 솔로와 애매모호한 가사로 가득 찬 대작들을 조립해내고 있었다.

그들의 1977년 데뷔 앨범의 10분 길이 타이틀 트랙이었던 "Marquee Moon"은 이들이 만든 것 중 가장 야심 찬 건조물이었다. 이 트랙의 리프들은 마치 실톱과 같이 꼭 들어맞는다. 왼쪽 채널에서 기타 더블 스타핑이 문을 열면, 오른쪽 채널로부터 쨍그렁대는 기타 모티브가 합류한다. 그리고 단순한 2음 베이스 라인이 노래 전체에 점착성을 준다. 그 미니멀리스트적이고 황홀한 멜로디는 기타리스트 톰 벌렌과 리처드 로이드에게 절묘하고도 길게 이어지는 솔로를 던져 넣을 공간을 마련해준다.

그러나 프론트맨 벌렌(그는 프랑스의 상징주의 시인으로부터 성을 땄다)에게는 가사가 리프보다 더 중요했다. "당시에 저는 음악 만드는 데 쓰는 시간의 6배 정도를 가사 만드는 데 썼던 것 같네요." 그가 설명한다. 노래에서 서로 치고받는 기타들의 스파링과 같이, 벌렌의 가사에서도 결투하는 듯 대조적 개념들이 지배적이다("The kiss of death, the embrace of life(죽음의 키스, 삶의 포옹)").

이 트랙에서 느껴지는 순전히 '펑크적이지 않음'은 많은 미국 평론가들로 하여금 이 곡에 총대를 겨누게 한다. "Marquee Moon"은 싱글 차트에서 30위에 오른다. 물론 트랙의 길이 때문에 7인치 싱글 레코드판 앞뒤로 곡을 쪼개어 실어야 하긴 했지만 말이다. **TB**

Like a Hurricane
Neil Young (1977)

Writer | Neil Young
Producer | Neil Young, David Briggs, Tim Mulligan
Label | Reprise
Album | *American Stars 'n Bars* (1977)

1975년 여름 〈Tonight's the Night〉 앨범 판매가 시작되고 그 후속작 〈Zuma〉가 발매 준비를 거치고 있을 당시, 닐 영은 성대 결절 수술을 받는다. 이후 회복기를 가지는 동안, 말을 하지 못하고 수화로만 의사소통을 해야 했던 영은 시끄럽고 짓궂은 한 무리의 로드 매니저들과 라 혼다로 떼지어 도주한다. 라 혼다는 산타 크루즈 산맥에 위치한 작은 마을이었고, 가면 누구나 마음껏 즐길 수 있는 그런 곳이었다.

영은 한 해 이전 캐리 스노드그레스와 이미 결별한 상태였고, 어느 날 밤 벤추리스라는 라 혼다 소재 술집에서 영은 게일이라는 동네 여인에게 첫눈에 반한다. 둘 사이에 아무 일도 일어나지 않았지만, 몇 밤이 지난 후 영은 오르간에 앉아 훗날 그의 새로운 기타 대작으로 기록될 곡을 작곡한다. 노래를 할 수 없던 상태였던 그는 2행 연구 코러스 부분을 마구 휘갈겨 써가며 마음을 좀먹는 갈망의 주제를 스케치해나갔다("You are like a hurricane / There's calm in yer eye(넌 마치 허리케인과도 같지 / 네 눈 속에는 고요가 있어)").

영은 얼마 지나지 않아 이 노래를 자신의 밴드 크레이지 호스에게 보여준다. 처음에 몇 번의 실패를 거친 후, 마침내 프랭크 '폰토' 샘페드로는 리듬 기타 부분을 포기하고 대신 가까이에 있던 스트링맨 신디사이저에 앉아 키보드를 연주하기 시작했다. 그 덕에 영이 솔로를 할 공간적 여유가 더 마련되기 했다(그의 보컬은 어쩔 수 없이 나중에 녹음되어야만 했다). 이 노래는 곧 영의 콘서트 레퍼토리의 하이라이트로 떠올랐고, 그의 구슬프며 상처받기 쉬운 느낌의 보컬은, 더욱 호소력 강한 기타 솔로에게 자리를 내어주었다. **SC**

The Passenger
Iggy Pop (1977)

Writer | Iggy Pop, Ricky Gardiner
Producer | The Bewlay Bros.
Label | RCA
Album | *Lust for Life* (1977)

만일 이기 팝과 데이비드 보위가 〈The Idiot〉의 후속작으로 쓸 만한, 가능성 있어 보이는 음악 소재를 좀 줄 수 있냐고 당신에게 물어본다면, 정말 눈이 번쩍 뜨일 만한 소재를 가지고 있는 편이 좋을 것이다. 한 베를린 아파트에서 프로그레시브 록 세션 뮤지션인 리키 가디너는 "The Passenger"에 쓰일 인상 깊은 코드들로 이들을 감탄하게 만들었다.

흥건히 취한 도시의 뒷모습에 대해 구구절절 늘어놓는 "The Passenger"를 통해, 이기는 자신의 두 눈으로 경험한 70년대 말의 무절제에 대한 이야기를 솔직히 까발린다. 그것은 베를린을 둘러본 여정에서 영감을 받아 만든 가사였다. 그러나 가디너가 자신의 영감을 찾은 곳은 이기가 향했던 어두운 방향과는 너무나 달랐다. 그의 말을 빌리자면 이 곡의 영감이 찾아온 것은 "한 목가적인 봄날 아침"이었고, 그가 기타를 손에 쥔 채 이리저리 돌아다니던 중 "찬란하게 핀 사과 꽃 옆에서" 자기도 모르게 이 마력의 코드를 퉁기기 시작했다. 이기로 하여금 하룻밤 만에 가사를 쓰게 하는 데에는, 카세트 테이프에 녹음한 단 한 트랙의 언플러그드 버전으로 충분했다.

이 곡이 분명 가디너조차 "록 스탠더드"라고 인정하는 존재로 굳어진 것은 사실이나, 당시 이 곡은 "Success(이 곡은 제목은 이래도 이름값을 못했다)"의 B사이드로 뒷전에 놓인 채 별다른 상업적 잠재력을 내보이지 못한다. 그러나 영화 사운드트랙과 광고에 등장하며(1998년에는 한 광고에 쓰인 덕에 영국 톱 20 문전까지 근접했다) 늦게나마 찬사를 받는다. 바우하우스부터 밴시스까지 커버 버전들의 행렬은 오리지널 버전의 우월성을 확인시키는 기회를 제공하는 데 그친다. **CB**

너덜너덜한 영광. 70년대 닐 영의 공연 모습.

Stayin' Alive | Bee Gees (1977)

Writer | Barry Gibb, Robin Gibb, Maurice Gibb
Producer | Bee Gees, K. Richardson, A. Galuten
Label | RSO
Album | *Saturday Night Fever* (1977)

"어떤 곡이 히트를 칠 것인지 아닌지를
확실히 안다는 것은 불가능해요.
그런데 'Stayin' Alive'는 예외였죠."

배리 깁, 2009

◀ **Influenced by: TSOP (The Sound of Philadelphia)**
MFSB (1974)
▶ **Influence on: I Was Made for Lovin' You** · Kiss (1979)
● **Covered by:** Mina (1978) · Happy Mondays (1991)
Dweezil Zappa (1991) · N-Trance (1995) · Dimension
Zero (2007) · MegaDriver (2007)

1977년 4월, 비지스는 단 2개의 임무만 명심한 채 파리로 날아간다. 라이브 앨범을 1장 만드는 것, 베스트셀러 앨범 〈Children of the World〉의 후속작을 위해 새로운 소재 작업에 착수하는 것이 바로 그 임무였다. 춥고 소름 끼치는 샤토 드 에후빌에 머물던(그곳에서 〈Low〉의 작업을 마친 데이비드 보위가 철수한 지 얼마 되지 않았을 때였다) 이들은 그룹 매니저 로버트 스티그우드로부터 전화 한 통을 받는다. 그는 닉 콘이 쓴 「새 토요일 밤의 종족 의식(Tribal Rites of the New Saturday Night)」라는 제목의 장문 에세이의 저작권을 사들였고 이것을 영화로 만들 계획이니 이 프로젝트를 위해 비지스로부터 적어도 4곡 정도가 필요할 거라고 말했다.

그 4곡 중 하나였던 "Stayin' Alive"는 정말 매혹적이었다. 어쿠스틱 기타를 든 이들 3형제는 콘의 글도, 영화 각본도 읽지 않았지만, 대도심 내의 생존을 위한 투쟁("Life going nowhere, somebody help me(삶에 진전이 없어. 누가 나 좀 도와줘)"뿐 아니라 댄스 플로어가 가져다 주는 현실 도피를 완벽히 포착해낸다. 단호한 드럼 비트는 이미 녹음해 놓았던 "Night Fever"에서 가져온 루프(loop)를 사용하여 얻어낸 것이었다.

〈토요일 밤의 열기〉(콘의 에세이를 영화로 각색하며 제목을 이렇게 바꾸었다)는 역대 최고의 수익을 올린 영화 중 하나로 부상했다. 이 디스코의 움직임에 비지스는 마지못해(하지만 짭짤한 보수가 따르는) 우두머리 격 존재가 되었다. 성공의 큰 부분이 바로 이 노래가 가졌던 힘에 근거했고, 이 트랙은 영화의 오프닝 크레딧 부분에서 토니 마네로가 걷는 듯, 춤추는 듯 빠른 걸음걸이로 출근하는 장면에 새겨져 영원히 보존된다.

"Satyin' Alive"는 재빨리 세계 곳곳에서 차트 정상을 휩쓸었지만, 이 열기가 지나간 후 곧 조롱거리로 전락했다. 사람들은 이 그룹의 팔세토(falsetto)와 메달 장식, 새틴 셔츠, 머리 스타일을 비웃었다. 하지만 비평의 대부분은 단순한 질투심에 불과했다. "Stayin' Alive"의 우수성은 결국 세월이 증명해주었다. **DE**

Wonderous Stories | Yes (1977)

Writer | Jon Anderson
Producer | Yes
Label | Atlantic
Album | *Going for the One* (1977)

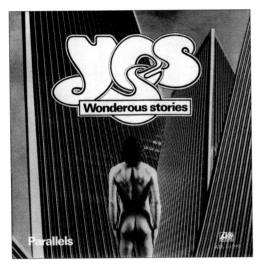

"본래 전 예스가
그저 바닐라 퍼지 하모니를 가진
멋쟁이이길 바랐어요."

존 앤더슨, 1975

◀ **Influenced by: I Believe in Father Christmas**
Greg Lake (1975)
▶ **Influence on: Northern Lights** · Renaissance (1978)
● **Covered by:** Magenta (2009)
★ **Other key tracks:** Close to the Edge (1972) · Awaken
(1977) · Going for the One (1977)

펑크 록이 그 뾰쪽뾰쪽한 작은 머리를 막 들어올릴 때 즈음, 폼프 록 그룹 예스는(탕아 키보디스트 릭 웨이크먼이 다시 그룹으로 복귀한 상태였다) 모든 예상을 뒤엎고 최근 몇 년간 그들이 낸 것 중 가장 우수한 앨범을 내놓으며 영국에서 처음으로 히트 싱글 기록을 세운다.

그들이 AOR 라디오 포맷에 걸맞는 프로그래시브 록 밴드임을 따져볼 때 좀 색다른 트랙이라 할 수 있었던 "Wonderous Stories"는 예스의 팝적 순간들을 포착해냈다. 영국 차트 7위를 차지한 흑색 7인치 싱글과 동시 발매된 밝은 청색 12인치 레코드판들의 겉모습만큼이나, 거기 담긴 음악도 정말 색다른 경험이었다. 일부 발매본에서는 "Wondrous Stories"라고 명시되었던 이 트랙은 곡의 작곡가 존 앤더슨의 솟구치는 보컬 퍼포먼스를 등장시켰다.

"Wonderous Stories"는 예스에게, 좀 더 광범위한 대중에게 다가갈 수 있는 기회를 마련해준다. 이 트랙의 패어런트 앨범이었던 〈Going for the One〉은 이전에 밴드가 발표했던 작품들보다 덜 이지적이었고, 동시에 더 만만하며 접근이 용이했다. 그 덕에 예스는 영국의 앨범 차트의 정상으로 복귀했고, 미국에서는 8위에까지 오르는 등 꾸준히 그 인기를 지속해간다. 여기서 그들은 초반에 예스가 내놓은 프로그 록 대작들에 담긴 환상의 세계들을 훌훌 벗어 던지고, 귀에 착 달라붙는 팝송을 4분 안에 전달할 수 있는 앤더슨의 능력을 숨김없이 보여주었다.

영적인 그의 가사는 성경에서나 볼 만한 어투를 가지고 있었다. 그 여정은 "나를 용서하는 이를 향해 나아가는" 것이며, 그는 "문"을 향해 인도된다. 거기서 그의 영혼은 (추정해 보는 바) 천국을 향해 오르게 된다. 팔세토 테크닉을 쓰는 싱어로 종종 잘못 묘사되는 앤더슨은 이 노래에서 그의 알토-테너 목소리로 뺄는 랭카스터식 모음의 진가를 발휘한다. 이 곡은 FM 라디오에서 사랑받는 애청곡이 되었지만 예스의 팬들은 이 환희에 찬 듯한 트랙에 마음을 열지 않는다. 그들은 대신, 앤더슨이 그랬듯, 〈Going for the One〉의 또 다른 "걸작" "Awaken"을 선호했다. **DR**

Go Your Own Way | Fleetwood Mac (1977)

Writer | Lindsey Buckingham
Producer | Fleetwood Mac, R. Dashut, K. Caillat
Label | Warner Bros.
Album | *Rumours* (1977)

"'Go Your Own Way'는
분노와 악의에 찬 곡이었죠,
그리고 제 의견으로는,
몹시나 실례 되는 노래예요.
스티비 닉스, 2009

◀ **Influenced by: Street Fighting Man** • The Rolling Stones (1968)
▶ **Influence on: The Game of Who Needs Who the Worst** • Cursive (2000)
● **Covered by:** NOFX (1989) • Seaweed (1993)
The Cranberries (1998) • Wilson Phillips (2004)

프릿우드 맥의 1975년 앨범(밴드명과 이름이 동일했다)은 길고 긴 공연 투어로 이어졌고(새로운 기타리스트 겸 보컬리스트 린지 버킹엄과 싱어 스티비 닉스를 밴드에 최초로 참여시킨 투어였다), 이것은 밴드 멤버들 간에 큰 타격을 가져온다. 버킹엄과 닉스 사이에 금이 가며, 베이시스트 존 맥비와 그의 키보디스트 겸 싱어 부인 크리스틴이 결별하고, 드러머 믹 프릿우드와 아내 제니 사이의 결혼 생활도 파경에 이르게 된다. 신경쇠약과 놀랄 만한 불운으로 잘 알려진 역사를 지닌 그룹이었던 플릿우드 맥은 곧 한 편의 드라마로 빠져들었고 이것은 대단히 성공적인 1977년 앨범 〈Rumours〉의 탄생을 부채질했다.

〈Rumous〉의 1번째 싱글 "Go Your Own Way"에서 사무친 원한이 가장 여실히 드러난다. 버킹엄의 노래는 스톤스의 곡 "Street Fighting Man"의 리프로 시작되고, 팽팽한 긴장감 넘치는 버스(verse) 부분은 조화로운 화성에 흠뻑 젖은(물론 당시 분위기는 부조화의 극치였겠지만) 코러스로 바짝 곤두서 들어가며 닉스와 그 사이에 망가져버린 관계를 시원하게 털어낸다. 닉스 스스로도 그들의 관계에 대해 좀 더 묵상적인 "Dreams"를 통해 이야기해보려 한다. 완전 폐허가 되어버린 그들의 우정을 회복시키길 바라면서 말이다. 그러나 "Go Your Own Way"는 쏘아붙이는 분노로 가득 차 있었고, 버킹엄은 자신의 세상 전부를 주려 했던, 그러나 그런 그를 거절했던 여자를 향해 격분하며 독기 품은 진솔함에 얼룩지고 찢어진 가슴을 샅샅이 드러내 보인다.

자전적 스토리로 플릿우드 맥은 그들 음악 경력 최고의 성공을 거머쥐게 되지만, 감정의 롤러코스터로 인해 멤버들 사이의 드라마는 계속된다(가사에 나오는 버킹엄의 심술 궂은 주장 ("Shacking up is all you wan to do")은 닉스를 오래오래 언짢게 했다). 1987년 앨범 〈Tango in the Night〉 녹음 세션 후 이들 2사람 사이의 긴장 관계가 몸싸움으로 발전하게 되었고, 플릿우드 맥 역사상 최고를 자랑했던 이 라인업은 결국 파경을 맞이했다. **SC**

"Heroes" | David Bowie (1977)

Writer | David Bowie, Brian Eno
Producer | Tony Visconti, David Bowie
Label | RCA
Album | *"Heroes"* (1977)

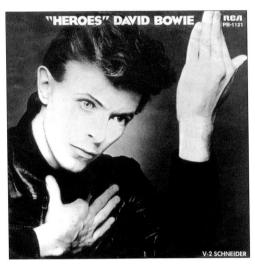

"사실상 이 곡은
코드 2개짜리 특종이었죠.
'Waiting for the Man'처럼 말이에요."

존 케일, 2008

◀ **Influenced by:** Hero • NEU! (1975)
▶ **Influence on:** Heroes Symphony • Philip Glass (1996)
● **Covered by:** Blondie (1980) • Nico (1981) • Pink Lincolns (1987) • Billy Preston (1993) • TV on the Radio (1996) Oasis (1997) • Philip Glass (1997) • King Crimson (2000) Peter Gabriel (2010)

데이비드 보위가 29세였을 당시, 로스앤젤레스의 방종에 지쳐 그곳을 떠난 팝스타는 그가 처음은 아니었다(그리고 마지막도 아닐 것이다). "로스앤젤레스에서의 생활은 저에게 떨쳐버릴 수 없는 불길한 예감에 휩싸이게 했죠." 그가 말했다. "약물 복용이 유발시키는 불행의 언저리에 가까이 간 게 한두 번이 아니에요. 뭔가 긍정적인 행동방침을 취하는 게 지극히 필요했죠."

〈Young Americans〉앨범을 발매한 후(그는 이 앨범을 "플라스틱 영혼"이라 묘사한다) 그는 베를린을 안식처로 삼는다. 보위는 오랜 동안 표현주의 예술의 고향 베를린에 예술적 동족 의식을 느껴왔다(막스 라인하르트와 베르톨트 브레히트 등). 게다가 베를린은 생활비가 저렴했고(그는 파산 상태였다) 그는 익명으로 살아갈 수 있었다. 깊은 분열이 존재하는 이 도시에서 보위는 베를린 삼부작(〈Low〉, 〈"Heroes"〉, 〈Lodger〉)을 고안하는 한편 그의 작품 중 최고 단골 커버 곡으로 꼽히는 "Heroes"를 만든다. 〈Low〉의 작업이 (알려진 바로는) 유령이 출몰한다는 샤토 드 에후빌에서 진행된 반면 "Heroes"는 토니 비스콘티와 브라이언 이노의 참여 아래 '한사 스튜디오 2'에서 녹음이 이루어진다(이 스튜디오은 경비가 엄중했던 베를린 장벽 바로 옆에 위치했다). 주변을 둘러싼 암울한 환경에도 불구하고, 녹음 진행은 즐겁게 진행되었다. 이노와 보위는 피터 쿡, 더들리 모어와 같은 코미디계의 영웅들을 흉내 내며 빈번히 "초등학생들처럼 미친 듯이 낄낄거렸다."

"Heroes"의 시작은 마치 트랙 중반부터 듣고 있는 듯한 느낌을 준다. 장벽 앞에서 만나는 두 연인을 묘사하는 부분에서 이 곡은 터질 듯한 절정으로 치닫는다("The guns shot abouve our heads / And we kissed / As though nothing could fall(우리 머리 위로 총알이 날아다녀 / 그리고 우린 키스했지 / 마치 그 아무것도 무너지지 못할 것인 양)"). 당시 이것은 비밀로 지켜졌지만, 사실 이 두 연인은 비스콘티(당시만 해도 그는 아직 기혼자였다)와 그의 새로운 여자친구를 가리켜 한 말이었다. 보위는 이렇게 기억한다. "굉장히 감동적이었어요. 왜냐하면 토니가 이 여자와 깊이 사랑에 빠져 있다는 걸 느낄 수 있었으니까요." **SH**

Exodus
Bob Marley & The Wailers (1977)

Writer | Bob Marley
Producer | Bob Marley
& The Wailers
Label | Tuff Gong/Island
Album | *Exodus* (1977)

River Song
Dennis Wilson (1977)

Writer | Dennis Wilson, Carl Wilson
Producer | Dennis Wilson,
Gregg Jakobson
Label | Caribou
Album | *Pacific Ocean Blue* (1977)

밥 말리의 전체 앨범 카탈로그 중 최고 세련된 재담이 담겨 있는 트랙 중 하나가 바로 이것이다. 이 노래 전반에 걸쳐 계속 등장하는 피아노 모티프는 오토 프레밍어의 1960년 영화 〈엑소더스〉(이스라엘 건설에 관한 내용)의 테마이자 오스카와 그래미상 수상작이었던 트랙에서 가져온 것이었다. 이 곡은 이미 피아노 듀오 페란티 앤 타이서의 손을 거쳐 싱글 트랙으로 국제적 스매시 히트 기록을 남긴 바 있었다. 또한 그 스토리에서 라스타의 가르침과 확실한 유사성을 찾아볼 수 있었다. 하지만 이 곡은 자(Jah)의 사람들의 대이동을 주제로 삼았고, 게다가 얼마 전 거의 성공할 뻔했던 암살 시도 이후 말리와 그 주변의 핵심 인물들이 집을 떠나야 했던 일도 당시 겹치게 되었다. 이번 일은 '탈출'이라기보다는 '망명'에 가까웠고 런던에서 체류하는 2년 동안 말리는 그의 메시지를 더 멀리 전파할 앨범을 만들어 내는 데 성공한다.

바로 이 순간이 말리가 국제적 수퍼스타로 부상하게 된 시기였다. 그 때문인지 그의 1977년 LP 〈Exodus〉는 종종 변절적이고 감상적인 팝 앨범이란 꼬리표를 달고 다닌다. 그러나 여기 실린 타이틀 트랙은 펑크의 움직임이 터졌던 그해 경험할 수 있었던 가장 격정적인 음악적 경험을 선사했다. 이런 데에는 사실 리듬 트랙의 공이 컸다. 분주한 사이키델릭 트랙에 취해 희열하는 애스턴의 베이스와 함께 바렛 형제가 서로 앞다투어 나갔다. 그 위로 말리가 약속의 땅으로 향하는 기나긴 행진을 선두로 이끈다. 고통받는 이들과 레게 팬들, '아프리카로의 귀환'에 단순히 설교를 늘어놓는 것에서 1단계 더 나아간 셈이다. 이제 그의 부대에는 바빌론적 삶에 불만을 가진 모든 이들이 합류하게 된다. **DH**

모두의 예상을 뒤엎고, 데니스 윌슨이 솔로 앨범을 낸 첫 비치 보이라는 기록을 세운다. 물론, 그가 비치 보이스의 작품 목록에 한 움큼의 인상적인 노래들을 더한 것은 사실이다. 그러나 그는 언제나 서퍼이자, 가슴에 로큰롤을 품은 방종한 둘째 형, 그리고 찰스 맨슨의 친구였을 뿐, 결코 근면한 일꾼 타입은 아니었다.

1977년에 발매된 이 앨범(〈Bambu〉(2008)와 함께 재발매된다)은, 녹초가 된 듯한, 햇볕에 그을린 매력의 〈Pacific Ocean Blue〉는 평단의 차가운 눈초리를 받았다. 이 앨범은 방종함으로 간주되었고, 제작 기술과 오버더빙에 심하게 의존한다는 평을 받았다. 이런 비난에 가장 쉬운 표적이 될 수 있었던 것이 바로 오프닝 트랙, "River Song"이다. 그러나, 갑에게는 사족에 불과하지만 을에게는 감동의 대서사시일 수도 있는 법이다. 게다기 자연의 아름다움을 찬양하는 노래는 그 자체만으로 역사적 의의를 가진다.

도시에 지쳐 분노하는("So crowded I can hardly breathe(너무 붐벼 숨조차 쉬기 힘드네.)") "River Song"은 전원의 평온함을 찬미하며, 윌슨의 피아노가 딸랑거릴 때 마치 강물이 씻어 내리는 듯한 이미지를 연상하게 한다. 이 부분에서 매우 섬세했던 노래는 그 위로 곧 가스펠 콰이어가 두껍게 쌓아 올려지며(그는 "목소리 중 90퍼센트는 제 것이었어요"라고 주장한다), 드럼 소리의 진동과 함께, 강폭이 넓어짐을 표현한다. 마지막 부분에 달해, "River Song"은 "도망가라"는 권고와 함께 합류할 것을 간곡히 권고한다.

이 트랙은 1973년 비치보이스 라이브 콘서트 무대에 올려졌지만, 그룹 전체가 정식으로 녹음한 적은 없다. **MH**

Whole Lotta Rosie | AC/DC (1977)

Writer | Bon Scott, Malcolm Young, Angus Young
Producer | Harry Vanda, George Young
Label | Atlantic
Album | *Let There Be Rock* (1977)

"로지는 길 건너편에 살았어요.
그녀는 어느 밴드가 동네에 있나
알아보곤 했죠…그녀가 너무 뚱뚱했던
나머지 거절할 수 없었어요."

본 스콧, 1979

◀ **Influenced by:** Lucille • Little Richard (1957)
▶ **Influence on:** Welcome to the Jungle • Guns N' Roses (1987)
● **Covered by:** Acid Drinkers (1994) • W.A.S.P. (1995) Anthrax (2003) • Guns N' Roses (2009)
★ **Other key track:** Highway to Hell (1979)

만일 당신이, AC/DC의 '스티키 핑거(Sticky Fingers)적,' 하드록 절정기를 한 곡으로 요약한 트랙을 찾고 있다면. "Whole Lotta Rosie"가 이 모든 것을 책임지는 해답이다. 이 시드니 밴드의 1977년 LP 〈Let There Be Rock〉의 땀냄새 나는 클라이맥스를 장식하는 이 곡은 싱어 본 스콧이 실생활에서 경험했던 한 플러스 사이즈(plus-size) 여인과의 조우를 입증하고 있다(곡 중 "Rosie"라고 이름 붙인 그녀는 "자그마치 19스톤(약120.7kg)까지 몸무게가 나가는 듯"했지만 그녀는 "밤 새도록 / 24시간을 꼬박 채워" 그것을 해댈 정열과 지구력의 소유자였다). 스콧의 말에 따르면, "침대에서 내려오기 위해서는 그녀를 기어올라야 했고, 마치 산을 등반하는 기분이었다"는 것이다. 이런 이야기는 사실 라커룸에서나 들을 법한 것이다. 그건 사실이다. 만일 당신의 로큰롤 세계가 좀 더 지적인 내용에 목말라 한다면, AC/DC는 당신 취향에 맞지 않을 것이다. 그러나 나머지 사람들은 "Whole Lotta Rosie"를 그저 있는 그대로 즐길 수 있을 듯하다. 스타디움에서 우레와 같은 장관을 이루는 이 곡은 철없지만 멍청하지 않고, 발칙하지만 추잡하지 않다.

그들은 스톱-스타트 인트로부터 덮치고 들어와 산산이 부서지는 심벌 사운드의 파편들과, 교복을 걸쳐 입은 기타리스트 앵거스 영의 눈부신 솔로를 길잡이 삼는 광란의 부기로 빠져든다. 한편 곡 중 의식이 돌아오는 찰나, 본 스콧이 늘어놓는 이 거구 여인에 대한 묘사에 물음표를 던질 수밖에 없지만("Ain't no skin and bones(깡마른 치가 아니야)"), 후두가 요동치는 보컬을 들어보면 그가 던지는 찬사가 조금의 거짓도 없는 진실된 말들이란 걸 단번에 알 수 있다(이것을 확인하는 증언이 2000년 앵거스의 입에서 흘러나왔다. "본은 거구의 여인들에 대한 성적 집착이 있었죠. 그는 예전에 점보 제트기라 불리는 2명의 여인과 이리저리 즐거운 시간들을 보내곤 했어요").

"Whole Lotta Rosie"는 이후 AC/DC의 디스코그라피에 특별한 자리를 차지하게 된다. 새 보컬리스트 브라이언 존슨은 1980년 본 스콧의 사망 이후 ("Nutbush City Limits"와 함께) 이 곡을 오디션에서 불렀다. **LP**

Blank Generation | Richard Hell & The Voidoids (1977)

Writer | Richard Hell
Producer | Richard Gottehrer, Richard Hell
Label | Sire
Album | *Blank Generation* (1977)

"모든 것에서 최종 분석 단계에
다다르면, 전 관심을 놓아버렸죠.
'Blank Generation'은
바로 그런 것에 대한 노래였어요."

리처드 헬, 1996

◄ **Influenced by: The Beat Generation** · Bob McFadden
   & Dor (1959)
▶ **Influence on: Pretty Vacant** · Sex Pistols (1977)
● **Covered by:** Angel Corpus Christi (1989)
   The Heartbreakers (1991)
★ **Other key track:** Love Comes in Spurts (1977)

물론 뉴욕 펑크들이 슬로건 사용을 구걸했던 것은 전혀 아니지만, 그들이 남긴 서신들 중 "Blank Generation"만큼 명백히 앤섬적 가치를 가지는 것도 드물다. 이것은 CBGB 출신 작가이자 울부짖는 보컬의 소유자였던 리처드 헬이 남긴 대표적 리코딩이었다. 이 트랙에 담긴 코러스 부분("I belong to the blank generation and / I can take it or leave it each time(난 블랭크 세대의 한 사람이지. 난 매번 취하든 그냥 두든 내 맘대로 할 수 있어)")은 헬과 그의 꾀죄죄한 동료들에게 걸맞는 허무주의적 좌우명이었고 비슷한 부류의 사람들 사이에서 공감대를 형성했다.

1959년 비트닉 패러디물 "The Beat Generation"을 모델 삼아 만든 "Blank Generation"은 리처드 헬 앤 더 보이도이즈의 1977년 데뷔 LP의 이름으로 등장하게 된다. 그러나 사실 헬은 이 노래를 몇 년 전 이미 소개한 상태였고 당시 그는 텔레비전에서 전속 멤버로 일하며 거북한 나날을 보내고 있었다. 보이도이즈의 음성으로 녹음한 "Blank Generation"은 신경을 곤두서게 하는 곡이었다. 헬의 바짝 긴장된 보컬을 뒤따라 로버트 퀘인의 무정부주의적 기타 사운드가 폭발적으로 등장한다. 그러나 이 모든 길들여지지 않은 흉포함에도, 이 곡에서는 그 영감의 원천이 된 재즈적 율동감이 느껴진다. 많은 초기 펑크 뮤직이 그랬듯, "Blank Generation"은 보여지는 것 이상의 복잡함을 가지고 있었다. 결코 단 한 번도 라몬스의 히트 곡들이 가졌던 유명세를 누리지는 못했지만 "Blank Generation"은 CBGB를 둘러싼 벽을 넘어 영향력을 발휘한다. 1980년 이 곡은 생활고를 겪는 도심 뮤지션으로 헬을 출연시키는 한 저예산 영화의 테마와 타이틀 곡으로 쓰인다. 말콤 맥클라렌은 이 작품의 팬이 되어 뉴욕에서 일정을 마친 후 섹스 피스톨즈에게 "Blank Generation"을 딴 "그들만의 버전"을 만들어보라고 명령했고, 그 결과물이 바로 "Pretty Vacant"였다. 과연, 헬의 영향이 없었다면, 오늘날 우리가 아는 영국의 펑크 록도 있기 힘들었을 듯하다. "제가 그걸 런던으로 전달해주리란 건 너무 당연한 일이었습니다." 맥클라렌은 이렇게 이야기했다. "전 그걸 모방한 다음, 좀 더 영국적인 것으로 탈바꿈시킬 작정이었죠." **JR**

Bat Out of Hell
Meat Loaf (1977)

Writer | Jim Steinman
Producer | Todd Rundgren
Label | Epic
Album | *Bat Out of Hell* (1977)

1977년, 최고로 극적이고 지나친 음악을 구매하려는 고객에게는 〈Bat Out of Hell〉이나 퀸 앨범을 사는 것이 가장 안전한 베팅이었다. 게다가 프레디 머큐리조차도 마빈 아데이에 비하면 은은해 보였다. 미트로프의 세계에서는 모든 것이 과장되어 보였다. 오페라 싱어와 같은 보컬 스타일, 경외감을 불러일으키는 앨범 커버, 사운드의 벽 프로덕션, 그리고 이 타이틀 트랙의 가사까지(이 트랙은 LP전체를 통틀어 가장 인상적인 곡이었다) 말이다.

20년을 꼬박 지켜온 '데스 디스크(death disc)' 전통을 이어가고 있는 "Bat Out of Hell"은 실연당한, 불운의 한 십대 소년에 대한 이야기를 전한다. 그는 오토바이로 너무 빨리 달리다 죽음을 맞이하게 된다. 아데이는 짐 스타인만이 창조한 한 벌의 경이로운 기악 편성 위를 가르며 그에 맞는 연극조의 보컬을 쏘아준다. 이 곡은 극적 효과를 극대화하기 위해 별개의 소악장으로 나뉘어진다. 기타 솔로가 울부짖고, 날렵한 손놀림으로 이루어진 피아노 리프가 이 곡의 오프닝에 시동을 건다. 끓어오르는 초고옥탄가 휘발유 같은 고에너지의 음악이었던 탓에 수많은 평론가들은 이 곡을 헤비메탈로 분류했다. 그러나 그들이 잘못 짚었다. 물론 그 시대의 헤비 메탈이 거구의, 풍성하고 장대한 리프(딥 퍼플라 보라)를 주특기로 삼은 것이 사실이긴 하나, "Bat Out of Hell"은 교향곡에 더 가까웠다.

이 앨범은 역대 베스트셀러의 대열에 합류했고, 거기에는 고도로 풍만한 편곡이 한몫 톡톡히 한다. 그러나 만일 앨범 전체를 듣는 것이 겁난다면, 타이틀 트랙만이라도 한번 돌려 들어보라. 거기 묻어나는 정교함에 놀라움을 금치 못할 것이다. **JMc**

Lust for Life
Iggy Pop (1977)

Writer | Iggy Pop, David Bowie
Producer | The Bewlay Bros.
Label | RCA
Album | *Lust for Life* (1977)

베를린 서부에 체류하며, 이기 팝과 데이비드 보위는 바이마르 공화국 시대를 방불케 하는 방종 속에 나날을 보냈다. 코카인과 적포도주, 브라트부르스트로 끼니를 이어가며 미군 TV 채널 AFN을 통해 매주 〈스타스키와 허치〉까지 꼬박 챙겨 보았다. 보위는 프로그램의 시그니처 튠(모르스 코드 신호음의 스타카토 사운드)을 가져다 우쿨렐레로 재해석했고, 이것은 곧 "Lust for Life"의 질주하는 리프로 쓰이게 된다. 이른바 '불레이 브라더스(Bewlay Bros.)'라 불렸던 (팝과 보위, 그리고 공동 프로듀서 였던 콜린 써스틴) 이들은 1977년 한사 스튜디오에서 이 트랙을 완성시켰고, 보위는 같은 곳에서 자신의 앨범 〈Heroes〉의 작업을 진행한다.

고양이과 동물의 으르렁거림을 연상케 하는 보컬에 이기는 이리저리 배회하며 조니 옌(윌리엄 버로우스의 1962년 소설 「The Ticket That Exploded」에 등장하는 금성인 갱스터)의 이름을 내뱉는가 하면, 같은 책으로부터 사랑은 "닭들을 최면상태에 빠뜨리는 것과 같은" 것이라는 문구를 인용하기도 한다. 드러머 헌트 세일스와 그의 형 베이시스트 토니는(이들은 미래의 틴 머신 리듬 섹션을 맡을 대단한 인물들) 이 곡에 타악적 추진력을 더해준다. 이것은 1996년 영화 〈트랜스포팅〉의 오프닝 신에 삽입 트랙으로 착취당하며 강한 인상을 남긴다.

〈트랜스포팅〉의 삽입 곡으로 쓰인 사건은 "Lust for Life"의 재발매를 부추겼고, 그 결과 이 트랙은 영국 차트에서 26위라는 아찔한 기록을 세운다. 그 과정에서 이 곡의 리프를 다양하게 수정하여 재활용하기 위한 기초공사가 이루어졌고, 그 중에서도 스트록스의 "Last Nite"과 호주 록 밴드 제트의 "Are You Gonna Be My Girl"이 주목받을 만하다. **SP**

Non-Alignment Pact
Pere Ubu (1978)

Writer | Pere Ubu
Producer | Ken Hamann, Pere Ubu
Label | Blank
Album | *The Modern Dance* (1978)

알프레드 자리의 초현실주의 연극 〈위뷔 왕〉의 극중 등장 인물에서 이름을 따 명명된 피어 우부는, 1975년 지방 음악 기자들이었던 데이비드 토마스(일명 크로커스 비히머스)와 고(故) 피터 래프너에 의해 오하이오주 클리블랜드에서 결성된다(스투지스에게서 영감을 얻어 결성했던 프로토펑크 밴드 로켓 프로 더 툼스의 잔재에서 소생한 셈이다). 당시 클리블랜드는 대대적인 쇠퇴기를 겪고 있었지만, 이 그룹은 비교적 고립되어 있었고 그 덕에 매우 독특한 "아방가르드" 사운드를 개발해낼 수 있었다. 이 사운드는 거칠게 문질러대는 듯한 신디사이저 소리, 최면적인 베이스 라인, 그리고 토마스의 종말론적 울부짖음으로 구성되었다.

그들이 자체 운영했던 허던 레이블에서 몇몇의 싱글들을 발매한 후(그중에는 비참한 "30 Seconds over Tokyo"도 있었다) 피어 우부는 그들의 데뷔 LP 〈The Modern Dance〉를 내놓는다. 이것은 머큐리 레코드의 자회사 블랭크와 계약을 맺은 후였다.

개라지-펑크적 희롱과 구체음악적 사운드의 모음이 이루는 이 비타협적 앨범의 오프닝 트랙 "Non-Alignment Pact"는 높은 음조의 비명 같은 신스와 피드백 사운드로 메워지는 30초로 시작된다. 그러고 나면 고에너지의 로커빌리적 불규칙 배열이 진행되고 여기에는 에너지 충만한 구절과 소리쳐 따라 부를 후렴이 등장한다. 이 모든 혼란 중에는 허무주의적 브레이크 다운 섹션이 여기저기 흩뿌려져 있고, 더욱 개라지한 노이즈와 헤비한 리프들이 이것을 바짝 따라붙는다. "우리는 대중적 음악을 만들고 있었죠. 우리가 싱글을 만든 건 그 이유 때문입니다." 데이비드 토마스가 한때 이렇게 주장했다. "사람들이 그걸 좋아하고 안 좋아하고는 저희가 알 바 아니죠." **CS**

Blue Valentines
Tom Waits (1978)

Writer | Tom Waits
Producer | Bones Howe
Label | Asylum
Album | *Blue Valentine* (1978)

그는 70년대 초반, 떼를 지어 나타난 다른 캘리포니아 싱어-송라이터들 무리와 같은 시기에 등장했다. 그러나 곧 톰 웨이츠가 판이하게 다른 종류의 뮤즈를 통해 소통하고 있다는 것이 명백해진다. 그의 비트족적 작품 세계가 잭 케루악이나 켄 놀딘과 같은 영웅들에게 바치는 경의의 표시라는 건 공공연한 사실이지만, 그것들에 대한 웨이츠의 해석은 전면적으로 독창적인 것이었다.

그의 노래가 항상 그 시작부터 진심을 남김없이 드러내 보여왔던 것은 사실이다. 한편 뒤틀어진 로맨스를 좋아한 그의 성향은 5번째 앨범 〈Blue Valentine〉에서 절정기에 다다른다. 이 레코드에 실린 비극적 사랑 이야기는 꼬리를 물고 계속되며, 듣는 이를 더없이 행복한 비탄으로 점점 깊이 빠져들게 한다. 뮤지컬 〈웨스트 사이드 스토리〉의 "Somewhere" 커버 트랙에서는 무성한 관현악 편성이 그의 으르렁대는 소리를 잘 지지한다. 한편, "Romeo Is Bleeding"에서는 핑거 스냅을 부르는 경쾌함이 묻어난다. 웨이츠는 대가의 솜씨로 사회 밑바닥에 놓여 있는 불운한 사랑의 기운을 마법처럼 만들어낸다.

그러나 단연 최고의 수작은 바로 앨범의 마지막 트랙 "Blue Valentines"이다. 레이 크라포드의 한산한 재즈 기타는(이미 그건 오르가니스트 지미 스미스와 그가 함께한 작품들을 통해 잘 알려져 있다), 웨이츠가 전하는 지독하게 엇갈린 사랑의 이야기(그는 자신의 역할이 "burglar that can break the rose's neck"이라며 탄식하고 있다)의 골격을 이루고 있다. 본스 하우가 프로듀싱을 맡은(그는 어소세이션 등의 밴드가 가진 햇살 머금은 팝 사운드를 확립하기 전 엘비스 프레슬리와 작업한 바 있다) "Blue Valentines"는 높은 심미안의 자제력과 부끄러움 모르는 센티멘털리즘이 만나 이룬 대작이다. **TS**

Heart of Glass | Blondie (1978)

Writer | Deborah Harry, Chris Stein
Producer | Mike Chapman
Label | Chrysalis
Album | *Parallel Lines* (1978)

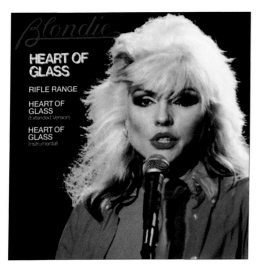

"저희는 이 노래가 그렇게까지
흥행하리라 예상하지 않았습니다.
그저 앨범에 다양성을 부여하기 위해
색다른 트랙으로 만들어 넣어본 것이죠."
크리스 스타인, 1979

◄ **Influenced by: I Feel Love** · Donna Summer 1977)
► **Influence on: Take Me Out** · Franz Ferdinand 2004)
● **Covered by:** The Shadows 1979) · Chet Atkins 1981)
Erasure 1997) · Toshiyuki Yasuda 2002) · Vitamin C
2003) · Skye Sweetnam 2004) · Faye Wong 2004)
Nouvelle Vague 2006) · The Puppini Sisters 2006)

70년대 막바지에 이르러, 뉴욕의 펑크계 메카 CBGB에서
정기적 공연을 펼치던 한 뉴웨이브 밴드가 이단을 저지른
다. 아니, 좀 더 단도직입적으로 말하겠다. 디스코 레코드
를 발매했다.

그 주인공은 밴드 블론디였고 문제의 레코드는 "Heart
of Glass"였다. 이 곡을 작곡한 데비 해리와 크리스 스타
인은 밴드의 이러한 방향 전환에 흡족함을 느꼈지만, 베이
스 주자 나이젤 해리슨은 이 레코드를 가리켜 "상업주의와
의 타협"이라고 공공연히 비난을 퍼부었다. 스타인과 해리
는 본래 이 곡을 블론디 밴드에 가담하기 전에 썼다고 하
며, 1975년 "Once I Had a Love"라는 제목 아래 흥겨운,
디스코 빛깔의 데모로 만들어낸다. 공연 투어들 중 이 곡
을 무대에 올려본 그들은 1978년 재녹음을 시도하고, 본
제목을 그대로 사용한다. 밴드가 3번째 앨범 〈Parallel
Lines〉를 녹음하게 되었을 당시 잘 나가는 새 프로듀서 마
이크 채프먼이 참여했고 그는 (이제 좀 더 록적으로 바뀌어버
린) 이 트랙을 보고 잠재력이 있음을 간파했으나 라디오 방
송에 적합하지 않다는 느낌을 받았다.

그리고 해리가 이렇게 제안했다. "그러면, 도마 섬머 것
같은 걸로 해볼 수도 있겠네요." 해리, 채프먼, 스타인은
이 아이디어에 불이 붙었지만 나머지 밴드 멤버들은 불신
의 눈초리를 보냈다. 스튜디오 녹음 세션에서 답답한 분위
기가 이어지며 상황은 나아질 기미가 보이지 않았다. "모든
게 더딘 방식으로 진행되었죠." 해리가 이렇게 한마디 남긴
다. "한 비트 한 비트 모두 수작업을 해야만 했어요."

그 누구도 이 트랙에 기대를 걸지 않았다. 채프먼은 이
트랙을 〈Parallel Lines〉의 B사이드 중간쯤에 쑤셔넣었다.
그렇기에, 이 곡이 3번째 싱글로 발매된 후 영국과 미국에
서 차트를 석권하자 모두들 놀라움을 감추지 못했다. 곧,
록 아티스트들로부터 즉각적 반발 공세가 시작되었다. 드
러머 클렘 버크는 이렇게 회상한다. "동지들이 다들 우리
에게 디스코 배신자라는 꼬리표를 붙여버렸죠." 그러나
"Heart of Glass"는 팝 선구자로서 블론디가 누렸던 명성
을 확인시키는 한편, 댄스 음악과 바람피워보고 싶은 모든
로커들에게 템플릿을 제공한다. **DC**

Ever Fallen in Love … (with Someone You Shouldn't've) | Buzzcocks (1978)

Writer | Pete Shelley
Producer | Martin Rushent
Label | United Artists
Album | *Love Bites* (1978)

"특정한 사람을 마음속에 두고 한 것은 맞아요. 하지만 제 회고록을 위해 지금 폭로하지 않을래요. 곡은 그저 자연스레 뒤따랐죠. 완전한 형태로 말이에요.

피트 셸리, 2006

◄ **Influenced by: I Can't Get Next to You** • The
  Temptations 1969)
► **Influence on: I Can't Make You Love Me** • Bonnie
  Raitt 1991)
● **Covered by:** Fine Young Cannibals 1987) • Pete Yorn
  2004) • Thea Gilmore 2004)

"전 누군가와 사랑에 빠지면 곧 이것부터 궁금해하죠. 왜 그 사람은 나와 (애초에) 사랑에 빠지지 않았던 것일까. 그러고나서 굉장히 집착하게 돼요. 그들이 저라는 사람이 있다는 사실을 깨닫기 오래전부터 벌써 질투에 불타고 있죠. 저의 정신적 신진대사에 안 좋은 것 같아요." 듣는 이에게 이런 기쁨을 선사할 수 있는 음악이 사실은 작곡가의 아픈 구석에서 왔다는 사실을 우리는 잊기 쉽다. 이 경우에, 그 작곡가는 바로 피트 셸리였다.

그러나 셸리의 감정적 불안은 창의적 결실로 승화되었고 그 결과물은 버즈콕스의 달콤 쌉쌀한 고전들의 긴 행렬에서 가장 위대한 자리를 차지하게 된다. 이 곡은 별다른 감흥 없는 환경인, 한 에딘버러 여관에서 잉태된다. 여기서 셸리는 브랜도와 시나트라가 출연하는 1995년 뮤지컬 영화 〈아가씨와 건달들〉의 한 구절에 귀가 솔깃해졌다(당시 TV에서 흘러나오고 있었다). 가슴 찢어지게 하는, 연민의 가사가 그 다음 날 그에게서 마구 쏟아져 나왔다(이전 해, "Orgasm Addict"가 그다지 방송을 타지 못한 탓에 셸리는 "뒈지든 말든 신경 안 써piss on"라는 말에서 좀 더 라디오 플레이에 적합한 "퇴짜 놓다spurn"라는 말로 가사 첫 줄을 수정했다).

이 다작의 시기 동안(1978년 한해 동안 7개월밖에 되지 않는 간격을 두고 버즈콕스의 앨범은 2장이나 탄생한다), 낭만적이고 대중적인 감성을 제대로 활용할 줄 아는 셸리의 변함없는 능력이 발휘되며 이 밴드가 영국에서 기록한 최대의 히트가 탄생하게 되었고, 이것은 12위까지 상승했다. "이들 중 일부가 이렇게 인기를 얻은 이유는," 그가 설명한다, "제 머릿속에 일어나고 있는 일들이, 다른 많은 사람들의 머릿속에서 똑같이 일어나고 있다는 것이었죠." 따라서 그들도 저와 같은 생각을 하게 되었고, 같은 종류의 혼란, 의심, 두려움 등을 가지게 된 것이죠."

2005년, 셸리를 비롯한 여러 록 졸업생들이 참여한 이 곡의 커버 버전이 세상을 떠난 디제이 존 필에게 바치는 헌정 자선 싱글로 발매된다. 그 수익은 국제사면위원회(Amnesty Internationl)에 전해졌다. **CB**

Le Freak | Chic (1978)

Writer | Nile Rodgers, Bernard Edwards
Producer | Nile Rodgers, Bernard Edwards
Label | Atlantic
Album | C'est Chic (1978)

"댄스 음악의 레드 제플린."

데이비드 리 로스, 1997

◀ **Influenced by: Get Down Tonight** · KC & The Sunshine Band 1975)
▶ **Influence on: A Lover's Holiday** · Change 1980)
● **Covered by:** The Corn Dollies 1990) · The Ukulele Orchestra of Great Britain 2006) · Millionaires 2010)
★ **Other key track:** I Want Your Love 1978)

"Le Freak"는 디스코의 물결이 낳은 많은 그룹들 중 가장 위대한 그룹, 칙이 기록한 최대 히트작이었다. 물론 이 밴드의 핵심 멤버들(베이스에 버나드 에드워즈, 기타에 나일 로저스, 드럼에 토니 톰슨)이 전에 이미 뉴욕의 다양한 종류의 클럽 밴드에서 활동한 바 있다고는 하나, 1977년, "Dance, Dance, Dance(Yowsah, Yowsah, Yowsah)"로 완전무장한 그들의 등장은 매우 뜬금없는 듯 보였다.

로저스와 에드워즈는 곧 작곡가이자 프로듀서로 천부적인 재능을 증명해 보였고, 1977년 새해 전야에 이들은 그레이스 존스 앨범의 프로듀싱을 맡을 목적으로 그녀의 초대를 받아 맨해튼의 악명 높은 스튜디오 54로 향한다. 그러나 결국 이 클럽의 이름난 엄중한 출입 단속망에 걸려 눈 오는 밤길로 내쫓긴다. 근처에 있던 로저스의 아파트로 피신한 이들 둘은 샴페인과 마리화나, 코카인에 젖어 잼 세션에 돌입하게 된다. 얼마 전 문전박대 당한 것을 생각하며 "아, 꺼져버려(Ah, fuck off!)"를 되풀이하여 불러댄 후, 이들은 점차적으로 이것을 "날뛰어라(Freak Out)"라는 말로 변형시켜간다. 그 결과 디스코 시대 최고의 인기를 누린 노래 중 하나가 탄생하게 되었고, 이 트랙은 미국의 사보이 볼룸과 스튜디오 54가 정의내렸던 미국 댄스 황금 시대의 모든 것을 합치시키는 한편, 언더그라운드 댄스음악을 기리고 있었다.

여기 담긴 모든 것은 한 치의 오차도 없는 전염성 강한 음악들로 재단되어 있다. 끈덕진 기타 사운드와 당김음 처리된 손뼉, 코러스 보컬 그리고 심플한 리프레인, "I say freak"를 계속 지껄여대는 브레이크다운 섹션까지(그 6음 베이스 리프와 시크 합창단이 창조하는 극적 효과란! 당시 시크의 합창은 데이비드 라슬리, 루서 밴드로스, 루시 마틴, 디바 그레이, 알파 앤더슨이 구성했다) 흠잡을 데 없었다.

"Le Freak"는 미국에서만 1백만 장 판매 기록을 올린다. 이 곡은 애틀랜틱 레이블 역대 최다 판매 싱글 중 하나로 자리 잡게 된다. **DE**

Milk and Alcohol | Dr. Feelgood (1978)

Writer | John Mayo, Nick Lowe
Producer | Richard Gottehrer
Label | United Artists
Album | *Private Practice* (1978)

"꼭 뮤지션이여야 로큰롤을
할 수 있는 것은 아니에요.
그냥 그걸 많이 좋아하고
하고 싶은 마음이 있으면 되는 거죠."

리 블리로, 1976

◀ **Influenced by: One Bourbon, One Scotch, One Beer**
John Lee Hooker 1974)
▶ **Influence on: Three Times Enough** · Nine Below
Zero 1981)
● **Covered by:** Jimmy Keith & His Shocky Horrors 1995)
★ **Other key track:** She Does It Right 1975)

닥터 필굿은 영국에서 일어난 펑크의 움직임에 주요 선구자 역할을 한다. 캔비 아일랜드(템즈 강 어귀에 자리한 사랑받지 못하는 땅 한덩이다) 출신의 이들은 70년대 중반 맹렬한 R&B 사운드를 창조해냈고 그에 반해 당시 뮤지션들은 〈Topographic Oceans〉와 유사한 음악을 추구하는 것에 만족을 느꼈다.

"Milk and Alcohol"은 이들의 2번째 앨범 〈Private Practice〉에 수록되었고, 존 "지피" 마요가 기타를 잡았다. 리프는 마요가 만들어낸 것으로, 당시 그는 친구이자 한때 필굿의 프로듀서였던 닉 로우에게 이것을 연주해 보였다. 그는 자신과 밴드가 함께했던 1976년 하룻밤을 회상해낸다. 그날 밤 이들은 로스앤젤레스의 스타우드 호텔에서 열린 존 리 후커의 두서 없는 공연을 목격했다. 자신들의 영웅이 보여준 별 볼 일 없는 공연에 언짢아진 이들은 화이트 러시안 칵테일(보드카, 칼루아와 우유)을 들이켠 후 숙소로 발길을 돌렸고, 정지 신호를 무시한 채 차를 운전했다. 로스앤젤레스 경찰에게 저지를 당해 차를 세운 후, 매니저 크리스 펜윅은 차의 앞좌석 수납칸에서 발견된 대마초에 대한 죄를 뒤집어썼다. 노래상에서는 이것을 "They got me on milk and alcohol(칼루아 칵테일을 먹은 죄로 그들이 나를 체포했지)"로 말을 바꾸었다.

리처드 가더러(60년대 동안 미국 개라지 밴드 더 스트레인지 러브스에서 활동했던 그는 당시 리처드 헬과 블론디의 프로듀싱을 맡았던 인물)가 "Milk and Alcohol"의 프로듀서로 참여한다. 모든 페이더를 높은 레벨로 맞춘 그의 제작 방식은 이 곡의 군사적 비트에 활기를 더한다. 그러나 이 곡의 종결자 역할은 바로 리 브릴로의 보컬이라 할 수 있었고(1994년 뉴욕 타임즈 부고란에는 "땀 튀기고, 눈 튀어나오는, 손가락질 퍼포먼스"라는 그에 대한 격찬이 실렸다), 거기에는 1명의 지친 화자가 전하는 적개심 섞인 으르렁거림이 담겨 있다.

이 싱글은(밴드의 10번째였다) 2가지 빛깔 중 골라 살 수 있도록 그 레코드판이 갈색과 흰색으로 각각 발매되었다. 1979년 초반 영국의 톱 10에 오른다. 물론 닥터 필굿이 남긴 트랙 중 더 나은 것도 있다고는 하지만, 그중 가장 인상 깊었던 것은 바로 이 곡이다. **DE**

Don't Stop Me Now | Queen (1978)

Writer | Freddie Mercury
Producer | Queen, Roy Thomas Baker
Label | EMI
Album | *Jazz* (1978)

"이 곡은 천재적인 작품입니다.
그 어느 결혼식이나 파티, 신부들의
처녀 파티나 축제연에서도, 이 곡이 미치는
영향은 눈으로 직접 확인할 수 있죠."

브라이언 메이, 2009

◀ **Influenced by: The Bitch Is Back** · Elton John 1974)
▶ **Influence on: I Believe in a Thing Called Love**
The Darkness 2003)
● **Covered by:** The Vandals 2004) · McFly 2006)
Jeroen van der Boom 2006) · Katy Perry 2009)
The Royal Philharmonic Orchestra 2009)

퀸의 화려한 프론트맨 프레디 머큐리는 종종 자신의 노래 속 한 역할을 맡아 그 인물인 것처럼 연기하는 것에서 가장 큰 행복을 찾았다. "Bohemian Rhapsody"의 오페라적 멜로드라마에서 그랬듯 말이다. 가사는 그것을 창조한 이에 대해 그다지 많은 것을 말해주지 않았다. 그러나 "Don't Stop Me Now"에서 만큼은, 가사를 비롯해 밀려오는 아찔한 파티 기분까지 모두 머큐리의 가슴에서 직통으로 분출해 나왔을 뿐 아니라, 이 전설적 탕아가 누린 온갖 영화를 고스란히 담아냈다. 이 트랙은 퀸의 7번째 앨범 〈Jazz〉의 초반 리코딩 세션들 중, 1978년 7월 니스에서 녹음된다(후에 그룹은 몽트뢰의 마운튼 스튜디오로 재빨리 옮겨 가며, 뒤이어 퀸은 이 스튜디오를 구매한다). 노래에 담긴 모든 것이 번드르르해 보임에도 불구하고, 편곡 구성은 퀸의 기준으로 보았을 때 비교적 빽빽하지 않다. 마지막 코러스 이전 찬란한 승리에 도취한 브라이언 메이의 솔로를 빼면 그저 단순히 베이스, 드럼, 피아노가 전부이니 말이다.

그러나 이는 머큐리의 절묘한 보컬 역작에 완벽한 배경이 되어주며, 그의 황홀경에 찬 리드는 퀸의 트레이드마크라 할 만한 화성적 합창의 지지를 받는다. 전설적 잡식 취향의 이 싱어를 계속 흥분시키는 합창, 그 부추김에 따라 프레디는 자신의 전형적 노골성을 드러내며 쾌락주의를 향한 그의 식욕에 마음껏 축배를 든다("sex machine ready to reload재장전 준비가 된 섹스 머신)"나 "a racing car passing by like Lady Godiva고다바 부인처럼 재빨리 스쳐 지나가는 경주용차)"를 보라). 이것은 의심할 바 없이, 그룹이 〈Jazz〉의 발매를 축하하기 위해 그해 말 열었다는 뉴올리언스의 방탕한 밤모임에 딱 들어맞는 이상적인 사운드트랙이 아닐 수 없었다.

영국 싱글 차트에서 9위를 기록한 "Don't Stop Me Now"는 퀸의 소형 히트작 중 하나였지만, 최근 다시 그 인기가 부활했다(영화 감독 에드거 라이트는 2004년 좀비-코미디 〈새벽의 황당한 저주〉에서 이 곡을 절묘히 사용한 한편, 1년 후 영국 TV 프로그램 〈탑 기어〉의 시청자들은 이 곡을 가장 위대한 드라이빙 송으로 뽑았다). **SC**

1978년, 퀸의 프레디 머큐리가 게이 거상인 양 무대를 장악하고 있다.

Teenage Kicks
The Undertones (1978)

Writer | John O'Neill
Producer | The Undertones
Label | Good Vibrations
Album | *The Undertones*
(1978)

You Make Me Feel (Mighty Real)
Sylvester (1978)

Writer | J. Wirrick, S. James
Producer | Harvey Fuqua,
Sylvester James
Label | Fantasy
Album | *Step II* (1978)

이 곡과 존 필 사이의 연결고리는 영원히 존재하게 될 것이다. 그러나 언더톤스의 데뷔 곡을 영국 대중의 관심에 노출시킨 라디오 1 디제이가 존 필 뿐만은 아니었다. 절충적 플레이리스트를 자랑한 필의 이브닝 프로그램에서 그가 이 곡을 연달아 2번이나 틀어 송라이터 존 오닐을 "쇼크 먹게 한" 일이 있었던 반면, 이 곡을 대중에게 한층 더 노출시킨 이는 피터 파웰이었다(필은 그에게 "바로 이 곡이라네"라는 메모를 남겼다).

밴드가 반드시 이에 동의한 것은 아니다. 언더톤스는 사실 평판과는 좀 다르게 펑크 밴드로 활동할 계획을 품고 있었다. 그러나 오닐의 군단은 "True Confessions"에 더 강한 선호도를 보이며 이 곡의 녹음을 원하지 않았다. "만약 거기서 상업성이나 너무 빤한 듯한 악취가 풍긴다면, 저희는 그 정반대의 것을 할 겁니다." 그는 이렇게 말하기도 했다. 이 곡은 사실 밴드 명을 그대로 따 명명한 언더톤스 앨범의 첫 발매 때 누락되고 만다.

그럼에도, 이 곡은 벨파스트의 굿 바이브레이션스 레이블을 통해 발매한 4곡 수록 EP의 타이틀 트랙 역할을 수행하며 밴드가 사이어 레이블의 계약을 따내는 데 일등 공신 역할을 한다. "우린 딱 적당한 시기에 적당한 나이였어요. 보컬에 담긴 힘과 드럼과 기타에서 느껴지는 급박함이 비결이었죠. 그 순간을 제대로 포착한 듯 보였죠." 그러나 필과 파웰을 등에 업은 높은 지지 세력에도 불구하고 재발매본은 영국 차트의 31위에 오르는 데 그친다.

필의 요청으로, 젊은이의 갈망을 완벽히 담은 이 곡은 그의 장례식에서도 등장하게 되었고 "Teenage dreams so hard to beat(십 대의 꿈이란 그렇게 꺾기 힘든 것인가)"이라는 가사는 그의 묘비에도 새겨지게 되었다. **CB**

로스앤젤레스 태생의 실베스터 제임스는 어린 시절 가스펠 싱어로 성공했지만, 구속이 심한 가정 생활로부터 달아나 십 대를 길거리에서 보냈다. 1967년, 그는 샌프란시스코의 게이 거주지로 옮겨 갔고, 눈부신 활동을 시작하게 된다. 잠시 뮤지컬에서 활동한 그는 여장 남자 그룹 코케츠에 가담하였고 여기서 베시 스미스의 블루스 송들을 불러주다가 솔로 커리어로 전향하여 소울과 록 싱어로 활동했다.

여기까지는, 상경한 게이 소년에게 그저 평균 가는 경력이라 보면 될 것이다. 1977년 판타지 레코드와 계약을 맺은 그는 저명한 모타운 프로듀서 하비 퓨크웨이와 함께 일을 시작한다. 이 본래 조합에 신디사이저 플레이어 패트릭 카울리가 여기 가세하며 한층 더 특별한 요소가 더해졌고, 그는 다듬어지지 않은 데모를 하나의 독특한 트랙으로 발전시킨다. 카울리의 끈덕진 신디사이저 비트에 힘입어 실베스터는 댄스 플로어로 단번에 뛰어들 수 있었다.

이 트랙이 바로 6분 30초 길이의 "You Make Me Feel (Mighty Real)"이었다. 실베스터의 원기왕성한 팔세토 보컬과 그것을 지지하고 있는 강한 베이스, 그리고 신디사이저 사운드가 이 걸작의 구성요소이며, 이러한 요소가 모여 쾌락주의에 부치는 한 편의 앤섬을 형성하고 있다. 그 어느 도나 섬머, 글로리아 게이너 트랙보다, 이 곡이야말로 (때때로 완전한 여장을 즐기는) 거리낌 없는 당당한 게이 남자의 목소리가 선언하는 댄스 플로어에 새겨진 게이 해방을 의미했다. 뉴욕의 스톤월 폭동이 발생한 지 10년도 채 되지 않은 이때 새로운 해방의 움직임의 탄생을 예고하고 있었다. **SA**

Human Fly
The Cramps (1978)

Writer | Poison Ivy Rorschach, Lux Interior
Producer | Alex Chilton
Label | Vengeance
Album | N/A

크램프스는 사이코빌리의 선조로 유명하다(사이코빌리란 펑크와 로커빌리의 혼합물에 싸구려 B급 영화를 한 방 크게 주사해 넣은 것이다). 그러나 사실 그들의 스타일에는 수많은 장르가 암시되어 있다. 〈너게츠〉시대 개라지부터 링크 레이의 파워 코드, 트래시맨의 (근친 교배한 로커빌리 같은) 맛이 간 듯한 서프까지 그들의 영감의 원천은 무한했다.

"Human Fly"는 그램프스의 2번째 싱글이었으며 빅 스타의 우두머리 알렉스 칠턴의 감독 아래 멤피스에서 녹음되었다. 크램프스에게 자작곡 발매로는 최초이기도 했다(물론 크램프스인 만큼, 전부를 그들 스스로 만든 창작물이라 하기에는 무리가 있다). 오프닝 스케일과 가차 없는 리프는 본래 "The Green Mosquito"(1958)라 불리는 영웅적 무명 인스트루멘털 트랙을 재해석한 것이었고, 여기에 퍼즈, 리버브, 디스토션을 걸어 거의 정체불명일 만큼까지 걸러낸 것이었다. 프론트맨 럭스 인테리어(그는 쉐보레 광고에서 자신의 예명을 따 온다)는 으르렁거리고 짖어대며 거의 마이크를 삼킬 듯이 노래하고, 그 와중에도 악취미의 말장난을 빼먹지 않는다("push that pest aside(그 파리 좀 쫓아 보내)"). 럭스의 부인이자 리드 기타리스트였던 "포이즌" 아이비 롤샤크는 석기시대 스타일 드럼 사운드 위로 공포영화 리프를 새겨 넣고, 그러는 동안 투톤의 스컹크 머리를 한 브라이언 그레고리 또한 기타를 잡고 이들 주변을 윙윙대며 날아다닌다.

곡의 제목은 1958년 공포영화 〈플라이〉를 암시하고 있지만 동시에 크램프스의 작업 방식을 보이고 있기도 하다. 파리가 쓰레기를 먹고살 듯, 이들도, 팝 컬처가 보지 못하고 지나친 찌꺼기들을 잔뜩 주워다 먹고살았다. **SP**

Shake Your Body (Down to the Ground) | The Jacksons (1978)

Writer | Michael Jackson, Randy Jackson
Producer | The Jacksons
Label | Epic
Album | Destiny (1978)

잭슨 파이브가 모타운 레이블과 맺은 계약은 1975년을 끝으로 만료되었고, 형제는 선택의 기로에 서게 된다. 최근 발매물을 제대로 홍보해주지 않았다는 의심이 든 이들은 에픽 레이블로 서둘러 떠나버렸고, 베리 고디의 딸 헤이즐과 혼인한 저메인은 홀로 모타운에 남아 솔로 아티스트로 활동한다. 법적 사유로 그룹명을 더 잭슨스로 바꾼 이들은 초반에 성공을 거두었지만, 앨범 2장을 내놓고 난 후 미래 계획을 재고해보게 된다.

1978년 〈Destiny〉 이후 이들 형제는 모든 통제권을 손에 쥐게 됐고 디스코의 영토에 뒤늦게 깃발을 심었다. 그들은 제작 크레딧을 전면적으로 인정받게 되었고, 마이클은 송라이팅 실력을 제대로 발휘하기 시작했으며, 랜디와 힘을 합쳐 이 댄스 플로어의 폭풍을 창조해낸다. 이 곡은 마이클의 "Blame It on the Boogie" 커버의 뒤를 이어 더 잭슨스를 클럽 신에 새로이 자리매김시킨다. 이제 성장해버린 스타의 재능은 거의 즉각적으로 꽃피기 시작했고, 이것이 담긴 "Shake Your Body Down to the Ground"는 마이클의 1979년 솔로 대작 "Don't Stop 'til You Get Enough"의 원형으로 증명된다(두 트랙 모두 미래파적 펑크funk)의 전율에 맞춰 뛰어다니는 베이스를 원동력으로 삼고 있다).

그레그 필린게인스가 편곡을 맡아 진행한 "Shake Your Body Down to the Ground)"의 한 버전은 빌보드 차트 10위에 진입한다. 이 곡은 단순히 마이클의 솔로 곡 재료로 쓰이는 데 그치지 않고, 로커스 리벤지의 1982년 트랙(에디 그랜트의 "Walking on Sunshine"을 일렉트로 뮤직으로 재해석한 것)에까지 손길을 뻗을 뿐 아니라 후에 레게 크로스오버 아티스트 섀기의 2000년 히트 "Dance and Shout"까지 그 영향력을 발휘한다. **MH**

(I Don't Want to Go to) Chelsea | Elvis Costello & The Attractions (1978)

Writer | Elvis Costello
Producer | Nick Lowe
Label | Radar
Album | *This Year's Model* (1978)

"이 음반이 나온 후 제가
첼시로 데려다 달라고 부탁한
첫 택시 운전수가 이렇게 말했죠.
'하, 웃기네, 하.'"

엘비스 코스텔로, 1989

◀ **Influenced by: I Can't Explain** • The Who 1965)
▶ **Influence on: Way Too Long** • Audio Bullys 2003)
● **Covered by:** The Nutley Brass 1996)
★ **Other key tracks:** Alison 1977) • Watching the
Detectives 1977) • Pump It Up 1978) • Radio Radio 1978)
• Accidents Will Happen 1979)

그의 2번째 앨범 〈This Year's Model〉의 커버에서 엘비스 코스텔로는, 영화 〈욕망〉에서 데이비드 헤밍스가 그랬듯 핫셀블라드 카메라와 뒤에서 포즈를 취한다(영화 〈욕망〉은 미켈란젤로 안토니오니가 그린 스윙잉 런던의 스냅샷이었다). 그것은 경의의 표시였을까, 아니면 조소 섞인 패러디였을까? 진상이 무엇이든 간에, 이것이 꽉 조여져 빈틈없는 (이들의 모드족 선조인) 비트 뮤직 스타일을 담은 엘비스 앤 디 어트랙션스 LP(이들이 입은 양복은 한결 조여 보였다) 커버로 쓰기에 적당할 만큼, 너무 노골적이지 않았다는 것은 분명하다. 한편, 동시에 이 이미지는 여전히 과거에 묻혀 살길 고집하는 그들의 동료들 중 일부에게 조롱을 날리고 있었다.

이 앨범의 선두 싱글은 사진 촬영과 살인을 암시하는 데 〈욕망〉의 줄거리를 넌지시 내비추지만, 동시에 킹스로드의 패션 부티크들의 자기 도취에 공격을 가하고 있다. "There's no place here for the miniskirt waddle(여기는 미니스커트 입고 뒤뚱거릴 자리가 없어)"이라고 코스텔로는 야유하며 1966년 유행은 이미 끝났다는 것을 꼬집어 말한다(한편 말콤 매클라렌과 비비안웨스트우드의 펑크 부티크 '섹스'에 말려 들어간 유행을 좇는 무리들에게 사이드 펀치를 날리는 것도 잊지 않는다).

"Chelsea"는 어트랙션스를 대동한 코스텔로에게 2번째 발매 레코드에 지나지 않았지만(그의 이전 배킹 그룹인 클로버는 휴이 루이스의 뉴스로 활동하게 된다), 이들 뉴웨이브 신참들은 서로를 견제하며 능가하는 경쟁력을 보여준다. 피트 토마스는 능수능란한 드럼 솔로로 트랙에 시동을 걸고, 브루스 토마스의 떠들썩한 퍼즈 베이스와 앞뒤를 다툰다. 한편 스티브 니브는 그의 복스 콘티넨탈 오르간으로 조화롭게 치고 들어온다. 이 밴드의 참여 덕에 노래가 완전 탈바꿈된다. 코스텔로의 길고 가느다란 리드 기타가 후Who)의 "I Can't Explain" 같은 시작을 보여준 반면 이것은 다시 록스테디 3인조 파이오니어스를 모방하려는 듯 재조정된다. 이 곡은 〈This Year's Model〉의 미국 발매 버전에 수록되지 못한다. 알려진 바에 의하면 "너무 영국적"이란 것이 그 이유라고 한다. 이 곡에 서인도 제도의 영향이 담겨 있음을 고려해볼 때, 아이러니한 일이 아닐 수 없다. **SP**

One Nation under a Groove | Funkadelic (1978)

Writer | George Clinton, Walter Morrison, Garry Shider
Producer | George Clinton
Label | Warner Bros.
Album | *One Nation under a Groove* (1978)

"펑크란 말이에요, '될 대로 되라지'
같은 거예요. 만약 춤이 추고 싶으면,
펑크하면 돼요. 펑크는 당신에게 '다 잘
되고 있어' 같은 분위기를 풍기게 해주죠.

조지 클린턴, 1999

◀ **Influenced by: Funky Worm** • The Ohio Players 1973)
▶ **Influence on: Oops Upside Your Head** • The Gap
Band 1979)
● **Covered by:** Chaka Demus & Pliers 1993)
★ **Other key tracks:** Groovallegiance 1978) • Who Says
a Funk Band Can't Play Rock?! 1978)

조지 클린턴의 '팔리아펑카델릭먼트 쌩'은 항상 다중성 성
도착증의 전형이라 할 수 있는 프로젝트였고, 클린턴의 변
덕과 그룹의 라인업에 따라 그 정체와 스타일을 마구 바꾸
어댔다. 펑카델릭은 오랫동안, 좀 더 정교하고 팝 지향적
인 팔리아먼트의 지저분하고 방종한 4차원적 남동생 역할
을 해왔다. 그러나 "One Nation under a Groove"는 펑카
델릭의 트레이드마크 격임을 전혀 뽐내지 않았다. 아찔함,
정신 산란하게 내달리는 기타, 맹렬한 폴리리듬, 광란의
야생마 같은 노이즈들이 온데간데없이 사라진 것이다. 그
대신에 기지 번뜩이는 일관성이 그 자리를 대신하게 되었
고, 이 트랙은 그룹이 낳은 댄스 플로어 앤섬 중 가장 오랜
인기를 누리는 존재로 남는다. 청각적 효과의 180도 전환.
여기에는 공동 작곡가이자 새로온 펑카델릭 신참인 월터
"주니" 모리슨의 공도 적지 않았다(그는 동료 펑크(funk) 뮤지
션들이었던 오하이오 플레이어스의 과거 멤버였고, 플레이어스의
1973년 히트작 "Funky Worm"에 등장한 광란의 신스 라인을 연주
한 장본인이었다). 그뿐 아니라 주니는 펑카델릭의 1979년
고전 "(Not Just) Knee Deep"의 중독성 강한 훅을 제단한
인물이기도 했다. 그는 트랙 내내 한시도 가만히 있지 못
하고 펑키(funky)한 신스 라인을 죽 깔아놓았고, 그동안 고
정 키보디스트인 버니 워렐은 엄청나게 나긋나긋한 신스
베이스라인을 이리저리 뽑아냈다. 이 모든 것이 그 자체만
으로도 디스코 냄새 물씬한 (그리고 손뼉 사운드로 한층 더 강력
해진) 불가항력적 4/4박자 비트에 맞춰 고동친다.

　항상 그래왔듯 여기에도 하나의 분명한 생각이 담겨
있었다. 주니와 기타리스트 개리 샤이더, 클린턴, 사이에
서 주고받는 콜 앤 리스폰스 보컬을 타고 이 생각들이 또
박또박 전해진다. 여기에는 물론 레이 데이비스(그는 클린턴
의 두-왑 그룹, 더 팔리아먼츠 시절부터 자리를 지켜온 베테랑이었
다)의 깊은 베이스 톤이 가세했다. 그들은 사회가 엉망진창
인 지경에 이르렀다고 말하며, 자신의 컴플렉스에서 자유
로워지고 모든 것을 더 좋게 만들기 위해 펑크(funk)에 믿
음을 가져보라고 한다. EPMD, 아이스 큐브, 엑스-클랜 등
이 마구 샘플링을 해간 덕에 이 트랙은 미래의 펑크(funk)
음악계에 중추적인 역할을 완전히 수행하게 된다. **SC**

Das Model | Kraftwerk (1978)

Writer | Ralf Hütter, Karl Bartos, Emil Schult
Producer | Ralf Hütter, Florian Schneider
Label | Kling Klang
Album | *The Man-Machine* (1978)

"이것은 화폐 지불 목적의 정황을
이야기하고 있습니다.
'미'를 위해 우리는 대가를 치르죠.
냉소를 머금는 것은 당연하지 않나요?

랄프 휘터, 2009

◀ **Influenced by: Ricochet, Parts 1 & 2** • Tangerine Dream 1975)
▶ **Influence on: Walk Away** • Orchestral Manoeuvres in the Dark 1981)
● **Covered by: Big Black** 1987) • **Rammstein** 1997) **Messer Chups** 2007)

1978년 크라프트베르크는, 경계선 확장에 여념 없는 독일의 일렉트로닉 뮤직 선구자들은 자신들이 다른 뮤지션들에 비해 광년만큼 앞서 있는 걸로는 충분하지 않았다고 말했다. 자기들은 그것 말고도 가사 쪽에서 획기적인 것을 실현시킬 수 있다며, "The Model"의 가사여기서는 한 여성 패션 모델의 삶이 도마 위에 올려진다("It only takes a camera to change her mind(그녀의 마음을 돌리는 데에는 카메라 하나면 충분하다네)")는 미래에 일어날 일들을 예언하고 있다. 이 곡의 경우 그 가사는 셀러브리티 문화에 집착하는 대중문화의 도래를 예측하고 있다.

이 분야에서 워낙 앞서 있다 보니, 그들은 세상의 나머지 사람들이 따라오기를 기다려야만 했다. 상업적으로 볼 때, 이 노래는 하나도 부족함이 없었다. 고동치는 베이스로 짠인 섀시(무그사 생산 마이크로무그 신디사이저로 만들었다), 1번 들으면 잊을 수 없는 멜로디, (크라프트베르크라는 것을 고려할 때) 비교적 라디오 방송에 적합한 트랙 길이(〈The Man-Machine〉에서 이제껏 가장 짧은 트랙이었다) 등이 그렇다. 그러나 1978년, "Neon Lights"와 짝을 지어 45회전 레코드로 첫 발매된 이 곡은 고국 독일 밖에서 별다른 반응을 불러일으키지 못한다.

1981년, "Computer Love"(〈Computer World〉 앨범 수록곡)와 함께 더블 A사이드로 발매된 2번째 시도에서 겨우 영국 톱 40에 진입하게 된다. 1981년 말이 거의 저물어갈 무렵(그리고 3번째 시도이기도 했다), 이 노래는 마침내 "즉각적인" 고전으로 인정받는다. 그리고 1982년 초, 영국에서 넘버 원의 자리에 오른다.

좀 미개한 무리들은 크라프트베르크의 멤버들이 감정 없는 자동 인형이라 말한다. 이런 불균형을 바로잡으려면, 1981년 에딘버러에서의 한 공연에서 벌어진 "The Model"의 재미 있는 사운드체크 버전을 들어보길 바란다. 이 공연에서 마지막 구절("Now she's a big success, I want to meet her again(이제 그녀가 대단한 성공을 거두었으니 난 그녀를 다시 만나고 싶네)")은 그저 "만나"는 정도보다 한층 더 친밀한, 명백히도 비기계적인 행위를 하고 싶다는 가사로 수정되기도 했었다. **CB**

1978년도의 크라프트베르크. 좌로부터 카를 바르토스, 랄프 휘터, 플로리안 슈나이더, 볼프강 플뤼르.

Shot by Both Sides | Magazine (1978)

Writer | Howard Devoto, Pete Shelley
Producer | Magazine, Mick Glossop
Label | Virgin
Album | *Real Life* (1978)

"저의 자신감 결여와 제가 가진
자존심 2가지 모두를 취한다고 합시다.
그러면 정말, 양방 저격을 당하는 꼴이
돼버리는 거죠."

하워드 드보토, 2000

◄ **Influenced by: Search and Destroy** · Iggy & The
Stooges 1973)
► **Influence on: Just** · Radiohead 1995)
● **Covered by: No Fun at All** 1997) · Mansun 2004)
Radiohead 2007) · Jarvis Cocker 2007)
★ **Other key track:** My Mind Ain't So Open 1978)

만일 당신이 버즈콕스와 하워드 드보토가 왜 〈Spiral Scratch〉 EP발매 이후 각자의 길을 가게 됐는지 궁금하다면, 이들 각 진영에서 피트 셸리의 기막히게 멋진 상승 기타 리프를 가져다 처리한 방식을 지켜보는 것도 나쁘지 않을 듯하다. 버즈콕스는 한 관계의 종말을 전하는 "Lipstick"을 창조해낸다. 이런 이야기 주제는 그들에게 풍부하고 통상적인 음악 소재가 되어주었다. 드보토의 새로운 밴드, 매거진은 좀더 어둡고, 사악한 기운이 도는 이미지를 구사해냈다. "I was shocked to find what was allowed / I didn't lose myself in the crowd(무엇이 허락되는지를 안 나는 충격을 받았지 / 군중 속에서 나를 잃지 않았어)"라고 드보토는 노래한다. 각자의 개성이 결여된 펑크 신의 현실에 대한 환멸감에서 탄생한 가사 구절이라 한다. 그러한 생각 자체가 역대 최고의 데뷔 싱글 중 일부를 구성하게 된다.

이 곡의 제목이 된 그 인상적인 구절은 어느 대화 중 떠오른 말에서 잉태되었다. "전 완전히 정치에 무관심했죠." 드보토가 말했다. "한 사회주의자 친구가 저에게 말했어요. '넌 아마 결국에 양쪽으로부터 총격을 당하고 말 거야'라고요." 이 말이 드보토의 머릿속에 박혀버린다. 그리고 그는 이 말을 전달할 알맞은 음악적 발산 수단이 떠오를 때까지, 이것을 한켠에 고이 접어둔다. 기타 천재 존 맥기옥이 가슴을 죄어오는 긴장감을 불러 일으키는 동안 드보토는 "Shot by both sides / On the run to the outside of everything(양쪽으로부터 사격을 당했지 / 모든 것을 벗어나 밖으로 내달리는데)"이라 외친다.

평론가 폴 몰리는 이 싱글에 담긴 비판적 견해에 역겨울 정도로 심한 아첨을 날린다. "영웅이여, 드디어 나타나셨군." 다른 많은 매거진의 곡들이 그랬든, 이 곡도 당시에는 심하게 간과당하지만 그 이후부터는 계속 대단한 영향력을 발휘하게 된다. 이 곡을 라이브로 커버한 다수의 밴드들 중에는 매거진의 팬이었던 라디오헤드도 있었다. 그러나 이 곡은 매거진의 명함 역할을 제대로 수행하지 못한 채 1978년 초반 영국의 싱글 차트에서 41위를 넘지 못하고 절룩거린다. 드보토가 돼지들에게 진주목걸이를 걸어주고 있었다는 거북한 생각마저 든다. **CB**

Public Image | Public Image Ltd (1978)

Writer | Public Image Ltd
Producer | Public Image Ltd
Label | Virgin
Album | *First Issue* (1978)

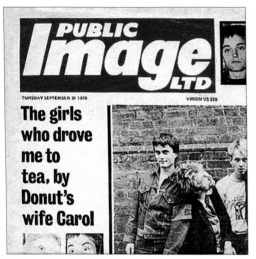

"'PiL'의 앨범은, 특히 싱글의 경우,
하드코어와 펑크의 직접성을
지니고 있으면서도 좀 더 악랄하고
교활한 날카로움을 품고 있었죠.

매티 세이퍼, 더 랩처, 2007

◀ **Influenced by: Moonshake** • Can 1973)
▶ **Influence on: Higher Than the Sun** • Primal Scream 1991)
● **Covered by:** Alphabeat 2008) • Feeder 2008)
★ **Other key tracks:** Religion 1978) • Death Disco 1979)
Poptones 1979) • This Is Not a Love Song 1984)

1978년, 존 라이든은 섹스 피스톨 취급을 당하지 않기 위해 무엇이라도 할 준비가 되어 있었다. 조니 로튼이라는 이름은 이미 갖다 버린 지 오래였지만, 그에게는 음악적 변신이 시급했다. 새로운 음악적 방향에 대한 질문을 받을 때면 그는 무그 신디사이저들을 사용한 아이리시-케이준-디스코-아프로 록 밴드를 구상 중이라 대답했다.

퍼블릭 이미지 리미티드로부터 도대체 무얼 기대해야 될지 난감했던 것은 너무 당연했다. 물론 무얼 기대해선 안 되는지에 관한 답은 이미 뻔했지만 말이다. "제가 가장 우선적으로 원한 건, 피스톨즈처럼 들리지 않는 거였죠." 라이든이 말했다. "리허설 룸에서 20분 정도 보내고 나니, 우리가 절대 그럴 일은 없을 거란 확신이 들었죠."

"Public Image"는 피스톨즈 시절 쓴 곡이었지만, 그들이 이루었던 그 어느 것과도 전혀 동떨어진 사운드를 구가했다. 불길한 예감의 인트로를 완성하는 데에는, 밴드가 자신의 악기를 진정 제대로 다룰 줄 아는 베이시스트를 보유했다는 점이 큰 도움이 되었다(그는 다름 아닌 자 워블이었다). 한편 키스 레빈의 펑크적 기타는 스티브 존스의 끈덕진 메탈이 지나간 자리에 안도감을 선사했다.

라이든은 뮤리엘 스파크스의 1968년 부커상 후보작 'The Public Image'에서 곡의 제목을 따 온다. 라이든의 의견에 따르면 이 짧은 소설은 "당신이 대중 이미지를 제대로 통제하지 못했을 때, 당신에게 일어날 수 있는 일들"에 대한 것에 대한 내용이라 한다. 이 노래에서 라이든은 "난 이제 처음 시작했을 때랑은 달라 / 난 소유물처럼 대접받지 않을 거야"라고 항의해댄다. 워블은 이렇게 인정한다. "이건 그의 세계에 질서를 가져다 주었죠. 그는 정당한 분노로 가득 차 있었어요." 그리고, 이런 언론 조작에 관한 메시지를 혹시라도 제대로 전달받지 못하는 이가 1명이라도 있을까 봐, 이 싱글의 슬리브 디자인을 타블로이드 신문 스타일로 만들어 강력히 전달하고자 했다. 영국에서 톱 10 진입에 성공한 이 곡은 말콤 매클라렌과의 결별 이후에도 인생은 계속될 수 있음을 증명해 보인다. 라이든은 자랑스럽게 말했다. "저 스스로를 보며 이렇게 말할 수 있어요. '아이쿠, 너 스스로 그걸 해낸 거야? 잘했다, 자식.'" **CB**

Alternative Ulster | Stiff Little Fingers (1978)

Writer | Stiff Little Fingers, Gordon Ogilvie
Producer | Ed Hollis
Label | Rough Trade / Rigid Digits
Album | *Inflammable Material* (1979)

"전 언더톤스를 끔찍이나 좋아해요.
하지만…'Alternative Ulster'가
저에게 더 맞는 음악이었죠.".

보노, 2007

◀ **Influenced by: Ulster** · Sham 69 1977)
▶ **Influence on: Church of Noise** · Therapy? 1998)
● **Covered by: London Punkharmonic Orchestra** 1998)
Voice of a Generation 1999)
★ **Other key tracks: Suspect Device** 1979) · At the Edge
1980) · Listen 1982)

북아일랜드의 국가내분 시기에 그곳에서 성장기를 보낸 스티프 리틀 핑거스의 프론트맨 제이크 번스는 당시 자신의 심적 상태를 되새겨보며 2002년에 이렇게 말했다. "인생은 두려움에 깨고 두려움에 잠드는 것이 다가 아닐 거야." 폭력에 저항하는 평화 시위에 참여하기 위해 거리로 나가면 오직 구타 행위 외에는 이루어지는 것이 없었다며, 그는 씁쓸한 아이러니를 드러냈다. 그래서 남은 몇 가지 가능한 시위 수단 중에 하나가 바로 음악이었다는 것이다. 그리고 스티프 리틀 핑거스(저널리스트 고든 오길비가 작사를 맡는다)는 이것을 제대로 활용했다.

가디언지가 2003년 이렇게 말한다: "Alternative Ulster"에서 이 밴드는 "자신들 고향에서의 경험을 정의 내렸던 야만성과 지루함의 지독한 양조물"을 전달하고 있다.

한편 번스에 말에 따르면, "이 곡은 전통 펑크 스타일로 쓴, 할 일 없음에 대한 노래"라고 한다. 그는 이렇게 말을 이어간다. "70년대 중반 벨파스트에 사는 십 대 청소년에게 그건 무엇보다도 중요한 현실이었어요…갈 데 없는 것에 대한 권태감 그 자체였죠."

에디 앤 더 핫 로즈의 에드 홀리스를 프로듀서로 참여시킨 "Alternative Ulster"는, 스티프 리틀 핑거스의 45회전 데뷔판 "Suspect Device"만큼 거칠진 않았으나, 그만큼 충분히 준비돼 있었다. "Alternative Ulster"는 본래 동명의, 한 지역 팬진을 위한 무료 플렉시디스크로 찍어낼 작정이었지만, 결국 시장 발매로 이어졌고, 3만 5천 장의 판매고를 올렸고, 그 덕에 러프 트레이드 레이블은 첫 단추를 제대로 꿸 수 있었다. 이 노래는 R.U.C.와 I.R.A.에게 의존하지 말 것을 충고했고, 런던 밖에서도 중요 사건들이 일어나고 있음을 상기시키며 런던을 중심으로 전개되었던 펑크의 물결에 비난의 눈초리를 보냈다. "어떤 팬들은 저에게 '대체 얼스터(alternative Ulster)'가 도대체 어디를 말하는 것인지 물어봐요. 그들은 제가 다른 특정 지역을 지지하고 있다고 생각하는 듯해요. 그러나 그건 각자 개인의 선택에 따른 거 아닌가요?" **CB**

(White Man) In Hammersmith Palais | The Clash (1978)

Writer | Joe Strummer, Mick Jones
Producer | The Clash
Label | CBS
Album | N/A

"역사에 남은 가장 위대한 밴드 중
하나가 자신의 진가를 제대로 발휘하고
있는 순간이었죠."

디 에지, 2006

◀ **Influenced by: Police and Thieves** · Junior Murvin
1976)
▶ **Influence on: Jah War** · The Ruts 1979)
● **Covered by:** 311 1999) · Fighting Gravity 1999)
Manic Hispanic 2001) · Built to Spill 2003) · Colin
Gilmore 2004)

1977년 6월 5일, 클래시의 싱어/기타리스트 조 스트러머는 클래시의 현장 스태프인 로던트, 그리고 디제이 돈 렛츠와 함께, 해머스미스 팔레에서 열린 밤샘 레게 이벤트에 참석한다. 이날 주 공연자는 딜린저, 리로이 스마트, 델로이 윌슨 등 자메이카 뮤지션들이었다. 그날 밤의 일로, 스트러머는 스스로 자기 것 중 최고라 여기는 곡 하나를 쓰게 된다. "(White Man) in Hammersmith Palais"가 바로 그것이었다. 사실 곡을 쓰게 된 동기는 영감을 받아서가 아닌 다른 이유에서였다. 그가 기대하던 혁명적 "루츠" 사운드는 도통 등장하지 않고, "팝 레게"적 음악과 너무 쇼비즈에 밝은 쇼 형태에 실망해서였기 때문이다. 1978년 6월, 싱글로 발매된(그리고 데뷔 LP 〈The Clash〉의 미국 버전에도 수록된다) 이 곡에서 밴드는 리프 의존적인, 원초적 펑크 사운드에서 벗어나 주니어 머빈의 "Police and Thieves" 커버를 통해 펑크적인 레게 하이브리드 사운드를 잉태시키며, 가사적 측면에서는 스트러머의 도덕 정치 관련 철학이 성장하고 있음을 내비쳤다.

노래가 진행되는 동안 스트러머는 모든 무장 혁명은 실패로 끝날 것이고, 이들이 영국군을 절대 못 이길 것이라는 것이 그 이유라고 심각하게 말한다. 또한 그는 흑인과 백인 청년들이 서로 단합할 것을 간청하며, 그들에게 "어느 정도의 부의 분배"를 요구해보라고 제안한다. 그러고 난 후 그는 펑크족들에게 "신종 집단들"이 "버튼 양복"을 차려 입고 부자가 되어보려 한다고 비난하며, 이들이 "혁명을 돈으로 전환시키려" 한다고 꼬집어 말한다(이것은 멤버끼리 서로 양복을 맞춰 입었던 밴드 잼(The Jam)을 향한 일격이라고 대개 해석된다. 그들은 오프닝 액트로 클래시의 화이트 라이어트 투어에 참여했다가 클래시와 서로 사이가 나빠졌다고 한다). 스트러머는 또한 극우파 국민전선(N.F.)이 영국에 도래하는 것에 대해 신랄한 한마디를 남기며 이렇게 가정했다. "만일 아돌프 히틀러가 비행기로 오늘 당장 도착한다 해도 / 그들은 어쨌건 리무진을 한 대 보내겠지."

리드 기타리스트 믹 존스는 조와 화성적 조화를 이루며 스트러머의 가사를 단단히 지지할 완벽한 편곡 구성을 창조하며 록 기타와 레게 비트를 화합시켰다. **JoH**

Ambition
Subway Sect (1978)

Writer | Vic Godard
Producer | Mickey Foote
Label | Rough Trade
Album | N/A

서브웨이 섹트는 원조 영국 펑크 밴드들 중 가장 무명으로 남은 그룹 중 하나로 밝혀진다. 이 밴드는 런던 서부의 모트레이크에 거주하던 빅 코다드와 롭 시몬스가 결성했고, 매클라렌은 이들을 1976년 9월 런던의 100 클럽 펑크 스페셜에 초대하여 공연하게 했다. 섹스 피스톨즈 배후의 스벵갈리 말콤 매클라렌의 제안이었다.

서브웨이 섹트의 음악과 이미지는 피스톨즈가 뿜어낸 다채로운 폭풍과는 현저한 대조를 이루었다. 뉴욕 돌스와 벨벳 언더그라운드의 영향을 받은 이들의 미니멀리스트적 곡들은 펜더 무스탕 기타를 활용했고(트레블 음역대를 강조한 사운드가 바로 선택 이유였다), 고다드의 아메리카니즘에 제약받지 않는 가사를 담고 있었다.

클래시의 매니저 버니 로즈의 보호 아래, 자기 선전을 꺼렸던 이 그룹은 활동 시작 이후 첫 2년 동안 2개의 싱글 발매와 1번의 존 필 세션을 녹음한 것이 전부였다. 수포로 돌아간(그리고 오늘날까지도 미발매 상태인) 앨범 세션에서 발췌해 온 (이들 싱글 중에 2번째 것에 해당하는) "Ambition"은 버즈콕스 매니저 리처드 분의 간청에 못 이겨 로즈가 결국 발매했다(분은 버즈콕스의 다가오는 공연 투어에서 서브웨이 섹트가 오프닝 액트로 참여하길 바라고 있었다). 이 곡은 고다드의 빈정대는 비음 섞인 보컬로 포장한, 타오르는 파워 팝이다(알려진 바에 의하면, 로즈는 이 곡을 좀 더 "펑크"답게 만들려는 목적으로 곡의 속도를 올렸다고 한다). 또한 이 트랙에는 강한 개성의 신디사이저의 지저귐과 (그 배경에) 오락실 게임으로부터 녹음한 탁구공 소리가 등장한다. **CS**

Hong Kong Garden
Siouxsie & The Banshees (1978)

Writer | Siouxsie Sioux, John McKay, Kenny Morris, Steve Severin
Producer | S. Lillywhite, N. Stevenson
Label | Polydor
Album | N/A

1세대 펑크 팬드 중 레코드 계약을 가장 마지막으로 따낸 밴드는 바로 수지 앤 더 밴시스였다(그들은 펑크의 핵심층과 접촉하고, 맹렬한 라이브 공연으로 정평이 나 있었으며, 열성팬들이 벌인 인상적인 그래피티 캠페인의 주인공이었는데도 말이다!). 그들은 이 트랙의 힘을 업고 마침내 폴리도어와 계약을 맺게 되는데, 그건 이 곡이 영국 라디오의 존 필 세션에서 방송된 이후였다. 기타리스트 존 맥케이가 "People Phobia"라는 제목의 곡 작업에 열중했던 데에 이 곡의 탄생 기원이 놓여 있다. 또한 맥케이는 강한 개성의 동양적 인트로 섹션에 대한 아이디어를 내놓았다. 이것은 일렉트로닉 실로폰으로 연주된다.

수지가 살던 치슬허스트에 위치한 포장 전문 중국집에서 이름을 따 제목을 지은 "Hong Kong Garden"은, 스킨헤드로부터 인종차별적 모욕과 조롱을 당하는 가게 주인들을 목격한 수지가 중국 민족에게 헌정하는 의미로 작곡했다. 그녀는 이렇게 말한다. "그들은 이 사람들을 외국인이라는 이유로 무자비하게 괴롭혔죠. 전 그걸 보며 무력감과 절망, 메스꺼움을 느꼈어요."

매체들의 호기심과 기대가 몇 달이고 계속 이어졌고, 이 희열에 전율하는 한 조각의 포스트 펑크는 영국 톱 10을 뚫고 들어오지만 그들의 데뷔 앨범 〈The Scream〉에는 등장하지 않는다(이후 CD 재발매 때 수록된다). 그러나 이 트랙이 거둔 성공은, 포스트 펑크 시대를 다스린 최고 독창적이고도 불가사의한 밴드가 전진할 길을 닦아준다. 이 곡은 후에 (확장된 관현악 인트로와 함께) 소피아 코폴라의 2006년 전기 영화 〈마리 앙투아네트〉의 사운드트랙에 등장한다. **CS**

수지 수(일명 수잔 빌리온)가 70년대 말 카메라를 향해 유혹적으로 포즈를 취하고 있다.

Being Boiled | The Human League (1978)

Writer | Martyn Ware, Ian Craig Marsh, Philip Oakey
Producer | The Human League
Label | Fast Product
Album | *Travelogue* (1980)

"전 예전부터 건방졌어요.
1978년에 나온 저희의 첫 싱글
'Being Boiled'가 톱 10을
기록할 것이라고 생각했어요."

필립 오키, 1995

◀ **Influenced by: Showroom Dummies** • Kraftwerk
1977)
▶ **Influence on: Just Fascination** • Cabaret Voltaire 1983)
● **Covered by:** Beborn Beton 1994) • Heaven 17 1999)
Simple Minds 2001)

오직 앨범 〈Dare〉(1981)를 통해서만 휴먼 리그에게 친숙한 사람들이, 그보다 3년 더 일찍 발매되었던 휴먼 리그의 데뷔 싱글을 듣고 이것이 같은 그룹의 작품이라는 것을 몰라볼지언정 그들의 무지를 크게 질타하지는 말길 바란다. 하지만 휴먼 리그의 데뷔 싱글과 〈Dare〉 사이의 차이는 어쩌면 당연한 것인지도 모른다. 양 앨범 라인업에서 유일한 공통점이 프론트맨 필 오우키 뿐이라는 것을 고려해볼 때 말이다. 더군다나, "Being Boiled"를 녹음하는 데에는 고작 2파운드 5펜스라는 대가만이 치르어졌다. 대히트작 〈Dare〉의 팝적 광택을 얻어내는 데 요구됐던 대가에 비하면 눈곱만큼도 되지 않는 비용이었다.

이 싱글을 위해 마틴 웨어와 이안 크레이그 마시는 음악을 상세히 계획해둔다. 그러나 가사가 필요했고, 이때 도움의 손길을 뻗친 이가 바로 셰필드의 동창생 오우키였다. 할인 품목 코너 예산이긴 했으나 그것조차도 대단한 아이디어들을 막을 수는 없었다. 하지만 오우키는 가사가 조금 더 연구되었다면 개선될 수 있었을 것이라 인정한다. "전 몇 가지 종교를 혼동했죠. 불교가 힌두교와 같은 거라 생각한 거예요. 거기다가 채식주의로의 전향을 간청하고 있죠, 양말 같은 걸 만들려고 누에를 죽이는 것에 반대하며 말이에요. 그 부분에서 전 사실 많이 헷갈렸어요." 마시가 한마디 한다. "완전 제정신의 가사가 아니었죠."

당연히, 황량하고 불길한 이미지의 1978년 시대 휴먼 리그는 상극의 반응을 불러일으켰다. 보위와 빈스 클라크가 아군의 진영에 선 반면, 존 라이든은 코웃음을 쳤다. 유명인사계를 벗어난 진영에서는 납득시키는 것 자체가 매우 힘들었다. 첫 발매 이후 차트에 전혀 흔적을 남기지 못한 이 곡은, 재작업을 거쳐(존 레키가 공동 프로듀서로 참여한다) 〈Holiday 80〉 EP에 수록되었고 그나마 나은 결과를 낳았다. 그러나 "Don't You Want Me" 이후 휴먼 리그 음반을 향한 수요량이 상승하고 나서야 이 곡은 그 성공에 편승해 영국 6위를 기록하게 되었다. **CB**

Rock Lobster | The B-52's (1978)

Writer | Fred Schneider, Ricky Wilson
Producer | The B-52's
Label | Boo-Fant
Album | *The B-52's* (1979)

"저희는 그냥 저희대로 방식의 음악을
했죠. 로큰롤, 펠리니, 퀴즈 프로 진행자,
유치함을 한데 섞은 것이었어요."

프레드 슈나이더, 1990

◀ **Influenced by: Beach Party** · Annette Funicello 1963)
▶ **Influence on: Hey You Girl** · Pitbull 2006)
● **Covered by:** Dead Horse 1991) · Boy Division 2008)
★ **Other key tracks:** 52 Girls 1978) · Planet Claire 1978)
Party Out of Bounds 1980) · Private Idaho 1980)
Summer of Love 1986)

해변 파티 레코드를 만들 장소로, 대서양에서 250마일
(400km) 떨어진 곳에 위치한 대학가인 조지아주 애텐스가
가장 합리적인 선택은 아닐 것이다. 이 사실은 그들의 폴
리에스테르 실오라기와 아찔한 비하이브 가발을 보면 너
무 명백히 드러났다. 이 키치(kitch) 미학은 이들의 데뷔 싱
글에 담긴 괴짜 같은 스캣 스타일 배킹 보컬, 퉁김 소리
강한 리프(존 배리 세븐의 1959년 인스트루멘털 "Beat Girl"을 연
상시키는 듯했다)와 해양 생물학 집착적인 가사로 이어졌다.

처음에는 2천 카피 한정의 리미티드 에디션으로 1978년
5월 발매되었던(리드 싱어 프레드 슈나이더가 일하던 엘도라도 레
스토랑이 연락처로 뒷면에 찍혀 나갔다) "Rock Lobster"는 프로
듀서 크리스 블랙웰의 감독 아래 이듬해 나올 밴드의 데뷔
앨범을 위해 재녹음과정을 거친다. 근 7분 길이로 늘인 이
새로운 버전은 케이트 피어슨이 파르피사(farfisa)로 연주하
는 TV시트콤 〈무스터〉의 테마 곡적 아라베스크풍 사운드
를 전면에 위치시켰고, 슈나이더는 악한 목소리로 돼먹지
못한 앙심을 품은 듯이 "Twisting round the fire, having
fun"과 같은 가사 구절을 마구 짖어댄다. 그가 억지에 가
까운 과장된 보컬 이펙트를 곁들여 의기양양한 채 온갖 종
류의 물고기의 이름을 열거할 때쯤 되면("In walked a jelly
fish / There goes a dogfish") 리키 윌슨의 기타 라인은 퉁김
강한 서프적 사운드에서 갱오브포의 포스트 펑크적 사운
드로 전환한다.

이 곡의 또 다른 업적은 존 레논을 5년의 휴식기에서
잠깨워 리코딩 스튜디오로 컴백하게 한 것이다. 버뮤다 제
도의 한 디스코 클럽에서 "Rock Lobster"를 들은 전(前)비
틀즈 싱어는 신디 윌슨의 새된 목소리와 아내의 보컬 스타
일 사이에 유사점이 있음을 느꼈다. 그는 1980년 이렇게
말했다. "마치 오노의 음악같이 들렸죠. 그래서 스스로에
게 이렇게 말했어요. '내 옛 무기를 꺼내다가 아내를 깨울
때가 왔군!'이라고요." **SP**

Roxanne | The Police (1978)

Writer | Sting
Producer | Stewart Copeland, Sting, Andy Summers
Label | A&M
Album | *Outlandos d'Amour* (1978)

"이 곡은 저희가 이제껏 해오던 음악에서
완전 떨어져 나온 것이었죠…
그것이 폴리스의 전환점이었어요.
앤디가 합류한 것까지 둘 다요."

스팅, 1978

◀ **Influenced by: Soul Rebel** · Bob Marley & The Wailers
1970)
▶ **Influence on: Who Can It Be Now?** · Men at Work
1981)
● **Covered by:** Aswad 1997) · George Michael 1999)
Fall Out Boy 2005) · Michael Paynter 2008)

1978년이 시작되었을 당시 폴리스는 음반 계약도, 언론 지지도, 돈도 한 푼 없었다. 1977년 결성된 이 밴드는 영국의 폭발적 펑크록 움직임에 업혀갈 작정이었다. 하지만 최근까지 학교 선생님이었던 싱어와, 프로그 록 밴드 커브드 에어에 몸담았던 드러머, 60년대 말 사이키델릭 밴드에까지 뻗쳐 앉은 이력의 기타리스트로 이루어진 3인조였으니 그 답은 뻔했다.

펑크의 도래를 록 역사의 '영년(Year Zero)'으로 받아들이기에는 외모로도 너무 나이 들어 보이는 데다 음악적으로 너무 능숙하다는 것을 스스로도 잘 알고 있던 그들은 자신만의 길을 터나가길 작정하고, 재즈와 레게적 요소를 자신들의 사운드에 융화시키기로 한다. "Roxanne"는 이 밴드가 1977년 겨울 파리의 펑크 페스티벌에서 공연을 마친 후 스팅의 손에서 잉태되었다. 호텔 주변 거리의 매춘부들을 보던 그는 호텔 로비에 머무는 동안 이 노래의 후렴구를 생각해내려 했고, 당시 그곳에는 〈시라노 드 베르주라크〉의 연극 포스터(극중 록산느라는 여인과 사랑에 빠지는 주인공이 등장하는 유명한 작품이다)가 붙어 있었다. 폴리스는 1978년, 스튜디오에서 이 곡을 다듬어 완성한다. 스팅의 독특한 보컬이 전하는 호소력 넘치는, 통렬한 혹을 중심으로 세밀한 레게-록 필을 구축해간다. 이 트랙을 인상 깊게 들은 매니저 마일스 코플랜드(드러머 스튜어트의 형)는 그들에게 음반 계약서를 쥐여주었다.

1978년 싱글로 발매된 "Roxanne"는 흥행에 실패한다. 밴드는 마일스 코플랜드와 함께 끈덕진 미국 공연 투어를 시작했고, 마침내 미국 라디오 스테이션들은 조심스레 이 트랙을 방송에 내보내기 시작한다. 1979년 "Roxanne"는 미국에서 적당한 히트를 거두었고, 같은 해 영국 라디오도 이 노래를 방송에 내보내기 시작했다. 곧 매체들은 이 스타일리시한 새 밴드의 정체를 궁금해하기 시작한다. "Roxanne"와 함께, 폴리스는 펑크 전쟁의 패배자 신분에서 곧 펑크-뉴웨이브 돌풍에서 등장한 가장 성공적인 밴드로 부상하게 된다. **GC**

Another Girl, Another Planet | The Only Ones (1978)

Writer | Peter Perrett
Producer | The Only Ones
Label | CBS
Album | *The Only Ones* (1978)

"30년이나 지난 후에도 많은 이들에게
그토록 큰 의미가 되는 노래를
가지고 있다는 사실은 기쁜 일이에요."

피터 페렛, 2009

◀ **Influenced by: Lonely Planet Boy** • New York Dolls
1973)
▶ **Influence on: You Can't Put Your Arms around
a Memory** • Johnny Thunders 1978)
● **Covered by:** The Replacements 1989) • London
Punkharmonic Orchestra 1998) • Jack Hayter 2002)

디 온리 원스는 왜 자신들이 히트를 못했는지 의아해하는 원 히트 원더 그룹이다. 그리고 이 곡은 바로 그들이 남긴 단 하나의 걸작이다. "Another Girl, Another Planet"은 한번 들으면 잊지 못할 인트로와, 재치 있게 길게 빼 발음한 가사, 완성도 높고 휘황찬란한 기타 솔로를 자랑한다. 피트 도허티와 존 필은 이 곡의 팬이다. 이 곡은 "역대 녹음된 록 싱글 중 가장 위대하다"고 묘사되기도 했다. 간단히 말해, 넘버 원 냄새가 마구 풍기는 즉각적 고전감이라는 말이다. 그러나 영국에서 이 곡은 57위에 오르는 데 그친다.

곡의 전개 방식은 이러하다. 조용한 기타 라인을 시작으로 베이스와 퍼커션이 중간에 합류하고, 트랙이 시작한 지 1분이 경과한 후에야 보컬리스트 겸 송라이터인 피터 페렛의 비음 섞인 보컬이 등장한다("I always flirt with death / I could kill, but I don't care about it난 항상 죽음과 시시덕거리지 / 난 죽일 수도 있어. 하지만 난 그런 데는 신경 안 써)"). 페렛은 뛰어난 작사가였다. 그의 이런 솜씨는 런던 남부의 길거리와 영국 기숙사 학교에서 얻어진 것이다. 그의 노래 중 다수는(이 곡도 포함하여 말이다. 좀 간접적으로라도) 마약에 대한 암시를 담고 있다. 페렛의 주장에 따르면 그는 밴드의 첫 자체 제작 앨범의 예산을 마련하기 위해서 마약을 팔았고, 후에 스스로도 파괴될 지경으로 중독되었다고 한다. 그는 계속해서 또 다른 재주꾼이자 마약 복용자인 조니 썬더스와 협력하게 되고, 함께 "You Can't Put Your Arms around a Memory"를 연주하지만, 온리 원스는 3장의 (이따금씩만 훌륭한) 앨범 제작 내내 비틀거리다가 결국 결별을 맞이한다(그리고 2007년 다시 필연적으로 재결합한다). 이들의 대표 곡은 광고와 수많은 사운드트랙에 그 모습을 드러냈고, 베이비셈블즈, 리플레이스먼츠, 블링크-182가 커버했으며, 심지어는 한 미국 영화의 제목에게 이름을 빌려주기까지 한다. 하지만 정말 단 한 번도, 히트 곡이 되진 못했다. **PW**

Germ Free Adolescents | X-Ray Spex (1978)

Writer | Poly Styrene
Producer | Falcon Stuart
Label | EMI
Album | *Germ Free Adolescents* (1978)

"한창 레게 열병이 일고 있을 때
사람들은 스캥크도 추고, 느린 춤도 췄어요.
그리고 전 그 곡에 맞춰 그런 춤을
출 수 있었죠."

폴리 스타이렌, 2008

◀ **Influenced by: Heavy Manners** · Prince Far-I 1976)
▶ **Influence on: Not a Pretty Girl** · Ani DiFranco 1995)
● **Covered by: The Levellers** 1997) · Michael Monroe
2003) · Studio 99 2006)
★ **Other key tracks:** Oh Bondage Up Yours! 1977) · The
Day the World Turned Day-Glo 1978) · Identity 1978)

영국 펑크 물결을 타고 등장한 수많은 훌륭한 밴드들 중에서, 엑스-레이 스펙스만큼 두드러진 존재는 많지 않았다. 가장 큰 이유는 밴드가 보유했던 대단한 싱어 마리안 엘리엇(일명 폴리 스타이린)이었다. 영국과 소말리족 피를 둘 다 이어받은 그녀는 브릭스톤 태생으로, 다채로운 옷을 즐겨 입었고, 엄청나게 헝클어진 머리칼에 이에는 치아 교정기를 단 채 말로 형언할 수 없는 목소리를 자랑했으며(그녀는 오페라 싱어 훈련을 받았다), 18세 소녀치고 초자연적이라 할 수 있는 자신만만함을 풍겨댔다. 겉보기, 음악, 스타일에 있어서 엑스-레이 스펙스는 너무나 유행에 앞선 나머지 아예 번지수가 다르다고 할 정도였다. 폴리는 소비지상주의와 점점 1회용화되는 라이프스타일에 조소 섞인 말을 던졌고, 여성성에 대해서도 조롱을 일삼으며 노래 하나하나에서 관습에 도전했다. 그리고 모든 노래가 진정 훌륭했으며, 공격적이었고, 통통 튀는 펑크-팝에 유명 상표 모티브까지 달고 있었다(그것은 바로 루디 톰슨이 악의에 차 휘두르는 튜닝 나간 색소폰 사운드였다!).

"Germ Free Adolescents"(때로는 레이블에 "Germ Free Adolescence"라 써 있을지 모르지만, 여기서 우리는 본래 스펠링을 따르겠다)는 독특했다. 색다른 싱글들을 줄줄이 내놓은 이 밴드에게 이것은 그다지 색다른 일이 아니었다. 대개, 클래시의 "(White man) In Hammersmith Palais"가 펑크와 레게를 융화시킨 최초작이라 일컬어지지만, 어쩌면 폴리가 이 트랙으로 그들을 이길 수도 있었을 것이다. 최면적인, 거의 환각적으로 느리다고 할 수 있는 이 곡은 밴드가 런던의 펑크 클럽 더 록시에서 맞추어 춤췄던 더브 레게 레코드들을 모방하고 있다. 가사는 "하루에 10번 이를 청소하는" 한 소녀에 관한 내용이다. 그 주인공은 세균을 무서워하고 청결에 집착한다. 메시지는 뻔했다. 진정 자연의 법칙에 어긋난 것은 그때가 아니라 일상적인 의식적 정화 활동이란 것이다. 곡 초반에 느껴지는 약간의 우울증세는 곡이 전개되며 점점 악화된다. 압박감을 이유로 대며 스타이린은 밴드를 떠나 하레 크리슈나 신자로 귀의한다. 정말 끝까지 독특하다. **PW**

Runnin' with the Devil | Van Halen (1978)

Writer | Edward Van Halen, Alex Van Halen, Michael Anthony, David Lee Roth
Producer | Ted Templeman
Label | Warner Bros.
Album | *Van Halen* (1978)

"전 밴 헤일렌이 미국 로큰롤의,
그리고 전 세계 로큰롤의
미래라 생각해요."

데이비드 리 로스, 1978

◀ **Influenced by: Dealer** • Deep Purple 1975)
▶ **Influence on: Lay It Down** • Ratt 1985)
● **Covered by:** Bryan Clark 2003) • Whitney Morgan & The Waycross Georgia Farmboys 2006)
★ **Other key tracks: Eruption** 1978) • **Ain't Talkin' 'bout Love** 1978) • **Jamie's Cryin'** 1978)

딥 퍼플은 잠잠해졌고, 블랙 사바스는 침몰 중이었고, 레드 제플린은 종적을 감추고 있었다. 그러는 동안 성공은 키스와 에어로스미스를 그야말로 산 채로 집어삼켰다. 하드록은 뭔가 따끔한 격려가 필요했다.

반 헤일런이 바로 그 따끔한 한 방이었다(게다가, 그게 다가 아니다). 그들의 데뷔 앨범은 힘찬 펀치로 가득했다. 그러나 싸움의 승리는 첫 3분 30초 만에 결정난다. "Runnin' with the Devil"은 레코드판에 새겨진, 역대 최고의 우수성을 자랑하는 오프닝 트랙 중 하나였다.

반 헤일런의 라이브 공연에서 이미 오랜 단골로 지내온 이 곡은 키스의 베이시스트 진 시몬스의 자금을 받아 1977년 데모테이프로 만들어진다(당시에는 좀더 빠르고 펑키 funky한 느낌이었다). "곧 저는 제가 오버 더빙을 싫어한다는 것을 깨달았어요." 에디 반 헤일런이 기타 월드에 말했다. "진이 말했죠. '스튜디오 녹음은 이런 거야. 우선 한 트랙에 먼저 리듬 섹션을 녹음해 넣고 다른 트랙에 솔로 파트를 얹는 거지'라고요." 전 제 리듬 파트로부터 리드와 필을 분리시키는 게 매우 거북하게 느껴졌던 게 기억나요. 무대에서 저는 2가지를 동시에 하는 데 이미 익숙해져 있었거든요."

그럼에도, 〈Van Halen〉에 실린 버전은, 기타 오버덥이 들어간 몇 안 되는 앨범 수록 곡 중 하나가 된다. 추가적 음향 기법이 인트로의 차 경적 소리에 쓰였다(1977년 데모에서도 등장하는 이것은 들리는 바에 의하면 시몬스의 아이디어였단다). 밴드 소유 차량의 차 경적을 (자동차 배터리에 연결시켜) 활용해 만든 결과물을 거꾸로 플레이하니 그런 위협적 효과가 탄생하였다.

오하이오 플레이어스의 1974년작 "Runnin' from the Devil"로부터 영감을 받아 지어진 제목은 악마 숭배를 암시했다(이로써 아담 샌들러의 2000년 영화 〈리틀 니키〉에 등장한 것이다). 그러나 가사는 사실 데이비드 리 로스의 반항아적 태도를 간추려 말한 것이다. "우리는 관습을 거부하는 걸 두려워하지 않았죠." 그가 1977년 이렇게 회상한다. 미국에서 이룬 1천만 장 판매 기록을 통해, 운명은 용기 있는 자에게 호의적이란 것이 증명되었다. **BM**

Hammond Song
The Roches (1979)

Writer | Margaret A. Roche
Producer | Robert Fripp
Label | Warner Bros.
Album | *The Roches* (1979)

사이먼 앤 가펑클을 해체한 직후, 폴 사이먼은 뉴욕대에서 송라이팅 지도를 하기로 조용히 계약한다. 매기와 테리('Terre'는 '테리'로 발음한다), 로쉬는 뉴욕대 학생은 아니었지만 그곳으로 발걸음을 옮겼다. 대학 로비에서 사이먼에게 곡 몇 개를 보여줄 작정으로 말이다. 결국, 송라이팅 수업에 오라고 초대한 것이 사이먼의 반응이었다.

이것이 암시하는 모든 양면 감정 대립에도 불구하고, 사이먼의 지원은 도움이 되었다. 그는 이들 둘이 음악 레슨을 받을 수 있도록 금전적 지원을 보냈고, 이들에게 자신의 1973년 앨범 〈There Goes Rhymin' Simon〉에 참여해볼 것을 권했다. 사이먼은 게다가 2년 후, 그들의 데뷔 〈Seductive Reasoning〉의 공동 프로듀서를 맡는다. 이 두 자매는 이후 남쪽으로 가 루이지애나주 해먼드로 이사 온 한 오랜 친구와 시간을 보내기로 결정한다. 이들의 방문이 곧 "Hammond Song"의 기본 바탕을 형성하게 된다.

이 노래가 녹음되었을 무렵, 로쉬스는 이제 3인조로 불어난다. 여동생 서지('Suzzy'는 'fuzzy'와 운이 맞는다)가 그 추가 멤버였다. 뉴욕 포크 클럽에서 공연을 펼치던 이들은 워너 브러더스의 눈에 띄고, 킹 크림슨 기타리스트 로버트 프립 또한 이들을 발견하고 3인 구성의 로쉬의 첫 레코드를 제작하기로 나선다. 어찌 보면 조금 어울리지 않는 결합같지만, 프립의 여유로운 프로듀싱(슬리브에 "audio verite"로 했다고 쓰여 있다)은 이 3인조에게 자신들의 대담하고 세련된 하모니를 마음껏 발휘할 수 있는 공간적 넉넉함을 허락한다. 그리고 "Hammond Song"에 프립 자신이 직접 선사한 천상의 기타 솔로는 정말 완벽한 조화를 이루었다. 솔로이스트로서, 그리고 그룹으로서도 이들은 결코 이보다 더 호소력 깊은 노래는 만들지 못했다. **WF-J**

Heaven
Talking Heads (1979)

Writer | David Byrne, Jerry Harrison
Producer | Brian Eno, Talking Heads
Label | Sire
Album | *Fear of Music* (1979)

토킹 헤즈의 3번째 앨범에 수록된 컨트리 앤 웨스턴 빛깔 발라드는 본래 모나고 괴짜스러운 뉴웨이브로 분류되던 그들의 음악 스타일에 방향의 전환을 제시했다.

싱어 데이비드 번은 가사를 종종 곡의 소재를 예기치 못한 방식으로 약화시키거나 노출시키곤 했다. "Heaven"에서 그는 사후세계에 관한 자신만의 두드러진 세속적 비전을 창조해 보인다. 물론 아마도 크리스천 컨트리 뮤직에서 영감을 끌어 온 것도 있긴 할 것이다. 고통, 슬픔, 어려움이 존재하지 않는 내세를 그려보며, 그는 기이할 만큼 무균상태인 영혼이 깃들지 않은, 공허한 유토피아를 제시한다("Heaven is a place…where nothing, nothing ever happens 천국이란…그 어떤 별도 일어나지 않는 그런 곳이지"). 그것은 순환을 거듭하는 영원성이란 불안한 비전이라 할 수 있다. 그곳에는 무의미한 공허감으로까지 한껏 뻗친 행복이 존재했다("The band in Heaven…play my favorite song, they play it one more time, they play it all night long 천국의 밴드는 내가 제일 좋아하는 노래를 연주해. 그들은 그걸 한 번 더 연주하고, 밤새도록 연주하지"). 그러나 여기에도 양면성이 존재한다. 천국이 도피, 완벽, 평온을 제공할 것이라는 미묘한 암시가 바로 그것이다.

이 트랙이 자랑한 넉넉하고 여유로운 제작 스타일(크리스 프란츠와 티나 웨이머스의 뉴욕 아파트에서 이동식 노상 리코딩 머신을 통해 곡이 녹음된 방식이 일부 요인으로 작용한다)은 곡의 초현실적인 분위기를 한층 더 강화시킨다. 배킹 하모니를 곁들인 어쿠스틱 기타와 베이스 편성으로 편곡된 훌륭한 버전이 후에 등장하며, 평단의 격찬을 받은 라이브 공연 동영상 〈스톱 메이킹 센스〉에 수록된다. **JL**

토킹 헤즈의 데이비드 번이 1979년 런던 공연 중 그 전형의 포커페이스를 보여준다.

The Eton Rifles | The Jam (1979)

Writer | Paul Weller
Producer | The Jam, Vic Coppersmith-Heaven
Label | Polydor
Album | *Setting Sons* (1979)

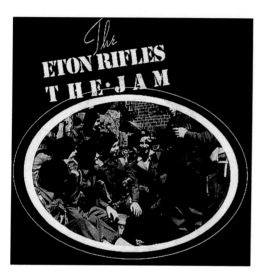

"군사교련단들 흥이나 나라고 만든
빌어먹을 술자리 노래가 아니었다고요."

폴 웰러, 2008

◄ **Influenced by: Substitute** • The Who (1966)
► **Influence on: What a Waster** • The Libertines (2002)
● **Covered by: The Nutley Brass** (1996) • **Stereophonics**
(2009)
★ **Other key tracks:** In the City (1977) • English Rose
(1978) • The Butterfly Collector (1979)

웰러가 트레일러 하우스 안에서 쓴 이 곡은 1978년 슬라우에서 있었던 이튼 스쿨 학생들과 좌파 시위자들 사이의 분쟁으로부터 영감을 끌어와 탄생됐다. 웰러는 이 소재를 통해 영국 내의 계급 사이에 존재하는 불평등이라는 더 큰 주제에 대해 이야기해보려 했다("Thought you were smart when you took them on / But you didn't take a peep in their artillery room / All that rugby puts hairs on your chest / What chance have you got against a tie and a crest(그들한테 덤볐을 때 네가 꽤나 똑똑한 줄 알았지 / 하지만 넌 그들의 무기고를 들여다보지 않았구나 / 그렇게 럭비를 해대면 힘 좀 쓰게 된단다 / 넥타이와 문장을 상대로 네가 이길 가망성은 거의 없어)?"). 있는 대로 까발린 가사는 적개심으로 불타오르는 음악의 지지를 받아 서로 완벽한 조화를 이루고 있다. 그러나 제대로 완성시키기에 결코 쉬운 트랙은 아니었다. 프로듀서 빅 카퍼스미스-헤븐은 적절한 음향 환경을 이루기 우해 스튜디오의 벽과 바닥에 골함석판을 대기까지 했으니 말이다. 라이브 녹음 시 얻어지는 장점을 누리지 못했던 이유로, 이들은 3번의 시도를 거듭한 끝에서야 결국 파워풀한 결과물을 얻어냈다. 카퍼스미스-헤븐은 이 결과물이 "완전 타오르듯 짜릿했다"고 한다. "우린 이게 대단한 싱글이 될 거란 걸 알고 있었죠."

게다가 흥행에도 성공한다. 이 곡은 잼이 이룬 첫 영국 톱 10 진입 트랙이었다. "Eton Rifles"를 좋아한다는 영국 수상 데이비드 카메론의 고백이 낳은 유일한 결과는, '모드파더(Modfather)'인 폴 웰러가 그 말에 자극을 받아 이 곡을 다시 라이브 공연에 올리기 시작했다는 사실이다. 이렇듯, 잼 활동 시대 작품 중 상급 대우를 받는 몇 개의 곡 중 하나가 바로 이 곡이다. "오늘날에도 이 노래의 내용이 사회와 연관되는 것은 정말 안타까운 일입니다." 웰러가 말한다. "그저 똑같은 허튼짓이 계속되는 거고 있는 거죠. 명목만 바뀌고요." **CB**

London Calling | The Clash (1979)

Writer | Mick Jones, Joe Strummer
Producer | Guy Stevens
Label | CBS
Album | *London Calling* (1979)

"'London Calling'이 나올 때 즈음, 저희는 이미 완전한 성인 남자가 되어 있었습니다. 여기저기 돌아다녀본 턱에 좀 더 세상 물정에도 밝아 있었죠."

폴 시모논, 2004

◀ **Influenced by: Dead End Street** • The Kinks (1966)
▶ **Influence on: Don't Break the Red Tape** • The Enemy (2009)
● **Covered by:** The Pogues (1993) • Captain Tractor (1995)
One King Down (1999) • The Business (2003)
Gelugugu (2003) • Bruce Springsteen (2009)

영국의 1세대 펑크족들을 한 교실에 모아놓는다면, 댐드는 아마 맨 뒤에 앉아 허튼짓이나 하며, 개구리를 가져다 여학생들을 괴롭히는 얼간이일 것이고, 섹스 피스톨즈는 아마도 듣는 말마다 별다른 이유 없이 반론하고 드는 건방진 폭주족들일 것이다. 클래쉬는 세상이 얼마나 요지경이 되었는지 (뒤풀이하여, 큰 목소리로) 모두에게 상기시키는 도전적 반항아들이었을 것이다.

1번째, 2번째 앨범과 동일하게 〈London Calling〉은 이들을 분노하게 했지만, 이번에는 좀 더 성숙한 모습으로 전환되었다. 이 싱글이 영국에서 차트 11위를 기록한 지 25년이란 세월이 지난 후, 기타리스트 믹 존스가 이렇게 회상했다. "이 노래에 구체적인 아이디어를 새겨넣는 데 필요한 기폭제가 되어준 사람이 바로 조(스트러머)였어요."

이번 트랙에서는 미국의 스리마일 섬의 원자력 발전소 사고, 경찰의 만행, 약물, (재정적·기후적) 재앙, 문화적 저능 상태에 대한 인급이 담겨 있다. 클래쉬가 발표하는 성 병서가 때로는 미세 조정을 통해 좀 더 초점을 날카롭게 맞출 수 있었던 반면, 사회의 죄악으로 한 상 차려놓은 이 가사는 존스와 베이시스트 폴 시모논, 드러머 토퍼 히든이 이룬 불길한 예감의 배킹 트랙의 압제적이고, 묵시록적 분위기를 한층 더 고조시켰을 뿐이었다.

이 노래의 제목은 제2차 세계대전 당시 BBC의 뉴스 전송 첫 멘트로 쓰였던 "This is London calling(여기는 런던입니다)"에 슬쩍 눈짓하고 있다. 스트러머는 이 문구를 활용함으로써, 자신의 경고가 귀담아들을 만한 것들이라는 메시지를 전하고 있다. 시모논이 말했듯, 클래쉬는 "사랑, 키스, 즐거운 시간"에 대한 노래는 다른 밴드의 몫으로 남겨놓았다. **CB**

Transmission | Joy Division (1979)

Writer | Ian Curtis
Producer | Martin Hannett
Label | Factory Records
Album | N/A

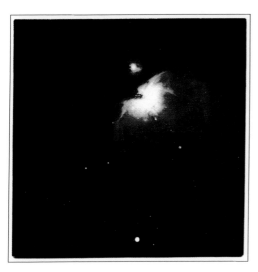

"이리저리 움직여대던 사람들이
하던 것을 멈추고 귀를 기울였죠.
그때 전 깨달았어요.
우리의 첫 대작이 바로 이 곡이란 것을요."

피터 훅, 1994

◀ **Influenced by: Funtime** · Iggy Pop (1977)
▶ **Influence on: Obstacle 1** · Interpol (2002)
● **Covered by:** Submarine (1995) · Low (1996)
The Smashing Pumpkins (1998) · New Order (2002)
Bauhaus (2006) · Innerpartysystem (2008) · Hot Chip
(2009)

조이 디비전을 대표할 만한 이 노래가 그들이 내놓은 어떤 스튜디오 앨범에도 수록되지 않았다는 사실은, 완강하게 비뚤어진 논리를 지닌 조이 디비전에게 너무나 그들다운 일이었다. 그 대신, 이 살포드(그레이터 맨체스터에 위치한다) 출신 4인조의 (엄밀히 따져)첫 싱글이었던 "Transmission" 은 평단의 갈채를 받은 그들의 데뷔 앨범 〈Unknowon Pleasures〉의 발매 이후 5개월이란 시간이 지난 1979년 11월 시장 판매되기 시작한다.

그들의 데뷔 앨범과 마찬가지로 "Transmission"은 팩토리 레코즈의 전속 개성파 프로듀서 마틴 하넷이 작업을 맡았다. 처음에 밴드 멤버들은 하넷의 귀신 나올 것 같이 텅 빈 사운드 스타일을 싫어했다. "저희는 마틴이 너무 모든 걸 누그러뜨렸다고 느꼈어요. 특히 기타 부분을요." 기타리스트 버나드 섬너가 이렇게 불평했다. 그러나 "Transmission"과 같은 곡들에 음산한 여유를 부여한 것은 결국 하넷의 독특한 스튜디오 기벽(예를 들어, 드럼 키트를 분해하여 부품을 각각 따로 녹음해 완전한 "사운드의 분리"를 꾀하자는 등의 행동들) 덕이었다.

피터 훅의 껑충거리는 미니멀리스트적 베이스 라인으로 시작되는 이 곡은 기계에 가까운 정확성을 띠며 가속 전진한다. 여기서 스티븐 모리스의 기계적 드러밍은 나중에 (보컬리스트 이안 커티스를 뺀 나머지) 밴드 멤버들이 뉴 오더로 환생한 후 계속 답사해갈 비트 시퀀싱의 전조라고 볼 수 있다. 리버브에 흠뻑 젖은 섬너의 기타 사운드가 가하는 일격은 격렬함을 증가시키며 커티스의 보컬("라디오에 맞춰 춤을 추라"는 권고)은 통렬한 중얼거림으로 시작되어 점점 고조된다. 이 곡에는 파경에 이른 커티스의 결혼 생활, 그의 간질 투병에 대한 명백한 암시가 담겨 있었고, 그 때문에 이 곡은 1980년 커티스의 자살에 이어 더 큰 의의를 가지게 되었다. 〈24시간 파티하는 사람들〉(팩토리 레코드사에 관한 반허구적(semi-fictional) 전기 영화였다)에서 조이 디비전의 공연은 이안 커티스가 발작을 일으켜 중단된다. 커티스의 미망인, 데보라 커티스는 그녀의 1995년 회고록을, 이 곡의 가사 중 일부를 따 「Touching from a Distance」라 제목 붙였다. **LP**

1979년 조이 디버전의 이안 커티스. 자살하기 이전 해.

Voulez-Vous | Abba (1979)

Writer | Björn Ulvaeus, Benny Andersson
Producer | Björn Ulvaeus, Benny Andersson
Label | Polar
Album | *Voulez-Vous* (1979)

"마음에 드는 새로운 음악들을 많이
접한다는 것은 영감을 받는 데 엄청난
요인이 되죠. 그것만큼 좋은 음악을
만들어야 한다는 자극을 받게 돼요."
베니 안데르손, 1979

◀ **Influenced by:** Stayin' Alive · Bee Gees (1977)
▶ **Influence on:** Drama! · Erasure (1989)
● **Covered by:** High Inergy (1979) · HAM (1990) · Erasure
(1992) · Culture Club (1999) · Morgana Lefay (2001)
★ **Other key tracks:** Waterloo (1974) · S.O.S. (1975)
Knowing Me, Knowing You (1976)

아바의 6번째 앨범 〈Voulez-Vous〉로 거듭나게 될 리코딩 세션들은 당시 많은 문제를 안고 있었다. 왜냐하면 그룹의 바쁜 세계 공연 투어 일정 때문에 이들의 창작 작업이 방해를 받고 있었기 때문이었다. 이 4인조는 최근 스톡홀름에 자신들이 직접 설립한 폴라 스튜디오스가 완공되긴 했지만(이것은 그들의 남은 음악 경력을 위한 홈그라운드로 쓰일 목적으로 만들어졌다), 방랑적 생활 스타일 때문에 이들은 대부분의 시간을 집에서 멀리 떨어져 보내야 했다.

이들은 1979년 1월 바하마스에 정착한 후 배킹 트랙을 녹음하러 마이애미로 옮겨 간다. 이러한 환경의 변화는 그들의 작곡 활동에 활력을 불어넣었고, 압도적인 디스코 비트를 추진력 삼은 "Amerika"라는 제목의 노래가 곧 등장하는 배경이 되었다. 비요른 울바에우스와 베니 안데르손은 디스코에 매혹되어 있었고(당시 디스코 열기가 미국 전역을 휩쓸고 있었다), 그중에서도 비지스의 대중적 스타일을 비롯해, 리듬과 멜로디의 조화를 이루어내는 시크의 흠잡을 데 없는 능력이 이들을 사로잡았다.

마이애미의 크라이테리아 스튜디오에서 미국의 베테랑 R&B 프로듀서 겸 엔지니어인 톰 다우드의 참여 아래 녹음된 "Amerika"라는 이름의 리듬 트랙은 결국 "Voulez-Vous"로 탄생한다. 이것은 그들이 낳은 가장 실효성 강한 그루브였다. 그것은 농도 짙은 절정의 대물로, 후에 유로디스코로 알려질 음악 스타일의 시초가 된다. 폴라 스튜디오에서 마무리 작업이 진행된 이 트랙은 나이트클럽에서의 사냥을 노래하고 있는 듯 보인다. 프리다와 아그네사가 함께 부르는 리드 보컬이 등장하며, 아바의 과거 히트작 "Knowing Me, Knowing You"의 트레이드마크가 되어버린 "아–하"를 후렴구에서 암시하고 있다.

이 곡은 당시 그들이 거둔 최대 히트작의 대열에 끼지는 못했지만, 노출이 상대적으로 적었던 탓에 오히려 아바의 장수 곡 중 하나로 남게 된다. 이 곡이 아바에게 에너지를 불어넣은 것은 분명하다. 그 몇 개월 안에 이들이 새로운 앨범 한 장을 거의 완성시켜버렸으니 말이다. **DE**

Beat the Clock | Sparks (1979)

Writer | Ron Mael, Russell Mael
Producer | Giorgio Moroder
Label | Virgin
Album | *No. 1 in Heaven* (1979)

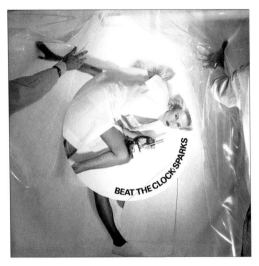

"'Beat the Clock'은 제가 쓸 당시만 해도 마치 벨벳 언더그라운드 노래 같았어요… 하지만 지오르지오가 이 곡을 위해 해준 건 정말 기가 막힐 만큼 대단했죠."

론 마엘, 2002

◀ **Influenced by: I Feel Love** • Donna Summer (1977)
▶ **Influence on: Planet Earth** • Duran Duran (1981)
● **Covered by:** Bent Boys (1993)
★ **Other key tracks:** Amateur Hour (1979) • Never Turn Your Back on Mother Earth (1974) • The Number One Song in Heaven (1979)

1978년, 스파크스는 선택의 기로에 놓이게 된다. 로스앤젤레스 태생의 형제 론과 루셀 메일은 1973년 영국으로 활동 지역을 옮겨, 하루아침 스타로 급부상한다. 3장의 성공적인 LP를 낸 후 이들은 고향에서 성공을 해보고자 시야를 돌린다. 2장의 앨범이 헛수고로 끝났고, 이들의 오페라풍 폼프 록은 그 시대와 발걸음을 맞추지 못하고 있었다.

그러나 이들 형제는 전환점을 맞이한다. 도나 서머의 "I Feel Love"를 듣고 그 마술에 매혹되어버린 것이다. 록 뮤지션들과 함께 작업하는 것을 그다지 좋아하지는 않았던 이들에게 댄스 비트와 신디사이저를 자신들의 곡에 융합시키는 것은 어찌 보면 다음 단계로 너무 당연한 것이었다. 사교적 성격이었던 그들의 매니저, 존 휼렛의 마지막 활약은 이들 형제를 조르지오 모로더와 연결시켜 준 것이었다(모로더는 당시 서머와의 음반 제작 이후 절정을 달리던 중이었다). 이 셋은 함께 작업에 돌입했고, 론과 러셀은 '밴드'라는 개념을 던져버리고 최초의 신디사이저 듀오로 거듭나게 된다.

론은 모로더에게 자신이 작곡한 것들을 보여주었고, 이 프로듀서는 2곡을 제외한 나머지 모두를 불합격시킨다. 그중 하나가 "Beat the Clock"이었다. 모로더는 본래 피아노를 기반으로 쓰인 곡의 본래 뿌리를 걷어내고 이것을 통통 튀는 디스코 팝으로 변형시켜놓는다. 그의 공범은 라이브 드럼 플레이를 맡은 키스 포지였다.

론의 재치 넘치는 가사는 현대인의 삶의 페이스에 초점을 맞추며, 곡의 주인공은 2시에 학교에 들어가 그날 오후 박사 학위를 딴 다음 4시에는 이미 이혼까지 마친다. 그의 인생 포부는 리즈 테일러를 만나는 것이라는데 그 일도 갑자기 모두 성사된다. 이 트랙을 통해 스파크스는 영국 톱 10의 지위에 복귀한다. 여기에는 버진 레코드의 효과적 마케팅 캠페인도 한몫 톡톡히 했다. 한편 진지한 록 전문지들은 이들 형제가 "디스코로 전향했다"며 조롱을 일삼는다. 그후 2년이 지나자, 영국 차트 전체는 신스 듀오들 투성이가 되었다. **DE**

Oliver's Army | Elvis Costello & The Attractions (1979)

Writer | Elvis Costello
Producer | Nick Lowe, Elvis Costello
Label | Radar
Album | *Armed Forces* (1979)

"그들은 항상 노동자 계급 남성에게
살인 행위를 맡기죠.
그게 누가 했던 말인지 모르겠네요.
아마 저였던 것 같아요."

엘비스 코스텔로, 2002

◀ **Influenced by: Dancing Queen** · Abba (1976)
▶ **Influence on: Shipbuilding** · Robert Wyatt (1982)
● **Covered by:** Billy Bragg (1988) · Blur (1993)
Raimundos (1997) · Peter Mulvey (2002) · Belle &
Sebastian (2002) · Minibar (2003) · Dirty Pretty Things
(2006) · Bill Janovitz (2008)

코스텔로의 음악 인생에서 최고 수위점은(어쨌든 상업적 의미로 보았을 때) "Oliver's Army"였다. 이 곡이 영국 차트에서 상승한 요인에 베니 안데르손의 "Dancing Queen" 피아노 모티브를 횡령한 것이 도움이 되었다는 것은 의심할 여지도 없다. 그러나 그 팝적 외양 뒤에는 코스텔로가 1978년 벨파스트의 "Murder Mile"을 최초 방문한 데서 영감을 받아 전한, 반(反)국군주의적 비난의 메시지가 놓여 있다. 여기서 언급하는 군대란 크롬웰의 신모범군(New Model Army)이었다(그들은 근대 영국군의 선조 격이었고 17세기 당시 드로에다와 웩스포드에서 일어난 악명 높은 대학살의 선동자 역할을 했다).

코스텔로의 가사는 빽빽하고 암시적이며 팔레스타인, 베를린 장벽, 홍콩, 요하네스버그 등 당시의 국제적 시사 쟁점 리스트를 줄줄이 읊조린다. 동시에 그는 신병 모집 포스터에 적힌 오도의 소지가 있는 문구를 꼬집어 비난하기도 한다("There's no danger / It's a professional career(위험의 소지는 없어 / 그건 전문 직종이야)"). 그러나 70년대 역사적 사실에만 한정되지는 않는다. 영국 내전에 대한 암시부터 윈스턴 처칠의 이름 삽입까지, "Oliver's Army"는 시공을 초월하는 네버랜드에 살고 있다. 과거 소속 레이블 스티프 레코드의 동료였던 조나 루이도 1980년 크리스마스 히트 "Stop the Calvary"를 통해 이 땅에 발을 들여놓게 된다.

왠지 버피 세인트-마리의 반전 운동 포크 송 "Universal Soldier"(이 곡은 인간들의 사이의 전쟁에 싸우러 보내지는 청년을 향해 그녀가 보내는 시공을 초월한 탄식이었다)를 악의에 찬 새로운 버전으로 업데이트시킨 것 같은 느낌을 떨쳐버릴 수 없긴 하다. 잔혹할 만큼 기억하기 쉬운 코러스와 흥겨운 배럴하우스 피아노의 등장 사이에는 그 악명 높은 구절 "One more widow, one less white nigger(과부는 1명 더 생기고 백인 노예는 1명 더 사라지네)"가 끼어 있었고, 이러한 단어 선택으로, 이 곡은 미국의 싱글 차트에 진입 못할 소지가 이미 충분했다. 그러나 코스텔로는 이것을 바꾸지 않겠다고 딱 잘라 거절한다. "그게 바로 목적이었는걸요." 그는 1982년, "아바의 싱글들 한가운데 놓인 암울한 가슴"이길 원했다고 말했다. **SP**

Tusk | Fleetwood Mac (1979)

Writer | Lindsey Buckingham
Producer | Fleetwood Mac, R. Dashut, K. Caillat
Label | Warner Bros.
Album | *Tusk* (1979)

"곡이 제대로 만들어졌고,
눈부시게 아름다운 소리가 탄생했죠.
그것이 너무 자랑스러워요. 아직도 이 곡을
주크박스에서 발견하곤 합니다."

믹 플릿우드, 1995

◀ **Influenced by: Born in Captivity** · The Alpha Band
(1977)
▶ **Influence on: Brother Sport** · Animal Collective (2009)
● **Covered by:** R.E.M. (1991) · Camper Van Beethoven
(2002)
★ **Other key track:** Gold Dust Woman (1977)

머리가 돈 듯한 더블 앨범들은 주로 70년대 초반 프로그 록과 연관이 있는 것이 대부분이다. 그러나 70년대가 저물어가며, 이것은 야심찬 것부터 완전히 맛이 간 것까지 다양한 형태로 거듭났고, 클래쉬의 〈London Calling〉, 핑크 플로이드의 〈The Wall〉, 스티비 원더의 〈Journey through the Secret Life of Plants〉 등이 거기에 포함된다.

광기의 수위를 기준으로 따져본다면 플릿우드 맥의 〈Tusk〉는 중간 등급이라 할 수 있었다. 20곡 내내, 이 밴드의 멜로디적 위대성은 뉴웨이브 풍미의 실험을 시도하는 기타리스트 린지 버킹엄과 조화를 이루고 있었다.

타이틀 트랙에서는 정신분열증이 부글부글 끓어올랐다. 드러머 믹 플릿우드가 모조에 한 말에 따르면, 이것은 "사운드 체크할 때 우리가 그냥 잼하던 리프로부터" 탄생하게 되었다고 한다. 그는 이렇게 말했다. "우리가 그 앨범을 시작했을 때 모두들 참여했지만, 하나같이 다들 흥미를 잃어버렸어요. 한 1년 동안 쓰레기통에 처박아두었죠. 그러고는 제가 다시 끄집어냈어요…제가 다저 스태디움에서 U.S.C.(서던 캘리포니아 대학교) 마칭 밴드를 녹음하고 싶다 말하자 그들은 제가 머리가 돈 게 분명하다 생각했어요. 그래서 그냥 제 사비로 처리했죠."

영상에서 바통을 돌리는 싱어 스티비 닉스는 이 노래와 앨범 타이틀의 영감이 되어준 존재가 무엇이었는지 기억한다. "스튜디오 내에 콘솔 양쪽으로 믹의 키만큼 큰 2개의 상아 엄니가 있었죠. 그리고 저희끼리 보드를 '엄니(Tusk)'라 부르게 되었어요. 뭐가 잘못되면, '엄니 상태가 안 좋아' 뭐 이렇게 말했죠. 그 스튜디오에서 보내는 13개월 동안은 마치 모든 음악 신들이 살고 있는 신성한 아프리카 퍼커션의 집을 향해 신성한 산을 등반하는 여정과 같았죠."

비록 이 앨범 자체는 실패로 여겨졌지만, 그 타이틀 트랙은 세계 전역에서 톱 10의 지위를 확보했다. "아무 가사도 없었는데, 저희가 거둔 최고의 히트 중 하나가 되어버린 거죠." 플릿우드가 놀란 듯 말한다. "그런 게 오히려 제대로 효과를 보았죠…후에 저희는 마칭 밴드와 함께 이 곡을 라이브 공연하게 되었어요. 대단히 멋있었습니다." **BM**

Gloria
Umberto Tozzi (1979)

Writer | Umberto Tozzi, Giancarlo Bigazzi
Producer | Umberto Tozzi
Label | CBS
Album | *Gloria* (1979)

오늘날에 이르러 70년대 말은 펑크의 물결이 열병처럼 휩쓸고 간 시기로 기억된다. 그러나 당시 유럽 대부분의 지역은 디스코의 먼 친척뻘 되는 스타일들에 완전히 사로잡혀 있었다. 그리고 아바의 "Dancing Queen"를 그 대표선수라 한다면, 그 뒤를 바짝 쫓고 있는 것이 바로 이 27세 토치의 앤섬이었다. 이건 정도(正道)를 걷는 자의 승리를 보여주었다. "Gloria"는 토치가 이룬 최대 히트작은 아니었다("Ti Amo"가 1977년 이태리 팝 차트를 장악했다). 그러나 이 곡은 유럽 대륙을 휩쓸었고, 영국 대중을 위해 조나던 킹이 만든 커버 버전은 미국 라틴 차트 진입에 성공했다.

1982년, 편곡가이자 키보디스트인 그렉 마티슨이 곡을 신세계로 전파한다. 여기서 캐나다 출신 송라이터 트레보 비치가 가사를 수정하여, 가벼운 러브 송(킹은 "Gloria, when I'm with you, my life takes on new meaning(글로리아 너와 함께 있으면 내 삶에 새로운 의미가 생겨)"이라 노래했다)에서 경고의 말로("If everybody want you, why isn't anybody calling(모두들 널 원한다는 게 정말이라면 / 왜 아무도 너에게 전화하지 않지?)") 탈바꿈시켰다. 로라 브래니건의 데뷔 앨범에 사용된 이 곡은 미국에서 2백만 장의 판매 기록을 세웠고 미국 차트 2위로 솟구치며 다시 한 번 세계를 휩쓸게 된다(독일에서 차트 석권을 한 이 버전은 토치의 오리지널 버전을 1위 자리에서 떼어놓았다). 그 어마어마한 리프는 잠들기를 거부하고, 올리비아 뉴튼-존의 "Physical"과 펄프의 "Disco 2000"에 모습을 드러낸다(필리핀 대통령 글로리아 마카파갈 아로요의 2004년 선거 캠페인에도 등장한다). 20년이 지난 후 토치는 비치의 버전을 자신의 베스트 오브 앨범에 녹음 수록했다. **DH**

Black Eyed Dog
Nick Drake (1979)

Writer | Nick Drake
Producer | Joe Boyd
Label | Island
Album | *Fruit Tree* (1979)

오늘날 닉 드레이크는 지난 반세기 동안을 통틀어 가장 중요한 영국 싱어-송라이터 중 하나로 여겨진다. 하지만 1969년과 1972년 사이 출현한 그의 세 앨범은 발매 당시 별다른 주목을 끌지 못했었다. 드레이크는 스타가 될 기대에 차 있었지만 그것이 실현되지 않자 분노와 우울증에 사로잡히게 된다. 1974년 초, 그의 프로듀서 조 보이드는 새로운 앨범을 위해 리코딩 세션을 마련했지만 드레이크는 전혀 아무것도 녹음할 기분이 아니었다. 보이드와 프로듀서 존 우드는 하루 밤 안에 4개의 기타 트랙을 만들어 내는 데 성공한다. 그리고 그 다음 날 밤 보컬과 대강의 믹싱 작업을 끝내놓았다. 4트랙 모두 암울하고 쓸쓸한 탄식이었고, 그중 "Black Eyed Dog"가 제일 그랬다. 이 트랙은 5년간 미발매 상태로 남아 있다가, 나머지 세 트랙의 완성본과 함께 드레이크의 3번째 앨범 〈Pink Moon〉에 추가된다(이것은 1979년 발매 박스 세트〈Fruit Tree〉의 일부로 발매되었다).

"검은 개"는 오랫동안 악마의 상징으로 여겨져 왔고 18세기부터 우울증의 완곡어로 쓰였다(윈스턴 처칠이 이 말을 사용한 것이 유명하다). 언젠가 닉 드레이크는 한 저널리스트에게 블루스맨 로버트 존슨과 같이 지옥의 개, 혹은 검은 개가 자신의 뒤를 밟고 있다고 말했다. 빽빽하지 않은, 3개의 스트링만을 사용해 피킹한 기타 라인과 확신 없이 전율하는 음성을 통해 드레이크는 이렇게 슬퍼한다. "A black-eyed dog he called at my door / The black-eyed dog he called for more(까만 눈의 개가 내 문전에 찾아왔네 / 그 까만 눈의 개는 점점 더 많은 것을 요구했지)." 로버트 존슨의 송북에서 그대로 베껴온 구절이라 해도 믿을 것 같다. **SA**

1972년의 닉 드레이크. 영국 송라이팅계의 귀재.

Are "Friends" Electric? | Gary Numan & Tubeway Army (1979)

Writer | Gary Numan
Producer | Gary Numan
Label | Beggars Banquet
Album | *Replicas* (1979)

GARY NUMAN
"ARE FRIENDS ELECTRIC?"

REPLICAS
gary numan +
tubeway army

"저희는 처음으로 차트 정상 일레트로닉
뮤직을 기록했고, 이건 다른 밴드들에게
많은 길을 열어주었습니다.
전 그걸 자랑스럽게 여겨요."

개리 뉴먼, 2009

◀ **Influenced by: The Man-Machine** · Kraftwerk (1978)
▶ **Influence on: Metal** · Nine Inch Nails (2000)
● **Covered by:** Replicants (1995) · An Pierlé (1996)
Moloko (1997) · Information Society (1997) · Republica
(1997) · Rosetta Stone (2000) · Chris Whitley (2006)
Weezer (2008) · The Dead Weather (2009)

개리 뉴먼의 장수 일렉트로닉 발라드 "Are 'Friends'
Electric"은 튜브웨이 아미의 리드 싱어가 밴드의 예전 작
품들이 보여준 록/포-펑크(rock/faux-punk) 경향에서의 방
향 전환을 의미했다. 이 노래가 기타와 전통적인 록 악기
편성을 완전히 벗어던진 것은 아니었지만, 훗날 뉴먼과 동
의어처럼 취급될 대담하고 노골적인 일렉트로닉 사운드임
은 분명했다.

인간성을 말살시키는 과학 기술이 급속히 퍼진 세상에
서 느끼는 소외감에 대한("친구들"이 소셜 네트워킹 사이트에서
만나는 시대에 대한 선견지명 정도) 분위기 음악인 이 곡은 베
이스 라인과 비스듬한 신스 멜로디가 주를 이루는 빽빽하
지 않은 악기 편성이 구성하는 정확히 맞추어진, 어둡고
혼란스러운 곡이다. 5분 이상 계속 되는 이 트랙은 싱글치
고는 드물게 긴 편이었으며(그건 뉴먼이 서로 다른 두 노래 아이
디어를 혼합시킨 탓이었다), 후렴구도 없는 색다른 구성이었
다.

이 넘버 원 싱글의 패어런트 앨범이었던 〈Replicas〉는
반이상향의 미래의 초상화라는 점에서 컨셉트 앨범에 거
의 가까웠다(여기 영향을 준 작가들 중엔 필립 K 딕과 윌리엄 버로
우스드이 포함된다). 뉴먼은 "친구들"이 "일을 해주며, 당신
이 '친구'를 부르면, 와서 체스도 함께 둬주고, 당신의 음탕
한 섹스 판타지도 만족시키는가 하면, 그 사이에 준하는
어떤 거라도 해주는" 존재라고 했다.

슬리브에는(그리고 컬렉터의 아이템인 그림판(picture disk)에
서도), 인간 로봇 모습을 한 채 고스 룩의 원형을 과시하는
뉴먼의 얼굴이 실려 있다. 사악하고 무감정하며 냉담한
그런 모습이다. 그는 후에 자신의 이런 고립된 감정 상태
가 아스퍼거 장애 탓이었다고 말한다(뉴먼은 갑작스러운 인
기 상승과 함께 일부 음악 언론에서 보내는 조롱이 급증하자 이러한
증세와 맞서 싸워야 했다).

23년이 지난 후 이 곡의 배킹 트랙은 리처드 엑스가 제
작을 맡은 슈가베이브스의 영국 넘버 원 싱글 "Freak Like
Me"의 기반으로 사용된다. 히트로서의 재발견은 평단 사
이에서뿐 아니라 상업적 측면에서도 뉴먼의 지위 향상을
부추겼다. **JL**

Boys Don't Cry | The Cure (1979)

Writer | R. Smith, L. Tolhurst, M. Dempsey
Producer | Chris Parry
Label | Fiction
Album | N/A

"저희는 뭐랄까,
팝 음악을 하고 있었어요.
단지…제대로 못했던 것뿐이에요."

로버트 스미스, 1987

◄ **Influenced by: Love You More** · Buzzcocks (1978)
► **Influence on: Feed Me with Your Kiss** · My Bloody
Valentine (1988)
● **Covered by:** Tuscadero (1995) · Lostprophets (2004)
Superbus (2005) · Grant-Lee Phillips (2006) · Reel Big
Fish (2006) · Razorlight (2006)

음침한 고스 록 밴드 큐어는 좀 어울리지 않게 꽤나 팝 적인 전통을 가지고 있다. 실로, 이들의 데모 곡을 듣고 음반 계약을 주었던 한 유럽 레이블은 (메인 맨 로버트 스미스의 회상에 따르면) 그들을 "틴 그룹으로 만들어낼 수 있다고 생각했을" 정도였다.

"Boys Don't Cry"("60년대 팝송을 재현해보려는 70년대적 시도")는 폴리도어 레이블에 있는 크리스 패리의 주의를 끈다. 그는 곧 자회사 픽션을 설립하고 큐어와 음반 계약을 맺는 한편 그들을 데뷔 앨범 작업에 돌입시킨다. 그 결과 탄생한 것이 〈Three Imaginary Boys〉인데, 이상하게도 여기에는 "Boys Don't Cry"뿐만 아니라 그들의 데뷔 싱글 "Killing an Arab"도 빠져 있었다(미국 레이블 PVC는 이 앨범의 개정본〈Boys Don't Cry〉(1980)에서 두 곡 모두를 포함시킨다).

1979년 싱글로 발매된 이 곡은 흥행에 실패한다. "세상이 완벽했다면, 'Boys Don't Cry'는 넘버 원 히트작이 되었을 거예요." 스미스가 주장한다. 그래도 그는 "그 성공을 지켜나가기 위해 이 곡을 다시, 또다시 바꾸어 쓰지" 않아도 되어서 안도감이 들었다. 그해 여름 한 페스티벌에서 공연 무대를 가진 그는 다른 출연 밴드였던 모터헤드에게 이 곡을 헌정했다.

1986년 새로 발매된 리믹스 버전에서 스미스는 새로운 보컬을 선보였다. 이번에는 음높이를 낮추어 녹음했는데, 그 이유는 스미스가 방송에 출연해 이 노래를 부를 때 고음을 구사하지 않아도 될 수 있도록 부담을 덜어주기 위해서였다. 이 싱글은 그룹의 컴플레이션 앨범 〈Standing on a Beach〉를 홍보하기 위해 쓰인다. 하지만 별나게도, 그 앨범 자체는 막상 "Boys Don't Cry"의 본래 버전을 수록하고 있었다. 이 노래는 1999년 발표된 힐러리 스웽크 출연의 오스카 수상작 영화에 그 제목을 내어준다. 이 영화는 큐어의 두 버전 중 어느 하나도 사용하지 않았고 그 대신 카디건스의 싱어 니나 페르손의 남편인 나산 랄슨의 커버를 선호했다. 그러나 큐어는 이 쨍그링대는 주옥 같은 곡을 계속 살려나갔다. 그것도 30년 동안이나 말이다. 이 곡은 큐어의 위풍당당한 라이브 무대에서 단골 곡이며, 열광적 환호에 빛나는 하이라이트를 장식하곤 한다. **BM**

Good Times
Chic (1979)

Writer | Nile Rodgers,
Bernard Edwards
Producer | N. Rodgers, B. Edwards
Label | Atlantic
Album | *Risqué* (1979)

"Good Times"는 칙이 이룬 마지막 팝 차트 성공작이다. 이 곡은 1979년 8월 미국의 차트를 석권한다. 이것은 시기적으로, 시카고 코미스키 파크에서 이루어진 "디스코 데몰리션(Disco Demolition, 이것은 디제이 스티브 달이 미친 듯이 짖어대는 군중들 앞에서 12인치 싱글을 상자째 쌓아놓고 폭파시켜 버린 사건이었다)"이 대단한 언론 홍보 효과를 얻은 후, 디스코를 향한 반발이 최고점에 달했을 때였다. 그러나 이 트랙은 형편 없는 디스코와는 판이하게 달랐다. 칙의 음악 활동의 정점을 장식하는 앨범 〈Risque〉의 일부였던 "Good Times"는 기지가 번뜩이는 트랙이었다. 단순 명료하면서도 유혹적인, 반복적 그루브를 지지대로 삼아 하나의 아이러니를 담은 의견이 제시된다. 그것은 1920년대 이후 가장 큰 경제 침체 앞에서 댄스를 즐긴다는 것이 그다지 영리한 일만은 아닐 거라는 생각을 암시하고 있다. 작사가 나일 로저스는 변화의 냄새를 감지했고, 옛 경제 공황 시대 스탠더드 곡 "Happy Days Are Here Again"의 가사를 개작함으로써 70년대 말의 덧없는 풍요에 은근한 일격을 가한 것이다. 그렇다고 사람들이 그걸 알아챈 것은 아니다. 그저 이 곡에 맞춰 몸을 흔들기 바빴으니 말이다.

디스코를 향한 반발이 있은 후 칙의 활동은 큰 타격을 받는다. 디스코의 인기에 맞추어 화려하게 등장했던 이들은 이제 불청객이 되어버렸다. 1983년 즈음 로저스와 공동 리더 버나드 에드워즈가 큰 성공을 이룰 수 있는 경로는 프로듀서의 활동으로만 가능했다. 하지만 "Good Times"는 결국 대단한 영향력을 입증해 보인다. 에드워즈가 당시 말하기를, 발매 2년 만에 이 트랙의 리프에 빚진 트랙이 이미 30곡이 넘게 존재하게 되었다. 그 중에는 퀸과 블론디, 이노와 번(Byrne)까지 포함되어 있다. **DE**

Don't Stop 'til You Get Enough
Michael Jackson (1979)

Writer | Michael Jackson
Producer | Quincy Jones
Label | Epic
Album | *Off the Wall* (1979)

모타운 레이블과 함께한 한 줌의 솔로 앨범이 이미 존재했음에도, 다음 10년간 팝계의 제왕으로 군림할 이 스타의 진정한 예술적 역량을 처음으로 보여준 것은 〈Off the Wall〉이었다. 마이클 잭슨은 최근 에픽 레코즈에 합류했고, 이 어린 스타 출신의 20세 인물이 성인 스타로 성공을 거둘 것이란 데에는 의심의 여지가 없었다. 그의 리드 싱글 "Don't Stop 'til You Get Enough"는 그가 예술적 통제력을 가졌던 리코딩으로는 최초였고, 그 시작은 듣는 이를 어리둥절하게 했다. 그의 과거 음악 스타일이 보여준 매끄러운 완곡함에서 크게 벗어난 찔러대는 신스 베이스 위로, 잭슨은 〈스타워즈〉에 대해 이야기하는 어린아이마냥 영문 모를 말들을 늘어놓았다("You know, I was wondering, you know…if you could keep on, because the force has got a lot of power, and it makes me feel like(그거 있잖아. 난 좀 궁금했는데, 그게…네가 계속할 수 있다면, 왜냐하면 그만큼 강한 파워를 지녔으니까, 그리고 날 그렇게 느끼게 하지)…").

그러나 "oooh!" 소리로 이미 승패는 갈렸다. 그의 외침이 전하는 지배력은 가히 대단했다. "Don't Stop"은 잭슨의 장난기 가득한 팔세토 주변에서 춤추는 스트링과 혼 섹션의 리듬감 넘치는 교향악으로 하늘 높이 솟구친다. 때로는 섹시하게 때로는 순수하게, 그는 보컬 부분에 짜릿하게 짖는 소리나 딸꾹질을 더했고(이것은 곧 그의 대표적 보컬 사운드가 되어버린다), 가까스로 억누르는 열정이 흘러 넘치듯 호소력을 분출했다. 그건 흑인 음악도, 백인 음악도 아니었다. 그것은 디스코도 아니었고, 록도 아니었다. 정말 찬란하게, 그것은 이 모든 것을 쓸어 담았던 것이다. 이 곡이 미국 차트 넘버 원이 된 것은 너무나도 당연한 일이었다. 잭슨에게는 7년 만에 다시 찾은 1위였다. **MO**

보석을 두른 21세기 마이클 잭슨이 1979년 뉴올리언즈에서 공연중이다.

Lost in Music
Sister Sledge (1979)

Writer | Nile Rodgers, Bernard Edwards
Producer | N. Rodgers, B. Edwards
Label | Atlantic
Album | *We Are Family* (1979)

칙의 버나드 에드워즈와 나일 로저스가 프로듀서로 전향하겠다는 의향을 분명히 하자, 애틀란틱 레이블은 그들에게 최고의 소속 아티스트들을 제시했다. 여기서 롤링 스톤스와 베트 미들러의 이름이 오고 가기까지 했다. 그러나 이들 2인조는 메이저급 뮤지션들을 "디스코로 전향시켰다"는 비난의 표적이 될 것을 두려워하여, 그 대신 필라델피아 출신의 4인조 자매 그룹을 선택하게 된다. 이들은 여태껏 그저 그런 성공만을 누려본 그룹이었다.

로저스와 에드워즈는 슬레지스(캐시의 탁월한 감성 넘치는 보컬을 리드로 킴, 조니, 데비가 구성원이었다)에게 그들이 받아 마땅했던, 명성을 얻어낼 만한 적당한 음악 소재를 물색하기 시작했다. 칙의 〈C'est Chic〉 앨범과 나란히 리코딩 작업을 하며 같은 뮤지션들을 참여시켜 만든 결과물, 〈We Are Family〉는 히트작들로 빽빽했고, 그 중에서도 "Lost in Music"이 가장 매력적이었다.

이 노래를 위한 아이디어는 에드워즈와 로저스가 칙의 전성기 때 쓰던 말("lost in music(음악에 빠져)")에서 영감을 끌어온다. 그들은 사람들이 자신들을 좀 내버려두었으면 할 때 이 표현을 썼다. "지금 내가 곡을 쓰고 있으니 좀 괴롭히지 말라는 암호 같은 것이었죠!" 로저스가 2004년 비밀을 폭로했다.

이 트랙은 자유에 대한 선언이었다. 댄스 플로어에서의 황홀경에 몸을 맡겨 삶의 스트레스를 연기시켜보라는 메시지는 슬레지의 희열에 찬 보컬을 타고 뜨겁게 타올랐다. 영국에서 큰 성공을 거둔 이 곡은 그 입체적 음향 덕에, 오늘날에 이르러서까지 떠들썩한 밤 시내를 드라이브하는 생생한 느낌을 떨치지 못하게 한다. **DE**

Brass in Pocket
Pretenders (1979)

Writer | Chrissie Hynde, James Honeyman-Scott
Producer | Chris Thomas
Label | Real
Album | *Pretenders* (1980)

"전 원한을 품으며 'Brass in Pocket'을 증오했죠." 프리텐더스의 프론트우먼 크리시 하인드가 투덜댔다. "그룹 멤버들이나 매니저, 프로듀서, 레코드 컴퍼니까지 모두들 '이거 정말 대단한 노래야. 딱 넘버 원 레코드감이라니까'라고 말했어요. 그리고 저는 '아니, 그게 바로 싫은 이유라니까. 너무 뻔하잖아'라고 말했죠."

어쨌든, 이 밴드의 3번째 싱글은 그들의 첫 영국 차트 1위 곡이 되는 한편, 〈Pretenders〉를 플래티넘으로 등극시킨다. 많은 이들이 오해한 트랙인 것치고 정말 괜찮은 성적이다. "사람들은 'Brass in Pocket'의 가사가 'gonna use my sidestep(난 사이드 스텝을 쓸 거야)'이 아니고 'gonna use my sausage(난 내 소시지를 쓸 거야)'인 걸로 잘못 알아들었죠." 드러머 마틴 챔버스가 크림에게 말했다. 거기다 대고, "Detroit leaning"(운전대에 한 손을 올리고 다른 한 팔을 창에 기대는 운전 방식)이라는 말뿐 아니라 "brass"(돈)라는 말 자체도 사람들로 하여금 머리를 긁적이게 했다.

음악 자체도 흥미진진했다. "아마도 전 옛 배리 화이트 레코드에서 리프를 슬쩍 해왔을 거예요." 제임스 허니맨-스콧이 NME에 털어놓았다. "왜냐면, 전 그 리프들을 가져다 거꾸로 플레이하곤 했거든요. 아시겠죠. 말하자면 러브 (언리미티드) 오케스트라의 'Love's Theme' 같은데…(중간에 보면)더 더 라 라 하는, 가늘고 짧은 기타 부분이 있어요. 그건 무슨 모타운 레코드나, 스티브 크로퍼나 뭐 그런 사람들 것처럼 말이에요."

야심찬 한 무더기의 뮤지션들이 이 노래의 커버에 도전한다. 그 중에는 스웨이드(1992)와 켈리스(2005)도 포함되었다. 하지만 "Brass in Pocket"은 영원토록 하인드만의 것으로 길이 남을 것이다. **BM**

Outdoor Miner
Wire (1979)

Writer | Graham Lewis, Colin Newman
Producer | Mike Thorne
Label | Harvest
Album | N/A

멜로디컬하고 정교한 인디 스타일 싱글, "Outdoor Miner"는 주류 팝과 잠시 외도하는 와이어의 모습을 잘 보여주는, 비교적 보기 드물지만 반가운 예라고 할 수 있다. 밴드의 데뷔 앨범이 그들의 펑크적 뿌리를 소개했던 반면 (물론 좀 기묘한 스타일을 선택하긴 했지만), 와이어의 2번째 LP〈Chairs Missing〉(1978)은 (여기에 "Outdoor Miner"의 초기 버전이 등장한다) 그들의 "예술 학교" 배경을 적극 활용하고 있다.

이 노래의 이야기 소재가 물론 해충(파리의 유충)이기는 했지만, 가사 전체는 감성에 넘쳤고, 특히 코러스 부분에서 이런 호소력은 더욱 짙어졌다("He lies on his side, is he trying to hide? / In fact it's the earth, which he's known since birth(그는 자기 편에 있네. 숨으려고 하는 걸까? / 사실 그건 흙이라네. 그가 태생부터 알아온)"). 이 노래에 등장하는 "serpentine miner(파리 유충)"는 잎사귀를 파들어가다가 스스로 굴을 파던 것의 무게에 눌려 으스러질 위험에 처하게 된다.

좀 더 높은 질의 7인치 싱글 버전에는 대단한 손재주의 두드러진 피아노 파트, 추가된 보컬 파트와 코러스 부분이 등장하며, 이것은 51위에 랭킹된다. 그러나 그들의 레이블 EMI의 "차트 과대 선전" 혐의와 연루된 와이어는 영국의 음악 쇼케이스 프로그램 〈톱 오브 더 팝스〉에서 출연 기회를 놓칠 뿐 아니라 팝계에서 유명세를 누릴 기회를 영영 잃게 된다. **JL**

Rapper's Delight
The Sugarhill Gang (1979)

Writer | Edwards, Rodgers, O'Brien, Jackson, Wright, van der Pool Robinson
Producer | Sylvia Inc.
Label | Sugar Hill
Album | *Sugarhill Gang* (1980)

"Rapper's Delight"는 레이블 소유주로 전향한 과거 소울 싱어 실비아 로빈슨의 계략 속에 탄생한다. 그녀는 3명의 무명 뉴저지주 래퍼들을 고용한 다음 그들로 하여금 브롱스를 휩쓸고 있던 거리의 사운드를 "달콤하게 포장하"게 한다. "Rapper's Delight"은 아티스트와 관객 사이의 주고받기, 무심코 던지는 익살맞은 라이밍(rhyming)에 칙의 디스코 스매시 히트작 "Good Times"로부터 가져온 전염성 강한 베이스라인을 재구성해 연주하는 세션 밴드를 결합시켰다. "Rapper's Delight"은 파티의 시작을 알리는 전염성 강한 트랙으로 이 장르의 첫 명함("I said a hip-hop, the hippie, the hippie to the hip, hip-hop, and you don't stop(내가 외치지, 힙-합, 더 히피, 더 히피 투 더 힙, 힙-합, 그리고 멈추지 마)…")을 제시했다. 뉴욕 라디오는 초반에 이 트랙을 장난 삼아 방송에 내보냈지만, 거기에 담긴 펀치 라인은 강한 지구력을 발휘했다. 레이블 대표 조 로빈슨은 이렇게 회상했다. "그 곡을 단 한번 방송에 타게 하는 것만으로 제 임무는 끝났죠. 단번에 대박을 냈으니까요."

뉴욕의 초기 힙합을 이끈 무리들은 이 곡에 못마땅해하며 이 곡의 라임이 표절이라며 무시했고, 그것이 대표하는 문화의 신성한 거리 신조를 상업적 "랩" 상품으로 전락시켰다며 비난했다. 후에 힙합 역사가 데이비드 투프가 말하듯, 슈가힐 갱은 "브롱스 힙합에게 폴리스가 섹스 피스톨즈에게 가졌던 의미를 가진 존재였다." "Rapper's Delight"가 처음으로 랩을 실은 레코드도 아니었고(몇 달 전 발매된 펑크(funk) 밴드 팻백의 "King Tim III (Personality Jock)"이 그 영예를 이미 차지했다), 그렇다고 가장 독창적인 레코드도 아니었다. 그러나 이 트랙이 세계적으로 거둔 성공은 도심의 새로운 음악 움직임에 불씨를 당긴다. **MK**

California Über Alles | Dead Kennedys (1979)

Writer | Jello Biafra, John Greenway
Producer | Dead Kennedys
Label | Alternative Tentacles
Album | N/A

"'California Uber Alles'는
음악적 영감에서 그 어느 것보다도
일본의 가부키에서
가장 큰 영향을 받았죠."

젤로 비아프라, 2005

◀ **Influenced by: Holidays in the Sun • Sex Pistols** (1977)
▶ **Influence on: Giuliani Über Alles • Hasidic New Wave** (1999)
● **Covered by: Disposable Heroes of Hiphoprisy** (1992)
Six Feet Under (2000) • **Jello Biafra with The Melvins** (2005) • **The Delgados** (2006)

자신의 자리를 찾아가기까지 시간이 좀 걸리는 밴드가 있는 반면, 완전 무장한 모습으로 갑자기 어디선가 불쑥 출현하는 밴드도 있다. 데드 케네디스의 경우는 후자였다. 이 캘리포니아의 펑크족은 섹스 피스톨즈의 멜로디와 저돌적임에 클래시의 슬로건 사용 성향을 조합시켜 난잡하고, 풍자적이며, 종잡을 수 없는 펑크 팝 고전으로 완성된 첫 싱글을 통해 자신들의 의도를 분명히 선언했다. 여기에는 리드 싱어이자 송라이터인 젤로 비아프라의 매우 컸다. 그는 정치적인 장난을 일삼는 인물로 1979년 샌프란시스코 시장으로 출마하기도 했다.

독일 국가에서 컨닝해다 제목을 붙인 "California Uber Alles"는 적절히 고동치는 전장에서의 북소리와 슬며시 파고드는 베이스 라인으로 시작되고, 곧 비아프라의 조소 섞인 낮은 목소리가 들어온다. 그는 히피들 사이에서 공인된 민주당 주지사 제리 브라운이 이끄는 진보적 독재 정부 하의 캘리포니아를 상상해본다. 좌파화와 나치적 암시는 좌파와 나치가 일삼은 성상파괴라는 몰취미에 관한 내용을 가사에 더했고 그것은 속도를 늦춘 중간 섹션의 '디즈니 펑크'에서 가장 두드러지게 드러난다("Now it's 1984 / Knock, knock at your front door / It's the suede–denim secret police / They've come for your uncool niece(이제 1984년도가 되니 / 대문에 노크 소리가 들려요 / 스웨이드 데님 차림의 경찰이 찾아왔지 / 네 쿨하지 못한 여조카를 잡으러)"). 그리고 스래시 록적 고함으로 트랙의 끝을 마무리한다.

본래는 싱글로 발매되었던 이 곡은 밴드의 데뷔 앨범 〈Fresh Fruit for Rotting Vegetables〉(1980)을 위해 거의 동일한 버전으로 재녹음되었다. 그들은 제리 브라운을 로널드 레이건으로 바꾸고 이지 리스닝 스타일로 곡을 전환시켜 "We've Got a Bigger Problem Now"(1981)로 재탄생시키기도 했다. 그 후 비아프라는 멜빈스와 손을 잡고 그 최후의(어쨌든 아직까지는) 시도를 2005년에 감행한다. 이번에는 아놀드 슈왈츠제네거의 캘리포니아 주지사 당선을 기념하는 의미에서였다. 이 곡은 또다시 다양한 아티스트들의 손에서 개편되고 녹음된다. 그 중에는 디스포저블 히어로스 오브 힙합프리시와 델가도스도 있다. **PW**

Typical Girls | The Slits (1979)

Writer | Ari Up, Palmolive, Viv Albertine, Tessa Pollitt
Producer | Dennis Bovell
Label | Island
Album | *Cut* (1979)

"그들은 정말 멋있는 음악을 만들었습니다.
더브와 펑크(funk), 펑크(punk)를
융화시킨 방식은 대단한 영감을
불어넣어 주었죠."

질 컨니프, 루셔스 잭슨, 1999

◀ **Influenced by: Identity** · X Ray Spex (1978)
▶ **Influence on: She Walks on Me** · Hole (1994)
★ **Other key tracks:** Adventures Close to Home (1979)
Instant Hit (1979) · Love und Romance (1979)
Shoplifting (1979) · Spend, Spend, Spend (1979)

펑크는 혼자 알아서 하기(D.I.Y.) 에토스에 그 기반을 둔다. 그것은 군중들 떼를 좇아 따르는 것보다 스스로 선택한 길을 따라 걷는 것이 무한히 더 낫다는 확고부동한 믿음이었다. 슬리츠가 이룬 영광의 3분 중 하나였던 "Typical Girls"는 여성들에게 자신들과 같은 길을 택하라고 강력히 권고하며, "기미, 지방, 그리고 천연적 향"에 대해 안달하는 것이 전부인 패션 잡지적 인생관을 버리고 더 멀리 보라고 충고한다. 슬리츠의 말에 따르면, 그 대신 우리가 할 수 있는 일은 자신에게 이런 질문을 던져보는 것이라 한다. "Who's bringing out the new, improved model(이 새롭게 향상된 원형을 제시하는 자의 정체는 도대체 무엇인가)?"

그들의 이런 독립적 자세를 고려해볼 때, 펑크 선봉 부대의 영향력 있는 인물(바로 그 위대한 믹 존스)이 아리 업과 나머지 멤버들에게 그들의 개성 넘치는 스타일을 좀 고치고 이미 용인된 펑크의 틀에 좀 더 맞는 것을 해보는 것이 어떻겠냐고 부추긴 일은 어찌 보면 좀 아이러니하다고 할 수 밖에 없다. "클래쉬의 노래같이 말이죠. '스맥! 붐! 붐! 붐!', '원-투-쓰리-포' 이렇게 말이에요!" 아리가 2005년 하프 매거진에 이렇게 말했다. 짧은 기간 슬리츠의 매니저를 지냈던 말콤 맥클라렌은 이미 베이스를 좀 줄이고 리드 기타 레벨을 좀 올리라고 충고했던 바 있었다.

이러한 충고에도 불구하고, 슬리츠는 자신들의 사운드를 고수해갔고, "Typical Girls"만의 독특한 개성을 부여한 그 삐딱함에 다리미질하기를 거부했다. 그리고 "Typical Girls" 자체가, 이들의 선택이 옳은 것이었음을 보여주는 결정적 증거물이었다 할 수 있다. 펑크록적 블루스와 속도를 높인 레게(더브 프로듀서 데니스 보벨이 컨트롤 룸을 지켰다), 그리고 고전적 걸 그룹 팝의 모든 요소들이 담긴 이 곡은 3장의 훌륭한 레코드를 하나로 말아놓은 것처럼 보였다. 이 곡은 대단한 히트 기록을 세우지는 않는다(이 곡은 영국에서 60위에 그친다). 오히려 이 곡의 의의는 훗날 벌어질 일들에 미칠 영향력에서 드러난다. 이 곡은, 당시 남성이 지배하던 업계에서 여성이 자신들의 뜻대로 음악을 만들게 되었다는 것을 증명해 보였다. **CB**

Atomic | Blondie (1979)

Writer | Debbie Harry, Jimmy Destri
Producer | Mike Chapman
Label | Chrysalis
Album | *Eat to the Beat* (1979)

"'Atomic'은 제가 그때까지 봐온
유럽식 서부극 전부와 다른 것들을
한데 이어 붙인 것이었어요."

지미 데스트리, 2003

◀ **Influenced by: I Feel Love** · Donna Summer (1977)
▶ **Influence on: Into the Groove** · Madonna (1985)
● **Covered by:** The Mission (1992) · Sleeper (1996)
★ **Other key tracks:** Rip Her to Shreds (1976) · Denis (1978) · Hanging on the Telephone (1978) · Picture This (1978) · Dreaming (1979) · Union City Blue (1979)

1981년, 엔니오 모리코네는 "Chi Mai"로 히트를 거둔다. 그러나 그 일이 있기 전 이미, 이 이태리의 전설적 작곡가의 영향력은 영국 차트에서 거부할 수 없는 존재감을 발휘하고 있었다. 블론디의 1980년 넘버 원 싱글 "Atomic"의 공동 작곡가인 지미 데스트리는, 사실 이 곡에 클린트 이스트우드가 출연한 세르지오 레오네의 60년대 유럽식 서부극을 위해 모리코네가 만든 사운드트랙에서 받은 영향이 대단히 강하게 주입되어 있음을 고백한 바 있다(또한 "Atomic"은 그 이전 해 나온 〈Eat to the Beat〉의 2사이드에 수록되어 있던 동일한 명칭의 곡의 리믹스 버전이기도 했다).

이 곡의 작곡 과정에 대해 이야기하던 블론디의 기타리스트는 "Atomic"의 음악 부분이 완성된 모습으로 자신의 머릿속에 떠오른 것은 아니라는 사실을 인정한다. 데스트리는 이렇게 덧붙여 설명한다. "때로는 노래가 15분 만에 그냥 쏟아져 나오죠. 마치 'Maria'가 그랬듯 말이에요. 때로는 1년이라는 시간이 걸려요. 그리고 'Atomic'이 그런 경우였죠." 다행히도, 데비 해리의 가사 작업은 좀 더 빠르게 이루어졌다. 그녀의 작사 스타일은 좀 더 즉석에서, 즉흥적으로 이루어지는 데 기초를 두었기 때문이다. "전 밴드가 곡을 연주하면서 어떻게 맞춰갈까 궁리하는 동안 작사를 해버리곤 했죠." 그녀가 말했다. "그냥 밴드 멤버들을 죽 따라 가며 스캣을 좀 하다가 갑자기 뭐 '오, 당신 머리가 아름답네요' 이런 말을 내뱉는 거예요." 크리살리스는 히트 제조기로서 밴드의 잠재력을 착취하는 데 전혀 망설임이 없었다. 1978년 초를 시작으로, 3년도 채 되기 전 블론디는 10개의 영국 톱 10 히트작을 기록했고, 이 중 5곡은 차트 정상을 이루기까지 했다(그 중 "Atomic"이 3번째에 해당한다. 하지만 이 트랙은 미국에서 39위에 오르는 데 그친다). 해리는 레이블측을 향해 자신들의 패어런트 앨범에서 너무 많은 노래들을 뽑는 것 아니냐며 한마디 한 적도 있다. "전 그게 좀 너무 하다고 생각했죠. 너무 과하게 하는 것 아니냐 이거예요." 어쨌든 "Atomic"은, 이 곡 이전에 온 "Heart of Glass"(〈Parallel Lines〉(1978)에서 뽑아온 싱글이다)와 마찬가지로, 디스코 댄스에 적합한 특성과 순수 팝의 약삭빠른 조합물이었고, 누구도 이 매력을 거스를 수 없었다. **CB**

블론디의 데비 해리. 1978년 글램 록 연대기 기록자 믹 록이 포착한 그녀의 모습. ◀

Gangsters | The Specials (1979)

Writer | Jerry Dammers
Producer | The Specials
Label | 2-Tone
Album | N/A

"단지 스카를 부활시키려는 것만이
전부는 아니에요.
옛 요소들을 사용해서 새로운 무언가를
만들어내는 데 의의가 있죠."

제리 대머스, 1979

◀ **Influenced by:** Al Capone · Prince Buster (1964)
▶ **Influence on:** The Prince · Madness (1979)
● **Covered by:** Fun Boy Three (1994) · Citizen King (1999)
The Louisville Sluggers (2001) · Dub Pistols (2007)
★ **Other key tracks:** A Message to You, Rudy (1979)
Nite Klub (1979) · Too Much Too Young (1980)

코벤트리 오토매틱스는 영국의 웨스트미들랜즈 출신의 다민족 구성의 7인조였고 펑크와 루츠 레게를 퓨전시키려 했지만 실패했다. 어느 날, 리듬 기타리스트 린발 골딩은 부친의 오랜 45회전판 컬렉션을 통해 스카를 접하게 된다. 그는 다듬어지지 않은 업템포 스카를 밴드에게 소개했고, 이들은 마침내 자신들에게 적절한 사운드를 발견하게 된다. 밴드의 실질적 리더였던 제리 대머스는 밴드명을 더 스페셜스로 재명명한다(취한 김에 "더 섹스 피스톨즈"를 중얼거릴 때 나오는 말과 유사하게 들리고자 하는 의도였다). 그리고 그는 자신만의 레이블 투톤(2-Tone)을 설립했고, 그가 디자인한 흑백 제복은 스카의 부흥과 동일어처럼 되어버린다.

투톤 레이블의 첫 발매작은 스페셜스와 셀렉터가 서로 나누어 만든 싱글이었다. 당시 스페셜에게는 한 트랙 만들 만큼의 예산 밖에 없었다. 그리고 이 트랙은 프린스 버스터의 1965년 스카 곡 "Al Capone"에 기반하여 만들어진다. 트랙의 시작 부분에 등장하는, 찢어지는 듯한 자동차 브레이크 소리가 그대로 가져온 샘플인 반면, 토스터(toaster) 네빌 스테이플은 가사 첫 구절을 "Bernie Rhodes knows, don't argue(버니 로즈는 다 알아. 그러니 대들지 마)"로 바꾸어 부른다(밴드의 매니저에 대한 언급이다). 60년대 킹스턴 음악보다 눈에 띄게 속도를 높인, 경쾌한 리듬을 타고 테리 홀은 마치 자기가 무에진(muezzin)인 양 고래고래 소리를 질러댄다. 그 내용은 양심 없는 콘서트 흥행주들의 별난 행동들에 대한 것이다("Don't interrupt while I'm talking / Or they'll confiscate all your guitars(내가 말할 때는 끼어들지 마 / 그렇지 않으면 너희 기타를 다 압수할 거야)"는 파리에서 골딩의 비장의 무기 텔레카스터 기타가 공연 전에 인질로 잡혔던 사건을 가리킨다). 투톤 신의 영향으로, 이 레이블의 마스코트 월트 잽스코(웨일러스의 피터 토시에 기반해 만들어진 만화 캐릭터이다)의 루드 보이 복장을 입은 흉내꾼들이 무리 지어 출현한다. 하지만 막상 그들의 음악에 흐르는 어두운 암류는 때로 간과되기도 한다. 스페셜스가 영국 TV에서 이 싱글을 공연하게 되었을 때 진행자 피터 파월은, "스페셜스 입니다"라고 소개하며 "코벤트리에서 온 흥겨운 음악"이라 덧붙였다니 말이다. **SP**

Cars | Gary Numan (1979)

Writer | Gary Numan
Producer | Gary Numan
Label | Beggars Banquet
Album | *The Pleasure Principle* (1979)

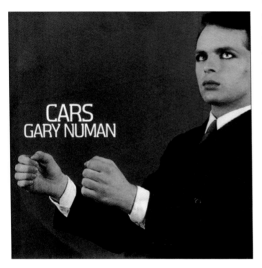

"개리 뉴먼은 크라프트베르크가 한
그 어느 무엇보다도 더 큰 영향을
저에게 미쳤죠. 그는 일렉트로니카의
어두운 면을 대변합니다."

데이브 클라크, 디제이, 1997

◀ **Influenced by: Always Crashing in the Same Car**
David Bowie (1977)
▶ **Influence on: Koochy** • Armand Van Helden (2000)
● **Covered by:** Frank Zappa (1980) • Hole (1995)
Shampoo (1995) • Fear Factory (1998) • The Leisure
Society (2009) • Nine Inch Nails (2009)

개리 뉴먼 하면 떠오르는 노래는 단연 그의 첫 솔로 싱글 "Cars"라고 할 수 있다. 이 트랙에서 선보인 일렉트로닉 사운드는 곧 그의 트레이드마크로 굳어진다.

심플하지만 깊은 인상을 남기는 신스 훅을 중심으로 구성된 "Cars"는, 그 메로디컬함에도 불구하고, 어두운 면을 숨기고 있다. 뉴먼의 많은 노래가 그렇다. 이 트랙에 관해 개리 뉴먼은 이렇게 말했다. "현대의 자동차들을 일종의 개인용 탱크로 보는 저의 생각에 관한 내용이에요. 안 좋은 일이 생기면, 곧바로 차를 타고 항상 자리를 뜰 수 있잖아요." 가사가 이런 그의 심정을 증언한다("Here in my car / I feel safest of all / I can lock all my doors(내 차 안에서 / 난 최고의 안전함을 느껴 / 난 사방의 문을 다 잠글 수 있지)").

인스트루멘털 섹션이 트랙의 꽤나 큰 비율을 차지한다. 크라프트베르크의 "Autobahn"이나 데이비드 보위의 "Always Crashing in the Same Car"와 같은 곡에서 영감을 받은 듯 보인다. 또한 작가 J.G. 발라드도 뉴먼의 작품 활동에 영향을 미친다. 예를 들어 이 공상 과학 소설가의 "차"에 관련된 에로 소설 「크래쉬(Crash)」는 후에 뉴먼의 곡 제목으로도 쓰인다.

"Cars"는 첫 발매부터 영국 차트를 석권하는 한편 미국에서는 톱 10히트로 부상한다. 이 곡의 매력은 너무나 영속적이었던 나머지, 영국 내에서 3차례나 더 리믹스와 싱글 재발매 과정을 거쳤고(뉴먼의 컴플레이션 앨범을 위한 홍보용 수단으로 쓸 목적인 경우도 있었고, 라거 맥주 광고에 쓰일 목적도 있었다) 그중 2번은 톱 20위 진입을 기록했다. 2002년에는 좀 더 살을 떼어낸 흥미로운 합창 버전(플러드가 프로듀싱을 맡는다)이 뉴먼의 〈Hybrid〉앨범에 등장하기도 했다.

2009년, 스코틀랜드 정부는 뉴먼을 "Go Green" 자동차 운전 캠페인 홍보 대사로 지명한다. 짧은 거리를 갈 때는 차를 타지 말자는 캠페인이었단다. "Cars"를 그 사운드트랙으로 삼아 진행된 이 운동을 가리켜, 어떤 이들은 뉴먼의 차 매니아적 이미지에 기인해 그가 이런 역할을 맡기에 부적절한 인물이라며 지적하기도 했다. **JL**

Babylon's Burning | The Ruts (1979)

Writer | The Ruts
Producer | Mick Glossop
Label | Virgin
Album | *The Crack* (1979)

"이건 짧고 단순한 메시지를 전합니다.
모든 것이 딱 한 단어로 통하게 되죠.
'불안'이에요. 모두들 불안감에 시달립니다.
모두들 근심해요."

말콤 오웬, 1979

◀ **Influenced by: War in a Babylon** · Max Romeo (1976)
▶ **Influence on: Babylon's Burning the Ghetto** · Lethal Bizzle (2007)
● **Covered by:** Zion Train (1996) · London Punkharmonic Orchestra (1998) · Die Toten Hosen (2000) · Don Letts (2005) · Kid Loco (2005)

레게와 펑크는 탄생 때부터 동침 관계였다. 펑크 클럽 록 시의 디제이였던 돈 렛츠는, 펑크 신이 그가 쓸 만한 레코 드를 만들어내기 이전 이미 더브 음반을 계속 돌려왔고, 밥 말리는 클래쉬부터 펍 록(pub rock)밴드 닥터 필굿까지 모두의 이름을 자신의 1977년 트랙 "Punk Reggae Party" 에 끼워 넣었다. 그리고 무엇보다도, 펑크 제2의 물결에 참여한 러츠는 자신들의 낡은 소맷자락 사이로 레게의 영향을 숨김 없이 드러내 보인다. "Staring at the Rude Boys"나 "Jah War"와 같은 트랙들은 자메이카 은어들로 가득 차 있었으니 말이다.

"Babylon's Burning"은 라스타파리 운동과 관련된 천 년 왕국이란 개념(이미 말리와 맥스 로미오 같은 뮤지션들이 다 루었던 개념들이다)을 가져다, 1979년 봄 런던의 사우스홀 폭동을 연상케 하는 묵시록적 사이렌과 알람 소리를 대동 하는 기타의 타오르는 맹공격으로 포장했다. 작품상 이러 한 2가지 문화의 공존은 영국 래퍼 리설 비즐의 (반쯤 잠긴 듯한 느낌의 러츠 샘플에 기반한) 때 묻은 21세기 버전에서 한 층 더 부각된다.

러츠의 기술적 우월성은 그들을 동시대 다른 펑크 밴 드들로부터 한층 더 돋보이게 만들었다. 싱어 말콤 오웬, 기타리스트 폴 폭스, 드러머 데이브 러피는 히트 앤 런이 라는 재즈-펑크(funk) 커버 전문 밴드에서 활동한 베테랑 들이었다. 그리고 그들의 세련된 편곡 작품들은 캡틴 비 프하트의 1972년 LP 〈Clear Spot〉를 향한 애정만큼이나 라몬스의 2분짜리 스래시를 향한 사랑에서 태어났다고 할 수 있었다. 한편 존 "세그스" 제닝스의 천둥 같은 베이스 라인은 라스타파리안 공동체인 미스티 인 루츠의 토니 헨 리의 음악을 연구한 데서 비롯되었다. 그러나 "Babylon's Burning"과 그 모태 앨범 〈The Crack〉에 암시되었던 장 래성에도 불구하고, 러츠가 누린 영광의 시간은 그다지 길 지 않았다. 1980년 초반, 오웬의 헤로인 중독으로 수도 없 이 많은 공연 일정이 무산되었고, 그 해 7월 그는 과다 복 용으로 사망한 채 발견되었다. **SP**

Message in a Bottle | The Police (1979)

Writer | Sting
Producer | Nigel Gray, The Police
Label | A&M
Album | *Reggatta de Blanc* (1979)

"저희는 스팅의 결혼식에서
이 곡을 연주했죠.
그룹이 해체된 지 10년이
지났지만, 열기는 대담했습니다."

스튜어트 코플런드, 1993

◀ **Influenced by: Watching the Detectives** · Elvis
Costello (1977)
▶ **Influence on: Daylight Goes** · Grand National (2004)
● **Covered by: Excel** (1989) · Leatherface (1991)
Maxi Priest (1996) · Machine Head (1999) · Wolfgang
(2001) · John Mayer (2003)

폴리스에게 넘버 원의 자리를 처음으로 안겨준 발매작은, 스팅의 "Message in a Bottle"이었다. 이 트랙은 폴리스 역대 최고의 곡을 꼽는다고 가정했을 때 그 후보 대열에 들 만하다. 이들이 "싱글"을 장기로 하는, 끝없는 히트 행진을 거둔 밴드임을 고려해볼 때, 이 곡이 가진 대단한 위력을 입증해주는 사실이 아닐 수 없다. 영감이 밀어닥치고 곡 전체가 완전한 형태를 갖추기 이전부터 스팅은 이미 이 곡의 리프를 머릿속에 떠올려왔다. 그 결과 탄생한 트랙에는 3명의 밴드 멤버 모두의 재능이 빛을 발하고, 여기서, 기타리스트 앤디 서머즈의 중추적 플레이는 드러머 스튜어트 코플랜드가 구사하는 가벼우면서도 공격적인 타악기적 탁월성과 보완 관계를 이룬다.

스팅의 가사는 섬에 갇힌 조난자의 이야기를 은유 삼아 고립감이 주는 불행을 이야기한다.("외로움이 저를 사로잡기도 하지만, 전 그걸 오히려 이용하죠." 언젠가 스팅이 이렇게 인정했다. "전 그것을 마음껏 즐깁니다.") 스팅이 이것을 곡의 주제로 다룬 것은 이번이 처음도, 그렇다고 마지막도 아니었다. 자살을 결심하고 있는 화자가 등장하는 "Can't Stand Losing You" 뿐 아니라, 이전에 폴리스가 히트를 거두었던 (의외로 좀 경쾌한) "So Lonely"도 있었다. 하지만 마지막 절에 교묘한 반전과 함께, 깜짝 놀랄 일이 발생한다. "Walked out this morning, don't believe what I saw / Hundred billion bottles washed up on the shore / Seems I'm not alone in being alone/Hundred billion castaways, looking for a home(오늘 아침 밖에 나가서 내 눈을 의심했지 / 해안가에 모습을 드러낸 수천억 개의 병들 / 혼자라는 게 나 혼자뿐은 아닌가 보니 수천억 명의 조안자들이 집을 찾고 있어)."

소재에서 묻어나는 암울함에도 불구하고, 이 트랙에는 경기장과 같은 무대에서 군중을 선동할 만한 앤섬적 힘과 에너지가 담겨 있다. 그래서인지, 방종한 자기 연민을 넘어 솟구칠 역동적 패기가 느껴진다. 앤디 서머즈는 이렇게 말했다. "라이브 공연용으로 항상 제가 가장 선호하는 곡입니다. 저희가 녹음한 것 중 최고의 곡이었어요. 그리고 아마도, 'Every Breath You Take'이 등장하기 전 팬들에게 가장 사랑받았던 곡이기도 했죠." **JL**

- 1980년 뉴욕, 권총으로 무장한 한 정신이상자에 의해 존 레논이 총격사한다.

- 1981년 뉴욕, MTV의 론칭과 함께 뮤직비디오 제작이 증가한다.

- 마이클 잭슨의 1982년 앨범 〈Thriller〉가 7개의 베스트셀링 싱글을 수상한다.

- 1985년, 밥 겔도프가 기아 구호 자선 콘서트 '라이브 에이드'를 개최한다.

- 1986년, 'Run-DMC'의 〈Raising Hell〉을 발단으로 힙합의 황금시대가 도래한다.

1980 년대

The Winner Takes It All | Abba (1980)

Writer | Benny Andersson, Björn Ulvaeus
Producer | Benny Andersson, Björn Ulvaeus
Label | Polar
Album | *Super Trouper* (1980)

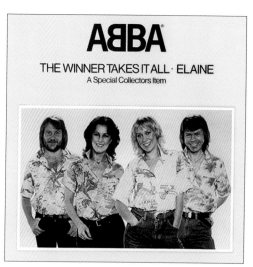

"'The Winner Takes It All'은 너무 슬퍼요⋯
파경에 이르게 된 그들 관계를
너무도 진솔하게 표현한 노래 같아
보였습니다."

이안 맥컬로크, 에코 앤 더 버니맨, 1998

◀ **Influenced by: Go Your Own Way** · Fleetwood Mac
1977)
▶ **Influence on: Total Eclipse of the Heart** · Bonnie
Tyler 1983)
● **Covered by: The Corrs** 1999) · Martine McCutcheon
2002) · Anne Sofie von Otter 2006)

1980년에 이르러 디스코 음악의 쇠퇴는 반도 채 차지 않은 댄스 클럽이 여실히 보여주게 된다. 따라서, 항상 트렌드에 민감한 그룹 중 하나로 여겨져 온 스웨덴 출신의 아바가 〈Voulez-Vous〉(1979)와 같은 댄스 음악으로부터 방향 전환을 시도했다는 것은 그다지 놀랄 일이 아니다. 이후 그들은 〈Super Trouper〉와 같은 어덜트 컨템포러리 팝사운드를 추구하게 된다.

스웨덴의 폴라 스튜디오에서 녹음이 시작될 무렵, 밴드 멤버들은 그들 나름의 인생 굴곡을 경험하고 있었다. 그전 해 비요른 올바에우스와 아그네사 펠트스코크의 이혼으로 야기되는 문제들을 팬들은 밴드 멤버들이 어떻게 풀어나갈지에 대해 의아해했다. 많은 이들은 그 질문에 대한 답변이 바로 "The Winner Takes It All"이라고 말한다. 괴로움에 탄식하는 이 곡은 정식 앨범이 발매되기 몇 개월 전 싱글로 미리 발매되었다.

올바에우스는 "우리 이혼에는 승자도, 패자도 없었다"며, 이 곡이 자전적인 노래가 아니라고 주장했다. 그러나 자책감과 가슴 아프게 메어지는 펠트스코크의 리드보컬은 이 주장을 무색하게 한다. 고통에 찬 가사 구절들을 비통함으로 불러 내리는 그녀의 노래는 특히 "But tell me does she kiss / like I used to kiss you? / Does it feel the same / when she calls your name(나에게 말해줘. 그녀는 너에게 키스하니? / 내가 예전에 하던 것처럼? / 그때와 느낌이 같니? / 그녀가 네 이름을 부를 때?)", 듣는 이로 하여금 그녀가 자신의 경험에서 영감을 불러내고 있음을 확연히 느끼게 한다. 술에 취한 채 자신의 파트를 썼던 안데르손은, "여자 멤버들에게 내가 쓴 곡을 보여주었던 게 기억나네요. 그들은 눈물을 흘렸죠"라고 회고했다.

〈Super Trouper〉는 타이틀 트랙과 "Happy New Year"를 포함하여 5개의 싱글을 낳는다. 하지만 그 중 어느 것도 "The Winner Takes It All"이 기록한 전 세계적인 성공과 인기 지속력을 따라잡지는 못했다. 오늘날 아바의 베스트 송 중 하나로 꼽는 이 노래는 뮤지컬 〈맘마 미아!〉와 그 영화 버전에서도 만나볼 수 있다. JiH

Rapture | Blondie (1980)

Writer | Debbie Harry, Chris Stein
Producer | Mike Chapman
Label | Chrysalis
Album | *Autoamerican* (1980)

"데비와 크리스는
항상 다른 모든 이들보다 앞서갔죠.
블론디의 뮤직비디오들은
정말 최고였습니다."

앤디 워홀, 1986

◀ **Influenced by: Rapper's Delight · The Sugarhill Gang
1979)**
▶ **Influence on: The Adventures of Grandmaster Flash
on the Wheels of Steel · Grandmaster Flash
& The Furious Five 1981)**
● **Covered by: Erasure 1997) · Alicia Keys 2010)**

뉴웨이브 밴드 블론디가 "Rapture"로 큰 성공을 거두고, '힙합 음악으로서는 최초의 차트 정상 곡'이라는 기록을 세우게 되었을 때, 과연 슈가 힐 갱은 불만과 답답함에 괴로워하며 불끈 쥔 주먹을 공중에 휘둘렀을까? 뉴욕 출신의 트렌드 리더였던 이들은 랩에의 첫 시도와 함께, 거의 커티스 블로우, 그리고 더 슈가힐 갱과 흡사하다 할 수 있는 신을 주류의 면상에 집어던진다.

"The Tide Is High"에 이어 〈Autoamerican〉의 2번째 싱글로 발매된 "Rapture"는 본래 패러디 작품이었다(제목에도 말장난이 숨어 있다). 하지만 이 노래의 적절한 사회상 반영과 자체적 탁월함은 Debbie Harry의 묘한 유혹, 요염한 차임 사운드, 기타의 그라인딩 사운드에 힘입어 이 곡을 장르 최고로 등극시키는 데 충분했다.

또 한 가지 놀라운 점은 이 랩이 루프 샘플을 사용하지 않은 오리지널 뮤직으로 차트 정상을 차지했다는 것이다. 기타리스트 크리스 스타인은 아래와 같이 회고한다. "우리는 2가지 버전을 만들었어요. 하나는 느린 버전으로 래퍼 패스트 프레디가 데비와 듀엣을 부르는 크리스마스 랩으로…녹음을 막상 마치고 나니 곡이 좀 더 빠르고 생기 있어야 할 것 같은 느낌이 들었죠." 그래서, 색소폰 주자 톰 스콧이 "펑크(funk) 느낌을 곁들여 마무리했다"고 한다.

힙합의 역사에 관심을 가지는 이들은 이 랩 곳곳에서 숨은 보석들을 발견할 것이다. 데비는 "Rapper's Delight"의 가사 일부인 "Hip-hop you don't stop(힙합은 멈추지 않아)"을 "You don't stop…punk rock 멈추지마. 펑크 록)"으로 개작하는 한편 팹 파이브 프레디와 그랜드마스터 플래시 등 디제이의 이름을 불러대기도 한다(뮤직비디오에는 뉴욕 출신 아티스트 장-미셸 바스키아도 나온다). 화성인의 침공이라는 테마는 이것이 1976년 발매된 〈Blondie〉의 "The Attack of the Giant Ants"의 후속 곡임을 말해준다.

"Rapture"는 80년대 히트 곡 메이커 블론디의 전성기의 마지막을 장식한다(조금 덜 성공적이었던 1982년 4월 발매작 "Islands of Lost Souls"을 제외한다면 말이다). 하지만 록부터 랩까지 다방면에서 이 곡이 발휘한 영향력은 블론디가 팝의 심장부에 자리함을 확고히 한 것이다. **KBo**

While You See a Chance
Steve Winwood (1980)

Writer | Steve Winwood, Will Jennings
Producer | Steve Winwood
Label | Island
Album | *Arc of a Diver* (1980)

신디사이저 오르간 인트로로 시작되는 "While You See a Chance"는 마치 교회에서나 흘러나올 법한 느낌이다. 이 노래는 일종의 '갑작스런 믿음의 전환'이었고 이것은 스티비 윈우드에게만 국한된 경험이 아니었다. 세련되게 단장한 'AOR'은 CD시대 초기를 장악하는 한편 부유한 중년 남성들에게 새로운 시장을 선보였다. 바로 이 'AOR'이 "While You See a Chance"의 유전자를 이루고 있다.

자신의 밴드 트래픽의 활동이 중단되며 윈우드는 1977년 앨범 〈Steve Winwood〉 발매와 함께 솔로 활동을 시도한다. 〈Arc of a Diver〉에서 그는 모든 악기를 스스로 다루며 앨범 전체의 제작을 단독 진행한다. 그는 "곡을 쓰는 것만이 현재 단 하나의 문제이다. 진행이 더디게 이루어지고 있다"고 인정했다. "최대한 많은 사람들과 곡을 함께 쓰고 싶다 — 작곡 활동에 있어 새로운 관계를 맺고 싶다."

〈Arc of a Diver〉의 주요 공동 작곡가였던 윌 제닝스는 앨범의 리드 싱글인 "While You See a Chance"에 긍정적 분위기와 '카르페 디엠'식의 사랑관을 심는데 공헌한다. 윈우드는 뮤직 매거진 모조에 아래와 같이 말한다. "윌이 노래 가사를 생각했고, 그것은 나에게도, 그에게도, 이 노래에도 딱 맞는 바로 그것이었다".

이 노래 전반에는 완벽주의자의 모습이 묻어난다. 1980년대 초반, 주류 신을 통째로 삼켜버린 일렉트로닉 팝을 원숙미 넘치게 해석했던 이 곡은 확연히 모던하면서도 윈우드의 강한 블루스 보컬에 힘입어 그 뿌리가 단단하다. 아이들의 물총과 같은 찍찍 짜는 소리의 키보드 사운드는 언젠가는 구식 취급을 받게 될 운명이다. 하지만 미국 톱 10에 진입한 이 싱글은 에릭 클랩튼이나 필 콜린스와 같은 다른 음악계의 베테랑에게 인생의 제 2막의 가능성을 열어주었다. **MH**

Heartattack and Vine
Tom Waits (1980)

Writer | Tom Waits
Producer | Bones Howe
Label | Asylum
Album | *Heartattack and Vine* (1980)

톰 웨이츠는 이해가 쉽거나 단순하고 가벼운 음악을 만들지 않는다. 〈Heartattack and Vine〉 LP 작업 당시 30세였던 그는, 자칫 과도하면 사람을 움츠리게 만들어버리는 인생의 찌꺼기와 오물을 적당한 만큼 경험한 상태였고, 그것을 노래로 승화시켰다.

앨범의 타이틀 곡은, 오버드라이브 기타 사운드의 따스함과 웨이츠의 지르는 듯한 목쉰 보컬이 찔러주는 사이사이를 메우는 휴지를 통해, 드문드문 끊기는 불안정함을 전달한다. "악마를 노래하는 건 아니죠. 그저 술 취한 신 정도라고 보면 됩니다."

로스앤젤레스에서의 삶이 보여준 추잡함을 생각하며, 웨이츠는 동요하는 인간 무리를 결점으로 찾았지만 구원 가능한 모습으로 그려낸다. 그는 "If you want a taste of madness, you'll have to wait in line(광기를 맛보고 싶다면, 줄 서서 기다려야 할걸)"이라고 조롱하며, "You'll probably see someone you know on Heartattack and Vine(히든어택 앤 바인에서 아는 사람을 만날 수 있을 것)"이라고 덧붙인다.

마약에 관한 노래이기도 하지만("lines"와 "chinawhite"등이 그것을 말한다) 사람에 관한 노래이기도 하다. 이 곡은 암울할지언정 축배할 만한 이 삶을, 환희에 젖은 필사적 몸부림으로 살아가야만 하는 모습으로 그린다. 그는 리바이스로 하여금 스크리밍 제이 호킨스의 커버 버전을 광고에 사용하지 못하도록 소송을 걸기도 하였다. 그러나 그 스스로도 이 곡이 그런 광고에 쓰인다는 데 묻어나는 음울한 희극적 아이러니를 한 번쯤 떠올려 보았을 것이다.

수십 년에 걸쳐 웨이츠는 대중에게 다양한 모습을 보였지만, 심야 영업소 피아노에 걸터앉은 미치광이 캐릭터(Mad Hatter)는 항상 그의 일부로 남게 된다. **JMc**

Kings of the Wild Frontier | Adam & The Ants (1980)

Writer | Stuart "Adam Ant" Goddard, Marco Pirroni
Producer | Chris Hughes
Label | CBS
Album | *Kings of the Wild Frontier* (1980)

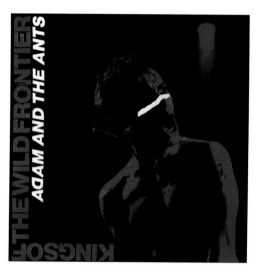

"아담은 지구상에서
단연 최고로 멋진 사람이었어요.
그는 펑크의 눈부시게 기품 있는 일면을
보여준 완벽한 예였죠."

저스틴 프리쉬먼, 엘라스티카, 1995

◀ **Influenced by: The Good, the Bad and the Ugly**
Ennio Morricone 1966)
▶ **Influence on: The Beautiful People** • Marilyn Manson
1996)
★ **Other key tracks:** Dog Eat Dog 1980) • Antmusic 1980)
• Physical You're So) 1980)

"모방을 통해서 우리는 결국 진정 자신만의 것에 도달하게 된다". 1981년 아담 앤트가 선언한 말이다. 그가 스스로 인정하였듯, 아담 앤 디 앤츠를 이루는 중요 구성 요소에서 독창성이라고는 전혀 찾아볼 수 없다. 그들은 아프리카 드럼 사운드와 두웨인 에디 스타일의 퉁김 소리 강한 기타 사운드, 해적을 연상시키는 의상과 북미 원주민의 전쟁 분장을 마구 가져다 사용했다. 그러나, 이 모든 아이디어들을 하나의 강력한 상품으로 포장해냈다는 점에서 그들의 천재성이 드러났다.

"마르코(피로니, 기타리스트)와 나는 대담할 정도로 화려해져보자는 결정을 내렸다. 우리는 현실도피적인 동시에 매우 요란하고, 영웅적이면서, 숭고하기를 원했다. 좀 진부하긴 하지만 우리가 진심으로 좋아하는 그런 것들을 시도해보고 싶었다." 조간 신문 데이토나 비치 모닝 저널에 앤트가 했던 말이다(그 외에도 밴드의 라인업은 드러머 테리 리 마이얼과 메릭, 베이시스트 개리 팁스로 완성되었다).

북미 원주민에 대한 억압을 자극적이고 고무적으로 시사하는 이 싱글은 1980년 영국 톱 50진입 성공을 거두며 밴드의 첫 히트작으로 기록되었고, 신선하게 정화된 사운드를 폭발적으로 내뿜으며 자신만만한 태도를 통해 고취된 민족 의식을 반영했다. "이렇게까지 곡이 성공했다는 것에 우리는 놀랐어요…" 모조와의 인터뷰에서 피로니는 털어놓는다. "제가 좋아하는 모든 것을 한 장의 음반에 담으려고 노력했죠. 그것이 성공한 거예요."

"Dog Eat Dog"과 "Antmusic"이 차트에서 잇달아 성공을 거두면서 이 앨범은 영국에서는 플래티넘 레코드로, 미국에서는 골드 레코드로 등극하게 된다. 뮤직 매거진 더 페이스와의 인터뷰에서 앤트는 "Kings of the Wild Frontier 싱글로 인해 단지 이상에 그쳤던 'Antmusic for Sexpeople'이 현실로 되어버렸다"며 경탄한다.

1982년 밴드를 해체한 이후 솔로로 전향한 앤트는 "Kings of the Wild Frontier"의 사운드를 고수했고, 이것은 일라스티카부터 나인 인치 네일스까지 다양한 뮤지션들에게 영향을 미쳤다. **EP**

Redemption Song | Bob Marley & The Wailers (1980)

Writer | Bob Marley
Producer | Bob Marley & The Wailers, Chris Blackwell
Label | Island
Album | *Uprising* (1980)

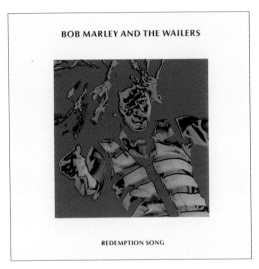

"제 관점으로는… 단순해 보이지만
사실이에요. 민중에게 라스타를!
자본주의와 공산주의는 끝났습니다.
이제 라스타의 시대죠!"

밥 말리, 1979

▶ **Influenced by: There's a Reward** • Joe Higgs 1975)
▶ **Influence on: Black Uhuru Anthem** • Black Uhuru
1983)
● **Covered by:** Flying Pickets 1996) • Stevie Wonder 1996)
• Johnny Cash & Joe Strummer 2003) • Don Campbell
2003)

다작 작곡가였던 밥 말리는 15년 간의 음악 활동 중 14개의
스튜디오 앨범(사망 후 발표된 앨범을 제외하고도 말이다)을 발
매하였다. 앨범이 많은 만큼 당연히 그의 더 웨일러스 활동
을 대표하는 작품은 한두 가지를 넘어선다. 그럼에도,
"Redemption Song"은 레게 팬들에게 매우 각별한 존재이
다.

생전 마지막 스튜디오 앨범인 〈Uprising〉의 마지막 트
랙인 이 곡은 말리와 그의 어쿠스틱 기타만으로 녹음되었
다는 점에서 독특하다. 이 노래에서만큼은 더 웨일러스가
더하는 친숙한 그루브와 배킹을 찾아볼 수 없다(그러나 밴드
전체가 함께한 한 버전이 사후 공개되었고, 1977년 싱글에 "Redemption
Song"의 초기 버전이 담겨 있기도 하다).

〈Uprising〉작업 무렵 말리는 암 투병 중이었지만(후에
그는 암으로 사망한다), 이 사실을 숨기고 있었다. 하지만 그
사실을 알고 난 후에는 이 노래에 슬픔이 담겨 있음을 발견
하게 되며, 그가 자신의 추종자들을 모두 불러모으고 있음
을 깨닫게 된다. 라스타파리안 믿음의 용맹한 수호자로,
자기 민족에 가해진 억압에 대항했던 말리는 자메이카의
웅변가였던 마커스 가비의 문구들을 노래의 가사로 엮어
냈다.

"Redemption Song"에서, 자신이 꿈꾸던 기쁨에 찬 반
란을 위해 조용히 힘을 모으고 있는 그는, 언젠가 이러한
반란을 보게 될 것이라는 낙관적 믿음을 가지고 있었다.
1980년 9월 23일 피츠버그에서 열린 그의 마지막 콘서트에
서 기록된 이 노래의 라이브 버전은 1992년 발매된 〈Songs
for Freedom〉박스 세트에서 만나볼 수 있다.

말리의 작품 중, 이 곡의 커버 버전이 가장 널리 만들어
지고 있다는 사실에서도 그가 남긴 음악적 유산이 입증되
고 있다. 이 노래가 담고 있는 주제는 스티비 원더, 더 치프
턴스, 시네이드 오코너, 니나 시몬 등 다양한 아티스트들의
작품 속에서 계속적으로 살아 숨 쉬고 있다. **SO**

Dead Souls
Joy Division (1980)

Writer | Ian Curtis, Peter Hook,
Bernard Sumner, Stephen Morris
Producer | Martin Hannett
Label | Factory
Album | Still (1981)

"조이 디비전은 헤비 메탈 밴드였죠." 스매싱 펌킨스의 빌리 코건이 2005년 내놓은 의견이다(그의 작품 세계가 이 맨체스터 출신의 4인조 밴드에 많은 빚을 지고 있다는 점에서, 밴드의 생존 멤버들이 결성한 뉴 오더와 함께 그가 2001년 투어에 참여했다는 점에서 볼 때, 그의 말은 믿을 만하다).

재기가 번뜩이는 "Dead Souls"야말로 코건의 주장을 가장 잘 뒷받침하는 증거물이라 할 수 있다. "These Days"나 "Atmosphere"와 같은 고전이 탄생했던 1979년은 그들의 창의력이 급상승했던 시기였고 이 곡이 탄생한 해이기도 하다. 비록 이들 밴드의 '스완 송'이었던 "Love Will Tear Us Apart"만큼 대중에게 알려지진 않았지만, 그 못지않게 뇌리를 맴도는 호소력을 담고 있다.

이 노래는 음침한 분위기의 "Atmosphere"와 함께, 1980년 3월, 〈Licht und Blindheit〉에 실려 첫 발매된다(이 음반은 프랑스의 인디펜던트 레이블 소디드 센티멘털이 내놓은 리미티드 에디션 싱글이었다). 이 곡은 다시금 팩토리 레코즈가 발매한 컴플레이션 앨범인 〈Still〉에 실리게 되는데, 이 앨범은 고향 영국에서 그들 밴드가 거둔 차트 최고 기록인 5위라는 결과를 가져온다. 단 두 곡의 기존 발매 트랙만이 〈Still〉에 실렸는데, "Dead Souls"가 그 중 하나였다.

2분 동안 계속되는 인스트루멘털 인트로를 앞세워, "Someone take these dreams away / that point me to another day(누군가 이 꿈들을 좀 없애줘 / 또 다른 내일을 꿈꾸게 하는)"라는 가사로 노래가 시작된다. 커티스의 맹렬한 요구는 밴드의 암울한 상황에서 탈출하고자 하는 필사적 욕구와 함께 소외된 자신을 반영하고 있다. 한편, 작가 존 새비지는 이렇게 말하기도 했다. "'Dead Souls'는 영적 홀림과 죽은 자들의 영을 부르는 동요의 소리이다." **GK**

Master Blaster (Jammin')
Stevie Wonder (1980)

Writer | Stevie Wonder
Producer | Stevie Wonder
Label | Tamla
Album | Hotter than July (1980)

자메이카 킹스턴에서 공연을 함께한 1975년 이후부터, 스티비 원더와 밥 말리는 유사한 커리어를 쌓아갔다. 1973년 그들은 각자 〈Innervisions〉와 〈Catch a Fire〉라는 앨범으로 성공을 거두었다. 원더는 1976년 〈Songs in the Key of Life〉로 이 성공을 이어가고, 뒤이어 말리가 〈Exodus〉로 그 못지않은 갈채를 받게 된 후, 이 두 사람은 1979년 다시 한 번 필라델피아에서 한 무대에 섰다.

1980년 원더의 또 다른 히트작인 〈Hotter than July〉가 탄생한다. 이 앨범의 타이틀 트랙은 원더가 말리와 그의 음악 세계에 표하는 경의의 징표였다. 거부할 수 없는 레게 필을 가진 이 곡은 말리의 〈Exodus〉에 실린 "Jamming"을 언급할 뿐 아니라 자메이카가 낳은 위대한 스타의 이름 또한 가사에 던져 넣는다.

"Master BlasterJammin'"은 원더의 최대 히트 곡 중 하나로 부상하였고 영국에서는 2위를 기록하는 한편, 빌보드 R&B 차트 정상에 7주를 머무는 기염을 토한다. 마틴 루터 킹 목사의 생일을 국경일로 지정하자는 캠페인에 사용된 앨범 수록 곡인 만큼 "Master Blaster"는 정치적 주제를 다루고 있다.

밥 말리와 스티비 원더는 1981년 스케줄 된 〈Hotter than July〉 앨범 투어에서 함께 공연하기로 되어 있었다. 불행히도 말리는 암 증세 격화로 그해 5월 사망했다. 그러고 보면, 말리의 아들 스티븐이 자신의 2003년 헌정 앨범 〈Conception: An Interpretation of Stevie Wonder's Songs〉에서 이 곡의 커버 버전을 불렀다는 것은 그다지 놀랄 일이 아니다. **SO**

Everybody's Got to Learn
Sometime | The Korgis (1980)

Writer | James Warren
Producer | The Korgis
Label | Rialto
Album | *Dumb Waiters* (1980)

I'm Coming Out
Diana Ross (1980)

Writer | Bernard Edwards,
Nile Rodgers
Producer | B. Edwards, N. Rodgers
Label | Motown
Album | *Diana* (1980)

영국 포크 뮤직 밴드 스택릿지는 괴짜 프로그 록을 해보았지만 스타가 되지는 못한다. 그들은 펑크의 맹습이 한창일 때 결국 해체되었고, 한편 베이시스트 제임스 워렌과 드러머 앤디 데이비스는 '더 코기스'라는 이름의 말쑥한 팝 밴드로 변신했다. 1979년 "If I Had You"가 히트를 거둔 이후, 데이비스는 다양한 악기에 능숙한 두 뮤지션, 스튜어트 고든과 필 해리슨에게 워렌을 맡겨두고 밴드를 떠났다.

피터 가브리엘에게 빌려온 신디사이저 한 대로, 더 코기스는 그들만의 잘 다듬어진 팝 음악에 풍성한 텍스처를 첨가한다. 이런 세련됨은, 인상 깊은 "Everybody's Got to Learn Sometime"에서 가장 명백히 드러난다. 워렌은 이 곡의 가사가 "내 머릿속에 처음 떠올랐던 그대로"라고 끝까지 주장했지만, 어쨌든 이 노래의 단순한 4줄 가사는 놀랄 만큼 큰 호소력을 발휘했다. 안타깝게도, 여기 담긴 관용의 분위기는 그룹 내에 실제로 반영되지 않았다. 워렌이 브리스톨 록스에게 후회에 차 전한 바에 따르면, 국제적 성공은 "밴드 멤버들 간에 이미 존재했던 긴장감을 고조시키고 부채질하는 역할만을 하였다"는 것이다. 더이상 히트를 거두지 못하고, 코기스는 2년 만에 분열했다.

그럼에도, 이 곡은 수많은 추종자들에 의해 커버송으로 재탄생한다. 그 중에는 신스 팝 그룹 이레이저부터 이태리의 크루너 주케로, 얼터너티브 록 그룹 글라스베가스까지 다양했다. 1995년, 댄스 그룹 베이비 D가 "(Everybody's Got to Learn Sometime) I Need Your Loving"을 영국 3위권 안으로 진입시켰다. **BM**

모타운의 마이다스 손, 니콜라스 애시포드, 발레리 심슨과 함께 〈The Boss〉(1979)작업을 마친 다이애나 로스는 후속작 〈Diana〉를 위해 또 다른 히트 머신 드림팀이었던 쉬크의 버나드 에드워즈와 나일 로저스에게 도움을 요청한다. 그녀는 자신의 사운드에 변화를 원했고, 그 당시, 시크만큼 멋진 싱글을 척척 만들어내는 뮤지션도 참 드물었다.

하지만 부기 원더랜드(Boogie Wonderland)로 가는 길은 험난하기만 했다. 스튜디오 작업 중 로스는 프로듀서와 수없이 충돌했다. 시기적으로 "Disco Sucks(디스코는 짜증나)"라는 문구가 새겨진 스티커가 한창 팔릴 무렵이었던 만큼, 로스는 자신의 음악이 과도하게 "Saturday Night Fever"를 풍길까 봐 염려하였다. 이에 따라 마지막 믹싱 과정에서 시크 스타일의 펑크(funk) 느낌은 좀 더 누그러뜨려진다.

그럼에도 다행히 〈Diana〉는 성공을 거두고, 그 중 두 개의 싱글, "Upside Down"과 "I'm Coming Out"은 대히트를 치게 된다. 후자는 로스의 대표적 노래로 자리를 굳혀가는 한편, 자기 선언의 노래인 만큼 그녀의 콘서트 오프닝 송으로 유용하게 쓰였다. 대개 연주 가능한 정도보다 살짝 빠르게 템포를 당겨 믹스함으로써 로스의 목소리를 더 두드러지게 했다. 이러한 전략은 상당한 금전적 이득을 가져왔을 뿐 아니라 로스로 하여금 'Supremes' 때보다 더욱 파워풀한 고음역대 소프라노를 자랑할 수 있게 허락했다. 메코 모날도가 맡은 트롬본 솔로를 넣는 모험을 감행했지만 오히려 그 덕에 이 노래는 그 장르에서 한층 더 차별화될 수 있었다. "I'm Coming out"은 "Upside Down"과 함께 〈Diana〉를 로스의 최다 판매 솔로 앨범으로 올려놓았다. 한편, 더 노토리어스 비.아이.지.의 "Mo Money Mo Problems"에 이 노래가 사용되기도 했다. **JiH**

Back in Black
AC/DC (1980)

Writer | Brian Johnson,
Angus Young, Malcolm Young
Producer | Robert John "Mutt" Lange
Label | Atlantic
Album | *Back in Black* (1980)

〈Back in Black〉이 AC/DC의 다른 유수 앨범과 다를 바 없다고 생각해서는 안 된다. 이 앨범은 싱어였던 본 스콧의 사망 이후 AC/DC의 컴백을 알리는 막중 임무를 띠었던 각별한 존재였다. 헌정인 동시에 공식적 선언을 담은 이 앨범은, 타이틀 트랙과 같은 폭발적 수작들에 힘입어 멀티플래티넘의 성공을 기록한다.

"Back in Black"은 "머트" 랭이 윤이 나도록 말끔히 광낸 말콤 영의 전형적으로 파워풀한 기타 연주에 기반한다. 여기에 본 스콧의 후임인 브라이언 존슨이 부르는 미끈한 보컬이 생기를 더한다. 조용한 자기 성찰적 음악을 예상하던 팬들은 곧 안도의 한숨을 내쉰다. "Back in Black"은 귀에 착 감기는 보기 드문 명작이었다.

거의 30년이 지난 지금에도 이 노래는 헤아릴 수 없을 만큼의 영향력을 지닌다. 앤스랙스의 찰리 베난테는, "대부분의 밴드들이 이 레코드를 들으며 연주하는 법을 습득했다"고 말한다. 또한 비스티 보이즈의 1985년 곡 "Rock Hard"에 샘플링되기도 했다. 비스티 보이즈 엔지니어였던 조지 드레콜리어스의 회고에 따르면 이런 일도 있었다. "릭(프로듀서 릭 루빈)이 워크맨으로 앵거스와 말콤 영에게 노래를 들려주었고, 그들은 언짢아하기 보다는 흥미로워했죠. '거 재미 있네! 노래를 어떤 식으로 바꾸어놓은 건지 나도 알겠어요! 근데 드럼 소리가 너무 큰 거 아닙니까?' 뭐 이러더라고요."

2009, 전원 스타 배심원단의 투표를 통해 클래식 록 매거진은 "Back in Black"을 AC/DC 최고의 노래로 결정했다. 홀 앤 오츠의 존 오츠까지도 "헤비적인 방식으로 완벽한 심플함과 우아함을 보여준다"라는 찬사를 보낸 것이다. **JMc**

Let My Love Open the Door
Pete Townshend (1980)

Writer | Pete Townshend
Producer | Chris Thomas
Label | ATCO
Album | *Empty Glass* (1980)

"코드가 3개 달랑 쓰였어요, 그렇죠?" 1983년 BBC인터뷰에서 피트 타운센드가 한 말이다. "최근 했던 공연 때문에 곡들을 모아 준비하던 중, 제가 하고 싶은 노래들이 하나같이 다 동일한 3개의 코드를 가지고 있다는 걸 깨달았죠. 디지털 오르간 사운드로 연주를 한 후 그 위에 보컬을 얹어보기로 했습니다—그저 떠오르는 것을 불러댔죠—그렇게 해서 탄생한 것이 바로 이 노래입니다."

"Let My Love Open the Door"의 비결은 단순함에 있다. 후(Who)의 작곡을 담당해오던 그는 자기 회의와 자만에 부딪혀 지난 10년간 어려움을 겪었다. 하지만 이 슈퍼 그룹의 이미지와 사운드의 틀의 구속을 벗어던진 그의 음악은 빛날 만큼 쾌활한 모습이었다. 이 노래는 후가 북미에서 거둔 최대 히트작인 1967년 발매 싱글 "I Can See for Miles"와 마찬가지로, 차트 9위까지 상승했다.

언뜻 이 노래의 가사가 사랑에 관한 것이라 생각할 수도 있다. 하지만 그것은 타운센드가 추종했던 인도의 영적 스승 메헤르 바바로부터 얻은 교훈에 관한 것이라 해석된다. "선술집에 가면—신에게 가는 것과 다름없죠—당신은 그에게 사랑을 달라고 간구합니다…그에게 빈 잔을 내밀어야 하죠." "만일 이미 잔이 가득 찼다면, 당신의 마음을 그에게 내보일 필요 자체가 없는 거겠죠."

타운센드가 플레이보이 매거진 인터뷰에서 말하기를, "Empty Glass"를 발매하고 난 후, 저는 후 공연 투어를 떠났죠. 근데 뭔가 달라졌다는 것을 바로 느낄 수 있었어요. 많은 여성들이 백스테이지로 찾아와 이렇게 묻더라고요, 당신들 중 "Let My Love Open Your Door"를 쓴 사람이 누구죠?'" **BM**

AC/DC의 앵거스 영이, 1980년, 레스터에서 폭풍우와 같은 공연을 보여주고 있다.

Geno | Dexys Midnight Runners (1980)

Writer | Kevin Rowland, Kevin Archer
Producer | Pete Wingfield
Label | EMI
Album | *Searching for the Young Soul Rebels* (1980)

"그는 역사상 가장 위대한
소울 싱어였습니다.
제임스 브라운만 빼놓고 말이에요."

케빈 롤랜드, 1980

◀ **Influenced by: Michael The Lover)** • Geno
Washington & The Ram Jam Band 1966)
▶ **Influence on: Ghost Town** • The Specials 1981)
★ **Other key tracks:** Dance Stance 1979) • There, There,
My Dear 1980) • I Love You Listen to This) 1985)
This Is What She's Like 1985)

1968년 어느 날, 땀 냄새 풍기는 한 클럽("Back in '68 in a sweaty club")에서 케빈 롤랜드는 소울 숙련공 지노 워싱턴을 보게 된다. 군중이 워싱턴의 이름을 외쳐대는 걸 들은 롤런드는 나도 이걸 할 수 있겠다 싶었던 것이다. 비록 그렇게 하는데 12년 가량의 세월이 걸리긴 했지만, 어쨌든 그와 그의 작곡 파트너 케빈 "앨" 아처는 마침내 나오자 밴드 킬조이스를 그만두고, (롤랜드의 말을 빌리자면) "멋진 옷을 입고 소울적인 음악을 만드는" 데 집중하게 된다. 그가 말한 멋진 옷이란 영화 〈비열한 거리〉에 나오는 항만 노동자 스타일 복장이었고, 음악은 금관이 리드하는 험한 동네 R&B를 의미했다. 그들의 2번째 싱글 "Geno"는 영국에서 1위로 훌쩍 뛰어오른다(두란두란의 닉 로즈는 어리둥절하다는 듯 이렇게 말했다. "'잘됐다, 케빈, 네가 1등이야'라고 하자 그는 '으어어어' 이러더니 홱 가버렸어요…말도 안 되죠!"). 여기 담긴 원초적 힘은 노던 소울을 환기시켰고, 브라스 파트는 순전히 스카라 할 수 있었다. 스페셜스가 군림하는 투톤(2-Tone)시대에, 롤랜드의 길들여지지 않은 아웃사이더들은 완벽한 일치를 이루었다.

"Geno"는 그저 암암리에 지노에게 찬사를 보낼 뿐이지, 사실상 그를 조롱하고 있다. 롤랜드는 워싱턴의 군중을 다루는 능력에 자신의 털모자를 들어 경의를 표하지만, 한편으로는 지노가 볼장 다 봤으며, 그의 노래가 "너무 단조롭다"고 말하는데. 이제 롤랜드의 시대가 왔다고 선언하며, 그는 "당신의 이름을 기억해"줄 테니 걱정할 필요는 없다고 말한다. 그럼에도 불구하고, 롤랜드는 사운즈에 이렇게 말했다. "그가 망쳐버렸다는 거 알아요. 그는 카바레 가수로 술집을 전전해 모두를 짜증나게 했죠. 하지만 그는 부끄러울 만큼이나 진가를 인정받지 못하고 있어요. 특히나 1965년 즈음 그가 가지고 있던 밴드는 정말 대단했죠. 그의 공연에서 묻어나는 불 같은 열정, 감정, 확고한 신념까지도요…저희가 담아내고자 하는 거은 바로 그런 힘과 열정입니다."

하지만, 결국 마지막 승자는 워싱턴이었다 해도 과언이 아닐 듯하다. 이 곡의 성공 덕에 덱시스 미드나잇 러너스가 완전히 새로운 청중들을 확보했다고는 하지만, 이 청중들은 바로 이 단 1곡에만 익숙했다. **MH**

Guilty | Barbra Streisand and Barry Gibb (1980)

Writer | Barry Gibb, Robin Gibb, Maurice Gibb
Producer | B. Gibb, A. Galuten, K. Richardson
Label | Columbia
Album | *Guilty* (1980)

"바바라가 무언가를 부르면
마법이 일어납니다…
그녀가 노래하는 모든 곡은,
한 곡 한 곡이 훌륭하죠."

배리 깁, 1980

◀ **Influenced by: How Deep Is Your Love** • Bee Gees
1977)
▶ **Influence on: Above the Law** • Barbra Streisand
with Barry Gibb 2005)
● **Covered by:** Tom Jones & Gladys Knight 1997) • Bee
Gees 1998)

"자기 자신을 위해 곡을 쓸 때는," 배리 깁이 설명하기를, "당신 자신만이 유일한 악기이다. 따라서 머릿속에서나 마음으로나 일정한 제약이 따르게 된다. 반면 다른 사람을 위해 곡을 쓸 경우, 더군다나 그 사람이 바바라와 같은 음역을 소유하고 있다면, 마음껏 자신을 펼칠 수 있게 된다."

1978년 깁은, 역년 기준으로 최다 넘버 원을 작곡한 이로서 기존의 기록을 깨뜨리게 된다. 자신의 밴드 비지스를 비롯하여 이본 앨리먼, 프랭키 밸리, 앤디 깁 등이 부른 다수의 히트작이 모두 그의 것이었다. 플래티넘작을 속속 써내는 그의 마이다스 터치는 스트라이샌드에게 매우 당연한 선택이었다. 1979년 도나 서머와 "No More Tears (Enough is Enough)"를 듀엣한 그녀는 팝계의 혜성 같은 존재였다. "전 조금 긴장했습니다", 깁이 빌보드매거진 크레이그 로젠에 털어놓았다. "그녀가 약간 위협적으로 느껴지거든요." 하지만 스트라이샌드와 "You Don't Bring Me Flowers"를 함께 불렀던 닐 다이아몬드의 말이 깁을 안심시켰다. "그는 그녀가 같이 있으면 더할 나위 없이 즐거운 사람이라 말했죠."

'더할 나위 없는 즐거움'이야말로 깁이 작곡을 전담한 〈Guilty〉와 그 타이틀 트랙을 묘사하기에 적절한 말이다. 전성기 정점을 누리고 있던 한 명의 뮤지션과 전례 없는 재능을 소유한 다른 하나의 만남은 실패를 모르는 환상의 조화였다. "그가 데모에서 보여주는 근사하고 리드미컬한 것들을," 스트라이샌드가 털어놓는다, "제가 이따금 못할 때가 있어요. 하지만 그 노래를 나 자신의 것으로 만들라며 그는 저에게 용기를 북돋아주죠." (깁의 앨범 데모는 2006년 아이튠즈에서 발매되었다.) 아른거리는 빛과 같이 유혹적인 "Guilty"는 오늘날에도 꾸밈없는 우아함으로 다가온다.

스트라이샌드는 대중이 수퍼스타의 듀엣 포맷에 싫증을 낼 것을 불안해했고, 그런 이유로 이 콜라보레이션은 의도적으로 스포트라이트를 피했다. 그러나 앨범〈Guilty〉는 차트 정상에 오르며 넘버 원 히트 "Woman in Love"를 비롯하여 3곡의 히트작을 낳는 등 그녀의 예상을 뒤엎었다. **BM**

Love Will Tear Us Apart | Joy Division (1980)

Writer | Ian Curtis, Peter Hook, Stephen Morris, Bernard Sumner
Producer | Martin Hannett
Label | Factory
Album | N/A

LOVE WILL TEAR US APART

A FACTORY RECORD · FAC 23

"그것은 보통 우리가 말하는
로큰롤 세션과는 차이가 있었죠…
하지만 정말 돋보였어요."

디 에지, 유투, 2006

◀ **Influenced by: Be My Wife** · David Bowie 1977)
▶▶ **Influence on: As It Is When It Was** · New Order 1986)
● **Covered by:** Paul Young 1983) · Swans 1988) · Opium
Den 1995) · Simple Minds 2001) · New Order 2002)
Fall Out Boy 2004) · Nouvelle Vague 2004)
★ **Other key track:** Shadowplay 1979)

"빌딩 내에 무언가 놀라운 일이 일어나고 있는 듯한 분위기가 감돌았습니다…" 유투의 기타리스트 디 에지는 포스트 펑크 시대의 가장 위대한 곡을 낳은 리코딩 세션에 대해 이렇게 알렸다. "매우 극도로 긴장된 기운이 느껴졌죠. 조이 디비전이 바그너에서 영감을 얻었다고 생각될 정도였습니다."

막 날갯짓을 시작한 유투는 조이 디비전의 프로듀서 마틴 해닛을 만나기 위해 런던에 머물고 있었다. 깊은 감흥은 유투에게만 전해진 것이 아니다. 계속해서 거슬리는, 멈추지 않는 속내의 아픔을 전하는 "Love Will Tear Us Apart"는 커버 버전으로 거듭 태어났고, 사운드트랙으로, 인용구로, 영감의 원천으로 30년간 줄곧 끊임없이 언급되었다.

이 노래는 싱어이자 작사가였던 커티스와 그의 아내 데보라의 관계가 악화되면서 착상한 것이었으며, 노래 제목은 더 캡틴 앤 테닐의 1975년 히트작 "Love Will Keep Us Together"를 아이러니하게 바꾸어놓은 것이었다.

싱글로서 이 곡의 성장은 더뎠다. 팩토리 레이블 대표 토니 윌슨은 이 곡이 결국 성공한 이유가 발매 한 달 후 일어난 커티스의 자살이 낳은 홍보 효과에 있다는 것을 부인한다. "그가 죽기 바로 전 주에 상점들로부터 "Love Will Tear Us Apart"의 주문이 쇄도했어요. 성공은 미리 예정되어 있었던 겁니다."

어쨌든 간에, 이 노래가 신화적 입지를 확보해가는 과정에서 커티스의 죽음이 도움을 주면 주었지 방해가 되지는 않았다. 노래의 제목은 매클스 필드(영국 체셔 소재) 공동묘지에 자리한 그의 묘비까지도 장식하고 있다. 이 작품이 지닌 예술성의 묘한 메아리를 남기며. 그럴 법한 일이지만, 이 곡은 인디 차트에서 몇 년간 자리를 지킨다. 그러면서 뉴 오더라는 이름으로 새로 시작한 조이 디비전의 생존 멤버들 주변을 맴도는 한편 80년대의 "Stairway to Heaven"이라는 별명까지 얻게 된다. **BM**

Wardance | Killing Joke (1980)

Writer | Jaz Coleman, Paul Ferguson,
Kevin "Geordie" Walker, Youth
Producer | Killing Joke
Label | Malicious Damage
Album | *Killing Joke* (1980)

"킬링 조크는 정말 대단한 에너지를
발산했던 밴드였습니다."

케이트 부시, 1985

◀ **Influenced by: Electric Funeral** · Black Sabbath 1970)
▶ **Influence on: On the Beach** · The Comsat Angels
  1980)
● **Covered by:** The Mad Capsule Markets 2001)
★ **Other key tracks:** The Wait 1980) · Requiem 1980)

킬링 조크의 중추적 악동 재즈 콜맨은 수정 구슬을 뚫어져
라 들여다보며, 80년대가 다 가기 전에 우리가 핵무기의 불
덩이 속에 홀딱 사라지는 것은 여부의 문제가 아니라 시간
문제라 말했다.

"Wardance"는 필연적인 것들을 포용하는 킬링 조크만
의 독창적 방식이었다. 익살쟁이 재즈는 "즐기세요. 그것에
대해 한바탕 웃고 말아요. 마구 떠들썩하게 즐기는 거죠.
그것을 외면해서는 안 돼요"라고 말한다. 귀를 너덜너덜하
게 만들어버리는 이 노래로 1981년 라이브 콘서트의 오프
닝을 장식한 그가 군중들에게 말했다. "우리 같이 현실을
직시하죠—이제 단 몇 년밖에 남지 않았어요. 남은 것을
최대한 즐깁시다."

이것은 다시 말해 이가 흔들거릴 만큼 거친 이 노래에
푹 빠져보자는 말이다. "Wardance"는 단순하고 난폭하며
두개골을 부수어버릴 듯하다. 거칠고 기계적인 보컬과 살
을 벗겨내는 듯한 기타 사운드는 마치 사고 난 차를 처분할
때 금속이 삐걱거리는 소리와 같다.

이 영국 출신 밴드가 미래의 세션 스타이자 초특급 프
로듀서인 마틴 "유스" 글로버를 앞세워 핵 군축 캠페인을
위한 기금 모음 콘서트에서 이 곡을 연주했을 때, 시선이
곱지만은 않았다. 반면, 콜맨은 "깔깔거릴 만큼 웃긴" 일이
었다고 말한다. 영국에서는 비록 그의 유머가 통하지 않았
지만, 해외의 청중들은 좀 더 공감하는 태도를 보였고, 특
히 독일에서 그랬다. "그들은 매우 좋아했죠." 콜맨의 말이
다. "여기저기 마구 뛰어다니는 야생 돼지들 같았어요."

결국, 세상은 계속 돌아갔고, 세상의 종말을 피하기 위
해 아이슬란드로 도피한 콜맨의 수고는 헛것이 되었다. 그
러나 1979년, 그는 경고한다. "우리 음악은 파괴적이죠—
사람들을 행복하게 하려는 게 목적이 아닙니다. 그들을 뒤
흔들어놓는 것이 목적이죠." **CB**

Ace of Spades
Motörhead (1980)

Writer | Ian "Lemmy" Kilmister, "Fast" Eddie Clarke, "Philthy" Phil Taylor
Producer | Vic Maile
Label | Bronze
Album | *Ace of Spades* (1980)

레미에게 암페타민 '러시'는 생소한 일이 아니었다. 모터헤드 메인맨 레미는 "Ace of Spades"를 통해 청각적 암페타민 효과를 우리에게 넉넉히 선사했다. 삶의 농간에 도전하는 한 존재의 모습이 주사위, 카드, 도박에 관련된 다른 여러 심상을 통해 그려졌다. 하지만, 만일 레미의 실제 취향을 반영하는 암시와 비유가 쓰였다면, 이 곡이 가진 설득력이 좀 저하되었을지도 모른다. "전 사실 슬롯머신을 더 좋아해요." 그가 자서전에 이렇게 적었다.

오도독하고 씹히듯 명쾌하게 귀를 감는 특성 말고도, 이 곡의 또 다른 성공 요인은 그 단순성에 있다. 하지만 이 정표적 업적이란 제아무리 인상적이라 할지라도 자칫 무거운 짐이 될 수 있다. 수많은 대중에게 모터헤드를 처음 알린 이 곡은 1980년 영국에서 15위까지 차고 오른다. 그러나 수많은 이들에게 밴드와 그들 사이의 관계는 이 단계 이상을 넘어 발전하지 못한다. 레미는 이 곡이 라이브 콘서트 오프닝 곡으로 사용되는 이유는 "빨리 하고 치워버리려"와 같은 생각 때문이라 말했다.

하지만 그는 좀 더 자애로운 태도를 보여주기도 했다. "전 3주 연속 같은 양말을 신는 걸 좋아해요." 그가 Q에 말했다. "그러고 나서 공연장을 돌아다니며 구속받은 얼굴을 천장 끝까지 들어올린 다음, 'Ace of Spades'를 다시금 꺽꺽대는 거죠."

"Ace of Spades"는 도처에 깔리게 된 턱에 본래의 감화력을 좀 잃었지만(특히나 감자칩부터 스웨덴 가구 광고까지 온갖 용도로 쓰였으니 말이다), 어쨌든 펑크와 메탈 사이의 간극을 말뚝박기 식으로 좁혀준 데다, 여전히 시대를 초월한 앤섬으로 남아 있다. **CB**

Start!
The Jam (1980)

Writer | Paul Weller
Producer | Vic Coppersmith-Heaven, The Jam
Label | Polydor
Album | *Sound Affects* (1980)

폴 웰러가 피트 타운센드를 존경했기 때문에 그의 노래에서 쉽게 유사점들을 찾아볼 수 있다고 어떤 이들은 말한다. "Start!"의 탄생 이후, 언론은 웰러가 또 다른 음악계 전설로부터 음악적 아이디어를 빌려다 쓰고 있는 것이 아닌지 의아해하기 시작했다. "뻔하게 보이죠, 그렇지 않았나요?" 웰러가 언커트 매거진 인터뷰에서 장난스레 말한다. "전 우리가 제임스 브라운을 베꼈다고 생각해요."

좀 더 진지한 순간들도 있었다. 웰러는 자신 밴드의 두 번째 영국 차트 1위 곡과 비틀즈의 〈Revolver〉 첫 곡인 "Taxman"이 비슷하다는 의혹에 반해 자신을 강경하게 변론했다. "전 아무것이나 사용합니다" 그가 단호히 말한다. "그리고, 사람들이 그것에 믿음을 가지건 말건 상관 안 해요. 또한 제가 그것을 할 자격이 있는지 없는지도요."

4년이 채 되지 않아 5번째로 발매된 그들의 앨범 〈Sound Affects〉에서 웰러는 기존의 것과 비교해 "가장 필수적인 것만 남긴" 것이라 스스로 표현한 곡 분위기를 원했다. "저는 "Going Underground'가 정점이라고 생각했고 우리 밴드는 그 사운드를 내세우는 데 너무 편해졌죠. 그게 'Start!'를 한 이유입니다." 대중에게 밴드의 새로운 모습을 보여주자는 결정이 내려졌던 것이다. 웰러의 불안정한 기타 사운드가 초조한 긴박감을 더한다.

"Taxman"을 작곡한 조지 해리슨에게 미리 연락을 했었냐는 질문이 아픈 곳을 찌르는 순간 웰러는 말했다. "아뇨. 그가 이러쿵저러쿵할 입장이 아닐 텐데요. 그렇지 않나요?" 물론, 해리슨은 9년 전 자신의 곡 "My Sweet Lord"와 더 시폰스의 "He's So Fine"의 유사성으로 법적 문제에 휘말린 적도 있다. **CB**

Once in a Lifetime | Talking Heads (1980)

Writer | David Byrne, Chris Frantz, Jerry Harrison, Tina Weymouth, Brian Eno
Producer | Brian Eno, Talking Heads
Label | Sire
Album | *Remain in Light* (1980)

"그것은 한 편의 완벽한 본보기였습니다…
기발함에, 선율감이 뛰어난 귀를
한데 융화시켜 만든 것으로 말이죠."

릭 라이트, 핑크 플로이드, 1996

◀ **Influenced by: Oh Lord Give Us More Money**
Holger Czukay 1979)
▶ **Influence on: Don't Scandalize Mine** · Sugar Bear
1988)
● **Covered by: Big Daddy 1991) · Phoebe One 1998)**
Phish 2002) · The Exies 2007)

뉴웨이브로 단단히 감은 3개의 앨범 이후 토킹 헤즈는 아프리카의 영혼을 불러내어 매력적이고도 펑키한 고전을 창조해낸다.

밴드 리더인 데이비드 번이 회고하기를 "브라이언(이노, 프로듀서)과 저는 아프리카의 음악과 그것이 가지는 감성과 효과—폴리 리듬을 연주하며 최면 상태에 빠지는 것을 말하죠—에 대해 많은 자료를 읽었어요. 아주 괜찮게 들린다고 전 생각했죠. 제가 브라이언과 함께 작업한 음반(My Life in the Bush of Ghosts〉은 1981년에서야 발매된다) 때문에 시작했던 이 모든 조사 연구가 토킹 헤즈 음반으로 결실을 맺게 되었습니다."

바하마의 컴퍼스 포인트 스튜디오에서, 토킹 헤즈는 드러머 크리스 프란츠가 "길게 뻗은 그루브"라고 부르는 것에 온 힘을 쏟고 있었다. "기이한 기타 리프 노래"가 그중 하나였고, 이것이 후에 있을 "Once in a Lifetime"의 원형이었다. 북미에 돌아온 번은 "라디오에 나오는 녹음된 전도사 목소리"에서 영감을 얻었다. 그의 회고에 따르면, "주문을 외우는 듯했고, 그루브를 담고 있었습니다. 지옥과 영원한 형벌에 관한 내용이었는데, 거기에는 판잣집에서 사는 삶에 대한 문구도 있었죠. 이걸 가져다 쓰면 되겠구나, 하고 전 생각했습니다."

뮤직비디오에서 신들린 전도사 역할로 번이 펼친 연기는 기상천외했고 더 헤즈를 처음 접하는 이들을 최면상태로 몰아넣었다(이 비디오는 오늘날 뉴욕 현대 미술관에 전시되어 있다). "Once in a Lifetime"은 제이-지의 "It's Alright"에 샘플링되기도, 스매싱 펌킨스에 의해 라이브 커버 버전으로 만들어지기도 하는 한편, 마릴린 맨슨의 자서전 「더 롱 하드 로드 아웃 오브 헬」(1998)에 언급되기도 했다. 이들이 1984년 콘서트 무비 'Stop Making Sense'에서 보여준, 우레를 연상시키는 퍼포먼스는 이 곡이 팬들에게 사랑받는 노래였기 때문에 가능했다. "이 노래를 라이브 공연 무대에서 연주할 때 우린 정말 신이 나곤 했죠." 1992년 프란츠가 기억을 더듬었다. "정말 고무적 느낌이었어요. 관중들은 우리와 하나가 되어 있었습니다." **BM**

Vienna | Ultravox (1980)

Writer | Billy Currie, Midge Ure, Chris Cross, Warren Cann
Producer | Ultravox, Konrad "Conny" Plank
Label | Chrysalis
Album | *Vienna* (1980)

Ultravox
'VIENNA'

"존 폭스가 활동할 당시의 울트라복스가
더 나았는지, 밋지 유르가 합류하고
나서가 더 나았는지를 따져보는 것은
참 재미 있죠."

모비, 2000

◀ **Influenced by: ISI • NEU! 1975)**
▶ **Influence on: Guiding Light • Muse 2009)**
● **Covered by: Celestial Season 1995) • Clawfinger 2001)**
Russell Watson 2000)
★ **Other key tracks: Sleepwalk 1980) • All Stood Still**
1980)• Passing Strangers 1980)

약간은 잘난 척하는 듯, 하지만 주로 울적한 느낌인 "Vienna"는 시대를 앞서 있었다. '베스트 브리티시 싱글' 부문 브릿 어워드를 수상했음에도 정작 울트라복스는 고향 땅에서 넘버 원에 오르지 못했다. 짜증나는 일이지만, 이 노래는 3주 동안이나 원 히트 원더 뮤지션 조 돌체의 "Shaddap You Face"에게 넘버 원의 자리를 내어준 채 2위에 머물러 있어야만 했다("Shaddap You Face"는 1993년 재발매 후 또다시 13위까지 상승한다).

동시대의 다른 뮤지션들이 펑크를 파헤치고 있을 때 울트라복스는 80년대 초기 일렉트로-팝을 개척하고 있었다. 하지만 그들은 아일랜드 레이블로부터 계약해지를 당하고, 싱어이자 창단 멤버인 존 폭스를 밋지 유르로 교체시키는 한편(유르는 신 리지에서 잠시 동안, 그리고 더 리치 키즈에서 이전 활동한 바 있다), 자신들의 글램 록 뿌리로부터 진화되고 난 후에서야 돌파구를 찾을 수 있었다. "Vienna"는 이러한 격변 끝에 이루어 낸 야심 찬 정점이었고 그들의 상징적 노래가 되었다.

단순하지만 으스스한 느낌의 전장의 북소리와 같은 비트가 곡의 초반을 이끌다가 풍성한 관현악적 신디사이저의 로맨틱한 사운드와 쓸쓸한 가사로 부드럽게 이어진다. 베이시스트 크리스 크로스는 모조매거진에서, "듣는 이가 노골적이라고 느낄 만큼 '지나치게 거만한' 무언가를 만든다는 것은 매우 어려운 일입니다"라고 말한다. 능란한 1급 프로덕션과 유르의 구슬픈 보컬이 효험이 있었던 것이다.

크리설리스 레이블은 이 노래가 너무 우울하고 느리다고 생각한 나머지, 이 획기적 뮤직비디오 제작 작업에 자금을 댈 것을 거부했다(이 곡의 뮤직비디오에는 감독의 얼굴 위를 지나가는 독거미를 찍은 명장면이 담겨 있다). 비엔나와 런던에서 촬영된 뮤직비디오는 1949년 영화 'The Third Man'에서 영감을 얻어 제작되었다.

유르의 말에 따르면, 이 호소력 강한 노래의 주제가 휴가철 로맨스라는 것이다. 이 곡은 농담에서도 제 구실을 톡톡히 한다. 클래쉬의 조 스트러머는 공연 장소로 가장 비선호하는 곳이 어디냐는 질문에 "Vienna. It means nothing to me(비엔나, 넌 나에게 아무것도 아니야)!"라고 대답했다. **GK**

Caballo viejo
Simón Díaz (1980)

Writer | Simón Díaz
Producer | Nucho Bellomo
Label | Palacio
Album | *Caballo Viejo* (1980)

베네수엘라에서 국보로 여겨지는 시몬 디아스는 TV 프레젠터로서, 70개의 앨범을 발매한 뮤지션으로서, 조국의 깊은 뿌리가 담긴 음악을 대중화시키고 영원히 전하는 데 큰 역할을 했다. 그의 전문 분야 중 하나로 무지카 야네라(musica llanera)가 있으며(오리노코 강가 평야인 야노스에서 전해오는 카우보이 음악이다), 그의 가장 유명한 노래가 바로 "Caballo viejo"이다. 이 노래는 아푸레주에서 한 포크 그룹을 촬영하던 중 하루 만에 작곡되었다. 이 그룹의 어린 싱어 에밀리아를 보고 갑작스레 정신이 핑 돌 만큼 푹 빠져 버린 디아스가 그녀에게 자신의 감정을 노래로 전달해야겠다는 생각에 사로잡힌 것이 노래의 탄생 계기이다.

그의 채울 수 없는 욕정을 시적이고 품위 있는 어투로 그려낸 "Caballo Viejo"는 그처럼 "늙은 말"이 "적갈색 암망아지"를 만날 때 어떻게 '미칠 수 있는지' 낱낱이 이야기를 풀어간다. 유유히 흐르는 중간 템포 반주는 말의 걸음새를 넌지시 암시하고 있다. 베네수엘라 음악의 전형적 특징이기도 한 이것은 컨트리 하프, 4줄 기타인 '콰트로(cuatro)', 베이스, 능란하게 돌려대는 마라카스에 힘을 입어 힘차게 전진한다(마라카스는 아메리카 원주민이 현지에서 처음 발명한 것이라 여겨진다). 1987년 프랑스 그룹 집시 킹스는 "Caballo Viejo"의 가사와 튠을 빌려 터보 엔진을 단 듯한 룸바 플라멩카 곡으로 각색한 후 "Bamboleo"라는 새로운 이름을 붙였다. 세계 무대에 데뷔할 때 그들의 리드 트랙으로 사용된 이 곡은 대히트를 쳤고, 이 그룹이 멋지게 업계에 발을 들여놓을 수 있는 발판이 돼주었다. 실리아 크루즈, 플라시도 도밍고, 훌리오 이글레시아스와 같은 대형 가수들도 자신들만의 버전을 통해 어느 정도 성공을 맛보았다. **JLu**

I Got You
Split Enz (1980)

Writer | Neil Finn
Producer | David Tickle
Label | Mushroom
Album | *True Colours* (1980)

대담함과 예술성을 내세운 뉴질랜드 그룹 스플릿 엔즈는 음악 활동을 시작한 지 8년째에 업계의 주목을 받는 히트 송을 내놓았다. 그들의 그전 앨범들은 괴짜 같은 실험성과 비주류적 기발함, 매력적인 팝 사이를 종횡무진 했다.

디 엔즈는 '펑크'란 움직임이 막 고개를 들 무렵 런던으로 이주해 와 몇 년간을 의기소침하게 보냈다. 창단 멤버이자 공동 작곡가였던 필 저드와 마이크 천이 그룹을 떠나며 프론트맨인 팀 핀의 남동생 닐이 리드 기타 자리를 넘겨받게 되었다. 닐의 경험 부족으로 이들의 음악은 좀 더 단순하고 이해가 쉬운 형태로 변했다. 이것은 오히려 밴드에게 행운이었고, 닐은 멜로디성 팝 음악에 대한 재능을 자기도 모르는 사이 드러내 보이기 시작했다. "I Got You"는 스플릿 엔즈의 초기 음반이 가진 멋진 괴이함에 밝고 라디오 방송에 적합한 명료함을 섞은 완벽한 융합체였다. 불안과 초조에 떨며 편집증적인 사랑을 노래하는 부분은 자신만만한 기쁨의 신디사이저 사운드와 핀의 비틀즈적 화성이 누그러지지 않는, 중독될 것 같은 상승조의 후렴구로 몰고 간다. "비틀즈가 우리에게 가장 큰 영향이 되었죠…" 팀 핀이 말한다. "그러니까, 어떻게 보면, 우리의 뿌리로 돌아간 셈인 거죠." 이 싱글로 스플릿 엔즈는 세계적 관심을 받게 된다. 고향에서 차트 1위를 하는가 하면 영국에서는 12위, 미국에서는 53위를 기록한다. 밴드의 장기적 성공을 보장해주지는 못했지만, 이 노래 덕에 닐 핀은 처음으로 차트에 모습을 드러냈고 이후 크라우디드 하우스(그의 형도 이 밴드에 잠시 동안 몸담았다)와 정기적으로 차트에 등장하게 된다. 완벽한 팝에 대한 자신의 재능을 대중에게 마음껏 보여주며 말이다. **SC**

It Must Be Love
Madness (1981)

Writer | Labi Siffre
Producer | Clive Langer,
Alan Winstanley
Label | Stiff
Album | N/A

9개의 히트 싱글과 3개의 성공적 앨범을 뒤로 한 매드니스는 1980년대에 들어서 하늘 높이 날고 있었다. "맛 간 남자들"(Nutty Boys)의 대중적 이미지가 인기를 얻게 되자 그들은 다른 이가 쓴 달콤한 사랑 노래는 녹음하기를 꺼렸다. 그러나 키보드 주자 마이크 바슨은 1971년 영국 히트 송이었던 라비 시프리의 싱글을 듣고 이 노래가 서그즈의 보이스에 딱 맞을 것이라고 판단했다. 그가 다른 멤버들에게 리허설 중간에 이 노래를 소개한 이후, 밴드는 이 곡을 공연에서 앵콜 곡으로 부르기 시작했다. 하루는 콘서트에서 스티프 레이블 설립자 데이브 로빈슨이 이 노래를 듣게 되는데, 그는 밴드에게 "It Must Be Love"가 성공할 잠재성이 있다고 설득하기 시작했다. 로빈슨은 너무나 확신한 나머지 만일 이 노래가 영국에서 톱 5에 들지 않으면 자신의 레코드사를 그들에게 넘기겠다고 내기까지 걸었다.

이 노래의 첫 버전 녹음은 영국 뉴캐슬어폰타인에 위치한 홈스튜디오에서 이루어졌다. 결과물이 그저 잘된 데모 정도로 들렸기 때문에 런던에서 재녹음과 마무리 작업을 거치게 된다. 이렇게 하여 만들어진 2번째 버전의 힘을 입어 영국 차트 4위에 오른 이 노래는 1992년 재발매되었을 때 다시 한 번 영국 톱 10에 진입한다. 라비 시프리 자신도 독특하게 재작업된 이 싱글을 너무 좋아한 나머지 뮤직비디오에 출연했을 정도이다. 제작자인 트레보 혼은 현이 연주하는 피치카토 사운드에 반해 ABC의 1982년 앨범 〈The Lexicon of Love〉에 이것을 모방했다. 노먼 쿡(일명 팻보이 슬림)과 조이 볼은 1999년 있었던 자신들의 결혼식에서 서그즈에게 직접 이 곡을 부르게 했다. **DC**

Tom Sawyer
Rush (1981)

Writer | Geddy Lee, Alex Lifeson,
Neil Peart, Pye Dubois
Producer | Rush, Terry Brown
Label | Anthem
Album | *Moving Pictures* (1981)

세련된 프로그 로커들인 러쉬와 '그루비'(groovy)하다는 말은 좀체 연결이 되지 않는다. 그러나 80년대가 도래하며 그들은 LP 길이의 자아도취를 "The Spirit of Radio"와 같은 일반 '노래' 사이즈 수작들로 정비한다.

마크 트웨인의 「톰 소여의 모험」을 현대적으로 재해석함으로써 그들은 비로소 프로그레시브 록이라는 게토에서 뛰쳐나오게 된다. 불길함이 감도는 신디사이저, 베이시스트 게디 리의 개성 넘치는 보컬, 알렉스 라이프슨의 타오르는 기타, 닐 피어트의 화려한 기타는 이미 그들의 전형적 모습이었다. 반면 이 노래는 야릇하게도 펑키(funky)한 느낌을 전달한다. 그 때문에 멜로우 맨 에이스나 영 블랙 틴에이저스 등의 힙합 그룹들이 이 곡을 샘플링한다. 이 캐나다 출신의 3인조는 시인 파이 드보와와 영애를 나눈다. "그의 독창적인 가사는" 피어트가 이어 말한다. "현대적 감각의 반항아를 그린 일종의 초상이었죠—자유로운 영혼을 가진 개인주의자의 모습인 셈이죠…여기에다, 제 안에 함께 사는 소년과 성인 남자 사이, 그리고 한 사람이 실제로 어떤지와 그가 스스로를 어떻게 생각하고 있는지—다시 말해 저 자신이요—그들 사이의 화해라는 주제를 제가 덧붙여 넣었죠."

"마지막 순간까지 그것은 힘겨운 투쟁이었습니다." 클래식 록 매거진 인터뷰에서 리가 한 말이다. "알렉스는 기타 솔로를 위해 100가지의 서로 다른 사운드를 검토했습니다. 항상 자신의 뇌리를 떠나지 않고 미치게 만드는 노래가 하나 있기 마련이죠." "Tom Sawyer"는 롭 좀비의 〈핼러윈〉 리메이크작 영화를 비롯하여, 〈패밀리 가이〉, 〈척〉, 〈소프라노스〉 등의 TV쇼에서, 심지어 2000년도 차 광고에서 사용되기도 한다." **BM**

Girls on Film | Duran Duran (1981)

Writer | Simon Le Bon, Nick Rhodes, Andy Taylor, John Taylor, Roger Taylor
Producer | Colin Thurston
Label | EMI
Album | *Duran Duran* (1981)

> "'Girls on Film' 뮤직비디오에서 저희는 스스로 무슨 일을 저지르고 있는지 정확히 파악하고 있었죠."
>
> 존 테일러, 2001

◄ **Influenced by:** Love Is the Drug • Roxy Music 1975)
► **Influence on:** Girls and Boys • Blur 1994)
● **Covered by:** The Living End 1999) • Billy Preston 2002) Girls Aloud 2003)
★ **Other key tracks:** Careless Memories 1981) • Planet Earth 1981) • Night Boat 1981)

듀란듀란이야말로 1980년대가 가져다 준 모든 잠재성을 간파한 최초의 밴드였다고 할 수 있다. 영국의 버밍엄에서 온 이 5인조에게 시각적 이미지는 무엇보다 중요한 것이었다. 하지만 결정적으로, 쉽고 노련미 넘치는 노래들로 잘생긴 외모를 뒷받침하는 것 또한 중대사였다. 그들의 첫 U.K. Top Five 히트곡인 "Girls on Film"은 이 모든 기초 요소를 포함했다. 이 노래는 그들이 곧 누리게 될 화려한 생활에 대해 이야기했고 그들 전형의 힘찬 후렴구를 자랑했다. 게다가 여기 딸린 뮤직비디오는 모든 이들의 입에 오르내리게 된다.

예전 10cc의 멤버이자 팝에 박식한 케빈 고들리와 롤 크림이 선발되어 한 편의 단편 영화가 제작되었다. 벌거벗은 여자들이 벌이는 소동, 진흙 레슬링, 듀란듀란의 몽롱한 무언극이 촬영되었다. "젖꼭지 위에 사각 진 얼음을 올리고 있던 한 여자가 논란거리였죠." 키보드 주자 닉 로즈가 2007년 Q 인터뷰에서 회고했다. "지금 보면 고전미 있고 감각적으로 보이지만요."

예상했던 대로 BBC는 이 선정성 넘치는 비디오에 혐오감을 표했고 새로 개국한 MTV는 많은 편집을 감행했다. 하지만 이미 그 효과를 본 상태였다. 홍보의 힘을 탄 듀란듀란은 삽시간에 화려한 시각적 이미지의 상징이 되었다. 그들은 이 호화로운 시대에 걸맞는 존재였다. "핑크 플로이드에게 스테레오가 있었다면, 우리에게는 비디오가 있었죠." 롤링 스톤 인터뷰에서 로즈가 한 말이다.

그들의 첫 데모에 실린 이 노래는 이전 보컬이었던 앤디 위켓이 작곡에 한몫을 했다는 것 외에 그 태생이 모호하다. 알려진 바에 따르면, 발매되기 직전, 위켓은 권리 포기서에 서명하도록 설득당했다는데, 그럼으로써 자신이 영예를 나누었을 노래에 대한 모든 권리를 팔아버렸던 셈이다. "Girls on Film" 시작 부분에 찰칵거리는 셔터 소리를 삽입한 것은 선견지명이 있는 결정이었다. 위켓이 사람들의 뇌리에서 멀어지게 되며, 듀란듀란은 대중 매체의 눈부신 스포트라이트 속에 자리 잡아갔다. **MH**

1981년, 듀란듀란의 존 테일러좌)와 사이먼 르 봉이 이목을 즐기고 있다.

I Love Rock 'n Roll | Joan Jett & The Blackhearts (1981)

Writer | Jake Hooker, Alan Merrill
Producer | Ritchie Cordell, Kenny Laguna
Label | Boardwalk
Album | *I Love Rock 'n Roll* (1981)

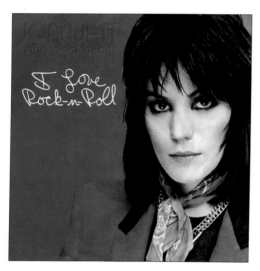

"전 조안 제트에 홀딱 반해 있었죠.
전 디제이로 무대에 설 때 주로
'I Love Rock 'n Roll'을 마무리 곡으로 써요."

앨리슨 골드프랩, 2006

◀ **Influenced by: Old Time Rock & Roll** · Bob Seger
& The Silver Bullet Band 1978)
▶ **Influence on: Everybody Get Up** · Five 1998)
● **Covered by: Ghoti Hook 1998)** · Britney Spears 2002)
Queen of Japan 2002) · Hayseed Dixie 2002)
Showaddywaddy 2006)

수지 콰트로로부터 엘 세븐(L7)을 거쳐 브리트니 스피어스까지, 다수의 뮤지션들에게 영감이 되어준 조안 제트의 "I Love Rock 'n Roll"은 1982년 미국에서 7주 동안 빌보드 차트의 1위를 지킨다. 히트 송들이 하나같이 번드르르한 가공과정을 노골적으로 드러내기만 했던 그해 이 노래는 원초적인 코드, 선정적인 가사, 군중을 한데 모으는 강력한 후렴구로 주목을 받았다. 이 노래에 딸린 대담한 흑백의 영상은 MTV개국 이후 초반에 가장 많이 방영되었던 뮤직비디오이기도 했다.

1979년, 전원 여자 멤버 구성의 틴 그룹 더 런어웨이즈를 그만둔 제트는 글램 록의 틀과 한계점에서 자유로워지고자 한다. 애로우스가 부르는 "I Love Rock 'n Roll"의 오리지널 버전을 1976년 영국 텔레비전에서 접한 제트는 섹스 피스톨즈의 스티브 존스, 폴 쿡과 함께 이 노래를 녹음한다(이 펑크계의 타락자들은 영국 투어 동안 더 런어웨이즈를 수하에 거두어 키우고 있었다). 그러나 이 리메이크는 네덜란드에서 B사이드에 수록되는 정도에 그쳤다. "우린 1번째 버전을 매장시켰죠." 제트가 단호하게 말한다. "왜냐하면 레이블이 그것을 밀어주지 않았기 때문이에요." 1981년 녹음 작업된 이 노래는, "So put another dime in the jukebox, baby(그러니 주크박스에 10센트 동전을 또 넣어)"라는 후렴구와 함께 록의 황금기를 회상하고 있다. 한편, 20년 후 발매된 브리트니 스피어스 버전에 대해 제트는 이렇게 말했다. "그녀가 로큰롤을 좋아한다니, 그건 사실이 아닐 듯싶네요."

이 노래는 1992년 영화 〈웨인즈 월드〉에 삽입되어 웃음보를 터뜨리는가 하면, 음악 비디오 게임인 '기타 히어로'에 삽입되기도 한다. 레코드사에서 자신에게 보내온 퇴짜 편지를 모조리 보관해두었다고까지 하는 그녀에게는 좋은 소식이 아닐 수 없었다. 이 편지들 중에는 "당신은 가진 노래가 전혀 없잖습니까…그리고 센 걸 할 수도 없지. 당신은 여자니까"라는 만용의 말을 던지는 것도 있었다. 2003년 롤링 스톤 매거진이 뽑은 '100명의 위대한 기타리스트' 중 여자 기타리스트는 단 2명뿐이었다. 조니 미첼과 함께 이 영예를 나눈 제트는 그럼으로써 신뢰도를 확실히 인정받는다. **SS**

Mickey | Toni Basil (1981)

Writer | Mike Chapman, Nicky Chinn
Producer | Greg Mathieson, Trevor Veitch
Label | Radialchoice
Album | *Word of Mouth* (1981)

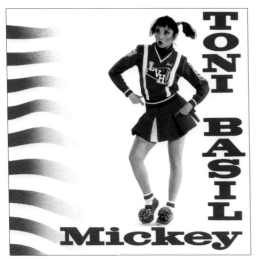

"전 항상 치어리더 활동을 했었어요.
아직도 기억나요.
구호를 부르며 발을 구르던 소리가
농구장에서 메아리치던 것이요."

토니 배질, 2006

◀ **Influenced by: Kitty** • Racey 1979)
▶ **Influence on: Girlfriend** • Avril Lavigne 2007)
● **Covered by:** "Weird Al" Yankovic 1983) • B*Witched
2000) • Zebrahead 2009)
★ **Other key track:** You Gotta Problem 1982)

토니 배질의 메이저 레이블급 음악 커리어는 1966년 "Breakaway"와 함께 시작됨과 동시에 거의 마감되었다. 안무가로서 더 빛을 발했던 그녀는 여러 편의 뮤직비디오 제작(토킹 헤즈의 "Once in a Lifetime"이 그 중 하나)과 연주 투어 (데이비드 보위의 화려했던 다이아몬드 독스), 그리고 〈이지 라이더〉와 같은 영화 제작에 참여하였다. 그 중에서도, 1968년 제작된 더 몽키스 출연 컬트 영화 'Head'는 그녀의 재기에 뒷받침 요인이 됐다.

"Breakaway"의 실패를 겪은 지 15년이 지난 후, 배질에게 팝계 스타덤에 오를 또 한 번의 기회가 찾아온다. 레코드사 경영진은, 레이시의 "Kitty"를 그녀가 리메이크하면 성공할 가능성이 있다는 아이디어를 냈다. 배질은 이것에 동의하지만 단 하나의 조건을 냈다. 곡의 제목을 "Mickey"로 바꾸어 몽키스 멤버인 미키 돌렌즈에 대한 그녀의 짝사랑을 보이자는 것이었다.

그 결과물은 팝 역사상 가장 달짝지근하고 아찔한 쾌감을 선사했다. 아이들도 자다가 부를 수 있을 만큼 단순한 후렴구의 고함 등, 이 노래는 부끄러울 만큼 유치했다. "레코드사에서는 저에게 응원 구호를 넣지 말라고 요구했죠." 그녀가 뒷이야기를 밝혔다. "왜냐하면 이 구호가 멜로디를 망칠까 염려했기 때문이었습니다."

그러나 천둥소리 같은 드럼 비트, 닭살 돋는 오르간, 치어 스쿼드 후렴구와 배질이 빽빽 소리치며 부르는 리드는 관심을 끌었다. 그것은 지나치게 단순하면서 정말 기발한 풍선껌 같았다. 1960년대의 걸 그룹과 1970년의 글램을 환기시키는 MTV시대의 참신한 러브 송은 바로 그렇게 탄생했다. 이에 이 노래 가사는 한 게이 친구를 향한 이루어질 수 없는 사랑을 노래하고 있다는 낭설에 휘말리기도 한다.

뮤직비디오—그 치어리더 복장을 잊을 수 있는 이가 누가 있겠는가?—에 힘입어 "Mickey"는 북미에서 1위에 오르고 해외에서도 상위권에 진입한다. 스타들과의 많은 공동작업을 했음에도 그녀는 오늘날 원 히트 원더로 기억된다. 어쨌든 이 '원 히트' 하나만큼은 정말 대단했다. **JiH**

Computer Love | Kraftwerk (1981)

Writer | Ralf Hütter, Emil Schult, Karl Bartos
Producer | Ralf Hütter, Florian Schneider
Label | EMI
Album | Computer World (1981)

"그때 당시 보았던 그룹 중 제 마음을
사로잡은 그룹이 있었죠.
그게 바로 크라프트베르크였어요.
그들은 정말 대단했습니다."

마돈나, 1994

◀ **Influenced by: Telemusik · Karlheinz Stockhausen**
1966)
▶ **Influence on: Computer Love Sweet Dreams)**
The Egyptian Lover 1984)
● **Covered by: Balanescu Quartet 1992) · Camouflage**
1992) · The Album Leaf 2001)

1978년 〈The Man-Machine〉이 발매된 이후, 〈Computer World〉를 제작하기까지 일렉트로계의 개척자 크라프트베르크에게는 3년이라는 시간이 걸렸다. 그럼에도 이것은 놀랄 만한 스피드였다. 왜냐하면 이 기간 동안 밴드는 뒤셀도르프에 있는 자신들의 클링클랑 스튜디오를 완전히 해체·재건하고 배선 정비까지 했기 때문이다. 하지만 후에 리더인 랄프 후터는 이렇게 털어놓았다. "앨범 작업을 모두 마쳤을 때 우린 컴퓨터조차 가지고 있지 않았죠. 연주 투어를 떠나고 나서야 컴퓨터를 손에 넣었습니다. 아타리 (Atari) 브랜드였어요."

세월이 흘러도 〈Computer World〉의 시사성은 시대에 뒤떨어질 줄 몰랐다. 이 노래가 다루는 주제들―컴퓨터의 사회적 상승, 전자 시스템상에 대기업들이 보유하는 개인 정보, 인간들이 첨단 기술을 통해 세계와 소통한다는 것 등―은 21세기인 오늘날에도 이슈로 남아 있다.

"Computer Love"는 첨단 기술에 둘러싸인 외로운 한 남자의 애처로운 외침이다. 이러한 첨단기술을 통해 사랑을 얻고자 하는 남자의 모습은 온라인 데이팅의 출현을 예견하는 듯하다. 이 곡은 〈The Man-Machine〉의 수록 곡 "Das Model"의 영어 버전과 함께 싱글로 발매되었다. 이 환상적인 궁합은 성공적인 재발매에 힘입어 크라프트베르크에게 영국 차트를 석권하는 첫 독일 그룹이라는 영광을 안겨준다.

그들의 영향력은 일렉트로닉 뮤직, 힙합, 팝 모든 방면에서 막강했고 콜드플레이에게까지 손을 미쳤다. "Computer Love"에 나오는 차임 사운드 멜로디를 크리스마틴은 〈X&Y〉(2005) 수록곡 "Talk"에 사용하길 원했다. "이것은 오늘날의 음악에서도 손색이 없을 만합니다." 마틴이 열광하며 말했다. "그런데도 그들은 벌써 25년 전에 그것을 하고 있었죠." 허락을 구하기 위해 마틴은 밴드에게 초등학생급 독일어 실력으로 글을 써서 보냈고, 초조하게 그들의 답변을 기다렸다. 마침내 그들은 딱 한마디로 된 답을 했다. "Yes좋아)." **DC**

O Superman | Laurie Anderson (1981)

Writer | Laurie Anderson
Producer | Laurie Anderson
Label | Warner Bros.
Album | *Big Science* (1982)

"전 'O Suerman'을
대단히 좋아합니다."

케이트 부시, 1985

◄ **Influenced by: Piece in the Shape of a Square**
Philip Glass 1968)
► **Influence on: Obsession** · Army of Lovers 1991)
● **Covered by:** David Bowie 1997) • MANDY vs Booka
Shade 2008)
★ **Other key track:** Sharkey's Day 1984)

로리 앤더슨의 음악 인생은 주류를 벗어난 범위에 있었다. 1970년대 그녀는 뉴욕의 아방가르드 행위 예술계에서 활동했고, 작가 윌리엄 S. 버로스나 코미디언 앤디 코프먼과 같이, 자신과 비슷한 기인들과 어울려 다녔다. 'Duets on Ice"라는 한 작품에서 앤더슨은 얼음 덩어리에 박혀 있는 스케이트를 신은 채 바이올린을 연주했다. 그녀의 연주는 얼음이 다 녹을 때 비로소 멈추었다.

이런 이유에서 앤더슨이 히트 송을 기록했다는 것은 예상 밖의 일이었다. 그녀가 자신의 자극적인 접근 방식을 누그러뜨리지 않았다는 사실이 그녀의 성과를 더욱 놀랍게 한다.

"O Superman"은 본래 줄 마스네의 1885년 오페라 'Le Cid' 중 아리아 "O Souverain, o juge, o pere"의 커버 버전이다. 그 결과물은 하나의 미니멀리스트적 선언이었다. 2개의 화음만을 사용한 이 노래에는 수없이 반복되는 "ha"와 보코더를 통해 앤더슨이 내뱉는 말들이 담겨 있다.

간접적 유머를 통해 이 노래는 미국의 이란 개입에 대한 의견을 전한다. "When justice is gone, there's force, And when force is gone, there's always Mom, Hi Mom(정의가 간 자리에는 무력이 지배하지. 무력이 간 자리에는, 항상 엄마가 있어. 안녕 엄마)!" 공포만큼이나 강렬한 따스한 인간적인 이미지를 형상화하는 것이 그녀의 목표였다. "'O Superman'의 경우 정말 그렇다고 할 수 있죠." 1983년 데이비드 보위가 열광하며 던진 말이다. "굉장히 정교한 밸런스를 이루고 있습니다. 놀랍도록 훌륭한 명작입니다."

8분 이상 계속되는 이 곡은 라디오 방송을 타기에 너무 긴 듯했음에도 영국에서 2위까지 오른다. 그것이 역시나 앤더슨의 유일한 히트 곡으로 남긴 하지만 말이다. 어쨌든 이 곡의 영향력은 댄스나 일렉트로닉 장르에서 엿보인다. 특히나 'O Superman'은 매시업(mashup)에도 적합하다고 판단되어 돌리 파튼과 티어스 포 피어스 등의 아티스트들과 어깨를 나란히 하기도 했다. 1997년 데이비드 보위가 이 곡의 커버 버전을 라이브로 불렀다. **JiH**

In the Air Tonight
Phil Collins (1981)

Writer | Phil Collins
Producer | Phil Collins,
Hugh Padgham
Label | Virgin
Album | *Face Value* (1981)

"이 노래를 둘러싼 도시 괴담이 생겨났다는 것은 정말 놀라운 일이죠…" "In the Air Tonight"가 살인에 대한 것이라는 루머에 대해 필 콜린스가 언커트 인터뷰에서 한 말이다. "왜냐하면, 정말 가슴에 손을 얹고 말하는데요, 전 이 노래가 무엇에 관한 것인지 전혀 감이 안 잡혀요."

이 노래는 1979년 만들어졌고, 콜린스는 제네시스의 동료 멤버들에게 이 그것을 연주해 보였다. 하지만 멜로디 메이커에 "우리 밴드가 연주하기에는 너무 좀 단순했어요"라고 털어놓았다. 때마침 매니저 토니 스미스와 콜린스의 북미 레이블 사장이었던 아흐멧 어티건은 그로 하여금 솔로 활동을 위한 데모를 만들어볼 것을 설득 중이었다. 과거 제네시스의 싱어였던 피터 가브리엘의 3번째 앨범에 콜린스가 카메오 출연·하차된 것이 중요 전환점이었다. 엔지니어였던 휴 패점이 회상하기를, "필이 드럼을 치고 있었어요. 그리고 제가 '리버스 토크백' 버튼을 눌렀죠. 거기서 흘러나온 것은 제 귀를 의심할 만큼 멋지게 일그러져 아작거리는 사운드였어요." 이것을 포함하여, 타악기 사운드에 관해 패점이 내놓은 여러 획기적인 아이디어에 깊은 인상을 받은 콜린스는 자신의 앨범 〈Face Value〉 작업에 그를 참여시켰다.

음산한 이 노래는 콜린스 작품 중 가장 사랑받는 한 곡으로 남아 있다. 물론 그가 주류계의 발라드쟁이로 이미지가 굳어 있긴 하지만. 1985년 그는 대서양을 넘나들며 라이브 에이드 콘서트 두 곳 모두에서 이 노래를 무대에 올렸다. 이 곡은 랩계에서도 기이하게 도처에 깔려 있다. 우선, 헌정 앨범 〈Urban Renewal〉에 릴 킴의 편곡 버전이 실려 있다. 이 노래는 또한 에미넴의 "Stan"에서 언급되기도, 더 그 E 프레시와 DMX가 샘플링되기도 했다. **BM**

Edge of Seventeen
Stevie Nicks (1981)

Writer | Stevie Nicks
Producer | Jimmy Iovine
Label | Modern
Album | *Bella Donna* (1981)

"모두 제가 그것을 하는 데 반대했죠. 혹시나 그것 때문에 플릿우드 맥의 미래를 위태롭게 될지도 모른다는 생각 때문에요." 스티비 닉스가 자신의 솔로 데뷔에 대해 빌보드의 크레이그 로젠에게 털어놓은 말이다. 하지만 〈Bella Donna〉는 다작 뮤지션 닉스가 만든 수많은 창작물이 머물 수 있는 집 한 채를 마련해주었다. "Stop Draggin' My Heart Around"가 그 중 가장 큰 성공을 거두긴 하였지만 가장 위대한 작품은 정작 그녀의 자작곡 중 하나였다. 이 노래는 닉스의 친구 톰의 1번째 부인 제인 페티로부터 영감을 받아 만들어졌다("Stop Draggin' My Heart Around"에서 닉스와 듀엣했던 이가 바로 톰이다). 제인이 가지고 있던 강한 남부 지방 말투 덕에 스티비는 "age of seventeen"을 "edge of seventeen"으로 잘못 알아들었다고 한다. 본래 이 노래는 페티 부부의 서로에 대한 사랑의 헌정 곡으로 계획되었다. 그러나 1980년 12월 첫째 주 존 레논이 암살되고 닉스의 삼촌 조너선이 암 투병 끝에 사망함으로써 이 노래는 새로운 주제를 부여받는다. "곡 중에 나오는 하얀 날개의 비둘기는 육체를 떠나는 영혼을 의미하죠." 그녀가 말한다. "두 명의 '존'이 모두 우리 곁을 떠났다는 것은 제게 큰 상실감으로 다가왔어요." 이 노래는 도덕성에 대한 강한 명상이기도 했다. 음악적으로 볼 때, "Edge of Seventeen"은 "Sara"와 같이 닉스가 맥의 멤버로서 만든 수작들이 지닌 어쿠스틱하고, 우아한 짜임을 의도적으로 피하고 있었다. 이 곡에서 절제된 헤비 록이 조성하는 어두운 긴장감은 그녀와 밴드가 콘서트 중 10분간의 서사시를 연출하게 했다. "Edge of Seventeen"은 'Grand Theft Auto IV'의 사운드트랙을 장식한 한편 데스티니스 차일드의 대히트 곡인 "Bootylicious"에 그 리프가 샘플링되기도 했다. **SC**

1981년, 스티비 닉스가 자신의 배킹 싱어들과 함께 솔로 가수로 로스앤젤레스 무대에 올랐다.

Via con me
Paolo Conte (1981)

Writer | Paolo Conte
Producer | Italo "Lilli" Greco
Label | RCA
Album | *Paris Milonga* (1981)

과거에 마림바 주자였던 파올로 콘테는 1960년대 초반 이태리의 여러 재즈 밴드에서 경험을 쌓아간다. 그는 초년 사회 생활을 제노바 근교에 위치한 자신의 고향 아스티에서 변호사로 활동하며 보낸다. 그러다가 결국 남동생과 함께 작곡을 시작한 그는 다른 아티스트들을 위해 히트 곡을 쓴다. 1974년이 되어서야 비로소 그는, 저명한 프로듀서 이탈로 "릴리" 그레코의 격려에 힘입어 자신의 데뷔 솔로 앨범을 발매한다. "Via con me"는 그의 노래 중 가장 유명한 곡으로, 콘테의 경력이 최고조에 달했을 시점에 발매되었던 그의 4번째 앨범에 수록되어 있다. 이 곡은 또한 그가 칸초네 다토레(canzone d'autore, 싱어-송라이터 장르의 은밀한 이태리인 사촌 정도)로서의 주창자적 입지를 굳히게 도와 주었고 이후 영화 〈프렌치 키스〉(1955)에 삽입되기도 했다. 대전 이전의 미국 재즈 음악을 향한 콘테의 애정은 점잖고 온화하게 스윙하는 반주에 여실히 드러난다. 하지만 그는 여기에 프랑스 샹송 가수와 장고 라인하르트적 느낌을 더함으로써 유럽적인 해석을 곁들인다.

"Via con me"는 콘테적 언어유희를 잘 보여준다. 자신의 모국어와 함께 그의 트레이드마크인 반 스캣으로 부르는 영어를 섞는 것이 그의 전형적 스타일이었다. 가사의 대부분은 이태리어로, 콘테는 조금 쉰 듯한 걸걸한 목소리로 말하듯 노래한다. 대부분의 영어 사용자들에게는 "It's wonderful, it's wonderful(정말, 멋져, 정말 멋져)"이라는 문구가 가장 먼저 귀를 사로잡는데, 콘테는 이것을 재빨리 이어 불러 "swunerful, swunerful"이라고 어눌하게 발음한다. 그리고, 정말 맞다. 그가 "chips, chips, dat to doo di do, chi boom, chi boom(감자튀김, 감자튀김, 닷 토 두 디 도, 치 붐, 치 붐)"이라 말하고 있는 것 말이다. **JLu**

Under Pressure
Queen & David Bowie (1981)

Writer | Queen, David Bowie
Producer | Queen, David Bowie
Label | EMI
Album | *Hot Space* (1982)

아이콘적 존재가 되어버린 "Bohemian Rhapsody"가 퀸에게 첫 영국 차트 석권이라는 기록을 안겨준 1975년 이후 6년이 지나, 그들은 다시 한 번 넘버 원을 달성한다. 이번에는 다름 아닌 '삐쩍 마른 백인 공작'(Thin White Duke)의 도움을 받았다.

"Under Pressure"는 그들의 천생연분 관계를 입증해 보였다. 하지만 이것은 사실 신의 섭리가 가져다 준 결과물이었다. 퀸은 스위스 소재의 마운틴 스튜디오스를 소유했고, 보위가 그들의 이웃이자 방문객이었다. "누군가가 제안했죠. 우리 모두 함께 스튜디오에서 하룻밤을 지내며 이리저리 연주에 빠져보자고요." 퀸의 브라이언 메이가 기억을 더듬는다. 그가 말한 "극도로 길어진 밤"이 깊어야 비로소 끝이 났던 이 잼 세션은 "Under Pressure"의 기원을 낳게 된다.

메이와 보위는 둘 다 그 결과물이 탐탁지 않았다. 그럼에도 불구하고, 프론트맨 프레디 머큐리가 부르는 "Why can't we give love that one more chance(사랑에게 바로 그 마지막 기회를 줘보는 게 어때)?"라는 말이 마음을 뒤흔들어놓는 이 노래는, 압력밥솥식 환경의 이 압박감 높은 세상 속에서도 관용과 인간적 연민을 잃지 말라고 간청하고 있다.

퀸은 주저 없이 바로 청중에게 이 노래를 선보였고 그들을 환호시켰다. 하지만 보위의 경우, 머큐리가 때아닌 죽음을 맞은 지 1년이 지난 후에야 이 곡을 처음으로 연주했는데, 머큐리에게 바치는 1992년 추모콘서트에서 이 곡을 애니 레녹스와 듀엣한 것이 바로 그것이었다. "Under Pressure"는 이후 전혀 예상치 못한 곳들에서 여기저기 사용된다. 2006년 12월 14일, 우주 왕복선 STS-116에 탄 승무원들의 공식 기상 곡으로 사용되기도 했다. **BC**

Our Lips Are Sealed
Go-Go's (1981)

Writer | Jane Wiedlin, Terry Hall
Producer | Richard Gottehrer, Rob Freeman
Label | I.R.S.
Album | *Beauty and the Beat* (1981)

걸 밴드 고고스는 1970년 말 로스앤젤레스 펑크 신으로 혜성처럼 등장한다. 하지만 몇 년 안에 이들은 초반의 반항아적 이미지를 뒤로 하게 되는데. 이것은 어찌 보면 그들의 데뷔 앨범 〈Beauty and the Beat〉이 성공을 거둔 탓이다. 기발하면서 활기 넘치는 노래들로 꽉 찬 이 앨범은 빌보드 차트를 석권하고 고고스를 수퍼스타의 반열에 올려놓았다.

새로이 왕좌에 오른 팝 프린세스들을 그 자리에 올린 것은 "We Got the Beat"이였지만, 정작 세월을 견딘 것은 "Our Lips are Sealed"였다. 엔진처럼 '칙칙' 전진하는 기타와 맥박처럼 고동치는 베이스 사운드가 담긴 이 단순 경쾌한 노래는 밴드의 가벼운 이미지에 딱 들어맞는 것이었다. 그러나 사운드가 빚어내는 달콤한 겉모습 뒤에는 이 노래의 공동 작곡가인 기타리스트 제인 위들린의 정사에 관련한 내막이 가려져있다.

"전, 더 스페셜스의 싱어였던 테리 홀을 만났죠." 그녀가 송팩스(Songfact)에 말한다. "그리고 우리는 일종의 연애로까지 관계가 발전돼버렸어요. 그가 나중에 편지로 'Our Lips Are Sealed'의 가사를 저에게 보내왔어요. 그건 우리의 관계에 대한 내용이었다고 할 수 있었죠. 왜냐하면 당시에 그는 고향에 여자친구가 있었고 다른 일도 많이 얽혀 있었거든요." 위들린은 녹음작업 전에 가사를 다듬는다. "다른 멤버들에게 보여주는 것이 두려웠죠. 혹시나 싫어할까 봐서요…" 그녀가 털어놓는다. "하지만 다행히 다른 멤버들도 좋아했어요." 테리 홀 또한 그들만큼이나 이 노래가 마음에 들었고, 자신이 새로이 결성한 팀 펀 보이 쓰리의 노래로 1983년 발매까지 했다. "그들이 재해석한 버전은 정말 대단했어요…" 위들린이 열광했다. "고고스의 버전보다는 좀 많이 우울한 느낌이었죠." **SF**

Genius of Love
Tom Tom Club (1981)

Writer | A. Belew, C. Frantz, S. Stanley, T. Weymouth
Producer | S. Stanley, T. Weymouth, C. Frantz
Label | Sire
Album | *Tom Tom Club* (1981)

"Genius of Love"를 이루는 베이스의 깡충거림과 신디사이저의 지저귐, 느긋한 비트는 그랜드마스터 플래시("It's Nasty")에서 드 라 소울("Schoomp")을 거쳐 머라이어 캐리까지 많은 뮤지션들의 음악 속에서 불쑥 그 모습을 드러낸다. 캐리의 1995년 싱글 "Fantasy"의 경우에는 거의 그대로 베꼈을 정도였다.

톰 톰 클럽은 토킹 헤즈의 리듬 섹션이자 혼인한 사이였던 티나 웨이머스와 크리스 프란츠가 1980년 결성한 그룹이었다. 당시 토킹 헤즈 멤버들의 사이가 매우 악화된 상태였다. 토킹 헤즈의 1980년 앨범인 〈Remain n Light〉의 초기 프레싱 과정에서 데이비드 번의 공적만을 너무 강조한 것이 불만의 발단이었다. 프란츠는 단호히 주장했다. "그것은 단순한 행정상의 실수가 아니었습니다. 모든 일에 있어서 혼자만 영예를 독점하는 데 익숙해진 한 멤버의 실수였죠."

새로 결성한 밴드에 이들 부부는 토킹 헤즈의 공연 투어를 함께하던 용병 기타리스트 애드리안 벨루와 자메이카 출신 프로듀서 스티븐 스탠리를 등용하는 한편, 싱어이자 웨이머스의 자매인 로라, 로릭, 라니를 세션으로 선발했다. 프로토-힙합(proto-hip-hop)적 트랙 "Wordy Rappinghood"이 끝나고 나면, "Genius of Love"가 모습을 드러내며 톰 톰 클럽의 햇살 가득 머금은 사운드를 확고히 자리매김 시킨다.

멍한 듯이 부르는 이 노래는 멋진 남자친구에게 바치는 하나의 헌정가이다. 그것은 "maven of funk mutation"에 찬사를 보내는가 하면, 펑카델릭의 베이스맨 부치 콜린스와 디스코의 선구자 해밀턴 보해넌의 이름과 제임스 브라운의 이름을 던지기도 한다. **MH**

Ghosts | Japan (1981)

Writer | David Sylvian
Producer | Steve Nye, Japan
Label | Virgin
Album | *Tin Drum* (1981)

"지금에 와서 그 트랙을 들어보더라도,
이 트랙이 당시 그렇게까지
크게 성공했었다는 사실에 놀라움을
금치 못합니다."

데이비드 실비안, 1993

◀ **Influenced by: Art Decade** · David Bowie 1977)
▶ **Influence on: Mad World** · Tears for Fears 1983)
● **Covered by:** Mathilde Santing 2008)
★ **Other key tracks: Adolescent Sex** 1977) · **Life in
Tokyo** 1979) · **Gentlemen Take Polaroids** 1980)
Cantonese Boy 1981)

"완곡하게 말하자면, 이 곡은 좀 '애매하다' 할 수 있죠." 재팬의 싱어 데이비드 실비안의 말이다. 정말 그의 말대로, "Ghosts"는 확실히 비전통적인 색다른 것이었다. 그럼에도 불구하고 이것은 이 영국 출신의 4인조가 거둔 가장 큰 히트작이었다. 그룹이 내놓은 초기 음반들을 통해, 뉴욕 돌스부터 록시 뮤직을 포함해 데이비드 보위, 에릭 사티까지, 그들의 영감의 원천은 분명하게 드러난다. 하지만 "Ghosts"는 재팬 스스로가 창조한 그들만의 개성 넘치는 사운드를 전달한다. 빽빽하지 않은 전자 사운드를 배경으로 동양적 모티브가 특색인 그들의 사운드는 인상 깊은 보컬을 앞세우고 있다. 그룹의 키보드 주자 리처드 발비에리는 "데이브가 쓴 곡 중 최고의 것"이라며 열광한다.

음산한 분위기는 실비안의 가사에 완벽히 들어맞는다. 정체 모를 불안감을 유령에 빗대 이야기하며. "가사를 썼을 당시에는, 그것이 그다지 맘에 들지 않았어요." 그가 NME에 털어놓았다. "100% 확신이 서지 않았죠." "그 가사가 저를 많이 담고 있긴 하지만," 그가 덧붙인다. "제게 우울증세가 있는 건 아니에요…전 사실 'Ghosts'가 비관적이라기보다 낙관적이라고 봅니다."

당시 재팬은 한참 성공가도를 달리고 있었지만 실비안은 밴드가 이미 정점에 닿았다고 생각했다. 미디어에서 그를 "팝계에서 가장 아름다운 남자"로 이미지화하는 데서 오는 부담감과 밴드 내 붕괴로 인해 1982년 콘서트가 그들의 마지막 라이브무대가 되었다. 전성기 도중 해체됨으로써 이들은 "Ghosts"의 예언을 실현시킨 셈이 되었다: "Just when I thought I could not be stopped / when my chance came to be king /the ghosts of my life blew wilder than the wind.(내가 막을 수 없이 승승장구할 때 / 내게 왕이 될 수 있는 기회가 왔을 때 / 내 삶의 유령들이 바람보다 세차게 닥쳐왔네)."

솔로 활동을 시작한 실비안은 자신의 이전 밴드의 작품들로부터 거리를 두었지만 "Ghosts"만은 계속 라이브로 연주했다. 그의 2000년 회고 음반 〈Everything and Nothing〉에 수록된 재팬의 작품은 단 2곡에 그쳤다. "Ghosts"가 그 중 한 트랙으로 이것은 일부 재녹음과정을 거친 버전이다. **JL**

Tainted Love | Soft Cell (1981)

Writer | Ed Cobb
Producer | Mike Thorne
Label | Some Bizzare
Album | *Non-Stop Erotic Cabaret* (1981)

"저희는 이 노래에 감사해요.
하지만 결국에는 일종의 무거운 짐 같은
존재가 되어버리긴 했죠. 이 곡이 저희보다
더 유명해져 버리게 된 거죠."

데이비드 보르 2008

◀ **Influenced by: Tainted Love** • Gloria Jones 1964)
▶ **Influence on: SOS** • Rihanna 2006)
● **Covered by:** David Benoit 1994) • Wild Strawberries
2000) • Marilyn Manson 2002) • Paul Young 2006)
★ **Other key tracks:** Say Hello, Wave Goodbye 1981)
Torch 1982)

"냉정한 전자적인 사운드와 지나치게 열정적이고, 야단법석을 떨면서 약간 음정이 빗나간 보컬의 조합체." 이것은 소프트 셀의 가장 잘 알려진 곡 "Tainted Love"에 대해 밴드 멤버인 마크 아몬드가 던진 말이다. 이것은 북미의 싱어-송라이터 글로리아 존스의 1964년 명작을 커버 버전으로 만든 것이다(존스는 이후 마크 볼란의 여자친구가 된다). "노던 소울(영국 젊은 층이 열광했던 컬트 소울 음악 음반들)과 독일의 일렉트로닉 뮤직"을 융합시키는 사건은 아몬드의 공범자인 데이비드 볼의 아이디어에서 시작되었다. "Tainted Love"는 소프트 셀의 2번째 발매 싱글이었다. 그들의 소속 레이블은 이번 싱글의 매출이 낮을 경우 앨범 작업 진행을 전면 중단하려던 참이었다. 사실 이것은 괜한 걱정이었다. 왜냐하면 이 트랙은 17개국에서 1위에 오를 뿐 아니라 미국 빌보드 차트 역사상 가장 오래 차트에 머문 곡으로 신기록을 갱신했기 때문이다.

이 노래의 비결은 아마도 아몬드가 더 타임즈 인터뷰에서 한 말에 담겨 있는 듯하다. "제 마음 속 응어리를 표현할 때 다른 사람의 노래를 통해 하면 더 잘해요." 이 가사는 에이즈의 도래에 대한 시사적 내용을 담은 것으로 해석되었다. "의도적으로 에이즈라는 이슈와 연관지으려던 것은 아니에요." 아몬드가 이야기한다. "어쩌다 보니 또 다른 의미가 부여된 거죠." 그 의미야 어쨌건, 이 노래는 청바지부터 탄산 음료까지 온갖 다양한 물품 광고에 쓰이게 된다. 영화와 TV 쇼에 삽입됨은 물론(시트콤 〈프렌즈〉 중 대니 드비토의 스트립티즈 장면에 사용되기도 한다), 피제이 프로비부터 마릴린 맨슨의 것까지 수많은 커버 버전을 탄생시켰다. 심지어 다른 언어로 불리기까지 했다(라 우니온이 발매한 스페인어 버전에는 "Falso amor"라는 제목이 붙는다).

볼은 이 노래를 "좀 부담스러운 짐"으로 여기게 된 반면, 아몬드는 여전히 이 노래에 대해 애정을 담아 이야기한다. "이 곡은 아주 좋은 친구가 되어주었죠. 왜냐하면 콘서트를 할 적에 만약에 일이 잘 풀리지 안으면, 그저 'Tainted Love'만 연주하면 돼요. 그 순간 모두의 관심이 저에게 모아지거든요." 무엇보다 글로리아 존스는 이렇게 한마디 했다. "그들의 버전이 내 것보다 훨씬 더 낫군요." **DC**

Walking on Thin Ice | Yoko Ono (1981)

Writer | Yoko Ono
Producer | John Lennon, Yoko Ono, Jack Douglas
Label | Geffen
Album | N/A

"저에게 'Walking on Thin Ice'를
부른다는 것은 쉬운 일이 아니에요…
거기에는 너무 많은 추억이 얽혀 있죠."

요코 오노, 2009

◄ **Influenced by: Ashes to Ashes • David Bowie 1980)**
► **Influence on: Hunter • Björk 1997)**
● **Covered by: Elvis Costello & The Attractions 1984)**
We've Got a Fuzzbox and We're Gonna Use It 1989)
★ **Other key tracks: Why 1970) • Kiss Kiss Kiss 1980) Hard**
Times Are Over 1981) • No, No, No 1981)

"Walking on Thin Ice"는 오노 요코가 거둔 최고의 성과 중 하나이다. 그럼에도, 만일 이 곡이 녹음된 날을 시간에서 지울 수 있다면 그녀는 한순간도 주저하지 않을 것이다. 곡의 녹음작업이 이루어진 것은 1980년 12월 8일, 오노의 남편 존 레논이 정신병자 팬 마크 채프먼의 총격으로 죽기 몇 시간 전이었기 때문이다. "예정대로라면 존은 본래 그 자리에 없었어야 했죠." 프로듀서 잭 더글러스가 후에 이런 사실을 밝혔다. "그날 밤 저와 그는 녹음작업을 함께했고, 그는 그냥 계속 자리에 남아 그녀의 작업을 도와주었어요." 알려진 바에 의하면 레논은 이 노래의 믹싱본을 손에 움켜 쥔 채 죽었다는 것이다.

이 사건 이후 후유증 앓이 중이던 오노가 언커트 매거진 인터뷰에서 이렇게 말했다. "전 우울증에 빠져 있었죠… 침대에 누워 있다가 스튜디오에 가서 'Walking on Thin Ice'를 끝마칠 참이었어요…존이 세상을 뜬 후 사람들은 'Walking on Thin Ice'가 클럽만 가면 계속 흘러나온다고 제게 말했어요." 이 노래는 자체적으로 이미 강렬한 매력을 가지고 있었지만 레논의 살해 이후 더 깊은 의미를 가지게 된다. 제목에서 이미 위태로운 상황이 느껴진다. 이것은 가사에서 더욱 의미심장해진다. "I'm paying the price / for throwing the dice in the air / Why must we learn it the hard way / and play the game of life with your heart(난 대가를 치르고 있네 / 공중에 주사위를 던진 대가를 / 왜 사람은 힘들게 인생을 배워나가야 하지? / 그리고 자신들의 마음을 가지고 인생이란 게임을 하는 거지)?" 오노는 비틀즈 팬들의 원성을 샀던 그녀의 거친 비명을 쓰지 않고 부드러운 목소리로 노래한다. 이러한 발성은 정체 모를 두려움에 체념하는 듯하다.

이 노래에 묻어나는 댄스 음악 그루브는 최면성 강한 베이스 라인과 레논의 아방가르드적 기타 연주에 힘입어 오노에게 첫 차트 성공을 안겨준다(이것은 그녀의 1981년 앨범 〈Season of Glass〉의 1997년 재발매 버전에 추가된 트랙이기도 하다). 스피리추얼라이즈드의 제이슨 피어스를 비롯하여 펫 샵 보이즈가 이 곡을 리믹스하였으며 엘비스 코스텔로 앤 디 어트랙션스는 추모 앨범 〈Every Man Has a Woman〉(1984)에 커버 버전을 수록하기도 한다. **JiH**

Please Don't Touch | Motörhead/Girlschool (1981)

Writer | Johnny Kidd, Guy Robinson
Producer | Vic Maile
Label | Bronze
Album | N/A

"모터헤드는 함께 있으면
정말 즐거운 사람들이에요.
그들과 함께 작업하며
정말 멋진 시간을 보냈죠."

켈리 존슨, 걸스쿨, 1982

◀ **Influenced by: Summertime Blues** · Eddie Cochran
1958)
▶ **Influence on: Plastic Girl** · The Busy Signals 2007)
● **Covered by:** The Meteors 1989) · Stray Cats 1994)
★ **Other key tracks:** Emergency 1981) · Bomber 1981)

"Ace of Spades"라는 히트 곡을 총알 벨트 속에 단단히 차무장한 모터헤드에게 1980년은 참 일이 잘 풀리는 해였다. 하지만 그러던 중 드러머 필 "필시 애니멀(Filthy Animal)" 테일러가 목이 부러지는 일이 터졌다(누가 자기 별명이 "더러운 짐승" 아니랄까 봐, 그는 친구와 우정 어린 힘 자랑 내기 중 사고를 친 것이다).

테일러의 밴드 동료들 레미(베이시스트이자 프론트맨)와 "패스트" 에디 클라크(기타리스트)는 같은 레이블 소속인 '걸스쿨'과 함께 리코딩 작업을 하며 휴식 기간을 보냈다. 그 결과, 대게 '헤드 걸'의 작품으로 일컬어지는 〈St. Valentine's Day Massacre〉(EP)이 탄생하게 되며, 여기에는 걸스쿨의 곡 "Emergency"의 모터헤드 커버 버전과(드럼은 걸스쿨의 드니즈 듀포트가 맡는다), 걸스쿨이 부른 모터헤드의 곡 "Bomber"의 커버 송이 함께 수록되어 있다. "Please Don't Touch"에서 이 두 그룹은 합동했고, 이 트랙은 양쪽 밴드 모두의 음악 경력에 있어서 하이라이트로 꼽히게 된다.

"Shakin' All Over"로 가장 잘 알려져 있는 조니 키드 앤 더 파이럿츠의 1959년 싱글이었던 이 노래는 사실 뜻밖의 선택이었다. 하지만 본래 레미는 1950년대 록의 오랜 팬이었다(스트레이 캐츠의 슬림 짐 팬텀과 함께 '더 헤드 캣'이란 이름 아래 작업한 그의 커버 앨범〈Fool's Paradise〉(2006)가 이 사실을 드러내 보인다).

헤드걸의 버전은 펑크도, 메탈도 아니었다. 레미가 그렇게도 경멸하던 다른 어떤 꼬리표로도 이 음악을 말할 수 없다. 이것은 그저 '로큰롤'이었다. 레미는 1984년 컴필레이션 앨범 〈No Remorse〉의 라이너 노트에 이것이 오리지널 버전을 향상한 것쯤으로 보면 된다고 썼다고 한다. 맹렬한 보컬과 노호하는 튠으로 이 곡은 펑크족과 헤비 메탈 팬들, 심지어는 팝 팬들까지도 사로잡았다.

걸스쿨의 켈리 존슨은 크림매거진 인터뷰에서 흥분을 감추지 못하였다. "구매자들이 매우 다양했죠." 이 EP는 영국 톱 5 진입은 물론, 헤드걸의 〈톱 오브 더 팝스〉 출연을 실현시킨다. 모터헤드는 이로써 록계에서 가장 영향력 있는 밴드 중 하나로 더욱 단단히 자리매김하게 된다. **JiH**

Super Freak
Rick James (1981)

Writer | Rick James, Alonzo Miller
Producer | Rick James
Label | Motown
Album | *Street Songs* (1981)

해군 무단이탈자 신세에서 R&B그룹 마이나 버즈의 프론트 맨으로 변신한 릭 제임스는 1966년 모타운 레이블과 계약을 맺게 된다. 15년이 지난 후, 그는 마침내 나쁜남자 이미지에 잘 어울리는 신스-펑크(funk) 곡을 통해 수퍼스타반열에 오른다. "Super Freak"은 느끼할 만큼 노골적인 디지털 뮤직 한바탕이었다. 여기에 제임스가 뛰어들어 성적 욕망에 불타는 크루너인 양 "a very kinky girl, the kind you don't take home to mother(변태적인 여인, 엄마에게 소개해주기엔 좀 뭣한 그녀)"에 대해 노래한다. 제임스의 삼촌 멜빈 프랭클린이 몸담고 있던 더 템테이션스가 배킹 보컬을 맡았지만, 이 노래는 60년대 모타운 음악이 요리하던 건강식에서 180도 전환되었다. 1983년 제임스가 '뮤지션'에 말했다. "약간의 뉴 웨이브 텍스처가 느껴지는 유치한 노래 하나를 원했던 거죠. 그래서 짤막하고 유치한 릭을 하나 생각해낸 후에 그것을 길게 늘여 자세히 풀어나갔습니다."

"Super Freak" 덕에 〈Street Songs〉는 트리플 플래티넘이란 기록을 세운다. 제임스는 처음 맛본 유명세를 마음껏 즐긴다. TV 시리즈 〈A-특공대〉에 게스트로 출연해 교도소 콘서트에서 자신의 히트 곡을 부르기도 한다. 그러나 몇 년이 흐른 후 제임스 자신이 실제로 폴섬 교도소에 수감되고 만다. 죄목은 납치와 폭행이었다. 그의 음악 인생은 여기서 더이상 회복하지 못한다. 하지만 "Super Freak"만은 수명을 계속 이어가는데, 이것은 엠씨 해머가 자신의 1990년 스매시 히트작 "U Can't Touch This"에 이 곡을 대폭 샘플링한 데다가 이것을 다시 제이-지가 2006년 트랙 "Kingdom Come"에 루핑(반복)시킨 덕이기도 하다. 한편 오리지널 버전은 2006년 코미디 영화 〈미스 리틀 선샤인〉에 삽입된 7세 소녀의 춤 사건 장면의 사운드트랙으로 빛난다. **SC**

Don't Stop Believin'
Journey (1981)

Writer | Steve Perry, Neal Schon, Jonathan Cain
Producer | Mike Stone, Kevin Elson
Label | Columbia
Album | *Escape* (1981)

비록 평론가들의 경멸을 견뎌내야 했지만, AOR(어덜트 오리엔티드 록, Adult-Oriented Rock)은 세상에 멋진 멜로디를 선사했다. 너바나는 보스턴의 "More Than a Feeling"을 약탈했고, 알이오(REO) 스피드왜건의 "Keep on Loving You"에 마음이 녹아내리지 않을 사람은 냉혈인 외에 없었다. 21세기에 가장 많이 다운로드된 2000년 이전의 노래는 과연 무엇이었을까? 바로 "Don't Stop Believin'"이다.

시공을 초월하여 사랑받는 이 노래는 〈Escape〉 앨범 작업을 시작으로 저니에 가입한 키보드 주자 조너선 케인의 손에서 탄생한다. "그가 'Don't Stop Believin''을 가져왔죠." 기타리스트 닐 숀이 빌보드 매거진의 크레이그 로젠에게 말한다. "제가 코드 몇 개를 생각해내 즉흥적으로 노래에 붙여보았어요. 이것을 그와 스티브(페리, 보컬리스트)가 마무리했죠."

숀이 "기차 엔진같이" 쳐대는 기타 리프에 케인과 페리가 어린 연인의 이야기를 더해 살을 붙여나갔다(이 노래를 비롯한 다른 두 히트 발라드 곡—"Who's Crying Now"와 "Open Arms"—덕택에 〈Escape〉는 미국 틴에이저들이 선호하는 데이트 배경 음악 앨범 1순위에 오른다).

군중의 마음을 흔드는 힘을 가진 이 노래는 〈스크럽스〉, 〈패밀리 가이〉, 〈라구나 비치〉 등의 TV 방영물에 삽입되었지만, 그 어느 것보다 가장 황당한 일은 이 곡이 〈소프라노스〉의 마지막 장면 사운드트랙으로 쓰였다는 사실이다. **BM**

Pretty in Pink | The Psychedelic Furs (1981)

Writer | The Psychedelic Furs
Producer | Steve Lillywhite
Label | CBS
Album | *Talk Talk Talk* (1981)

"저희는 전 세계적으로
핑크색 옷의 판매량 증가를 도왔죠."

팀 버틀러, 2004

◀ **Influenced by:** Sweet Jane · The Velvet Underground
1970)
▶ **Influence on:** Mr. Brightside · The Killers 2004)
● **Covered by:** Pink Lincolns 1987) · Automatic Seven
1997) · The Dresden Dolls 2005)
★ **Other key track:** Mack the Knife 1981)

이 유명 문구(Pretty in Pink)를 창조해낸 장본인임에도 사이키델릭 퍼스의 5번째 싱글은 첫 발매 당시 그다지 큰 성공을 거두지 못했다(영국 싱글 차트에서 43위까지 오르는 것에 그친다). 당시 디페쉬 모드의 일원이었던 빈스 클라크가 이 노래를 가리켜 자신이 세상에서 제일 좋아하는 노래라고 선언했음에도 불구하고 말이다. 덧없는 연애 관계를 노래하는 이 곡은 동명의 타이틀로 제작된 틴 무비 한 편을 통해 다시 대중에게 노출되기 전까지 사이키델릭 퍼스의 시그니처 튠으로 인정받지 못한다. 데이비드 보위와 더 벨벳 언더그라운드에서 영감을 얻은 이 밴드의 사운드는 기타가 주도하고, 색소폰과 공격적인 드럼이 간간이 끼어들며, 리처드 버틀러의 니코틴으로 얼룩진 보컬이 완벽한 전달 매개체가 되어준다. "Pretty in Pink"는 뉴 웨이브 록과 듣기 쉬운 팝 사이의 완벽한 균형점을 찾는다. 이 노래 중의 캐롤라인은 그의 데뷔 앨범 〈India〉에서, (노래 가사에 따르면) 알몸으로 다시 돌아와 "Pretty in Pink"의 모습으로 등장한다. 무정한 애인들의 먹잇감 정도로 이용되고 그녀는 버려진다. "The one who insists he was first in the line(제일 먼저 기다리고 있었다고 우겨대는 그는)," 버틀러가 거친 목소리로 말한다: "Is the last to remember her name(그녀의 이름을 제일 먼저 잊어버리지)."

아리송한 중얼거림이 노래를 마무리한다. 버틀러는 '크림'에 "Pretty in Pink' 마지막에 내가 하는 말을 알아듣는 대로 적어보았던" 한 팬에 대해 얘기하기도 했다. "믹싱 과정에서 가사를 의도적으로 가려버렸죠. 그래야 사람들이 나름대로 알아서 해석할 수 있어요. 그 팬 분이 적은 가사를 보니 굉장하더라고요. 오이디푸스며 그리스 신화에 나오는 인물들, 비와 턴테이블에 침을 뱉는 것 등에 관한 내용이었죠." 이 노래는 영화 감독 존 휴즈의 1986년 영화 〈Pretty in Pink〉에 영감이 된다. 같은 해 발매된 이 영화의 사운드트랙에는 "색소폰으로 새롭고 화려하게 다시 태어난" 버전이 담겨 있다. 베이시스트 팀 버틀러는 트랙을 재녹음할 것을 요청받았을 때 놀라움을 감추지 못했는데, 그것은 재녹음의 이유가 "오리지널 버전에서 기타가 튜닝이 제대로 되어 있지 않아서"였기 때문이었다. **JL**

Ghost Town | The Specials (1981)

Writer | Jerry Dammers
Producer | John Collins
Label | 2 Tone
Album | N/A

"전형적이고 미래가 없는,
허무주의적 펑크임을 내포했죠 .
어쩌면 'Ghost Town'이 펑크 곡으로서
유일한 넘버 원이었는지도 몰라요."

빌리 브랙, 2002

◄ **Influenced by: What a Feeling** · Gregory Isaacs 1980)
► **Influence on: Hell Is Around the Corner** · Tricky 1995)
● **Covered by:** Terry Hall 1995) · The Prodigy 2002)
Get Cape. Wear Cape. Fly 2006) · The Aggrolites 2009)
Kode9 & The Spaceape 2009)
★ **Other key track:** Do Nothing 1980)

음산한 사이렌, 불길한 오르간, 혼령 같은 가짜 일본 클라리넷, 괴로움에 가득 찬 울부짖음, 이들이 바로 위기 국면에 처한 한 나라에 울려 퍼지는 악의 소리이다. 제리 대머스가 쓴 선견지명의 명작은 영국 전역에 폭동이 시작된 바로 다음 날, 차트 1위에 오른다. 이 곡의 가사는 실업률 증가가 주는 절망감, 대전 이후 가장 높은 원성을 샀던 당시 정부, 공연장에서 목격한 폭력에서 느낀 밴드의 개인적 좌절감을 노래한다.

그것은 위기 국면에 처한 이 밴드의 사운드이기도 했다. 멤버들 사이는 점점 소원해져가고 있었고 상황 또한 악화해가는 중이었다. 이 와중에 대머스는 새로운 사운드에 대한 자신의 비전을 실현시켜보고자 했다. 그룹의 스카적 뿌리와 일렉트로닉 "이지 리스닝" 그루브를 조합시켜보자는 것이 그의 아이디어였다. 그러나 녹음 당일 상황은 걷잡을 수 없이 악화하고 만다. 대머스는 기존에 그룹이 해오던 방식을 거부하며 라이브로 함께 연주하기보다는 각 파트를 미리 따로 연습해보길 원했다. "네빌(스테이플스, 보컬리스트)은 이런 제안들을 해보려 하지조차 않더라고요…" 그가 2002년 '가디언'에 한 말이다. "브라스 섹션이 진행되던 중, 린발(골딩, 기타리스트)이 컨트롤 룸으로 달려가 "안 돼, 안 돼, 안 돼, 이게 아니야! 아니야! 아니라고!" 소리 지르고 있었고, 그런 와중에 로디(레디에이션, 기타리스트)는 구멍을 내보겠다며 벽을 발로 차고 있었죠…"

더 스페셜스의 히트 곡이 라이브로 영국 텔레비전에 방영되기 전 스테이플스와 골딩, 프론트맨 테리 홀이 그룹을 떠나겠다고 발표한다. 홀이 말한다. "'Ghost Town'은 우리에게 완벽한 작별인사법이었죠." 그들 셋은 이후 펀 보이 쓰리로 다시 등장한다.

그 시대를 말하는 강한 시사성에도 불구하고 "Ghost Town"은 여러 번 사용되고 샘플링되었다. 가장 인상 깊었던 순간은 영국의 시트콤 'Father Ted'의 한 장면에 삽입되었던 것인데, 동네 디스코 클럽에서 반복하여 틀던 단 하나의 유일한 트랙이 바로 이 노래였던 것이다. **DC**

I'm in Love with a German Film Star | The Passions (1981)

Writer | David Agar, Barbara Gogan,
Clive Timperley, Richard Williams
Producer | Peter Wilson
Label | Polydor
Album | *Thirty Thousand Feet over China* (1981)

"이 곡은 거의 저절로 알아서
작곡되다시피 하는 듯 느껴졌죠."

데이비드 에이가, 2009

◀ **Influenced by: Fade Away and Radiate** · Blondie
1978)
▶ **Influence on: The Metro** · Berlin 1981)
● **Covered by:** The Names 2002) · Foo Fighters 2005)
Chris Whitley 2005)

1980년에만 싱글 37개와 앨범 1개를 내놓은 더 패션스는 입신출세의 꿈을 안고, 2번째 앨범 작업을 위해 런던의 클링크 스트리트 스튜디오에 발을 들여놓는다. 기타리스트 클라이브 팀펄리(이전에 그는 '클래쉬'의 조 스트러머와 함께 '101'ers'의 멤버였다)와 베이시스트 데이비드 에이가는 코드 3개짜리 화성 진행으로 잼 세션을 즐기고 있었고 여기에 맞춰 보컬리스트 바바라 고간이 가사 한 줄을 토해냈다. "I'm in love with a German film star." 그러자 드러머 리처드 윌리엄스가 담배를 비벼 끄더니 이렇게 한마디 했다. "그거 히트할 곡이네." 그리고, 그의 말이 옳았다.

고건의 욕망의 대상은 클라우스 킨스키도, 마를렌 디트리히도 아니었다. 그렇다고 독일인도, 스타도 아니었다. 이 노래의 신비감 도는 쓸쓸한 가사는 섹스 피스톨즈의 옛 로드 매니저 스티브 코넬리에게 바치는 것이었다. 그는 무대 조명계에 입성하기 전 소규모 독일 영화와 TV 쇼에서 역할을 몇 개 맡은 적이 있다. 그러나 고건의 가냘픈 음성은 마치 할리우드 핀업 보이에 관한 백일몽에 빠진 한 순진한 십 대 소녀를 음악으로 표현해낸 듯 들린다.

에코 효과가 이루는 변덕스러운 구성, 힘 빠진 기타, 얼음장같이 차가운 키보드, 보코더를 통해 들리는 이 세상의 것 같지 않은 드럼 비트는 그녀의 음성을 받쳐주는 완벽의 경지에 가까운 그것을 창조한다. 이들의 조합체는 유혹적이고 최면적인 만큼 매우 기이한 것이었다—본래 기타 밴드로 알려진 한 존재가 가져온 야릇한 포스트 펑크적 선물이라고나 할까.

이 노래는 영국 차트 25위에 오른다. 하지만 '더 패션스'에게 남은 짧은 음악 인생 동안 그들은 더이상 이것에 비견할 만한 성공을 이루지 못한다. 80년대 중반 해체된 이 밴드는 오늘날 '원 히트 원더'로 기억된다. 그러나 이 곡 하나만큼은 후세에 지대한 영향을 미쳤고 이후 푸 파이터스와 펫 샵 보이스 모두 커버 버전 작업에 참여한다 (펫샵보이스는 아티스트 샘 테일러우드의 버전에서 프로듀서로 가세했다). **JiH**

Radio Free Europe | R.E.M. (1981)

Writer | Bill Berry, Peter Buck, Mike Mills, Michael Stipe
Producer | Mitch Easter, R.E.M.
Label | Hib-Tone
Album | N/A

"전 노래를 들을 때
가사가 정확히 하나하나 다 들리는 것을
그다지 좋아하지 않아요."

마이클 스타이프, 1983

◄ **Influenced by: When My Baby's Beside Me** · Big Star 1972)
► **Influence on: Agoraphobia** · Deerhunter 2008)
● **Covered by:** The Replacements 1985) · Just Say No 1992) · Alan Pinches 1997)
★ **Other key track:** Sitting Still 1981)

신비로움과 강한 멜로디성을 소유한 "Radio free Europe"은 R.E.M.의 매력 넘치는 데뷔작 〈Murmur〉가 던지는 명함 한 장이었다. 프론트맨 마이클 스타이프의 은근히 길게 빼는 남부식 말투와 모호한 보컬("Keep me out of country in the word / Deal the porch is leading us absurd"—perhaps말 속의 나라에 날 들어가지 못하게 해줘 / 현관문을 나눠주는 건 우리를 미치게 하지—아마도), 피터 벅의 종소리 같은, '버즈'적 기타 사운드는 금세 이 밴드의 상징적 요소로 굳어진다. 노래의 제목에 언급된 북미 라디오 스테이션은 동구권에 서방측 선전 보도를 제공하던 곳이었다. "마이클이 그걸 통해 무슨 이야기를 하려고 했는지는 사실 중요하지 않아요. 그저 모두들 다 알고 있는 괜찮은 문구였기 때문이죠." 벅이 말한다. "정말 이상하다고 생각했죠. 미국이 팝 음악을 통해서 문화적 제국주의를 퍼뜨린다는 것 말이에요. 이 노래는 말하자면 그런 것에 관해 이야기하고 있는 거죠." (벅과 스타이프는 드리프터스의 "On Broadway"가 나오는 'RFE'의 한 별난 광고를 회상해보며, 이 노래가 동구권의 철의 장막에 가진 의미를 의아해했다).

"Radio Free Europe"은 조지아주 출신 4인조에게 빌보드 차트 78위의 기록밖에 안겨주지 못한다. 하지만 이것은 재녹음과정을 거친 〈Murmur〉 버전이었다. 이 획기적인 노래의 첫 발매는 인디펜던트 레이블 힙-톤이 맡았고, 당시 프레싱 과정에서 1천 장을 찍은 것으로 알려진다. "전 의도적으로 가사를 이해하기 어렵게 만들었죠…" 스타이프가 토로한다. "아직 가사를 한 글자도 제대로 적지 않은 탓에, 그냥 막 지껄여댔으니." 그럼에도 불구하고 힙-톤의 제작물은 언더그라운드 언론의 공감을 샀다. 빌리지 보이스는 "미국의 몇 개 안 되는 위대한 펑크 싱글 중 하나"라며 열광했다.

R.E.M.은 이 버전의 믹싱과 마스터링 결과에 불만족스러워했다. 그러나 수많은 이들은, 더 잘 알려진 리코딩보다 오히려 이 '긴급' 버전을 선호하게 된다. 그리하여 결국 밴드는 이 버전을 받아들이는 법을 터득해야만 했다. 힙-톤 버전은 1988년 회고 음반 〈Eponymous〉와 2006년 발매된 히트 세트 〈And I Fell Fine〉에 수록되어 있다. **RD**

The Message | Grandmaster Flash & The Furious Five (1982)

Writer | Clifton "Jiggs" Chase, Ed "Duke Bootee" Fletcher, Melvin "Melle Mel" Glover, Sylvia Robinson
Producer | C. Chase, E. Fletcher, S. Robinson
Label | Sugar Hill
Album | *The Message* (1982)

1970년대 사우스 브롱스의 파티 신을 주도하던 디제이들은 퀵 믹싱을 발명했고, 이 파티의 스타들은 힙합의 선구자가 되었다. 바로 이들이 "The Message"로 대박을 친 것이다. 하지만 사실 그랜드마스터 플래시 앤 더 퓨리어스 파이브는 이 트랙에 제대로 참여하지 않았다. 겉표지에만 적혀 있을 뿐이다. 세션 뮤지션이었던 듀크 부티의 아이디어로 탄생하게 된 이 곡은, 슈가 힐레이블 사장 실비아 로빈슨이 자신의 스타들—플래쉬와 그의 엠씨들—을 위해 정치색 짙은 힙합 트랙으로 제작했다. 그러나 단 한 명의 멤버, 멜리멜만이 여기에 등장을 하게 된다. 그것은 멜이 그룹의 1980년 발매작 "Super Rappin'"에서 사회 비평을 한 구절 불러 넣었던 덕택이었다.

"The Message"는 미 의회 도서관의 국립 음반 등기부에 등재된 유일한 힙합 곡이다. 퍼블릭 에너미의 척 디가 말했듯, 그것은 "후세에 올 모든 랩 그룹에게 발판을 마련해주었다." 또한 멜리 멜의 "ha ha ha ha ha"는 제네시스의 히트 곡 "Mama"의 웃음소리에 영감을 주었다 한다. 레드핫 칠리 페퍼스의 프론트맨 앤소니 키에디스는 이렇게 회상한다. "'The Message'가 그해 여름 최고의 인기몰이를 하게 되자, 전 문득 깨닫게 됐죠. 꼭 알 그린처럼 하지 못한다 하더라도, 아님 프레디 머큐리처럼 대단한 목소리의 소유자가 아니라도 세계음악 시장에 발을 들여놓을 수 있다는 것을요." 하지만 이들 최고의 히트작이 그룹에게 가져온 분열의 불씨는 결국 치명적인 결과를 초래한다. 플래시는 밴드를 해체하였고 로열티를 비롯하여 이름을 무단 도용했다는 것에 관련해 슈가 힐을 상대로 소송을 제기했다. 그러나 "The Message"는 계속 살아 숨 쉰다. 이 곡은 2006년 개봉된 어린이 영화 〈해피 피트〉에 삽입되기도 했다. **DC**

365 Is My Number | King Sunny Adé & His African Beats (1982)

Writer | King Sunny Adé
Producer | Martin Meissonnier
Label | Island/Mango
Album | *Juju Music* (1982)

당시 아프리카의 청중이 킹 서니 아데의 마법에 매료된 지는 이미 10년이 훌쩍 넘은 상태였다. 하지만 그의 음악이 세상에 알려진 것은 1982년, 아일랜드 레코드사 사장 크리스 블랙웰이 자신의 신 설립 월드 뮤직 전문 레코드사 망고에 그를 계약시키고 나서부터이다.

토고에서 녹음하고, 런던에서 믹싱 작업을 마친 "365 Is My Number / The Message"는 전통 나이지리아 요루바족 찬가와 칼립소 레게 리프, 인스트루멘털 서프-기타의 가벼운 통김, 아프리칸 일렉트릭 펑크(funk)가 조합되어 다면성을 띤다. "토킹" 드럼, 콩가, 봉고, 기이하게 튜닝된 일렉트릭 기타가 한데 어울려 호칭기도를 하듯 이 노래에 그 자석과 같은 매력을 부여하는 반면, 인스트루멘털 트랙 "The Message"가 서구의 청중을 매료시키는 데 결정적 역할을 한 것은 마르탱 메소니에의 능수능란한 더브 달인적 "싱크로" 신디사이저들의 융합이다. 물론 아데가 서양권 팝의 상투적 수법에 영합할 이유가 있는 것은 아니지만 말이다. 오히려 그는 이런 진부함을 익살스런 하와이언 슬라이드 기타 주법의 릭이나 스페인적 색채로 얼룩진 코드들로 희화시킨다. 뿌리 깊은 진실성은 한순간도 잃지 않았다.

하지만 요루바어 가사와 폴리 리듬이라는 레시피는 주류 차트에서 성공하기에는 너무 복잡한 감이 없지 않았다. 뿐만 아니라 아데의 음악은 그를 "아프리카의 밥 말리"라고 선전하려던 아일랜드 레코드의 희망에 부합하기에는 결국 너무나 실험적이었다.

하지만 "365 Is My Number / The Message"는 리처드 기어가 출연한 짐 맥브라이드감독의 1983년 리메이크 작 〈브레드레스〉의 사운드트랙에 수록되며 할리우드에 이름을 넣게 된다. **MK**

1980년대 초반. 그랜드마스터 플래시가 턴테이블을 돌리고 있다.

Do You Really Want to Hurt Me | Culture Club (1982)

Writer | Culture Club
Producer | Steve Levine
Label | Virgin
Album | *Kissing to Be Clever* (1982)

"전 이성애자를 위해 곡을 쓰는 것도
아니고, 동성애자들을 위해 곡을
쓰는 것도 아니에요.
그저 모두를 위해 쓰는 거예요."

보이 조지, 1983

◀ **Influenced by: The Tracks of My Tears** • The Miracles
(1965)
▶ **Influence on: Hold Me Now** • Thompson Twins (1983)
● **Covered by:** Violent Femmes (1991) • Diana King (1997)
Mike Post (1998) • Mark Eitzel (1998) • Blue Lagoon
(2005)

팝 음악에서는 항상 본질이나 실상만큼 스타일이 중요하다. 1981년 MTV의 도래로 판도는 후자 쪽으로 더 기울었다. 이 흐름을 타고, 맨 윗아웃 햇츠, 혹은 바우 와우 와우 등의, 재능 면에서 비록 부족하지만 다채로운 개성을 가진 존재들이 스타로 등극하게 된다. 컬처 클럽이 내놓은 앨범 〈Kiss to Be Clever〉는 히트작으로 가득 차 있다. 그리고 이 앨범에서 대중은 스타일과 본질이 균등한 뮤지션을 만나게 된다.

이 런던 출신의 밴드는 남녀 양성의 특징을 자랑하는 패션 아이콘 보이 조지의 리드로(그는 바우 와우 와우의 이전 멤버였으며 당시 루테넌트 러시라는 예명으로 활동했다) 뉴 웨이브 레게, 블루 아이드 소울의 혼합물을 연주했다. 그런데 이 혼합체가 과연 시장성이 있었을까? EMI는 아니라는 결론을 내렸다. 데모 값을 지불한 후 그들은 그룹을 결국 다른 레이블에게 보낸다. 하지만 버진 레이블은 달랐다. 도박을 해보기로 마음먹은 버진 레이블은 이 그룹과 계약한다. 하지만 첫 두 싱글, "White Boy"와 "I'm Afraid of Me"는 자리를 잡지 못하고 허우적거리기만 했고, 그들이 이 판에서 이길 확률은 희박해 보이기만 했다.

하지만 3번째는 꼭 이루어지는 법이다. 듣기 편한 '아일랜드 그루브'와 조지의 조용하고 소울적인 보컬로 "Do You Really Want to Hurt Me"는 세계적인 히트 곡이 된다. "사람들이 저에게 얘기했죠." 조지는 NME인터뷰에서 놀라움을 감추지 못했다. "'Do You Really'가 무엇에 대한 이야기죠? S&M에 관한 건가요? 정말 완전 어이가 없었죠. 미국에서 사람들이 그러더라고요. 믿을 수가 없었어요. 그것 때문에 웃었어요, 왜냐하면 전 그저 제 방식대로 기본적 감정에 대해 노래를 쓸 뿐이거든요."

컬처 클럽은 결코 "Do You Really Want to Hurt Me"가 정형화한 틀에서 그다지 벗어나지 않는다. 현대의 등불 같은 이 노래는 컬처 클럽이 선사한 최고의 인기 곡들 중 하나로 남아 있으며, 〈웨딩 싱어〉(1998)나 〈슈렉〉(2001) 등의 영화에도 삽입되면서 후세에게 고이 전해내려지게 되었다. **JiH**

Electric Avenue | Eddy Grant (1982)

Writer | Eddy Grant
Producer | Eddy Grant
Label | ICE
Album | *Killer on the Rampage* (1982)

"그때만 해도,
흑인 사업가라는 개념 자체가
영국 사회에 아직 흡수되지 않은 상태였죠."

에디 그랜트, 2008

◀ **Influenced by: Downpressor Man** · Peter Tosh (1977)
▶ **Influence on: Avenues** · Refugee Camp All-Stars (1997)
● **Covered by:** Raggadeath (1997) · Tait (2003) · Skindred (2009)
★ **Other key tracks:** I Don't Wanna Dance (1982) · War Party (1982)

의기양양한 히트 곡의 경쾌함 뒤에는 어두운 진실이 숨어 있다. 브루스 스프링스틴의 회의에 찬 "Born in the U.S.A."가 성조기 휘날리는 앤섬인 양 자리 잡는가 하면, 핫 칠리 페퍼스의 마약 서정시, "Under the Bridge"는 사랑 노래 취급을 받기도 했다.

쿵쿵대는 비트, 지저귀는 신스, 귀에 감기는 후렴구로 "Electric Avenue"는 보장된 인기 파티 송 후보였다. 그러나 뮤직비디오를 한번 보면 진상을 알게 될 것이다. 거기에는 성난 에디 그랜트가 카메라에 대고 고래고래 소리 지르는 모습이 담겨 있으니 말이다.

본래 가이아나 출신인 그랜트는 노동계층 환경 속에서 어린 시절을 보낸 후, 디 이퀄스를 리드하는 한편(이 그룹은 1968년 차트 석권 싱글 "Baby Come Back"으로 기억된다), 영국 최초의 흑인 소유 리코딩 스튜디오를 열었고, 자신만의 레이블 ICE를 론칭한다. 20여 년 동안 그랜트의 집이 되어주었던 영국은 성공에 필요한 발판이 되며, 그는 여기서 소카(soca)란 하이브리드 사운드를 개척해간다. 1981년이 되어 그랜트는 영국의 계층적, 인종적 모순에 환멸을 느끼고 바베이도스로 활동지역을 옮긴다.

〈Killer on the Rampag〉는 정치적 열기와 반란으로 채워져 있다. 이 앨범의 수록 곡 중에는, 영국을 등지는 그의 '마지막 곡' 격인 "I Don't Wanna Dance"와 포클랜드 분쟁 당시 금지곡이었던 "War Party"가 있다. "Electric Avenue"의 사운드가 펑키(funky)하고 생동감 넘치는 반면, 그 가사는 런던 남부 소재의 흑인 거주민 밀집 지역에서 발생한 폭동을 그리고 있다(일렉트릭 애비뉴는 브릭스턴에 실제로 위치한 거리 이름으로 1981년 폭동의 배경이 된다). "전 그런 식으로 곡을 쓰려고 하죠." 그랜트가 말한다. "생각하고 싶은 대로, 마음대로 하세요. 하지만 어쨌건 간에 저는 시위하는 송라이터입니다." 이후 소송에 휘말려 그의 음악 활동은 만신창이가 되지만, 그는 결국 2001년 리믹스 버전과 함께 영국 차트 5위 진입 아티스트로 돌아온다. "자신이 만들 수 있는 최고의 음악을 만드는 것만이 전부라는 걸 정말 보여주는 거죠." 그가 블루스 앤 소울에게 말했다. "그리고 그냥 결과를 기다리는 것뿐입니다." **SO**

Sweet Dreams (Are Made of This)
Eurythmics (1982)

Writer | Dave Stewart, Annie Lennox
Producer | Dave Stewart
Label | RCA
Album | *Sweet Dreams (Are Made of This)* (1983)

"유리드믹스는 이렇다 할 만한 음반 매출을 올리지 못하고 있는 상태였죠." NME에 데이브 스튜어트가 털어놓았다. "투어리스츠가 해체된 지는 이미 오래였어요. 그리고 난 후 또 애니(레녹스)와 저도 갈라서게 되었죠. 그런데도 우리는 희망을 버리지 못하고 계속 같은 자리를 맴돌았어요."

"78년에 투어리스츠로 시작했을 때 우리는 이미 너무 많은 혼란으로 지쳐 있었습니다. 유리드믹스를 시작했을 때는, 이미 초기부터 저희는 알고 있었어요. 우리가 모든 걸 알아서 해결해야 한다는 것을 말이죠. 'Sweet Dreams'의 가사 중에 '이용당하고 착취당하는(used and abused)'이란 부분은 저의 경험에 직접 비춘 말들이에요." 그들의 첫 스매시 히트는 일렉트로닉 배킹에 소울적 보컬을 얹는 것을 선호하던 트렌드에 적절히 맞아떨어졌다. 여기에 이들은 자신들만의 개성을 더했다. "들으실 때 단순히 시퀀서라고 생각하시는 부분들 있죠, 사실 저희가 직접 연주한 거예요." 스튜어트가 퍼포밍 송라이터에게 말했다. "'Sweet Dreams'에서 저와 애니가 우유병을 가지고 연주한 것처럼 말이죠." 스튜어트가 Q에 전한 바에 의하면, 그들의 인상적인 뮤직비디오는 "루이 브뉘엘의 영화 〈황금시대〉에서 영감을 받은 것"이라 한다. "그건 모두 부조리에 관한 것이었어요. 그리고 세상이 얼마나 불합리로 가득 찼는지에 대해서도요." 그가 아티스트 하우스 뮤직에 자세히 풀어놓았다. "그래도 우리는 불러댔죠. 'Sweet dreams are made of this'라고."

브리트니 스피어스부터 피프티 센트까지 여러 뮤지션들이 이 곡을 샘플링했다. 그뿐 아니라, 베벨 질베르토부터 마릴린 맨슨까지 수많은 이들이 커버 버전을 만들기도 했다. **BM**

Atomic Dog
George Clinton (1982)

Writer | George Clinton, Garry Shider, David Spradley
Producer | G. Clinton, T. Currier
Label | Capitol
Album | *Computer Games* (1982)

마약에 찌든 엉뚱한 팔리아먼트/펑카델릭의 프론트맨 조지 클린턴은 1980년대가 도래하자 두 그룹을 해체시키고, 솔로 아티스트로 캐피톨과 계약을 맺는다. 그럼에도 그의 데뷔 리코딩에는 피-펑크(funk) 졸업생들이 참여해 끝없이 잼 세션을 펼친다.

마약으로 인해 편집 증세를 보이던 클린턴은 한 리코딩 세션에서 엔지니어들이 자기 모르게 트랙을 편집하고 있다고 믿은 채(사실 그들은 단순히 실험 중일 뿐이었다), 스튜디오에 우르르 밀고 들어와, 엔지니어들이 만들어놓은 괴이한 역행 드럼 트랙에 보컬을 얹겠다고 고집을 부렸다. 개를 주제로 애드 리브를 시도하던 그는, 맞는 키를 찾기 위해 가사를 줄줄이 늘어놓는데, 이 가사는 한 세대의 모든 래퍼들에게 영향을 미치는 중요한 존재로 남게 된다. 이후, 역행 드럼 트랙 위에 다시 본래의 드럼 트랙을 믹스하게 되고, 여기에 키보드 주자 버니 워럴이 펑키(funky)한 멜로디를 더한다. 이것이 바로 80번도 더 샘플링이 되는 막강한 급조 트랙의 탄생 과정이었다. 아이스 큐브 혼자서만 이 트랙을 7번이나 썼다 한다. 또한 클린턴은 스눕 도기 독의 오마주인 "Who Am I (What's My Name)"가 만들어지던 닥터 드레의 스튜디오 현장에 있었다.

"Atomic Dog"은 'The Wire'부터 'Menace II Society', 'Rugrats Go Wild'까지 다양한 영화와 TV쇼에 삽입된다. 클린턴은 2006년 내셔널 퍼블릭 라디오(전미 공공 방송)에서 이렇게 말했다. "전 실없이 유치한 게 좋아요. 왜냐하면 어린아이들만 그런 것을 이해할 수 있으니까요. 그리고 그 한 층 위의 연령층까지도 공감을 할 줄 알죠. 하지만 그러고 나면 그 이상 연령 사람들이 듣기에는 좀 지루할 거예요." **DC**

유리드믹스의 1983년 모습. 그해 이들의 "Sweet Dreams"가 차트 돌파에 성공한다.

State of Independence | Donna Summer (1982)

Writer | Vangelis, Jon Anderson
Producer | Quincy Jones
Label | Geffen
Album | *Donna Summer* (1982)

"이건 브라이언 이노가
가장 좋아하는 노래에요.
그는 항상 이 노래를 틀었죠."

크리스 마틴, 콜드플레이, 2008

◄ **Influenced by: State of Independence ·** Jon
& Vangelis (1981)
► **Influence on: The Places You Find Love ·** Quincy
Jones (1989)
● **Covered by:** Moodswings featuring Chrissie Hynde
(1991)

마이클 잭슨, 70년대 프로그 로커, 브라이언 이노, 이 세 항목을 모두 충족시키는 노래는 이것이 유일하다. 본래 〈The Friends of Mr. Cairo〉에서 첫선을 보였던(이 앨범은 예스의 싱어 존 앤더슨과, 1974년 한때 예스의 멤버가 될 뻔했던 키보드 대가 반젤리스(Vangelis)의 1981년 콜라보레이션 작품이었다) 이 곡은 특급 프로듀서 퀸시 존스에 의해 선별되어 도나 서머가 디스코 시대 이후 거둔 첫 성공작 〈The Wanderer〉의 후속 앨범에 실리게 된다(본래는 가스펠 앨범〈I'm a Rainbow〉가 후속작으로 계획되었지만, 이것은 게펜에 의해 불합격 당했고, 게펜은 그 대신 서머를 퀸시 존스와 한 팀을 이루게 한다).

"이 곡은 저의 최근 감정 상태를 잘 표현하고 있어요." 서머가 말했다. "낙관적이기도 하면서, 현실에서 벗어나지 않는 명확한 목적의식을 띠고 있죠."

존스는 오리지널 송의 구성에 충실하되 풍성하고 호소력 강한 기악 편성을 가미해 넣었다. 그의 특급 고개, 마이클 잭슨도, 디온 워윅, 마이클 맥도널드, 라이오넬 리치, 브렌다 러셀 등을 포함한 "스타 총출동 합창단"에 합류하게 된다. "퀸시가 부르면," 서머가 이렇게 말했다. "모두들 하던 일을 바로 그만두고 달려오죠."

또 눈에 띠는 참여 게스트로는 스티비 원더가 있었는데, 그는 싱글 앨범 라이너 노트에 이렇게 몇 마디 달았다. "천지 만물이 우주와 하나 되는 것과 같이 우리도 서로와 하나 되게 하소서." 훗날 존스는 이 친목의 자리를 들어 "We Are the World"의 영감으로 꼽았다.

발매 당시만 해도 "State of Independence"는 〈Donna Summer〉의 1번째 싱글보다 약한 반응을 불러일으켰다. 그러나 오늘날에 이르러 이 트랙은 널리 위상을 떨치고 있으며, 특히, 제작자이자 뮤지션인 브라이언 이노로부터 "20세기 예술이 절정에 닿은 순간 중 하나"라는 찬사를 얻기까지 했다. **BM**

Save a Prayer | Duran Duran (1982)

Writer | Duran Duran
Producer | Colin Thurston
Label | EMI
Album | *Rio* (1982)

"약간의 허식은
누구에게나 도움을 줘왔죠.
판도 발레의 경우만 빼고요."

존 테일러, 1982

◄ **Influenced by: If You Could Read My Mind**
Gordon Lightfoot (1970)
► **Influence on: Teddy Picker** · Arctic Monkeys (2007)
● **Covered by:** Tony Hadley (1997)
★ **Other key tracks:** Planet Earth (1981) · Hungry Like
the Wolf (1982) · Rio (1982)

음악만큼이나 비주얼이 중요한 노래들이 있다. 이러한 노래들의 시초 격이 되는 곡 중 하나가 바로 "Save a Prayer"이다. 시대를 넘어, 팝 장르의 위대한 발라드 중 하나로 여겨지는 이 곡에서, 듀란듀란은 불운의 사랑이라는, 뜻밖에도 심도 있는 주제를 다룬다. 그룹의 2번째 앨범 〈Rio〉의 3번째 싱글을 통해, 신스-팝과 영국식 샹송의 조화가 이루는 호소력 강한 음악을 배경으로 프론트맨 사이먼 르본은 원 나잇 스탠드를 노래한다.

〈Rio〉 싱글에 딸린 뮤직비디오들을 언급하는 것은 이제 진부한 일이 되었지만, 그것을 언급하는 데는 엄연히 그럴 만한 이유가 있다. "Save a Prayer"의 비디오에서 그룹 멤버들은 아슬아슬하게 꼭 끼는 해변 의상을 입은 채 스리랑카의 사원과 바를 어슬렁거린다. 이런 모습을 통해 그들은 화려함, 그리고 그 평행선상의 세계에 자신들이 동시에 존재하고 있음을 암시하였다.

"'Save The Prayer'가 좀 대작이긴 하죠…" 베이스 기타리스트 존 테일러가 사운즈 인터뷰에서 열띠게 말한다. "종교적 함축이 여기저기 숨어 있어요. 불교 사원이라든가 행렬 같은 것 말이에요. 한 장면에서는 엑스트라를 125명이나 썼죠. 1명당 그냥 볼펜 하나씩으로 사례했는데, 다들 아주 좋아하지 뭐예요!"

"Save a Prayer"를 진지하게 받아들이는 것은 사실 무리였다. 비디오에 그려진 대로 이 밴드가 살아간다고 믿는 이는 사실 1명도 없었으니까. 하지만 그들의 고향 영국에서는 이런 꿈같은 광경이 많은 팬들의 잿빛 현실과 너무도 극명한 대조를 이루었다. 따라서 이 곡이 곧 히트를 거두는 한편 계속 인기를 지속시키기까지 했다는 것은 그다지 놀랄 일이 아닌 듯하다.

이 곡이 이미지화하는 이국적 신화는 듀란듀란의 공연에 떼지어 모이는 팬들의 가슴 속에 눈부신 꿈으로 남아 있다. 이후에도 "Save a Prayer"는 그 매력을 잃지 않으며, 스판도우 발레의 토니 해들리, 셧업 앤 댄스, 이브스플럼 등의 뮤지션들이 만든 커버 버전을 통해 그것을 이어간다. **JMc**

Candy Girl | New Edition (1982)

Writer | Maurice Starr, Michael Jonzun
Producer | M. Starr, M. Jonzun, Arthur Baker
Label | Streetwise
Album | *Candy Girl* (1983)

> "저희는 이 곡이 보스턴에서 노출되고,
> 거기까지가 전부일 줄 알았어요."
>
> 릭키 벨, 1984

◀ **Influenced by:** ABC • The Jackson 5 (1970)
▶ **Influence on:** Candy • LL Cool J featuring Ralph
Tresvant & Ricky Bell (1997)
● **Covered by:** Baby DC featuring Imajin (1999)
★ **Other key tracks:** Is This the End? (1983) • Popcorn
Love (1983)

제목으로만 봐서는 도저히 상상이 안 되겠지만, 이 노래는 랩을 수반한 곡으로서 최초 영국의 넘버 원을 기록했다. 전통적이라 할 수 있는 터프 가이의 허풍도 물론 담겨 있었지만, 이 노래에는 생일 카드에나 적혀 있을 만한 문구인 "She walks so fast / She looks so sweet(그녀는 아주 빨리 걷지 / 그녀는 아주 귀여워 보여)"같은 말도 담겨 있다.

이 곡을 히트시킨 장본인들은 착한 모습의 아이들이었다. 십 대에 이미 대중에게 노출된 이들은 존슨 크루의 멤버이자 팝계의 스벵갈리 모리스 스타(본명, 래리 존슨)가 보스턴의 한 탤런트 쇼에서 발탁했다고 한다. 스타는 자신의 형제이자 존슨 크루의 동료였던 마이클과 함께 이 아이들의 일약 스타덤 히트작 "Candy Girl"을 공동 작곡한다. 의도적으로 더 잭슨 파이브의 후광을 이용한 노래이긴 했지만 여기에는 나름대로 존슨 크루의 도움에 힘입은 일렉트로닉 사운드적 기벽이 개성을 이루고 있다.

"Candy Girl"로 뉴 에디션은 첫 북미 R&B 차트 석권을 이룬다. 그러나 이후 다가올 일들은 이들의 초반 성공작이 안겨준 기쁨이나 강한 에너지와는 거리가 먼 것들이었다. 성숙한다는 것은 이들에게 오히려 장애가 되었다. 스타를 내친 이들은 1986년, 솔로 계약의 유혹에 바비 브라운마저 잃는다. 물론 랄프 트레스밴트는 "Candy Girl"의 리드를 맡게 된다. "무슨 질문을 해야 하는지조차 모를 정도로 저희는 무지했죠." 리키 벨이 후회하듯 말한다. "저희는 저소득층 주택단지 출신의 아이들일 뿐이었어요. 모든 걸 착취당했죠."

한편 모리스 스타는 일이 잘 풀린다. 이후 등장하는 뉴 키즈 온 더 블록의 배후 인물도 바로 그였다. 백인 멤버들로만 구성된 그의 새로운 밴드는, 볕이 들 때 건초를 말린다는 말의 본보기인 양 줄줄이 이어지는 히트 곡의 행진 내내 서로를 잃지 않고, 다가올 1990년대 보이밴드의 대유행에 주춧돌을 마련하게 된다.

뉴 에디션의 멤버들은 주기적 재회의 자리를 마련하기 전 이미 각자 성공을 거둔다. 그 과정에서, 리키 벨, 마이클 비빈스, 로니 드보는 자신들의 80년대 데뷔작 만큼이나 큰 인기를 모은 90년대 명작을 탄생시킨다. **MH**

Mad World | Tears for Fears (1982)

Writer | Roland Orzabal
Producer | Chris Hughes, Ross Cullum
Label | RCA
Album | *The Hurting* (1983)

"이건 상당 부분에서
엿보기 좋아하는 구경꾼의 노래라고
할 수 있어요. 십 대의 눈을 통해
미친 세상을 내다보는 거죠."

커트 스미스, 2004

◀ **Influenced by: Matthew and Son** · Cat Stevens (1966)
▶ **Influence on: American Princess** · Prozak (2008)
● **Covered by:** Michael Andrews featuring Gary Jules
(2003) · Brai nclaw (2004) · The Red Paintings (2005)
Sara Hickman (2006) · Tara MacLean (2007) · Zonaria
(2008) · Elisa (2009)

영국의 한 도시 배쓰 출신인 롤런드 올자발과 커트 스미스는 런던이나 셰필드와 같은 도심 지역에서 급성장하던 음악적 분위기와는 분리된 존재였다. 이러한 차단은 그들의 데뷔 앨범 〈The Hurting〉에 잘 드러나 있다. 앨범 수록 곡들은 하나같이 조숙한 한편 흥미롭게도, 심리학자 아서 자노프의 원초 요법(primal therapy)의 덕을 어느 정도 보았다.

"롤런드가 피자 가게 위에 있는 그의 집에서 한두 시간만에 곡을 써냈던 것을 기억해요." 보스턴 글로브에게 스미스가 한 말이다. 히트를 칠 것은 기대조차 하지 않았던 그들이었지만, 이 곡은 새로운 팝의 유행에 맞춘 듯 꼭 맞아들어간다. 독창적인 타악기적 효과와 불협화적 기타 사운드는 당시 거의 해체된 것이나 다름없던 그룹 재팬의 곡들을 연상케 했다. 한편, 노골적이지 않은 신스-팝 혹은 빈스 클라크 탈퇴 이후의 디페쉬모드를 상기시킨다.

보잘것없는 실패로 끝난 그들의 첫 싱글 "Suffer Little Children"에서와 마찬가지로 "Mad World"에서도 올자발이 자노프의 이론에 가졌던 지대한 관심과 그의 불안정했던 어린 시절을 엿볼 수 있다. "팔짝대고 있는 꿈들은, "그가 스매시 히츠에 말한다. "별로 그다지 흥미롭지 않을 거예요." "게다가," 그가 덧붙인다. "가사의 운도 안 맞았겠죠." 그가 얘기하는 미친 세상 속에서는 안정을 찾을 수 없다. 모든 아이들은 "내일이 없는" 세상 속에서 그들이 의무 지워진 대로 "느낄 것을 강요당한다."

2003년, 대대적인 편곡을 거친 새로운 버전이 사람들의 예상을 뒤엎고 영국의 크리스마스 시즌 넘버 원으로 상승한다. 미국의 작곡가 마이클 앤드루스가 만든 이 커버 버전은 싱어 게리 줄스가 불렀고 2001년 컬트 영화〈도니 다코〉를 위해 앤드루스가 제작한 사운드트랙에 수록되었다(이 영화의 클로징 신 삽입 곡으로 앤드루스가 본래 선택한 곡은 유투의 "MLK"였으나 예산상 이유로 보류되었다). 2년이 지난 후, 여론의 고조에 힘입어 이 곡은 싱글로 발매된다. 유령을 보는 듯, 공허한 앤드루스의 새로운 편곡을 통해 이 곡은 가슴을 에는 듯한 통렬함을 가지게 되는 한편, 전혀 새로운 청중에게 다가갈 수 있게 되었다. **MH**

Black Metal
Venom (1982)

Writer | Anthony Bray, Jeffrey Dunn, Conrad Lant
Producer | Keith Nichol, Venom
Label | Neat
Album | *Black Metal* (1982)

"홈 테이핑이 음악을 죽이고 있다('Home taping is killing music', 1980년대 영국 음반 산업 협회의 캠페인 슬로건). 베놈도 그렇다." 〈Black Metal〉 앨범 슬리브 노트에 적혀 있던 말이다. 이 영국 3인조가 비록 귀신 같은 테크닉을 소유했던 것은 아니지만, 그들은 잔인하리만큼의 흉포함으로 이런 약점을 보완했다. 그리고 이들의 아찔한 소음과 비엘즙법을 향해 날리는 안부 인사는 무수한 추종자들을 낳게 됐다.

베놈의 데뷔 앨범 〈Welcome to Hell〉은 전속력으로 질주하는 조악한 모터헤드 스타일 리프를 선보인다. 1982년 후속 앨범에서 베놈은 볼륨을 한껏 높였고, 그 타이틀 트랙은 전기톱으로 금속을 자르는 귀청 찢어지는 사운드로 시작됐다. "실제 앨범 버전에서는 일부러 축음기 바늘이 음반에 닿자마자 '크르즈즈즈크!' 하는 소리가 나도록 녹음했죠. 바늘을 올리자마자 소음부터 나게요." 황을 먹은 듯 허스키한 음성의 베이시스트, 콘래드 "크로노스" 랜트가 더 콰이어터스에게 말했다. "그러니까 곧바로, 잘 모르는 사람들은 겁부터 덜컥 집어먹게 되죠. '앗 제길, 내 스테레오가 고장났잖아!' 하고 말이에요."

곡의 가사는 마력과 아마겟돈의 이미지들을 불러내는 한편 그들의 프로듀서가 악마라 암시하며, 듣는 이들에게 "로큰롤의 신들에게 영혼을 바치라"고 외쳐댔다. 비록 이들이 크로스오버적 성공을 거두지 못했으나, 베놈은 아이라이너를 그리고, 스판덱스로 몸을 휘감은 미소년들이 활보하던 메탈계의 구세주와 같은 존재로 받아들여졌다. 크로노스가 2008년 이렇게 낄낄댔다. "그렇죠, 저희는 악마 숭배와 마력, 이교 사상, 섹스, 마약, 로큰롤에 대해 노래해요. 그리고 보면, 이게 악마의 음악이 맞나 보네요." **SC**

Shipbuilding
Robert Wyatt (1982)

Writer | Clive Langer, Elvis Costello
Producer | E. Costello, C. Langer, A. Winstanley
Label | Rough Trade
Album | N/A

1982년 4월, 마가렛 대처 수상은 영국군이 대서양의 사우스 조지아섬을 성공적으로 점거했다는 소식을 기자 회견에서 전하며 "기뻐할 것을" 이야기했다. 그러나 포클랜드 전쟁을 축하하고 기념할 만한 일이라고 여기는 이는 아무도 없었다. 많은 아티스트들은 국가 내의 곤궁으로부터 관심을 돌리기 위한 꿍꿍이로 치루어진 이 전쟁에 대한 자신들의 분노를 음악으로 승화시켰다. 하지만 이번 전투로 인해 치루어진 많은 대가를 말로 충분히 풀어내는 데에는 그 시대 최고의 문장가가 필요했다. 그의 문구들은 격정과 고결함 사이를 마구 넘나들었다. 클라이브 랭어는 재즈 냄새가 베어 있는 곡을 하나 써냈다고 한다. 하지만 자신의 가사가 "쓰레기 같다"고 스스로 믿었던 그는 엘비스 코스텔로에게 자신의 곡을 연주해 보였다. 그리고 코스텔로는 "우리가 선박 건설 인력들로 하여금 무차별적 죽음을 당할 그곳으로 자신의 아이들을 실어 보내는 선박을 스스로 만들게 하고 있는지도 모른다는 아이러니함"을 재빨리 생각해냈다.

데모 버전에서 랭어는 과거에 소프트 머신의 드러머를 지내다가 솔로로 전향한 로버트 와이엇을 모창한다. 결국 와이엇 본인이 곡을 녹음하기로 설득당했고, 그는 "Diving for dear life / When we could be diving for pearls(목숨을 위해 몸을 던져 / 진주를 건지러 몸을 던질 수도 있었는데)"와 같이, 완벽하리만큼 애처로운 절망감이 묻어나는 말들을 이 곡에 넣었다. 랭어와 코스텔로 모두 이 노래의 작업에 자신들이 쏟고 발휘한 모든 것들이 각자의 음악 인생 최고의 하이라이트였다고 말한다. 1983년 4월, 재발매와 함께 이 곡은 영국에서 35위를 기록한다. 그러나 이후 한 달도 채 되지 않아, 국수주의적 열광의 물결을 타고, 영국 보수정당은 40년 만에 최대의 승리를 거두었다. **CB**

1982년, 독을 퍼뜨리는 베놈. 좌로부터 아바돈(토니 브레이), 크로노스(콘래드 랜트), 만타스(제프 던)

Cattle and Cane | The Go-Betweens (1982)

Writer | Grant McLennan, Robert Forster
Producer | John Brand
Label | Stunn
Album | *Before Hollywood* (1982)

"전 '향수에 젖었다'는 말이 싫어요.
저에게 그건 그저 과거를 향한,
감상에 빠진 동경일 뿐이죠."

그랜트 맥레넌, 1983

◀ **Influenced by: Who Loves the Sun** · The Velvet
Underground (1970)
▶ **Influence on: Lazy Line Painter Jane** · Belle &
Sebastian (1997)
● **Covered by:** The Wedding Present (1992) · Jimmy
Little (1999)

도대체 왜 고-비트윈스(그랜트 맥레넌과 로버트 포스터와 같은 섬세한 싱어-송라이터들이 이끄는 이 호주 그룹은 아름다운 선율을 파고들기 좋아했다)가 "대대적 성공을 거두었어야만 했는지"에 대한 이야기는 주로 "Cattle and Cane"으로부터 시작된다. 좋은 스타트이다. 이 곡은 그들의 알찬 노래 전집 중 가장 잘 알려져 있는 곡이다.

고-비트윈스는 1980년대 초 런던으로 활동지를 옮겨 갔지만, 맥레넌의 마음만큼은 여전히 호주에 머물러 있었다. 이 곡은 부친이 사망한 후 맥레넌을 길렀던 그의 모친을 기쁘게 하기 위해 작곡되었고, 닉 케이브의 밴드 '더 버스데이 파티'가 머물렀던 한 아파트 방에서 탄생했다. "닉이 어쿠스틱 기타를 가져왔죠." 맥레넌이 기억을 되살렸다. "그 시절만 해도 닉은 기타를 잘 다루지 못했어요. 저도 그렇긴 했지만요. 어쨌든 제가 조금 더 잘 했다고 보면 돼요. 괴상한 화음들이 떠올랐죠. 그리고 'the railroad takes him home(철로가 그를 집으로 인도하지)' 같은 가사 구절이 바로 생각났어요. 전 딱 3구절로 구성되어 있고 끝부분에 좀 다른 관점이 등장하는 노래를 원한다는 것을 알고 있었죠. 그래서 로버트에게 전반적 그림을 그려달라고 부탁했어요. 저희가 이 곡을 정말 제대로 만들어냈다고 생각해요. 전 이 노래를 들을 때마다 아직도 무언가 확 밀려오는 느낌을 받아요. 왜냐하면, 이건 정말 색다른 느낌의 노래니까요. 이런 노래를 쓰게 된다는 것은 자주 있는 일이 아니죠."

수심에 잠긴 듯한 이 곡의 가사는 퀸즐랜드에서 성장하는 한 젊은이의 초상을 3편에 걸쳐 간결히 그렸다. 노래한다기보다 말하듯이 전해지는 이 곡은, 조이 디비전과 레너드 코헨을 동시에 균등히 담고 있는 포크적 아트-록 풍미의 액자에 고이 담겨 전달됐다. 그 완성물은 팬들의 따스한 환호를 받았지만, 대부분의 대중에게 간과당했다. 하지만 이것은 나이를 먹을수록 더 빛을 발했다. 2001년, "Cattle and Cane" 역대 최고의 호주 송 30선에 선정되었다. 2006년, 그랜트 맥레넌이 세상을 뜨게 되면서, 빌리지 보이스 평론가 로버트 크리스트가우가 "현존하는 가장 위대한 작곡 파트너십"이라 극찬했던 포스터와 맥레넌의 협력관계는 종말을 맞이한다. **JiH**

Uncertain Smile | The The (1982)

Writer | Matt Johnson
Producer | Mike Thorne
Label | Some Bizzare
Album | *Soul Mining* (1983)

Uncertain Smile

"전 스스로가 많이 변하는 것을 느껴요.
훨씬 더 많이 냉소적으로 되어가네요."

맷 존슨, 1982

◀ **Influenced by: Hot on the Heels of Love**
Throbbing Gristle (1979)
▶ **Influence on: Divine** · Sébastien Tellier (2008)
● **Covered by:** Pierce Turner (1986) · Poésie Noire (1990)
★ **Other key tracks:** Perfect (1983) · Infected (1986)
The Beat(en) Generation (1989)

경쾌함은 단지 눈속임일 뿐, "Uncertain Smile"은 1급 속임수꾼 맷 존슨(일명 더 더)의 전형적 작품이 그렇듯 겉보기와 속이 다른 곡이었다. 노래의 화자는 집착에 사로잡힌 남자이다. 그는 자신의 애정을 눈치채지 못하는 이를 "눈물 차오르는 두 눈으로(from a pair of watering eyes)" 바라보는 한 "망가진 영혼(broken soul)"이다. 애욕이 묻어나는 가사에 입혀진 음악에는 통통 튀는 기타와 우스꽝스럽다 싶을 정도의 색소폰 사운드가 두드러진다. 이 곡은 1981년 싱글 "Cold Spell Ahead"를 재작업한 것이었고, 그 때문에 그다지 많은 노고가 들어가 보이진 않았다. 하지만 우리의 주인공은 자신의 일방적인 사랑으로부터 머리를 식히기 위해 잠이 필요했다.

1981년, 존슨은 데뷔 앨범 〈Burning Blue Soul〉을 발매한다. 하지만 이후 그는 다시 본래의 밴드명 '더 더'로 복귀함으로써 아티스트와 청중 사이의 단절을 초래한다. 그의 데뷔 시도는 정제되지 않고 다가가기 힘든 음악 성향을 보여주었고, 논의 단계에 있던 후속작 〈the Pornography of Despair〉은 발매조차 되지 않았다. 그러나 아마도 "Uncertain Smile"은 거기에 수록될 예정이었을 것이다.

이 싱글의 녹음작업은 소프트 셀의 프로듀서 마이크 손과 업타운 혼스의 세션 뮤지션인 크리스핀 씨오의 참여 아래 뉴욕에서 이루어졌다. 또한 여기서는 마림바의 사촌 격인 자이림바(xylimba)가 요긴한 역할을 맡아 독특하고 타악기적인 흥겨움을 더했다. 씨오의 알토 색소폰과 플루트 솔로는 절 사이사이에 등장하며 "Uncertain Smile"을 가사의 분위기보다 가볍게 만드는 일을 담당한다. 더 더의 앨범은 마침내 발표된다. 놀랍도록 매력적인 이 1983년 발매 앨범 〈Soul Mining〉는 "Uncertain Smile"의 새로운 버전을 수록하고 있다. 존슨과 함께 폴 하디맨이 감독한 이 버전에는 씨오의 연주는 온데간데없고 반지르르한 사운드와 스퀴즈의 줄스 홀란드가 연주하는, 비록 엉뚱하지만 눈부신 피아노 솔로가 그 자리를 대신한다. 어느 하나 가릴 것 없이 두 버전 모두 무한한 가치를 담고 있다. **MH**

Valley Girl | Frank Zappa (1982)

Writer | Frank Zappa, Moon Unit Zappa
Producer | Frank Zappa
Label | Barking Pumpkin
Album | *Ship Arriving Too Late to Save a Drowning Witch* (1982)

Frank & Moon Zappa
Valley Girl

From the Zappa album
Ship Arriving Too Late To Save A Drowning Witch

"이 노래의 내막을
완전히 알고 있는 사람이라면
절대 이 곡이 불쾌하지 않을 거예요."

문 유닛 자파, 1982

◀ **Influenced by: Supernaut** · Black Sabbath (1972)
▶ **Influence on: Ya Hozna** · Frank Zappa (1984)
● **Covered by:** The Lewinskys (2003)
★ **Other key tracks:** You Are What You Is (1981) · No Not Now (1982) · Teen-Age Prostitute (1982)

아버지를 더 자주 보고 싶었던 심정에, 문 유닛 자파는 아버지 프랭크의 홈 스튜디오 문 아래 메모를 하나 밀어 넣었다. 여기에는 자신이 산 페르난도 밸리 지역 말투를 리코딩해 보이겠다고 제안하는 내용이 담겨 있었고, 프랭크는 이 제안을 받아들인다. 어느 날 이른 아침, 그녀는 아버지를 따라 보컬 부스로 들어가게 되었다. "몇 개의 트랙을 녹음해내는 데 성공했죠." 그녀가 회상한다, "사람들이 하던 이야기들을 제가 들었던 대로 다시 내뱉었죠. 아버지가 좋아하시는 주제들은 좀 더 자세히 풀었어요. 그것을 가져다 아버지가 편집하셨어요. 제 삶은 그때부터 완전히 달라졌죠." 이 노래는 캘리포니아의 산 페르난도 밸리 지역의 십 대 소녀들 사이에 유행했던 "밸리 말씨(Val-speak)"를 비꼬고 있다.

프랭크는 자신이 이전 해 드러머 채드 웨커맨과의 리코딩 세션 끝에 쓰기 시작한 곡에 문의 보컬을 넣고, 여기에 아이크 윌리스 등 몇몇 사람들과 함께 쓴 가사를 몇 개 적어 넣고 합창 백그라운드 보컬을 삽입한다. 끝으로 여기에 스콧 튜니스의 베이스가 퍼즐의 마지막 조각을 끼워 완성시킨다.

이 노래는 발매가 되기도 전에 이미 라디오에서 히트한다. 북미 차트에 진입한 자파의 유일한 싱글인 "Valley Girl"은 22주간 차트에 머무는 한편, 빌보드 Hot 100에서 32위에 오르는 기록을 남긴다. 그러나 자파의 말은 조금 다르다. "사람들이 그 레코드를 산 것은 제 이름 때문이 아니었습니다. 문의 목소리가 좋았기 때문이죠. 노래 자체나 연주와는 전혀 관계없이 말입니다. 미국 대중은 동질감을 느낄 수 있을 만한 새로운 유행 거리가 필요로 했고, 단지 거기에 부합했을 뿐인 거죠."

"Valley Girl"은 그래미상 "베스트 록 퍼포먼스 바이 어 듀오 올 그룹 위드 보컬(Best Rock Performance by a Duo or Group with Vocal)"부문 후보로 오르지만 서바이버의 "Eye of the Tiger"에게 우승을 내주었다. 때마침 호기를 노리고, 십 대의 니콜라스 케이지 주연 영화 〈밸리 걸〉(1983)이 제작되는데 자파는 이것을 끝내 막지 못했다. **AG**

록계에서 가장 유명한 콧수염을 자랑하는 이 남자가 연기가 날 정도로 열정적인 연주를 선보이고 있다.

Thriller
Michael Jackson (1982)

Writer | Rod Temperton
Producer | Quincy Jones
Label | Epic
Album | *Thriller* (1982)

온통 최상급과 1급이란 수식어뿐인 앨범의 한 수록 곡이란 것을 감안해볼 때, 〈Thriller〉의 타이틀 트랙이 전하는 공포 물적 인상은 "Billie Jean"이나 "Beat It"이 보여준 혁신적 모습과는 조금 어긋나는 것이었다. 그럼에도 "Thriller"는 마이클 잭슨을 대표하는 노래의 하나로 남았다. 이것은 획 기적인 뮤직비디오 덕택이기도 했다. 그것은 존 랜디스가 제작한 14분 길이의 좀비 패러디물(그는 영화 〈런던의 늑대인 간〉의 감독이었다)이었다. 귀에 착 감기는 혹은 대중 음악에 서 흔해빠진 효과와 만나 공포 영화 베테랑 빈센트 프라이 스의 목소리로 마무리 된다. "11살 때부터 쭉 빈센트를 알 고 지냈죠." 잭슨이 스매시 히츠에 말했다. "벨라 루고시와 피터 로레는 이제 세상을 뜨고 없어요. 그 시절부터 뿌리가 굵은 사람은 빈센트 프라이스밖에 없죠. 그래서 그의 목소 리야말로 정말 완벽한 선택이라 생각했죠."

란디스 제작의 이 미니 서사시는 기네스 세계 기록에 가장 성공적인 뮤직비디오로 등재된다. 또한 비디오에 삽 입된 좀비 댄스는 수많은 모방의 대상이 되었다. 스토리가 있는, 할리우드 감독 제작의 50만 달러를 넘는 예산으로 만 들어진 뮤직비디오로서 최초였던 "Thriller"는 이러한 영상 물로서는 전례 없이 영화관에서 상영되기도 했다.

수요를 따라가고자, MTV는 1시간에 2번씩 이 곡을 방 송에 내보냈고, 이에 따라 잭슨은 MTV 방영 최초의 흑인 아티스트 중 하나가 되었다. 뮤직비디오 덕에 앨범 매출은 3배가 되었고, 이것은 이후 다큐멘터리를 동반한 홈 비디오 로까지 발매되어 제작 비용을 메웠다. 이모저모로 "Thriller" 는 음악 산업에 영원히 지속될 변화를 가져왔다. **GK**

Shock the Monkey
Peter Gabriel (1982)

Writer | Peter Gabriel
Producer | Peter Gabriel,
David Lord
Label | Charisma
Album | *Peter Gabriel* (1982)

"대부분의 사람들이 이 노래가 동물 권리 보호에 관한 것 이라고 생각했죠." 피터 가브리엘도 어느 정도 이해는 간 다고 한다. 하지만 그런 것이 아니거든요." 이 노래는 가 사가 모호했던 탓에 오랜 시간에 걸쳐 다양한 해석을 낳았 다. 제네시스와 함께한 그의 마지막 앨범 〈The Lamb Lies Down on Broadway〉는 1974년 발매되었다. 설명이 담 긴 라이너 노트가 있었음에도 이해가 쉽지 않았다. 그의 1번째 솔로 히트작 "Solsbury Hill"은 제네시스를 떠나게 된 경위를 은유적으로 이야기하고 있다. "Games Without Frontiers"(1980)의 경우에는 반민족주의적 가사보다는 따 라 불기 쉬운 휘파람 혹이 인기의 요인이었다.

한편 "Shock the Monkey"는 심리학자 스탠리 밀그램 의 실험과 연관지어져 해석되기도 했다. 여기에 가브리엘 은 스팅크존에 이렇게 해명했다. "밀그램의 실험들보다는 질투에 관한 것이라 하는 게 더 옳아요⋯'Shock the Monkey'라는 제목에서만 밀그램에 관한 언급이 있어요."

그러나 이 노래가 전하는 메시지가 음악 자체보다 더 중요하다고 할 수는 없는 것. 자신의 이름을 타이틀로 건 4번째 동명 솔로 앨범에서(미국에서는 〈Security〉로 알려져 있 다) 그는 밀실공포증적 리듬에 모든 주도권을 맡긴다. 이 것이 바로 1980년도 발매된〈Peter Gabriel〉의 하이라이트 를 강렬하게 타오르게 한다. "Shock the Monkey"는 여기 에 던져 넣은 한 덩어리의 펑크(funk) 정도라고나 할까(물 론 밴더 그라프 제네레이터의 피터 해밀의 배킹 보컬도 빼놓을 수 없다). 이것은 당시만 해도 가브리엘에게 그가 거둔 최대 의 북미 히트작이었으며, 후에 등장할 리듬과 섹스로 섞 어낸 또 한잔의 칵테일의—세계를 휩쓴 1986년 발매작 "Sledgehammer"—신호탄 역할을 톡톡히 했다. **BM**

Save It for Later
The Beat (1982)

Writer | R. Charley, A. Cox,
E. Morton, D. Steele, D. Wakeling
Producer | Bob Sargeant
Label | Go-Feet
Album | *Special Beat Service* (1982)

영국 그룹 '더 비트'는 단순히 또 하나의 스카(ska) 밴드로 알려지는 데 만족할 수 없었다. 투톤(2-Tone)사운드를 과대 망상증이란 주제와 섞어낸 "Mirror in the Bathroom", 정치적 메시지와 융화시킨 "Stand Down Margaret"을 비롯하여 팝 스탠더드에 응용한 "The Tears of a Clown"(스모키 로빈슨), "Can't Get Used to Losing You"(앤디 윌리엄스) 등의 히트작들이 모두 그들의 것이었다.

그러나 그룹의 마지막 앨범 〈Special Beat Service〉 중 첫 발매 싱글에서 투톤 사운드를 두드러지게 하는 요소는 거의 찾아볼 수 없다. 도회적인 팝이 전하는 경쾌함은 능숙한 스트링과 브라스 섹션의 도움으로 한결 세련되어 보인다. "Save it for Later"에서 그들은 그룹의 전형적인 쾌활함과 싹싹함이 차지하던 자리를 마음을 움직이는 슬픔으로 대체했다. 데이브 웨이클링의 가사에서 성숙함과 지혜가 묻어나긴 하나, 사실 이 곡은 웨이클링이 그룹이 형성도 되기 전 자신의 십 대 시절에 작곡한 것이었다. 그는 삶이 이제 복잡해지리라는 것, 그리고 자신에게 조언을 건네는 어른들이 결코 꼭 자신보다 더 현명하지만은 않다는 것을 안 것이었다. "조언은 당신 스스로한테나 실컷 하세요, 뭐 그런 거였죠." 송팩츠에 그가 한 말이다. "닥치세요, 나중에나 말해요(save it, for later)"라는 제목에는 십 대의 음란한 농담이 숨어 있다. 바로 'for later'가 "펠라치오하는 사람(fellator)"과 압운을 이루는 말이란 것. "전 몰랐죠." 그가 털어놓는다. "그게 30년 동안 쭉 농담거리가 될지는요."

노래에 얼룩진 청소년기의 혼란, 거기에서 느껴지는 아픔은 후의 멤버, 피트 타운센드의 공감대를 이끌어낸다. 타운센드는 이 노래를 직접 불러 자신의 1986년 라이브 앨범 〈Deep End Live!〉의 하이라이트를 장식한다. **SC**

Great Southern Land
Icehouse (1982)

Writer | Iva Davies
Producer | Keith Forsey, Iva Davies
Label | Regular
Album | *Primitive Man* (1982)

에이씨디씨(AC/DC)와 인엑시스(INXS)가 헤드라인을 장식하고 있을 때, 다른 한켠에서 나름대로 작은 성공을 즐기고 있던 한 호주의 그룹이 있었다. 그들은 호주에서 가장 사랑 받는 앤섬 중 하나를 만들어낸 장본인들이기도 했다. 아이스하우스는 아이바 데이비즈의 아이디어 상품이었다. 그는 브라이언 페리와 같은 목소리의 소유자였고, 미소년 이미지는 아니지만 전통적인 핸섬함을 지니고 있었다. 멀티 플래티넘으로 등극한 1980년도 발매 앨범 〈Icehouse〉 이후, 그는 후속작을 만들기 위해 첨단 기계와 미술품으로 가득 찬 자신의 홈 스튜디오에서 작업을 시작했다. 후에 〈Primitive Man〉의 커버를 장식하게 된 그림도 여기서 나온다.

"이 한 점의 미술 작품은 저에게 기묘하게 단순하고 순수하면서도, 세련된 모습으로 다가오죠…" 그가 분명히 말한다. "그건 몇천 년이란 시간 차를 둔, 아니죠, 어쩌면 수십만 년이란 시간 차를 둔 다른 예술가의 작품일 수도 있는 거죠. 그래서 스스로에게 묻게 되었습니다. 그 시간 동안 우리에게 진정 변화된 것이 실제로 있었냐는 질문이었죠. 이 방에서 처음 쓴 곡이 바로 'Great Southern Land'였고 그 곡 가사에서 'Primitive Man'이라는 제목을 얻어 온 거예요."

데이비즈의 당시 매니저는 그에게 "하나의 서사시를 나한테 써 보내라"고 재촉했고, 그 말에 맞추기라도 하듯, "Great Southern Land"는 호주가 가진 역사적, 신화적 유산을 연상케 한다. 마치 "산속 바람의 움직임(the motion of the wind in the mountains)"이 전해줄 법한 이야기와 같이 말이다. 이 노래는 호주에서 상위 5위로 솟구쳐 오름과 함께, 그 곳에서 가장 사랑 받는 노래 중 하나로 남게 된다.

데이비즈는 시험 삼아 계속하여 서사시적 노래를 썼다. 그 중 〈Code Blue〉(1990)가 특히 관심을 받는다. **BM**

Party Fears II | The Associates (1982)

Writer | Billy Mackenzie, Alan Rankine
Producer | The Associates, Mike Hedges
Label | Associates/Beggars Banquet
Album | *Sulk* (1982)

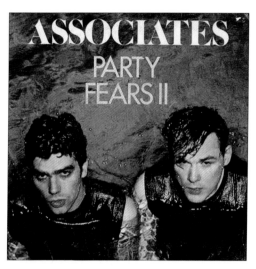

"전 저희 노래가 유별나다고
생각하지 않아요.
근데, 좀 유별나긴 한가 보네요."

빌리 맥켄지, 1982

◀ **Influenced by: Ashes to Ashes** • David Bowie (1980)
▶ **Influence on: Nobody's Diary** • Yazoo (1983)
● **Covered by:** The Divine Comedy (2006)
★ **Other key tracks:** Gloomy Sunday (1982) • It's Better
This Way (1982) • Arrogance Gave Him Up (1982)

빌리 맥켄지와 앨런 랜킨이 유명세와 즐긴 잠시 동안의 불장난 시절 그들이 보여준 행동은 '적을수록 좋은 것'이란 말을 무색케 한다. 스코틀랜드 출신의 듀오는 눈이 번쩍 뜨일 만큼 창의적인 방법들을 통해 레코드사에서 대준 선금 6만 파운드를 탁 털어버린다. 예를 들어, 맥켄지의 개들에게 훈제 연어를 마구 먹인다든가, 랜킨의 TV출연을 위해 초콜릿으로 만든 기타를 산다든가 하는 등의 방식들로 말이다. "오히려 말이죠," 2007년 랜킨이 가디언에 이렇게 말했다. "사람들이 조금 가려서 기억해준 것 같네요. 정말 미친 짓이었죠."

냇 킹 콜, 브라이언 페리, 데이비드 보위, 더스티 스프링필드, 빌리 홀리데이, 캔, 크라프트베르크 모두의 영향을 받은 밴드란 사실에서 미리 예상할 수 있듯, 그런 접근 방식은 이들이 만드는 음악에도 현저히 드러난다. "매일 19시간씩 일을 해댔죠." 랜킨이 말한다. "아이디어가 바닥났을 때만 일하는 걸 멈추었어요. '이제 절 부분 작업: 완전 올인, 이제 인트로 부분 작업: 완전 올인, 이제 후렴 부분 작업: 이하 동문' 뭐 이런 식으로 말이에요."

이 모든 것이 한데 모여 "Party Fears II"에서 빛을 발하게 된다. 피아노가 이끄는 환희의 노래는 끊임없이 좌절의 언저리를 맴돌지만 끝내 무너지지 않고 버틴 끝에 결국 1982년 영국 싱글 차트 9위까지 오른다.

이 노래의 골격은 사실 5년 전 이미 세워진 상태였다. 그것은 몽롱한 취중에 만들어졌다. "The alcohol loves you, while turning you blue(네가 우울해 있는 동안에도 술은 널 위로해)" 그의 우상들과 비교해도 부끄럽지 않을 멋진 목소리로 맥켄지가 노래한다. "좀 팝 티가 많이 났죠." 랜킨이 Q에 한 말이다. "마치 세제 광고에나 나올 법한 노래였어요. 하지만 저희는 히트하리란 걸 알았죠."

가사에 관해서는 맥켄지도 누설을 삼간다. 결혼 생활에서의 불화나 정치적 이데올로기 간의 충돌 모두에 적용될 수 있다고 장난을 칠 뿐이다. 타락과 부패가 이렇게까지 유혹적으로 들릴 수 있다니 놀라울 뿐이다. **CB**

Situation | Yazoo (1982)

Writer | Vince Clark, Alison Moyet
Producer | Vince Clarke, Eric Radcliffe, Daniel Miller
Label | Mute
Album | N/A

"전 야주를 아주 좋아해요…
지난 10년 동안 접한 것 중 제 마음을
움직였던 유일한 음반이었죠."

보이 조지, 1982

◀ **Influenced by: The Robots** · Kraftwerk (1978)
▶ **Influence on: Theme from S'Express** · S'Express
(1988)
● **Covered by:** Tom Jones (1994)
★ **Other key tracks:** Only You (1982) · Don't Go (1982)
Nobody's Diary (1983)

"그녀의 목소리가 현대 기법과 결합되었죠…그것은 현대 기술과 진정 노래할 줄 아는 목소리와의 만남이 이루어낸 하나의 걸작이었어요." 로버트 플랜트가 경탄하며 말한다. 과거 디페쉬 모드 멤버였던 괴짜 빈스 클라크와 벨팅 창법의 소울 싱어 알리슨 모예가 만나 이루어진 야주(북미에서는 'Yaz'로 알려졌다)는 사실 어색한 콤비네이션이라고 할 수 있었다. 그럼에도, 이 기계와 열정의 조우는 80년대 신스 팝과 이후 다가올 부흥기의 본보기를 마련해 주었다.

반주를 맡을 "블루스 밴드"를 찾는 모예의 구인 광고에 클라크가 응답했을 당시 그가 특별한 계획이나 야심을 가지고 있었던 것은 아니다. 어쨌건 그들의 만남은 성공적인 궁합이었다. 여기서 아이러니한 것은 디페쉬 모드의 성공을 구속으로 느껴 밴드를 떠나기까지 한 클라크에게 더 큰 성공이 찾아왔다는 것이다. 나온 즉시 히트를 거둔 야주의 데뷔작 "Only You"가 이미 디페쉬 모드의 싱글들을 능가하고 있었으니 말이다. 이 트랙은 일렉트로닉 음악의 길잡이와 같은 존재였고 곧 장르의 고전으로 자리 잡는다. 그러나 B사이드 곡 "Situation"의 경우 완전히 이야기가 달랐다. 이것은 댄스 음악이었다.

이 트랙은 곧 리믹스 버전을 낳았고 이 버전은 미국에서 발매되기까지 한다. 그들은 마스터 버전을 미국으로 가져가 미국적으로 바꾸어놓았죠. 봉고 사운드와 끔찍한 재즈 신스 브레이크를 넣었더군요." 디페쉬의 앤디 플레처가 가시 박힌 한마디를 던진다(이 노래는 야주의 1982년 앨범 〈Upstairs at Eric's〉의 미국 버전에 실리며, 물론 영국 CD에도 수록된다). "Situation"은 후에, 로스델리오의 휴가철 애창곡 "Macarena" 부터 걸 밴드 더 새터데이스의 "If this is Love" 까지, 다양한 류의 히트 곡들에 샘플링된다. 그러나 이 곡이 남긴 진정한 유산은 80년대 테크노의 형성 기여를 비롯하여, 애시드 하우스의 상업적 측면을 구체화한 것에 있다. 이 곡이 가진 펄스와 세련된 신스 리프는 5년 후 디트로이트에서 흘러나올 음악들에서 재현된다. 클라크와 모예가 각자의 재능을 개척하기 위해 갈라서고 난 후 많은 시간이 지났음에도 그들이 함께 이루어낸 기발한 조화는 눈을 뗄 수 없는 존재감을 지니고 있다. **MH**

Rock the Casbah | The Clash (1982)

Writer | Topper Headon, Mick Jones,
Joe Strummer
Producer | Mick Jones
Label | CBS
Album | *Combat Rock* (1982)

"정말 대단한 그루브죠.
그루브 만세.
그 나머지들은 다 꺼지라고 해요."

조 스트러머, 1988

◀ **Influenced by: Shah Shah a Go Go** · The Stranglers
(1979)
▶ **Influence on: 51st State** · The Enemy (2009)
● **Covered by:** Solar Twins (1999) Rachid Taha (2004)
Something for Kate (2007)
★ **Other key track:** Should I Stay or Should I Go (1982)

클래쉬의 우두머리 격인 조 스트러머와 믹 존스가 펑크계의 레논과 매카트니라 할 수 있었던 반면, "Rock the Casbah"의 숨은 엔진, 드러머 토퍼 히든의 경우, 링고보다는 조지에 가깝다고 해야 하는 것이 더 옳다.

"그가 스튜디오로 뛰어들어가더니 우르릉쿵쾅하고 드럼 트랙을 깔아버리던데요." 스트러머가 로스앤젤레스에 한 말이다. "그러더니 피아노 쪽으로 달려가서 우당탕하고 피아노 트랙을 또 깔더군요. 그리고 이젠 베이스 쪽으로 달려가서 후루룩하고 베이스 파트를 완성했죠. 이 모든 일이, 제 생각에 25분 안에 다 일어난 것 같아요. 그리고 그렇게 'Rock the Casbah'가 탄생한 거죠, '짠' 하고 말이에요."

부기-우기 스타일 배킹 트랙은 그렇게 거의 다 만들어졌다. 그러나 히든이 본래 제시했던 도발적인 가사는 스트러머의 것이 대체했고, 그는 중동 지역의 록 음악 금지령에 반한 대중의 저항에 대해 노래했다. "이란에서는 디스코 앨범을 가졌다는 이유로 채찍질을 당한다"는 이야기를 듣고 영감을 받았다 한다(마약에 빠진 히든이 밴드에서 더이상 얼마 가지 못할 것은 뻔했고, 그의 자리는 곧 클래쉬의 오리지널 멤버였던 천둥 드러머, 테리 차임스가 대체하게 되었다. "Casbah" 싱글의 뮤직 비디오에 출연한 것도 차임스였다).

1982년 영국 발매 이후 30위 이상을 넘지 못했던 이 트랙은 1991년 재발매 후 훨씬 더 좋은 성적을 거둔다. 그러나 오히려 빌보드 차트에서는 톱 10에 올랐다. 춤을 불러일으키는 이 트랙이 북미를 얼마나 깊이 관통했느냐는, 윌 스미스의 1999년 발매 싱글 "Will 2K"부터 수퍼 쿨한 웨스 앤더슨 영화 〈로얄 테넌바움〉(2001)까지, 이 곡이 도처에 편재되어 있다는 사실에서 추측해볼 수 있다.

이 노래는 미국에서 클래쉬의 위상을 높여주었으나 스트러머를 경악하게 만들기도 한다. 그것은 1991년 1번째 걸프전 당시, 이라크에 간 북미군이 "Rock the Casbah"를 오용했던 일 때문이었다. **CB**

Buffalo Gals | Malcolm McLaren (1982)

Writer | Malcolm McLaren, Anne Dudley, Trevor Horn
Producer | Trevor Horn
Label | Charisma
Album | *Duck Rock* (1983)

"그 음반에서 흥미로운 점은
이게 한 모험 이야기라는 사실이에요."

말콤 맥라렌, 1982

◀ **Influenced by: Zulu Nation Throw Down · Afrika Bambaataa & The Soulsonic Force** (1980)
▶ **Influence on: Close (To the Edit) · Art of Noise** (1984)
● **Covered by: Malcolm McLaren & The World's Famous Supreme Team versus Roger Sanchez & Rakim** (2005)
★ **Other key track: Double Dutch** (1983)

경솔한 행동 한두 가지 정도는 예사로웠던 말콤 맥라렌은 섹스 피스톨즈와 바우 와우 와우 배후에 존재했던 스벵갈리였다. 게다가 그는 자신의 솔로 데뷔를 위한 야심 찬 프로젝트도 준비 중이었다. 〈Folk Dances of the World〉(결국에는 〈Duck Rock〉이라는 제목이 붙었지만)는 전 세계 이곳저곳에서 취하여 섞은 잡동사니였다. 힙합과 남아프리칸 팝, 부족 스타일 리듬의 멜팅 팟인 것이다. 예전 예스와 버글스에 몸담았던 트레보 혼이 프로듀싱을 맡았다. 그는 ABC의 스타일리시한 〈Lexicon of Love〉를 탄생시킨 장본인이기도 했다. 물론 그의 콜라보레이션이 예상 밖의 것이긴 했지만, 혼은 맥라렌의 미친 짓 속에 체계가 존재함을 꿰뚫어 보았다. 또한 〈Lexicon of Love〉의 책임 편곡자였던 앤 더들리가 결점을 감추는 데 동원되었다. 이들의 화합이 맺은 첫 열매가 바로 "Buffalo Gals"이다. 전통적인 컨트리 댄스 송(19세기 중반 쿨 화이트가 저작권을 확보해놓았다)과 힙합 스크래치 테크닉의 조합이 바로 그것이었다. 맥라렌이 스퀘어 댄스를 지도하는 한편 힙합 크루 월즈 페이머스 수프림 팀이 스크래치와 비트, 그리고 샘플들을 이리저리 엮어내었다. 그리하여 탄생한 것은 어색한 듯하면서도 중독성 강한 야수적 존재였고 이것은 곧 영국 톱 10을 격파한다. "이 곡을 제일 먼저 내놓은 것은 이게 가장 획기적이라는 생각에 서였죠." 맥라렌이 스매시 히츠의 리포터이자 미래의 펫 샵 보이즈 멤버, 닐 테넌트에게 한 말이다. "사람들로 하여금 그들이 음악을 듣는 방식과 음악을 활용하는 방식에 대해 다시 한 번 생각해보는 기회를 줄 겁니다."

"Buffalo Gals"는 힙합이 주류에 진입하는 데 중요한 역할을 한다. 브레이크댄스 열풍을 불러일으킨 뮤직비디오만 봐도 그렇다. 맥라렌이 자신의 상업적, 예술적 이득을 위해 한 장르를 착취한 것이 이번이 처음도, 마지막도 아니었지만, 그의 활동이 동시에 이 장르에 이득을 가져왔다는 것도 부인할 수 없는 사실이다. 이후 그는, 그때의 영광을 되돌리기 위해 새로운 하이브리드 장르를 고안해낸다. 그 중에는 〈Fans〉와 같은 팝페라부터 〈Waltz Darling〉과 같은 슈트라우스 하우스(Strauss-house)까지 다양했으나 힐빌리-합(hillbilly-hop)이야말로 최고의 승리라고 할 수 있다. **MH**

A New England
Billy Bragg (1983)

Writer | Billy Bragg
Producer | Oliver Hitch
Label | Utility
Album | *Life's a Riot with Spy vs Spy* (1983)

빌리 브래그는 이 주옥 같은 작품을 통해 초반부터 뭔가 그럴 싸하게 자신의 능력을 과시해 보였다. 물론 그는 사이먼 앤 가펑클의 가사 첫 줄을 슬쩍해 오고, 신 리지의 멜로디를 좀 가져오기도 했다.

애상의 사랑 노래이지만 정치적 배경도 담고 있다. "세 상을 바꾸고 싶지 않다고 한 건, 정말 진심으로 하는 말이 에요." 그가 설명한다. "하지만 제가 조직 전체를 바꾸고 싶 은 게 아니라고 해서, 모든 걸 눈감아줘야 된다는 법이 있 는 것도 아니잖아요." 가사에는 브래그의 트레이드 마크라고 할 수 있는 영국인들의 삶에 대한 관찰("All the girls I loved at school are already pushing prams(내가 학창 시절 좋아했던 소 녀들 모두 벌써 유모차를 밀고 있네)"), 쓴웃음 섞인 재치, 평범 한 것을 시적으로 바라보는 재능("I saw two shooting stars last night / I wished on them, but they were only satellites(난 어젯밤 별똥별 2개를 보았어 / 그것을 향해 소원을 빌었지. 하지만 그것들은 사실 인공위성일 뿐이었어)"), 이 모두가 담겨 있다.

음악적으로 따져볼 때, 사람과 기타라는 브래그의 전형적 공식으로 만들어졌다. 2분 14초 길이의 짧고 에너제틱한 이 트랙에는 잊혀진 펑크 밴드 리프 래프에서 그가 보낸 성장 기가 고스란히 담겨 있다. 군대 복무 동안 마음을 다잡은 브 래그는 그 결과 〈Life's a Riot with Spy vs Spy〉를 탄생시킨다.

이 미니 앨범은 영국 인디 차트 1위에 오른다. 더군다나, 힘 좀 있는 라디오 디제이, 존 필이 진행을 맡는 연말 정산 크리스마스 특집 청취자 애청곡 카운트다운에도 오른다. 커 스티 맥콜의 1985년 커버 버전은 영국 히트로 남게 되는 한 편 브래그가 추가로 쓴 버스도 담고 있다. "'A New England'를 듣자 전 마치 발매되지 않은 비틀즈의 노래를 찾은 느낌이 었어요." 그녀가 흥분조로 말한다. "참된 선물이라고요!" **EB**

Blister in the Sun
Violent Femmes (1983)

Writer | Gordon Gano
Producer | Mark Van Hecke
Label | Slash
Album | *Violent Femmes* (1983)

바이올런트 팜므의 데뷔 앨범은 겨우 171위에 그친다. 게 다가 아무런 히트 곡도 배출하지 못한다. 더 기가 막힌 것 은, 수록된 노래 대부분이 창단 멤버 고든 가노의 고등학교 시절에 작곡됐다는 것이다. 하지만 이와 같은 사실들과, 데 뷔 앨범에 수록된 트랙 10곡 하나하나는, 바이올런트 팜므 를 전설이라고 할 수밖에 없는 증거들일 뿐이다.

앨범 첫 트랙 "Blister in the Sun"은 바이올런트 팜므가 잘난 이유들, 그리고 이 앨범이 왜 훌륭한지에 대한 모든 근 거들을 낱낱이 드러내 보인다. 브라이언 리치의 중독성 강 한 어쿠스틱 베이스와 싱글 탐 드럼 키트 위로 브러시를 휘 두르는 빅터 드로렌조의 강한 손놀림이 노래의 시작을 알 린다. 그리고서는 십 대의 겁먹은 경험이 전체를 휩싸는데, 여기에 가노가 조인하여 건방진 듯한 기타를 얹는다. 〈호밀 밭의 파수꾼〉보다는 〈기숙사 대소동〉에 가까운 갈등 섞인 성인식에 대한 이야기가 들려온다. 노래가 끝날 때 즈음 성 적 욕구불만, 엉망인 연인 사이, 자위행위에 대해 속삭이듯 내뱉는다. 많은 이들이 이 노래에 공감할 수 있는 것은 너무 도 당연한 듯하다. 밀워키 최고의 밴드인 그들은, 앨범 내 내 이와 비슷한 주제들로 끈질기게 이야기를 잇는다. 뒤따 르는 트랙들도 첫 트랙 못지않게 나무랄 데가 없다. 인디 록 역사에서 중추적인 역할을 한 〈Violent Femmes〉는 시대를 초월하는 위대한 데뷔 앨범의 하나로 꼽힌다. 이 곡은 항상 대학가 주변을 맴돈다. 게다가, 〈킬러는 외롭다(Grosse Point Blank)〉에 삽입된 덕에 1980년대의 무수한 히트 곡들과 유 명세 면에서도 어깨를 나란히 한다. 이 곡의 인기는 〈Violent Femmes〉의 플래티넘 앨범 등극으로 이어진다. 놀라운 것은, 그것이 발매된 지 거의 8년이 지난 후의 일이 라는 것이다. **JiH**

바이올런트 팜므의 고든 가노(좌)와 빅터 드로렌조(우)가 1985년 캘리포니아에서 공연 중이다.

Let's Dance | David Bowie (1983)

Writer | David Bowie
Producer | David Bowie, Nile Rodgers
Label | EMI America
Album | *Let's Dance* (1983)

"그는 저에게 제가 가장 잘하는 일을
하길 원한다고 말했죠.
히트곡을 만드는 것 말이에요."

나일 로저스, 2000

Influenced by: Good Times · Chic (1979)
Influence on: Last Dance · George Clinton (1983)
Covered by: Falco (1984) · Atrocity (1997) · Second Skin
(2000) · M. Ward (2003) · The Futureheads (2006)
Nona Reeves (2007) · Sophie Ellis-Bextor (2007)

80년대가 도래하자 보위는 2번째 앨범의 리드 싱글을 통해 자신의 의도를 숨김없이 내보인다. "눈동자가 고르지 않은 이상한 남자"의 이미지를 당분간 제쳐두고, 주류 진입에나 신경 쓰겠다는 의도로 말이다. 〈Let's Dance〉 앨범에서 여러 개의 히트 곡을 내놓은 그는, 전 세계를 가로지르며 시리어스 문라이트 투어를 성공리에 마친 덕에, 세계적인 팝 브랜드로 등극한다.

독특한 인트로(후에 퍼프 대디의 "Been Around the World"의 첫 부분을 장식한다)는 단계적으로 상승하는 보컬과 드럼을 앞세워 펑키(funky)한 사운드의 향연으로 승화된다. 이것은 공동 프로듀서이자 시크의 리더였던 나일 로저스의 전형적인 수법이다.

호른 섹션과 퍼커션이 벌이는 열띤 한바탕은 싱글 버전에서 편집되어버린다. 하지만 보위의 "If you should fall into my arms and tremble like a flower"만은 고스란히 남아 전율한다. 이 곡은 세계적 히트로 부상하는 한편 미국과 영국 차트 모두를 석권한다. "사실은 말이죠," 보위가 2002년 이렇게 털어놓았다. "전 나일에게 이렇게 말했어요. '도대체 너는 왜 이게 싱글감이라고 생각하는 건데? 난 통 이해가 안 돼.' 전 'China Girl'이 첫 싱글이길 바랐거든요." 스티비 레이 본의 기타 솔로 덕에, 지미 페이지는 자신이 가장 좋아하는 보위의 노래로 이 곡을 꼽았다. 라디오 방송용 같은 번드르르함과는 별개로 "Let's dance, for fear tonight is all(춤을 추자, 오늘 밤이 마지막일지도 모르니까)"이라는 속삭임 뒤에 언뜻 불길한 예감이 감돈다.

호주를 배경으로 데이빗 맬럿 감독이 제작한 뮤직비디오에 내재된 어두움은 노래 깊은 곳에 흐르는 음울한 암류를 효과적으로 표현한다. 예술적인 이미지로 자신을 나타내기 좋아했던 보위지만, 이런 과거의 취향은 이제 털어버린 듯싶다. 십 대의 호주 원주민 청소년의 인생 이야기를 풀어가는 뮤직비디오 속 보위는 그저 한 명의 구경꾼일 뿐이다. 여기 등장하는 빨간 구두는 타락한 소비지상주의를 상징하고 있는데, 결국 등장 인물들의 발길질에 부수어진다. 한편, 서양 사회는 핵이 가져온 파괴적 결과에 굴복하게 된다는 메시지도 담고 있다. **JL**

This Charming Man | The Smiths (1983)

Writer | Morrissey, Johnny Marr
Producer | John Porter
Label | Rough Trade
Album | N/A

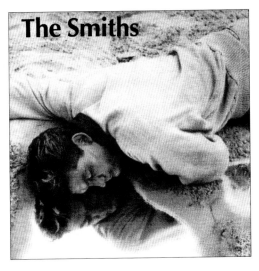

"전 아즈텍 카메라의 'Walk Out to Winter'가
라디오 원에서 흘러나오는 것을 듣고
약간 질투가 났죠.
제 안의 경쟁심이 발동했어요."

자니 마, 2008

◄ **Influenced by: Walk Out to Winter** · Aztec Camera
(1983)
► **Influence on: Animal Nitrate** · Suede (1993)
● **Covered by:** Death Cab for Cutie (1996) · Braid (2000)
Darling (2000) Stars (2001)
★ **Other key track:** How Soon Is Now? (1984)

맨체스터 4인조 더 스미스는, 1번째 싱글 "Hand in Glove"
로 BBC 라디오 1의 존 필 쇼 출연 기회를 거머쥔다. 80년
대 인디 신 라이벌, 아즈텍 카메라를 몹시나 능가하고 싶었
던 기타리스트 조니 마는 이 전설적 디제이와의 방송 출연
을 위해 특별히 "This Charming Man"을 작곡한다.

그 결과, 마가 구사하는 버즈풍의 딸그랑 소리 나는 아
르페지오, 모리세이의 모호하고 논란 많은 가사가 함께하
는 시연의 무대가 탄생된다. 자전거 타이어에 펑크가 난 한
소년의 이야기는, 아이를 도와주려고 가던 길을 멈추는
"…한 멋진 차의 / 한 멋진 남자"로 이어지고, 그 남자는 소
년에게 위안과 그 이상의 것들을 제공한다는 것이 그 내용
이다. 이것은 모리세이가 동성애자라고 추정되었던 탓에
그의 섹슈얼리티를 넌지시 드러내는 귀여운 암시로 환호
받는다.

하지만 가사를 자세히 보면, 야밤의 우연한 만남과 그
에 관한 노골적인 이야기를 단순히 이야기로 푼 것 이상임
을 알 수 있다. 당시 모리세이는 이 노래의 주제에 대해 사
람들의 증거 없이 떠드는 것에 대해 지쳤다며 이렇게 말했
다. "전 사람들이 섹스에 대해 대수롭지 않게 이야기하는
것을 몸서리치게 싫어해요…" 분명, 그의 영감의 전개는 단
순히 한 밀회를 시간순서대로 나열하는 것 이상이다. "출세
한 하층민(jumped-up pantry boy)"은 1972년 영화 〈발자국
(Sleuth)〉에서 인용한 것이라고 한다(한 여자를 사랑하는 두 남
자의 이야기로 로렌스 올리비에와 마이클 케인이 출연한다).

"This Charming Man"의 싱글 버전(이것은 그들의 데뷔
앨범 〈The Smiths〉의 U.S. 버전에 수록된다)은 사실 존 필 쇼에
서 방송된 것(이것은 1984년 앨범 〈Hatful of Hollow〉에 수록된
다)과 현저한 차이를 보인다. 말쑥하게 새 단장한 이 트랙
에는, 마가 1954년형 펜더 텔레캐스터로 선보이는 적극적
인 플레이가 담겨 있다. 또한 앤디 루크의 껑충거리는 베이
스라인은 자신의 밴드 리드 기타리스트와 그가 이루는 눈
부신 조화의 경지를 보여준다. 다양한 아티스트들이 커버
를 시도했던 "This Charming Man"은 업계 고전으로 남는
한편, 모조 매거진이 선정한, 시대를 초월한 최고의 영국
인디 레코드 리스트 정상에 오르기도 한다. **JM**

Relax | Frankie Goes to Hollywood (1983)

Writer | Peter Gill, Holly Johnson, Mark O'Toole
Producer | Trevor Horn
Label | ZTT
Album | *Welcome to the Pleasuredome* (1984)

"저희는 이 곡이
동기부여에 대한 것인 척 가장했어요.
하지만 사실 이건 섹스에 대한 거예요."

마크 오툴, 1984

◀ **Influenced by: Don't Make Me Wait** • Peech Boys
(1982)
▶ **Influence on: Animal** • Def Leppard (1987)
● **Covered by:** Brooklyn Bounce (1997) • Powerman 5000
& Danny Boy (2001) • The Dandy Warhols (2004)
★ **Other key track:** Rage Hard (1986)

1980년대에 가장 많은 논란을 일으킨 노래 중 하나였던 "Relax"가 초반부터 강하게 타올랐던 것은 아니다. 결국 반전 승리를 거두긴 했지만 말이다. 프랭키의 데뷔 싱글이 1984년 1월 영국 차트 정상에 오르기까지는 3개월이란 시간이 걸렸다(이듬해 미국 톱 10에 진입하기까지는 더 오랜 시간이 걸렸다).

영국의 디제이 마이크 리드가 가사에 이의를 주장하며 단칼에 방송 거부 의사를 표하자, 이 레코드의 매출은 하늘 높은 줄 모르고 치솟게 된다. "많은 사람들이…" 리드가 항변한다. "제가 그렇게 한 것에 매우 흐뭇해했죠." BBC가 방송 금지를 선언하자, 이 노래는 오히려 1위로 급상승한다. 곡이 1위에 한 주 더 머물 때마다(총 5주간 1위) 리드는 곤혹스러움을 면치 못했다.

"Relax"는 영국 차트에 연속 42주를 머문다. 모욕감이 낸 상처에 소금을 치려는 듯, 이 곡은 훗날 다시 한 번 2위에 오른다. 후속작 "Two Tribes"가 레코드 레이블 ZTT의 마케팅에 힘입어 차트 석권을 하고 있던 여름에 그런 일이 벌어진 것이다(이미 "Frankie Say Relax"라고 쓴 티셔츠가 도처에 깔려 있었다). "Relax"가 연 최다 판매 싱글이란 기록을 세우고 있던 해 말(물론, 밴드 에이드를 제외하고 말이다), BBC는 금지령을 해제하였고 이 곡은 톱 오브 더 팝스의 크리스마스 특집에 방영된다.

밴드 멤버들 중 유일하게 홀리 존슨만 싱글에 실제 참여했다. ZTT의 공동 설립자이자 제작자인 트레버 혼의 말에 따르면, 그가 4번째이자 마지막으로 곡의 재작업을 마무리했을 때는 이미 멤버들이 모두 고향 리버풀로 돌아가 버린 상태였다는 것이다. 그래서 작업에 실제로 참여한 뮤지션들은 이안 듀리 앤드 블록헤즈의 노먼 와트-로이와 찰리 찰스였다.

"Relax"는 광고는 물론, 영화, 게임에도 널리 삽입되며 많은 리믹스 버전을 낳았다. 특히 곡이 영국 차트 5위를 기록했던 1995년에 이런 현상이 두드러졌다. "또한 이 곡은 말이죠." 존슨이 한껏 자랑을 해댄다. "팝 음악의 기술적 진보의 새 시대를 열었어요. 결과적으로 댄스 뮤직 붐에 영향을 준 것이죠." **GK**

프랭키 고즈 투 할리우드와 여자친구들. 홀리 존슨이 채찍을 입에 물고 있다.

Song to the Siren | This Mortal Coil (1983)

Writer | Tim Buckley, Larry Beckett
Producer | Ivo Watts-Russell, John Fryer
Label | 4AD
Album | *It'll End in Tears* (1984)

"거기 서린 긴장감을 느낄 수 있죠…
하지만 그래도 이 곡은 마음을
좀체 내버려두지 않는 아름다움을
지니고 있어요."

로버트 플랜트, 1985

◀ **Influenced by: 1/1** • Brian Eno (1978)
▶ **Influence on: If I Had Glass Hands and Glass Feet**
School of Seven Bells (2008)
● **Covered by: Sally Oldfield (1996) • The Czars (2000)**
Susheela Raman (2001) • Robert Plant (2002) • David
Gray (2007) • John Frusciante (2009)

어떤 노래는 그 오리지널보다 커버 버전이 더 유명하다. 모털 코일이 팀 버클리의 탄식가(앨범 〈Starsailor〉(1970)에 수록되어 있다)를 커버했던 것이 바로 그 예이다. 이후에도, 나름대로의 커버 버전을 만들어보려는 사람들이 줄을이 나타났다지만, 사실 모털 코일의 버전을 마지막으로 다들 잠자코 있었다면 더 나았을 것이다. 이 그룹은 수시로 바뀌는 라인업과, 스튜디오 작업에만 집중하는 특성이 있었다. 영향력 있던 4AD 레이블 소속 아티스트들이 여기 주로 참여했다. 이 트랙의 제작에는 콕토 트윈스의 3분의 2만—기타리스트 로빈 거스리와 보컬리스트 리즈 프레이저—참여했다. "Song to the Siren"은 본래 B사이드로 의도되었지만, 사랑을 잃고 버림받은 이의 애상과 버클리를 능가하는 쓸쓸한 프레이저의 목소리에 힘입어 결국 모털 코일의 첫 싱글 앨범 A사이드를 장식하게 된다.

별세계적인 분위기에 매력을 느낀 데이비드 린치 감독은 자신의 1997년 영화 '로스트 하이웨이'에 곡을 삽입하기도 했다(그러나 사운드트랙 앨범에는 수록되지 않는다). 인디펜던트 차트의 장수 곡인 한편 다들 암암리에 알고 있는 노래로 인식되긴 하지만, 막상 사람들이 구입을 하지는 않았다.

아티스트들 스스로는 이 곡을 골칫거리로 여겼다. "이 노래가 맨날 라디오에서 흘러나오게 되자 전 정말 엄청나게 짜증이 났다." 거스리가 투덜거린다. "그리고 콕토 트윈스의 음악은 단 한 번도 방송되지 않았어요. 다시 말해 우리가 주파수를 탈 수 있는 유일한 길은 다른 누군가의 노래를 가져다가 다른 누군가의 이름을 빌려 연주하는 수밖에 없다는 말이었죠." 하지만 이 곡이 라디오에서 나오는 걸 싫어하는 사람은 그를 포함하여 매우 소수였다. "전 팀 버클리의 오리지널 버전이 좋아요…" 레드 제플린의 로버트 플랜트가 열띤 목소리로 말한다. "하지만 이 버전도 받아들이긴 하겠어요. 왜냐면 이 곡이 미국 대학 라디오에서 흘러나온다는 사실 자체가 저에겐 너무 가치 있는 일이니까요." 완벽에 가까운 버전이 이렇게 이미 탄생했음에도 불구하고, 이후 로버트 플랜트, 존 프루시안테, 시네이드 오코너등의 아티스트들이 커버 버전을 시도한다. **CB**

Everything Counts | Depeche Mode (1983)

Writer | Martin L. Gore
Producer | Daniel Miller, Depeche Mode
Label | Mute
Album | *Construction Time Again* (1983)

"뮤직 밴드들이 많은 돈을 번다는 것은
모두들 알고 있는 사실이죠.
사실, 하는 것에 비해
너무 많이 벌 때도 있어요."

데이브 가한, 1989

◀ **Influenced by: Metall Auf Metall** · Kraftwerk (1977)
▶ **Influence on: Pug** · The Smashing Pumpkins (1998)
● **Covered by:** In Flames (1997) · Meat Beat Manifesto
(1998) · Yendri (2000)
★ **Other key tracks:** Love in Itself (1983) · Told You So
(1983)

1980년대 초반만 해도, 영국 에섹스주의 평범한 베이즐던 교외 지역에서 나타난 뉴페이스 신스-팝 뮤지션들이 세계를 정복할 록계의 거물이 된다는 것은 상상조차 할 수 없는 일이었다. 그러나 디페쉬 모드는 불가능을 가능케했다. 그들은 "Just Can't Get Enough", "See You"와 같은 경쾌한 싱글들로 유럽에서 차트 성공을 거두었지만, 이것에 만족하지 못한다. 흔해빠진 팝 그룹들과 차별되고 싶었던 것이 그들의 바람이었다. 전속력 전진의 간절한 의지는 이들을 결국, 노골적인 '테크노-로커'로 변신하게 만든다.

8번째 싱글 "Everything Counts"가 그들의 음악적 전환점이었다. 싱클라비어와 이뮤의 에뮬레이터 샘플러를 사용하여 일상 생활의 소리들을 포착한 그들은 좀 더 인더스트리얼한 사운드를 구사할 수 있게 되었다. 데이브 가한의 보컬은 새롭고 날카로운 신랄함을 띠고 마틴 고어의 가사는 기업의 탐욕과 부패에 냉소적인 일격을 가한다. 그는 마치 비꼬기라도 하듯 자신의 출판 회사 이름을 후렴구 한 부분에서 따 그래빙 핸즈 뮤직이라고 짓는다. 심장이 타오르는 듯한 후렴 부분 "The grabbing hands / Grab all they can / All for themselves(거머쥐는 손들 / 있는 대로 다 거머쥐지 / 자기들만 가질 생각으로)"가 바로 그 원천이 되었던 것이다(밴드가 뮤트 레코즈와 정식 계약을 맺지 않았다는 것도 어쩌면 참 걸맞는 일이었다).

"Everything Counts"는 디페쉬 모드의 부드러운 접근법에 익숙했던 청중들 사이에서 소원함을 야기하기보다 변함없는 인기를 지속시킨다. 이 곡의 싱글 버전과 그것의 패어런트 앨범인 〈Construction Time Again〉 모두 영국에서 톱 10에 진입한다. 이 곡은 그들의 진솔한 모습을 담은 '101' 콘서트 무비에 라이브 버전으로 1989년 재발매된다. 관중들의 싱어롱이 담긴 이 버전은 성공적인 결과를 가져온다. "판촉물이 투어 공연의 자금을 좌우하게 되죠." 간이 Q매거진에 설명한다. "사람들은 판촉물 업자들과 1백만 달러 거래에 대해 떠들죠. 그러다 자기도 모르는 사이에 티셔츠 스토어 체인을 운영 하는 거나 다름없는 게 되는 거예요." 그룹의 공격적 사운드는 미국마저 굴복시키고, 결국 세계는 그들의 손안에 놓이게 된다. **BC**

Dear Prudence
Siouxsie & The Banshees (1983)

Writer | John Lennon, Paul McCartney
Producer | Mike Hedges, Siouxsie &
The Banshees
Label | Wonderland
Album | N/A

펑크 시절 당시, 수지 앤 더 밴시스가 자신들의 데뷔 앨범
〈The Scream〉에 수록한 "Helter Skelter"의 커버 버전은
전속력을 다한 폭발적 힘을 담고 있다. 하지만 막상 그들
음악 인생 최대의 히트 기록을 가져다 준 것은 이 그룹의 2
번째 비틀즈 커버 버전이었다. 존 레논이 작사 작곡을 맡은
(하지만 레논과 매카트니 모두 공동 작곡가로 공식 인정받는다)
"Dear Prudence"는 본래 〈The Beatles〉 앨범의 수록 곡이
었다(이 앨범은 'The White Album'으로 널리 알려져 있다). 스칸
디나비아 지역 투어 공연을 마친 후 리버풀이 낳은 최고의
밴드의 음반을 멈추지 않고 듣던 더 밴시스는 "Dear
Prudence"를 단독 싱글감으로 채택한다. "새로 쓴 밴시스
의 노래가 없었어요…" 베이시스트 스티브 세버린이 고백
한다, "그리고 저희는 로버트(아르바이트로 용병 일도 겸하던 더
큐어의 멤버 로버트 스미스)가 새로운 싱글 작업에 참여하길 바
라고 있었죠." 드러머 버지의 말에 따르면 "Glass Onion"을
녹음할 생각도 없지 않았지만 결국 "Dear Prudence"로 결
정하게 된 이유는 "로버트가 알고 있던 유일한 노래가 그것
이었기 때문"이라는 것이다.

더 밴시스는 오리지널 송에 충실한 한편, 스미스의 사
이키델릭한 기타 사운드와 수지의 기분 좋은 보컬을 통해
본래 있던 우울한 분위기를 축하의 상승기조로 끌어올렸
다. 영국의 뮤직 쇼 탑 오브 더 팝스의 크리스마스 특집에
서, 스미스는 "Dear Prudence"를 비롯해 더 큐어의 "The
Love Cats"로 2번 무대에 서게 되었다. "사람들은 마치 우
리가 'Dear Prudence'를 녹음했다는 사실만으로 히트를 거
두었다고 오해하는 것 같아요." 세버린이 따지듯 말했다.
"우리가 그렇게 했으니까, 우리가 그런 방식으로 녹음작업
을 했으니까, 그래서 성공했던 거예요." **BC**

It's Like That
Run-DMC (1983)

Writer | Darryl McDaniels, Joseph Simmons,
Larry Smith
Producer | Russell Simmons, Larry Smith
Label | Profile
Album | Run-DMC (1984)

랩의 젊은 날들은 가죽 점프수트와 라인석, 모피로 완성된
외모와 펑키(funky) 디스코 사운드로 채워졌다. 그리고 이
런 와중 런-디엠씨가 등장한다. 이들이 내놓은 데뷔 싱글
은 힙합의 모습을 영영 바꾸어놓게 된다.

"It's Like That"은 앞으로 다가올 모든 것들의 모체로서
힙합의 미래를 미리 보여주었다. 견고한 드럼에 맞서 조셉
"런" 시몬스와 대릴 "DMC" 맥다니엘스는 이 세상의 죄악
에 대한 절망감을 토로한다. 런(그는 랩의 선구자 커티스 블로
우의 사이드맨이자 디제이였다)은 특급 프로듀서 래리 스미스
의 요청으로 1백 달러를 받고 블로우를 위한 랩 가사를 쓰
게 된다. 하지만 스미스가 만들어낸 깨끗한 비트를 접한 런
은, 형 러셀(러셀은 커티스 블로우의 기획자이자 랩계의 초특급 레
이블 데프 잼의 공동 설립자였다)에게 데모 만드는 것을 도와달
라고 설득하기 시작한다. 이에 러셀은 남동생에게 고등학
교부터 마칠 것을 강력히 충고했다. 결국에는 2백 달러짜
리 라임이 "It's Like That"의 절반을 채우게 된다. "전 도움
이 필요했어요…" 런이 더 페이스에게 말한다. "전 D를 찾
아갔죠…그가 몇 개의 중요한 혹을 아이디어로 내놓았어
요. 그가 몇 개의 버스 부분에서 여기저기 빈 곳을 메워주
기도 했고요." 트랙 내내 런과 DMC는 라인을 주고받으며
서로의 말을 마무리한다. 이것이 바로 훗날 거의 20년을 함
께하게 될 강력한 시너지와 결속력의 시작이었다.

하우스 뮤직 프로듀서 제이슨 네빈스의 1997년 리믹스
버전은 새로운 세대에게 "It's Like That"을 소개했고, 영국,
호주, 전 유럽에 걸친 차트 석권까지 기록했다. "저희는 하
우스는 전혀 다루지 않아요."DMC가 스텔스 매거진에 말했
다. "하지만 그걸 들어보고 좋은 레코드라고 생각했죠." **DC**

런 디엠씨(조셉 "런" 시몬스(좌)와 대릴 "디엠씨"맥다니엘스)가 힙합의 역사를 쓰고 있다.

Rock of Ages | Def Leppard (1983)

Writer | Steve Clark, Robert John "Mutt" Lange, Joe Elliott, Rick Savage, Pete Willis, Rick Allen
Producer | Robert John "Mutt" Lange
Label | Vertigo
Album | *Pyromania* (1983)

"저희는 항상 강력한 훅을 노리죠. 〈Pyromania〉 앨범에 꽤 집어넣었어요."

조 엘리엇, 1989

◀ **Influenced by: My My, Hey Hey (Out of the Blue)**
Neil Young (1979)
▶ **Influence on: Pretty Fly (for a White Guy)**
The Offspring (1998)
● **Covered by:** Kelly Hansen (2000)
★ **Other key track:** Animal (1987)

데프 레파드는 1986년까지 고향 땅에서 줄곧 무시만 당했다. 영국에 대해 맹비난을 퍼붓던 이들은 "머트" 랭의 초호화 프로덕션에 크게 힘입어 1983년 앨범 〈Pyromania〉와 함께 미국을 정복한다. 당시 〈Thriller〉만 없었다면 차트 석권은 문제없었을 것이다.

조 엘리엇이 모조에게 이렇게 말했다. "저희는 기타 트랙을 깔기도 전에 배킹 보컬 부분을 먼저 작업했죠. 베이스 트랙에다 대고 말이에요! 저희가 보컬 트랙을 층층이 너무 겹쳐놓은 나머지 나중에는 마치 축구 응원단같이 들리더라고요…176개의 목소리가 'Rock of Ages'를 외쳐댄 거죠. 작업을 마치고 나니 노래는커녕 말조차 할 수가 없었어요."

〈Pyromania〉 수록 곡 중 "Photograph"가 가장 큰 히트를 거두긴 했지만, "Rock of Ages"에서야말로 레파드의 전형적 모습을 만나볼 수 있다. 그것은 힘찬 코러스 부분과 멋진 리프, 친밀감을 자아내는 가사라고 할 수 있다. 찬송가 "Rock of Ages"에서 노래 제목을 따 지은 것이긴 하지만 심각한 분위기는 거기까지가 끝이다. 랭이 내뱉는 인트로 가사는 마치 게르만어처럼 들리지만 사실 연주를 시작할 때 "원, 투, 쓰리, 포"로 카운트하는 것에 싫증이 나 그저 대신 지껄인 말이라 한다.

"'Rock of Ages'는 사실 패러디예요…"엘리엇이 털어놓는다. "지금까지 쓰인 모든 '앤섬'을 비웃고 있는 거죠. 사실 저희는 'Another One Bites the Stroke by Joan Jett's Rainbow'라고 다시 이름을 붙이기까지 했어요…앨범에 조금 가벼운 기분전환 거리를 담고 싶었던 거예요. 사실 좀 유치원생 같은 짓이긴 하지만 노래로 딱 맞아떨어지더라고요. 정말 재미 있는 노래죠."

2명의 키보드 주자가 사운드를 향상시키는 데 동참하였다. 토마스 돌비("전 헤비 메탈의 손길에 제 이미지가 얼룩지는 것을 원치 않았어요." 그가 더 콰이어터스에 한 말이다. 그래서 부커 T. 바핀이란 예명을 썼던 것이다)와 예스의 토니 케이가 그들이다. "제가 기타 파트를 더블링했죠. 케이가 yesfans.com에서 말했다. "그래서 거대한 '사운드의 벽'이 창조되었던 겁니다." **BM**

Gimme All Your Lovin' | *ZZ Top* (1983)

Writer | Frank Beard, Billy Gibbons,
Dusty Hill
Producer | Bill Ham
Label | Warner Bros.
Album | *Eliminator* (1983)

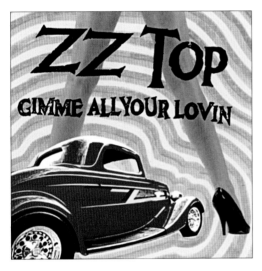

"저는 저희에게 떠맡겨진 괴짜 이미지를
즐기는 편입니다.
계속해서 사람들을 궁금하게 만들죠."

빌리 기본스, 1984

◀ **Influenced by: Life in the Fast Lane** • The Eagles (1976)
▶ **Influence on: Growing on Me** • The Darkness (2003)
● **Covered by:** Lonestar (2002)
★ **Other key tracks:** Beer Drinkers & Hell Raisers (1973)
Jesus Just Left Chicago (1973) • Cheap Sunglasses
(1979) • Sharp Dressed Man (1983)

14년간 서턴 록의 계보를 잇던 텍사스의 지지탑은 장르의
원로들인 레너드 스키너드와 올맨 브러더스 밴드의 전통
을 함께 이어가고 있었다. 그들은 시퀀서를 알게 된 이후
새로우면서도, 그리고 대단히 성공적인 방향으로 나아가
게 된다.

MTV의 도래로, 시장성 있는 이미지가 주목을 받게 되
었고 이것은 시기적으로 볼 때 지지탑의 외모 변화와 우연
히 맞아떨어졌다. 거대한 턱수염과 코미컬한 기타, 엔진 개
조된 차 등이 바로 그들의 이미지였다. 이런 여러 실오라기
를 한데 모아 엮어낸 것이 바로 〈Eliminator〉였고, "Gimme
All Your Lovin'"은 미국 남부의 전형적 백인 남자의 철자
법까지 담긴, 이 앨범의 첫 곡이자 필수적 존재였다.

이 노래는 너무나 단순하다는 점에서 오히려 효력을 가
졌다. 아이코닉 존재감을 가지게 된 드럼 인트로와 리드 기
타 모티브가 끝나면 이 노래는 한 절 내내 하나의 음에 머
물다가 후렴으로 넘어가며 독특하고 교묘한 수법으로 화음
을 진행한다. 브릿지 없이 바로 하행 진행한다는 점이 바로
그것이다. 이로써, 딥 사우스 지역의 억양이 섞인 1970년
대 스테이터스 쿠오를 연상케 하는 스토너 메탈의 느낌을
자아낸다(이 노래에 대해 바니 하스킨스는 NME에게 이렇게 말했
다고 한다. "우리의 스테이터스 쿠오가 지난 20년 내내 해보려고 애
썼던 것을 3분 59초 만에 후딱 해치웠다").

이 노래의 주제는 유행을 타지 않는, '제대로 된 섹스'에
관한 것이다. 이러한 가사 주제는 후속 싱글 "Legs"에서 좀
더 노골적으로 다루어졌다(여러 모로 선행자의 연계라고 볼 수
있다).

미국인들은 새로운 모습의 지지탑에 열광했다. 이것은
그들이 누구나 따라 부를 수 있는 보컬 훅과 팝적 코러스를
리프와 제대로 섞어내었기 때문이다. 영국인들 사이에서의
인기 비결은 이들이 그려낸 매력적인 미국 생활상 때문이
라고 본다. 그 외의 팬들에게는 TV에서 보여지는 차와 기
타의 멋진 모습이 매력 포인트였다고 볼 수 있다. 하지만
무엇보다도 "Gimme All Your Lovin'"은 그 자체로만도 너
무나 끝내주는 노래였다. **JMc**

Every Breath You Take
The Police (1983)

Writer | Sting
Producer | Hugh Padgham, The Police
Label | A&M
Album | *Synchronicity* (1983)

"정말 고약한 노래죠." 폴리스의 대장 스팅이 NME에 인정한다는 듯 말한다. "정말 어떻게 보면 사악하다고까지 할 수 있어요. 질투심과 감시, 소유욕에 관한 거니까요."

스팅은 이 곡을 제임스 본드의 저자 이안 플레밍의 자메이카 집에 있는 피아노 건반 위에서 썼다고 한다. "우리가 거둘 최고의 히트 곡이 될 거라는 걸 전 알고 있었죠…" 그가 BBC에 말한다. "다른 멤버들은 이 노래가 너무 단순하다고 아우성을 치긴 했지만요." 실제로 이 노래는 〈Synchronicity〉 녹음 세션에서 말썽거리가 된다. "대단한 노래를 하나 손에 쥐게 됐다는 걸 저희도 알고 있었죠." 기타리스트 앤디 서머즈가 빌보드의 크레이그 로젠에게 말했다. "노래를 망치고 싶지 않았어요." "스튜어트(드러머 스튜어트 코플랜드)는 이렇게 말하곤 했죠. '거기에 내 젠장할 드럼 트랙을 빨리 깔고 싶단 말이야!'" 프로듀서 휴 패점이 사운드 온 사운드에 한 말이다. "그러면 스팅이 이렇게 답하곤 했어요. '난 네가 쳐대는 망할 드럼 트랙을 까는 걸 원치 않아. 내가 원하는 대로 드럼을 치길 바라는 거지!' 그러면서 계속 티격태격했어요." 서머즈는 클래식 작곡가 벨라 바르톡에게서 받은 영감으로 기타 부분을 채워 넣었다. "제 기타 덕에 노래가 역사에 남을 고전 같은 존재가 된 거죠. 모던한 느낌도 나면서요." 그가 레코드 컬렉터에게 뽐내듯 말했다. 낭만적이라고 잘못 해석되곤 하는 "Every Breath You Take"은 미국 라디오에서 가장 많이 흘러나오는 노래 중 하나가 된다. "재미있는 건 말이죠, 구속에서 자유로워질 수 없다는 거예요." 스팅이 1999년 Q에 말했다. "계속 돌고 도는 거죠. 이 남자는 그 덫에 걸린 채 쭉 즐기고 있는 거예요. 지금 곡을 다시 썼다면, 아마 다음 단계로 삶이 나아가도록 스토리를 썼겠죠. 이 남자를 그가 갇힌 굴레에서 풀어줬을 겁니다." **BM**

99 Luftballons
Nena (1983)

Writer | Joern-Uwe Fahrenkrog-Petersen, Carlo Karges
Producer | R. Heil, M. Praeker
Label | CBS Schallplatten
Album | *Nena* (1983)

1980년대 초반에는 핵무기에 대한 편집증적 망상이 만연했고 이러한 분위기에 독일은 그 누구보다도 민감해져 있었다. 동과 서로 나뉜 베를린이 제3차세계대전의 최전방이라고 느꼈기 때문일지도 모른다.

이런 불행의 혼란 속으로 네나의 "99 Luftballons"가 뛰어든다. 시대를 정의내리는 이 그룹이 탄생시킨, 언뜻 들으면 쾌활하게 느껴질 이 신스–팝 곡은 핵무기에 의한 전멸에 대해 노래하고 있다. 그 스토리는 매우 단순하다. 99개의 풍선을 독일의 창공에 날려보내자, 이것을 UFO라고 오해한 겁먹은 장군들이 버튼을 눌러 지구의 종말을 불러일으킨다는 것이다.

밴드 네나는 그들의 리드 싱어 가브리엘레 "네나" 케르너의 이름을 따 명명되었다. 그녀의 허스키한 보컬 덕에 이 노래는 1983년 독일에서 넘버 원 자리에 올랐다. 승리의 냄새를 맡은 밴드 매니저의 제안에 따라 케이트 부시의 동료인 케빈 매캘리아가 이 가사를 영어로 번역하도록 의뢰받기도 했다.

"99 Red Balloons"로 다시 이름 지어진 곡의 영어 버전은 영국에서 1위에 오르게 되고, 미국에서는 2가지 버전 모두 주파수를 탄다. 오히려 독일어 버전이 예상을 뒤엎고 미국 대중 사이에서 더 큰 호응을 사며, 이것은 차트 2위까지 오르는 기염을 토하게 된다.

내용 면에서나 스타일 면에서 이 노래는 1980년대의 상징적 존재이다. 80년대의 시대적 분위기를 물씬 풍기는 영화 〈그로스 포인트 블랭크〉의 사운드트랙에 수록되기도 한 이 곡은 호머 심슨이 부르기도 하며(원 가사인 독일어로 불렀다니, 대단하다) 스크럽스와 'Grand Theft Auto' 게임에 삽입되기도 한다. **PW**

Zungguzungguguzungguzeng
Yellowman (1983)

Writer | Winston "Yellowman" Foster
Producer | Henry "Junjo" Lawes
Label | Greensleeves
Album | *Zungguzungguguzung-guzeng* (1983)

가장 많이 샘플링되는 아티스트로, 펑크(Funk)의 대군주 제임스 브라운과 조지 클린턴을 꼽는다. 이 경쟁에 80년대 초 레게 레코드도 충분히 가담할 수 있었을 것이다. 이토록 서로 다른 레이블들이 당황스러울 만큼 여기저기 발매를 해대서 행방을 파악하는 것이 어렵게 되어버리지만 않았어도 말이다.

"Zungguzungguguzungguzeng"이 그것의 대표적인 예이다. 밥 말리가 세상을 뜬 후, 자메이카를 대표하려고 출현한 많은 MC들 중 바로 이 백색 피부의 옐로우맨이었다. 이 새로운 세대의 MC들은 라스타파리 철학을 넘어서 상업적 잠재성을 염두에 두고 있었다. 옐로우 맨은 그의 피부색과 천박스런 가사에 대해 사람들이 가지는 편견을 깨고 댄스홀 최고의 MC 중 하나로 부상하게 된다.

"Zungguzungguguzungguzeng"(자메이카의 긴급 전화 번호와 관련된 말로 보인다)은 1982년 볼케이노 레이블을 통해 "Zungguzugeng"으로 첫선을 보인다. 이 노래의 프로듀서인 헨리 "전조" 러스는 볼케이노 레이블의 총사령관이었고 댄스홀을 대중화한 장본인으로 일컬어진다. 1983년 그린슬리브즈 발매를 계기로 이 노래는 주류에 진입하게 된다. 이후 많은 레게, 힙합 그룹들이 이 노래에 담긴 멜로디뿐 아니라 베이스와 드럼의 "리딤(riddim)"까지 마구 약탈해 사용한다. 하지만 그중 어느 누구도 이 곡만큼 미소 짓게 할 만한 적수는 없었다. "Jump fe happiness and jump fe joy(행복감에 날뛰고, 환희에 날뛰어)"와 같은 옐로우맨의 명령이나, 레이디 홀을 가리키는 장난스러운 말인 "First Lady of dancehall(댄스홀의 영부인)" 등이 그 미소의 진원지이다. 그는 암이 턱까지 오른 순간까지도 변함없이 긍정적이었다. 결국 이런 장애마저 그 앞에서는 무릎을 꿇는다. **BM**

Blue Monday
New Order (1983)

Writer | G. Gilbert, P. Hook, S. Morris, B. Sumner
Producer | New Order
Label | Factory
Album | N/A

"본래 생각"은 싱어이자 기타리스트인 버나드 섬너가 이렇게 주장한 것이다. "제가 스테이지 위에 올라 플레이 버튼을 누르고, 모든 시퀀서와 컴퓨터들이 'Blue Monday'를 앙코르 곡을 연주하게 한 다음 그냥 무대에서 다들 꺼져버리자는 거였죠." 뉴 오더는 첫 3년 동안 자신들의 전생인 조이 디비전이 드리운 그림자로부터 벗어나려 발버둥쳤다. 이후 그들은 맨체스터의 불모지에서 뉴욕의 댄스 무대로 눈길을 돌린다. 혼란의 신스-잼 "Prime 5-8-6"(좀 더 다듬어진 버전이 1983년 〈Power, Corruption and Lies〉에 수록되어 있다)을 비롯하여, 실베스터의 "You Make Me Feel(Mighty Real)", 무명의 이탈로-디스코(Italo-disco) 아티스트인 클라인앤엠비오(Klein+MBO), 크라프트베르크의 "Uranium"의 등골 오싹한 합창 샘플 등을 참고한 동시에, 도나 서머의 "Our Love"에서의 노골적인 도용을 감행해 이들은 낙원으로 가는 입장권을 손에 쥐게 된다. 물론 항상 그렇듯, 우연의 손길도 빠지지 않았다.

애써 짜놓은 드럼 트랙들은 드러머 스티븐 모리스가 파워 케이블에 걸려 넘어지며 싹 지워져버렸고, 키보드 플레이어 질리언 길버트가 타이밍을 잘못 맞추어 시퀀서를 시작하는 바람에 멜로디가 오프 비트(off-beat)로 녹음되었다고 한다. 디스크 슬리브를 장식한 피터 사빌의 아이코닉 디자인이 너무나 값비쌌던 나머지 음반 판매가 하늘 높이 치솟게 되자 팩토리 레이블이 오히려 적자를 보게 되었다는 설도 있다. BBC의 톱 오브 더 팝스 라이브 출연이 형편없이 마무리된 이후 싱글이 누리던 상승세는 곧 종말을 맞이했지만, 당시 이 최면적 명작이 업계에 미친 영향력은 이미 굳건히 자리매김한 상태였다. "Blue Monday"는 전 세계를 휩쓴 댄스 뮤직의 폭발적 증가를 예견하고 있었던 것이다. **MB**

The Trooper | Iron Maiden (1983)

Writer | Steve Harris
Producer | Martin Birch
Label | EMI
Album | *Piece of Mind* (1983)

"아이언 메이든은
일종의 백전 노병 같은 존재죠.
'기병'이자, 돌격대 같은…"

브루스 디킨슨, 1993

▲ **Influenced by: Lights Out · UFO (1977)**
▶ **Influence on: Paschendale · Iron Maiden (2003)**
● **Covered by:** Sentenced (1993) · Jughead's Revenge
(1996) · Vital Remains (1996) · Supernova (1999) · Zen
Guerrilla (2001) · Rage (2002) · Highland Glory (2005)
Hellsongs (2008)

성장기의 아이언 메이든은 펑크의 맹공격에 강력히 저항하며 용감한 메탈의 수호자 역할을 수행하고 있었다. 딥 퍼플과 같은 전설들을 위해 싸워가던 아이언과 그들의 삐죽 머리 적수들 사이에 단지 서로에게 퍼붓는 맹렬한 공격 외에 공통점이라고는 조금도 찾아볼 수 없었다. "The Trooper"는 그들의 강력한 무기고에서 최고 가는 폭발력을 소유한 것이었다. 번갯불의 섬광과도 같은 인트로는 항상 변함없이 청중들을 불타오르게 한다. 무대 아래에서 노래를 따라 부르는 그들의 우레와 같은 목소리는 메이든의 라이브 앨범들에서 만나볼 수 있다(2005년 발매 〈Death on the Road〉의 한 수록 버전은 영국 톱 5를 강타하기도 했다). 곡의 가사는 "영국군과 러시아가 참전했던 크리미아전쟁에 관한 것이죠. 오프닝은 알프레드 테니슨 경의 1854년 시, 〈The Charge of the Light Brigade〉에 등장하는 말발굽 소리의 리듬을 재현하려는 시도입니다." 이것은 작곡자 스티브 해리스가 증언한 사실이다. 전속 질주하는 해리스의 베이스라인이 이 노래의 주원료이다. 여기에 니코 맥브레인의 천둥과 같은 드럼, 데이브 머레이와 애드리안 스미스의 찢어발기는 기타, 브루스 디킨슨의 '공습 경보 사이렌'보컬이 살을 붙인다. 밴드의 오리지널 싱어인 폴 디아노조차도 클래식 록에게 동조하듯 이렇게 말했다. "'The Trooper'와 같이 아이언 메이든이 후반에 발매한 여러 트랙들에서 브루스의 사운드가 정말 끝내줬죠." 머신 헤드와 코히드 앤드 캄브리아 등이 이 노래의 커버 버전을 부른 열렬 팬들 중 하나이다. 그러나 좀 더 영구적인 방법으로 경의를 표한 것은 해리스 자신이었다. 그는 데렉 릭스가 디자인한 싱글 재킷 삽화를 자신의 팔에 문신으로 새겨 넣었다 한다. "전쟁에 대해 저희가 쓴 대부분의 곡들은 전쟁을 예찬하고 있지 않습니다." 베이시스트가 브레이브 위즈 앤 블러디 넉클스 매거진에 한 말이다. "전 항상 유니언 기와 영국에 대한 모든 것을 자랑스럽게 생각하고, 자신의 의무를 다하라고 배웠죠…저희 노래 중 일부는 듣는 이를 그런 입장에 서보게 하려는 노력이라고 할 수 있어요. 그런 상황에 처하면 어떤 느낌일지 물어보는 거죠. 이런 것들을 생각해 본다는 건 참 중요하다고 생각해요, 그렇지 않나요?" **BM**

Two Tribes | Frankie Goes to Hollywood (1984)

Writer | Peter Gill, Holly Johnson, Mark O'Toole
Producer | Trevor Horn
Label | ZTT
Album | *Welcome to the Pleasuredome* (1984)

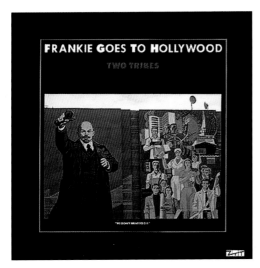

"미국적 펑크(funk) 요소와 러시아적
요소가 있죠. 이건 바로 오늘날
우리가 대면하고 있는 두 부족들의
가장 두드러진 실례라고 할 수 있겠습니다."

홀리 존슨, 1984

Influenced by: I Feel Love · Donna Summer (1977)
Influence on: Paranoimia · The Art of Noise (1986)
Covered by: Rosetta Stone (2000) · Doctor & The
Medics (2008)
Other key track: One February Friday (1984) · War
(1984) · The Power of Love (1984)

미국과 소련 간의 무시무시한 냉전만 아니었다면, 프랭키 고즈 투 할리우드가 그들의 2번째 싱글을 녹음했을 당시 우린 그들을 향해 실컷 웃어댔을 것이다. 그러나 발매 즉시 노래를 접한 모든 젊은 팬들이 직면한 것은 이 시대에 관한 통렬한 한마디였다. 그것은 당장이라도 원자 폭탄의 대참사에 휘말릴 수 있는 인류가 사는 시대에 관한 것이었다. 프랭키와 그의 동업자들은 이런 상황을 누구보다도 잘 파악하고 있었다. 그리고 자신들을 위해 이것을 충분히 이용했다.

밴드는 당시, 자신들의 레코드 레이블 ZTT와 프로듀서 트레보 혼의 지휘 아래, "Relax"로 스매시 히트를 하나 따낸 상태였고, 원 히트 원더가 될 운명을 피해가기 위해, 진지하고 무게감 있는 노래가 필요한 상태였다. 그리고 "Two Tribes"가 그 후보로 적격임을 인정받았다. 그러나 사실 그것도 겨우 만든, 만족스러운 결과물이었다. "데모가 좀 형편없었죠." 엔지니어인 스티브 립슨이 회상한다. 그는 혼을 비롯하여 키보드 주자 앤디 리처즈, 신디사이저 프로그래머 제이제이 젝잘릭(J.J. Jeczalik)과 함께 사운드 전체를 창조하다시피 했다. 그러나 립슨이 한 말에 따르면, "그것은 '혼'이 마음속에 그려볼 수 있었던 유일한 후속 싱글 후보감이었다"고 한다.

그 결과는 폭풍적이었다. 고들리와 크림이 연출을 맡은 뮤직비디오에는, 당시 북미 대통령이었던 로널드 레이건이 러시아의 지도자 콘스탄틴 체르니엔코와 벌이는 난투극이 담겨 있었고, 이것은 곧 금지되었다. 이 노래는 영국 차트에서 9주 동안 정상을 차지했으며 재밋거리를 제공하는 익살스런 리믹스들을 줄줄이 탄생시켰고, 그 덕에 한층 증가된 음반 매출을 기록했다. "Two Tribes"는 결국 신디사이저 베이스 라인과 앤 더들리의 찔러주는 관현악 사운드, 싱어 홀리 존슨의 종말론적 말투가 그 핵심을 이루고 있다. 반면, 당시 정황을 따져볼 때 정말 단단히 겁먹을 만했다. 우리 모두 거기에 홀랑 속아 넘어간 게 어쩌면 너무 당연한지도 모른다. 당시만 해도 "Two Tribes" 싱글이나 그 페어런트 앨범 〈Welcome To The Pleasuredome〉, 그리고 프랭키 티셔츠를 소유하는 것이 마치 꽤 대단한 불복 시위처럼 보였지 않았는가! **JMc**

Runaway | Bon Jovi (1984)

Writer | Jon Bon Jovi,
George Karakoglou
Producer | Lance Quinn, Tony Bongiovi
Label | Mercury
Album | Bon Jovi (1984)

"만약 해변에서 이 곡을 만나면,
술이라도 한잔 사주세요—
이제는 그럴 수 있는 나이가 됐으니까."

존 본 조비, 2003

◀ **Influenced by: All for Leyna · Billy Joel (1980)**
▶ **Influence on: Ryders · Saigon featuring Memphis**
Bleek (2008)
● **Covered by: Alex Mitchell (2006)**
★ **Other key tracks: She Don't Know Me (1984) · Burning**
for Love (1984) · You Give Love a Bad Name (1986)

"R2D2 We Wish You a Merry Christmas"는 존 본 조비가 앨범 시장에 내놓은 첫 발매물이었다. 그러나 시간을 초월한 고전으로 남은 그의 초기 작품은 바로 "Runaway"였다.

존이 허드렛일을 하던 뉴욕의 파워 스테이션 스튜디오에서 첫 데모가 만들어졌다고 한다. 1981년의 일이었다. 파워 스테이션의 설립자이자 그의 사촌이었던 토니 본지오비는 그것이 매우 마음에 들었고, 1982년 녹음을 위해 '올스타 리뷰'(The All Star Review)를 동원하기까지 했다. 올스타 리뷰는 드러머 프랭키 라 로카(후에 스핀 탁터스에 조인한다), 기타리스트 팀 피어스(스키드 로우의 데이브 세이보였다는 것은 잘못 알려진 사실이다), 베이시스트 휴이 맥도날드(후에 '본 조비'의 일원이 된다), 그리고 브루스 스프링스틴 의 키보드 플레이어, 로이 비탄으로 구성되어 있었다. 그리하여 만들어진 결과물은 밴드 '본 조비' 사운드의 청사진을 제시했다. 다부진 록, 생기 넘치는 건반 연주, 그리고 존의 맹렬히 짖어대는 귀여운 보컬이 그것이었다. "이 곡이 빛을 볼 것이라고 생각하는 사람은 아무도 없었죠." 그가 스핀에게 말했다. "레코드사들이 끊임없이 면전에서 문을 닫아버리는 데에 정말 질려버렸죠. 결국 이렇게 생각했어요. '에라 모르겠다, 그냥 라디오 스테이션에 찾아가야지. 내 음악이 좋든 싫든 그들은 잃을 게 없는 사람들이니까.' 그래서 전 그것을 칩 호바트라는 디제이 앞에서 연주해 보였죠. 그는 저와 트위스티드 시스터를 한 (라디오 방송 전용) 앨범에 실었어요…만약에 그가 없었다면 'Runaway'는 쓰레기통 신세가 되었겠죠."

뉴욕에서 이 노래가 대성공을 거두며 본 조비는 1983년 메이저 레이블과 계약을 맺는다. 이듬해 이 곡은 앨범 〈Bon Jovi〉에서 따로 싱글 발매되어 빌보드 핫 100에서 39위를 기록한다. "'Runaway'를 처음 듣는 순간 이 노래가 '히트'가 될 수밖에 없다는 걸 알 수 있죠…" 존의 새로운 밴드에 지원했던 기타리스트 리치 샘보라가 한 말이다. "듣자마자 바로 누구나 라디오 방송감이라고 느낄 만한 그런 노래들 중 하나였어요. 무명 밴드가 발매만 안 했어도—만약에 저니(Journey)나, 그런 유명한 밴드가 발매했다고 생각해봐요—넘버 원이 되는 건 시간문제였겠죠." **BM**

Born in the U.S.A. | Bruce Springsteen (1984)

Writer | Bruce Springsteen
Producer | Bruce Springsteen, Jon Landau,
Chuck Plotkin, Steve Van Zandt
Label | Columbia
Album | *Born in the U.S.A.* (1984)

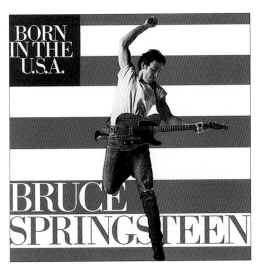

"이 곡은 제가 당시에는
파악하지 못하고 있던 암시들을
내포하고 있었죠."

브루스 스프링스틴, 1996

◀ **Influenced by:** Love, Reign O'er Me • The Who (1973)
▶ **Influence on:** Banned in the U.S.A. • Luke (1990)
● **Covered by:** Stanley Clarke (1985) • Eric Rigler (2003)
Richard Shindell (2007) • Casiotone for the Painfully
Alone (2009)
★ **Other key track:** Born to Run (1975)

"세상에 널려 있는 모든 작품들은 서로 다른 종류의 해석이 다 가능하다고 봅니다." 자신의 노래들 중에서도 가장 많은 오해를 샀던 이 노래에 대해, 브루스 스프링스틴이 한 말이다. "그게 주사위를 던지는 행위의 어떤 일면이라고 볼 수 있는 거죠. 훨씬 이해가 쉬운 곡을 내놓았을 수도 있었을 겁니다. 그러나…바로 이것이야말로 정말 딱 맞는 레코드였던 거죠." 이 "정말 딱 맞는 레코드"가 탄생한 것은 1982년 1월이었다. 1982년에 발매된 〈Nebraska〉의 어쿠스틱 녹음 작업 당시 태어났던 이 곡은 몇 달 후 스프링스틴이 자신의 이 스트리트 밴드(E Street Band)와 재결합하면서 새로운 생명을 얻게 된다. 베이시스트 개리 탤런트와 드러머 맥스 와인버그를 피처링한 로커빌리 편곡 버전을 비롯해 여러 가지를 시도하지만 그것들은 모두 버려지게 된다. 와인버그는 최종 버전은 밴드가 그저 "빈둥빈둥 시간을 보내다가" 탄생했다고 말했다. 이 노래의 가사는 폭발적인 드럼과 키보드가 울려대는 팡파르를 배경으로 베트남전 참전 용사들이 겪는 고투를 이야기한다. (영화 감독 폴 슈레이더가 스프링스틴에게 보낸 각본이 이 곡의 영감이 되었다. '더 보스(The Boss)'는 결국 1987년 개봉된 이 영화의 타이틀 트랙으로 "Light of Day"를 작곡해 은혜를 갚았다. 이것은 마이클 J. 폭스, 제나 롤랜즈, 조운 젯이 출연한 영화이다). 수많은 이들이 이 노래를 들었지만, 사실 모두 주의 깊게 들은 것만은 아니었다. 당시 대통령이었던 로널드 레이건은 이 노래에 담긴 "희망의 메시지"를 언급한 적이 있다. 그러나 10년 후 스프링스틴은 NME에 "Born in the U.S.A."를 성조기 휘날리는 모습으로 이미지화하는 것이 "분명 지나친 단순화"라고 말했다. "콘서트에 와보지 않아서 이 노래의 배경이 무엇인지, 내용이 무엇인지도 모르는 상태에서 그런 이미지만 본다면, 그건 지나친 단순화"라고 그는 설명했다. 그러나 이 노래에 솟구치는 에너지와 정신─땅을 뒤흔드는 듯한 〈Live/1975-85〉 버전에 매우 잘 포착되어 있는데─은 미국인의 기질을 잘 말하고 있었다. 토킹 헤즈의 데이비드 번의 생각이 그랬듯 "Born in the U.S.A.는 애국적 앤섬이었다─숨은 의도가 정반대일지라도 말이죠." **BM**

World Destruction
Time Zone (1984)

Writer | Afrika Bambaataa, Bill Laswell
Producer | Bill Laswell/Material,
Afrika Bambaataa
Label | Celluloid
Album | N/A

조 엘리엇이 나올까, 아니면 존 라이든이 더 나을까? 놀랍게도, 아프리카 밤바타의 희망 1순위는 데프 레퍼드의 프론트맨이었다. 프로듀서 빌 라스웰과 자신의 '타임 존' 프로젝트 2번째 싱글에 함께할 게스트 보컬리스트로 말이다. 밤바타의 가사는 이슬람이 세계의 수퍼 파워들을 전복시킨다는 내용부터, 핵무기의 공포까지 여러 내용을 다루었다. 영역적인 면을 따져본다면 "Anarchy in the U.K."를 만든 이가 "Rock! Rock! (Till You Drop)"의 주인공보다는 확실히 더 적절했을 것이다. 라스웰은 "제대로 날뛸 줄 아는 사람"을 원했던 밤바타의 요구에 맞추어 퍼블릭 이미지 리미티드(Public Image Ltd)의 라이든을 제안했다. 라이든은 이 노래에 몇 시간만을 투자했다. 그러나 그것은 아무도 흉내 낼 수 없는 그의 흔적을 남기는 데 충분한 시간이었다. 밤바타와 완벽한 대조를 이룬 그의 보컬은 이 노래에 정신 이상자적 일면을 더했고 그것은 노래의 주제에 적절한 효과를 가져왔다. 그가 만든 또 다른 버전에서 라이든은 영국 여왕에 대한 자신의 부정적 생각을 솔직히 드러내, 이 트랙은 발매되지 못했다. 이 싱글은 차트에서보다 클럽에서 오히려 더 인정을 받았다. "World Destruction"이라는 록과 힙합의 만남은 하나의 영향력있는 존재였을 뿐 아니라 라이든과 라스웰을 한자리에 불러 모으는 중요한 역할을 한다. 그리고 이들의 조우 덕에 퍼블릭 이미지 리미티드는 새로운 부흥기를 맞는다. 이 노래는 'The Sopranos'에도 삽입된다. "그 에피소드는…9·11 대참사가 있었던 주에 쓰였죠." 'Sopranos'의 데이비드 체이스가 2006년 엔제이닷컴(NJ.com)에 말했다. "예견이라도 하듯…가사에 이런 구절이 담겨 있죠—'민주주의와 공산주의 사이의 관계가 이슬람 세력의 앞길을 가로막진 못할 것이다." **CB**

Immigrés/Bitim Rew
Youssou N'Dour (1984)

Writer | Youssou N'Dour
Producer | Youssou N'Dour
Label | Celluloid
Album | *Immigrés*
(1984)

"Immigres/Bitim Rew"는 세네갈의 스타 유쑤두의 활동 영역을 세계로 넓혀주며, "7 Seconds"(1994년 네네 체리와 함께 부른 듀엣 히트작이다)와 같은 나중의 성공들로 이끈다. 1983년, 세네갈 택시 운전사 협회를 위한 파리 초청 공연을 가진 그는 운전사들이 처한 역경을 보고 마음이 움직여 "Immigres"를 쓰게 되었다. 이 곡은 그들에게 비록 해외에서 일해야 하는 상황을 강요당했지만, 언제든 그들을 가장 잘 알아주는 고국으로 돌아올 수 있다는 것을 상기시키고 있다(곡의 또 다른 제목 "Bitim Rew"는 "국외"를 의미한다). 이 곡은, 유쑤두가 지역 시장을 위해 제작한 8번째 카세트 테이프에 수록되어 첫선을 보였으며, 셀룰로이드 레이블을 통한 1984년 발매본을 위해 리믹스되었고, 1988년 버진 레이블을 위해 같은 과정을 다시 거친다.

유쑤두의 탄원조 보컬은 이 폴리 리듬적 음발라흐(mbalax) 스타일의 탁월한 본보기를 통해 높은, 기도시보원 같이 구슬픈 고함으로 전해진다(유쑤두는 음발라흐 스타일의 대중화에 큰 역할을 했다). 이 트랙 중간에는 흥분되는 퍼커션 솔로가 등장하며, 기타 솔로, 손뼉, 심벌, 날카롭게 딱 갈라지는 사바르 드럼 소리, 음조 변화가 가능한 기이한 타마(토킹 드럼, tama) 드럼 위로 (이젠 고인이 된) 알라 섹이 뽑아내는 랩을 들을 수 있다. 그리고 갑자기 덮치는 베이스, 브라스, 키보드, 유쑤두가 재등장하고, 몇 번의 장난스런 거짓 엔딩 후 곡은 마무리된다.

이 곡은 유쑤두의 세계 시장 입성을 순탄하게 만들었고, 1983년 파리 공연을 통해 유쑤두는 그의 가장 강력한 지지자 피터 가브리엘에게 소개된다. "눈부십니다…" 가브리엘이 NME에 이렇게 상기했다. "하늘로부터 내리는 금빛의 비처럼요." **JLu**

It's My Life
Talk Talk (1984)

Writer | Mark Hollis,
Tim Friese-Greene
Producer | Tim Friese-Greene
Label | EMI
Album | *It's My Life* (1984)

마크 홀리스는 아동심리학을 전공하다가 자퇴하고 뉴 웨이브 밴드 '더 리액션'에서 활동한다. 밴드가 해체된 후 그는 형을 통해 사이먼 브레너, 리 해리스, 폴 웹을 소개받는다, 이로 인해 1981년, '토크 토크'가 탄생하게 된다. 1984년 즈음, 사이먼 브레너는, 토크 토크의 오랜 협력자로 남을 팀 프리즈 그린으로 이미 대체된 상태였다. "It's My Life"는 이 새로운 협력 관계가 낳은 첫 결실이었다. 이 노래는 웹의 펑키(funky)한 베이스와 홀리스의 애절한 목소리가 두드러진 훅 덩어리 신스-팝이었으며, 유럽 전역에서 좋은 성적을 거두는 한편 미국 톱 40에도 진입하였다. 노래에 딸린 뮤직비디오는 립-싱킹이라는 개념을 조롱하고 있다. 이 영상 속에는 런던 동물원을 거니는 홀리스의 모습이 자연 다큐멘터리 장면들 사이사이에 삽입되어 있는 것을 볼 수 있다. 하지만 여기서 그의 입은 애매하게 가려져 잘 보이지 않는다. EMI는 이것의 부적격성에 매우 못마땅해하며 재촬영할 것을 요구한다. 여기에 응수하여, 그룹은 코미컬한 무언극과 가식적인 미소를 담은 버전을 하나 촬영했다. 이렇듯 업계에서 요구하는 것에 선뜻 복종하지 않는 그들의 태도는 날로 비상업적으로 변해가는 앨범들에서 분명히 나타났고 결국 1991년의 〈Laughing Stock〉에 가서는 그 정점에 달했다. 그동안 "It's My Life"는 클럽들의 주요 트랙으로 자리 잡아갔다. 그다지 큰 성공을 가져오지 못한 1985년의 재발매 시도 이후, 〈Natural History: The Very Best of Talk Talk〉 앨범 홍보를 위해 3번째 재발매가 이루어진 1990년, "It's My Life"는 마침내 토크 토크의 본국에서 큰 인기를 끄는 데 성공한다. 그 후 2003년, 그웬 스테파니를 앞세운 '노 다웃'의 버전이 세계적인 히트로 부상한다. **CS**

Smooth Operator
Sade (1984)

Writer | Sade, Ray Saint John
Producer | Robin Millar
Label | Epic
Album | *Diamond Life*
(1984)

녹아내리는 초콜릿 같은 목소리의 샤데이 아두는 80년대 음악 신으로 미끄러지듯 사뿐히 들어와, 베스트 뉴 아티스트 부문 그래미상, 베스트 앨범 부문 브릿 어워드를 거머쥠으로써 세간의 주목을 받는다. "저희는 당시 음악계에 나돌던 것들에 비교해볼 때 좀 색달랐죠. 그래서 이목을 끌었던 겁니다."

프론트우먼의 이름을 그대로 따서 이름 붙인 이 밴드는 색소폰과 기타에 스튜어트 매튜맨, 키보드에 앤드루 헤일, 베이스에 폴 덴만으로 구성되어 있었다. 1명의 멤버가 빠져 있었는데, 2년 전 아두와 함께 "Smooth Operator"를 공동 작곡했던 기타리스트 레이 신전(Ray St. John)이 바로 그였다.

숨소리 섞인, 마릴린 먼로 스타일의 차분한 보컬과 재즈적 색소폰, 팝적 봉고 비트가 조화를 이룬 "Smooth Operator"는 〈Diamond Life〉의 4번째이자 마지막 싱글이었다. 영국 차트에서 10주를 머문 이 곡 덕택에 밴드는 미국 시장에서 큰 성공을 거두어 순항 진출을 한다.

매체에서 이들 밴드의 사운드에 달아대는 꼬리표에 조금도 굴하지 않고, 아두는 자신이 머릿속에 항상 그려왔던 밴드의 스타일을 신념을 다해 고집한다. "우리 음악은 의심의 여지도 없는 팝이죠. 왜냐하면 이해하기 쉬우니까요." 그녀가 멜로디 메이커에게 툴툴거렸다. "제가 사랑한 노래들은—재즈 곡들조차도—하나같이 이야기가 담겨 있죠."

그러는 동안, "Smooth Operator"는 잠깐 사랑을 즐기고 떠나는 남자들, 너무 잘난 나머지 전화조차 걸지 않는 남자들을 가리키는 약칭으로 굳어져 갔다. **SO**

I Feel for You | Chaka Khan (1984)

Writer | Prince
Producer | Arif Mardin
Label | Warner Bros.
Album | *I Feel for You*
(1984)

"전 멍청한 일렉트로닉 같은 것들이
못마땅합니다. 그리고
멍청한 러브 송들을 증오합니다."

샤카 칸, 1985

◀ **Influenced by: I Feel for You** · Pointer Sisters (1982)
▶ **Influence on: Who's Zoomin' Who** · Aretha Franklin
(1985)
● **Covered by:** The Flying Pickets (1991) · El Caco (2008)
★ **Other key tracks:** I'm Every Woman (1979) · Ain't
Nobody (1983)

샤카 칸은 큰 부담감에 빠져 있었다. 자신의 이름을 타이틀
로 단 1982년 앨범이 골드 음반으로 등극했고, 1983년 발매
'Ain't Nobody'는 명작으로 자리 잡아버렸다. 그녀는 과연
여기에 맞는 후속작을 내놓을 수 있을 것인가? 물론이다.
프린스의 1979년 오리지널을 커버한 "I Feel for You"는
R&B와 랩의 퓨전을 도래하는 동시에, 칸에게 그녀의 2번
째 솔로 부문 그래미상을 안겨준다.

프로듀서 아리프 마딘—그는 비지스의 "Jive Talkin'"과
칸의 "I'm Every Woman" 배후의 힘이었고, 특히 "Jive
Talkin'"은 "I Feel for You"만큼이나 선구자적 입장의 음악
이었다—은 우연히 멜리 멜(멜은 편작곡가 레지 그리핀의 동료
이자 슈가 힐레이블 소속)의 랩을 더듬듯 편집하였다고 한다.
독특하게 반복되는 "Chaka Khan" 사운드는 마딘의 손이
샘플러에서 헛돌아 탄생한 것이다. 본래 그는 퍼커션 사운
드에 그녀의 이름을 끼워 맞추려던 참이었기 때문에 이런
실수가 오히려 잘된 일이었던 것이다. 그러나 "Let me rock
you, Chaka Khan / Let me rock you, that's all I wanna
do(널 흔들어놓게 해줘, 샤카 칸 / 널 흔들어놓게 해줘, 내가 하고
싶은 건 단지 그것뿐)," 같은 가사를 들은 칸 자신은 몹시 당황
했다. "전 생각했죠. '아이구…이 부끄러운 걸 이제 어떻게
견디고 살아야 되지?" 그녀가 롤링 스톤에 한 말이다. "거
리에서 어떤 남자가 저에게 다가올 때마다, 그 사람이 갑자
기 랩으로 그 가사를 저에게 불러대면 어쩌지, 하고 전 생
각했죠. 그리고 사실 대부분 정말 그렇게 했죠."

그럼에도 불구하고, 칸의 표현력 강한 보이스, 멜의 귀
에 감기는 랩, 스티비 원더의 "Fingertips Part 2"에서 따 온
샘플들의 조화는 원더가 손수 분 하모니카 소리에 힘입어
미국 음반 시장 골드 앨범, 영국. 싱글 차트 1위, 빌보드 핫
100 차트 3위의 기록을 낳는다. 프린스는 그녀가 보낸 찬사
의 보답으로 칸의 1988년 앨범 〈CK〉에 곡을 헌정하는 한편
칸의 "I Feel for you" 커버 버전을 라이브 공연하기도 했
다. (칸 또한 2007년, Prince의 "Sign o' the Times"를 커버했다.)

마딘은 후에 퍼포밍 송라이터지에 이렇게 말하기도 했
다. "전 이 노래를 말이죠, 제가 무인도에 간다면 가져갈 노
래 중 하나로 봅니다." **GK**

The Killing Moon | Echo & The Bunnymen (1984)

Writer | Will Sergeant, Ian McCulloch,
Les Pattinson, Pete de Freitas
Producer | The Bunnymen
Label | Korova
Album | *Ocean Rain* (1984)

"이건 레너드 코헨의 'Suzanne',
그리고 'Blowin' in the Win.'
'In My Life'와 같은 경지에 있죠."

이안 맥컬로크, 2009

◀ **Influenced by: The Seventh Seal** · Scott Walker (1969)
▶ **Influence on: Crown of Love** · Arcade Fire (2004)
● **Covered by:** Pavement (1997) • Wendy Rule (1997) • Eva
O (1998) • The Quakes (2003) • Grant-Lee Phillips (2006)
Nouvelle Vague (2006) • Something for Kate (2006)
★ **Other key track:** Back of Love (1982)

위대한 작곡가들은 잠을 자다가도 휙 하고 히트 송을 지어
낸다 한다. 폴 매카트니는 자다 깨면서 "Yesterday"를 흥
얼거렸고, 키스 리처즈는 "Satisfaction"의 리프를 졸다가
생각해냈으며, 버니맨의 싱어 이안 맥컬로크는 선잠에서
깨어나보니 "Fate up against your will(너의 의지에 맞서고 있
는 운명)"의 솟구치는 훅과 가사가 머릿속에 메아리쳤다고
했다.

그는 어쿠스틱 기타로 "노래의 살점"을 붙인 후, 자신의
밴드에게 넘겨주었다. 여기에 베이시스트 레즈 패티슨은
몇 마디의 불길한 오프닝을 더했고 윌 사전트가 '쳉' 하고
퉁기는 비브라토 가득한 기타 사운드를 겹겹이 넣어주었
다. "윌이 이것을 또 다른 차원으로 올려놓았죠." 맥컬로크
가 열띤 목소리로 말한다. "그가 이걸 기막힌 그 무엇으로,
진정한 명작으로 탈바꿈시킨 거죠." 그리하여 탄생한 결과
물은, 겸손을 잘 모르는 그의 말에 따르자면, "우리가 했던
그 모든 것 중에 가장 아름다운, 최고의 것"이었다.

그의 말이 맞았다. 6분도 채 안 되는 시간 동안 Echo &
The Bunnymen은 거친 포스트 펑크에서 군중을 흔드는
힘을 가진, 최후의 심판의 그림자가 드리운 싸이키델리아
로 진화해간다. 레너드 코헨을 연상케 하는 맥컬로크의 가
사("In starlit nights I saw you / So cruelly you kissed me /
Your lips a magic world(별빛이 비추는 밤 난 널 보았어 / 너무 잔
인하게 넌 나에게 키스했지 / 네 입술은 마법 같아)")는 열정과 위
기감으로 물결치는 관현악적 배경이 천천히 쌓아 올려지는
가운데 소용돌이친다.

영국에서 톱 10내에 진입한 이 곡은 〈그로스 포인트 블
랭크〉(1997)나 〈도니 다코〉(2001) 등의 80년대의 향수를 담
은 영화 덕택에 새로운 세대의 팬들을 맞이하였다. "우린
〈도니 다코〉에 대해 잘 알지 못했어요." 사전트가 레코드
컬렉터에 고백했다. "저희에게는 그냥 작은 언더그라운드
컬트 영화 정도로 소개됐죠. 그런데 그 영화가 수백만 달
러를 벌었더군요." 이 곡은 본래 영화의 오프닝 장면에 삽
입되었으나 감독 편집판에서는 영화 종료에 가까운 핼러
윈 파티 장면에 삽입됐다. 그리고 이것이 본래 의도였다
한다. **TB**

You Spin Me Round (Like a Record) | Dead or Alive (1984)

Writer | Pete Burns, Mike Percy, Tim Lever, Steve Coy
Producer | Mike Stock, Matt Aitken, Pete Waterman
Label | Epic
Album | *Youthquake* (1985)

"'You Spin Me Round'는
영국 음악 역사의 품질보증마크이고
세월이 흘러도 시대에
절대 뒤지지 않을 겁니다."

모리세이, 1985

Influenced by: Fashion · David Bowie (1980)
Influence on: Rock Me Amadeus · Falco (1986)
Covered by: Templebeat (1997) · Second Skin (1998)
Dope (2000) · Hate Dept. (2000) · Thalía (2002) · Jessica
Simpson (2006) · Danzel (2007) · Thea Gilmore (2008)
Indochine (2009)

피터 번스를 따져볼 때, 항상 "외모"가 우선이었다. 이 영국 출신의 양성적 외모의 소유자는 그의 겉모습이 너무 눈에 띄었던 나머지, 흥행주들은 밴드를 결성해보라고 권하기도 했다고 한다. 그는 처음에 미스터리 걸스에서, 그 다음에는 나이트메어스 인 왁스에서 활동하다가, 1980년, 리버풀 지역에서 데드 올 얼라이브를 결성한다. 그가 밴드 활동을 시작하자 그제서야, 그의 보이스가 외모만큼이나 눈에 띈다는 게 명백한 사실로 입증되었다.

데드 올 얼라이브의 데뷔작 〈Sophisticated Boom Boom〉은 케이씨 앤 더 선샤인밴드(KC & The Sunshine Band)의 "That's the Way (I Like It)" 커버 버전 덕택에(이것은 탑 40에 진입한다) 작게나마 성공을 거둔다. 이로써 화려한 신스-팝의 한판, 〈Youthquake〉의 무대 배경이 마련된다. 여기 참여한 프로덕션 팀은 스톡, 에이킨, 그리고 워터맨으로, 당시 이들 협력 관계는 아직 갓 태어난 단계였으나 후에 카일리 미노그와 같은 스타들을 배출하는 마이다스 손으로 성장한다. 하지만 이런 새로운 프로덕션 팀과 협력하게 되면서, 기타리스트 웨인 허시는 고스(goth)계 귀족 시스터즈 오브 머시로 이전하였다.

회오리치는 그루브와 뉴 웨이브 보컬, 바그너의 "Ride of the Valkyries"를 모델로 삼은 스트링 편성을 앞세운 "You Spin Me Round (Like a Record)"는 첫 싱글로서 슬램 덩크와 같은 선택이었다. 그러나 이 곡은 일반 대중들의 호응을 사기까지 의외로 많은 시간을 끌었다. 이 곡은 1위로 상승하기까지 영국 톱 75내에서 14주나 맴돌았고, 이것은 역사상 가장 더딘 차트 상승이었다. 북미에서는 1985년 9월에 11위까지 상승한다.

그러나 한번 정상에 오른 "You Spin Me Round"는 좀처럼 내려오질 않았다. 래퍼 플로 라이다부터 팝 소녀 제시카 심슨까지 다양한 뮤지션들에 의해 커버 버전을 낳는 한편 단골 샘플링 곡이 된다. 데드 올 얼라이브 밴드 스스로도 이 곡을 3번이나 재발매했고 그때마다 매번 히트했다. 가장 최근 있었던 기록은 2006년 재발매 후, 영국 차트 5위까지 올랐던 일이었다. **JiH**

The Boys of Summer | Don Henley (1984)

Writer | Don Henley, Mike Campbell
Producer | Don Henley, Danny Kortchmar,
Greg Ladanyi, Mike Campbell
Label | Geffen
Album | *Building the Perfect Beast* (1984)

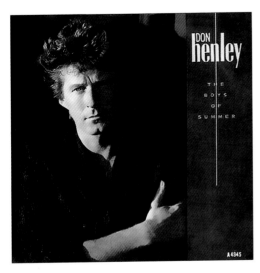

"전 거기서 어떤 잠재성을 감지했죠.
'이건 정말 멋지고, 난 그걸 알고 있지'라
자신에게 말했어요.
이건 정말 대단해요."

돈 헨리, 1986

Influenced by: Caney Creek · The Dillards (1973)
Influence on: Runaway Trains · Tom Petty & The
Heartbreakers (1987)
Covered by: Roger Daltrey (1998) · DJ Sammy (2002)
Bree Sharp (2002) · The Ataris (2003) · Paul Young
(2006)

이글스가 해체된 지 4년이 지난 후, 싱어 돈 헨리는 샌디에이고를 운전하며 지나던 중 최고급 캐딜락 한 대를 보게 된다. 그는 당시 기득권층의 상징이었던 이 차의 뒷면에 '데드 헤드' 스티커가 부착되어 있는 것을 보고 충격을 받는다('데드 헤드' 스티커는 이 차의 주인이 기득권층 반대주의자 밴드인 '더 그레이트풀 데드'의 팬이라는 것을 의미한다). 곧 그는 여기서 영감을 얻어 곡을 쓰게 된다(데드의 팬진인 '더 골든 로드'는 이것을 못마땅해하며, "독수리(The Eagle)가 신성 모독을 범했다."고 불평했단다).

헨리는 톰 페티의 밴드 하트 브레이커스에서 빌려온 기타리스트 마이크 캠벨의 도움을 받는다. "마이크 캠벨이 저에게 준 트랙(본래는 페티의 〈Southern Accents〉를 위해 쓰인 곡)을 듣고 너무 큰 영감을 받았어요. 그런 나머지 노래가 거의 자동으로 쓰이다시피 했죠. 제 안에서 마구 소리쳐 나오더군요. 전 차 안에서 펄쩍펄쩍 뛰었어요. 무언가 대단한 걸 하나 잡았다는 걸 느낀 거죠."

이 노래는 한여름의 로맨스, 그리고 1960년대 반문화를 노래하는 애가로 굳어진다. 헨리의 멍울진 테너 보이스가 부른 이 노래는, 간절한 말투, 여유 있는 제작 스타일, 그리고 "I can see you…I can tell you(난 네가 보여…너에게 말할 수 있어)"의 훅에 힘입어 바로 적중한다. 이 곡은 실크와 같이 부드러웠고, FM 라디오와 베이비붐 시대의 향수에 매우 적격이었다. 장-바티스트 몬디노가 제작한 이 비디오는 눈을 사로잡는 흑백의 몽타주로 여러 개의 상을 받는 영예를 누리기도 한다.

"The Boys of Summer"는 헨리가 과거에 했던 모든 음악 작업을 초월한 작품이다. 그 위대한 이글스마저도 1994년 재결합 이후 이 곡을 라이브로 무대에 올린다. 80년대에 탄생한 가장 개성 넘치는 곡들 중 하나로, "The Boys of Summer"는 웨이 페어러선글라스를 비롯해 그 악명 높은 '데드 헤드' 스티커의 이미지로 한 시대를 상징하게 되었다. 이것은 오늘날의 젊은이들에게 플랫폼 힐이 가지는 의미만큼이나 큰 연관성을 가진 한 시대의 문화적 상징물이라 할 수 있겠다. **JMc**

Rock You Like a Hurricane
Scorpions (1984)

Writer | H. Rarebell, K. Meine, R. Schenker
Producer | Dieter Dierks
Label | Harvest
Album | *Love at First Sting* (1984)

스콜피온즈는 대단한 존재이지만, 패러디도 참 많이 했다. "Rock You Like a Hurricane"이라는 제목만 봐도 이런 것을 알 수 있지만, 드러머이자 공동 작곡가인 헤르만 레어벨의 1986년 솔로 앨범의 제목이 〈Herman ze German and Friends〉인 것을 보아도 알 수 있다. 싱어 클라우스 마이네와 기타리스트 루디 셴커(그의 남동생 미하엘도 한때 스콜피온즈 멤버였다)의 진두지휘로 결성된 이 밴드는 1970년대 유럽과 일본에 거점을 마련했다. 1984년 초반에 이르러 (레어벨, 베이시스트 프란시스 부흐홀츠, 기타리스트 마티아스 얍스와 함께) 이들은 〈Black Out〉을 통해 미국에서 이미 골드와 플래티넘의 기록을 모두 거둔 상태였다. 밴드의 이러한 발전은 강력한 라이브 무대에 대한 평판과 조를 이루며 〈Love at First Sting〉을 확실한 필승가로 되었다. 80년대 최고의 메탈 앤섬 중 하나인 "Rock You Like a Hurricane"의 등장은 이들의 성공 행진을 더욱 빛나게 할 뿐이었다. 이 곡에 딸린 흥미 위주의 기괴한 뮤직비디오는 곡의 성공에 도움을 주는 한편 부모 음악 감시 단체(PMRC)의 노여움을 사기도 했다. "저희가 일부러 히트 싱글감을 찾으려고 노력하는 건 아니에요." 마이네가 서커스에 말했다. "저희가 바라는 건 좋은 노래죠. 그걸 다듬어지지 않은 그대로 유지시키는 거예요…정말 중요한 건 그 노래에서 흥분이 느껴져야 한다는 점이에요. 곡이 길들여지지 않은 그대로 유지되어, 팬들이 야생성을 콘서트에서 느낄 수 있도록 하는 거죠. 미국 라디오 방송국이 좋아할 만한 걸 추구하는 게 아니에요." 그럼에도 이들은 라디오 방송은 물론, 아레나 콘서트, 스포츠 경기에까지 적합한 앤섬을 손에 넣었다. 게다가 이 곡이 휘두르는 가공할 힘은 지난 25년간 조금도 누그러지지 않았다. **BM**

Plateau
Meat Puppets (1984)

Writer | Curt Kirkwood
Producer | Uncredited
Label | SST
Album | *Meat Puppets II* (1984)

비록 그들이 블랙 플래그와 연주 투어를 하고 선구자격 펑크(punk) 레이블 SST와 녹음 작업을 했다고는 하지만, 미트 퍼펫츠를 하드 코어 밴드라고 하는 것은 무리가 있다. 마약과 클래식 록을 먹고 자란 이 애리조나의 젊은이들의 초기 무대는, 3인조 자신들만의 흥분조 스래시(thrash) 사이사이 그레이트풀 데드나 닐 영의 커버 버전을 연주하는 것이었다. 그러나 2번째 앨범에서는 예전의 전속 질주가 사라지고 햇볕에 그을린 사이키델릭 컨트리가 그 자리를 차지했다. 이 새로운 사운드는 고전적 송라이팅의 분위기를 풍겼지만 여전히 눈부시도록 독창적이었다. "Plateau"가 바로 이 사운드의 결정체이다. 커트 커크우드의 몽롱하고 느릿한 말투는 어쿠스틱 기타, 뮤트 드럼 사운드와 어우러진다. 그 위로 신비로운 수수께끼와 같은 말을 속삭인다. 하드 코어 팬들은 〈Meat Puppets II〉를 "이해하지" 못했지만 롤링 스톤은 극찬을 보냈다. 이 밴드는 한 번도 주류에 입성하지 못한다. 그러나 커트(커크우드)(C)와 그의 남동생 크리스는 너바나의 〈Unplugged〉 세션에 초대되었고, 그들의 노래 중 "Plateau"를 포함한 3곡의 커버 버전이 무대에서 연주됨으로써 새로운 세대에게 이들 밴드가 소개되는 기회를 맞이한다. "그들이 우리 음악을 좋아했던 이유는, 우리가 80년대 초반의 판에 박힌 하드 코어에서 한발 떨어진 접근 방식을 취하면서도 그 정신은 잃지 않았기 때문인 것 같아요." 커크우드가 모조에 한 말이다. "게다가 커트와 저의 목소리는 둘 다 좀 높으면서 쓸쓸한 컨트리적인 무엇을 담고 있죠…우리가 둘 다 같은 여정을 걷고 있음이 분명했어요. 커트는 'Plateau'의 마지막 부분을 반 시간 정도로 늘이길 원했죠. 전 이미 노래를 쓸 때 곡이 순환되도록 했어요. 계속 멍하니 빠질 수 있게 말이에요." **SC**

여느 때와 마찬가지로 절제된 모습을 보여주고 있는 스콜피언스의 마티아스 얍스.

Tenderness | General Public (1984)

Writer | Micky Billingham, Roger Charlery,
Colin Fairley, Gavin MacKillop, Dave Wakeling
Producer | General Public, G. MacKillop, C. Fairley
Label | Virgin
Album | ... All the Rage (1984)

"이 곡에는 어두운 면이 존재했어요.
왜냐하면 에이즈의 시대에
탄생했기 때문이죠."

데이브 웨이클링, 2008

◀ **Influenced by: Wings of a Dove** · Madness (1983)
▶ **Influence on: Cherish** · Madonna (1989)
● **Covered by:** Galactic (2003)
★ **Other key tracks:** Never You Done That (1984) · Hot
You're Cool (1984) · As a Matter of Fact (1984) · Burning
Bright (1984)

스카의 부흥 운동가들, '더 비트'(이 밴드는 북미에서는 '잉글
리쉬 비트'로 알려져 있다)가 1983년 해체된 후, 기타리스트
앤디 콕스와 베이시스트 데이비드 스틸은 파인 영 카니발
스(Fine Young Cannibals)를 론칭한다. 그러는 동안 보컬리
스트 데이브 웨이클링과 토스팅(toasting)의 대가 랭킹 로
저는 제너럴 퍼블릭을 발동시킨다. 전자는 대성공을 누렸
고, 후자도 나름대로 햇볕 드는 날들을 어느 정도 즐길 수
있었다. 불가해한 일이지만 이 밴드는 막상 자신들의 고
향 영국에서 작은 성공밖에 누리지 못했다. 반면 캐나다
와 미국에서 이들은 "Tenderness"와 함께 마땅히 받아야
했을 히트를 거두었다. 이 주옥같은 팝송의 발랄함은 종소
리와 같이 울리는 키보드 리프와 무턱대고 행복하기만 한
드럼, 웨이클링의 호소력 강한 보컬의 조화로 탄생한다(마
치 오르가슴인 듯 상승하는 여자 "숨소리"의 반복도 한몫했다).

"무언가에 대해서 매우 강한 감정을 가지는 관점에서
저는 노래를 써나가죠." 웨이클링이 송팩츠에 한 말이다.
"너무 마음이 흔들리는 나머지 때로는 정말 흔들리는 느
낌을 좀 받을 정도가 되어야 하죠…'Tenderness'가 바로
그런 경우 중 하나였어요. 여기 담긴 생각은 바로 이런 거
예요. 당신이 거기에, 미국에, 여기저기 운전을 하고 다닌
다고 생각해봐요. 가슴 따스하게 해줄 그것을 찾아서요.
하지만, 물론, 그것은 항상 당신 마음속에 이미 있었던 거
죠. 그러니까 다시 말해, 당신은 내부에서만 찾을 수 있는
그 무엇을 찾고자 바깥 세상을 헤매고 있는 거예요. 왜냐
하면, 사랑은 말이죠, 명사가 아닌 동사이니까요."

이 노래는 라디오 방송에 매우 적합했다. 하지만 클래
쉬의 믹 존스가 제너럴 퍼블릭에 몸담았던 덕택으로, 타
락적 기타 사운드가 주는 강인함도 소유할 수 있었다. "그
는 시대를 통틀어 제가 제일 좋아하는 기타리스트 중 하나
죠." 웨이클링이 열띤 목소리로 말한다. 제너럴 퍼블릭은
결국 희미해져 갔지만 "Tenderness"의 수명은 꺼지지 않
았다. 그것은 〈신비의 체험(Weird Science)〉(1985)이나 〈클루
리스〉(1995) 등의 영화에 삽입된 덕택이기도 하지만 이 노
래 자체가 발산하는 시간을 초월한 에너지 덕택이기도 하
다. **JiH**

Wood Beez (Pray Like Aretha Franklin) | Scritti Politti (1984)

Writer | Green Gartside
Producer | Arif Mardin
Label | Virgin
Album | *Cupid & Psyche 85* (1985)

"제가 아레사를
아이콘적 표상이나 암호로 여기는 것은
아니에요…그저 적절한 도구죠."

그린 가트사이드, 1985

◀ **Influenced by: Don't Stop 'til You Get Enough**
Michael Jackson (1979)
▶ **Influence on: I Feel for You** · Chaka Khan (1984)
● **Covered by:** Audio Thieves (2006)
★ **Other key tracks:** The Sweetest Girl (1981) · Hypnotize
(1985) · Perfect Way (1985)

스크리티 폴리티의 초기 작품에서 풍기는 감상적 로맨티시즘을 고려해볼 때, "Wood Beez"는 블루-아이드 펑크(funk)로의 저돌적 돌진이라고 할 수밖에 없었다. 프론트맨 그린 가트사이드는 오리지널 라인업을 내던지고, 레이블을 바꾼 다음 순수 팝에만 몰두했다. 그 결과 엉덩이가 절로 움직이는 유연한 그루브와 상업적 외관을 동시에 갖춘 노래가 탄생했다. 그는 1982년에 이렇게 미리 말해두었다고 한다. "만약 인기 레코드를 내놓지 못한 상태라면요, 음악을 만들 필요도 없고, 팝을 공격해댈 필요도, 이론화할 필요도 없는 거죠." 가트사이드가 써 온 곡들에는, 나오는 족족 철학적 의미가 담겨 있었다. 그러나 "Wood Beez"만은 아주 단순 솔직했다. 제목에서부터 클래식 소울에 미리 도장 찍는 이 곡은 관례적인 말장난도 잊지 않았으며 ("There's nothing I wouldn't take / Oh, even intravenous(난 뭐든 다 괜찮아 / 정맥주사까지도)"), 전체적으로, 무조건적인 사랑에 대해 노래했다. "아레사는 무의미하다고 말할 수 있는 팝송들을 불렀고, 그녀의 가스펠적 뿌리를 등졌죠." 가트사이드가 NME에 설명한다. "그러나 그녀는 열의와 열정을 다해 그것들을 노래했어요…그녀의 노래를 듣는 것은, 제가 할 수 있는 한도에서, 찬송가나 기도를 듣는 행위에 가장 가까운 경험이었죠."

이 노래의 힘은 가트사이드의 달콤한 보컬뿐 아니라, 뉴욕 출신의 프레드 마허와 데이비드 갬슨이 이룬 그의 새로운 선단의 확신에 찬 플레이에서 발산한다. 아리프 마던의 흠잡을 데 없는 프로덕션도 이 달콤하기 이를 데 없는 케이크의 아이싱 같은 존재였다. "Wood Beez"는 미국에서 재치 있는 R&B 음악이 마구 쏟아져 나오던 시기였음에도 굳건히 살아남을 수 있었다. 그들의 귀염성 넘치는 제목까지도 프린스가 즐겨 했던, 짓궂은 말장난에 맞장구치는 듯했다. 그 덕에 가트사이드는 자신의 능력 이상이라고 믿었던 사회에 입성하게 된다. 3년 만에 그는 샤카 칸과 알 재로와 작업하게 되는 한편, 마돈나의 〈Who's That Girl〉 영화 사운드트랙에 등장하기도 한다. 또한 마일즈 데이비스는 "Oh Patti (Don't Feel Sorry for Loverboy)"에 유혹되어 이 1988년 발매작에 게스트 출연하기도 했다. **MH**

I Will Dare
The Replacements (1984)

Writer | Paul Westerberg
Producer | Paul Westerberg,
Peter Jesperson, Steve Fjelstad
Label | Twin Tone
Album | Let It Be (1984)

업계 동료들과 달리 더 리플레이스먼츠는 순수 예술에 대한 허식이 없었다. 대신, 그들은 자신들의 청중이 가진 주요 관심사에 관해 노래하기 위해 냉소적인 팝 록을 구사했다. 바로 청소년기를 어떻게 살아남느냐가 그 관심사였다. 그들의 3번째 앨범의 첫 곡이었던 "I Will Dare"는 영원히 사라지지 않는 십 대의 걱정거리인, 새로 시작된 로맨스의 첫 나날들에 대해 애정 어리게 노래한다. 웨스터버그는 커플이 서로 하게 되는 어설픈 질문들을 머릿속에 떠올려, 전화를 기다리는 사랑에 빠진 이의 걱정거리를 노래에 고스란히 담았다. 그러나 그 불안 속에는 희망이 담겨 있다. 웨스터버그는 이것을 "If you will dare, I will dare(네가 할 수 있다면, 나도 그럴 거야)"라는 굳은 맹세로 표현한다. 새로운 사랑의 맹세는 새로운 사운드를 동반했다. 그룹은 뉴욕 돌스를 베껴대는 짓을 그만두고 자신들의 영웅 빅 스타에게서 영감을 얻으려 노력한다. 웨스터버그가 가장 펑크 답지 않은 악기라고 할 수 있는 만돌린을 연주하는 한편, R.E.M.의 피터 벅은 버즈를 연상케 하는 기타 솔로를 넣었다.

귓속에서 한바탕 소란을 일으키는 이 명작은 대학생 록 팬들에게 호응을 얻었고 구구돌스와 같이 웨스터버그를 따라하고자 하는 워너비들을 탄생시켰다. "이 노래를 처음 들었을 때를 기억해요," 리플레이스먼츠의 매니저 피터 제퍼슨이 회상한다. "이렇게 생각했죠. '우리는 부자가 될 거야.' 하지만 그들의 승계자들이 거금을 버는 동안, 밴드 스스로는 정작 술과 마약의 혼란 속에 해체되었다. 웨스터버그는 훗날, 리플레이스먼츠의 업계 입성 돌파구가 되어준 이 노래의 제목이 자기 그룹 표어로도 적절했을 것 같다는 말을 한다. "우린 완전한 실패조차도 감히 할 용기가 있었죠. 그 무엇이라도 할 용기가 있었어요." **TB**

How Soon Is Now?
The Smiths (1984)

Writer | Johnny Marr, Morrissey
Producer | John Porter
Label | Rough Trade
Album | N/A

"전 'Layla'만큼이나 강력한 힘을 가진 인트로를 원했어요," 조니 마가 1990년 기타 플레이어에 말한다. "이 노래가 클럽이나 팝에서 나올 때면, 누구나 무슨 노래인지 바로 알 수 있게 말이죠." 그리고 그는 이것을 거짓말같이 현실로 만들어버렸다! "How Soon is Now?"는 마가 겹겹이 쌓아올린 기타의 파장하는 비브라토와 슬라이딩 사운드에 마이크 조이스와 앤디 루크가 구사하는 빈틈없는 리듬 섹션이 더해져, 모리세이의 반항적인 반-팝(anti-pop)적 가사로 마무리한 승전보였다. 마의 이야기에 따르면, 이 곡은 해밀턴 보해넌의 "Disco Stomp"나 헬로의 "New York Groove"와 같은 70년대 히트송과 같은 "고동치는 그루브"를 만들다가 탄생하게 되었다 한다. "갑자기 리프가 떠올랐죠." 그가 가디언에게 말한다. "이렇게 하다 완성되었죠…모리세이가 처음에 'I am the son / And the heir(나는 아들이고 / 후계자이지)'라고 불렀어요. 그러자 존 포커가 이렇게 소리쳤죠. '아 좋았어! 곡에 필요한 요소들이야!' 그러고는 모리세이가 이렇게 이어갔죠. 'Of a shyness that is criminally vulgar(죄스러울 만큼 저속한 수줍음의)'라고요. 전 그때 이미 알았습니다. 그가 제대로 과녁을 명중했단 것을요."

"How Soon is Now?"는 처음에 "William, It Was Really Nothing"의 B사이드를 장식했고, 이후 1984년 컴플레이션 〈Hatful of Hollow〉에 수록되었다. 이 7분 길이의 명작은 팬들의 사랑을 받는다. 등장이 지연된 채 1985년 싱글로 발매된 3분 53초짜리 버전은 영국에서 24위에 오르는 데 그친다. 이 노래가 북미를 "돌파"할 것이라는 희망도 가졌지만, 거기서는 차트에 오르지 못했다. 러브 스핏 러브와 같은 그룹의 커버 버전 덕택(TV시리즈 〈창드〉의 테마 송)에 이 노래의 성공이 계속 수명을 이어가고 있다. **LS**

1984년. 스미스의 조니 마(좌)와 수줍음 없는 모리세이가 런던 공연 중이다.

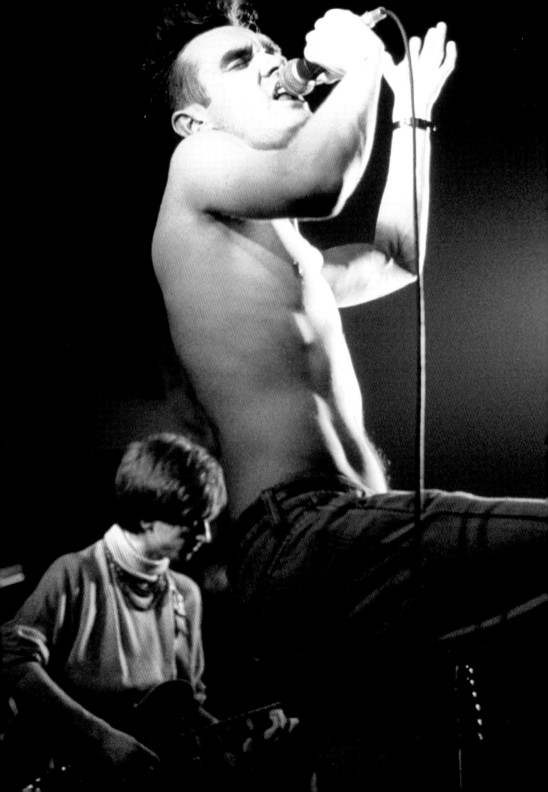

Rattlesnakes | Lloyd Cole & The Commotions (1984)

Writer | Neil Clark, Lloyd Cole
Producer | Paul Hardiman
Label | Polydor
Album | *Rattlesnakes* (1984)

"사실 전 시몬 드 보부아르의 작품을
한 번도 읽어본 적이 없어요."

로이드 콜, 1990

◀ **Influenced by: Walk on the Wild Side** · Lou Reed
(1972)
▶ **Influence on: Lloyd, I'm Ready to be Heartbroken**
Camera Obscura (2006)
● **Covered by:** Tori Amos (2001)
★ **Other key track:** Perfect Skin (1984)

"Rattlesnakes"는 동명의 이름을 가진 수록 앨범의 완벽한 증류수이자 아름다운 삽화라고 할 수 있다. 로이드 콜의 작사 능력을 증명해주는 모든 것이 여기 담겨 있다. 아무렇지도 않은 척 즉흥적으로 내뱉는 문학 인물들의 이름, 영화같이 멋진 아메리카의 이미지, 심상으로 터질 듯한 2행 연구("Her heart's like crazy paving / Upside down and back to front(그녀의 마음은 뒤죽박죽 포장도로 같지 / 위아래와 앞뒤가 뒤바뀐)")를 하나의 명쾌한 이야기로 엮어낸 것이다. "Jodie"는 멍울진 가슴과 권총으로 무장된 채, "태어난 적 없는 아이"를 뇌리에서 떨치지 못하지만, 자신의 행복을 위해서는 무엇도 서슴지 않는다. 하지만 그녀는 "'On the Waterfront'에 등장하는 이바 마리 세인트같이 생겼기" 때문에 상황이 모두 나쁜 것만은 아니었다. 문화적 암시뿐 아니라, 프랑스 작가 시몬 드 보부아르 등과 같이 기억을 환기시키는 이름들을 여기저기 던져 넣은 커모션스의 데뷔 앨범을 향한 의견은 양분화되었다. 하지만 콜은 자기만의 방식을 고수했다. "문학을 공부하다 만 지가 얼마 안 되었을 때였으니, 어떻게 보면 그렇게 곡을 쓰는 것이 당연한 거였죠." 그가 1990년 옵서버에 항의하듯 말했다. "유명인사 이름을 잘 아는 사람인 양 들먹이는 거라고 해석하는 자체가 오히려 이상한 거죠. 제가 노먼 메일러를 직접 만난 것도 아니잖아요!" 콜의 갈라진 음성은 루 리드와 밥 딜런으로부터 받은 영향을 분명히 보여주지만, 그 음악만큼은 공동 작곡가 닐 클라크의 딸그락거리는 기타 소리를 앞세워 버즈의 컨트리-소울(country-soul)에 신세를 지고 있다.

이 노래들이 가진 힘은 분명 부정할 수 없었다. 이 앨범은, "Perfect Skin", "Forest Fire", "Are You Ready to be Heartbroken" 등의 명곡들을 자랑했고, "Rattlesnakes"야말로 커모션스의 초기 사운드를 가장 잘 구현한 예라고 볼 수 있다. 이 곡은 앤 더들리의 스트링 편성—이것은 당시 아트 오브 노이즈와 마찬가지로 음악 창작의 가동 범위를 넓히는 사운드에의 시도였다—에 힘입어 다급하게 질주하는 듯하면서도 인간미를 잃지 않았다. **MH**

Im Nin' Alu | Ofra Haza (1984)

Writer | Rabbi Shalom Shabazi
Producer | Bezalel Aloni
Label | Hed-Arzi
Album | *Yemenite Songs* (1984)

"더 많은 사람들이 오프라 하자를
구입했으면 하는 것이 제 바람입니다.
애초에 많이 샀어야 하는 것이
사실 맞는 거죠."

조나단 모어, 콜드커트, 1987

◀ **Influenced by: Hayyaati Albi** · Om Kalsoum (1950)
▶ **Influence on: Temple of Love (1992)** · The Sisters
of Mercy (1992)
● **Covered by:** Anjali (2006)
★ **Other key tracks:** Yachilvi Veyachali (1984) · Lefelach
Harimon (1984)

유로비전 송 콘테스트에서 고스계의 신적 존재로 떠오르는 여정에서 선구적인 댄스 뮤직 레코드까지 발매한 오프라 하자는 극히 이례적인 음악 인생을 살았다. 그리고 그녀의 여정은 모두 이 노래에서 발단한 것이라 해도 과언이 아니다. 하자는 1957년, 이스라엘에 거주하는 예멘 유대인계 부모 아래 빈곤한 환경에서 태어난다. 이 역사 깊은 지역사회에는 강한 음악 전통이 있었고, 하자는 성장하며 세속가와 디완(Diwan)가—디완가란 종교적, 세속적 주제들을 다루는 신앙적 노래들로 축제에서 불렸다—들을 접하고 노래했다. 그녀는 13세에 이미 대중 앞에서 노래했고, 1981년에는 "베스트 이스라엘 여성 싱어"로 뽑혔으며, 1983년에는 유로비전 송 콘테스트에 국가대표로 참가했다. 1984년, 앨범 〈Yemenite Songs〉에서, 그녀는 자신의 뿌리로 되돌아가는 시도를 한다. 알려진 바에 따르면 이것은 부모님에게 바치는 경의의 표시라 한다. 어쨌든 이것은 디완가가 현대의 청중들에게 노출되는 기회를 마련한다. 여기에는 현대의 이스라엘 출신 뮤지션들이 참가하여 팝의 향을 가미했다.

〈Yemenite Songs〉로 하자는 세계적인 주목을 받는다. 1987년 말, 이 앨범의 오프닝 트랙인 "Im Nin' Alu"에 나오는 독특하고 애절한 외침은 마르스(M|A|R|R|S)의 댄스 명작 "Pump Up the Volume"의 한 버전과 힙합 전설 에릭 비 앤 라킴의 "Paid in Full" 콜드커트 리믹스 버전에 샘플링되기도 한다. 이것은 사실 하자의 허락을 받지 않고 한 것이다. "저희는 이 곡이 그저 좋은 음악이라고 생각해서 집어넣은 것뿐입니다." 콜드컷의 조나선 모어가 NME에 따지듯 말했다. "그리고 전 이렇게 생각해요. 이 곡을 들어보지 못한 청중들에게 어쩌면 이 곡을 좋아하게 될 기회를 제공 하는 일일 수도 있다는 거죠." 이 우연한 홍보의 결과로 하자는 세계 곳곳에서 팬들을 얻었다. 2000년 그녀가 사망하기까지, 하자는 자신의 음악을 좋아하는 많은 이들과 협업하는 영예를 누리게 된다. 그녀의 팬들은 펑크 대부 이기 팝부터 고스 록의 전설 시스터즈 오브 머시, 하우스 뮤직 영웅들 블랙 독까지 다양했다. **GC**

Purple Rain | Prince & The Revolution (1984)

Writer | Prince
Producer | Prince & The Revolution
Label | Warner Bros.
Album | *Purple Rain* (1984)

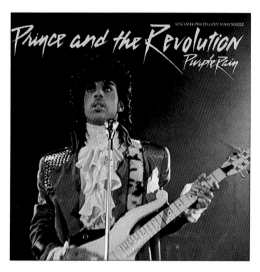

"그건 굉장히 색달랐죠.
거의 컨트리적이기까지 했죠.
록 같기도 했고 가스펠 같기도 했어요."

바비 지, 더 레볼루션, 1999

◀ **Influenced by: We've Got Tonite** · Bob Seger (1978)
▶ **Influence on: Like You'll Never See Me Again**
Alicia Keys (2007)
● **Covered by:** The Flying Pickets (1991) · Randy
Crawford (1995) · Teddybears (1995) · LeAnn Rimes
(1998) · Etta James (2006)

슬라이 스톤의 정신과 지미 헨드릭스의 영혼의 매개자였던 프린스는 연금술사적 마력으로 "Purple Rain"의 자줏빛을 플래티넘 골드로 바꾸어놓았다. "Purple Rain"은 그에게 가장 큰 성공을 안긴 앨범의 타이틀 곡이었다. 이 앨범은 미국 내에서만 1천3백만 장의 매출을 올릴 뿐 아니라, 1984년, 프린스에게 오스카상 베스트 오리지널 송 스코어 부문 수상의 영예를 안긴다. 이 앨범의 탄생은 '더 퍼플 원(The Purple One)', 프린스에게 업계 돌파구가 되어주었던 앨범 〈1999〉의 연주 투어에서 유래한다. 〈Purple Rain〉 이전 그의 작품들이 그렇듯 펑크(funk)에 기반을 두고 있었다. 더 레볼루션의 키보드 주자 매트 핑크의 말에 따르면, 프린스가 당시에 같은 도시를 돌며 공연하던 하드 로커 밥 시거의 인기에 어리둥절해하며 고민에 빠져 있기에 자신이 시거 스타일의 크로스오버 발라드를 써보라고 제안했다 한다.

"이 노래는 기본적으로 볼 때 프린스의 것이라 하는 게 맞죠." 레볼루션의 기타리스트 웬디 멜보인이 보그에 한 말이다, "하지만 우리(그녀와 키보드 주자 리사 콜맨)가 꽤 많이 살을 붙였습니다. 그는 우리에게 함께 작업할 것을 격려했고 파트 구성이나 편곡에 관해 요구하기 시작했죠. 그래서 4트랙의 멀티트랙 리코딩 기계를 아예 호텔 방에 가져다 놓고 시간이 날 때마다 작업을 하곤 했습니다." 그리하여 탄생한 것이 바로 프린스의 대표 곡 중 하나이다. 이것은 후에 롤링 스톤이 선정한 역대 최고 노래 500선 중 143위에 랭크된다. 이 싱글은 "When Doves Cry"와 "Let's Go Crazy"와 함께 대서양 양편에서 차트 상위권을 장식했고 미국에서는 골드 앨범으로 등극한다. 이 노래는 1983년 미니애폴리스에서 열린 모금 공연에서 라이브로 녹음되었다. 그러나 앨범에 수록된 것은 전체 11분의 것에서 가사 한 절과 솔로 한 부분을 삭제한 8분 길이의 편집본이다. 그러나 듣는 순간 이 곡임을 알리는, 물결치는 오프닝 기타 사운드는 여지없이 하나의 대서사시가 시작됨을 알리고 있다. 블루지한 기타와 이에 메아리치는 라이브 드럼, 그리고 한없이 소울적인 가사는 감정 복받치는 크레셴도를 쌓아올리다가 피아노의 반짝임과 현의 슬픔 속으로 희미해진다. 이것이야말로 진정한 앤섬인 것이다. **GK**

State of Shock | The Jacksons featuring Mick Jagger (1984)

Writer | Michael Jackson, Randy Lee Hansen
Producer | Michael Jackson
Label | Epic
Album | *Victory* (1984)

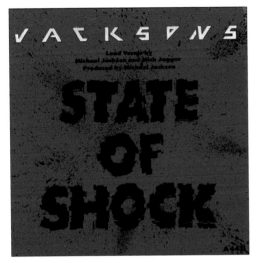

"더 잘 제작되었을 수도 있었다는 것이
제 생각이에요.
하지만, 뭐 그렇잖아요.
어쨌든 하면서 즐거웠어요."

믹 재거, 1984

◀ **Influenced by: State of Shock** · Ted Nugent (1979)
▶ **Influence on: Hooked on Polkas** · "Weird Al"
Yankovic (1985)
● **Covered by:** DJ Flash & King MC (1984)
★ **Other key tracks:** Torture (1984) · Body (1984) · One
More Chance (1984)

1983년에 이르러 마이클 잭슨은 더이상 잭슨스가 필요하지 않았다. 마치 티나 터너와 아이크처럼 말이다. 그의 앨범 〈Thriller〉는 사상 최다 판매 앨범으로 상승 행진 중이었고, 마이클을 "더 킹 오브 팝(The King of Pop)"의 왕좌에 올려놓게 된다. 이후 그는, 더 잭슨스의 1980년 발매 앨범 〈Triumph〉의 후속작을 만들고자 자신의 형제들을 다시 불러모은다. 개에게 뼈 하나 던져주는 듯 보답하는 시늉만 한 것이다. 이로 탄생한 노래들은, 형제간의 심한 다툼 중에 녹음된 것이었고, 잭슨스가 70년대에 내놓았던 음악들과는 비교조차 되지 않을 정도로 형편없었다. 하지만 단 한 곡만은 예외였다. 롤링 스톤스의 프론트맨 믹 재거와 함께 만든 펑키(funky)한 작업물이 바로 그것이었다. 잭슨스가 기록한 최후의 톱 10 진입 히트작 "State of Shock"은 그 시대가 낳은 최고의 디스코-록 하이브리드 중 하나였고 두 'MJ'(마이클 잭슨과 믹 재거) 모두에게 그들이 내놓았던 모든 듀엣 리코딩 중 최고라 할 수 있다.

이 노래(그다지 존경받지 못하는 기타리스트 랜디 한슨이 공동 작곡가이다)는 잭슨이 1982년 퀸의 싱어 프레디 머큐리와 함께 데모 녹음한 3곡 중 하나이다. "원래 전 〈Thriller〉에 참여할 예정이었죠." 머큐리가 놀랍다는 듯 말했다. "믿어지기나 하세요?" 하지만 머큐리는 재거로 대체된다. 그 이유는 그저 알아서 추측해볼 수밖에 없을 따름이다. 재거가 1984년 5월 뉴욕 스튜디오에 들어오자 잭슨은 성대를 워밍업해야겠다며 그에게 스케일을 쭉 훑어보라는 요청을 했다. "마이클 잭슨이 '워밍업'하자면요," 엔지니어인 브루스 스위든이 말했다. "워밍업해야죠, 뭐. 제 아무리 믹 재거일지라도 말이죠." 놀랍게도, 하모니 파트와 쏘아대는 리드에서 모두, 그들의 보이스는 잘 어우러졌다. 절박감과 위기감이 느껴지는 한 마디 한 마디는 마치 수류탄을 던져대는 듯 한 심술 맞은 기타와 드럼 사운드로 인해 더 강한 효과를 가진다. 비록 재거는 "많은 사람들이 그걸 좋아하지 않았다"고 말했지만, "State of Shock"는 미국에서 차트 3위를 기록한다. 또한 예술적으로 보나 상업적으로 보나, 〈Victory〉 수록 곡들 중 단 하나의 진정한 승리는 바로 이 곡이었다고 할 수 있다. **JiH**

Private Dancer
Tina Turner (1984)

Writer | Mark Knopfler
Producer | John Carter
Label | Capitol
Album | *Private Dancer*
(1984)

티나 터너는 60년대와 70년대 초반, 남편 아이크와 함께 "River Deep-Mountain High" 등의 히트 곡들을 고전으로 남긴다. 그러나 〈Private Dancer〉가 멀티 플래티넘으로 등극하고 나서야, 45세의 나이에 진정한 수퍼 스타덤에 오르게 된다. 이 앨범의 타이틀 트랙은 본래 다이어 스트레이츠의 〈Love over Gold〉 수록 곡으로 운명 지어져 있었다. 그러나 녹음을 하고 난 마크 노플러는, 가사가 남자 가수에게 적합하지 않다고 느껴 이 곡의 수록을 보류하기로 결정한다. 그리고 터너의 매니저와 알던 사이였던 노플러의 매니저는 이 곡이 그녀에게 맞을지 모른다고 제안했다.

터너는 다이어 스트레이츠의 리코딩에 자신의 보컬을 얹길 바랐으나 계약상의 장애로 인해 밴드 멤버들과 모든 것을 재작업했다. 그리하여 존 아일슬리, 가이 플레처, 알란 클라크, 할 린즈와 함께 작업이 진행되었고, 노플러가 참여하지 못한 관계로 제프 벡이 대신 리드 기타를 맡았다. "전 그녀에게 기타에 사인을 부탁했죠…" 벡이 회상하며 말했다. "그러자 그녀가 갑자기 잭나이프를 꺼내더니 자기 이름을 'T-I-N-A'라고 한 자씩 새기기 시작했어요. 제 아름다운 기타 위에요!"

이 노래는 남성전용 클럽에서 일하는 여자의 이야기를 아름답도록 정취 있게 꾸민 것이다. "누군가 물었죠, '왜 'Private Dancer'를 선택했나요? 당신이 매춘부였기 때문인가요?' 전 충격을 받았죠. 왜냐하면…댈러스에서 부유한 사람들을 위해 프라이빗 파티 공연을 한 적이 있었고, 그걸 프라이빗 퍼포먼스라고 불렀기 때문이죠. 프라이빗 댄싱이 그런 것과 비슷하다고 볼 수 있어요. 그래서 전 그녀를 매춘부로 보지 않았죠…제가 이런 것들에 대해서 좀 순진할 때가 있다니까요." **SO**

Freedom
Wham! (1984)

Writer | George Michael
Producer | George Michael
Label | Epic
Album | *Make It Big*
(1984)

〈Fantastic〉으로 왬!은 그들의 고향 영국에서 가장 잘 나가는 밴드 중 하나가 된다. 그러나 이 1983년 데뷔 앨범의 후속작은 조지 마이클과 앤드류 리즐리를 세계적인 수퍼스타로 탈바꿈시킨다. 〈Make It Big〉의 발랄한 리드 싱글 "Wake Me Up Before You Go-Go"는 세계 전역에 걸쳐 넘버 원 기록을 세운다. "Careless Whisper" 또한 비슷한 결과를 낳았고 3번째 싱글 "Freedom" 역시 마찬가지였다.

이 셋 중 "Freedom"이야말로 왬!이 왜 대단한 그룹이었는지 잘 보여준다. 모타운 클래식처럼 들리면서도 현대적인 느낌이 드는 이 곡은 충동적인 느낌의 업템포의 노래이다. 그러면서도 마이클을 사랑에 마음 아파하는 이로 그리는 곡의 가사는 보기 드문 강한 호소력을 발산했다. "'Freedom'은 넘버 원이 될 가망이 가장 적은 곡이었죠…" 그가 말했다. "전 항상 이 곡이 약간은 위험 부담이 있다고 생각했어요. 하지만 이 곡을 함께 정말 내놓고 싶었습니다."

마이클은 프랑스에 녹음을 하러 가던 길에 이 곡을 작곡했다. "공항으로 가던 길에, 택시에서, 저는 'Freedom'의 후렴구를 떠올렸죠. 거기 도착했는데 머릿속에 그게 계속 맴돌더군요. 그래서 우린 함께 구상을 해보았죠. 그리고 셋째 날 'Freedom'을 녹음했습니다. 전 'Freedom'을 아주 좋아했어요. 제가 그 전에 가지고 있던 아이디어들은 그보다 좀 별로였죠."

1986년 밴드가 해체되고 난 후 마이클은 왬! 시절을 그다지 좋은 기억으로 회고하지 않았다. 하지만 그럼에도 그는 일종의 후속작과 같은 "Freedom '90"을 내놓는가 하면, 스매시 히트 곡 "Faith"의 초입에 옛 노래의 한 부분을 오르간으로 넣기도 했다. **JiH**

1985년 공연 무대에서 풍성한 헤어스타일과 아슬아슬한 드레스를 매치시킨 티나 터너.

I Want You Back
Hoodoo Gurus (1984)

Writer | Dave Faulkner
Producer | Alan Thorne
Label | Big Time
Album | *Stoneage Romeos*
(1984)

호주의 밴드들은, '더 하이브스'와 '화이트 스트라이프스'가 개러지 록(garage rock)을 부활시키기 오래 전, 이미 60년 대 말을 향해 경의의 표시를 보내며 자신들만의 유력한 신을 창조해냈다. 라디오 버드맨을 선두로, 싸이언티스츠와 같은 밴드들은 해외로 복음을 전도하는 임무를 맡는다. 이와 동시에 세인츠는 호주의 펑크(punk) 혁명을 앞서 지휘하였고 그 동안 빅팀스(Victims)와 같은 다른 밴드들도 이 도전에 응하게 된다. 이 양쪽으로부터 최고의 것만 골라 취한 1980년 결성 밴드가 바로 후두 구루스이다. 기타리스트 데이브 포크너와 드러머 제임스 베이커는 빅팀스에 몸담은 바 있으며 펑크 고전인 "Television Addict"를 탄생시킨 장본인들이었다. 1981년 조인한 기타리스트 브래드 셰퍼드의 경우에는 싸이언티스츠에서 베이커와 어깨를 나란히 연주해본 경험이 있었다. 본래는 단순히 커버 버전들만 연주해볼 의도로 만났으나, 포크너의 작곡 재능을 가급적 이용해보자는 결정을 내리게 되었던 것이다.

〈Stoneage Romeos〉가 바로 그들의 눈부신 데뷔 앨범이었다. 가사로 따지면 스카이 색슨부터 라몬스까지 모두에게 영향을 받은 것이 거짓 없이 드러나지만, 그들의 음악 인생 청사진을 말하는 이 걷잡을 수 없는 에너지 속 어딘가에는, 여린 한숨과 같은 무엇이 숨어 있었다. "I Want You Back"은 예쁜 파워 팝이었다. 그러나 여기 담긴 실연 이야기는 실제 경험을 비유적으로 노래한 것이다. 그 스토리의 주인공은 셰퍼드의 선임이자 밴드의 공동 창단 멤버였던 로드 라다이(Rod Radlj, 일명 로디 레이다(Roddy Ray' Da))이다. "라다이가 '더 구루스'를 떠날 당시 저희를 좀 멸시하듯 굴었죠…" 포크너가 말했다. "'너 아마 후회할 거야'라는 내용이에요. **BM**

Sally Maclennane
The Pogues (1985)

Writer | Shane MacGowan
Producer | Elvis Costello
Label | Stiff Records
Album | *Rum, Sodomy & the Lash*
(1985)

완벽한 노래란 셰인 맥고완이 데일리 텔레그래프에 말했다. "당신을 때려야 합니다…발에도 한 대, 사타구니와 심장에도 한 대, 그리고 영혼에도 한 대씩 말이에요." 맥고완의 그런 심정이 바로 이 파워 넘치는 발라드를 한 문장으로 요약한 듯하다. 아일랜드의 피가 흐르는 이 포크-펑크 그룹이 낳은 영국 톱 100 진입 2번째 싱글은 전형적인 음주 앤섬이라고 할 수 있다. 이 노래는 맥주잔 바닥을 통해 본 노동자의 생활상을 그린다. 떠들썩하지만 한편으로는 아련한 비참함을 느낄 수 있을 것이다. 가공되지 않은 다이아몬드와 같은 보컬을 통해, 맥고완은 즐거움에 빠진 지나친 탐닉이 가져올 수 있는 죽음에 대한 교훈적 이야기를 풀어놓는다. 하모니카를 부는 지미와 그가 있는 동네 술집의 다채로운 인물들이 스토리의 주인공들이다. 가사에는 "to the greatest little boozer and to Sally Maclennane(가장 위대한 이 작은 술집과 샐리 맥클레넌으로)"을 향한 건배의 말이 담겨 있다. 인디펜던트 신문에 따르면 후자는 "여자 이름이 아닌 한 흑맥주 브랜드명"이라 한다. "Sally Maclennane"은 엘비스 코스텔로가 제작을 맡은 더 포그스의 두 번째 앨범 〈Rum, Sodomy & the Lash〉에 수록되어 있다. 이 그룹의 팬이었던 코스텔로는 이들에게 자신의 개막 공연을 맡게 했다. 이것이 포그스의 첫 메이저급 투어였고 후에 밴드 베이시스트인 케이트 오리올던은 코스텔로와 결혼한다. 어쿠스틱 기타와 밴조, 아코디언, 틴 휘슬, 스탠드 업 드러밍이 이루는 장관을 배경으로, "대단히 신 나긴(it rocks) 하지만, 록 음악은 아닌(not really rock music)" 포그스 전형의 예술성이 유감없이 드러나는 노래이다. "Sally Maclennane"이 정말 대단한 히트가 된 적이 있는 것은 아니다. 하지만 이 민중 선동적 음악의 인기는 영원할 것이다. **BC**

포그스의 셰인 맥고완, 그의 노래 "Sally Maclennane"은 시원한 술 한잔을 향한 축배이다.

Voices Carry | 'Til Tuesday (1985)

Writer | M. Hausman, R. Holmes, A. Mann, J. Pesce
Producer | Mike Thorne
Label | Epic
Album | *Voices Carry* (1985)

"제 일에 스스로 만족을 느끼는지가
가장 큰 관건이죠."

에이미 맨, 1985

▶ **Influenced by:** Only the Lonely · The Motels (1982)
▶ **Influence on:** I Touch Myself · Divinyls (1991)
● **Covered by:** Gang Green (1986) · Morella's Forest
(1995) · Vitamin C (2005) · Toxic Audio (2005) · Tiffany
(2007) · MGMT (2009)

에이미 맨은 펑크 록을 위해 음악학교를 포기한다. 그리고 는 뉴 웨이브 밴드를 위해 펑크 록을 포기한다. 이게 다 그녀에게는 알고 하는 행동이었다. 이 보컬리스트가 'Til Tuesday'를 결성한 지 몇 달 만에, 이 그룹은 보스턴에서 가장 잘 나가는 인디 밴드로 등극했기 때문이다. 에픽은 이들 4인조와 계약을 맺고 데뷔 앨범 작업을 위해 그들을 뉴욕으로 보낸다. 테이프가 돌기 시작하고 "Voices Carry"가 흐르자 경영진은 히트의 냄새가 감도는 것을 느꼈다. 맨이 노래하는 가슴 쓰린 편집증적 사랑의 주인공들은 본래 둘 다 여성이었다 한다. 하지만 한 여자가 다른 여자와의 사랑놀이에 대해 노래한다는 점이 끝내 마음에 걸렸던 경영진은 맨에게 가사에서 주도권을 가진 연애 파트너의 성별을 남자로 바꾸라고 설득했다. 이런 타협조차도 맨의 음악적 표현력에 장애가 되진 못한다. 그녀는 가사가 그려내는 하나의 곡선과 완벽한 조화를 줄곧 잃지 않는다. 이야기의 주인공이 자신이 처한 상황에서 패배하고 있음을 토로할 때 맨의 음성은 패배한 자의 공허함으로 가득 차 있다. 하지만 상대 역할을 표현하는 그녀의 목소리에는 교묘한 감정 놀이에 능숙한 긴장감과 단호함이 묻어난다. 결국 노래는 이 관계의 미래를 정확히 밝히지 않은 채 광란의 도가니로 치닫게 된다. 보컬뿐 아니라 음악 전체가 한 길을 걷는다—처음에는 쌀쌀하고 냉담하다가 점차 불꽃 가까이로 다가가는 것이다.

20년이 지난 후, 맨은 아이튠스용으로 "Voices Carry"의 어쿠스틱 버전을 솔로로 녹음한다. "이건 제 음악 활동의 시작점을 대표하는 노래예요." 그녀가 '테이스츠 라이크 치킨'에 한 말이다. "그리고 저는 이 곡을 다른 버전으로 함께 나눌 때가 온 것 같다고 느꼈죠."

"Voices Carry" 오리지널 버전은 미국, 캐나다, 호주에서 히트를 거둔다. 그룹이 1988년 해체된 이후에도 맨은 유유히 솔로 커리어를 만들어간다. 밴드 러쉬에 게스트 출연하기도 했던 그녀는 영화 〈매그놀리아〉의 사운드트랙 앨범 수록 곡으로 오스카상 후보에 오르기도 한다. 하지만 영영 그녀의 음성은 'Til Tuesday'의 첫 싱글에서 그랬던 것처럼 전해지지는(carry) 않았다. **JiH**

The Sun Always Shines on T.V. | A-ha (1985)

Writer | Pål Waaktaar
Producer | Alan Tarney
Label | Warner Bros.
Album | *Hunting High and Low* (1985)

"스칸디나비아인에게 우울증이란
부정적인 것이 아니죠.
마치 긁어줘야 할 가려움증 같은 거예요."

마그네 프루홀멘, 2009

Influenced by: It's My Life • Talk Talk (1984)
Influence on: Beautiful Day • U2 (2000)
Covered by: Hubi Meisel (2002) • Delays (2006)
Atrocity (2008) • And One (2009) • Nadja (2009)
Other key tracks: Hunting High and Low (1985) • Take
on Me (1985) • Train of Thought (1985)

세계적 히트를 기록한 "Take on Me"는 아하가 고생 끝에 거둔 승리의 노래였다. 이 곡을 수차례 재발매한 이후, 그들은 "The Sun Always Shines on T.V."로 "Take on Me"에 필적하는 빠른 결실을 거두게 된다. 이 트랙을 통해 아하는 그들을 스타덤에 올려주었던 "Take on Me"보다 한 단계 더 높은 곳으로 상승해 영국 차트 정상을 차지하는 한편, 첫 발매 직후 전 세계적으로 탑 20에 진입하는 좋은 성적을 거둔다. 왬!이 해체 위험을 겪고, 듀란듀란이 '테일러' 성씨의 멤버들을 관리하느라 힘겨워하는 동안 이 노르웨이의 3인조는 십 대들이 선호하는 밴드로 부상하였고, 그들의 앞길은 순조로워 보이기만 했다. "Take on Me"에서 선보인 가벼운 신스와 비트를 비롯해 기교 보컬의 선두지휘를 맡았던 프로듀서 앨런 타니의 도움으로 밴드는 진화를 계속하게 된다. 모튼 하켓의 놀라운 목소리 여전히 전면을 장식하지만 이번에는 굉장한 '사운드의 벽'이 그를 지지하게 된다. "Take on Me"가 나긋나긋했다면, "The Sun Always Shines on T.V."는 근육질 몸매를 자랑했다. 교회에서 흘러나올 법한 인트로는, 마그네 푸루홀멘의 종소리 같은 신스 사운드의 인도를 받아 한바탕의 소란스러움으로 점점 고조되어간다. 이렇듯, 이 노래는 자신만의 드라마 속에 빠져 흥겨워하는 것이다. 대성당을 가득 채울 만한 소리의 광란과는 별개로, 이 노래에는 시무룩한 기운이 번져 있다. 기타리스트이자 작곡가인 폴 와타의 존재적 불안감에 하켓은 이렇게 살을 붙인다: "I fear the crazed and lonely looks the mirror's sending me / These days(거울이 나에게 보여주는 미친 듯하고 외로운 모습이 난 두려워 / 요즈음)." 이렇게 생각해보면, 이 제목에 절망의 절규가 담겨 있음을 알 수 있다: 삶이 이토록 힘거운데도, 왜 항상 텔레비전 속의 삶은 반짝이기만 하는 걸까? 아바가 그랬듯 이 밴드도 비참함을 화려한 멜로디에 담아내는 스칸디나비아적 재능을 가지고 있었다. 이 노래는 독특한 유산을 낳았다. 모리세이는 2004년 노르웨이의 청중 앞에서 이 곡을 짤막하게 불러 보이며 "the sun never shines on T.V.(텔레비전에서는 결코 햇살이 비추지 않아)"라고 가사를 바꿔 메시지에 변화를 주었다. **MH**

Into the Groove | Madonna (1985)

Writer | Madonna, Stephen Bray
Producer | Madonna, Stephen Bray
Label | Sire
Album | N/A

"마돈나는 1980년대에
굉장히 중요한 인물이었죠…
별거 아닌 디스코 여왕이었던
그녀는… 결국 아이콘이 되어버렸어요."

존 본 조비, 1990

▶ **Influenced by: Ain't No Big Deal** · Barracuda (1983)
▶ **Influence on: Don't Wanna Lose This Groove**
Dannii Minogue (2003)
● **Covered by:** Ciccone Youth (1986) · Mina (1988) · Dale
Bozzio (2000) · Superbus (2002) · Missing Persons
(2005) · The Medic Droid (2008)

"음악으로나 'Desperately Seeking Susan'으로나 말이에
요." 마돈나가 '타임'지에 이렇게 말했다, "어느 측면에서
보나 제가 사람들에게 주는 영향은 매한가지인 것 같아요.
제 개성은 어쨌든 보이거든요." 이 영화로 인해 그녀가 2마
리 토끼를 잡았다는 것은 틀림없는 사실이다. 마돈나는 로
잔나 아퀘트(아퀘트는 영화에서 주연을 맡았음에도 불구하고 최우
수 조연 여배우 부문 바프타상을 수상했다)의 스포트라이트를 빼
앗아 간 동시에 세계에 "Into the Groove"를 안겨주었다.
'댄스테리아' 클럽을 배경으로 한 장면을 위해 마돈나는 데
모 하나를 내놓았고 이에 영화감독들은 몹시 기뻐했다. 하
지만 그녀가 소속되어 있던 레이블은 못마땅한 눈치였다.
그도 그럴 것이 작년 발매된 〈Like a Virgin〉의 홍보가 아직
진행 중이었기 때문이다. 그 결과 이 노래는 사운드트랙 앨
범에 수록되지 못하게 된다. 그러나 디제이들이 이 곡의 불
법음반 버전을 내놓기 시작하자, 새로이 다듬어진 "Into the
Groove"가 〈Like a Virgin〉의 유럽 재발매 앨범에 실리게
되는 한편 미국에서는 "Angel"의 B사이드로 발매된다.

헤어진 남자친구였던 스티븐 브레이(그와 마돈나는 '브랙
퍼스트 클럽'의 멤버일 당시 만났다고 한다)가 작곡과 제작을 맡
은 "Into the Groove"는 가벼운 동시에 단호한 힘이 있었
다. 개인적으로 매우 소중했던 소재에 대해 노래한—그녀
는 댄서 교육을 받고 성장했다—매지는, 보란 듯이 첫 영국
차트 석권을 기록한다. "Holiday"도 2위로 다시 오른 한편
"Crazy for You"도 상승세를 보이기 시작, 마돈나 매니아
가 상륙한 것이다. 이 노래는 여러 번 리믹스되었는데, 그
중에서도 마돈나가 미시 엘리엇과 단결하여 만든 "Into the
Hollywood Groove"는 갭 광고에 쓰이기도 했다. 많은 아
티스트들이 커버 버전을 시도했으며 그 중에는 대니 미노
그가 자신의 싱글 "Don't Wanna Lose This Feeling"과 결
합시킨 버전도 있다. "Into the Groove"는 오늘날에 이르
기까지 마돈나의 콘서트 단골 곡으로 자리하고 있다. "아직
도 그런 사람들이 있어요." 그녀는 1987년 불만을 털어놓
았다. "제가 무엇을 하든지 간에, 항상 저를 천한 디스코 계
집애로 생각하는 사람들 말이죠." **GK**

팝 페르소나가 아직 세상에 공개되기 이전인 1980년대 당시의 마돈나.

Running Up That Hill (A Deal with God) | Kate Bush (1985)

Writer | Kate Bush
Producer | Kate Bush
Label | EMI
Album | *Hounds of Love* (1985)

"이 곡은 수많은 사람들을
어리둥절하게 만들 거예요…
실제로 이 곡은
그다지 종교와 관련이 있진 않아요."

케이트 부시, 1985

◄ **Influenced by: No Self Control** · Peter Gabriel (1980)
► **Influence on: Speed of Sound** · Coldplay (2005)
● **Covered by:** Blue Pearl (1990) · Elastic Band (1994)
Distance (1998) · Faith & The Muse (2001) · Placebo
(2003) · Within Temptation (2003) · Chromatics (2007)
Little Boots (2009)

1985년, 케이트 부시는 BBC 토크쇼 워간(하고많은 프로그램 중에서 하필 왜 그랬는지)에서 "Running Up That Hill"의 베일을 벗긴다. NME가 그녀에 관해 "그들은 지금 어디서 무얼 할까?"라는 제목의 기사를 게재한 지 이틀 후의 일이었다(1982년 〈The Dreaming〉이 상업적 기대에 못 미친 그녀는 자취를 감춘 상태였다). 몇 달 안에 NME는 "Running Up That Hill"을 가리켜, 영국의 비(非)흑인 아티스트가 내놓은 최고의 싱글이라는 칭송을 보내며, 스스로의 눈을 의심할 일이 벌어지는 것을 목격하게 된다. 이 노래는 부시가 5년 만에 거둔 영국 톱 10 히트작이었다. 9위에 첫 진입하여 3위까지 오른 이 트랙을 통해 그녀는 미국에서 처음으로 주목을 받게 되며 빌보드 차트 30위를 기록한다(EMI는 첫 발매 싱글로 "Cloudbusting"을 지목했지만 부시가 싸움에서 승리했다).

이 곡은 앨범〈Hounds of Love〉를 위해 가장 처음 쓰인 곡 중 하나이다. "만일 사람들이 입장을 바꿀 수만 있다면," 부시가 단호하게 말한다. "만일 남자가 여자가 되고, 여자가 남자가 되어볼 수 있다면 말이죠…아마도 상대의 감정을 더 진실하게 이해할 수 있게 되겠죠." 질주하는 말을 연상케 하는 드럼 트랙(토크 토크의 "Life's What You Make It"이 영감의 원천이었다)은 부시의 당시 연인이었던 델 파머가 제작했다. "그가 이 굉장한 드럼 패턴을 써냈죠…" 그녀가 회상한다. "그리고 제가 페어라이트(신디사이저)를 그 위에 얹었어요. 이렇게 만들어진 드론 배경과 함께 노래의 틀이 완성되었던 거죠."

이 퍼즐을 완성시킨 마지막 퍼즐 조각은 바로 노래의 제목이었다. "이 노래의 원제목은 'Deal with God'이었어요. 저에게는 그게 진짜 제목이에요. 그리고 그것이 진짜 제목이어야 한다고 아직도 믿고 있죠. 하지만 제가 만약에 계속 고집을 부리면 10개국 라디오가 그것을 방송 거부할 거란 이야기를 들었어요." 부시는 앨범의 앞길을 위해 타협을 했다. 그 결과는 의심의 여지가 없는 것이었다. 선구자적 입지와 상업적 성공을 모두 거머쥐게 된 것이다. "너무 보람된 일이었어요." 부시의 말이다. "오랜 시간 동안 작업을 하고 난 후 사람들이 제 결과물을 두 팔 벌려 따뜻이 맞아준다는 것 말이에요." **GK**

West End Girls | Pet Shop Boys (1985)

Writer | Neil Tennant, Chris Lowe
Producer | Stephen Hague
Label | Parlophone
Album | *Please* (1986)

"그들은 'West End Girls'로
기억될 것입니다…
이 곡을 모르는 사람은
단 1명도 만나보지 못했어요."

브랜든 플라워스, 더 킬러스, 2006

◀ **Influenced by: The Message** · Grandmaster Flash
& The Furious Five (1982)
▶ **Influence on: Jump** · Madonna (2005)
● **Covered by:** My Morning Jacket (2005) · The Hotrats
(2009)
★ **Other key track:** Rent (1987)

"비열한 거리와 클럽 거리에 과다하게 심취한 마크 아몬드"라고 NME가 표현한 펫 샵 보이즈의 첫 히트 곡(그들의 것 중 가장 잘 알려진 트랙으로 여전히 남아 있다)은 재발매와 함께 대단한 히트를 거둔다.

이 트랙은 본래 뉴욕의 댄스 뮤직계 전설 바비 올랜도의 제작으로 1984년 첫 발매되어, 언더그라운드 히트로 약간의 성공을 거둔다. 보이즈가 EMI와 계약을 맺은 후 스티븐 헤이그가 참여해 바비 올랜도의 오리지널 버전의 템포를 늦추고 크리스 로우로 하여금 신디사이저 대가로서의 잠재력을 스스로 발견하게 돕는다. 헤이그는 이후 뉴 오더의 작업을 돕는다. ("Blue Monday"는 닐 테넌트가 펫 샵 보이즈의 사운드로 마음에 그렸던 것과 너무나 일치했었다.)

이 노래의 발생 배경은 2년 전으로 거슬러 올라간다. 1983년 테넌트는 영국의 팝 매거진 스매시 히츠의 편집부 보조를 지내고 있었다. 그는 지미 캐그니의 갱스터 영화를 본 후 잠자리에 들었다 한다. 영화의 인상적인 오프닝 라인 "Sometimes you're better off dead / There's a gun in your hand and it's pointing at your head(때로는 사는 것보다 죽는 게 더 낫지 / 너의 손에 총이 있고 머리에 총구를 대고 있지)"가 잠들려는 찰나에 문득 떠올랐던 것이다. 뒤를 잇는 가사는 T.S. 엘리엇의 시 〈The Waste Land〉에서 영감을 받아 만들어졌다. 계급 격차로 찌든 런던의 모습을 그리기 위해 서로 다른 음성을 써 이야기를 풀어나갔다. 중심이 되는 내용은 런던 이스트 엔드 지역 토박이(Cockney) 남자와 런던 웨스트 엔드 지역의 부유한 여자들 사이에 공통점을 좀체 찾아볼 수 없다는 것이다. 뮤직비디오에서는 런던의 웨스트 엔드의 다양한 주요 지형물 주변을 거니는 테넌트와 로우를 카메라가 따라다닌다.

힙합에 영향을 받긴 했으나 테넌트는 독특한 영국 억양을 고수하려고 애쓴다. 뉴욕 래퍼를 흉내 내기는 싫었다는 것이다. 최면적 리듬과 한 편의 영화와 같은 신스팝의 조화는 지성 있는 가사와 만나 이 트랙으로 하여금 대서양 양편에서 차트 석권의 기록을 달성하게 한다. 발매 20년이 지난 후 "West-End Girls"는 'Song of the Decade', 1985-1994 부문에서 아이보 노벨로상을 수상한다. **GK**

She Sells Sanctuary | The Cult (1985)

Writer | Ian Astbury, Billy Duffy
Producer | Steve Brown
Label | Beggars Banquet
Album | *Love* (1985)

"전 똑같은 화음 3개만을 가지고
이만큼 톱 20 기록 싱글을 작곡해낸 데에
변태적인 자랑스러움을 느꼈죠."

빌리 더 피, 2001

◀ **Influenced by: Dazed and Confused** · Led Zeppelin (1969)
▶ **Influence on: Available** · The National (2003)
● **Covered by: Britt Black (2005)** · Keane (2007) · **The Dandy Warhols (2007)**
★ **Other key track:** Love Removal Machine (1987)

물론 메타암페타민을 잔뜩 먹은 짐 모리슨처럼 으르렁거리는 이안 애스트버리와 그의 "world turns around" 반복구도 인상 깊지만, "Shes Sells Sanctuary"의 진정한 힘은 빌리 더피의 최면성 강한 혹에 있다. 이 기타리스트의 트레이드마크인 '화음 3개, 그리고 진실성'이라는 연주 철학은 그의 1970년대 산 백색 그레치 기타를 통해 전해지고, 이 곡을 포스트-펑크 시대를 향한 거수 경례로 탈바꿈시켰다. 곡의 페어런트 앨범 〈Love〉를 통해 밴드는 서던 데스 컬트라는 고스-펑크적 과거로부터 방향을 틀어, AC/DC적 리듬과 레드 제플린풍 편성이 지배하는 미래를 향해 전진하게 된다. 제플린이 사용했던 스튜디오에서 녹음을 진행하며, 더피는 이 곡의 인트로에서 지미 페이지를 환기시키는 아이디어를 사용한다. "전 바이올린 활을 찾아다가 그걸로 기타를 연주하기 시작했죠. 이안을 웃겨주려고요."

싱글로 발매된 다양한 믹스 버전 중, 스티브 브라운이 조종대를 잡은 버전이 가장 인기가 좋다. 본래의 계획은 스티브 릴리화이트를 불러오자는 것이었지만, 컬트의 매니지먼트사가 릴리화이트의 소속사에 데모를 보낼 당시 "스티브에게"라는 메모만 적어 넣는 바람에 일이 틀어졌다 한다. 그 소속사에서는 스티브 브라운도 관리했고, 결국 더피의 말대로 "잘못된 스티브를 받게 됐다"고 한다. 그럼에도 불구하고, 이 곡에서 보여준 능력에 힘입어, 브라운은 매닉 스트리트 프리처스와 작업할 기회를 포착하게 된다.

이 곡은 불가항력적이고 유력한 존재로 밝혀진다. "시애틀에서" 애스트버리가 이렇게 상기했다. "(훗날 펄 잼을 탄생시키는 밴드) 마더 러브 본의 앤드루 우드가 저에게 말했죠…이게 그들에게 시금석을 마련해줬다고요." 곡의 인연은 여기서 끝나지 않는다. 〈Nevermind〉 프로듀서 부치 빅이 "She Seels Sanctuary"의 리믹스 버전을 만들어낸 한편, 이 곡의 영향은 푸 파이터스의 2003년 발표작 "Times Like These"에서도 느껴진다. "'She Sells Sanctuary'가 없는 컬트 공연은 상상하기 힘들군요." 이안 애스트버리가 2007년 이렇게 말했다. "아무래도 느낌이 같지 않겠죠. 저희에게도, 청중들에게도 말이에요." **SS**

Close to Me | The Cure (1985)

Writer | Robert Smith
Producer | Robert Smith, David Allen
Label | Fiction
Album | *The Head on the Door* (1985)

"이곡을 들으면 'Jimmy Mack'이 연상돼요.
전 이 곡이 바로 그런 종류의 사운드를
가졌으면 하고 생각했죠."

로버트 스미스, 1985

◀ **Influenced by: Jimmy Mack** • Martha & The Vandellas
(1966)
▶ **Influence on: So Human** • Lady Sovereign (2009)
● **Covered by:** Dismemberment Plan (1995) • The Get Up
Kids (1999) • -M- (1999) • Kaki King (2008) • I Was a Cub
Scout (2008)

"우리가 쓴 노래들 중에서," 큐어의 메인맨 로버트 스미스가
Q에 말했다. "최고의 곡을 뽑으라 한다면 'Close to Me'가
딱 떠오르진 않을 거예요. 음반 중에서 약간 초현실적 공간
을 메우고 있는 것이 이 곡이라고 할 수 있죠. 녹음 당시에
는 수록 확정 트랙조차 아니었어요. 제가 보컬을 얹고 모진
제작 과정을 거치자 조밀한 사운드가 창조되었죠. 그제서
야 이 곡은 생명을 얻었어요. 그전까지는 너무 평이하기만
했으니까요." 허구한 날 반대로만 말하는 스미스의 말 때문
에 오해하지는 말기를 바란다. 그가 20년 내내 앨범이 나올
때마다, 그리고 공연 투어를 떠날 때마다 큐어의 마지막이
될 것 같다고 주장했던 사람이라는 점을 염두에 두어야 할
것이다. "Close to Me"는 그들의 노래들 중 최고이자 가장
매력적인 곡 중 하나이기 때문이다.

어쨌든, '반대'라는 개념은 "Close to Me"와 한 맥락에
있다. 스미스는 의도적으로, 비틀즈와 버즈콕스의 만남을
꾀하는 "Boys Don't Cry" 스타일의 3분짜리 팝송을 탄생시
켰다. 그럼에도, 이 곡은 지난 4년 동안 밴드가 이룬 영국
차트 기록 중 가장 낮은 성적을 거두었다. 하지만 팀 포프
가 쓰고 제작한 뮤직비디오는 큐어 뮤직비디오 중 가장 큰
인기를 누렸다. 이것은 장롱 안에 들어앉은 5명의 밴드 멤
버가 벼랑 끝에서 건들거리는 모습을 담은 영상이었다. 이
옷장은 결국 쓰러져 바다 속으로 빠지는데, 물 찬 장롱에서
도 밴드는 계속하여 연주를 멈추지 않는다.

"정말 끔찍했죠…" 스미스가 레코드 미러에 투덜거린
다. "저희가 이제껏 촬영한 모든 비디오 중 가장 거북한 상
황이었어요. 물속에서 10시간 동안이나 잠겨 있어야 했어
요(이 스토리는 폴 오큰폴드리믹스를 동반한 1990년 영상에서 계속
이어진다. 〈Mixed Up〉 앨범에 수록된 이 리믹스 버전은 UK 싱글
차트에 13위까지 올랐다)." 이 노래의 매력은 모타운을 연상케
하는 손뼉 소리와 세련된 단순성에 있다. "앨범 수록 곡 중
에서 부수적인 효과 사용이 중에서 부수적인 효과 사용이
없는 유일한 곡이에요," 스미스가 재잘댄다. "그냥 단번에
녹음해버렸죠. 마치 방에서 카세트 테이프 녹음기 하나 틀
어놓고 녹음하듯이 말이에요. 과거에 사람들이 녹음하던
그런 방식으로요." **BM**

Under Mi Sleng Teng
Wayne Smith (1985)

Writer | Noel Davey, Lloyd James, Ian Smith
Producer | Lloyd James
Label | Jammy's
Album | *Sleng Teng* (1986)

1985년 2월, 레게 음악에 영영 돌이키지 못할 이변이 찾아온다. 자메이카의 킹스턴에서 일어난 사운드 시스템 배틀에서, 디제이 겸 프로듀서 로이드 "프린스 재미" 제임스가 자신의 적수들을 완전히 날려버린 것이다. 전면 디지털화된 레게 "리딤"으로는 최초라 여겨지는 음악을 연주했던 것이 그의 승리 요인이었다. 베이스 사운드가 쿵쾅대며 스피커를 두드리는 순간, 배틀 판은 아수라장이 되었다. 디지털 댄스홀(혹은 라가)은 바로 이렇게 탄생했다.

이 곡이 탄생하게 된 계기는 노엘 데이비가 자신의 일렉트로닉 "뮤직 박스" 키보드에 미리 세팅되어 있는 리듬을 가지고 노래 연습을 했던 일이다. 어느 날 그와 웨인 스미스는 이 키보드에 세팅되어 있는 로큰롤 리듬을 레게 리듬에 맞춰 속도를 늦춘 다음, 독특한 베이스라인을 우연히 발견해 넣어 "Sleng Teng" 리듬의 기반을 형성시켰던 것이다. 스미스는 이 트랙을 '프린스 재미'에게 가져갔고, 재미는 몇 명의 아티스트들에게 이 트랙 위로 토스팅을 하게 지시한 다음 이것을 녹음했는데, 그 중에는 스미스가 직접 만든 마리화나를 향한 찬가 "Under Mi Sleng Teng"도 포함되어 있었다. 스미스의 트랙은 대대적인 히트로 부상하게 되는 한편 셀 수 없이 많은 모방자들의 출현을 야기했다.

이 디지털 혁명은 자메이카 세션 뮤지션들에게 큰 충격을 가져온다. 이전까지만 해도, 자메이카 섬에서 녹음되는 것을 하나에서 열까지 모두 베이시스트와 드러머를 직접 고용해 썼던 반면, "Sleng Teng" 사운드를 모방하려는 프로듀서들이 늘어남에 따라 이들의 활용 가치가 떨어지게 된 것이다. 재미 자신조차도, 자신이 발매하려고 보유하던 50개의 "아날로그" 리듬들의 발표를 무기한 보류해버렸다. **DC**

Cruiser's Creek
The Fall (1985)

Writer | Mark E. Smith, Brix Smith
Producer | John Leckie
Label | Beggars Banquet
Album | N/A

폴이라는 독불장군 선박이 상업성이란 해안에 접근한 것은 몇 번 되지 않지만, 1980년대 중반이 그중 하나이다. 마크 E. 스미스와 미국 기타리스트 로라 엘리스 샐린저(브릭스로 더 잘 알려진)의 협력이 이러한 발전에 중추적 역할을 한다. 그들은 1983년에 결혼도 한다.

전진하는 드럼과 쿵쿵대는 베이스가 빚는 진한 사운드는 여전히 그들답다. 그러나 여기에 슬며시 끼어들기 시작한 것은 다름 아닌 멜로디들이다. "레코드를 4만 장 팔 생각은 없습니다, 1백만 장 팔고 싶어요." 브릭스가 NME에 말했다. "골드 디스크가 되기 전까지는 아무 의미가 없는 거예요." (이 바람은 끝내 이루지 못한다.)

"Cruiser's Creek"의 중심에는 좀체 물러설 줄 모르는 기타 리프가 자리한다. 이건 마치 웨스트 코스트 개러지 밴드를 연상케 하는 것이다. 귓속을 맴도는 노래 속에는 귀를 아프게 하는 보컬이 있다. 스미스가 내뱉는 미친 듯한 외침과 비명은 사실 그의 트레이드마크이기도 하다. 좌파 음악 집단이었던 레드 웨지 부류―빌리 브랙과 폴 웰러도 동참했었다―를 향한 조롱 섞인 한마디도 잊지 않는다.

초반에 이 곡은 〈This Nation's Saving Grace〉 비닐 레코드 판에 담겨 영국 밖에서만 유통되었다. 하지만 1985년 11월 밴드가 얼터너티브 뮤직 쇼케이스인 'The Tube'에 2번째로 출연하며 텔레비전에 방영된다(첫 출연은 디제이 존 필의 요청에 의해서였다). 이 노래의 전국 중계방송은, 1980년대 중반 중독적 사운드를 만드는 북서부 잉글랜드 출신의 스미스 성씨를 가진 이가 단순히 모리세이, 마, 루크, 조이스만 있는 것이 아님을 상기시키는 사건이었다. **CB**

1989년 촬영된 폴의 마크 E. 스미스. 스스로의 주인은 자신뿐임을 피력하고 있다.

Life in a Northern Town | The Dream Academy (1985)

Writer | Nick Laird-Clowes, Gilbert Gabriel
Producer | D. Gilmour, N. Laird-Clowes, G. Nicholson
Label | Blanco y Negro
Album | *The Dream Academy* (1985)

"로맨티시즘이 다시 돌아오고 있어요.
이제 아름다운 음악을 만들고도
비웃음을 사지 않아도 되는 시대가
다시 온 거죠."

케이트 신전, 1985

◀ **Influenced by: The Thoughts of Mary Jane**
Nick Drake (1969)
▶ **Influence on: Sunchyme** • Dario G (1997)
● **Covered by:** Voice Male (2003) • Neema (2006)
★ **Other key tracks:** Test Tape No. 3 (1985) • Poised on
the Edge of Forever (1985)

80년대 중반, 드림 아카데미가 비춘 빛은 짧지만 눈부셨다. 싱어 겸 기타리스트 닉 레어드-클로즈, 키보드 주자 길버트 가브리엘, 멀티 인스트루멘털리스트 케이트 신전은 이 하나의 전설적 싱글로 미국을 강타했고 빌보드 톱 10에 오른다. 팝 컬처의 추억으로 만든 보물 보따리이자 인간미의 심상화인 "Life in a Northern Town"은, 스트링과 찬트, 천둥 같은 드럼, 솟구치는 잉글리시 호른으로 충전된 호화롭고 "장대한 음악"이다.

레어드-클루즈와 마크 길모어(핑크 플로이드의 데이비드 길모어의 남동생)는 액트에서 함께 연주한 바 있다. 플로이드의 기타리스트는 레어드-클루즈의 연주에 설득당해 그의 새로운 프로젝트에 참여하게 된다. "그에게 현대기술뿐 아니라 60년대와 70년대 초반에 관련한 경험이 있다는 것이 저희에게는 큰 득이 되었죠." "Life in a Northern Town"의 독특한 음향 효과에 대해 1985년 가브리엘이 한 말이다. 버튼 하나만으로 오케스트라 사운드를 재현해낼 수 있는 새로운 가능성들이 드림 아카데미의 음악을 높이 쏘아 올렸다.

미니멀리스트 작곡가 스티브 라이시가 영감의 원천이라는 예상 밖의 사실은 닉 드레이크를 향한 헌정으로 이어진다. 레어드-클로즈는 가사를 쓸 때 드레이크의 "기"를 받아 써내려갔다고 한다. 노래가 주는 한순간의 오싹함이 그의 말을 뒷받침하는 듯하다.

이 곡의 독특한 코러스 찬트는 드레이크의 목가적 심상과는 좀 거리감 있는 새로운 모습으로 태어나게 된다. 1997년 영국의 댄스 음악 프로듀서 그룹인 다리오 G가 샘플링을 통해 "Sunchyme"를 탄생시키고 영국에서 히트를 거두게 될 것이다. 새로이 찾은 희열의 사운드는 오리지널 송에 묻어 있던 비에 젖은 노더니즘의 구슬픔과 천양지차이다. 한편, 레어드-클루즈는 핑크 플로이드의 1994년 앨범 〈The Division Bell〉의 작사 크레딧에 이름을 남기며 자신의 본 뿌리를 고수해간다. 게다가 길모어의 도움을 받아 그리핀 던의 영화 〈피어스 피플〉(2005)의 음악을 완성하기도 했다. **MH**

The Whole of the Moon | The Waterboys (1985)

Writer | Mike Scott
Producer | Mike Scott
Label | Ensign
Album | *This Is the Sea* (1985)

"마이크 스콧은
당시 세계 최고의 송라이터였습니다."

보노, 2006

◄ **Influenced by: 1999** • Prince (1982)
► **Influence on: N17** • The Saw Doctors (1989)
● **Covered by:** Terry Reid (1991) • Jennifer Warnes (1992)
Human Drama (1998) • Mandy Moore (2003)
★ **Other key tracks:** Don't Bang the Drum (1985) • This
Is the Sea (1985) • Fisherman's Blues (1988)

1980년 전반기, 워터보이스의 대장 마이크 스콧은 "빅 뮤직"을 만드는 사람으로 알려진다. 1984년 발매 앨범 〈A Pagan Place〉에 수록된 동명의 트랙에서 기원한 꼬리표라는 것이다. "The Whole of the Moon"이야말로 진정한 빅 뮤직이었다. 이 곡은 음악적으로 서두르기를 거부할 뿐 아니라 대중의 갈채를 받으려 안달하지도 않았다.

1985년 초 〈This Is the Sea〉의 작업 초반 당시 "The Whole of the Moon"은, 스콧의 말에 따르면 "분명 미완성"이었다. 대략 뉴욕의 겨울 언제인가 탄생했다던 이 곡은 런던의 늦은 봄이 되어서야 마무리된다(스콧은 자신이 만일 마크 헬프린의 소설 「윈테스 테일」을 읽지 않았다면 노래를 "쓰지 못했을 것"이라고 말하지만, 이 노래가 헬프린에 관한 것임은 부인한다).

스콧에게 영감을 불어넣은 이들의 예술적 비전을 찬양하는 가사로 흐느끼는 이 곡은 그만큼 대대적인 제작 스케일을 필요로 했다. 멀티 연주자이자 훗날 월드 파티의 프론트맨이 될 칼 월링거의 키보드 연주(스콧은 그가 "원 맨 오케스트라"란다)와 로디 로리머의 솟구치는 트럼펫으로 그런 제작 스케일을 얻어내는 것쯤은 문제없었다 한다.

하지만 스케일 큰 음악이라고 반드시 스케일 큰 판매가 따르는 것은 아니다. 1985년 10월, 이 곡은 적당한 히트(영국 톱 30에 진입하는 정도)로 운명을 마친다. 하지만 6년 후, 베스트 앨범 홍보를 위해 곡이 재발매되고, 청중의 긍정적 반응에 힘입어 3위까지 상승하게 된다(스콧은 자신을 1위에 못 오르게 한 것이 셰어의 "The Shoop Shoop Song"이라고 농담조로 투덜거렸다). 1991년 아이보 노벨로상을 통해 또 한 번 우수함을 인정 받기도 했지만, 정작 스콧에게 가장 인상 깊게 남은 것은 밥 딜런의 한마디였다. "'The Whole of the Moon'이 마음에 든다고 그가 저에게 말했죠. 밥 딜런이 제 노래를 좋아한다고 말해주는 것이 저에게 얼마나 큰 의미를 가지는지 몰라요." **CB**

Marlene on the Wall | Suzanne Vega (1985)

Writer | Suzanne Vega
Producer | Lenny Kaye, Steve Addabbo
Label | A&M
Album | *Suzanne Vega* (1985)

"마를리나 디트리히를 좋아했던 이유는
그녀의 이미지 때문이었죠.
그 잔인한 구석에서 전 매력을 느꼈어요.
그녀의 전기를 읽고 슬픈 감정을 느꼈죠."

수잔 베가, 1999

◀ **Influenced by: Help Me** • Joni Mitchell (1974)
▶ **Influence on: Marlene Dietrich's Favorite Poem**
Peter Murphy (1989)
● **Covered by:** Underwater City People (2005)
★ **Other key tracks:** Neighborhood Girls (1985) • Luka
(1987) • Tom's Diner (1987)

포스터 1장에 대해 노래하는 컬트 송을 만나볼 수 있는 기회는 흔치 않다. 하지만 80년대 중반(시기적으로 볼때, 조니 미첼보다는 후, 주얼의 등장 이전) 수잔 베가만큼이나 성공적인 여성 싱어-송라이터를 만나볼 기회도 흔치 않았다. 난해한 포크-팝이 시장성이 없다고 생각한 A&M에게 2번씩이나 거절당한 베가는 힘겹게 살아가는 뉴욕 뮤지션이었다. 하지만 패티 스미스의 기타리스트 레니 케이가 그녀의 앨범의 제작을 맡게 되고 "Marlene on the Wall"은 그녀를 성공적으로 영국 시장에 선보인다. 베가의 여유로운 음성, 레너드 코헨 스타일의 가사, 어쿠스틱 중심의 음악은 모두들 마돈나처럼 해보려고 안달하던 시대에 특히 주목할 만한 것이었다. 할리우드 전설 마를렌 디트리히의 포스터에서 영감을 받은 베가는 자아를 찾아 여정을 떠나는 한 소녀에 대해 곡을 썼다. "전 매우 난잡한 생활을 했던 시절이 있어요…" 그녀가 Q에 털어놓는다. "정말 정신 없던 시기죠. 낯선 사람들과 섹스를 한다는 것이 매우 공허한 경험이란 것도 깨닫게 되죠." 가사도 거기에 착안해 쓰였다. "Marlene watches from the wall / Her mocking smile says it all / As she records the rise and fall / Of every soldier passing(마를리너가 벽에서 지켜보고 있지 / 그녀의 조롱 섞인 미소가 모든 걸 말해주고 있어 • 흥망성쇠를 노래로 남기며 / 지나가는 병사 각각 모두의)."

"1장의 포스터를 이야기 중심으로 잡는다는 것 자체가 매우 팝적인 아이디어죠…" 베가가 송토크에 말한다. "'오늘 나는 작고 파란 것이라네'(이것은 그녀의 데뷔 앨범에 수록된 또 다른 곡의 후렴 부분이다)에 비하면 정말 대조적인 거죠. 사람들은 그런 걸 들으면 제가 무슨 암호로 이야기하는 줄 알아요…정말 진실된 노래였어요. 제 경험으로 직접 쓴 가사들이었죠." 베가는 후에 "Marlene on the Wall"을, "다른 이에게는 조금의 의미도 가지지 못하는 내 삶의 세세한 것들로 가득 차 있다"라는 말로 일축한다. "좀 빗나간" 노래라 하기도 했다. 그러나 이 아름답고 생동감 넘치는 곡은 "Luka"(1986)나 "Tom's Diner"(1987)와 같은 스매시 히트를 위한 길을 미리 닦아주었다. 그리고 이후 있을 20년간의 놀라운 음악 세계로 청중을 초대한다. **GK**

How Will I Know | Whitney Houston (1985)

Writer | G. Merrill, S. Rubicam, N. M. Walden
Producer | N. M. Walden
Label | Arista
Album | *Whitney Houston* (1985)

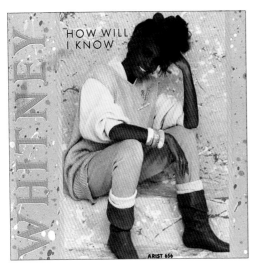

"수화기를 통해서
'How Will I Know'의 첫 녹음본을 들으며,
저희는 알아차렸죠.
뭔가 특별한 것을 발견했다는 사실을."

조지 메릴, 1985

◀ **Influenced by: Who's Zoomin' Who?** · Aretha
Franklin (1985)
▶ **Influence on: Waiting for a Star to Fall** · Boy Meets
Girl (1988)
● **Covered by:** Dionne Warwick (1985)
The Lemonheads (1996) · Hit the Lights (2008)

바비 브라운 이전, 마약 문제가 있기 전, 그리고 괴팍한 텔레비전 출연 사건들이 있기 전, 휘트니 휴스턴은 단정한 이미지의 수퍼스타였고, 어처구니없을 만큼 귀에 착 감기는 필 굿 팝 고전들로 세계적인 스매시 히트를 기록하곤 했다.

"How Will I Know"는 가스펠로 연마한 힘 있는 목소리를 소유한 어린 싱어에게 너무나도 완벽한 노래였다. 하지만 조지 메릴과 섀넌 루비캄은 곡을 쓸 때 다른 가수를 마음에 두고 있었다고 한다. "자넷 잭슨의 다음 음반을 위해 곡을 써달라고 하던데요…" 메릴이 송팩츠에 말한다. "그들은 이 곡이 그녀에게 맞지 않다고 판단해서 그냥 넘겨주었죠. 〈Control〉 앨범 작업 중이었거든요."

잭슨이 잃은 만큼 휴스턴은 얻게 된다. "상대방도 내가 좋아하는 만큼 날 좋아하고 있을까?"라는, 강산은 변해도 멈추지 않는 수수께끼는 귀여운 가사("I try to phone, but I'm too shy(can't speak)(전화를 걸려고 해보지만 난 너무 수줍음을 타(말을 못하겠어))")에 잘 나타나 있다. 심플한 R&B 비트는 프레믹 러셀 텁스의 색소폰 솔로의 기를 받아 한껏 더 생기넘치며, 여기에 휴스턴의 빼어난 목소리가 마치 체리 장식처럼 얹어진다.

나라다 마이클 월든이 제작을 맡았다. 그가 몇 군데를 수정하려 하자 송라이터들이 처음엔 못마땅해했다. "나라다가 박력 있는 트랙을 깔고 몇 가지 덧붙이고 수정하더라고요…" 루비캄이 기억을 더듬는다. "우리가 만들었던 데모보다 훨씬 더 파워풀했죠."

뮤직비디오 중 휴스턴이 "I'm asking you, 'cause you know about these things(당신에게 물어보는 거예요. 왜냐하면 당신은 이런 것들에 대해 잘 알고 있으니까)"라고 노래하는 부분에서 자신의 대모 아레사 프랭클린이 나오는 스크린을 가리키는 장면이 있다. 적절한 경의의 표시라고 본다. 왜냐하면, "How Will I Know"가 월든의 또 다른 제작물 "Who's Zoomin' Who"(아레사 프랭클린의 노래이다)의 멜로디를 반향한 것이었으니 말이다. 메릴과 루비캄도 자신들의 협력관계에 투자하여 보이 미츠 걸을 결성, 대중의 이목을 받는다. **OM**

Manic Monday
Bangles (1985)

Writer | Christopher (aka Prince)
Producer | David Kahne
Label | Columbia
Album | *Different Light*
(1985)

"프린스가 메시지를 보내왔죠. '만약에 트랙들을 쓰고 싶으면, 그래도 돼요. 그냥 보컬 부분만 다시 녹음하세요.'" 뱅글스 기타리스트 비키 피터슨이 말했다. "저흰 감사했지만 거절했죠." 또 다른 자신의 곡 "1999"의 영향이 느껴지는 "Manic Monday"는 프린스가 본래 자신의 퍼플 레인 시기 제자들인 아폴로니아 6를 위해 쓴 것이다. 이 미니애폴리스의 거장은 결국 그들의 앨범에서 이 곡을 빼기로 결정을 내리는데, 아마도 아폴로니아의 목소리가 만족스럽지 않았기 때문인 듯하다.

뱅글스 싱어 수잔나 호프스가 팝도즈닷컴(popdose. com)에 말했다 "그가 우리 첫 앨범에 있던 노래 "Hero Takes a Fall"의 비디오를 듣고 보았다고 했죠…우리 공연에 오기 시작했어요. 그리고는 스테이지에 올라와 그 노래에 길고 멋진 기타 솔로를 얹어주기도 했죠…'When Doves Cry'가 한참 라디오에서 큰 히트를 치고 있을 때였어요. 이 모든 일은 동시에 일어났어요…우리는 함께 시간을 보내기도 했어요. 그러면서 그를 조금 알아갔습니다."

그들 4인조는 웨스트 코스트적 딸그랑거림으로 "Manic Monday"을 장식한다. 이로써 미니애폴리스의 소울에 마마스 앤 파파스적 햇살을 한 줄기 비추었던 것이다. 비록 〈All Over the Place〉(1984)는 실패로 끝났지만, "Manic Monday"는 그들에게 미국과 영국 양쪽에서 2위라는 기록을 안긴다.

피터슨은 이 노래의 녹음 작업 당시 프린스가 들렀던 것을 기억한다. 키보드 부분이 미약하다고 사과하자 프린스가 이렇게 속삭였다. "키보드 같은 거 신경 쓰지 마. 어차피 잘될 거니까." 그의 한마디는 명중했다. **MH**

Sun City | Artists United
Against Apartheid (1985)

Writer | Steven Van Zandt
Producer | Steven Van Zandt,
Arthur Baker
Label | Manhattan
Album | *Sun City* (1985)

브루스 스프링스틴과 마일즈 데이비스 사이에 대단한 공통점이 있는 것은 아니다. 하지만 둘에게 하나의 통일된 신념만은 존재했다. 사우스 아프리카의 럭셔리 리조트인 선 씨티에서는 공연을 하지 않겠다는 것이 바로 그것이었다. 아파르트헤이트 정책에 불복 의사를 나타내기 위해서 기꺼이 급료 봉투를 포기하겠다는 아티스트들이 그 외에도 무더기로 나타났다. 로널드 레이건 대통령의 미국 정부는 아파르트헤이트에 대해 단호한 정책을 내놓지 않고 있다는 비난을 샀다. 그리하여 그의 임기 중반, "로커들과 래퍼들이 협력하고 강하게 뭉쳐" 세기 최고의 불복 시위 곡이 탄생한다.

이 곡은 기타리스트 스티븐 반 잔트의 발명품이었다. 1984년 스프링스틴의 밴드를 그만둔 그는 뮤지션들을 불러 모아 노래를 완성시키는 것을 도왔다. 노력한 만큼 결과도 좋았다. "Sun City"의 자극 덕에 많은 이들이 사우스 아프리카에 대해 처음으로 생각해보기 시작했다. 반대자들 중에는 조니 미첼도 있었는데, 그녀는 오리지널 가사가 자신의 친구 린다 론스태드를 남아프리카에서 공연한 뮤지션으로 꼬집어 말하자 반대 입장을 취했다. 미국 라디오 스테이션들은 대부분 이 곡을 거들떠보지도 않았다. 곡의 정치적 메시지를 염려한 탓이었다. 하지만 "Sun City"는 이런 사회적 중요성을 넘어 그 이상의 가치를 품는다. 랩-록 하이브리드 장르의 초기 작품으로서 감흥 넘치는 퍼포먼스와 저항할 수 없는 코러스로 가득 차 있기 때문이다. 이 곡은 비록 아파르트헤이트를 폐지시키지는 못했으나(곡이 발매된 지 10년이 지난 후 폐지된다), 불가능해 보였던 업적을 하나 달성한다. 뮤직비디오에서 벨벳 언더그라운드의 루 리드를 춤추도록 설득했다는 사실이다. **JiH**

뱅글스의 수잔나 호프스. 왕족적(Prince) 사랑을 한몸에 받는다.

Kerosene
Big Black (1986)

Writer | Big Black
Producer | Iain Burgess, Big Black
Label | Homestead
Album | *Atomizer* (1986)

스티브 알비니는 몬태나 주의 작은 도시 미줄러에서 일부 어린 시절을 보낸다. 최근 보고에 따르면 북서부 몬태나 지역—여기에 미줄러도 포함된다—이 미국 전체에서 불법 마약 사용이 가장 높은 것을 드러냈다. 마약도 시간을 보내는 수단 중 하나로 인식된 곳인 까닭이다. "Kerosene"을 통해 알비니와 그의 사단은 그 외의 수단에 대해 이야기한다. 이로써 빅 블랙이 낳은 곡들 중 가장 온전하면서도 너무나 불온한 트랙이 탄생하게 된다. 커트니 러브는 이 곡이 자신의 인생을 바꿔놓았다는 이중적 의미의 말을 했다. 알비니가 "내 머리가 팽 돌게 할 만한 굉장히 사악한 소음"이라고 칭한 것을 창조할 목적으로 만들어진 밴드의 데뷔 앨범 〈Atomizer〉는 선행한 EP들에서 몇 기어 더 올린 작품이라 볼 수 있다. 여전히 전면 공격을 일삼긴 하지만 예술성도 엿보이는 앨범이었다. 알비니의 기타는 마치 유리가 깨지는 소리와 종의 울림을 한데 융화시킨 듯하다. 동요하는 불안감은 뒤따르는 것들의 완벽한 도입부가 되어준다. 빅 블랙은, 금기시 되는 주제들을 터놓고 이야기하려는 것 때문에 종종 불같은 비난을 사기도 했다. "Kerosene"도 예외는 아니었다. 한 여자를 집단 강간하고 (등유로) 살해하는 내용으로 곡이 해석되었기 때문이다. 베이스 주자 데이브 라일리는 이것을 부인한다. "이 곡은 하루하루가 별 볼 일 없이 지루한 미국의 작은 마을들에 관한 거예요. 할 게 딱 2가지밖에 없죠. 무언가를 잔뜩 가져다가 불로 날려버리든가 아니면 마을 전체에서 단 1명뿐인 여자와 섹스를 하는 거요. 그 여자는 아무하고나 섹스하는 걸 주저하지 않을 사람이고요. 'Kerosene'은 이 두 가지 탐닉을 한데 묶어보려는 한 남자에 관한 거예요." 거북할지도 모르지만 필수적으로 들어야 할 곡이다. **CB**

Ay te dejo en San Antonio
Flaco Jiménez (1986)

Writer | Santiago Jiménez
Producer | Chris Strachwitz
Label | Arhoolie
Album | *Ay te dejo en San Antonio y mas!* (1986)

플라코 히메네스는 텍스-멕스 콘훈토 뮤직계의 지존이다 (별명인 "Flaco"는 "깡마른"이란 뜻이다). 텍사스주 남부 도시 샌 안토니오에서 성장한 그는 멕시코인 아코디언 주자 중 가장 잘 알려져 있다. 매콤한 칠리 같은 음악을 단번에 요리할 수 있는 능력을 가졌던 덕에 라이 쿠더, 롤링 스톤스, 드와이트 요컴, 치프턴즈를 비롯한 수많은 아티스트들이 그의 도움을 원했다. 그러나 그가 누린 최고의 성공은 본인의 솔로 커리어와 두 텍사스 앙상블(텍사스 토네이도즈와 로스 슈퍼 세븐)에서의 활동 덕택에 찾아왔다.

플라코는 아코디언의 대가였던 부친, 산티아고 히메네스의 가르침 아래 기초 훈련을 쌓았다. 멕시칸 아메리칸들의 행사 공연을 다녔던 그는, 아코디언을 연주하며 노래하는 것뿐 아니라 군중을 능숙히 다루는 법 또한 익힌다. 산 안토니오의 떠오르는 로커 더그 삼과 친분을 맺게 된 후 그는 록과 컨트리 음악의 크로스 오버를 시도한다. 삼과 히메네스는 정기적으로 함께 연주하는 한편, 훗날 텍사스 토네이도즈를 결성한다(프레디 펜더와 어기 마이어스도 참여한다). 아홀리 레코드 레이블과 작업을 진행하며 그는 자신만의 독특한 멕시칸 콘훈토 음악 스타일을 그 어느 누구보다 더 큰 규모의 대중에게 선보인다.

"Ay te dejo en San Antonio"(I'm Going to Leave You in San Antonio(난 널 산 안토니오에 두고 떠날 거야))는 플라코가 부친으로부터 배운 곡으로 그에게 첫 그래미상을 안겨준다 (이후에도 그는 그래미상을 4번 더 수상한다. 앞으로도 몇 번이나 더 탈지는 모를 일이다!). 전통적 뿌리를 고스란히 간직한 이 곡은 플라코의 다이내믹한 표현력에 힘입어 텍스-멕스 음악의 진가가 보유한 힘을 확실히 드러내 보인다. **GC**

Time of No Reply
Nick Drake (1986)

Writer | Nick Drake
Producer | Frank Kornelussen, Joe Boyd
Label | Hannibal
Album | *Time of No Reply* (1986)

닉 트레이크의 초기 스튜디오 리코딩 중 하나인 "Time of No Reply"(1968년 후반 곡이다)는 군더더기를 모두 걷어낸 닉 드레이크 본연의 모습을 보여준다. 어쿠스틱 기타와 함께하는 솔로 피스로 블루스의 영향을 받은 이 곡은 가을 정서를 풍기면서, 너무나 빨리 끝나버린 드레이크의 삶에 찾아올 어두움을 예견하는 듯하다.

젊은이다운 소외감에 대한 묵상이 가사에 담겨 있다 ("The sun went down and the crowd went home / I was left by the roadside all alone / I turned to speak as they went by / But this was the time of no reply(해가 지고 사람들은 집으로 돌아갔지 / 난 길가에 홀로 남겨졌어 / 지나치는 사람들에게 말을 걸어보려 했어 / 하지만 대답 없는 시간이었지)."). 빽빽하지 않은 짜임은 애수를 자아내지만, 서정적인 포크 기타 덕에 낙관주의적 빛이 희미하게 묻어난다.

이 트랙은 본래 드레이크의 데뷔 LP 〈Five Leaves Left〉의 수록 후보 곡이었으나 다른 곡들에 밀려 결국 한쪽에 제쳐두었던 것이다. 유작 앨범 〈Fruit Tree〉박스 세트가 1979년 발매되고 난 이후 드레이크의 친구이자 프로듀서인 조 보이드는 공개되지 않은 리코딩들을 모아 1986년 추가 발매한다. 이 앨범이 바로 〈Time of No Reply〉이며 동명의 타이틀 트랙을 첫 곡으로 수록하고 있다. 이 곡이 녹음된 지 18년이나 지난 후 처음 공개되었다.

2004년 더 많은 비공개 트랙들이 발매된다. 〈Made to Love Magic〉에는 로버트 커비가 편곡한 "Time of No Reply"의 버전이 담겨 있다. 커비는 〈Five Leaves Left〉의 관현악 편성을 담당했던 인물이었다. 1968년 제작된 커비의 오리지널 스코어에 기반하여 재건된 이 "새로운" 버전은 이 곡의 내력에 흥미롭고 값진 보탬이 되어준다. **JL**

Wide Open Road
The Triffids (1986)

Writer | David McComb
Producer | Gil Norton, The Triffids
Label | White Hot
Album | *Born Sandy Devotional* (1986)

퍼스 출신의 인디 로커들 트레피즈는, 그다지 대단한 히트곡을 내놓은 적이 있었던 건 아니지만, 어쨌든 호주 음악계 전반에 긴 그림자를 드리운 존재다. 밴드의 전면은 카리스마 넘치는 싱어 데이비드 맥콤의 두려움에 찬 듯한 울림통 큰 목소리가 채우고 있다. 밴드의 가장 개성 넘치는 곡들의 대부분을 그가 썼으며, 이 곡들은 호주적이라는 전형성을 지닌 '공간'을 만들어냈다.

한편의 영화와도 같은 이 곡이 그 중 가장 좋은 예이다. 깊은 생각에 잠긴 듯한 베이스 라인 위에 급작스러운 총성 같은 스네어 드럼 모티브가 구두점을 찍고, 여기에 도망간 연인에 대한 맥콤의 분노에 찬 음성이 더해진다: "I drove out over the flatlands / Hunting down you and him(난 평야 위로 차를 몰고 나아갔어 / 너와 그를 쫓으러)." 최소화되었으면서도 매우 효율적인 악기 편성은, 수어사이드의 영향이 엿보이는 규칙적인 비트 위에서 울리는 종소리와 같은 기타와 "이블" 그레이엄 리의 정교한 페달 스틸 기타 릭이 장식하고 있다. 맥콤이 이렇게 회상한다. "케이구나와 노스맨 사이에 길게 뻗은 고속도로 위에서 트리피즈의 하이에이스 '밴'이 캥거루들과 함께 단조로움 속의 심연에 빠지는 거죠."

"Wide Open Road"는 호주 싱글 차트 64위에 간신히 오른다. 영국에서는 오히려 더 나았다. 그들은 2008년 호주 음반 산업 협회 명예의 전당에 오른다. 그러나 맥콤은, 경미한 차 사고로 인해 이식 받은 심장이 3일 만인 1999년 2월 2일 멎으며 이러한 기쁨을 함께 나누지 못했다.

웨딩스 파티스 애니씽과 처치 등의 동료 호주 출신 그룹들이 이 곡의 커버를 시도했으나 오리지널에 비견할 만한 것은 되지 못했다. **JLu**

There Is a Light That Never Goes Out | The Smiths (1986)

Writer | Morrissey, Johnny Marr
Producer | Morrissey, Johnny Marr
Label | Rough Trade
Album | *The Queen Is Dead* (1986)

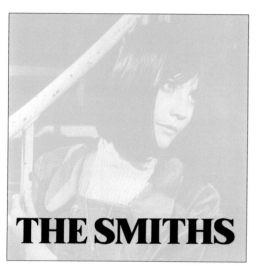

THE SMITHS

"저희가 이 곡을 처음 연주했을 때,
이렇게 생각했습니다.
내가 이제껏 들어본 노래 중 최고라고요."

조니 마, 1993

◀ **Influenced by: There She Goes Again** • The Velvet Underground (1967)
▶ **Influence on: Losing My Religion** • R.E.M. (1991)
● **Covered by:** The Divine Comedy (1996) • Neil Finn (2001) • The Ocean Blue (2002) • The Magic Numbers (2006) • Noel Gallagher (2009)

"There Is a Light That Never Goes Out"이 스미스의 대표적인 곡이 된 것은 이 노래가 그들의 곡들 중 가장 아름답거나 감동적이거나 재치 있기 때문도, 가슴을 에듯 통렬하기 때문도 아니다. 물론 이 모든 것이 다 해당되긴 하지만 말이다. 이 곡이 스미스의 대표적 곡이 된 진정한 이유는 이 밴드가 상징하는 것을 한 곡에 전부 포착해냈기 때문이다. 밴드는 어쩌면, "There Is a Light…"을 통해 자신들이 그토록 간절히 원했던 히트를 거둘 수 있었을는지도 모른다. 하지만 기타리스트 조니 마는 록 냄새가 더 강한 "The Boy with the Thorn in His Side"를 발매하길 원했고, 성공의 순간은 그들을 스쳐 지나갔다. 스미스는 항상, 가장 비참한 영혼들을 위한 음악을 조달하는 역할을 담당해왔다. 그렇기 때문인지 싱어 모리세이의 가사에 담긴 유머와 마의 리듬에 실린 생명력을 간과하기 쉽다. "전 말이죠," 마가 말했다, "기타를 든 필 스펙터가 되고 싶었죠." "There Is a Light…"는 동요하는 스트링과 감상적인 보컬 덕에 부정할 수 없는 애수를 담고 있지만, 아름다운 음악과 독특한 가사가 이런 어둠을 상쇄하고 있다. 이 곡은 민첩하도록 명쾌하다. 모리세이의 가사에는 차를 타고 도시를 가르는 여인들이 등장한다. 이야기의 화자는 그곳에서 더이상 환영받지 못하는 존재로 느껴진다: "Driving in your car / I never, never want to go home / Because I haven't got one / Any more(네 차를 타고 갈 때면 / 난 집에 가기 싫어 / 난 집이 없으니까 / 이제 더이상)." 가사에는, 그들의 트레이드 마크인 성적 과묵함이 드러나는가 하면("And in the darkened underpass / I thought: Oh God, my chance has come at last / But then a strange fear gripped me and I just couldn't ask(어두운 지하도에서 / 난 생각했지. 나에게 드디어 기회가 왔구나 / 하지만 이상한 두려움이 날 사로잡았고 난 차마 물어볼 수가 없었어)"), 마음을 두드리는 멜로드라마가 묻어나기도 한다("And if a ten-ton truck / Kills the both of us / To die by your side / Well, the pleasure, the privilege, is mine(만일 10톤 트럭에 / 우리 2사람이 죽게 되면 / 네 곁에서 죽는다는 게 / 나에게는 기쁨이자 특권이야)"). 어떤 이들은 이 가슴 울리는 말들이 마 스스로를 겨냥한 것이라고 말하기도 했다. **PW**

Some Candy Talking | The Jesus and Mary Chain (1986)

Writer | Jim Reid, William Reid
Producer | The Jesus and Mary Chain
Label | Blanco y Negro
Album | N/A

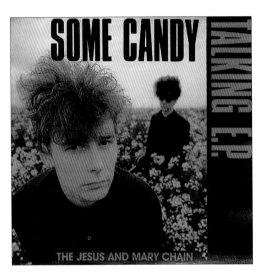

"캔디—Candy—라는 말 자체가
그냥 듣기 좋잖아요."

짐 라이드, 1986

◀ **Influenced by: I'm Waiting for the Man** • The Velvet
Underground (1967)
▶ **Influence on: Teen Age Riot** • Sonic Youth (1988)
● **Covered by:** Richard Hawley (2006) • The Caulfield
Sisters (2006)
★ **Other key track:** Never Understand (1985)

스코틀랜드의 2인조 지저스 앤 메리 체인은 사운드만 빼면 펑크 록이었다. 그들은 건방지게, 그리고 반항적으로 으르렁댔으며 송 타이틀에 욕설을 쓰겠다며 레이블과 다퉜고 군중을 난폭하게 하는 20분 라이브 퍼포먼스들로 악명을 떨쳤다. 하지만 이 그룹이 가진 포스트 펑크 사운드는 살아 있는 멜로디가 그 중심에 자리했기 때문에 섹스 피스톨즈보다는 샹그리-라스와 더 공통점이 많다고 할 수 있다.

짐과 윌리엄 리드 형제가 1985년 〈Psychocandy〉를 내놓았을 즈음, 이미 그들은 벨벳 언더그라운드 스타일의 타오르는 기타, 그리고 비치 보이스와 같은 예쁜 멜로디를 뽑아내는 능력을 연마한 상태였다. 하지만 "Some Candy Talking"(그들 최고의 노래로 여겨진다)의 경우, 그런 노이즈-팝 명작 앨범에는 수록되지 않았다. 이 트랙은 동명의 제목을 단 EP에 실려 몇 달 후 등장 한다. 일렉트릭 피드백을 잔뜩 활용한 짐 리드의 금방이라도 부서러질 듯한 음성이 전하는, 조롱이 느껴지는 이 노래는, 대부분의 듣는 이가 이전에 접해보지 못했을 그런 트랙이었다. 자신이 몹시나 좋아하는 한 여자를 만나러 가는 남자의 이야기를 전하는 가사는 귀엽고 단순해 보인다. "Candy"가 헤로인을 암시한다고 믿는 이들도 있긴 하지만 말이다. 리드는 "To see if I can get a taste tonight / A taste of something warm and sweet / That shivers your bones and rises to your heat(오늘 밤 한번 맛볼 수 있는지 보려고 / 따스하고 달콤한 그것의 맛을 / 날 뼈까지 전율하게 만들고 달아오르게 만드는)."이라고 노래한다. 그러나 싱어는 NME에게 이렇게 항변했다. "그건 아니에요, 그리고 그렇게 생각할 사람은 정말 없다고 생각해요."

하지만 BBC는 그렇게 생각했고 방송금지를 하기에 이른다. 그럼에도 불구하고 "Some Candy Talking"은 여전히 영국 톱 20에 진입했고, 무엇보다도, 메리 체인을 노이즈-팝, 슈게이징, 얼터너티브 록의 창시자의 자리로 올려놓았다. 결국, 2년이 지난 후 윌리엄은 옵서버에 솔직히 털어놓았다. "이제 보니 그 곡이 마약 노래였다는 것이 저희에게 너무 빤히 보이네요. 당시에 저희를 비난했던 분들 말이 맞았어요." **JiH**

No Sleep Till Brooklyn
Beastie Boys (1986)

Writer | Michael "Mike D" Diamond, Adam "King Ad-Rock" Horovitz, Adam "MCA" Yauch, Rick Rubin
Producer | Rick Rubin, Beastie Boys
Label | Def Jam
Album | *Licensed to Ill* (1986)

"AC/DC만큼 장비를 많이 사용하지 않을 거면요." 마이크 D가 말한다. "악기를 아예 연주하질 말아야죠." 비스티 보이즈는 이 말에 부응이라도 하려는 듯, 용감하게 밀고 가던 펑크를 던져버리고 힙합으로 전향한다. 그러고는 랩으로서 첫 미국 차트 석권 앨범이 될 〈Licensed to Ill〉을 내놓는다. 본질적으로 따져볼 때, 런-DMC의 백인 버전이라고 할 수 있지만, 런-DMC가 일구어놓은 록과 랩의 융화라는 조합체를 비스티 보이즈는 새로운 차원으로 이끌어냈다. 그중에서도 가장 눈에 띄는 것은 모터헤드의 〈No Sleep 'til Hammersmith〉에서 이름을 딴 "No Sleep Till Brooklyn"이 AC/DC의 1975년 고전 "T.N.T."의 리프를 깔고 있다는 점이다(비스티 보이즈의 1984년 곡 "Rock Hard"는 AC/DC의 "Back in Black"을 샘플링했다).

그들은 슬레이어에서 기타리스트 케리 킹을 끌어와 헤비 메탈과의 관계를 더욱 확실히 했다. 당시 슬레이어는 릭 루빈이 제작을 맡아 진행한 스래시 메탈의 지표적 앨범 〈Reign in Blood〉를 작업 중이었다. "우린 같은 스튜디오에서 녹음 중이었죠." 킹이 저널리스트 앨런 라이트에게 말했다. "그리고 '루빈'이 와서는 말했어요, '저기, 복도 저쪽에 녹음하는 데 가서 리드 좀 쳐보는 거 어때?'…5분 정도 걸렸죠. 두 테이크 정도 녹음했던 것 같아요. 그냥 메탈인 척 해보는 것? 그런 거였죠."

이 곡은 여전히 사랑받는다. 2008년 'Guitar Hero World Tour'에 삽입된 덕도 보았다. 하지만 콘서트에서는 가사를 바꾸어 부르기도 했다. "MCA's in the back 'cos he's skeezin' with a ho(MCA는 뒤쪽에 있어. 창녀와 시시덕거리라)."는 "MCA's in the back at the mahjong hall(MCA는 마작장 뒷방에 있어)."로 바뀐 예도 있다. **GK**

Raining Blood
Slayer (1986)

Writer | Jeff Hanneman, Kerry King
Producer | Rick Rubin, Slayer
Label | Def Jam
Album | *Reign in Blood* (1986)

스래시 메탈 최고의 앨범이라고 끊임없는 지지를 받았던 슬레이어의 〈Reign in Blood〉는 미치광이 같은 속도의 끔찍한 노래들이 굳게 받치고 있다. 1번째 수록 곡인 "Angel of Death"는 논란의 여지가 남는 가사로 악명이 높다. 무감각 지경으로 질주하는 피날레 곡 "Raining Blood"는 불가능하다고 할 수 있는 미션을 달성한다. 그 미션이란 바로, 주제적 흥미로움을 유지하는 동시에 성인 남자들로 하여금 거리로 뛰쳐나가 나무를 뿌리째 뽑게 할 만한 마력을 지닌다는 것이다. 그만큼 대단한 것이다.

그들 사이에서는 악령 숭배를 우스꽝스런 난센스 정도로 생각하고 있던 기타리스트/송라이터 케리 킹과 제프 해네만조차도 슬레이어의 음악 여정이 여기쯤 달하자 완전히 사탄의 경지에 들어서버려, 즐거이 악령을 불러낼 만한 곡들을 문제없이 써냈다. ("저니 팬들에게는, 우리가 형편없겠죠." 킹이 케랭!에 인정한다는 투로 말했다.) 그냥 재미 있자고 하는 허튼 짓이긴 했지만 기득권 세력의 신경에 거슬리기는 매한가지였다. "Raining Blood"(앨범 제목을 가지고 한 말장난)는, 지옥 같은 동굴에 앉아 있는 사탄의 위로 종유석에 찔려 흐르는 죄인들의 피가 비 오듯 쏟아진다는 내용이다. 아니면 그건 연쇄 살인범을 가리켜 말하는 걸까? 아무도 모르는 일이다. 멤버 자신들조차도. "Raining Blood"는 되풀이되는 리드 기타 리프와 급작스런 템포 변화, 싱어 톰 아라야의 은근한 유쾌함이 섞인, 소름 끼치는 보컬로 정의 내려진다. "Now I shall reign in blood"라는 아라야의 고함은 곡의 묵시록적 클라이맥스로 치닫고 듣는 이들을 두려움에 떨게 내버려둔 채 폭풍우 속으로 몸을 맡긴다. 이 비바람은 사실 제목이 말하는 피의 비란 것으로, 완벽한 메탈 앨범의 끝을 맺는 완벽한 마무리라고 할 수 있다. **JMc**

First We Take Manhattan | Jennifer Warnes (1986)

Writer | Leonard Cohen
Producer | C. Roscoe Beck, Jennifer Warnes
Label | Cypress
Album | *Famous Blue Raincoat* (1986)

"그 곡을 쓸 당시
전 이 곡이 가지는 의미를
잘 알고 있었습니다."

레너드 코헨, 1988

◀ **Influenced by: Masters of War** · Bob Dylan (1963)
▶ **Influence on: Democracy** · Leonard Cohen (1992)
● **Covered by: R.E.M.** (1991) · Warren Zevon (1991) · Joe
Cocker (2000) · Tyskarna från Lund (2003) · Sirenia
(2004) · Maxx Klaxon (2005) · Boris Grebenshchikov
(2005)

제니퍼 원스에게 〈Famous Blue Raincoat〉보다 더 큰 상업적 성공의 순간들이 있었던 것은 사실이다. 그녀가 참여한 영화 사운드트랙 수록 곡 "Up Where We Belong"과 "(I've Had) the Time of My Life"는 둘 다 아카데미상을 수상했다. 하지만 예술적 측면에서, 레너드 코헨의 작품 모음만큼이나 그녀에게 딱 맞는 음악을 찾기는 힘들 것이리라. 이 전설의 캐나다 출신 시인은 70년대 초반 원스와 우애를 다졌고 시애틀에서 온 명금, 원스를 배킹 보컬로 채용하기도 했다. 원스는 결국, 자신의 멘토에 버금가는 스타덤에 오르게 되었고 이후 자신의 명성을 이용해 코헨이란 메시지를 곳곳에 전파하게 된다. 〈Famous Blue Raincoat〉에는 코헨의 대표작이 여럿 담겨 있지만, 팬들도 아직 접해보지 못했을 법한 곡을 앨범 첫 곡으로 수록하였다. "녹음작업을 준비하는 과정에서," 코헨이 Q 매거진에 말했다, "그녀가 'First We Take Manhattan'을 듣더니, 그걸 녹음하고 싶다고 했죠." 최면에 빠진 듯 시적이고, 모호하면서 기만적인 가사를 앞세운 이 곡은 극적 긴장감으로 곤두서 있다. 조롱 섞인 농담조가 배인 신랄함으로 나르시시즘과 파시즘을 언급하지만, 한 각도 돌려 볼 때마다 새로운 시각으로 해석할 수 있는 내용이다. "'First We Take Mangattan'에서 레너드 코헨은 예언자적 역할을 하고 있죠," 원스가 오스틴-아메리칸 스테이츠맨에게 한 말이다. "하지만 그는 그걸 인정하지 않으려 해요. 하지만 제 생각에는 그가 앞으로 일어날 일들을 미리 감지한 것 같아요. 그는 이 곡을 가리켜, 9·11사건이 있기도 전인 그 옛날 말이죠, 테러리스트 노래라고 불렀죠." 코헨은 1988년 발매 앨범 〈I'm Your man〉에서 자신의 버전을 내놓는다. 훗날 R.E.M.과 조 코커도 각자 〈I'm Your Fan〉과 〈No Ordinary World〉를 통해 커버 버전에 도전한다. 그중에서도 원스의 버전을 가장 두드러지게 하는 것은 그녀의 따스하고 우아한 목소리와 스타 총출연 밴드이다. 여기에는 스티비 레이 본이 참여하여 그의 음악 인생 최고의 기타 리드 중 하나를 선보인다. "First We Take Manhattan"은 곡 맞는 노래가 주어질 때 원스가 뽑아낼 수 있는 기량을 여지없이 보여주는 사례라고 할 수 있다. **JiH**

True Colors | Cyndi Lauper (1986)

Writer | Tom Kelly, Billy Steinberg
Producer | Cyndi Lauper, Lennie Petze
Label | Portrait
Album | *True Colors* (1986)

"그것은 마치
표면에 있는 모든 걸 벗겨버리고
진정한 제 모습을 드러내는 것 같았죠.
진실된 느낌들을요."

신디 로퍼, 1987

◀ **Influenced by: Bridge Over Troubled Water**
Simon & Garfunkel (1970)
▶ **Influence on: Shining Through** · Fredro Starr
featuring Jill Scott (2001)
● **Covered by: Leatherface** (2000) · Sarina Paris (2001)
Erlend Bratland (2008)

신디 로퍼의 다양한 음악 페르소나는 당시 세상에 이미 익히 알려진 사실이었다. 폭파한 듯한 머리 스타일의 골목 대장 모습을 선보인 "Girls Just Want to Have Fun"부터 "Time After Time"에 나오는 그럴싸한 발라드 가수 이미지까지. 물론, "She Bop"에서 맡은 자위행위자의 친구 역할도 빼놓을 수 없겠다. 하지만 그녀의 2번째 앨범의 첫 싱글 "True Colors"로 인해 모든 것은 다시 원점으로 되돌아간다. 이로써 그녀는 모든 페르소나를 던져버리고 가장 원초적인 것만 남겨놓았다. 굉장한 모험이긴 했지만 미국 차트 석권이라는 결과로 그녀는 보답받는다. "True Colors"는 마돈나의 "Like a Virgin"을 작곡했던 톰 켈리와 빌리 스타인버그의 작품이었다. 스타인버그는 본래 자신의 모친으로 노래 주제를 설정했지만, 켈리의 설득으로 좀 더 보편적인 공감대를 형성할 수 있게 의도를 바꾸었고("Show me a smile then / Don't be unhappy(그럼 나에게 미소를 한번 지어줘 / 우울해하지 마)…"), '넌 혼자가 아니야' 같은 메시지까지 곁들여 넣었다. 빌 위더스의 "Lean on Me"를 좀 더 정교하게 장식해 놓은 것이라든가 비틀스의 "Let It Be" 사촌 격이라고 할 수 있는 격려조의 가스펠 송이 완성되었다. 하지만 로퍼의 생각은 좀 달랐다. 레니 페츠가 공동 제작한 이 트랙에서 로퍼는 가사가 메시지를 전달하도록 있는 그대로 두었고, 여기에 스타인버그는 매우 즐거워했다(송팩츠가 전하는 바에 의하면 그가 "우리가 만든 데모보다 훨씬 더 모험적이었다"고 말했다는 것이다). 황량한 듯 하면서도 예쁜 구성 속에서 로퍼의 어린애 같은 말투가 멜로디를 이끈다. "전 지극히 순수한 감정을 전달하기 위해 할 수 있는 전부를 다 했죠…굉장히 내면적으로 표현되길 바랐어요. 내부 깊은 곳에 바로 닿을 수 있게요." 그리고 그녀의 섬세하고 꾸밈없는 표현 방식이 이를 명중시켰다. 일레인 페이지와 에바 캐시디를 비롯해 필 콜린즈와 아즈텍 카메라까지 "True Colors"의 커버를 시도한 이들이 여럿 있었지만, 오리지널이 지닌 영혼과 가슴에 버금갈 이는 드물다. "그녀가 제작을 맡았고, 정말 아름답게 해냈죠. 그 노래는요, 제가 쓴 그 어떤 노래보다도…가장 많은 이들의 가슴속에 공감대를 불러일으키는 것 같아요." **MH**

Move Your Body
Marshall Jefferson (1986)

Writer | Marshall Jefferson
Producer | Virgo (Marshall Jefferson, Adonis Smith, Vince Lawrence)
Label | Trax
Album | N/A

"곡 하나 만들어놓고, 자기가 백만장자가 될 가치가 있다고 말하는 건 좀 무리가 있죠." 마샬 제퍼슨이 1994년 더 페이스에 이렇게 말했다. 그러면 알 만도 하다. "Move Your Body—the House Music Anthem"을 창조해낸 장본인이자 "It's Alright"(스털링 보이드)과 "Devotion"(텐 시티), "Sweet Harmony"(리퀴드)의 배후에 있었던 것도 그였으니까. 근 10년간 그의 영향이 닿지 않은 댄스 음악은 없었다.

80년대 초반, 미국의 디스코 음악은 언더그라운드 뮤직으로의 변화를 겪었고, 제퍼슨은 시카고의 뮤직 박스 클럽에서 그러한 변화가 낳은 후손과 조우하게 된다. "디스코 음악에 대한 제 견해는 매우 부정적인 것밖에 없었죠," 그가 NME에 말했다. "그래서 제가 왜 그걸 싫어하는지 잘 알고 있고 있었고요. 상업적 냄새가 밴 사운드가 싫었던 거죠. 뮤직 박스에 처음 들어선 저는 굉장히 흑인적인 댄스 음악을 접하게 되었고—'딥 하우스' 말이에요—그 무게감이 저에게 확 와 닿았던 거예요. 바로 느낌이 왔죠, 그 음악이 마음에 들었어요."

그는 자신의 데모를 만들기 시작했고 꽤 많은 클럽 히트를 내놓았다. 하지만 그가 본격적으로 하우스 음악의 대부의 길을 걷게 된 것은 바로 "Move Your Body" 덕이었다. 본래는 4트랙 (Move/Dub/Drum/House Your Body) 데모로 발매되었다. 하지만 제퍼슨이 계획하던 24트랙 분량의 대서사시적 프로젝트에 대한 대가로 레이블이 1천6백 달러를 줄 것을 거부하자, 제퍼슨은 스스로 데모를 재정비했다. 피아노를 사용했다는 독특함이 너무나 획기적이었던 이유에서, 많은 이들이 하우스 뮤직이라 부르기를 거부하기도 했다. **GK**

Rise
Public Image Ltd (1986)

Writer | John Lydon, Bill Laswell
Producer | John Lydon, Bill Laswell
Label | Virgin
Album | *Album* (1986)

퍼블릭 이미지 리미티드의 1984년 앨범 〈This Is What You Want…This Is What You Get〉은 〈Flowers of Romance〉나 〈Metal Box〉의 계승자라고 하기에는 너무나 부족한 점이 많았다. 그러나 과거 섹스 피스톨즈 멤버 존 라이든이 이미 한물간 데다 분노까지 흐지부지해졌다고 생각한 이들이라면, "Rise"로 다시 두 눈이 번쩍 뜨였으리라. 남아프리카의 아파르트헤이트에서 사용된 고문 기술에서 영감을 얻어 가사를 썼다니 말이다. "'Rise'는 고문 희생자들 일부의 말들을 인용한 것이죠," 라이든이 스매시 히츠에 한 말이다. "그걸 가져다 모아 담은 이유는 말이죠, 하루하루 살아간다는 것에 대해 제가 느끼는 것과 딱 맞아떨어진다고 생각했기 때문이죠." 그런 자극적인 가사라면, 거슬리는 음악과 매치하는 것이 오히려 더 논리적 선택이라고 할 수 있다. 하지만 라이든은 여기에 고혹적 음악을 입혀 모두의 예상을 빗나가게 한다. 참 적절하게도 여기에는 거의 월드 뮤직 느낌까지 감돈다. 재즈 드러머 토니 윌리엄스와 키보드의 마법사 류이치 사카모토가 라인업했다. 자주 인용되는 가사인 "Anger is an energy(분노는 일종의 기(氣)다)"를 아일랜드에 전해지는 축복 기도 문구인 "May the road rise with you"와 대응시킨 것은 이 음악의 유별남을 보완하는 금상첨화 격 일면이다. 이 싱글의 패키징이 또 하나의 화두가 되었다. 슬리브에 "싱글"이라고 적혀 있던 이 곡은 마치 소비지상주의의 파스티슈나 되는 양, 패어런트 앨범의 경우에는 "Album", 카세트 테이프는 "Cassette", CD에는 "Compact Disc"라고 쓰인 채 발매되었다. "그저 행복하게 만사 태평 즐거운 음반만 내고 현실을 회피할 수는 없는 거죠." **CB**

1986년 공연 광경. 퍼블릭 이미지 리미티드의 존 라이트.

Love Can't Turn Around | Farley "Jackmaster" Funk (1986)

Writer | V. Lawrence, J. Saunders, I. Hayes, D. Pandy
Producer | Keith Farley, Jesse Saunders
Label | House
Album | N/A

"하우스는 4분의 4박자 비트에
사운드를 좀 입혀놓은 겁니다.
성공하지 않고는
못 배기지 않겠어요?"

팔리 "잭마스터" 펑크(funk), 2006

◀ **Influenced by: I Can't Turn Around** · Isaac Hayes
(1975)
▶ **Influence on: Flowerz** · Armand Van Helden (1999)
● **Covered by:** BustaFunk (2000)
★ **Other key tracks: All Acid Out** (1986) • **The Funk Is On**
(1986) • **It's You** (1987)

"Now this is how it started, my dream's all broken-hearted(모든 것이 이렇게 시작됐지, 내 꿈은 깊이 상처받았어)."
"Love Can't Turn Around"의 가사 첫 줄은, 시카고 디제이 스티브 "실크" 헐리가 그의 룸메이트가 거둔 플래티넘 히트에 대해 느끼는 바를 잘 요약한다고 볼 수 있다.

헐리는 하우스 뮤직 퍼포먼스를 맡아 하며 동료 디제이 팔리 "펑킹(funkin')" 키스 윌리엄스와 아파트 방 하나에 함께 살고 있었다. 윌리엄스는 훗날 자신의 이름을 팔리 "잭마스터" 펑크(funk)로 바꾼다. 그들의 우정은 "Love Can't Turn Around"로 주춤하게 된다. 헐리는 아이작 헤이즈의 옛 노래 "I Can't Turn Around"의 인스트루멘털 편곡을 플레이해왔고, 그것을 "Love Can't Turn Around"라고 재명명하기도 했다. 그의 주장에 따르면 자신의 과거 친구가 그것을 도용했다는 것이다. "팔리는 명석한 친구죠," 그가 i-D매거진에 말했다. "그는 여기서 제일 잘 나가는 디제이예요. 하지만 아티스트까지는 아니죠."(헐리는 곧 자신 만의 히트작 "Jack Your Body"를 내놓는다.)

어떤 방식으로 그 트랙을 완성시켰건 간에, 팔리는 인스트루멘털 배경을 손에 넣게 된다. 하지만 보컬 부분이 아직 비어 있었다. 여기에 빈스 로렌스가 "그저 친구인" 여자를 향한 짝사랑을 다룬 내용의 가사를 써주었다. 하지만 작업의 마지막 날 자정이 지나도록 팔리와 프로듀서 제시 선더스는 보컬 부분을 채워줄 싱어를 구하지 못했다.

바로 여기에 등장한 인물이 전설의 대릴 팬디였다. 팬디는 자신을 리코딩에 써달라고 2년 동안이나 이 두 디제이들을 괴롭혀왔다고 한다. 팬디가 "제가 루더(밴드로스)보다 약간 더 잘 부르거든요"라고 선언했음에도 그들의 태도는 여전히 회의적이었다. 하지만 절박한 상황에서는 극단의 조치가 필요한 법이다. 빈스 로렌스가 회상한다. "우린 그 사람을 스튜디오로 데리고 들어왔죠. 그러더니 그가 노래를 완전 죽여주게 불러제끼던데요." 20년에 걸쳐 재발매와 리믹스를 거듭한 것을 보면 알 수 있을 것이다. 이 하우스 고전—하우스 뮤직으로는 처음으로 영국 차트를 석권한다—이 댄스 무대를 떠나는 날은 절대 오지 않으리라는 것을 말이다. **DC**

Dear God | XTC (1986)

Writer | Andy Partridge
Producer | Todd Rundgren
Label | Virgin
Album | *Skylarking* (1986)

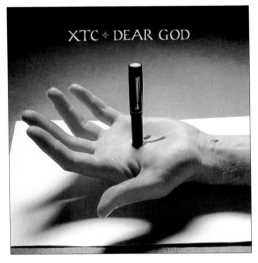

"많은 사람들이
이 곡을 위협적이라 느꼈죠.
말로 표현하자면, 성경 아랫도리에
날린 반칙 펀치 정도라 할 수 있었어요."

앤디 파트릿지, 2000

◀ **Influenced by: God** · John Lennon (1970)
▶ **Influence on: One of Us** · Joan Osborne (1995)
● **Covered by:** Sarah McLachlan (1996) · Tricky (2003)
★ **Other key tracks:** Making Plans for Nigel (1979)
Generals and Majors (1980) · Ball and Chain (1982)
Senses Working Overtime (1982)

1966년, "예수보다 더 인기가 많다"는 주장을 한 존 레논은, 미국 땅에서 논란의 여지가 있는 종교적 발언을 해서 그다지 좋을 것이 하나도 없다는 사실을 알게 된다. 하지만 비틀즈 같다는 꼬리표를 달고 다니는 엑스티시(XTC)에게, 그와 비슷한 발언이 20년 후에 오히려 구세주 역할을 했다. 베이시스트 콜린 몰딩의 말에 따르면 이들 그룹은 레이블이 "우리를 내쫓을 날이 며칠 남지 않은" 위기에 처해 있었다 한다. 그리고 이때, 프론트맨 앤디 파트리지가 전능자에게 보내는 분노의 편지, "Dear God"이 주파수를 타기 시작했다. 이후 이 곡은 7B사이드 신세에서 벗어날 만큼 충분한 인기를 얻게 되었던 것이다.

파트리지는 이 노래를 통해 종교 조직들이 채운 족쇄로부터 자신을 자유롭게 하려 했었다. "전 신의 존재에 대해 제가 품고 있던 회의의 마지막 파편까지 낱낱이 없애버리고 싶었어요." 그가 말했다. "제가 어렸을 때 그들이 제 머릿속에 심어놓은 그 모든 걸 말이에요." 본래 〈Skylarking〉에는 이 트랙이 생략된 채 발매되었지만 곧 다음 프레싱 과정에서 "Mermaid Smiled" 대신 이 곡이 수록된다. 이 앨범이 성공하는 데는 이 트랙의 공이 컸다고 볼 수 있다.

프로듀서 토드 룬드그렌이 내놓은 영감에 찬 제안으로, 오프닝 구절은 자스민 베일렛이란 이름의 한 어린 소녀가 불렀다(뮤직비디오에서는 한 소년이 여기에 립싱크하는 모습이 나온다). 파트리지 본인은 가사가 그럴싸하지 않다고 의심을 품었다. "어떻게 이런 어마어마한 주제를 전래동요와 정치적 아이디어를 담은 3분 반짜리 곡에 쑤셔 넣을 수 있겠어요?" 하지만 이 곡이 어찌나 그럴싸했던지 그는 익명의 항의 편지들을 받기 시작했고, 플로리다의 한 라디오 스테이션은 소이탄 공격 협박까지 받았다. "전 그런 행동들이," 그가 어리둥절해하며 말한다, "굉장히 중세적이라고 생각했죠." 활동 재기의 수단이라고 하기에는 꽤 유별난 경로를 밟은 듯 싶다. "어떤 사람들은 이 곡 때문에 정말 심하게 분노했죠." 파트리지가 모조에 말했다. "하지만 전 이 곡을 낸 걸 잘했다고 생각해요. 노래 자체로 따지자면, 사실, 좀 설익은 실패작이라고 생각하긴 하지만요." **CB**

Don't Want to Know If You Are Lonely | Hüsker Dü (1986)

Writer | Grant Hart
Producer | Bob Mould, Grant Hart
Label | Warner Bros.
Album | *Candy Apple Grey* (1986)

허스커 두의 기타리스트 밥 몰드와 드러머 그랜트 하트는 2세대에 걸친 음악의 청사진을 제시해 보인다. 1981년 〈Land Speed Record〉에서 선보인 광란의 스래시부터 후기작을 이루는 성숙과 조화의 팝 사운드까지, 그들의 진화는 조급하지도 냉소적이지도 않았다. 더블 세트로 발매된 1984년 앨범 〈Zen Arcade〉에는 전기톱 펑크 곡 사이사이에 주옥 같은 멜로디를 담은 곡들이 콕콕 박혀 있고, 1985년의 〈New day Rising〉과 〈Flip Your Wig〉에는 들쭉날쭉한 공격과 전통적 송라이팅이 융화되어 있다.

베이시스트 그렉 노톤으로 완결된 이들 3인조는 1986년, 하드코어 뮤직 레이블 STT를 버리고 워너 브러더스로 전향한다. 그들의 첫 메이저 레이블 데뷔 앨범인 〈Candy Apple Gery〉는 "Crystal"과 같은 폭발적 펑크 곡을 어쿠스틱한 애가와 고뇌에 찬 피아노 발라드 곡에 대응 배치시켰다. 하지만 그 중 가장 유력한 트랙은 여전히 그들이 기존에 확립해 놓은 공식을 따랐으며, 그 초점과 기량에만 새로운 변화를 주었다. "Don't Want to Know If You Are Lonely"는 연인과 헤어진 이들이 듣기에 매우 좋은 노래이다. 하트의 가사는 헤어진 후의 후유증인 나약함과 편집증적 증세의 고통으로 욱신거린다. 그는 헤어진 연인이 아직 자신을 애타게 그리워할까 봐 걱정하는 마음과 그녀가 이미 다른 사람과 함께 있을 있을까 하는 두려움 사이에서 괴로워한다. 뇌리를 떠나지 않는 멜로디와 몰드 특유의 불타는 훅으로 무장한 이 곡은 〈Candy Apple Grey〉의 리드 싱글로 발탁된다. 하지만 차트에 오르진 못했다. 1987년 〈Warehouse: Songs and Stories〉를 끝으로 허스커 두는 해체된다. 그러나 픽시스나 너바나 같은 그룹들이 하트와 몰드의 공식을 주류까지 몰고 간다. **SC**

Kiss | Prince & The Revolution (1986)

Writer | Prince
Producer | Prince & The Revolution
Label | Paisley Park
Album | *Parade* (1986)

퍼플 레인 투어가 끝난 지 2주도 채 되지 않아, 프린스는 다음 앨범 작업에 돌입했다. 당시는 〈Around the World in a Day〉가 발매되기 직전이었다. 프린스는 〈Parade〉의 곡 작업을 전속력으로 진행 중이었고 그의 문하생들인 마자라티가 프로듀서 데이비드 리브킨(일명 Daivd Z)과 함께 옆방 스튜디오에 있었다.

마자라티가 노래 한 곡을 요청하자 프린스는 또 다른 방에 들어가 "Kiss"의 데모를 재빨리 만들어냈다. "그건 그냥 어쿠스틱 기타 버전이었어요." 리브킨이 페어 닐슨의 책 「DanceMusicSexRomance—Prince: the First Decade」에 이렇게 회고했다. "그래서 제 맘대로 아무렇게나 해볼 자유가 주어졌죠. 저희는 밤을 새우며 우리에게 친근한 버전의 노래로 만들어갔죠."

다음 날, 베이스(후에 프린스는 베이스 부분을 생략한다)와 드럼, 피아노에 마자라티의 보컬이 얹힌 혈기 넘치는 버전을 들은 프린스는 곧바로 노래를 회수해 갔다.

하지만 그는 "편곡 담당"에 리브킨의 이름을 올리고 "백그라운드 보이스"에 마자라티의 이름을 올려주었다. "저희는 매우 황송했죠." 밴드 멤버 토니 크리스천이 말했다, "프린스가 자신의 레코드에 우리가 한 것을 올려준다는 사실 자체만으로요." 리브킨은 말한다. "제가 아는 한은 말이죠, 프린스는 저에게 갚고 또 갚고 여러 차례 베풀었어요."

프린스 음반 배급사였던 워너 브러더스는 이 곡이 못마땅했다. 리브킨이 회상한다. "그들이 말했죠, '우린 이건 못 내놔요. 베이스도 없는 데다가 마치 데모같이 들리는데요.'라고요." 하지만, 짓궂은 뮤직비디오에 힘입은 "Kiss"는 결국 이 음악 거장의 3번째 미국 넘버 원이 되고 만다. **BM**

1986년 렘불리 아레나 공연 후 프린스는 한 런던 클럽에서 다시 마이크를 잡는다.

Attencion Na SIDA
Franco (1987)

Writer | Franco
Producer | Uncredited
Label | African Sun Music
Album | *Attention Na SIDA*
(1987)

Under the Milky Way
The Church (1987)

Writer | Karin Jansson, Steve Kilbey
Producer | The Church, Greg
Ladanyi, Waddy Wachtel
Label | Mushroom
Album | *Starfish* (1987)

프랑수아 루암보 마키아디(일명 "프랑코")는 콩고 태생의 작곡가 겸 싱어이자 기타리스트였고, 아프리카의 대중음악에 그가 미친 영향에 견줄 상대를 찾는 것은 불가능했다. "Attention na SIDA"(에이즈 감염 주의)는 고개를 들기 시작한 HIV/AIDS 유행에 관한 곡이었고 그가 이룬 걸작이자 마지막 노래이기도 하다. 이 곡이 발매된 지 18개월 만에 그는 기이한 소모성 질환에 굴복하고 만다. 그것이 프랑코 자신이 대항하여 캠페인을 벌였던 바로 병이었다는 세간의 믿음도 있었다.

프랑코는 노래를 통해 사회 비판을 일삼았지만, 모부투 대통령의 냉혹 통치 아래, 은유적 단어들로 자신의 생각을 은폐해야 했던 경우가 대부분이었다. 하지만 이 곡에서만큼, 암호 같은 것은 전혀 없다. 전염성 강한 민속음악적 리듬의 주춤거림은 돌고 도는 기타의 지지를 받아 프랑코의 말들을 받쳐주고 있다. 그는 세계의 모든 지성인들에게 "이 역병을 정복할 것"을 간곡히 부탁하고 있다. 최대한 폭넓은 대중에게 전달할 목적 때문에 그의 메시지는 또박또박한 프랑스어로 전해진다. 그는 자신의 트레이드마크인 절반은 말, 절반은 노래를 섞은 창법과 비관적 어조로 읽어내는 탄원의 말들 사이를 자유롭게 오간다. 그 사이사이에는 "당신의 몸을 잘 돌보시오, 그러면 난 내 몸을 잘 돌보겠소"라는 전염성 강한 코러스가 구두점을 찍는다. 프랑코는 파리 체류 중 이 노래를 썼다. 갓 만든 신선함을 포착할 욕심에 그는 당시 유럽 방문 중이던 자이르 출신 그룹 빅토리아 엘레이존을 용병으로 끌어 왔다. 프랑코의 인트로 기타 리프는 한때 한 달 동안 자신을 감옥 신세 지게 했던 포르노 곡 "Jacky"의 일부를 재활용한 것인데, 여기 담긴 아이러니는 아마도 고의적인 것이 아니었나 싶다. **JLu**

탄생 초기부터 고국 땅에서 돌풍을 일으켰던 밴드이긴 했지만, 이 호주의 4인조가 세계적 성공을 이루기까지의 길은 멀고도 험난했다. 이 여정에서 그들은 9개의 싱글을 차트에 올리고, 4개의 앨범을 호주에서 발매했으며, 2개의 세계적인 메이저 레이블에게서 쫓겨났다. 결국 이 길은 로스앤젤레스로 그들을 인도했던 것이다. 여기서 그룹이 녹음하게 될 곡은 그들의 운명을 영영 바꾸어 놓는다. 베이시스트 겸 보컬리스트 스티브 킬비와 당시 그의 여자친구였던 카린 얀손이 작곡한 "Under the Milky Way"는 모두를 매혹시켜버린 음울하고 최면적인 걸작이었다. 나른하고 몽롱한 눈빛의 가사는 말로 표현할 수 없는 절망감과 정의 내릴 수 없는 (그리고 보답받지 못하는) 갈망, 그리고 심도 있는 시적 심상을 전달했다. 눈이 튀어나올 듯 놀라운 악기 편성은 사실 12스트링 어쿠스틱 기타를 중심으로 이루어졌지만 교향악단에 가까운 스릴감을 자아냈다. 이 모든 것이 한데 어우러져, 이 곡은 마치 무언가를 외치는 앤섬 같은 느낌을 지니게 된다. "어떤 노래들은요, 우리로 하여금 우리 자신만의 모험을 떠날 수 있는 공간을 마련하는 역할을 해주죠." 킬비가 말했다. "'Under the Milky Way'는 확실히 그런 노래 중 하나입니다." 또한 이 곡은 밴드의 첫 국제적 히트 곡이었다. 미국을 비롯한 곳곳에서 톱 40위에 진입했던 것이다. 하지만 처치는 이 성공을 이어가지 못했고, 그들은 별은 점점 흐려져만 갔다. 단, 호주에서만큼은 인기가 여전했고, 충성스러운 팬들을 몰고 다녔다. 킬 해너부터 에코 앤 더 버니맨, 제로 7과 노래했던 싱어 시아까지 놀랍도록 다양한 아티스트들이 커버 버전을 남겼고 이것은 처치가 남긴 유산을 증언한다. **JiH**

Bamboleo
Gipsy Kings (1987)

Writer | Tonino Baliardo, Jahloul Bouchikhi, Simon Diaz, Nicolas Reyes
Producer | Dominique Perrier
Label | P.E.M.
Album | *Gipsy Kings* (1987)

"Bamboleo"가 히트를 거두자 많은 이들은 이 곡이 또 하나의 달짝지근한 유로-팝 정도라고 여겼고, 아마도 여름 내내 불리다가 잊혀질 것이라 생각했다. 그러나 그와 반대로, 집시 킹즈는 세계에서 가장 유명한 집시 뮤지션으로 등극하게 된다. 프랑스에서 출현한 이 가족 밴드는 프로방스 지역의 집시 공동체로부터 기원했고 자신들의 수호 성인인 사라 라 칼리를 기리기 위해 매년 5월마다 생트마리 드 라 메르로 여정을 떠났다. 1960년대에 이르러 플라멩코 싱어 호세 레예스와 그의 아들들이 이 축제에서 사촌들을 만나 결성한 그룹이 로스 레예스이다. 카탈로니아의 집시 싱어 페레트가 플라멩코와 라틴 룸바 리듬을 융화시킨 데서 영감을 얻은 그들은 자신들만의 역동적인 댄스 음악을 개발하기 시작한다. 70년대에 호세 레예스가 세상을 뜨자 그의 아들 니콜라스를 밴드의 리드 보컬리스트로 세운다. 여기에 호세의 사위인 자룰 "치코" 부치키가 가담해 라인업이 완성되었다. "Bamboleo"(스페인어, 카탈로니아어, 로마니족 언어를 혼합시킨 히탄(Gitan) 집시어로 불려진다)는 베네수엘라 싱어 시몬 디아스의 노래 "Caballo Viejo"(Old Horse)에 기반하고 있다. 집시 킹즈가 이 노래의 재고안을 거듭한 끝에 탄생한 것이 바로 이 우렁찬 룸바-플라멩코 앤섬이다. 정력 넘치는 리듬과 귀에 착 감기는 코러스에 힘입어 그들의 앨범은 7백만 장 이상이 팔렸고 이 밴드는 일약 세계적 스타로 떠오른다. "집시 킹즈가 거둔 이 엄청난 성공의 원인은 손가락들이 목 위를 마구 날아다니는 걸 느낄 수 있다는 거죠…" 데이비드 보위가 매우 흥분한 듯 Q에 말했다. "다른 게 없잖아요—그냥 기타 치고 있는 남자들밖에요. 그 자체가 굉장히 극적인 거죠. 왜냐하면 놀랄 만큼 너무 현실적으로 와 닿으니까요." **GC**

This Corrosion
The Sisters of Mercy (1987)

Writer | Andrew Eldritch
Producer | Jim Steinman
Label | Merciful Release
Album | *Floodland* (1987)

시스터즈 오브 머시 최대의 히트작을 창조해내는 데에는 프론트맨 앤드루 엘드리치와 프로듀서 짐 스타인맨의 장엄한 선견지명이 한몫했다. 엘드리치는 내성적인 인물이었고 자신의 밴드에게 붙여진 "고스 록"이란 꼬리표를 너무 싫어했던 나머지 이 틈새 시장에서 벗어나려 필사적인 몸부림을 치고 있던 중이었다. 한편 스타인맨은 역대 최고의 극적 사치를 자랑한 미트 로프의 〈Bat Out of Hell〉 작곡을 마친 후 이곳저곳에서 러브콜을 받으며 10년을 보낸 상태였다. "'This Corrosion'은요," 엘드리치가 Q에 말했다. "스타인맨의 손길을 너무 갈망하고 있었어요. 그가 해내는 일들을 가리켜 '손길' 정도로 말하는 게 적절하다면 말이죠. 제가 '그거 좀 너무 과장된 거 아닌가요?' 하고 물을 때마다 그는 말했죠. '아니'" 그들은 함께 머리를 짜 매우 교묘하고도 효과적인 녹음 아이디어를 생각해냈다. 그것은 뉴욕 코럴 소사어티의 녹음 세션에 멀티 트랙 녹음방식을 적용해 몇십 명의 싱어들을 몇백 명과 같이 들리게 하자는 것이었다. 그로 인해 생성된 바그너풍 결과물을 일렉트로닉 팝송 위에 단단히 동여매었다. 데모 자체도 이미 9분 가량에 이르렀던 이 곡은 뉴 오더 같으면서도 동시에 아담스 패밀리를 연상시키는 것이었다. 모호한 가사는 기타리스트 웨인 허시가 그룹을 떠난 것에서 영감을 받아 썼다. 엘드리치가 멜로디 메이커에 말했다. "사람들이 로큰롤이라는 걸 나름대로 터무니없이 해석해서 스스로에게 창피한 짓을 하는 걸 보면요, 부끄럽고 거북해요." "코러스 부분의 'Hey now, hey now now, sing this corrosion to me(자 이제, 이 부식의 노래를 나에게 불러줘)'는 아직도 시스터즈 콘서트에서 대중이 따라 부르는 걸 이끌어내요." 엘드리치가 자랑스럽게 말한다. **JMc**

Camarón
Pata Negra (1987)

Writer | C. Lancero, R. Amador, R. Pachón
Producer | Ricardo Pachón
Label | Nuevos Medios
Album | *Blues de la Frontera* (1987)

1980년대 스페인에서 일어난 플라멩코의 부활의 중심에
선 가장 저명한 거물들은 바로 파타 네그라(검은 다리)였다.
그들은 돈으로 살 수 있는 햄 중 단연 최고 맛있다는 하몽
이베리코에서 이름을 따 밴드 명을 붙였다. 그룹의 중심축
은 라이문도 아마도르 페르난데스와 그의 남동생 라파엘
이 이루고 있었다. 그들은 플라멩코를 블루스와 퓨전시키
는 방식으로 플라멩코의 가능성을 확장했고 이 스타일을
블루스레리아라고 이름 지었다. 스페인 음악 언론은 형제
가 함께한 마지막 앨범인 〈Blues de la Frontera〉을 80년
대 최고의 앨범으로 뽑기도 했다.

"Camaron"은 그들의 친구이자 동료인 저명한 플라멩
코 싱어 카마론 데 라 이슬라에게 바치는 헌정의 곡이다.
이것은 왠지 그럴 법하지 않으면서도 완벽하게 융화되는 2
가지의 음악적 요소가 만나 이루어진 음악이다. 블루지한
일렉트릭 기타 릭과 탕기요스 데 카디스(tanguillos de
Cadiz)의 12/8박자에 기반한 플라멩코 리듬이 바로 그 요
소이다. 이 중 후자는 카마론과 가장 깊은 연관이 있다고
알려진 도시, 카디스로부터 유래하는 여러 플라멩코 팔로
스(스타일) 중 하나이다.

사실 라이문도가 카마론과 기타리스트 파코 데 루시아
를 처음 만난 것은 그의 고향 세비야에서였다. 훗날 라이
문도는 〈La Leyenda del Tiempo〉(1979) 작업을 위해 그
들과의 콜라보레이션을 꾀한다. 여기서 그는 위대한 토마
티토와 어깨를 마주하고 스페니시 기타의 진수를 보여준
다. 형제는, 베네노(밴드 창단자의 이름 키코 베네노를 따 지은 이
름)에 잠시 몸담은 후 파타 네그라를 결성하게 된다. "예술
적 견해 차이"라는 이유로 결국 갈라서긴 하지만 여러 번
재결합을 시도하기도 했다. **JLu**

Amandari
Ali Farka Touré (1987)

Writer | Ali Farka Touré
Producer | Nick Gold
Label | World Circuit
Album | *Ali Farka Touré* (1987)

알리 파르카 투레는 말리에서 가장 존경 받는 아티스트 중
하나였다. 말리는 바다에 인접해 있지 않은 빈곤한 나라로
블루스의 본고장이라 인식된다. 그에게는 "아프리카의 블
루스맨"이나 "아프리칸 존 리 후커"라는 별칭이 따라다
녔고 그의 모든 노래 중에서도 "Amandrai"가 이것을 가장
잘 입증한다. 투레가 "Amandrai"를 처음으로 녹음한 것은
1970년대 자국 방송국 '라디오 말리'에서였다. 이 노래는 음
악을 통해 (노래상에서는 "내 여동생"이라 불리는) 한 비밀 연인에
게 세레나데를 부르며 구애하는 내용이다. 이 곡의 리듬과
멜로디 요소는 투아렉족의 언어인 타마섹어(Tamascheq) 노
래에 매우 전형적인 것이었다. 그는 존 리 후커와 앨버트
킹의 음악을 처음 접하고는, "이 음악은 여기로부터 가져
다 연주하는 것이다"라고 딱 잘라 확신했다. 다시 말해 그
것이 타마섹 음악과 매우 근접한 것이라는 걸 의미하는 것
이다. 투레 자신의 이름을 타이틀로 건 앨범이 1987년 전
세계적으로 발매되면서 "Amandrai"는 처음 국제적 이목을
받게 된다. CD 버전에서는 그의 음성과 기타 연주만으로
이루어진 스튜디오 버전뿐 아니라 다이내믹한 퍼커션 사
운드가 곁들여진 런던 라이브 버전도 함께 만나볼 수 있
다. 투레는 로스앤젤레스에서 녹음을 진행한 〈Talking
Timbuktu〉(1994)에서, 농도 짙은 편곡을 통해 변형된
"Amandrai"를 다시금 선보인다. 이로써 이 앨범의 그래미
상 수상의 영예를 거머쥔다. 그의 그룹 아스코가 퍼커션 부
분을 맡았고 여기에 존 파티투시가 어쿠스틱 기타를 얹었
다. 짐 켈트너의 은은한 드럼과 라이 쿠더도 빼놓을 수 없
다. "우리는 3일 만에 녹음을 마쳤죠." 쿠더가 2006년(투레
가 사망한 해) BBC에 한 말이다. "사실 하루 만에 끝낼 수도
있었어요. 근데 전 잠이 필요했죠. 그는 아니었고요." **JLu**

알리 파르카 투레의 음악은 블루스 음악에 익숙한 서방인들에게 즉각 호응을 얻었다.

Push It | Salt-N-Pepa (1987)

Writer | Hurby "Luv Bug" Azor,
Ray Davies
Producer | Hurby "Luv Bug" Azor
Label | Next Plateau
Album | N/A

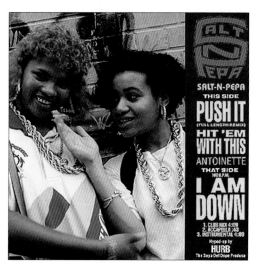

"그들은 진짜 여자였어요.
무슨 말인지 아시겠죠?"

에이미 와인하우스, 2004

◀ **Influenced by: The Bird** · The Time (1984)
▶ **Influence on: Money Honey** · Lady Gaga (2008)
● **Covered by: Numb** (1996) · **Ten Masked Men** (2000)
Harry (2003) · **Girls Aloud** (2008)
★ **Other key tracks: Tramp** (1987) · **My Mic Sounds
Nice** (1987)

"This dance ain't for everybody / Only the sexy people(이 춤은 아무나를 위한 게 아니야 / 오직 섹시한 사람들만을 위한 거지)." 프린스의 수하생들이었던 그룹 타임의 환원된 문구와 함께, 솔트-앤-페파는 그들의 업계 돌파 히트 곡을 위한 분위기를 잡아놓는다. 이 한 조각의 팝-랩 파라다이스는 도발적인 리프와 대담한 가사를 마음껏 떠들어댔다. "Can't you hear the music's pumpn' hard, like I wish you would(강하게 퍼부어대는 음악 소리가 들리니? 내가 너에게 바라는 것처럼)?" "우리가요," 셰릴 "솔트" 제임스가 인정한다는 투로 말한다. "그때만 해도 좀 노골적이긴 했어요."

중독성 강한 훅과 생기 넘치는 래핑—킨크스의 1964년 발매작 "You Really Got Me"에서 가져온 인용구도 있었다—으로 이 곡은 댄스 플로어를 떠날 줄 몰랐다. "음악이," 피플 매거진은 흥분조로 말한다. "대부분의 랩보다 더 멜로디컬하고 복합적이라고 할 수 있죠. 그게 이 트랙을 차별화하는 요소예요." "Push It"은 본래 "Tramp"의 B 사이드 곡이었다. "우린 래퍼 프레시 고든의 화장실에서 이걸 녹음했죠." 솔트가 에센스에 말했다. "B사이드를 채울 뭔가가 빨리 필요했어요. 왜냐하면 싱글을 바로 다음 날이라도 내놓고 싶어 안달이 나 있었으니까요." 캘리포니아 디제이 카메론 폴이 그것을 리믹스하여 자신의 버전을 넥스트 플라토 레코드사에 보냈다. 이것은 솔트-앤-페파의 데뷔 〈Hot, Cool & Vicious〉(1987)에 수록되고 싱글로도 발매되며, 1988년 앨범 〈A Salt with a Deadly Pepa〉를 통해 다시 모습을 드러내기도 했다. 롤링 스톤의 500 그레이티스트 송즈 오브 올-타임에 선발되기도 한 이 곡은 다양한 아티스트들에 의해 샘플링된다. 투 매니 디제이스(2 many DJ's)가 스투지스의 "No Fun"과 믹스시킨 인상적인 트랙은 그들의 매시업 걸작 〈As Heard on Radio Soulwax pt 2〉(2002)에 수록되었다.

2008년 디트로이트 콘서트에서 솔트-앤-페파는 이 곡이 섹스에 관한 것이 아니라 댄싱에 관한 것이라고 주장했다. 항상 페미니즘과 사회 이슈에 관해 적극적이었던 그들은 이 곡을 미혼모들과 낮은 세금, 그리고 오바마 가족에게 헌정했다. **OM**

Bring the Noise | Public Enemy (1987)

Writer | C. Ridenhour (Chuck D), H. Shocklee, E. Sadler
Producer | Bill Stephney, Hank Shocklee, Carlton
Ridenhour (Chuck D), Eric Sadler
Label | Def Jam
Album | *Less than Zero* (1987)

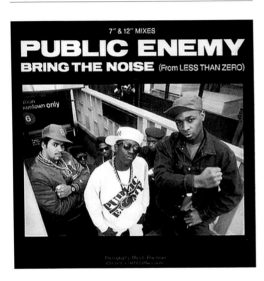

"이런 생각이 들었죠.
'저게 도대체 뭐지?'
이전까지 접했던 그 무엇에도
비교할 수 없는 독특함이 느껴졌습니다."

루츠 마누바, 2008

◄ **Influenced by: Niggers Are Scared of Revolution**
The Last Poets (1970)
► **Influence on: AmeriKKKa's Most Wanted** · Ice Cube
(1990)
● **Covered by:** Anthrax featuring Public Enemy (1991)
Staind and Fred Durst (2000)

아이슬리 브러더스의 달콤한 소울과 퍼블릭 에너미의 농도 짙은 불협화음을 연관시키는 방법을 떠올려볼 때, "Bring the Noise"의 경우, 그 방법은 이랬다. 바로 마르바 휘트니의 "It's My Thing"(이것은 아이슬리 브러더스의 "It's Your Thing"에 대한 답변이었다)의 혼 섹션을 샘플링하는 것이다.

하지만 그것조차도 "Bring the Noise"의 프로듀서들(훗날 더 밤 스쿼드로 알려진다)이 이루어놓은 혁명적인 샘플 콜라주를 묘사하는 데는 부족하다. 조지 클린턴이 말했듯, "퍼블릭 에너미는 그런 노래들에서 조금씩 일부분을 가져다가, 그걸 이용해 편곡 작품들을 만들곤 하죠." (클린턴의 인기 샘플링 그룹 펑카델릭의 음악이 "Bring the Noise"에 등장하는 것은 사실 필연인 듯하다.)

노이즈와 흑인 민족주의를 뒤섞은 이 정력적 혼합물이 부유하고 방종한 캘리포니아인들을 그린 영화 〈회색 도시 (Less than Zero)〉(1987)의 사운드트랙에 수록되었다는 것을 어찌 보면 의외라고 할 수 있다. 이 곡은 곧 블랙 플레임즈의 감미로운 R&B 곡과 함께 더블 A사이드 싱글로 발매된다(더 앞뒤가 맞지 않는 것은, 로이 오빈슨이 부른 글렌 댄직의 작품도 사운드트랙 앨범에 함께 수록되어 있었다는 것이다).

결국은, "Bring the Noise"도 자체적으로 발매되었고 이 곡은 퍼블릭 에너미의 혁신적 앨범 〈It Takes A Nation of Millions to Hold Us Back〉(1988)의 오프닝을 장식하게 된다. 프론트맨 척 D는 힙합 커넥션에 이렇게 말했다. "(데프 잼 프로듀서) 릭 루빈은 앨범에서 'Noise'와 'Rebel' 트랙을 빼기를 원했지만 저와 행크(쇼크리)가 반박했죠. '됐거든요'라면서요."

척의 보컬 부분은 셀 수 없을 만큼 많이 샘플링된다. ("Bass! How low can we go?"는 사이먼 해리스의 1988년 영국 히트 곡의 타이틀이 된다.) 그리고 하우스 뮤직 프로듀서 베니 베나시가 2007년 이 트랙을 리믹스하기도 한다. 힙합 전반에 널리 영향을 미친 이 곡은 샘플 사용 허가비용 논쟁으로 이제 더이상 본래의 모습으로 듣는 힘들지도 모른다. 쇼크리가 이에 이렇게 말했다. "불가능한 건 아니에요. 그저 아주 아주 많은 돈이 들어갈 거라는 거죠." **DC**

True Faith | New Order (1987)

Writer | New Order, Stephen Hague
Producer | New Order, Stephen Hague
Label | Factory
Album | *Substance* (1987)

"뉴 오더는 괴어 썩은 연못처럼 된 데다
너무 반복적이었죠.
하지만 이제는 훌륭하다고 생각해요."

로버트 스미스, 더 큐어, 1988

◄ **Influenced by: Planet Rock** • Afrika Bambataa
& The Soul Sonic Force (1982)
► **Influence on: The Real Thing** • Gwen Stefani (2004)
● **Covered by:** The Boo Radleys (1993) • Dreadful
Shadows (1995) • Aghast View (1997) • Flunk (2005)
Code 64 (2005) • Anberlin (2009)

뉴 오더는 조이 디비전의 잿더미에서 다시 날아오른다. 1987년 즈음 그들은 이미 6년이란 세월 동안 영국에서 이름을 확고히 한 상태였다. "Blue Monday"와 같은 히트를 이미 내놓긴 했지만, 그들에게 마침내 미국 주류로의 돌파구를 마련해준 것은 "True Faith"였고, 이 곡은 32위까지 올랐다. 열흘 만에 작곡과 녹음을 마친 곡치고는 꽤 괜찮은 성적을 거두었다—걸출한 B사이드 수록 곡 "1963"도 함께 작업을 마무리했다니 말이다.

이 맨체스터 4인조의 다른 많은 곡들과 마찬가지로 곡의 제목은 가사에 등장하지 않는다. 보컬리스트 버나드 섬너가 그룹의 아파트 방에 실수로 갇힌 날 가사를 썼다고 한다. "세무서로부터 몇천에 이르는 고지서가 날아 왔죠. 제 기억엔 말이죠," 그가 뉴스 오브 더 월드에 한 말이다. "우린 이렇게 생각했죠. "으악, 여기서 톱 40곡을 써내든지 해야겠는걸." 그래서 같이 머리를 모아 골몰했죠. 그리고 'True Faith'가 탄생한 거예요." "Now that we've grown up together / They're all taking drugs with me(이제 함께 우리가 어른이 되었으니 / 그들은 나와 약을 즐기지)"라는 섬너의 가사 문구는 라디오 방송에 적절한 "…They're afraid of what they see"로 고쳤다. 하지만 막상 무대에 설 때면 본래의 가사대로 공연한다. 피터 훅의 선율성 강한 베이스는 사실 녹음 중 편집될 뻔했다. "'마지막 단계까지 버티는 데 많은 투쟁이 필요했다' 정도로 말해두죠." 그가 Q에 말했다. "음악적으로 따졌을 때 우리 스타일이 순수한 댄스 음악 쪽으로 향하고 있었죠. 전 제가 알고 사랑했던 뉴 오더의 사운드를 지키고자 하는 바람이 강했고요."

어쨌건 간에, 질리언 길버트의 댄스를 부르는 신스, 스티븐 모리스의 극적 드럼, 불안 초조한 가사가 이루어낸 조화는 "True Faith"를 압도적인 무엇으로 만들기에 충분했다. 프랑스의 안무가 필립 드쿠플레의 초현실주의적 뮤직비디오—기이한 의상의 댄서들이 박자에 맞춰 서로 따귀를 때리는 장면이 등장한다—는 1988년 베스트 프로모셔널 비디오로 BPI(영국 음반 사업 협회)상을 수상한다. "그건요," 프로듀서 스티븐 헤이그가 사운드 온 사운드에 말하기를, "그저 '임무 완수'였을 뿐이라고요." **GK**

It's a Sin | Pet Shop Boys (1987)

Writer | Neil Tennant, Chris Lowe
Producer | Stephen Hague, Julian Mendelsohn
Label | Parlophone
Album | *Actually* (1987)

"대히트 곡은 당신의 음악 인생을
강탈해버리기 마련이죠.
저희의 경우 'Go West'와
'It's a Sin'이 그것이었습니다."

닐 테넌트, 2009

◀ **Influenced by: Passion** • The Flirts (1982)
▶ **Influence on: Like a Prayer** • Madonna (1989)
● **Covered by:** Gamma Ray (1999) • JJ72 (2001) • Paul
Anka (2005) • And One (2009)
★ **Other key tracks: What Have I Done to Deserve This?**
(1987) • Always On My Mind (1987)

펫 샵 보이즈의 데뷔작 〈Please〉가 시판되기 4년 전, 1982년 한 오후였다. 닐 테넌트와 크리스 로우는 런던 캠던 타운의 한 스튜디오에서 작업에 전념하고 있었다. 그때 로우가 연주하기 시작한 한 음악이 테넌트의 귀에는 매우 종교적—테넌트는 가톨릭교 학교에서 유년 시절을 보낸 후 회복 중이었다—으로 다가왔던 것이다. 이 순간, 테넌트로부터 말들이 쏟아져 나왔고, 5분이 지난 후, "It's a Sin"의 가사가 완성되었던 것이다.

하지만 이 곡은 1987년이 되어서야 대중에게 공개된다. 그 해 "It's a Sin"은 2인조의 3번째 앨범 〈Actually〉의 초석이 되었다. 이 앨범은 리믹스 앨범 〈Disco〉(1986)의 후속작이었다. 이 오랜 기다림은 후하게 보답받는다. 그 사이에 이 곡은 신디사이저들이 이루는 소용돌이와 관현악으로 작렬하는 웅장한 댄스-팝 대작으로 둔갑했던 것이다.

테넌트는 심판 앞에서 깊은 영혼 내면의 이야기를 털어놓으며, 이렇게 소리친다, "So I look back upon my life / Forever with a sense of shame / I've always been the one to blame(내 삶을 돌아보면 / 영원히 수치심을 떨치지 못한 채 / 항상 잘못은 나 스스로에게 있었어)." 그러나 음악만큼은, 극적 긴장감과 부기로 풍부함에 넘치며, 그의 고해성사를 파티장으로 뒤바꾸어놓는다. 사치에 가까운 덤도 여기저기 던져 넣는다. 예를 들어 테넌트가 낭송하는 라틴어 고백기도라든지, 로켓 발사 전 카운트다운 등이 그것이다. 여기서 당신은 펫 샵 보이즈가 여태껏 보였던 것 중에서 가장 맛 좋은 극적 향연을 경험할 수 있다. 데렉 저먼 감독의 뮤직비디오는 가사 내용에서 한 걸음 더 나아가 테넌트가 체포되어 종교 재판에 끌려가는 장면까지 등장시킨다. 차트를 휩쓴 "West End Girls"를 가깝게 뒤쫓는 "It's a Sin"으로, 2인조의 세계적 댄스-팝 그룹으로서의 입지는 재확인되었다. 킬러스의 프론트맨 브랜든 플라워즈가 2009년 브릿 어워드 시상식에서 그들의 퍼포먼스에 조인한 것도 매우 인상적이었다. 폴 앵카와 파워 메탈 그룹 그레이브웜까지, 다양한 아티스트들이 이 곡의 커버 버전을 남긴다. **JiH**

Pump Up the Volume
M|A|R|R|S (1987)

Writer | Martyn Young, Steve Young
Producer | Martyn Young,
John Fryer
Label | 4AD
Album | N/A

인디펜던트 런던 레이블 4AD의 대표, 아이보 와츠-러셀은 소속 아티스트들 AR 케인과 컬러 박스에게 콜라보레이션을 해보라는 제안을 통해 마르스(M|A|R|R|S)를 고안해냈다. 언더그라운드 댄스 신과 다른 노래들을 퓨전한 샘플링 기술을 통해 이리저리 변형해보자는 것이 이 프로젝트의 목적이었다. 이 콜라보레이션에서 성공은 멀어 보이기만 했다. 두 그룹 사이의 작업 분위기가 너무 냉랭했던 나머지 그들은 결국 제각기 따로 트랙을 만들고 서로의 결과물을 서로 손질해주자는 쪽으로 합의를 보았다. 그 더블 A 사이드 싱글이 하나 탄생했다. 하지만 AR 케인의 창작물이나 거의 다름없던 "Anitina"는 컬러 박스가 창조해낸 "Pump Up the Volume"의 그늘에 가려 맥도 못 추었다.

이 곡에 쓰인 다양한 보컬, 인스트루멘털 샘플들은 그 선택 과정이 의문스러울 정도다(특히, 에릭 B & 라킴의 "Paid in Full"과 이스라엘의 싱어 오프라 하자의 "Im Nin' Alu"등이 그 예다). 이 모든 것이 서로 조화를 이루도록 한 것 자체도 의문스럽긴 하다. 이 리믹스의 성공에는 데이브 도렐과 CJ 매킨토시 등 디제이들의 참여가 매우 중요한 역할을 했다. 이 곡만의 독특한 도회적 색깔에 배인 까칠함은 그들의 힙합 스크래칭의 덕을 톡톡히 보고 있으니 말이다.

영국과 미국에서 각각 20만 장, 50만 장 판매된 이 트랙은 베스트 인스트루멘털 퍼포먼스로 그래미상 후보에 오르기도 했다. M|A|R|R|S는 이후 얼마 되지 않아 해산했다. 하지만 그 짧은 수명 동안 그들은 여러 업적을 이룬다. 대중에게 획기적인 새로운 사운드를 소개시킨 한편, 프로듀서들과 디제이들도 그들 자체만으로 하나의 아티스트라는 매우 혁명적인 개념을 도입한 것이다. **CE-S**

Birthday
The Sugarcubes (1987)

Writer | The Sugarcubes
Producer | Ray Shulman,
Derek Birkett
Label | One Little Indian
Album | *Life's Too Good* (1988)

솔로 아티스트로서 비요크는 파파라치 공격과 아슬아슬한 뮤직비디오 영상, 기이한 의상 등으로 날이면 날마다 헤드라인을 장식했고, 그녀의 도발적인 앨범 행렬 또한 멈출 줄 모르고 계속되었다. 아이슬랜드의 팝 프린세스는 등장 초기부터 창의성을 인정받은 동시에 논란거리가 되었고 슈가큐브스의 세계적 데뷔 싱글 "Birthday"로 대단한 반향을 일으켰다. 가사 자체도 모호한 신비감으로 뒤덮여 있었지만, 속삭임과 고함을 뒤섞은 비요크의 비전통적 창법으로 인해 스토리라인도 매우 난해했다. "'Birthday'가 뭐에 관한 건지 전 몰라요." 그가 익스포저에 이렇게 주장했다. "전 멜로디를 항상 먼저 쓰죠. 그리고 가사를 후에 떠올려요. 전 시인이 아니에요…그저 느낌을 말로 해석할 뿐입니다."

하지만 이 곡을 유심히 들어본 이들에 의해 비요크가 금기 영역에 발을 들여놓았다는 것이 밝혀졌다. 그것은 5살의 어린 소녀와 훨씬 나이 많은 남자 사이의 로맨스를 다룬 것이었다. "이 노래를 'Birthday'라고 이름 지은 이유는, 그 남자가 50번째 생일을 맞았기 때문이죠." 그녀가 로(Raw)매거진에 말했다, "하지만 가사를 듣고 그걸 알아차리는 이는 사실 많지 않아요." 하지만 이 콕트 트윈스풍의 몽롱한 발라드는 기이한 사랑스러움을 지니고 있었고, 미끈하게 빠진 1980년대 팝 사운드에 지친 이들에게는 마치 호출 사이렌 같은 존재로 다가왔다. 영국 디제이 존 필의 적극적인 지지를 받은 "Birthday"는 슈가큐브스의 정규 데뷔 〈Life's Too Good〉(1988)의 성공을 위한 초석을 마련한다. 이 곡으로 인해 지구 전역에 아이슬랜드의 음악이 알려졌고 대중은 비요크가 다음에 무얼 할지에 대한 기대감과 호기심에 목말라했다. 그리고 흥미진진한 비요크의 여정은 이러한 기대를 단 한 번도 저버리지 않았다. **JiH**

1987년 비요크와 슈가큐브스의 모습. 그들은 '삐딱한 즐거움' 자체였다.

Beds Are Burning | Midnight Oil (1987)

Writer | Rob Hirst, James Moginie, Peter Garrett
Producer | Wayne Livesey, Midnight Oil
Label | CBS
Album | *Diesel and Dust* (1987)

"그것은 마치
무관심의 안개 사이로 외치는
비명처럼 느껴졌습니다."

짐 모지니, 2008

◀ **Influenced by: Clampdown** • The Clash (1979)
▶ **Influence on: Zombie** • The Cranberries (1994)
● **Covered by: Split Lip** (1996) • Augie March (2001)
Novaspace (2003) • Misery Inc. (2007)
★ **Other key tracks:** Dream World (1987) • Gunbarrel
Highway (1987) • The Dead Heart (1987)

보컬리스트 피터 가렛이 1984년 호주 국회의원 선거에서 핵무기 군비 축소당(Nuclear Disarmament Party) 후보로 출마하기 훨씬 전부터 이미 호주의 팬들은 미드나잇 오일이 호주에서 가장 정치적이고 가장 뛰어난 밴드 중에 하나라는 사실을 알고 있었다. 호주 밖의 나머지 사람들도 결국 〈Diesel and Dust〉를 통해 이 사실을 알게 되었다. 호주 원주민 거주 부락을 돌며 얻은 영감으로 무장된 이 콘셉트 앨범은 환경 보호 이슈, 토착민이 겪는 괴로움 등의 주제를 다룬다. 펑크의 정신을 지니되 사운드만큼은 그렇지 않았던 이 멜로디컬한 걸작은 미드 나잇 오일을 세계적 밴드로 부상시킨다. 〈Diesel and Dust〉는 "The Dead Heart"와 "Dreamworld" 등 다수의 걸출한 트랙을 담고 있었다. 하지만 시공을 초월하는 모던 록 앤섬은 단 한 곡뿐이었다. "Beds Are Burning"는 사회 정의를 부르 짖는 데 한 치의 어리석음도 용납하지 않는다. 그러면서 도 소리쳐 따라 부르기 좋은 코러스, 빛이 부서지는 기타 리드와 R&B 스타일의 고동 치는 리듬이 주는 달콤한 설탕가루가 그 위에 솔솔 뿌려져 있다. 대부분의 팬들은 "Beds Are Burning"이 그해 라디오 주파수를 탄 곡들 중 최고로 중독성이 강하다는 사실 외에, 곡에 담긴 정치적 메시지는 이해하지 못했다(이 곡은 호주 정부에게 토착 원주민 핀투피족에게 땅을 돌려주라고 요구하고 있다). 단, 가렛은 마이크만 잡으면 너무나 그럴 듯한 세일즈맨으로 돌변했기 때문에, 그가 무엇을 들이대든지 간에 아마 청중은 그의 말에 귀 기울였을 것이다. "당시 그 이슈에 관해 자포자기의 분위기가 퍼져 있었어요…" 기타리스트 짐 모지니가 아이덴티티 씨어리에 말했다. "앨범의 발매 준비를 다 마쳤을 때, 저희는 마음의 준비를 했죠, 왜냐하면 겉으로는 아닌 척했던 모든 인종차별주의자들이 들고일어나 저희를 묵살하려 할 거라 예상했으니까요." "Beds Are Burning"은 큰 히트를 거두었다. 이로써 미드나잇 오일은 잠시나마 세계에서 가장 잘 나가는 밴드가 된다. 이 곡은 오늘날에 이르러서도 그 큰 영향력을 변함없이 인정받는다. 로큰롤 명예의 전당은 장르를 형성한 결정적 노래 500곡에 "Bed Are Burning"을 포함시키기까지 했다. **JiH**

Yé Ké Yé Ké | Mory Kanté (1987)

Writer | Mory Kanté
Producer | Nick Patrick
Label | Barclay
Album | *Akwaba Beach* (1987)

"그건 관심을 표하는
그들만의 방식이었습니다."

모리 칸테, 1998

◀ **Influenced by: Lan Naya · Bembeya Jazz National**
(1985)
▶ **Influence on: Tekere · Salif Keita (1995)**
● **Covered by: Picco (2008)**
★ **Other key tracks: Akwaba Beach (1987) · Nanfoulen**
(1987)

모리 칸테는 1백만 장 싱글 판매를 기록한 첫 아프리칸 뮤지션이었고, 그의 아프로-팝 고전 댄스 플로어 스매시 "Ye Ke Ye Ke"는 유럽 전역을 휩쓸었다. 이 곡은 그의 1987년 앨범 〈Akwaba Beach〉에 수록되어 등장한다. 물론 좀 더 전통성을 살린 버전이 〈A Paris〉에 실려 1984년에 이미 모습을 드러내긴 했지만. "월드 뮤직"이라는 마케팅 용어가 등장한지 얼마 되지 않아 이 곡은 폭발적인 인기를 끌었고, 그로 인해 아프리칸 아티스트들에 대한 관심이 폭등하기도 했다.

칸테는 '그리오(griot)'—그리오란 서아프리카 지역 국가들에 존재하는 세습적 음악가 계급—의 역사 깊은 혈통을 타고났다. 싱어인 데다 각종 악기를 모두 다룰 수 있었지만 그는 코라 연주자로 가장 잘 알려져 있었다. 코라는 서아프리카에서 유래하는 21현 하프이며 "Yé Ké Yé Ké" 내내 그 사운드를 감상할 수 있다. 이 곡 덕에 그에게 붙은 별칭이 여러 개 있지만 그 중에서도 "테크로 코라 뮤직의 일인자"라는 말이 가장 정확한 듯하다.

작렬하는 드럼과 날카롭게 찔러대는 브라스 섹션을 가미한 현대적 광택의 프로덕션은 듣는 이로 하여금 칸테가 기니 전통 러브송 "Yé Ké Ké"에 기반해 이 곡을 만들었다는 사실을 깨닫지 못하게 만든다. "그건 젊은 여성들이 춤을 출 때 내는 소리지요." 칸테가 포크 루츠에게 한 말이다. "아래로 'Yé Ké!' 한 다음에, 상체로 'Yé Ké!' 하는 거예요."

칸테는 여성 보컬리스트 장카 디아바테와 함께 전통적인 콜 앤 리스폰스 방식으로 노래하며 디아바테는 귀에 착 감기는 코러스 부분 "Yekeke n'nimo, Yeke yeke"를 맡아 부른다. 'N'nimo'는 "제수씨"란 뜻으로 기니 남성들이 여자에게 추파를 던질 때 스스럼없이 쓰는 말이다.

"Yé Ké Yé Ké"는 12가지 이상의 언어로 커버되었고 그 중에는 중국어, 아라비아어, 힌두어, 히브리어도 포함된다. 또한 수차례 리믹스 되었는데 독일의 테크노 2인조 하드플로어의 1994년 버전은 2000년 영화 〈비치〉의 사운드트랙에 수록되었다. **JLu**

Just Like Heaven | The Cure (1987)

Writer | Robert Smith, Simon Gallup, Porl
Thompson, Boris Williams, Laurence Tolhurst
Producer | David Allen, Robert Smith
Label | Fiction
Album | *Kiss Me Kiss Me Kiss Me* (1987)

"큐어가 만든 것 중 최고의 팝송입니다…
단 한 테이크만에 완성했고,
그대로 정말 완벽했죠."

로버트 스미스, 2003

◀ **Influenced by: Another Girl, Another Planet**
The Only Ones (1978)
▶ **Influence on: Taking Off** • The Cure (2004)
● **Covered by:** Dinosaur Jr. (1989) • Goldfinger (1999)
30footFALL (1999) • In Mitra Medusa Inri (2001)
Gatsby's American Dream (2005) • Katie Melua (2005)

"전 이걸 쓰자마자 이 곡이 좋은 팝송이란 걸 알 수 있었어요…" 큐어의 로버트 스미스가 블렌더에게 확신에 차서 말했다. 이 곡은 "북런던에 위치한 방 2칸짜리 작은 아파트 방"에서 탄생했으며, 스미스는 이것을 프랑스 남부에서 이루어진 스튜디오 세션에 들고 갔다. 드러머 보리스 윌리엄스가 불어넣은 영감을 받아, 그는 노래의 속도를 높이는 한편 악기 부분을 하나하나 채워나갔던 것이다.

스미스는 프랑스의 TV 프로그램 'Les Enfants du Rock'에 이 곡의 인스트루멘털 버전을 주었다. 그의 목적은 "보기에 너무 당연한 이 싱글감의 곡을…수백만 명의 유럽인들에게 친근하게" 만들자는 것이었다. 이러한 그의 계획은 수포로 돌아갔고 "Just Like Heaven"은 프랑스에서 30위에 진입하지 못한다. 그럼에도 이 곡은 그들의 작품들 중 가장 큰 인기를 누리는 곡으로 자리 잡아간다. "Friday I'm in Love"에 머뭇거리는 팬들조차도 이 주옥 같은 명곡의 땡그랑거리는 소리에는 서슴없이 지그춤을 추었다. 커버 버전도 다수 탄생한다. 스미스는 다이노서 주니어가 뜯어고쳐 만든 버전을 가리켜 "열정적이고…환상적"이라고 극찬했다. 조심스러운 듯 머뭇거리는 케이티 멜루아의 커버 버전은 2005년 영화 〈저스트 라이크 헤븐〉에 삽입되기도 한다. 큐어의 곡에서 영감을 얻어 제목 붙여진 블록버스터 영화로는 〈저스트 라이크 헤븐〉이 2번째였다—1번째는 1999년 영화 〈소년은 울지 않는다〉였다.

하지만 스미스 자신은 이 곡의 오리지널 비디오에 가장 애착이 간다고 한다. 이 노래가 "유혹 수법에 관한 것"이라고 그는 밝혔다. "영국의 남부 해안에 위치한 비치 헤드에서 있었던 일이죠. 이 곡은 숨이 가빠지는 것에 관한 거예요. 키스를 하고 기절하여 바닥에 쓰러지는 거죠. 매리(그의 아내)가 뮤직비디오에서 저와 춤을 추는 이유는 그녀가 바로 그 이야기의 주인공이었기 때문이에요. 그래서 꼭 그녀를 영상에 담아야 했죠. 1천 시간의 고역도 견딜 가치가 있다는 게 저의 메시지였습니다." 뮤직비디오 감독 팀 포프는 "역대 큐어의 작품 중 내가 가장 좋아하는 곡"이라고 말하며 덧붙였다. "(매리 풀은) 역사 전체를 통틀어 큐어 뮤직비디오에 등장한 유일한 여성이다." **BM**

The One I Love | R.E.M. (1987)

Writer | Bill Berry, Peter Buck, Mike Mills, Michael Stipe
Producer | R.E.M., Scott Litt
Label | I.R.S.
Album | *Document* (1987)

"이쯤 되면 그냥 이 곡이 사랑 노래라고
믿게 내버려 두는 것이
더 나은 일일 듯 싶네요."

마이크 스타이프, 1987

▶◀ **Influenced by: Break It Up** • Patti Smith (1975)
▶ **Influence on: Morning Glory** • Oasis (1995)
● **Covered by:** Butthole Surfers (1989) • Moog Cookbook (1996) • Sufjan Stevens (2006)
★ **Other key tracks:** It's the End of the World as We Know It (and I Feel Fine) (1987) • Everybody Hurts (1992)

80년대 초반, 얼터너티브 록 신에서 고군분투하던, 대학 라디오 단골 손님 R.E.M.이 마침내 업계로 진입하는 어마어마한 돌파구를 마련한다. 싱어이자 작사가인 마이클 스타이프가 롤링 스톤에게 한 말에 이들의 성공 비결이 숨어 있다. "어떤 실제 경험에 기반한 게 아니에요, 완전히 꾸며낸 거죠." 빌보드 핫 100에서 거둔 그들의 1번째 톱 10 진입 곡은 R.E.M.이 쉽게 봐서는 안 될 강력 사단임을 증명해 보였다. "전 '사랑'이라는 말을 넣어서 노래를 쓰고 싶었죠." 스타이프가 말했다. "왜냐하면 전에 한 번도 그런 적이 없었거든요." 그러나 많은 이들이 로맨틱한 메시지 정도로 여겼던 이 곡은 사실 훨씬 어두운 일면을 내포하고 있었다. "이 곡은 그 가사("A simple prop to occupy my time(그저 시간을 보내는 데 쓰는 단순한 소도구)")가 등장하기 전까지는 그냥 사랑 노래로 들리죠. 그 뒤로 점점 추해지기 시작하는 거예요. 전 사실 이 곡이 녹음하기에 너무 잔혹한 게 아닌가 하고 생각했죠." 잔혹하건 아니건, 이 상승세를 탄 곡 덕에 〈Document〉는 플래티넘으로 등극한다. 이와 함께 R.E.M.도 주류에 진입한다. "전 말이죠, 우리가 이 곡을 공연할 때마다," 기타리스트 피터 버크가 기억을 되살린다. "청중석을 들여다봐요. 그러면 서로 키스하는 커플들을 발견하곤 했죠. 하지만 이 가사가…너무 야만적으로 반(反)사랑적이잖아요…어떤 커플들은 저에게 이게 바로 '우리 사랑의 노래'라고 말해줬죠. '그게' 당신들 사랑의 노래라고요? 차라리 'Paint it Black'이나 'Stupid Girl', 아니면, 'Under My Thumb'으로 하지 그래요?" (1991년 재발매 이후 영국 차트 16위에 오른 이 곡은 달랑 3개의 절로만 되어 있다. 각각의 절은 서로 약간의 차이밖에 없다.) "The One I Love"는 스콧 리트와 함께할 결실 많은 관계의 시작점이기도 했다. 리트는 이후에도 5개의 R.E.M. 앨범 작업에 더 참여하였고, R.E.M.의 팬인 너바나 싱글들의 믹싱 작업을 맡기도 했다. 〈Document〉의 성공 이후 R.E.M.은 워너 브러더스와 수백만 달러 계약을 맺었다. 그리고 스타디움 공연에서, 코러스 부분을 외치는 군중 때문에 때론 당황스럽기도 하지만, 활기 넘치는 "Fire!"라는 함성은 항상 하늘 높이 메아리친다. **SF**

Fairytale of New York
The Pogues (1987)

Writer | S. MacGowan, J. Finer
Producer | Steve Lillywhite
Label | Stiff
Album | *If I Should Fall from Grace with God* (1988)

"'Fairytale of New York'의 오프닝 라인 'Christmas Eve, babe, in the drunk tank'를 듣자마자," 포그스의 옛 매니저 프랭크 머레이가 말했다. "당신은 바로 깨닫게 되죠. 그런 말들로 시작하는 노래가 단순 평범한 크리스마스 송은 아닐 것이란 것을요."

J.P. 돈리비의 소설 「뉴욕 동화(A Fairy Tale of New York)」 (1973)에서 영감을 받아 명명된 이 곡은 쓰는 데만 2년, 녹음하는 데는 1달이 걸렸다. 영국에서 가장 사랑받는 크리스마스 송으로 종종 뽑히는 이 곡은 첫 발매 당시 펫 샵 보이즈의 "Always On My Mind"에 밀려 1위를 놓친다.

세계적 명성을 얻고자 하는 바람에 머레이는 포그스를 이끌고 미국으로 투어를 떠난다. 폐렴을 한바탕 앓던 중세인 맥고완은 듀엣 곡으로 가사를 완벽히 다듬었고, 베이시스트 케이트 오리오르단과 함께 부를 예정이었다. 그녀가 밴드를 그만두고 나서 프로듀서 스티브 릴리화이트는 자신의 아내이자 싱어였던 커스티 맥콜에게 이 곡을 가져다 주었다. "커스티가 이 트랙을 진정으로 완성한 거죠." 맥고완이 자신의 생각을 말한다. "노래에서 요구하는 느낌을 그녀가 잘 포착했죠. 우리는 정말 궁합이 잘 맞았어요. 그녀는 정말 재미 있는 사람이었죠." 머레이의 말을 빌리자면, 그 결과물은 "그저 완벽할 따름"이었고, 피아니스트 줄스 홀란드의 말에 의하면 이 곡이 "마치 작은 교향곡"을 듣는 것 같았다는 것이다. 크리스마스 시즌 싱글들의 전형으로 여겨지는 감상적인 내용을 피하기 위해 맥고완은 브로드웨이에서 실패한 "방탕아"와 "마약 한 허튼 계집"의, 끝을 모르는 불행에 대해 이야기한다. "이렇게 철저하도록 절망적인 크리스마스 노래는 보기 드물죠." 닉 케이브가 말했다. "이런 건 사실 좀 더 많이 있어야 합니다." **SO**

Paradise City
Guns N' Roses (1987)

Writer | Guns N' Roses
Producer | Mike Clink
Label | Geffen
Album | *Appetite for Destruction* (1987)

건즈 앤 로지즈는 자신들의 대표 곡이 발생한 유래에 대해 여러 스토리를 내놓았다. 그들이 만취한 상태였단 것을 미리 안 이들은 이것이 그다지 놀랍지 않았을 것이다. 베이시스트 더프 맥케이건은 단호히 말했다. "이 곡의 코드를 쓴 건 제가 처음 LA로 이사했을 때였죠. 그땐 아는 사람도 없었고 좀 우울했어요." 기타리스트 슬래시는 이것이 샌프란시스코 공연을 마치고 있었던 잼 세션에서 탄생했다고 주장한다. "땡그랑거리는 기타 인트로는 제가 쓴 거예요…더프와 이지(기타리스트 이지 스트래들린)가 그걸 이어 살리려나 갔죠…그동안 전 코드 진행을 생각해냈어요." 1985년 10월 로스앤젤레스에서 있었던 이 곡의 라이브 초연에서 맥케이건은 이렇게 공식 발표했다. "이건 우리가 방금 전 오늘 쓴 거예요." 슬래시는 "Where the girls are fat and they've got big titties(뚱뚱하고 젖가슴 큰 여자들이 있는)"라는 가사 제안은 곧바로 기각되었다고 말한다. 전기작가 마크 캔터는 이렇게 기록한다. "'tell me who ya gonna believe(누구를 믿을 건지 나에게 말해봐)' 전의 구절은 앨범에 수록된 것과 가사 문구에서 차이가 있었죠. 더프가 끝에 가서는 거의 대부분 리드를 맡아 불렀고 액슬(보컬리스트 액슬 로즈)은 백업 보컬을 채워 넣었습니다." 로즈는 기자회견에서 가사에 대한 설명을 이렇게 했다. "버스(verse) 부분들은 정글에 있는 거라고 하는 게 맞아요. 코러스는 미국에 중서부 지역이나 뭐 그런 데 있는 거에 비유하는 게 맞죠. 그건 제 어린 시절을 상기시킵니다." 〈Appetite…〉 앨범의 히트 싱글, "Sweet Child o' Mine"과 "Welcome to the Jungle"의 성공을 매끄럽게 이어간 이 곡은 80년대 말의 초특급 록 강대 곡들 중 하나였다. **BM**

록계의 규율에 도전하며, 액슬 로즈가 1987년 공연에서 건즈 앤 로지즈 셔츠를 입고 무대에 오른다.

Never Let Me Down Again
Depeche Mode (1987)

Writer | Martin L. Gore
Producer | Depeche Mode, Dave Bascombe, Daniel Miller
Label | Mute
Album | *Music for the Masses* (1987)

디페쉬 모드는 1981년 빈스 클라크와 결별하자마자 흐릿하고 탁한 신스 사운드로의 변화를 시도한다. 이로 인해 그들의 음악은 좀 더 어두운 빛을 띠게 되었고 주류에서도 점점 멀어지게 된다. 하지만 충성스런 팬 층만은 계속 보유하고 있었다. 〈Black Celebration〉(1986) 앨범이 발매될 무렵 그들은 히트곡을 찾아 헤매는 가죽옷 차림의 고스가 되어 있었다. 그들은 "Never Let Me Down"에서 해답을 찾는다. 이 곡은 엄격한 비트와 심오한 기타, 죽여주는 코러스로 이루어졌다. "Promises me I'm as safe as houses / As long as I remember who's wearing the trousers(내가 집만큼 안전할 것이라 약속하지 / 누가 주인인지를 내가 잊지 않는 한)"에는 블랙유머가 묻어났다. 하지만 페이드 아웃 연장 부분에서 고어의 섬세한 대위법적 구성과 장대한 바그너풍 합창 위로 데이브 가한의 음성이 울릴 때쯤 되면 듣는 이는 공포에 떨 수밖에 없다. "Never Let Me Down Again"은 5년간 디페쉬 모드가 고국에서 거둔 히트 중 가장 낮은 차트 기록을 낸 곡 중 하나이다. 하지만 고어는 여기에 동요되지 않고 레코드 미러를 확신시키려 했다. "대단한 성공을 거두는 그룹보다 컬트 밴드가 되니 좋네요."

그러나 미국에서는 이 곡과 패어런트 앨범 모두 슬그머니 성공 계단에 올랐고 팬들은 강한 사운드로 새로 무장한 디페쉬 모드를 보러 떼지어 몰려왔다. 공연 투어 무비 101에 기록된 이 곡의 퍼포먼스에서 팬들이 다 같이 팔을 흔들어 물결을 이루는 장면이 보인 후 이것이 관례처럼 되어버렸다. 오늘날까지 이런 모습이 콘서트마다 보인다 한다. 기이하게도, 이런 획기적 사건들은 고국에서 디페쉬 모드의 경쟁력을 재정립했고 이런 현상은 능수능란함에 빛나는 1990년 앨범 〈Violator〉에 힘입어 한층 심화된다. **MH**

Faith
George Michael (1987)

Writer | George Michael
Producer | George Michael
Label | Epic
Album | *Faith* (1987)

사람들은 웸!이 1986년 해체 발표를 하기 훨씬 전부터, 조지 마이클이 솔로 아티스트로서 성공할 충분한 역량이 있음을 간파하고 있었다. 그러나 그가 십 대 아이돌에서 팝 아이콘으로 이렇게까지 빨리 상승하리라 예견한 이는 그다지 많지 않았다. 이 모든 게 앨범 1장으로 충분했다. 단 1장이긴 했지만, 〈Faith〉는 7개의 싱글을 뽑아냈고 수백만 장 판매고를 올렸으며 그래미상까지 거머쥐었다. 그는 회상한다. "웸!이 해체되기 직전에 전 굉장히 자기성찰적이고 의기소침해져 있었죠…" "그 시기를 이겨내고 난 지금에 와서…그리고 그게 저에게 낙관적 태도와 믿음을 주었더군요." 타이틀 곡의 가장 큰 매력은 그 단순성에 있었다. 부드럽게 울리는 오르간은 웸!의 "Freedom"을 인용하고 있으며, 빠르게 쳐내리는 어쿠스틱 기타의 손놀림과 함께 노래는 곧바로 속도를 잡아 전진한다. 엔지니어 크리스 포터가 빌보드의 크레이그 로젠에게 전하기를, 덴마크의 퍼크 스튜디오에 펑크의 전설 댐드가 "흉측한 알루미늄 몸통의 기타"를 하나 두고 갔다는 것이다. "노래에 나오는 게 바로 그 소리예요. 이 트랙의 상징적 사운드가 되어버렸죠. 그가 보 디들리 같은 리듬을 원한다고 말했습니다… 모든 걸 있는 그대로 담백하게요." "Faith"는 마이클의 최고 히트 중 하나로 자리 잡는다. 특히 미국에서는 더 그랬고, 1988년 이 싱글은 차트 석권의 기록까지 거둔다. 아이콘적 존재가 되어버린 뮤직비디오도 한몫했다. 하지만 그는 솔직히 인정한다. "제가 기타를 잘 못 치는 게 비디오에 나와요. 전 기타를 치긴 하지만 그다지 잘 치지는 못해요. 비디오를 자세히 보면 제가 어떤 때는 장갑을 끼고 있고 어떤 때는 아닌 걸 보실 수 있어요. 그건 스트링 때문에 제 손가락이 까졌기 때문이죠." **JiH**

Need You Tonight
INXS (1987)

Writer | Andrew Farriss,
Michael Hutchence
Producer | Chris Thomas
Label | WEA
Album | Kick (1987)

80년대 초반부터 고향 호주와 미국 양쪽에서 히트 메이커로 정평이 난 인엑시스지만, 세계적 성공을 거두기 위해 그들은 1987년까지 기다려야만 했다. 이 날씬하고 나긋나긋한 곡이 그들의 결정적 성공 비결이었으며 뮤직비디오에 나온 마이클 허친스의 잘생긴 외모가 널리 공개된 것도 나름대로 유용했다. 기타리스트 앤드루 패리스는 싱어와의 랑데부를 위해 홍콩으로 날아가기 전 이 곡을 썼다고 한다. "절 공항으로 데려다 줄 택시가 도착했죠…" 그가 기억을 더듬는다. "전 택시 운전사에게 기다려달라고 말했어요. '떠나지 말아주세요, 제가 공항에 가야 되는 건 맞는데요, 가기 전에 노래 한 곡을 다 쓰고 가야 되거든요.' 그는 절 이상하게 쳐다봤죠, 마치 이렇게 말하는 것 같았어요. '완전 이상한 녀석 아니야? 그래, 노래를 써야 된다고? 물론 그러시겠지요, 자식.'" 우연인 것은 패리스가 도착하기 바로 전날 밤 허친스도 가사 한 벌을 써놓았다는 것이다. "앤드루가 자기가 작업한 테이프를 쭉 틀어놨죠, 그리고 제가…마이크를 하나 가져다가 이 'Need You Tonight' 가사들을 줄줄이 풀어놨어요. 그 트랙에다 대고 바로 노래를 부르기 시작했죠. 노래가 그렇게 다 완성된 거예요. 트랙 끝까지 그냥 한 방에 다 불렀죠. 레코드에서 들으신 그대로 말이에요. 패리스의 회상에 따르면 이 데모에 준 유일한 변화 하나는 이렇다. "중간에다가 스톱 부분을 삽입한 거죠." 이 트랙의 갑작스런 엔딩은 앨범의 다음 트랙 "Meditate"으로 계속 이어지며, 이런 요령은 뮤직비디오에도 똑같이 적용된다. 밴드는 이 곡을 싱글로 발매할 생각이 본래 없었지만, 이 곡에 대한 친구들의 반응에 마음이 흔들렸다. "터무니없을 만큼 편한 느낌이었죠." 패리스가 인정하는 투로 말했다. "그게 모든 것의 비결임이 분명해요." **BM**

With or Without You
U2 (1987)

Writer | U2
Producer | Daniel Lanois,
Brian Eno
Label | Island
Album | The Joshua Tree (1987)

유투가 〈The Unforgettable Fire〉(1985)의 후속 앨범 작업에 돌입했을 당시 상황을 기타리스트 에지는 이렇게 말한다. "별달리 대단할 게 하나도 없었죠…'With or Without You'는 그냥 단순한 코드 패턴 정도였어요. 멜로디도 없었고 기타 파트도 없는 상태였죠." 작업이 어느 정도 진행된 이후에도 "'With or Without You'는 여전히 엉망으로 들렸습니다." 베이시스트 아담 클래이톤이 동의한다. "코드 진행이 그저 돌고 돌 뿐이었어요. 이 곡에 새로운 접근을 시도한다는 게…좀처럼 쉽지 않았죠." 다행히도 여기에 운명의 손길이 뻗친다. 에지가 "마치 바이올린처럼 사운드를 무한 유지하는" 시제품 기타를 테스팅해보고 있는 동안, 버진 프룬스의 프론트맨 개빈 프라이데이가 이 곡을 포기하지 말고 계속 밀고 가보라고 그들을 설득했다. 여기에 프로듀서 브라이언 이노가 키보드 아르페지오를 가미하자 완성도 있는 음악 트랙이 탄생했던 것이다. 여느 때와 같이 싱어 보노가 가사를 썼다. "이 곡은 고통에 관한 겁니다." 그는 밴드의 2006년 자서전에 이렇게 기록했다. "성적인 한편 심리적 고통이기도 하죠. 욕망을 억누를수록 그 욕망이 커질 수밖에 없다는 거예요." 이 모든 것의 결과는 미국 차트 넘버 원 기록이었다. "저희는 어떤 것을 리드 싱글로 삼아야 할까 정말 많이 고민했어요…" 에지가 NME에 말했다. "'With or Without You'가 뻔한 선택으로 떠올랐죠…이 곡이 이전 레코드에서 이번 앨범으로의 전환을 가장 매끄럽고 자연스럽게 이어주는 곡으로 느껴졌던 거예요." 시트콤 〈프렌즈〉의 팬들은 이 프로그램에서 중요한 순간을 장식했던 트랙이 바로 "With or Without You"라는 사실을 기억할 것이다. **BM**

Freak Scene | Dinosaur Jr. (1988)

Writer | J Mascis
Producer | J Mascis
Label | SST
Album | *Bug* (1988)

"로큰롤이란,
여러 이중적인 사람들이 한데 모여
서로를 증오해가면서 시끄러운 음악을
연주하는 거였죠."

로우 바로우, 2005

◀ **Influenced by: Schizophrenia** · Sonic Youth (1987)
▶ **Influence on: Smells Like Teen Spirit** · Nirvana (1991)
● **Covered by:** Godeater (2001) · Belle & Sebastian (2008)
★ **Other key tracks:** Don't (1988) · Keep the Glove (1988)
No Bones (1988) · Pond Song (1988) · They Always
Come (1988) · The Wagon (1991)

다이노서 주니어의 오리지널 라인업은 그들의 3번째 앨범 〈Bug〉의 작업을 위한 녹음이 진행되는 동안 거의 파경의 위기를 맞았다. 하지만 이들 사이의 불화는 오히려 그들의 작품 중 최고로 남게 될 앤섬을 탄생하게 했다. 조용하게-시끄럽게! 터지는 짜릿한 다이내믹은 밴드 내에 존재한 수동 공격적 긴장감을 반영하며 이 기능장애에 처한 관계에 대한 이야기를 풀어놓는다. "(싱어-기타리스트 였던 J 매시스가) 그다지 기분이 좋지 않다는 게 가사에 적나라하게 드러났죠." 베이시스트 로우 바로우가 2005년 모조에 말했다. "옥에 '벌레' 한 마리가 있었죠. 그리고 그 옥의 티가 바로 저였어요." 바로우와 드러머 머프는 3일 만에 파트 녹음을 끝마쳤고, 남은 것은 매시스가 채워야 할 부분뿐이었다. 매시스는 여기에 겹겹이 기타 트랙을 쌓았다. "Freak Scene"은 매시스가 보여준 "기타 영웅" 등장의 순간이었다. 뗑그렁거리는 어쿠스틱 사운드 부분은 귀가 먹어버릴 것 같은 디스토션 사운드의 기타 리프들의 돌풍으로 타오른다. 매시스와 바로우의 관계에서 오는 불만과 답답함을 그리고 있는 가사는 그들의 상황을 "so fucked, I can't believe it(믿을 수 없을 정도로 엉망진창이 된)"이라고 묘사하고 있다. 하지만 노래 끝에 가서는 결국 매시스가 느릿하게 말하는 "When I need a friend, it's still you(내가 친구가 필요할 때면 여전히 너를 찾아)"라는 가사는 희망에 찬 결말을 이야기한다. 곡의 성공 이후(영국 인디 차트 7위) 그룹은 메이저 레이블 사이어 레코드의 손짓에 응한다. 하지만 바로우는 여기에 끼지 못했다(그는 비참했던 〈Bug〉의 투어를 끝으로 1989년 5월 해고당했고 이후 세바도를 결성한다.) 이 곡의 아작거리는 사운드가 픽시스나 너바나와 같은 그룹들에게 결정적 영향을 미쳤다고 인정받은 덕에, 다이노서 주니어는 그런지 시대 동안 유유히 항해를 계속한다. 그러나 그들의 다른 어느 곡도 "Freak Scene"만큼 슬래커(slacker) 세대의 권태감을 명쾌하게 포착하지 못한다. 금방이라도 타버릴 듯한 멤버들 사이의 불같은 관계가 오히려 그들 사운드의 비결이었음을 알아차렸는지, 2005년 매시스는 바로우를 겨냥하던 무기들을 모두 묻어버린다. 이리하여 재결합된 이들은 투어와 녹음을 계속하게 되었다. **SC**

Follow the Leader | Eric B. & Rakim (1988)

Writer | Eric B., Rakim
Producer | Eric B., Rakim
Label | UNI
Album | *Follow the Leader* (1988)

"이 곡이 전하는 메시지는,
사람은 하고 싶은 일은 무엇이든 할 능력을
스스로 가지고 있다는 거예요."

라킴, 1988

◀ **Influenced by: Listen to Me** • Baby Huey (1971)
▶ **Influence on: Root Down** • Beastie Boys (1994)
● **Covered by:** Parliament Funkadelic & P-Funk Allstars
   featuring Rakim (1995)
★ **Other key tracks: Just a Beat** (1988) • **Microphone
   Fiend** (1988) • **Lyrics of Fury** (1988)

에릭 B. 앤 라킴의 이름이 전 세계에 알려지게 된 것은, 잘라 붙이기 믹스의 대가들 콜드컷이 1987년 요리해낸 "Paid in Full" 덕택이었다. 물론 에릭 B가 감사하는 마음을 가지지 않은 것은 아니지만, 그는 NME에 따지듯이 몇 마디 남겼다. "그들은 마치 우리를 한 무더기 광대가 내는 소리로 들리게 하려는 것 같았죠." 1988년, 이제 그들에게 도움 따위는 필요 없었다. "Follow the Leader"에서 2인조는 최고의 컨디션을 보인다. 미션 임파서블을 연상케 하는 샘플들로 에릭 B가 제조한 패치워크는 고동치는 베이스와 다이내믹이 만들어낸 사악한 기운이 몽롱하게 감도는 한편, 라킴이 뱉어내는 캐치 프레이즈들은 몇 년이고 머릿속을 맴돌 것만 같은 것들이다. "이 곡은 들을 때마다," 에릭이 한껏 뽐내듯 말한다, "매번 다른 모습을 발견할 수 있을 겁니다." 제임스 브라운 샘플을 유독 많이 쓴 2인조의 데뷔작 〈Paid in Full〉은 80년대 힙합의 원형을 제시했다. 하지만 퍼블릭 에너미가 제시한 방법은 이와 좀 달랐다. 그들은 비트와 샘플을 겹겹이 쌓아 묵시록적 교향악 사운드를 창조해냈던 것이다. "Follow the Leader"도 이런 형태를 취했다. 금관 섹션이 한 번 찌를 때마다, 기관총 베이스가 한 번 두드릴 때마다, 라킴의 한마디 한마디가 사정없이 맹습할 때마다, 위기감이 엄습해온다. 라킴의 희망에 대한 설교는 마치 앞뒤가 안 맞게 느껴질 정도였다. "I have to raise ya / from the cradle to the grave, but remember. You're not a slave(난 널 키워야 해 / 요람에서 무덤까지 / 하지만 기억해. 넌 노예가 아니야)." "만일 사람들이 진심으로 마음만 먹으면요," 그가 단호하게 말한다. "누구나 팔을 뻗어 제대로 된 삶을 움켜쥘 수 있죠. 현실세계에서는 경쟁이 격심하기 마련이니까요." 타이틀 트랙이 씩씩거리며 전속력 강습을 감행한 반면 〈Follow the Leader〉의 나머지 수록 곡들은 거의 유순하다고 할 만큼 단조로웠다(하지만 크리스 록은 이 앨범은 자신의 매거진 바이브에서 개제한 역대 힙합 앨범 톱 25에서 이 앨범을 12위로 랭킹시켰다). 이 싱글 덕에 2인조의 음악 활동은 최상의 수위에 닿았고 다시 이 영예를 재현할 수 없었던 그들은 결국 1992년 그룹을 해체한다. **MH**

Where Is My Mind?

Pixies (1988)

Writer | Charles Thompson
Producer | Steve Albini
Label | 4AD
Album | *Surfer Rosa* (1988)

픽시스의 정규 앨범은 관음증, 신체 절단, 성적 페티시 등 금기 사항들로 가득 차 있었다. 하지만 이 앨범의 결정적 순간이자 이들의 작품 목록 하이라이트라 할 수 있는 트랙에 영감이 되어주었던 것은 보컬리스트 찰스 "블랙 프란시스 / 프랭크 블랙" 톰슨의 스쿠버 다이빙 여행에서의 행복한 추억이었다. 정말 아이러니한 일이 아닐 수 없다.

초현실주의와 어린이 운문 사이에서 왈츠를 추는 듯한 가사는 언뜻 보면 너무나 단순해 보이고, 템포 변화는 너무 잦은 듯하면서도 그럴싸하게 들리는 탓에 이 곡은 분류하기 어렵다. 블랙의 유연한 보컬부터 조이 산티아고의 매서운 기타까지 연주 자체는 흠잡을 데 없다. 그러나 여기선 그 무엇보다도 밴드 멤버간의 찰떡궁합이 여지없이 느껴진다.

"Where is My Mind?"는 싱글로 발매되지 않았다. 〈Surfer Rosa〉가 영국 인디 차트에서 1년이 넘도록 머문 이유는 다 이 곡이 팬들 사이에서 누린 인기 덕택이다—하지만 미국에서 이 앨범이 골드 앨범이 되기까지는 17년이란 세월이 걸린다.

이 곡의 진정한 가치는 숫자만으로 제대로 따질 수 없다. 벨벳 언더그라운드와 같이 픽시스가 영향을 미친 음악 지망생들은 셀 수조차 없고 그 중에는 톰 요크와 커트 코베인도 포함된다. "Where is My Mind?"는 엠아이에이가 샘플링하기도 했으며 플라시보, 나다 서프, 제임스 블런트 등의 다양한 그룹들이 커버를 시도했다. 이 곡이 남긴 유산은 데이비드 핀처 감독의 〈파이트 클럽〉(1999) 마지막 장면에서도 재확인된다. 이 장면에서 무너져내리는 빌딩을 배경으로 삽입된 이 곡은 그 순간 세상에서 가장 아름다운 노래인 양 흘러나온다. **JiH**

Waiting Room

Fugazi (1988)

Writer | I. MacKaye, G. Picciotto, J. Lally, B. Canty
Producer | Ted Niceley, Fugazi
Label | Dischord
Album | *13 Songs* (1989)

1980년대 중반 펑크는 길을 잃게 된다. 이 움직임은 다양성을 포용하지 않았으며 혁신을 거부했다. 만일 당신이 진정한 펑크로 인정받고 싶다면 숨막히는 엄격한 규칙에 따라야만 했는데, 그것은 3개의 화음만 사용할 것, 3분이 넘는 곡은 내지 말 것 등이었다.

1988년, 푸가지가 이 모든 구속을 박살낸다. 하드코어 밴드 마이너 스렛의 베테랑 뮤지션 이언 맥케이가 창단한 이 그룹은 스투지스부터 덥, 프리재즈 까지 모든 것을 소화해냈다. "Waiting Room"은 그들의 데뷔 EP의 오프닝 트랙으로, 푸가지의 혁명적 선언의 증표였다. 보컬리스트인 맥케이와 기 피치오토는 듣는 이들에게 스스로 생각하는 힘을 기르고 세상을 살아가는 자신들만의 방식을 찾아가라며 고래고래 소리쳐 요구한다. "But I don't sit idly by / I'm planning a big surprise / I'm gonna fight for what I want to be(난 그저 빈둥빈둥 시간을 보내는 게 아니야 / 난 야심찬 계획을 세우고 있지 / 난 내가 되고자 하는 걸 성취하기 위해 싸울 거야)…" 음악도 이와 비슷하게 매우 과격했다. 펑키(funky)하다고까지 할 수 있는 베이스 라인이 이 트랙의 시작을 알리고 단단히 감아 맨 기타 사운드의 스톱–스타트 모션이 듣는 이의 행동을 재촉하는 외침을 받고 있다. 2002년 맥케이가 털어놓은 바에 따르면, 다른 펑크들은 이 대담한 뉴 사운드에 어떻게 반응해야 할지 몰랐다는 것이다. "'Waiting Room'이 처음 나오자 모두들 이걸 완전 괴상한 레게 음악 정도라고 생각했죠."

하지만 이런 혼란은 오래가지 않았고 각지의 모든 얼터너티브족들은 이 곡을 자신들의 앤섬으로 삼는다. 미국의 미식축구단인 워싱턴 레드스킨스는 2001년 홈 경기에서 팬들을 부추기기 위해 이 트랙을 사용했다. **TB**

Touch Me I'm Sick | Mudhoney (1988)

Writer | M. Lukin, M. Arm, D. Peters, S. Turner
Producer | Jack Endino
Label | Sub Pop
Album | N/A

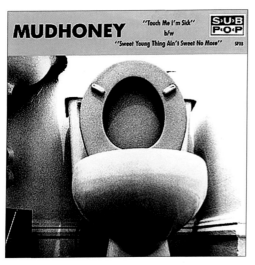

"이런 음악이
시애틀에서 탄생할 수 있었다는
사실 자체가 믿기지 않았죠."

커트니 러브, 1995

◀ **Influenced by: Scene of the Crime** · Iggy & The Stooges (1981)
▶ **Influence on: Teenage Whore** · Hole (1991)
● **Covered by:** Sonic Youth (1988) · Naked Lunch (2001) My Ruin (2005)
★ **Other key track:** Here Comes Sickness (1989)

머드허니(1988년 시애틀에서 결성)는 음악 역사를 뒤돌아볼 때 종종 간과되기도 한다. 그럼에도, 이들이 "그런지 록을 가능하게 한 밴드"라고 업적을 인정받은 것은 사실이다. (머드허니의 마크 암과 스티브 터너를 라인업에 포함한) 그린 리버와 사운드가든이 물론 이전에 싱글 발매를 했었던 것은 사실이다. 하지만 서브 팝이 1988년 완전한 풀 타임 레이블로 성장하고 난 후 그들이 내민 명함 1장은 다름 아닌 "Touch Me I'm Sick"이었다.

"단지 한정판일 뿐이었죠. 아마 800장 정도 찍었을 거예요." 서브 팝의 창립자 브루스 파비트가 데이즈드 앤 컨퓨즈드에 이렇게 회고했다. "그러나 미국 전역에서 사람들이 그것에 대해 떠들어대기 시작했죠. 우리가 정말 존경하는 사람들이요. 그해 가을 머드허니는 〈Superfuzz Bigmuff〉를 발매했어요. 영국에서 이 앨범은 대단한 성공이었어요… 소닉 유스와 함께 머드허니를 그쪽으로 보냈죠. 그러고 나서 서로의 곡들을 커버한 트랙들을 수록한 공동 싱글을 발매했습니다." (오리지널 버전은 1990년 앨범 〈Superfuzz Bigmuff Plus Early Singles〉에 다시 등장한다.)

마크 암의 기름기 흐르는 비명과 완전히 빗나간 배율의 단순화된 기타 리프를 앞세운 이 곡은 마치 자정이 지난 야심한 시각, 지저분한 구식 술집에서 "그런지"를 마주쳤으면 보았을 만한 모습을 청각적으로 해석해놓은 것 같다. "Touch Me I'm Sick"이 "고전"이나 "앤섬"의 극찬을 받은 것은 우연이 아니다.

머드허니는 이후에도 계속해서 앨범을 뽑아냈지만, 여전히 이 곡이 그들의 대표작으로 남아 있다. 시애틀의 그런지 시대를 찬양한 승리의 노래라 할 수 있는 카메론 크로우 감독의 영화 〈클럽 싱글즈〉(1992)는 이 곡의 유산을 고스란히 간직한다. 이 영화에는 맷 딜런과 펄 잼의 세 멤버로 이루어진 가상 밴드 시티즌 딕이 연주하는 이 곡의 편곡 버전이 등장한다. 곡의 타이틀은 "Touch Me I'm Dick"이다. 괴상한 마무리같이 들릴지 모르지만, 머드허니는 1994년 커트 코베인의 시신이 발견된 바로 다음 날 펄 잼과 함께 백악관을 방문했다. 마크 암은 이렇게 회상한다. "그날은 좀 어색한 오후였죠." **SO**

Feed Me with Your Kiss | My Bloody Valentine (1988)

Writer | Kevin Shields
Producer | My Bloody Valentine
Label | Creation
Album | *Isn't Anything* (1988)

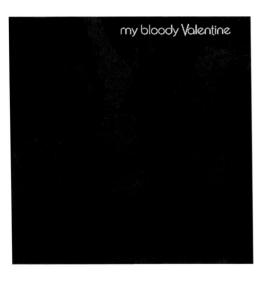

"전 머리가 터질 만큼
볼륨을 높이는 것을 즐기죠.
그러다 보니 올 것이 오더라고요."

케빈 쉴즈, 1992

◀ **Influenced by: The Living End** • The Jesus and Mary Chain (1986)
▶ **Influence on: Revolution** • Spacemen 3 (1989)
★ **Other key tracks: Nothing Much to Lose** (1988)
You Made Me Realise (1988) • Blown a Wish (1991)
Only Shallow (1991) • To Here Knows When (1991)

마이 블러디 발렌타인이 직접 리코딩을 만들 때가 있었다. 오늘날 사람들은 케빈 쉴즈가 단순히 2개의 고전 앨범 탄생 배후의 인물이라고만 알고 있다. 그것도 매우 오래전에. 그는 가디언에 인정했다. "제가 좀 맛이 갔었죠."

그럼에도 불구하고, "Feed Me with Your Kiss"를 리드 트랙으로 앞세운 1988년 11월 발매 EP는 밴드가 4년 동안에 내놓은 8번째 발매작이었다. 쉴즈의 기준에서 보았을 때 30개나 넘는 트랙은 무서운 생산성을 의미했다. 하지만 그럴 만한 가치가 있기도 했다. "Feed Me with Your Kiss"로 인해 (1983년 아일랜드의 더블린에서 결성된) 발렌타인스는 실질성 떨어지는 감상적인 초기의 모습을 떨치고 NME이 말했던 바와 같이 "살껍질을 벗겨내는" 듯한 사운드로 진화했다.

소닉 유스나 다이노서 주니어, 허스커 두와 같은 혁신적 그룹들이 그들에게 영향을 주었음이 빤히 보였다. 쉴즈의 말에 따르면 이들은 "'올바른' 기타 주법에 코웃음쳤으며, 어떤 방법을 강구해서든 새로운 사운드를 찾아내는 데 더 관심을 가졌다"는 것이다. 〈Loveless〉(1991)의 수록 곡들에서 쉴즈는 6현 기타의 현란함을 끝도 없이 겹겹이 쌓아올린다. 하지만 솔직함과 스릴감에서는 "Feed Me with Your Kiss"가 한 수 위였다.

가사의 내용에 너무 정신 쏟지는 말기를(가사 내용이 발렌타인즈의 관심사였던 점은 없으니까). 대신, 라이브 연주가 던지는 큼직큼직한 사운드 덩어리에 몸을 던져보길 바란다. 쉴즈가 멜로디 메이커에 전한 바에 의하면 이 사운드는 당신을 "균형을 잃고 토하고 싶게 만들 것"이라 한다.

1988년, 쉴즈가 말했다. "사람들은 여러 해에 걸쳐 기타를 가지고 큰소리로 떠들어댔죠. 그러니 이걸 그다지 혁명적이라고 볼 수는 없어요." 하지만 마이 블러디 발렌타인만큼 음악을 흥미롭게 만들거나 가루가 되도록 바수어버린 밴드도 매우 드물다. 이것은 스매싱 펌킨스나 유투, 디어헌터와 같이 이 그룹의 작품을 흠모하는 이들이 증언하는 바이다. **CB**

Buffalo Stance | Neneh Cherry (1988)

Writer | N. Cherry, C. McVey, P. Ramacon, J. Morgan
Producer | Bomb the Bass (T. Simenon, M. Saunders)
Label | Circa
Album | *Raw Like Sushi* (1989)

"처음 본 순간부터
네네 체리가 너무 좋았죠.
'Buffalo Stance'가 정말 멋지다고
생각했어요."

멜 비, 더 스파이스 걸스, 1996

◀ **Influenced by: Buffalo Gals** · Malcolm McLaren (1982)
▶ **Influence on: Wannabe** · Spice Girls (1996)
● **Covered by:** The Rifles (2009)
★ **Other key tracks:** Kisses on the Wind (1989)
Manchild (1989) · The Next Generation (1989)

R&B, 랩, 팝, 힙합, 댄스 뮤직이 한데 어우러진 자신감 넘치는 노래 "Buffalo Stance"는 꽃뱀들과 포주를 호되게 꾸짖는 한편 강한 여성을 높이 기리는 내용이다. 에너지 넘치는 스웨덴 싱어 네네 체리에게 이 곡은 정말 완벽한 트랙이 아닐 수 없었다. "요즘 들리는 음악들은 대부분 너무나 정직하지 못할 뿐 아니라 에너지가 전혀 느껴지지 않아요." 그녀가 툴툴거린다. "'Buffalo Stance'는 본래 강하고, 빠르며 섹시하고…거친 의도로 만들어졌죠."

이 곡은 볼래 카메론 맥베이의 듀오 모건 맥베이의 1986년 싱글 "Looking Good Diving"의 B사이드로 운명을 시작했다. 이 B사이드는 와일드 번치가 리믹스한 것이었다. 와일드 번치는 훗날 특급 프로듀서로 등극할 넬리 후퍼와 매시브 어택의 멤버들로 이루어져 있었다. 이 싱글은 실패작으로 끝났고 맥비는 프로덕션과 작곡에 전념하기 시작했다. 체리에게 스포트라이트를 전면적으로 비추길 원했던 그는 그녀의 〈Raw Like Sushi〉 앨범에 "부가 베어"로 크레딧을 올린다.

애시드 하우스의 엔진 가동에 도움의 손길을 준 밤 더 베이스가 이 곡의 제작을 맡았고, 그래서인지 체리는 가사에서 "티미"(팀 시메넌)의 이름을 부르는가 하면 "Bomb the Bass: rock this place(베이스 소리를 높여 / 신 나게 노래하자)!"라고 외치기도 한다. "이 곡은 성적 생존에 관한 거죠." 체리가 롤링 스톤에 말한다. "80년대 여성으로 사는 것에 관한 거죠. 그리고 할 말을 하는 거예요…자기 스스로를 잘 알고 있어야 하죠. 그리고 세상에 3번째 손가락을 들어 올려 보인 후, 그냥 행동에 옮기는 겁니다." 체리의 배경이 다양한 혼합이었던 이유 때문에 아메리칸 래핑과 브리티시 래핑의 매혹적 조합이 탄생하게 되었다. 마이애미의 "Chicken Yellow (Let Me Do It to You)"로부터의 펑키(funky)한 인용까지 성취해낸 이 아찔한 믹스는 한 세대를 모두 매혹시켰다. 거기에는 에이미 와인하우스, 스파이스 걸스와 스웨덴의 팝 공주 로빈까지 포함된다. "제가 어렸을 때," 로빈이 말한다. "이 노래는 저에게 자신감을 주었죠. 사람들이 하고 싶은 이야기를 그녀가 대신해주고 있었어요. 그녀는 사람들이 원하는 인간상 자체였어요." **OM**

Fast Car | Tracy Chapman (1988)

Writer | Tracy Chapman
Producer | David Kershenbaum
Label | Elektra
Album | *Tracy Chapman* (1988)

"트레이시 채프먼이
좋은 노래를 몇 곡 쓰긴 했죠…"

조니 미첼, 1990

◄ **Influenced by: Down to Zero** • Joan Armatrading
(1976)
► **Influence on: Sometimes I Rhyme Slow** • Nice
& Smooth (1992)
● **Covered by:** Amazing Transparent Man (2003)
Hundred Reasons (2004) • Mutya Buena (2007)

1988년 최다 판매를 기록한 곡들은 정말 가벼움의 극치를 달린다. 레이건 정부가 거의 막을 내릴 때쯤 카일리, 티파니, 휘트니의 곡들이 주파수를 점령하고 있었고 음반을 사는 대중은 자신들의 푸들 같은 머리와 워시 데님에 어울릴 만한 흥에 빠진 노래들을 찾기에 급급했다.

그렇기 때문에 젊은 흑인 여성이 부르는 가난, 알코올 중독, 가정폭력에 대한 현실 상기적 포크 송들은 당시 차트를 휩쓸던 존재들과 서로 극과 극의 위치에 있었다. 그럼에도 불구하고 대학을 갓 나온 싱어-송라이터의 데뷔 앨범 〈Tracy Chapman〉은 대서양 양쪽에서 차트 석권이란 기록을 세운다.

10,000 매니악스와 수잔 베가 등은 특히 미국에서 포크의 부활을 이끌었다. 음악적으로 따져보면 이들의 행적이 채프먼의 행보를 더욱 쉽게 해주었을 수도 있다. 하지만 그녀가 자신의 곡에 담은 정치적 이슈들은 매우 듣기 거북한 것들이었고, 활동 초반에 그녀의 곡들이 주파수를 타기까지는 평탄대로가 아니었다.

1988년 6월 개최된 넬슨 만델라의 70번째 생일 기념 콘서트에서, 잔뜩 긴장한 채프먼은 런던의 웸블리 스타디움에 단독으로 무대에 올랐다. 그녀는 어쿠스틱 기타를 연주하며 "Fast Car"를 불렀다. 많은 데모 테이프들과 콘서트들 끝에 그녀는 결국 레코드 계약을 따냈는데, 이 곡이 그 후에 쓰였기 때문에, 콘서트 전 채프먼은 프로듀서 데이비드 커셴바움 앞에서 이 곡을 라이브로 불렀어야 했다고 한다. 만델라 콘서트 공연에 힘입어 이 곡은 곧 대서양을 가로지른 곳곳에서 톱 10에 진입하게 된다.

그녀의 음악 인생에 발동을 걸어준 이 곡의 성공이 그녀는 좀 얼떨떨했다. "전 메이저 레이블과 계약할 거란 건 꿈에도 생각해본 적 없어요. 레코드와 라디오를 듣던 어린 시절부터 항상 저는 제가 하는 음악에서 레코드사 사람들이 시장성을 발견하리라는 느낌을 전혀 받지 못했거든요. 제가 설 자리가 없는 듯했죠." 다행히도, 그녀가 설 자리는 있었다. **SO**

Straight Outta Compton
N.W.A. (1988)

Writer | Ice Cube, MC Ren, Eazy-E, Dr. Dre
Producer | Dr. Dre, Yella
Label | Ruthless
Album | *Straight Outta Compton* (1988)

N.W.A.가 최초의 갱스터 래퍼인 것은 아니다. 1988년엔 이미 그들의 웨스트 코스트 선배 Ice-T가 매춘을 알선하는 자와 집단 성폭행에 대한 랩으로 이력을 쌓아놓은 상태였다. 그러나 년들(bitches)과 총알들(bullets), 욕설(bad language)이 이루는 불경스러운 삼위일체로 멀티 플래티넘까지 기록한 것은 N.W.A.가 최초이다. 고작 8천 달러로 6주 만에 완성시킨 〈Straight Outta Compton〉은 3백만 장 이상의 판매고를 올렸으며 교외에 거주하는 십 대의 80퍼센트가 이 앨범을 구입한 것으로 집계되었다.

스릴 넘치는 오프닝 타이틀 트랙을 들어보면 어떻게 N.W.A.가 주류 침입에 성공했는지 바로 알 수 있다. Ice-T가 거리의 삶에 대한 경계의 이야기와 교훈의 말들을 뱉어낸 반면 N.W.A의 음악은 합합 뮤직으로 그려낸 액션 무비를 보는 듯했다. MTV의, 이 트랙의 뮤직비디오 방송금지는 오히려 판매를 부추기기만 했다. 노래상에서 밴드 멤버 각은 냉혹한 망나니의 모습을 연기한다. 이것은 청소년들에게 완벽한 안티 히어로상이 되어주었다. 위협적 냄새는 닥터 드레가 휘저어 만든 대혼란의 제작 요령으로 오히려 극대화되어 있다. 이 곡에서는 펑카델릭, 로니 허드슨 앤드 스트릿 피플, 윈스턴스, 윌슨 피켓에서 가져온 샘플들이 사이렌 소리와 스크래칭 사운드, 고함에 부딪혀 산산이 부서진다. 오늘날에는 이런 요소들이 랩에서 흔한 것들로 통하지만, 1988년 당시만 해도 굉장한 혁명이었다. 이전에는 가볍고 기분 좋은 합합 곡들만 차트에 올랐기 때문이다. 하지만 이제 레이블들은 최전방에서의 삶을 이야기로 엮어 쇼킹한 것들이 배고파하는 청소년들에게 팔 수 있음을 깨닫게 된다. 1988년 말 이미, 갱스터 랩은 걷잡을 수 없는 힘으로 성장해 있었다. **TB**

Opel
Syd Barrett (1988)

Writer | Syd Barrett
Producer | Malcolm Jones
Label | Harvest
Album | *Opel* (1988)

1988년 크리스마스에 핑크 플로이드 팬들은 자신들의 양말을 채울 2가지 선물을 받게 된다. 하나는 밴드의 라이브 앨범 〈Delicate Sound of Thunder〉이었고 다른 하나는 시드 바렛의 비공개 곡 모음집이었다. 판매로 따지면 후자가 전자에 맥도 못 추는 격이었지만, 곡 자체로 따지면 바렛이 명백한 승자였다. 그가 보여준 최고의 솔로가 담긴 6분 길이의 타이틀이 이 앨범의 문을 연다. 바렛은 하비스트 레이블의 A&R 담당인 말콤 존스에게 이 곡을 언급한 적이 있다. 1969년 봄의 일이었다. 바렛이 활동을 본격적으로 재기한다는 생각에 흥분한 존스는 그의 첫 솔로 앨범을 제작하겠다고 나선다. 그러나 녹음 세션을 길어져만 갔고 배킹 밴드였던 소프트 머신은 바렛이 던지는 모호한 주문에 고개만 갸우뚱했다. 이 곡의 예산에 기겁을 한 하비스트의 모회사 레이블 EMI는 존스로 하여금 플로이드의 로저 워터스와 데이비드 길모어에게 그의 책임을 양도하라는 압력을 넣는다. 이 두 사람은 결국 〈The Madcap Laughs〉를 완성시키지만 "Opel"은 여기서 빼놓았다. "시드가 그 곡을 앨범에 올릴 의도였다는 것은 너무 뻔했죠…" 프로듀서 존스는 뉘우치듯 말했다. "그건 그가 해낸 최고의 트랙 중 하나였거든요. 그리고 이 곡이 편집됐다는 사실은 비극적이라고 할 수 있죠." 과연, 어떻게 워터스와 길모어가 이토록 솔직하고 아름다운 곡을 간과했는지, 어떻게 그들의 가슴이 이 곡을 듣고 꿈쩍도 하지 않았는지는 알다가도 모를 일이다. "시드의 곡들이 그토록 탁월했던 이유는요," 워터스가 롤링 스톤에 말했다. "여러 말과 생각들을 변덕스럽고 기발하게 나란히 병치시킨 가운데 그가 인간적임에 대한 강한 통찰력을 내비추었다는 점입니다. 본질적으로 너무나도 인간적인 노래들이었죠." **BM**

Everyday Is Like Sunday | Morrissey (1988)

Writer | Morrissey, Stephen Street
Producer | Stephen Street
Label | His Master's Voice
Album | *Viva Hate* (1988)

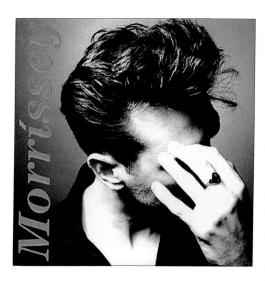

"'영국적인 것' 중에
제가 진짜 몸서리치게 싫어하는 측면은
사실 그다지 많지 않아요."

모리세이, 1988

◀ **Influenced by: Sketch for Dawn** • The Durutti Column
(1985)
▶ **Influence on: Everybody's Changing** • Keane (2003)
● **Covered by:** 10,000 Maniacs (1992) • The Pretenders
(1995) • Colin Meloy (2003) • KT Tunstall (2008)
★ **Other key track:** Suedehead (1988)

스미스의 싱어이자 작사가인 스티브 모리세이가 솔로로 전향했을 때 거의 모든 팬들이 이제 그가 나아갈 방향을 예측할 수 없었다. 그들은 데뷔 앨범 〈Viva Hate〉에 담긴 노골적일 만큼 팝적이라 할 수 있는 노래들에 놀라움을 금치 못했다. "Suedehead"가 귀에 쏙 들어오고 "Angel, Angel Down We Go Together"가 드라마틱했던 한편 모리세이의 행보를 주시하는 이들의 눈에 가장 띄었던 것은 "Everyday Is Like Sunday"였다.

인기척 없는 바닷가 마을에서 보내는 겨울을 그리고 있는 이 곡은 귀에 거슬리도록 삐걱댔지만 애틋함으로 가득 차 있었다.

이 곡은 프로듀서 스티븐 스트리트의 멜로디로 시작한다. 그는 스미스의 마지막 앨범 〈Strangeways, Here We Come〉(1987)의 B 사이드에 수록할 작정으로 모리세이에게 데모를 제출한 적이 있었다. 하지만 스트리트가 NME에 밝힌 바에 의하면, "그는 저에게 이런 편지를 보내왔죠, '이젠 스미스를 계속해야만 하는 이유를 모르겠군요. 저와 따로 레코드 만드실 생각 있으신가요?'" 과거에 모리세이와 다이내믹 듀오를 이루었던 조니 마의 자리는 두루티 칼럼의 비니 라일리가 대신하게 되었고 이 작업은 계속 진행된다. 힘차게 "Every day is silent and gray"를 내뱉는 모리세이의 음성은 그가 스미스의 대표작에서 자주 보여주던 간청조의 크루닝과는 다른 것이었다. 이름 모를 지역의 단조로움과 조용한 거리를 그리고 있는 곡의 가사는 영국적 시상으로 가득했다.

이 곡의 의기양양한 음악적 분위기는 스미스에 몸담았을 당시 그랬던 것처럼 가사와 대조를 이루고 있었고, 그의 적들은 이런 양상을 단순한 '비참주의(miserablism)'로 해석했다. 하지만 모리세이는 자기 나름대로의 방식대로 영국의 이런 일면이 내포하는 고요한 우울함에 건배를 하는 듯 보인다. 사실 일요일 자체가 별로 문제 될 것은 없다. 종종 오해를 불러일으키는 이 독불장군의 다른 많은 곡들이 그렇듯 이 곡에는 하나 이상의 의미가 숨어 있다. "Everyday Is Like Sunday"는 여전히 그의 가장 유명한 노래 중 하나이다. **JMc**

Orinoco Flow | Enya (1988)

Writer | Enya, Roma Ryan, Nicky Ryan
Producer | Nicky Ryan
Label | WEA
Album | *Watermark* (1988)

"전 누군가가 이 곡을 즐기게 되길 바랐죠.
하지만 실제로 얼마나 많은 사람들이
이 곡을 듣게 될지
깨닫지 못하고 있었어요."

엔야, 2008

◀ **Influenced by: Night Scented Stock** · Kate Bush (1980)
▶ **Influence on: Now We Are Free** · Lisa Kelly (2003)
● **Covered by:** The Section Quartet (2001) · Celtic
Woman (2005) · Bit by Bats (2008) · Libera (2008)
★ **Other key tracks:** Storms in Africa (1988) · Watermark
(1988) · Book of Days (1991) · Caribbean Blue (1991)

아일랜드 출신의 레이블 싱어와 작곡가들 중 다수가 엔야를 시대에 뒤떨어진다고 생각한다. 하지만 다른 이들은 그녀를 신비로운 켈트족 여사제로 숭배한다. 마치 그녀가 마법을 쓰고 숲 속 생명체들과 의사소통하며 이 에메랄드 빛 섬을 어둠의 마법사로부터 지키고 있는 양 말이다(후자의 사람들 말이 어쩌면 맞을 지도 모른다. 왜냐하면, 그녀가 성안에 거주하고 있는 것은 사실이니까). 그녀가 음악 활동을 막 시작했을 때 당시만 해도 사람들이 오늘날까지 그녀가 사람들의 입에 오르내린다는 것은 상상도 하지 못할 일이었다. 80년대 초반 그녀는 가족 밴드 클라나드—"Theme from Harry's Game"으로 가장 잘 알려져 있다—와 함께 처음 모습을 드러냈고, 이후 발표된 1987년 데뷔작 〈Enya〉는 거의 각광을 받지 못했다. 하지만 그녀의 2번째 앨범이 발표되자 이런 상황은 완전히 뒤집어졌고, 이건 많은 부분 "Orinoco Flow"의 덕이었다. 제목을 보고 무슨 곡인지 모르겠더라도, 어리둥절해할 것 없다. 당신만 그런 것이 아니다. 많은 이들이 이 노래를 "Sail Away"로 알고 있다("Sail Away"는 곡의 코러스 부분 가사이며 곡 전체를 통틀어 알아들을 수 있는 유일한 두 단어이기도 한다). 곡의 제목은 본래 런던의 오리노코 스튜디오의 이름을 따 지어졌다. 이곳은 엔야의 협력자이자 비치 보이스와 필 스펙터의 열광 신봉자인 니키 라이언이 자신의 문하생을 위해 새로운 "사운드의 벽"을 형성한 장소이기도 하다. 신디사이저 사운드의 포크적 멜로디와 두껍게 겹겹이 쌓아 올린 보컬로 구성된 이 곡 피지와 발리, 바빌론과 같은 이국적인 곳의 항구를 전전하는 간결한 여행담을 가사로 전한다. 그 결과, 여태껏 들은 모든 뉴에이지 노래 중 가장 귀에 쏙 들어오는 이것이 탄생하게 된 것이다. 이 노래는 그것이 속한 장르보다 더 위대한 존재로 거듭나게 된다. "Orinoco Flow"의 힘은 〈Watermark〉를 8백만 장 이상 팔리게 했고, 이 곡은 여러 국가에서 넘버원으로 차트 석권을 이룬다. 이 곡의 엔야의 상직적 노래로 자리잡게 되었고 그녀가 세계 최고의 인기 아티스트 중 하나로 성장하게 하는 데 받침목이 되어주었다. **JiH**

One | Metallica (1988)

Writer | James Hetfield, Lars Ulrich
Producer | Flemming Rasmussen, Metallica
Label | Elektra
Album | ... And Justice for All (1988)

"육체적 고통은 아무것도 아니에요.
정신적 흉터에 비해 말이죠.
그 염병할 것은 평생 당신에게
들러붙어 있어요."

제임스 헤트필드, 1991

◀ **Influenced by: Buried Alive** • Venom (1982)
▶▶ **Influence on: Soldier of Misfortune** • Filter (2008)
● **Covered by:** Die Krupps (1993) • Apocalyptica (1998)
Total Chaos (2001) • Crematory (2003) • Korn (2003)
Rodrigo y Gabriela (2004) • Beat Crusaders (2008)

"이 앨범의 필수 발라드 곡은 무엇이죠?" 메탈리카의 4번째 앨범 ⟨… And Justice for All⟩이 1988년 발매되었을 때 기자들이 물었다. 이런 질문도 다 이유가 있어서 한 것이긴 하다. 샌프란시스코를 중심으로 활동하던 스래시 뮤지션들은 이전 두 앨범에 감미롭고 쓸쓸한 곡을 한 곡씩 삽입했었다. 하지만 "One"은 선행 트랙들과 차이를 보였다. 유치하긴 하지만 흥분을 자아내는 전쟁터 사운드 이펙트의 일제 사격이 끝나면 곡은 멜로디컬한 탄식으로 전진해 간다. 싱어이자 기타리스트인 제임스 헷필드는 지뢰 폭파로 시력과 청력, 사지를 잃은 한 병사의 자살하고 싶은 심정을 가사로 털어놓는다. 헷필드가 영혼 깊은 곳으로부터 거친 투로 "Tied to machines that make me be⋯cut this life off from me(나를 살아 있게 해주는 이 기계들에 묶여⋯나로부터 이 생명을 끊어줘)!"라고 외치는 동안 버스(verse) 부분에서 깔끔한 아르페지오를 연주하던 기타 파트는 코러스 부분에 가 디스토션 걸린 리프로 돌변한다. 모든 메탈리카의 발라드는 거대한 리프들이 이루는 클라이맥스로 끝난다. 기대하고 있던 거대 기타 사운드에 도달할 때, 그 결과는 정말 장관이다. 드러머 랄스 울릭의 잊지 못할 더블 베이스─드럼 리프에 단단히 고정된 리프 패턴 위로 리드 기타리스트 커크 해밋이 음을 연발 사격한다(1999년 버클리에서 녹음된 그들의 라이브 앨범 ⟨S&M⟩에 수록된 버전은 오케스트라 사운드로 한층 강화되었다). "One"은 발매된 지 20년이 지난 지금에도 여전히 메탈리카의 라이브 세트 앨범의 주요 트랙으로 남아 있다. 이 곡의 뮤직비디오─그들의 최초 뮤직비디오─는 정기적으로 공중파를 타는데, 메탈리카에게 이런 현상은 이 곡이 처음이었다. 요즘 기준으로 보면 좀 순진해 보일 수도 있을지 모르지만 이 영상물은 메탈리카의 뚜렷한 예술적 비전을 분명히 명시하고 있다. 이 노래는 달튼 트럼보의 저서에서 받은 영감으로 만들어졌다. 같은 저서에 기반해 1971년 만들어진 전쟁 영화 'Johnny Got His Gun'의 장면들이 뮤직비디오 중간중간에 삽입되었는데, 곡의 섬뜩함을 사운드트랙으로 삼아, 이 영상들은 전쟁의 참사를 고스란히 전하고 있다. **JMc**

The Mercy Seat | Nick Cave & The Bad Seeds (1988)

Writer | Nick Cave, Mick Harvey
Producer | Nick Cave & The Bad Seeds
Label | Mute
Album | *Tender Prey* (1988)

"구약성서에 나오는 잔인성이
저에게 영감을 주었죠.
거기 나오는 이야기와 웅대한 제스처가요."

닉 케이브, 2008

◀ **Influenced by: 25 Minutes to Go** · Johnny Cash (1965)
▶ **Influence on: Prison Shoe Romp** · 16 Horsepower (2003)
● **Covered by:** Johnny Cash (2000) · Kazik Staszewski (2001) · Unter Null (2010)
★ **Other key track:** Deanna (1988)

교도소 관련 곡들은 충격을 줄 의도로 고안된 것이 대부분이다. 예를 들어 조니 캐시가 무심한 듯하면서도 듣는 이의 관심을 사로잡는, 폭력에 관한 이야기로 "Folsom Prison Blues"를 엮어냈듯 말이다. ("I shot a man in Reno, just to watch him die(난 리노에서 한 남자를 쏘았어 / 그가 죽는 것을 볼 목적으로).")

배드 시즈는 "The Mercy Seat"과 함께 죄수 앤섬에 새로운 차원의 참혹함을 도입시킨다. 닉 케이브는 사형을 기다리는 사형수 페르소나를 연기한다. 자신의 범죄를 부인하던 그는 운명의 시간이 점점 가까이 다가옴에 따라 죄를 인정한다. 한편 그는 죽음이 가까워 옴에 따라 점점 현실 파악 능력을 잃게 된다. 그는 무생물체에서 예수의 얼굴을 보는가 하면 죄를 범하지 않은 손(그 불결한 다섯 손가락(that filthy five))에게 살인죄를 범한 손을 막지 못했다며 꾸짖기도 하고, 전기 의자를 천국에 있는 신의 왕좌에 비유하기도 한다(그리고 여기로부터 "모든 역사가 펼쳐질 것이다"라고 말한다). 이 과정은 배드 시즈가 부른 귀에 거슬리는 불협화음으로 인해 더욱 충격적으로 느껴진다. 드럼 스틱의 철썩거림에 베이스 기타의 금속적 칙칙거림을 입힌 것이 트랙의 토대를 이루고 있다. 군사적 드러밍, 불협화적 하프시코드 노트들, 멈추지 않고 두드려대는 기타 사운드가 그 위에 던져 올려져 있다. 혼란에 차 덩그러니 놓여 있는 멜로디에 케이브가 가사를 걸어 얹는다. 불협화의 벽을 완벽으로 다듬은 엔지니어 토니 코헨은 이렇게 말했다. "그것 때문에 제 수명이 10년은 짧아졌을 거예요…시도해볼 것도, 손봐야 할 것도 너무 많았죠."

하지만 다 그럴 만한 가치가 있었다. 케이브의 유년 시절 영웅이었던 캐시가 "The Mercy Seat"의 팬이 되었고, 그는 곡에 입혀진 모든 가식을 훌훌 턴 순수 버전을 녹음해 〈American Ill: Solitary Man〉(2000)에 실었기 때문이다. "그 버전은 너무 좋아요." 케이브가 2003년 말했다. "다른 많은 곡들과 마찬가지로 그는 자기 곡으로 노래를 만들어버리죠." 여기에 덧붙여 스트롬컨(1997), 앤더스 망가(2006), 레드 페인팅스 등의 다른 다양한 아티스트들이 곡의 커버 버전을 탄생시킨다. **TB**

Ederlezi
Goran Bregović (1988)

Writer | Goran Bregović
Producer | Goran Bregović
Label | Diskoton
Album | *Dom Za Vešanje* (1988)

고란 브레고비치는 옛 유고슬라비아에서 출현한, 가장
많이 존경받으면서도, 가장 많은 논란을 불러일으킨 뮤
지션이다. 자신이 빌려다 쓴 집시 뮤지션들의 음악적 영
향을 인정하지 않은 탓에 비난을 사기도 하지만 그는 발
칸반도의 음악을 대중화하는 데 도움을 준 인물로 추앙
받는다.

1970년대에 프로그 록 밴드 화이트 버튼의 리더로 활
동한 브레고비치는 파리로 도주해 보스니아인 동료이자
영화 제작자인 에미르 쿠스투릿사와 함께 작업을 진행한
다. 쿠스투릿사의 파란만장한 스토리와 브레고비치의 장
면 환기적 사운드트랙의 조화가 바로 그들의 성공 비결
이었다. "전 영화 음악을 쓰는 데 뛰어나진 않습니다." 그
가 카페 바벨에게 말했다. "단지 제대로 된 작곡가가 필
요 없는 감독들과 함께 작업을 하게 된 것이 행운이었을
따름이죠." 그럼에도 1988년 영화 〈집시의 시간(Dom Za
Vesanje)〉의 테마 곡으로 쓰인 "Ederlezi"는 아름다움으로
가득 찬 명작이다. 봄이 온 것을 경배하기 위해 집시들이
강을 타고 가는 장면에서 브레고비치 곡의 관현악 버전
이 삽입된다.

"Ederlezi"에서 브레고비치는 고대 로마의 찬가를 인
용했고 편곡을 통해 여기에 풍부함을 더했으며 어린 집
시 가수 바스카 얀코브스카를 이용해 노래 내내 그녀의
울부짖음이 뇌리를 떠나지 않도록 했다.

음습한 "Ederlezi"는 곧 사운드트랙으로나, 발칸반도
의 현대 음악으로나 고전으로 통하게 되었다. 오늘날 발
칸반도 전역의 브라스 밴드들이 이 곡을 연주한다. 한편
2006년 코미디 영화 〈보랏〉의 사운드트랙 앨범에 수록되
기도 했다. **GC**

Ale Brider
Klezmatics (1988)

Writer | Traditional, arranged by The Klezmatics
Producer | The Klezmatics
Label | Piranha
Album | *Shvaygn = Toyt* (1988)

동유럽의 유대인 지역사회의 전통 음악인 클레즈머
(klezmer)는 수세기에 걸쳐 결혼식과 축제 행사의 배경 음
악으로 쓰였다. 클라리넷이 리드하는 이 아름다운 사운
드를 만들어냈던 아슈케나지 유대인들이 나치의 손에 대
거 살상되기 전까지는 말이다. 이 음악 스타일은 유럽에
서 모습을 감추었고 이스라엘에서 거의 그 존재를 무시
당했다. 하지만 뉴욕에서 이 사운드는 그 수명을 이어간
다. 비록 여전히 언더그라운드적 존재이긴 했지만. 뉴욕
의 유대인 디아스포라 인구가 워낙 컸기 때문에 이곳에
서는 이주해 온 많은 클레즈머 뮤지션들을 찾아볼 수 있
었고, 이들은 여기 존재한 온갖 미국 음악에 영향을 미친
다. 예를 들어 거슈인의 "Rhapsody in Blue"도 동경에 찬
클레즈머풍 멜로디로 곡이 시작된다. 1980년대에 들어
젊은 유대계 뉴욕 뮤지션들은 자신들의 뿌리를 연구하기
시작했고 재즈, 포크, 로큰롤 등 전 장르에 걸쳐 클레즈
머 부활이 일게 된다. 이런 부흥을 이끈 장본인들 중 '클
레즈매틱스'가 가장 큰 존경을 받게 되었고, 그들의 재치
있고, 불경스러운 접근 방식은 다양하고 넓은 범위의 청
중의 마음을 사로잡았다. 클레즈매틱스는 듣는 이들에게
유대인의 역사와 박해에 대해 상기시켰으며, 이것을 동
성애자들이나 다른 소수 민족 집단이 겪는 고통과 연결
했다. 그들의 앨범 제목인 〈Shvaygn = Toyt〉은 '침묵=죽
음'으로 해석되었으며 이것은 에이즈에 관련된 레이건 정
부의 정책이 실패로 끝난 것과 연관되었다. "Ale Brider"
(우린 모두 다 형제이다)는 고무적인 노동 앤섬이며, 클래즈
매틱스는 이 곡에서 레미제라블 브라스 밴드와 손을 잡
는다. 당신의 종교, 성별, 음악 취향이 무엇이건 간에 이
곡은 당신의 발을 댄스 무대로 이끌 것을 보장한다. **GC**

Love Shack
The B-52's (1988)

Writer | K. Pierson, F. Schneider, K. Strickland, C. Wilson
Producer | Don Was
Label | Reprise
Album | *Cosmic Thing* (1989)

불멸의 "Rock Lobster"(1979)로부터 10년의 세월이 흐른 후 비-피프티투즈(B-52's)는 "조지아 아텐스에서 온 두 밴드 중, R.E.M. 아닌 다른 밴드"로 전락할 위기에 처한다. 오랜 친구 R.E.M.이 한창 번성하고 있었던 반면, 비-피프티투즈 는 1980년대 "Private Idaho"를 내놓은 이후 제대로 기억될 만한 곡을 단 한 곡도 내놓지 못했던 것이다. 〈Bouncing Off the Satellites〉(1986) 발매 당시 그들은 차트 성적, 밴드 분위기 등 모두가 매우 형편없었다.

3년 후 그들은 수백만 장 판매의 톱 10 스매시 히트작 〈Cosmic Thing〉으로 화려하게 컴백한다. 이 성공은 거의 "Love Shack" 때문이라고 할 수 있다. 이 곡은 본래 기타리스트/키보디스트였던 키스 스트릭랜드가 만든 데모에 담겨 있었다. 보컬을 얹어보려 했으나 잘되지 않아 곡을 아예 포기하자는 결정까지 내릴 뻔했다는 것이다. 하지만 롤링 스톤의 말에 따르면, "그들은 다음 날 마지막 시도를 감행했고 첫 테이크에서 한 방에 끝내버렸죠."

"우리가 이 트랙을 내놓았을 때," 워즈가 회고한다. "'그렇지! 비-피프티투즈가 12년 동안 기다려왔던 히트작이 바로 여기에 있군!'이라고 말하는 사람은 단 한 명도 없었죠." 하지만 이 트랙은 골드로 등극하고 그래미상 후보에 올랐으며 그런 이들의 예상을 뒤엎었다. "이제 우리에게 새로 나온 밴드라고 하는 사람들도 없겠죠." 스트릭랜드가 말했다. 서프 록과 뉴 웨이브를 기분 좋게 섞어놓은 "Love Shack"는 프레드 슈나이더의 로봇 같은 지시로 시작되어 곧 이어지는 케이트 피어슨의 목소리와 함께 공중으로 재빨리 치솟는다. 그러면서 파티가 시작되는데, 클라이맥스는 신디 윌슨의 "Tin roof…rusted!"가 장식한다. **JiH**

A Little Respect
Erasure (1988)

Writer | Vince Clarke, Andy Bell
Producer | Stephen Hague
Label | Mute
Album | *The Innocents* (1988)

산산이 부서진 가슴을 숨김없이 털어놓을 작정인 듯, 댄스 팝 듀오 이레이저는 일방적인 짝사랑 상대에게 보내는, 영혼을 찢는 듯한 사랑 편지 한 장을 발매한다. 그 결과 리얼리즘으로 가득 찬 히트 곡 하나가 차트에 입성하게 된다. 이건 평범한 러브 레터가 아니었다. 앤디 벨은 대중에게 동성애자임을 밝힌 게이 싱어 첫 세대 인물이었다. 그의 솔직함은 팬들의 마음을 사로잡았고, 그 중에는 이성애자도, 동성애자도 있었다. "제가 어떤 노래의 가사를 듣고 감정적으로 무언가 뭉클함을 느끼는 경우가 있으면, 전 아마, '그 사람은 내가 겪고 있는 것을 정확히 이해하고 있구나'라고 생각할 거예요." 그가 BBC에 말했다. "그리고 만일 자기가 스스로 쓴 가사로 똑같은 효과를 볼 수 있다면 말이죠, 최고로 잘 쓴 곡이란 바로 그런 거라고 할 수 있겠죠." 벨은 매우 솔직했다. 그가 고무로 된 캣 수트를 입고 무대에 설 만큼 자신에 대해 한 치의 망설임 없었던 남자였던 것을 고려할 때 이런 솔직함은 당연한 것이다. 하지만 솔직함이 전부는 아니다. 이 곡은 그 자체만으로도 너무 탁월했으니까. 신스의 대가 빈스 클라크는 디페쉬 모드가 기록한 히트작 중 첫 3곡을 쓴 장본인이었을 뿐 아니라 야주와 어셈블리에서 연주했던 경력을 가진 인물이었다. 여기서 그가 뻗친 손길 덕택에 "A Little Respect"의 근본에는 아바(Abba)적 비트가 살아 있었고 이것은 그들의 팝 수준을 몇 단계 상승시켰다. 이것은 그뿐 아니라 그룹이 가진, 좀 난해한 스타일(예를 들어, "Sometimes"나 "Who Needs Love Like That" 등의 곡들 말이다)을 접근하기 쉽게 전환시켜주었다. "A Little Respect"가 자칫 회개의 음악으로 들릴 위험이 컸었다. 대신 이 곡은 당당히 두 발로 서 인간적인 참신함을 보여주었다. **KBo**

Wicked Game | Chris Isaak (1989)

Writer | Chris Isaak
Producer | Erik Jacobsen
Label | Reprise
Album | *Heart Shaped World* (1989)

"단번에 '짠' 하고 해결됐어요.
모든 것이 그렇게 빠르면
얼마나 좋겠어요."

크리스 아이작, 1991

◀ **Influenced by: Blue Moon** · Elvis Presley (1956)
▶ **Influence on: Dark Therapy** · Echobelly (1995)
● **Covered by:** R.E.M. (1995) · HIM (1996) · Crossbreed (1998) · JJ72 (2003) · Heather Nova (2005) · Girls Aloud (2005) · Giant Drag (2006) · Ima Robot (2006) · Stone Sour (2007) · Turin Brakes (2007)

로이 오비슨 같은 폼파도르 헤어스타일의 로큰롤 크루너를 2명 모두 좋아했던 탓이었을까? 데이비드 린치 감독이 자신의 영화 〈블루 벨벳〉(1986)에 크리스 아이작의, 평단의 갈채를 받았지만 잘 알려지지는 않았던 데뷔 앨범 〈Silverstone〉(1985)에서 곡을 가져다 쓴 이유 말이다. "3년 후에," 아이작이 Q매거진에 말했다. "그가 말했죠, 그리고 그는 정말 직접적인 사람이에요, '내가 사실 음악에 쓸 예산은 거의 없어, 근데 저렴하게 쓸 수 있고 시간 관념 철저한 사람은 알고 있지.'" 그리하여, 아이작의 음악이 린치의 어두운 로맨틱 스릴러 〈광란의 사랑〉의 1990년 발매 사운드트랙에 수록되는 것이다. 이번 것은 아이작의 3번째 앨범 〈Heart Shaped World〉에서 뽑아 온 것이었다.

영화상에서 린치는 "Wicked Game"의 인스트루멘틀 버전을 사용한다. 하지만 애틀랜타의, 린치의 열광 팬이었던 한 라디오 스테이션 음악 감독이 사운드트랙 앨범을 구해 아이작의 보컬이 담긴 송 버전을 방송했다. 이 트랙은 주파수를 탄 지 몇 달 만에 미국 전역의 라디오 스테이션에서 방송된다. "그건," 아이작이 컨트리 뮤직 인터내셔널에 말했다. "정말 멋진 일이었죠. 내놓은 레코드가 그저 그런 운명을 맞이하는 걸 보고, 그게 다시 컴백해 히트작으로 부상한다는 걸 지켜보는 거 말이죠. 전 기억해요. 집 소파에 앉아서 하와이 파이브 오(Hawaii Five-O)를 보고 있었죠. 근데 누군가 전화를 걸어 말해주었어요. '지금 톱 10에 있고 아직 얼마나 더 올라갈지는 몰라!'" (허브 리츠가 관능적인 뮤직비디오를 새로 제작했고, 이것은 린치의 것을 대체한다. 여기에 슈퍼모델 헬레나 크리스텐슨이 해변에서 웃옷을 벗고 있는 모습이 담긴 사실도 곡의 차트 성적에 해가 되지는 않았을 것이다.) 작사 당시 영감에 대해 아이작은 롤링 스톤에 이렇게 말했다. "당시 제가 있는 쪽으로 오고 있는 한 여자가 있었죠. 그럴 때 있잖아요. 여자가 전화를 해서 '지금 갈게'라고 하고 당신은 그런 그녀에게 올 것을 허락해선 안 되는 걸 알면서도 그냥 오게 내버려두는 때 말이에요…그녀가 나 있는 곳에 거의 도착했을 때쯤, 전 곡을 거의 다 써버린 상태였죠. 그녀가 도착한 후부터는 기타에 거의 손을 댈 일이 없었어요!" **SO**

Personal Jesus | Depeche Mode (1989)

Writer | Martin Gore
Producer | Depeche Mode, Flood
Label | Mute
Album | *Violator* (1989)

"전 그것에 귀 기울였어요…
왜냐하면 세상으로부터
진정 한 발짝 멀어지기를 원했거든요."

마릴린 맨슨, 2004

◀ **Influenced by: Rock and Roll (Part 2)** • Gary Glitter
(1972)
▶ **Influence on: Reach Out** • Hilary Duff (2008)
● **Covered by:** Lollipop Lust Kill (2002) • David Gogo
(2002) • Gravity Kills (2002) • Pat MacDonald (2003)
Marilyn Manson (2004) • Tamtrum (2009)

전반적으로 볼 때, 디페쉬 모드의 6번째 앨범 〈Music for the Masses〉(1987)이 스타디움을 가득 채울 스케일이라고 한다면 그 후속작은 좀 더 절제되었다고 하겠다. 하지만 〈Violator〉의 요란한 오프닝 트랙 "Personal Jesus"는 디페쉬 모드가 보여준 앤섬 중 최고의 것이라 할 수 있다.

프리실라 프레슬리의 책 「엘비스 앤 미」로부터 영감을 받은 마틴 고어의 가사를 액면 그대로 받아들인 일부 사람들은 그것을 신성 모독이라고 말했다. "이건 다른 누군가를 위해 예수가 되는 것에 관한 노래예요. 다른 누구에게 희망과 관심을 주는 그런 존재 말이예요." 고어가 스핀 매거진에 말했다. "'그 책'은 엘비스가 그녀의 남자였고 그녀의 멘토였으며 그런 일들이 사랑하는 사이에서 자주 일어난다는 것을 이야기했죠. 어떻게 보면 모든 사람들의 가슴이 다 신과 같다는 것을 말이죠." 변별력을 갖춘 이들이었다면, 기도에 응하고 "당신을 믿는 자로 만드는" 소위 구원자라고 하는 존재에 대한 이야기가 말하는 아이러니를 간파했을 것이고, 이 곡이 단순히, 누군가를 완벽하다고 맹목적으로 믿는 것에 대한 경고라는 것을 이해할 수 있었을 것이다. "그 누구도 완벽하지는 않아요." 고어가 말했다. "누군가를 논할 때, 그건 균형잡인 견해라고 볼 수 없죠, 그렇잖아요?" 곡은 구세주적 의미심장함으로 고동쳤다. 이것은 제작자 플러드와 키보드 주자 앨런 와일더가 빚어낸 인더스트리얼 사운드 덕이라고 할 수 있다. 여기에는 신스 팝과 라디오 방송에 적절한 록이 융화되어 있었고. 데이브 가한의 보컬에서 장대함이 좀 부족하다 싶지만, 대대적인 기타의 사용으로 보완된다. 이런 기타 사용은 사실 디페쉬 모드로서는 처음이었다. "그들은," 플러드가 재확인한다. "새로운 영역으로 개척해가길 원했죠." "Personal Jesus"는 디페쉬 모드가 한창 세계 지배를 이루려던 시점에서 나타났다. 이 곡은, 후속곡 "Enjoy the Silence"와 함께 스매시 히트를 기록했고, 이 곡의 성공은 〈Violator〉가 그들 음악 생애 최대 앨범이 되는 데 도움을 주었다. 마릴린 맨슨과 조니 캐시가 이곡의 커버 버전을 탄생시켰고, 수십 년이 지난 오늘날에도, 팬들은 여전히 그들의 "Personal Jesus"를 숭배하고 있다. **JiH**

Soy gitano
Camarón de la Isla (1989)

Writer | Camarón de la Isla, V. Amigo, J. F. Torres
Producer | Ricardo Pachon
Label | Philips
Album | *Soy gitano* (1989)

호세 몽혜 크루스(일명 카마론 데 라 이슬라)는 지난 한 세기 최고의 남성 플라멩코 싱어였다. 경이적 재능, 격동의 생애, 이른 죽음으로, 그에게는 스페인의 지미 헨드릭스라는 별칭이 따라다녔다.

카마론은 1950년 스페인 안달루시아의 한 가난한 집시 가정에서 태어난다. 그는 8세 때부터 동네 선술집에서 노래를 불렀고 그의 재능은 곧 사람들의 눈에 띄었다. 16세가 된 그는 마드리드로 보내졌고, 여기서 천부적 재능의 젊은 플라멩코 기타리스트 파코 데 루시아를 만나게 된다. 2인조는, 카마론의 아름답고 순수한, 표현력 넘치는 목소리와 파코의 변화무쌍한 연주로써 플라멩코의 전진을 감행한다. 초반에는 플라멩코 광들만 그들 음악의 진가를 알았다. 그러나 입소문이 돌기 시작하자 그들은 스페인 전역에 걸쳐 스타로 등극하게 된다. 퀸시 존스와 믹 재거를 비롯해 많은 이들이 카마론과 작업하고 싶다는 소망을 피력하게 된다(카마론은 "믹 재거가 누구요?"라고 대답했다).

카마론은 소박한 인간이었고, 유명인으로 살아가는 방법에 무지했다. "제가 하는 오직 한 가지 것은," 그가 단호하게 말했다, "그리고 평생 해왔던 것은, 노래하는 것뿐입니다. 왜냐하면 전 그것밖에 할 줄 아는 게 없으니까요." 결국 술과 약물에 의지하던 그의 연주는 변덕스럽게 변해간다. 그러나 녹음 스튜디오에서만큼은 그는 자신의 예술성을 뽐냈다. "Soy Gitano"(나는 집시다)에서 그는 자신의 민족에 대한 자랑스러움을 당당하게 선언한다. 런던 필하모닉 오케스트라가 함께한 이 곡은 카마론이 개척한 플라멩코의 새로운 가능성을 보여주는 좋은 예이며, 오늘날에도 앤섬으로 남아 있다. **GC**

I Am the Resurrection
The Stone Roses (1989)

Writer | Ian Brown, John Squire
Producer | John Leckie
Label | Silvertone
Album | *The Stone Roses* (1989)

일면으로는 종교에게 날리는 일침이면서, 어떤 면에서는 지인의 "죽일 듯한 공격"이었던 "I Am the Resurrection"은 인스트루멘털 음악이 벌이는 광란의 한바탕이기도 했다. 스톤 로지스의 탁월한 데뷔 앨범 마지막을 장식했던 이 곡은, 그룹이 거드름을 피우는 듯한 자신만만함을 보여주었다. 맨체스터 출신의 이 그룹이 웨일즈의 록필드 스튜디오에서 프로듀서 존 레키와 함께한 마지막 세션 중에서도 마지막으로 녹음된 것이 바로 이 트랙이었다. 톡 쏘는 맛의 자극적인 이안 브라운의 목소리를 훗날 오아시스 프론트맨 리암 갤러허가 능가하려고 그토록 애썼다. 브라운의 주장에 따르면 이 곡의 가사는 한 교회 밖 표지판에서 영감을 얻어 쓰였다 한다. 특히나 가톨릭 교에 대해 빈정거리는 이들 가사는 로지스가 대부나 다름 없었던 매드체스터 신의 전반을 한 곡에 고스란히 포착했다. "Don't waste your words, I don't need anything from you / I don't care where you've been or what you plan to do(말을 낭비하지 마. 난 너에게 바라는 게 아무것도 없어 / 네가 어디에 있었는지, 무엇을 하려 하는지 난 상관없어)"라며 브라운은 자신 최고의 오만함을 마음껏 보여준다. 아마도 자신의 밴드가 유일무이한 뭔가를 창조해내고 있다는 걸 알고 있었던 듯하다. 그러나 "I Am Resurrection"에서 가장 유명한 부분은 마지막 4분이 아닐까 싶다. 이것은 다름 아닌 헨드릭스에게서 영감을 얻은 기타리스트 존 스콰이어, 천둥 베이시스트 매니, 펑키(fukny) 드러머 레니가 펼치는 쇼 케이스라고 할 수 있다. 매니가 2009년 NME에 말한 바에 의하면 그와 스콰이어, 레니 모두 이 인스트루멘털 코다 부분을 한 번의 테이크에 완벽하게 완성시켰다는 것이다. **JM**

1989년 스톤 로지스의 이안 브라운. 그는 영국 팝계를 난데없이 덮쳤다.

Me Myself and I | De La Soul (1989)

Writer | P. Huston, D. Jolicoeur, V. Mason, K. Mercer, E. Birdsong, G. Clinton, P. Wynne
Producer | Prince Paul, De La Soul
Label | Tommy Boy
Album | *3 Feet High and Rising* (1989)

"저희는 이 곡이
그렇게까지 성공했다는 것에
너무 놀랐어요. 때때로, 사람들은
가장 단순한 것에 공감을 느끼죠."
파스타뉴스, 2009

◀ **Influenced by:** (Not Just) Knee Deep • Funkadelic (1979)
▶ **Influence on:** Hot Potato • Freestyle Fellowship (1993)
★ **Other key tracks:** Eye Know (1989) • Ghetto Thang (1989) • The Magic Number (1989) • Say No Go (1989) Ring Ring Ring (Ha Ha Hey) (1990)

네이티브 텅즈 패거리가 가졌던 색다른 유머, 아프리카 중심주의적 관심사, 재즈적 혹은 힙합의 "D.A.I.S.Y.시대" ('da inner sound, y'all'의 약자)의 도래를 예고했다(네이티브 텅즈란 드 라 소울, 어 트라이브 콜드 퀘스트, 퀸 라티파, 정글 브러더스 등을 포함한 동시대 인물들과 동지들이 이루고 있던 집단이었다). 어리둥절해진 매체들은 이들을 히피라고 단정짓는다. 그들의 옷, 음악, 가사가 당시 랩의 고정관념에 들어맞지 않는다는 것이 그 이유였다. 드 라 소울은 자신들의 답답함을 "Ain't Hip to be Labeled a Hippie"에 적나라하게 드러냈다. 이 곡은 그들의 획기적인 데뷔 앨범 〈3 Feet High and Rising〉이 낳은 여러 싱글 중 하나의 B사이드용으로 선정되었던 곡이다. 이 싱글의 A사이드는 좀 더 긍정적인 입장을 취했고, 이는 롱 아일랜드 일행이 거둔 첫 R&B 차트 석권으로 거듭난다.

프로듀서 프린스 폴은 펑크(funk)의 황금시대로부터 부담 없이 빌려다가 이 곡에 채워 넣는다. 그 중에는 펑카델릭의 "(Not Just) Knee Deep"에서 가져온 탄력 넘치는 신스 인트로부터 오하이오 플레이어즈의 "The Worm"에 등장하는 깐깐한 할머니, 에드윈 버드송의 "Rapper Dapper Snapper"의 그루브까지 있었다. 이 눈부신 파티를 가르며 3인조는 매력 만점의 재치와 요령을 다해 자신들 각자의 개성을 발휘한다. 트루고이(졸리커)가 "De La Soul is from the soul(드 라 소울은 영혼으로부터 노래해)"이라고 선언하는 한편, 파스타뉴스(머서)는 안경을 썼다고 해서 자신을 히피라고 부르는 매체를 꾸짖는다. "우린 그냥 우리의 솔직한 모습을 보여주는 거예요." 트루고이가 2009년 롤링 스톤에 말했다. 강렬한 색깔의 생동감 넘치는 뮤직비디오가 이들의 말을 뒷받침하고 있다. 여기서 방과 후 벌을 서는 드라 소울은 메달 장식 목걸이와 야구 모자를 뒤집어 쓴 친구들의 조롱을 산다. 그건 이들의 아프리카 스타일 목걸이와 비대칭 머리스타일 때문이다. 여전히 히피라는 꼬리표를 달고 다니던 그들은 이에 대응하여 더 강력한 〈De La Soul Is Dead〉(1991)를 내놓는 한편 앨범 표지 디자인으로 부서진 화분을 삽입한다. 이로써 그들은 D.A.I.S.Y.시대의 멸망을 정식으로 선언한다. **SC**

Epic | Faith No More (1989)

Writer | Mike Bordin, Roddy Bottum, Billy Gould,
Jim Martin, Mike Patton
Producer | Matt Wallace, Faith No More
Label | Slash
Album | *The Real Thing* (1989)

"전 페이스 노 모어가 정말 좋습니다.
전 예전에 일했던 술집에서
그들의 노래 'Epic'노래에 맞춰
벌레스크 공연을 하곤 했었죠."

레이디 가가, 2009

◀ **Influenced by: Fight like a Brave** • Red Hot Chili
Peppers (1987)
▶ **Influence on: My Name Is Mud** • Primus (1993)
● **Covered by:** The Automatic (2007) • Atreyu (2008)
Love Is All (2008)
★ **Other key track:** Midlife Crisis (1992)

드러머 마이크 볼딘은 페이스 노 모어 동료들과 스스로를 가리켜 "LSD를 복용하는 더러운 것들(Acid-head dirtbags)"이라 표현한다. 그건 아마도 훌륭하게 비뚤어진 이 밴드에게 붙여진 꼬리표 중 그들 스스로가 근접함을 허락한 몇 안 되는 말들 중 하나일 것이다. 펑크-메탈(funk-metal)이란 딱지도 오래가지 못했다. 어느 상황에서도 말을 아끼지 않았던 보딘이 또 한마디를 보탰다. "우린 헤비 메탈 밴드가 아니에요. 왜냐하면 노래마다 기타 솔로로 자위하는 것도 아니고요, 가짜 오페라를 불러대는 개새끼를 내세우지도 않기 때문이죠." 그럼에도 불구하고, 짐 마틴의 6현 기타 사운드는 "Epic"의 기원에 중추적 역할을 한다. "전 데모에서 그저 이것저것 시도해봤어요." 이 괴팍한 '도끼남' 기타리스트가 기타 매거진에 한 말이다. "그리고 솔로 처음에 한 짧은 부분이 갑자기 제 귀에 쏙 들어왔죠. 때론 말이죠, 그러면 다 끝난 거예요."

프론트맨으로서 척 모슬리의 자리를 채운 마이크 패튼은 이 그룹에게 새로운 모습을 더한다. 예를 들어, 그가 쓴 가사는 너무 모호했던 나머지 팬들조차 그 의미를 파악하는데 애를 먹었다. 그 결과 이 곡에 대한 해석은 "성공"부터 "자위"까지 매우 다양하다. 여기에 질세라 뮤직비디오 역시 매우 모호했다. 튀어 나둥그라지는 물고기와 폭파하는 피아노가 여기 등장했다. 이 뮤직비디오는 키보드 주자 로디 보틈이 "스트레스 로테이션(stress rotation)"이라고 부를 만큼이나 쉴 새 없이 MTV에 방영되었다. ("그건 '헤비 로테이션'보다 더 심하단 말이죠." 그가 셀렉트에게 이렇게 장난식의 말을 던졌다.) 하지만 이 모든 것은 결국 미국 차트 톱 10위 진입에 도움이 되었다. 대부분의 그룹은 그런 성공을 이용해 주류의 급소를 치고 들어가려 했을 것이다. 하지만 이런 갈채가 페이스 노 모어에게는 불편하기만 했다. "이 밴드가 제대로 된 대중들의 지지를 받게 되었다는 건요, 좀 에로틱하면서도, 이상한 것이죠." 패튼이 말한다. "우린 레코드도 많이 팔고 라디오 히트 곡도 하나 거머쥐었어요…" 베이시스트 빌리 굴드가 테러라이저에 말했다. "마음가짐을 순수하게 지키고 싶다 보니까, 저희가 스스로를 의심했던 것 같아요." **CB**

Like a Prayer | Madonna (1989)

Writer | Madonna, Patrick Leonard
Producer | Madonna, Patrick Leonard
Label | Sire
Album | *Like a Prayer* (1989)

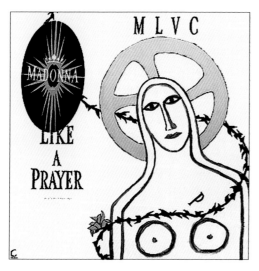

"전 'Like a Prayer'가 너무 좋아요.
제가 가사를 하나하나 모두 외운
노래로는 그 곡이 처음이었으니까요."

브리트니 스피어스, 2008

◀ **Influenced by: Underground** · David Bowie (1986)
▶ **Influence on: How Do You Do** · Shakira (2006)
● **Covered by:** Marc Almond (1992) · Bigod 20 (1997)
Loleatta Holloway (1999) · H2O (2001) · Rufio (2001)
Mad'House (2002) · Danni Carlos (2004) · Elena
Paparizou (2006) · Lavender Diamond (2007)

"그 곡은 'Like a Virgin'보다 저에게 훨씬 더 큰 의미를 가져요." 마돈나가 빌보드의 크레이그 로젠에게 말했다. "제가 쓴 곡이고, 마음속에서 나온 거였죠."

이 스타의 곡들 중 가장 높은 판매고를 올리고 가장 오랜 세월을 견딘 노래 중 하나가 바로 "Like a Prayer"였다. 이 곡은 프로듀서 패트릭 레너드와 함께 쓴 노래이다. "팻이 버스(verse) 부분과 코러스의 코드 진행을 썼죠…" 그녀가 송토크에 말했다. "전 매우 가스펠 지향적이고 아카펠라적인 걸 해보고 싶었고요…그저 제 목소리와 오르간 소리만 덩그러니 말이죠. 그래서 우린 이 곡을 가지고 이리저리 무언가를 시도해봤어요. 인스트루멘테이션을 완전히 없애 제 목소리가 벌거벗은 채로 있게도 해보았죠. 그리고 함께 브릿지 부분을 생각해냈죠. 그리고 우리는 합창을 더 하자는 아이디어를 냈어요. 제가 팻과 함께 작업한 모든 곡에는요, 만일 업템포 곡일 경우, 거의 어김 없이 라틴 리듬이나 그런 느낌이 등장해요…우린 둘 다 전생에 라틴계 사람이 아니었을까 말해요."

불타는 십자가들, 자위행위, 서로 다른 인종을 이야기 줄거리에 엮어 넣은 뮤직비디오는 곧 필연적 원성을 불러일으킨다(이 노래의 싱어 안드레 크라우치 가스펠 콰이어는 뮤직비디오 출연을 거부했다). 펩시콜라에서 이 곡을 삽입해 제작한 광고는 뮤직비디오에 담긴 내용이 논란을 불러일으켰던 관계로 방송이 취소된다. 1989년 MTV 비디오 뮤직 어워드에서 마돈나는 "그토록 많은 논란을 야기한 것에 대해" 펩시에게 의기양양한 감사를 보낸다.

이 싱글의 커버 아트는 스타의 남동생 크리스토퍼가 그린 이 아이콘적 싱어의 일러스트레이션과 "M.L.V.C."(그녀의 본명 'Madonna Louise Veronica Ciccone'의 머리글자)라는 글자들을 담고 있다. 그녀의 심장 가까이 비딱하게 위치한 글자 "P"는 마돈나에게서 전 남편 숀 펜을 멀리 떼어놓는다. 사랑의 비통함에 대한, 이전보다 좀 더 인간적인 페르소나를 내세운 이 곡을 마치 투영하고 있는 듯하다. **SS**

W.F.L. (Think about the Future) | Happy Mondays (1989)

Writer | P. Davis, M. Day, P. Ryder, S. Ryder, G. Whelan
Producer | Paul Oakenfold, Terry Farley
Label | Factory
Album | N/A

"저희 음악은
미래를 꿈꾸는 것과는 거리가 멀죠.
하지만 지금으로써는,
바로 저희 자체가 미래예요."

션 라이더, 1989

◀ **Influenced by: Burning Down the House** • Talking
Heads (1983)
▶ **Influence on: Weekender** • Flowered Up (1992)
● **Covered by:** Manic Street Preachers (1993)
★ **Other key tracks:** Step On (1990) • Kinky Afro (1990)
Grandbag's Funeral (1990)

스미스가 종말을 맞게 된 후, 맨체스터 신은 테크니컬러로 재정비된다. 그리하여 탄생한 것이 바로 '매드체스터 (Madchester)'이다. 스톤 로지스가 땡그렁거리고 있는 동안 해피 먼데이즈는 비틀거리는 걸음으로 스튜디오에서 무대로 올라 그 시대에서 가장 펑키(funky)한 화이트 록을 만들고 있었다. "Wrote for Luck"은 환상적인 〈Bummed〉앨범의 리드 싱글로 1988년 발매된 적이 있다. 그러나 이 그룹을 스포트라이트로 이끈 것은 "W.F.L."이라 재명명된 두 리믹스 버전이었다. 프로듀서들의 역할이 지극히 중요했는데, 그 이유는 싱어 션 라이더가 장난스레 말했듯, 이 그룹이 음악 제작에 너무 무지했던 탓에 믹싱 데스크가 판금 조제용 기계와 같이 보였기 때문이라는 것이다. 마틴 하넷이 제작을 맡았던 오리지널 버전은 이레이저의 빈스 클라크의 손으로 넘어갔고 그는 이것을 "W.F.L."로 탈바꿈시킨다. 그러나 결정적으로 해피 먼데이즈의 운명을 뒤바꾸어 놓은 것은 "Think about the Future" 믹스였다. 라이더의 말을 빌리자면 이것은 폴 오켄폴드의 "부드러운 감미로움"을 담도록 축복받았다 한다. 오켄폴드가 말한다. "거기서 어떤 기가 발산하는 걸 느꼈죠, 그건 좋은 기였어요." 라이더의 음성을 높여 그가 내뱉는 (일부는 시적이고, 일부는 난폭행위라 할 수 있는) 가사들은 주목을 끌게 된다. 그의 말에 따르면 오켄폴드는 "이 곡에 그런 류의 최면적 힘을 가미시켰고…모든 알맞은 재료를 더했어요." 이것은 NME로부터 그해 최고의 댄스 레코드라는 찬사를 듣게 된다. 그룹의 승리에 이어, 오켄폴드는 해피 먼데이즈에게 〈Pills 'n' Thrills and Bellyaches〉(1990)의 공동 프로듀서로서 더 높은 곳을 향해 나아갈 영감을 불어넣는다. 이 그룹은 결국 최후를 맞이하게 되지만 오켄폴드만은 세계에서 가장 추앙받는 디제이로 부상한다. "해피 먼데이즈 덕에" 그가 사운드제네레이터에 말했다. "전 저만의 음악을 다 해본 거죠. 리믹스하거나 누군가의 프로듀서를 맡거나 하고 싶은 욕구를 가져본 적이 없었습니다…레코드사가 저에게 물어보자전, '그래요, 한번 해보죠, 뭐'라고 대답했죠. 그래서 이 모든 일이 일어나게 되었어요. 그런데 일이 크게 터졌고, 모두들 저에게 부탁을 하게 된 것입니다." **CB**

Getting Away with It | Electronic (1989)

Writer | Bernard Sumner, Johnny Marr, Neil Tennant
Producer | B. Sumner, J. Marr, N. Tennant
Label | Factory
Album | N/A

"업종별 전화번호부에서
'G'부분을 뒤져 '기타리스트'를 찾아보니
조니의 이름이 목록 맨 위에 있지 뭐예요."

버나드 섬너, 1999

◀ **Influenced by: Heaven Knows I'm Miserable Now**
The Smiths (1984)
▶ **Influence on: Miserablism** • Pet Shop Boys (1991)
● **Covered by:** Skin (2003)
★ **Other key tracks:** Lucky Bag (1989) • Get the Message
(1991) • Feel Every Beat (1991) • Soviet (1991)

"스미스같이 들리지도 않았고, 뉴 오더처럼 들리지도 않았죠." 조니 마가 말한다. "우린 정말 독특한 것을 만들어냈죠." 스미스 기타리스트가 버나드 섬너와 함께 최초로 작업한 것은 콴도 쾅고의 1984년 싱글 "Atom Rock"에서 였다(이것은 뉴 오더의 프론트맨이 공동 프로듀싱을 맡았다). "그냥 지나치며 서로 알던 사이였죠," 마가 회상한다. "맨체스터에 있는 많은 뮤지션들이 그랬던 것처럼요." 이들 둘은 그룹 일렉트로닉 작업에서 재결합한다. 이 밴드의 데뷔 싱글에는 펫 샵 보이즈의 닐 테넌트도 참여했다. 섬너가 닐 체이스에게 말한 바에 의하면 테넌트는 "제가 조니 마와 함께 레코드를 만든다는 말을 들었다며 참여하고 싶다고 말했죠. 전 항상 펫 샵 보이즈의 팬이었어요. 그래서 매우 기뻤죠."

이 초호화 트랙은 어쿠스틱 기타, 피아노(마와 섬너가 이태리 하우스 뮤직을 매우 좋아했던 데서 영감을 얻었다), 압도적인 스트링 파트와 황홀한 코러스가 섞여 경이로운 음악이 되었다. "I've been walking in the rain just to get wet on purpose / I've been forcing myself not to forget just to feel worse(난 일부러 흠뻑 젖어보려고 빗속을 걸었어 / 가슴 시림을 더 느끼기 위해 억지로 잊지 않으려 했지)"로 시작하는 가사는 스미스의 프론트맨 모리세이에 대한 것이다. "'Getting Away with It'은" 테넌트가 기억을 더듬는다. "비참한 페르소나를 가진 모리세이를 보며…그가 그런 페르소나로 수년간 해먹은 것에 대해 말하는 이야기하죠. 웃자고 그렇게 만든 거예요."

일렉트로닉에 따라다니는 "수퍼 그룹"이란 별명은, "Getting Away with It"에 ABC의 데이비드 파머의 드럼과 아트 오브 노이즈의 앤 더들리의 오케스트레이션이 가미되며 더욱 그 공신력을 인정받는다. 이 곡은 밴드의 1991년 데뷔 앨범의 최초 영국 프레싱 과정에서 제외되었지만 재발매 때에 강화제 역할을 톡톡히 한다. "스미스가 끝나고 나서 도대체 뭘 해야 할지 몰랐죠." 마가 2006년 이렇게 회상한다. "일렉트로닉을 하며 제 직감을 믿으라는 교훈을 얻었어요. 그리고 밴드에 속한다는 가식적 일면은 2차적인 것으로 여겨야 한다는 것도 배웠죠." **JL**

Monkey Gone to Heaven | Pixies (1989)

Writer | Charles Thompson
Producer | Gil Norton
Label | Elektra
Album | *Doolittle* (1989)

"전 단지 이 곡의 순수성과
천사 같은 아름다움을 포착해내고
싶었을 뿐입니다."

길 노튼, 2005

◀ **Influenced by: Green Eyes ·** Hüsker Dü (1985)
▶ **Influence on: Today ·** The Smashing Pumpkins (1993)
● **Covered by: Far** (1999) · Hamell on Trial (2004) · The
String Quartet (2004) · Feeder (2008)
★ **Other key tracks: Debaser** (1989) · Here Comes Your
Man (1989) · Wave of Mutilation (1989) · Tame (1989)

킴 딜이 픽시스로 오게 된 것은 피터, 폴 앤 매리와 허스커 두 모두를 좋아하는 베이시스트를 찾는다는 구인 광고를 통해서였다. "Monkey Gone to Heaven"에서 픽시스는 그 2가지의, 언뜻 보면 서로 맞지 않는 영향 요소들을 융화시킨다. 하지만 이 조합물에 던져 넣는 것, 그것이 전부는 아니다.

3분 안에, 1백 마디도 채 안 되는 가사로 싱어-송라이터 찰스 "프랭크 블랙" 톰슨은 자신의 초현실주의적 시상을 온실 효과, 오존층 파괴, 수질 오염 등의 환경 보호 이슈에 적용시킨다. 거기에는 그가 얼터너티브 프레스에게 말한 수점술("고대 히브리 수점술로 전 알고 있어요…도서관에 가서 찾아본 건 아니에요")에 관한 암시도 숨어 있다.

이 곡은 그룹이 지금껏 창조해낸 것 중 가장 기억에 잘 남는 멜로디와 포크적 코러스, 그룹 특허의 크고 여린 구성, 기타리스트 조이 산티아고의 매혹적인 리드로 달콤한 옷을 입힌다. 스트링 섹션을 통해 게스트 뮤지션들 또한 참여시켜, 첼리스트와 바이올리니스트를 각각 2명씩 썼다. 이런 깜짝 요소조차 마치 세상에서 가장 자연스러운 양념인 양 귀에 들어온다.

"킴이 스튜디오에서 그랜드 피아노를 연주하고 있었죠, 피크로 현을 뜯으면서요…" 프로듀서 길 노튼이 사운드 온 사운드에 말했다. "결국 그걸 코러스 부분에 얹었죠. 그러자 전 이렇게 생각했죠, '거기다가 스트링을 더해보자, 정말 환상적으로 들릴 거야'라고요."

"Monkey Gone to Heaven"은 고국 땅에서 그들이 거둔 첫 히트 곡이었다. 미국 모던 록 차트에서 5위까지 오른 것이다. 후속 싱글 "Here Comes Your Man"과 함께 이 곡은 〈Doolittle〉이 밴드의 최다 판매 앨범으로 등극하게 한다. 하지만 음반 판매량은 이 곡이 미친 영향에 비하면 아무것도 아니었다. 〈Doolittle〉은 90년대에 일어나는 얼터너티브 록의 폭발적 급증에 이정표가 되어준다. **JiH**

Can't Be Sure
The Sundays (1989)

Writer | D. Gavurin, H. Wheeler
Producer | Ray Shulman
Label | Rough Trade
Album | *Reading, Writing and Arithmetic* (1990)

절제되고 차분한 노래치고 선데이즈의 데뷔 싱글이 일으킨 반향은 대단했다. 흥분한 평단은 새로운 스미스로 거듭나고자 애썼던 그들의 여정이 드디어 결실을 맺었다고 생각했다. "Can't Be Sure"에서 모리세이의 통렬함이나 조니 마의 으스댐은 찾아볼 수 없다.

하지만 주의 깊게 들어보면, 해리엇 윌러의 빈정거림이 확연히 느껴진다. 가사에서 냉소적 유머로 가장 대표적이라고 할 수 있는 부분인 "England my country, the home of the free / Such miserable weather(영국, 자유로운 이들의 고향 / 우울한 날씨의 고향)"는 다름 아닌 바로 모리세가 2006년 무대 위에서 인용했다. 그뿐 아니라 "Did you know desire's a terrible thing? / The worst that I can find(욕망이란 게 얼마나 끔찍한 것인지 알아? / 내가 아는 것 중 최악의 것이지)"도 마찬가지이다. 선데이즈의 가까운 이웃뻘 되는 그룹으로 콕토 트윈스가 있다. 윌러의 어린 소녀 같은 음성은 리즈 프레이저의 미끄러뜨리는 보컬 스타일을 모방했고, 가버린이 2음 구성 리프레인으로 쌓아 올리는 기타의 소용돌이가 바로 그 증거이다. 이들은 단순한 도구로 화려한 분위기를 만든다. 영국적이긴 하지만 이 노래는 대서양을 가로질러 주목을 받는다. "미국의 뮤직 신에는 '대중의 힘'이 존재해요. 그건 자신감을 북돋아주죠." 가버린이 복스에 말했다. 이런 그들이 새로운 곡을 내놓기를 꺼리고 이 반동을 이어가지 못한 것은 안타깝다. 틴 틴 아웃의 "Here's Where the Story Ends"를 재작업해 히트를 거두고 1997년 작 "Summertime"으로 짧은 부흥기를 맞지만, 선데이즈는 오늘날 어디서 무얼 하고 있는지 온데간데없이 사라졌다. **MH**

Lullaby
The Cure (1989)

Writer | R. Smith, S. Gallup, B. Williams, P. Thompson, R. O'Donnell, L. Tolhurst
Producer | R. Smith, D. Allen
Label | Fiction
Album | *Disintegration* (1989)

"우린 'Lullaby'를 발매하고 싶지 않았어요." 이 싱글과 그 패어런트 앨범을 홍보하는 타임즈 인터뷰에서 로버트 스미스가 투덜댔다. "마지막 앨범을 산 사람들을 없애버리고 싶을 정도죠…'Lullaby'는 제가 가장 아끼지 않는 트랙이에요. 하지만 이 곡을 선택한 게 말이 된다는 건 이해해요. 왜냐하면 굉장히 큐어다운 곡이니까요." 〈Disintegration〉은 색채감 넘치는 〈Kiss Me Kiss Me Kiss Me〉(1987)에 흑백 사진 한 장 같은 대조를 보인다. "Lullaby"나 "Love Song", "Fascination Street"만이 유일하게 안도감을 주는 것이다. 하지만 스미스가 인정했듯, "Lullaby'에서 조차도 침울한 일면이 느껴지죠." 이 음습한 곡은 매우 다양한 해석으로 이어졌다. 팬들은 아동 학대에 대한 것이라 말했고 밴드의 뮤직비디오 감독 팀 포프는 스미스의 마약에 찌든 과거에 대한 일화를 추측했다. 하지만 작곡가 자신은 이 소름 끼치는 주제가 지루한 일상에서 영감을 받아 쓰였다고 말한다. "거미공포증만은 절대 극복 못하겠더군요." 알다시피, 가사에 메리 하윗의 시 〈The Spider and the Fly〉(1829)에 대한 암시가 있다. 팬들의 애청 곡 중 하나인 이 노래를, 레드 제플린의 지미 페이지와 로버트 플랜트가 1995년 투어에서 커버로 불렀다. 밴드는 과거 큐어의 기타리스트였던 폴 톰슨을 여기 참여시킨다. 이를 허락한 스미스가 말한다. "지미 페이지는 그의 우상이었죠, 그러니까 이해할 수 있었던 거예요." 플랜트는 큐어를 가리켜 "영국 출신의 록 밴드 중 최고로 진가를 인정 못 받는 이들 중 하나"라고 말했다. 그는 1990년 Q에, "Lullaby"에 대해 흥분조로 이렇게 말하기도 했다. "전 로버트 스미스가 자신 내면의 약점들로 손짓해 부른다는 점이 너무 좋아요." **BM**

Free Fallin'
Tom Petty (1989)

Writer | Tom Petty, Jeff Lynne
Producer | Jeff Lynne, Tom Petty, Mike Campbell
Label | MCA
Album | *Full Moon Fever* (1989)

7개의 하트브레이커스 앨범을 마친 톰 페티는 〈Let Me Up (I've Had Enough)〉(1987)에서 마치 변화에 목마른 듯한 모습을 보인다. 그는 휴식기를 가지며 트래블링 윌버리스에 참여해 밥 딜런, 조지 해리슨, 제프 린, 로이 올비슨과 활동하게 된다. 그리고 나서 그의 첫 솔로 앨범이 탄생한 것이다. 하지만 〈Full Moon Fever〉는 이름만 "솔로"였다. 하트브레이커스의 기타리스트가 참여하고 린이 공동 제작을 맡은 이 앨범에는 해리슨, 오비슨, 하트브레이커스의 호위 엡스타인과 벤먼트 텐치까지 참여했다. 그 결과, 1979년 〈Damn the Torpedoes〉 이후 페티 최고의 앨범이 탄생하게 되었다. 이 곡의 위대함은 슬픈 오프닝 트랙이 그 막을 연다. "Free Fallin'"은 팝 천국의 눈부신 한 조각이었다. 따스한 어쿠스틱 기타 스트러밍은 듣는 이를 샌 페르난도 밸리로의 애틋한 여행으로 떠나 보낸다. 그가 지금껏 등장시킨 인물들 중 가장 인상적이라고 할 수 있는 인물들의 이야기가 페티의 매혹적인 음성을 타고 전해지며 생명력을 얻는다. 이 "착한 여자"는 "그녀의 엄마…예수 그리고 미국을 사랑하고, 엘비스에 미쳐 있다"고 한다. 제작 자체도 경외감을 금치 못할 만큼 대단하다. 겹겹이 쌓아 올려진 보컬은 뗑그렁거리는 배킹에 금상첨화이다. "저희는 다수의 어쿠스틱 기타를 사용했죠. 그리하여 형용할 수 없는, 꿈에 젖은 듯한 사운드가 탄생한 거죠." "Free Fallin'"에 힘입어 〈Full Moon Fever〉는 페티 음악 경력상 최다 판매 앨범으로 등극한다. 이 곡은 카메론 크로우의 영화 〈제리 맥과이어〉(1996)에 삽입되는 한편, 존 메이어, 스티비 닉스, 벡 등이 콘서트에서 커버로 부른다. 페티는 이 곡을 일종의 장애물로 보게 되었다. 하지만 그는 이렇게 말했다. "사람들이 이 곡을 좋아해준다는 것이 감사해요." **JiH**

Nothing Compares 2 U
Sinéad O'Connor (1989)

Writer | Prince
Producer | S. O'Connor, N. Hooper
Label | Ensign
Album | *I Do Not Want What I Haven't Got* (1989)

〈퍼플 레인〉으로 호황을 누리던 중 프린스는 자신의 제자들인 패밀리를 위해 "Nothing Compares 2 U"를 작곡한다. 패밀리의 앨범 수록 곡에 대한 공적은 그룹 멤버들이 서로 나누어 가졌지만, 이 발라드에서만큼은 프린스가 그 공적을 독차지했다. 색소폰 주자 에릭 리즈는 이렇게 말한다, "그에게 이 곡이 얼마나 사적인 존재였는지에 대한 일종의 표시인 거죠." 5년 후 더블린에서 나타난, 거침없는 빡빡머리 소녀가 자신의 컬트 인기작 〈The Lion and the Cobra〉의 후속 앨범인 블록버스터급 〈I Do Not Want What I Haven't Got〉을 내놓는다. 프린스의 작품을 꾸밈없는 아름다움으로 재해석한 곡 덕에 이 앨범의 인기는 우주 끝까지 상승한다. "이 곡을 가지고 저희가 할 수 있는 역량 내에서 다 해봤다고 봐요죠." 그가 롤링 스톤에 말했다, "그러면 다른 누군가가 나타나 그 곡을 재발견하기 마련입니다." 소울 투 소울의 스트링 파트가 듣는 이를 마법에 취하게 했던 한편, TV 시청자들은 감동적인 뮤직비디오에 매혹되었다. 여기에는 카메라에 직접 대고 노래하는 이 스타의 클로즈 업 영상이 담겨 있었다. 클라이맥스에 다다라 오코너의 뺨을 타고 눈물이 흘러내린다. 그녀는 이 눈물에 대해 때로는 일부러 연기했다고, 때로는 자연스레 흘러내린 것이라고 매번 설명을 달리한다. "연기한다는 것을 단순히 무슨 척하는 것이라 볼 순 없어요. 스스로의 과거 경험을 이용하고, 그 기억을 상기시켜 거짓말이 아닌, 진실된 이야기를 전하는 거죠." 이 뮤직비디오는 곡이 전 세계에 걸쳐 1위로 부상하는 데 도움을 준다. 이것은 1990년 MTV어워즈에서 올해의 비디오상을 수상하기도 했다. 여성으로서는 최초이다. 이 트랙이 성공을 거두자, 프린스는 콘서트에서 이 곡을 무대에 올리곤 했다. **SO**

The Humpty Dance | Digital Underground (1989)

Writer | Gregory "Shock-G" Jacobs, George
Clinton, Bootsy Collins, Walter "Junie" Morrison
Producer | Gregory "Shock-G" Jacobs
Label | Tommy Boy Music
Album | *Sex Packets* (1989)

"디지털 언더그라운드는
그 어느 그룹과도 비교할 수 없이 달라요."

투팍 샤쿠어, 1991

◀ **Influenced by: Let's Play House** · Parliament (1980)
▶ **Influence on: If U Can't Dance** · Spice Girls (1997)
● **Covered by: F.O. the Smack Magnet** (2000)
★ **Other key tracks:** Doowutchyalike (1989) · The Way
We Swing (1989) · Gutfest '89 (1989) · Rhymin' on the
Funk (1989) · The Danger Zone (1989)

1980년대 랩은 N.W.A.와 퍼블릭 에너미가 내뱉는 청각적 폭력 행위, 그리고 MC 해머와 프레시 프린스의 라디오 방송용 잼 사이에서 양극을 이룬다. 드 라 소울이 마구 열어 젖혀 놓은 문을 통해 뛰어든 한 그룹이 있었으니, 그들의 이름은 바로 디지털 언더그라운드였다. 이들은 새로운 방식을 선보인다. '펑키(funky)'의 방식 말이다. 이들은 자신에게 영향을 준 모든 것을 자랑스럽게 드러내 보인다. 조지 클린턴이 건설한 팔리아먼트-펑카델릭 왕국이 전수한 광란의 세계관과 획기적인 그루브가 바로 그것들이다. 클린턴의 격언 "원숙미 있는 성인 배우들 모두가 등장과 사라짐을 거듭하는 동안, 벅스 버니만은 여전히 강력한 발걸음을 놀리고 있다"에서 영감을 받은 프로듀서 그레고리 "쇼크-G" 제이콥스는 스스로의 분신 'Humpty Hump'를 창조해낸다. 이 캐릭터는 "워너 브러더스 만화에 시작되었고," 그가 이어 말한다. "거기서부터 나름 진화해간 거죠." 디지털 언더그라운드의 데뷔작 "Underwater Rimes / Your Life's a cartoon"를 통해 이들이 진의를 선언했다고 한다면, "The Humpty Dance"를 통해서 이들은 명성을 얻는다. 타미 보이 레이블 대표 모니카 린치는 험프티 험프에게 그만의 트랙을 선사하자고 제안한다. 그리하여, 그룹의 나머지 멤버들이 클럽에서 신 나게 뛰던 하룻밤, 쇼크-G는 스튜디오에 남아 팔리아먼트의 그루브와 슬라이 앤 더 패밀리 스톤의 "Sing a Simple Song"의 비트를 결합시켜 "The Humpty Dance"를 창조해낸다. 재치를 발휘해 쓰인 가사는 스캔들을 불러일으킬 만한 내용이었고 이 고전의 완벽한 마무리가 된다. 어마어마한 클럽 히트로 부상한 이 곡은 하늘 높은 줄 모르고 상승한다. 프로듀서들은 멋지게 질퍽거리는 음향효과에 너도나도 달려들었고, 이것은 제이-지, 아이스 큐브, 윌 스미스 등의 거인들의 트랙에도 모습을 드러낸다. 디지털 언더그라운드는 "The Humpty Dance Awards" 트랙을 녹음해 이 곡을 샘플링한 모든 이들에게 감사의 말을 전하기도 했다. 이 곡이 남긴 유산은 여기에 그치지 않는다. "The Humpty Dance"의 홍보를 위해 스타덤에 오르기 직전이던 한 어린 댄서가 모습을 드러내기도 했다. 그는 다름 아닌 투팍 샤쿠어였다. **DC**

Back to Life (However Do You Want Me) | Soul II Soul (1989)

Writer | Nellee Hooper, Jazzie B, Simon Law, Caron Wheeler
Producer | Jazzie B, Nellee Hooper
Label | 10
Album | *Club Classics Vol One* (1989)

"사랑 가득한 종족을 위한,
행복한 표정, 고동치는 베이스."

재지 비, 1989

◀ **Influenced by: The Jam** • Graham Central Station (1976)
▶ **Influence on: Unfinished Sympathy** • Massive Attack (1991)
● **Covered by:** Dodgy (1994) • The Reelists featuring Ms. Dynamite (2002)

1980년 말 레게로 물들여진 소울 투 소울은 애시드 하우스가 빚어낸 환각적 희열에 나타난, 환영받는 해독제였다. 런던 디제이들인 재지 비(B)와 필립 "다데" 하비는 프로듀서 넬리 후퍼와 손을 잡고 〈Club Classics Vol One〉이란 제목의 앨범을 만든다. 캐런 윌러가 부른 "Back to Life"의 아카펠라 버전이 앨범의 마지막 부분을 장식했다. 그녀는 이레이저, 하워드 존스, 엘비스 코스텔로의 배킹 보컬리스트로 활동했던 전적이 있다. 앨범의 첫 싱글 "Keep on Movin'"의 성공 이후, 이와 유사한 악기를 입힌 "Back to Life" 재녹음작업이 진행된다. 펑키(funky)한 드럼, 고동치는 베이스, 풍부한 스트링이 바로 그 재료이다. 그 결과 2개의 버전이 완성된다. 오지지널 보컬 트랙을 유지한 것 하나와 새로 추가된 가사와 후렴구 ("However do you want me / However do you need me(네가 어떤 식으로 날 원하든 / 네가 어떤 식으로 날 필요로 하든)")가 가미된 버전이 다른 하나였다. 이 중 두 번째 버전이 발매 채택되었고, 이로써 또 하나의 클럽 고전이 탄생하게 되었다.

이 싱글은 세계적인 히트를 거두었고 런던 사운드 시스템을 자체 브랜드로서 세계적 명품으로 전환시킨다. 허튼소리는 절대 못 참는 재지 비는 영국의 TV 프로그램 톱 오브 더 팝스 출연 스케줄을 취소하기도 했다. "그들은 우리를 단순히 또 다른 흑인 그룹 정도로 취급했죠. 그래서 라이브 공연을 허락하지 않더라고요. 전 말했죠, '됐어 그럼, 여기를 뜨자!'…하지만 이 레코드는 5주간 1위 자리를 지켰죠."

이 영향력 있는 리듬 트랙은 수차례 샘플링된다. 이 곡은 'The Fresh Prince of Bel-Air'와 'The L Word'등 TV 프로그램에 삽입되기도 한다. 재지 비는 미국의 여러 도시로 통하는 관문의 열쇠를 쥐게 되었고, 2008년 대영 제국 훈장을 받기까지 한다. 20년 동안 이 프로젝트를 진행한 그는 이렇게 한마디 했다. "소울 투 소울은 그것이 한 음악계 운동이거나 사운드 시스템이었던 만큼, 항상 하나의 삶의 방식에 대한 선언으로 통했죠." **DC**

Nothing Has Been Proved | Dusty Springfield (1989)

Writer | Neil Tennant, Chris Lowe
Producer | N. Tennant, C. Lowe, J. Mendelsohn
Label | Parlophone
Album | *Reputation* (1990)

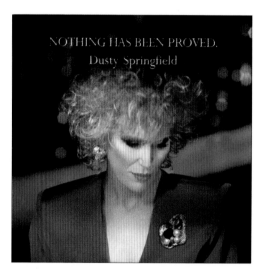

*"그 당시만 해도
확실히 와 닿지 않았어요.
매춘부들이나 못된 짓하는 사람들이
이해가 되지 않았죠."*

더스티 스프링필드, 1989

- ◀ **Influenced by: Private Dancer** • Tina Turner (1984)
- ▶ **Influence on: Jesus to a Child** • George Michael (1996)
- ● **Covered by:** Pet Shop Boys (2006)
- ★ **Other key tracks:** I Just Don't Know What to Do with Myself (1964) • Some of Your Lovin' (1965) • Goin' Back (1966) • You Don't Have to Say You Love Me (1966)

펫 샵 보이즈는 자신들의 1987년 히트 곡 "What Have I Done to Deserve This?"에 더스티 스프링필드의 참여를 요구함으로써 그녀의 음악 인생에 새로운 활력을 불어넣는다. 이후 그들은 이 영국 소울 스타의 컴백의 전면작업에 돌입한다. 여기에는 "Nothing Has Been Proved"의 콜라보레이션도 포함되어 있었다. 이 곡은 본래 존 프로퓨모 사건과 크리스틴 킬러에 관한 1989년 영화 〈스캔들〉을 위한 것이었다. 영화 〈스캔들〉과 스프링필드는 달콤 쌉싸름한 결합이었다. 1963년 이 스캔들이 불거질 무렵 스프링필드는 솔로 커리어를 막 시작하고 있었으니 말이다.

"우리가 더스티를 제안한 건," 닐 테넌트가 말한다. "그녀가 60년대를 대표하는 목소리 중 하나이기 때문이죠." 26년이 지난 지금 초췌해져버린 스프링필드는 자신이 정상에 서 있던 그때를 뒤돌아본다. 물론 "Nothing Has Been Proved"가 그녀에 대한 것은 아니다. 펫 샵 보이즈는 그들 스스로 데모를 만들어보기까지 했다. 말끔하게 정리된 가사는 주제가 되는 사건을 간명하고도 유려하게 전달했다. 마치 스프링필드가 기상캐스터 혹은 뉴스캐스터인 양 "'Please Please Me가 넘버 원 송이다'라는 사실까지 고스란히 전하는 것에서 알 수 있다. 세부적 나열에 의해 일상적 배경이 스토리 전체를 단단히 지지하고 있다. "It's a scandal," 테넌트가 뒤쪽 어딘가에서 초조한 목소리로 말한다, "such a scandal." 정말 뼛속까지 아이러니함이 느껴진다. 스프링필드는 이 무도한 행위의 값싼 호화로움에 그녀의 스모키한 음성과 그럴싸한 감정을 이입시킨다(안젤로 바델라멘티의 정교한 오케스트레이션이 그 뒤를 받쳐주고 있다). 이것은 마치 영화를 볼 때처럼 가사에서 귀를 떼지 못하도록 단단히 우리를 사로잡는다. 긴장감은 "In the news, a suicide…" 부분에서 고조되고, 3번째 구절/브릿지 부분에서 조바꿈이 일어나며 더욱 상승된다. 능수능란한 손길을 통해, 무미건조했던 도입부는 한 편의 드라마로 돌변한다. 마지막 페이드 부분에서 스프링필드가 "사람들은 각자 할 일로 바쁘다"며 한숨 짓는 순간 우리는 다시 현실로 돌아온다. 커트니 파인의 색소폰이 부드럽게 곡의 마지막을 흘려보내며 단조로운 일상으로 돌아온다. **MH**

Headlights on the Parade | The Blue Nile (1989)

Writer | Paul Buchanan
Producer | The Blue Nile
Label | Linn
Album | *Hats* (1989)

"어떤 장소들에 대한 것이라기보다는 음반 상 인물들 사이의 대화에 대한 것이라 할 수 있죠."

폴 부캐넌, 1995

◀ **Influenced by: Time it's Time** • Talk Talk (1986)
▶ **Influence on: Barefoot in the Head** • A Man Called Adam (1990)
★ **Other key tracks:** Stay (1984) • Tinseltown in the Rain (1984) • The Downtown Lights (1989) • From a Late Night Train (1989) • Let's Go Out Tonight (1989)

25년 동안 앨범 4장 낸 것은 좀 나태해 보일지도 모르지만, 스코틀랜드 3인조 블루 나일의 음악은 너무나 정교하고 세밀한 나머지, 그들의 트랙들이 스튜디오 밖으로 나오는 것 자체가 기적이라고 할 수 있었다. 격찬의 데뷔 앨범 〈A Walk across the Rooftops〉 이후 5년이 지나 탄생한 야경의 고전 〈Hats〉에서 독보적인 존재가 "Headlight on the Parade"이다. 패어런트 앨범과 마찬가지로 이 싱글은 빗속 불빛처럼 어른거리고, 로맨스로 잔뜩 곤두서 있는 한편, 싱어 폴 부캐넌이 내뿜는 진정한 열정으로 곡 전체가 세련되게 다듬어진 배경을 비웃고 있는 듯하다. 부캐넌의 짙은 영혼이 묻어나는 크루닝은, 블루 나일이 오디오 시스템 제조업체 린의 쇼 케이스 밴드 출신이라는 사실을 무색하게 한다. 그들이 꼼꼼하게 프로그래밍한 신디사이저 사운드는 매우 환상적이며, (야주의 앨리슨 모예가 그렇듯) 인간적 요소가 더해져 예술적 면을 상승시킨다. "Headlights on the Parade"의 주인공은 신뢰를 요구하지만, 말만으로는 부족하다는 사실도 인정한다. "사랑한다고 말하는 게 쉽겠죠"라며 부캐넌은 한숨 짓고, 자신의 마음을 표현할 방법을 찾아 헤맨다. 헤드라이트가 "환하게 길에 비춘다."

블루 나일은 이슬비에 젖은 해 질 녘, 가로등 아래의 밀회를 숨 쉬는 듯하다. "우린 진짜 삶을 사는 사람들에게 믿음이 갈 만한 음악을 만들고 싶었죠," 2006년, 부캐넌이 설명했다. "Headlights on the Parade"는 6분에 달하는 라디오 방송에 부적절한 트랙이었고, 블루 나일의 무(無)히트 싱글 대열에 든든한 일원이 되었다. 그중에는 이 곡만큼이나 가슴 미어지는 "Tinseltown in the Rain"(1983)과 "The Downtown Lights"(1989)도 포함되어 있다.

〈Hats〉는 어른들의 레코드이며, 경험으로 주름져 있다. 그러나 "Headlights on the Parade"와 같은 곡들의 경우 추진력 강한 펄스와 종소리같이 설레는 신스 때문에 거의 발레아릭(Balearic) 비트적이라고 까지 할 수 있다. 그러리라 예상은 못했겠지만, 능란한 플레이와 부캐넌, 로버트 벨, 폴 조셉 모어가 빚어내는 분위기는 이 네온 불빛을 이 비사의 노을로 만들기에 충분하다. **MH**

Chloe Dancer/Crown of Thorns
Mother Love Bone (1989)

Writer | Jeff Ament, Bruce Fairweather,
Greg Gilmore, Stone Gossard, Andrew Wood
Producer | Mark Dearnley
Label | Stardog
Album | N/A

시애틀의 마더 러브 본은 그들의 고향을 유명하게 만든 바로 그 사운드에 뿌리를 내리고 있다. 베이시스트 제프 아멘트와 기타리스트 스톤 고사드는 그런지의 개척자들 그린리버에 몸담았던 인물들이다. 그러나 이들에게 영향을 준 요소들과 이들이 가진 야망의 목표는 동시대 뮤지션들이 추구하던 '슬러지(sludge)'한 펑크나 메탈과는 거리가 멀었다. 현란하고 이채로운 프론트맨 앤드류 우드 덕에 마더 러브 본은 더 위엄 있는 존재감을 자랑했다. 그런 이들은 글램 메탈의 수려함에 클래식 록의 위대함을 한데 융화시켰다.

우드는 금실로 짠 라메를 걸친 채 프레디 머큐리와 엘튼 존에 대한 하염없는 사랑을 숨김없이 드러냈다. 열정 가득한 발라드에 대한 그들의 천부적 재능은 "Chloe dancer / Crown of Thorns"에 깊게 스며들어 있었다. 이 곡은 그룹의 데뷔 EP〈Shine〉(1989)에서 특히나 두드러진 트랙이었다. 멜랑콜리한 피아노 위로, 우드는 무참히 던져져버렸지만 여전히 죽지 않은 사랑에 대해 노래하며 완전히 끝난 것이 아니라며 고귀하게 부인한다. 인트로가 "Crown of Thorns"에게 자리를 내어주며, 밴드는 미묘하게 다른 그루브로 동요하며 이것은 숨이 멎을 것만 같은 우아함과 부드러운 힘을 통해 영웅적인 크레센도로 차츰 고조된다.

이 곡의 편집 버전이 그들의 데뷔 앨범〈Apple〉(1990)에 등장하긴 했지만 이것이 시장에 나오기도 전, 우드는 헤로인 과다 복용으로 24세의 나이에 사망한다. 그러나 마더 러브 본의 유산은 아멘트와 고사드가 이다음 결성한 펄 잼을 통해서 계속 살아 숨 쉰다. 한편, "Chloe Dancer / Crown of Thorns"는 카메론 크로우의 영화〈클럽 싱글즈〉(1992)의 사운드트랙에 "Would?"와 나란히 수록된다 ("Would?"는 고인이 된 성어에게 앨리스 인 체인스가 바치는 헌정가였다). **SC**

Rhythm Nation
Janet Jackson (1989)

Writer | Janet Jackson, James "Jimmy Jam" Harris,
Terry Lewis
Producer | J. Harris, T. Lewis, J. Jackson
Label | A&M
Album | *Janet Jackson's Rhythm Nation 1814* (1989)

"아이들이 우리의 미래입니다." 1989년 기자회견에서 자넷 잭슨이 단조롭게 말했다. "그렇죠." 냉소적인 목소리 하나가 이렇게 대답했다. "미래의 레코드 구매자들인 거죠." 평단은 의심쩍어했다. 그러나 대중은 사회 실정에 밝았던 자넷을 문제 삼지 않았다. 〈Rhythm Nation〉은 미국 차트를 석권했으며, 국내에서만 6백만 장을 판매했고, 7개의 톱 5 히트를 낳은 앨범으로는 최초가 되었다.

"우리가 하려고 마음먹은 것이 'Control Part Two'를 만들자는 건 아니었어요." 프로듀서 지미 잼은 잭슨의 1986년 앨범을 의미하며, 빌보드의 크레이그 로젠에 이렇게 말했다. "〈Rhythm Nation〉이라는 아이디어 자체는 사실 이 프로젝트에서 6~7곡까지 작업을 마치고 나서야 형성된 거예요…우린 CNN을 많이 봤죠. 엉망 진창인 일들이 세계 전역에서 많이 일어나고 있었어요. 이 앨범을 만들 때 자넷의 머릿속에 있던 것 바로 그런 것들이었죠." "당시에는 마약이 굉장한 이슈로 떠올랐어요," 잭슨이 2009년 더 타임즈에 이렇게 회고했다. "대도시 도심지역에서 크랙 코카인이 등장하기 시작했죠. 가격도 저렴했어요. CNN에서 한 어린 아이가 집도 없는 채, 차 뒷자리에 잠을 자는 것에 대해 말하는 걸 보았죠. 거기서 이 모든 게 시작된 거예요."

지미 잼과 테리 루이스의 멈추지 않고 쿵쾅대는 음악 (이것은 슬라이 앤 더 패밀리 스톤의 달콤 쌉싸름한 "Thank You (Falettineme Be Mice Elf Again)"의 샘플을 기반으로 삼고 있다)은 가혹한 현실을 노래하는 가사와 잘 맞았다. 잭슨의 남동생 마이클이 뮤직비디오에서 군복 패션을 쓸 것을 제안했다. 그리하여 한 아이콘적 이미지가 탄생하게 되었다. **BM**

1990년, 자넷 잭슨이 밀리터리 스타일 의상을 입고 "리듬 네이션"을 공연 중이다.

• 1991년, 너바나와 다른 태평양 연안 북서부 출신 밴드들이 그런지를 소개한다.

• 1991년 설립된 데스 로우 레코드사가 웨스크 코스트 랩 뮤직을 발매한다.

• 1994년 스파이스 걸스가 결성되어 베스트 셀링 걸 그룹으로 성장한다.

• 1995년. 브릿팝 뮤직 신을 장악하기 위한 오아시스와 블러의 맞대결이 펼쳐진다.

• 1997년, 〈Buena Vista Social Club〉 앨범이 월드 뮤직을 소생시킨다.

1990 년대

Painkiller | Judas Priest (1990)

Writer | K. K. Downing, Rob Halford, Glenn Tipton
Producer | Chris Tsangarides, Judas Priest
Label | CBS
Album | *Painkiller* (1990)

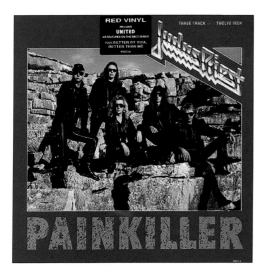

"'Painkiller'의 인트로가 제 음악 인생에서 꽤 인상적인 순간이었다는 것은 너무 당연한 것 아닌가요."

스콧 데이비스, 2007

◀ **Influenced by: Wake up Dead** · Megadeth (1986)
▶ **Influence on: Angel in Black** · Primal Fear (2001)
● **Covered by:** Angra (1996) · Death (1998) Biomechanical (2005)
★ **Other key tracks:** Battle Hymn (1990) · A Touch of Evil (1991) · Night Crawler (1992)

90년대의 도래는 마땅히 주다스 프리스트의 종말을 의미했어야만 했다. 80년대 내내 그들의 앨범은 한 장도 빠지지 않고 골드로 등극했고, 거기다가 그들은 자살행위를 부추긴 혐의를 받아 까다로운 재판에 휘말렸지만 그것마저도 승소하였다. 1974년부터 메탈의 신으로 지내왔으니 이제 메가데스에게 자리를 넘겨줄 때가 된 것 같다. "팬들이 이제는 성공하기보다는 실패하기를 원하는 시점까지 온 것 같아요." 기타리스트 K.K. 다우닝이 메탈 매거진 케랑!에 유감스럽다는 듯 말한다. "그들은 실패로 끝날 레코드를 원하고 있죠, 하지만 그들은 아마 그걸 죽도록 사랑할 거예요!"

결국에는 다우닝의 말이 옳았다는 결론이 난다. 1986년 〈Turbo〉의 음악적 우회와 일관성 모자란 1988년 앨범 〈Ram it Down〉 이후 〈Painkiller〉는 주다스 프리스트 최고의 앨범이라는 격찬을 받게 된다. 오프닝 타이틀 트랙의 처음 15초 동안 경고의 메시지가 전해진다. 새로 입대한 스콧 트라비스(과거 레이서 엑스의 멤버였다)는 7빛깔 지옥이 아른거리도록 자신의 드럼을 때려 부순다. 여기에 다우닝과 글렌 팁튼의 면도날같이 시퍼런 기타가 가세하고 롭 핼포드의 여지없는 비명이 들려온다. 빌리지 보이스는 이렇게 요약해냈다. "핼포드'는 항상 변함없이 밤에 우글거리는 범법 야수들에 대해 짖어대왔고…그러는 동안 K.K. 다우닝과 글렌 팁튼은 퍼덕거리고 비틀댄다…지난 16년 내내 그래왔다. 하지만 이번만큼 다급하게 한 것은 처음이다."

〈Painkiller〉와 특히, 그 타이틀 트랙은 주다스 프리스트가 아직 한물가려면 멀었다는 것을 증명해 보였다. 하지만 일부 올드 스쿨 팬들은 이 앨범에 고개를 갸우뚱했다. "투어 초반에는 이 앨범에서 5곡을 뽑아 무대에 올렸죠." 다우닝이 클래식 록 리비지티드에 말했다. "그런데 투어가 막바지에 달하자 2곡으로 줄였죠. 잘 먹히지가 않더라고요." 하지만 20년이 지난 지금, 선배 팬이건 신참이건 "Painkiller"는 메탈 역사에서 중추적 역할을 했다고 평가받고 있다. **BM**

Loaded | Primal Scream (1990)

Writer | Bobby Gillespie, Andrew Innes,
Robert Young
Producer | Andrew Weatherall
Label | Creation
Album | *Screamadelica* (1991)

"저희가 로큰롤 밴드라고는 하지만,
클럽에 가서 진탕 마시고 취하는 것도
좋아하긴 해요."

바비 길레스피, 1991

◀ **Influenced by: Sympathy for the Devil** · The Rolling
Stones (1968)
▶ **Influence on: Butcher Blues** · Kasabian (2004)
★ **Other key tracks:** Higher Than the Sun (1991) · Inner
Flight (1991) · Movin' on Up (1991) · Rocks (1994)
Burning Wheel (1997) · Kowalski (1997) · Star (1997)

기존의 노래를 새로운 시각으로 본 프라이멀 스크림과 앤디 웨더럴은 곧 록과 댄스 음악의 합병에 관련한 모든 가능성을 열어 보였다. 스크림은 충동적으로 "I'm Losing More Than I'll Ever Have"(밴드명과 동일하게 명명된 그들의 2번째 앨범에 수록된 곡이다)를 디제이이자 프로듀서인 웨더럴에게 주었다. 그가 이 곡이 가진 잠재력을 최대한 끌어냈으면 하는 바람으로 주었던 것이다.

그의 전격 재정비로 로저 콜맨의 1966년 영화 'The Wild Angels'에 등장하는 피터 폰다가 내뱉는 도전적인 낙오자의 말들이 트랙의 처음과 끝에 삽입되었다(1988년, 머드허니가 〈Superfuzz Bigmuff〉 EP에 사용했던 그것이다). 그러나 웨더럴의 기지가 진정 빛난 것은 구슬픈 탄식의 노래를 영향력 있는 인디-댄스 고전으로 탈바꿈시켰다는 데 있다. 거기다가 이것은 프라이멀 스크림의 첫 영국 톱 20위 진입곡이 되기에 이른다(그 결과, 웨더럴이 마이 블러디 발렌타인의 "You Made Me Realise"를 리믹스한 버전은 거의 주목을 받지 못한다. 하지만 수년이 지난 후 발렌타인스의 메인 맨 케빈 쉴즈 스스로가 스크림의 트랙을 리믹스할 뿐 아니라 잠시 밴드에서 함께 활동하기도 한다).

이 프로듀서는 트랙이 성공을 거둔 과정에서 자신의 공적이 발휘한 힘에 대해 매우 겸손하게 말한다. "그저 무작위의 요소들이 만나 이루어진 거예요. 저는 그중에 하나라고 봐죠. 무심코 한데 엮어낸 거예요." 그러나 이러한 조화가 발휘하는 힘을 두 눈으로 확인한 바비 길레스피는 "Loaded"가 그룹의 음악 인생의 전환기라고 인정한다. "저희는 항상 좋은 노래들을 써왔죠. 하지만 그것들을 히트 싱글로 전환하는 방법을 몰랐어요. 그(웨더럴)는 우리 노래들 중 하나에서 그 본질적 요소를 빼내어 거기에 모든 초점을 집중시킬 줄 알았죠. 그는 비전과 영감의 소유자입니다." 게다가, 스크림은 BBC TV의 톱 오브 더 팝스에서 기억에 남을 무대 공연을 선보인다. 여기서 그들이 보여준 태도는, 그룹이 진정 이 노래의 영혼과 하나가 되었다는 것을 증명해 보였다. **CB**

Iceblink Luck | Cocteau Twins (1990)

Writer | Elizabeth Fraser, Robin Guthrie, Simon Raymonde
Producer | Cocteau Twins
Label | 4AD
Album | *Heaven or Las Vegas* (1990)

"⟨Heaven or Las Vegas⟩는
아주 고무적이죠. 그렇지 않나요?
도대체 어떻게 하다 그렇게 됐는지
모르겠네요."

리즈 프레이저, 2000

◀ **Influenced by: Down** • A. R. Kane (1989)
▶ **Influence on: Fallen** • One Dove (1991)
● **Covered by:** Mephisto Walz (2000)
★ **Other key tracks:** Pearly Dew Drops Drops (1984)
Blue Bell Knoll (1988) • Pitch the Baby (1990)
Fifty-Fifty Clown (1990)

콕트 트위스는 농후한 드림-팝과 리즈 프레이저의 난해한 보컬로 찬사를 받아왔다. 하지만 1990년 그들은 새로운 모습을 보여준다. 6번째 앨범 ⟨Heaven or Las Vegas⟩에서 갑자기, 이들은 그룹의 음악은 더 많은 대중에게 쉽게 다가가게 하고자 하는 의지를 드러내 보였다. 결정적으로, 프레이저의 가사가 좀 더 이해할 수 있게 모습을 바꾸었다.

그렇다고 해서 이 밴드가 복잡하지 않은 러브 송을 다루기 시작했다는 것은 아니다. 하지만 "Iceblink Luck"에서 이들은 "You, yourself, and your father… You're really both bonesetters / Thank you for mending me babies(너와 너 자신, 그리고 너의 아버지…너희 둘 다 성기가 단단해 / 내게 아기를 만들어줘서 고마워)"라는 말들과 함께 감정적인 통찰력을 발휘했으며, 이것은 특히나 프레이저와 기타리스트 로빈 거스리의 딸이 그 전년에 태어난 사실을 말하고 있다. "임신을 하자마자," 프레이저가 셀렉트에 말했다, "도대체 무슨 일이 일어난 건지 모르겠지만, 갑자기 무엇이 정말 중요한 건지를 깨닫게 됐죠…전 갑자기 제 인생에서 1번도 가져보지 못한 자신감을 가지게 됐어요."

콕트 트윈스가 사적 이야기를 음악에 이입시키는 것은 의외의 일이었다. 하지만 팬들은 이에 거부감을 보이지 않았다. 프레이저의 솟구치는 목소리는 전혀 힘을 잃지 않았고, 버스에서 급작스럽게 미끄러져 오른다. 그리고 머릿속을 맴도는 코러스는 더블 트래킹되어 앤섬으로 거듭나며 반복될 때마다 더 큰 황홀경에 빠져든다. 거스리와 사이먼 레이몬드의 음악은 마치 종소리의 공명처럼 신선한 명료함을 트랙에 더한다. 바삭바삭한 비트와 반짝이는 기타가 상승시키는 멜로디는 히트를 예고한다. "어떻게 보면, 우린 똑같은 레코드를 만들고 또 만들었다고 봐야죠." 2000년, 거스리가 인정한다는 투로 말했다. "그저 다른 정도의 자신감을 가지고 작업에 임했을 뿐입니다." 경험을 통한 발전의 결실인 "Iceblink Luck"은 콕트 트윈스의 전성기를 대표한다. 여기 묻어나는 따스함과 상대적 투명함은 이제 그들이 그룹에게 없어서는 안 될, 매혹적 신비감을 타협하지 않고도 대중에게 다가갈 수 있다는 것을 증명해 보인다. **MH**

1990년 콕트 트윈스의 리즈 프레이저. 그해 이들은 그들 음악인생 최대의 상업적 성공을 누린다.

Birdhouse in Your Soul
They Might Be Giants (1990)

Writer | John Flansburgh, John Linnell
Producer | Clive Langer, Alan Winstanley
Label | Elektra
Album | *Flood* (1990)

푸른 카나리아 모양 종야등의 시각을 기준으로 쓰인 노래로는 아마도 "Birdhouse in Your Soul"이 유일할 것이다. 그럼에도 존 린넬—"2명의 존" 중 1명—은 이렇게 우긴다. "기이한 곡으로 들리게 할 생각은 없어요. 그러자는 의도가 아니에요."

친구였던 린넬과 존 플랜스버그는 대학을 마치고 뉴욕에서 함께 음악을 만들기 시작했다. 결국 일렉트라와 계약을 맺은 2인조는 3번째 앨범 〈Flood〉로 주류에 단단히 뿌리를 내리게 된다. 새의 지저귐 같은 매력과 관심을 사로잡는 뮤직비디오 덕에 "Birdhouse inn Your Soul"은 영국 차트 상위로 날아오른다. 고국 땅에서 플랜스버그는 팝컬처닷컴에 이렇게 말했다. "사람들에게 이 곡이 낯익긴 하지만 이 노래가 차트에 오른 적은 없어요. 사람들이 아는 주된 이유는 아마 이 곡이 MTV에서 방송됐기 때문이 아닌가 싶네요." "멜로디와 코드들은 수년 전에 벌써 요리됐죠." 린넬이 롤링 스톤에 말한다. "멜로디와 어울리도록 억지로 가사를 밀어 넣어야 했어요. 그래서 가사가 좀 모호하게 들리는 거예요. 아니 제 말은, 아름답게요." 롤링 스톤에서 알리는 바에 의하면 이 곡에 삽입된 트럼펫 솔로는 "프랭크 런던의 스튜디오 세션에서 샘플되었다. 런던은 LL 쿨 J의 'Going Back to Cali'에서 인상 깊었던 급하강 트럼펫 훅을 연주했던 인물이다."

이 그룹의 가사는 종종 다양하게 해석되곤 한다. "저희 노래들 중 일부는 설명하기가 꽤 힘들어요…" 플랜스버그가 인정한다는 듯 말한다. "'하지만' 제 생각엔 말이죠, 저희가 아무리 'I Wanna Fuck You'라는 제목으로 노래를 쓴다 해도 사람들은 여전히 '이해가 안 돼…이 노래가 의미하는 것이 뭔지 설명 좀 해줘'라고 말할 것 같네요." **SO**

Energy Flash
Joey Beltram (1990)

Writer | Joey Beltram
Producer | Joey Beltram
Label | Transmat
Album | *Beltram Vol. 1* (1990)

일렉트로닉 댄스 뮤직은 너무나 빠른 속도로 변이해가는 생물과도 같다. 세상에서 제일 단단히 마음먹은 디스코그래퍼조차도 그 하부장르의 개수를 이기지 못할 만큼 말이다. 하지만 "Energy Flash"라는 한 획기적 트랙이 1990년 일렉트로닉 댄스 뮤직 신의 통일을 선언하고 나서게 된다. 언뜻 보면 단순한, 하드 코어한 비트, 그리고 디스토션 하이 햇 사운드가, 위협적인 보컬 루프를 통해 이 트랙의 맥박인 양 고동쳤다. 이 트랙은 엑스터시에게 붙이는 공식적 서정시로는 최초 중 하나였다. 뮤직(Muzik) 매거진에 의해 90년대를 대표하는 트랙으로 선정된 이 에너지 넘치는 싱글은 수도 없이 많은 댄스 음악 컴플레이션 앨범에 등장했으며, 딥 하우스부터 다크 코어까지, 이후에 등장할 수많은 하부장르의 주춧돌이 되었다.

시카고 하우스의 초기 지지자 중 하나였던 벨트램은 12세부터 레코드 돌리기에 손을 댔다. 1988년 뉴욕의 뉴 그루브 레이블을 통해 자신의 첫 댄스 레코드를 발매한 그는 대서양을 껑충 뛰어 유럽으로 건너가 1989년 벨기에에서 체류한다. 이 여정은 그에게 좋은 기회가 되었고 그는 R&S 레이블에 노출된다(R&S는 테크노 음악의 선구자 데릭 메이의 트랜스맷 레이블에게 이 트랙에 대한 사용을 공식 허가한다). 그가 19세가 되자 벨트램은 시카고 하우스, 디트로이트 테크노, 벨기에 하드 코어를 융화시킨 자신만의 선구적 조합물을 세밀하게 재정비한다. 프로그레시브 하우스 디제이 리커드 포드가 이 싱글의 영속적 매력 비결을 설명한다. "하지만 이 트랙은 하우스 뮤직이 사운드에 초점을 둔 음악이란 것을 보여주고 있죠. 이건 더럽고, 추잡하고, 저질이에요. 하지만 무엇보다도 환상적이라고 할 수 있어요. R&S 레이블의 전성기를 장식했죠. 여전히 잘 나갑니다." **EP**

Bonita Applebum
A Tribe Called Quest (1990)

Writer | W. Allen, R. Ayers, E. Birdsong, W. Booker, Q-Tip, A. Shaheed Muhammad, C. Stepney
Producer | A Tribe Called Quest
Album | *People's Instinctive Travels and the Paths of Rhythm* (Jive, 1990)

"Bonita Applebum"이 랩의 첫 러브 송이라는 것은 결코 아니다. 하지만 트라이브 콜드 퀘스트만큼이나 세련된 유혹을 범한 자들은 얼마 되지 않았다. 리버스 에코(reverse echo, 리버브)에 흠뻑 젖은 보컬 탓에 거기 배인 가사는 친밀한 속삭임처럼 들렸고, 그 덕에 래퍼 큐 팁은 90년대 1순위 애인감 이미지로 거듭난다. 여기서 그는 사려 깊은 애인으로 자신의 여성에게 "어떤 남자들은 안 할 만한 곳에도" 키스할 것을 약속하며, 기꺼이 세이프 섹스를 몸소 실천하는 사람임을 속삭인다.

보니타를 좇는(quest) 그의 노력은 거의 실패할 확률이 없어 보인다. 그녀는 큐 팁이 고등학교 시절 알던 실존 소녀였다. 그가 쓴 정욕에 차서 쓴 한 수의 시는 "Daylight"(로이 에어스의 문하생들, RAMP의 트랙이다)에서 샘플해 온 감미로운 침실용 그루브로 포장되어 있고, 로터리 커넥션의 "Memory Band"에서 가져온 에로틱한 시타르 릭이 전면을 애무하고 있다. 이 곡에 샘플로 사용된 여러 트랙들 중에는 캐논볼 애덜리의 "Soul Virgo"도 포함되어 있다. 큐 팁의 보컬과 "Why"(칼리 사이먼이 1982년, 시크의 버나드 에드워즈와 나일즈 로저스와 진행한 콜레보레이션 트랙)의 비트가 만나 이룬 팝적인 리믹스 버전은 큰 인기를 얻게 된다. 하지만 오리지널 버전 "Bonita Applebum"이야말로 진정한 금광이라 할 수 있다. 트라이브 콜드 퀘스트는 이 트랙에서 만들어낸 야릇하고 조용한 분위기를 계속 캐다가, 재즈에 흠뻑 젖은 격찬의 앨범 〈The Low End Theory〉(1991)로 이어나간다. 과연 "Bonita Applebum"이야말로 트라이브의 독특한 재즈적 사운드의 청사진을 제시했다고 할 수 있다. 이로써 그들은 랩계의 고전을 작곡하는 인물들로 여겨졌고 이 곡은 힙합의 스탠더드로 남아 있다. **SC**

Little Fluffy Clouds
The Orb (1990)

Writer | Youth, Alex Paterson, Steve Reich
Producer | Youth
Label | Big Life
Album | *The Orb's Adventures Beyond the Ultraworld* (1991)

1990년대의 도래와 함께 '칠-아웃 뮤직(chill-out music)'이 탄생한다. 예전 펑크 뮤지션으로 활동했던 알렉스 패터슨과 지미 커티 두 사람은 서로의 공통된 지인이자, 킬링 조크의 베이시스트에서 프로듀서로 거듭난 유스와 함께 이러한 움직임을 선두에서 지휘한다. 더 오브는 그들 사이에서 탄생한 아기였고, 어마어마한 자원의 금광에서 샘플을 가져다 서로 결합시켜 안락하고 느긋한 맥박의 고동으로 승화시켰다. 황홀하도록 매력적인 "Little Fluffy Clouds"는 커티가 좀 더 댄스 지향적인 KLF에서 활동하려고 그룹을 떠난 후 패터슨과 유스가 택한 첫 모험이다. 또한 이 곡은 주류에 침입 성공한 최초의 칠-아웃 트랙이라고 할 수도 있다. 패터슨이 멜로디 메이커에게 전한 바에 의하면 이 트랙은 그가 "엠비언트 뮤직에 대해 (BBC) 라디오 4에서 했던 인터뷰"로 시작된다. 하지만 곡의 제목과 트랙 중 반복되는 문구는 싱어 릭키 리 존스의 앨범 〈Flying Cowboys〉(1989)의 홍보 에디션에 수록된 인터뷰에서 가져온 것이다. 인터뷰 중 존스는 어린 시절, 사막의 하늘에 구름이 모여들던 모습을 회상하는데 그것이 모두 "불타는 듯 빨갛고 자줏빛"이었다고 말했다. 존스의 음반 발행 당국은 곧 보상금을 요구했다. 한편 약에 취한 상태임을 한눈에 알아볼 수 있을 목소리로 인터뷰를 진행했던 존스는 당시 감기에 걸렸었다고 해명해야 했다. 이 곡에 담긴 다른 샘플 중 일부는 현대 클래식 음악 작곡가 스티브 라이히의 곡에서 뽑아 온 것이다. "그 곡 중간에" 라이히가 회상한다. "제가 작곡한 'Electric Counterpoint'가 있었죠. 당시에는 더 오브가 유명하지 않았기 때문에, 전 넌서치에게 그들로부터 돈을 받아내려고 하지는 말자고 제안했죠. 그 덕에 리믹스계에서 저에 대한 평이 좋아졌을 겁니다." **JMc**

Three Days | Jane's Addiction (1990)

Writer | Perry Farrell, Eric Avery, Dave Navarro, Stephen Perkins
Producer | Dave Jerden, Perry Farrell
Label | Warner Bros.
Album | *Ritual de lo Habitual* (1990)

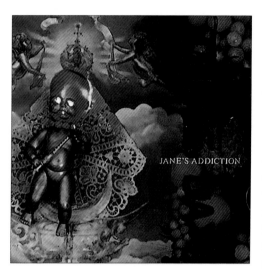

"전 노래를 듣다 보면 심하게
열중하게 돼요. 너무 그런 나머지
밴드 멤버들이 자기 한계에 도전하는 것이
실제로 느껴지기까지 하죠."

앨리스 쿠퍼, 1994

◀ **Influenced by: The Song Remains the Same**
Led Zeppelin (1973)
▶ **Influence on: Boatman** · DJ Frane (1999)
★ **Other key tracks:** Been Caught Stealing (1990)
Classic Girl (1990) · Stop! (1990)

"이틀 동안의 섹스와 마약, 폭력영화보다 더 끝내주는 게 뭘까요?" 1987년 싱어 페리 패럴이 청중에게 이렇게 물었다. "3일째 계속되는 섹스와 마약, 폭력영화죠!" 그의 밴드가 낳은 가장 놀라운 곡의, 전반부 분위기를 잡아주는 말들이다. 그들은 한 수의 시를 가져다 이리저리 돌려 제플린 스타일의 클래식 록으로 탈바꿈시켜 무려 11분에 달하는 대서사시를 창조했다. 이 곡의 기원은 1985년 에릭 에이버리가 생각한 베이스 라인이다. 이것은 그가 패럴과 함께 이듬해 제인스 어딕션을 결성하기 전의 일이었다. 1986년 동안 여러 수정을 거쳐 "Three Days"는 1987년 라이브 무대에 오르지만, 이후 1년 동안 한켠에서 잠들게 된다. 이 곡은 다시 〈Ritual de lo Habitual〉의 준비 과정에서 더 길게 확장되고, 템포가 늦추어졌다. 곡의 가사는 패럴의 옛 애인 지올라 블루와 연관되어 있다. 그녀는 1986년 초 부친의 장례식에 참석하며 패럴과 그의 파트너 케이시 니콜리와 함께 머물렀다. 패럴은 지올라를 다시 만나지 못한다. 그녀는 1987년 6월 마약 과다 복용으로 19세에 사망했기 때문이다. 인트로에서 그가 "I miss you, my dear Xiola(네가 그리워. 나의 사랑 아는 지올라)"라고 내뱉는 것도 그런 이유에서이다. "그녀는 매우 어렸고, 똑똑했으며, 아름다웠죠…" 니콜리가 디테일스에 말했다. "그래서 우린 그녀를 완벽한 존재로 우상화했어요."

1990년 이미 제인스 어딕션은 해체 위기를 겪고 있었다. 패럴이 창립한 롤라팔루자 페스티벌에서 그들의 리드 퍼포먼스가 주먹싸움으로 전락한 후 이들은 1991년 정식 해체한다. 기타리스트 데이브 나바로는 후에 레드 핫 칠리 페퍼스에 조인한다. 나바로는 이들과 함께 페퍼스의 노래 "Warped" 곡이 끝날 때마다 때때로 "Three Days"를 일부 발췌해 연주하기도 한다. "Three Days"는 그룹의 분열 중 고맙고 아름다운 순간이 되어주기도 했다. "밴드 전체가 와서 'Three Days'를 연주했죠. 처음부터 끝까지 말이에요." 공동 프로듀서 데이브 저든이 회상한다. "스튜디오에서 모두 그렇게 함께한 것은 그때가 마지막이었죠. 그 레코드 작업 과정에서 모두 함께 모인 유일한 순간이기도 했고요. 마법에 홀린 듯한 시간이었습니다." **BM**

Dub Be Good to Me | Beats International (1990)

Writer | Norman Cook, James "Jimmy Jam" Harris,
Terry Lewis
Producer | Norman Cook
Label | Go!
Album | *Let Them Eat Bingo* (1990)

"여기에는 스크래칭 소리도 있고,
노래 나머지 부분과 따로 노는
베이스 라인도 있어요."

노먼 쿡, 1990

◀ **Influenced by: Just Be Good to Me** • The S.O.S. Band
(1983)
▶ **Influence on: Just Be Good to Me** • Groove Diggerz
featuring Lindy Layton (2009)
● **Covered by:** Faithless & Dido (2002) • Jack Peñate
(2007) • The Ting Tings (2009)

"Tank fly boss walk, jam nitty gritty / You're listening to the boy from the big bad city / This is jam hot, this is jam hot(덩치 크고 잘 나가는 멋쟁이, 폼나게 걷고 제대로 된 음악을 해요 / 당신은 지금 험한 대도시에서 온 이 남자의 말을 듣고 계십니다 / 끝내주는 음악이지요, 정말 끝내줘요)." 이것이 바로 1990년, 수개월에 걸쳐 유럽과 미국 전역의 클럽과 학교 운동장에 메아리쳤던 "Dub Be Good to Me"의 인트로 랩이다.

노먼 쿡의 브레인차일드였던 이 곡은 흠뻑 취하게 만드는 칵테일 한 잔이었다. 본래는 "The Invasion of the Estate Anges"라 명명된 인스트루멘털 트랙이었다. 오프닝 랩은 조니 다이넬의 1983년 "Jam Hot" 트랙에서 가져온 것이다. 노래 자체는 S.O.S. 밴드의 엄청난 트랙 "Just Be Good to Me"였고, 이것을 클래시의 1979년 고전 "The Guns of Brixton"에서 뽑아 온 베이스 라인으로 장식한 것이다. (후자에 대해 쿡은 흥분조로 이렇게 말했다. "그건 제가 클래시에게 보내는 경의의 표시예요. 제가 엄청난 팬이거든요.") 마지막으로, 엔니오 모리코네가 작곡을 맡은 영화 〈원스 어폰어 타임 인 더 웨스트〉의 사운드트랙 수록 곡 "Man with a Harmonica"의 음습한 일부가 마무리에 쓰였다.

실연의 슬픔을 담은 애수에 찬 가사는 싱어 린디 레이튼에게 완벽하게 들어맞는다. "커버 송을 하자는 것은 린디의 생각이었어요." 쿡이 강력하게 말한다. "전 그게 다른 비트들과 잘 어울릴 거란 걸 알고 있었죠. 왜냐하면 디제이 일을 하며 이리저리 시험해봤거든요." 쿡은 하우스마틴스를 떠난 후 비츠 인터내셔널을 결성한다. 밴드의 성공에도 불구하고, 국은 "Dub Be Good to Me"가 영국 차트를 석권하자 놀라움을 금치 못했다. "1위에 오르기 위해서는," 그가 더 페이스에 말했다. "할머니건 10살짜리 애들이건 모두에게 음반을 팔아야만 해요. 전 할머니들이 이런 레코드를 좋아하리라곤 상상 못했죠."

비츠 인터내셔널은 "Dub Be Good to Me"에서 거둔 성공을 다시는 재연하지 못하며 2번째 앨범 이후 해체된다. 반면 쿡은 대중 사이에 낯익은 이름, 팻보이 슬림으로 결국 성장한다. **OM**

Kool Thing | Sonic Youth (1990)

Writer | Kim Gordon, Thurston Moore,
Lee Ranaldo, Steve Shelley
Producer | Sonic Youth, N. Sansano, R. Saint Germain
Label | DGC
Album | *Goo* (1990)

"척 디는 아주 멋진 사람이었죠.
그는 그저 평범한 친구예요.
그는 롱아일랜드에 살아요.
참 현실적이죠."

더스틴 무어, 1990

◀ **Influenced by: Femme Fatale** · The Velvet
Undergound & Nico (1969)
▶ **Influence on: Swimsuit Issue** · Sonic Youth (1992)
● **Covered by:** Steve Wynn (1991) · Tub Ring (2004)
★ **Other key tracks: Expressway to Yr. Skull** (1986) · **Teen
Age Riot** (1988) · **The Sprawl** (1988) · **Dirty Boots** (1990)

소닉 유스는 언더그라운드, 얼터너티브 록 음반을 10년간 계속 발매한 끝에 귀에 거슬리는 불협화음적 노-웨이브 (no-wave) 사운드의 대명사로 자리 잡게 된다. 하지만 1990년 6월, 그들은 "Kool Thing"의 발매로 오랜 팬들을 놀라게 한다. 이것은 그들이 메이저 레이블과 함께한 첫 싱글이었다. 이 트랙은 본래 다이노서 주니어의 J 매시스와 검볼의 돈 플레밍이 프로듀싱한 데모로 "DV2"라 이름 지어졌었다. 그러나 4분으로 편집된 "Kool Thing"은 이 뉴욕 밴드가 낳은, 가장 라디오 방송에 적합한 트랙 중 하나로 거듭난다. 밴드는 예술성 짙은 노이즈 사운드의 뿌리를 버리고 멜로디 강한 기타 리프를 택한다. 이 싱글이 갖춘 전통적 버스-코러스-버스 구조는, 소닉 유스의 킴 고든, 퍼블릭 에너미의 척 D 사이에 오가는 대화를 등장시킨다. 그들은 쉰 듯한 목소리로 남녀 평등에 대한 주제로 이야기를 나눈다.

척 D의 앨범 참여는 순전한 우연이었다. 소닉 유스는 퍼블릭 에너미와 같은 뉴욕시 스튜디오에서 작업을 진행하고 있었고 퍼블릭 에너미도 〈Fear of a Black Planet〉를 녹음하고 있던 중이었다. "제 생각엔, 그들이 우리에게 호기심을 가졌던 것 같아요." 더스틴 무어가 시티 리미츠에 말했다. "그들의 활동 신은 우리의 존재에 대해 알고 있었죠. 하지만 이게 다 한데 섞이는 것들이잖아요. 그러니까 우리가 '블론디'가 될 수도 있는 거죠…척이 가까이에 있었고, 킴이 들어와서 노래 한 곡 해보겠냐고 물어봤죠. 그 부분을 읽어주겠냐고요…그가 가사를 여기저기 좀 바꾸더니 함께 그루브를 탔죠. 우리에겐 영광이었어요, 정말요."

"Kool Thing"이 일반 대중이 다가가기 쉬운 곡의 특성을 가졌기 때문에, 그 결과 소닉 유스는 주류로 던져질 위험에 처하게 된다. 하지만 이 곡이 후에 록 밴드나 기타 히어로와 같은 컴퓨터 게임에 삽입됨에도 불구하고 소닉 유스는 유명세를 자제하는 신실성을 지켜나간다. "아마도 소규모 인디 영역에서는 저희가 록 스타거나 뭐 그런 것일지도 모르죠." 기타리스트 리 레이날도가 말한다. "하지만 멤버 중 스스로를 록 스타로 보는 사람은 단 1명도 없어요." **EP**

소닉 유즈. 좌측 아래부터 시계 방향으로, 리 라날도, 스티브 셸리, 킴 고든, 더스틴 무어.

Only Love Can Break Your Heart | Saint Etienne (1990)

Writer | Neil Young
Producer | Saint Etienne
Label | Heavenly
Album | *Foxbase Alpha* (1991)

"저희는 원래 'Ambulance Blues'를
해볼까 생각 중이었어요…
하지만 너무 길고 어렵더라고요."

밥 스탠리, 1991

◀ **Influenced by: Only Love Can Break Your Heart**
Psychic TV (1989)
▶ **Influence on: Stars** · Dubstar (1995)
● **Covered by:** The Waltons (1994) · Juliana Hatfield
(2002) · The Corrs (2002) · The New Standards (2005)
Ken Navarro (2005) · Nils Lofgren (2008)

많은 이들이 닐 영의 백 카탈로그에 손을 집어넣어 보지만 그의 리코딩이 전하는 감정 복받치는 메아리에 버금갈 만한 음악을 만들어내진 못한다. 그것을 신선하고 중독성 강한 무엇을 재탄생시키는 것은 더더욱 아니었다. 하지만 세인트 에티엔은 〈After the Gold Rush〉 수록 곡 "Only Love can break Your Heart"의 뻔뻔스런 재해석을 통해, 애처로운 발라드 한 곡을 인상적인 댄스적 팝으로 둔갑시킨다. "사이킥 TV가 얼마 전 'Only Love…'를 커버했었죠." 밴드 멤버 밥 스탠리가 멜로디 메이커에 털어놓는다. "그리고 저희는 그게 아주 좋은 아이디어라고 생각했어요. 저희는 2백 파운드를 지금해서 딱 2곡을 녹음하러 스튜디오로 들어섰죠. 하지만 써놓은 곡이 하나도 없어서 'Only Love Can Break Your Heart'와 필드 마이스의 '(Let's) Kiss and Make Up'을 하기로 결정했어요." 세인트 에티엔은 절대 이 노래에 결코 어울리지 않을 만한 재료들만을 긁어모은다. 하우스 뮤직 피아노, 소울 투 소울 스타일의 드럼, 그리고 후렴구에는 레드 제플린의 호화스러운 "When the Levee Breaks"를 솔솔 뿌려 넣는다. 하지만 이 단순명료하면서도 효과적인 작곡법—소문에 의하면, 단 2시간 만에 완성되었다 한다—은 초기 90년대의 케케묵은 음악 상투 문구들을 초월하고, 인디 댄스계의 동료 뮤지션들 대부분을 능가할 힘을 이 곡에 부여한다. 프랑스 축구단의 이름을 따 명명된 이 밴드는 60년대의 스윙잉 런던 신에 미쳐 있었다. 이들은 종종 사진발 좋은 가수 사라 크랙넬과 동의어처럼 여겨진다. 하지만 그들의 데뷔 싱글인 이 트랙은 크랙넬이 등장하기 전의 일이었고, 동료 인디 밴드 페이스 오버 리즌(Faith Over Reason)의 모이라 램버트가 보컬을 맡았다. 제작과정을 따져볼 때, "Only Love Can Break Your Heart"는 〈Foxbase Alpha〉의 나머지 수록 곡들과 기분 좋은 조화를 이룬다. 이건 다시 말해, 램버트가 그녀의 공적에 대해 마땅한 인정을 받지 못할 거라는 것을 의미하기도 한다. 왜냐하면 듣는 이들 다수가 크랙넬이 노래하고 있다고 생각할 것이기 때문이다. 이 싱글은 밴드의 빌보드 핫 100차트에 진입한 유일한 곡이다. 여기서는 97위에 오르는 데 그치지만 댄스 차트에서는 1위를 기록한다. **GR**

Crazy | Seal (1990)

Writer | Seal
Producer | Trevor Horn
Label | ZTT
Album | *Seal* (1991)

"씰의 노래 커버 송 작업에
들어가려 할 때 즈음,
저는 그와 다정한 이메일을 주고받았죠."

앨라니스 모리셋, 2005

◀ **Influenced by: The Wind Cries Mary** • The Jimi
Hendrix Experience (1967)
▶ **Influence on: Space Cowboy** • Jamiroquai (1994)
● **Covered by:** Talisman (1996) • Iron Savior (2002)
Mushroomhead (2003) • Alanis Morissette (2005)
Helena Paparizou (2006)

아담스키의 "Killer"는 애시드 하우스가 쇄도하던 80년대 후반 출현한, 가장 괴이하고도 가장 강했던 곡이다. 후에 이어질 아담스키의 커리어 경로가 말해주듯, 많은 이들에게 이 곡의 최고 매력 포인트는 씰의 풍부한 보컬이었다. 80년대 프로듀싱의 거물 트레보 혼이 이것을 모를 까닭이 없었다. 그는 이 싱어-송라이터의 첫 앨범을 제작할 것을 계약했고, 씰의 솔로 커리어는 "Crazy"와 함께 폼 나게 시작되었다. 소울, 팝, 록과 R&B의 퓨전이었던 이 곡은 씰이 훗날 거둘 "Kiss from a Rose"와 같은 스매시 히트에도 불구하고 그가 누린 불후의 명성을 가장 잘 대표하는 트랙이라 할 수 있다.

환각제와 댄스 신에 대한 암시로 가득 찬 "Crazy"는 소울 넘치는 가사와 허스키한 보컬이 혼의 트레이드마크인 쓸어내리는 듯한 오케스트레이션, 패서너블한 일렉트로닉 배킹과 만나 이루어진다. 이런 구성은 이 트랙과 매시브 어택의 탄생 이후 댄스 뮤직계 전체의 교과서로 자리 잡게 된다.

"전 'Crazy'에 대해 한 치의 의심도 하지 않았어요." 씰이 Q에 말한다. "전 항상 이 곡을 잠재적인 넘버 원으로 여겼죠. 한 번도 그렇게 된 적이 없는데도요! 제가 기타로 쓴 곡으로는 처음이었죠. 제가 말하고 싶은 걸 간결한 방식으로 표현한 것으로도 처음이고요. 저의 이전 노래들은 너무 길었어요. 하지만 혹은 쓰자마자 저는 이 곡이 잠재적 히트 곡이란 걸 느낄 수 있었어요." 영국 차트 2위를 기록한 이 트랙은 미국에서 톱 10에 진입한다.

"제가 갭 광고에 참여했을 때," 앨라니스 모리셋이 송라이터 유니버스에 말했다. "거기 있는 상냥한 분들이 저에게 제가 가장 좋아하는 노래 목록을 제출해달라고 요구했죠. 제 리스트의 첫머리를 장식한 게 바로 'Crazy'였어요…제 십 대에 대한 추억을 너무나 많이 상기시키기 때문이죠…'You're never going to survive / Unless you get a little crazy(넌 절대 살아남지 못할 거야 / 약간 미치지 않는 이상)'는 저에게 가장 단순하면서도, 최고로 깊은 통찰력을 담은 말들로 다가왔죠." **SO**

Mustt Mustt (Lost in his Work)
Nusrat Fateh Ali Khan (1990)

Writer | Nusrat Fateh Ali Khan
Producer | Michael Brook
Label | Real World
Album | *Mustt Mustt* (1990)

놀라운 재능의 싱어이자 성자의 겸허함을 소유했던 누스랏 파테 알리 칸은 모드를 사용해 작곡한 카왈리 음악을 세계 곳곳에 노출시키며 파키스탄 최고의 문화 사절이 된다. 이것은 그가 WOMAD 단체, 그리고 리얼 월드 레이블과 연계되어 있기 때문이었다. 이 둘은 모두 피터 가브리엘의 발명품이었다. 가브리엘은 캐나다인 프로듀서 마이클 브룩과 힘을 합쳐 4일 동안의 녹음 세션을 진행했고, 그 결과 탄생한 것이 퓨전 명작 〈Mustt Mustt〉이다.

카왈리 음악은 이슬람교의 (수피) 시조와 힌두스타니 음악이 융화되어 구성하고 있다. 칸은 그런 퓨전적 움직임에 동조했는데, 이것은 코란에 알라 신이 다양성을 지지했다고 나와 있기 때문이다. 칸은 이것을 찬양하고 기리는 데 가장 좋은 수단이 바로 음악이라 여겼다. 그는 이미 카왈리 음악을 새로이 개조해놓았다. 하모늄, 드럼, 합창 보컬만으로 연주되며, 1시간까지도 계속될 수 있는 전통 악곡들의 길이를 줄이고 속도를 높였던 것이다. "Mustt Mustt"("취한" 혹은 "무아지경의")는 남아프리카의 젬베 드럼과 펑키(funky) 베이스, 일렉트릭 기타를 등장시킨다. 칸은 그 위로 우르두어 시를 읊조리며 자신의 트레이드마크인 가사 없는 스타일로, 스캣과 비슷하게 즉흥 연주를 시도한다.

〈Mustt Mustt〉는 "저에게 큰 감화를 안겨주었고 영국 음악의 얼굴을 완전히 바꿔놓았습니다," 니틴 소니가 흥분조로 말한다. 그는 이 앨범이 "매시브 어택이 탄생시킨 최고의 리믹스 버전 중 하나를 수록하고 있다"는 말을 덧붙인다. 매시브 어택은 그들의 특허라 할 수 있는 '트립-합'적 기운을 "Mustt Mustt"에 선사했고 이 버전은 세계적으로 성공을 거둘 뿐 아니라 영국에서 일어난 "아시안 언더 그라운드" 움직임에 시동을 건다. **JLu**

Diaraby Nene
Oumou Sangare (1990)

Writer | Oumou Sangare
Producer | Ahmadou ba Guindo
Label | Samassa
Album | *Moussolou* (1990)

다수의 남아프리카 지역 국가들에서도 그렇듯, 말리에서도 마찬가지로, 음악을 하나의 직업으로 삼는다는 것은 그리오(griot)나 젤리(jeli)라고 불리는 세습 계층에게 한정된 거의 독점적이라고 할 수 있는 영역이었다. 그리오나 젤리는 주로 부유한 후원자를 위해 노래했다. 하지만 최근 몇십 년 들어 와술루 지역에서 출현한 비(非) 그리오 계층 인물들—이들은 주로 여성이었다—이 그들만의 펑키(funky)한 음악으로 큰 성공을 거두었다. 그들의 명백한 여왕은 우무 상가레로 반론의 여지가 없었고, 그녀는 "Diaraby Nene"(이 제목은 "사랑의 가슴 설렘" 혹은 감성을 좀 더 담아, "정열의 전율"정도로 해석할 수 있다)를 통해 명성을 날리게 된다.

상가레의 가사(그녀는 음악보다 가사를 더 중요하게 생각했다)는 여성문제에 항상 초점을 맞추어왔고 일부다처제와 여성 할례, 강제 결혼과 같은 전통적 관습들을 맹비난했다. 여자가 남자에게 느끼는 열정을 노래하는 것은 전혀 과격하게 느껴지지 않을지도 모른다. 그러니 전통이라는 올가미에 걸려 꼼짝달싹 못하는 이 사회에서, 일부 사람들은 "Diaraby Nene"에 격분한다(한편 많은 이들이 이에 존경을 표했다). 곡이 전하는 메시지를 비유적 표현들로 은폐하려는 척조차 하지 않는 노골적임을 통해 이 곡은 속박되지 않은 여성의 욕망에 대해 숨김없이 생생하게 전한다.

"I put my hand low on my stomach / My skin shivers…." 6현의 카말레 응고니(Kamale Ngoni) 하프의 까불대는 듯한 퉁김이 갑작스레 동요하는 최면적 리듬의 원동력이 된다. 하지만 가장 이목을 끄는 것은 상가레의 솟구치는 보컬이며, 환희에 신음하는 그녀의 음성에는 해석이 따로 필요 없다. **JLu**

2001년의 누스랏 파테 알리 칸. 그의 종교적 음악에는 비종교인들조차 떼지어 몰려들었다.

1952 Vincent Black Lightning
Richard Thompson (1991)

Writer | Richard Thompson
Producer | Mitchell Froom
Label | Capitol
Album | *Rumor and Sigh* (1991)

"빈센트는 훌륭하고 진귀한, 아름다운 야수예요." 리처드 톰슨이 빈티지 모터사이클과 그 라이더에 대해 쓴 자신의 서정시에 대해 저널리스트 아닐 프라사드에게 한 말이다. 페어포트 컨벤션과 함께 잉글리시 포크 록을 업계에 소개하는 데 도움을 준 그는 당시 부인이었던 린다와 감흥 넘치는 두 앨범을 통해 듀엣을 부르기도 했고, 가수, 작곡가, 기타리스트들에게 두루 영향을 미친다. 하지만 그가 〈Rumor and Sigh〉의 작업 전까지 자신만의 결정적인 솔로 곡을 소유하지 못했다는 것도 근거 없는 주장은 아닐 것이다. 대단한 스피드로 능수능란하게 연주하는 어쿠스틱 기타가 시동을 걸면, 극적 흥분이 감도는 비극적 이야기가 출발한다. 바이크를 탄 제임스 에이디가 레드 몰리에게 찬사를 날리며 구애하며 스토리가 펼쳐진다("Red hair and black leather, my favorite color scheme(빨간 머리와 검은 가죽은 내가 가장 좋아하는 색채 배합)"). 하지만 그는 경고의 한마디도 잊지 않는다("But I'll tell you in earnest, I'm a dangerous man(진지하게 하는 말인데, 난 위험한 남자다)"). 샹그리-라스의 고전 "Leader of the Pack"이 타고 달린 길 위를 바람을 가르며 달린 제임스는 돌아오지 못할 징검다리를 건너고 만다. 그의 임종에서 곡은 클라이맥스에 이르는 제임스는, "I see angels on Ariels in leather and chrome / Swooping down from heaven to carry me home(가죽과 크롬으로 된 애리얼 오토바이를 탄 천사들이 보여 / 날 데리러 천국에서 내리 덮치네)"이라는 말을 남긴다. "이 이야기는 옛 영국과 스코틀랜드에 존재했던 발라드 형태를 따르고 있어요. 거기서는, 안티 히어로를 중심인물로 잡게 되죠." **JiH**

Balada conducatorolui
Taraf de Haïdouks (1991)

Writer | Stephane Vande Wyer
Producer | V. Kenis, S. Karo, M. Winter
Label | CramWorld
Album | *Musique des tziganes de Roumanie* (1991)

공산주의가 동유럽을 지배했던 당시에는 서구 음악이 금지되었고, 고대 포크 뮤직 스타일들이 보존되었다. 그리하여 베를린 장벽이 무너졌을 때, 거기서 숨 쉬고 있던 많은 보석 같은 음악 스타일들이 속속 발견되기 시작했다. 한 루마니아의 집시 그룹이 처음으로 그것을 시작한다. 이들은 벨기에의 한 기획자 스테판 카로에 의해 재능이 발견되었다. 그는 이 그룹에게 타라프 드 하이둑스라는 이름을 지어준다. 이것은 "무법자 공연단"이란 의미였다.

"Balada conducatorolui"(독재자의 발라드)는 이 무법자들의 디스코그래피의 화려한 출발을 의미했다. 그룹의 17세 된 리더 니콜라예 네악슈는 자신의 바이올린으로 순수한 사운드를 이끌어내고 14세의 마리넬 산두는 작은 심벌룸(cymbalum, cimbalom, '해머드 덜시머')으로 빛나는 리듬 패턴을 빚어낸다. 이 빠진 네악슈는 폭군을 타도하기까지 일어나는 일들을 이야기로 풀어간다. 곡 중 그가 바이올린 현 사이로, 말의 털을 세게 잡아당길 때면 놀라움을 금치 못할 사운드가 생성된다. 마치 발아래 대지가 열리는 것같이 말이다.

타라프 드 하이둑스는 토니 갓리프의 1993년 초특급 프랑스 영화 〈안전한 여행(Larcho drom)〉에서 이 곡을 연주한다. 이로써 그들은 대단한 명성을 얻게 되었고 바이올린 거장 예후디 메뉴인과 현대 클래식 음악 그룹 크로노스 4중주가 네악슈의 음악적 천재성에 찬사를 보내려 줄을 섰다. 이런 유명세로 그들은 세계의 일류 무대를 가르며 연주했고, 다수의 영화에서도 모습을 드러내게 된다. 네악슈는 2002년 사망하였지만, 타라프는 그들만의 독특한 옛 사운드를 지켜가고 있다. **GC**

Calling All Angels
Jane Siberry with k.d. lang (1991)

Writer | Jane Siberry
Producer | Jane Siberry
Label | Warner Bros.
Album | *Until the End of the World* (1991)

R.E.M., 디페쉬 모드, 유투의 인기를 가로챈다는 것은 벅찬 임무였다. 하지만 제인 시베리는 이 임무를 폼 나게 수행했고, "Calling All Angels"는 빔 벤더스의 영화 〈이 세상 끝까지〉의 사운드트랙에서 튀어나와 가장 사랑 받는 노래로 자리 잡는다(이 곡은 그녀의 1993년 앨범 〈When I Was a Boy〉에 다시 등장한다). 시베리는 동료 캐나다인 뮤지션들인 조니 미첼과 사라 맥라클란 사이의 단절을 메워주는 연결 고리이다. 하지만 음악과 음악 업계에 대한 그녀의 독불장군적 태도는 애니 디프랑코나 마돈나와 더 가깝다고 볼 수 있다. 그녀는 자신만의 레이블을 시작했고, 자신의 소유 재산을 나누어주었고, 라디오헤드에 앞서 팬들에게 다운로드 가격을 스스로 결정하게끔 했다. 하지만 "Calling All Angels"는 가슴 미어지는 아름다움을 얻기 위해 기이함에 고삐를 쥔다. 겨울을 연상케 하는 일렉트로닉 사운드는 어쿠스틱 기타와 세상에 지쳐버린 듯한 가사의 배경을 이룬다. 코러스 부분에 함께하는 또 하나의 캐나다 출신 독불장군은 바로 케이디 랭(K.D.Lang)이다. 시베리는 자신을 "훨씬 나은 가수"로 만들어줬다며 랭의 공로를 인정한다. "그녀와 'Calling All Angels'를 부를 때 마치 제 안에 무언가가 들어온 느낌이었죠." 그녀가 말했다. "그녀만큼이나 노래 부른다는 것에 대한 깊은 이해를 가진 누군가 주변에 있으면, 온갖 많은 것을 자연스레 배우게 됩니다." 하지만 그녀에 대한 이 가냘픈 이미지가 대중에게 남는다. "사람들은 저를 이해 못해요." 시베리가 퍼펙트 사운드 포에버에 말했다. "제가 코미디 클럽에 갈 때면⋯야유를 시작하거든요! 지독하고 독기 어린 말이 제 입에서 나오죠! 그러면 '이게 그 'Calling All Angels'를 부른 그 여자 맞아?'라고들 합니다." (잠시 후) "아! 저 그 사람 맞아요." **BM**

I Can't Make You Love Me
Bonnie Raitt (1991)

Writer | Mike Reid, Allen Shamblin
Producer | Don Was, Bonnie Raitt
Label | Capitol
Album | *Luck of the Draw* (1991)

음악 업계에서 18년을 보낸 보니 레이트는 그래미상에 빛나는 그녀의 10번째 앨범 〈Nick of Time〉(1989)으로 미국 차트 정상을 휩쓴다. 하지만 성공과 함께 부담감도 커져만 갔고 이 싱어-기타리스트는 〈Nick of Time〉이 단순히 우연이 아니란 것을 증명해 보여야 한다는, 머리에 겨누어진 총과 같은 절박한 부담감에 시달려야 했다. 하지만 그녀는 〈Luck of the Draw〉와 함께 이 임무를 폼 나게 완성했다. 레이트는 12곡 수록의 앨범 녹음을 6개월 만에 모두 마쳤고, 그 중 반은 싱글로 발매되기까지 한다. 가장 눈에 띄는 것은 "I Can't make You Love Me"이었고, 이것은 레이트에게 가장 영광의 순간이기도 했다. "이 곡을 선사받았다는 사실이," 그녀가 필리맥닷컴(phillymag.com)에 말한다. "정말 대단한 선물이었죠." 가슴을 쥐어짜는 발라드는 일방적인 사랑에 대한 이야기였고 끝난 것과 다름없는 연인 관계를 고통스럽게 묘사하고 있다. 이 곡은 여자친구의 차에 총을 발사한 남자에 대한 뉴스 보도에서 영감을 받아 만든 것이다. 재판관이 범인에게 이번 사건으로 무엇을 배웠냐고 묻자, 그는 이렇게 대답했다. "만약 그녀가 저를 사랑하지 않는다면, 그런 그녀를 강제로 사랑하게 만들 수 없다는 거죠." 레이트는 한 테이크 만에 보컬 트랙을 완성했다. 그녀는 제작자 돈 워즈에게, 이 노래에 필수적인 감정들을 두 차례에 걸쳐 다시 모은다는 것은 그 자체가 불가능하다고 해명했다. 이것만으로 그녀가 사랑에 번민하는 가슴을 완벽히 포착했다. 눈물 솟구치는 호소력에 버금가는 브루스 혼스비의 쓸쓸한 피아노 사운드가 서로를 보완한다. 이 곡은 미국 톱 10 진입에 성공한다. 이 트랙에 힘입어 〈Luck of the Draw〉는 한 트릭 분량의 그래미상을 수상했으며 레이트의 인생에 최다 판매 앨범으로 남았다. **JiH**

Jesus Built My Hotrod | Ministry (1991)

Writer | A. Jourgensen, P. Barker, G. Haynes, B. Rieflin
Producer | Al Jourgensen, Paul Barker
Label | Sire
Album | ΚΕΦΑΛΗΞΘ aka *Psalm 69: The Way to Succeed and the Way to Suck Eggs* (1992)

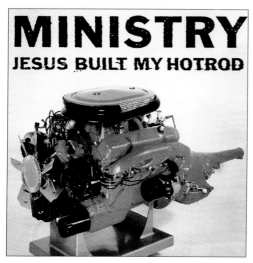

"전 이 사람들이 한껏 기른 머리에 이지 라이더 스타일 선글라스를 낀 채 하드코어 비트를 연주한다는 것이 좀 못마땅해요."

더스턴 무어, 소닉 유스, 1992

◀ **Influenced by:** Surfin' Bird · The Trashmen (1963)
▶ **Influence on:** Some Dispute Over T-Shirt Sales Butthole Surfers (1993)
● **Covered by:** Shining (1999) · The BossHoss (2006)
★ **Other key tracks:** TV Song (1991) · N.W.O. (1991) Just One Fix (1991)

"워너 브러더스는 우리에게 70만 달러를 줬죠," 미니스트리 메인맨 알 주르겐센이 고소하다는 듯 말한다. "그리고 우린 "기비 헤인즈를 보컬로 세운 이 멍청하고 보잘것없는 힐빌리 노래를 제출했죠. 사실 저희는 그 돈을 다 마약 사는 데 썼어요." 주르겐센은 1980년대의 도래와 함께 미니스트리를 결성했고, 이 밴드는 일그러진 신스-팝 매개체가 된다. 80년대가 서서히 가며, 그들은 몸서리치도록 무자비하게 무겁고 산업성을 띤 메탈 야수들로 탈바꿈한다. 이와 동시에 주르겐센은 얼터너티브계의 우두머리들과 사이드 프로젝트를 진행한다. 데드 케네디스의 프론트맨 젤로 비아프라와 함께한 라드, 게걸스레 마약을 들이마시는 자유의지론자 주르겐센, 푸가지의 금욕주의적 리더, 이언 맥케이가 동맹을 맺어 이룬 페일헤드, 나인 인치 네일스의 트렌트 레즈너와 함께한 1,000 호모 디제이스가 바로 그것이었다. "Jesus Built My Hotrod"는 ⟨ΚΕΦΑΛΗΞΘ⟩의 길고도 방탕했던 녹음 세션이 발사한 첫 기습사격이었다. 이 트랙은 살을 에는 듯한 기타 리프와 기비 헤인즈(미니스트리가 텍사스의 미치광이들 버트홀 서퍼스의 정신 나간 프론트맨을 잡아채 온 것이다)가 내뱉는 진정으로 독단과 편견에 가득 찬 보컬을 한껏 뽐내낸다. 초정밀 공작기계를 연상케 하는 비트는 헤인즈의 완전히 맛이 간 듯한 횡설수설과 한몸을 이룬다. 헤인즈는, "제리 리 루이스는 악마였어!"라고 으르렁거리더니 고속 질주하며 성욕 가득 찬 말들과 영문 모를 로큰롤적 지껄임을 번지르르하게 나열하며 짖어댄다("Ding dang a dong bongbing bong / Ticky ticky thought of a gun(딩 댕 아 동 봉빙 봉 / 째각째각 총이 생각나)"). 그 결과물은 마치 지독한 싸구려 마약을 한 살인용 로봇이 연주하는 "Surfin' Bird"같이 들린다. 초호화 뮤직비디오에는 드래그 레이싱과 나스카(NASCAR) 연쇄 충돌의 타이어 째지는 장면들이 삽입되어 있다. 정신 불안적 광적 열기는 세계 방방 곡곡의 비비스와 버트헤드 종류로 사람들의 상상력과 흥미를 사로잡았다. 그 후로 주르겐센은 세계 곳곳을 돌며 미니스트리의 파괴적 곡예를 펼친다. 한편 헤인즈는 버트홀즈의 ⟨Independent Worm Saloon⟩에 삽입된 "Some Dispute over T-Shirt Sales"에서 이 곡의 가사를 재활용했다. **SC**

No More Tears | Ozzy Osbourne (1991)

Writer | Ozzy Osbourne, Zakk Wylde,
Randy Castillo, Mike Inez, John Purdell
Producer | Duane Baron, John Purdell
Label | Epic
Album | *No More Tears* (1991)

"헤비 메탈이니 하드록이니
어쩌고 하는 것들에
전 하나도 동의하지 않아요.
그저 전부 음악일 뿐이에요."

오지 오스본, 2000

◀ **Influenced by: I Am the Walrus** • The Beatles (1967)
▶ **Influence on: No More Tears** • Darrell Deese (2008)
● **Covered by:** Black Label Society (1999)
  Shaaman (2006)
★ **Other key tracks:** Crazy Train (1980) • I Don't Know
  (1980) • Diary of a Madman (1981)

"Smells Like Teen Spirit"는 1991년과 가장 흔히 연결되는 록 앤섬이다. 하지만 너바나가 잡지 표지를 도배하고, "헤어 메탈"을 싹 쓸어버리는 동안, 몇 명의 베테랑만은 이 숙청을 무사히 탈출한다. 오지 오스본은 이미 오래전부터 세상의 이치를 거슬러왔다. 메탈의 선구자들 블랙 사바스에 몸담았을 때보다 솔로 아티스트로 거듭나 더 큰 성공을 거둔 것만으로도 이 사실이 증명된다(과연 운이 다함을 느낀 블랙 사바스는 1991년 오지의 후임인 라니 제임스 디오를 재고용했다). 아무리 그런 오지라고는 하지만 과연 그가 쇠퇴의 길을 모면할 수 있을까. 그는 20년 동안 스스로를 학대하고 자신의 부인이자 매니저였던 샤론을 살해하려 했다는 혐의로 체포되기도 했다. 하지만 대신 그는 자신의 최다 판매 앨범을 손에 쥐고 당당하게 90년대에 발을 들여놓는다. 이것이 바로 "Mama, I'm Coming Home"과 훗날 그래미상을 수상하게 될 "I Don't Want to Change the World"를 수록한 앨범이었다. 그러나 이 중에서도 가장 놀라움을 금치 못하게 했던 것은 그것의 대서사시적 타이틀 트랙이었다. 이 7분 길이의 명작은 웅웅거리며 낮게 울려 퍼지는 베이스 라인으로 시작된다(이것은 훗날 앨리스 인 체인스에서 활동할 마이크 이네즈가 고안한 것이다). 그 뒤에, 스트리퍼들을 위협하는 한 연쇄 살인범에 대한 사악한 이야기를 오지가 풀어놓고, 여기에 잭 와일드의 기타 플레이가 눈부신 장관을 이룬다. 하지만 이건 그저 우수한 헤비 메탈 곡을 만들 정도의 재료들이라고 할 수 있었다. 이 곡이 진정 위대할 수 있었던 주요 비결은 존 싱클레어의 관현악적 키보드와 비틀즈풍 브레이크다운 섹션이었다. 이것은 모두 오지에게 매우 적합한 것이었다. "제가 비틀즈 음악을 틀었을 때, 전 한 명의 비틀이 되고 싶었어요"라고 말하기까지 했던 오지였다. 자신의 눈물 속에 익사하는 여성의 모습을 담은 뮤직비디오는 기억에 남을 만했고, "No More Tears"는 마땅한 고전으로 자리 잡게 된다. 오지는 멈추지 않고 번창한다. 하지만 이것은 슬픈 코다(Coda)로 이어진다. 이 곡의 공동 작곡자들 중, 드러머 랜디 카스티요와 프로듀서 존 퍼델은 2002년, 2003년에 제각기 암으로 사망한다. **BM**

Smells Like Teen Spirit | Nirvana (1991)

Writer | Kurt Cobain, Krist Novoselic, Dave Grohl
Producer | Butch Vig, Nirvana
Label | DGC
Album | *Nevermind* (1991)

"'Teen Spirit'가 정확히 뭘 의미하는지는
모르겠어요. 하지만, 뭔가를 의미하고
있다는 것은 느껴지죠. 그리고 그게
굉장히 강렬한 것이란 사실도요."

부치 빅, 1992

◀ **Influenced by: More Than a Feeling** · Boston (1976)
▶ **Influence on: I'll Do Anything** · Courtney Love (2004)
● **Covered by:** Tori Amos (1992) · Xorcist (1993)
The Flying Pickets (1994) · J.B.O. (1995) · Beki Bondage
(2000) · Blanks 77 (2000) · Melvins (2000) · Willie
Nelson (2001) · Paul Anka (2005)

영감이란 것은 때로 가장 예상치 못했던 곳에서 얻어진다. 1991년 비키니 킬의 라이엇 걸(riot grrrl) 캐슬린 한나는 커트 코베인의 벽에 "Kurt"와 "smells like teen spirit"이란 문구를 나란히 휘갈겨 쓴다. 그저 놀리려는 뜻으로 너바나의 프론트맨 커트 코베인을 여성용 탈취제 브랜드에 연결시켰던 것이다. 이를 본 코베인은 자신의 창의력을 과열 상태로까지 치달게 하며 엉뚱한 곡 아이디어를 생각해낸다. 베이시스트 크리스 노보셀릭은, 곡이 코베인의 "순응하는 군중 심리"에 대한 증오를 담고 있었다 말한다. 코베인만큼이나 취향이 매우 까다로웠던 밴드 동료들에게 이 그런지 불평꾼이 내놓은 "Smells Like Teen Spirit"의 오리지널 버전은 탐탁지 않았다. 1시간 반이나 똑같은 4코드 리프를 반복해 연주한 후에도 상황은 마찬가지였다(그들은 결국에는 이 리프가 보스턴의 그것과 매우 유사하다는 것을 인정한다). 하지만 여기서 노보셀릭이 곡의 템포를 늦출 것을 제안하였고, 데이브 그롤이 드럼 위에서 야단법석을 쳤다. 이렇게 하여, 시애틀 3인조는 나른한 (모순적이게도, 스릴 넘치긴 했지만) 앤섬을 탄생시켰고, 이 곡은 몇 년이고 계속 그 불만 섞인 음성을 이어가게 된다. 디스토션을 이용한 동요하는 분위기와 무관심조의 중얼거림이 교차하는 이 곡은 큰 성공을 거둔다. 하지만 밴드는 성공에도 심드렁했다. "전 팝송의 결정판을 쓰려고 노력했죠." 코베인이 귀찮다는 듯 말했다. "그저 픽시스를 그대로 베껴보려 했던 게 전부예요…그들의 다이내믹한 성향을 사용했죠. 부드럽고 조용하다가 시끄럽고 강하게 나오는 그런 거 말이에요." "아이들이 이 노래에서 끌리는 점은." 〈Nevermind〉의 프로듀서 부치 빅이 자신의 의견을 나누었다. "…자신이 원하는 것이 무엇인지 확실히 알고 있지 않으면서, 단지 매우 화만 나 있다는 것이죠." 한편, 풍자가 위어드 알 양코빅은 자신의 노래 "Smells Like Nirvana"(이 트랙은 토리 에이모스나 패티 스미스가 내놓은 경건한 커버 버전보다 훨씬 더 재미 있다)에 이렇게 가사를 적어 넣었다: "지금 난 중얼거리고, 그러고 나서 난 비명 지르지 / 그리고 난 내가 뭘 노래하는지 전혀 모르지…우린 너무 시끄럽고 앞뒤가 안 맞지 / 이야, 이거야말로 부모님을 짜증 내게 하는 데 제격이지." **KBo**

시애틀 그런지의 보급자. 커드 코베인과 너바나의 1991년 모습. 아일랜드의 코크 지역 공연 광경. ➡

Summertime | DJ Jazzy Jeff & The Fresh Prince (1991)

Writer | Robert Bell, Ronald Bell, G. Brown,
L. Mahone, R. Mickens, C. Simpkins, C. Smith,
W. Smith, A. Taylor, D. Thomas, R. Westfield
Producer | L. "Hula" Mahone, C. "K. Fingers" Simpkins
Label | Jive
Album | *Homebase* (1991)

"저 같으면 이 곡을 들으며
수영장가에 앉아 남자들에 대해
수다를 떨겠어요."

이바 멘데즈, 2007

◀ **Influenced by: Summer Madness** • Kool & The Gang
(1975)
▶ **Influence on: Summertime** • Kenny Chesney (2005)
● **Covered by:** The Wipeouts (2007)
★ **Other key tracks:** Parents Just Don't Understand
(1988) • You Saw My Blinker (1991)

1991년 발매된 N.W.A.의 〈Efil4zaggin〉으로 긴장감이 고
조됐다. 하지만 이와 동시에, 제프 타운즈(디제이 재지 제
프), 그리고 윌 스미스(더 프레시 프린스)가 "Summetime"과
함께 갱스터 랩에 대응한 강력한 해독제를 제시한다. "힙
합에는 여러 다른 스타일들이 있죠." 아이스-티가 당시 이
렇게 말했다. "그중엔 재지 제프 앤 더 프레시 프린스 스타
일이 있어요. 굉장히 팝적이고 재미 있는 스타일이죠." 느
긋하고 멋들어진 "Summertime"은 이제 컴필레이션 앨범
에 단골 손님이 되어버렸다. 이 곡은 쿨 앤 더 갱의 B사이
드인 "Summer Madness"(1975)와 잭 브루스의 "Born to
Be Blue"(〈Things We Like〉(1970) 수록 곡이다)를 샘플링했다.
곡 작업에 참여한 이들 중에는 래퍼이자 프로듀서 K. 핑거
스의 동료였던 주스가 있었다. 하지만 그는 볼러스테이터
스닷컴(BallerStatus.com)에 이렇게 말했다, "우린 그 샘플
탓에 쿨 앤 더 갱에게 고소당했죠. 그리고 아무도 돈을 못
벌었어요." (전설의 래퍼 라킴은 그가 랩 라임을 대필했다는 루머
를 일체 부인했다. 하지만 스미스의 말투가 라킴의 것을 연상케 하는
것은 어쩔 수 없다.)

느긋한 랩과 라벳 굿맨의 풍부한 소울적 보컬을 융화
시킨 "Summertime"은 스미스와 타운즈가 평소 보여준 바
쁜 사운드에서 벗어난, 취한 듯 반갑고 감칠맛 나는 휴식
이었다. "그들은 하우스와 랩에 한 발을 들여놓고 다른 한
발은 주류 R&B에 디뎠죠." 레코드사 대표 배리 와이스가
말한다. 자이브 레이블의 당시 수석부사장은 스미스의 스
매시 TV 시트콤 'The Fresh Prince of Bel-Air'의 에피소
드 방영 직후 "Summertime"의 비디오를 첫 공개함으로써
선전 효과를 톡톡히 보았다.

그래미상 수상에 빛나는 이 트랙은 스미스와 타운즈가
함께한 작품 중 최고의 히트작으로 남아 있다. 스미스의 경
우, 할리우드에서 거둔 성공이 그의 들락날락하기를 반복하
는 음악 인생에 큰 그림자를 드리웠지만, 그는 2005년 제트
에 이렇게 말했다. 7만 명의 관중 앞 무대 중간에 서 본 것
을 능가할 만한 경험을 해보지 못했어요. 'Summertime'의
도입부 몇 초는 정말 대단했죠." **EP**

Give It Away | Red Hot Chili Peppers (1991)

Writer | Flea, John Frusciante, Anthony Kiedis, Chad Smith
Producer | Rick Rubin
Label | Warner Bros.
Album | *BloodSugarSexMagik* (1991)

> "'Give It Away'는 절대 멜로디에 주안점을 둔 노래가 아니었죠. 이건 파티용 노래였어요."

안토니 키에디스, 2004

◀ **Influenced by: Loopzilla** · George Clinton (1982)
▶ **Influence on: What I Got** · M.I.A. (2008)
● **Covered by:** Bjørn Berge (2002)
★ **Other key tracks:** Under the Bridge (1991) · Soul to Squeeze (1991) · Suck My Kiss (1991) · Californication (1999) · By the Way (2002) · Snow (Hey Oh) (2006)

수년 동안 펑크(funk)-록 난장판을 벌여왔던 레드 핫 칠리 페퍼스는 〈BloodSugarSexMagik〉과 함께 주류에 발을 들여놓는다. 프로듀서 릭 루빈과의 만남과 레이블 교체를 거친 결과(물론 히트 곡"Under the Bridge"는 말할 것도 없고), 페퍼스가 창조한 그들만의 개성 있는 사운드가 세계를 침범하게 된다.

〈BloodSugar…〉의 첫 싱글은 한 잼 세션 도중에 탄생했다. "꽤 오랫동안 'Give It Away'에 대한 아이디어가 제 머릿속에서 회오리쳤어요." 싱어 안토니 키에디스가 회상한다. "플리가 그 베이스 라인을 시작하는 순간 머릿속 회오리가 입 밖으로 튀어나왔습니다." 프랑스의 영화 제작자 스테판 세드나위는 은색 바디페인트와 반짝이는 바지를 입은 그룹이 사막에서 춤을 추는, 기억에 남는 뮤직비디오를 제작해냈다. 이 영상과 함께 키에디스가 "Giveidaway, giveidaway, giveidaway now(다 줘버려, 다 줘버려, 다 줘버려, 지금)"라고 주문을 왼 탓에 "Give it Away"는 세계 전역에서 톱 10 히트 곡으로 부상할 수 있었다. 아이러니하게도, "워너가 이 곡의 첫 방송을 가장 원했던 텍사스의 한 라디오 스테이션은 (저희에게) '노래에 멜로디가 만들어지면 그때 다시 찾아오시오'라고 말했죠." 키에디스가 전한다.

곡을 처음 들으면, 마치 가사가 단순히 섹스에 관한 것인 양 들린다. "What I got you gotta get and put it in ya(내가 가진 걸 네가 차지하고 네 안에 집어넣어야 해)'라고 하는 부분에서" 페퍼스가 더 심슨스에 게스트 출연했을 당시 크러스티 더 클라운이 이렇게 말했다. "그냥 'What I'd like is I'd like to hug and kiss ya(난 너를 안고 키스하고 싶어)'라고 말하는 게 더 낫지 않나요?"

하지만 이 곡의 후렴 부분은 이타적인 행동에 대해 말하고 있다. 키에디스는 곡의 가사를 옛 여자친구인 독일 싱어 니나 하겐과 가졌던 무욕과 관대함에 대한 대화에서 영감을 얻어 썼다고 말한다. "하루는 제가 그녀의 옷장을 훑어보고 있었죠…제가 귀중하고 이국적인 재킷 한 장을 발견했을 때…그녀가 말했죠. '가져가, 네가 가져도 돼. 내가 가진 걸 남들에게 주는 건 항상 중요해. 좋은 기를 만들어내거든.'" **SO**

One | U2 (1991)

Writer | U2
Producer | Daniel Lanois, Brian Eno
Label | Island
Album | *Achtung Baby* (1991)

"〈Achtung Baby〉는 전설에 가까웠죠.
매우 독특했어요.
'One'과 같은 노래는 정말 상상을
초월했어요."

존 본조비, 2000

◀ **Influenced by: The Cross** · Prince (1987)
▶ **Influence on: Yellow** · Coldplay (2000)
● **Covered by:** Information Society (1999) · Johnny
Cash (2000) · Warren Haynes (2004) · Joe Cocker
(2004) · Cowboy Junkies (2005) · Professional Murder
Music (2005) · Keziah Jones (2008)

"이게 마지막일지도 모른다는 생각을 했습니다." 드러머 래리 멀렌이 유투의 자서전 「U2」(2006)에서 한 말이다. 영감을 얻기 위한 절박한 수색 작업의 목적으로, 통일 전야에 베를린으로 몰래 날아간 밴드 멤버들은 오히려 의견 차이에 부딪혀 갈기갈기 찢어질 위기에 처했다. "우린 아무 소득도 못 얻고 있었습니다." 베이시스트 아담 클레이튼이 말한다, "One'이 우연히 떠오르기 전까진 말이죠. 그 후부터 저희는 그루브를 타기 시작했죠." 밴드 멤버들이 그들 간의 의견차가 해결되지 못할 문제라고 믿기 시작할 때 즈음 프로듀서 다니엘 레노와(그도 이 트랙에서 연주한다)가 나타나 기타리스트 디 에지에게 그가 이리저리 만지작거리던 두 코드 진행을 결합시켜볼 것을 제안한다. 그러자 갑자기 밴드 전체가 정상적 페이스를 찾게 된 것이다. 그러고 나서 그들은 30분도 채 안 되는 시간에 "One"의 나머지 부분을 즉흥 연주로 완성했다. 싱어 보노가 마법같이 완성한 가사는 달라이 라마를 선봉에 세운 원니스(Oneness)라는 축제에서 영감을 얻어 썼다 한다. "전 달라이 라마를 존경하고 사랑합니다." 보노가 말했다. "하지만 이 행사는 뭔가 마음에 딱 와 닿지 않더라고요. 전 그에게 이렇게 메모를 적어 보냈습니다. '우리가 하나(one)이긴 하지만 우린 서로 다르답니다(One-but not the same).'"

이 곡은 〈Achtung Baby〉의 원활한 리코딩 작업을 위한 자극제 역할을 톡톡히 한다. 하지만 드라마는 끊이지 않았다. "다들 마지막 믹싱 작업을 막 끝마친 순간 제가 스튜디오에 들어섰죠. 제가 'One'의 마지막에 넣을 굉장한 기타 파트를 생각했다고 말했어요." 디 에지가 회상한다. "마치 누군가가 죽었다고 말한 분위기였죠…제가 뛰어 들어가서, 앰프를 꺼내 연결시켰고 기타 파트를 딱 1번 연주해 보았습니다. 그들이 10분 후에 믹싱을 마쳤어요. 그리고 트랙이 완성된 거예요." 여장을 한 유투의 모습을 등장시킨 "One"의 뮤직비디오는 많은 논란을 일으킨다. 하지만 그 모습에 넋을 잃은 건즈 앤 로지스의 싱어 액슬 로즈는 이후 자신의 공연 투어에서 그런 의상으로 등장하는 것을 즐겨 했다. 2005년, 유투는 소울 스타 메리 J 블라이지와 함께 이 서서히 고조되는 트랙의 재녹음을 시도한다. **BM**

Losing My Religion | R.E.M. (1991)

Writer | B. Berry, P. Buck, M. Mills, M. Stipe
Producer | Scott Litt, R.E.M.
Label | Warner Bros.
Album | *Out of Time* (1991)

"음악과 함께 보컬을 동시에 듣다 보니
스스로 감동받고 있는 제 자신을
발견했죠."

피터 벅, 2003

◀ **Influenced by: Every Breath You Take** · The Police
(1983)
▶ **Influence on: We Both Go Down Together**
The Decemberists (2005)
● **Covered by:** Tori Amos (1995) · Rozalla (1995)
Swan Dive (1997) · Scary Kids Scaring Kids (2006)

"저희 음악 경력은 두 부분으로 나뉘죠." R.E.M. 기타리스트 피터 벅이 말했다. "'Losing My Religion' 이전 시대와 'Losing My Religion' 이후 시대로요…그 후부터 히트 싱글과 플래티넘 앨범들을 기록하게 되었죠…" 많은 그룹들이 입지에 오르기 위해 타협하고 굴복한다. 하지만 R.E.M.의 경우, 자신들의 신실성을 고스란히 보존한 채 이 모든 것을 성취하게 된다. 만돌린이 리드하는 멜로디와 고혹적 단순성에 빛나는 불복적 비주류 곡 "Losing My Religion"이 적나라하게 보여주듯 말이다.

"전 와인을 마시고 있었어요." 벅이 회상한다. "그리고 소리를 죽여놓고 네이처 채널을 보면서 만돌린 연주법을 공부하고 있었죠…전 'Losing My Religion'을 처음부터 끝까지 연주한 다음, 한동안 정말 형편없는 걸 계속 쳐댔습니다. 다음 날 아침, 제가 뭘 써놓은지도 모른 채 잠에서 깼죠. 테이프를 들어가며 다시 익혀야 했어요. 제 경우엔 바로 그런 데서 노래가 나오죠. 그것에 대해 골똘히 생각하고 있지 않은 그런 상황 말이에요." "마이너 코드 한 다발 위에 헛소리를 던져놓은 것이 R.E.M.이라고 제가 말한 적이 있어요." 싱어 마이클 스타이프가 말했다. "Losing My Religion'에 그런 면이 있죠. 항상 따라 부르고 싶고, 노래가 다 끝난 후에도 계속 부르고 싶은 그런 것 말이에요."

귀에 쏙 들어오는 가락이 모호한 양면성을 가려주고 있다. R.E.M.의 1987년 히트 곡 "The One I Love"와 마찬가지로 가사는 겉보기와 그 의미가 다르다. 스타이프의 말에 따르면, "losing my religion"이란 어구는 믿음을 잃은 이의 자기 선언이라기보다는 '노발대발하다', 혹은 '인내의 한계에 다다르다'라는 의미의 미국 남부 지방 표현이다. 성 세바스찬과 천사 날개를 단 스타이프의 모습 등 종교적 형상을 등장시키는 멜로드라마틱한 비디오가 이런 오해에 더 큰 불을 지폈던 것이다. 그럼에도 불구하고, "Losing My Religion"은 1991년 MTV 비디오 뮤직 어워드에서 각종 상을 휩쓸었고, 이로써 스타이프의 믿음이 재확인되었다. "노래가 일단…사람들에게 전해지면, 그건 제 노래인 만큼이나 그 사람들 노래라고 할 수 있죠." **BC**

Life Is a Highway
Tom Cochrane (1991)

Writer | Tom Cochrane
Producer | Joe Hardy
Label | Capitol
Album | *Mad Mad World* (1991)

80년대에 레드 라이더는 캐나다에서 대단한 성공을 누리고 있었다. 그럼에도 불구하고 이들은 해외에서 여전히 원 히트 원더 그룹으로 여겨졌다(그것도 핑크 플로이드 도용작인 "Lunatic Fringe"로 말이다). 보컬리스트 톰 코크레인이 밴드를 떠나자마자, 90년대에 이와 똑같은 시나리오가 반복되어 발생한다.

코크레인의 솔로 데뷔 싱글 "Life is a Highway"는 듣는 이의 관심을 강력히 요구하는 컨트리-록 트랙이다. 라디오 방송에 꼭 맞는 이 곡은 너무나 전염성이 강한 나머지, 당신이 이 곡을 좋아하건 그렇지 않건, 자기도 모르는 사이 따라 부르게 만들어버린다. 게다가 후렴 부분이 며칠 동안 머릿속에 들러붙어 떠나지 않을 것이다. 외견상으로 이 곡은 코크레인 "Route66" 계보를 잇는 고전 로드 송으로 보인다. 하지만 코크레인은 이 곡에 좀 더 깊은, 선불교적 의미가 담겨 있다고 주장한다. "이건 삶에 드는 축배와 같아요. 그리고 할 수 있을 때, 할 수 있는 무엇을 한다는 것에 기뻐하고 있죠. 그 외의 것에 괜히 속 태우지 좀 말라는 거예요. 자기가 모든 걸 완벽하게 통제할 수 있는 건 아니니까요." 이 곡은 캐나다에서 넘버 원 히트 곡으로 부상했고, 여기 힘입어 코크레인은 4개의 주노 어워드를 품에 안게 되며, 번창하는 솔로 커리어의 첫 신호탄을 쏘아 올린다. 이 트랙은 미국에서도 6위를 기록하며 대단한 인기 몰이를 한다. 2006년, 래스칼 플래츠는 디즈니 영화 〈카〉에 삽입되는 버전으로 성공을 거두기도 한다. 하지만 기쁨에 찬 이 곡의 한 면에는 어두운 구석이 자리한다. **JiH**

Always on the Run
Lenny Kravitz (1991)

Writer | Lenny Kravitz, Slash
Producer | Lenny Kravitz
Label | Virgin America
Album | *Mama Said* (1991)

"제 개인적 생각으로는," 1989년, 레니 크래비츠가 인정한다는 투로 이렇게 말했다. "최대 황금기는 1967년이었다고 봐야죠." 송라이터이자 프로듀서, 퍼포머인 그가 자신의 데뷔 앨범 〈Let Love Rule〉에 대해 한 말이다. 실로 그 앨범은 참으로 후기 비틀즈다웠다. 반론의 여지 없이 모던한 마돈나의 "Justify My Love"는 크래비츠가 앨범 작업 중간중간 곡을 쓰고 프로듀싱을 맡은 것이다. 그러나 그의 2번째 앨범 〈Mama Said〉의 경우 슬라이 앤 더 패밀리 스톤, 레드 제플린, 고결한 70년대 소울에서 영향을 받았음이 너무나도 확연히 드러난다. 브라스 섹션이 제임스 브라운에 뿌리를 두고 있긴 하지만, 리드 싱글 "Always on the Run"은 지미 페이지 쪽을 향해 손짓하고 있다. 여기에 함께할 6스트링 파트너로서 실크 해트를 쓴 이 시대 최고의 기타계 영웅보다 더 적합한 자가 과연 어디 있을까? 건즈 앤 로지즈 기타리스트 슬래시와 크래비츠가 처음 함께 연주한 것은 〈Mama Said〉의 오프닝 트랙 "Fields of Joy"에서였다. 슬래시가 기억을 더듬는다. "제가 워밍업을 하던 중에, 최근에 생각해 낸 펑키(funky)한 기타 리프 하나를 쳐봤어요. 하지만 당시 건즈와 작업하던 곡들 중 어디에 끼워 넣어야 할지 자리를 못 찾던 상태였죠." 다재다능한 크래비츠가 여기에 드럼을 더하고, 이후 베이스와 보컬까지 추가하여, 당당히 활보하는 고전 록 트랙이 탄생하게 된다. 이로써 "Are You Gonna Go My Way"와 "Fly Away"와 같이, "Always on the Run"은 그 성공의 발판이 되어주었다. "저희는 'Always on the Run'의 녹음을 끝내는데 1시간도 채 걸리지 않았죠." 슬래쉬가 경탄하며 말한다. "이 트랙이 가진 다듬어지지 않은 자연스런 에너지가 최종 결과물에 고스란히 담겨 있습니다." **MH**

레니 크래비츠의 1990년 공연 광경. 그의 예술세계와 차림새는 지미 헨드릭스를 본받은 것이다.

Treaty | Yothu Yindi (1991)

Writer | S. Kellaway, P. Kelly, W. Marika, C. Williams, M. Mununggur, G. Yunupingu, M. Yunupingu
Producer | Mark Moffatt
Label | Mushroom
Album | *Tribal Voice* (1992)

"요두 인디는 멋진 무대 공연을 보여줌으로써 성공적 그룹으로 성장해갔죠. 그들만의 문화적 요소에 록을 섞어 표현했어요."

닐 핀, 크라우디드 하우스, 2000

◀ **Influenced by: Black Boy** · Coloured Stone (1984)
▶ **Influence on: Celebrate** · Christine Anu (2000)
★ **Other key tracks:** Djäpana (Sunset Dreaming) (1991)
Yolngu Boy (1991) · My Kind of Life (1991) · It's Okay
(One Blood) (2006)

영국민들이 호주에 정착하기 시작한지 200주년이 되던 해, 1988년, 밥 호크 수상은 토착민 토지 소유자의 권리를 인정해줄 것을 요구하는 청원서를 받는다. 호크는 이것을 실천하겠다고 약속한다. 그러나 1990년이 되도록 아무 조치가 취해지지 않았다. 요두 인디(Yothu Yindi)의 "Treaty"는 그 약속을 맹렬히 상기시키고 있다.

이 곡은 밴드의 친척뻘이 한 유서 깊은 리코딩에 기반하며 록과 토착민적 잣판가리(djatpangarri)송 스타일을 융화시키고 있다. 여기서는 빌마(클랩스틱)와 이다키(디저리두)가 좀 더 전통적 악기와 함께 사용되고 있다. 영어와 구마티(Gumatj) 언어를 섞어놓은 가사는 "Promises can disappear / Just like writing in the sand(약속은 사라지지 / 모래사장에 쓴 글처럼)"와 같은 가시를 품고 있다. "Treaty"는 초반에 싱글로 성공을 거두지 못한다. 하지만 필시 루커(Filthy Lucre)와 같은 리믹스 뮤지션들이 곡에 댄스 플로어적 하우스 분위기를 입히자, 이 트랙은 호주 차트 11위까지 상승하게 된다. 구성원 대부분이 토착민인 그룹이 고국 땅에서 차트 기록을 세운 것은 이 곡이 최초이다. 그뿐 아니라 호주 토착민 언어 중 하나로 쓰인 곡이 이토록 대대적으로 세계적 주목을 받은 것은 이번이 처음이었다. 이 트랙은 빌보드 댄스 차트에까지 모습을 드러낸다. 상업적 성공도 성공이었지만, "Treaty"가 부여받게 된 문화적 아이콘적 지위야말로 의미 있는 것이었다. 그룹은 새로이 재정비한 버전을 녹음하는 한편 2000년 시드니 올림픽에서 이 곡을 무대에 올리기도 한다. 이듬해 호주 공연권 협회(APRA)는 이 곡을 역대 톱 30 오스트레일리안 송 중 하나로 발표했다.

곡이 달성하고자 했던 목표들을 향해 일이 어느 정도 진척되기 시작한다. 영국인들의 정주가 이전 호주를 "임자 없는 땅"이라 분류한 무주지(terra nullius) 정책이 1992년 효력을 잃게 된다. 2009년 2월 케빈 러드 정부는 호주의 "도둑 맞은 세대"에게 사과 성명을 발표한다. 하지만 2010년 현재로 따져볼 때, 성사된 협약은 아무것도 없다. **JLu**

Unfinished Sympathy | Massive Attack (1991)

Writer | Robert Del Naja, Grant Marshall,
Shara Nelson, Jonathan Sharp, Andrew Vowles
Producer | Massive Attack, Jonny Dollar
Label | Wild Bunch
Album | *Blue Lines* (1991)

"이 제목은 본래 처음에
그저 농담 삼아 나온 말이었어요.
그런데 곡에 너무 잘 어울렸고
기악 편성에 완벽히 들어맞았죠…"

로버트 "3D" 델 나자, 2009

◀ **Influenced by: Back to Life (However Do You
Want Me)** • Soul II Soul (1989)
▶ **Influence on: Play Dead** • Björk (1993)
● **Covered by:** Tina Turner (1996)
★ **Other key tracks:** Daydreaming (1991) • Safe from
Harm (1991) • One Love (1991) • Protection (1995)

"Unfinished Sympathy"는 쓸어내리는 스트링과 겹겹이 쌓아 올린 감정 복받치는 힙합 비트, 일렉트릭, 소울, 그리고 샘플들이 함께 이루는 한 편의 영화 같았다. 이 트랙은 전에 등장한 그 어떤 음악과도 성격을 달리했다. 무언가를 찾아 헤매는 샤라 넬슨의 보컬은 이 곡을 획기적이고 아름다운 소울 클래식으로 만들었다. 이 대작은 넬슨의 가락들 중 하나로 운명을 시작한다. 정교한 샘플링과 스크래칭 스킬로 도움의 손길을 준 앤드루 "머시룸" 바울즈나, 애비 로드에서 리코딩 작업을 한 40명 구성의 스트링 섹션 부분을 편곡 전담한 공동 프로듀서 조니 달러 등, 동료들의 참여가 결정적인 역할을 한다. "우린 코러스 파트를 없애고 그 적막한 부분에 스트링을 채워 넣기로 결정했죠." 로버트 "3D" 델 나자가 회상한다. "이 곡이 틀에 박힌 팝송에서 좀 더 교향곡적인 곡으로 모습을 바꿀 수 있었던 건 바로 그 이유 때문이에요." (이 곡의 제목은 슈베르트의 "Unfinished Symphony(미완성 교향곡)"에 말장난한 것이다.)

매시브 어택은 그들의 창의성 넘치는 샘플링으로 잘 알려져 있다. 비트 속에 숨은 벨소리는 밥 제임스의 1975년 노래 "Take Me to the Mardi Gras"에서 가져온 것이고, "Hey, hey, hey,hey"를 외치는 부분은 마하비쉬누 오케스트라의 "Planetary Citizen" 오프닝 보컬에 기반한 것이다. 아이러니하게도, 머쉬룸은 넬리 후퍼의 "Unfinished Symphony" 리믹스 버전에 반대 의견을 표명하며 이렇게 투덜거렸다. "레드 제플린이나 마하비쉬누 오케스트라 음악을 가져다 리믹스하는 사람이 있다는 말 들어본 적 있어요?" 뮤직비디오도 획기적이긴 마찬가지였다. 넬슨이 로스앤젤레스를 활보하는 모습을 1번의 끊임 없이 이어 촬영해 만들어진 이 영상은 많은 이들이 모방했고, 그중에서도 특히 버브의 "Bitter Sweet Symphony" 뮤직비디오가 눈에 띈다. 또한 영국의 댄스 뮤직계 거장 팻보이 슬림은 이 곡에서 영감을 얻기도 한다. 그의 곡 "Right Her, Right Now"에 대해 슬림은 이렇게 단언한다. "이 곡의 청사진을 마련해준 건 'Unfinished Symphony'였죠…이런 생각이 들었어요. '정말 10년이 지난 후에도 기억될 만한 레코드를 만들어보고 싶다'고요." **GK**

Justified & Ancient | The KLF
featuring Tammy Wynette (1991)

Writer | Jimmy Cauty, Bill Drummond, Ricky Lyte
Producer | The KLF
Label | KLF Communications
Album | N/A

Enter Sandman
Metallica (1991)

Writer | Kirk Hammett, James Hetfield, Lars Ulrich
Producer | B. Rock, J. Hetfield, L. Ulrich
Label | Elektra
Album | *Metallica* (1991)

지미 헨드릭스의 "Voodoo Chile"와 "컨트리계의 영부인" 태미 와이넷의 보컬, 2명의 게릴라 뮤지션이 만든 힙합하우스 트랙이 만나 이루어진 "Justified & Ancient"에 내막이 존재한다는 것은 별로 놀랄 일이 아니다.

이 곡은 본래 〈1987(What the Fuck is Going On?)〉앨범에 "Hey Hey We Are Not the Monkees"라는 이름으로 등장했다. 이 앨범은 훗날 디 오브의 공동 창단자가 될 지미 커티와 과거 에코 앤 더 버니맨/티어드롭 익스플로즈의 매니저였던 빌 드러몬드가 함께 만든 것이었다. 그들은 자신들을 'The JAMs'(혹은 'Justified Ancients of Mu Mu)라 불렀고, 이것은 1970년대 출판된 컬트북 시리즈인 'The Illuminatus! Trilogy'에 등장하는 단체의 이름을 따 명명한 것이다. 이야기 중, 이 단체는 국제 비밀 조직인 일루미나티(The Illuminati)에 침입해 그들을 몰락시키는 데 성공한다. 커티와 드러몬드는 샘플링을 통해, 음악 업계에 이와 똑같은 영향을 미치는 존재가 되려는 의도를 가지고 있었다.

1991년 KLF로 재명명된 2인조는 영국에서 이미 톱 5 진입 히트 곡을 3개 거머쥔 상태였다. 그들이 기록한 최다 판매 앨범 〈The White Room〉의 마지막 곡은 "Justified and Ancient"라는 자장가였다. 이 곡은 1991년 후반 대대적인 재정비를 거쳐 대서양을 가로질러 큰 인기를 거두는 스매시 히트 "Justified & Ancient (Stand By the JAMS)"로 재탄생한다. 이 트랙은 빌보드 팝 차트에서 그녀가 거둔 최고의 히트로 기록된다. **PW**

메탈리카 팬들은 두 파로 나뉜다. 스래시 족들은 예전에 밴드가 보여주었던 공격적인 스타일을 선호했고, 메탈리카가 90년대의 도래와 함께 방향 전환을 시도하자 매우 실망스러워했다. 한편 유연한 사람들은 이런 방향 전환에도 개의치 않고 양쪽 스타일 노래 모두 가릴 것 없이 좋아했다. 그러나 당신이 어느 파에 속하건 간에, "Enter Sandman"이 명인의 작품이란 것은 명백한 사실이다. 이 트랙은 밥 록이 맡은 빵빵한 프로덕션에 힘입어 MTV와 라디오에 완벽히 들어맞도록 재단되었다.

불길한 느낌의 인트로가 끝나면, 리드 기타리스트 커크 해밋이 고안한, 묵직한 리프 위로 버스(verse) 부분이 자리 잡는다. "사운드가든이 〈Louder Than Love〉를 낸 지 얼마 안 됐을 때였죠." 그가 롤링 스톤에 말한다. "크고 무게감 있는 리프에 대해 그들이 가진 마음 자세를 담아내려 노력했습니다. 그건 저희가 여태껏 썼던 곡 중 가장 솔직하고 단순무구한 노래였다고 할 수 있죠," 해밋의 작품 수정에 참여했던, 드러머 랄스 울리히가 회상한다. "우린 이 틀 만에 그걸 끝냈어요." 싱어이자 작사가인 제임스 헷필드가 6년 동안이나 "샌드맨"을 논의 주제로 삼아왔다. "제가 덴마크에서 성장했는데, 이런 것에 대해 잘 알지 못한다는 게, 전 이해가 가지 않았어요." 울리히 케랑!에 인정한다는 듯 이렇게 말했다. "그런데 제임스가 저에게 힌트를 주었죠. 샌드맨이란 게 아이들을 괴롭히는 악당이라지요?" 모든 성공적 밴드들은 제각기 "Stairway to Heaven"과 같은 존재를 가지고 있다. 그 밴드를 새로운 차원의 유명세로 인도하는 존재인 동시에, 그 곡이 없었다면 아마 오늘날 이 자리에 있지도 못했으리라 생각할 만한 그런 전환점 말이다. **JMc**

1991년, 메탈리카의 커크 해밋이 리프 마스터클래스를 벌이고 있다.

Weather with You | Crowded House (1991)

Writer | Neil Finn, Tim Finn
Producer | Mitchell Froom,
Neil Finn
Label | Capitol
Album | *Woodface* (1991)

"노래를 쓴다는 것은
매우 즐거운 일이죠…
정말 굉장한 느낌이에요."

닐 핀, 1998

◀ **Influenced by:** I'm Only Sleeping · The Beatles (1966)
▶ **Influence on:** Girl Inform Me · The Shins (2001)
● **Covered by:** Voice Male (1999) · Clouseau (2000)
Aswad (2002) · Andrea Zonn (2003) · Ian McCulloch
(2003) · Jimmy Buffett (2006)

에벌리 브러더스에게 외람된 말일지 모르겠으나, 팝 역사에서 가장 중요했던 형제간의 재회는 바로 1991년 일어난 닐과 팀 핀의 재결합이었다 할 수 있다. 이 두 뉴질랜드인들은 서로의 밴드에서 들락날락하기를 거듭한 끝에, 남동생 닐이 창작 활동에 슬럼프를 겪던 시점에서 재결합을 시도하게 된다. "저희는 어쿠스틱 기타 몇 대만 가지고 한 방에 문을 꼭 잠근 채 2주 동안 눈부시도록 아름다운 시간을 보냈죠." 팀 핀이 회상한다. "그동안 14곡을 작곡했습니다." 그 결과물들 중 하나가 바로 이 경이롭도록 관조적이면서 기쁨에 차 환희하는 "Weather with You"였고, 이 트랙은 밴드를 초특급 수퍼 스타덤에 올려놓는다. 다이애나 왕세자비조차 자신이 가장 좋아하는 밴드로 이들을 꼽았다.

크라우디드 하우스는 2번째 앨범 〈Temple of Low Men〉(1988)으로 평단의 갈채를 받았지만 상업적 면으로는 무관심에 시달렸다. "Don't Dream It's Over"로 그럭저럭 성공을 거두었지만, 그룹은 이 앨범을 가리켜 '평범해빠진 후속작(Mediocre Follow-Up)'이라 부를 뻔했다며 빈정대기도 했다. 본래 냉대받고 무시당하던 "Weather with You"는, 핀 형제의 앨범 수록 후보작으로 선정된 이후 전 세계에 걸쳐 팬 부대를 얻었다.

어쩌면 변화된 제작 기법이 이 트랙에 매력을 더했는지도 모른다. 이전 버전에 느껴진 무게감을 귀에 편한 무엇으로 대체한 덕이었을까. 아마도 예전에 오르간을 사용했던 반면, 압도적 매력의 어쿠스틱 기타 리프가 그 자리를 대신하고 있기 때문일 것이다. 어쩌면, 비치 보이스의 전염성강한 달콤한 톤을 상기시키는 화성이 그 비결일지도 모른다. 아니면 상승 기조의 뮤직비디오에 등장한 닐 핀의 애완견 레스터 덕인 걸까? 그건 사실 아무도 모른다. 어쨌든, 한 사람의 기분이 주위에 미치는 영향이 너무 큰 나머지 그 주변 사람들 모두가 느끼는 날씨까지 바꾸어버린다는 이 곡의 스토리처럼, "Weather with You"는 매번 들을 때마다 햇살을 몰고 온다. **KBo**

You Got the Love | The Source featuring Candi Staton (1991)

Writer | Anthony Stephens, Arnecia Michelle Harris, John Bellamy, Jamie Principle
Producer | J. Truelove, E. Abdullah, C. James
Label | Truelove Electronic Communications
Album | N/A

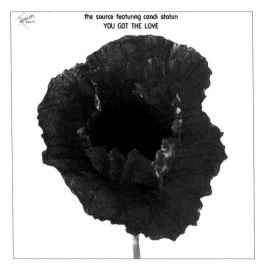

the source featuring candi staton
YOU GOT THE LOVE

"이 노래가 미국에서 별반 반응을
얻지 못하자 전 이렇게 생각했죠.
'뭐 어쩌겠어, 그렇게 또 한 놈
나가떨어지는 거지 뭐.'"

캔디 스테이튼, 2006

◀ **Influenced by: Move On Up a Little Higher**
Mahalia Jackson (1948)
▶ **Influence on: I Know** • New Atlantic (1991)
● **Covered by:** Florence & The Machine (2008)
★ **Other key tracks:** He Called Me Baby (1970) • Young
Hearts Run Free (1976) • Suspicious Minds (1982)

"그들이 저희 집에 전화를 해서 말해줬죠. 제가 영국에서 넘버 원을 기록했다고요." 미국의 소울 싱어 캔디 스테이튼이 2006년 가디언 인터뷰에서 이렇게 회상했다. "그리고 제가 말했어요. '무슨 노래가요? 전 곡 발매한 적이 없는데.'" 이것이 바로 "You Got the Love" 뒤에 복잡하게 얽혀 있는 내막의 마지막 단락이라 할 수 있다. 이 트랙은 전 세계적으로 2백만 장의 판매고를 올렸으며, 영국 내에서만 3번의 각기 다른 시점에서 톱 10 히트로 차트 상승한다.

비만증에 시달리는 남자가 체중 조절을 시도한다는 내용의 다큐멘터리에 삽입되었던 것이 이 트랙의 발단이다. 프로듀서들이 스테이튼에게 사운드트랙에 수록할 만한 곡을 요청했고, 그녀는 영적 목마름에 간청하는 "You Got the Love"를 넘겨준다. 이 노래에는 신이 "내가 견뎌내는 데 필요한 사랑을 가지고 있다(got the love I need to see me through)"는 종교적 메시지가 담겨 있다. 이 다큐멘터리는 결국 유보 상태의 운명에 처하게 되었고, 스테이튼은 그녀의 앤섬에 대해 까맣게 잊고 있었다. 이후 1989년, 유럽의 디제이 에렌 압둘라는 이 곡의 아카펠라 버전과, 프랭키 너클스와 제이미 프린서플 제작의 유명 하우스 뮤직 트랙 "Your Love"를 결합시킨다. 이 결과물은 비공식 녹음(bootleg) EP에 실려 발매된다.

2년 후, 이 가슴 저미게 하는 노래는 디제이 존 트루러브에 의해 영국에서 공식 발매된다. 이번 음반에서는 'The Source featuring Candi Staton'으로 앨범 크레딧이 오르게 된다. 스테이튼이 축하 전화를 받았을 때 그는 당황했고, 이미 이 곡은 차트 위를 훨훨 날아 급상승하던 중이었다. 트루러브는 1997년과 2006년에 각각 서로 다른 리믹스 버전을 발매한다.

2004년 이 곡은 'Sex and the City' 최종편의 마지막 몇 분을 장식하는 데 사용된다. 그러는 동안 스테이튼은 이 곡을 더 소스와 함께 공연하기 시작했다. 그러나 2009년, 그녀는 콰이어터스에게 이렇게 인정했다. "처음에는 어떻게 노래를 불렀는지 기억조차 나지 않더라고요! 제 타이밍에 들어와야 되는데 그게 어딘지도 몰랐죠!" **DC**

Blind Willie McTell
Bob Dylan (1991)

Writer | Bob Dylan
Producer | Bob Dylan, Mark Knopfler, Jeff Rosen
Label | Columbia
Album | *The Bootleg Series Volumes 1–3 (Rare & Unreleased) 1961–1991* (1991)

밥 딜런은 "Statesboro Blues"로 가장 잘 알려진 초기 20세기 보컬리스트이자 기타리스트인 블라인드 윌리 맥텔에게 거듭하여 경의를 표한다. 그는 이 조지아 태생의 블루스맨의 "Broke Down Engine"과 "Delia"의 커버 버전을 만들었고, "Highway 61 Revisited"와 "Po'Boy"의 가사에서 그에 대한 암시를 넌지시 비추기도 한다. 그가 바친 최고의 경의의 표시는 1983년 발매된 "Blind Willie McTell" 리코딩이었다. 하지만 팬들은 많은 시간이 흐른 후에야 이 곡을 듣게 되었다.

딜런은 본래 〈Infidels〉에 삽입하려 이 트랙을 만들었다. 이 앨범은 밥 딜런의 세속 음악으로 컴백했음을 의미하는 반가운 증거였다. "Blind Willie McTell"이 앨범 작업의 마지막 단계까지 수명을 이어가지 못한 것은 정말 알다가도 모를 일이다(오늘날 이 곡은 그의 음악 인생 중 하이라이트 시점 중 하나라고 여겨진다). 왜냐하면 〈Infidels〉는 밥 딜런이 보여준 최고 역량에 미달하기 때문이다. 후에 딜런은 이 트랙이 수록 곡 선정 과정에서 탈락된 이유를 롤링 스톤에 이렇게 말했다. "곡이 완전히 자리를 잡은 상태가 아니었죠. 제가 그 곡을 제대로 완성해본 적이 사실 1번도 없는 것 같네요. 앨범에서 빼버릴 이유가 그것 말고 또 있을 리 없어요." 수년 동안 팬들 사이에서 입에 오르내리던 "Blind Willie McTell"은 결국 1991년, 〈The Bootleg Series Volumes 1–3〉을 통해 그 모습을 드러낸다. 흔치 않은 아름다움을 지닌 이 작품은 "St. James Infirmary Blues"라는 낯익은 피아노 멜로디를 그 기반에 두고 있으며, 절묘한 말들로 가득 채워져 있다. 배 속부터 솟아오르는 신념이 보컬 속에 묻어나며, 딜런의 음성으로 그려지는 5개의 화폭은 각각 맥텔에 대한 존경의 말들로 마무리 된다. **JiH**

Move Any Mountain–Progen 91
The Shamen (1991)

Writer | Colin Angus, The Shamen
Producer | The Shamen
Label | One Little Indian
Album | *En-Tact* (1990)

1991년의 댄스 뮤직들 중 대부분은 셰이먼의 그림자 속에 존재하는 듯하다. 라디오 주파수에 맹공격을 가한 비트마스터즈의 버전에 노출되어본 적이 없는 이라면, "Move Any Mountain–Progen 91"이 사실 수많은 리믹스 버전으로 존재한다는 사실을 알아두어야 한다. 어쩌나 많았던지 이것들만 모아 앨범을 한 장 만들 수 있을 정도이기도 하다. 이것이 바로 〈Progeny〉였다. 이 곡은 "Pro〉Gen"으로서 생을 시작했고, 1990년 동안 클럽가에 단단히 뿌리 내리게 된다. 당시만 해도 신참이었던 Mr.C가 가졌던 믿음 ("셰이먼의 곡을 더 셰이먼보다 더 잘해낼 이는 없다")을 따라, 이 곡은 재녹음 작업을 거치게 되었고, 〈En-Tact〉가 낳은 히트 곡 삼형제 대열에 ("Hyperreal"과 "Make It Mine"과 함께) 들게 된다. 이 앨범 덕에 셰이먼은 테크노 음악계의 우두머리로 자리 잡게 된다.

노래의 가사는 당시 감돌았던 낙관적 분위기를 고스란히 담고 있다. "우리 손에 통제권이 있었죠. 힘을 가졌던 거예요. 'Move Any Mountain'의 가사가 바로 그것에 관한 거죠. 똑같은 기운으로 전율하는 다수의 사람들 말이에요." 얼마나 다수였던지 이 곡은 영국 차트에서 톱에 진입하는 한편, 미국 시장에 침입할 통로를 제공한다. 하지만 이 "불가능은 없다"라는 마음가짐은 시험을 겪게 된다. "Move Any Mountain"의 뮤직비디오 촬영을 위해 테너리프에 머물 동안 베이시스트 윌 시닛(일명 윌 신)이 익사한 것이다. "긍정적임이 더 셰이먼의 핵심이란 걸 깨달았습니다." 앵거스가 말한다. "그 긍정성이 바로 우리 음악의 영혼 같은 거죠. 그리고 긍정성은 변화에의 욕구를 인정합니다. 그런 이유들로 전 계속 나아가기를 선택했죠." **CB**

How I Could Just Kill a Man
Cypress Hill (1991)

Writer | L. "B-Real" Freese, L. "DJ Muggs" Muggerud, S. "Sen Dog" Reyes, L. Fulson, J. McCracklin
Producer | DJ Muggs
Label | Ruffhouse
Album | Cypress Hill (1991)

싸이프러스 힐의 데뷔 싱글은 마치 90년대 힙합의 가이드 북 같았다. 닥터 드레가 대마초를 옹호한 곡 〈The Chronic〉이 있기 이전 고삐를 풀고 나타난 "How I Could Just Kill a Man"은 대마의 힘을 향해 비-리얼(B-Real)이 보내는 찬사로 시작된다. ("Hey don't miss out on what you're passin' / You're missin' the hoota of the funky Buddha(지금 나눠주는 것을 놓치면 안 돼 / 그러면 대마초 중 최고의 대마초를 놓치는 겪이 될 거야)"). 이 '한번 피워보는 경험'에 대한 이야기는 음악에 힘입어 한결 더 그럴 듯해 보인다. 맨젤의 "Midnight Theme"에서 가져온 비트는 나른하면서도 짓궂다. 로웰 풀섬의 "Tramp"에서 온 베이스라인이 낮은 곳에서 웅웅거리는 한편, 코러스 부분을 지배하고 있는 기타 사운드는 지미 헨드릭스의 "Are You Experienced?" 솔로에서 얻어온 것이다.

전체적으로 아련한 사운드는 사이프러스 힐로 하여금 비행 청소년 패거리들과 헤드 뱅어족들의 일체 합병을 모색하게 도왔다(노래 마지막의 가사 문구 "All I watned was a Pepsi(내가 원했던 건 단지 펩시 하나뿐)"는 수어사이덜 텐던시스의 대서사시적 스래시 곡 "Institutionalized"에서 가져온 것이다). "How I Could Just Kill a Man"은 투팍 샤쿠르가 출연한 영화 〈주스〉(1992) 중 클라이맥스 장면에서 흘러나온다. 사이프러스 힐은 롤라팔루자 페스티벌에서 이 곡을 공연했고 당시 백인 락 지지자 그룹들이 이 협박조의 후렴구("Here is something you can't understand / How I could just kille a man(네가 이해 못할 게 바로 이거지 / 내가 어떻게 그냥 그렇게 사람을 줄일 수 있는지)")를 떼지어 따라 불렀다고 한다. 이 곡은 그런 방식으로 '갱스터 랩'을 주류에 더 가까이 다가가게 하는 데 한몫하게 된다. **TB**

Cop Killer
Body Count (1992)

Writer | Ice-T, Ernie C
Producer | Ice-T, Ernie C
Label | Sire
Album | Body Count (1992)

경찰관 살해를 대놓고 이야기한 뮤지션으로 랩 개척자 아이스티(Ice-T)가 최초는 아니다("I Shot the Sheriff"를 보라). 하지만 그런 구상을 국제적 논란으로 전환시킨 인물로는 최초가 맞다. 물론, 갱스터 래퍼들 N.W.A.가 "Fuck the Police"로 이목을 끌었던 적이 있으며, 미국의 여러 도심 지역에서 도시 경찰관들의 품행에 대해 사회적 동요가 있었던 것은 사실이다. 하지만 그 누구도, 그런 요소들이 폭파하리라고는 예상치 못했고, 이것은 결국 1992년 로스앤젤레스 폭동으로 불거진다.

"Cop Killer"는 처음에 그다지 주목받지 못했다. 이 곡은 아이스가 바디 카운트와 진행한 헤비 메탈 사이드 프로젝트 결과 탄생하게 된 데뷔 앨범 마지막 곡으로 묻혀진다. "백인 청중들은 흑인 록 밴드에 매우 개방적입니다. 제대로만 하면 말이죠." 그가 Q에 말했다. "그들은 단지 그 그룹이 그런 척만 하는 건지 확인하고 싶어할 뿐이에요. 무슨 소린지 알죠?…우리는 앤스락스, 슬레이어, 모터헤드를 좋아합니다. 마이너 스레트와 같은 진정한 스래시 밴드들도 좋아하죠." 그러나 폭동 이후, 검열이 여전히 정치적 논란의 쟁점으로 남아 있는 현재, "난 네 가족이 슬퍼하는 것을 알고 있어―그러건 말건 뒈지라지!" 등의 가사는 원성은 물론 보이콧을 야기한다. 이후 폭풍은 걷잡을 수 없을 만큼 거세진다. 결국, 아이스는 자신의 레이블 모회사인 워너 브러더스에 문제의 트랙을 빼고 앨범을 재발매 해달라는 요청을 보냈다. 사자 우리에 스스로 몸을 던진 아이스는 랩과 록, 언론의 자유를 위해 스스로의 음악 인생을 위기에 처하게 만들었다. **JMc**

Pretend We're Dead | L7 (1992)

Writer | Donita Sparks
Producer | Butch Vig, L7
Label | Slash
Album | *Bricks are Heavy* (1992)

"우리가 사랑하는 노래,
'Pretend We're Dead'는 팝적 여부로
따져볼 때 우리가 보여줄 수 있는
최고 수위를 구가하고 있죠."

도니타 스파크스, 1998

◀ **Influenced by: Wooly Bully** · Sam the Sham & The
Pharoahs (1965)
▶ **Influence on: I Wanna Be Your Lush** · Fluffy (1996)
● **Covered by:** CSS (2007)
★ **Other key tracks:** Shove (1990) · Everglade (1992)
Mr. Integrity (1992) · Andres (1994)

너바나는 차트의 심장을 뚫고 말뚝 하나를 박아놓았다. 그렇게 생긴 구멍을 통해 너바나와 공감하는 많은 유사 밴드들이 줄줄이 등장했다. 그 중 하나가 엘세븐(L7)이었다(로스앤젤레스 출신의 여성 4인조는, "쿨하지 않은(square)"이라는 1950년대 은어를 따 밴드명을 지었다). 그런지가 주류에 편승하게 될 무렵 그들은 이미 2장의 앨범(그리고 너바나와의 공연 투어)을 이력에 더한 상태였고, 무관심의 위험을 노래한 이 우레와 같은 앤섬으로 무장한 3번째 앨범으로 계속하여 행보를 이어가던 중이었다. 드러머 디 플라카스의 설명에 의하면, 이 곡의 가사는 "정치적으로, 사회적으로 세상에 일어나고 있는 일들에 주의를 기울이지 않는 사람들, 귀와 눈을 닫는 사람들"에 대한 것이라 한다.

〈Nevermind〉의 부치 빅이 공동 프로듀서를 맡은 "Pretend We're Dead"는 MTV에 방송된다. 하지만 뮤직 비디오 촬영이 순조로웠던 것은 아니다. 카메라 크레인이 기타리스트 수지 가드너 위로 쓰러진 것이다. "이후 줄곧 얼간이처럼 지냈죠"라며 그녀가 한숨을 쉬었다. 그러나 가드너는 이 곡의 개성 넘치는 일면들 중 한 가지를 전적으로 도맡아 완성시킨 인물이다. 전 거꾸로 하는 기타 솔로를 하고 싶었죠. 그런데 그게 제대로 안 되더군요. 그래서 전 전방 솔로를 한 다음, 테이프를 거꾸로 틀었죠. 그리고 그걸 따라 연습했어요. 그런 다음 녹음실에서 연습한 대로 연주한 거예요." 이 곡을 통해 엘세븐은 부러움을 한몸에 살 언론 노출을 받게 된다. 글자 그대로 '노출'을 말이다. 영국 라이브 TV쇼 'The Word' 출연 공연 중, 싱어-기타리스트 도니타 스파크스는 바지를 벗어 던져, 드럼 키트를 때려 부술 듯한 폭풍 퍼포먼스를 능가하는 하체 노출을 저지른다. 이러한 장관은 비에 젖은 1992년 영국 리딩 페스티벌에서 재연된다. 진흙탕 싸움을 벌이는 군중에게 스파크스가 사용했던 탐폰을 던진 것이다(15년 후 LA에서, 그녀는 브라질 밴드 CSS가 펼친 이 곡의 관행적 커버 무대에 참여하기도 했다). "Pretend We're Dead"는 비디오 게임 '록 밴드2' 덕에 가라오케 애창곡이 된다. 이 트랙은 'Grand Theft Auto III: San Andreas'의 사운드트랙에 사용되며 고전이라는 지위를 확고히 한다. **PW**

My Drug Buddy | Lemonheads (1992)

Writer | Evan Dando
Producer | The Robb Brothers
Label | Atlantic
Album | *It's a Shame about Ray* (1992)

"저희는 그 노래를 들었을 때,
이렇게 생각했죠.
'노래로 써내기에 정말 멋진 소재군.'"

네이슨 팔로월, 킹스 오브 리온, 2003

◄ **Influenced by: Sin City** • The Flying Burrito Brothers (1969)
► **Influence on: Sorted For E's & Wizz** • Pulp (1995)
● **Covered by:** Juliana Hatfield and Evan Dando (1994)
Anthony Green (2005)

에반 댄도는 모든 것은 마치 식은 죽 먹기처럼 보이게 했다. 깡총거리는 컨트리적 음악을 배경으로, 레몬헤즈의 이 강아지 같은 싱어는 "She's coming over"라 노래했다. "We'll go out walking / Make a call on the way / She's in the phone booth now / I'm looking in / There comes a smile on her face(우린 거닐러 나갈 거야 / 도중에 전화 한 통을 걸 거야 / 그녀는 지금 폰부스 안에 있어 / 내가 들여다보지 / 그녀의 얼굴에 미소가 떠오르는 것을)…"그리고 "그녀가" 무엇 때문에 미소 짓고 있는지는 노래의 제목을 보면 알 것이다. 핑크 플로이드의 기타리스트 데이비드 길모어는 자신이 작곡했으면 좋았을 작품으로 이 곡을 꼽았다. "아마 그런 말 하면 안 되는 거겠죠." 그가 Q에 털어놓았다. "전에반 단도와 레몬헤즈가 정말 좋았어요. 〈It's a Shame about Ray〉는 대단한 앨범입니다."

실제로 이 앨범은 소형 명작들로 가득 차 있었다. 그리고 (줄리아나 햇필드가 배킹 보컬을 맡은) "My Drug Buddy"가 그중에서도 가장 인상적이다. 상대의 방어 태세를 누그러뜨리는 순진함을 지녔던 단도만큼이나 자신의 약물 사용에 대해 솔직했던 싱어는 매우 드물었다. 그는 인터뷰에 나와 약물로 인한 흥분 상태를 좋아한다고 인정하는가 하면, "Alison's Starting to Happen"(이 곡은 LSD사용 효과에 대한 것이다) 같은 노래를 통해서도 자신의 이런 심정을 숨기지 않고 드러냈다. 레몬헤즈의 5번째 앨범이었던 〈It's a Shame About Ray〉는 밴드의 "Mrs. Robinson"(사이먼 앤 가펑클) 커버 버전이 거둔 성공에 이어 예기치 못한 히트로 부상한다("Mrs. Robinson" 트랙은 이 앨범의 신속한 재발매에 추가 수록되며, 여기서 "My Drug Buddy"는 "Buddy"로 제목이 줄어든다). 단도는 한 인터뷰 기자에게 방금 전 코카인과 헤로인을 진탕 즐긴 탓에 말을 제대로 못하겠다고 전하기도 했다.

90년대가 흘러가면서, 단도는 대중의 눈에서 멀어져만 간다. 그리고 많은 이들은 단도가 그의 아이돌 그램 파슨스(26세의 나이에 약물 과다 복용으로 사망했다)와 같은 길을 걷게 될까 봐 염려했다. 그러나 단도는 꿋꿋이 마약을 끊고, 다시 공연을 다니며 "My Drug Buddy"를 연주했다. **PW**

Shake Your Head | Was (Not Was) (1992)

Writer | David Was, Don Was, Jarvis Stroud
Producer | David Was, Don Was, Steve "Silk" Hurley
Label | Fontana
Album | *Hello Dad ... I'm in Jail* (1992)

"오지…너무 허무맹랑하긴 했죠.
해보긴 해야 됐어요.
근데 그가 완벽히 해내더라고요!
정말 믿기 힘들었죠."

돈 워즈, 1984

◀ **Influenced by: Kissing with Confidence** · Will Powers
(1983)
▶ **Influence on: Everybody's Free (to Wear Sunscreen)**
Baz Luhrmann (1999)
● **Covered by:** C. C. Catch (2003)

헤비 메탈의 전설 오지 오스본이 일렉트로닉 음악을 배경으로 랩을 한다는 것, 디트로이트 출신 2인조 워즈(낫 워즈)의 2번째 앨범 〈Born to Laugh at Tornadoes〉(1983)에서 청중을 기다리고 있던 것은 바로 그것이었다. "사랑스러운 미치광이는 아주 능력 있는 소울맨임을 입증해 보였다"라며 크림은 흥분을 감추지 못했다. 오지를 피처링한 "Shake Your Head (Let's Go to Bed)"를 제외하고도 이 앨범에는 미치 라이더나 멜 토메와 같은 이색 게스트들이 출연한다. 들리는 바에 의하면, 어느 한 트랙에서 피아노를 쳐줄 수 인물로 전미 대통령 리처드 닉슨을 섭외하려 했다는 것이다. 당시 무명이었던 마돈나도 "Shake Your Head"의 보컬을 녹음했다. 그러나 그녀의 레코드 레이블이었던 사이어가 사용을 금지시켰다. "전 항상 보컬리스트가 저희의 연계라고 머릿속에 그려왔죠." 돈 워즈가 후에 이렇게 털어놓았다. "그리고 저희를 표현하는 보이스로 여성 보컬을 쓰는 게 와 닿지 않았어요."

1988년, 워즈(낫 워즈)는 마침내 그들의 3번째 앨범 〈What Up, Dog?〉을 통해 주류 돌파에 성공한다. 여기에는 "Walk the Dinosaur"과 "Spy in the House of Love" 등의 히트 트랙들이 한몫했다. 이런 뒤늦은 대중 노출을 기회 삼아 돈을 벌어보자는 목적에 컴플레이션 앨범 한 장이 만들어지게 되었고, 이를 위해 하우스 음악 프로듀서 스티브 "실크" 헐리가 "Shake Your Head"의 리믹스를 의뢰받는다.

이즈음, 마돈나는 이미 지구상에 존재하는 최고 소득의 여성 싱어가 되어 있었고 이번에는 그녀가 자신의 보컬 사용에 거부권을 행사한다. "마돈나는 저와 함께 트랙에 오르기를 거부했죠. '어둠의 왕자' 오지가 낄낄거린다. "카발라에서 그런 걸 가르치나 봐요. '오지를 절대 가까이 하지 말'라고 말이죠." 그 대신, 배우 킴 베이싱어가 초대되어 어울릴 것 같지 않은 듀엣을 완성시켰고, 영국에서 이 트랙은 톱 5히트가 된다. 한편, 미국 발매용 대체 리믹스 버전 제작 과정 중, 프로듀서 "실크" 헐리는 잘못된 보컬 트랙들을 전해 받았고, 팝의 여왕을 피처링한 12인치 싱글이 "실수로" 발매되었다. 이것들은 곧 급히 철수되었다. **AG**

Motorcycle Emptiness | Manic Street Preachers (1992)

Writer | J. D. Bradfield, R. Edwards, S. Moore, N. Wire
Producer | Steve Brown
Label | Columbia
Album | *Generation Terrorists* (1992)

MANIC STREET PREACHERS
motorcycle emptiness

"초기 매닉스의 결정판…
결코 가질 수 없는 무언가를
애타게 갈망하는."

니키 와이어, 2002

◀ **Influenced by: Sweet Child o' Mine** · Guns N' Roses (1987)
▶ **Influence on: Some Kind of Bliss** · Kylie Minogue (1997)
● **Covered by:** Stealth Sonic Orchestra (1996) Millennium (2001)

대부분의 밴드들이 "힘겨운 2번째 앨범"으로 고투하는 반면, 매닉 스트리트 프리처스는 "힘겨운 데뷔 앨범"이란 개념을 개척해간다. 비록 헤븐리 레이블 발매 싱글에 묻어나던 포악함을 여기서는 찾아볼 수 없었지만, 이 웨일즈 출신의 4인조는〈Generation Terrorists〉가 "90년대 록의 가장 중요한 벤치마크"가 될 것이라 장담했고, 이 앨범 이후 해체할 거라 으름장을 놓기까지 한다. 좀 뻔한 일이지만, 두 예언 모두 실현되지 않는다.

어쨌든, 이런 허위 광고를 일삼았음에도, 매닉스는 전체적으로 매력적인 "Motorcycle Emptiness"를 내놓는 분별력을 보여준다. 이 곡은, 말라빠진 목소리로 "Motorcycle emptiness!"를 외치는 "Go! Buzz Baby, Go!"란 제목의 이전 데모작에 기반하고 있다. 새로이 만들어진 수정판에서, 이 곡은 제임스 딘 브래드필드의 비탄에 잠긴 기타에 힘입어 한층 향상된다. 건즈 앤 로지즈를 향한 그들의 애정을 비웃던 모든 이들에게 중지를 치켜올려 보인 셈이다.

"닉(와이어, 베이시스트)과 리치(에드워즈, 작사가)가 50대 50 협력 관계로 곡을 쓴 것이 이번이 처음은 아니었어요." 브래드필드가 기억을 되살린다. "그리고 전 이렇게 생각했죠. "이야, 이거 정말 잘되겠는데." 첫 앨범을 녹음할 때가 되자, 프로듀서 스티브 브라운이 저에게 '싸구려 리프'를 삽입해야 한다고 말했죠. 이 리프는 결국 곡의 대표적 존재가 돼요. 이 곡은 저희가 예상하지 못했던 모습으로 변형되어갔죠."

클래식 록 음악에 슬로건을 부르짖는 가사를 조화시킨 "Motorcycle Emptiness"는(〈Generation Terroritst〉가 낳은 5번째 싱글이었다) 표독스럽기만 했던 그들의 초기 작품과, 그리고 깃털 목도리와 니체에 심취한 후기 작품 사이의 간극을 메워준다. 비록 와이어는 이 곡이 단 한 번도 "세계적 히트"가 되지 못했다며 아쉬워했지만, 오늘날에 이르러 그는 자랑스레 말한다. "아직까지도요, 이 곡 같은 음악을 발표한 밴드는 없던데요." 비록 영국 차트에 머문 것이 잠시였다고는 하지만, 그런 데 현혹되어 이 곡이 가진 고전적 독특함을 간과해서는 안 될 듯하다. **KBo**

Creep | Radiohead (1992)

Writer | C. Greenwood, J. Greenwood, E. O'Brien, P. Selway, T. Yorke, A. Hammond, M. Hazlewood
Producer | Sean Slade, Paul Q. Kolderie
Label | Parlophone
Album | *Pablo Honey* (1993)

"조니가 마지막 부분에서 피아노를 쳤고
그건 정말 눈부실 만큼 아름다웠죠.
'Creep'을 들은 이들은
모두 미쳐버리기 시작했어요."

폴 Q. 콜더리, 1997

◀ **Influenced by: The Air That I Breathe** · The Hollies (1974)
▶ **Influence on: Jeannie's Diary** · Eels (2000)
● **Covered by: The Pretenders** (1995) · Sentenced (1998) Scarling (2003) · Sophie Koh (2006) · Korn (2007) Anberlin (2007) · Amanda Palmer (2009)

라디오헤드에게 이 노래가 그토록 오랫동안 소원하게만 느껴졌다니 정말 아이러니한 일이 아닐 수 없다. 소원함을 노래한 곡이라 더욱 그러하다. 이 밴드는 호평받는 작품들을 상당량 창작해냈다. 하지만 대중이 자신들을 "아웃사이더 노래"를 부른 밴드라 부르는 것을 그만두게 할 만한 신곡을 발표할 수 있을는지에 대해, 한때 이들은 진정 스스로를 의심했다 한다.

"Creep"은 한 여성을 갈망하는 한 남자의 이야기이다. 이 남자는 그녀를 가질 수 없다는 생각에 스스로가 너무 부족하게만 느껴진다. 요크는 "술에 취해 몽롱할 때" 이 곡을 작곡했고, 이걸 "쓰레기"라고 생각했다. "전 그 곡이 별로 였어요." 기타리스트 조니 그린우드가 동의한다. "계속 조용하기만 했죠. 그래서 제가 기타를 세게 쳐 넣었어요. 정말 세게요." 그리하여 코러스 도입 이전, 한바탕 폭발적인 연주가 삽입되었고 이것은 곡의 성공에 중추적 역할을 한다. "톰이 이런 말을 중얼댔죠. '그게 우리 스콧 워커 송'이야'라던데요." 프로듀서 폴 Q. 콜더리가 모조에 말했다. "그런데 전 그가 '그게 스콧 워커 송'이라고 하는 줄로 알아들었죠…션(슬레이드, 공동 프로듀서)이 말했어요. '그들이 만든 최고의 트랙이 커버 송이라니. 안타깝군.'"

이 곡의 1992년 발매 싱글은 영국에서 별다른 성적을 거두지 못했지만 미국에서는 톱 40 진입에 성공했고, 그 결과 국내 재발매를 위한 압력이 가해진다. 이즈음 라디오헤드는 이미, 라디오에 부적합한 곡의 가사 수정을 모두 마친 상태였다. 자신들이 존경하던 밴드들이 같은 전적을 밟았다는 것을 스스로 상기했다. 하지만 그들 입장에서, 영국 재발매를 감행한다는 것은 좀 지나친 행동이었다. "내 눈에 흙이 들어가기 전엔 안 돼"라고 기타리스트 에드 오브라이언이 단호히 말했다. 하지만 어쨌건, "Creep"은 1993년 톱 10 진입에 성공하며 세계적 히트로 부상한다. "제가 느끼기엔, 이 곡이 최종 승자라고 할 수 있어요." 요크가 인정한다. 수많은 커버 버전이 탄생한 것은 놀랄 일이 아니다. 라디오헤드는 결국 자기 의지대로 한다. 이 곡의 극심한 인기가 지겨워진 이들은 1990년대 후반 이후 "Creep"을 라이브 무대에 거의 올리지 않았던 것이다. **CB**

라디오헤드의 톰 요크. 록계 최고의 보컬리스트 중 1명.

Killing in the Name | Rage Against the Machine (1992)

Writer | Rage Against the Machine
Producer | Garth Richardson, Rage Against
the Machine
Label | Epic
Album | *Rage Against the Machine* (1992)

rage against
the machine

658492 2

killing in the name

"단기대학 교수들 중에
저희와 같은 의견을 가진 사람이
상당히 많을 거예요.
하지만 그들의 접근 방식은 힘이 떨어지죠,

톰 모렐로, 2007

◀ **Influenced by:** Kick Out the Jams • MC5 (1969)
▶ **Influence on:** Cochise • Audioslave (2002)
● **Covered by:** Biffy Clyro (2008) • FourPlay String
Quartet (2009)
★ **Other key tracks:** Bullet in the Head (1992) • Tire Me
(1996) • Guerrilla Radio (1999)

로스앤젤레스로부터 활활 타오른 4인조, 레이지 어겐스트 더 머신은 신랄한 정치적 성명서들로 무장되어 있었다. 어차피 세상을 바꾸지 못할 것이라면, 세상을 흔들어 깨우기라도 할 작정이었다. 얼터너티브 록, 펑크(punk), 힙합, 헤비 메탈, 펑크(funk)의 조합물을 가지고서 말이다.

대립적 입장을 고수하는 대부분의 밴드들이 그렇듯, 이들의 첫 싱글 "Killing in the Name"에서도 얌전하기를 거부했다. 라디오에 부적합한, 부모들을 동요시키는 불경스러운 말들은, 말로 죽이는 싱어 잭 디 라 로차의 돌격 함성이 점점 최고조에 달하며 상스러움의 절정에 치닫는다. (이들이 항상 격분을 일삼은 것은 아니라며, 드러머 브래드 윌크는 케랑!에 이렇게 확신시켰다. "우리가 아침에 일어나서 우유팩에다 대고 격분하는 건 아니죠. 단지 그게 안 열린다는 이유 때문에 말이에요.")

만일 이 곡의 가사(KKK단을 향한 공공연한 비난도 담겨 있다)만으로 정신이 번쩍 들지 않았다면, 톰 모렐로의 성마른 소리의 기타 사운드와 팀 카머포드 고동치는 베이스사운드가 그 역할을 확실히 해낸다. "저희는 첫 공연이 있기도 전에 이 곡을 작곡했어요." 모렐로가 회상한다. "그래서 공연 활동 초반부터, 리프나 '엿 먹어'라는 말로 사람들을 두들겨 팰 준비가 되어 있었죠. 처음부터 아주 신 나게 활동할 수 있었어요." 모렐로가 롤링 스톤 매거진에 전한 바에 의하면, 빽하고 질러대는 그의 독특한 보컬은 "닥터 드레와 퍼블릭 에너미 음반에서 들은 노이즈"에서 영감을 얻은 것이라 한다. "저희는 하드록과 펑크, 힙합을 섞어냈죠. 제가 디제이였고요."

"저희가 이 곡을 라이브로 공연할 때, 정말 이런 건 처음이다 싶은 광경들이 연출되죠." 모렐로가 2007년 이렇게 말했다. "그 마지막 코러스 부분이 시작될 때 말이에요…제 생각에, 만약 사전에 '광포 상태'란 단어를 싣는다 하면요, 이 곡에 완전 홀린 군중들의 사진을 그 단어 옆에 삽화로 넣어야 될 정도라니까요." 이 트랙은 가사에 욕설이 담겨 있음에도 불구하고 라디오 주파수를 타게 된다. 게다가 한번은, BBC 라디오 원(Radio One)에서 사고로 비검열 버전을 내보냈다. **KBo**

Connected | Stereo MC's (1992)

Writer | Harry Wayne "KC" Casey, Richard Finch, Nick Hallam, Rob Birch
Producer | Stereo MC's
Label | 4th & B'way
Album | Connected (1992)

"한마디로 말해,
모두 하나로 연결되었던 거예요."

롭 버치, 2001

◀ **Influenced by: Let Me Be Your Lover** • Jimmy "Bo" Horne (1978)
▶ **Influence on: Here We Go** • Stakka Bo (1993)
● **Covered by:** Tiger Hifi (2009)
★ **Other key tracks:** Elevate My Mind (1990) • Step It Up (1992) • Deep Down & Dirty (2001)

소울, 팝, 더브, 힙합의 세련된 칵테일 한잔과도 같은 "Connected"는 세계적 히트를 거둔 스테레오 엠씨의 3번째 앨범 타이틀 트랙이었다. 지미 "보" 혼의 주옥 같은 디스코 트랙 "Let Me Be Your Lover"(2명의 케이시 앤 더 선샤인 밴드 멤버가 작곡했다)에서 샘플링 해 온 매우 스타일리시한 베이스라인과 함께, 이 곡은 영국이 낳은 최초의 그럴듯한, 그리고 흥행에 성공한 힙합 그룹 대열에 스테레오 엠씨를 합류시킨다.

이 밴드는 1985년 런던에서 출현했다. 래퍼 롭 버치와 디제이 겸 프로듀서였던 닉 "더 헤드" 할람이 자신들의 음악 홍보 수단으로 쓸 목적에서 지 스트리트 레이블의 설립을 도왔던 일이 발단이 되어 결성한 것이다. 그들은 싱어 캐스 커피와 드러머 이안 "오웬 이프" 로시터를 등용하며 점점 진화해갔고, 여기에 베로나 데이비스와 안드레아 베더시가 배킹 보컬로 합류했다.

〈Connected〉 작업 당시 상황에 대해 버치가 카오스 컨트롤에 말했다. "저희는 결국 저희가 지금껏 해왔던 것보다 몇 단계 더 음악을 진전시키게 되었죠. 베이스와 키보드를 직접 쳐보고, 다른 사람들을 데려다가 혼 섹션을 맡게 하면서 말이에요."

스테레오 엠씨는 영국의 90년대 초 인디 댄스 신에 끼운 듯 꼭 맞아떨어진다(그리고 3번째 앨범과 4번째 사이에 9년의 휴식기가 있었음에도 불구하고 21세기에 들어 계속 활발한 활동을 이어간다). "Connected"("아 아 아 아" 코러스가 매우 중독적인)는 "전염성 강한 파티 앤섬"과 "완전히 쿨"한 2가지 조건을 모두 충족시켰다. 애 앨범은 1994년 브릿 어워드에서 베스트 브리티시 앨범 상을 수상한다.

"1992년 말에 이 트랙을 공연했던 게 기억나네요." 버치가 Q에 말했다. "〈Connected〉 앨범이 나온 지 얼마 안됐을 때였죠. 저희는 사람들이 이제 막 빠지기 시작하고 있겠구나 생각했어요. 그런데 저희가 트랙 인트로를 막 시작하자, 이미 관중 전체가 멜로디에 맞춰 흥얼대고 있더군요. 정말 놀라운 에너지가 느껴졌어요." **OM**

Inkanyezi Nezazi
Ladysmith Black Mambazo (1992)

Writer | Joseph Shabalala
Producer | Joseph Shabalala
Label | Gallo
Album | *Inkanyezi Nezazi* (1992)

1997년 하인즈 제품 광고에 연속 등장한 이후부터, 레이디스미스 블랙 맘바조의 곡 "Inkanyezi Nezazi"는 "더 베이크드 빈스 송(the baked beans song)"으로 널리 알려지게 된다. 그러나 사실 이 곡의 영감이 된 것은 아기 예수를 보러 베들레헴에 가는 3인의 동방박사의 이야기이다.

1964년 창단된 레이디스미스 블랙 맘바조는 남아프리카의 음악 대사로서 선두적 역할을 한다. 'isicathamiya' 혹은 'mbube'라 불리우는 그들의 아카펠라 스타일은 그들의 폴 사이먼의 〈Graceland〉 앨범에 참여한 이후 더 넓은 대중을 확보하게 된다. 그리고 약 10년이 지난 후 하인즈 광고 캠페인을 통해 다시 대중의 이목을 끈다. 줄루어로 전해지는 샤발라라의 호소력 짙은 보컬은 다른 싱어들 위로 높이 솟구쳐 오르며, 이에 나머지 싱어들의 풍부한 하모니가 율동감 넘치는 소리의 파장으로 회답한다. 여기에 순수히 그들 음성으로만 만들어진 타악기적 효과가 구두점을 찍는다.

이 곡은 1992년 앨범의 타이틀 트랙으로 처음 등장한다. 광고에 삽입된 버전은 1997년 앨범 〈Heavenly〉 수록을 위해 재녹음된 축약 버전이었다. 광고 삽입이 야기시킨 세간의 주목에 답하는 의미로, 1998년 오리지널 버전(1992년 버전)이 CD 싱글로 재발매된다. 여기에는 로저 산체스와 킹스 오브 투모로가 만든 "수파펑키 더브(Superfunkee Dub)와 클럽 리믹스 버전들이 함께 수록되었다. 앨범 커버로는 이 그룹의 사진이 실리고, 하인즈만의 독특한 푸른 초록빛 베이크드 빈스 로고와 유사한 디자인이 실리게 된다. 이것이 전하는 메시지는 간단하다. '베이크드 빈 하면 바로 맘바조'라는 것이다('베이크드 빈 하면 하인즈'라는 것은 하인즈의 유명 광고 문구이다). **JLu**

Sodade
Cesária Evora (1992)

Writer | Luis Morais, Amandio Cabral
Producer | Paulino Vieira
Label | Lusafrica
Album | *Miss Perfumado* (1992)

세자리아 이보라는 "맨발의 디바"이다. 인간이라 할 수 없을 정도로 아름다운 음성을 가진 이 싱어가 어떻게 유명세를 타게 되었는가를 돌아보면, 그야말로 '무일푼에서 거부로' 같은 신화를 보는 것과 같다. 그녀는 세네갈 해안가 소재의 찢어지게 가난한 카포베르데 출신이다. 고아원에서 자란 그녀는 십 대 때 술집에서 노래를 했다. 식민지가 독립하며 대부분의 술집들은 1975년 자취를 감추게 된다.

카포 베르데 출신 망명자였던 조세 다 실바는 포르투갈에서 노래하는 이보라를 발견하고 그녀의 음반을 만들기 위해 루스아프리카 레이블을 설립한다. 그는 대단히 보컬 스타일리스트의 능력을 간파했고, 그녀를 듣는 다른 이들도 모두 같은 반응을 보일 것이라 믿었다. 그녀는 〈Miss Perfumado〉를 발매해 카포베르데의 'mornas'를 선보였고, 그의 예상은 현실로 입증되었다. '모르나(Morna)'는 현악기로 연주하는 감성적 발라드 곡을 말한다. 이보라를 통해, 이것은 황홀경의 아름다움을 발산하게 된다. "음악은 만국적 언어입니다." 그녀가 소노마 카운티 인디펜던트에 이렇게 전했다. "그 언어를 혹시 이해 못한다 하더라도…당신은 곡의 율동감이 좋아 자꾸 듣게 되죠." "Soade"는 이보라의 가장 유명한, 그리고 가장 사적인 곡이다. 그녀는 모르나에 담긴 블루스적 영혼의 원천인 소다드(sodade)를 살려 노래한다. '소다드'는 어쩔 수 없이 망명을 떠난 수많은 카페 보르데인들과 그들이 남겨두고 떠난 이들의 애수를 투영하는 말이다. 이보라는 이 아름다운 노래를 겉으로 보기에 힘 하나 들이지 않고 부른다. 그녀의 벨벳 같은 목소리로 나긋나긋한 리듬을 타고 멜로디를 어루만진다. **GC**

세자리아 이보라. 47세의 나이에 첫 앨범을 낸 그녀는 이제 세계적 스타로 인정받는다.

Remedy | The Black Crowes (1992)

Writer | Chris Robinson, Rich Robinson
Producer | The Black Crowes, George Drakoulias
Label | Def American
Album | *The Southern Harmony and Musical Companion* (1992)

"전 그들이 음반을
아주 멋지게 만들어낸다고 생각해요.
기타 파트를 잘 풀어나가죠."

로드 스튜어트, 1993

◀ **Influenced by: Night of the Thumpasorus Peoples**
Parliament (1975)
▶ **Influence on: Fly Away** • Lenny Kravitz (1998)
● **Covered by:** Matchbox Twenty (2007)
★ **Other key tracks:** Hard to Handle (1990) • Darling of the Underground Press (1992)

"펑키(funky) 빛깔의 컨트리 가스펠을 담은 록." 크리스 로빈슨이 록스 백페이지스에 블랙 크로우스를 이렇게 묘사해 말했다. 1992년, 그들은 너무나도 당시 유행에 어긋나 있었다. 그런지가 단단히 자리 잡고 있던 그 시기에, 이 뱀 가죽을 입은 일당은 페이시스, 올먼 브라더스, 더 밴드, 그리고 〈Exile On Main Street〉 시대 스톤스의 영향을 전파하려 했으니 말이다. 크리스의 남동생이자 기타리스트였던 리치의 기타 연주에는 키스 리처즈나 로니 우드를 연상케 하는 방탕한 거만함이 묻어났다. 이들은 그런 리치의 음악 성향을 활용할 작정이었다. 오티스 레딩의 "Hard to Handle"의 활기 찬 커버 버전은 블랙 크로우스의 1990년 데뷔 앨범 〈Shake Your Money Maker〉를 볼품없어 보이게 했다. 그러나 〈The Southern Harmony and Musical Companion〉(1992)은 높은 완성도를 자랑했고, 여기서 때우기용 트랙은 단 한 개도 찾아볼 수 없었다. 이 앨범의 리드 싱글인 "Remedy"는 크로우스가 펑키(funky)한 소울과 지저분한 로큰롤 양면에서 동등한 재능을 소유했다는 걸 증명해 보였다.

이 앨범은 최소한의 녹음 횟수를 들여 8일 만에 완성되었고, 그 진화과정은 녹음 세션이 시작되기 직전까지도 멈추지 않고 계속됐다. "크리스와 리치가 'Remedy' 인트로를 연주하며 비트를 셌죠." 기타리스트 마크 포드가 '기타'에 말했다. "그런데 갑자기 그들이 멈추더니 '자, 이제 우리는 이 부분을 지금 당장 수정해야 돼'라는 거예요. 나머지 밴드 멤버들은, '너 지금 한 말 장난이지?'라는 분위기였죠."

크리스 로빈슨이 VH1 스토리텔러스에서 말한 바에 의하면, 이 곡의 가사는 한 필라델피아 호텔 창문 틀에 있던 죽은 새("좋은 징조에요!")와 에이즈 시대의 성에 대한 태도에서 영감을 찾아 만들어졌다 한다. 이 곡을 통해 크리스는 아프가니스탄 카펫 위에서 맨발로 그루브를 실어 춤을 추었다. 전진하는 기타가 성적 암시를 만발하는 부분("If you let me come on inside / Will you let it glide(나를 네 안으로 받아들여준다면 / 미끄러뜨려도 될까?)")에 한층 고조된 느낌을 더했고, 코러스 부분에 등장하는 성적 행위에 대한 비유에는 가스펠 배킹이 살집을 넣어주었다. **MH**

No Rain | Blind Melon (1992)

Writer | Glen Graham, Shannon Hoon, Brad Smith, Rogers Stevens, Christopher Torn
Producer | Rick Parashar, Blind Melon
Label | Capitol
Album | *Blind Melon* (1992)

"전 그게 항상 세서미 스트리트 같다고 생각했어요. 그레이트풀 데드 같다고는 꿈에도 생각해본 적이 없죠."

로저스 스티븐스, 2007

◀ **Influenced by: Jane Says · Jane's Addiction (1988)**
▶ **Influence on: Interstate Love Song · Stone Temple Pilots (1994)**
● **Covered by: Dave Matthews Band (2006) · Emmerson Nogueira (2008)**

"저희는 '엇! 이건 마치 세서미 스트리트 테마송처럼 들리는데'라고 생각했죠." 기타리스트 로저스 스티븐스가 얼티미트-기타닷컴(ultimate-guitar.com)에 말했다. "No Rain" 시작 부분의 쨍하고 퉁기는, 희망에 찬 기타와 핑거 스냅이 가미된 멜로디는 노래에 담긴 주제를 착각하게 만드는 데 정말 제격이었다. 이 곡은 사실 우울증이 가져오는 절망적 영향과 약물 의존에 대한 것이었기 때문이다.

베이시스트 브래드 스미스가 작곡에 중추적 역할을 한다. 그는 이 곡이 옛 여자친구에 관한 거라고 디테일스에 말했다. "그녀는 우울증 때문에 힘겨운 시간을 보냈죠. 그녀에 대해서 곡을 쓰고 있는 거라고 전 스스로에게 말했죠…그러고 보니 동시에 자신에 대해서 곡을 쓰고 있는 스스로를 발견했어요." 그는 이 곡의 제목을 "밖에 해가 났는데도" 잠을 자던 그녀를 보고 생각해냈다고 했다. "그녀는 비가 안 온다고 불평했죠. 왜냐하면, 비라도 오면 집 안에 있을 변명거리가 생기니까 말이에요."

드러머 글렌 그레이엄의 여동생 조지아의 사진을 실은 블라인드 멜론의 데뷔 앨범 커버는, 많은 이의 사랑을 받게 될, 사무엘 베이어 감독 뮤직비디오의 영감이 된다. 이 영상은 MTV를 통해 맹렬히 방송된다. 결국 도처에 깔리게 된 이 뮤직비디오에 질려버린 밴드 멤버들은 거기 등장하는 꿀벌 의상의 여주인공에 대해 논하기를 꺼렸지만, 어쨌든, 펄 잼은 자신들의 2003년 앨범 〈Lost Dogs〉에 그녀에 대해 쓴 곡 "Bee Girl"을 수록한다.

싱어 섀넌 훈—그레이트풀 데드의 팬이다. "Ripple"은 사실 "No Rain"의 먼 선조격—은 비디오 촬영 내내 LSD에 심하게 취해 있었다. 불법 약물의 유혹을 이기지 못했던 그는 25세의 나이에 1995년, 약물 과다 복용으로 사망한다.

"정말 대단했어요." 기타리스트 크리스토퍼 손이 기억을 더듬는다. "저희는 'No Rain'이 히트가 되기 전 클럽 공연 일정을 미리 잡아놓았었죠. 그래서 한참 공연을 다니고 있던 중반 즈음 갑자기 이 노래가 차트를 막 상승하는 거예요…정말 좋은 시절이었죠." **OM**

Walk | Pantera (1992)

Writer | Darrell "Dimebag" Abbott, Vinnie Paul, Phil Anselmo, Rex Brown
Producer | Terry Date
Label | ATCO
Album | *Vulgar Display of Power* (1992)

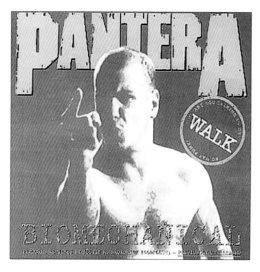

"내 뒷담화는 이제 할 만큼 한 것 같다.
자, 이제 내 얼굴 여기 있으니
직접 보고 당장 그따위로 다시 말해봐."

필 안셀모, 1992

◀ **Influenced by:** Desecrator • Exhorder (1990)
▶ **Influence on:** Redneck • Lamb of God (2006)
● **Covered by:** Kilgore (1998) • Godsmack (2001) • Linkin Park & Disturbed (2001) • Avenged Sevenfold (2007) Peppermint Creeps (2008)

대럴 "다임백" 애버트가 판테라의 2번째 메이저 레이블 앨범(그들의 유감스러운 글램 메탈 시대를 굳이 포함시킨다면, 6번째 이다)을 녹음할 즈음, 그는 송라이터이자 기타리스트로서 자신의 전성기에 막 접어들고 있었다. 눈에 띄는 트랙들로만 가득 찬 이 앨범 중, 가장 눈에 띄는 곡이었던 "Walk"에서는, 콘서트장에서 마구 춤춰대기 알맞으면서 연주하기 쉬운 스타카토 리프가 곡의 기반을 이루고 있었다.

이 곡이 탄생하게 된 것은 어느 공연 전 워밍업 도중이었다. "기타를 하루 이틀 정도 만져보지 않았다 다시 쥔 상태였죠. 그때 만들어진 거예요…" 다임백이 말한다. "그런 거 있잖아요. 정말 오랫동안 섹스를 안 해봤을 때처럼요."

싱어 필 안셀모가 "Repect"라 고함치고, 드러머 비니 폴과 베이시스트 렉스 브라운은 다임백을 따라 전진한다. 여기서 다임백은 놀랄 만큼 난해한 솔로를 선보인다. 이 곡은 진실성을 지지하며("You can't be something you're not / Be yourself, by yourself(넌 너 아닌 다른 것이 될 수 없어 / 그냥 너답게 살아, 혼자서)") 비방자에게 경고한다("Run your mouth when I'm not around(내가 없을 때 내 뒷담화를 해)…").

"고향에 돌아가면," 안셀모가 투덜거린다. "친구들 모두가, 아니, 어쨌든 친구라 여겼던 사람들이, 등 뒤에서 낄낄거리며 이것 저것 입방아를 찧어대죠…'Walk'는 그것에 관한 곡이에요. '사람을 똑바로 대할 줄 알아라, 그리고 그냥 바로 지나가라' 뭐 그런 거 말이에요."

독특한 "walking" 박자표와 다임백 최고의 솔로가 담긴(기타 월드는 이 솔로를 역대 최고 57위로 선정했다), 이 곡은 항상 판테라의 라이브 무대에서 정점을 장식하게 된다. 그리고 밴드에 내분이 일게 될 즈음, 이 곡은 이미 신세대들의 "Whole Lotta Rosie"와 같은 존재로 굳어져 있었다. 폴 아웃 보이와 어벤지드 세븐폴드의 커버 버전으로 "Walk"는 계속 대중에게 노출되었다. 곡의 코러스는 콘서트나 스포츠 경기에서 종종 구호로 쓰이기도 한다. 2004년 발생한 다임백의 죽음은 이 곡의 지위를 더욱 상승시키기만 한다. 그는 한 사이코패스의 손에 목숨을 잃었다. 그가 만일 살아 있었다면, 이 곡을 능가하는 트랙을 작곡했을지도 모르는 일이다. **JMc**

Real Love | Mary J. Blige (1992)

Writer | Mark C. Rooney, Mark Morales, Kirk "Milk Dee" Robinson, Nathaniel "Gizmo" Robinson
Producer | Mark Morales, Mark C. Rooney
Label | Uptown
Album | *What's the 411?* (1992)

"전 성공하려고 정말 열심히 했어요.
아시겠어요? 전 이 정도 받을 만해요.
그리고 포기하지 않을 거예요."

매리 제이 블라이지, 1995

◀ **Influenced by: Top Billin'** • Audio Two (1987)
▶ **Influence on: It's All Gravy** • Romeo featuring Christina Milian (2002)
● **Covered by:** Mike Doughty (2000) • The Twilight Singers (2004) • Toby Lightman (2004)
★ **Other key track:** Sweet Thing (1992)

80년대 후반 17세의 메리 제인 블라이지는 백화점에 갔다가 우연히 스타로 등극하게 된다. 그녀가 쇼핑센터에서 한 가라오케 머신에 아나타 베이커의 "Caught Up in the Rapture"을 녹음한 것이 안드레 해럴의 손에 들어간 후, 그녀는 업타운 레이블의 아티스트로 계약을 맺게 된다. 당시 '퍼프 대디'라는 이름으로 활동하고 있던 프로듀서와 함께 일하며, 블라이지는 그녀의 부모가 들려주던 올드 스쿨 소울 음악과 뉴욕 거리에 울려 퍼지는 힙합으로부터 영감을 찾아나갔다. "퍼피가 등장하기 전까지는" 그녀가 스코틀랜드 온 선데이에 말했다. "저를 가지고 도대체 뭘 만들어야 되는지 아무도 몰랐죠." 블라이지의 데뷔 앨범이 낳은 첫 싱글은 바로 R&B 차트 정상 곡 "You Remind Me"였다. 그러나 2번째 싱글로 그녀는 크로스오버적 스매시 히트를 기록한다.

"Real Love"는 블라이지 능력의 정점을 보여준다. 가스펠을 우려 넣은 소울이 그녀의 멋진 음성을 타고 울려 퍼지자, 샤카 칸이나 아레사 프랭클린 같다는 찬사가 터지기 시작했다. 한편 환희에 찬 러브 송은 오디오 투의 힙합 고전 "Top Billin'"의 비트를 기반으로 만들어졌다. 아이러니한 것은, 비록 오디오 투가 블라이지의 트랙에 공동 작곡 크레딧을 인정받았다고는 하지만, "Top Billin'" 드럼 사운드는 사실 더 허니 드리퍼스의 "Impeach the President"(이 곡은 1973년 펑크(funk) 고전으로 "Top Billin'"과 마찬가지로 수도 없이 샘플링을 당한 트랙이다)에서 샘플해 왔다는 것이다. "Real Love"의 또다른 성공 비결은 바로 퍼프 대디와 스테타소닉 출신 대디-오의 리믹스 버전에 있었다. 이 버전은 베티 라이트의 불가항력적 트랙 "Clean Up Woman"을 샘플로 사용했다. 하지만 더 중요했던 일은 퍼피의 문하생 노토리어스 비.아이.지.가 이 곡을 통해 대중에게 노출되었다는 것이다. 또한 이 싱글은 빌보드 핫 100차트에서 7위를, R&B 싱글 차트에서는 1위를 기록한다. 무엇보다도, 오늘날까지 블라이지를 따라다니는 직함을 그녀에게 선사해 준 것도 바로 이 곡이다. 그녀는 진정 "힙-합 소울의 여왕"이다. **JiH**

Deep Cover | Dr. Dre introducing Snoop Doggy Dogg (1992)

Writer | Dr. Dre, Snoop Dogg, Colin Wolfe
Producer | Dr. Dre
Label | Solar
Album | *Deep Cover* (1992)

갱스터 래퍼들이 한참 인기 절정 가도를 달리고 있던 1991년, N.W.A.를 등진다는 것은 기이한 진로 선택이 아닐 수 없다. 닥터 드레는 어떻게 이지-이와 아이스 큐브를 좌우에 두지 않고 솔로로 나설 생각을 한 것일까? 그 해답의 열쇠는 바로 캘빈 브로더스(일명 스눕 도기 도그)가 쥐고 있었다. 재능 있는 인재 물색가였던 드레는 신속히 스눕을 초청하여 자신의 솔로 데뷔 싱글에 영예로운 게스트로 참여시켰다. 그랜드 캐년만큼 깊은 베이스 음색을 기반으로 세운 이 트랙은 N.W.A.의 "Fuck tha Police"와 비슷한 영역에 손을 댔다. "거기 담긴 메시지는 '일부러 함정에 빠뜨리는 위장 경찰을 해치우자'는 거죠." 스눕이 플레이보이에 말했다. "이 자식이랑 제가 같이 거래를 하고 있었는데, 전 그를 믿었습니다. 그런데 그러는 내내 그 녀석이 도청장치를 달고 있었던 거예요. 제 여자친구가 들어와서 어쩌다 그 녀석 등을 쳤는데, 그게 툭 떨어진 거죠… 야, 걔가 위장 경찰이래. 죽이자' 이런 건 아니에요. 그를 믿었으니까 더 그런 기분이 든다 이거죠." 이 두 명의 래퍼들은 흥미진진하도록 서로 다른 스타일을 뽐냈으나 아름다운 조화를 이루었다. 슬라이 앤 더 패밀리 스톤의 단골 샘플링 트랙 "Sing a Simple Song"에서 가져온 드럼 트랙과 "(I Know)I'm Losing You"(언디스퓨티드 트루스) 중 되풀이되는 "I can feel it"과 함께, 이 곡이 창조한 최면적 그루브와 난폭한 심상은 "지-펑크(G-Funk)"의 청사진을 제시한다. 〈Deep Cover〉 사운드트랙은 미국에서 166위에 오르는 데 그치지만, 사람들은 타이틀 트랙 때문에 이 앨범을 샀을 것이다. "Deep Cover"를 시작으로 이들 2인조의 1992년 앨범 〈The Chronic〉을 위한 무대가 마련된다. **JiH**

Out of Space
The Prodigy (1992)

Writer | Howlett, Miller, Perry, Mau. Smith, Max. Smith, Thornton, Randolph
Producer | Liam Howlett
Label | XL
Album | *Experience* (1992)

테크노 팝 광기 한 조각을 맛보게 한 "Charly"—이 트랙을 위해 프로디지는 만화 고양이가 등장하는 한 공익 광고를 샘플링했다—는 프로디지를 영국 차트 속으로 힘차게 쏘아 올렸다. 그러나 한편으로 이들은 노블티(novelty) 그룹이라든가 "어린이 레이브(kiddie rave)"의 창시자라며 조롱을 사기도 했다. 가지각색의 반응과 평판에도, 이들은 18개월 만에 4개의 싱글을 더 발표하였고, 모두 영국 톱 20위 진입에 성공한다. 그 중 3번째가 "Out of Space"였다. 이 곡은 1990년대 초반 영국의 레이브 신이 보여준 광란의 도가니를 가장 잘 포착한 트랙이었다.

퍼블릭 에너미와 핑크 플로이드 모두의 팬이었던 메인맨 리엄 하울렛은, 달가닥거리는 브레이크비트와 비눗방울 같은 신스, 스캥크 춤을 연상시키는 레게 브레이크다운 섹션—후자는 "I'm gone sent into outer space / To find another race (난 대기권 밖으로 보내져 / 새로운 종족을 찾기 위해)"라고 공식 선언하고 있다—까지 다양한 재료를 섞어냈다. 높은 목소리로 집요하게 되풀이되는 "I'll take your brain to another dimension / Pay close attention(네 뇌를 또 다른 차원으로 데려갈래 / 귀 기울여봐)"은 울트라마그네틱 엠씨 쿨 키스가 부른 구절을 샘플링 해 뒤틀어놓은 것이다. 그러나 1993년 즈음, 하울렛은 이미 레이브 신에 환멸을 느끼고 있었다. 하지만 "Out of Space"는 세월의 시험을 견뎌낸다. 프로디지가 활동 초반 당시 작품 중 유일하게 아직까지도 라이브 공연 무대에 올리는 트랙이기도 하다. 2005년 재발매를 위해 오디오 불리스가 이 곡을 개작했고, 하울렛은 차마 리믹스 작업 참여의 유혹을 뿌리치지 못한다. 그러나 그의 말이 맞다. "오리지널만 한 건 만들 수 없어요. 오리지널 버전은 이제 고전이 되어버렸죠." **DC**

Didi
Khaled (1992)

Writer | Khaled Hadj Brahim
Producer | Don Was
Label | Barclay
Album | *Khaled* (1992)

"음악계에는 말이죠." 셉 할레드(khaled hadj brahim)가 아프로 팝에 이렇게 전했다. " 정치에 대해 노래하는 아티스트들이 있어요. 참여 정신이 있는 아티스트들 말이에요…그리고 한편으로는 사랑에 대해 노래하는 아티스트들도 있죠. 또 사람들을 웃게 하는 아티스트도 있죠. 전 사람들을 웃게 하고, 사랑에 대해 이야기하는 족속의 일부라 할 수 있죠." 칼레드는 알제리아에서 십 대 초반부터 히트를 거두기 시작하였고 국내에서 최고로 재능 많고 인기 있는 라이 싱어로 성장해간다. 라이는 베두인족의 전통 노래로부터 발전하여 온갖 영향을 흡수한 사운드에 맞춰 정치, 사회, 인간 관계에 대해 이야기하는 음악 형태이다. 칼레드가 "라이의 왕"으로 추대받을 무렵, 라이는 이미 서방의 팝, 펑크(funk), 록을 조화시켰지만 여전히 강한 아랍적 뿌리를 간직했다.

1980년대에 일어난 알제리아의 군정부와 근본주의자들 사이의 전쟁으로 인해, 칼레드와 다른 라이 싱어들은 프랑스로 도피한다. 그곳에서 바클레이 레이블은 그와 계약을 맺는 한편, 그의 메이저 레이블 데뷔 지휘자로 슈퍼 프로듀서 돈 워즈를 고용한다. 그 앨범의 오프닝 트랙이자 첫 히트 트랙이었던 "Didi"는 프랑스에서 흥행에 성공하며, 그의 인기는 세계 곳곳으로 퍼진다. 아랍 세계에서 "Didi"는 앤섬이 되었고, 〈Khaled〉는 아랍어 앨범으로는 최다 판매를 기록했다(7백만 장 이상이 판매되었다). "Didi"는 노래 전체에 흥겨움을 유지시키는 추진력 강한 댄스 플로어 그루브 위로 칼레드의 최상급 목소리를 전면에 세운다. 아랍과 서방세계의 하이브리드 뮤직으로서, 이 명작의 우수성에 힘입어 라이는 세계 무대로 진출하게 된다. **GC**

Animal Nitrate
Suede (1993)

Writer | Brett Anderson, Bernard Butler
Producer | Ed Buller
Label | Nude
Album | *Suede* (1993)

그들이 흡수한 음악적 영향들을 작은 지도에 그려보는 것은 가능하다. 데이비드 보위, 더 스미스, 데이비드 보위, 디 온리 원즈, 데이비드 보위, 이런 정도가 될 것이다. 하지만 영국의 얼터너티브 뮤직 신이 스웨이드 현상 같은 것을 경험해본 것은 처음일 것이다. 음반 한 장 내기도 전에 이미 영국 최고의 밴드라는 찬사를 받았던 스웨이드는 이 과대 광고에 부응하는 3편의 재치 넘치는 싱글을 발표한다.

이것들이 결국 "Animal Nitrate"으로 발전하게 된다. 이 천박하고 정력적인 스매시 히트는 버나드 버틀러의 글램 기타에 브렛 앤더슨이 벌이는 아질산아밀과 미성년자 게이 섹스에 대한 건방진 축하연을 능숙하게 조화시켰다. "'Animal Nitrate'같이, 게이의 세계를 중심으로 다룬 노래들은 제가 친구들을 통해 그 세계에 개입되어 있기 때문에 탄생하게 되었죠…" 앤더슨이 모조에 말했다. "제가 단지 동성애자적 심상을 이용하고 있을 뿐이라고 사람들이 말할 때면, 전 정말 우울해져요. 왜냐하면 제 친구들은 감정적 혼란을 겪고 있으니까요. 전 그들의 입장에서 그걸 느끼고, 그들을 위해 노래들을 썼을 뿐이라고요."

이 곡이 주류에서 환영받으리라 예상한 이는 많지 않았다. 그러나 브릿 어워드에 불쑥 쳐들어간 이들은 업계 돌파에 성공한다. 그들의 퍼포먼스는 너바나가 이끄는 그런지에 맞서는 신선한 대조를 선사했다. 브릿팝은 이렇게 탄생했다. 그러나 NME가 승인하는 인디 밴드의 성공 조건이 블러와 오아시스로 인해 수정 과정을 거치며, 스웨이드는 추월당하게 된다. 하지만 그들은 모든 밴드가 부러워할 만한 최고의 유산을 남기게 된다. 진정 위대한 히트 곡들 말이다. **PW**

La solitudine
Laura Pausini (1993)

Writer | A. Valsiglio, P. Cremonesi, F. Cavalli
Producer | L. Pausini, A. Valsiglio, M. Marati
Label | Atlantic
Album | *Laura Pausini* (1993)

"La solitudine"와 함께, 이태리 싱어 라우라 파우지니는 1993년 2월, 산레모 음악 페스티벌에서 최고 신인상을 수상하는 한편, 18세의 나이로 세계 무대에 혜성처럼 등장한다. 이듬해 여름, 이 싱글은 유럽 전역에 걸쳐 라디오 채널을 타고 흘러나온다.

멜로디컬하고 귀여운, 귀에 착 감기는 이 노래는 남자친구가 떠난 후 고통을 겪는 한 십 대 소녀의 이야기를 노래한다. 단순하고 솔직한 가사는 십 대가 즐겨 쓸 만한 말들을 정확히 사용해, 이 소녀의 감정을 제대로 포착해냈다. "Marco has left and won't be coming back"이라 탄식하는 그녀는 그가 없는 도시가 주는 외로움을 묘사한다: "The 7:30 train is a soulless heart of metal"; "At school the desk is empty, Marco is inside me(7시 30분 기차는 금속으로 된 차가운 심장. 학교에 가면 책상은 비어 있지만 마르코는 내 안에 있어)." 그녀는 그도 그녀를 생각하고 있는지, 그녀만큼이나 고통스러워 하고 있는지에 대해 의아해한다("I wonder if you think of me / If you ever speak with your friends / So as not to suffer for me anymore(네가 내 생각하는지 궁금해 / 네 친구들과 이야기를 나누는지도 / 너 때문에 더 아파하지 않으려고 해)").

수줍음 많은 그녀였지만 파우지니는 영혼이 깃든 음성으로 어린 청중을 사로잡았고, 곧 세계 전역에 예찬자를 끌어 모았으며, 특히 라틴 아메리카에서 큰 무리의 추종자들이 발생하게 된다. 그녀는 스페인어로 여러 장의 앨범을 냈으며 다수의 라틴 그래미상을 수상한다. "La solitudine"은 다양한 언어의 커버 버전을 탄생시켰고, 그중 영어 버전으로 팀 라이스가 번역한 "Loneliness"가 있다. **LSc**

Rumba Argelina
Radio Tarifa (1993)

Writer | Fain S. Dueñas (lyrics: traditional)
Producer | Juan A. Arteche
Label | Sin Fin
Album | *Rumba Argelina* (1993)

라디오 타리파는 멀티인스트루멘털리스트 파인 산체스 두에냐스의 브레인차일드였다. 마드리드 록 신에 무력감을 느낀 그는 기타리스트 파코 데 루시아의 음악을 통해 플라멩코를 발견하게 되었고, 1984년, 중세 유럽 음악을 재료로 실험을 시작한다. 이후 그는 아랍 지역과 페르시아의 음악에 흥미를 느끼게 되고 이 모든 음악적 영감을 한데 모아 라디오 타리파를 탄생시킨다. 이 그룹의 핵심적 역할은 3인조가 도맡았다. 카리스마 넘치는 프론트맨 벤하민 에스코리사가 보컬을 담당하고, 뱅상몰리노가 다양한 관악기를 연주했다. 두에냐스는 퍼커션 섹션 전체를 도맡았다.

"Rumba Argelina"는 평단의 격찬을 받은 데뷔 앨범의 타이틀 트랙이었고, 샤비(chaabi) 팝 뮤직(모로코와 알제리아로부터 기원한다)의 음악적 요소와 플라멩코 룸바의 전통적 가사를 융합시켰다. "Gypsy if you love me / I'd buy you the best cave / You can find in Granada(집시여, 날 사랑한다면 / 당신에게 최고의 집을 사주겠소 / 그라나다 최고의 집을)"라는 프로포즈가 사실 그다지 탐탁치 않을 지도 모르겠지만, 사실 이것은 사크로몬테에 위치한 (동굴에 사는)집시들의 거주 구역(barrio)을 말한다.

초반에 스페인의 신핀 레이블이 발매했던 이 앨범은 평단의 갈채를 받으며 드물게 광범위한 팬층을 확보했다. 1996년 이 앨범에 대한 전권이 월드 서킷으로 넘어가며 더욱 다양한 추종자들을 이끌게 된다. 하지만 3장의 앨범을 더 발매한 후, 2006년, 라디오 타리파는 무기한 활동 중단을 선언하였다. **JLu**

Loser | Beck (1993)

Writer | Beck Hansen, Carl Stephenson
Producer | Carl Stephenson, Tom Rothrock
Label | Bong Load
Album | *Mellow Gold* (1994)

"사람들은 이 곡이 '게으름뱅이'들의
앤섬이라고 말했죠. 하지만
사실 이 곡은 그저 실없는 노래였어요.
그저 랩을 익살스럽게 흉내 낸 거죠."

벡, 1996

◀ **Influenced by: I Walk on Guilded Splinters**
Johnny Jenkins (1972)
▶ **Influence on: Fresh Feeling** · Eels (2001)
● **Covered by:** The BossHoss (2005)
★ **Other key tracks:** Beercan (1994) · Soul Suckin Jerk
(1994) · Jack-Ass (1996) · Where It's At (1996)

"처음에, 전 장난으로 그러는 줄 알았어요…" "Loser"에 대한 반응에 관해, 벡이 옵션에 한 말이다. "하지만 상업적 방송국들이 이 곡을 방송에 내보내기 시작했죠. 그러더니 이 곡이 차트를 타고 상승하기 시작했어요. 그제서야 좀 실감이 났죠. 기분이 아주 이상하더라고요."

본래 얼터너티브계의 우두머리 소닉 유스의 팬이었던 이 로스앤젤레스 출신의 고물 음악 수집가는, 미시시피 존 허트의 앨범을 통해 포크 음악에 흥미를 느끼게 된다. 뒤따라 발표된 그의 작품들은 이러한 음악적 영향들을 여실히 반영했고 여기에는 힙합이 덧칠돼 있었다. 그리하여 봉로드 레이블 설립자 톰 로스록은 벡을 프로듀서 칼 스티븐슨에게 소개한다. 1992년 1월, 이들 두사람은 "Loser"를 조립한다. 이 트랙은 조니 젠킨스가 만든 닥터 존의 "I Walk on Guilded Splinters"(철자는 본래 이렇게 잘못 되어 있었다!)의 한 버전에 기반하고 있었다(두웨인 올먼의 기타 연주가 등장하는 이 트랙은 오아시스와 소울 투 소울이 샘플링하기도 한다).

"전 버스(verse) 부분에서 부를 가사를 쓰기 시작했죠." 벡이 회상한다. "그리고 그가 플레이백을 해줬고, 전 '이야, 난 정말 세상 최악의 래퍼이구나'라고 생각했어요…전 노래하기 시작했죠. '난 찌질이야. 그냥 날 죽이지 그래(I'm a loser baby, so why don't you kill me)'라고요."

이 트랙은 로스록이 1993년 싱글로 내놓기 전까지 아무 데도 사용되지 않았다. 엘에이 라디오가 먼저 이 곡을 덮쳤고, DGC—소닉 유스의 홈그라운드였다—가 결국 메이저 레이블 입찰 전쟁의 승자가 된다. 그들의 1994년 재발매로 "Loser"는 스매시 히트가 되었고 벡은 고의가 아니게 게으름뱅이의 아이콘으로 부상한다(이 곡은 빌보드 핫 100에서 10위를 차지한다). "Loser"를 위한 실험적 뮤직비디오에서는 벡의 친구였던 스티브 핸프트가 감독을 맡았다.

"이 곡이 이렇게까지 영향력을 가질 줄 알았다면, 좀 더 의미 있는 가사를 곡에 넣어보았을 거예요." 벡이 아쉬워했다. 하지만 "Loser"의 유산은 계속 이어졌다. 연구쟁이 '일스'부터 맥주에 젖은 '키드 록'에게까지 말이다. **BM**

French Disko | Stereolab (1993)

Writer | Tim Gane, Lætitia Sadier
Producer | Phil Wright
Label | Duophonic
Album | N/A

"제가 만일 어느 한 사람의 눈이라도
뜨게 할 수 있다면, 그걸로 족해요."

레티시아 사디에, 1994

◀ **Influenced by: Neuschnee · NEU! (1973)**
▶ **Influence on: Wrapped Up in Books**
Belle & Sebastian (2003)
● **Covered by:** Editors (2006) · The Raveonettes (2008)
★ **Other key tracks:** Jenny Ondioline (1993) · Wow and
Flutter (1994) · Miss Modular (1997)

맥카시(80년대 중반 팀 게인이 공동 창단한 밴드)가 퍼뜨린 좌파적 팝은 정말 대단했다. 하지만 뒤따라 그가 만든 "그루웁 (groop)"(이들은 세간에 이렇게 알려진다) 스테레오랩은 더더욱 대단했다. 이들의 위대성을 가장 잘 보여 주는 트랙으로 "French Disko"를 능가하는 것은 좀체 없을 듯싶다.

최면적인, '노이!' 스타일적 리듬 위로, 프랑스 싱어 레티샤 사디에(때로는 샤 사디에로 알려졌다)는 모국어와 영어를 섞어가며, 삶의 터무니없는 부조리 앞에서도 소극적인 한숨과 움츠린 어깨로 체념하지는 말라고 간청한다. "버티고 싸워서 얻어낼 가치가 있는 것들이 아직 존재한다고 봐요." 그녀가 단호히 말한다. "라 레지스탕스"라고 덧붙이며 말이다.

이것은, 사회가 제시하는 경제적·사회적 조직을 끈덕지게 찌르고, 쑤시고, 캐기를 일삼는 다량의 작품을 생산할 스테레오랩의 초기작이었다. 감미로운 가벼움이 묻어나는 음악을 입히지 않았다면 여기 담긴 가사들은 허풍이나 위협같이 들렸을 지도 모를 내용들이었다.

이 추진력 강한 트랙—본래 "French Disco"라고 명명되었다—은 1993년 발매된 〈Jenny Ondioline〉 EP에 모습을 드러낸다. 하지만 이 새로운 버전은 밴드에게 그들음악 인생의 유일한 영국 싱글 차트 진입 기록을 선사한다. 75위에 딱 1주 머물렀던 것이다(비록 인디 차트에서는 정상을 차지했지만 말이다). "저희는 한 번도 큰 히트를 거둬본적이 없어요." 게인이 인정한다. "하지만 저흰, 저희가 좋아하는 것을 하며 괜찮은 수입을 벌어들이죠. 그게 우리가 말하는 성공의 정의에요. 히트 곡을 내야 한다는 부담감이 없다는 것도 아주 좋더군요."

"우리가 당신들이 말하는 일반적 MTV시청자에게 알려져 있다고 생각하고 싶진 않군요." 게인이 1994년 미국에서 한 인터뷰에 한 말이다. 브릿팝이 선사할 쾌락주의가 곧 고개를 내밀 무렵, 자발적으로 현상황에 질문을 던지거나, 던질 수 있는 밴드의 수는 점점 더 줄어들고 있었다(물론 블러가 〈Parklife〉의 아름다운 발라드 "To the End"에 사디에를 참여시키기는 했다). 그러므로 스테레오랩은 더더욱 귀중했다. 진정한 '라 레지스탕스'다. **CB**

Into Dust
Mazzy Star (1993)

Writer | Hope Sandoval, David Roback
Producer | David Roback
Label | Capitol
Album | *So Tonight That I Might See* (1993)

레드 핫 칠리 페퍼스 프론트맨 안토니 키에디스는 수년 간의 금주 상태를 깨고 음주에 대한 자제력을 잃었다. "Aeroplane"에서 그는 이렇게 노래한다. "I'm turning into dust again / My melancholy baby, the star of Mazzy, must push her voice inside of me(난 먼지로 흩어져 / 멜랑콜리한 내 자기, 매지의 별, 내 안으로 그녀의 목소리를 밀어 넣지)." 이 가사 구절들은 싱어 홉 산도발과 그녀가 불렀던 가장 슬펐던 노래를 가리키고 있었다. 매지 스타는 산도발이 기타리스트 데이비드 로백의 밴드 오팔에 합류하고 난 후 탄생한다(그녀의 선임자인 켄드라 스미스는 지저스 앤 매리 체인과의 투어 도중 밴드를 떠났다. 그녀에 대해서는 나중에 더 얘기하자). "홉과 저는 서로 친구 사이였어요." 로백이 롤링 스톤에 말했다. "하지만 제 생각에, 우린 둘 다 뮤직 신의 일부가 아니었죠…둘 다 좀 소외된 상태였어요. 그게 우리의 공통점이었고요."

2인조가 결성한 새로운 밴드를 향한 갈채는 이들의 2번째 앨범 〈So Tonight That I Might see〉로부터 히트 싱글 "Fade into You"가 탄생하고 난 후, 음반 판매고 증가의 효과로 이어지게 된다. 그러나 청중은 이보다 더 멋진 곡을 앨범 끝 언저리에서 발견하게 된다. 그것은 분주하지 않은 음악이 전하는, 무너져가는 한 남녀 사이의 이야기였다. "데이비드의 기타 파트가 너무 감동적이었죠." 산도발이 회상한다. "저희는 곡을 쓰려고 멈추지조차 않았어요. 그는 그저 계속 연주해갔고, 전 노래했죠. 우린 그걸 그대로 녹음했고요. 그게 다였어요." 산도발이 자신의 가사에 영감이 되어준 소재에 대해 말을 아끼는 것은 이미 공공연히 알려진 사실이었다. 당시 그녀는 지저스 앤 매리 체인의 윌리엄 리드와 동거 중이었다. **BM**

Rid of Me
PJ Harvey (1993)

Writer | Polly Jean Harvey
Producer | Steve Albini
Label | Island
Album | *Rid of Me* (1993)

여자가 한을 품으면 오뉴월에 서리가 내린다. 그 여자가 폴리 하비일 경우 특히나 더하다. 그녀가 쓴 한 무더기의 노래 속에는 부정한 연인에게 보복을 가하는 정신착란 상태의 여인들이 주인공으로 등장했다. 하비의 보복 판타지를 담은 이 모든 곡들 중에서, 가장 충격적이었던 것은 그녀의 2번째 앨범 타이틀 트랙이었다.

뮤트된, 타악적 느낌의 기타 사운드로 시작되는 "Rid of Me"는 바람피우는 남자친구를 향해 중얼중얼 협박을 내뱉는다("I'll tie your legs / Keep you against my chest / Oh, you're not rid of me(네 다리를 묶고 / 내 가슴에 붙여놓을 거야 / 넌 날 못 떼어내)"). 그리고 갑자기 밴드 전체가 블루지한 펑크의 대혼란으로 불타오르며, 그녀의 비명을 한층 고조시킨다. 그녀는 자신의 제물이 "그녀를 결코 만나지 않았더라면"이라 바라고, 그런 바람을 인정할 때까지 고문을 멈추지 않으리라 소리친다.

감히 첫 메이저 레이블 앨범부터 이런 정신이상적 모습을 보여주는 아티스트는 사실 많지 않다(하비는 이전 해 아일랜드와 계약을 맺은 바 있다). 2004년, 그녀는 자신이 "대개의 뻔한 메이저 아티스트들과는 좀 다른 사람이란 것을 보여주고 싶었던" 마음이 당시 간절했다고 필터에 털어놓았다. "전 관련자들이 그걸 알아주길 원했죠. 전 제 마음이 허락하는 것만 할 수 있다는 사실을요."

잔혹할 만큼 솔직했기에 이 노래는 더욱 힘찼다. 하비는 스스로를 충격받게 했다고 말할 정도다. 한 멜로디 메이커 기자는 이 곡을 듣다가 너무 깜짝 놀란 나머지 차 사고를 냈다고 전한다. "Rid of Me"는 1995년 영화 〈스트레인지 데이즈〉에서도 모습을 드러낸다. 여기서 줄리엣 루이스가 광적 퍼포먼스로 이 곡을 열연한다. **TB**

피제이 하비는 그녀의 가사가 일그러진 영혼을 내포한다는 해설자들의 말을 조롱한다.

Streets of Philadelphia | Bruce Springsteen (1993)

Writer | Bruce Springsteen
Producer | Bruce Springsteen, Chuck Plotkin
Label | Epic Soundtrax
Album | *Philadelphia (Music from the Motion Picture)* (1993)

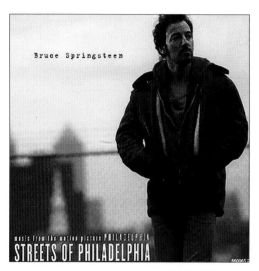

"영화 사운드트랙으로 작곡한 노래로는
이 곡이 처음이에요.
그러니 지금부터는 계속
내리막길이라는 말이겠네요."

브루스 스프링스틴,1994

◀ **Influenced by: Justify My Love**• Madonna (1990)
▶ **Influence on: The Shining** • Badly Drawn Boy (2000)
● **Covered by:** Richie Havens (1997) • Ray Conniff (1997)
Reilly & Maloney (2003) • Garland Jeffrys (2003)
Molly Johnson (2006) • Liv Kristine (2006) • Bettye
Lavette (2007) • David Gray (2007)

1992년 브루스 스프링스틴은 이미 이 스트리트 밴드(E Street Band)를 버리고 2장의 앨범을 발매한 상태였지만 평단이나 소비자로부터 별다른 반응을 일으키지 못했고, 그의 음악 활동은 당시 저기압 상태였다. 하지만 이때 영화 감독 조너선 데미가 등장해 에이즈와 부정의에 대한 자신의 영화 〈필라델피아〉의 사운드트랙 작업에 참여해보는 것이 어떻겠는지 제안한다. 데미가 회상한다. "우리에게 필요한 건 바로 영화 도입부에 쓸, 부당성에 대한, 미국적인, 기타 중심의 최첨단 록 앤섬이라고요."

데미는 본래 닐 영을 선택했으나, 결국 "Philadelphia"를 영화 끝 부분에 쓰기로 결정한다. 스프링스틴으로부터 그가 전해 받은 건, 힙합 배킹 트랙 위로 흐르는 조용한 탄식이었다. 스프링스틴은 1993년 8월 단독으로 음악 전체를 맡아 녹음했고, 여기에 토미 심스의 배킹 보컬만을 추가했다. 오넷 콜맨과 리틀 지미 스콧 등의 재즈 스타들이 등장하는 후기 버전은 영화 중반 즈음에 등장한다. "브루스의 재능은 한 캐릭터가 겪는 딜레마의 정곡을 찌른다는 데 있습니다." 이 곡의 공동 프로듀서였던 척 플롯킨이 빌보드의 크레이그 로젠에게 말했다. "단 한 번도 그가, 자신의 경험이나 상상력에 기인하지 않은 인물에 대해 곡을 쓴 적은 없는 것 같습니다. 하지만 이번만큼은 정말 제대로 해낸 거죠."

"Streets of Philadelphia"로 스프링스틴은 세계 곳곳의 차트와 사람들의 가슴속을 향해 다시 한 번 화살을 쏜다. 데미의 감독 아래 필라델피아의 거리를 거닐며 노래하는 스프링스틴의 모습을 담은 뮤직비디오가 제작되었고, 이것의 도움을 받아 이 발라드는 4개의 그래미상, 1개의 MTV어워드와 오스카상을 수상하게 된다. 후자를 수상하며 스프링스틴은 이렇게 소감을 밝혔다. "그저 최선을 다해 일하고, 그것이 청중으로부터 최선의 결과를 이끌어내길 바랄 뿐입니다. 그 결과물의 일부는 우리 현실로 쏟아져 나오고, 다시 사람들의 일상 생활로 쏟아져 들어가게 마련이죠. 그리고 그건 두려움을 삭이고, 사람들 사이에 존재하는 차이점과 그것이 드리우는 장막을 넘어 서로를 인정하도록 허락해줍니다." **SO**

Laid | James (1993)

Writer | Tim Booth, Jim Glennie,
Larry Gott
Producer | Brian Eno
Label | Fontana
Album | *Laid* (1993)

"오로지 내 관심은…
당신의 성적 욕망 앞에서
속수무책으로 남자가 된다는 거예요."

팀 부스, 2005

◀ **Influenced by: Orange Crush** · R.E.M. (1988)
▶ **Influence on: Glass of Water** · Coldplay (2008)
● **Covered by:** Matt Nathanson (2003) · Better Than
Ezra (2005)
★ **Other key tracks:** Sit Down (1989) · Come Home
(1990) · She's a Star (1997)

제임스가 80년대 중반 포크-팝적 괴짜 행세를 하던 시절,
모리세이는 이들을 자신이 가장 좋아하는 밴드로 꼽았다.
제임스는 〈Seven〉이 발매된 지 2년이 지난 1990년 〈Gold
Mother〉을 발표하며 썩 내키지 않지만 어쨌든 선두주자로
성장하게 된다. 이 시점에서 그들은 이제 1천 장, 1만 장을
팔아 치울 생각지도 못할 지위에 서게 되었지만 주류 전선
에서 물러날 것을 선택했다. 자신들의 신비스럽고 변덕스
러운 일면을 끌어내는 지휘관 역할에 브라이언 이노를 등
용할 것을 결정한다. 1993년, 〈Laid〉는 벌거벗은 제임스의
모습을 공개한다. 거기 담긴 사운드는 여전히 넉넉했고,
여전히 반항했지만, 그다지 소란 피우지 않고도 여전히 변
치 않은 공간적 여유를 창조해냈다. 힘차게 구르는 드럼
스트로크가 새겨가는 드럼 비트 문신을 원동력 삼아 전진
하는 이 타이틀 트랙에서 싱어 팀 부스는 "성 역할을 가지
고 장난 치며(messed around with gender roles)," 성적 열기
를 자극한다(앨범 커버 디자인으로, 드레스를 걸친 아름다운 밴드
멤버들이 바나나를 먹고 있는 모습이 실렸다). 후에 부스가 "좀
미친 것 같은" 곡으로 애정 어린 핀잔을 준 "Laid"는 멋지
게도 뜻밖의 앤섬적 입지를 굳혀간다(이 곡을 결혼 행진 음악
으로 쓴 영화 감독 케빈 스미스는 이렇게 간단히 줄여 말했다: "이
곡을 들으면 항상 발기가 돼요"). 이 곡의 가사는 침실에서 터
지는 불꽃에 대한 요란스러운 이야기를 전한다("The
neighbors complain about the noises above / But she only
comes when she's on top(이웃 사람들이 위층의 소란에 투덜거리
지 / 하지만 그녀는 위에서 할 때만 오르가슴을 느껴)"). 그리고 나
서 이 곡은 또 다른 종류의 불꽃 놀이 속으로 전면충돌에
나선다. 그건 "부엌칼과 꼬챙이를(with kitchen knives and
skewers)" 든 부부싸움이었다. 영국에서 "Laid"는 30위권
하위를 맴돌았고, 제임스의 별은 저물어가는 듯 보였다.
하지만 갑자기 이들은 미국에서 대환영을 받았고, 이 싱
글은 빌보드 100 진입에 성공하는 한편 라디오 스테이션
히트 곡으로 부상하게 된다. 후에 싱어-송라이터 맷 네이
던슨의 음성을 타고 재등장한 이 곡은 영화 〈아메리칸 파
이〉의 후속작 〈아메리칸 웨딩〉(2003)의 사운드트랙으로 사
용된다. **MH**

Open Up | Leftfield-Lydon (1993)

Writer | Paul Daley, Neil Barnes, John Lydon
Producer | Leftfield
Label | Hard Hands
Album | *Leftism* (1995)

"그들이 저를 불러들인 것은
이리저리 돌아다니기나 할 팝스타가
필요해서가 아니었죠."

존 라이든, 1993

◄ **Influenced by: Burn Hollywood Burn**
Public Enemy (1990)
► **Influence on: Firestarter** · Prodigy (1996)
★ **Other key tracks:** Release the Pressure (1992)
Song of Life (1993) · Afro-Left (1995) · Original (1995)
21st Century Poem (1995)

90년대 초반, 퍼블릭 이미지 리미티드는 한때 밴드의 생명력과도 같았던 혁신성을 이미 잃어버린 상태였다—그렇다고 해서 프론트맨 존 라이든이 깜짝 놀랄 일들을 벌이기를 그만두었다는 것은 아니다. 타임 존의 "World Destruction"에서 그가 아프리카 밤바타와 함께 완성시킨 결과물은 록과 힙-합이 서로 공집합이 아예 없지만은 않음을 보여주는 초기 지표가 되는 사건이었다. "Open Up"과 함께, 그가 또 일을 쳤다. 앤드류 웨더럴과 프라이멀 스크림의 록/댄스 탐험의 일보 전진을 위해 그가 레프트필드와 힘을 합친 것이다. 라이든은 댄스 음악 장르를 가리켜 "음악계의 맥도날드(Musical McDonald's)"라는 자신의 입장을 밝힌 적이 있으나 폴 데일리의 컬렉션 중 특별 선발된 트랙들을 듣고 생각을 바꾼다. 레프트필드의 또 다른 멤버 닐 반스는 라이든의 으르렁거리는 보컬 스타일이 이들 2인조의 머리 터질 듯한 일렉트로니카와 얼마나 잘 들어맞을지 마음속에 그려보았던 것이다. "전 그가 무언가 특별한 걸 해낼 거라고 생각했어요." 반스가 회상한다. "왜냐하면 그는 굉장히 긴장했거든요. 존을 도마 위에 올려놓는 것은 그와 일하는 최선의 방식이에요. 저희는 다른 사람들을 대하듯 그를 똑같이 대했죠. 스타라고 해서 그한테 홀딱 빠지거나 그런 게 아니었어요. 저희는 그를 노력하게 만들었고, 그는 그걸 좋아했죠." 천상 펑크족인 라이든은 초반에, 자신의 가사가 즉석에서 그 자리에서 떠오른 것이라 주장했다. 하지만 훗날 그는 토씨 하나 틀리지 않게 모두 연습 한 상태로 스튜디오에 발을 들여놓았던 사실을 털어놓았다. "전 스스로에 대해 대단히 자신 없어 하는 지독한 완벽주의자 중 하나예요." 그가 NME에 털어놓았다. 하지만 그의 가사들로 인해 "Open Up"의 1993년 발매 후 이 트랙은 논란의 대상으로 떠오른다. 가사 구절 중 "Burn, Hollywood, Burn(타올라라 할리우드여, 타올라라)"은 당시 캘리포니아를 휩쓴 산불을 두고 고소해하는 말이라 해석되었다(이 가사가 훨씬 전에 쓰인 것임에도 말이다). 이 트랙의 발매 날짜는 법정 분쟁 때문에 수개월 늦춰진 것이었다. 라이든의 설명에 따르면, 가사에 실제로 영감이 되었던 것은 일종의 복수 판타지였다 한다. **CB**

Possession | Sarah McLachlan (1993)

Writer | Sarah McLachlan
Producer | Pierre Marchand
Label | Nettwerk
Album | *Fumbling Towards Ecstasy* (1993)

"그것은 더이상 나아갈 데가 없는
제 머릿속의 변태 판타지 같은 거였죠."

사라 맥라클란, 1996

◀ **Influenced by: Desire** · Talk Talk (1988)
▶ **Influence on: You Oughta Know** · Alanis Morissette
(1995)
● **Covered by:** Transfer (2001) · Evans Blue (2006) · Smile
Empty Soul (2007)

캐나다 출신 싱어-송라이터 사라 맥라클란을 가리키는 형용사로 "무서운"이란 단어는 잘 쓰지 않을 것이다. 이건 포크 뮤직과 플릿우드 맥의 매력적 조화를 꾀하는 그녀의 음악을 가리킬 때도 그런 점은 마찬가지일 듯하다. 게다가 "Possession"의 코러스 부분—"And I would be the one to hold you down / Kiss you so hard (널 소유하고 / 강하게 키스를 하지)"—은 언뜻 보면 그저 열정을 노래한 내용일 뿐이다. 하지만 록 냄새 풍기는 이 트랙은 사실 어느 집착적 팬으로부터 얻은 영감을 가지고 만든 것이다. 그 이야기의 주인공은, 트랙이 발매된 지 1년 후 스스로 목숨을 끊는다. "그런 사람이 꽤 몇 명 있었죠…" 그녀가 설명한다. "저랑 그다지 관계 없는 로맨틱한, 섹슈얼한 판타지에 관해 잔뜩 편지를 보내대는 그런 사람들 말이에요. 그들은 제가 자신들과 공감하고 있다고 믿곤 했죠."

"'Possession'의 소재가 된 인물은 바로 저입니다." 그런 팬들 중 하나였던 우 반드레이가, 긴 길이의 인터넷 포스팅을 올렸다. "맥라클란은 제 편지들에 관련해 기밀 유지 위반을 저질렀습니다…전 'Possession' 때문에, 그리고 그에 관련하여 불거진 논란 때문에 깊고도 깊은 감정적 고통을 겪어야 했습니다." 그는 단 몇 주 후 자살했다.

그 일이 아니라도 이 노래는 이미 논란을 자초하고 있었다. 그것은 역사적 화폭들로부터 재창조한 여성 원형을 담은 발칙한 뮤직비디오 때문이었다. 맥라클란은 "MTV를 얕보지 마"라는 레이블의 충고를 무시했고, 결국 이 비디오는 미국에서 방송 금지를 당한다. 그녀의 달래듯 부드러운 음악 속에는 강철 같은 투지가 숨어 있다. 그리고 맥라클란은 그 어느 때보다 더 높은 음반 판매고를 기록 하게 된다. 그녀는 계속하여 "Possession"을 공연 무대에 올렸고, 그 덕에 라이브 앨범 〈Mirrorball〉(1999)에 실린 활기 넘치는 버전도 탄생하게 되었다. "요즘 받는 편지들에선 모두 하나같이" 그녀가 롤링 스톤에 말했다. "보내는 사람들이 '전 그런 싸이코 팬들 중 하나가 아니에요'라고 적어 넣던데요." 하지만 그때 이후로, 그렇게까지 소름 끼치는 편지는 오지 않았어요. 정말 좋아요. 왜냐하면 예전에는 맨날 그런 편지들이 왔거든요." **BM**

Cannonball
The Breeders (1993)

Writer | Kim Deal
Producer | Kim Deal, Mark Freegard
Label | Elektra
Album | *Last Splash* (1993)

브리더스는 픽시스의 베이시스트 킴 딜과 스로잉 뮤지스의 타냐 도넬리의 사이드 프로젝트로 잉태된다. 이들의 2번째 앨범 〈Last Splash〉가 발표될 무렵, 도넬리는 이미 떠난 지 오래였고, 딜(그녀의 쌍둥이 자매 켈리와 함께)은 눈부시게 신비스러운 지하세계의 사운드층을 캐는 데 여념이 없었다.

킴은 자신의 방식대로 팝을 쓴다. 예를 들어 "Cannoball"에서는, 스튜디오에서 빈둥대는 동안 찾은 삐딱한 훅, 악을 쓰는 오디오 피드백, 하모니카 사이로 소리쳐 부른 코러스, 거짓 엔딩들, 음습하게 허밍한 배킹 하모니가 그녀의 방식이라 할 수 있었다. 이 모든 재료들이 미끄러지는 베이스라인과 전진, 그리고 정지를 거듭하는 비트로 꿰어져 있었다. 가사도 음악과 비슷한 정도로 나른함을 자아냈다. 하지만 킴은 이 곡의 가사가 사드 후작의 수필을 빗댄 정교한 패러디라고 주장한다.

라디오 스테이션들은 이 중독성 강하고 삐딱한 트랙을 기꺼이 받아들였다. 한편 (소닉 유스의) 킴 고든과 스파이크 존즈가 감독한 뮤직비디오는 딜 시스터스를 인디 록계의 매력녀들로 다시 태어나게 한다. 그 성공에 힘입어 〈Last Splash〉는 플래티넘을 세웠고, 브리더스는 너바나와 함께 1년간 투어를 하는 한편, 후에 롤라팔루자 페스티벌 라인업에 합류한다(하지만 2002년 〈Title TK〉를 발매하기까지 휴식기를 가진다). 금방이라도 무너질 듯했던 "Cannonball"의 매력은 세월을 견뎌낸다. 그리고 NME가 선정한 역대 최고 인디 앤섬 50선(50 Greatest Indie Anthems Ever)에 뽑히는가 하면, 프랑스 디스코 프로듀서 미르와이즈의 음탕한 히트 곡 "Disco Science"에 샘플링되기도 했으며, 여전히 인디 클럽 댄스 플로어를 가득 채우고 있다. **SC**

C.R.E.A.M.
Wu-Tang Clan (1993)

Writer | Coles, Diggs, Grice, Hawkins, Hunter, Jones, Smith, Woods, Hayes, Porter
Producer | The RZA
Label | Loud
Album | *Enter the Wu-Tang (36 Chambers)* (1993)

뉴욕이 랩 경쟁에 뒤쳐지게 되었다. 힙합이 이 도시의 거리에서 태어나 성장했다고는 하나, 이 장르 거물 아티스트들(닥터 드레와 스눕 독)이 이제 캘리포니아에서 출현하게 된 것이다. 하지만 1993년, 스태튼 아일랜드의 우탱 클랜과 함께 힙합의 전세가 동쪽으로 다시 기운다. 〈Enter the Wu-Tang(36 Chambers)〉은, 드레와 그 패거리가 선두한 '지-펑크(G-funk)'와는 거리가 먼, 마치 뒷골목의 이야기와 지글지글 타오르는 샘플들을 섞어낸 치명적 칵테일 한 잔과 같았다. "C.R.E.A.M.(Cash rules everything around me의 약자)"은 이스트 코스트 랩과 웨스트 코스트 랩의 대조점을 확실히 규명 짓는다. 비록 코러스 부분—"Cash rules everything around me / C.R.E.A.M. get the money / Dollar, dollar bill y'all(내 주변에선 돈이 왕이지 / C.R.E.A.M. 돈을 챙겨 / 지폐로 말이야)"—이 캘리포니아 갱스터들의 무뇌 아적 자본주의를 노래하는 듯 들리긴 했지만, 사실 모든 것이 그렇게 단순하지만은 않았다. 우탱 클랜은 협잡 행위와 마약 거래를, 부와 계집을 얻기 위한 경로보다는, 생존 수단으로 묘사했으니 말이다.

그렇다고 우탱 클랜이 돈 벌기를 싫어한 것은 아니다. "사업을 꾸려나가는 게 (힙합에서는) 투쟁의 일부죠." 유투의 보노가 NME에 말했다. "우리 친구 르자(RZA)에 관해 뉴욕 타임스에 기사가 하나 실렸더군요." 르자의 정제되지 않은 제작법—혼잡한 싸구려 스튜디오에서 잉태되었다 한다—은 까칠한 분위기를 한층 고조시켰다. 카르멜스가 부른 "As Long as I've Got You"(아이작 헤이즈와 데이비드 포터 작곡)의 고르지 못한 소용돌이형 피아노 리프가 반복을 거듭하고 여기에 미니멀하고 음탕한 비트만이 추가적으로 보조를 맞추고 있다. **TB**

Because the Night
10,000 Maniacs (1993)

Writer | Bruce Springsteen, Patti Smith
Producer | Paul Fox
Label | Elektra
Album | *MTV Unplugged* (1993)

"저희가 'Because the Night'를 커버했을 때," 싱어 나탈리 머천트가 애리조나 리퍼블릭에 말했다. "저희는 이 곡에 그렇게 큰 중점을 두지 않았죠. 전 그냥 항상 이 노래를 좋아해왔고 워낙 일렉트릭 버전이 힘 있는 턱에 어쿠스틱 버전으로 해보는 것도 꽤 흥미로울 것 같다고 생각했던 것뿐이에요." 이런 겸손한 탄생 기원에도 불구하고, 이 커버 송은 10,000 매니악스가 기록한 최고의 히트작으로 남게 된다. 게다가 이 트랙은 선풍적 인기를 끈 머천트의 스완 송이기도 했다. 곡의 작곡자였던 장본인 브루스 스프링스틴은 이 곡을 패티 스미스에게 넘겨주었다. 스미스는 가사를 좀 만졌고, (머천트와 마찬가지로) 이 곡을 통해 개인 최고 히트 기록을 달성하게 된다. 머천트는 레스토랑에 앉아 MTV 채널 프로그램 'Unplugged'의 연주 곡 목록을 짜던 중 이 곡을 듣게 되었다. "패티 스미스와 브루스 스프링스틴은 서로 너무 다른 2명의 아티스트들이죠." 그녀가 로스앤젤레스 타임즈에 말했다. "패티는 펑크족 시인이고 브루스는 기타를 연주하는, 노동 계급의 영웅이었어요. 그 2명이 이 노래를 통해 협력을 꾀한다는 것, 그것 자체가 저희 10,000 매니악스가 지금까지 해낸 것들을 대변하는 상징적 의미를 가진다고 느꼈습니다. 우리는 그럭저럭 얼터너티브라는 꼬리표를 유지해왔고. 굳이 말하자면, 체제 반항적 비전이라고나 할까요? 그러면서도 저희는 주류로 받아들여졌어요." 아이러니하게도 "Because the Night"이 미국 라디오 스테이션들을 접수할 무렵, 머천트는 이 그룹을 떠나겠다고 공표한다. "그녀는 30세가 되었을 때 솔로 아티스트로 전향하고 싶어했죠. 그리고 그녀는 (1993년) 10월에 30세가 되었어요." 머천트는 스프링스틴의 매니저 존 랜도의 지도 아래 솔로 스타로 거듭난다. **BM**

Ching söörtükchülerining yryzy
Huun-Huur-Tu (1993)

Writer | Kaigal-ool Khovalyg
Producer | Alexander Bapa
Label | Shanachie
Album | *60 Horses in My Herd* (1993)

아시아 중심부에 자리한 사방이 육지로 둘러싸인 공화국, 투바. 이곳은 4인조 그룹 훈후르투의 고향이다. 이들은 "스로트 싱잉(throat singing)"을 통해 서방 음악계에서 큰 인기를 얻는다. 고대 유목민들 중 투바의 광활한 초원을 누비며 사냥꾼 겸 목양자 생활을 했던 이들은 목노래 보컬 테크닉을 통해 깊고 리드미컬한 으르렁거리는 소리를 냈고 음산한 배음과 별세계적 소리를 불러냈다. 이 테크닉을 사용하는 싱어는 2~3개의 음을 한 번에 낼 수 있다. 여기서, 낮고 길게 웅웅거리는 드론(drone) 음과 높은 음역의 멜로디가 드론 음의 배음들로부터 생성된다. 훈후르투는 이것을 전통 투바 악기들과 조화시켰다.

이 그룹의 철학은 투바의 민간 전승을 최신화하자는 것이었다. 노래 중 말에 관련한 내용의 곡이 많은 이유는 이 그룹이 우수한 승마 기술을 높이 사는 유목민 문화에 기원하기 때문이라 한다. "Ching soortukchulerining yryzy" (캐러번을 끄는 자들의 노래)는 말을 타고 노래하는 데에서 유래한 리듬을 사용하고 있다. 훈후르투의 선조들이 그랬듯 말이다. 밴드 리더인 카이갈-울 코발릭은 따뜻한 정서를 보컬에 담아내고, 나머지 멤버들은 보컬과 현악기, 주술사적인 드럼들을 동원해 그를 받쳐준다.

투바는 본래 소비에트 연방의 지배 아래 있었다. 하지만 공산주의의 쇠퇴 덕에 투바의 목노래가 서방세계에 전파될 수 있었다. 훈후르투에게 감탄하여 그들과 콜라보레이션을 하길 자청한 뮤지션들 중에는 라이 쿠더도 있었다. 훈후르투는 프랭크 자파가 사망하기 전 그와 합주 세션을 가지기도 했으며, "Song of the Caravan Drivers"를 그에게 헌정하였다. **GC**

It Ain't Hard to Tell
Nas (1994)

Writer | Jones, Large Professor, Kool & The Gang, Porcaro, Bettis, Handy, C. Redd, G. Redd, Smith, Horne
Producer | Large Professor
Label | Columbia
Album | *Illmatic* (1994)

90년대가 흘러가며, 랩은 피에 굶주린 마음과 저속한 사치로 특징화되었다. 그러다 1994년, 2명의 뉴욕 래퍼들이 모든 스포트라이트를 한몸에 받게 된다. 그들의 유명세는 입이 딱 벌어질 만한 작사 능력과 정신 번쩍 나게 하는 제작 기술에 기인한 것이었다. 노토리어스 비.아이.지.가 그중 하나였고, 나시얼 빈 올루 다라 존스(일명 "내스티" 나즈)가 또 다른 1명이었다. 비.아이.지.와 마찬가지로, 나즈는 카메오 출연을 통해 출세를 꾀했다. 특히 메인 소스(그의 프로듀서 "Large Professor"가 이 그룹 멤버였다)의 1991년 트랙 "Live at the Barbeque"에 등장한 것이 유명한데. 나즈는 전설적 래퍼 라킴의 후계자로 불리게 되었지만, 그의 앨범 〈Illmatic〉은 기대 그 이상을 달성한다. 20세에 불과했던, 그가 만든 이 성숙한 대작은 힙합 역사의 획기적 사건으로 기록된다. 〈Illmatic〉은 전체적 우수성에도 불구하고, 그 마지막 트랙(나즈에게 첫 히트 기록을 안겨주었다)이 그를 주류에 찔러 넣어주지 않았다면, 앨범 전체가 그저 인기 컬트작으로 남을 뻔했다. "It Ain't Hard to Tell"에 담긴 끼임대는 독특한 금관 사운드는 쿨앤더갱의 1971년 싱글 "N.T." 에서 가져온 것이다(1초 길이 샘플이었지만 그래도 '갱' 전체가 트랙의 크레딧에 언급되어야 했다). 반복 등장하는 "Yeah!"는 샘플 단골 곡인 마운튼의 라이브 트랙 "Long Red"(1972)에서 왔으며, 그 비트는 스탠리 클라크의 1978년 트랙 "Slow Dance"에서 온 것으로 추측된다. 하지만 유난히 두드러지는 샘플이자, 이 곡의 에어플레이를 보장해주는 샘플이 하나 있었으니, 바로 마이클 잭슨의 〈Thriller〉 수록 히트작 "Human Nature"였다. 이 초호화 음악과 나스의 호소력 짙은 거침없는 흐름이 만나 이룬 "It Ain't Hard to Tell"은 히트할 운명일 수밖에 없었다. **BM**

Inner City Life
Goldie presents Metalheads (1994)

Writer | Clifford "Goldie" Price, Diane Charlemagne, Rob Playford
Producer | Clifford "Goldie" Price
Label | FFRR
Album | *Timeless* (1995)

드럼 앤 베이스(drum 'n' bass)는 하드-코어 하우스와 브레이크 비트 하부장르에서 탄생해 영국에 일어난 음악적 움직임이었다. 타임 스트레치된 브레이크 비트와 불길한 느낌의 베이스 라인이 큰 특징을 이루었던 이 신은 폭력이나 범죄자의 심상을 음악에 투영한다는 이유로 지나치게 어둡다는 평가를 받았다. 그러나 이러한 고정관념을 바꾸겠다는 한 남자가 있었다. '골디'가 바로 그였다. 하긴, 그도 위험할 만큼 공격적이었던 것은 사실이다. "전 다른 어두운 느낌의 곡들을 여기저기서 많이 듣게 되었죠." 그가 영국의 TV 채널 '채널 4'에 이렇게 말했다. "그러고 나서 집에 가는 도중 이런 생각을 했죠. '이 사람들 콧대 좀 꺾어놔야겠는데.'" 한편 골디는 굉장히 다양한 음악적 영향을 흡수했으며 가슴속에 미래를 향한 대망을 품고 있었다.

1994년 말, 그 야망의 첫 신호가 들려온다. "Inner City Life"라는 대작이 바로 그것이었다. 트랙 전반에 걸쳐 차츰 발전되어가는, 소용돌이치는 스트링, 딸그락거리는 브레이크 비트와, 그 위에 얹혀 있는 다이앤 샬러메인의 달콤한 소울적 보컬이 이 트랙의 자랑거리였다.

앨범 〈Timeless〉에서, 골디는 자신의 음악적 아이디어를 한층 발전시켜, "Inner City Life"를 3악장 구성의 21분 길이 교향악 작품으로 통합시킨다. 〈Timeless〉는 영국에서 7위를 기록했고, 한 무더기의 상을 휩쓸어버린다. 그 결과, 골디는 후속작 〈Saturnz Return〉에서 데이비드 보위, 오아시스의 노엘 갤러거와 함께 작업할 기회를 얻기도 한다. 2008년, 교향악을 향한 그의 야망이 드디어 실현된다. 교향악단과 합창단을 위해 쓴 골디의 작품이 런던의 로열 앨버트 홀에서 공연된 것이다. **DC**

End of a Century | Blur (1994)

Writer | D. Albarn, G. Coxon, A. James, D. Rowntree
Producer | Stephen Street
Label | Food
Album | *Parklife* (1994)

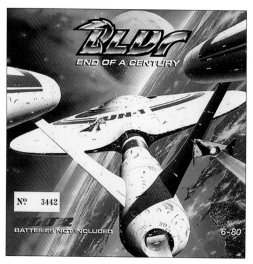

"같이 비디오를 보고 피자를 먹는
20대 후반 연인 한 쌍을 노래하고 있죠…
그들은 사랑에 빠져 있어요."

데이먼 올번, 1995

◀ **Influenced by: End of the Season** · The Kinks (1967)
▶ **Influence on: Modern Way** · Kaiser Chiefs (2005)
● **Covered by:** Squeeze (1995)
★ **Other key tracks:** Popscene (1992) · For Tomorrow (1993) · Girls & Boys (1994) · This Is a Low (1994) · To the End (1994) · The Universal (1995)

가슴에서 우러나오는 넋두리, "End of a Century"는 블러의 3번째 스튜디오 앨범이자 브릿팝 대작인 〈Parklife〉가 낳은 4편의 영국 히트작 중 마지막 곡이었다 ("Gilrs & Boys", "To the End", 그리고 앨범 타이틀 트랙이 먼저 히트를 거둔다). 앨범 전체를 통틀어 가장 귀에 잘 감기는 오프닝 라인이라 할 수 있었던 "She says, 'There's ants in the carpet'"의 영감이 되어준 것은 싱어 데이먼 올번과 그의 당시 여자친구 저스틴 프리시만이 동거하던 집이었다.

여기 담긴 멜랑콜리한 가사는 20세기의 임종을 고하는, 한 세기의 마지막을 맞는 한 일상에서의 남녀관계를 다루고 있다("We all say, 'Don't want to be alone' / We wear the same clothes cause we feel the same / Kiss with dry lips, when we say good night / End of a century, oh it's nothing special(우리 모두 혼자 있고 싶지 않다 말하지 / 우린 서로 비슷하게 느끼니까 옷도 똑같이 입지 / 밤에 작별할 때 마른 입술로 키스하지 / 한 세기의 끝, 그다지 특별한 일은 아니야)").

대부분의 동시대 뮤지션들과는 달리, 블러는 다양한 사운드와 악기들을 가지고 실험하는 것을 꺼리지 않았다. 올번이 기타리스트 그레이엄 콕슨과 조화를 이루며 달콤하지만 건방지게 "Can you eat her? / Yes you can(그녀와 잠자리할 수 있어? / 그럼, 할 수 있지)"이라 말하기 이전 플뤼겔호른이 브릿지 부분을 연주하는 것이 들리는가?

1994년 11월 싱글 발매된 "End of a Century"—슬리브 디자인은 'Star Trek'에서 영감을 얻어 만들어졌고, "UN-1"("유 앤 아이"를 의미한다)라 번호 매겨진 '엔터프라이즈' 우주 탐사선의 이미지를 실었다—는 당시 영국 싱글차트에서 19위를 기록하는 데 그친다. 그러나 이 곡은 라스트닷에프엠(last.fm)에서 가장 인기 있는 블러의 트랙 10위에 든다. 게다가 라이브 무대에서 변함없이 사랑받는 곡으로 자리 잡게 된다. 2009년 있었던 블러의 재결합 공연에서, 올번은 본래 버전에서 가사 한 줄을 바꿔 부른다("And the mind gets dirty, as you get closer to thirty(나이가 30에 가까워질수록 정신이 지저분해지지)"에서 "And the mind gets filthy, as you get closer to fifty(나이가 50에 가까워질수록 정신이 불결해지지)"로 말이다). **OM**

Connection | Elastica (1994)

Writer | Justine Frischmann
Producer | Marc Waterman
Label | Deceptive
Album | *Elastica* (1995)

"'Connection'이 좀 버릇없는
짓이었다는 것은 저도 인정해요.
우리가 이제껏 한 것 중
가장 못된 짓이었죠."

저스틴 프리슈만, 1995

◀ **Influenced by: Three Girl Rhumba** · Wire (1977)
▶ **Influence on: Sing Back Connection** · Moloko vs.
Elastica (2007)
● **Covered by: Talbot Tagora** (2008)
★ **Other key tracks: Stutter** (1993) · **Line Up** (1994)
Waking Up (1994) · Car Song (1995)

도저히 몸을 흔들지 않고는 못 배길, 엉큼하게 섹시한 노래 "Connection"은 짓이기는 소리의 기타 리프로 시작된다. "사실은 키보드로 친 거예요." 그룹 리더 저스틴 프리시먼이 멜로디 메이커에 말했다. "하지만 그 사운드명 자체는 '디스토션 걸린 기타'였죠." 하지만 이 독특한 인트로 부분은 와이어의 "Three Girl Rhumba"를 너무 강하게 연상시켰고, 이에 따라 와이어의 레이블은 소송을 걸게 된다. 결국 이 발칙한 신흥 밴드의 데뷔 앨범 발매일 전야에 법정 밖에서 합의가 이루어졌다. "개인적으로 말해," 와이어의 브루스 길버트가 NME에 말했다. "전 저스틴이나 엘라스티카에게 아무런 적의가 없어요. 그들의 음악이 좋습니다. 어떤 면으로는 흥미롭다 할 수 있죠. 사실 영광이라고 말해야 하는 게 맞아요. 정말이요. 대단히 기발합니다. 하지만 만일 와이어가 그들에게 영향을 줬다고 한다면, 전 음악적 관점에서라기보다, 전반적 태도 면에서 영향을 줬기를 바랍니다." 하지만 그의 동료 콜린 뉴먼의 생각은 달랐다. 그는 애틀란타 위클리에게 이렇게 잘라 말했다. "전 브릿팝이 정말 싫어요. (엘라스티카가) 하는 활동과는 그 어떤 면으로도 전혀 연관되고 싶지 않군요."

우월한 멋의 소유자 프리시먼(그녀는 포스트 펑크 선구자들을 자신이 가장 좋아하는 뮤지션들로 꼽았다)은 이런 코멘트에도 눈썹 하나 까딱하지 않았다. "전 너무 기뻤어요." 그녀가 2000년 시디나우닷컴(cdnow.com)에 말했다. "우리의 첫 앨범이 인기를 얻기 시작한 후 와이어의 첫 두 앨범이 재발매되는 걸 보고요."

엘라스티카는 뉴웨이브와 펑크에서 영향을 받은 한편, 자신들의 불안정한 곡들에 팝적 뉘앙스를 주입시켰다. 그들은 많은 동시대 브릿팝 뮤지션이라면 꿈만 꾸어보았을 것을 실제 달성한다. 그건 바로 미국에서의 음반 판매였다.

엘라스티카는 표절 의혹을 비롯해, 블러의 데이먼 올번과 프리시먼 사이의 관계에 대한 세간의 입방아를 꿋꿋이 견뎌낸다. 하지만 이로 인해 "Connection"과 같은 노래들이 지닌 힘이 간과되고 만다. 청사진을 제시했다고 할 만한 훅들과 손뼉, 뾰족하게 자극적인 보컬을 더해 자신들만의 음악 세계를 추구한 곡임에도 불구하고 말이다. **OM**

Confide in Me | Kylie Minogue (1994)

Writer | S. Anderson, D. Seaman, O. Barton
Producer | Brothers in Rhythm
Label | Deconstruction
Album | *Kylie Minogue* (1994)

KYLIE MINOGUE

> "'디컨스트럭션'은 안정적으로만 가는 것을
> 그다지 좋아하지 않아요.
> 저에게는 반가운 전환이었죠."

카일리 미노그, 1994

◀ **Influenced by: Justify My Love** • Madonna (1990)
▶ **Influence on: Stronger** • Sugababes (2002)
● **Covered by:** The Sisters of Mercy (1997) • Nerina Pallot
(2006) • Angtoria (2006) • Noël Akchoté (2007)
★ **Other key tracks:** If You Don't Love Me (1994)
Nothing Can Stop Us (1994)

"이대로 있든지 틀든지, 선택은 너의 것이야(Stick or twist, the choice is yours)." 카일리 미노그는 PWL과의 계약 말기에 이르러 '틀기로' 선택한다. 그녀는 이 레이블을 통해 "I Should Be So Lucky" 등의 스매시 히트를 기록해왔지만, 프로듀서들의 꼭두각시 취급을 받아왔다는 것이다. 미노그는 즉각 최고 잘 나가는 댄스 레이블 디컨스트럭션으로 훌쩍 떠난다. 그리하여 맺어진 첫 결실이 바로 리믹스 2인조 '브러더스 인 리듬'(스티브 앤더슨과 데이브 시먼)과의 콜라보레이션이었다. 그 결과 좋은 징조들이 하나둘씩 나타났고, "Confide in Me"는 그녀의 제2의 조국 영국과 본고향 호주에서 모두 큰 성공을 거둔다.

매시브 어택의 "Unfinished Sympathy"를 연상케 하는 음울한 스트링 섹션을 사용하는 등, 당시 유행하던 트립합(trip-hop)사운드를 차용하기로 한 미노그와 그녀의 팀은 뛰어난 트렌드 감각을 보여주었다. 짙게 흐린 음악 배경은 그녀의 카랑카랑한 보컬에 잘 들어맞았고, 높고 날카롭기만 했던 그녀의 초기 히트 작품과는 전혀 다른 세계에 빠져드는 느낌을 주는, 인상적인 자장가를 창조해냈다.

송라이터 오웨인 발튼이 나서 이 곡의 스트링 섹션이 자신의 곡 "It's a Fine Day"(본래 인디 그룹 '제인'이 발매했고, 이후 댄스 그룹 '오퍼스 III'의 손을 거쳐 히트작으로 등극했다)를 그대로 모방하고 있다는 주장을 내세우며 논란이 일기 시작했다. 결국 후에 발매된 앨범에는 발튼의 이름이 크레딧에 오른다. 한편, 주술적 기타 파트는 도어즈의 1967년 대작 "The End"에서 슬쩍해 온 것이란다. 어쨌든, 달카닥 울리는 비트 덕에 이 트랙은 댄스 플로어 단골로 단단히 뿌리를 내리게 된다. "Confind in Me"의 B사이드에는 고의적으로 세인트 에티엔과 프리팹 스프라우트의 커버 송을 실었다. 둘 다 음악 평론가들 사이(대중들 까지는 모르겠지만)에서 끊임없는 사랑을 받아온 곡들이었다. 이것은 아마도 새로운 방향으로의 전환을 원했던 미노그의 양분화된 속마음을 잘 드러내는 듯하다. 그리고 마침내, 그녀는 존중받게 된다. 하지만 그 대가로 팝계 공주의 자리를 내주어야 했다. 하지만 이 트랙을 통해 미노그는 그녀에게서 처음으로 진정한 예술적 표현을 하게 되었다. **MH**

Your Ghost | Kristin Hersh featuring Michael Stipe (1994)

Writer | Kristin Hersh
Producer | Lenny Kaye, Kristin Hersh
Label | Sire
Album | *Hips and Makers* (1994)

"하루 중 제가 대개 곡을 쓰는 시간인 새벽 4시경, 귓속에 'Your Ghost'가 들려오기 시작했죠."

크리스틴 허쉬, 2009

◀ **Influenced by: Hymn** · Patti Smith Group (1979)
▶ **Influence on: E-Bow the Letter** · R.E.M. featuring Patti Smith (1996)
● **Covered by:** Paul Durham (2003) · The McCarricks (2007) · Greg Laswell (2009)

훗날 〈Hips and Makers〉의 수록 트랙이 될 곡들을 처음 만들 당시, 스로잉 뮤지스의 리더가 자신의 솔로 앨범을 미리 계획하고 있었던 것은 아니었다. 크리스틴 허시는 그저 머릿속에 맴도는 멜로디들을 끄집어내고 싶었을 뿐이었다. 하지만 그녀는 이 포크적인, 어쿠스틱 사운드 기반의 노래가 (픽시스의 동시대 뮤지션들이었던) 펑크적인 뮤지스와는 좀 어울리지 않다는 결론을 내리게 되었고, 결국에는 혼자 이 곡들을 녹음하기에 나선다.

데모 테이프가 허시의 친구 중 최고의 유명인사였던 R.E.M.의 마이클 스타이프의 손에 들어가게 된다. 그리고 그는 허시의 비공식적 음악 멘토 역할을 수행한다. "마이클은 이따금씩 전화를 걸어서," 허시가 회상했다. "간단히 말해 '이거 망치면 안 돼'라는 내용의 말들을 해주었죠." 한번은 "Your Ghost"의 초벌 녹음 버전이 뒤에서 흐르고 있던 중 이들의 대화가 진행되었는데, 그때 허시는 이 트랙에 빠진 그것이 바로 스타이프의 음성이었다는 것을 깨달았다.

이 콜라보레이션은 두 아이콘적 뮤지션이 이제껏 각기 맺어온 그 어떤 결실과 견주어도 될 만한 매혹적인 결실이었다. 허시의 가사는 조용히 고동치는 절망감에 처절히 울려 퍼졌고, 은은한 촛불을 비추어 일상 속의 소름 돋는 오싹함을 드러내 보였다. 조용히 퉁기는 기타와 제인 스카판토니의 낮게 웅웅대는 첼로의 사운드의 조화는 처음에는 그저 예쁘게만 들리다가 곧 섬뜩함이 스며들게 한다. 곡 구성 전체가 불안감으로 동요했고, 마치 서로 맞지 않는 조각들을 끼워 맞춘 퍼즐을 음악으로 그려놓은 듯했다. "제가 노래하는 음 중 그 어느 것도 제가 연주하고 있는 음과 맞지 않죠." 허쉬가 인정한다.

한창 R.E.M.의 열기가 달아오를 때 발매된 이 싱글은 〈Hips and Makers〉를 허시 음악 인생 중 최대 흥행 앨범으로 부상시켰다. 라디오 스테이션들의 고집스러운 저항에도 불구하고 말이다. "미국의 일부 방송국들은 'Your Ghost'를 방송하지 않으려 했죠." 그녀가 불끈 화를 내며 말한다. "그 이유가, 자기네들이 '여자들 노래'를 '너무 많이' 방송에 내보내고 있기 때문이라네요." **JiH**

Doll Parts
Hole (1994)

Writer | Courtney Love
Producer | Paul Q. Kolderie,
Sean Slade
Label | DGC
Album | *Live Through This* (1994)

7 Seconds | Youssou N'Dour
featuring Neneh Cherry (1994)

Writer | Y. N'Dour, N. Cherry,
C. McVey, J. Sharp
Producer | Booga Bear, J. Dollar
Label | Columbia
Album | *The Guide (Wommat)* (1994)

조니 미첼이 기타 월드에 말했다. "진짜 우울한 게 있는가 하면, 불행한 척하는 게 더 멋져 보인다는 이유로 우울한 '척'하는 게 있죠. 그런 데에는 심한 허위가 배어 있죠. 코트니의 노래 중 저를 갑자기 사로잡았던 가사 한 구절이 있어요. 'I fake it so real, I am beyond fake(난 너무 현실감 있게 가장할 줄 알아서, 가장의 경지를 넘어섰다 할 수 있지)'. 그건 말이죠, 어느 정도의 진실을 내포하고 있는 말이에요. 뜻밖의 사실을 폭로한 셈이죠." 영국의 싱어 줄리안 코프는 코트니 러브에게 초기 영감이 되어준 인물 중 하나였다. 그는 러브에게 마치 영화 카메라가 항상 따라다닌다고 생각하며 삶을 살라고 조언했다. 그녀는 너바나의 프론트맨 커트 코베인과 연애를 시작하기 전부터 이미 연예 산업과 그 술수에 노출될 기회가 다분했다. 스트립쇼를 한 것부터 페이스 노 모어(Faith No More)에서 노래하기도 한 그녀는 마돈나와 서로 발톱을 드러내고 말다툼까지 해댔으니 말이다.

애처로운 느낌의 "Doll Parts"는 코베인과 연관 지어 해석되는 경우가 많다. 하지만 유명세에 관한 차가운 한마디를 날리는 곡의 짓궂은 가사는, 사실 2명 중 그 어느 누가 세간의 주목을 받기 시작하기 이전 이미 쓰여 있던 상태였다. 이 곡이 처음 녹음된 것은 1991년 11월에 있었던 존 필 BBC 라디오 세션에서였다. 곡의 제목과 그 기원에 관련해서는 다양한 설이 존재한다. 재클린 수잔의 1996년 소설 'Valley of the Dolls'가 언급되는가 하면 드러머 패티 셰믈이 전에 몸담았던 그룹의 이름들 중 하나라는 설도 있다(사실 셰믈은 1992년이 되어서야 홀에 합류했다). 도대체 무엇이 곡의 영감이 되었건 간에, "Doll Parts"는 〈Live Through This〉의 나머지 트랙들이 그랬듯 당당하게 성숙해가는 작곡가로서의 사랑을 재확인시켜준다. **BM**

"저를 세상에 소개한 것은 피터 가브리엘이었습니다." 싱어 유쑤두가 더 타임즈에 이렇게 말했다. "그가 저를 많이 도왔죠." 가브리엘의 앨범 〈So〉(1986)에 보컬로 참여함으로써 유쑤두가 어느 정도 명성을 얻었다고는 하지만, 그를 진정 세계적 수퍼스타의 자리에 올려놓은 것은 1994년 싱글 "7 Seconds"였다. "실험을 해보자는 의미에서 시도했던 거예요." 네네 체리가 털어놓는다. 그녀는 힙합적 영감이 깃든 자신만의 작품들을 통해 이미 성공을 맛본 상태였다. 유쑤두를 만난 것은 수년 전 스웨덴에 있는 부모님 집에서였다. 이 싱글이 거둔 엄청난 흥행 성적에 충격을 받은 그녀는 인디펜던트에 말했다. "그 곡은 스스로, 알아서 성장해갔어요. 좀 과장됐다 싶을 만큼요. 그 곡은 달랑 혼자서도 잘해나가던데요. 하지만 그게 바로 모든 작곡가들의 꿈이 아닌가요?"

"7 Seconds"—후에 체리의 앨범 〈Man〉(1996)에 재등장한다—는 수백만 장의 앨범을 팔아 치우는 한편 프랑스 차트에서 16주를 머무는 전례 없는 기록을 세운다. 이리저리 방황하는 신디사이저 코드들과 붐박스로부터 고동쳐 나오는 듯한 부드러운 비트, 이 모든 것이 침울한 흑백 뮤직비디오의 도움으로 한층 더 강력한 힘을 발휘했다.

"7 Seconds"의 진정한 영혼은 월로프어와 프랑스어를 통해 전해지는 가슴으로부터 우러나오는 보컬에 있으며, 이것은 귓전에 아른대는 체리의 영어 코러스로 한층 더 빛을 발한다. 이 곡은 탄생 직후 첫 7초간의 삶에 담긴 순수성에 대해 노래한다. 작업 참여자들 중 그 누구도 노래 전체를 영어로 번역하는 부담감을 지려 하지 않는다. 어쨌든 체리는 "왜 노래를 항상 꼭 우세언어로 불러야 하는 거죠?"라는 결론을 내렸다. **EP**

Live Forever | Oasis (1994)

Writer | Noel Gallagher
Producer | Oasis, Mark Coyle, Owen Morris
Label | Creation
Album | *Definitely Maybe* (1994)

"사람들은 저에게 말했죠.
'Live Forever' 다음에 더이상 나아갈 곳이
있겠느냐고요…이건 좋은 노래긴 해요.
하지만 전 더 잘할 수 있을 것 같아요."

노엘 갤러거, 2006

◀ **Influenced by: Shine a Light** • The Rolling Stones
(1972)
▶ **Influence on: Club Foot** • Kasabian (2004)
● **Covered by:** The Royal Philharmonic Orchestra (1997)
Joe Dolan (1999) • Counting Crows (2000) • MGMT
(2009)

"한참 그런지가 대세였을 때 쓰였죠." 오아시스의 주요 송라이터 노엘 갤러거가 말했다. "그리고 전 기억해요. 너바나 노래 중에 'I hate Myself and I Want to Die'라는 제목의 곡이 있던 것을요…'흠, 나 그딴 지랄 같은 건 안 할래'라고 생각했죠…아이들이 그런 헛소리를 듣고 앉아 있을 필요는 없잖아요." 이 트랙을 쓴 지 3년이 지난 후 그가 어느 맨체스터 건축 현장 업무에 한창 참여 하고 있을 당시(커트 코베인이 사망한 지 4개월밖에 지나지 않은 상태였다), "Live Forever"는 오아시스의 첫 영국 톱 10에 올라간 곡이 된다.

오아시스가 비틀즈 흉내를 꽤 즐겨 했던 것이 사실이긴 하지만, "Live Forever"는 롤링 스톤스로부터 그 영감을 끌어다 만들었다. 노엘은 〈Exile on Main St.〉의 "Shine a Light"을 감상하던 중이었고, 이것을 자신의 멜로디 기반으로 삼았다(그럼에도 폴 매카트니는 이 곡에 여전히 열렬한 지지를 보냈다).

그 결과물(그의 최고 업적이라고 해도 될 정도였다) 덕에 노엘은 남동생 리암의 그룹을 순조롭게 접수할 수 있었다. 노엘이 Q에 말했다. "어느 날 밤 제가 그들 앞에서 이 곡을 어쿠스틱 기타로 쳐 보였던 게 기억이 나네요…그건 제가 송라이터로서 누려본 최고의 순간들 중 하나였죠. 그들은 완전히 넋이 나간 듯 할 말을 잃었어요." 리암이 이제껏 해오던 조소 띤 보컬은 유창한 갈망의 음성으로 대체되었다. 그 결과, 가사에 담긴 그들 모친 폐기의 정원 가꾸기에 대한 집착이 좀 더 호소력 있게 승화되었다는 것이다.

2006년, Q 매거진 구독자들을 통해 역대 가장 위대한 노래로 꼽히게 된 이 곡의 최종본에는 노엘 갤러거의 솟구치는 기타 솔로(그는 이후 여기 부응하는 기타 플레이는 보여주는 데 꽤나 애를 먹는다)가 담겨 있다. 공동 프로듀서 오웬 모리스는 노엘의 기타 솔로 뒷부분을 절개했다 한다.

그들의 화려한 출세 앨범 〈Definitely Maybe〉의 뒤를 좇아, "Live Forever"은 라이브 공연 무대 애청곡이 된다. 게다가 노엘과 리암이 출연한 브릿팝 다큐멘터리(2003년 제작)의 이름도 이 곡의 제목을 따 지었다. **JM**

Cut Your Hair | Pavement (1994)

Writer | Stephen Malkmus
Producer | Pavement
Label | Matador
Album | *Crooked Rain, Crooked Rain* (1994)

"전 가사로 기억되고 싶지 않아요.
약간 비뚤어진, 큰 코를 가진 사람으로
기억되고 싶어요."

스티븐 말크머스, 2008

◀ **Influenced by: So You Want to be a Rock 'n' Roll Star**
The Byrds (1967)
▶ **Influence on: Could You Wait?** • Silkworm (1997)
● **Covered by:** Airport Girl (2003)
★ **Other key tracks:** Gold Soundz (1994) • Grounded
(1995) • Shady Lane (1997) • Stereo (1997)

〈Nevermind〉가 지나간 자리에 남긴 강렬한 노을 속에서 더이상 불가능은 없어 보였다. 영국 컬트 영웅들 더 폴(The Fall)의 로파이 뮤직 숭배자들조차 주류 침범에 성공할 가망이 있어 보이기까지 했다. 소닉 유스와 같이 영향력 있는 인디 로커들의 열렬한 지지를 받던(한때 잠깐 영국 음악 매체는 이들을 가리켜 "제2의 너바나"라 선언하기도 했다) 페이브먼트는, 미국 십 대 잡지 '새시'가 "멋진 밴드 등장 경계 경보(Cute Band Alert)"에 그들의 기사를 실었을 때 기묘한 대사건이 임박했음을 감지했다.

〈Crooked Rain, Crooked Rain〉의 리드 싱글은 음악 업계란 회전목마에 날리는 음흉한, 냉소적인 응답이라 할 수 있었다(물론 그들도 무심코 이 회전목마에 올라타긴 했다). 프론트맨 스티븐 말크머스는 "Cut Your Hair"가 "은유적 노래"라고 말한다. 대중 매체들의 입맛에 맞추기 위해 스스로의 존엄성조차 버리고, 인기 경쟁에 뛰어드는 희망에 찬 새로운 그룹들이 결국에는 냉담한 짝사랑 상대의 관심을 끌어보기 위해 머리를 자르는 소녀들 꼴로 전락하고 만다는 내용이다. 멜로디컬한, 조화롭게 전진해가는 엔진을 동력 삼아, 말크머스는 자신의 그룹 내에 벌어졌던 한 편의 드라마에 관련해 노골적인 한마디를 내뱉기도 한다. 그중에는 예측 불허의 행동을 일삼았던 본래 드러머 대리 영이 최근 밴드를 떠나던 사건이 포함돼 있었다. 그는 이런 날카로운 말도 잊지 않는다. "노래는 누군가가 사야 비로소 의의를 가지게 되지." 트랙 마지막 부분에서는 마치 정신병이라도 걸린 듯 반복적으로 "커리에(Career)!"를 외친다.

2008년, 지난 일을 회고하는 자리에서 말크머스는 약간 후회하는 듯 보였다. "우리 밴드를 확실히 밀어주기에 그 노래가 충분하지 않았다는 게 아쉽네요." 그가 스핀에 말했다. "페이브먼트를 홍보하며 발생한 모든 실수 들 중에서도, 결국 이 노래가 가장 큰 문제였다고 봐요. 꽤 괜찮은 노래였지만, 당시 정황에 맞는 노래는 아니었죠." 오프스프링의 노래("Come Out and Play")나 브리더스의 "Cannonball"같은 노래들이 오히려 사람들의 공감을 살 수 있는 더 좋은 작품이었어요." "Cut Your Hair"는 오늘날까지도 사랑받는 인디 앤섬으로 남아 있다. **SC**

All Apologies
Nirvana (1994)

Writer | Kurt Cobain
Producer | Nirvana, Scott Litt
Label | DGC
Album | *MTV Unplugged in New York* (1994)

커트 코베인의 자살 사건으로 인해 그의 가사는 회고적 관점으로 재해석된다. 팬들은, "All Apologies"의 가사(너바나의 마지막 스튜디오 앨범 〈In Utero〉의 마지막 트랙)가 자살에 관련한 사과의 뜻과 작별을 암시라는 내용이라며 거의 정신병에 가까운 수준으로 인터넷 메시지 보드에 글을 올려댔다. 코베인을 내내 괴롭혀왔던 우울증과 혼란 증세가 이 곡의 가사에 묻어나는 비소속감, 소외감에 확연히 나타나는 것은 사실이다. 하지만 막상 이 곡의 탄생일은 1990년으로 거슬러 올라간다.

너바나는 1991년 한 데모 버전을 만들었고, 영국에서 1992년 8월 개최된 레딩 페스티벌에서 이것을 공연했다. 코베인은 이 곡을 코트니 러브에게 헌정했고(그녀는 1주 전 그들의 딸 프란세스 빈을 출산한 상태였다), 관객들은 그의 아내 코트니에게 지지의 뜻을 표하며 환호했다. 이들 두 사람이 현실 세계와 나누어야 했던 대립적 관계는 가사를 통해 피가 되어 흐르고 있다. 코베인은 "choking on the ashes of her enemy(그녀의 적이 남긴 재에 목이 메 숨이 막혀)"라고 달콤하게 웅얼댄다. 그러나 코러스 부분에서 동요하는 혹("Married / Buried(결혼한 / 매장된)")은 코베인의 세계관에 손쉬운 해결책이 없음을 암시하고 있다.

이 곡의 우아한 비틀즈적 편곡 구성은 〈In Utero〉의 다른 수록 트랙들에 묻어난 그런지로부터 방향 전환을 시도한다. 1993년 너바나가 'MTV Unplugged'에 출연했을 때 코베인이 부른 유일한 두 히트 곡 중 하나가 바로 이 곡이었다. 첼로 사운드로 장식된, 그의 갈기갈기 찢긴 보컬은 "All Apologies"를 무대의 하이라이트로 승화시킨다. 나머지 'Unplugged' 공연 곡들이 모두 그랬듯, 이 트랙도 그의 1번째 테이크였다. **SC**

Hurt
Nine Inch Nails (1994)

Writer | Trent Reznor
Producer | Trent Reznor
Label | Interscope
Album | *The Downward Spiral* (1994)

신랄한 데뷔 앨범 〈Pretty Hate Machine〉(1989)을 통해 나인 인치 네일스의 브레인 트렌트 레즈너는 인더스트리얼 사운드와 원한 섞인 가사를 통해 자신의 거장적 역량을 입증시켜 보인다. 한편 여기 따른 후속 정규 앨범에는 깜짝 놀랄 만한 깊이가 더해 있었다. 〈Downward Spiral〉은 한 등장 인물(대개 레즈너 자신으로 인식된다)에 초점을 맞추고 있다. 이 인물은 섹스, 종교, 사회까지 자신을 저지하는 모든 것을 기억에서 지워버리려 몸부림친다. 결국 죽음을 마주하게 될 때까지 말이다. 이 앨범의 마지막 트랙인 "Hurt"는 고통스러운 마약 중독의 기억을 생생하게 그렸다. "I hurt myself today / To see if I still feel(난 오늘 자해를 해 / 아직도 느낄 수 있나 보려고)"이라는 말을 시작으로, 레즈너는 불안감에 찌든 자신의 껍질에 틈을 내어 그 안에 자리한 약한 내면을 드러내 보인다. 이 트랙에서 NIN은 그들이 이제껏 보여준 호전적 모습을 벗어 던진다. 크리스 브레나의 절정에 치닫는 드럼 연주는 제외하고 말이다. 8년이 지난 후 조니 캐시가 "Hurt"의 커버 버전을 발표한다. 캐시의 손길을 통해 이 트랙은, 죽음을 피할 수 없는 인간의 운명에 대한 가슴을 찢어발기는 묵상으로 승화된다. 게다가 캐시가 2003년 세상을 떠나며 한층 더 살을 에는 호소력을 지니게 된다. "저에겐 영광이었습니다." 레즈너가 말했다. "하지만 마치 다른 누군가가 제 여자친구에게 키스하는 기분이기도 했죠." 하지만 그는 캐시와 그의 아내 준 카터가 등장하는 마크 로마넥의 뮤직비디오에 마음이 흔들렸다. "대단한 감동을 주었죠." 레즈너가 털어놓는다. "자신의 분야에서 진정한 세계적 일인자로 꼽히는 누군가가 저에게 '당신 노래를 커버하고 싶소'라는 말을 듣는다는 것 자체가 말이에요." **SF**

나인 인치 네일스의 트렌트 레즈너가 1994년 혼신의 힘을 다해 노래하고 있다. ➡

Black Hole Sun | Soundgarden (1994)

Writer | Chris Cornell
Producer | Michael Beinhorn, Soundgarden
Label | A&M
Album | *Superunknown* (1994)

"저희는 철이 들어가며
멜로디의 중요성을 깨닫고 있어요.
어쩌면 우리가 브라이언 페리 음악을
들어서 그런 것일 수도 있고요."

크리스 코넬, 1994

◀ **Influenced by: Tomorrow Never Knows** • The Beatles (1966)
▶ **Influence on: Blown Wide Open** • Big Wreck (1997)
● **Covered by:** The Moog Cookbook (1996) • Judith Owen (2003) • Rachel Z (2004) • Copeland (2006) Tre Lux (2006) • Peter Frampton (2006)

커트 코베인과 그의 무리가 한데 모이기 아주 오래전 이미, 크리스 코넬은 시애틀 사운드의 초기 형성 과정에 영향을 미친 어느 그룹의 드럼과 보컬을 맡고 있었다. 사운드 가든은 서브 팝 레이블 초기에 가장 먼저 계약을 맺은 그룹들 중 하나였다. 게다가 이들은 주류적 관심을 받게 된 첫 그런지 그룹이라 할 수 있었다. "저희는 넘어서야 할 쟁쟁한 경쟁 상대였어요." 코넬이 회상한다.

1994년 6월, 코베인은 이미 사망한 상태였지만, 그런지는 신흥 귀족의 입지를 확고히 지키고 있었다. 이러한 물결에 편승한 사운드가든은 〈Superunknown〉으로 빌보트 차트를 석권하고 만다. 한편, 고정된 미소로 도배된 얼굴의 오싹한 교외 거주자들이 등장하는 "Black Hole Sun"의 뮤직비디오는 수상 기록에 빛나는 고전으로 자리 잡게 된다. 〈Superunknown〉은 신선한 느낌의 멜로디를 선사했고, 이것은 로버트 플랜트 스타일의 날카로운 보컬 스타일로부터 골똘히 생각에 잠긴 크루너로 변신한 코넬의 진화된 보컬과 그룹 전체의 실험 정신 덕에 더욱 빛을 발했다. "Black Hole Sun"에 등장하는 키보드 같은 사운드는 사실 레슬리 스피커를 통해 얻어진 것이다(비틀즈, 핑크 플로이드, 레드 제플린, 그리고 지미 헨드릭스까지 모두 이 스피커를 애용했다). "굉장히 비틀즈스럽긴 해요." 기타리스트가 킴 세일이 기타 월드에 말했다. "게다가 굉장히 독특한 사운드를 지녔죠. 그 덕에 노래 전체가 완전히 새로운 모습이 된 거예요." 가사는 도저히 그 진의를 종잡을 수 없었지만 롤링 스톤 매거진이 "Times are gone / For honest men(그 시대는 갔어 / 진실한 사람들의 시대는)" 부분을 지목한 덕에 어느 정도 실마리가 보이는 듯했다. "사람에게서, 자신의 삶과 스스로의 자유를 창조한다는 것은 굉장히 힘든 일이에요." 코넬이 말한다. "점점 더 어려워지겠죠. 그로 인해 환멸감을 느끼는 사람들이 점점 더 증가할 것이고, 그들은 정직하지 못하게 행동하거나 분노하게 될 거예요." 주제가 우울함에도, 이 노래는 절로 따라 부르게 만드는 매력이 있다. 그 덕에 (좀 어울리지 않는) 여름철 히트 곡이 되었다. 코넬은 빈정댄다. "이 곡 제목을 '끝없는 여름날의 블랙홀'로 다시 지어도 되겠는데요." **SO**

Interstate Love Song | Stone Temple Pilots (1994)

Writer | R. DeLeo, S. Weiland, D. DeLeo, E. Kretz
Producer | Brendan O'Brien
Label | Atlantic
Album | *Purple* (1994)

"여기에는 몇 개의 서로 다른 주제가
공존해요. 정직성. 정직성의 결핍,
헤로인과 내가 맺은 새로운 관계
등이 말이죠."

스캇 웨일랜드, 2006

◀ **Influenced by: I Got a Name** • Jim Croce (1973)
▶ **Influence on: My Own Prison** • Creed (1997)
● **Covered by:** Hootie & the Blowfish (1998)
Velvet Revolver (2007) • Brad Mehldau (2009)
★ **Other key tracks:** Plush (1992) • Lounge Fly (1994)
Vasoline (1994) • Sour Girl (1999)

스톤 템플 파일럿츠의 1992년 데뷔 앨범 〈Core〉는 그런지 현상에 편승해 성공하기에 알맞은 메탈성 근육과 방송 친화적 훅을 자랑했다. 여기 수록된 차트 돌파 싱글 "Plush"는 기묘하게도 펄 잼을 연상케 했으며, 만일 누군가를 대상으로 눈가리개 실험을 했다면 프론트맨 스캇 웨일랜드의 보컬을 펄 잼의 에디 베더의 것과 구분 못했을 것이라 할 정도였다.

〈Core〉를 통해 이 샌디에이고 출신 4인조는 8장의 플래티넘 디스크를 기록하게 되었고 "Plush"는 그래미상을 수상한다. 하지만 그와 동시에 평단에게 벽돌 공격을 받아야 했고, 부끄러운 줄도 모르고 유행을 좇는다는 비난을 사기도 한다. 그 후속작 〈Purple〉(1994)은 이런 평단을 향해 더 강력하고, 더 다양한, 더 애매모호한 작곡으로 응답했다. 여기 실린 최고의 트랙은 단연 "Interstate Love Song"이었고, 이 곡은 그런지가 차지하던 자리를 웅장한 클래식 록으로 대신 메운 것이었다. 〈Core〉의 투어 공연 중 베이시스트 로버트 드리오가 쓴 이 곡은 보사노바 스타일 모방작으로 처음 잉태되었다. "코드 구성 전체가," 드리오가 2006년 설명했다. "안토니오 카를로스 조빔(브라질의 보사 노바 선구자)의 것을 본뜬 거였죠."

이 수작은, 그룹이 조지아 애틀란타에서 〈Purple〉의 녹음작업을 진행하던 시기, 제대로 형태를 갖추게 된다. 어쿠스틱 기타와 어마어마한 드럼, 웨일랜드의 지친 듯한 하모니, 거만한 기타 훅이 한데 융화된 "Interstate Love Son"은 스톤 템플 파일럿츠에게, 인내심 부족한 펄 잼 팬들보다 더 큰 규모의 팬층을 확보하기에 충분했다. 이 곡은 빌보드 매거진의 모던 록 차트 정상을 15주간 지킨다. 그러나 약물 중독과 고투를 벌이던 와일랜드의 버릇들—그가 겪은 약물 중독은 이 곡에 담긴 후회 섞인 가사에 영감이 되기도 했지만 세간의 이목을 끌었던 중요 공연 일정을 망치기도 했다. 웨일랜드가 헤로인과 코카인 소지로 체포된 것이다—로 결국 그룹 전체가 급격하게 악화 상태에 빠지고 만다. 놀랍게도, 이들은 2장의 플래티넘 기록 앨범을 더 발표한다. 그럼에도, 파일럿츠의 가장 찬란했던 순간은 여전히 "Interstate Love Song"으로 남아 있다. **SC**

Waterfalls | TLC (1994)

Writer | Organized Noize, M. Etheridge, L. Lopes
Producer | Organized Noize
Label | LaFace
Album | *CrazySexyCool* (1994)

"이건 단순히 인기 좋은 여자들이
부르는 멜로디 괜찮은 노래가 아니에요.
의미 있는 메시지가 담겨 있죠."

리사 "레프트 아이" 로페즈, 1995

◀ **Influenced by: Waterfalls** · Paul McCartney (1980)
▶ **Influence on: Stole** · Kelly Rowland (2002)
● **Covered by:** New Mind (2000) · Steve Poltz (2003)
★ **Other key tracks:** Ain't 2 Proud 2 Beg (1992) · Creep
(1994) · Diggin' on You (1994) · No Scrubs (1999)
Unpretty (1999)

티엘씨는 긍정적이고 자신감 넘치는 발칙한 노래를 발표했고 멀티플래티넘급의 성공을 기록했다. 반면 〈CrazySexyCool〉이 낳은 첫 싱글작들("Creep"과 "RedLight Special")은 좀 더 관능적 모습을 보인다. 한편, 이 앨범이 낳은 3번째 싱글은 이 R&B 트리오를 좀 더 성숙한 모습으로 그린 애수에 젖은 노래였고, 이 곡은 그들을 대표하는 트랙으로 자리 잡게 된다. 곡의 코러스에는 폴 매카트니의 "Waterfalls"가 메아리치는 듯했고, 훗날 날스 바클리 듀오의 스타로 대성할 그린의 게스트 보컬이 등장했다. 거기 담긴 "don't go chasing waterfalls"라는 반복구는 범죄에 연루되어 결국 "누추한 죽음을 맞이한 또 다른 차가운 시체 한 구(another body laying cold in the gutter)"가 될 운명을 멀리하라고 경고한다. 2번째 구절은 에이즈가 판을 치는 이 시대에 분별력 없이 성관계를 가지지 말라고 주의를 준다. 세이프 섹스는 티엘씨가 가장 강조했던 신조였고, 이들은 콘돔이 붙어 있는 의상을 입고 등장한 적도 있었다. "일단 '스타'가 되면," 로존다 "칠리" 토마스가 말한다. "귀감을 보여야 해요." F. 개리 그레이가 제작을 맡은 "Waterfalls"의 뮤직비디오에는 우탱 클랜의 어린 수제자 샤이힘이 등장했고, 버스에서 다루고 있는 마약 거래업자와 에이즈 피해자의 이야기를 영상으로 풀어나갔다. "이 노래 전체의 의미를 효과적으로 전달하는 데 뮤직비디오가 한 역할이 컸습니다." 리사 "레프트 아이" 로페즈가 말했다. 로페즈의 랩(그녀는 스스로 겪고 있던 삶 혼란이 묻어나는 후회스러우면서도 희망에 찬 가사를 유창하게 내뱉었다)은 이 곡이 전하는 메시지를 완결 지었다. 그녀는 당시 자신만의 '폭포'(waterfall)와 싸우고 있었고, 특히나 자신의 남자친구의 집에 사고로 불을 지른 사건 이후 타블로이드지로부터 심한 비난을 받던 중이었다. 결국 로페즈는 2002년 차 사고로 목숨을 잃는다. 다사다난한 앞뒤 정황 속에서 "Only my faith can undo / The many chances I blew(내 믿음만이 돌이킬 수 있어 / 내가 놓쳐버린 그 수많은 기회들)"와 같은 문구는 이 곡에 저항할 수 없는 호소력을 부여했고, 그 힘은 이 곡이 차트를 석권했던 그날 이후부터 좀체 약해질 기미를 보이지 않았다. **SC**

Cornflake Girl | Tori Amos (1994)

Writer | Tori Amos
Producer | Eric Rosse, Tori Amos
Label | Atlantic
Album | *Under the Pink* (1994)

"이 곡은 여자는 선인이고,
남자는 악한이라는
생각에 대해 이야기하고 있죠.
사실 항상 그런 것만은 아니에요."

토리 에이모스, 1994

◀ **Influenced by: Hounds of Love** · Kate Bush (1985)
▶ **Influence on: Fidelity** · Regina Spektor (2006)
● **Covered by:** Jawbox (1996) · Tripod (2007)
Imogen Heap (2010)
★ **Other key tracks:** Sister Janet (1994) · Daisy Dead
Petals (1994) · All the Girls Hate Her (1994)

토리 에이모스는 광고의 힘을 실제 입증해 보인 산증인이라 할 수 있다. 이 음악계의 독불장군은 한때 어느 광고에서 켈로그 시리얼에 대해 속삭이대는 장밋빛 볼의 무명인이었다. 9년이란 세월이 지난 후 그녀는 "Cornflake Girl"을 발매한다. 이 트랙은 그녀의 차트 상위권 돌파 광시곡이었다.

에이모스는 다양한 음악적 영향을 조화시키는 것을 좋아한다. 이 솔직한 싱어─송라이터가 바로 이 트랙에 가장 주요한 영향 요소가 되었다고 고백한 것은 바로 앨리스 워커의 소설 「기쁨의 비밀을 간직하며」였다. 이 소설은 아프리카에서 의식으로 행해지는 여성 성기 절단의 세계를 파헤친다. 에이모스는 이렇게 말한다. "사실을 말하자면, 여자들은 서로를 배신해왔죠. 앨리스 워커가 셀룰러 메모리(세포 기억설)에 대해 말하는 부분에 전 동의하는 입장이에요. 그녀는 셀룰러 메모리가 대대로 물려지고, 모든 여성들이 이와 타협하려 고통받고 있다 말하죠. 성기를 제거해달라며 딸들을 정육점에 데려가는 여인부터 스스로 딸들의 발을 묶는 어머니까지요. 남자뿐 아니라, 정작 자기 종족에게 등을 돌리고 배신하는 이들이 여자 자신일 때가 많아요."

그녀 이전에 케이트 부시가 그랬듯 에이모스는 군더더기 없으면서도 대서사시적인 사운드를 성공적으로 창조한다. 때로는 뜻을 짐작할 수 없는 가사들("Rabbit, where'd you put the keys, girl(토끼야, 열쇠를 어디에 두었니?)")조차도, 자신의 절정기를 즐기는 여성의 겸손한 자신감을 실어 전달한다. 자신의 약한 모습과 열정을 보여주는 데 한 치의 두려움도 없이 말이다.

에이모스는 스스로를 "콘플레이크 걸"이라 불렀다. 하지만 그녀에게서 어설픈 모습("cornflake-y")이란 전혀 찾아볼 수 없다. 여성 할례에 대해 당당히 곡을 쓰고, 앨범 슬리브에서 아기 돼지에게 모유 수유를 하며, 90년대 댄스 스매시 히트에 보컬을 넣어주고, 슬레이어의 곡까지 커버했던 그녀였다. **KBo**

Hallelujah
Jeff Buckley (1994)

Writer | Leonard Cohen
Producer | Andy Wallace
Label | Columbia
Album | *Grace* (1994)

"Hallelujah"는 사랑과 이별에 부치는 관능적인, 환희의 노래였다. 1984년 이 곡을 발매하기 전 작곡자 레너드 코헨은 이 성직적이고 성적인 가사와 수년간 씨름을 계속해왔다. 가사를 완성시키기까지 한 구절만 80개의 초고를 썼고, 새로운 해석을 통해 숙성 과정(밥 딜런부터 본 조비 버전까지 200개를 넘는 커버 송이 탄생한다)을 제대로 거쳤다. 1994년 발매된 제프 버클리의 커버 버전은 최종 결정판으로 당당히 나서서 세계 전역에 걸쳐 많은 이들의 공감대를 샀다. "여기서 할렐루야는 숭배하는 사람, 우상, 신에게 바치는 경의의 표시가 아니에요." 버클리가 설명한다. "하지만 오르가슴의 할렐루야라고 할 수 있죠."

90년대 컬트 고전으로 자리 잡게 된 이 곡은 21세기에 들어서도 여기저기 편재해 있었다. 옥타브를 넘나드는 버클리의 음성에 실린 심금을 울리는 호소력 덕에 이 트랙은 〈웨스트 윙〉과 같은 텔레비전 쇼의 사운드트랙에 너무도 완벽한 먹잇감이 되었다. 그의 뛰어난 재능과 잘생긴 외모, 30세의 이른 죽음(그의 부친이자 요절한 싱어—송라이터 팀 버클리의 뒤를 따르는 듯 하다)까지, 이 모든 사실이 한데 모여 하나의 시장성 있는 상품을 창조해냈다. 그러나 버클리가 정작 자신의 첫 차트 기록을 달성한 것은 사망 후 11년이란 세월이 지난 2008년이었다. 미국의 탤런트 쇼 〈아메리칸 아이돌〉에서 이 곡이 무대에 오른 후, "Hallelujah"가 다운로드 차트에서 1위의 자리를 차지하게 된 것이다. "이제 커버 버전은 그만 만들래요." 버클리가 1994년 롤링 스톤 매거진에 말했다. "어떤 곡을 가져다 자신만의 것으로 만드는 것도 좋아요. 하지만 이제 그 수업은 끝났어요." 그러나 그는, "Hallelujah"가 자신이 남긴 가장 위대한 유산이 될 줄은 꿈에도 몰랐을 것이다. **GK**

Red Right Hand
Nick Cave & The Bad Seeds (1994)

Writer | N. Cave, M. Harvey, T. Wydler
Producer | Tony Cohen
Label | Mute
Album | *Let Love In* (1994)

닉 케이브의 노래 전서에는 악의에 찬 위협적 인물들이 가득 등장한다. 그리고 "Red Right Hand"의 주인공(마을 끝에 사는 카리스마 넘치는 광신도)은 그가 빚어낸 캐릭터 중 가장 성공적인 것으로, 가장 불온한 창조물이었다. 가사의 대부분은 그 자리에서 애드리브로 만들어진 것이었다. "제목은 정해놓았죠." 케이브가 롤링 스톤에 말했다. "그리고 제가 무엇에 대해 노래하려 하는지 알고는 있었어요. 스튜디오에 들어가서 녹음하는 일만 남아 있었죠." 여기서 그는 신을 미국의 텔레비전 전도사로 묘사한다. 자신의 추종자들에게 돈과 차, 자기 존중으로 답례하는 선전원으로 말이다. 그러나 이 신격 존재는 "겉으로 보이는 것과 그 속이 다르다." 인정 많아 보이는 겉모습 속에는 구약 성서에 등장하는 복수심 강한 신이 눈을 부라리고 있다. 그는 스스로의 "빨간 오른손"(시인 존 밀튼이 'Paradise Lost'에서 신의 분노를 묘사하기 위해 썼던 말이다)을 그의 "먼지 묻은 검정 코트" 속에 숨겨둔다. 케이브는 그를 따라가면 당신은 "그가 품은 대재앙의 계획 속에 / 단 하나의 미세한 톱니 하나 정도"로 으스러뜨릴 것이라고 경고한다.

배드 시즈가 전하는 유럽식 서부극 느낌의 배경 음악도 계시록적 분위기를 형성하는 데 한몫한다. 이 트랙은 교회의 종소리, 오르간, 블릭사 바르겔트의 에코를 활용한 기타 사운드로 시작된다. 이 모든 것의 기초를 떠받치고 있는 것은 거의 펑키(funky)하기까지 한 베이스 라인이었다(케이브의 전기 작가 이안 존스톤의 말에 따르면, 이 트랙은 아이작 헤이즈와 같은 소울 뮤지션들로부터 영감을 얻어 만들었다 한다). 고스풍 그루브 덕에 이 곡은 무시무시한 사운드트랙에 목말라하는 영화 감독들 사이에서 큰 인기를 얻는다. 결국 "Red Right Hand"는 영화 〈스크림〉 3편에 모두 등장한다. **TB**

1994년. 닉 케이브가 이제 사람들의 기억 속에 서운함으로만 남아 있는 런던의 타워 레코드 가게에서 공연을 펼치고 있다.

Sabotage | Beastie Boys (1994)

Writer | Beastie Boys
Producer | Beastie Boys, Mario Caldato Jr.
Label | Grand Royal
Album | *Ill Communication* (1994)

"가장 중요한 영향 요소는
언제나 힙합이었죠.
힙합과 펑크 록이요."

마이크 디, 1994

◀ **Influenced by: Waiting Room** · Fugazi (1988)
▶ **Influence on: Break Stuff** · Limp Bizkit (2000)
● **Covered by:** Phish (1999) · The Bosshoss (2005)
Beatsteaks (2007) · Cancer Bats (2010) · The Penelopes
(2009) · Switchfoot (2010)

고막이 터질 것 같은 보컬과 들쭉날쭉한 리프로 연주되는 "Sabotage"를 통해, 팬들이 〈Check Your Head〉(1992) 이후 알아온 비스티 보이즈의 비밀병기는 더 광범위한 대중에게 그 모습을 드러낸다. 이제 비스티 보이즈는 2개의 턴테이블과 마이크뿐만 아니라 펑크-펑크(punk-funk) 기타 노이즈를 통해 당신의 세계를 뒤흔들어놓을 수 있다는 것을 증명해 보일 만반의 준비가 되어 있었다.

〈Ill Communication〉의 초기 세션들 중 재즈조 히피적 잼으로 잉태된 "Sabotage"는, 아담 요크가 약동하는 스톱-스타트 다이내믹을 아이디어로 제시하며 모습을 갖추어간다. 최종 완성 트랙은 그들의 모회사 레코드 레이블에 앨범이 제출되기 단 2주 전에 마무리된다.

고함쳐 따라 부르기 좋은 곡의 특성 덕에, 이 트랙은 재빨리 '프랫-록'(파티 록) 앤섬으로 자리를 굳힌다. 이들이 이미 오래 전 "(You Gotta) Fight for Your Right (To Party!)"가 대변했던 프랫 보이 이미지를 벗어 던졌음에도 말이다. 그러나 이 곡을 크로스오버 히트작으로 만든 데에는 독창적인 뮤직비디오 덕이 컸다. 당시 무명이었던 스파이크 존즈가 제작을 맡아 한 이 영상은 70년대 텔레비전 방송 스케줄을 가득 메웠던 뻔한 형사 스릴러물들을, 애정을 담아 풍자한 것이었다. 비스티스 멤버들은 의상과 가발, 짧은 구레나룻 털까지 착용하고 빈티지 자동차 위로 뛰어내리는 등 웃음을 자아내는 스턴트 경찰과 도둑 연기를 충실히 수행했다. 이 비디오는 비스티스가 가진 불가사의한 팝문화적 유머 감각을 최대한 활용했고 MTV로부터 다량의 에어플레이 공세를 받았다. 그러나 1994년 MTV 비디오 뮤직 어워드에서 5부문에 후보작으로 올랐음에도 불구하고, 이 작품은 단 하나의 상도 못 건진다. 여기에 성난 요크는 R.E.M.의 마이클 스타이프가 수상 소감을 발표하는 동안 무대에 씩씩거리며 올라갔다(자신의 분신이었던 비디오 감독 나사니엘 혼블로워의 모습을 하고 말이다). 2009년 시상식에서 카냐 웨스트가 이와 비슷한 불손을 저지른다. 어쨌든 2009년 시상식에서는 뒤늦게나마 "Sabotage" 비디오에 경의를 표하는 자리를 가졌다고 한다. 이 곡은 2009년, J.J.에이브람스의 〈스타 트렉〉 영화에 또다시 모습을 드러낸다. **SC**

The Most Beautiful Girl in the World | Prince (1994)

Writer | Prince
Producer | Prince, Ricky Peterson
Label | NPG
Album | N/A

"조건 좋은 미혼 남자가
함께 휴가를 즐길,
세상에서 가장 아름다운 여자를
찾고 있습니다."

프린스, 1994

◀ **Influenced by: Takin' Me to Paradise** • J. Raynard (1983)
▶ **Influence on: Take It from Here** • Justin Timberlake (2002)
● **Covered by:** Raheem (2008)
★ **Other key track:** Alphabet Street (1988)

워너 브러더스와의 계약으로 노예가 된 것 같은 속박을 느끼던 프린스는 자신의 이름을 발음 불가능한 상징으로 바꾸고 "The Most Beautiful Girl in the World"를 독립적으로 발표한다. 그의 불평에 따르면, 워너사의 간부들은 "모차르트에게 너무 음표를 많이 넣는다고 말하거나 'Citizen Kane'이 너무 긴 영화라고 말할' 사람들이라는 것이다. "'The Most Beautiful Girl in the World'를 그냥 인디펜던트 레이블을 통해 발매할 수 있었다는 게 저에게 얼마나 큰 해방감을 줬는지 알기나 하세요?" 그가 디 에이지에 질문한다. 약삭빠르게도, '디 아티스트'(프린스는 구어로 이렇게 불렸다)는 자신의 싱글 판촉을 위한 홍보활동을 펼쳤고, CBS TV의 미스 아메리카 콘테스트에서 이 찬란한, 반짝이는 발라드 위의 베일을 벗겼다. 곡의 가사에 영감을 불어넣은 뮤즈는 20세의 메이트 가르시아였다. "그녀는 저를 있는 그대로 받아들여요." 1996년 발렌타인데이에 결혼하여 이제 자신의 아내가 된 댄서 가르시아에 대해 프린스가 한 말이다. "그가 당신을 바라볼 때면," 가르시아가 기억을 되짚는다. "그는 마치 당신이 전 우주의 중심인 것처럼 느껴지게 만들죠. 굉장한 마력이 있다고요." 이 싱글을 통해 프린스는, 스스로 보컬을 맡은 것으로 첫 영국 차트 1위를 달성한다. 또한 이 곡은 빌보드 핫 100에서 3위에 올랐으며, 미국 내에서 50만 장 이상의 카피를 팔아치운다(1994년 발매된 〈The Beautiful Experience〉 EP와 〈The Gold Experience〉(1995) 앨범에 이 곡의 리믹스 버전들이 수록되었다). 하지만 그에게 정말 중요했던 것은 앨범 판매고보다 이 사건이 가진 의의였다. "진정 아름다운 경험이었죠…" 그는 수상식에서 말했다. "아마도 그런 날이 오겠죠. 현재 힘을 쥐고 있는 그 모든 권력자들이 깨닫게 될 날이요. 한 인간이 맺을 수 있는 결실의 양을, 자신들이 통제할 수 있는 만큼까지로 제한하려 하는 것보다, 그가 할 수 있는 최대한을 이끌어내도록 내버려두는 게 더 낫다는 걸 깨닫는 날 말입니다. '우리 자료 통계로 보아서는 현재 너무 많은 음악이 존재한다는 결론이 나옵니다.' 과연 그런가요? 제 정보원들인 여러분 모두는 제가 할 수 있는 최대를 끌어내라 말해주는데요. 그런 점에서, 전 늘 영원히 감사합니다." **EP**

Sour Times | Portishead (1994)

Writer | G. Barrow, B. Gibbons, A. Utley, L. Schifrin, H. Brooks, O. Turner
Producer | Portishead, Adrian Utley
Label | Go!
Album | *Dummy* (1994)

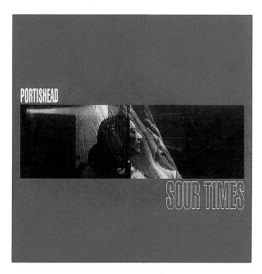

> "스스로를 진지하게
> 받아들이는가 묻는다면,
> 베스는 자신을 전혀 대수롭지 않게
> 여긴다는 것이죠."

제프 배로우, 2008

◀ **Influenced by: Danube Incident** • Lalo Schifrin (1968)
▶ **Influence on: Teardrops** • The 411 (2004)
● **Covered by:** The Blank Theory (2002) • Bryn Christopher (2008)
★ **Other key tracks:** Glory Box (1994) • Numb (1994) All Mine (1997) • The Rip (2008) • We Carry On (2008)

1994년, 그런지의 메아리는 여전히 지구상에 반향을 일으키고 있었다. 하지만 이때, 영국에서 새로운 국내 영웅들이 등장했다. 브리스틀에서 출현한 포티쉐드는 비록 단명했지만 좋은 추억으로 남았던 장르인 트립합을 개척하는 데 도움을 줄 것을 자청하고 나선다. 그런데도 메인맨 제프 배로우는 수어사이드걸즈닷컴(suicidegirls.com)에 이렇게 항변한다. "'우리는 사람들이 들으며 마음 편히 쉴 만한 음악을 씁니다'라는 건요, 사람들이 범할 수 있는 가장 잘못된 인식이라 할 수 있겠죠." 포티쉐드의 2번째 싱글 "Sour Times"는 듣기에 안정적이라기보다 등골 오싹해지는 곡이었다. 베스 기븐스가 전하는 실연에 대한 가사와 비탄에 잠긴 음성의 보컬에 힙합 비트를 융합시킨 이 곡은 마치 펑크(funk)화 한 1960년대 느와르 영화 사운드트랙을 듣는 듯한 착각을 일으켰다. "사실 전 이 노래들이 그다지 절박하게 들린다고 생각하진 않아요." 기븐스가 핫 프레스에 따지듯 말한다. "제 안에 공허함이 있다는 건 사실이에요. 하지만, 그것이 적든 크든 간에 모두들 어느 정도는 가지고 있기 마련이에요. 저의 경우 다른 사람들보다 그것에 좀 더 집착하는 경향이 있는 것뿐인 거죠. 가사에 어차피 다 드러나 있듯이 말이에요." 이 곡에서는, 존 배리부터 빌리 홀리데이까지 다양한 영향 요소들이 한데 모여 조밀하고 멋진 구성을 가진다. 그중 소름 끼치는 덜시머 샘플과 베이스 리프는 미국 작곡가 랄로 시프린의 "Danube Incident"에서 가져온 것이다(시프린은 오리지널 〈미션 임파서블〉의 테마를 작곡했을 뿐 아니라 〈더티 해리〉와 〈블리트〉의 음악을 담당했던 인물이다).

첫 발매 당시 이 트랙은 별다른 반응이 없었다. 하지만 포티쉐드의 단편 영화였던 〈투 킬 어 데드 맨〉으로 제작한 뮤직비디오의 도움을 받아 히트 곡 "Glory Box"와 손을 잡고 〈Dummy〉가 고전의 위치로 도약할 수 있는 구름판 역할을 수행한다. 이후 발표된 포티쉐드의 앨범 중 그 어느 것도 이것만 못하다는 의견도 일부 있으나 〈Roseland NYC Live〉(1998)에 수록된 "Sour Times" 버전—여기서 기븐스의 보컬이 통렬한 크레셴도를 타고 전개된다—은 오리지널을 무색하게 만든다. **GR**

Army of Me | Björk (1995)

Writer | Björk, Graham Massey
Producer | Björk, Nellee Hooper,
Graham Massey
Label | One Little Indian
Album | *Post* (1995)

"이 트랙은 자기 연민으로 가득 차
아무것도 제대로 하지 않는 누군가에게
그렇게 살면 안 된다고 말하고 있죠."

비요크, 1995

◀ **Influenced by: Dig It** • Skinny Puppy (1986)
▶ **Influence on: Love Again** • Baxter (1998)
● **Covered by:** Helmet (1996) • Beanbag (2001)
Powerman 5000 (2004) • Abandoned Pools (2005)
Caliban (2006) • Drama (2010)

"Army of Me"는 슈가큐브스가 1992년 해체되고 난 후 비요크가 녹음한 1번째 곡들 중 하나였다. 하지만 아이슬랜드에서 온 팝의 여왕은 이 거칠고 자신만만한 곡이 큐브스 해체 후 첫 발표될 〈Debut〉에 수록하기에 적합하지 않다는 느낌을 받는다. 그녀의 직감이 맞았다. 병기 동원을 외치는 이 공격 신호는 그녀의 첫 메이저 레이블 솔로 나들이가 내세운 예쁜 일렉트로닉 팝적 이미지를 완전히 망쳐 버렸을 것이다. 하지만 이 곡은 그녀의 두 번째 솔로 앨범 〈Post〉의 오프닝 트랙으로 완벽히 들어맞았다.

"예의 바르고, 수줍은" 〈Debut〉를 성공리에 마친 비요크는 이제 방향전환을 원했고, 그녀의 다른 모습을 소개하기를 원했다. 함부로 대하면 큰코다칠 그런 모습 말이다. 아기처럼 속삭이거나 뱀처럼 위협하는 것 같은 효과를 자아낼 수 있는 아티스트로는 그녀가 지구상에 유일한 존재일 듯하다. "Army of Me"는 후자의 경우였다. 이것은 그녀의 남동생을 위해 쓴 곡이었다.

그녀는 송곳니를 다 드러낸 듯한 위협적 음성으로 남동생에게 자기 연민을 그만두라고 경고한다. "And if you complain once more(그리고 불평 한 번만 더 하면)," 그녀가 으르렁댔다. "you'll meet an army of me(나한테 혼쭐이 날 거야)!" 올드 스쿨 인더스트리얼 록과 일렉트로닉 뮤직의 가슴 저미는 조화가 폭발적 샘플들(폭발 사운드의 샘플도 포함해서)을 기반으로 가사에 호소력을 더했다.

〈Post〉가 낳은 첫 싱글 "Army of Me"는 세계 차트들을 뚫고 돌격한다. 이 곡은 〈Post〉로부터 나온 총 6곡의 싱글들을, 선두로서 전방 지휘한다(총 5개의 싱글을 내는 데에 그친 〈Debut〉를 능가한 것이다!).

오리지널 발매본은 여러 개의 리믹스 버전을 대동하여 발표되었다. 그중에는 스컹크 아난시와 함께 록으로 개조한 버전도 포함돼 있다. 10년의 세월이 지난 후, 20개의 서로 다른 버전이 모여 〈Army of Me: Remixes and Covers〉를 이루게 된다. 그 판매 수익은 국제 연합 아동 기금에 기부되었다. 분노에 찬 노래의 끝은 이렇게 가슴 따뜻한 결말을 맺었다. **JiH**

Champagne Supernova
Oasis (1995)

Writer | Noel Gallagher
Producer | Owen Morris
Label | Creation
Album | *(What's the Story) Morning Glory?* (1995)

"'Champagne Supernova'라는 이름의 클럽을 새로 연 사람들의 수가 정말 대단했죠." 노엘 갤러거가 말했다. 이것은 〈(What's the Story) Morning Glory〉가 발매되기 이전이었다(이 앨범이 정점에 오르는 데에는 "Champagne Supernova"가 주도적 역할을 한다). 이 트랙이 '모닝 글로리' 앨범을 멀티플래티넘으로 등극되고 난 후, 갤러거는 자신의 런던 집까지 'Supernova Heights'라 이름 지었다. "Champagne Supernova"는 두 형제의 브릿팝 시기 중반 화려함을 제대로 포착했다. 장대한 기타 파트, 불가사의한 가사, 노엘의 남동생 리암의 다시 능가 하기 힘든 보컬까지, 이것은 팬들의 애청 곡이 되기에 충분했다. 리드 기타와 배킹 보컬은 폴 웰러(앨범 라이너 노트에 따르면 그는 "수퍼-서브")가 맡아 수행한다. 그의 릭(lick) 덕에 "Champagne Supernova"는 다른 모닝 글로리 트랙들이 도저히 따라잡을 수 없는 호소력을 가지게 된다.

음악적으로 높이 비상하며 가사로는 엄청난 비난의 표적이 되고 만다. "일부 가사는 제가 완전히 약에 취해 있을 때 썼어요." 노엘이 1995년 NME에 인정했다. 곡의 제목은 샴페인에 관한 다큐멘터리를 보던 중 픽시스의 앨범 제목 〈Bossanova〉를 잘못 들은 데서 착안되었다고 전해진다. "이 곡은, 어릴 때 그런 것 있잖아요, 집단으로 활동하는 사람들을 보며, 그들이 우리에게 해준 게 뭐냐는 생각이 들 때요. 그리고 해준 게 하나도 없기도 하고요." 한편 그는 2009년 더 선데이 타임즈에 이렇게 말한다. "지금 당신 말은, 6만 명의 대중이 의미도 하나 파악하지 못하고 이 노래를 부르고 있단 말입니까? 각자 나름대로 의미가 있는 거예요." **JM**

The Fever
Garth Brooks (1995)

Writer | Steven Tyler, Joe Perry, Bryan Kennedy, Dan Roberts
Producer | Allen Reynolds
Label | Capitol
Album | *Fresh Horses* (1995)

"전 차라리 그냥 컨트리 라디오에 남겠어요." 가스 브룩스가 1992년 이렇게 말했다. "어디로 가면 저를 찾을 수 있는지 사람들이 알 수 있게 말이에요." 하지만 1995년 그는 이미 역대 최고의 베스트셀러 아티스트 대열에 합류한 상태였고, 하고 싶은 대로 마음껏 할 수 있는 여유도 있었다. 〈Fresh Horse〉는 본래 내쉬빌 최고의 컨트리 송라이터들을 소개하는 자리였다. 하지만 브룩스는 제출받은 노래에서 별다른 감동을 느끼지 못한다. 결국, 10트랙 중 8트랙에 그가 공동 작곡가로 참여하게 된다. 이 앨범에는 에어로스미스의 〈Get a Grip〉 수록 곡 "Fever"의 커버 버전이 실렸다. 이 노래에는 프론트맨 스티븐 타일러의 밴드 동료들조차 부르는 것을 반대했던 수위 높은 가사("The buzz that you be getting' from the crack don't last / I'd rather be O.D. in' on the crack of her ass(크랙 코카인에서 오는 효과는 오래 못 가 / 나는 차라리 그녀의 엉덩이 두 짝 사이에서 과다복용을 하겠어)")가 담겨 있었기에 정정 작업이 절실히 필요했다. "제 친구들 중 몇이…'Roll Out the Barrel and Send the Clowns'라는 노래를 만든 적이 있죠. 로데오 노래였는데, 그 가사가 자꾸 머릿속에 맴도는 거예요. 그리고서 제가 에어로스미스의 'Fever'를 들었을 때 전 생각했죠, '이야, 이거 2개를 한데 합치면…'" 브룩스의 말에 따르면 타일러는 "자기들이 스스로의 음악을 얼마나 사랑하는지를 제차 강조했죠. '그러니까 그 곡을 녹음하려면 신중을 기해서 해'라고 말했어요. 그토록 자유분방한 걸로 알려진 사람이 그런 말을 하다니 정말 멋지다고 생각했죠." 하지만 "The Fever"는 미국 컨트리 라디오에게는 너무 벅찬 존재로 판명된다. 그리고 컨트리 라디오 블랙리스트에 오르고 만다. **BM**

Kung Fu | Ash (1995)

Writer | Tim Wheeler
Producer | Owen Morris
Label | Infectious
Album | *1977* (1996)

"전 항상 3분간의 마법을
즐기는 사람입니다."

팀 윌러, 2009

◀ **Influenced by: Teenage Lobotomy** · Ramones (1977)
▶ **Influence on: Buck Rogers** · Feeder (2001)
★ **Other key tracks:** Day of the Triffids (1995) · Luther
Ingo's Star Cruiser (1995) · Angel Interceptor (1995)
Girl from Mars (1996) · Goldfinger (1996)

애시가 이 파워팝 한 조각을 녹음할 당시 그들은 브리티시 록과 아이리시 록에 필요하던 완벽한 존재들이었다. 이 그룹—멤버들 중 2명은 이 트랙이 쓰일 당시 아직 17세에 지나지 않았다—은 짧고 강렬한 폭발적 환희를 즐겨 했고, 그것은 당시 차트를 지배하고 있던 그런지나 브릿팝으로부터의 반가운 전환이 되었다. "평균가는 곰보다 더 똑똑하네"(Smarter than your average bear, 만화 캐릭터 요기 베어의 말을 인용)라고 유투의 보노가 흔쾌히 말했다.

"Kung Fu"는 이 그룹이 보여줄 가장 명쾌하고 가장 평크적인 모습을 포착했다. 2분 17초에 지나지 않는 이 곡은 중국 무술 영화와 십 대 문화에 관련된 말들을 나열해가며, 1980년 무술 영화 〈귀타귀(Encounters of the Spooky Kind)〉에서 슬쩍 해온 샘플로 트랙의 첫 8초를 채워 넣었다. 〈더 카라테 키드〉의 미스터 미야기, 재키 챈, 푸 만추, 브루스 리 그리고 엑스 맨까지, 프론트맨 팀 윌러는 이들을 향한 찬양을 침이 마르도록 늘어놓는다. 그는 이 곡을 1994년 크리스마스 다음 날 벨파스트 국제 공항에서 탑승 대기 중 5분만에 완성했다 한다.

그룹은 그 다음 날 오아시스의 프로듀서 오웬 모리스와 함께 "Kung Fu"의 녹음을 단 한 방에 마쳤다는 것이다. "저희는 '정말 못쓸 라몬스 스타일 노래'를 한번 써보고 싶었어요." 윌러가 털어놓는다. "그리고 본래 B사이드에 넣을 작정이었죠, 그런데 이 곡이 너무 잘 만들어진 거예요."

정말이지, 어쩌나 잘 만들어졌던지 1996년, 할리우드가 가져다가 이 곡을 재키 챈의 1995년 홍콩 액션 영화 〈홍번구〉의 클로징 크레딧 음악으로 삽입했을 정도였다.

하지만 모두 사람이 이 곡을 좋아한 것은 아니었다. 싱글의 슬리브 디자인으로, 맨체스터 유나이티드 축구 선수 에릭 칸토나가 1995년 1월 경기 중 한 관중에게 쿵푸 스타일의 플라잉 킥을 날리는 모습이 담긴 사진이 쓰였는데 칸토나는 즉각 이 그룹의 레이블에게 언짢다는 의미로 이런 팩스 한 장을 집어넣었다. "난 너희들 음반에 침을 뱉어." **TB**

1979 | The Smashing Pumpkins (1995)

Writer | Billy Corgan
Producer | Flood, Alan Moulder, Billy Corgan
Label | Virgin
Album | *Mellon Collie and the Infinite Sadness* (1995)

"성욕이 올라 안절부절못할 시기인데
어딘지 모를 빌어먹을 곳에서
옴짝달싹 못하고 있는 스스로를
발견하게 되죠."

빌리 코건, 1996

◀ **Influenced by: Everything's Gone Green**
New Order (1981)
▶ **Influence on: Turn My Way** · New Order (2001)
● **Covered by:** Vaux (2006) · Jacksoul (2006) · Lismore
(2006) · Kuusimäki (2007) · Young Love (2007)

"1920년대 헤비메탈 밴드가 연주하는 사이키델릭 뮤직." 이것이 바로 스매싱 펌킨스 우두머리 빌리 코건이 〈Mellon Collie and the Infinite Sadness〉를 묘사한 방식이다. 이 야심만만한 앨범은 망치질 같은 록과 급진적인 교향곡들의 지배를 받았지만, 막상 가장 긴 수명을 누리게 될 트랙은 마치 뉴 오더가 연주하는 플릿우드 맥의 "Rhiannon"을 연상시켰다. 코건의 말에 의하면, 이 곡은 "꽤 오랫동안 여기저기 굴러다녔다"는 것이다. 하지만 공동 프로듀서 플러드가 인내심을 잃고 말았다. "그는 '부족해'라고 말했죠, 그리고 이 곡을 당장 내버리려 했어요…" 코건이 시카고 트리뷴에 말했다. "전 이렇게 생각했죠. '말도 안 돼. 지금껏 그냥 그렇게 버렸던 노래들이랑은 다르단 말이야'라고요. 그것 때문에, 이 곡을 제대로 완성시켜 그가 틀렸다는 걸 증명해 보이고 싶다는 생각이 강하게 밀려왔어요. 그래서 그날 밤 저는 곡 전체를 4시간 안에 완성시켰죠. 다음 날 플러드가 그걸 딱 1번 듣더니 바로 '앨범에 올린다'라고 말하더라고요."

독특한 뮤직비디오의 도움을 받아, 이 트랙은 미국 내 골드 싱글로 등극하는 한편 빌보드 핫 100에서 12위를 기록한다. 그래미상 시상식에서 '레코드 오브 더 이어'와 '베스트 록 퍼포먼스' 부문의 후보로 각각 오른 이 곡은 1998년 발매된 〈Adore〉를 통해 "Perfect"라는 일종의 속편 트랙을 낳기도 했다. "왜 하필 1979년을 골랐는지는 저도 잘 모르겠어요." 코건이 VH1의 '스토리텔러스'에 출연해 말했다. "다른 년도와 비교해 별다르다 할 건 없겠죠. 근데 운을 맞추기에 어감이 좋잖아요." 또한 코건은 스토리텔러스에서 이 곡의 영감이 되어준 요소에 대해 이런 말을 남겼다. "18살 때 쯤이었고, 저희 집 가까이 있는 길을 차를 타고 가던 중이었죠. 정말 심한 폭우가 내리고 있었어요. 일리노이주에만 있을 법하게 그런 우울한 비였습니다. 전 빨간 불이라 차를 멈춘 채 앉아 있던 게 기억나요…대단히 화려하게 들리지는 않겠지만, 그게 특별한 감정적 의미를 가졌죠…그리고 아직 완전히 다다른 건 아니지만, 원하는 게 바로 가까이에 와 있다는 그런 느낌이죠. 제 느낌이 명중하리라고는 꿈에도 몰랐어요." **BM**

Common People | Pulp (1995)

Writer | Nick Banks, Jarvis Cocker, Candida Doyle, Steve Mackey, Russell Senior
Producer | Chris Thomas
Label | Island
Album | *Different Class* (1995)

"'Common People'은 언제 내놔도 차트 정상에 오를 만한 곡이었죠. 가사가 정말 기막히게 웃겨요."

노엘 갤러거, 오아시스, 1995

◀ **Influenced by: Fanfare For the Common Man**
Emerson, Lake & Palmer (1977)
▶ **Influence on: Sliding Through Life on Charm**
Marianne Faithfull (2002)
● **Covered by:** William Shatner & Joe Jackson (2004)
Tori Amos (2005)

"She came from Greece / She had a thirst for knowledge / She studied sculpture at St. Martin's College(그녀는 그리스에서 왔지 / 지식에 목말라 있었어 / 그녀는 세인트 마틴스 콜리지의 조각 전공생이었어)." '슬럼가 답사'에 맞선 병기 소집구호의 시작이었다. 여기에 힘입은 펄프는 컬트 그룹 신분에서 주류로 훌쩍 편승하게 된다. 싸구려 카시오 키보드 위로 프론트맨 자비스 코커가 고안한 두 손가락 타건 오르간 인트로는 당시 '블러 대 오아시스'라는 형태로 브릿팝 내에 한창이던 계급 전쟁에 편승해 한껏 분위기를 잡았다. 섹스 피스톨즈, 그리고 록시 뮤직과의 작업 등 화려한 경력의 소유자인 제작자 크리스 토마스가 등용되었다. 토마스의 손을 거쳐, 이 곡은 따라 부르기 좋은 크레센도 흐름과 "God Save the Queen"에 필적할 사회 정치적 소신을 갖추게 된다. 곡의 가사는 한 노동 계급 남자와 부유한 미대 학생의 만남을 다루었고, 후자는 런던의 이스트 엔드 지역에서 노니는 것이 진정 멋진 것이라 여기는 종류의 인물이었다. "풍기는 분위기에 무언가 얕잡아 보는 듯한 사회적 관음증이 느껴졌죠. 빈민 체험을 자청하는 싸구려 집에서 밑바닥 삶을 사는 것에 대한 어떤 환상을 가지고 있는 그런 거요." 코커가 1996년 Q에 말했다. "예컨대, 전 '블러'의 〈Parklife〉에서 그런 걸 느꼈었죠. 'Natural Born Killers'에서도요. 거기에는 '고결한 야만인(noble savage)'과 같은 개념이 깔려 있습니다." 코커는 여기 등장하는 여성의 신원이 기억나지 않는다고 주장했지만, 이 자전적 내용의 가사에 어느 정도의 진실이 숨어 있음을 인정했다. 그녀가 조각 전공생이었는지는 확인할 도리가 없다. 그러나 코커는 어감이 좋다는 이유로 조각 전공생이라는 말을 가사에 넣었다. 그녀가 코커와의 섹스를 원했다는 사실이 넌지시 암시되어 있긴 하지만 코커는 재미를 더하기 위해 은근하게 이 사실을 전하는 것에 그친다. 결국 이 이야기 최후의 승자는 그녀가 아닌 코커 자신이었다. 이 곡을 통해, 그는 4차원적 괴짜에서 팝스타 겸 영국 국보로 부상했으니 말이다. 영국 톱 10에 진입한 지 10년 후, 이 곡은 묘한 부흥기를 맞이한다. 'Star Trek' 고참병 윌리엄 섀트너가 2004년 자신의 버전을 발표한 덕이었다. **SS**

Where the Wild Roses Grow | Nick Cave & Kylie Minogue (1995)

Writer | Nick Cave
Producer | Nick Cave & The Bad Seeds,
Tony Cohen, Victor Van Vugt
Label | Mute
Album | *Murder Ballads* (1996)

NICK CAVE AND THE BAD SEEDS • KYLIE MINOGUE Where The Wild Roses Grow

"'Where the Wild Roses Grow'는
애초에 카일리를 염두에 두고 작곡한
곡이에요. 전 수년 동안 카일리를 위해
곡 쓰기를 원해왔어요."

닉 케이브, 2007

◀ **Influenced by: Down in the Willow Garden** • Hobart
Smith & Texas Gladden (c. 1940)
▶ **Influence on: Burst Lethargic** • The Silence Kits (2006)
● **Covered by:** Chicks on Speed & Kriedler (2001)
Chiasm (2006)
★ **Other key track:** Stagger Lee (1996)

죽음과 폭력은 닉 케이브 앤 더 배드 시즈의 음악에 항상 출몰해왔다. 따라서 〈Murder Ballads〉에 이 무시무시한 소재가 득실댔다는 것은 사실 그다지 놀랄 일이 아니었다. 정작 놀라웠던 사람은 케이브의 게스트 싱어 중 1명이었다.

"Where the Wild Roses Grow"에서 이 얼터너티브 록계 어둠의 제왕의 팝계 공주와 손을 잡는다. 2명 모두 호주 태생이란 것 빼고 둘 사이에는 눈곱만큼의 공통점도 없었지만 케이브는 오랫동안 미노그와 함께 작업해보기를 원했다. 이에 따라 케이브의 밴드 동료 믹 하비는 당시 미노그의 남자친구였던 인엑세스의 마이클 허첸스에게 전화를 걸었다. "그런 후에" 케이브가 그레이트 오스트레일리안 앨범스에 말했다. "마이클이 이렇게 말하는 게 들렸죠. '자기! 닉 케이브랑 노래 하나 만들어볼래? 그러자 그녀가 이러더군요. '그럼! 물론 할래!'"

"우린 서로의 어머니에게 메시지를 남겼죠." 미노그가 기억을 되짚는다. "믿어지세요? 닉 케이브가 전화해서 '안녕하세요, 미노그 부인이신가요? 카일리 지금 집에 있나요?'라고 하는 것이요…닉을 처음 만난 날, 전 바로 보컬 트랙을 깔았죠. 정말 즐거운 시간이었어요."

전통 민요 "Down in the Willow Garden"에 기반한 이 곡은 자신의 연인을 찔러 죽인 한 남자가 사형을 기다리며 전하는 고백의 말이다. 케이브는 이것을 살인범과 피살된 애인 사이의 대화로 바꾸어보았고 그 결과, 케이브와 미노그의 가슴 미어지는 보컬과 풍부한 스트링 섹션이 빚어내는 충격적이면서도 관능적 트랙이 탄생했다.

마치 꿈속을 보는 듯한 뮤직비디오에 힘입어, 이 곡은 영국과 호주 차트를 타고 솟구쳐 올랐으며, 이 그룹이 전 세계를 상대로 기록한 가장 성공적인 싱글로 부상하게 된다. "전 2주 연속 '톱 오브 더 팝스'에 출연했죠…" 케이브가 뮤직 저널리스트 데비 크루거에게 말했다. "파워레인저 복장을 한 꼬마 아이가 저에게 다가 오더니 이러는 거예요, '전날 밤 카일리 미노그랑 같이 텔레비전에 나왔던 나이 많은 아저씨 맞아요?' **BC**

Insomnia
Faithless (1995)

Writer | Rollo, Maxi Jazz, Sister Bliss
Producer | Rollo, Sister Bliss
Label | Cheeky
Album | *Reverence* (1996)

사기 충만한 "핸드백 하우스(handbag house)" 시대가 한창일 때 사슬을 벗어 던지고 나타난 "Insomnia"는, 레이브 컬처를 통해 교외 가정집 침실로의 야간 잠행에 성공한다. 이 곡은 그 제목이 말해주듯, 절정과 광란의 댄스 앤섬이었다. 잠자리에 들기 전엔 절대 청취 금물이다 래퍼 맥시 재즈의 어두운 중얼거림은("I toss and I turn without cease / Like a curse / Open my eyes and rise like yeast(난 멈추지 않고 뒤척이네 / 마치 저주와도 같이 / 눈을 뜬 채 이스트처럼 부풀어 오르지)"), 밤샘 파티 이후 밀려오는 견디기 힘든 저기압 상태를 연상시킨다.

이 곡의 신선도를 유지시킨 데에는 포용력 있는 가사와 불길한 느낌의 비트, 그리고 중독성 강한 반복구의 곡이 컸다. 50번도 넘게 리믹스된 이 곡은 영국 내에서 3번이나 차트에 올랐으며 3위까지 상승한 바 있다.

재즈의 가사가 흘러나오는 동안, 프로듀서들(롤로와 시스터 블리스)은 두근거리는 테크노 베이스와 시계의 똑딱거림 같은 신디사이저를 도맡았다. 전자에 관련하여 노르웨이 뮤지션 바이오스피어가 표절 의혹을 제기해 이들은 곤경에 빠지기도 한다. 반대로, 독일 디제이 그룹 새시!가 "Encore une fois"(다시 한 번)를 발표했을 때 여기 담긴 유사성에 페이스리스는 매우 언짢아했다.

미래의 수퍼스타 다이도(롤로의 여동생)는 이 곡을 "1년 반 동안 매일 무대에서" 불렀다고 회고하기도 했다. 페이스리스의 청중이 그랬듯, 그녀도 랩을 따라 폭발적으로 등장하는 키보드 멜로디에 홀딱 반했다. "롤로의 명언 중에 이런 게 있어요. '긴장과 해소가 음악의 모든 것이다.'" 블리스가 말한다. "그리고 그건 우리 2명 모두 고수하는 신조 중 하나죠." **GK**

Scream
Michael & Janet Jackson (1995)

Writer & Producer | M. Jackson, J. Jackson, J. Jam, T. Lewis
Label | Epic
Album | *HIStory: Past, Present and Future, Book I* (1995)

"그는 매우 기분이 상했던 데다 화가 나 있었죠." 1993년 있었던 마이클 잭슨의 성추행 혐의 이후 그가 내놓은 첫 발매작에 대해 자넷 잭슨이 MTV에서 입을 열었다. "그리고 그는 속으로 억누르고 있는 것이 너무 많았던 나머지, 뛰쳐나가 말하길 원했어요." 마이클은, 자넷이 〈Thriller〉의 "P.Y.T.(Pretty Young Thing)"에서 배킹 보컬을 맡은 이후로 함께 작업한 적이 없다. 하지만 이번에 그는 지미 잼과 테리 루이스(자기 여동생을 R&B 여우로 탈바꿈시켜준 프로듀서들)를 고용하여 자신의 카타르시스적 컴백을 준비한다.

"저희가 제목은 알고 있었지만, 노래 내용이 뭐가 될 건지는 전혀 모르는 상태였죠." 잼이 Q에 한 말이다. 이 프로듀서들은 대스타의 허락을 받기 위해 몇 개의 잠정적 트랙을 준비해놓았다. "한 로스앤젤레스 스튜디오는 새로운 사운드 시스템을 설치했죠. 특별히 마이클을 위해 설계된 것이었다고 해요. 그는 바로 첫날부터 그걸 날려버린 거예요." 루이스의 기억에 따르면 1994년 12월 녹음에 참여한 마이클의 태도가 "젠체하지 않고 겸손"했다는 것이다. "그는 30분간 'Scream'을 불렀죠. 그게 다였어요." 그는 오마하 월드-헤럴드에 이렇게 말했다. "그게 다 끝난 후에, 그는 낮잠을 자야 했죠. 테이프를 들어보면 그가 발산한 에너지를 확실히 느낄 수 있습니다."

호화 트랙은 호화 영상이 필수다. "뭔가 대단한 것을 만들어내라며 준비할 시간을 3주 주었죠." 영화 감독 마크 로마넥이 시카고 트리뷴에 말했다. 그의 7백만 불짜리 제작물은 당시 음악계 최고가 영상이었지만, 전혀 돈 낭비가 아니었다. 원초적 감정과 박력 있는 제작, 다른 세계에 온 듯한 비주얼이 만나 이룬 이 저항할 수 없는 결정체로, 팝의 왕은 자신의 왕권을 온전히 회복했다. **EP**

Hell Is Round the Corner
Tricky (1995)

Writer | Isaac Hayes, Tricky
Producer | Tricky, Mark Saunders
Label | Fourth & Broadway
Album | *Maxinquaye* (1995)

트리키의 비범한 데뷔 앨범 〈Mazinquaye〉에는 대단한 분노가 서려 있다. 하지만 그(본명 애드리안 서스)가 이 분노를 한 번에 모두 다 써버린 것은 아니다. 포티쉐드와 그들이 아이작 헤이즈의 샘플(〈Black moses〉(1971) 수록 곡 "Ike's Rap II")을 사용해 만든 "Glory Box"를 위해 남겨두었다. 이 트랙은 "Hell is Round the Corner"의 기반이 된다.

"전 편집증적 상태였죠. 하지만 그들이 제 트랙을 들었을 때, 포티쉐드의 곡이 너무 재빨리 연상되는 거예요. '붐, 붐, 붐' 하고요." 그가 셀렉트에 말했다. 그의 본능적 직감은 이 트랙을 앨범에서 빼는 것이었다. "하지만 전 제 노랠 들어봤죠. 아무 노래하고나 비교해도 당당할 자신이 있었어요. 사람들이 돌을 던지든지 말든지." 동시대 다른 뮤지션들과 겹치는 부분은, 단지 샘플만 있었던 게 아니다. 트리키의 가사까지도 매시브 어택의 앨범 〈Protection〉 수록 곡 "Eurochild"의 구절과 겹치는 면이 없지 않았다. 다행히, 이 모든 혁신적 음반들을 수용할 공간은 넉넉했다. 하지만 이 모든 침울한 곡들 전체 중 가장 어둡고 음울했던 것은 단연, 농도 짙고 숨막힐 듯한 "Hell is Round the Corner"였다. "점쟁이에게 운세를 본 적이 있어요." 그가 멜로디 메이커에 말했다. "그런데 이 여자분이 정말 긍정적으로 말하는 거예요. '세상은 위험에 빠져 있지 않아요, 우리 모두 다 괜찮을 겁니다'라고요. 근데 미안하지만, 제 생각은 달라요…전 우리 모두 약간의 정신병을 가지고 있다고 생각해요."

1995년 8월, 〈The Hell〉 EP에 2가지 버전이 수록 발매된다(여기에는 그레이브디가즈도 참여한다). 하지만 90년대 필수 앨범 중 하나의 가장 기품 있는 구성원으로 남아 있는 것은 뭐니 뭐니 해도 오리지널 버전이다. **CB**

Born Slippy Nuxx
Underworld (1995)

Writer & Producer | Rick Smith,
Karl Hyde, Darren Emerson
Label | Junior Boy's Own
Album | *Trainspotting* (1996)

취중 횡설수설, 두근거리는 테크노, 90년대 시대정신. "Born Slippy Nuxx"(언더월드가 어느 경견장에서 꽤 괜찮은 상금을 긁어모았던 한 그레이하운드의 이름을 따 지은 것)는 이 모든 것을 겸비한다. 애초에 오리지널 트랙 "Born Slippy"의 B 사이드 트랙으로 발표된 이 곡은 무관심 속에 사라져간다. 다행히도, 영화 감독 대니 보일의 마음에 든 턱에, 3인조는 보일의 설득으로 그가 동명 소설을 영화화한 작품 〈트레인스포팅〉(1996)에 "Born Slippy Nuxx"를 내어주게 되었다. "저희는 그 영화에 연루되는 걸 좀 꺼려했죠." 보컬리스트 칼 하이드가 '어바웃'에 털어놓았다. "왜냐하면, 어빈 웰시의 책을 읽어보지 않은 상태에서, 사람들이 전하는 편파적 묘사만 들었거든요…저희는 '우리 음악이 마약, 폭력, 뭐 그런 것들과 연관되는 걸 가만히 앉아 바라보고만 있을 수는 없어, 우리가 댄스 음악을 보는 관점은 그게 아니거든' 뭐 이런 식이었어요…' (하지만) 이 모든 게 단순히 오해였다는 사실이 나중에 분명해졌죠." 이 곡은 곧 90년대를 대표하는 아이코닉 트랙 중 하나로 부상한다. 악의 없는 신스의 공명이 트랙의 시작을 알리고 "Born Slippy Nuxx"는 그칠 줄 모르는 테크노의 두근거리는 회오리 속으로 소용돌이쳐 들어간다. 그 위에는 하이드의 날카로운 '의식의 흐름'이 자리하는데, 이 두서 없는 말들은 만취 상태와 술에 대한 앤섬으로 해석되기도 하지만, 사실 하이드의 의도는 그 반대였다. "제가 들어올 타이밍을 놓쳤고, 그래서 그저 같은 구절을 계속 반복해 불렀던 거예요." 그가 가디언에 말했다. "그래서 '라거, 라거, 라거, 라거' 하면서 노래가 가는 거죠." 저희가 이 곡을 처음 무대에 올렸을 때, 사람들이 갑자기 라거 맥주 캔을 번쩍 치켜들더라고요. 정말 당황스러웠어요." **KBo**

You Oughta Know
Alanis Morissette (1995)

Writer | Alanis Morissette, Glen Ballard
Producer | Glen Ballard
Label | Maverick
Album | *Jagged Little Pill* (1995)

앨라니스 모리셋이 어두운 앤섬으로 당당하게 그래미상을 수상했고 "패기에 찬 여성상(grr)"을 그래미 역사에 심어 넣는다. 난잡한 종말을 맞은 자신의 연인 관계에서 영감을 얻은 그녀는 자신의 분노를 이 폭풍우 같은 노래로 분출함으로써, 젊은 날의 아둔한 팝을 넘어서 국제적 스타디움이 아깝지 않을 싱어-송라이터로 진화해버린다. "You Oughta Know"는 '따귀 한 대'였고 바른 방향을 향한 힘찬 한 걸음이었다. 마돈나의 매버릭 레이블과 계약한 모리셋은 호전적 태도의 새로운 여성 싱어-송라이터 세대가 진군할 길을 미리 닦아놓은 선구자이다.

"그녀를 보면 제가 처음 일을 시작했을 때가 생각나요." 마돈나가 롤링 스톤에 말했다. "좀 미숙하지만 굉장히 침착하고 솔직하거든요." "Are you thinking of me while you fuck her(그녀와 섹스할 때 날 생각하니)?"와 같은 가사에 거침없고 결연한 치코네의 모습이 묻어나는 것은 사실이다. 이 말과 함께 발포되는 일제 사격은 차트에 급격한 쇼크를 가한다. 또한 비밀에 부쳐진 옛 남자친구의 신원에 대한 호기심이 칼리 사이먼의 "You're So Vain"의 대상을 향한 흥미만큼이나 세간에 이야깃거리가 되었다. 그러나 "You Oughta Know"가 단순히 실연과 분노의 노래인 것만은 아니다. "복수하려는 의도로 노래를 쓴 건 아니에요." 모리셋이 단호히 말한다. "해소용 분출구를 찾다가 쓴 것뿐이죠." 이런 강한 훅을 창조하는 데에는 당시 레드 핫 칠리 페퍼스 밴드 동료 사이였던 플리와 데이브 나바로의 역할이 컸고, 톰 페티 앤 더 하트브레이커스의 벤몬트 텐치의 키보드도 한몫했다. 2009년 브리트니 스피어스가 그녀의 '서커스 투어'에서 원본에 충실한 커버 버전을 부르기도 했다. **KBo**

Back for Good
Take That (1995)

Writer | Gary Barlow
Producer | Chris Porter, Gary Barlow
Label | RCA
Album | *Nobody Else* (1995)

4년 내내, 다시 데워 먹는 뜨뜻미지근한 디스코 트랙과 라이트급 러브 송으로 전전해오던 테이크 댓은 드디어 최대 규모 최고 장수 히트인 "Back for Good"을 탄생시킨다. 그룹 리더 개리 발로우는 단지 10분 만에 이 발라드를 완성시켰다. 이들은 그후 1년이 지나, 비지스의 "How deep Is Your Love" 커버로 작별을 고하고 만다. 어쨌든 이 곡은, 로비 윌리엄스의 퇴장으로 유발된 영국 최고 보이 밴드 테이크 댓의 분열과 영원히 연관될 것이다. 그룹이 해체된 이후, 윌리엄스는 이 곡을 비꼬는 듯 건방지게 재해석한 버전으로 솔로 전향 초반 무대를 달구었다.

이후 "Back for Good"은 결혼식 단골 곡으로 굳어진다. 일방적인 짝사랑을 연상케 하는 감상적인 곡임에도 말이다. 'The Office' 오리지널 영국 버전에서 두 등장인물 사이의 러브 테마로 소생하여 이 곡은 2000년대 제2의 인생을 살기도 했다.

"굉장히 쉬운 노래예요." 발로우가 2008년 이렇게 인정했다. 최고의 팝송들은 가장 단순하기 마련이라는 친구의 조언에 영감을 받아 그는 이런 생각을 했었다. "3개나 4개 화음만 사용해서 곡을 쓸 수 있는지 한번 보자구!" 상승하는 4개의 화음 진행 위로 발로우는 애처로운 탄식을 늘어놓았다. 사랑하고 이별해본 이라면 누구나 공감할 수 있는 내용으로, 마지막 섹션에서 배킹 보컬과 리드 보컬이 서로 자리를 맞바꾸면 뭔가 새로운 감동의 물결이 밀려오는 것을 느낄 수 있다.

오랫동안 노엘 갤러거(오아시스)가 자신이 존경하는 노래로 꼽아왔던 이 곡은 새로운 후원자를 맞이하며 그 다음 세대도 접수한다. 콜드플레이의 크리스 마틴이 이 곡을 칭송하며 라이브 무대에 올리기도 했다. **JMc**

Stupid Girl | Garbage (1995)

Writer | D. Erickson, S. Manson, S. Marker, B. Vig,
T. Headon, M. Jones, P. Simonon, J. Strummer
Producer | Garbage
Label | Almo Sounds
Album | *Garbage* (1995)

"이 곡은 마돈나의 'Express Yourself'를
저희 나름대로의 버전으로 만든 거죠.
자신의 잠재성을 낭비하는
사람들에 대한 거예요."

셜리 맨슨, 1996

◀ **Influenced by: Train in Vain** • The Clash (1979)
▶ **Influence on: Hot n Cold** • Katy Perry (2008)
● **Covered by:** Zosja (2003) • Alexz Johnson (2005)
★ **Other key tracks:** Driving Lesson (1995) • Alien
Sex Fiend (1995) • Only Happy When It Rains (1995)
Queer (1995) • Push It (1998) • Special (1998)

90년대를 통해 "완벽한 팝"이라는 칭송은 테이크 댓부터 세인트 에티엔까지 다양한 그룹들의 공무니에 붙어 여기저기 나돌아다닌다. 하지만 이 말은 특급 프로듀서 부치 빅이 결성한 가비지에 수여되며 비로소 진정 완벽한 짝을 만나게 된다. 너바나의 〈Nevermind〉를 지휘하고 난 빅은 짬을 내어 하던 연주 활동을 풀타임으로 전향시킨다. 그가 등용한 인재 중에서는 스코틀랜드 싱어이자 키보드 주자였던 셜리 맨슨이 가장 눈에 띄었다. 밴드에서 유일하게 미국인이 아니었던 맨슨은 즉각 다른 멤버들과 조화를 이루었고 그녀의 호소력 넘치는 보컬은 남자 멤버들의 반(半)일렉트로닉적 록을 상쇄시켰다. "노래 중 다수가 잼 세션 도중 만들어진 거예요." 빅이 더 밴드에 말했다. "Stupid Girl'도 그렇게 태어났죠." 이 곡에 묻어나는 대가의 손길을 살펴볼 때, 기타리스트 스티브 마커가 스튜디오로 유입시킨(클래쉬 곡에서 채취한) 루프 샘플은 빼놓을 수 없는 일등 공신이다. 베이시스트 듀크 에릭슨의 말에 따르면, 이 강한 개성의 사운드는 "초반에는 단순히 실수로 그런 건데, 속도를 낮추고 보니 오히려 곡의 색깔이나 페이스에 딱 들어맞았고", 결국 "곡의 훅이 되어버렸다"는 것이다.

곡의 상부는 맨슨의 가사가 장식했다. 얄팍하고 기만에 찬 삶을 살 수밖에 없는, 사람 가지고 놀기 좋아하는 여자에 관한 내용의 가사인 듯하지만 그녀는 이 곡이 "우리가 평소 알고 지내는 수많은 여성, 남성들에 관한 것"이라 잘라 말하며, "'Stupid Boy'라고 고쳐 불러도 아무 상관없을 것"이라고 로 매거진에 말했다(1996). "그저 꾸짖는 내용의 노래라니까요."

대니 새이버의 리믹스 버전(가비지는 이 편곡 버전을 라이브 공연에 사용하기로 결정한다)과 사뮤엘 바이어(그는 너바나의 "Smells Like Teen Spirit" 프로모 비디오 제작을 맡았다)의 독특한 뮤직비디오가 이 곡의 성공에 한몫한다.

"사람들은 'Stupid Girl' 비디오에서 제가 입은 옷을 가지고 말이 많았죠." 맨슨이 1997년 스핀에 말했다. "다들 '어느 디자이너 작품이야?' '무슨 스타일이냐? 너무 예쁘다' 이런 식이었어요. 매디슨에 있는 십 대들 옷가게에서 15불에 산 건데 말이에요." **JMc**

Miss Sarajevo | Passengers (1995)

Writer | Passengers
Producer | Brian Eno, Bono, Adam Clayton,
The Edge, Larry Mullen Jr.
Label | Island
Album | *Original Soundtracks 1* (1995)

> "전 화장실에서 파바로티를
> 흉내 내며 노래하던 아버지 모습을
> 흉내 내고 있었죠."

보노, 2006

◀ **Influenced by:** The Great Gig in the Sky • Pink Floyd
(1973)
▶ **Influence on:** Live Like Horses • Elton John & Luciano
Pavarotti (1996)
● **Covered by:** George Michael (1999)

"유투와 브라이언 이노 사이에는 항상 좀 긴장감이 돌았습니다." 유투의 매니저 폴 맥기네스가 전한다. "왜냐하면 브라이언은 스스로를 창작 과정에 참여할 일원으로 여겼기 때문이죠. 제 생각에는, 저희가 세운 조건 내에서, 그가 작곡가라는 역할보다 단순히 프로듀서들 중 한 명 정도로 취급받는다는 게 짜증 났던 것 같네요." 〈The Unforgettable Fire〉를 시작으로 이노와 처음 인연을 맺은 지 이제 10년이란 세월이 지났고, 유투는 이 문제점을 극복할 해결책을 찾게 된다. 피터 그린어웨이의 영화 〈필로우 북〉의 사운드트랙을 위해 이노와 작업하던 중 그 해결책이 보이기 시작했다는 것이다. 사실 사운드트랙 작업 자체는 별다른 결실을 맺지 못하고 끝나버린다. 그러나 유투와 이노는 이후 패신저스라는 이름의 새로운 그룹을 고안하며, 가상의 영화를 위한 곡들을 작곡하는 데 힘을 쏟는다. 한편, 오페라 수퍼스타 루치아노 파바로티는 프론트맨 보노를 한창 괴롭히던 중이었다. "그는 계속해서 집에 장난전화를 해댔죠. 만약에 자기를 위해 곡을 써주지 않으면, 신이 매우 서운해할 거라고 말했어요." 결국에 이 오페라 거장은 촬영팀을 줄줄이 이끌고 유투의 스튜디오에 모습을 드러내어 이태리 모데나에서 열리는 자신의 연례 자선 공연에 출연해달라고 보노와 기타리스트 디 에지를 설득했다. 그리고 바로 이곳에서, 1995년 9월 "Miss Sarajevo"가 초연되었던 것이다.

보노의 가사에 영감이 되었던 것은 전쟁에 짓밟힌 보스니아-헤르체고비나의 수도에서 열린 미인 대회였다. 그리하여 앨범의 슬리브 노트는 "포위된 사라예보인들의 어두운 유머 감각, 사기 꺾이기를 고집스럽게 거부하는 그들"을 향해 갈채를 보내는 한편 "광신주의에 대응하는 가장 적절한 반응은 초현실주의와 다다이즘"이라 제창한다. 테너 보컬에는 파바로티, 스트링 편곡에는 (매시브 어택부터 마돈나의 작업을 맡아 한) 스타 전문 관현악 편곡가 크레이그 암스트롱을 배치해 결국 위엄 있는 작품 한 편이 승전보를 올리며 모습을 드러낸다. 보노는 "Miss Sarajevo"를 자신이 가장 좋아하는 유투 노래로 꼽는다. 2005년과 2006년에 걸친 그들의 '버티고 투어'에서 이 곡을 감상한 많은 이들은 소름 끼치는 전율을 경험했다. **BM**

River of Deceit
Mad Season (1995)

Writer | L. Staley, M. McCready, B. Martin, J. B. Saunders
Producer | Mad Season, B. Eliason
Label | Columbia
Album | *Above* (1995)

흥행 절정을 누리면서도 그다지 즐거워할 줄 몰랐던 시애틀 그런지 신은 1994년 후반, 진정으로 우울해진다. 커트 코베인이 자살하자 이때다 싶게, 펄 잼도 씁쓸한 〈Vitalogy〉 작업 중 거의 파경으로 치닫고, 스크리밍 트리스는 분열의 기미를 보였으며, 앨리스 인 체인스도 천천히 침몰하기 시작했다. 앨리스 인 체인스의 부진은 싱어레인 스테일리의 헤로인 중독으로 급속 진행되었다. 그룹의 주요 작사가로 활동하던 그의 삶 전체가 마약으로 엉망이 된 것이다. 하지만 그는 재활 센터에서 만나게 된 마이크 맥크레디(펄 잼의 기타리스트)와 존 베이커 산더스(워커바우츠의 베이시스트)의 영향으로 다시 연주 활동에 복귀할 의욕을 보인다. 스크리밍 트리스의 드러머 바렛 마틴과 함께 이들은 매드 시즌을 결성해 을씨년스럽고 블루지한 앨범들을 녹음하기 시작한다. 이중에서도 "River of Deceit"이 가장 찬란한 순간이었고, 그것은 이들이 본래 소속돼 있던 밴드들의 수작들에 견줄 만큼 우수한 작품이었다. "제가 그에게 말했죠" 맥크레디가 롤링 스톤에게 전했다. "'하고 싶은 거 그냥 해…싱어는 바로 너잖아.' 그리고 그는 스튜디오에 나타나 이 아름다운 노래들을 읊었죠." 스탈리는 자신의 마약 복용을 본받아 모방하는 팬들의 행동에 절망했고, 헤로인에 연루됐던 것을 후회했다. "River in Deceit"에 담긴 그의 메시지는 간단하다. "나의 고통은 스스로 선택한 겁니다." "전 제가 그를 곤경에서 꺼내줄 수 있다고 오해했죠." 당시 복용 중단기에 있던 맥크레디가 말했다. "전 솔선수범하여 귀감이 되고 싶었어요" 안타깝게도 산더스는 1999년 과다복용으로 사망하고, 스탈리가 3년 후 그 뒤를 따라간다. "River of Deceit"은 그들의 오싹한 묘비명으로 남아 있다. **BM**

Dear Mama
2Pac (1995)

Writer | Shakur, Jefferson, Sample, Pizarro, Hawes, Simmons, Thomas
Producer | Pizarro, Thomas, Moses
Label | Interscope
Album | *Me Against the World* (1995)

"감옥살이를 할 때 임신 중이었던 나는, 내가 출산을 해도 내 아기가 나와 함께 있지 못할 것이라 생각했어. 하지만 난 투팍이 태어나기 1달 3일 전 석방되었지. 정말 행복했어. 아들을 낳아서 말이야." 아페니 샤쿠르가 자기 아들의 최고 애청 곡 뮤직비디오에 담은 도입부 내레이션이다.

아페니는 미국의 흑인 운동 단체 '블랙 팬서스(Black Panthers)'에 연루되어 수감 생활을 한다. 운명의 장난인 것인지, 투팍이 모친에게 바치는 이 헌정가는 그가 성폭행 혐의로 투옥 생활을 할 당시 발매되었다(한층 더 아이러니한 것은 여성에 공감하려 노력한 몇 안 되는 갱스터 래퍼 중 하나가 투팍 자신이었다는것이다. 이것은 "Brenda's Got a Baby"를 보면 알 수 있다).

그의 아름다운 노래에서는 크루세이더스의 키보드 주자 조 샘플의 앨범 〈Rainbow Seeker〉수록 곡 "In All My Wildest Dreams"의 샘플이 중추적 역할을 하고 있다. 하지만 코러스 부분과 테마는 소울 베테랑들인 스피너스의 〈New and Improved〉수록 곡 "Sadie"에 기반하고 있다. 투팍은 자신의 솔직한 해명 속에 모친의 개인적 결함(특히 마약 중독)을 언급하는 것도 주저하지 않았다.

"그 노래가 정말 아름다운 이유는," 아페니가 1996년 사망한 아들의 첫 기일에 이렇게 회상했다. "저뿐 아니라 아마 전국 곳곳의 많은 여성들이 공감할 수 있는, 아니 어쩌면 세계 곳곳의 여성들이 공감할 수 있다는 데 있죠…그건 투팍이 그 모든 여성들에게 주는 선물입니다. 완벽하지 못한 삶을 살았던, 실수를 저지르기도 했던 그런 여성들 말입니다." **BM**

투팍 샤쿠르의 1994년 공연 모습. 그에게 'Thug Life'란 빈곤에 굴하지 않고 성공하는 것을 의미했다.

The Bomb! (These Sounds Fall into My Mind) | The Bucketheads (1995)

Writer | Kenny "Dope" Gonzalez, Daniel Seraphine, David "Hawk" Wolinski
Producer | Kenny "Dope" Gonzalez
Label | Henry Street Music
Album | *All in the Mind* (1995)

90년대 초반과 중반 사이, 차트 친화적 하우스 트랙이 다량 생산되었다. 물론 그중 다수가 세월의 시험을 통과하지 못했지만 말이다. 그러나 "The Bomb! (These Sounds Fall into My Mind)"만은 1995년 그랬던 것과 똑같이 오늘날에도 환상적인 신선함을 전한다. 몰아치는 디스코 비트 위로 펼쳐지는 단순 명료한 반복구("These sounds fall into my mind(이런 사운드가 내 머릿속을 갉아먹네)")를 자랑하는 이 곡은 시카고의 〈Chicago 13〉 수록 곡 "Street Player" 샘플을 중추적 재료로 삼는다.

버킷헤즈의 메인맨 케니 "돕" 곤잘레즈는 본래의 가사에 변화를 준 반면("Street sounds swirling through my mind(길거리 사운드가 내 머릿속에 소용돌이 치네)"), 금관 섹션은 그대로 두었다. 그리하여 추진력 강한 드럼과 덧바른 디스코 섬광의 힘을 빌은 14분 길이의 클럽 앤섬이 1994년 만들어진다. 이 곡은 알만드 반 헬덴의 손을 거쳐 듣기 편한 길이로 편집되었고, 이듬해 음반으로 발매된다. 이 프로젝트를 통해 곤잘레즈는 (마스터스 앳 워크와 뉴요리칸 소울의 멤버로서 만든, 호평받은 작품들과는 대조적으로) 자신의 포퓰리스트적 입맛을 만족시키려 디스코와 하우스, 힙합, 라틴 스타일 뮤직들의 융화를 시도한다. 그들 중 다수가 이 트랙의 영향으로 샘플들을 좀 더 상업적 방식으로 사용하는 기지를 발휘했을 뿐 아니라 한 더미의 주옥 같은 디스코 수작들이 최신 개조되었다. "Street Player"를 샘플한 그룹은 단순히 버킷헤즈뿐만이 아니었다(오리지널 버전은 루퍼스 앤드 샤카 칸이 최초로 녹음하였고 시카고가 여기에 혼 섹션을 추가한 커버 버전을 내놓았다). 하지만 그중 어느 것도 기세당당한 "The Bomb!"만큼 오랜 수명을 누리게 될 곡은 없을 듯하다. **OM**

Guilty by Association | Joe Henry and Madonna (1996)

Writer | Vic Chesnutt, Rob Veal
Producer | Joe Henry, Pat McCarthy
Label | Columbia
Album | *Sweet Relief II: Gravity of the Situation (The Songs of Vic Chesnutt)* (1996)

"제 처형이 문화적 아이콘이 되다니 기분이 이상하네요." 조 헨리가 말했다. "전 대통령을 저격해야지 그런 게 되는 줄 알았어요." 한때 이 컨트리 로커가 팝계 메가스타와 가졌던 인연은 단순히 그가 그녀의 매부라는 사실뿐이었다. 하지만 1996년 이들은 빅 체스닛에게 바치는 헌정 앨범을 위해 단결하게 된다. 체스닛은 18세의 나이에 자동차 충돌 사고로 사지마비 선고를 받은 싱어-송라이터였다. R.E.M.의 마이클 스타이프의 지지를 받았지만 의료비를 충당할 만큼 충분한 앨범 판매고를 올리는 데는 실패했던 그였다. 그리하여 탄생한 것이 바로 이 헌정 앨범이었고, 여기에는 R.E.M.부터 낸시 그리피스까지 그를 존경하는 아티스트들이 대거 참여했다. "제가 커버한 곡은 'Guilty by Association'이었어요. 마이클 스타이프의 유명세가 주는 장애에 대해 빅이 쓴 곡이었죠. 어떻게 된 일인 건지, 빅은 마이클로 하여금 이게 마이클 자신에 대한 노래란 사실을 숨긴 상태에서 배킹 보컬을 부르게 시켰더라고요. 그래서 제가 이 곡을 해도 되냐고 물었을 때—사실 저도 이 곡이 어떤 내용인지 몰랐어요—누군가가 이렇게 말했죠. '마돈나에게 마이클이 부른 파트를 부르도록 해보지 그래?' 얼마나 아이러니할지 상상이 됐어요. 그리고 이게 빅에게 얼마나 도움이 될지 생각해보았죠. 전 의욕에 가득 차 전화를 걸었고, 그녀는 흔쾌히 승낙했죠." 그 결과, 두 사람의 음성이 핑크 플로이드적 반주 트랙 위로 아름답게 조화를 이루었고, 이 트랙은 두 스타 각자에게 음악 인생의 하이라이트로 남게 된다. 이 두 사람의 협력관계는 계속되었다. 그리고 헨리는 마돈나의 〈Music〉, 〈Confessions on a Dance Floor〉, 〈Hard Candy〉에서 공동 작곡가로 참여한다. 안타깝게도, 체스닛은 2009년 크리스마스 당일 사망한다. **BM**

A irmandade das estrelas
Carlos Núñez (1996)

Writer | Carlos Núñez, Kepa Junkera
Producer | Ry Cooder, Paddy Maloney
Label | RCA Victor
Album | A irmandade das estrelas (1996)

카를로스 누네스는 세계적으로 과소평가되는 악기를 연주해 널리 명성을 얻었다. 바로 백파이프이다. 스페인식 백파이프인 가이따(gaita)는 누네스의 탁월함 덕에 이미지 개조에 성공했고, 그 결과 누네스는 솔로 아티스트로서뿐 아니라 치프턴즈, 라이 쿠더, 샤론 섀넌, 쉬네이드 오코너 등과 같은 거물들의 사이드맨으로 인기의 절정을 누리게 된다. 누네스는 북서부 스페인에 자리하며 두드러진 민속음악 전통을 지켜온 갈리시아 지역 출신이다. 갈리시아인들은 스스로의 민속음악에 대단한 자부심을 가진다. 이들의 음악 전통에서 가이따는 거의 빼놓을 수 없는 존재였다. 또한 그들의 음악은 아일랜드와 브르타뉴 지역의 켈트족 음악과 밀접한 관계를 가진다.

1971년 출생한 누네스는 8세 때부터 가이따를 배우기 시작한다. 음악 신동이었던 그는 젊은 시절 아일랜드 전통음악 수퍼 그룹이었던 치프턴즈와 친교를 맺었고 그들과 너무 자주 공연을 한 나머지 그룹 멤버들이 그를 가리켜 "7번째 치프턴" 멤버라 불렀다. 그의 데뷔 솔로 앨범 〈A irmandade das estrelas〉(1996)(별들의 형제애)는 스페인에서 대단한 히트를 거두며 십만 장 이상의 음반 판매에 성공하였고(스페인에서 플래티넘 경지에 닿을 만큼 켈트족 음악이 음반 판매에 성공한 것은 이번이 최초였다), 갈리시아 음악은 세계 청중의 주목을 받게 된다.

"A irmandade das estrelas"에 담긴 누네스의 아름다운 연주는 마음을 온통 뒤흔들어 놓지만, 동시에 평온함을 지니고 있다. 그는 플라멩코, 바스크 음악 등 다른 전통 음악 형태를 다루는 연주자들과 함께 작업하며 더 넓은 청중을 확보해간다. **GC**

Brooklyn's Finest | Jay-Z featuring The Notorious B.I.G. (1996)

Writer | Carter, Wallace, Satchell, Bonner, Morrison, Webster, Jones, Pierce, Middlebrooks, Napier, Franklin
Producer | R. "Clark Kent" Franklin, Damon Dash
Label | Roc-A-Fella
Album | Reasonable Doubt (1996)

"저랑 비기랑 부스타(라임스)요? 다 같은 학교 동창들이에요." 제이-지가 블라드티비닷컴(VladTV.com)에 말했다. "전 비.아이.지.가 절대 랩 얘기는 입 밖에 내지 않던 걸 기억해요…부스타는 자나깨나 랩 얘기만 해댔죠. 교내 식당에서 한판 붙었죠. 제가 완전 죽여놨어요." 1996년, 비.아이.지.(B.I.G., 일명 비기('Biggie'))는 이미 스타가 되어 있었다. 한편 제이-지는 당시 데뷔 앨범을 작업하던 중이었다. 제이의 오른팔 데이먼 대시의 지령에 따라, 비기는 자신의 옛 라이벌과 트랙 한 줄을 녹음한다. "전 완강하게 반대했습니다." 프로듀서이자 친구였던 어브 고티가 말했다. "전 말했죠, 나는 네가 비기와 같이 작업을 했다가 네가 걔의 똘마니처럼 보일까 염려하는 거야'라고요…가서 한번 그 음반 좀 들어보세요. 'It's time to separate the pros from the cons / The platinum from the bronze(좋은 것과 나쁜 것을 가릴 때가 왔어 / 별것 아닌 것과 우수한 것을 가려낼 시간이야).' 그가 비기에게 정말 맹렬히 쏴대고 있죠." (본래 대시의 그룹 퓨처 사운드의 배킹 트랙을 만들어준 장본인, 프로듀서 클라크 켄트가 "Jay-Z and Biggie Smalls, nigga shit ya drawers"혹은 추가해 넣었다.) 예상대로 비.아이.지.의 승리였다. 특히나 비기의 부인 페이스 에반스와 잠자리를 가졌다는 투팍의 주장에 맞선 그의 한마디는 정말 대단했다("If Fay had twins, she'd probably have two Pac's / Get it? Tu-pac's(페이가 쌍둥이를 낳으면 아마 2명의 '팍'을 낳겠지 / 이해가 돼? 투팍의 애 말이야"). 제이와 비.아이.지.는 친구로 지내게 됐지만, 비기가 살해됨으로써, 이들의 음악적 인연이 앨범 1장 길이까지 발전될 수도 있으리란 희망은 부서졌다. 대신, 폭풍 같은 "Brooklyn's Finest"만이 홀연히 남아 그 앨범이 어땠을지를 말해주고 있다. **BM**

Novocaine for the Soul | Eels (1996)

Writer | Mark "E" Everett, Mark Goldenberg
Producer | Mark "E" Everett, Mark Goldenberg,
Mike Simpson
Label | DreamWorks
Album | *Beautiful Freak* (1996)

> "이 곡은, 느끼지 않는 것과
> 느끼기를 두려워하는 것에 대한 노래죠."

E, 일스, 1996

◀ **Influenced by: The Tears of a Clown** · Smokey
Robinson & The Miracles (1967)
▶ **Influence on: Your Woman** · White Town (1997)
● **Covered by:** The Moog Cookbook (2005)
★ **Other key tracks:** Fucker (1996) · My Beloved Monster
(1996) · Cancer for the Cure (1998)

일스에게 출세의 돌파구를 마련해준 이 음울한 트랙은 "Macarena"와 스파이스 걸스가 군림하던 시기에 모두의 예상을 뒤엎고 히트를 기록한다. 실제로 "Novocaine for the Soul"에는 이 곡이 왜 팝차트에 올라서는 안 되는지를 뒷받침할 수많은 요소들이 담겨 있다.

곡의 제목에는 프론트맨 이(E)가 "스티븐 스필버그가 발명한 화학물질"이라 말한 물질의 이름이 쓰였다(그의 말에 따르면, "미국의 치과 의사는 환자의 이를 드릴로 뚫기 전 이물질을 입에 넣어 무감각하게 만든다"는 것이다). 패츠 도미노의 노래 "Let the Four Winds Blow"(1961)에서 가져온 샘플을 틀어놓고 필름 느와르에 넣어도 어색하지 않을 그런지 기타와 불길한 스트링 섹션, 땅랑 소리 나는 장난감 악기의 오싹한 연주를 겹겹이 쌓아 올렸다. "머리 위로 큰 전구 하나가 켜졌죠." 이(E)가 드롭-디 매거진에 말했다. "그때 이런 깨달음을 얻었어요. 제 노래 문맥에 샘플링을 활용하는 것도 괜찮겠다는 걸요. 샘플링을 함으로써 제 음악에 새로운 관점이 더해질 것이란 것 말이죠." 그 결과 탄생한 것은 한 편의 여우 같은 팝 오디세이였다.

"'Novocaine for the Soul'은 그다지 낙관적인 노래가 아니에요." 그가 1996년 프랑스 라디오 방송에서 전했다. "왜냐하면, 이 곡은 〈Beautiful Freak〉 앨범의 다른 수록곡들이 대변하는 것과 정반대의 것이니까요. 'Novocaine for the Soul'은 자신의 감정을 아예 느끼지 않는 것에 대한 거죠. 하지만 앨범 전체가, 표면적인 모든 것 아래 깊은 곳까지 파헤치는 것을 이야기하고 있거든요. 따지고 보면, 제 생각엔요, 이건 굉장히 낙관적인 앨범이에요." 그럼에도 이 곡은 기묘하게 고무적이다. "마치 모타운 공식 같죠." 그가 말한다. "그들은 굉장히 슬픈 가사를 가져다 즐거운 음악을 붙이잖아요." 곡의 뮤직비디오에서는, 밴드 멤버들이 마치 날고 있는 것처럼 줄에 매달려 공중에 떠 있는 모습을 볼 수 있다(마크 로마넥 감독은 이것이 영화 〈메리 포핀스〉에서 영감을 받아 만든 것이라 밝혔다). 이(E)의 마음 든든한 침착성, 숨김 없이 내뱉는 솔직성은 멜랑콜리로 뒤범벅된 음악을 완벽하게 상쇄하고 있으며, "Novocaine for the Soul"은 반복하여 들으면 들을수록 점점 더 뿌듯해지는 곡이다. **KBo**

Ready or Not | Fugees (1996)

Writer | W. Hart, T. Bell, Enya, N. Ryan, R. Ryan
Producer | Wyclef Jean, Lauryn Hill, Pras Michel,
Jerry Duplessis
Label | Ruffhouse
Album | *The Score* (1996)

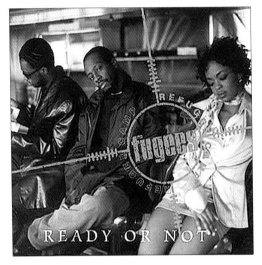

"미리 저에게 물어봐 주었더라면,
기분이 참 좋을 뻔했죠."

엔야, 1997

◀ **Influenced by: Ready or Not Here I Come (Can't
Hide from Love)** · The Delfonics (1968)
▶ **Influence on: I Don't Wanna Know** · Mario Winans
featuring Enya & P. Diddy (2004)
● **Covered by:** The Course (1997)

1994년 힙합계에 가장 반갑지 않은 손님을 따지자면, 우선 '갱스타스'를 자처하는 음악 그룹들이 그 1순위였고, 그 중에서 특히나 푸지스는 더더욱 사절 대상이었다. 그들이 데뷔 앨범 〈Blunted on Reality〉에서 보여준 모습은 별 볼일 없고 추하기만 한 폭도 한 떼거리밖에 안 되었다. 이 장르에는 신선한 바람 한 줄기가 절실히 필요했다. 그리고 이들 3인조는 2번째 정규 앨범으로 그 바람을 몰고 오는 데 성공한다. 〈The Score〉는 긍정적 메시지와 기막힌 곡들로 가득 차 있었다. 그 중에는 로버타 플랙의 "Killing Me Softly with His Song"과 밥 말리의 "No Woman, No Cry"등 과거 사랑받았던 곡들의 커버 버전들도 있었다. 하지만 무엇보다도 가장 눈에 띄는 수작은 단연 "Read or Not"이었고 이 곡은 오늘날에 이르러, 푸지스의 최고 기량을 포착한 곡으로 여겨지고 있다. 이 곡은 독창성으로 반짝인다. 엔야의 "Boadicea"나 델포닉스로부터 샘플을 두둑이 가져다 썼음에도 불구하고 말이다. 엔야의 경우, 뉴욕 타임즈에 이런 말을 남겼다. "전 굉장히 마음이 상했어요. 왜냐하면, 그들의 앨범에 샘플된 다른 뮤지션들의 이름은 모두 다 크레딧에 적혀 있는데 저만 없었거든요…그들의 매니저가 이 얘기를 들었을 때, 저와 닉키, 로마(라이언, 엔야의 음악 협력자들)에게 연락을 해 사과했죠. 전 제 팬들이 걱정됐어요. 왜냐하면 많은 랩 앨범들이 저속한 말씨를 사용하고 전 사람들이 제가 그런 데 연루되어 있다고 생각하길 원치 않았으니까요. 하지만 그들의 매니저가 이들 밴드가 전하고자 하는 메시지를 설명해주었고, 랩이 아니라 힙합이니 다르다고 안심시켰죠…스튜디오에서 그렇게 열심히 작업한다는 게 어떤 건지 저도 알 만큼 아니까, 그냥 곡을 내버려두기로 결정했죠." 결국 엔야는 로열티를 받는다. 3명의 푸지스 멤버 모두가 이 트랙에 참여했지만 최고의 가사 구절은 바로 힐의 것이었다("So while you imitatin' Al Capone / I be Nina Simone and defecating on your microphone(네가 알카포네를 흉내 낼 동안 나는 니나 시몬이 되어 네 마이크에 똥이나 쌀 거야)". 이 곡은 그래미상 수상 앨범 〈The Score〉가 8백만 장이란 판매 기록을 세우는 데 공신 역할을 했다. **JiH**

Firestarter
Prodigy (1996)

Writer | Howlett, Flint, Deal, Horn, Dudley, Jeczalik, Langan, Morley
Producer | Liam Howlett
Label | XL
Album | *The Fat of the Land* (1997)

1994년 〈Music for the Jilted Generation〉에 이어 프로디지는 2년 동안 순회 공연에만 집중한다. 자신의 레이브 뿌리를 묻어버리고 세계적 성공을 거두겠다는 것이 그들의 목표였다. 하지만 이들이 정작 임무 완수에 성공하게 된 데에는, 투어를 잠시 중단하고 "Firestarter"를 발표한 것이 계기가 된다. 그룹명을 새로 변경—'프로디지'로—한 이들은 〈Jilted〉의 "Their Law"와 "Poison"의 인기 비결이었던 록과 힙합적 측면을 강화시킨다. 'Firestarter"는 악랄한 비트와 기타를 자랑하는 동시에 인상적 샘플을 활용하고 있다(브리더스의 "Cannonball"과 '아트 오브 노이즈'를 소량 뿌려 넣었다). "노래라고 하기보다는,"이라며 펫 샵 보이즈의 닐 테넌트가 한마디 하자, "…에너지라고 하는 게 더 맞는 말이죠!"라며 프로디지 두목 리엄 하울렛이 다짜고짜 맞장구쳤다.

보컬리스트 키스 플린트는 이 곡을 자신의 펑크 스타일 프론트맨 페르소나를 데뷔시키는 수단으로 적극 활용한다. "그는 무대에서 춤을 추며 자신을 표현하죠." 그가 저술가 벤 톰슨에게 말했다. "하지만 제가 보기에는, 아마 그가 그런 방면으로는 이제 할 만큼 다 했다고 생각했던 것 같아요. 그러고 나니 자신을 표출할 다른 배출구가 필요했던 거죠…우리 두 사람이 같이 앉아 가사를 완성했습니다. 쉽게 말해, 가사 내용은 키스 자신을 묘사한 거라 할 수 있죠. 무대에서 그의 상태, 그의 모습, 그의 고집 센 성격 같은 거요. 이 한 곡 안에 키스가 명쾌히 요약되어 있다고 보시면 돼요." 쇼킹한 뮤직비디오와 폭력적 가사가 논란을 야기하긴 했지만 사실 "Smack My Bitch Up"에 비하면 이건 아무것도 아니었다. 그럼에도, "Firestarter"(그 패어런트 앨범보다 1년 일찍 발매되었다)는 프로디지가 거둔 최초의 세계적 스매시 히트이다. **JiH**

Professional Widow (Armand's Star Trunk Funkin' Mix) | Tori Amos (1996)

Writer | Tori Amos
Producer | Tori Amos, Armand Van Helden
Label | Atlantic
Album | N/A

"커트니 러브가 제대로 본보기를 보여주고 있죠." 토리 에이모스가 호주의 헤럴드 선에 던진 말이다. 본래 하프시코드를 중심으로 녹음된 "Professional Widow"의 오리지널 버전은 커트니 러브에 관한 내용이었다. 나인 인치 네일스의 메인맨 트렌트 레즈너는 자신과 아모스 사이의 관계에 러브가 "쓸데없이 관여했다"며 그녀에게 비난을 퍼부은 적도 있었다. 한편 아모스는 이에 대해 발언하기를 거부했다. "우린 공통된 친구들이 있어요. 그들을 난처하게 만들고 싶지 않군요." 하지만 이 곡은 그녀 자신에 대한 것이기도 하다. "'과부'는 제 삶에 관여했던 남성들이 소유했던 '기'에 대한 제 자신의 갈증을 상징합니다. 그들은 왕이 될 수 있는 능력을 지니고 있었죠." 애틀랜틱 간부들은 디제이 아만드 반 헬덴에게 이 곡의 댄스 리믹스 버전을 제작해보라 제안했고, 아모스는 딱 하나의 의견만 내놓았다. 바로, '다르게 만들어보라'는 것이었다. "전 구속받지 않고 마음껏 실험할 수 있었죠." 반 헬덴이 말했다. "그리고, 당시 이비사에서 돌아온 지 얼마 안 됐을 때였기 때문에, 각별히 더 창의성에 불타 있었어요." 강한 베이스가 두드러진, 8분이 넘는 이 리믹스 트랙은 오리지널 버전의 가사 중 우선 2줄만이 거듭 되풀이되었고 복싱계의 전설 무하마드 알리를 언급하는 도무지 이해 불가능한 간주 부분도 떼어 담았다. 하지만 "Starfucker, just like my daddy(스타랑 하는 놈 / 우리 아빠처럼)"(이 가사는 아모스 스스로 〈Welcome to Sunny Florida〉 DVD에서 검열 삭제를 요청한 부분이었다) 부분은 깨끗이 제거한다. 결국 그들이 기대하던 히트 곡이 탄생했다. "Professional Widow"는 미국 댄스 플레이와 영국 싱글 차트 정상에 올랐고, 반 헬덴의 명성을 드높였으며, 〈Boys for Pele〉 재발매 앨범의 가치를 끌어올렸다. **AG**

Nancy Boy | Placebo (1996)

Writer | Brian Molko, Stefan Olsdal,
Robert Schultzberg
Producer | Phil Vinall
Label | Elevator Music
Album | *Placebo* (1996)

"말할 수 없이 역겹네요.
이렇게까지 난잡한 노래는
차트 4위에 오를 자격이 없어요."

브라이언 몰코, 1997

◀ **Influenced by:** Disappearer · Sonic Youth (1990)
▶ **Influence on:** Underdog · Kasabian (2009)
● **Covered by:** Norwegian Celery Farmers (2001)
★ **Other key tracks:** Slackerbitch (1996) · Eyesight to the
Blind (1996) · Miss Moneypenny (1996) · Teenage Angst
(1996) · 36 Degrees (1996)

약간의 글램과 펑크적 특성에 당당함을 더하는 것이 플라시보의 방식이었다. 이들은 진부한 성 개념에 도전하는 "Nancy Boy"와 함께 주류를 뒤흔들어 놓는다. 이 곡은 마치 이들 3인조의 방탕함을 의도적으로 과시하려는 것 같은 냄새를 풍겼다. 싱어이자 기타리스트인 브라이언 몰코가 즐기던 바로 그런 라이프 스타일을 말이다.

"Different partner every night / So narcotic outta sight(매일 밤 다른 파트너 / 약에 취해 너무도 황홀한)"와 같은 가사를 보면 이 곡은 마치 섹스와 약물, 크로스 드레싱에 관한 순진한 축하연인 듯 보인다. 하지만 몰코는 멜로디 메이커에 말했다. "이 곡은 게이인 것 자체를 트렌디하다고 생각하는 사람들을 비난하고 있어요. 욕망 자체를 실제 느껴본 것도 아니면서, 게이라는 걸 멋지게 여기는 사회적 환경에 산다는 이유만으로 그것을 시도해보는 그런 이들이요." 아슬아슬한 가사만으로도 대중의 관심을 사로잡기에는 이미 충분했지만, 이 트랙의 음악적 윤택함도 대단한 매력 포인트였다. 스타카토 기타와 폭발적 드럼은 몰코의 신랄한 고음역대 보컬에 도취적인 배경이 되었다. 정말 영국 톱 5 히트라는 기록이 아깝지 않았다.

하지만 이 모든 것은 마치 프랑켄슈타인의 아이를 낳아놓은 듯 걷잡을 수 없는 결과를 몰고 온다. "어떤 이들은 이 곡이 우리가 썼던 곡 중 최고라고 말하죠." 몰코가 무대에서 투덜거린다. "그리고 우린 이렇게 반응하죠. 헛소리하고 있네!" 이 곡이 자신들을 고정관념의 틀 속에 한정시킬 것을 염려한 플라시보는(사실 이 곡과 정이 떨어진 것도 이유였다), 4년간 무대 공연에 "Nancy Boy"를 제외시킨다. "이 곡이 사실 저희가 지금껏 써온 곡 중 가장 멍청하다고 항상 생각해왔죠." 몰코가 '케랑!'에 전했다. "사실, 리허설 때마다, 전 나머지 밴드 멤버들에게 이 곡의 가사 내용 때문에 사과하곤 해요."

다행히도, 그들은 〈Once More with Feeling:Singles 1996-2004〉의 발매 즈음 마음을 고쳐먹는다. "결국 언젠가는 이 송장을 무덤에서 파내야 할 거란 걸 깨달았죠." 몰코가 해명한다. "그리고 이 곡을 한동안 안 만졌더니, 다시 공연하는 게 재미 있어지더라고요." **BC**

Devil's Haircut | Beck (1996)

Writer | Beck Hansen, John King, Michael Simpson, James Brown, Phil Coulter, Thomas Kilpatrick
Producer | Beck Hansen, Dust Brothers
Label | Geffen
Album | *Odelay* (1996)

"그 노래는 도대체
무엇에 관한 거였죠?"

벡, 2001

◀ **Influenced by: I Can Only Give You Everything**
Them (1966)
▶ **Influence on: Legend of a Cowgirl** • Imani Coppola
(1997)
● **Covered by:** Doug Munro's Big Boss Bossa Nova
(2007)

벡 한센은 1994년 〈Mellow Gold〉를 통해 거둔 주류 편승에 이어 자신의 이름값을 단단히 지지할 언더그라운드 앨범들을 발표했다. 그리고 시간이 갈수록 그의 스매시 히트 "Loser"에 담긴 느긋한 힙합 블루스는 그저 주류와의 우연한 충돌에 지나지 않았었나 하는 인상을 주게 된다. 이러한 이도 저도 아닌 성공은 "Devil's Haircut"에 담긴 농도 짙고 익살스러운 가사 속에 고개를 내민다(이 트랙은 〈Mellow Gold〉의 "제대로 된" 속편이라 할 수 있었던 〈Odelay〉의 수록 곡이다). "Everywhere I look there's a dead end waiting(내가 눈을 돌리는 곳마다 막다른 길이 날 기다려)"이라 벡이 낮게 중얼거린다. "Devil's Haircut" 머리 스타일을 하고, 업계의 꼭두각시 짓을 하게 될까 두려웠던 것이다.

〈Odelay〉 작업을 위해 벡은 평단의 갈채를 받은 비스티 보이즈의 〈Paul's Boutique〉 앨범 프로듀서였던 더스트 브러더스와 단결한다. 1995년 롤라팔루자에서 잠시 모습을 드러낸 후 앨범 작업 세션 후반에 다시 등장하게 된 이 트랙은 후에 발매된 싱글 "The New Pollution"과 함께 이틀 간의 집중 녹음 끝에 비로소 완전한 형태로 탄생하게 된다. 그들은 재빨리 작업을 마쳤고, 그 혼란의 흔적은 이 잘라 붙여 만든 앤섬 어딘가에 남아 있다. 브러더스는 추진력 강한 브레이크 비트를 얻기 위해 샘플을 적극 활용했고 코러스 부분에서는 펑크(funk) 드러머 버나드 "프리티" 퍼디의 "Soul Drums"(1968)을, 노래 구절에선 밴 모리슨의 60년대 밴드 뎀(제임스 브라운의 "Out of Sight" 커버 버전)을 선택했다. 한편 벡은 머리 터질 것 같은 혹을 만들 작정으로 디스토션 심한 기타 사운드를 이용해 뎀의 개라지 록 앤섬 "I Can Only Give You Everything"의 리프를 직접 연주했다.

"Devil's Haircut"은 벡이 결코 원 히트 원더가 아님을 입증해 보였다. 이 중독성 강한 팝 스매시 수작(여기 담긴 기타 피드백의 무정부주의적 폭발과—이것은 노엘 갤러거가 만든 리믹스에서 증폭된다—뒤범벅된 보헤미안 스타일 가사를 보라!)은 벡의 우상 파괴적 스타일리시함에 그 어떤 타협도 요구하지 않는다. 과연, 〈Odelay〉의 성공에 힘입어 벡은 장르의 경계를 극복하는 자신만만함으로 외고집 길을 밀고 갈 수 있게 된다. 그때부터 지금까지 말이다. **SC**

I'll Be There for You . . . | Method Man featuring Mary J. Blige (1996)

Writer | N. Ashford, V. Simpson
Producer | Prince Rakeem aka The RZA
Label | Def Jam
Album | N/A

우탱 클랜의 초기 의제로 '낭만'이 제시된 적은 매우 드물다. 이 뉴욕 랩 군단이 그 장르에 혁명을 일으킨 것은 사실이지만 그것은 순전히 맹렬한 라임(rhyme)과 혁신적 제작 테크닉 덕이었을 뿐 사랑 노래의 힘은 아니었다. 그럼에도 투어 공연 중, 메소드 맨(클랜의 프론트맨)은 여자친구 쇼티를 그리워했다. 그는 곧 그녀를 로스앤젤레스로 데려왔고 그녀를 위한 랩을 쓴다. 그 결과 탄생한 것이 바로 짙은 호소력의 "I'll Be There for You"였고(이 곡은 마빈 게이와 태미 테럴의 "You're All I Need to Get By"를 기반으로 삼았다), 이 곡은 그의 솔로 앨범 〈Tical〉(1994)에 수록된다. "전 오리지널 송을 사실 모르는 상태였어요." 데프 잼 두목 간부 라이어 코헨이 뉴욕 타임즈에 말했다. "다들 저에게 이 곡이 옛 마빈 게이 트랙이라고 말해줬죠. 전 이렇게 말했어요. '이야, 메리 제이와 메스를 함께 투입시킬 수만 있다면 정말 끝내줄 텐데'라고요. 전 메리 제이를 활용해 메스를 더 큰 스타로 키우고 더 주류적으로 만들 작정이었죠." 블라이즈는 이에 순순히 응했고, 코헨은 주저하는 메스를 렉서스 살 비용으로 구슬린다. 이 기묘하게 오싹하면서도 로맨틱한 개조물은 "I'll Be There for You / You're All I Need to Get By"라는 이름으로 모습을 드러낸다. 데프 잼의 호화 비디오의 도움을 받은 이 싱글(르자와 퍼프 대디의 리믹스도 수록된다)은 플래티넘 음반으로 등극하게 된다. "이 곡은 진솔한 노래예요…모두들 제일 강한 척하려고 들죠. 여자들을 창녀니 뭐니 그렇게 부르면서 말이에요…하지만 당신이 만약 그런 류의 여자와 함께하기를 바라는 인간이라면, 탓할 사람은 당신 스스로뿐이죠. 그러나 모두에게는 진솔한 사랑을 보여줄 수 있는 존재가 있어야만 합니다." **BM**

The Beautiful People | Marilyn Manson (1996)

Writer | M. Manson, T. Ramirez
Producer | Trent Reznor, Dave "Rave" Ogilvie, Marilyn Manson
Label | Nothing
Album | *Antichrist Superstar* (1996)

알맹이 빠진 셀러브리티와 상투적 미의 파시즘에 가하는 일제 사격에 니체의 철학을 더해 만든 탓에 "The Beautiful People"은 고전 헤비 메탈 곡의 후보 대상으로 보기에는 뭔가 좀 미심쩍었다. 하지만 이 곡은 격동의 패어런트 앨범 〈Antichrist Superstar〉와 함께 고스 메탈러들의 미국 주류를 향한 전면 돌격에 공신 역할을 한다. 여기서 더 주목할 일은, 프론트맨 마릴린 맨슨이 이 앨범을 통해 반감 많은 젊은이들의 자극적 포스터 보이로 부상했다는 것이며, 신의 노여움을 두려워하는 보수주의자들 마음속에 사탄의 화신으로 부상하게 되었다는 것이다.

맨슨과 그의 공범자 베이시스트 트위기 라미레즈가 함께 쓴 "The Beautiful People"은 투어 공연 중 한 호텔 방에서 시작된 그 원시적 기원과는 판이하게 다른 복잡한 이데올로기를 내포하고 있다. 이 트랙은 〈Antichrist Superstar〉의 구상적 주제를 반영하며, 사회적 다원주의에 독일 철학가 프리드리히 니체가 주창한 '주인과 노예의 도덕'을 병치시켰다("It's not your fault that you're always wrong / The weak ones are there to justify the strong(네가 항상 틀린 것이 네 잘못은 아니야 / 약한 자들은 강한 자들을 정당화하기 위해 존재하지)"). 맨슨이 '케랑!'에 전하는 바에 따르면, "아름다운 사람들"이라는 말 자체는 케네디 대통령에 관해 마릴린 벤더가 쓴 1960년 저서에서 영감을 얻어 제목을 붙인 것이라 한다.

원주민 부족을 연상케 하는 비트는 아담 앤 디 앤츠를 꽤나 좋아했던 앨범 공동 제작자 트렌트 레즈너의 열정을 반영하고 있다. '올뮤직'이 "그룹을 비방하는 자들조차 머릿속에서 지워버릴 수 없는 그런 노래"라고 격찬한 트랙이 잉태되었다. **SF**

마릴린 맨슨. 부모들은 그가 자식들에게 미치는 영향에 대해 염려했다. ➜

Criminal | Fiona Apple (1996)

Writer | Fiona Apple
Producer | Andrew Slater
Label | Work
Album | *Tidal* (1996)

"MTV시상식에서 제 모습을
직접 보고 난 후 이런 생각이 퍼뜩
들더라고요. '와, 내가 감정이 격한
사람처럼 보일 수도 있긴 하겠네.'"

피오나 애플, 1997

◀ **Influenced by:** Stoned Soul Picnic · Laura Nyro (1968)
▶ **Influence on:** Miniature Disasters · KT Tunstall (2005)
● **Covered by:** Amazing Transparent Man (2003)
Natalie Cole (2006)
★ **Other key tracks:** Sleep to Dream (1996) · Slow Like
Honey (1996) · Shadowboxer (1996)

큰 정신적 상처와 격렬한 성격의 소유자였던 피오나 애플
은 어린 소녀 시절부터 곡을 썼다. "모두들 제가 미쳤다고
생각했죠." 그녀가 모조에 말했다. "왜냐하면 전 풍선껌을
씹어대며 데비 깁슨 노래를 부르고 돌아다녔거든요." 그녀
나이 18세에 발매한 데뷔 앨범 〈Tidal〉은 탁월한 완성도를
자랑했다. 애플의 깊고 풍부한 음성은 프로듀서 앤드루 슬
레이터의 상상력 넘치는 편곡을 만나 빌리 홀리데이부터
로라 니로까지 다양한 뮤지션들과 비교되기도 한다. 앨범
의 상당량이 묘한 재즈적 실안개 속에 표류했던 반면
"Criminal"만큼은 흥겹고 블루지한 혈기 넘치는 트랙이었
고, 여기 담긴 혹독한 자기 비판적 가사는 애플의 농담조
말투를 통해 한결 완화된 느낌으로 다가왔다.

이 곡은 마크 로마넥이 제작한 인상적인 뮤직비디오를
통해 대중의 기억 속에 자리하게 된다. 여기서 애플은 알
몸으로 등장하는 정체불명의 인물들 사이에서 대부분 속
옷만 입은 채 나타났다. "전 마크에게 전화를 했어요. 이
곡이 죄의식을 동반한 즐거움, 그리고 성적 일탈에 관한
것이란 그의 아이디어 대해 이야기를 나눴죠…" 그녀가
'인터뷰' 매거진에 말했다. "자기 행동에 대해 양심의 가책
을 느끼면서도, 동시에 이 모든 걸 즐기고 있는 그런 심리
말이에요. 제 노래에 담긴 메시지에 부합하는 것이었죠."
MTV의 열렬한 후원 속에 "Criminal"은 그녀 입신양명의
일등공신이 된다. 수상은 물론, 〈Tidal〉을 멀티프래티넘
앨범으로 올려놓았으니 말이다. "전 그녀 음악의 광팬이
죠." 마릴린 맨슨이 1997년 이런 말을 기록했다. 이런 성
공에 어울리지 않게, 애플은 MTV시상식에서 독기 어린
연설을 뽑아낸다. "This world is bullshit(이 세상 전체가 엉
망이죠)"이 연설 첫 구절이었으니 말 다했다. 여기서 그녀
는 "Criminal" 뮤직비디오에 관해 속에 담아두었던 말들을
마구 끄집어낸다. "'예쁘게 보이기'란 것을 대가로 보수를
받는 여성 엑스트라들"이 뮤직비디오에 떼를 지어 등장해
애플의 부정적 자아상을 더 악화시켰으며, 수상했다는 사
실 자체가 그녀가 이제 "업계 꼭두각시가 되었다는" 사실
을 입증할 뿐이라는 것이다. **SO**

Crash into Me | Dave Matthews Band (1996)

Writer | Dave Matthews
Producer | Steve Lillywhite
Label | RCA
Album | *Crash* (1996)

crash into me
DaveMatthewsBand

"이 곡은
여성 숭배에 대한 것입니다."

데이브 매튜스, 1987

◀ **Influenced by: Willow** · Joan Armatrading (1977)
▶ **Influence on: Why Georgia** · John Mayer (2001)
● **Covered by:** Stevie Nicks (2005)
★ **Other key tracks:** Ants Marching (1994) · So Much
   to Say (1996) · Christmas Song (1996) · Proudest
   Monkey (1996) · Say Goodbye (1996)

데이브 매튜스 밴드의 메이저 레이블 데뷔 앨범 〈Under the Table and Dreaming〉(1994)은 5개의 싱글을 낳았을 뿐 아니라 몇 달 안에 플래티넘의 경지에 오른다. 하지만 이 버지니아 출신 5인조에게는 아직 통과해야 할 시험이 여럿 남아 있었는데, 그것은 이들이 꾀한 변칙적 록의 조합(바이올린과 색소폰을 포함한 악기편성, 그리고 극소량의 일렉트릭 기타를 사용한 점이 바로 그것이다)이 '과연 대중의 관심을 유지해 나갈 수 있을까' 하는 의구심이었다.

그들은 〈Crash〉를 통해 이 시험을 극복한다. 그것도 딱 1곡만으로 이 모든 것이 가능했다. 달콤하게 퉁기는 어쿠스틱 기타 사운드와 함께, "Crash into Me"는 단순한 발라드 곡처럼 들렸다. 하지만 곡의 가사는, 등장 화자의 집착적 행동이 거의 정신이상에 가깝다는 것을 암시하고 있었다. 거기에는 스토킹의 낌새가 여지없이 느껴졌고, 그 관심의 표적을 염탐하는 모습까지도 생생히 묘사되어 있었다. "전 창문으로 몰래 보는 것 대신 그냥 이 곡을 썼어요. 혹시나 체포될까 봐요." 매튜스가 VH1의 스토리텔러스에 출연해 무덤덤하게 말했다.

여기서 가장 즐겨 인용되는 구절에서는, 관음증을 노래한 곡치곤 보기 드문 섹시함까지 풍긴다. 하지만 매튜스는 블렌더 매거진에 이렇게 말했다. "제가 쓴 가사 중에 최고로 지독한 구절일 거예요. 그 어떤 다른 가사들보다 말썽을 많이 일으켰죠. 우린 'Crash into Me'를 녹음 중이었고, 곡의 끝 부분을 부를 차례가 되었죠. 전 항상 횡설수설 늘어놓는 편이에요. 그래서 저 스스로도 '프로듀서' 스티브 릴리화이트를 위해 재미 삼아 이렇게 노래했죠. 'Hike up your skirt a little more and show the world to me(치마를 조금 더 추어올려 나에게 세상을 보여줘).' 아마 이 말이 사람들 뇌리에 깊이 박혀버렸나 봐요."

이 곡은 흥행에 성공했고 〈Crash〉가 국내에서 7백만 장 판매 기록을 세우게 한다. 또한 이 곡 덕에 데이브 매튜스 밴드는 새로운 팬들을 확보하게 되었고, 이 팬들은 매튜스 밴드가 이후 10년에 걸쳐 미국 최대 스타 그룹 중 하나로 성장하는 데 큰 도움을 준다. **JiH**

On & On | Erykah Badu (1996)

Writer | Erykah Badu, JaBorn Jamal
Producer | Bob Powers,
JaBorn Jamal
Label | Motown
Album | *Baduizm* (1997)

"특별한 술책은 전혀 쓰지 않았어요 .
그냥 저 자신, 마이크 하나,
3명의 배킹 싱어들이 전부죠…
이건 아름다워요. 마치 부족 의식 같아요."

에리카 바두, 1999

◀ **Influenced by:** Fine and Mellow • Billie Holiday (1939)
▶ **Influence on:** A Long Walk • Jill Scott (2002)
★ **Other key tracks:** Otherside of the Game (1996)
Next Lifetime (1996) • 4 Leaf Clover (1996) • Appletree
(1996) • No Love (1996) • Sometimes . . . (1996) • Bag
Lady (2000) • Soldier (2008) • Honey (2008)

1990년대 말, 마치 네오-소울이 세상을 지배할 것 같은 분위기가 감돌았다(이것은 에리카 바두와 그녀의 친구들 더 루츠가 촉진시킨 미국 음악계 내의 움직임이었다). 하지만 결국 실현되지는 않았다. 힙합과 R&B가 더 강한 설득력을 발휘했고, 그와 경쟁하기에 네오-소울은 너무나 잔잔했다. 하지만 이 신이 낳은 초기 히트작들은 여전히 필수 경청 곡으로 남아 있다. 바두의 첫 싱글 "On & On"이 그중 하나이다.

바두는 댈러스에서 성장했다. 그녀는 힙합 엠씨이자 싱어로 활동하며 술집과 클럽 공연을 했고, 휘트니 휴스턴이나 머라이어 캐리 등이 선보인 옥타브를 넘나드는 보컬과 상극을 이루는 관능적이고 느긋한 스타일을 꾸준히 발전시켜갔다. 빌리 홀리데이에 비교하는 것이 더 맞을 듯싶다. 하지만 에리카에게는 재즈 이상의 그 무엇이 존재했다. "On & On"에는 매우 현대적 느낌의 견고한 비트와 세련된 베이스가 등장한다. 그녀는 "I think I need a cup of tea(차 한 잔 마시고 싶은 것 같아)"라며 조용히 노래했고, 그럼으로써 만국 통용적 히피 생활 스타일을 의미하는 메시지를 전하되 지나친 방종을 거부했다. 코러스 부분에서는 지금껏 들어왔던 사랑과 평화에 관한 그 모든 앤섬의 메아리가 들려온다. 하지만 여전히 심플함을 잃지 않으며, 흥분과 동요는 커피가 물에 녹아드는 것처럼 깃든다. 수상 기록에 빛나는 탁월한 뮤직비디오는 그녀를 전형적 R&B 여우의 이미지보다는 진정 아름다운 모습으로 만들었다.

그녀의 음악 인생이 여기에 그치지 않고 뿌듯한 행보를 계속 이어갔던 것은 사실이지만, 어쨌든 "On & On"이 여전히 그녀의 트랙 목록 전체를 통틀어 뚜렷한 하이라이트로 남아 있는 것도 사실이다. 바두는 인터뷰에게 이렇게 말했다. "제 첫 앨범 〈Baduizm〉이 1997년 발표되었을 때, 많은 일들이 꼬리를 물고 이어졌죠. 그해 전 15개의 상을 탔고 그 중엔 그래미상, BET상, 아메리칸 뮤직 어워드까지 있었어요. 제 인생의 사랑, (아웃캐스트의) 안드레 벤자민을 만났고 아이를 출산했죠…게다가 제 2번째 앨범 〈Live〉가 발매되었어요. 정말 저의 '필생의 역작'이 된 한 해였죠. 모두들 꿈만 꿔보는 바로 그런 해 말이에요." **JMc**

Woo-Hah!! Got You All in Check | Busta Rhymes (1996)

Writer | Trevor "Busta Rhymes" Smith, Galt MacDermot
Producer | Rashad Smith, Trevor Smith
Label | Elektra
Album | *The Coming* (1996)

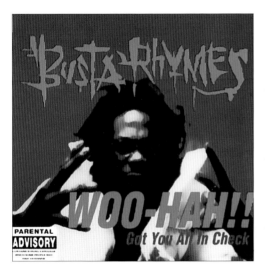

"부스타 라임스로써의 삶은 넘쳐나는 정력과 광란의 파티가 전부는 아니에요. 그건 단순히 가장 시장성 있는 일면일 뿐이죠."

부스타 라임스, 2003

◀ **Influenced by: Space** · Galt MacDermot (1973)
▶ **Influence on: Tribute** · Nonpoint (2000)
● **Covered by:** DJ Sega (2008)
★ **Other key tracks:** The Finish Line (1996) · Flipmode Squad Meets Def Squad (1996) · Everything Remains Raw (1996) · Hot Fudge (1996) · Dangerous (1997)

훌륭한 랩 송들은 마음 놓고 안심해도 될 정도로 주기적으로 등장한다. 그러나 괴상하면서도 훌륭한 랩 송은 좀 드물다. 90년대 초반에는, 사이프레스 힐과 우탱 클랜만이 진정 놀랄 만한 음악으로 주류에 기여하고 있었다. 하지만 거기에, 또 다른 독불장군이 등장해 풍파를 일으키기 시작한다. 부스타 라임스는 퍼블릭 에너미의 문하생들이었던 리더스 오브 더 뉴 스쿨에서 음악 활동을 시작한다(에너미의 척 디가 트레보 스미스에게 '부스타 라임스'라는 예명을 지어주었다). 라가(raga)적 색채의 으르렁거림, 6피트 장신의 체구, 요동치는 카리스마로, 부스타 라임스는 가는 곳마다 관심을 독차지했다. 그의 명성은 "Scenario"(어 트라이브 콜드 퀘스트, 1992년)와 "Flava In Ya Ear"(크레이그 맥, 1994년)에 게스트로 출연한 후 걷잡을 수 없이 치솟는다. 하지만 그의 인상적인 카메오 출연은 앞으로 등장할, 약간 돈 듯한 솔로 데뷔에 비하면 맛보기 정도도 되지 않았다. 이 곡의 제목은 슈가힐 갱의 1980년 싱글 "8th Wonder"의 랩에서 가져온 인용구이다. 약간 비뚤어진 음악 배경은 영화 〈우먼 이즈 스위터〉(1973)의 사운드트랙 수록 곡에 기반해 만들어졌다.

흥미로운 뮤직비디오에서 감독 하이프 윌리엄스는 자신의 트레이드마크적 비주얼 수법이라 할 수 있는 어안 조망을 연출한다. 이 뮤직비디오는 좀 특이하게도, MTV 주관 랩 프로그램에 먼저 소개되지 않고도 바로 MTV채널의 즐거운 방송 공세를 받는다("World Wide Remix"를 위해 제작된 2번째 비디오에서 부스타는 리믹스 게스트와 함께 패딩을 덧댄 작은 방에 갇혀 등장한다. 그 게스트는 우탱 클랜의 맛 간 '올 더티 바스타드'였다). 부스타는 힙합계의 요세미티 샘과 같은 존재로 굳어진다. 겉보기에는 사나워 보이지만 왠지 모르게 사랑하고 싶은 만화 캐릭터 같이 말이다.

"제일 먼저 정리해야 하는 건 바로 가사죠." 그가 '더 소스'에 말했다. "그 후 전체적 구상, 태도를 정하고, 그 다음 자기가 쓰는 것에 걸맞은 음악을 지어내는 거죠…제가 무대에 올라오자 완전 또 다른 차원의 강렬함과 에너지가 느껴지고 고함과 발광이 시작됐죠. 그건 다른 모든 것들이 이미 정리가 되어 있었기에 가능할 수 있었던 거고요." **BM**

No Diggity
Blackstreet featuring Dr. Dre (1996)

Writer | C. Hannibal, T. Riley, W. "Skylz" Stewart, R. Vick, Queen Pen, B. Withers
Producer | T. Riley, W. "Skylz" Stewart
Label | Interscope
Album | *Another Level* (1996)

1980년대 말과 1990년 초기에 R&B 히트를 만들 생각이 있는 자라면, 거의 누구나 싱어 겸 프로듀서 테디 라일리의 미다스 터치를 필요로 했다. 그는 뉴 잭 스윙이라는 장르를 창조했고, 미끄러질 듯 매끄러운 3인조 그룹 '가이'와 활동해 차트 석권을 기록했으며 마이클 잭슨의 〈Dangerous〉의 공동 프로듀서를 맡았던 인물이었다. 하지만 갱스터 랩이 뉴 잭의 자리를 가로채며 미국 도심의 사운드 판도가 전환기를 맞이하자 그의 마력도 점점 빛 바래갔다. 정상에 다시 오르기 위해 그는 스스로를, 그리고 R&B를 재창조해야 했다. 그 결실은 1996년 완성된다. 빌 위더스의 1971년 트랙 "Grandma's Hands"의 시작 부분을 장식한 가스펠적 신음과 어쿠스틱 기타 리프가 라일리의 귀에 들어가게 된 것이다. "전 말했죠. '사람들이 죽고 못 살 그루브가 바로 이거야!'라고요." 라일리는 이 샘플의 속도를 높인 다음, 쿵쿵 뛰는 피아노 리프를 때려 넣고, "꽃뱀(playette)"에 대한 가사를 갈겨썼다(그녀는 남자들을 이용하는 데 혈안이 된 요염한 요부였다). 본래 블랙스트리트의 다른 멤버들은 이 트랙이 너무 닭살 돋는다며 거부했다. 하지만 라일리는 이 프로젝트를 꿋꿋이 밀고 나간다. 그는 오프닝 버스의 메신저로 래퍼 겸 프로듀서인 닥터 드레를 고용한 다음, 팜므 파탈의 관점에서 본 라임에는 퀸 펜의 음성을 빌린다. 갱스터 랩과 클래식 소울, 최면적 가스펠 그루브의 조합물은 힙합 팬들과 R&B 애호가들의 마음을 통째로 빼앗아버린다. 그리고 1996년 11월 이 곡이 빌보드 핫 100의 정상을 차지하면서 로스 델 리오의 "Macarena"가 누린 3개월 반의 독재가 막을 내린다. 이 트랙은 4주 동안 1위를 지키며 플래티넘으로 등극하는 한편, 마이클 잭슨의 지지도 받았다. **TB**

Woke Up This Morning
Alabama 3 (1997)

Writer | Jake Black, Rob Spragg, Piers Marsh, Simon Edwards, Chester Burnett
Producer | M. Vaughan, The Ministers at Work
Label | Elemental
Album | *Exile on Coldharbour Lane* (1997)

런던 그룹 앨라배마 쓰리의 가장 잘 알려진 노래에 관련해, 롭 스프락은 이렇게 설명했다. "우리는 하울링 울프의 루프 샘플로 시작했죠. 하지만 블루스 가사의 상당수는 굉장히 여성혐오적이에요. 그래서 제가 이걸 좀 바꿔 내용을 고쳤죠. 참을 만큼 참은 한 여성이 총을 손에 쥐는 이야기로요." 이 가사는 자신을 학대하는 남편을 총으로 쏘아 죽인 한 영국 여성의 이야기를 기반으로 한다. 그는 여기에다 미시시피 프레드 맥도웰의 "Standing at the Burial Ground"와 머디 워터스의 "Mannish Boy"에서 가져온 샘플을 이용해 곡을 완성시킨다. HBO 드라마 〈소프라노스〉의 창작자 데이비드 체이스는 미국 라디오를 통해 이 곡을 접한 후, 드라마 각 회마다 시작 부분에 다른 트랙을 사용하자는 계획을 즉각 유기한다. "폭력배들이라면 질색인 우리가 그들의 인간적인 모습을 그린 드라마의 테마 곡을 불렀다는 사실은 참 아이러니해요." "우린 투실투실한 손에 두꺼운 반지들을 낀, 아르마니 양복 차림의 상냥한 남자들을 만나 고급 이태리 음식을 먹어보았죠." 스프락이 Q 매거진에 말했다. "하지만 이 정도 역량의 프로그램과 연관된다는 걸 기쁘게 생각합니다. 그렇다고 해서 총기의 페티시즘적 사용을 지지한다는 건 아니에요. 그건 아예 말할 필요조차 없이 당연한 거죠." 하지만 매주 방송에 나온다고 해서 밴드에게 부와 명예가 따른 것은 아니다. "게펜은 우리를 레이블에서 쫓아냈죠." 스프락이 옵서버에 말했다. "그리고 1달 있다가, 〈소프라노스〉가 'Woke Up'을 사운드트랙으로 선정한 거예요. 그러더니 2년 후에 소니가 미국에서 우리 그룹과 음반계약을 맺었죠." **BM**

앨라배마 쓰리의 롭 스프락(일명 래리 러브), 새로운 면모의 컨트리 음악을 선보였다.

Block Rockin' Beats | The Chemical Brothers (1997)

Writer | Tom Rowlands, Ed Simons,
Jesse B. Weaver Jr. (aka Schooly D)
Producer | The Chemical Brothers
Label | Freestyle Dust
Album | *Dig Your Own Hole* (1997)

"길들여지지 않은 땀 투성이의
미치광이 같은 모습으로
'기계'란 것을 묘사하고 싶었어요."

탐 라울랜즈, 2008

◀ **Influenced by: Coup** • 23 Skidoo (1983)
▶ **Influence on: Gangster Trippin'** • Fatboy Slim (1998)
● **Covered by: DJ Sundance** (2007)
★ **Other key tracks:** Leave Home (1995) • Song to
the Siren (1995) • Life Is Sweet (1995) • The Private
Psychedelic Reel (1997) • Hey Boy Hey Girl (1999)

케미컬 브라더스의 음악 인생 전체가 비틀즈의 "Tomorrow Never Knows"에 빈대 붙어 간 것 아니었냐고 굳이 따지 겠다면, 아마 그룹 자신도 굳이 부정하려 들진 않을 것이다. 하지만 이렇게, 자질구레 이것저것 모아 먹는 그들의 방식은 퍼블릭 에너미 등장 이후 가장 인상적인 주류 자극용 청각적 흥분제를 탄생시키는 데 큰 역할을 한다. "우린 음악이란 것 전체를 시간을 통해 흐르는 하나의 긴, 직선 운동이라고 보지 않아요." 에드 사이먼스가 모조에 말했다. "그러기 보다는, 우리가 다시 찾아 손을 집어넣을 수 있는, 위대함과 혁신으로 가득 찬 주머니들로 보죠."

이러한 접근 방식은 "Block Rockin' Beats"에서 후한 성과를 가져온 것과 동시에, 그에 맞먹는 골칫거리를 몰고 온다. 한 구절 가사를 이 곡의 제목으로 내어준 "Gucci Again"(갱스터 랩의 대부 스쿨리 D의 작품이다)만이 유일한 샘플링 트랙으로 앨범 크레딧에 오른 것이다. 하지만 영국 밴드 '23 스키두'의 팬들(12명 모두!)은 땅속 깊이 묻혀진 스키두의 보물 "Coup"(1983)과 이 트랙 사이의 유사성을 의기양양하게 들춰냈다. 거기다 대고, 이 곡이 크루세이더스의 트랙 "The Well's Gone Dry"(1974)과 비슷하단 사실은 말할 것도 없었다! "그건 사실 있는 그대로 샘플링 해다 쓴 건 아니에요. 그들이 다시 직접 연주했죠." 스키두의 멤버 알렉스 턴불이 말했다. "하지만, 그건 맞는 말이에요. 이 사건으로 인해 우리가 덕을 보았단 거 말이에요."

하지만 이런 꼴사나운 비난의 말들조차도 "Block Rockin' Beats" 자체가 발산하는 폭발적 매력을 빼앗아 갈 수는 없었다. "저희는 한 클럽에서 전속 그룹으로 활동 중이었죠, 그리고 거기서 쓸 만한 곡을 만들고자 했던 거예요…" 사이먼스가 아티스트 다이렉트에 말했다. "Block Rockin' Beats'는 한 새벽 4시경에나 내보낼 곡이었죠. 그런데 이게 어쩌다 (미국의 영향력 있는 라디오 스테이션인) KROQ에 방송될 만한 트랙으로 둔갑해버린 거예요." 영국 라디오 청취자들도 이 곡을 반갑게 맞이했다. 노엘 갤러거(오아시스)와의 협력작 "Setting Sun"(1996)이 이미 개척해놓은 길을 따라, "Block Rockin' Beats"는 케미컬 브라더스가 기록한 2번째 영국 차트 넘버 원 싱글이 된다. **BM**

Breakdown | Mariah Carey (1997)

Writer | Mariah Carey, Anthony Henderson,
Charles Scruggs, Steven Jordan
Producer | M. Carey, S. Jordan, S. Combs
Label | Columbia
Album | *Butterfly* (1997)

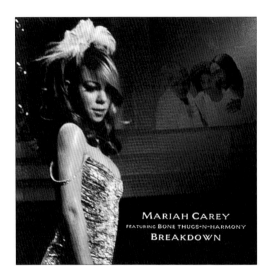

"바로 이것이 항상 나아가고자 원했던
방향이에요. 하지만 사람들이 저를
완전히 정신이 나간 사람으로
생각하는 것을 바라진 않아요."

머라이어 캐리, 1997

◀ **Influenced by: Tha Crossroads · Bone Thugs-n-**
Harmony (1996)
▶ **Influence on: Lil Love · Bone Thugs-n-Harmony**
featuring Mariah Carey and Bow Wow (2007)
★ **Other key tracks:** Emotions (1991) · Fantasy (1995)
Honey (1997)

"끝을 모르고 계속 일에 전념하다가, 방금 쓰러질 것 같은 상태도 깨닫지 못한 적 있으시죠? 자기가 하고 있는 것에 너무 빠져서 말이에요. 이 곡은 바로 그런 것에서 탄생했어요." 언뜻 보기에 "Breakdown"은 단순히, 파경을 맞은 토미 모톨라와의 결혼 생활에 대한 머라이어 캐리의 진심 어린 말들로만 보인다. 그녀가 남긴 최고의 앨범이자 가장 진지한 앨범이었던 〈Butterfly〉의 테마가 바로 그랬으니 말이다. 하지만 이것은 기진맥진한 심적 상태의 스냅샷 1장이었으며, (후에 밝혀질 일이지만) 으스스한 예언의 말들이기도 했다. 이 곡은 캐리의 작품에 힙합적 영향이 증가하고 있음을 확인시켜준다(이 트랙에서는 이지-이의 플래티넘 기록에 빛나는 수제자들, 본 석스-앤-하모니의 크레이지 본과 위시 본이 등장한다). "이 노래를 쓸 당시 그들로부터 큰 영감을 받았죠…" 그녀가 블루스 앤 소울에 말했다. "전 그들이 하는 그런 종류의 스타일에 맞추어 곡을 썼어요. 그리고 나서 저는 그런 류의 리듬을 노래하는 게 사실 굉장히 어렵단 걸 깨닫게 되었습니다. 그들이 부르면 너무 쉽게 들리는데도 말이에요. 직접 그 어려움을 경험하고 난 이제, 그들에게 더 큰 존경심이 생겼죠." 그녀가 "이 곡은 결단코 저에 관한 게 아니에요."라고 딱 잘라 말했음에도, 이 곡이 자전적이란 것은 너무나도 명백한 사실이다. 2001년, 공공연히 알려지게 된 캐리의 신체·신경 쇠약은 그녀의 웹사이트에 올려진 메시지와 함께 본격적으로 악화된다. 이 메시지 내용은 대부분 일에 혹사당하는 것에 대한 불만이었다. "내가 진정 하고 싶은 건 잠깐 휴식을 취한다든가, 아니면 적어도, 비디오나 그런 것을 논의하러 잠시라도 들르는 사람 없이 하룻밤만이라도 제대로 자보는 거예요. 내가 하고 싶은 유일한 건 단지 그냥 솔직한 나로 지내고 싶은 것뿐이니까요." 다행히도, 그녀는 회복을 마치고 메가 스타 생활에 성공적으로 복귀한다. 그리고 2006년 MTV에서 이렇게 말했다. "제가 아직도 〈Butterfly〉를 좋아하는 건 분명해요…하지만 그렇다고 해서 '이야, 난 정말 시대를 앞서가는 사람이야' 이런 정도는 아니에요. 그렇지만 그 앨범이 시대에 약간 앞선 건 사실일 거예요. 'Breakdown' 같은 트랙들 덕이었죠." **BM**

Chan Chan | Buena Vista Social Club feat. Compay Segundo (1997)

Writer | Muñoz Máximo, F. Repilado
Producer | Ry Cooder
Label | World Circuit
Album | *Buena Vista Social Club* (1997)

1996년, 기타의 전설 라이 쿠더는 쿠바를 방문해 베테랑 뮤지션 한 무더기를 끌어모은다. 혁명 이전의 하바나 클럽 신의 사운드를 소생시키기 위해서였다. 이로 인해 그가 맺은 결실이 바로 〈Buena Vista Social Club〉이었다. 하지만 이 과정에서, 그는 미국의 적성국 교역령(Trading with the Enemy Act)을 어긴 셈이 되었고, 2만 5천 달러의 벌금을 물었다(이것은 사임을 앞둔 클린턴 대통령이 50만 달러에서 금액을 낮추어준 것이다). 하지만 쿠더는 '언커트'에 이렇게 말했다. "만일 당신이 정말 잘하고 싶고, 진정 위대한 음악에 개입하고 싶다면, 진정한 대가들과 함께해야 합니다."

여기 참여한 뮤지션들 중, 콤파이 세군도는 원로 대가였다. "콤파이가 없을 땐, 뭔가 달랐죠." 쿠더가 말했다. 녹음 세션이 한참 진행 중일 때 90세의 나이를 바라보던 세군도는 신도 가라이와 같은 19세기 쿠바 음유 시인들로부터 영향을 받은 인물이다(그는 어린 시절 가라이가 자신의 집에서 노래했던 걸 기억한다고 전했다). 프란시스코 레필라도란 본명의 콤파이는 합주 시 세컨드 보컬 역할로 음악 활동을 시작한 이후 "제2의 형제(second compadre)"라는 의미의 'Compay Segundo'란 예명을 얻었다.

"Chan Chan"은 스페인적 색채의, 단조 발라드였고, 세군도가 쿠바 노래에 완전히 정통하고 있음을 여지없이 드러내 보였다. 또한 그는 혁신자이기도 했다. 쿠바의 기타 '트레스(tres)'의 한계가 답답했던 그는 스트링을 추가해 넣어 자신만의 악기 '아르모니코(armonico)'를 만들었다. 1997, 이 곡은 〈부에나 비스타 소셜 클럽〉의 첫 트랙으로 앨범의 얼굴 역할을 한다. **DC**

Between the Bars
Elliott Smith (1997)

Writer | Elliott Smith
Producer | Rob Schnapf, Tom Rothrock
Label | Kill Rock Stars
Album | *Either/Or* (1997)

오스카 역사에 좀 유별난 사건이 일어났다. 셀린 디온의 〈타이타닉〉 테마 "My Heart Will Go On"가 〈굿 윌 헌팅〉의 "Miss Misery"와 맞붙게 된 것이다. 후자는 거의 무명이나 다름없던 싱어-송라이터 엘리엇 스미스의 곡이었다. 마돈나는 봉투를 열고 "놀라 기절할 일"이라고 조소 섞인 말을 던졌다. '타이타닉 테마'의 승리였다. 사실 모두들 예상하고 있었던 일이었다. 특히나 스미스 자신과 수상자 발표를 맡았던 마돈나에게는 더더욱 그러했을 것이다. 하지만 어쨌든 후보로 지명된 덕에 사람들은 스미스의 〈Either/Or〉에 귀를 기울이게 되었다. 이 앨범에서는 영화에 삽입된 총 5곡의 엘리엇 노래 중 또 다른 명곡을 만나볼 수 있었다. 흥얼대듯, 있는 듯 없는 듯한 느낌의 "Between the Bars"는 2분 30초도 채 되지 않았지만, 한 번 들으면 잊을 수 없는 존재이기도 했다. 제목은 한편으론 감옥 같기도 하고, 어찌 보면 기보법을 의미하는 것 같아 보이기도 한다. 하지만 그 음악만은 알코올 흠뻑 스민 로맨스에 부치는 냉소 섞인, 톰 웨이츠 스타일의 서정시였다. 스미스는 사운드트랙의 거장 대니 엘프먼과 함께 "Between the Bars"의 관현악 버전을 창조했다. "전 엘리엇과 순조롭게 작업할 수 있었죠…" 엘프먼이 프레미어에게 말했다. "동일한 조로 끝나는 배경음악을 하나 만들었어요. 엘리엇 노래의 인트로로 자연스럽게 흘러 들어갈 수 있게요. 거의 분간이 쉽지 않을 정도로 자연스럽게요." 스미스가 말했다. "제가 직접 쓴 곡이 아니라면, 그냥 영화를 위해 쓰인 곡인가 보다 하고 생각했을 거예요." 하지만 "Between the Bars"는 할리우드와의 인연을 넘어 행진을 멈추지 않는다. 수많은 흠모자들이 이 곡을 커버했다. **BM**

1999년, 엘리엇 스미스의 공연 광경. 가식의 시대에 그의 노래는 진실한 감정을 전달했다.

Everybody (Backstreet's Back)
Backstreet Boys (1997)

Writer | Max Martin, Denniz PoP
Producer | Martin "Max Martin" Sandberg, Dag "Denniz PoP" Volle
Label | Jive
Album | *Backstreet's Back* (1997)

백스트리트 보이즈는 그들의 2번째 앨범 〈Backstreet's Back〉을 녹음하게 됐을 즈음 이미 세계 여러 국가에서 대흥행한 상태였다. 하지만 고향 미국에서만은 예외였다. 미국에선, 그들의 밴드명을 제목으로 건 데뷔 앨범조차 발매되지 않았었던 상태였던 것이다.

그룹은 "Everybody(Backstreet's Back)이라는 수작을 하나 보유하고 있었다. 멤버 각각의 보컬 기량을 강하게 살린, 듣는 즉시 기억에 남을 코러스 섹션을 갖춘 유쾌한 댄스 앤섬이었다. 하지만 음반 회사 간부들은 이 곡이 미국 청중에게는 혼란을 야기할 수 있다는 결정을 내린다. 이들의 논리가 사실 맞긴 하다. 미국에 소개된 것이 지금 이번이 처음인데, 어떻게 그들이 '돌아왔다(back)'고 말할 수 있는 것일까? 하지만 어쨌든, 좋은 비트를 제쳐두고 단지 말 몇 마디가 애매하다고 해서 그런 결정을 내린 건 좀 그릇된 듯했다. 그럼에도, 이 곡에 대한 반응이 너무나 압도적으로 좋았던 나머지, 미국 데뷔 앨범의 재발매가 이루어졌고, 다음에는 "Everybody"를 수록한다.

이 모든 노력은 결국 보상을 받는다. 세계 각국의 팬들은 이 파워풀한 트랙(이 힘은 맥스 마틴이 만든 브리트니 스피어스의 "Baby One More Time"에서도 재현된다)에 두 팔 벌려 환호한다. 이 곡은 좀체 보기 드문 존재였다. 남자들이 스스로 좋아한다고 서로 인정할 수 있으면서도, 그룹의 포스터로 벽을 도배하는 어린 여성들을 홀리게 할 달콤함을 동시에 지닌, 그런 보이 밴드 트랙이었던 것이다. "Everybody (Backstreet's Back)"은 플래티넘의 경지에 오른다. 한편 이 곡이 수록된 미국 발매 앨범은 입이 딱 벌어질 정도의 숫자인, 1천4백만 장의 판매 기록을 세운다. 그것도, 이들의 고향에서만 말이다. **JiH**

4,3,2,1 | LL Cool J feat. Method Man, Redman, Canibus & DMX (1997)

Writer | LL Cool J, E. Sermon, R. Rubin, A. Yauch, A. Horovitz, Redman, Method Man, Canibus, DMX
Producer | Erick Sermon
Label | Def Jam
Album | *Phenomenon* (1997)

LL 쿨 J는, 다양한 사건들과 20년간을 싸우며 버텨냈다. 우선 80년대 말, 약해빠진 "I Need Love"를 발표한 일도 그리고 낸시 레이건의 '저스트 세이 노' 캠페인에 지지를 보였던 일도 그의 명성에는 악영향을 미칠 뿐이었다. 〈Mama Said Knock You Out〉은 이 모두에 대한 그의 반격이라 할 수 있었다.

〈Mr. Smith〉를 위해 그는 몹 딥이나 폭시 브라운 같은 젊은 래퍼들과 단결하여 멋진 리믹스 트랙 "I Shot Ya"를 탄생시킨다. 여기서 일보 전진해 〈Phenomenon〉은, 90년대가 낳은 최고의 엠씨들 4명과 대가 LL이 한 팀을 이뤄 만든 서슬 퍼런 고전을 내놓는다. 여기서는 메소드 맨, 레드맨, DMX 그리고 신출내기 카니버스가 각각 1구절씩 맡아 완성시켰다. 하지만 카니버스는 왠지 LL에게 도전하는 듯한 태도였다. 이에 대응해 LL은 "little shorty with the big mouth"라며, 자신이 맡은 마지막 구절에서 응징을 가하게 된다. 카니버스는 신랄한 "Second Round K.O."로 다시 답한다. 이것이 바로, 양쪽 진영 사이에 훗날 줄줄이 등장하게 될 "비방(diss)" 음반들의 첫 신호탄인 셈이었다. 카니버스의 멘토였던 와이클리프 진도 이들 전투에 어쩔 수 없이 연루되었고, 이 신참의 데뷔 앨범에는 LL의 트레이드마크였던 마이크 디자인 타투를 한 카니버스 자신의 사진도 실렸다("4321"이라 장식까지 되어 있었다). 이 터무니없는 싸움이 계속되던 중, 본래 그 발단이 되었던 트랙은 그 존재조차 아예 무시당하게 된다. 하지만, 급출발 급정지를 거듭하는, 레게 냄새 밴 음악, 그리고 여기 투입된 스타급 총출동 라인업은 이 트랙이 힙합 역사를 통틀어 가장 위대한 '파시 커트(posse cut)' 중 하나임을 입증하고 있다. **BM**

Şimarik
Tarkan (1997)

Writer | Sezen Aksu
Producer | Mehmet Sogutoglu
Label | Istanbul Plak
Album | *Ölürüm Sana* (1997)

터키 대중 매체에서 "팝의 왕자"라는 별명의 타르칸은 터키 혈통을 가진 독일 태생의 싱어였다. 그는 자신의 가족이 이스탄불로 이주하게 된 후 뮤지션으로 활동을 시작했다. 그의 본명은 타르칸 테베톨루이다. 하지만 마돈나와 카일리가 그랬듯, 팬들에겐 단어 하나만으로도 이미 충분한 이름이었다.

"Simarik"(응석받이처럼 버릇없는)이 1999년 유럽 발매된 이후, 타르칸은 터키의 국경을 넘어 여러 국가에서 톱 10 히트를 기록할 뿐 아니라 벨기에에서는 1위의 자리까지 오른다. 그전에 이미 이 곡은 터키에서 크게 흥행에 성공한 상태였다. 그 번드르르한 고예산 뮤직비디오는 터키의 급성장하는 팝 신 내에서 평균 기대치를 훌쩍 올려놓았다.

이 트랙에 쓰인 댄스 플로어 친화적 리듬은, 레게톤에 등장하는 고전적 비트인 "뎀 바우(dem bow)" 리딤(riddim)과 놀랄 만큼 유사했다. 하지만 곡이 소유했던 가장 인상 깊은 무기, 그리고 이 곡을 스매시 히트로 급성장시킨 무기는 각 구절 마지막 부분을 매듭짓는 키스 모티브("쪽 쪽")였다.

"Simarik"의 작곡자는 터키의 디바 세젠 악수였다. 그녀는 타르칸과 예전부터 협력관계를 다져왔지만, 이 곡에 관련한 저작권 분쟁으로 그와 사이가 틀어졌다. 그 결과 악수는 이 곡의 모든 저작권을 팔아버렸고, 새로운 버전들이 속속 탄생하며 다른 지역들에서 히트를 거두게 된다. 미국 가수 스텔라 솔레이가 "Kiss Kiss"(2001)라는 이름으로 "Simarik"의 영어 커버 버전을 내놓았고 미국에서 작은 흥행에 성공한 적도 있다. 1년 후, 홀리 베일런스가 부른 줄리엣 하이메스, 스티브 웰튼–제임스의 개조 버전이 영국과 호주 차트 정상을 휩쓴다. **JLu**

Spice Up Your Life
Spice Girls (1997)

Writer | V. Beckham, M. Brown, E. Bunton, M. Chisholm, G. Halliwell, R. Stannard, M. Rowe
Producer | Richard Stannard, Matt Rowe
Label | Virgin
Album | *Spiceworld* (1997)

1996년, 팝은 임종을 앞두고 있는 듯 보였다. 그런지와 브릿팝의 양두 정치 아래 음악이 주었던 기쁨은 박해에 신음했다. 팝음악의 주요 소비층이었던 '아이들'은 이제 비디오 게임을 사는 데 용돈을 쓰기 바빴다. 이때 스파이스 걸스가 등장해 팝을 구원했다(업계 자체를 구원한 것도 사실이지만, 그 공적을 인정받은 적은 1번도 없다!). 공동 작곡가이자 프로듀서였던 리처드 스태너드는 돈스톱더팝닷컴(dontstopthepop.com)에 이렇게 말했다. "전 지금 방금 제 이슨 도너반과의 회의를 마치고 오는 길이에요. 제가 회의실을 막 떠나는데 멜 B가 복도로 마구 달려오더니 저에게 엉덩이가 예쁘다고 하며 내 등으로 뛰어오르더군요…전이 정신 나간, 멋진 밴드에 대해 맷 로우에게 멍하니 떠들어대며 나머지 하루를 다 보내버렸죠."

스파이스 걸스는 "Wannabe"와 같은 스매시 히트로 전 세계를 정복했다. 이들의 제2차 홍보 활동은 고동치는 룸바 블록버스터였다. "그들은 세계 전역에 걸쳐 너무나 큰 성공을 거두었죠." 스태너드가 회상한다. "전 좀 원주민 부족적 맛이 나는 곡을 만들고 싶었어요. 우선 드럼으로 시작했고, 거기서부터 하나하나 풀어갔죠…이 트랙은 작곡과 녹음이 하루 만에 모두 이루어졌어요. 게다가 5명이 동시에 노래한 것으로는 제가 맡아 한 트랙 중 이 곡이 유일했죠. 그 덕에 왠지 사운드의 부피가 더 커진 듯해요. 또한 듣는 이들은 멤버 각각이 서로 받아치며 주고받는 것을 직접 들을 수 있게 되었죠." 이들의 짜릿함('spice')은 여전히 1년이란 유효기간이 남아 있었다. 그리고 점점 거기에 먼지가 앉기 시작할 무렵, 마돈나가 컴백했고, 브리트니가 등장을 준비하고 있었으며, 팝은 그렇게, 다가올 미래를 위한 투쟁을 계속해나갔다. **BM**

Given to Fly | Pearl Jam (1997)

Writer | Mike McCready, Eddie Vedder
Producer | Brendan O'Brien, Pearl Jam
Label | Epic
Album | Yield (1997)

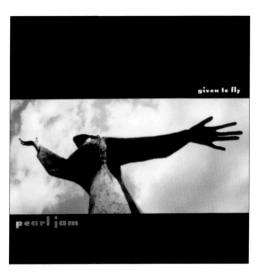

"전 한창 레드 제플린 열병에 빠져 있었죠.
그것이 겉으로 드러났는지도 몰라요."

마이크 맥크레디, 1998

◀ **Influenced by: Going to California** · Led Zeppelin
(1971)
▶ **Influence on: Given to Fly** · Ola (2006)
● **Covered by:** String Quartet Tribute (2006)
★ **Other key tracks:** Alive (1991) · Jeremy (1991) · Pilate
(1997) · Leatherman (1997) · Wishlist (1997)

많은 뮤지션들이 침울한 모습을 팔아 수익을 챙겼다. 하지만 1997년, 펄 잼은 이제 축 처진 입꼬리를 위로 한번 추어올려보기로 결정한다. 이전 해 그들이 발표한 〈No Code〉의 비참함으로 프론트맨 에디 베더는 이제 소진 상태에 이르렀다. 베이시스트 제프 아멘트는 이렇게 회상한다. "전 그가 이렇게 말했던 것이 생각나요. 다른 멤버들도 좀 아이디어를 가져왔으면 좋겠다고요…그래서 우리 모두 집에 가서 곡을 잔뜩 써 왔어요."

기타리스트 마이크 맥크레디가 쓴 곡이 이들을 구원한다. 하지만 곧 모두들 입을 모아 이 곡이 레드 제플린의 "Going to California"와 유사하다고 아우성치기 시작했다. "정말 대단한 우연의 일치 중 하나였죠." 제플린 싱어 로버트 플랜트가 이렇게 빈정댔다. "아마 누군가가 그들이 아기 때 요람에다 대고 그 노래를 불렀나 보죠…?" 하지만 맥크레디는 매시브!에 이렇게 조용히 꼬리를 내렸다. "저도 그렇게 생각해요. 이 곡이 아마 일종의 표절이란 것 말이에요." 그리고 이렇게 덧붙였다. "그게 의식적으로 한 것이든 무의식적으로 한 것이든 간에, 아무튼 그게 제가 들어왔던 노래 중 하나라는 건 확실해요. 제플린이 여기에 분명히 영향을 준 거라 할 수 있죠."

이 곡에 입힌 베더의 가사 속 주인공은 예수 그리스도나 그리스 신화에 나오는 불운의 이카루스라는 다양한 해석을 낳게 된다. "그저 꾸며낸 신화 같은 것뿐이에요." 베더가 필라델피아 인콰이어러에 말했다. "이 곡은 듣고 있으면 마치 정말 날아가는 듯한 기분이 들어요. 전 끝 부분 부를 때가 너무 좋습니다. 당신이 하는 일에 대해 사람들이 어떤 말을 해도 거기 굴하지 않으면서, 여전히 사랑을 나눌 줄 아는 그런 정신에 대한 내용이죠. 그런 것 있잖아요. 심한 적개심을 품거나 아예 은둔 생활을 하는 것 대신 말이에요. 몇 사람의 행동 때문에 세상 전체를 등지지는 말자는 거죠." 이 가슴 뭉클한 노래는 펄 잼의 부활을 의미했다. 그들은 그런지 전성기 시절 누린 메가 스타덤을 벗어 던지고, 이제 더 탁월하고 더 즐거운 앨범들을 발표하기 시작한다. 그리하여 결국, 〈Backspacer〉(2009)에서도 긍정적이고 생기 발랄한 기운이 감돌게 된다. **BM**

Paranoid Android | Radiohead (1997)

Writer | Radiohead
Producer | Nigel Godrich, Radiohead
Label | Parlophone
Album | *OK Computer* (1997)

"코카인을 흡입한 낯선 사람들과
절대 한 방에 있지 마세요."

톰 요크, 1999

◀ **Influenced by: Happiness Is a Warm Gun**
The Beatles (1968)
▶ **Influence on: Rodeohead** • Hard 'N Phirm (2005)
● **Covered by:** Brad Mehldau (2002) • Christopher
O'Riley (2005) • Easy Star All Stars (2006) • Sia (2006)
Lachi (2009)

만약 당신이 당신 인생에서 가장 등골 오싹한 곡들을 작곡했다면 그 곡들을 알라니스 모리셋 공연장에서 초연하겠는가? 비참함을 잠 깨우길 꽤나 즐겨 했던 라디오헤드(모리셋의 오프닝 액트였다)는 이것을 실천에 옮겼다. 베이시스트 콜린 그린우드가 '셀렉트'에 말했다. "Paranoid Android'의 끝 부분에는 한때, 끔찍한 브라이언 오거 해먼드의 10분 길이 솔로 섹션이 있었죠. 그는 그칠 줄 모르고 계속해서 솔로를 했고 여기에 조니(그린우드, 기타리스트)가 합세해 잼을 했어요. 우리가 그에게 제발 그것 좀 하지 말아달라고 애걸했죠. 좀 많이 극단적이었어요. 막바지에 달해 어린 아이들이 울기 시작하고, 제발 집에 좀 데려가달라고 부모님에게 애걸하기 시작할까 봐요." 어쨌든 결국 하나의 대서사시가 완성된다(이 곡은 디제이 섀도와 비틀즈에게 경의를 표하고 있다). 이 곡은 그린우드가 보여준 최고 영광의 순간들을 성공적으로 포착해냈다. 첫 섹션과 다음 섹션을 이어주는 부분, 그리고 "rain down" 구절에서 그가 보여주는 정신착란적 플레이가 바로 그것이다(스스로 빚은 작품이 마음에 들지 않았던 그는 이렇게 말했다. "내가 만약 가게에서나 공장에서 일하고 있는 중이라면, 담배 피우러 잠깐 나갔다 올 거야"). 싱어 톰 요크의 가사 중 일부는 로스앤젤레스 바에서 마주친 한 사람에 대해 이야기를 전한다. 그곳에서는 "모두들 코카인에 취해 정신이 나가 있었다"는 것이다. "'kicking squealing Gucci little piggy(발버둥치며 꽥꽥거리는 구찌 돼지 새끼)'라고 표현한 그 사람은 당시 정말 인간 같지 않아 보였죠…" 그가 Q에 말했다. "누군가가 그녀 위로 술을 흘렸는데, 그러자 갑자기 그녀가 악마로 변해버리는 거예요."

이런 구성 재료들만 보았을 때 "Paranoid Android"가 차트에서 성공하리라 보는 것은 사실 약간은 무리였다(이 곡의 제목은 공상과학 코메디물 〈은하수를 여행하는 히치하이커를 위한 안내서〉에서 약탈해 온 것이다). 게다가 R.E.M.의 마이클 스타이프와 함께 미국 내의 혼란에 대해 이야기를 나눈 데에서 영감을 얻어, 요크는 이 곡이 "로마 제국의 붕괴에 관한 것"이라고까지 말했다(이 또한, 차트 성공을 위한 노력과는 거리가 멀었다). **BM**

Come to Daddy (Pappy Mix)
Aphex Twin (1997)

Writer | Richard D. James
Producer | Richard D. James
Label | Warp
Album | N/A

키스 플린트가 방화광 시궁쥐로 출연하는 프로디지의 "Firestarter" 뮤직비디오는 도덕적 분노를 야기했다. 한편, 이듬해 발표된, 그보다 한없이 더 비뚤어진 이 곡을 당시 격분했던 자들 중 태반이 그냥 모르고 지나갔다는 것은 다행이 아닐 수 없었다. 데스 메탈 광고음악으로 리처드 D. 제임스(일명 에이펙스 트윈)가 빚어낸 피조물에 비하면, 플린트는 그저 유별나고 아기자기해 보이는 정도였다. 항상 용납을 거부하는 제임스는 "Come to Daddy"가 너무 시시하다고 느꼈다 한다. "스스로 점점 주먹을 꼭 쥐게 되는 걸 느낄 때가 있죠. 그건 항상 좋은 징조입니다." 그가 로디드에 말했다. "하지만 그냥 주먹 쥐는 정도로는 아직 좀 성이 안 차더라고요." 다른 모든 이들에게 1분에 200비트 사격을 가하는 격정의 인더스트리얼 사운드는 청각적 공포가 분명했고 그 공포는 잔학한 가사에 힘입어 한층 더 격하게 느껴졌다. "제가 이 트랙의 오리지널 버전을 만들었던 건 한 2년 반정도 전의 일이었죠." 제임스가 지브라에게 말했다. "같은 날 전 한 팬으로부터 정신 나간 편지 한 장을 받았어요. 그 편지 끝 부분에는 '난 너의 영혼을 원해. 난 네 영혼을 먹어버릴 거야'라고 써 있었죠. 도저히 갈피를 잡을 수 없는 내용이었지만, 전 곡으로 쓰기 꽤 괜찮겠다는 말이겠다 생각했죠."

크리스 커닝햄 감독은 이 음악을 도시의 악몽을 테마로 한 뮤직비디오로 만들었다. 어린이 모습을 한 등장인물들(오싹하게도, 모두들 제임스의 얼굴을 하고 있었다)이 한 고령의 여성을 쫓는 모습이 나오고, 그녀는 결국 악마와 맞닥뜨리는 것이다. 이 정신 불안적 경험을 더욱 충만하게 하려는 것인지, 제임스는 이 곡의 또 다른 두 버전을 잉태한다(그런데 이들은 본래의 것과 전혀 닮은 점이 없었다). **CB**

Never Ever
All Saints (1997)

Writer | Robert Jazayeri, Shaznay Lewis, Sean Mather
Producer | C. McVey, M. Fiennes
Label | London
Album | *All Saints* (1997)

올 세인츠의 첫 영국 차트 정상 곡 시작을 장식한 것은, 걸 그룹 선구자들인 샹그리-라스의 스타일을 연상시키는, 니콜 애플턴의 비탄에 잠긴 독백이었다. 이 곡은 특급 두-왑 소울이라 할 수 있었다. 한편, 여기 흐르는 천천히 타오르는 멜로디는 이 곡의 차트 인생을 반영하고 있는 듯 보였다. 이 트랙이 정상에 오르기까지는 2개월 이상이라는 시간이 걸렸으니 말이다(크리스마스 시즌 동안 9위까지 하락했으나 결국 1998년 1월, 정상의 자리에 오르고 만다).

초기 창단 멤버인 멜라니 블랫과 샤즈네이 루이스는 1995년 웨스트 런던의 올 세인츠 로드에 위치한 스튜디오에서 처음 인연을 맺었다. 이후 그들은 블랫의 연극 학교 친구들인 니콜과 나탈리 애플턴을 그룹 멤버로 선임하게 된다. 올 세인츠가 해체한 이후 2004년, 루이스는 블랫과 애플턴 자매가 런던 레코드사 상사에게 자신을 제외하고 만든 음반들을 제출했었다는 주장을 하기도 한다. 하지만 아이러니하게도, 그의 관심을 사로잡은 것은 바로 "Never Ever"였다. "그는 이 곡을 쓴 사람이 누구냐고 물어봤죠. 그래서 그들이 모두 다시 돌아와 저를 이끌고 다시 찾아가야 했다고요." 민소매 셔츠와 카고팬츠 차림을 한 올 세인츠는 스파이스 걸스가 보여준 현란함과 극적 대조를 이루며 조금 더 현실에 부합하는 대안을 보여주는 듯했고, 나아가 신선한 사운드까지 제시해 보였다. "Never Ever"에서 이들은 옛 소울에 새로운 비트를 융화시켰고, "Amazing Grace"의 코드 진행을 섞어 현대적인 팝 고전을 창조했다. 하지만 블랫과 함께 달콤하게 속삭이는 그녀의 보컬, 그리고 점점 융기하는 코러스 부분은 앞으로 다가올 긍정적 보상을 암시하고 있었다. 넘버 원 스매시 기록에, 싱글과 비디오 각각 브릿 어워드를 수상한 것이다. **MH**

Song 2 | Blur (1997)

Writer | D. Albarn, G. Coxon, A. James, D. Rowntree
Producer | Stephen Street
Label | EMI
Album | *Blur* (1997)

"재고안이라기보다는
새로운 형태의 자극이 필요했어요."

데이먼 올번, 1997

◀ **Influenced by: Smells Like Teen Spirit** · Nirvana (1991)
▶ **Influence on: The Fight Song** · Marilyn Manson (2000)
● **Covered by:** Avril Lavigne & David Desrosiers (2004)
Plain White T's (2006) · My Chemical Romance (2006)
★ **Other key tracks:** Beetlebum (1997) · Coffee & TV
(1999) · No Distance Left to Run (1999)

"Song 2"(이 트랙의 '가제'이기도 했다)는 그곳에 등장하는 슬로건적 함성 "Woo hoo"로 유명하다. 픽시스의 '조용했다-커졌다-조용했다' 하는 다이내믹에서 영감을 얻어 만든 이 곡은 "눈 깜짝하면 금세 놓쳐버리는" 아드레날린의 폭발적 분출 그 자체였다. 누구를 믿건 간에 그건 당신 자유이지만, 밴드의 말에 따르면 그들은 이 곡을 10분에서 30분 사이에 다 만들었다는 것이다. "데이먼(올번, 싱어)이 '우 후' 하고 소리쳤어요. 왜냐하면 준비해 온 게 하나도 없었거든요." 프로듀서 스티븐 스트리트가 주장했다. "하지만 그건 누구나 금세 이해할 수 있는 그런 거잖아요." 올번의 경우 좀 더 멸시하는 투로 말했다. "그건 그냥 헤드뱅잉하는 거예요." "Song 2"와 그 패어런트 앨범은 브릿팝에 대한 재치 있는 반격이었다(정작 본래 브릿팝의 선두에서 배너를 들고 전진한 자들은 다름 아닌 블러 자신들이었다!). 새로이 발견된 미국적 영향은 특히 기타리스트 그레이엄 콘슨에게 활기를 불어넣었다. 이전까지만 해도 그는, 그가 펄스!에 인정했듯 "기타 사운드를 반주 정도로 배치시키고, 노래 전체로 볼 때 별다른 표현력을 발휘하려 들지 않았다"는 것이다. 하지만 "이건 정말 그것과 정반대"라고 그는 말한다. 마땅히도 영국 차트 2위를 기록한 이 곡을 통해 블러는, 그들로서는 최초로 미국에서 의미심장한 영향력을 발휘하게 된다. "저희가 선택한 싱글들은 거의 가관이라 할 만큼 미국 시장에 부적합했죠." 올번이 이렇게 털어놓는다. "'Song 2'와 함께 저희는 그나마 어느 정도의 존재감이라도 인식시키게 되었어요…이 곡은 미국 시장에 걸맞다는 느낌을 주죠." 고인이 된 뮤직 위크 저널리스트 리오 핀리(그는 이 밴드의 초기 지지자였다)에게 그 뮤직비디오와 함께 헌정된 이 트랙은 1992년 발매된 "Popscene"을 회고하고 있는 듯 보였다. "Popscene"이 흥행에 실패했으니, 이제 이 곡의 성공으로 불명예를 벗어보겠다는 것일까? 어쨌든, 이 곡은 노래 자체로서나, 스포츠 테마 곡으로도 큰 인기를 얻게 된다. 하지만 모든 대중이 블러 특유의 아이러니를 완전히 이해하고 파악한 건 아니다. "미군은 새로 나온 스텔스 폭격기를 공개하는 영상물에 이 곡을 사용하고 싶어 했죠. 물론 저희는 반대했어요." **JL**

Time of Your Life (Good Riddance) | Green Day (1997)

Writer | Billie Joe Armstrong, Mike Dirnt, Tré Cool
Producer | Rob Cavallo, Green Day
Label | Reprise
Album | *Nimrod* (1997)

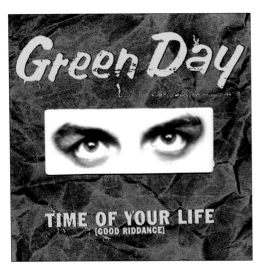

"이걸 발표했을 당시,
흥행할 발라드들이 저희 손안에
있다는 사실을 알고 있었죠."

트레 쿨, 2001

◀ **Influenced by: She's Leaving Home** • The Beatles
(1967)
▶ **Influence on: I Miss You** • Blink-182 (2003)
● **Covered by:** Raymond och Maria (2004) • Glen
Campbell (2008) • Dwight Yoakam (2009)

"이 곡을 그다지 좋아하지 않는 사람도 있을 거란 것을, 저희는 이미 예상했어요." 그린 데이 프론트맨 빌리 조 암스트롱이 자신의 밴드 최고 애청 곡에 대해 이렇게 털어놓았다. "왜냐하면, 그건 '원-투-쓰리-포-레츠 고!' 하는 펑크록 튠이 아니었으니까요." (오프스프링과 함께, 그린 데이는 다른 동료 펑크 부흥 밴드들을 무색하게 했던 강력한 존재였다.)

이 그룹은 자신들의 1994년 앨범 〈Dookie〉를 우연히 1천만 장이나 파는 바람에 그 신뢰도에 타격을 입었다. 반발의 아우성, 그리고 〈Insomniac〉(1995)이 "단지" 2백만 장이란 판매 기록밖에 못 세운 데 심한 상처를 입은 이들 3인조(베이시스트 마이크 던트와 드럼 트레 쿨이 라인업을 완성했다)는, 앞으로의 잠재적 골절을 막기 위해 휴식기를 가지기로 결정한다. 마음을 가다듬고 난 후, 그린 데이에게는 한층 깊이가 생겼고, 이들이 고아낸 (따라 부르기 좋은) 뿌연 국물에는 좀 더 다양한 재료가 더해졌다. 그 중에서도 가장 원기를 북돋아준 것이 바로 "Good Riddance(Time of Your Life)"였다. 〈Dookie〉가 탄생하기 이전 이미 암스트롱의 손에 탄생했던 이 곡이 처음 그 모습을 드러냈던 것은 데모 형태로써 〈Insomniac〉의 싱글 "Brain Stew"의 B사이드를 채웠을 때였다. "그 곡은 쓰는 데 10분도 안 걸렸어요." 암스트롱이 회상한다. "탄생 초기부터 어쿠스틱 곡이었죠. 제가 만약에 거기 드럼을 넣었으면, 아마 파워발라드가 돼버렸을 거예요. 그런 일이 있어선 절대 안 되죠! 전 오래전부터 스트링 섹션을 곡에 넣어보고 싶었죠. 비틀즈광팬이다 보니 당연한 거예요…제 생각에 곡이 딱 맞게 완성된 것 같네요." 이 곡은 싱글 발매 과정에서 결국 "Time of Your Life(Good Riddance)"라는 제목으로 다시 세례를 받게 된다. 그 결과물이 바로 이 세계적 히트 곡이다. 게다가 이 곡은 거물급 TV시리즈 〈사인필드〉에서 인상적으로 등장하여 시청자들의 기억에 오래오래 남게 된다. 과거 여자친구를 향한 달콤 쌉싸름한 작별의 키스가 환희의 송가로 새 생명을 얻게 된 것이다. 한편, 던트의 말에 의하면 이 곡은 업계에 아첨하는 변절적 노래가 아니라 한다. **SO**

Broken Heart | Spiritualized (1997)

Writer | Jason "Spaceman" Pierce
Producer | Jason "Spaceman" Pierce
Label | Dedicated
Album | *Ladies and Gentlemen We Are Floating in Space* (1997)

"마음의 상처를 받은 후
'I have a broken heart'라는
곡을 쓴다는 것은
대단히 뻔하고 진부한 일이겠죠."

제이슨 피어스, 2009

◀ **Influenced by: I Fall to Pieces** · Patsy Cline (1961)
▶ **Influence on: Lost Souls** · Doves (2000)
● **Covered by:** Islands (2008)
★ **Other key tracks:** No God Only Religion (1997)
The Individual (1997) · Electricity (1997)

키보드 주자 케이트 래들리는 제이슨 피어스의 곁을 떠나 —그리고 후에 그의 밴드 스피리츄얼라이즈드도 떠났다 —버브의 프론트맨 리처드 애시크로프트와 결혼해버린 다. 뒤따라 등장한 피어스의 앨범은 평단의 극찬을 받은 〈Ladies and Gentlemen We Are Floating in Space〉였고, 여기 수록된 "Broken Heart"를 가리켜 모조는 이렇게 묘 사했다. "슬픔에 젖어 허리가 거의 접힌 듯"하다. '사실에 얽매이느라 좋은 얘깃거리를 놓치지 말라'는 명언을 곧이 곧대로 따르기라도 하겠다는 건지, 저널리스트들은 이제 필연적 결론을 읊어대기 시작한다. '이별하면, 가슴이 찢 어진다.' 하지만 피어스만은 이 모든 것이 사실이 아니라 며 강력히 부인한다. 그의 말에 따르면, 이 노래는 래들리 와 헤어지기 2년 전에 쓴 곡이라는 것이다. "마지막 앨범 에 사람들이 무게감을 부여하려 했어요. 그게 제 이별과 관련된 거라면서요." 그가 언커트에 말했다. "전 그걸 부정 했죠. 하지만 이 동화 같은 이야기가 현실보다 더 듣기 좋 았던 건지 그들은 계속 그 스토리를 밀고 나갔죠···마치, 행을 읽기도 전에 행간부터 읽으려 드는 사람들처럼 말이 에요." 이 곡의 탄생과정이 도대체 무엇이건 간에, "Broken Heart"에는 그의 쇠약한 심신이 충분히 드러난 다. 그 영감의 원천이 래들리와의 이별이 아니었다면, 그 전에 이미 그의 깊은 내면에 이만큼이나 큰 상처를 입힌 자가 있었나 보다. 여기서 느껴지는 상실감—그리고 자신 이 선호하는 오락 형태에 미친 듯 빠져드는 기분—은 가 히 불가항력적이라 할 수 있었다. 너무도 깊은 곳을 어루 만지는 나머지, 이 곡은 그냥 이렇게 엿듣기에는 너무나 개인적이라는 느낌을 떨쳐낼 수 없게 만들었다(이 곡은 〈Abbey Road EP〉(1998)에 재등장한다).

피어스는 이전 세대들이 남긴 실연의 아픔을 담은 고전 들(팻시 클라인이나 지미 스콧과 같은 거장들)을 들으며 스스로의 마음을 준비시켰다. 그건 정말 확실히 드러나 보인다. "이런 곡을 작곡하려면," 그가 모조에 말했다. "가슴이 찢어진다는 게 무엇인지에 대한 감정적 전달을 확실히 완수해야 해요. 그게 바로 진정 앨범을 만든다는 것이죠. 그렇지 않을 것이면, 그냥 '필드 리코딩'과 다를 바가 없잖아요." **CB**

Into My Arms | Nick Cave & The Bad Seeds (1997)

Writer | Nick Cave
Producer | Nick Cave & The Bad Seeds,
Flood
Label | Mute
Album | *The Boatman's Call* (1997)

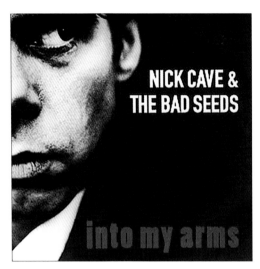

"사랑 노래라는 매개체를 통해
신을 실현시키는 것이
예술가로서 저에게 가장 큰 동기부여라는
사실은 언제나 변함없습니다."

닉 케이브, 1999

◀ **Influenced by: Hallelujah** • Leonard Cohen (1984)
▶ **Influence on: I See a Darkness** • Bonnie "Prince" Billy (1999)
● **Covered by:** Yots.K (2009)
★ **Other key tracks:** Tupelo (1985) • Nature Boy (2004)
The Lyre of Orpheus (2004) • Dig, Lazarus, Dig!!! (2008)

닉 케이브의 음악 인생 이야기는 2가지로 나뉜다. 20대와 30대 동안, 그는 구약 성서에서 나오는 "비열하고 질투심 많은, 잔인한 신"이라는 주제에 매우 심취해 있었다. 이 절대자는 배드 시즈의 초기 작품들 사이를 어슬렁거리며 때로는 피에 굶주린 정신 착란적 증세를 보였다. 하지만 케이브가 40세에 가까워지며, 그의 고결한 분노는 누그러지기 시작했고, 대신 그는 신약의 부름을 듣게 된다. "항상 끝도 없이 뭔가를 경멸하기가 점점 어려워지더라고요." 그가 L.A. 위클리에 말했다. "신약 성서에 보면 거기에는 용서의 메시지가 있어요. 전 제가 사는 방식이 이제 거기 나타나 있다는 걸 깨닫게 되었죠."

이 자애로운 영성(케이브는 스스로를 기독교인이라 여기길 거부한다)이 바로 "Into My Arms"에 출현한다. 이 곡은 1995년 처음 모습을 드러냈는데, 당시 케이브는 런던에서 〈잔 다르크의 수난〉(1928)이라는 무성영화에 라이브 사운드트랙을 공연하던 중이었다. 이후 이 곡은 배드 시즈의 공연 무대에 모습을 드러내기 시작했고, 1년 이상이 지나고 나서야 결국 발매가 이루어졌다.

케이브는 베이시스트 마틴 피. 케이시의 반주와 함께, 잔잔하고 구슬픈 피아노 멜로디로 곡을 시작하며, 그가 천사의 존재나, 사랑하는 사람이 처방해준 "개입하는 신"의 존재를 믿지 못한다고 고백한다. 하지만 믿음이 없음에도 불구하고, 그가 천상의 보호에 배고파하며, 사랑만으로도 그들이 보호받고 서로를 지켜나가길 바란다고 말한다. 케이브는 사랑이 신의 선물이 아니며, 사랑으로부터 나타나는 것이 바로 신이라 말하기도 한다.

사랑을 궁극적인, 최고 능력자라 보는 시야 덕에 "Into My Arms"는 세속인들과 종교인들 모두를 위한 찬송가가 되었다. 이 곡은 종종 막 혼인을 한 커플들의 첫 웨딩 댄스 곡으로 선택받는다(2006, '인 스타일' 매거진은 그들이 선정한 탑 웨딩 리셉션 송 리스트에서 이 곡을 지목했다). 그리고 1997년 케이브는 자신의 친구, 인엑시스의 싱어 마이클 허친스의 장례식에서 이 곡을 연주했다. **TB**

Doo Wop (That Thing) | Lauryn Hill (1998)

Writer | Lauryn Hill, Johari Newton,
Tejumold Newton, Vada Nobles
Producer | Lauryn Hill
Label | Ruffhouse
Album | *The Miseducation of Lauryn Hill* (1998)

> "그 곡은 예쁘면서도 다듬어지지 않았죠.
> 전 그런 스타일이 좋아요."

로린 힐, 1999

◀ **Influenced by: Together Let's Find Love**
  The 5th Dimension (1971)
▶ **Influence on: Video** · India.Arie (2001)
● **Covered by:** Devendra Banhart (2006) · Amy
  Winehouse (2007) · Rihanna (2008)

푸지스의 〈The Score〉는 로린힐에게 입문 파티 격이었다. 1996년 앨범에서 와이클리프 진과 프라즈가 보여준 퍼포먼스도 꽤나 인상적이었으나, 힐이 발산하는 관능적이면서 세상물정 밝은 보컬이 모든 스포트라이트를 독차지해버렸다. 그녀가 커버 송으로 정곡을 찌를 줄 안다는 것은 이미 입증되었다. 하지만 과연 와이클리프의 지도 없이도 오리지널 송도 소화할 수 있을까? 이 모든 의구심은 "Doo Wop (That Thing)"과 함께 깨끗이 사라져버린다.

흥을 돋우는 혼 섹션과 달콤한 배킹 보컬이 담긴 이 곡은 요란한 구역 주민 파티를 연상시켰다. "이 곡 자체가 두-왑에 기반하고 있어요…" 힐이 MTV에서 말했다. "수프림스같기도 하고, 마벌레츠 같기도 한, 그냥 힙-합이죠." 그녀는 비하이브 헤어스타일의 고전적 디바와 같이 달콤하게 속삭이기도 하고 비걸(b-girl)처럼 랩을 쏘아대기도 했다. 이걸 해도 저걸 해도 그녀는 매우 그럴싸해 보였다.

사회 의식을 반영한 가사에는 감성과 냉소가 공존했다. 힐은 "자신의 여자를 염려하기보다 카 튜닝이나 팀벌랜드 부츠에 신경 쓰기 바쁜" 남성들을 꾸짖으며, "여자들이 유행을 따라가려고 자기 영혼을 파는 건 정말 어리석은 짓이다"라고 외쳤다. 동족 여성들의 최우선을 챙기는 것이 힐의 최대 관심사였다. "제가 이곳저곳에 다녀보면 자아존중을 할 줄 모르는 많은 젊은 흑인 여성들을 만나게 돼요…" 그녀가 틴 피플에 전했다. "전 그들에게 그들 자체로 아름답다는 걸 일깨워주려 하죠."

"Doo Wop (That Thing)"은 미국에서 1위, 영국에서 3위를 기록하며 화려하게 데뷔한다. 힐은 스스로 통제권을 쥐길 갈망했고, 이것은 음악에서뿐 아니라 뮤직비디오에서 나타난다. "전 임신 6개월 상태였어요. 얼룩말 무늬 원피스로 그걸 가리려 했죠." 그녀가 타임즈에 말했다. "하지만 정말 재미 있었어요." 한편, 〈The Miseducation of Lauryn Hill〉은 힙합 역사 최다 판매 앨범 중 하나로 성장을 계속하고 있었다. 힐은 말했다. "전 제 동족들을 사랑합니다. 흑인들이요. 그리고 그들을 위해 계속 음악을 만들어갈 거예요." **JiH**

홀륭한 교육을 받은 로린 힐의 1999년 모습. ➡

Kelly Watch the Stars | Air (1998)

Writer | Jean-Benoît Dunckel, Nicolas Godin
Producer | Jean-Benoît Dunckel, Nicolas Godin
Label | Source
Album | *Moon Safari* (1998)

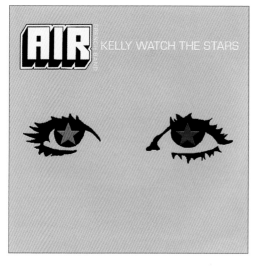

"〈Moon Safari〉는
마치 우리의 어린 시절을 향해
떠나는 여행과도 같았어요.

장 베누아 뒹켈, 2001

◀ **Influenced by:** Zoolook · Jean-Michel Jarre (1984)
▶ **Influence on:** Give it Away · Zero 7 (2001)
★ **Other key tracks:** Modular Mix (1995) · Sexy Boy
(1998) · All I Need (1998) · Jeanne (1998) · Le Voyage
de Pénélope (1998) · You Make It Easy (1998) · Talisman
(1998) · Playground Love (2000)

"저희가 처음 활동을 시작했을 때," 에어의 니콜라스 고댕이 프리픽스에게 말했다. "우리는 스스로 제작을 했고, 우린 기꺼이 그걸 다 했죠." 이런 '스스로 하기(Do-It-Yourself)' 철학은 그 어느 때보다 "Kelly Watch the Stars"에서 확연히 빛난다. 고댕은 장 베누아 뒹켈과 힘을 합쳐 그들만의 독창적 홈메이드 음악을 만들었다. "저희는 어린이였을 때부터 음악을 죽 해왔어요." 그가 단호히 말한다. "그리고 우린 악기 다루는 법을 아주 잘 알고 있죠. 그래서 컴퓨터 같은 것 필요 없어요." 보코더를 통해 전해지는 고댕의 음성과, 소용돌이치며 거만하게 전진하는 신스를 입혀 만든 "Kelly Watch the Stars"는 에어에게 현기증 날 만큼 높은 성공의 비상을 맛보게 했다. 인디 무비계의 총아 소피아 코폴라와 가수 샬롯 갱스부르가 그들의 도움을 요청하게 된다.

게다가, 2인조는 동료 프랑스 밴드들에게 우정의 손길을 뻗는다. '언커트' 저널리스트 데이비드 스텁스가 회상한다. "베르사유에 있는 한 스튜디오에서 에어를 방문했을 때 전 그들이 어리지만 무서울 만큼 다재다능한 피닉스의 멤버들과 시간을 가지는 걸 봤어요. "Kelly Watch the Stars"를 (전통적인) 아날로그 악기를 통해 매우 다양한 버전들로 해석해가면서 잼 세션을 가지더라고요." 이후, 피닉스는 이 곡의 "American Girls Remix"버전을 선사한다. 3개의 또 다른 버전이 〈Moon Safari〉의 10주년 기념 발매본에 수록되어 등장하기도 했다.

반복되는 "Kelly, watch the stars"라는 구절은, 별다른 뜻 없는, 일렉트로닉 음악 배경이 창조하는 꿈의 세계로 진입하는 비밀번호 정도로 보인다. 고댕과 뒹켈 또한 이 곡의 의미에 대해서 설명하러 들지 않았고, 그건 그다지 놀라운 일이 아니었다. 그 초현실적인 비디오('켈리'라는 이름의 탁구선수가 쓰러진 후 별을 바라보며 다시 소생하는 장면이 등장한다)만이 "Kelly Watch the Stars"의 진정한 의미를 약간 품고 있을 뿐이다. 고댕이 '페이스'에 이렇게 말한 적이 있다고 한다. "외계인을 보면 제가 뭐라고 말하겠냐고요? '에어는 여러분의 형제입니다'라고 하겠죠." **JM**

You Get What You Give | New Radicals (1998)

Writer | Gregg Alexander, Rick Nowels
Producer | Gregg Alexander
Label | MCA
Album | *Maybe You've Been Brainwashed Too* (1998)

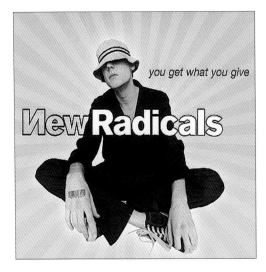

"만약에 그를 직접 보게 되면
그의 두개골을 깨부술지도 몰라요."

마릴린 맨슨, 1998

◀ **Influenced by: Way Down Now** • World Party (1990)
▶ **Influence on: The Game of Love** • Santana featuring
 Michelle Branch (2008)
● **Covered by:** LMC featuring Rachel McFarlane (2006)
 Timo Raisanen (2008)

세상을 한입에 삼킨 초특급 파워팝 "You Get What You Give"는 미국 라디오에서 1백만 번 재생을 돌파한다. 빌보드 핫 100에서 그저 36위에 오르는 데 그친 곡치곤 꽤 괜찮은 성적이다.

두 솔로 앨범을 발표한 것에 이어("좀 더 깊은 내면의 감정 본위로 나를 인도해준 등불"이라고 위저의 리버스 쿠오모가 경탄했다), 미시간 태생의 싱어-송라이터 그레그 알렉산더는 멀티 연주자 다니엘 브리즈브와 함께 1997년 뉴 래디컬스를 결성한다. 알렉산더에게 래디컬스는 사실상 그저 시연용에 불과했다. 그는 이 싱글과 그 패어런트 앨범이 성공을 거두고 난 후 세션 뮤지션들로 뒤범벅된 이 그룹을 해체하고, 작곡과 프로듀싱에 전념한다.

하지만 뉴 래디컬스는 그 짧디짧은 생존 기간 동안, 두 팔 벌려 삶을 포용하는 이 긍정적 앤섬을 통해 팝 조직에 침투한다. "자신이 살아 있음을 느끼게 해주는 것과 실제 하며 산다는 게 뭔지, 그 개념 자체를 아예 이해하지 못하는 사람들로 구성된 사회집단에 노출된 채 우리는 살아가고 있죠…" 알렉산더가 MTV에서 말했다. "우리에게 던져지는 셀러브리티 문화와 그 많은 정보들을 향해 사람들은 좀 더 식별력과 의구심을 가지고 대처해야만 합니다."

이 곡은 가시 돋친 공격 발언들로 가득 찼다: "Fashion shoots Beck and Hanson / Courtney Love and Marilyn Manson / You're all fakes, run to your mansions / Come around, we'll kick your ass in(벡과 핸슨의 패션화보 촬영 / 코트니 러브와 마릴린 맨슨 / 너흰 다 가짜야. 너희 맨션으로 빨리 돌아가 / 이쪽으로 오면 우리가 단단히 혼을 내줄 거야!"). 알렉산더는 MTV에 나와 무표정한 얼굴로 이렇게 말한다. "전 단지 이 곡을 최대한 방송에 노출하고 싶었을 뿐입니다." ("그가 저에게 본때를 보여주겠다고 해서 화가 난 건 아니에요." 맨슨이 항변한다. "단지 그저 커트니 러브랑 같은 문장에 쓰이고 싶지 않을 뿐이죠.")

2005년, 벡은 미안해하는 알렉산더를 마주쳤던 일을 회고했다. 알렉산더는 그가 사적 악감정을 가지고 그런 공격 발언을 한 것이 아니었다고 사과했다. **MH**

Music Sounds Better with You
Stardust (1998)

Writer | T. Bangalter, B. Cohen, D. King, F. Musker, A. Quême
Producer | Thomas Bangalter
Label | Roulé
Album | N/A

"우리가 이 곡을 녹음했을 때," 알란 "브락스" 쳄이 말한다. "저희는 이 곡이 히트를 거둘 줄은 전혀 예상하지 못했죠. 1997년이 저물어가며, 브락스(다프트 펑크의 토마스 방갈테르의 룰(Roule)레코드사와 계약을 맺은 댄스 뮤직 프로듀서였다)는 자신의 1번째 싱글을 막 발매한 상태였고, 파리의 렉스 클럽의 초청을 받아 그곳에서 공연을 예정하고 있었다. 그는 방갈테르와 싱어 벤자민 "다이아몬드" 코헨에게 자신의 공연에 게스트로 출연할 것을 권했고, 이들의 리허설 도중, 단명한 그룹 스타더스트가 탄생하게 되었다.

레코드 상자를 샅샅이 살피던 중, 이들 3인조는 샤카 칸의 1981년 트랙 "Fate"를 발견했고, 거기 담긴 베이스 라인과 펑키(funky)한 기타 릭으로 루프 샘플을 제조한다. 다이아몬드의 보컬("마이클 잭슨으로부터 영감을 받았다"고)을 위에 얹은, 초기 상태의 "Music Sounds Better with You"는 렉스에서 좋은 반응을 얻었고, 이들 3인조는 곧 방갈테르의 스튜디오에 모여 트랙을 완성한다. 보컬 대부분은 편집 과정에서 삭제되었고, 혹만큼이나 뇌리에서 지울 수 없도록 완벽하고 늘씬한 2행 연구만 남았다. 다프트 펑크 앨범 작업 공백기 중 발매된 이 초현대적 트랙은 이들 그룹의 예전 작품에 결여돼 있던 상업적 자질을 증명해 보였다. 이 곡은 영국에서 2위, 빌보드 클럽 차트에서는 정상을 차지했고, 홍보 발매를 위해 마돈나의 "Holiday"와 맞붙어 매시업 트랙으로 만들어져 흥분을 자아내기도 했다. 그러나 스타더스트는 행보를 멈추고 각자의 길을 가기로 결정한다. 브락스는 끝도 없이 콜라보레이션 작업을 이어갔고, 다이아몬드는 리믹스 작업과 자신의 레이블 관리에 전념했다. 후에, 마돈나와 다프트 펑크 모두 이 곡을 각자의 라이브 공연 무대 세트리스트에 추가한다. **MH**

Erase/Rewind
The Cardigans (1998)

Writer | Nina Persson, Peter Svensson
Producer | Tore Johansson
Label | Stockholm
Album | *Gran Turismo* (1998)

1996년, 카디건스의 "Lovefool"이 전 세계적으로 히트한다. 그 후 이 스웨덴 팝계 총아들은 좀 더 날카로운 후속작을 만들고자 아예 작정을 한 듯 보였다. 그리하여, 이들 5인조는 〈Gran Turismo〉를 위해 검정 가죽과 흥분 되는 기타 사운드를 채택한다. 전염성 강한 "Erase / Rewind"는 니나 페르손의 얼음 같은 보컬, 그리고 신디사이저와 클래식 기타의 멜로디컬한 조화를 시연하기에 제격이었다. 저널리스트 "잉마르 베리만이 가비지에 강철 옷을 입혀놓은 것"이라고 저널리스트 케이틀린 모런이 말하기도 했다. 별로 힘들이지 않고도 자연스레 섹스 어필할 수 있었던 카디건스였지만 페르손은 자신에게 관심이 집중되는 것을 거북하게 여겼고, 이러한 심정이 그녀의 보컬에 반향되었다. "전 녹음 내내 제정신이 아니었죠." 그녀가 인디펜던트에 말했다. "하루는 스튜디오 주변 숲에서 죽은 박쥐를 발견했어요. 전 그걸 가져와 벽에 못으로 박아놓고, 박쥐에게 한 마디 한 마디 노래했죠. 다른 누구를 향해서가 아니고 오직 박쥐에게만요." 그럼에도 불구하고, "Erase/Rewind"는 폭넓은 매력을 발휘하였고, 그 결과 1999년, 서로 매우 다른 두 영화 사운드트랙에 쓰이게 되었다. 로맨틱 코메디인 〈25살의 키스〉와 미래파적 스릴러물 〈13층〉이 그것이었다. 2008년에는 클리어럽이 리믹스 버전을 발표했다. 카디건스의 음악에서 끊임없이 다루어지는 주제 중 하나가 바로 불완전하며 고통에 시달리는 사랑이다. 남녀 관계에 대해 페르손은 말했다. "모든 이들에게 고통의 근원이죠. 분명히, 사랑에 대해 노래를 쓴 사람이 제가 처음은 아니잖아요. 그리고 제가 마지막이 될 것도 아니에요. 작곡가로서 바랄 수 있는 게 하나 있다면, 가사가 사람들의 마음을 움직이길 바라는 거죠." **EP**

좌로부터 니나 페르손, 랄스 올로프 요한손, 피터 스벤손, 벤 라거베르크. ➜

Teardrop | Massive Attack (1998)

Writer | Robert Del Naja, Grant Marshall, Andrew Vowles, Elizabeth Fraser
Producer | Massive Attack, Neil Davidge
Label | Wild Bunch
Album | *Mezzanine* (1998)

> "저희는 사이 좋게 잘 지내요.
> 음악에 대한 얘기를
> 나누지 않는 한 말이죠."

로버트 "3D" 델 나자, 1998

◀ **Influenced by: Sometimes I Cry** • Les McCann (1974)
▶ **Influence on: Kneight Riduz Wuz Here** • Krayzie Bone featuring Kneight Riduz (2001)
● **Covered by:** Elbow (2004) • Newton Faulkner (2006) José González (2007) • Simple Minds (2009) • Anneke van Giersbergen & Danny Cavanagh (2009)

매시브 어택의 〈Mezzanine〉은 음악적 방향 전환을 의미했다. 그것은 힙합적 영감을 내포한 음악에서, 어두운, 기타를 추진력 삼은 사운드로의 방향 전환이었다. 한편 앤드루 "머쉬룸" 바울스는 이 사운드가 너무 싫었던 나머지 밴드를 떠난다. 뇌리를 떠나지 않는 아름다움을 지닌 "Teardrop"은 앨범 전체를 따져서 가장 이해가 쉬운 트랙이며, 가장 도처에 편재한 곡이기도 하다. 미국 TV 드라마 〈하우스〉의 테마 곡으로 쓰이기도 했으니 말이다.

이 곡의 잉태 과정은 공동 프로듀서 닐 데이비즈의 하프시코드 멜로디를 발단으로 시작된다. 그와 머시룸은 피아노와 비트 트랙만을 사용해 이것을 한 편의 멜랑콜리한 곡으로 발전시킨 후 "No Don't"라는 제목을 지어준다. 머시룸은 이 곡을 부를 사람으로 소울 보컬리스트를 안중에 두고 있었지만 그의 밴드 동료들(그랜트 "대디 지" 마셜로 로버트 "3D" 델 나자)은 자신들이 동네 수퍼마켓에서 마주쳤던 콕트 트윈스의 엘리자베스 프레이저를 보컬로 쓰자고 제안한다. 이에 격분한 머시룸은 이 곡을 마돈나에게 내주었다는 것이다(매시브 어택은 마돈나와 함께 마빈 게이 추모 트랙 작업에 참여한 적이 있었다). "우릴 배반하는 행동처럼 보였죠." 마셜이 투덜거린다. 마셜은 할 수 없이 마돈나에게 이 곡을 못 주겠다고 말하며 해명을 늘어놔야 했다. 그 과정에서 머시룸은 계속하여 "No Don't"을 쥔 채 놓아주지 않았고, 그리하여 마셜과 델 나자, 데이비즈는 데모 사운드를 재창조하는 작업에 착수하기에 이른다. 머시룸도 결국 "이제 좀 괜찮게 들리네"라며 이들의 뜻을 인정해주었다. 그리고 이 트랙은 밴드가 거둔 최대 히트작이 된다. "곡을 듣는 내내 마치 그 안에 하나의 심장이 뛰고 있는 것처럼 들렸죠." 감독 월터 스턴이 말했다. 그가 제작한 뮤직비디오에서는 이 곡을 노래하는 한 태아가 등장한다. "Teardrop"을 녹음하기 며칠 전 프레이저는 옛 연인, 싱어-송라이터 제프 버클리로부터 받았던 편지들을 다시 읽어보았다. 얼마 지나지 않아 그녀는 버클리가 실종되었다는, 그리고 익사한 것으로 추정된다는 소식을 수화기를 통해 전해 받게 된다. 그런 턱에, 이미 음습하기 그지 없던 "Teardrop"에 한층 더 가슴 아픈 통렬함이 스며들게 되었다. **GK**

Iris | Goo Goo Dolls (1998)

Writer | John Rzeznik
Producer | Rob Cavallo, The Goo Goo Dolls
Label | Reprise
Album | *City of Angels—*
Music from the Motion Picture (1998)

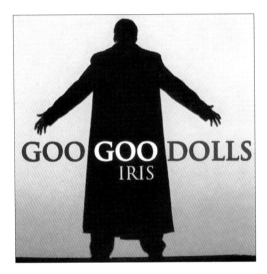

"전 이랬죠.
'자, 제군들, 우리가 전환점을 맞이하게
된 것 같군요. 이 시점에서 이제 우리는
개라지로 다시 돌아가지 못할 겁니다.'"

존 레즈닉, 1999

◀ **Influenced by: Piano Man** • Billy Joel (1973)
▶ **Influence on: You and Me** • Lifehouse (2005)
● **Covered by:** Ronan Keating (2006) • New Found Glory
(2007) • Finley (2008) • Boyz II Men (2009) • Jai (2009)
★ **Other key tracks:** Name (1995) • Black Balloon (1998)
Dizzy (1998) • Slide (1998) • Stay with You (1998)

"만약에 원숭이에게 기타 하나, 종이 한 장, 펜 하나를 쥐여준다면," 구구돌스 메인맨 존 레즈닉이 이렇게 주장했다. "그 원숭이도 결국에는 히트 송 하나를 써낼 거예요." 구구돌스의 경우, 그 과정이 대략 10년 정도 걸렸다. 그들이 폴 웨스터버그의 밴드 '더 리플레이스먼츠'에게 큰 빚을 졌다는 온갖 가시 돋친 비난을 참아내면서 말이다. 하지만 이들도 결국에는, 눈부신 "Name"(그들의 5번째 앨범 〈A Boy Named Goo〉(1995)의 수록 곡)과 함께 노다지를 캐내고 만다. 뒤이어 '작가의 장벽(writer's block)'에 부딪히게 된 레즈닉은 〈시티 오브 엔젤〉 영화 사운드트랙 작업요청을 받은 후 자신의 장벽을 허물어간다. "전 (주연 배우) 니콜라스 케이지의 관점에서 곡을 쓰려고 노력해봤어요." 레즈닉이 MTV에서 말했다. "그가 자신의 불멸성을 막 포기하려 할 때 있잖아요. 그는 너무 사랑에 빠져서, 그리고 1번이라도 무언가를 진정 느껴보고 싶다는 생각에서, 그렇게 해볼 것을 심사숙고했죠." "너무나 예쁜 이름"을 가졌던 아이리스 디멘트가 곡 제목의 영감이 되어주었다. "좀 거창하고 예술적이게 보이게 하기 위해 일부러 곡에 그런 이름을 붙인 거예요." 레즈닉이 말했다. "전 생각했죠. (스매싱 펌킨스의) 빌리 코건도 그렇게 할 수 있는데, 왜 나라고 못하겠어'라고요. 그리고 전 이렇게 생각했어요. '아, 모르겠다, 잘난 척하는 소비자 시장에 한번 접근해봐지.'"

레즈닉은 본래 혼자 녹음을 해보려 계획했지만, 결국 마음이 바뀌었다. "드럼 머신을 사용해서 데모를 하나 만들었고 밴드에게 넘겨주었죠. 그랬더니, 그들이 전혀 다른 버전을 만들어 내더라고요." 그 결과 작곡자의 번뜩이는 보컬을 얹은, 가슴 터질 듯 농도 짙은 발라드가 탄생했고, 이것은 이 시대 최고의 노래 중 하나로 자리 잡게 되었다. 게다가 10년이란 세월이 지나도 끊임없이 커버 버전을 낳고, 모방되고, 재발매되기까지 한다. 'City of Angels' 사운드트랙과 구구돌스의 1998년 앨범 〈Dizzy Up the Girl〉 양쪽에 모두 수록된 이 곡은, 두 음반 모두를 멀티플래티넘 경지에 올려놓는 데 일등공신 역할을 한다. "'Iris'는 마치 축복과도 같았죠…" 레즈닉이 회고했다. "난데없이 불쑥 저에게 나타났어요." **BM**

Bok Espok
Kepa Junkera (1998)

Writer | Kepa Junkera
Producer | Kepa Junkera
Label | Alula
Album | *Bilbao 00:00h* (1998)

많은 음악광들은 스페인의 바스크 지방—바스크 분리 운동 조직 단체 ETA의 활동 때문에 종종 뉴스에 나온다—이 강력한 음악 신의 고향임을 알지 못한다. 바스크어로 부르는 곡은 그 어떤 것이든 '바스크 음악'으로 통하며, 그 수용 범위는 바스크 싱어—송라이터들부터 바스크 헤비 메탈까지 매우 포괄적이다. 그 중에서도, 전통적이면서도 매우 현대적인 바스크 포크 신은 매우 주목할 만하다.

오늘날 활동하고 있는 가장 탁월한 젊은 바스크 뮤지션 중 하나로 케파 훈케라를 꼽는다. 그는 트리키티샤(온음계 아코디언)를 연주하며, 찰라파르타(마치 거대한 실로폰처럼, 수평으로 놓인 판자들로 이루어진 악기. 스틱을 수직으로 내려쳐 연주한다), 판데로(탬버린), 알보카(더블 리드를 사용한, 스테레오처럼 들리게 하는 기능의 관악기)를 포함한 밴드의 리더이기도 하다. 트리키티샤는 19세기 말부터 꾸준한 인기를 누려왔지만 그 연주 관행은 1980년대에 이르러 훈케라가 사운드와 레퍼토리에 혁명을 일으키기 이전까지 거의 아무런 변화를 거치지 않았다.

〈Bilbao oo:ooh〉에서 훈케라는 세계 곳곳의 전통 음악가들과 합동하여 트리키티샤의 다원적 활용 방식과 가능성을 확인시킨다(그는 이 악기가 아프리카, 아일랜드 음악뿐 아니라 다른 어쿠스틱 음악 전통과 함께 어우러질 수 있는 잠재성을 지녔음을 증명해 보인다). "Bok Espok"에서 훈케라는, 스웨덴의 민속 음악 그룹 헤드닝아나의 도움을 받아, 고도의 에너지를 발산하는 템포와 풍부한 멜로디를 담은 악절을 융화키는, 그 특유의 독창적 잼 세션을 펼쳐 보였다. 바스크 음악을 향한 훈케라의 선지자적 접근 방식을 통해, 이 장르가 명상적 감상 활동 뿐 파티 음악으로도 적합함이 밝혀졌다. 이 곡이 바로 그 증거이다. **GC**

Save Me
Aimee Mann (1999)

Writer | Aimee Mann
Producer | Aimee Mann
Label | Reprise
Album | *Magnolia* (1999)

한 영화의 사운드트랙 전체를 한 작곡가가 도맡아 하는 경우는 사실 흔치 않다. 물론, 한때 밴드 틸 튜스데이의 싱어로 활동했던 에이미 만이 그런 책임을 짊어졌었다는 것은 아니다. 폴 토마스 앤더슨 감독의 〈매그놀리아〉 사운드트랙에는 수퍼트램프, 가브리엘, 더 데블린스 등 다른 뮤지션들의 곡들도 수록되었으니 말이다. 하지만 앤더슨의 각본에 영감을 실어준 것은 다름 아닌 만의 음악이었고, 그 사운드트랙도 만의 음악을 통해 기억 속에 내장된다(게다가, 영화 속에서, 출연진들이 서로 돌아가며 함께 "Wise Up"을 노래하며, 만의 앨범 〈I'm with Stupid〉 CD커버를 이용해 코카인을 흡입할 뿐 아니라, 한 등장인물이 그녀의 노래 "Deathly"의 가사를 인용하기도 한다). 폴 앤더슨과 에이미 만이 서로에게 불러일으킨 심상들은, 노래 가사를 빌려 표현하자면 "완벽한 한 쌍 (A perfect fit)"를 이루었다. "Save Me"에서 가장 유명한 구절—"the freaks / Who suspect they could never love anyone(이상한 사람들 / 그 누구도 사랑할 수 없을지고 모른다고 스스로를 의심하는)"—은 만과 그녀의 친구 사이의 대화로부터 영감을 얻어 탄생하게 되었다 한다. 이 사운드트랙은 50만 장의 판매 기록을 올렸고, 이에 따라 만은, '그녀가 더 나아질수록 오히려 대중은 그녀로부터 더 멀어질 것'이라는, 우울하리만큼 친숙한 악순환의 저주로부터 자유로워질 수 있었다. 비록 그녀가 아카데미 상을 놓치고 말긴 하지만(그해 상은 디즈니 영화 〈타잔〉의 사운드트랙 "You'll Be in My Heart"이 받는다), 그녀는 이에 동요하지 않고 한층 더 아웃사이더적 냉소를 날리며 라이브 무대에서 "Save Me"를 공연할 때마다 "필 콜린스와 그의 만화 원숭이 러브송에게 오스카상을 빼앗긴" 노래라고 소개하곤 했다. **CB**

No One Will Ever Love You
The Magnetic Fields (1999)

Writer | Stephin Merritt
Producer | Stephin Merritt
Label | Merge
Album | *69 Love Songs* (1999)

싸늘하고 무미건조한 곡의 제목이 암시하듯, 3장의 CD로 구성된 트리플 앨범 마그네틱 필즈의 매그넘 오퍼스, 〈69 Love Songs〉에 수록된 총 69개의 트랙에는 '사랑'이라는 일관된 주제가 들어 있다. 173분에 걸쳐 작곡가, 밴드리더, 싱어인 스테핀 메리트는 다양한 종류의 노래를 통해 가지각색의 사랑에 대한 수필을 써내려갔다. 이 인상적일 만큼 야심찬 프로젝트는 메리트를 우월한 팝 스타일리스트로 차별화시켰으며 그는 땀 한 방울 낭비하지 않고 한 장르에서 다른 장르로 변신할 수 있는 자신의 능력을 입증해 보였다. 69곡 중 단지 소수의 트랙만 파스티셰적 성향을 보인다. 메리트의 장르 실습곡 대부분은 미묘한 감정적 호소력을 발산했고, 능수능란하게 듣는 이의 마음을 흔들어놓았다. "No One Will Ever Love You"가 바로 그런 노래이다. 메리트가 직접 인정했듯, 이것은 〈Tusk〉(1979)에 담긴 그 모든 일그러진 속앓이를 단 하나의 노래로 포착해보려는 의도로 만들어졌다. 그는 후에 콘서트에서 농담 삼아 싱어 셜리 심스를 "셜리 닉스"로 소개하기도 한다. 하지만 그녀의 보컬(절제된, 순수하게 고통에 찌든)과 함께, 이 곡에 흘러 넘치는 가슴 저린, 미묘한 멜랑콜리는 오히려 맥의 〈Rumours Era〉에 담긴 크리스틴 맥비를 연상시킨다.

메리트의 가사를 통해, 심스는 부서져버린 꿈과 감정적으로 소원해진 연인들에 대해 노래한다. 이 곡에는 분노보다는 무관심이 진정 사랑의 대립적 개념이라는 메시지가 담겨 있다. 거기 담긴 메시지를 한층 더 생생히 와 닿게 하는 콧대 높은 태도의 도입부 2행 연구—"If you don't mind / Why don't you mind(별로 신경 쓰이지 않는다면 신경 좀 쓰지 그래)?"—는 싸늘히 식어버린 사랑의 황량함을 명쾌하게 포착해낸다. **SC**

Surfacing
Slipknot (1999)

Writer | S. Crahan, C. Fehn, P. Gray, C. Jones, J. Jordison, C. Taylor, M. Thomson, S. Wilson
Producer | Ross Robinson, Slipknot
Label | Roadrunner
Album | *Slipknot* (1999)

"슬립낫은 개인주의를 전도합니다." 최고 선지자 숀 "클라운" 크레이언이 가디언에 말했다. "그리고 우리 구더기 친구들이 순종을 내팽개치도록 도움을 주죠." 잔인한 사운드와 공포영화적 비주얼로도 아직 감을 잡지 못했다면, 이 아이오와주 출신의 9인조가 제시한 "새로운 국가"를 들어보시길 바란다. 이들의 세계관을 확실히 이해할 수 있을 것이다. 마치 곡의 후렴구를 피로 발라놓은 듯한 앨범 표지 디자인은 그들이 발표한 성명서가 전하는 불안과 공포를 한층 증가시킨다: "Fuck it all / Fuck this world / Fuck everything that you stand for / Don't belong / Don't exist / Don't give a shit / Don't ever judge me(다 뒈져라 / 세상도 뒈져 / 네가 믿고 지지하는 모든 걸 버려 / 소속되지 마 / 존재하지 마 / 될 대로 되라고 해 / 날 판단하려 들지 마)." 불가피하게도, 이것은 저항이라기보다는 니힐리즘으로 해석되었다. 어린 팬들에게는 특히나 더 그러했다. "부모가 기르지 않으면, 누구라도 나서서 그들을 길러야 할 거 아닙니까." 드러머이자 밴드리더인 조이 조디슨이 '더 페이스'에 말했다. 음악적 측면을 논해볼 때, 이 곡은 기타리스트 믹 톰슨이 피치 시프터를 사용해 뽑아내는 비명으로 유명하다. 그가 비록 "Surfacing"을 프로그 록의 신 러시에 비유했다고는 하지만, 이 폭력적 트랙은 빌딩 붕괴 현장 한복판에서의 두개골 깨지는 흥분을 환기시켰다. 하지만 슬로건적 외침에서만큼은 밴드 전체가 하나로 뭉친다. 크리스 펜은 송팩츠에 말했다. "'Surfacing'은 밴드의 전반적 마음가짐과 우리가 삶에 대해 취하는 입장을 총망라하고 있죠. 바로 '날 판단하려 들지 말라'는 거예요. 당신이 스스로 안다고 생각하는 그 모든 게 진실과 다른 거짓일 수도 있으니까요." **BM**

Scar Tissue
Red Hot Chili Peppers (1999)

Writer | Anthony Kiedis,
Chad Smith, Flea, John Frusciante
Producer | Rick Rubin
Label | Warner Bros.
Album | *Californication* (1999)

〈BloodSugarSexMagik〉이 1991년 거둔 성공은, 레드 핫 칠리 페퍼스의 젊은 기타리스트 존 프루시안테가 1992년 투어를 중도 포기하게 만든다. 중압감을 이기지 못하겠다는 것이 그의 이유였다. 따라서 1998년 그가 밴드로 복귀한 직후 페퍼스 역사상 가장 성공적인 앨범이 탄생했다는 것은 아이러니한 일이 아닐 수 없다(그는 제인스 애딕션 기타리스트 데이브 나바로를 피처링한 1995년 앨범 〈One Hot Minute〉의 작업과 홍보 기간 직후 다시 밴드로 돌아와 활동을 재기한다). 2가지 요인이 한데 어우러져 "Scar Tissue"를 성공으로 몰고 간다. 그 1번째는 페퍼스가 자신들의 발라드 곡 "Under the Bridge"에 담긴 내면 성찰을 모방했다는 것이고, 2번째는 이들이 "Give It Away" 뮤직비디오를 감독했던 스테판 세드나위와 다시 한 팀을 이루었다는 것이다. 게다가, 전형적 칠리스 스타일의 펑크(funk)가 곁들여진 자리엔 느긋한 아름다움이 대신 채워주었다. "릭 루빈과 전 '비아냥거리기'에 대해 많은 이야기를 나눴죠…또한 전 데이브 나바로를 안중에 두고 있었어요. 그가 '비아냥거리기 왕'이거든요. 평균가는 곰보다 더 빠르고 더 날카로웠죠(마지막 멘트는 〈요기 베어〉 만화에서 나온 말을 빗댄 것)." 그는 후에 이렇게 기록했다. "한참 그런 상황에 그럴 때, 존이 어떤 기타 리프를 막 연주하기 시작했어요. 장난스러우면서도, 살아 있는다는 데 행복을 느끼는, 잿더미에서 소생한 불사조와 같은 분위기가 일었어요…전 차고 위로 그리피스 파크 쪽을 향해 뻗은 하늘을 바라봤던 일을 절대 잊지 못할 거예요. 머리 위로 새들이 날아갔죠. 마치 '갈매기의 꿈'을 한 모금 들이킨 것 같았어요. 전 그 새들의 관점에서 바라보는 세상을 이해할 수 있었고 제가 영원한 아웃사이더인 양 느껴졌어요." **SO**

Ms. Fat Booty
Mos Def (1999)

Writer | Mos Def, L. "Ayatollah"
Dorrell, C. Singleton, E. Snyder
Producer | L. "Ayotollah" Dorrell
Label | Rawkus
Album | *Black on Both Sides* (1999)

90년대 랩 신의 호화로운 블링(bling)과 허세에 싫증난 힙합 팬들에게, 모스 데프의 데뷔 앨범은 반가운 소식이었다. 이 높은 사회 의식을 가진 래퍼는 앨범 전체에 걸쳐 복잡한 이슈들을 답사해간다. "Rock N Roll"에서는 백인 뮤지션들이 강행한 흑인 음악의 횡령을 논했으며, "New World Water"에서는 지구상의 물(H$_2$O) 재난에 대해 언급했다. 한편 "Ms. Fat Booty"에서 그는 성차별주의적 구식 파티 뮤직에 초현대적 감각을 더한다. "Ms. Fat Booty"는 다른 수많은 힙합 트랙이 그런 것처럼, 클럽에서 만난 어느 아름다운 여인에 대해 묘사하는 한 래퍼의 말로 시작한다("Ass so phat that you could see it from the front"). 그는 아레사 프랭클린의 1965년 싱글 "One Step Ahead"에서 가져온 샘플과 소울적 비트를 배경으로, 자신의 친구들에게 자랑을 늘어놓는다. 몇 주간의 데이트 이후, 그는 그녀 '인생 최고의 섹스 파트너(champion lover)'가 되었다고 말이다. 바로 여기서 구다리 힙합 허풍은 끝을 맺는다. 그리고 이제부터 판도가 바뀌며 사랑의 역전이 시작된다. 데프는 'Ms. Fat Booty'와 사랑에 빠지고 "그녀가 없을 때 독감 증상(flu-like symptoms when shorty not around)"을 앓기 시작했다 한다. 하지만 이건 그만의 일방적인 감정이었다. 그녀는 데이트를 빼먹기 시작하고, 이들의 관계는 9개월 후 파국을 맞이하게 된다. 그 이유인즉슨, 미래에 데프 여사가 될 뻔했던 그녀가 그에게만 헌신하는 것을 너무 부담스럽게 여겨서였다는 것이다. 평론가들은 모스 데프가 주류에서 성공하는 것은 시간문제라고 예언했다. 하지만 데프 자신은 마음속에 전혀 다른 미래를 그리고 있었다. 그는 〈몬스터 볼〉과 〈이탈리안 잡〉 등의 영화를 거치며 연기에 집중하게 된다. **TB**

Caught Out There | Kelis (1999)

Writer | Pharrell Williams, Chad Hugo
Producer | The Neptunes
Label | Virgin
Album | *Kaleidoscope* (1999)

"남자들은 저한테 다가와 이런 말을 던지죠.
'저기요, 제 여자친구가 자동응답기에다가
그걸 메시지로 남겨놓았더군요.'"

켈리스, 2000

◀ **Influenced by: Tyrone** · Erykah Badu (1997)
▶ **Influence on: Black Beatles (Beatles vs. Black-Eyed
Peas vs. Ludacris vs. Kelis)** · Loo & Placido (2005)
● **Covered by:** Tune Robbers (2006)
★ **Other key tracks: Suspended** (1999) · **Good Stuff**
(1999) · Get Along with You (1999) · Milkshake (2003)

"자기 남자의 거짓말에 속아본 전 세계의 모든 여자들"에
게 헌정된 (따라서 수만 명에 달하는 팬층을 즉각적으로 확보한)
이 트랙은, 켈리스 로저스가 분출하는 분노에 찬 보컬 덕
에, 지금껏 등장한 그 모든 에스트로겐 넘치는 복수의 노
래(앨라니스 모리셋의 히트 곡 "You Oughta Know"를 포함하여)
하나하나를 전부 소심한 음악으로 전락시켜버렸다. 이런
분노의 퍼포먼스("I hate you so much right now(지금 너를 너
무 증오해)"라 외치는 인상적 코러스는 내장 속까지 사무쳐
있던 분노의 비명으로 이어진다)는 그녀 자신의 경험에서
자극을 받아 이루어졌다 한다. "전 이별을 겪고 나면 엉망
이 되어버려요. 그리고 난 후 분노에 불타오르죠." 켈리스
가 스코틀랜드 신문 '데일리 레코드'에 이렇게 털어놓았다.
"굉장히 격한 분노를 경험하게 됩니다." 고무줄처럼 신축
성 강한 켈리스의 보컬은 블루지한 발라드와 라이엇 걸
(riot grrrl)적 으르렁거림 사이를 능수능란하게 누비며, 슈
퍼 듀오 퍼렐 윌리엄스와 채드 휴고(일명 더 넵튠스라고 알려
진 이들은, 올 더티 바스타드의 "Got Your Money"(1999)에서 당시
게스트 보컬리스트로 참여했던 켈리스와 함께 작업했던 전적이 있
다)의 제작력이 낳은, 윙윙대는 우주시대적 힙합은 이런 그
녀의 보컬에 완벽한 지지대 역할을 하고 있다. "그들은 제
가 공감할 수 있는 미래파적 사운드를 보유하고 있었죠."
그녀가 빌보드에 말했다. "우린 모두가 다른 행성에서 왔
다고 느껴요."

다른 세계에서 온 듯한 음악적 분위기는 그녀의 비주
얼 스타일로까지 이어진다. 하이프 윌리엄스가 감독한 뮤
직비디오에서 그녀는 분홍색과 오렌지색이 섞인 아프로
머리 스타일을 하고 등장해 사이키델릭한 색채의 소울 시
스터를 보는 듯한 착각을 불러일으켰다. 복수 판타지를 완
벽히 실현시키며, 그녀는 바람피운 연인의 아파트를 때려
부순 후, 분노한 여성들의 행렬을 진두지휘하며 이 곡의
잊으려야 잊을 수 없는 훅을 마구 외친다. "'아아아!!' 하고
소리치는 부분에서 모든 것이 분출되죠." 켈리스가 USA투
데이에 말했다. "그게 한 프레이즈 전체의 마무리 손질이
라 보시면 돼요. 다 울고 나서, 외로움이 지나간 자리에 오
는 분노에 대해 노래하는 사람은 아무도 없잖아요." **EP**

Why Does My Heart Feel So Bad? | Moby (1999)

Writer | Moby
Producer | Moby
Label | V2
Album | *Play* (1999)

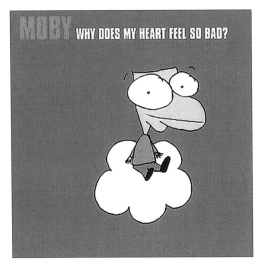

"도대체 전 왜 이러는 걸까요?
전 옛 소울 발라드 음악을 향한
기묘하고 별난 애착을 가지고 있죠."

모비, 2001

◀ **Influenced by: Pacific** · 808 State (1989)
▶ **Influence on: One Perfect Sunrise** · Orbital (2004)
● **Covered by:** Da Capo Players (2002) · The String
  Quartet (2002)
★ **Other key tracks: Porcelain** (1999) · **Honey** (1999)
  Natural Blues (1999)

모비의 5번째 스튜디오 앨범 〈Play〉는 그의 기발한 샘플링 실력을 보여주는 시연의 장이었다. 통례적 테크노 샘플들을 등진 그는 대신에 옛 가스펠이나 포크 튠들로부터 샘플링을 시도했다. 그중에서도, 소울 색채 짙은 "Why Does My Heart Feel So Bad?"가 가장 인상 깊었다. (샤이닝 라이트 가스펠 콰이어가 참여한 덕분에) 호소력 짙은, 가슴 미어지는 보컬에 모비의 비트를 융화시켜 독특한 '칠아웃(Chill-out)' 트랙을 창조했다는 점에서, 이 곡은 고전적인 동시에 현대적이고 생기 넘치는 발라드라 할 수 있었다.

"제가 여성 보컬 샘플링해 온 본래 트랙을 실제 들어보면 'bad'가 아닌 'glad'라 말해요." 모비가 더 뉴욕 타임즈에 말했다. "그건 명랑하고 즐거운 곡이었죠. 하지만 나란 사람은 결국 나일 수밖에 없는 거예요. 전 그 아래에 마이너 코드를 집어넣고 보컬 부분을 좀 조작해보았죠. 그랬더니 완전 다른 느낌이 되어버렸어요." 엘튼 존은 2000년, 모비의 배킹 보컬은 그대로 둔 채 자신만의 버전을 발표한다. "그건 저에게 특히나 흥미로운 사건이었죠." 모비가 '인터뷰'에 감격조로 이렇게 말했다. "왜냐면 제가 기타로 가장 처음 배운 곡이 바로 'Crocodile Rock'이었거든요. 당시 9살이었어요." 이 트랙이 작곡된 건 사실 수년 전 일이었다. "정말 몹쓸 테크노 곡이었죠."라고 모비가 롤링 스톤에 고백했다. "그저 별 볼 일 없는, 너무도 일반적인 테크노 트랙이었어요." 구슬픈 블루스가 수면 위로 부글부글 솟아오르도록 이 곡을 서서히 끓이기로 한 그의 결정은 결국 후한 보상으로 결실을 맺게 된다. "Why Does My Heart Feel So Bad?"는 〈Play〉가 낳은 9개의 싱글 중 하나였다. 하지만 이 앨범은 수백만 장의 판매 기록을 내기도 전 이미 문화적 시금석으로 자리 잡는다. 트랙 하나하나를 전부 영화, 텔레비전, 광고에 사용하도록 내준 앨범으로는 최초였으기 때문이다(그 중에서도 2001년 영화 〈블랙 호크 다운〉의 트레일러에서 "Why Does My Heart Feel So Bad?"가 삽입된 것은 많은 이들의 기억 속에 각인되었다). 왜 이토록 아낌없이 곡을 내주었냐는 질문에 모비는 이렇게 답했다. 이것이 자기 음악을 대중의 귀에 들어가게 할 유일한 경로처럼 보였기 때문이라는 것이다. **JiH**

I Try | Macy Gray (1999)

Writer | Macy Gray, Jeremy Ruzumna, Jinsoo Lim, David Wilder
Producer | Andrew Slater
Label | Epic
Album | *On How Life Is* (1999)

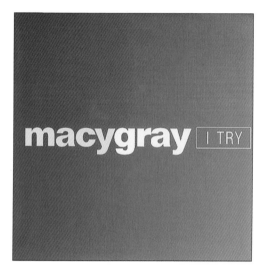

"모두들 그 노래를 좋아하는 것 같아요. 이 모든 계약 기회를 잡게 되었던 것은 확실히 그 곡 덕택이었죠."

메이시 그레이, 1999

◀ **Influenced by: Baby, I Love You** • Aretha Franklin (1967)
▶ **Influence on: Trouble Sleeping** • Corinne Bailey Rae (2006)
● **Covered by:** The Girlfriends (2000) • Andrew Tinker (2007) • Ben Taylor (2008)

메이시 그레이의 데뷔 싱글 "Do Something"은 흥미로운 새 보이스의 출현을 알리는 신호탄이었다. 어떤 이들은 "샤카 칸과 베티 붑의 만남", 혹은 "헬륨을 마신 티나 터너"라고 그녀의 보이스를 묘사했다. 뒤이어 발매된 "I Try"(이 곡은 제니퍼 애니스톤이 출연한 영화 〈웨딩 소나타(Picture Perfect)〉(1997)에 처음 소개된다)는 그레이가 절묘하게 가려 놓았던 으뜸 패였다. "전 그녀의 재능에 곧바로 감탄했죠." 프로듀서 앤드루 슬레이터가 엔터테인먼트 위클리에 말했다. 그는 "I Try"의 믹싱 작업을 1백 번도 더 거듭한 끝에, 그중 한 믹싱본에 대단히 마음이 끌렸다고 한다. 곧 슬레이터는 그레이의 매니저가 된다. "그녀는 마치 뮤트를 낀 트럼펫 같은 음성을 소유하고 있어요." 슬레이터가 흥분조로 말한다. "그리고 그녀는 대단한 작곡가예요." 로린 힐, 그리고 에리카 바두와 같은 그레이의 동시대 네오-소울 뮤지션들은 좀 더 비트 중심의 사운드에 초점을 맞추었다. 이와 대조적으로 "I Try"는 솟구치는 복고풍 스트링으로 시작됐고, 실제 뮤지션들로 구성된 밴드 사운드 사이로 그레이의 독특한 보컬은 마음껏 힘을 발휘했다. 소울적인, 중간 템포의, 이별을 노래한 이 발라드는 기이하고 특이했던 그레이(그녀는 오하이오, 캔튼에서 마릴린 맨슨의 이웃 주민으로 성장했다)를 세계적 스타로 부상시켰다. 2000년에 그녀는 베스트 여성 보컬 퍼포먼스로 그래미상을 거머쥐었고, 그녀의 첫 앨범 〈On How Life Is〉는 세계 곳곳의 차트 속으로 마구 돌진해갔다. 이 앨범은 그녀의 고향에서만 3백만 장 판매 기록을 세웠고, "I Try"는 영국에서 골드의 경지로 등극한다. "스캣으로 부른 인용구들(비틀즈부터 〈대부〉, 그리고 프린스까지)로 가득 차 있고, 록의 도래가 있기 이전 시대를 향해 애정 어린 시선을 던진다." 그녀의 데뷔 앨범을 두고 필라델피아 인콰이어러는 이런 말들을 적어 발표했다. 인콰이어러 인터뷰에서 그레이는 자신의 음악적 영감에 대해 이런 말을 남겼다. "전 부모님의 음반 컬렉션을 들으며 자랐죠. 제임스 브라운도 너무 좋아했지만 엘비스의 음악도 들었어요. 전 7년간 클래식 피아노를 공부했습니다…대학에 가서는 재즈 같은 것도 좀 했어요…이런 게 모두 다 자연히 흘러나오게 돼요." **EP**

U Don't Know Me | Armand Van Helden (1999)

Writer | Kossi Gardner, Duane Harden,
Armand Van Helden
Producer | Armand Van Helden
Label | Armed
Album | *2Future4U* (1999)

"환상적인 가사, 멜로디,
대단한 비트…"

이안 브라운, 2000

◀ **Influenced by:** The Captain • Johnny "D" & Nicky P.
aka Johnick (1996)
▶ **Influence on:** Runnin' • Doman & Gooding featuring
Dru & Lincoln (2009)
★ **Other key tracks:** Aliene (1999) • Rock da Spot (1999)
Flowerz (1999) • My My My (2004) • NYC Beat (2007)

"댄스 음악에 대해 기이한 점을 하나 말씀드리죠." 아만드 반 헬덴이 2008년 이렇게 말했다. "이 장르에서 기이한 점은요, 단 하나의 히트 곡만을 내고도 남은 인생 동안 디제이 일을 하며 지낼 수 있다는 거예요." 만약에 이것이 정말 사실이라면, 정작 반 헬덴은 이런 틀을 깨어버린 셈이다. 그는 고전으로 남을 댄스 곡과 리믹스 트랙들을 줄줄이 내놓았으니 말이다. 그중에서도 가장 최고는 뭐니 뭐니 해도 "U Don't Know Me"다. 이 정도면 수많은 디제이들이 그냥 먹고살 수 있을 듯하다.

이 트랙은 R&B 싱어 캐리 루카스의 1979년 곡 "Dance with You"의 사운드와, 하우스 뮤직 프로듀서 제이디의 1992년 스매시 히트작 "Plastic Dreams"의 비트를 도려내 하나로 붙인 것이다. 이 재치 넘치는 한 잔의 칵테일은, 언더그라운드 뮤직 광팬과 주류 음반 구매자 양방 모두의 호주머니를 떼로 털어낼 만한 역량을 충분히 갖추고 있었다.

"제가 아만드를 처음 만난 건 그가 보스턴에서 클럽 활동을 할 때였죠…" 싱어 두에인 하덴이 '미니스트리'에 말했다. "그가 자신의 트랙 중 하나에서 노래를 해달라고 부탁했어요. 전 거기 밤새 머물면서 가사를 몇 자 던져 넣었죠. 전 대개 그때그때 제가 겪고 있는 인생 여정에서 영감을 얻어요…가사를 몇 군데 좀 바꾸고 싶었지만, 아만드는 저에게 그냥 그대로 놔두라고 말했어요. 이제서야 그가 왜 그때 그렇게 말했나 이해가 가네요." 이 트랙의 무삭제 버전에 반 헬덴은, 만화 영화 〈덱스터의 실험실〉 연계선상에 있는 〈다이얼 '엠' 포 멍키(Dial 'M' for Monkey)〉의 인트로 멘트를 추가해 넣는다. "아만드도 저도, 이토록 많은 사람들이 이 곡을 좋아하고 이해하리라고는 전혀 예상하지 못했죠." 하덴이 회상했다. 색다른 구성 방식에도 불구하고, 그 결과물은 대단한 승리를 거두었다. 반 헬덴이 작업한 토리 아모스의 "Professional Widow" 리믹스 버전의 열기가 식기도 전에 반 헬덴은 영국에서 두 번째 차트 정상 곡을 기록하는 한편 세계적 히트를 거두게 된다. 스톤 로지스 프론트맨에서 솔로 스타로 탈바꿈한 이안 브라운이 이렇게 감탄했다. "전반적으로, 모두들 공감할 수 있는 곡이에요. 역대 최고의 넘버 원입니다." **KBo**

Race for the Prize | The Flaming Lips (1999)

Writer | Wayne Coyne, Michael Ivins, Steven Drozd
Producer | The Flaming Lips, Dave Fridmann,
Scott Booker
Label | Warner Bros.
Album | *The Soft Bulletin* (1999)

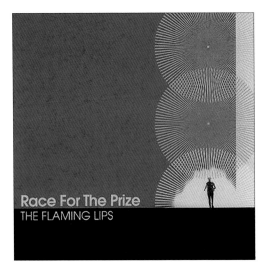

"저희는 예상 밖의 돌발적 사운드를
가지고 실험을 해보고 싶었지만,
곡이 가지는 감정적 효과를
희생시키고 싶진 않았어요."

웨인 코인, 1999

◀ **Influenced by: The Whole of the Moon**
The Waterboys (1985)
▶ **Influence on: Kids** • MGMT (2005)
● **Covered by:** Palm School Choir (2008)
★ **Other key tracks:** Waitin' for a Superman (1999) • Do
You Realize?? (2002) • The Yeah Yeah Yeah Song (2007)

관례적인 기준으로 따져볼 때 그저 너무 엉뚱하기만 했던 "Race for the Prize"는, 플레이밍 립스의 다른 작품에 비교했을 때 그나마 차트를 노린 화살이라 할 수 있었다. 이 트랙이 발매됐을 당시, 밴드는 여전히 그들의 사이키델리적 바보짓 〈Zaireeka〉(1997)의 충격에서 헤어나지 못하고 있었다(이 앨범은 동시에 감상하도록 의도된 4장의 디스크로 구성되어 있었다. 다시 말해, 친구들이 당신 집으로 자기 CD플레이어를 짊어지고 와야만이 완전한 앨범 감상이 가능했다는 뜻이다). 따라서 좀 더 상업적이고 인간적인 디스크 1장 구성의 〈The Soft Bulletin〉은 이들에게 대단한 도약임에 분명했다. "저희는 더욱 깊은 감정의 표현력 짙은 곡을 만들고 싶었죠." 싱어 웨인 코인이 '언커트'에 말했다. "스티븐(드로즈드, 기타리스트)이 'Race for the Prize'를 가지고 있었어요. 제가 거기 가사를 넣고 나니 고비를 좀 넘은 느낌이 났죠." 이 가사는 한 쌍의 과학자들이 ("전인류를 위해서(for the good of all mankind)") 죽음과 명예를 버릴 각오를 무릅쓰고 "그들에게 상이 될 그 치료제(the cure that is their prize)"를 찾으러 나서는 귀엽고도 긍지에 찬 이야기였다(곡의 부제는 "Sacrifice of the New Scientists"라고 붙여졌다). 전체 편곡 구성은 연약함에서 탁월함으로 훌쩍 차고 오른다. 코인의 음성은 이 과학자들의 체격을 표현할 목적으로 너풀너풀 흔들거린다. 그리고 코러스의 자리에는 우레와 같은 키보드 라인이 대신 천국을 향해 소용돌이쳐 올라간다. 너무 감상적일 수 있다는 우려는, 지구를 구하려는 열정에 미친 이 구세주들의 순수한 신념에 눌려 단숨에 으스러진다. 1998년, 데이브 프리드먼(머큐리 레브의 베이시스트이자 2밴드 모두의 프로듀서이기도 했다)은 레브의 디즈니적 서사시 〈Deserter's Songs〉의 제작자로 참여하며, 사이키델릭한 언더그라운드에서 네온 불빛 밝은 주류의 세계로 가는 통로를 뚜렷이 새겨 놓았다. 립스는 그가 열어놓은 문틈을 발견했고, 프리드먼은 이들이 그 틈을 무사히 통과할 수 있도록 길을 인도해준다. 뒤따라 터진 "Race for the Prize"의 성공은 립스, 그리고 엠지엠티(MGMT)와 같은 그들의 영적 후손들이 만국적 찬사를 향해 뻗어나갈 수 있도록 미리 길을 닦는다. **MH**

Title		Time	Artist	
Mich Beim Wich...		2:50	Funny van Dannen	
ng (Trample Rid...		3:37	Ghetto Flex	
ood		5:55	Gorillaz	Cl
nc.		3:42	Gorillaz	De
Touch You		2:52	Hot Hot Heat	Kn
nc – Mini, mini,...		1:57	Jaques Dutronc	
It_Like_It's_H...		0:32	Jay-Z	
		3:40	John Frusciante	Liv
		2:58	John Frusciante	Sh
(Nirvana Cove...		3:28	John Frusciante	
oom		2:44	Mary Timony	Th
e Thousand Per...		3:43	Mary Timony	
		3:42	Mazzy Star	Ma
The Weeping S...		4:20	Nick Cave	
ong		4:43	Nick Cave & The...	Mu
		4:09	Oasis	D'Y
ay (w/Johnny Depp)		4:11	Oasis	Hel
n – Wish You Were ...		4:29	pearl jam	
Dogg ft Pharrell– Dr...		4:30	SNOOP DOGG	
ow wow yippi yo yipp...		4:06	Snoop Doggy Dog	
Patrol – Crazy In Love...		4:13	Snow Patrol	
atrol – Never Gonna ...		2:09	snow patrol	
dy Wants to Rule th...		4:11	Tears for Fears	
ping in a Submarine		2:48	The Arcad...	
Go		6:02	Th...	
In Heaven				
drops In My Wine				
e				
ardrops In My Wine				
ver				
ann Tiersen & Francoiz				
Redemption Song				
Jesus Almost Got Me				

- 2000년, 브리트니 스피어스가 〈Oops!...I Did It Again〉으로 팝계에 활력을 불어넣는다.

- 2001년 런칭된 아이팟이 "1천 편의 노래들을 주머니 속에" 넣어준다.

- 2003년 개설된 마이스페이스를 통해 무명의 아티스트들이 대중에게 노출된다.

- 2009년 마이클 잭슨의 죽음에 전대미문 규모의 애도 인파가 슬픔을 표한다.

- 2009년 발매 앨범 〈Relapse〉로, 에미넴이 역대 최고 베스트셀링 래퍼로 등극한다.

2000 년대

One Armed Scissor | At the Drive-In (2000)

Writer | Omar Rodriguez-Lopez, Cedric Bixler-Zavala, Tony Hajjar, Jim Ward, Paul Hinojos
Producer | Ross Robinson
Label | Grand Royal
Album | *Relationship of Command* (2000)

"오마와 저는 공연 여행차 이동 중
버스에서 톰 웨이츠와 더브 음악을
듣다가 놀림받곤 해요."

세드릭 비즐러-자발라, 2004

◀ **Influenced by: Smallpox Champion** · Fugazi (1993)
▶ **Influence on: Bleed American** · Jimmy Eat World (2001)
● **Covered by:** Paramore (2007)
★ **Other key tracks:** Proxima Centauri (1999)
Arcarsenal (2000) · Pattern Against User (2000)

멤버들 간의 서로 다른 예술적 견해가 때로는 그 밴드 최고의 작품을 창조해내기도 한다. 텍사스의 반란군, 펑크 그룹 '앳 더 드라이브-인'의 경우가 바로 그랬다. 그들을 일약 스타덤에 올려놓은 앨범 〈Relationship of Command〉와 함께, 싱어 세드릭 빅슬러-자발라와 기타리스트 오마 로드리게즈-로페즈가 추구한 자유로운 형식과 실험적 직관, 그리고 기타리스트 짐 워드가 선호했던 좀 더 전통적인 펑크록의 직접성과 빈틈없는 리프 사이에 분열이 일기 시작했다.

프로듀서 로스 로빈슨은 이러한 가연성 에너지를 마구에 단단히 동여매 녹음 테이프에 담아내는 데 성공한다. "One Armed Scissor"에서 빅슬러 자발라는 죽음의 자유낙하로 "지구를 향해 돌진해 가는" 유인 인공위성의 이야기를 전한다. 이것은 밴드가 공연 여행 중 느꼈던 압박감을 은유적으로 표현한 것이다.

여기 로빈슨이 참여했다고는 하나, 앳 더 드라이브-인을 "뉴-메탈"의 네안데르탈인쯤으로 간주하면 안 된다. 오히려 그들은 푸가지의 고결한 에너지를 21세기에 맞게 업데이트 했다고 볼 수 있다. 또한 빅스 자발라와 로드리게즈-로페즈는 흐트러진 아프로 머리 스타일로 엠씨5와 비교되기도 한다.

2000년 그들은 BBC TV의 〈레이터…위드 줄스 홀랜드〉에서 이 곡을 라이브 무대에 올렸다. 그러나 이 공연은 앳 더 드라이브-인의 종말을 예언하고 있었던 것이다. 카메라가 돌기 시작했지만 그들의 장비가 정상 작동하지 않았다. 빅슬러-자발라와 로드리게즈-로페즈는 무대 위에서 거칠게 광란하며 혼돈 상태를 온몸으로 받아들였고, 방송 역사에 길이 남을 순간을 창조해냈다. 한편 불만에 가득 찬 워드가 치밀어오르는 화에 몹시 흥분한 게 너무 역력히 보였는데, 아니나 다를까, 몇 달 후 이들은 밴드를 해체했다. 아프로를 흔들어대던 2사람은 변이를 일삼는 마르스 볼타로 그들의 실험적 충동을 탐구해갔고, 동시에 워드는 스파르타의 멤버로 3장의 세련된 이모-펑크 앨범을 발표한다. **SC**

앳 더 드라이브-인의 세드릭 빅슬러-자바라가 이 밴드의 장기로 알려진 강렬한 공연 무대를 펼치고 있다. ➡

Hate to Say I Told You So | The Hives (2000)

Writer | Randy Fitzsimmons
Producer | Pelle Gunnerfeldt
Label | Burning Heart
Album | *Veni Vidi Vicious* (2000)

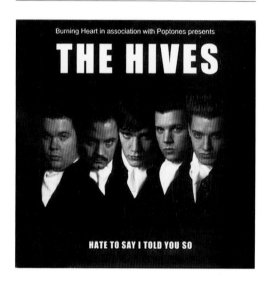

Burning Heart in association with Poptones presents

THE HIVES

HATE TO SAY I TOLD YOU SO

"'Hate To Say I Told You So'의 인기요?
많죠. 사람들이 그렇게 좋은 취향을
가지고 있는지 몰랐어요.

니콜라우스 아손, 2004

Influenced by: All Day and All of the Night · The
Kinks (1964)
Influence on: Cherry Cola · Eagles of Death Metal
(2006)
Covered by: Richard Cheese and Lounge Against the
Machine (2002)

하이브스에 관해 새롭다고 할 만한 건 단 하나도 없었다.
하지만 이 스웨덴 5인조가 보여준 정력과 활기는 독창성
부족이란 단점을 만회하고도 남았다. 전면에서는 하울링
펠레 암크비스트가 어린 믹 재거마냥 도저히 저항할 수 없
는 거라지 펑크 위로 날카롭게 짖어댔다. 이들의 음악은 미
스핏츠, 엘비스, 리틀 리처드, 세인츠, 섹스 피스톨즈, AC/
DC 등의 영향을 받았다고 한다.

이 모두를 진두지휘한 것은 "Hate to Say I Told You
So"였다(이 제목은 60년대 걸 그룹 '샹그리 라스'로부터 빌려온 것
이다). 그러나 이 곡조차도, 하룻밤 사이의 센세이션으로
거듭나기까지 어느 정도의 시간이 소요되었다. 이 트랙도,
이 트랙과 마찬가지로 화려한 광기를 발산했던 "Main
Offender"도, 밴드의 2번째 앨범 〈Veni Vidi Vicious〉를
타고 시도한 첫 비행 당시 주요 시장에서 무시당하고 만
다.

시간이 흐르고 나서야 (2001년, 이 곡은 그전 발매 앨범들로
부터 하이라이트를 모아 만든 컴필레이션 〈Your New Favourite
Band〉의 오프닝 트랙으로 수록된다) "Hate to Say I Told You
So"는 대서양 양편에서 지독하리만큼 대단한 반향을 불러
일으킨다. 어쩌면 2002년 〈스파이더맨〉 사운드트랙 앨범
에까지 실리게 된 이 곡은 "위어드 앨" 얀코빅의 "Angry
White Boy Polka"(2003)에 패러디되기도 했다.

혼돈에 찬 스테이지 연출 속에도 나름대로의 노하우는
엄연히 자리했다. 트랙들의 탄생 과정에 대해 니콜라우스
아손은 이렇게 요약했다. "Rehearse / time / songs /
pretty good / better / very good / fucking excellent /
amazing(리허설하고 / 시간 / 노래들 / 꽤 괜찮네 / 더 낫네 / 아주
좋네 / 완전 죽이네 / 기가 막히네)."

그들은 이 모든 것에 철저한 확신과 다 안다는 듯한 윙
크를 빼놓지 않았다. 하울링 펠레는 이것을 "빈정대는 재
미"라 말하길 즐겨 한다. 록스타처럼 행동하던 그는 결국
록스타가 되어버렸다. **CB**

Frontier Psychiatrist | The Avalanches (2000)

Writer | R. Chater, T. DiBlasi, D. Fabay, B. Kaempfert, G. McQuilten, H. Rehbein, D. Seltmann, C. Sigman
Producer | Robbie Chater, Darren Seltmann
Label | Modula
Album | *Since I Left You* (2001)

"저희 음반은요…
역대 멜버른에서 나온 것 중
아마 제일 기막힌 것일 겁니다."

대런 셀트만, 2001

◀ **Influenced by: Napalm Brain/Scatter Brain** • DJ Shadow (1996)
▶ **Influence on: Non-Stop Party Now** • Girl Talk (2003)
★ **Other key tracks:** Rock City (1997) • Since I Left You (2000) • A Different Feeling (2000) • Pablo's Cruise (2000) • Electricity (2000) • Avalanche Rock (2000)

몇 장의 조촐한 발매작들을 뒤로하고 애벌랜치스는 〈Since I Left You〉라는 현란한 콜라주로 호주를 뛰쳐나왔다. 18편의 노래. 그것은 9백 개도 더 되는 샘플들을 엮어 만든 맹렬한 파티 뮤직 패치워크였다.

그저 메스꺼운 난잡함으로 끝날 수도 있었다. 그러나 그것은 모호한 영화 자투리와 저급한 팝 클럽들에, 최초로 발매가 허락된 마돈나 샘플을 섞어 넣은 매끄러운 멜랑주였다. "Frontier Psychiatrist"는 앨범 전체를 축소한 하나의 소우주였다.

이 앨범은 다방면에 걸쳐 취사선택한 부분들로 구성되어 있는, 그들 특유의 절충적 작품이었다. 〈Since I Left You〉의 빽빽한 앨범 크레딧을 보면, 애벌랜치스가 베르트 캠프페르트의 1968년 노래 "(You Are)My Way of Life"(이녹 라이트 싱어스가 불렀다)의 일부를 빌려 썼음을 인정하고 있다.

이런 관현악적 화려함이 트랙에 연료를 공급할 동안, 이야기 부분의 추진력에는 코미디극 대화가 주요 역할을 맡았다. 일부는 1969년 디즈니 영화 〈테니스 신발을 신은 컴퓨터〉에서 나머지는 "Frontier Psychistrist"(존 로버트 돕슨이 쓰고 캐나다 코미디 듀오 존 웨인과 프랭크 슈스터가 연기함)에서 가져온 것이었다. 덱스터 파베이라는 이름의 멤버를 구성원으로 자랑하는 밴드에게, "Dexter is criminally insane(덱스터는 정신이상 환자다)!"이라는 구절이 얼마나 유쾌한 발견물이었을는지는 어느 정도 상상이 간다.

애벌랜치스는 자신들의 혼합물을 챙겨 들고 공연 여행을 떠나보지만 그저 두서 없는 엉터리 무대로 이어지게 되고, 그 와중에 로비 체터는 양다리를 부러뜨리기까지 한다. 이러한 혼란은, "Frontier Psychiatrist"와 그 사촌들이 오직 음반을 통해서만 번영해갈 수 있다는 진실을 가려주고 있었다. 10년이 거의 다 가도록 후속 앨범이 그저 소문으로만 남아 있다는 사실만으로도, 더이상의 설명은 필요 없을 듯하다. **MH**

One More Time | Daft Punk (2000)

Writer | Daft Punk, Anthony Moore
Producer | Daft Punk
Label | Virgin
Album | *Discovery* (2001)

> "사람들은 종종
> 새로운 느낌의 사운드를 두려워하죠."

토마 방갈테르, 2001

◀ **Influenced by: One More Time** • Third World (1985)
▶ **Influence on: One Mo' Gin** • Play-N-Skillz featuring Lil Jon, Bun B & Krayzie Bone (2008)
● **Covered by:** The Gossip (2008) • Starburkes & The Tea Leaf (2009) • Richard Grey (2009) • Marc Mysterio & Téo Moss (2009)

디스코 하우스의 지존 "One More Time"에 맞춰 모든 사람들이 댄스 플로어에서 춤을 추었다. 그러나, 아마도 다프트 펑크 강경 팬들은 여기서 제외 대상이 될 수 있을는지도 모르겠다. 그들은 이 프랑스 2인조가 좀 더 상업적 사운드로 전향함으로써 그들의 뿌리를 배반했다고 느꼈기 때문이다(이 트랙은 토마스 방갈테르가 스타더스트의 "Music Sounds Better with You"에 관여했던 사건의 유산으로 여겨진다). 그렇다고 해서, 방갈테르가 여기에 마음을 쓴 것은 아니다. "우리는 우리 음악에 대한 비평가들의 말에 예전보다 갈수록 덜 신경 써요." 그가 디제이 타임스에 말했다. "사람들이 그걸 좋아했냐, 싫어했냐를 따지는 게 건강한 태도죠."

방갈테르와 그의 파트너 기-마누엘 드 오맹-크리스토는 흐름을 샘플한 다음 이것을 두근거리는 베이스와 콤프레스된 킥 드럼 위에 깔아놓았다. 여기에 보코더를 이용한 싱어 로만토니의 보컬과 환희에 찬 가사가 더해졌으니, 한 편의 고전이 탄생한 것이다.

오늘날 사람들은 R&B 스타들의 오토튠 보컬에 눈썹 하나 까닥해주지 못한다. 하지만 21세기에 접어들 그 당시만 해도 이것은 무언가 색다르고 신기한 느낌의 사운드였다. 그렇다고 해서 모두가 긍정적인 반응을 보인 것은 아니다. "그걸 보면 70년대 말 당시 프랑스 뮤지션들이 신디사이저 사용을 금지하려 했던 일이 떠올라요." 방갈테르가 리믹스에 말했다. "(로만토니는) 그걸 매우 좋아했죠. 그는 다양한 경험의 소유자였고, 항상 혁신적인 방향을 추구하죠. 저희가 음반에서 성취하려 하는 바로 그것과 동일합니다. 그는 자기 음성이 이런 식으로 악기처럼 다뤄지는 걸 본적이 없다고 해요."

방갈테르는 이 트랙에 샘플을 전혀 사용하지 않았다고 강력하게 부인하며, 앨범 크레딧에 다른 아티스트의 이름을 전혀 언급하지 않았다. 하지만 에디 존스를 피처링한 M 디고의 "I Put a Spell on You"(1978) 커버 버전이 여기 활용됐다는 것이 일반적인 의견이다. **OM**

Stan | Eminem featuring Dido (2000)

Writer | Eminem, Dido, Paul Herman
Producer | Mark "The 45 King" James, Eminem
Label | Aftermath
Album | *The Marshall Mathers LP* (2000)

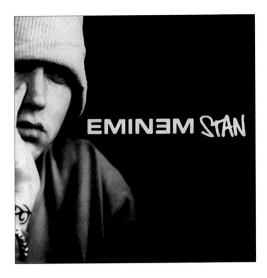

"이 작은, 미친 듯한 이야기는
너무나 많은 의미를 담고 있죠."

다이도, 2003

Influenced by: Thank You · Dido (1999)
Influence on: U Didn't Care · Canibus (2001)
Covered by: Eminem featuring Elton John (2005)
Other key tracks: My Name Is (1999) · The Way I
Am (2000) · The Real Slim Shady (2000) · Kim (2000)
Marshall Mathers (2000) · Under the Influence (2000)

"전 테이프를 전해 받았죠. 정말 대단한 트랙이라 생각했어요." 논란 많았던 에미넴 트랙의 발매 이후 다이도의 조촐한 음악 인생은 하늘 높은 줄 모르고 상승하게 되었다. 그녀는 프로듀서 마크 "더 45킹" 제임스에게 무한한 빚을 지고 있었다. 제임스는 다이도의 ("Thank You"라는 참 적절한 제목이 붙은) 2년 묵은 발라드 곡을 에미넴이 전하는 경계의 이야기(자신의 우상에게 편지를 쓰고 답장을 받지 못한 한 극성팬이 스스로 목숨을 끊게 되는 내용)에 삽입했다. "마치 컨트리 노래 같다는 생각이 들었죠." 그녀가 워드에게 말했다. "왜냐하면 그의 가사에 하나의 스토리가 담겨 있었으니까요. 처음부터 끝까지요."

이 영국의 싱어-송라이터는 곡의 뮤직비디오에서 아내 역할을 연기했고, 'Saturday Night Live'에서 에미넴과 함께 공연하기도 했다.

힙합계의 총아 에미넴은 이미 자신의 1999년 데뷔 앨범 〈The Slim Shady LP〉로 전 세계적 성공을 누리고 있었다. 또한 명석하고 독기 서린 랩을 통해 만화 주인공과 같다는 평판을 받게 되었다. 그러나 팬들과 평단 모두에게 진정 기대치를 높인 것은 바로 "Stan"이었다. 단순한 충격 효과보다는 대가적인 스토리텔링 기술과 기교적 탁월함을 보인 이 트랙은 그래미상에 빛나는 그의 앨범 〈The Marshall Mathers LP〉에서 단연 돋보이는 존재였다. "제 진정한 모습을 보여주는 트랙이라고 할 수 있죠." 그가 롤링 스톤에 말했다.

"Thank You"는 스눕 독의 "Round Here"를 통해 2006년 다시 부흥기를 맞는다. 그리고 2008년, 프로듀서 스위즈 비츠는 자신이 "Stan"의 후속작으로 "완전히 천재적인" 트랙을 작업 중이라고 주장하기도 한다. 하지만 에미넴은 재빨리 그를 침묵시켰다. "'스탠 2부'라는 건 없습니다. 앞으로도 없을 거예요." 그가 빌보드에 말했다. "스탠은 차로 운전해 다리에서 뛰어내렸어요. 스탠의 유령으로서 노래를 쓰고 싶진 않아요. 그렇게 하면, 너무 감상적이 될 것 같군요." **EP**

Oh My Sweet Carolina | Ryan Adams feat. Emmylou Harris (2000)

Writer | Ryan Adams
Producer | Ethan Johns
Label | Bloodshot
Album | *Heartbreaker* (2000)

라이언 애덤스의 솔로 데뷔 앨범 중 단연 돋보이는 이 트랙은 애덤스가 자포자기 상태에 빠져 있던 중 탄생하게 된다. 오랫동안 교제해온 여자친구와 헤어진 상태였고, 자신이 5년 동안 리더로 활동해온 펑크-컨트리 밴드 위스키타운이 해체된 데다가, 거주하던 뉴욕 아파트의 집세조차 낼 수 없을 지경에 이른 것이다. 그래서 맨해튼의 한 동네 술집에 앉아 향수에 잠긴 곡 한 편을 쓰기 시작했다고 한다.

잘 만들어진 여행 노래들이 모두 그렇듯, 이 곡 또한 '무언가를 찾기 위해 나서는, 하지만 그게 뭔지는 모르겠다'는 마음 상태를 노래한다. 모든 걸 잃고 나서야. 그는 행복의 열쇠가 어쩌면 노스 캐롤라이나에 있는 자기 가족과 친구들에게 있을지 모른다는 것을 깨닫는다. "Oh my sweet disposition / May you one day carry me home(내 착한 마음아 / 나를 언젠가 고향 집으로 인도해줘)"이라는 말이 끝을 맺는다.

에밀루 해리스가 부르는 애수에 찬 백 보컬은 곡의 구슬픔을 한층 더 짙게 한다. "에미는 저에게 아이콘과 같은 존재였죠…" 그가 작가 바니 호스킨스에게 말했다. "전 그녀의 음악을 듣는데 정말 많은 시간을 들였어요…전 그 음반들을 거의 공부하다시피 했죠."

프로듀서 이슨 존스는 〈Heartbreaker〉에서 모든 것을 심플하게 유지했다. 미니멀한 기타, 몇 개의 피아노 코드, 부드러운 드럼 소리는 이 곡의 심장부에 자리한 동경을 완벽히 포착해내고 있다. 애덤스는 자신의 펑크적 배경과 그런 이미지를 연출해내기를 좋아하지만, 막상 이 영광의 5분에 감복한 이는 한 명의 좀 더 원숙한 팬이었다. 그 팬은 다름 아닌 엘튼 존이었다. 그는 자신의 콘서트에서 이 곡의 커버 버전을 불렀다. **TB**

Fuck the Pain Away | Peaches (2000)

Writer | Merrill Nisker
Producer | Merrill Nisker
Label | Kitty-Yo
Album | *The Teaches of Peaches* (2000)

밀레니엄의 도래와 함께 피치스라는 예명으로 본격적으로 데뷔에 나선 메릴 니스커는 그루브 박스 비트와 고동치는 베이스 라인, 선정적 무대, 불경한 말로 관중들을 기쁘게 했다. "전 힙합, 록, 일종의 일렉트로 음악을 만들죠. 그러니 제 음악은 쾌락에 초점을 뒀다고 할 수 있어요." 원맨쇼 밴드 격의 피치스가 말했다. "하지만, 일단 제 음악을 따라 부르기 시작하면, 잠시 후에는 아마 이런 생각이 들 거예요, '아 잠깐만, 내가 지금 무슨 말을 따라 부르고 있는 거지?' 하고요."

그녀를 스타로 만들어준 이 싱글이야말로 파괴 분자적 메시지에 달콤한 당의를 입힐 줄 아는, 이 과거 연극 교사의 능력이 잘 드러나는 완벽한 본보기라 할 수 있다.

그녀는 자신의 욕설 섞인 노골성에 대해 이렇게 변호한다. "부스타 라임스나 50센트 같은 아티스트들은 훨씬 더 심한 걸 하고도 질문 하나 받지 않은 채 그냥 넘어갈 수 있죠. 하지만 제가 여자라는 이유로 사람들은 저에게 이중 잣대를 들이댑니다." 이 곡은 기이한 침투 경로를 통해 주류로 유입된다. 우선 'Lost in Translation', 'My Little Eye', 'Jackass Number Two'에 등장한다.

브리트니나 크리스티나가 부채질한, 겉만 번지르르한 섹슈얼리티에 도전하며 니스커는 아슬아슬한 무대의상도 마다 않고 잘 자란 체모를 드러내 보인다. "너무 지루해요. 섹시하다는 개념이, 금발에 큰 가슴과 상통한다는 것이요." 그녀가 옵서버에 이렇게 말했다. "섹슈얼하지 않은 사람은 아무도 없어요…제 말은 단순히 이겁니다. '당신 스스로만의 방식을 찾아요, 그래도 괜찮아요'라는 거죠." **EP**

메릴 리스커. 일명 피치스. 섹스와 성문제를 완전히 드러냈다.

Feel Good Hit of the Summer | Queens of the Stone Age (2000)

Writer | Josh Homme, Nick Oliveri
Producer | Queens of the Stone Age
Label | Interscope
Album | *[Rated] R* (2000)

"아마 우리가 핸슨보다
약을 좀 더 많이 할 거예요."

조쉬 하미, 2002

단 8개의 단어로 쓰인 록 곡이 차트에 오르는 경우는 꽤 드물다. 게다가 가사 내용이 70년대 에어로스미스의 쇼핑리스트를 연상케 하는 곡은 더더욱 그렇다.

"Feel Good Hit of the Summer"는 미국 레코드사 간부들에 의해 〈[Rated] R〉에서 삭제될 뻔했다. 연령 제한 표기를 흉내 내는 앨범 제목도 여기서 영감을 받아 만들어진 것이다. "저희는 가사 때문에 검열관들에게 야단맞을 걸 이미 예상했죠." 싱어 겸 기타리스트 조쉬 하미가 가디언에 말했다. "그래서 그냥 아예 선수 쳐버리는 게 어떻겠냐 생각했어요."

퀸스 오브 더 스톤 에이지의 1998년 앨범 〈Queens of the Stone Age〉의 후속작이었던 〈[Rated] R〉은 성공적인 결과를 낳는다. 이로 인해 그들은 "팜 데저트(Palm Desert)" 록이라는 상품을 주류에 편승시켰고, 이것은 그들의 고국에서보다 오히려 유럽에서 더 진심 어린 환영을 받는다. "Feel Good Hit"은 하미와 공범자 닉 올리버리의 뿌리가 스토너 록 그룹 카이어스에 있다는 사실을 반향하는 듯 보였다. 하지만 QotSA는 자신들만의 틈새 시장을 확보해내려 나름 고군분투했다. "제가 정말 다른 느낌의 사운드를 얻어내기까지는 수년의 시간이 걸렸죠."하미가 말한다.

주다스 프리스트의 메탈 군주 랍 해퍼드가 배킹 보컬을 넣은 이 트랙은 추잡하고 늙은 모터헤드를 연상시키는, 집요하게 욱신대는 베이스와 함께 등장을 선언한다. 실제로, QotSA는 모터헤드 메인맨 레미를 생각나게 하는 쾌락주의자적 평판을 얻어가는 중이었다. "전 가리는 것 없이 모든 것에 균등한 기회를 주는 사람이죠." 하미가 자신의 영감들에 대해 이렇게 말했다. "저 목록 전체가 제가 선호하는 약물들이에요." 그럼에도, 그는 이렇게 말한다. "사람들은 저희를 무슨 약에 정신 나간 미치광이들로 여길지 모르지만요. 음악을 만든다는 건 저희에게 마치 시나 예술과 같죠." **SO**

Ms. Jackson | OutKast (2000)

Writer | OutKast, David "Mr. DJ" Sheats
Producer | Earthtone III
Label | LaFace
Album | *Stankonia* (2000)

"저희 어머니는 'Ms. Jakson'을
그냥 웃어넘기고 말아요.
어머니와 드레는 꽤 사이가 좋죠.
서로 말이 잘 통해요."

에리카 바두, 2001

◀ **Influenced by: Strawberry Letter #23 •** The Brothers
Johnson (1977)
▶ **Influence on: Ms. Jackson •** Styles P featuring
Jadakiss (2007)
● **Covered by:** The Vines (2002)

1999년, 래퍼 안트완 "빅 보이" 패튼과 "앙드레 3000" 벤자민이 그들의 4번째 앨범을 녹음하기 위해 스튜디오를 들어섰을 당시, 아웃캐스트는 멀티플래티넘 기록에 빛나는, 얕봤다가는 큰코다칠 만한 존재들이었다. 하지만 이들에게 성장을 꾀할 여유는 남아 있었다. 당시만 해도, 이 애틀랜타의 2인조가 아직 대대적 싱글 기록을 세웠다거나, 해외에서 크게 이름을 날린 상태는 아니었으니 말이다.

하지만 그런 항목들은 〈Stankonia〉의 화려한 등장과 함께 가히 극적이다 싶게 할 일 목록에서 지워지게 된다. 펑크(funk)와 재즈, 하드 록을 섞어낸 이 앨범은 실험적인 동시에 라디오 방송 친화적 매력이 있었기 때문이다. 비록 이 앨범이 낳은 첫 싱글이—맹렬한 "B.O.B."였다—실망스러운 결과를 가져왔다고는 하지만 그 2번째는("처음에는 기타를 사용한 어쿠스틱한 노래로 시작되었다가 오늘날의 모습으로 변천했죠"라고 벤자민이 '리믹스' 매거진에 말했다) 아웃캐스트를 수퍼 스타덤에 등극시켜놓는다.

중간중간 빅 보이가 삽입하는 짓궂은 말들을 제외하고 볼 때, "Ms. Jackson"에는 묘한 뉘우침의 기색이 서려 있었다. 이 곡은 붕괴된 가정환경 속에서 아이를 양육하는 일에 대해 아버지의 관점에서 이야기를 전하고 있다. R&B가 물씬 스민 이 트랙에는 마음 깊은 곳으로부터 우러나오는 진심이 어려 있었다. 여기서 논의되고 있는 아이의 정체는 실제로 벤자민이 네오소울 수퍼 스타 에리카 바두와 함께 가졌던 아들을 가리켜 말한 것이었다. "그는 세상에게 뭔가 생각할 거리를 던져주고 싶었던 거예요." 바두가 말했다. 둘 사이의 관계에 대한 그녀만의 평결은 〈Mama's Gun〉(2000)에 실린 명작 "Green Eyes"에 드러나 있다.

"Ms. Jackson"은 미국 내에서 1위를 거두며 스매시 히트작으로 부상한다. 영국과 호주 차트에서 2위까지 상승한 이 곡은 아웃캐스트를 해외에서 대중화시키는 데 일등공신 역할을 한다. "저희는 그가 매우 자랑스러워요. 저희 가족 모두가요…" **JiH**

Romeo | Basement Jaxx (2001)

Writer | Felix Buxton, Simon Ratcliffe
Producer | Felix Buxton, Simon Ratcliffe
Label | XL
Album | *Rooty (2001)*

"저희는 요코가 베이스먼트 잭스
팬이라는 사실을 알게 됐죠.
그녀는 'Romeo'가 마음에 들었대요…
아주 신 나는 일이었죠."

사이먼 랫클리프, 2009

◀ ▲ **Influenced by: Runaway** · Nuyorican Soul (1996)
▶ **Influence on: Needy Girl** · Chromeo (2004)
● **Covered by:** Basement Jaxx (2001)
★ **Other key tracks:** Red Alert (1999) · Where's Your
Head At? (2001) · Do Your Thing (2001) · Jus 1 Kiss
(2001) · Good Luck (2003) · Oh My Gosh (2005)

연인에게 방치되었던 한 여인이 마침내 자신을 지키려고 방어에 나선다. 그녀의 슬픔 섞인 넋두리는 글로리아 게이너의 "I Will Survive"나 바바라 스트라이샌드가 도나 서머와 함께 벌인 디바 파티 "No More Tears (Enough Is Enough)" 같은 디스코 고전들의 추억을 환기시켰다. 하지만 베이스먼트 잭스는 이러한 주제를 신선하게 재해석해냈고, 그러는 과정에서 자신들이 낳은 최고 유쾌한 히트작 중 하나를 탄생시키는 데 성공한다.

영국의 하우스 뮤직 듀오가 탄생시킨 "Romeo"는 황홀한 방그라풍 파티 송이었다. 게스트 보컬리스트 켈리 리 록은 거침없이 당당하게 굴다가도 달콤하고 애틋하게 속삭이며 성깔 있는 가사를 적절히 연출한다. 한편 배킹 보컬을 담당한 코린 드와이어의 반복적 외침은 곡의 전염성 강한 유쾌함을 한층 더 살려준다.

디제이 사이먼 랫클리프와 펠릭스 벅스턴은 90년대 초 사우스 런던 지역에서 개최한 클럽 나이트 '루티'가 성공리에 진행되며 베이스먼트 잭스로 활동을 시작했다. 매우 성공적이었던 그들의 2번째 앨범은 이 클럽 나이트의 이름을 따 명명되었다.

이 곡의 초일류 뮤직비디오는 발리우드에 경의를 표하고 있다. 군무, 아름다운 여주인공을 두고 다투는 잘생긴 남자들, 다채로운 빛깔, 그리고 물론, 눈물도 빼놓을 수 없다. 이 곡은 다른 많은 베이스먼트 잭스 곡들이 그렇듯, 뻔뻔스러우리만큼이나 팝적인 요소를 다분히 갖추고 있었으며 파티 분위기에 잘 맞아떨어졌다. 이 곡이 지닌 힘은 또 다른 〈Rooty〉싱글 "Where's Your Head At"의 B사이드로 재등장하며 확고히 증명받는다. 이 버전은 히트 모음 앨범 〈The Singles〉(2005년 발매)에 딸린 보너스 CD에서 만나볼 수 있다. 이 앨범은 투 매니 디제이스가 클래쉬의 고전 "The Magnificent Seven"과 섞어낸 매시업 버전도 함께 수록하고 있다. **OM**

Can't Get You Out of My Head | Kylie Minogue (2001)

Writer | Cathy Dennis, Rob Davis
Producer | Cathy Dennis, Rob Davis
Label | Parlophone
Album | *Fever* (2001)

"마치 오락실 비디오게임을 하다가
다음 레벨로 통과한 것 같은 기분이에요.
정신 바짝 차리고 있으려 안간힘을
쓰면서 가까스로 매달려 있는 거죠."

카일리 미노그, 2002

◀ **Influenced by: Can't Get It Out of My Head** · Electric
Light Orchestra (1974)
▶ **Influence on: Can't Get Blue Monday Out of
My Head** · Kylie Minogue vs. New Order (2002)
● **Covered by:** The Flaming Lips (2002) · Jack L (2003)
Carmen Consoli (2003)

막상 카일리 미노그 자신에게는 그저 단순히 "라 라 라"송
이란 이름으로 통한다는 트랙, "Can't Get You Out of My
Head"는 호주의 팝 공주를 진정한 음악계 아이콘으로 탈
바꿈시킨 마력의 성가였다. 4백만 장 이상의 판매 기록을
세우며 모든 유럽 국가의 차트 정상을 휩쓴(핀란드는 제외)
이 곡을 가리켜, 미노그의 매니저 테리 블레이미는 뮤직
위크에게 이렇게 말했다고 한다. "삼박자가 척척 맞아떨어진
그런 곡이죠. 뮤직비디오도, 여기 수반된 이미지도, 그리
고 노래 자체도요."

"카일리와 제가 이 곡의 데모를 들은 순간, 우린 이 곡
이 가진 힘을 느낄 수 있었어요." 블레이미가 이렇게 회고
했다. 그러나 영국의 지미 소머빌이나 소피 엘리스-벡스
터 모두 이 데모를 딱 잘라 거절했었다. 솔로 아티스트에
서 송라이터로 전향한 캐시 데니스와 이전 머드에서 기타
리스트로 활동했던 랍 데이비스가 함께 쓴 이 곡에는 섹스
어필이 강한 미노그의 표현방식과 이상적인 한 쌍을 이룰
전염성 강한 훅들이 담겨 있었다. "크라프트베르크적 비트
가 살아 있죠. 거기다 모타운 사운드를 반향하고 있습니
다." 전 EMI 레이블 CEO 토니 워즈워스가 이렇게 말했다.
"고전적 사운드를 지녔기 때문에 10년 전 만들어졌을 수도
있을 법하면서, 10년 후에 들어도 여전히 신선하게 들릴
만한 그런 트랙이죠."

곡에 딸린 초현대적인 뮤직비디오는 노래만큼이나 매
혹적이다. 이 영상은 MTV상을 수상했고, 이 곡의 싱글 앨
범은 10년 동안이나 미노그의 매력에 저항해왔던 미국을
사로잡으며 톱 10 진입에 성공했으며, 그 패어런트 앨범을
플래티넘의 경지로 밀어 올렸다.

2002년, 3개의 아이보 노벨로상을 수상하고 카일리를
2급에서 인기 절정으로 전환시키고 난, 공동 작곡가 캐시
데니스의 전화는 멈추지 않고 울려댔다. "주로 '나에게 그
런 히트 송을 하나 써줄 수 있나요?'라는 내용이에요." 그
녀가 가디언에게 말했다. "대개 전 '아니오'라고 대답하
죠." **EP**

Vuelvo al sur
Gotan Project (2001)

Writer | A. Piazzolla, F. E. Solanas
Producer | P. C. Solal, C. H. Müller, E. Makaroff
Label | ¡Ya Basta!
Album | *La revancha del tango* (2001)

"Vuelvo al sur"는 파리를 중심으로 활동하는 현신적 그룹 고탄 프로젝트의 데뷔 싱글 중 한 면을 장식했다. 이들은 아르헨티나 탱고를 21세기로 몰고 오는 데 큰 역할을 했고, 고탄 프로젝트의 데뷔 앨범, 〈La revancha del tango〉는 1백만 장 이상의 판매 기록을 세우며 새로운 젊은 청중들에게 이 음악을 소개한다.

에두아르도 마카로프의 심플한 기타 아르페지오는 "Vuelvo al sir"가 밀롱가(milonga, 탱고의 시조 격)라는 점을 강조하고 있다. 또 하나의 중심적 요소는 니니 플로레스의 애수에 찬 반도네온 연주이다. 어쿠스틱한 퍼커션 사운드는 아르헨티나의 민속음악가 도밍고 쿠라의 영향을 보여주고 있지만, 미리 프로그래밍 된 비트로부터 현대적 느낌 또한 배어 나온다.

곡의 제목은 "나는 남부로 돌아간다"로 해석될 수 있다. 여기서, 작사가 페르난도 E. 솔라나스가 아르헨티나 자체를 의미하고 있는 것인지, 아니면 부에노스 아이레스 남부와 그 정신적·문화적 중심지를 "Sur"라 말하고 것인지는 명백히 드러나 있지 않다. 어쩌면 그는, 공동 작곡가 아스토르 피아졸라와 아르헨티나 사이의 껄끄러운 관계를 내비치고 있는 것일지도 모른다.

무엇이 진실이건 간에, 고탄 프로젝트의 작품에는 "고향으로의 귀환"이라는 주제가 강하게 드러나 있다. 마카로프는 부에노스 아이레스에서 열린 2005년 콘서트에서 이렇게 말했다. "수많은 유명 탱고 송라이터들의 노래 가사는 항상 이 도시로 돌아가는 것에 대해 이야기하죠. 그래서 저희는 남쪽으로, 각자의 가슴속에 자리한 그곳으로 회귀하는 걸 노래합니다." **JLu**

Clandestino
Manu Chao (2001)

Writer | Manu Chao
Producer | Manu Chao, Renaud Letang
Label | Virgin France
Album | *Clandestino* (1998)

호세 마누엘 토마 아르튀어 (마누) 차오는 유럽 대부분 지역과 라틴 아메리카 대륙에서 수퍼 스타로 인정받는다. 수많은 추종자들에게 세계화의 죄악과 공권력 남용에 항의의 목소리를 높이는 이 악동은 가히 아이콘적 존재라 할 수 있다.

차오는 개척자 정신을 지닌 그룹 마노 네그라를 통해 처음 스타덤에 오른다. 종종 "프랑스의 클래쉬"라고 지칭되기도 하는 그들은 펑크적 에너지에 라틴적 풍미를 섞어냈다.

무질서했던 컬럼비아 공연 여행을 끝으로 이들은 90년대 중반 해체된다. 그러나 차오는 브라질, 페루, 칠레, 북아프리카, 세네갈, 말리를 돌며 행진을 멈추지 않는다. 휴대용 8트랙 녹음기에 담긴 그의 연주(이것은 〈Clandestino〉로 발매된다)는 그룹이라는 틀에서 벗어나 활동하며 그가 느낀 해방감을 증명해 보이고 있다. 여기 담긴 곡들은 성숙해가는 그의 작품세계를 보여주며, 그는 레게, 룸바, 아프리카적 풍미를 섞어 기지 번뜩이는 라틴적 로큰롤을 창조해냈다.

차오의 노래들은 사랑, 태양, 마리화나, (또한 그가 빚어낸 이 앤섬이 그렇듯) '클란데스티노스'(불법 이민자)에 대한 내용을 담고 있다. "전 유럽과 비교적 빈곤한 국가 출신의 사람들 사이에 존재하는 경계에 대해 곡을 썼죠." 그가 2007년 가디언에 말했다. "제가 이 곡을 쓴 지 10년이 되었습니다. 그리고 상황은 더욱 악화되었어요."

언더그라운드 히트작으로 시작된 〈Clandestino〉는 5백만 장 이상의 판매 기록을 세운다. **GC**

마누 차오는 자신의 국제주의적 성향 탓에 여러 가지의 언어로 노래한다. 그것도 주로 한 노래 내에서 말이다.

Iag bari
Fanfare Ciocărlia (2001)

Writer | Dan Armeanca
Producer | Henry Ernst, Helmut Neumann
Label | Piranha
Album | *Iag bari* (2001)

루마니아 출신의 집시 밴드 팡파레 치오콜리아는 1996년, 언뜻 보기에 마치 혜성 같은 존재로 홀연히 나타나 폭발적 사운드로 세계를 휩쓸었다. '발칸 브라스(Balkan Brass)' 사운드가 바로 그들의 무기였다. 오스만 제국 시절부터 발칸 반도 지역에는 브라스 밴드들이 존재해왔고, 집시들은 이들을 아시아적 풍미를 가미한 맹렬한 파티 음악을 연주하는 그룹들로 개조시켰다.

팡파레 치오콜리아는 채찍처럼 빠르고 바위처럼 단단한 발칸 스타일 펑크(funk)를 창조해낸다. 놀라운 점은, 이들 중 그 어느 누구도 직업 뮤지션이 아니었다는 사실이다. 농부 혹은 지역 공장 노동자 출신이었던 이들은 결혼식과 연회장에서 공연을 맡아 했지만 그 지역 주민들 사이에서만 국한적으로 알려져 있었다. 바로 여기에 독일의 사운드 엔지니어 헨리 에른스트가 출현한다. 그는 루마니아의 집시 음악에 큰 애착을 느꼈고, 무언가 특별한 것을 찾던 중이었다. 에른스트는 바로 팡파레 치오콜리아에서 해답을 찾게 된다. 그는 이 그룹을 독일로 인도해갔고, 이들은 모든 독일 관중을 매혹시켜버린다. 낡아빠진 금관악기를 들고 200BPM의 속도로 연주하는 팡파레 치오콜리아는 걷잡을 수 없게 아우성치는 듯한 사운드를 창조해냈다. 그들의 맹렬한 그루브는 댄스 플로어를 요동치게 했고, 페스티벌의 분위기를 한껏 띄워놓았다. 팡파레 치오콜리아는 스타덤에 오르게 되었고, 디제이들은 앞다퉈 이들의 노래를 리믹스 해 원초적인 발칸 그루브를 재창조하려 했다.

"Iag bari"("크나큰 동경"으로 해석된다)는 부카레스트에서 녹음된 그들의 3번째 앨범 타이틀 트랙이다. **GC**

Oiça lá ó Senhor Vinho
Mariza (2001)

Writer | Alberto Janes
Producer | Jorge Fernando
Label | World Connection
Album | *Fado em mim* (2001)

"전 시뇨르 비뇨라 불리는 파두 하우스에서 일했기 때문에 이 곡을 들은 적이 있어요." 마리자가 회상했다. "기분 좋은 조합이었죠. '그곳에서' 일한다는 것과 와인에 대해 노래한다는 것이요."

포르투갈 출신인 마리자가 이 곡을 녹음해 자신의 데뷔앨범에 수록한 이래, 흥겨운 축제 분위기의 이 노래는 그녀의 콘서트 단골손님이 되어버린다. 하지만 대부분의 마리자 곡들과는 다르게, 이 곡은 도회지적 파두의 민속 전통과는 거리가 있다. "Oica la o Senhor Vinho"는 사실 말야오(malhao, 포르투갈 북쪽 극단에서 유래한 춤 장르)이다. 이 곡은 리스본 북쪽의 베이라 바이샤 지역 전통음악의 전형이라 할 수 있는 고동치는 아두페(adufe) 드럼 사운드로 시작된다.

이 곡과 마리자의 초기 레퍼토리에 포함된 또 다른 곡들에 힘입어, 그녀는 고인이 된 위대한 뮤지션 아말리아 로드리게즈의 왕좌를 이어받을 후계자로 등극하게 된다. 이미 이 곡은 로드리게즈의 1971년 앨범 타이틀 트랙으로 유명세를 얻은 전적이 있었다. 파두의 틀이 죄어오는 속박에 지친 로드리게즈가 포르투갈의 민속음악으로 구성된 그녀의 첫 앨범을 발매했었던 것이다.

로드리게즈의 버전에는 퍼커션이 포함되지 않으며, 리듬으로 따져볼 때 조금 더 평이하다. 게다가 여기에는 파두 음악에 전형적으로 배어나는 소다드("갈망")의 향취가, 아니 어쩌면 약간의 숙취까지 느껴진다. 마리자의 버전은 모잠비크와 포르투갈 양쪽의 피를 이어받은 그녀의 혈통을 보여주는 듯 뚜렷한 아프리카적 스윙조 그루브가 느껴진다. 2가지 버전 모두 강력히 추천하고 싶다. **JLu**

You and Whose Army?
Radiohead (2001)

Writer | Radiohead
Producer | Nigel Godrich, Radiohead
Label | Parlophone
Album | *Amnesiac* (2001)

불안감을 밀고 오는 이 트랙은, 라디오헤드의 리더 톰 요크가 자신의 머릿속에 들려오는 나지막한 목소리들과 맞서기 위해 선택한 한 방식이자 수단이었다 한다. 그가 모조에게 전한 바에 의하면, 이 음성들은 그를 "미치게 만들어가고" 있었다는데. 하지만 그는 곧 또 다른 관심사를 찾게 된다. 이번에 그의 표적이 된 것은 당시 영국 수상이었던 토니 블레어였다. "일단 'You and Whose Army(웃기지 마. 네가 무슨 힘이 있다고)'라는 구절을 생각해내니까," 요크가 이렇게 되새긴다. "전 거기에 다른 아이디어를 추가해 넣을 수 있었죠. 그리고 블레어가 이 곡의 실질적 주제로 떠올랐어요. 결국 이 곡은 (국민들에 의해) 당선되었으면서… 이후 그들을 노골적으로 배반하는 누군가에 대한 내용이라 할 수 있죠."

요크는 이 곡의 패어런트 앨범 〈Amnesiac〉과 그 이전 발매된 〈Kid A〉(2000년) 둘 모두가 자신이 읽던 한 책으로부터 영향을 받아 만들어졌다고 밝혔다. 이 책은 비틀즈와 그들의 프로듀서 조지 마틴이 스튜디오 녹음에서 이루어낸 혁신들에 대한 내용이었다고 한다.

요크의 음성은 (하고많은 것 중에 하필) 계란 케이스를 가까이 댄 마이크를 통해 전달되도록 구상된다. 여기서 한발더 나아가 그의 수면 발작적 보컬에 팜 스피커라 불리는 장치를 활용함으로써 "you and your cronies"에 대한 지탄의 구절들이 절제돼 있지만 섬뜩할 만큼 위협적인 모습으로 비추어냈다. 이것은 현존 권력자들을 향해 던지는 분노에 찬 항변이라기보다는, 그들의 행위에는 대가와 결과가 따를 것이라는 조용한 경고처럼 보인다. 하지만, 이 트랙은 그들이 "Creep"으로 먼 여정을 떠나왔다는 증거라는 점만으로도 칭찬받아 마땅하다. **CB**

Romando y tomando
Lupillo Rivera (2001)

Writer | Martin Ruvalcaba
Producer | Pedro Rivera
Label | Sony
Album | *Despreciado* (2001)

미합중국의 멕시코계 미국민들로부터 떠오른 전대미문의 현대 대스타, 루피요 리베라는 멕시코의 라 바르카 출생으로 로스앤젤레스에서 성장했다. 부친 페드로는 저명한 코리도(corrido) 가수로, 자신과 동료 코리도 가수들의 활동 홍보를 위해 신타스 아쿠아리오 레이블을 설립했다. 이 레이블은 찰리노의 '나르코코리도(narcocorrido)' 앤섬들로 가장 큰 성공을 거두었다. 그러나 찰리노는 결국 살해당한다. 페드로는 이후 자신의 아들 루피요와 딸 헤니로 하여금 나르코코리도 음반을 낼 것을 격려한다. 그리하여 이들은 자신들의 사운드에 로스앤젤레스의 도회적 풍미를 섞어 마약 매매와 방탕한 생활, 요절에 대해 노래하기 시작했다.

루피요는 난폭해 보이는 이미지로 멕시코 마약왕들의 분위기를 연출해냈고, 잘생긴 외모와 란체라 발라드를 뽑아내는 능력으로 여성 팬들의 마음을 빼앗아갔다. 그가 낳은 최고의 앨범 〈Despreciado〉의 앨범 커버에 루피오는 검은 양복을 차려입고 한 손에 스테트슨 모자를 든 채 값비싼 신형 차 앞에서 서 있는 자신의 모습을 실었다. 여기서 그의 보조를 맞추고 있는 것은 반다(Banda) 스타일 브라스 밴드이다. 이들은 오스트리아의 군대 마칭 밴드와 마을 브라스 밴드의 피를 이어받은 기이한 멕시코 펑크(funk) 음악을 연주한다(캄페시노스—멕시코의 농민들—의 손을 거쳐 재창조된 파티 뮤직이다). 루피요의 유명세가 상승함에 따라 그는 논란의 대상으로 떠오르게 된다. 2007년 어느 날 그가 구아달라하라의 한 식당을 나설 때 그의 SUV차량이 기관총 세례를 받는 일이 발생하기도 한다. 다행히도 그는 무사히 현장을 빠져나와 그 사건에 대해 노래를 만들어 부를 수 있었다고 한다. **GC**

New York City Cops
The Strokes (2001)

Writer | Julian Casablancas
Producer | Gordon Raphael
Label | Rough Trade
Album | *Is This It?*
(2001)

"제가 스트록스에게서 발견한 것은." 러프 트레이드 설립자 제프 트레비스가 이렇게 말했다. "일류 작곡가의 송라이팅 기술, 그리고 원시적 로큰롤 사운드의 정수를 담은 음악이었어요. 거기에는 현대 사회의 세련됨이 융화되어 있었죠." 그에 맞게, 이 밴드가 낳은 데뷔 앨범은 싸구려 팝과 포스트 그런지 낙오자들이 지배하던 신을 산산히 파괴시킨다.

"New York City Cops"는 그들이 받은 스투지스의 영향이 역력히 드러나는 최고의 본보기이다(물론 스트록스 멤버 5명 모두가 의견 합의를 본 유일한 밴드는 벨벳 언더그라운드였지만). 그러나 이 곡은 9·11사건이 터진 이래 몰이해적이라는 이유로 미국 발매 음반에서 누락되었고, "When It Began"이 그 자리를 메우게 됐다.

프로듀서 고든 라파엘은 "경찰대와 소방대원들을 향한 연대감"을 표하자는 뜻에서 이 곡을 앨범에서 빼기로 한 "감정적 결정"을 내렸던 일을 이렇게 회고했다. "전 그 회의를 절대 잊지 못할 거예요. 그 누구도 경험해보지 못했던, 충격에 빠진 뉴욕에서 회의가 진행됐죠. 하지만 전체론적으로 볼 때 이 앨범은 음악적인 면에서 영국 버전만큼 강력한 힘을 지니고 있지 못해요." 그리하여 이 트랙은 국외 발매 앨범 수록에 국한된다. 해외 발매 버전 앨범에는 스파이널 탭의 〈Smell the Glove〉가 풍겼던 향내를 환기시키는 톡 튀어나온 엉덩이와 장갑 낀 손이 담긴 이미지를 커버 아트로 썼다.

라파엘의 말에 따르면, 이 곡은 "보컬을 제외하고는 라이브로 녹음되었다"고 한다. 여기 담긴 직접성은 이 곡을 라이브 무대 주요 상품으로 자리 잡게 한다. **SS**

Fell in Love with a Girl
The White Stripes (2001)

Writer | The White Stripes
Producer | Jack White
Label | Sympathy for the Record
Industry
Album | *White Blood Cells* (2001)

레고사는 아마도 땅을 치고 후회하고 있을 것이다. 당시만 해도 유명해지기 전이었던 뮤지션 잭 화이트가 밴드의 발표 예정 싱글 "Fell in Love with a Girl"에 쓸 목적으로 이 덴마크 회사에게 장난감 세트들을 포장해줄 것을 요청했을 때 그들은 이것을 딱 잘라 거절했으니까 말이다. 어찌 되었든 결국, 이 싱글의 뮤직비디오는 잭과 그의 파트너 메그가 보여주는 맹렬한 연주를 레고 버전으로 형상화시킨 모습들을 담게 된다. 그 결과물은 기발하고 독특했다. 이 비디오는 MTV 시상식에서 상을 3개나 거머쥐었고, TV프로그램 〈패밀리 가이〉에 인용되기도 한다.

그러나 뮤직비디오 비주얼이 일종의 관심을 끌기 위한 기발한 술책이었던 반면, 사랑이란 중대사에 밴드가 바치는 펑크적 오마주만은 한 치의 거짓도 없는 진실함 그 자체였다. 도입부의 박력 있는 펀치부터, 이 거라지 최강팀은 필요 이상의 시간은 단 1초도 끌지 않는다. "저희는 〈White Blood Cells〉에서 의도적으로 블루스를 피했죠." 잭이 회상했다. "우리의 생각은 이랬어요. '우리가 가장 좋아하는 것을 완전히 무시하고 나면, 우리가 할 수 있는 게 도대체 뭐가 있을까?'" 신비스러운 메그의 과잉 에너지를 담은 드럼 플레이와 잭의 초조하고 자극적인 기타에 그의 건방진 부르짖음이 한데 어우러진 이 트랙은 걷잡을 수 없이 결의에 차 있었다. 광란적으로 "아 아"를 되풀이하는 부분에서 불가항력적 힘을 발휘하며, 이들은 거의 팝에 닿을 듯 말 듯한 범위까지 진입했다.

군살 하나 없는 록 한 덩이와 함께, 이들 2인조는 그들의 매력 넘치는 단순한 공식이 절대 무시 할 수 없는 힘을 지녔다는 사실을 입증해 보인다. **KBo**

Get Ur Freak On | Missy Elliott (2001)

Writer | Missy "Misdemeanor" Elliott,
Timothy "Timbaland" Mosley
Producer | Timbaland, Missy Elliott
Label | Elektra
Album | Miss E... So Addictive (2001)

MISSY "MISDEMEANOR" ELLIOTT
GET UR FREAK ON

"이건 춤, 섹스, 그 무엇에 관한 것일
수도 있죠…어쨌든,
'Get Your Freak On—신 나게 놀아'
하라구요!"

미시 엘리엇, 2007

◀ **Influenced by: Naag Wang · Jazzy B (1994)**
▶ **Influence on: Love Will Freak Us · Dsico (2002)**
● **Covered by: KT Tunstall (2005) · Eels (2008)**
★ **Other key tracks: The Rain (Supa Dupa Fly) (1997)**
Beep Me 911 (1997) · One Minute Man (2001) · Work It
(2002) · Teary Eyed (2005)

"저와 팀이 한데 뭉치면, 저희는 토성까지 가죠." 미시 엘리엇이 티모시 "팀발랜드" 모슬리와 오랜 세월 나눠온 혁신적 협력 관계에 대해 슬레이트에게 이렇게 말했다. 그들의 비현실적인 사운드는 신경지를 개척한 "Get Ur Freak On"에서 최고조에 이른다. 팀발랜드의 호전적인 방그라 비트 위로 흐르는 자랑 섞인 엘리엇의 경련적 랩은 힙합 신을 새로운 실험의 시대로 뒤흔들어 넣었다.

"하루는 팀이 새로운 음악을 만지작거리고 있었죠." 엘리엇이 블렌더에게 말했다. "그는 여행을 다니며 온갖 종류의 음악을 접하고 익혔어요. 해외에 가면 따끈따끈하고 색다른 풍미의 음악들을 접할 수 있잖아요." "그 비트 만드는 데 10분 걸렸어요." 팀발랜드가 한마디 찔러 넣는다. "그리고 미시도 그만큼 빠른 시간 내에 자기 파트를 완성시켰죠."

이 우주시대 하이브리드 음악은 엘리엇에게 2002년 베스트 랩 솔로 퍼포먼스 그래미상을 안겨준다. 넬리 퍼타도의 보컬을 추가해 넣은 리믹스 버전은 영화 〈툼 레이더〉(2001) 사운드트랙에 등장했고 그해 댄스 플로어의 필수 고정곡이 되었다.

이런 〈툼 레이더〉와의 끈끈한 유대관계는 이 트랙의 뮤직비디오가 든든히 뒷받침하고 있다. 어두운 정글을 배경으로 한 뮤직 비디오에는 위장복을 걸쳐 입은 출연진의 CGI처리된 댄스 장면들이 담겨 있다. 게다가 힙합 공동체로부터 스타 군단—네이트 독, 이브, LL 쿨 J, 루다크리스, 마스터 피, 부스타라임스, 자 룰, 팀발랜드, 니콜 레이 등—이 넉넉히 출동해주었으며, 카메오 출연자 개개인 모두 열정을 아끼지 않았다.

장르에 반항하는 그의 이국성은 여러 뮤지션들로 하여금 음악적 재해석에 도전하도록 영감을 불어넣는다. 그 결과, 제이-지의 "Beware of the Boys"부터 트루스 허츠의 "Addictive"까지 여러 본보기가 탄생한다. "전 힙합, B&B, 아니면 주류 등 일정한 범주로 구분되는 앨범을 만들고 싶지 않았어요." 엘리엇이 단호히 말한다. "전 모든 이들을 위한 앨범을 만들고 싶었죠." **EP**

21 Seconds | So Solid Crew (2001)

Writer | Aminu, Dawkins, Harvey, Maffia, Moore, Neil, Phillips, Vincent, Walters, Weir, Williams
Producer | Mahtari "Synth" Aminu
Label | Relentless
Album | *They Don't Know* (2001)

"그런 창의성은
가뭄에 콩 나듯 아주 가끔 나오죠."

메가맨, 2010

◀ **Influenced by: Da Mystery of Chessboxin** • Wu-Tang Clan (1993)
▶ **Influence on: Pow! (Forward)** • Lethal Bizzle (2004)
● **Covered by:** Ambulance (2002)
★ **Other key tracks:** Haters (2001) • Way Back When (2001) • Solid Soul (2001) • Broken Silence (2003)

5분이란 시간을 10명의 보컬리스트로 나누어보자. 답은 21초이다. 얼추 인트로와 아우트로까지 따져서 말이다. 이것이 바로 소 솔리드 크루를 일대 스타덤에 등극시킨, 그들의 똑딱 시한폭탄 싱글 배후의 컨셉이었다. 엠씨와 싱어 각각이 각자의 재능을 보여주는 데 단 21초를 부여받았다.

이전까지만 해도, 파티 랩이나 소울 보컬 음악이 영국의 '개라지' 신의 전형을 대표했다. 그러나 바로 이때 소 솔리드 크루가 등장하게 된다. 런던의 거친 주택 개발 단지 지역에서 출현한 30명 가량의 멤버들을 자랑하는 이 집단은 그들이 거주하는 지역사회의 이슈들을 다루며 갱스터 랩에서 영감을 얻은 음악을 만들어냈다. "수많은 아티스트들이," 밴드 리더 메가맨이 이렇게 불만을 토로한다. "진정한 언더그라운드 뮤직 사운드와 발매를 거쳐 대중에게 소개되는 사운드 사이에 존재하는 간극 속 갈피를 못 잡고 있어요. 저희가 다루고 싶은 부분이 바로 그것입니다. 이런 현실을 바꾸는 것, 바로 그걸 저희 음악으로 담아내고 싶은 거죠."

이들의 인디펜던트적 배경과 모순되는 번드르르한 뮤직비디오에 힘입어—그러나 이것은 2002년 베스트 브리티시 비디오 부문 브릿 어워드를 수상한다—"21 Seconds"는 영국 싱글 차트 1위를 차지한다. "저희는 운이 좋았던 게 아니에요." 애셔 D가 가디언에 설명했다. "저희는 재능이 있었고, 저희가 능력을 제대로 발휘할 '수 있었던' 자리에 스스로를 배치한 것이라 봐야죠."

이런 폭발적인 성공을 거두었음에도 소 솔리드 크루의 유명세는 점점 악명으로 변질되어간다. 이들이 차트 정상에 오르고 "21 Seconds"로 수상 기록을 세웠던 그해, 스캣 D는 한 여성의 턱을 골절시킨 혐의로 체포되었고, 2사람은 한 공연 중 총격을 당했으며, 애셔 D는 총기 소지 혐의로 검거된다. "한 방에 모든 걸 쓸어갔죠." 메가맨이 선언했다. "그리고, 저희가 업계와 볼일 다 봤을 때, 업계는 마치 이용당한 듯 느꼈겠죠." **DC**

Stay Together for the Kids | Blink-182 (2001)

Writer | Tom DeLonge, Mark Hoppus,
Travis Barker
Producer | Jerry Finn
Label | MCA
Album | *Take Off Your Pants and Jacket* (2001)

"그렇다면 이것은 망가진 세대일까요?
네. 전 그렇다고 말하고 싶군요."

톰 델론지, 2002

본래 그린 데이 지망생 정도로 무시당했던 블링크-182는 2001년 이미 멀티플래티넘급 리그에 도전하고 있었다. 그러나 그들은 얼간이 이미지와 발랄한 느낌의 노래로 사랑받았기 때문에 그들의 2001년 앨범에 수록된 이 암울한 마력을 지닌 트랙은 블링크를 매우 가까이하는 팬들을 제외한 모두를 놀라게 했다.

"Stay Together for the Kids"는 톰 델론지의 십 대 시절 잉태되었다. 당시 그의 집 차고 앞길에 난 긁힌 자국은 부모님의 결혼생활이 파경을 맞게 되었음을 알리는 피할 수 없는 단서였다고 한다. "아빠가 혼자 힘으로 자기 가구들을 끌어내 갔다는 걸 알았죠. 제 머릿속을 스치고 간 1번째 이미지가 바로 그거였어요. 정말 몸서리쳐지는 일이었죠."

이전까지만 해도, 뮤직비디오 촬영을 위해 로스앤젤레스 거리를 벌거벗고 뛰었던 일로 가장 잘 알려져 있었던 블링크-182는 이 트랙의 뮤직비디오에서 투지 섞인 비주얼을 사용하게 된다. 폐허가 된 집 사이로 세차게 흔들리는 레킹 볼이 그것이었다. 본래 1번째 버전은 2001년 9월 10일 제작되었으나 다음 날 터진 사건들로 인해 부득이하게 파괴 부분을 재촬영해야 했고, 그렇게 함으로써 수많은 이들이 텔레비전을 통해 목격했던 파괴의 이미지들을 덜 연상시키도록 배려한 것이다.

블링크가 이다음 발표한 〈Blink-182〉(2003)에서는 진지함이 배가되었고, 그 결과 이 앨범은 그린 데이의 〈American Idiot〉에 비견될 만한 명작이 된다. 그러나 막상 음반 판매는 하락하고, 밴드 멤버들의 관계는 끝날 지경으로 악화된다. "저희가 어디 가서 뭔가 더 진지한 걸 하려고 들면," 델론지가 후회하듯 말했다. "문제가 일어나곤 했죠. 저희가 이런 것들을 미리 좀 생각해보았었더라면 좋았을 텐데, 하는 아쉬움이 있어요. '될 대로 되라지, 젠장'이라는 컨셉트는 결국 함정이 되어버렸죠." **BM**

◀ **Influenced by: Who's Gonna Ride Your Wild Horses**
U2 (1991)
▶ **Influence on: Emergency** · Paramore (2005)
● **Covered by:** Madelyn (2007)
★ **Other key tracks:** First Date (2001) · The Rock Show
(2001) · Give Me One Good Reason (2001)

Schism | Tool (2001)

Writer | Danny Carey, Justin Chancellor,
Maynard James Keenan, Adam Jones
Producer | David Bottrill, Tool
Label | Volcano
Album | *Lateralus* (2001)

"저는 확실히 우리가
아직 언더그라운드라고 느껴요."

저스틴 찬셀러, 2001

◀ **Influenced by: Larks' Tongues in Aspic** · King
Crimson (1973)
▶ **Influence on: Question!** · System of a Down (2005)
● **Covered by:** The String Tribute to Tool (2001)
★ **Other key tracks:** Sober (1993) · Intolerance (1993)
Ænema (1996) · Parabola (2001) · Lateralus (2001)

그들의 육중한, 프로그적 사운드와 반스타적 경향에도 불구하고, 툴은 〈Ænima〉와 함께 얼터너티브 록/메탈 무더기의 정상으로 치솟아 올랐고, 바로 이 시점에서 보컬리스트 메이너드 제임스 키넌은 후속작 작업에 돌입하기보다는 자신의 사이드 프로젝트인 '어 퍼펙트 서클'에 집중하기를 선택했다.

키넌을 기다리는 동안(그리고 법적 문제들이 정리되는 동안), 밴드는 그들의 가장 위대한 업적 〈Lateralus〉의 기반 작업에 착수했다. 이 앨범은 시작부터 끝까지 한 순간도 놓지 않는 강한 최면력을 지녔으며 프로그의 최고 장점들과 메탈의 가장 진심 어린 속내를 융화시켰다.

그럼에도 그중 한 트랙은 유난히 두드러진다. 어두운 데다 위협적이기까지 한, 대서사시적 반향을 연출하는 "Schism"은 팬들이 이 밴드를 아끼는 모든 이유를 한 곡에 완벽히 포착해냈다. 귀에 거슬리는 가사, 음울한 보컬, 복잡한 리듬 체계 등이 바로 그것이었다. 이미 오랜 세월 동안 오르락내리락하는 롤러코스터 같은 구성의 음악으로 잘 알려져 있던 이들은, "Schism"을 복잡한 박자 변화를 활용한 음악의 시연장으로 삼았다(어느 팬에 의하면 47번 바뀌었다고 한다).

그들 특유의 모호한 가사는 키넌이 '어 퍼펙트 서클' 활동에 열중하는 데에 대한 밴드 멤버들의 불안감을 암시하고 있다. "9·11 사태가 벌어지기 1달 전 만들어 졌죠." 키넌이 리볼버에게 말했다. 툴이 거의 해체 직전 상황에 직면했을 때, 저희를 구제한 것은 서로와 소통할 줄 아는 저희 능력이었죠."

〈Lateralus〉는 빌보드 앨범 차트 정상 데뷔를 시작으로, 미국에서 더블 플래티넘 기록을 세우게 된다. 한편 "Schism"은 '툴 아미(Tool Army)' 멤버들을 확대 시키는 데 한몫하며, 결국 2002년 그래미시상식에서 베스트 메탈 퍼포먼스 트로피를 거머쥘 만큼의 충분한 표를 획득한다. **JiH**

Rock Star
N*E*R*D (2001)

Writer | Pharrell Williams, Chad Hugo
Producer | The Neptunes
Label | Virgin
Album | *In Search of . . .* (2002)

넵튠스가 그들만의 펑키(funky)하고 독특한 사운드로 대대적 각광을 받기 시작한 후(올 더티 바스타드와 브리트니 스피어스등 다양한 뮤지션들을 위한 히트 곡을 탄생시켰다), 퍼랠 윌리엄스와 채드 휴고가 이제 슬슬 부엌에서 나와 스스로 스포트라이트를 한 조각 맛보려고 한 것도 사실 무리는 아니었다.

어린 시절 동무 셰이 헤일리와 그들은 N*E*R*D(엔아알디)라는 이름의 팀을 결성한다. "저희는 독자성을, 실제적 관점을 내놓고 싶었죠. 다른 이들의 관점에 그저 색을 칠하는 정도로 끝내는 것과 상반되는 의미에서요." 윌리엄스가 댈러스 옵서버에 말했다. 이런 고결한 임무 탓에 그들은 〈In Search of…〉의 2001년 버전을 폐기하게 된다.

재녹음 과정을 거쳐 2002년 3월 다시 발매된 버전은 미니애폴리스 록 밴드 스파이몹의 도움으로 실제 악기 사운드를 활용하게 된다. 확연히 두드러졌던 싱글 "Rock Star"는 한껏 부풀려놓은 랩-록의 강력한 패스티시였고, 윌리엄스의 맹렬한 가성은 장르의 틀에 도전하는 자기 선언의 신호였다. 공격적 음악 편성은, 죽었다 깨도 림프 비즈킷은 듣지 않겠다 할 비트 중독자의 마음조차 움직여놓기에 충분했다.

"'Rock Star'는 힘에 관한 거예요." 윌리엄스가 롤링 스톤에 말했다. "랩 음악 중에는 허풍과 겉치레가 다인 사람들에 대한 노래가 많죠. 하지만 록에서는 그런 노래가 많지 않아요."

셰이 헤일리는 미니애폴리스 스타 트리뷴에게 이렇게 말했다. "저희는 록계와 랩계를 한데 통합시킬 뜻이 있습니다." **EP**

Fallin'
Alicia Keys (2001)

Writer | Alicia Keys
Producer | Alicia Keys
Label | J
Album | *Songs in A Minor* (2001)

알리샤 키스의 초기 데모는 레코드 레이블사의 입찰 경쟁을 야기했다. 여기서 승리를 거둔 컬럼비아는 그녀를 그저, 다른 이들이 작곡한 노래를 부르며 뮤직비디오에서 매혹적으로 입술을 놀릴 예쁜 R&B 싱어들 계보의 새내기 정도로 생각했다. 하지만 뉴욕의 공연 예술 학교를 나온—탁월한 피아니스트이며 거기 버금가는 목소리까지 갖춘—그녀는 자기가 지은 곡들을 부르기를 원했다.

키스는 컬럼비아에서 보내던 침체기 동안 "Fallin'"을 작곡했고, 이 곡은 그녀가 거기 머무는 동안 오히려 불행만을 안겨주었다. 레이블 간부들은 키스가 이 발라드를 발매하는 것을 허락하지 않았고, 이 곡을 다른 아티스트에게 내어주려 했다고 한다. 하지만 키스는 이러한 시도를 성공적으로 저지해낸다. 음악 업계의 전설 클라이브 데이비스는 즉시 그녀의 진정한 잠재력을 꿰뚫어 보았고 2000년, 자신의 음반사 J레코즈와 음반 계약을 맺도록 해주는 한편 그녀가 날개를 펴도록 격려를 보낸다.

가스펠 찬송가의 열정과 함께 천천히 끓어오르는 발라드 "Fallin'"은 험난했던 한 인간 관계를 묘사하고 있었다. "전 힘든 시간을 겪고 있었죠." 키스가 회상한다. "하지만 '이 곡'은 상황을 헤쳐나가는 데 도움을 주었어요." 이 곡은 만장일치의 뻔한 히트 후보곡은 아니었다. 그러나 생각지도 못했던 후원자가 그녀를 기다리고 있었으니.

클라이브 데이비스의 요청에 따라, TV 방송계의 전설 오프라 윈프리는 키스를 자신의 토크쇼에 초대해 공연하도록 주선한다. 윈프리가 소유했던 어마어마한 시청자층은 "Fallin'"을 곧장 빌보드차트 정상으로 날려 보냈으며, 이 곡은 거기서 6주간을 머물게 된다. **SC**

2001년 뉴욕의 비컨극장에서 알리샤 키스가 자신의 고향인 뉴욕의 청중들을 매혹시키고 있다. ➡

More Than a Woman
Aaliyah (2001)

Writer | Timothy "Timbaland" Mosley,
Steve "Static" Garrett
Producer | Timbaland
Label | Blackground
Album | *Aaliyah* (2001)

1977년 발표된 동명의 비지스 고전과는 아무런 관계가 없는, 알리야의 "More Than a Woman"은 갑작스럽게 비극적 종말을 맞이한 한 유망한 음악 인생을 정의 내렸던 매혹적인 출사표였다. 22세의 어린 나이에 이미 가수로, 그리고 신진 배우로 활동을 겸하고 있던 알리야는 2001년 8월 25일 바하마에서 비행기 사고로 사망한다. "More Than a Woman" 뮤직비디오 작업을 마친 지 단 2주 후 일이었다.

그녀가 사망한 이후 발매된 "More Than a Woman"은 알리야의 유일한 영국 넘버 원 트랙이었고, 빌보드 핫 100 차트에서 24주간을 머물게 된다. 이국적인 악기 편성—최면적인 베이스 라인과 소용돌이치는 디지털 스트링—은 시리아의 디바 마야다 엘 헤나위가 녹음했던 트랙 "Alouli Ansa"로부터 상당 부분 음악적 재료를 빌려 활용했다.

"전 이제 어른이에요. 그리고 그걸 이 앨범을 통해 보여주고 싶었죠." 그녀가 이렇게 선언한다. "그래서 전 제 작곡가들과 얘기를 나눴어요. 그들은 제가 그저 한 사람으로서, 삶의 이 시점에서 어떻게 느끼냐고 질문을 던졌죠." 스티브 "스태틱" 가렛의 후끈 달아오르는 가사를 부르며 알리야는 절제로써 그녀의 매력을 발휘했고, 그것으로 브랜디와 모니카 등의 동시대 R&B 가수들과 차별화하는 색다른 접근 방식을 보여주었다.

BET 채널 프로그램 〈106 & Park〉에 출연한 알리야는 자신의 프로듀서이자 멘토였던 팀발랜드와의 직업 관계를 묘사하며 그들의 창조적 궁합을 침이 마르도록 칭찬했다. "정말 마법과도 같아요…우리가 함께 스튜디오에 들어서면, 그는 트랙을 들려주고, 전 그에게 제가 느끼는 것에 대해 이야기하죠. 그로부터 하나씩 전개되어가요." **EP**

911
Gorillaz (2001)

Writer | D. Albarn, V. Carlisle, D. Porter, J. Hewlett,
D. Holton, R. Johnson, O. Moore
Producer | D. Albarn, J. Hewlett, T. Girling, J. Cox
Label | Parlophone
Album | *Bad Company* (2002)

2001년 9월 11일 뉴욕의 세계무역센터 붕괴 사건 이후, 모든 국제선 항공편이 취소되었고 디트로이트 래퍼 일당 D-12는 런던에 갇혀 오도 가도 못하는 상황에 빠지게 된다. 그들의 최고 유명 멤버 에미넴을 제외한 5명의 밴드 멤버들은 애니메이션 캐릭터 힙합 밴드 고릴라즈의 스튜디오를 피난처로 삼게 된다. 그 자리에는 스페셜스의 프론트맨 테리 홀도 참석하게 된다(이때 벌어진 세션들에 대한 자세한 내용은 고릴라즈의 자서전 「Rise of the Ogre」에 기록되어 있다).

며칠이 지난 후, 실현 가능성 없어 보이던 이 공동체는 "911"을 들고 스튜디오에서 모습을 드러낸다. 그들은 당시 일어난 비극적 사태에 대한 한마디를 이 트랙에 담았고, 직접적 여파 속에 수많은 사람들이 경험하게 된 절망, 분노, 자포자기를 포착하려 노력했다. 이 곡은 D-12의 정치성을 띤 가사에 중동적 색깔을 섞어 넣었고 불길한 느낌의 경쾌한 비트와 함께 스페셜스의 1981년 히트 "Ghost Town"을 연상케 하는 음산한 훅을 가미시켰다.

이 싱글은 D-12가 그들이 이제껏 관례 삼아 브랜드화해온 실없는 유머를 떠나 새로운 시도를 감행했음을 보여준다. 동시에, 이 곡은 장르 섞기 전문 밴드 고릴라즈—이것은 블러의 프론트맨 데이먼 올번과 '탱크 걸'의 창조자 제이미 휴렛의 발명품이다—의 작품들 중 거의 주목을 받지 못한 수작으로 남아 있다. 그들의 가상적 입지에 충실하길 원했던 고릴라즈는 이 싱글을 2001년 11월 온라인상에 처음 소개한다. 이듬해 6월, "9·11"은 테러 음모를 무찌르는 데 온몸을 날리는 CIA 에이전트 역으로 앤소니 홉킨스와 크리스 록을 출연시킨 액션 영화 〈배드 컴퍼니〉의 사운드트랙으로 재등장한다. **EP**

Tiempo de soleá
Ojos de Brujo (2002)

Writer | Marina Abad, Juan Luis Levrepost, Ramón Giménez, Eldys Isaac Vega
Producer | Carlos Jaramillo
Label | La Fábrica de Colores
Album | *Bari* (2002)

오호스 데 브루호("마술사의 눈")는 21세기 음악 지도에 바르셀로나를 그려 넣은 업적에서 마누 차오에 버금가는 공로를 세운 뮤지션들이다. 이 그룹은 '라 파브리카 데 콜로레스'("빛깔 공장")라 알려지는 멀티미디어 아티스트 집단이 낳은 가장 의미 있는 산물이라 할 수 있다. 이들은 1번째 앨범 〈Vengue〉을 만드는 과정에서 경험한 소속사의 간섭을 피하기 위해, 자신들 집단과 동명의 레코드 레이블을 설립한 후 〈Bari〉를 발매하기에 이른다. 이 곡이 처음 모습을 드러낸 것도 바로 이 앨범에서였다.

"Tiempo de solea"("비탄의 시간")는 이 그룹의 트레이드마크가 되어버린 섞어 붙이기 퓨전 스타일의 전형을 잘 보여주고 있다. 그들은 플라멩코, 카탈란 룸바, 힙합, 펑크, 레게 등 매우 다양한 음악적 영감을 끌어다 음악을 창조해낸다. 이 곡에서는 라몬 히메네스가 구사하는 화려한 플라멩코 기타 사운드와 팔마스(palmas, 손뼉)가 콩가와 카혼(cajon, 페루에서 유래하는 박스형 드럼) 모두를 연주하는 사비 투룰의 라틴아메리카 스타일 타악기 사운드와 조화를 이루고 있다. 여기에 디제이 팡코의 스크래칭으로 힙합적 색채가 더해졌고, 싱어 마리나 "라스 카니야스" 아바드가 천천히 타오르는 보컬을 넣었다.

이 곡의 가사는, 오호스 데 브루호가 바르셀로나 구도심 지역, 자신들의 동네 주변에서 보게 되는 본드 흡입 청소년들─상당수가 북아프리카계 혈통이다─에게 느끼는 연대감을 표현하고 있다. 곡이 담고 있는 어두운 주제에 충실하려는 듯, 이 곡은 '솔레아'를 기반으로 삼고 있다. 솔레아는 플라멩코 음악의 한 형태로, 주로 슬픔을 표현하는 장르이다. **JLu**

Freak Like Me
Sugababes (2002)

Writer | G. Clinton, B. Collins, G. Cooper, E. Hanes, L. Wilson Hill, M. Valentine, G. Numan
Producer | Richard "X" Phillips
Label | Universal Island
Album | *Angels with Dirty Faces* (2002)

이 영국의 3인조는 2000년 "Overload"로 데뷔했을 당시만 해도 꽤 건전한 이미지를 내세웠다. 2002년, 시오반 도나히가 밴드를 떠나고 하이디 레인지가 자리를 채우며, 이들의 스타일은 이웃집 소녀보다는 관능적 요부의 모습으로 방향을 틀게 된다. 아디나 하워드의 정욕에 찬 1994년 R&B 히트작 "Freak Like Me"를 커버한 것이 그들의 이러한 방향 전환에 큰 역할을 했다. 이 일에서, 레인지, 무터아 부에나, 키샤 부캐넌은 한 마지못한 스타 프로듀서에게 빚을 지고 있다. 슈가베이비스와 연루되기 이전 리처드 X는 이미 신디사이저 고전들에 소울과 펑크 보컬들을 섞은 매시업 작품들로 유명세를 누리고 있던 상태였다.

그의 유명세가 상승함에 따라, X는 버진 레이블로부터 음반 계약 제안을 받았고, 이로써 자신의 불법음반 트랙들을 적출자로 만들 기회를 얻게 된다. 그는 뉴먼으로부터 격려의 답을 받아냈지만, 하워드의 보컬은 사용을 거부당하고 만다. 그러나 마침 당시 유니버설 아일랜드 레코드는 그들의 레이블 신참 슈가베이비스를 위한 곡을 물색 중이었다. "누군가가 그 해적판을 가지고 있었죠…"하이디 레인지가 어바웃닷컴(about.com)에 말했다. "그리고 우리는 그게 너무 마음에 들어 한번 해보기로 결정했어요."

베이비스의 팝적 감성은 '하워드의 펑크, 그리고 뉴먼의 냉철한 일렉트로'와 탁월한 조화를 이루었다. 이 초호화 결과물은, 매시업 트랙으로는 최초로 영국 차트 정상을 기록하고 만다. 그리고 뉴먼은 Q어워드 시상식에서 베스트 싱글 부문 상을 슈가베이비스에게 전해주었다. **DC**

Mundian to bach ke | Panjabi MC (2002)

Writer | Rajinder Rai, Glen Larson, Stuart Phillips
Producer | Rajinder Rai
Label | Instant Karma
Album | *The Album* (2003)

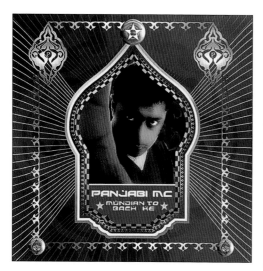

"이런 상태였어요.
'저것은 도대체 뭐지?'
클럽 전체가 광분했죠!"

제이-지, 2008

Influenced by: Knight Rider · Stu Phillips & Glen Larson (1982)
Influence on: Beware of the Boys · Panjabi MC featuring Jay-Z (2003)
Covered by: Countdown Singers (2004)

이 트랙은 세계 전역의 댄스 플로어를 가득 채웠다. 그러나 "Mundian to bach ke"(남자들을 조심해라)에 맞춰 몸을 흔들었던 대부분의 사람들은 아마도 이 최면적 펀자브어 가사가 말하고 있는 내용이 도대체 무엇인지 전혀 몰랐을 것이다. "그는 막 성인이 된 여자에게 말하고 있죠." 작곡가 라진더 라이(일명 '판자비 엠씨'로 불리는 영국의 방그라 권위자)가 워싱턴포스트에 이렇게 설명했다. "그는 '네가 멋져 보이는 건 사실이지만, 남자들을 조심해라'라고 말하고 있는 거예요."

여기 담긴 경고의 메시지를 제쳐놓고 음악적 면만을 따져 볼 때, 라브 잔주아의 인상적인 보컬은 라지의 전염성 강한 돌(dhol) 드럼과 외현 툼비(tumbi) 사운드에 완벽하게 들어맞는다. 그리고 여기에 생각지도 못했던, 컬트적 지위를 누린 1980년대 텔레비전 프로그램 〈나이트 라이더〉의 테마 곡 베이스 라인을 더해 에너지를 배가시키고 있다. 라지가 모두의 예상을 뒤엎었던 자신의 선택에 대해 이렇게 설명했다. "방그라 조성과 맞을 것같이 보였어요." 그리고 그는 뉴욕 데일리 뉴스에 이렇게 말했다. "그것은 동양의 영적 측면과 서양의 베이스가 지니는 힘을 섞고 있죠."

사실, 동서양의 융화를 꾀하는 라지의 신선한 사운드는 이미 1990년부터 영국의 언더그라운드 방그라 신을 돌아다니고 있었다. 이 곡은 2002년이 되어 댄스 플로어에서 폭발적 인기를 얻었고, 2003년 초 마침내 대대적인 상업적 음반 발매를 누리게 된다.

이 곡의 진화는 힙합계 거물 제이-지를 피처링한 히트 버전과 함께 그 절정에 이르게 된다. "전 한 런던 클럽에서 판자비 엠씨의 트랙을 발굴해냈죠…"그가 타임 아웃에 말했다. "다음 날 전 그에게 전화를 걸어 제가 리믹스 버전을 하나 만들겠다고 말했어요. 그러자 그는 '당신 누구세요?'라고 말하더라고요." 어쨌든, 제이-지가 이 곡에 가진 관심은 큰 영향력을 발휘하게 된다. "그 버전에 사람들은 놀라 까무러쳤죠." 라지가 이렇게 회상했다. "전 이렇게 생각했어요. '이건 방그라가 한번도 손대보지 못한 경지로 방그라를 올려놓았군'이라고요." **EP**

A Little Less Conversation | Elvis Presley vs JXL (2002)

Writer | Mac Davis, Billy Strange
Producer | JXL, Ad Bradley, Billy Strange
Label | RCA
Album | ELV1S: 30 #1 Hits (2002)

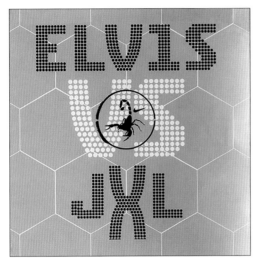

"리믹스 버전이 아주 마음에 들었어요…
전 이렇게 생각했죠.
'이야, 이건 내가 본 것 중
최고로 기막힌 거구나' 하고요."

맥 데이비스, 2006

Influenced by: Save Me • Aretha Franklin (1967)
Influence on: Rubberneckin' (Paul Oakenfold Remix)
Elvis Presley (2003)
Covered by: The Bosshoss (2005) • Nicholis Louw
(2008) • Elvis Lounge featuring Andrea Canta (2009)

60년대 중반, 엘비스 프레슬리의 작품 활동에는 많은 변수가 존재했다. 그가 대단한 수작을 발표했을 때조차 대중은 언뜻 별다른 관심을 보이지 않았다. "A Little Less Conversation"은 1968년 좋은 성적을 거두지 못했고 미국에서 69위를 기록하는 데 그치고 만다. 이것이 삽입되었던 영화 〈리브 어 리틀, 러브 어 리틀〉조차도 흥행에 성공하지 못했다. 그의 1968년 호화판 텔레비전 쇼 '컴백 스페셜'에서 이 곡을 사용하는 게 어떻겠냐는 의제가 논의되었고, 그 결과 프레슬리는 이 트랙을 위한 보컬을 새로이 녹음하기까지 한다. 그러나 결국 무시당하는 신세로 하락한 이 펑크(funk) 축제는―본래 아레사 프랭클린을 염두에 두고 만들었다―부당한 무명 생활을 30년 넘게 이어가게 했다.

이 곡은 2001년 큰 인기를 얻었던 강도 영화 〈오션스 일레븐〉에 삽입됨으로써 그 소생을 시작했다. 그 재활 과정은 네덜란드의 디제이 톰 홀켄버그(일명 정키 엑스엘, 혹은, 취향이 다른 이들을 위해 JXL이라고도 알려져 있다)가 만든(프레슬리의 유산관리인 측에서 최초로 공식적 허락을 내린) 리믹스를 등장시킨 나이키 광고에 의해 완결된다. "그것은 이미 펑키한 데다, 희망을 주는 트랙이었죠." 홀켄버그가 말했다. "그리고 제가 좋아하는 요소들을 가지고 있었어요. 하지만 살을 더 붙이고 싶었습니다."

에너지 넘치는 새 단장을 통해 이 곡은 새로운 세대의 청중을 맞이한다. 이 트랙이 영국에서 1위에 오르게 되며 프레슬리는 최다 영국 차트 정상 기록에 있어 비틀즈를 살짝 앞서게 된다. 18대 17의 성적으로 말이다. 이 곡은 곧 멀티 플래티넘 앨범 〈ELV1S: 30 #1 Hits〉에 추가 수록되며, JXL의 〈Radio JXL: A Broadcast from the Computer Hell Cabin〉미국 버전을 통해 다시 모습을 드러낸다.

프레슬리의 고전 "In the Ghetto"의 작곡가이기도 한 공동 작곡가 맥 데이비스는 이 트랙을 통해 그의 후손들 사이에서 새로운 신임을 얻게 되었다. 공동 작곡가 빌리 스트레인지는 이렇게 말했다. "이 곡을 재해석한 방식은, 어린 세대가 빠져들 만큼 충분히 새로웠던 거죠." 세상을 뜬 지 25년이 지난 후에도, 프레슬리는 여전히 '로큰롤의 제왕'이었다. **CB**

Gimme the Light
Sean Paul (2002)

Writer | Sean Paul Henriques, Troy "Troyton" Rami
Producer | Troy "Troyton" Rami
Label | VP
Album | Dutty Rock (2002)

"우리가 쓰는 말 중에는 미국인들이 바로 알아듣지 못하는 말이 많이 있죠." 자메이카 태생의 션 폴 엔리케스가 뉴스위크에 말했다. 댄스홀을 취하게 만든 자신의 앤섬이 미국 시장 돌파에 성공한 후였다. 미국풍 힙합 말투에 자메이카의 은어를 섞어내는 것은 새로운 청중을 향한 그만의 특권이었다. "전 그저 입장을 서로 바꿔본 것뿐이에요." 그가 설명한다. "하나의 랩 앨범에 약간의 댄스홀(dancehall) 장르를 가미하는 것 대신에, 제 댄스홀 음악에 약간의 랩을 뿌려 넣는 거죠."(여기에 맞게, 이 트랙의 "Pass the Dro-voisier"리믹스에는 라가의 영감을 한껏 받은 부스타 라임스가 등장하게 된다.)

션 폴이 브랜드화한 공격적 댄스홀 사운드는 "Gimme the Light"이 대대적 클럽 히트로 부상하기 이전까지 단순히 언더그라운드에 국한되어 있었다. 이 곡의 성공은 션 폴만의 독특한, 속사포처럼 쏘아대는 거친 말투뿐 아니라, 마이애미를 기반으로 활동하는 거의 알려지지 않은 프로듀서 트로이튼 라미의 공로에 기인하고 있었다. 라미는 본래 이 곡의 배킹 트랙을 댄스홀 앨범 〈Buzz Riddim〉(2001)의 전체적 기반으로 사용한 바 있다. 여기에는 "Gimme the Light"의 초기 버전이 실려 있고, 이 트랙은 블랙 섀도우 레이블을 통해 2001년 싱글로 나왔던 전적이 있다.

션 폴이, 마리화나 태우기에 부치는 그의 서정시를 만들 당시 그가 MTV시청자들을 염두에 두고 이런 가사를 쓴 것은 결코 아니다. 이 노래의 혹 부분에 등장하는 힙합 용어("Gimme the light, pass the dro(불 좀 줘봐 / 마리화나를 돌려)")에 대해 그는 마이애미 타임즈에게 이렇게 말했다. "이건 파티용 노래예요. 사람들이 그런 문맥으로 수용해준다니 전 기쁩니다. 애들보고 이걸 가서 그대로 하라고 말하는 것은 아닙니다." **EP**

I Believe in a Thing Called Love
The Darkness (2002)

Writer | J. Hawkins, D. Hawkins, E. Graham, F. Poullain
Producer | Pedro Ferreira
Label | Must Destroy Music
Album | Permission to Land (2003)

이 황당한 록 부흥의 1인자들은 수면에 모습을 드러내자마자 거만한 평단과의 충돌을 면치 못한다. 다크니스의 활력 넘치는 공연은 종종 청중에게 웃옷을 벗어 던지는 프론트맨 저스틴 호킨스가 호위를 받으며 무대를 내려오는 일로 마무리되곤 했다. 소규모 런던 레이블을 통해 발매된 밴드의 데뷔 E.P.는 그들이 이런 대담성조차도 정당화시켜줄 만한 작곡 능력을 소유하고 있다는 것을 증명해 보였다.

AC/DC적 건방짐으로 시작하는 "I Believe in a Thing Called Love"는 정말 탁월한 팝송이다. 이 곡은 라디오 친화적 코러스에 주먹을 휘두르게 하는 리프를 섞어낸, 뻔뻔할 만큼이나 데프 레퍼드적인 공식을 사용했으며, 한편 호킨스의 환희에 찬 보컬은 얼뜨기 같아 보일 만큼 낙관적인 가사에 너무나 잘 들어맞았다. 프론트맨의 동작 하나하나에는 매력 넘치는 대담성이 흘러넘쳤다. 그가 부르는 "Touching you / Touching me(너를 느끼며 / 나를 느끼며)" 혹은 닐 다이아몬드의 "Sweet Caroline"을 환기시켰다. 게다가 그는 남동생 댄의 흠잡을 데 없이 번뜩이는 기타 솔로가 시작되기 전 날카로운 목소리로 "기타!"라고 익살스럽게 소리치는 것도 잊지 않았다. 한편 코러스 부분에 이르러, 무작정 자연스레 솟구쳐 오르는 팔세토 기교를 들은 수많은 이들은 앞뒤 생각해보지 않고 이 노래를 불렀다가 노래방에서 망신을 당하기 일쑤였다고 한다.

팬들은 다크니스로부터 파스티셰 이상을 꿰뚫어 보았고, 퀸과 마찬가지로 헤비-록의 섬광과 불가항력적인 팝을 융화시킨 이들을 따뜻이 맞이하게 된다. **SC**

저스틴 호킨스가 2003년 런던 콘서트 도중 지구 착륙을 시도하고 있다. ➜

Ashes of American Flags
Wilco (2002)

Writer | Jeff Tweedy, Jay Bennett
Producer | Wilco
Label | Nonesuch
Album | *Yankee Hotel Foxtrot* (2002)

월코의 〈Yankee Hotel Foxtrot〉가 어려운 탄생 과정을 견뎌낸 것은 잘 알려진 사실이다. 우선, 월코의 리더 제프 트위디는 앨범의 방향을 두고 분쟁을 벌이던 끝에 자신의 작곡 파트너 제이 베넷을 잃게 된다. 그리고 그들의 레이블 리프라이즈는 완성된 작품에 퇴짜를 놓는다. 결국, 월코는 자신의 곡들을 인터넷을 통해 소개했고, 거의 3십만에 달하는 다운로드 수를 기록하게 된다. 이를 본 리프라이즈는 마음을 바꾸지만, 이미 때는 늦었다. 지연된 공식 발매의 영예는 넌서치 레이블에게 돌아간 뒤였다.

이런 혼돈 속에서, 한 편의 고전 앨범이 탄생하게 된다. 여기에 단단한 버팀목이 되어준 것이 바로 "Ashes of American Flags"였다. 가슴 터져버릴 듯 비통한 크레셴도와 메스꺼운 흐른 사운드로 위장된 이 록 발라드는 욕지기가 날 듯한 소비자주의와 불안감을 직면하고 있으면서도, 터벅터벅 걷고, 간신히 숨을 이어가며, 때때로 멈추기도 하지만 결연하게 투쟁을 이어간다.

이것의 등장 시기가 9·11테러 직후였다는 점—게다가 2개의 타워 이미지가 앨범 커버를 장식했다—과, "War on War"라는 제목의 트랙을 비롯해 "tall buildings shake"이라는 가사를 담은 또 다른 트랙과 나란히 수록되었다는 점은 아픈 곳을 건드리기에 충분했다. 이 곡에는 뻐딱한 애국심이 담겨 있다("I would like to salute / The ashes of American flags(넌 경례를 바치고 싶네 / 성조기의 재를 향해)"). 물론 앨범의 나머지 곡들과 마찬가지로 이 곡도 9·11테러 이전에 작곡된 것이라고는 하나, 흉터를 안은 미국을 노래한 앤섬이라 여기고 싶은 충동만큼은 어쩔 수 없는 듯하다. **MH**

Quelqu'un m'a dit
Carla Bruni (2002)

Writer | Carla Bruni, Alex Dupont
Producer | Louis Bertignac
Label | Naive
Album | *Quelqu'un m'a dit* (2002)

칼라 브루니는 지나친 정도로 축복받았다. 타이어 제조 제국의 상속인으로 태어나 사실 일에는 손댈 필요가 없었지만, 어쨌든 모델 활동을 시작했고 그 결과 믹 재거와 에릭 클랩튼을 지인으로 두게 되었던 것이다. 35세에 그녀는 1백만 장 음반 판매 돌파 뮤지션이 되기도 한다. 브루니의 음악적 성공에 결정적 역할을 한 곡은 바로 그녀의 데뷔 앨범 타이틀 트랙이었다. 해석상 "누군가 나에게 말해주었지"라는 제목의 이 트랙에는 과거 프랑스의 수퍼 스타 밴드 텔레폰의 멤버였던 프로듀서 루이 베티냑이 연주한 기타와 피아노가 등장한다. 하지만 여기서 가장 두각을 나타낸 것은 브루니의 나무랄 데 없이 가냘픈 목소리와, 그녀의 이태리 혈통을 감추어주는 자신감 넘치는 프랑스어였다.

"프랑스 '샹송'이란 꼬리표가 저는 이해가 돼요. 왜냐하면 저는 즉흥적으로 프랑스어 작사를 하니까요…" 그녀가 RFI 뮤직에 말했다. "전 살면서 비틀즈를 듣는 것만큼이나 브라상스를 듣는 데 많은 시간을 보냈죠. 오히려 더 했는지도 몰라요…저의 음악적 영향을 따져보면, 프랑스, 영국, 이태리적인 것들이 한데 섞여 있습니다…저의 진정한 출신을 굳이 말하자면 '포크'를 유일하게 들 수 있죠. 전 일종의 '백인'블루스 같은 걸 해요. 그건 제가 매우 단순하게 부를 수 있는 스타일이죠."

이 곡 자체는 필사적일 만큼 침울하다. "전 그 부분이 정말 좋아요." 싱어 제인 버킨이 브루니와의 대화에서 열띤 목소리로 이렇게 말했다. "당신이 '우리 삶은 그다지 별 것은 아니에요' 그리고, '시들어버리는 장미들처럼 눈깜짝할 사이 지나가버리지'라고 노래하는 부분이요." 이러한 감성은 '로맨틱하지 않은 코미디' 영화, 〈500일의 썸머〉 사운드트랙에 완벽히 들어맞기에 충분했다. **BM**

You Know You're Right
Nirvana (2002)

Writer | Kurt Cobain
Producer | Adam Kasper
Label | DGC
Album | *Nirvana* (2002)

입을 삐죽 내민 코러스와 극치에 달하는 음산함에 빛나는 너바나의 마지막 싱글—커트 코베인이 자살한 지 8년 후 발매되었다—은 프론트맨의 죽음에 단서를 던지는 깊은 불안감에 잔뜩 물들어 있다.

너바나는 이 곡을 1993년 말 무대 공연 중 데뷔시켰다. 이듬해 초, 아직 미완성된 가사를 가지고 코베인은 어쿠스틱 데모를 녹음했고 이 트랙은 〈With the Lights Out〉(2004)에 모습을 드러내게 된다.

이 곡의 스튜디오 버전은 1994년 1월에 있었던 그룹의 마지막 세션 중 녹음되었다. 당시 녹음을 시도한 트랙들 중, "You Know You're Right"이 가장 완성된 형태를 갖춘 상태였다. "커트는 (1월 30일) 일요일 오후에 들러 보컬을 불렀죠." 스튜디오 소유자 로버트 랭이 회상한다. "그리고 그들이 기타 트랙을 몇 개 녹음한 다음에 우리는 저녁을 먹으러 갔어요… 전체적인 분위기는 정말 훌륭했어요." 코베인의 미망인 코트니 러브는 그녀의 밴드 홀과 함께 1995년 MTV의 언플러그드에 출연해 이 곡을 공연했다. "이건 커트가 쓴 곡이에요…" 그녀가 말했다. "만약 연주가 잘 풀리면, 그걸 시어머니께 바치겠습니다."

너바나의 버전은 러브와 너바나의 나머지 생존 멤버들 사이의 분쟁으로 발매가 지연되었다. 데이브 그롤과 크리스 노보셀릭은 미발매물들의 박스 세트에 이 곡을 함께 넣어 발표하길 원했다. 그러나 결국 비틀즈의 컴플레이션 〈1〉로부터 영감을 얻어 1장짜리의 '베스트 오브' 앨범 오프닝 트랙으로 쓰자는 코트니 진영의 제의가 받아들여졌다. 노보셀릭은 흥분을 감추지 못하고 말했다. "그때 전 한껏 볼륨을 높이고 이렇게 말했습니다. '이거 정말 기막히게 좋네!'" **SC**

All the Things She Said
T.A.T.U. (2002)

Writer | S. Galoyan, T. Horn, M. Kierszenbaum,
E. Kiper, V. Polienko, I. Shapovalov
Producer | Trevor Horn
Label | Interscope
Album | *200 km/h in the Wrong Lane* (2002)

브리트니 스피어스의 "Baby One More Time"을 통해, 사슴 눈망울의 여학생 하나가 귀에 착 감기는 훅을 교묘히 휘두르면 제국을 세울 수도 있다는 사실이 입증되었다. 3년 후, 러시아에서는 팝계 스벵갈리로 전향한 심리학자 이반 샤포발로프가 나서 레나 카티나와 율리아 볼코바의 세계 데뷔를 지휘하는 데 한층 더 강화된 공식을 활용하게 된다.

타투(T.A.T.U.)가 "미성년자 섹스 프로젝트"라고 숨김없이 선언한 샤포발로프는 집 없는 부랑아를 연상케 하는 그의 문하생들에게 비에 젖은 교복을 입게 한 다음 "All the Things She Said" 뮤직비디오를 지배한 레즈비언 키스를 실행하도록 지시했다. "레나는 목소리가 매력적이었고 율리아는 성적 에너지를 지녔죠." 그가 뉴요커에 빼기듯 말했다. 한편 타블로이드지들은 레즈비언 여학생들과 성욕이라는 그들만의 자극적인 이야기 소재를 중심으로 필연적인 광란을 일으키고 있었다.

이런 폭풍우와 같은 선전 활동을 제쳐두고도, 샤포발로프의 교묘한 능력은 프로듀서 트레보 혼을 징집한 것에서 또다시 입증된다. 혼은 타투의 오리지널 러시아어 트랙 "Ya soshla s uma"를 영어 버전으로 다듬어놓는 일을 맡게 된다.

레즈비언 술책도 2003년 당시 볼코바가 장기간 교제해온 남자친구와 임신한 사실을 밝히면서 무색해졌다. 게다가 2멤버는 모두 샤포발로프를 버리고, 공식 전기에 이런 불평을 늘어놓기도 한다. "저희는 그저 그가 시키는 건 뭐든지 다 해야 했죠." 그러나 메탈부터 어쿠스틱 발라드까지 다양한 장르에 걸쳐 수많은 커버 버전, 매시업, 리믹스에 영감이 되어준 이들의 앤섬적 역작만은 과대선전이 명을 다한 후에도 살아남아 오래오래 수명을 이어갔다. **EP**

Untitled
Interpol (2002)

Writer | Paul Banks, Carlos Dengler, Daniel Kessler
Producer | Peter Katis
Label | Matador
Album | *Turn on the Bright Lights* (2002)

인터폴이 서서히 명성을 얻기 시작한 것은, 프론트맨 폴 뱅크스와 기타리스트 다니엘 케슬러가 파리에서 만남을 가진 후, 베이시스트 카를로스 덴즐러와 드러머 샘 포가리노를 등용하여 2장의 인디펜던트 싱글을 발매한 이후부터였다. 그러나 매체가 그들의 뉴욕 신 동료들 스트록스의 비위를 맞추고 있을 동안 인터폴은 조이 디비전 흉내꾼들 정도로 묵살되었다.

이들의 데뷔 앨범은 상황을 전환시켰다. 〈Turn of the Bright Lights〉의 상당 부분이 조이 디비전의 불안정했던 시기를 연상케 하는 것은 사실이지만, 여기에는 보배들이 상당수 실려 있었다(R.E.M.의 마이클 스타이프는 발라드 트랙 "NYC"를 자신이 가장 좋아하는 곡 중 하나로 꼽는다).

그러나 많은 이들에게 가장 매혹적으로 다가온 존재는 바로 오프닝 트랙 "Untitled"였다. 여기에는 사실 많은 것이 존재하지 않는다. 유아틱한 기타 리프, 끊임없이 웅성대는 리듬 섹션, 2줄짜리 가사, 다이브범(dive bomb) 기타 이펙트가 전부이다. 하지만 전체가 합쳐진 부분들보다 훨씬 더 멋진 이유는 무엇일까. "이건 당신을 완전히 뿅 가게 만드는 로큰롤 아드레날린 분출이 아니에요…" 뎅글러가 언커트에 말했다. "저희가 여기서 보여주는 건 깊디깊은 단계로 파고들지 않고서는 소통하기 힘든 감정이에요."

포가리노는 인터폴에서 활동했던 경험을 이렇게 묘사한다. "방 저편에서 누군가가 당신을 빤히 바라보고 있는 게 느껴지는데, 도대체 그 이유를 알 수 없을 때 있잖아요?…그게 부정적인 것이건 긍정적인 것이건 당신은 느낄 수 있죠. 그리고 그걸 한 3천배쯤으로 확대해보세요. 얼마나 강렬한 느낌인지 이제 아시겠죠?" **BM**

Slob
Weezer (2002)

Writer | Rivers Cuomo
Producer | Weezer, Rod Cervera, Chad Bamford
Label | Geffen
Album | *Maladroit* (2002)

위저는 "Buddy Holly", "Pork and Beans", "Beverly Hills"와 같이 따라 부르기 쉬운 별스런 히트 곡들로 잘 알려져 있다. 그러나 막상 그들의 팬들이 가장 사랑하는 곡들은 밴드 리더 리버스 쿠오모가 스스로를 꾸짖는 내용을 담은 것들이 대부분을 이루고 있는 듯 보인다. "Slob"도 그중의 한 예이다.

프로토-이모(proto-emo)적인 앨범 〈Pinkerton〉(1996)의 발표 이후, 쿠오모는 자신을 스타로 만들어준 밴드에 관심을 잃게 된다. 그러나 매진을 기록한 2000년 여름 투어 공연을 진행하면서 그는 위저를 향한 팬들의 애정을 다시 한 번 실감하게 되었다. 밴드와 팬 사이의 교감을 이어간다는 정신에서, 위저는 4번째 앨범을 준비하는 과정 중 데모 트랙을 자신들의 웹사이트에 포스팅한다. 그 결과 탄생한 〈Maladroit〉에 대해 쿠오모는 록뉴스닷컴(Rocknews.com)에 이렇게 말했다. "본래 이렇게 말해야 하는 게 더 맞아요, '메시지 보드 팬들이 제작했음'이라고요…예를 들어, 'Slob' 같은 경우에…이건 본래 2000년 여름에 나온 노래였고 정말 멋진 노래였죠. 하지만 저희는 그것을 완전히 잊고 있었어요. 하지만 메시지보드에서 팬들이 계속 이렇게 말했죠. '이봐, 'Slob'을 해보는 게 어때'라고 말이에요."

이 강렬한 곡에는 〈Pinkerton〉 이후 불안감에 시달리던 쿠오모의 비참한 초상이 담겨 있다. 이 곡에 대해 그는 기타 월드에게 이렇게 털어놓았다. "감정적으로 극한에 달한 순간 작곡되었죠. 제가 그런 감정을 경험하는 건 흔치 않아요. 일주일에 약 한 번 정도 쯤 전 살다가 처하게 되는 어떤 상황에 못 견뎌 할 때가 있게 되곤 해요. 그러면 그것에 대해 곡을 쓰곤 하죠…대부분의 경우 전 굉장히 여유만만한 성격이에요." **BM**

Strange and Beautiful (I'll Put a Spell on You) | Aqualung (2002)

Writer | Matt Hales, Kim Oliver
Producer | Matt Hales, Jim Copperthwaite
Label | B-Unique
Album | *Aqualung* (2002)

영국 밴드 45s의 싱어 맷 헤일스가 쓸 만한 음악을 물색 중이던 광고대행사로부터 전화 한 통을 받았을 때, 그가 가지고 있던 유일한 것은 자기 방에서 조율되지 않은 피아노로 녹음한 트랙 단 하나 뿐이었다.

이 광고는 폭스바겐 뉴비틀을 위한 것이었고, 무언가에 홀린 듯한 느낌의 "Strange and Beautiful(I'll Put a Spell on You)"가 바로 그가 넘겨준 트랙이었다. 이 둘은 함께, 영국에서 일대 현상을 야기시켰다. 헤일스는 곧 BBC 라디오로부터 전화를 받았고, 이 트랙을 방송에 내보내고 싶은데 누구의 것이라고 말해야 하냐는 질문을 받았다고 한다. 곤란한 질문에 당혹스러웠던 헤일스는 아쿠아렁이라는 이름을 생각해냈다.

2002년, "Strange and Beautiful"은 영국에서 싱글로 발매되었고 탑 10을 기록한다. 미국에서도 곧 관심을 보이기 시작했고, 이 곡은 〈The O.C.〉의 사운드트랙으로 사용되었다. 2005년, 헤일스는 자신의 곡을 해외로 발매하는 데 동의하는 계약을 체결하게 되었고, 그의 영국 발매작들인 〈Aqualung〉과 〈Strange and Beautiful〉의 수록 곡들로 이루어진 2005년 앨범 〈Strnage and Beautiful〉이 탄생하게 된다. 이 앨범은 미국에서 3십만 장 이상의 판매 기록을 세우게 되었고, 헤일스는 R.E.M.의 마이클 스타이프와 배우 레오나르도 디카프리오로부터 칭송을 받는다. 하지만 막상 영국 내에서 그는 여전히 광고음악을 했던 일로만 대중들의 기억에 남아 있다. "사람들은 아마도 제가 죽었다고 생각할 거예요." 그가 2007년, 가디언에게 말했다. "아니면 '내 자신이' 광고주들에게 노래를 팔아보려고 고생하고 있다고 생각하거나요. '저 기억하세요? 자동차 판매에 도움을 드릴 수 있어요!' 하면서 말이에요." **DC**

Like I Love You
Justin Timberlake (2002)

Writer | J. Timberlake, C. Hugo, P. Williams, G. Thornton, T. Thornton
Producer | P. Williams, C. Hugo
Label | Jive
Album | *Justified* (2002)

저스틴 팀버레이크는, 과거 디즈니 미키마우스 클럽 멤버이자 역대 최다 판매 보이 밴드 차석이었던 엔싱크의 일원으로 타고난 버블검 팝적 혈통으로부터 탈피하기 위한 고투에 직면하게 된다. 실제로 그의 이제껏 실적 중 가장 큰 이목을 끈 것은 브리트니 스피어스를 사귀다 차버린 것이 다였으니까. "버블검 팝 사운드는 이제 식상해요." 그가 엔터테인먼트 위클리에 당당히 말했다. 한편 다른 인터뷰에서 그는 자신의 솔로 데뷔로 "좀 노출된 듯" 느낀다고 인정했다.

사실 걱정할 필요는 없었다. 넵튠스의 퍼렐 윌리엄스와 채드 휴고가 팀버레이크에게 유리한 출발 조건을 배려한 것은 사실이다. 그러나 "Like I Love You"는 그들의 디지털 펑크(funk)나 플라멩코 기타, 수하 래퍼들인 클립스에 의존하지 않았다. 그 대신 이 트랙의 일등 공신은 팀버레이크가 소유했던 놀라운 음역이었다. 이미 익숙한 보이밴드 테너와 유연한 팔세토, 유혹적인 속삭임 사이를 자연스럽게 넘나드는 그의 목소리는 오랜 열성 팬과 안티 팬을 막론하고 모두의 관심을 끌기에 충분했다.

필연적으로 마이클 잭슨과의 비유가 따랐고 이런 현상은 "Billie Jean"에서 영감을 얻어 만든 팀버레이크의 뮤직비디오로 인해 더욱 강화된다. 이 영상에서 그는 잭슨적인 댄스 동작을 선보이며 페도라 모자와 손가락 없는 장갑까지 갖춰 입는 등 '팝의 왕'의 모습을 세밀하게 베껴냈다. "춤에 초점이 맞춰지길 원했죠." 그가 말한다. "그리고 저와 여자 사이의 교감을요." "저에게 이 곡은 좀 빈티지하게 들려요. 가공되지 않은 모습 그대로죠." 그가 블렌더에 말했다. "전 이 곡을 프린스의 밴드, 아니면 '프린스의 문하생'이었던 더 타임의 3000년도 모습에 비유하고 싶네요." **EP**

2003년, 영국 셰필드 공연 중 저스틴 팀버레이크가 청중의 흥을 돋우고 있다.

Heartbeats | The Knife (2002)

Writer | Karin Dreijer Andersson, Olof Dreijer
Producer | Karin Dreijer Andersson, Olof Dreijer
Label | Rabid
Album | *Deep Cuts* (2003)

"전 무의미한 것을 소재로
기쁨에 찬 트랙을 만들어내는 데
소질이 없어요."

카린 드레이어 안데르손, 2009

◀ **Influenced by: Falling** · Julee Cruise (1989)
▶▶ **Influence on: When I Grow Up** · Fever Ray (2009)
● **Covered by:** José González (2003) · Scala & Kolacny
Brothers (2006) · Emmerson Nogueira (2008)
★ **Other key tracks:** You Take My Breath Away (2003)
Pass This On (2003)

"뇌리에 각인된"과 "일렉트로"라는 단어가 함께 쓰이는 경우는 흔치 않다. 그럼에도, 그게 나이프의 아름다운 "Heartbeats"를 언급하는 상황이라면 이야기는 전혀 달라진다.

신스 팝, 미니멀한 비트, 일렉트로니카를 사랑했던 이 스웨덴 남매는 서로 힘을 합쳐 한 편의 감동적인 대작을 창조해낸다. 싱어 카린 드레이어 안데르손의 최면적 보컬은 비요크와 수지수를 연상케 했다. 그녀의 얼음같이 차가운 보컬은 "And you, you knew the hand of a devil / And you kept us awake with wolves' teeth / Sharing different heartbeats in one night(그리고 너, 너는 악마의 손을 알고 있었지. 그리고 너는 늑대의 이빨로 우리를 계속 잠 못 자게 했지. 하룻밤 사이 서로 다른 심장 박동을 나누며)"과 같은 불가사의한 가사를 전달했다.

"Heartbeats"는, 호세 곤잘레스의 커버 버전이 2006년 소니 광고에 쓰이며 세계적 주목을 받게 된다. 이 동료 스웨덴 뮤지션은 2003년 "Heartbeats"의 커버 버전을 자신의 앨범 〈Veneer〉에 수록했다. 곤잘레스의 버전은 어쿠스틱했으며 오리지널과 판이하게 달랐지만 어느 곳 하나 뒤지지 않고 동일할 만큼 아름다웠다. "저희가 그런 것을 승낙한 것은 이번이 처음이었어요." 카린이 한마디 던진다. "저희가 그게 괜찮다고 생각했던 유일한 이유는 그걸 저희가 직접 연주하는 게 아니었기 때문이죠. 광고에 음악을 파는 건 즐거운 일이 아니에요. 하지만 돈을 벌 수 있죠. 그건 저희 레이블을 유지하는 데 도움이 되잖아요."

그들의 이러한 독립적 직업관은 인터뷰 신청을 선별해서 받는 그들의 방침과 2005년까지 라이브 공연을 거부했던 점, 홍보용 사진에서 마스크를 쓰는 경향에 의해 한층 더 강하게 두드러져 보였다. "저희가 사진을 아예 찍지 않아도 된다는 선택의 여지가 있다면, 그렇게 하겠어요…" 카린이 투덜거린다. "왜냐하면 그건 음악과는 아무런 관련이 없는 일이라 생각하니까요."(한편, 후에 그녀는 이렇게 우기기도 했다. "비밀스럽게 하자는 게 저희 목표는 아니었어요.") **OM**

Fuck Me Pumps | Amy Winehouse (2003)

Writer | Amy Winehouse, Salaam Remi
Producer | Salaam Remi
Label | Island
Album | *Frank* (2003)

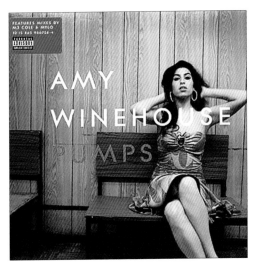

"전 뮤지션입니다.
전 수완 좋고 싹싹하게 행동하며
15분 동안의 유명세를 노리는,
그런 사람이 아니란 말이에요."

에이미 와인하우스, 2004

◀ **Influenced by: Afro** • Erykah Badu (1997)
▶ **Influence on: Mercy** • Duffy (2008)
★ **Other key tracks:** Help Yourself (2003) • (There Is)
No Greater Love (2003) • Take the Box (2003) • Round
Midnight (2003) • Stronger Than Me (2003) • What It Is
(2003) • Know You Now (2003)

에이미 와인하우스는 2003년 데뷔 앨범을 발매할 당시만
해도 훗날 그녀의 모습(문신에 뒤덮여 약물 남용을 일삼는 타블로
이드지 스타)보다는 훨씬 더 차분해 보였다. 그러나 초기 와
인하우스의 겉모습이 얌전해 보였다고 한다면, 〈Frank〉의
몸통에 흐르는 가사는 그녀의 재즈적이고 유혹적인 영혼이
지닌 신랄함과 날카로움을 드러내 보였다고 할 수 있다.

이것은 "Fuck Me Pumps"에서 가장 명백히 드러난다
—파티만을 즐기며 '돈 많고, 6피트 2인치나 더 큰' 키의
남자를 갈망하는, 축구 선수 팔에 안겨 가십지에 사진이
실리기만을 열망하는 젊은 여성들을 향해 던지는 재치 번
뜩이는 비수와 같은 말들이 바로 그것이었다—공동 작곡
가 살람 레미의 능숙한 프로듀싱 솜씨도 여기 한몫했다.
레미는 푸지스, 나스, 미즈 다이너마이트와 함께 일했고,
곡의 경쾌하고 빽빽하지 않은 재즈적 기타에 미묘한 힙합
비트를 접지시켰다.

와인하우스는 그녀의 표적을 불쌍한 존재로 그려나간
다. 그들은 엑스터시를 너무 많이 복용하고, 매일 아침마
다 전날 밤 낚아놓은 남자들이 도망간 것을 발견하는 치들
이었다. 한편 그녀가 그린 초상에는 애정과 동정심, 연민
도 서려 있다: "He could be your whole life / If you got
past one night / But that part never goes right(그는 너의
인생 전부가 될 수도 있겠지 / 네가 하룻밤만 제대로 버틸 수 있다면
말이야 / 하지만 거기서 항상 일이 꼬이고 말아)." 에이미는 이 불
운의 여주인공에게 '더러운 여자'라고 불리는 걸 너무 신경
쓰지 말라고 조언하며 '너희 같은 여자들이 없으면, 재미
도 없을 거야'라고 말한다.

이 트랙의 뮤직비디오는 와인하우스가 제목에서 말한
하이랜드 신발을 벗어 던지는 모습으로 끝을 맺는다. "비
디오에서" 그녀가 팝저스티스닷컴(popjustice.com)에 말했
다. "전 'Fuck me(나와 섹스해)'라는 말을 실제 입으로 말했
어요. 하지만 그들이 편집 과정에서 음성을 제거해버렸지
뭐예요! 전 그걸 처음 봤을 때 이랬죠. '제기랄! 내 'Fuck'어
디 갔어?! 저기서 난 'fuck'이라고 말했단 말이야!" 훗날 와
인하우스는 그녀가 조롱하던 파티 걸들이 실리는 가십 페
이지를 본인이 직접 휘황찬란하게 장식하고 만다. **SC**

Strict Machine | Goldfrapp (2003)

Writer | Alison Goldfrapp, Will Gregory, Nick Batt
Producer | Goldfrapp
Label | Mute
Album | *Black Cherry* (2003)

> "'Strict Machine'은
> 꽤 유머러스한 노래죠."
>
> 앨리슨 골드프랩, 2003

◀ **Influenced by: Knock on Wood** · Amii Stewart (1978)
▶ **Influence on: Some Girls** · Rachel Stevens (2004)
★ **Other key tracks:** White Soft Rope (2003) · Hairy Trees (2003) · Train (2003) · Lovely Head (2003) · Deer Stop (2003) · Sartorious (2003)

골드프랩의 팬들은 그저 편안히 마음 놓고만 있었다. 그들은 이미 기가 막힌 〈Felt Mountain〉(2000)을 들으며 일렉트로-카바레와 트립-합의 융화를 철저히 즐겼고, 앞으로 계속 이런 류의 음악을 선사받을 것이라 예상하고 있었다. 그러나 골드프랩은 〈Black Cherry〉로 팬들을 향해 커브 볼을 던진다. 어두운 영국 스튜디오에서 녹음을 진행하며 보컬리스트 앨리슨 골드 프랩과 신스의 마술사 윌 그레고리는 그들의 2번째 앨범을 통해 올드 스쿨 사운드를 미래로 되돌려놓았다. 한 편의 영화와 같았던 〈Felt Mountain〉의 음악적 파노라마는 이제 사라지고, 70년대 디스코와 글램 록으로부터 영감을 가져온 강렬한 클럽 음악적 분위기가 온통 자리를 메웠다. 강한 설득력을 지닌 이런 혼합 방식은 "Strict Machine"에서 가장 완벽한 조화를 이루었다.

"전 디스코 음악에 끌리는 것과 같은 방식으로 '글램'에 끌리죠…" 앨리슨이 아티스트 인터뷰에 이렇게 말했다. "그건 뭐랄까, 풍부함과 변장, 일종의 판타지, 타락이라고 할 수 있어요. 전 글램과 디스코가 그런 면에서 매우 유사하다고 생각합니다." 이 곡과 빈티지 팝 사이의 인연은 거기서 끝나지 않는다. 베이시스트 찰리 존스는 로버트 플랜트의 사위이고, 공동 작곡가인 닉 바트는 DNA의 "Tom's Diner" 커버 버전(본래 수잔 베가의 곡이었다)의 작업 지휘관이었다.

"Strict Machine"은 단호할 정도로 무정하고 냉담하며 이질적이다. 그럼에도 골드프랩은 그런 특질들을 강점으로 전환시킨다. 쥐를 이용한 과학 실험으로부터 영감을 받아 쓰인 이 가사에 등장하는 화자는 우리에 갇혀 있으며 "strict machine"에 연결될 때에만 만족감을 느낄 수 있다. 그러나 그녀는 불평 없이 오히려 이런 방식을 좋아한다. "전 막 누군가와 헤어진 상태였고, 그 결과, 곧장 훨씬 더 즐거운 시간들을 가지기 시작했죠." 앨리슨이 Q에 설명했다. "전 더 실험적이 되었어요. 제 음악도 그랬고요." 이 이야기는 초현대적인 그루브에 싸여 있다. '할 9000'로 하여금 섹시한 리본을 둘러 매고 부기를 추게 할 만한 그루브라고나 할까. 디지털 다운로드 시대를 위한 완벽한 러브 송인 것이다. **JiH**

2003년, 앨리슨 골드프랩이 현재는 철거되고 만 런던의 아스토리아 극장에서 공연하는 모습. ➡

Step into My Office, Baby | Belle & Sebastian (2003)

Writer | C. Geddes, M. Cooke, R. Colburn, S. Martin, S. Jackson, B. Kildea, S. Murdoch
Producer | Trevor Horn
Label | Rough Trade
Album | *Dear Catastrophe Waitress* (2003)

"사내 연애요?
하지 마세요!"

스티비 잭슨, 2005

◀ **Influenced by: Conventioneers** · Barenaked Ladies (2000)
▶ **Influence on: Lovers in the Backseat** · Scissor Sisters (2004)
★ **Other key tracks:** Love on the March (2003)
Desperation Made a Fool of Me (2003)

괴벽 있어 보이는 스코틀랜드 그룹, 벨 앤 세바스찬의 6번째 앨범 (이 앨범의 리드 싱글이 바로 "Step into My Office, Baby" 였다) 의 담당 프로듀서로 트레보 혼이 참여하게 된 것에 의구심을 가진 것은 팬들뿐만이 아니었다. 밴드 멤버들도 하나같이 그의 적합성 의문을 제기했다. 혼에게는 프랭키 고스 투 할리우드를 비롯해, 여러 과도한 앨범에 프로듀서로 참여했던 과거가 있었기 때문이다. 그런 그는 결국 모두를 자기 편으로 만드는 데 성공한다. 주요 송라이터 스튜어트 머독은 자신이 이런 말했던 것을 되새겼다. "이렇게 말하면 이해가 가실지도 모르겠네요. 전 어린 시절 야외 화장실을 사용했죠. 전 밖에 나가서 용변 보는 일을 좋아하곤 했답니다. 거기 익숙해지게 되어버려요. 하지만 이제 다시 야외 용변기를 사용하는 일은 없을 겁니다."

모든 의구심은 곧 변기 물 내려가듯 쓸려 내려간다. 한 치의 오차도 드러내지 않는 혼의 능력이 여기서 제대로 효과를 발휘했다. "그는 모든 것을 멋지게 들리게끔 만들었죠. 통제를 늦추지 않으면서도 모든 것을 재미 있게 진행시켰어요." 기타리스트 스티비 잭슨이 녹음 세션에 대해 이렇게 말했다. "그가 색다른 방향을 시도한 유일한 트랙이 바로 'Step into My Office'였어요. 이 곡에서는 혼이 상당 부분 편곡을 맡았죠."

머독은 벨 앤 세바스찬의 달콤 쌉싸름한 삽화들을 자기 마음대로 교정할 수 있었다. 야하고 음탕한 "Step into My Office, Baby"는, 데일리 텔레그래프가 점잖게 "회오리바람 같은 사내연애"라 표현한 이야기를 가사로 풀어나간다. 이 이야기의 주인공은 한 어린 사원과 그의 여성 상사이다: "She gave me some dictation / But my strength is in administration(그녀는 나에게 받아쓰기를 시켰지 / 하지만 내 장기는 경영 쪽이야)." 아담 앤 디 앤츠를 연상케 하는 도입부 드럼은 맛 좋은 템포 변화를 비롯해, 한껏 비뚤어진 가사와 병치되어 있는 (약간의 프렌치 호른이 가미된) 멋진 반주로 전개해간다. 트레보 혼은 바이올리니스트이자 싱어인 사라 마틴을 회상하며 이렇게 말한다. 그녀는 "라디오를 통해 들었을 때 멋지게 들리게 하는 걸 항상 목표로 삼았죠." **CB**

Run | Snow Patrol (2003)

Writer | Gary Lightbody, Iain Archer, Jonny Quinn, Mark McClelland, Nathan Connolly
Producer | Garrett "Jacknife" Lee
Label | Fiction
Album | *Final Straw* (2003)

"노래라는 것은 획일적이지 않아요.
적어도 좋은 노래들은 그렇지 않죠.
리오나 루이스의 해석은
많은 이들의 가슴을 적셨습니다."

개리 라이트바디, 2008

Influenced by: Promenade · U2 (1985)
Influence on: SRXT · Bloc Party (2007)
Covered by: Tre Lux (2006) · Three Graces (2008)
Leona Lewis (2008) · Voice Male (2009) · Jennylyn
Mercado (2010)

"이 곡은 '2000년'에 제 단칸 셋방에서 작곡되었죠." 스노우 패트롤 리더 개리 라이트바디가 기억을 되새긴다. "전 여전히 대학생인 것마냥 살고 있었어요. 사실 졸업은 98년도에 했는데도 말이죠…전 그저 제 자신의 삶을 좀 가볍게 해보려 했던 것뿐이에요. 근데 어쩌다 보니 이 곡은 저절로 나름대로의 인생을 살게 되었죠. 신의 가호가 있기를."

90년대의 대부분을 무명 속에 고군분투하던 이 북아일랜드 겸 스코틀랜드 출신 구성의 밴드는 "Run"과 함께 운명의 전환기를 맞는다. 라이트바디는 글라스고에서 취중 사고로 머리가 터지는 일을 겪지만 여기서 회복한 후 이 곡을 쓰게 되었다. "'Light up, light'라는 가사는 일종의 불빛과도 같은 느낌을 부여했죠." 그가 Q매거진에 말했다. "터널 끝에 가면 빛이 보여야 하잖아요."

이 트랙은 가렛 리가 훗날 블락 파티와 에디터스의 앨범에 선사하게 될 대서사시적 프로듀싱 스타일의 덕을 상당 부분 보았다. "우리에게 그건 실험과도 같았죠." 라이트바디가 데일리 미러에 말했다. "녹음 작업 당시 저희는 그걸 아주 거대하게 만들었죠. 이전까지만 해도 이런 식의 곡을 시도해본 적은 없는 것 같네요." 장식적 요소로는 비올라, 바이올린, 첼로가 가미되었다. 첼로의 경우는 이전 어터스에서 활동한 제임스 반버리가 맡아 연주했다.

"Run"은 스노우 패트롤이 전 세계를 상대로 거둔 첫 히트작이엇다. 이 곡이 성공하기 전 정황에 대해 라이트바디는 포뮤직(4Music)에 이렇게 말했다. "저희 음악이 주간 라디오 방송에 나온 적은 1번도 없었어요. 저희는 이런 트랙을 가져본 게 처음이에요. 음악축제 같은 데서 부를 때 청중이 가사 한 마디 한 마디를 다 따라 부를 만한 그런 노래 말이에요. 이건 대중의 소유물로 되어버리고 마는 그런 노래들 중 하나였죠."

"Run"은 〈Final Straw〉의 2번째 싱글작이었고("Spitting Games"(2003)이 첫 발매 싱글이었다) 영국 차트 5위까지 상승했다. 'X-Factor'의 2006년 우승자 리오나 루이스가 가슴 터지도록 힘차게 부른 이후, 이 곡은 2008년 차트에 복귀했다. "'Run'이 성공을 거둔 게 멋진 일인 건 당연하죠." 이 곡의 작곡가가 한 말이다. **BM**

Maps | Yeah Yeah Yeahs (2003)

Writer | Karen Orzolek, Nick Zinner, Brian Chase
Producer | David Andrew Sitek, Yeah Yeah Yeahs
Label | Interscope
Album | *Fever to Tell* (2003)

"이 노래에는 아주 많은
'사랑—looooove'이 담겨 있죠.
하지만 많은 두려움이 담겨 있기도 해요."

카렌 오, 2006

> ◀ **Influenced by:** U.F.O. · E.S.G. (1981)
> ▶ **Influence on:** The Other Side of Mt. Heart Attack
> Liars (2006)
> ● **Covered by:** The White Stripes (2004) · Arcade Fire
> (2005) · Dept. of Good and Evil featuring Rachel Z
> (2007) · Rogue Wave (2009)

가시 철사에 둘러싸인 채 노출된 살갗과도 같이, "Maps" 는 이 뉴욕의 떠들썩한 3인조 록 밴드의 첫 정규 앨범 속에서 두드러진 외모가 부각되었다. 〈Fever to Tell〉의 상당 부분은 캐런 오의 날카로운 보컬과 닉 지너의 가연성 리프, 브라이언 체이스의 천둥 같은 드럼의 시연장으로 활용되었지만, 이 발라드 만큼은 상처받기 쉬운 보컬과 폭발적으로 가슴 북받치는 사운드가 특징을 이루었다.

"저희가 투어 공연을 많이 다니기 시작한 지 얼마 되지 않았을 시기였죠." 오(O)가 프리픽스에게 말했다. "당시 많은 감정적 동요가 일어나고 있었죠. 이것저것 정신 없이 혼란스러웠어요…전 막 누군가와 사랑에 빠지고 정착하려던 참이었어요. 하지만 떠나고 돌아오기를 끊임없이 반복해야만 했죠. 그 모든 게 이 가슴 터져버릴 듯 슬픈 노래로 승화되었어요." 이 곡의 가사는 캐런 오가 라이어스의 싱어 앵거스 앤드류와 나누었던 로맨스를 언급하고 있다. 그녀가 "Maps"의 뮤직비디오 촬영 당시 흘린 진심 어린 눈물도 다 앤드류가 만든 것이라 한다. "그가 3시간이나 늦게 도착했고 전 막 투어 공연 때문에 떠나야 하는 상황이었어요." 그녀가 NME에 이렇게 설명했다. "그가 아예 오지 않을 거란 생각이 들었어요. 이 노래는 그를 위해 쓰인 곡이었는데 말이죠. 그는 결국 나타났어요. 그리고 전 마구 걷잡을 수 없는 감정에 휩싸였습니다." (이 곡의 제목이 "My Angus Please Stay"의 약자라는 설도 떠돌았다).

거듭 반복되는 "Wait! They don't love you like I love you(기다려! 그들은, 내가 널 사랑하는 것처럼 널 사랑하지 않아)" 구절에 묻어나는 애달픔이 음반을 구매하는 대중의 신경을 움찔하게 한 것은 분명했다. "Maps"와 함께 야야야스는 빌보드 핫 100차트를 돌파한다. 이 곡이 켈리 클라크슨의 "Since U Been Gone"의 기타 솔로 부분에 영감을 주었다는 말도 있다("마치 유독성 해충한테 물린 것 같았죠"라고 카렌 오가 롤링 스톤에 말했다). "Maps"는 NME가 뽑은 얼터너티브 러브 송 최다 득표를 기록하는 한편 화이트 스트라이프스가 라이브로 커버 버전으로 공연하기도 한다. "전 이 곡을 통해 제 내면을 굉장히 많이 드러내 보였죠." 오가 이렇게 결론지었다. "제 스스로도 충격적일 만큼이요." **JH**

2004년, 야야야스의 캐런 오가 런던 공연 중 혀를 내밀고 있다. ➡

Toxic
Britney Spears (2003)

Writer | C. Dennis, C. Karlsson, P. Winnberg, H. Jonback
Producer | Bloodsky & Avant
Label | Jive
Album | *In the Zone* (2003)

2001년 브리트니 스피어스는 팬들에게 이렇게 말했다. "나는 소녀가 아니지만, 아직 여자도 아니다." 2년이 지난 후, 그 과도기는 끝을 맺었다. 21세의 나이에, 이제껏 발표한 것 중 가장 성숙한 앨범을 연출할 만반의 준비가 끝난 스피어스는 완전한 여인이 되어 있었다.

리드 싱글이었던 "Me against the Music"은 스피어스의 가장 명백한 역할 모델이었던 마돈나와의 듀엣으로 불렸다. 그러나 이것은 단지, 앞으로 다가올 엄청난 세계의 맛보기 정도에 지나지 않았다. 무모할 만큼이나 원숙했던 "Toxic"은 완전히 판도를 바꿔놓았다. 이 트랙은 앞선 두 앨범을 통해 그녀가 이리저리 팔아보려 하던 걸 그룹 노래의 관을 완전 봉해버린다.

스피어스는 곡의 도입부에서 새끼 고양이처럼 (포옹하려 달라붙는 고양이보다는 할퀴기라도 할 듯한 기세였다) 가르랑거린다. 독이 서려 있으면서도 강한 중독성 때문에 헤어나오지 못하는 어느 관계에 대해 노래하는 그녀는 매우 그럴듯하게 흥분되어 있다. 그녀가 노래하는 약이란 여기서 사랑을 의미하는 것이 아니다. 스피어스가 욕망을 표하는 "히트(hit)"란 좀 더 육욕적인 것이었다. 이러한 정서는 인도 가수 라타 망게쉬카르의 "Tere mere beech mein"으로부터 빌려 온 스트링 효과가 더해진 땀 투성이 일렉트로-팝 편성으로 한층 더 설득력을 얻었다.

전 세계를 휩쓴 히트작 "Toxic"은 스피어스에게 그녀의 첫 그래미상을 안겨주었고, 마크 론슨부터 마릴리온까지 다양한 뮤지션들에 의해 커버 버전으로 재탄생하게 된다. 스피어스는 이것을 청사진 삼아 훗날 이 계보의 자손들을 하나둘씩 낳으며 성공을 누리게 되지만, 그래도, 형만 한 아우 없다는 말은 정말 진리인 듯하다. **JiH**

Destroy Rock & Roll
Mylo (2003)

Writer | Myles "Mylo" MacInnes
Producer | Myles MacInnes
Label | Breastfed
Album | *Destroy Rock & Roll* (2004)

"We are the World"보다 더 화려한 스타 출석부를 등장시킨 마일로(Myles MacInnes)의 첫 싱글은 마이클 잭슨과 브루스 스프링스틴부터 데이비드 "부-위"와 신디 "루퍼"까지 다양한 스타 명단을 읊조렸다.

과거 BBC 저널리스트로 활동했던 그는 스코틀랜드 해안에 위치한 스카이섬의 자기 집 침실에 앉아 "Destroy Rock & Roll"을 제작했다고 한다. 잡다하게 모은 샘플과 기막힌 디스코 훅을 지닌 이 곡은 단돈 350파운드로 만들어졌다. 중고 아이맥과 무료 프로툴스 소프트웨어가 그 지출 내역의 전부였다. 진취적이었던 마일로는 자신의 레이블 브레스트페드를 통해 이것을 발매한다.

타이틀 트랙은 본래 250장의 싱글로 발매되었고, 앨범 슬리브는 마일로가 직접 핸드스프레이로 꾸몄다. 그러나 이 트랙은 2005년 재발매를 통해 영국 차트 15위까지 오르게 된다. 이 곡을 이루고 있는 주요 구성 성분은 종교 단체인 만국 승리 교회의 "Invocation for Judgement Against and Destruction of Rock Music"(페이스웨이스 인터내셔널 레이블을 통해 발매된 〈The Sounds of American Doomsday Cults〉의 수록 트랙이다)에서 발췌한 샘플이다. 1984년 12월 15일 녹음된 이 트랙은 일류 음악 명사들의 활동을 고발하고 있다 (본 설교에서는 동시대 영화였던 〈고스트 버스터즈〉와 〈할렘가의 아이들〉도 비난의 대상에 포함시켰다). 그 결과, 팝 역사를 통틀어 가장 기이한 혹들 중 하나가 탄생했다: "Missing Persons, Duran Duran, Missing Persons, Duran Duran(미싱 퍼슨스, 듀란 듀란, 미싱 퍼슨스, 듀란 듀란)…"

종교적 설교에 고동치는 베이스를 융화시켜 넣은 이 소액 자본 제작물은 하나의 진리를 증명해 보였다. **GK**

Mr. Brightside
The Killers (2003)

Writer | Brandon Flowers,
David Keuning
Producer | Jeff Saltzman, The Killers
Label | Lizard King
Album | *Hot Fuss* (2004)

"전 잠을 자고 있던 중이었고, 무언가가 잘못되었단 걸 느꼈죠." 킬러스의 프론트맨 브랜든 플라워스가 Q매거진에 이야기했다. "전 직관력 같은 것이 있어요. '라스베이거스의 한 '펍'인 크라운 앤 앵커에 갔더니 제 여자친구가 다른 남자와 거기 있더군요." 기타리스트 데이브 쿠닝은 플라워스의 이야기에 자신의 음악을 결합시킨다. 킬러스의 첫 고전은 바로 이렇게 잉태되었다.

쿠닝과 플라워스는 라스베이거스에서 처음 만났고 오아시스, 유투, 벡과 같은 음악인들에 대한 공통된 애정으로 우애를 다져갔다. 초기 단계의 킬러스는 작은 동네 술집에 거처를 마련하고 여기서 베이시스트 마크 스토머와 드러머 로니 배누치를 선발했다. 이 4인조는 2003년 9월 리저드 킹 레이블을 통해 "Mr. Brightside"를 발매하며 음반 데뷔를 한다. 이들은 가혹한 투어 일정과 홍보 활동을 통해 이듬해 발표될 〈Hot Fuss〉의 기반을 다져놓는다.

평단은 서로 앞다투어 밴드의 음악에 묻어나는 80년대적 영감을 지적했으며, 이 밴드도 이런 영향을 쉽사리 인정했다. 그러나, 플라워스는 이렇게 언급하기도 했다. "전 데이비드 보위도 그만큼 좋아해요. 아시잖아요. 70년대 초반에요." 이 곡은 〈Hunky Dory〉의 "Queen Bitch"에 경의를 표하고 있다. 물론, 굉장히 살을 많이 붙여 보강한 제작물이긴 하지만 말이다. "'Mr. Brightside'에는 기타 트랙이 한 30가지 쓰였죠." 쿠닝이 이렇게 인정한다. "Mr. Brightside"는 절망감이 잉태한 광기를 묘사하고 있다. "전 머릿속에서 무언가를 떠올려 단 몇 분 안에 스스로를 불행하게 만들 수도 있어요." 플라워스가 말했다. 하지만 그래도 킬러스 공연에서만큼은 이 모든 것이 다 미소를 떠올리게 하는 이유라고 한다. **BM**

Televators
The Mars Volta (2003)

Writer | Bixler-Savala, Rodriguez-Lopez
Producer | Rubin, Rodriguez-Lopez
Label | Universal
Album | *De-Loused in the
Comatorium* (2003)

마스 볼타의 일그러지고, 야심 찼던 데뷔 앨범에서는 싱글로 발매할 만한 트랙을 찾기가 좀체 쉽지 않았다. 〈De-Loused in the Comatorium〉은 그룹 멤버의 자살한 뮤지션 친구, 훌리오 베네가스의 마지막 나날을 되새기고 있는 컨셉 앨범이었다. 여기 담긴 난폭한, 그러나 학구적인 프로그 록은 라틴 리듬으로 갈증을 해소했고, 펑크적 에너지로 장전돼 있었으며, 20분 동안 계속되는 리프들의 축제에 섞인 요동치는 드론 패시지를 밥 먹듯 등장시켰다.

그러나 쓸쓸한 "Televators"는 볼타의 광기 어린 열정적 마술을 그나마 먹기 좋게 잘라놓은 것이었다. 이 곡이 지닌 발라드 템포와 오마 로드리게즈-로페즈의 기타가 전하는 쓰라린 어루만짐은 프론트맨 세드릭 빅슬러-자발라가 부드럽게 뽑아내는 가사가 실제 담고 있는 복받치는 비통함을 감추고 있었다(자발라는 그의 동료와 마찬가지로 텍사스 펑크 밴드 '앳 더 드라이브-인'에서 활동했었다). 빅슬러-자발라는 그의 친구를 향한 가슴 저미는 탄식을 쏟아내며 베네가스가 창문에서 뛰어내린 후 숨이 멎은 채 누워 있는 모습을 묘사해간다.

빅슬러-자발라의 가사가 발산하는 가혹하고 시적인 아름다움은 밴드 멤버들이 베네가스의 죽음을 향해 느끼는 감정의 교차를 포착해낸다. 여기서 고통의 몸부림이 되어버린 삶으로부터 그가 자유로워졌다는 것에 대한 안도감, 그리고 그를 잃은 것에 대한 멤버들의 고통을 모두 느낄 수 있다. 하지만 여기에는 멍든 낙관주의가 어렴풋이 느껴진다. 그가 남긴 음악적 유산과 밴드의 작품을 통해 베네가스가 계속 살아 숨 쉴 것이란 감정이 바로 그것이다. **SC**

Through the Wire | Kanye West (2003)

Writer | K. West, C. Weil, D. Foster, T. Keane
Producer | Kanye West
Label | Roc-A-Fella
Album | *The College Dropout* (2004)

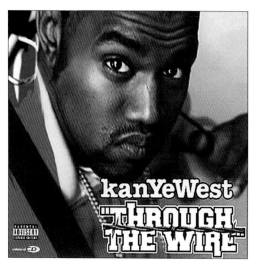

"그가 속도를 그렇게까지 올려
제 목소리를 다람쥐처럼
만들어버릴 줄은 예상 못했죠."

샤카 칸, 2008

◄ **Influenced by: Through the Fire · Chaka Khan (1984)**
► **Influence on: Through the Wire (L.L.T. Remix)**
Lo Life Thugs (2003)
● **Covered by: Soul Providers (2006)**
★ **Other key tracks: All Fall Down (2004) · Slow Jamz**
(2004) · Jesus Walks (2004)

웨스트가 맡았던 알리샤 키스, 제이-지의 음반 제작에서 특징으로 부각되었던 상업적 재치를 다시 한 번 과시하며, 카니예 웨스트의 데뷔 싱글은 목숨을 앗아갈 뻔했던 2002년 자동차 사고를 전화위복의 기회로 삼았다. 이 곡이 말하듯, 그는 기지 넘치는 라이밍과 속도를 높인 샤카 칸 혹으로써 "비극을 승리로" 전환하는 데 성공한다. 웨스트는 샤카 칸에게 그녀의 곡이 자신에게 미친 치료 효과까지 말했다. "그는 사고 이후 입원해 있을 동안 제 노래가 자신의 회복에 도움을 주었다는 이야기를 했죠." 칸이 콘서트라이브와이어닷컴(concertlivewire.com)에 말했다. "그리고 전 그 말에 정말 감동받았어요."

웨스트는 충돌 사고가 있은 지 단 몇 주 만에 스스로를 음반 아티스트로 선언한다. 그는 고집스레 이렇게 말했다. "그들은 제가 랩하는 걸 막을 수 없어요…그냥 철사 사이로 뱉어내죠 뭐." 그는 광범위한 안면 수술을 받았지만, 철사로 단단히 고정된 턱과 그 결과 흐려진 발음이 그의 앞길을 막는 게 도저히 참을 수 없었다 한다. 스와힐리어로 "유일한 자"라는 뜻의 이름으로 축복받은 그에게 그것이 별로 놀랄 만한 일은 아니었지만, 어쩌면 자기 도취였을지도 모를 믿음이 웨스트에게 있었고 그것은 신이 그를 구한 이유가 바로 이것 때문이라 믿게 하기에 충분했다. "그분은 아직도 저에게 주실 임무가 있었죠…" 그가 가디언에 말했다. "어떤 경우에는 그분이 저를 통해서 말씀하시기도 해요." 이 곡은 재치 넘치는 구절들—"I look like Tom Cruise on Vanilla Sky(내 모습이 마치 바닐라 스카이에 나오는 톰 크루즈 같이 보이네)"—과 노토리어스 비.아이.지, 메이스, 그리고 제이-지 등의 힙합 스타들을 암시하는 말들로 사기가 드높아 있다. 게다가 웨스트의 트레이드마크인 고속 소울 샘플 또한 빼놓을 수 없다. "그가 제 목소리를 5천 알피엠으로 돌릴 줄은 몰랐죠." 칸이 비꼬는 투로 쌀쌀맞게 한마디 남긴다. "하지만 그 외에는 다 멋져요. 전 영광입니다."

웨스트는 이런 수법을 자신의 명함처럼 사용한다. 하지만 그의 데뷔 앨범 〈College Dropout〉은 좀 더 다양한 재능을 선보이며 한 세대의 R&B 아티스트들에게 영감이 되어주었다. **MH**

7 Nation Army | The White Stripes (2003)

Writer | Jack White
Producer | Jack White
Label | XL
Album | *Elephant* (2003)

"이 곡은 저와 메그,
저희가 사귀는 사람들에 대한 얘기죠.
세상은 끊임없이 사람들을
해부하려 합니다."

잭 화이트, 2004

Influenced by: Symphony No. 5 in B flat · Anton
Bruckner (1878)
**Influence on: It Takes a Seven Nation Army to Hold
Us Back** · Apathy featuring Emilio Lopez (2004)
Covered by: Vyvienne Long (2004) · The Flaming Lips
(2005) · Hard-Fi (2005) · C. W. Stoneking (2008)

디트로이트 2인조 잭과 메그 화이트는(그들은 한동안 남매라고 우기긴 했지만 한때 혼인 관계였다) 그들이 소유한 단순성과 진실성을 최대한 활용한다. 일부 사람들은 이들이 특정 코드만을 음악에 사용한다며 비웃었고, 그들이 적색, 흑색, 또는 백색의 옷만을 입는다는 점과 약물과 광팬 부대를 멀리한다는 사실에 조롱을 표했다. 하지만 화이트 스트라이프스가 나름대로 해석한 팝의 세계와 그곳에 비춰지는 음악 성향이 그들만의 독특하고 개인적인 영역을 확보해주었다는 사실을 부인할 수 있는 사람은 많지 않다. "Seven Nation Army"를 통해 밴드는 자신들의 환원주의적 접근 방식으로 논리적 결론을 이끌어내는 한편 그 결과물로 최댓값에 도달하는 데 성공한다.

"7 Nation Army"는 마치, 그들이 항상 멀리해온 악기인 베이스를 포함한 전원 출석 밴드로 녹음된 듯한 착각을 불러일으킨다. 사실 이 곡의 중심을 이루고 있는 훅의 경우 잭이 옥타브 페달을 사용해 기타 음역을 내려 만들어낸 것이라 한다. "이건 호주에서 음향기기의 성능을 확인하다가 만든 리프예요." 그가 MTV에서 이렇게 기억을 되짚었다. "전 예전에 구세군(Salvation Army)을 '세븐 네이션 아미'라고 부르곤 했죠. 그게 맞는 이름인 줄 알고 말이에요. 그걸 아이디어 삼아 곡을 만들기 시작했는데 구설수에 관한 노래가 되어버렸어요. 이 곡을 작곡했을 때 다음 나올 제임스 본드 영화 테마 음악을 만들어달라는 부탁이 혹시나 들어오면 바로 이 리프가 곡에 제격이겠다, 하고 생각했어요."

이 끈덕지고 블루지한 리프는 곡의 연료 격인 셈이다. 간단한 음형에 별다른 기교도, 장식도 더하지 않은 "7"은 21세기의 첫 10년이 흐르는 동안 이렇다 할 만한 적수를 만나지 못한 출사표였다. 이 곡은 〈Elephant〉의 오프닝 트랙이었다. 잭은, 자신들의 매니지먼트사와 레이블이 "There's No Home for You Here"을 앨범의 첫 싱글로 내세워야 한다는 주장에도 고집을 꺾지 않았다. 사실 처음의 상황은 이러했다. "저희가 무슨 '이 리프가 정말 귀에 착감기네'라는 생각 같은 걸 한 건 아니었어요…전혀 별거 아니게 느껴졌죠." **JMc**

Fix Up, Look Sharp
Dizzee Rascal (2003)

Writer | Billy Squier, Dylan Mills, Nick Denton
Producer | Dizzee Rascal
Label | XL
Album | Boy in da Corner (2003)

앨리스 쿠퍼, 셰어, 테드 뉴전트, 개리 모어의 드러머로 활동했던 이력이 있음에도 불구하고, 작고한 바비 슈나드가 로큰롤 역사에 길이 남게 될는지는 왠지 좀 의심스럽다. 하지만 그는 그래야 마땅하다. 빌리 스콰이어의 "The Big Beat"(1980년 앨범 〈The Tale of the Tape〉 수록 곡)에 담긴 그의 드럼 연주는, UTFO의 "Roxanne Roxanne"부터 제이-지의 "99 Problems"까지, 40편 이상의 주옥 같은 힙합 명작에서 엔진 역할을 충실히 수행했기 때문이다. 한편, 17세의 딜런 밀스(일명 디지 래스칼)만큼이나, 이 맹렬한 드럼 샘플을 가져다 그토록 적은 노력으로 이렇게 많은 효과를 거둔 이는 많지 않았다. 라스칼이 한 일은 단순히 이것을 루핑(loop)한 후 그 위에 랩을 얹어놓은 것이 전부였다. 그 결과물은 가히 기가 막혔다. 그가 힙합계를 지배하는 미국 래퍼들을 모방하려 들지 않았다는 사실도 두각을 나타낸 면 중 하나였다. 뚜렷한 런던 말투로, 그는 결연히 영국적인 말들을 랩에 끼워 넣었다. 디지는 "엠씨들을 변기(loo)에 넣고 내려버렸으며," "염가 판매 가게(Happy Shopper)와 같이 올드 스쿨 스타일"이었다.

본래 영국의 '개라지' 신, 그리고 여기서 파생된 강렬한 스타일의 음악 "그라임"과도 연관되었던 디지는 "Fix Up, Look Sharp"의 헤드뱅잉 에너지가 증명하고 있듯, 이제 록과의 관련성을 가지게 되었다. "'너바나'의 커트 코베인 같은 사람을 보면 너무도 자유로웠던 영혼이 느껴집니다." 그가 엑스레이에 말했다. "하지만 그러고 나서 제 음악을 보니 어떤 유사성들이 보이더라고요…모든 인간은 그 어떤 종류의 음악이건 만들 수 있는 권리가 있습니다." **BM**

Crazy in Love
Beyoncé (2003)

Writer | Beyoncé, Rich Harrison, Shawn Carter, Eugene Record
Producer | Rich Harrison, Beyoncé
Label | Columbia
Album | Dangerously in Love (2003)

"이 곡은 사람들이 사랑에 빠질 때, 어떻게 자기답지 않은 짓을 하면서도 별로 신경 쓰지 않게 되는지에 대해 이야기하고 있죠…" 비욘세가 작가 데니스 헨슬리에게 말했다. "이 곡은 어느 날 스튜디오에서 제가 정신이 나간 듯 보였던 일에서 나오게 되었어요. 제가 '지금 나 정신이 나간 것 같아'라고 말했는데, 프로듀서인 리치 해리슨이 이렇게 말했죠. '바로 그걸 노래로 만들자!'라고요."

그리하여, 2002년의 "Work It Out"을 따른 비욘세의 2번째 솔로 스매시 히트작 "Crazy in Love"가 탄생한다. 하지만 해리슨이 이 옛 데스티니스 차일드 싱어에게 곡의 멜로디 기반 샘플(1970년대 샤이라이츠 싱글로부터 슬쩍해온 것)을 들려주자 그녀는 여기 나오는 개성 강한 호른 리프가 너무 레트로적이라며 한마디로 묵살해버렸다. 이 일에 대해 그녀는 MTV에서 이렇게 털어놓았다. "전 사람들이 그걸 받아들일지 확신이 서지 않았죠."

어쨌든 그녀는 해리슨에게 빠듯한 마감 시간을 통보했고, 2시간 후 해리슨은 버스와 훅을 써 왔다. 비욘세는 브릿지 부분을 생각해냈고, 그녀의 남자친구 제이-지는 여기에 랩을 삽입해주었다. 해리슨이 회상했다. "제이의 버전을 처음 들었을 때, 차에 앉아 있던 저는 '워어어!' 하고 소리쳤죠."

안토니 앤 더 존슨스의 탄식의 애가, 트레이시 본햄의 컨트리 지그, 더 퍼피니 시스터스의 스윙 파스티셰로 재해석되기도 한 이 곡의 가장 명백한 후예는 아메리의 "1 Thing"이다. 이 트랙 작업을 맡아 지휘한 프로듀서 역시 해리슨이었다. "Crazy in Love"는 〈브릿짓 존스의 일기-열정과 애정〉의 사운드트랙으로 쓰였다. 픽션이 낳은 가장 유명한 싱글녀 중 1명에게 참 적절한 선택이었다. **OM**

비욘세는 자신이 단순히 얼굴 예쁜 팝 싱어 이상이라는 것을 확실히 증명해 보였다.

Rebellion (Lies) | Arcade Fire (2004)

Writer | Win Butler, Régine Chassagne, Richard
Reed Parry, Tim Kingsbury, Howard Bilerman
Producer | Arcade Fire
Label | Merge
Album | *Funeral* (2004)

"이 곡은 저에게 큰 희망을
심어주었죠…그리고 저를 굉장히
질투심에 불타게 했어요."

래리 멀렌, 유투, 2009

아케이드 파이어의 바로크 파워-팝 세계에서는 모든 것이 종말론적으로 들린다. 오웬 팔렛의 스트링 편성은 멜로디 사이를 찢어 헤친다. 한 무리의 목소리가 그리스극의 코러스인 양 티격태격하기도, 심술을 부리기도 한다. 그리고 무엇보다도 싱어 윈 버틀러는 그의 망가져버린 심장을 마음껏 증언한다. 이 모든 것은 그저 무서운 느낌으로만 다가왔을 것이다—만일 "Rebellion (Lies)"이 이렇게까지 재미 있지 않았었더라면 말이다.

1분마다 웃음을 선사하는 타입은 아니지만, 어쨌든 저 항노래로서 이 곡은 비아냥거림 투성이다. 우리는 21세기 중반의—편집증에 숨 막히는—북미에 살고 있지만, 몬트리올의 아케이드 파이어는 이것이 모두 다 "그저 거짓말일 뿐. 아들에게 겁을 줘라. 딸에게 겁을 줘라"라고 말한다. 그들은 또한 "잠드는 것은 굴복하는 것"이라고 비웃어댄다. 게다가 "사람들은 당신이 물 없이 지내는 것보다 더 빨리 죽을 거라 말하지. 하지만 우리는 그게 그저 거짓말이란 걸 알아"라고 내뱉기도 한다. "정치적 소견에 기인해 쓰인 건 아니에요." 버틀러가 이렇게 말했다. "그러나 거기에 어느 정도 선동가적 심상이 이입돼 있긴 하죠." 이 곡은 독특한 단독 베이스 사운드를 시작으로 전개해가며, 피아노, 스트링, 집요하게 끈질긴 드럼, 호전적인 외침을 점차적으로 겹겹이 쌓아간다. 대중 선동가의 모습을 갖추게 될 때까지 말이다. 뉴웨이브로 시작해서 켈트족의 영혼을 통해 워터보이스적 "빅 뮤직(big music)"으로 전개해간다고나 할까. 이런 정교하고 화려한 구성 방식이 바로 2000년대 후반기 전체의 주류 인디 록 사운드를 구체화하게 된다.

아케이드 파이어의 데뷔 앨범 〈Funeral〉은—적어도 제목상으로는—그룹 멤버들에게 다사다난했던 한 해를 기리며 추모의 뜻을 비추었지만 여기 담긴 음악은 밝고 웅장하며, 나아가 승리에 취한 듯 보이기까지 했다. 이 앨범은 데이비드 보위와 유투를 밴드의 팬으로 확보해냈고, 스타디움을 평정하는 콜드플레이와 같은 그룹들의 후기 작품 세계에 고루 침투하였다. **MH**

Take Me Out | Franz Ferdinand (2004)

Writer | Alex Kapranos, Nick McCarthy, Bob Hardy, Paul Thomson
Producer | Tore Johansson
Label | Domino
Album | *Franz Ferdinand* (2004)

"저희는 애초부터
영리하게 처신했죠."

알렉스 카프라노스, 2009

Influenced by: Damaged Goods · Gang of Four (1978)
Influence on: I Can't Give You What I Haven't Got
The Living End (2004)
Covered by: Scissor Sisters (2004) · Biffy Clyro (2005)
The Magic Numbers (2006) · Guillemots (2006)

"누군가 말했죠. '그것 참. 이 곡은 노래가 해서는 안 되는 모든 걸 다 하는데도 제대로 잘 간단 말이지. 노래 내내 변화를 계속하는 데다 느려지기까지 하는데도 말야'라고요. 하지만." 프란츠 퍼디난드의 메인맨 알렉스 카프라노스가 NME에 이렇게 말을 이어간다. "바로 그게 저희가 원했던 거죠. 그 휘청하고 비틀거리게 하는 느낌을 만들고 싶었어요. 롤러코스터를 탈 때 배가 쑥 빠져나가는 그 느낌 말이에요." 갑작스러운, 그리고 시끄러운 인트로 부분의 볼륨을 한껏 높여 폭발적 매력을 만나보시라. 그러면 당신은 역대 최고의 포스트–펑크 행진음악 중 일부를 맛볼 수 있게 될 것이다. 이 스코틀랜드 아트 록 밴드의 두 번째 싱글이 왜 그토록 대대적 인기몰이를 하며 클럽 플로어를 채웠는지 그 이유는 너무도 쉽게 알 수 있다.

이들의 밴드명은 제1차 세계대전 발발의 촉매제가 된 암살 피해 인물의 이름을 따서 붙였고, "Take Me Out" 싱글의 앨범 슬리브는 그 시대의 선전용 미술의 파스티셰였다. 그러나 프란츠 퍼디난드의 음악적 영향 요소만큼은 1980년대에 단단히 뿌리 내리고 있으며, 이들은, 파이어 엔진스와 갱 오브 포의 모난 스타카토 노이즈에 오렌지 주스의 기지 넘치는 팝 사운드를 융화시켰다. "이 곡은 두 사람 사이의 긴장감에 대한 거예요. 성적인 의미에서요." 카프라노스가 말했다. "두 사람이 서로 사랑에 빠져 있는데, 둘 다 인정하지 않는 그런 상황 있잖아요. 이런 상황이 주는 긴장감을 끝내기 위해서라면 서로를 받아들이기보다 차라리 거부하기를 선택하겠다는 그런 심리 말이에요. 그러나 저희가 'take me out(날 죽여)'이라는 말을 사용한 데에는 서로 총을 겨누고 있는 2명의 저격수들을 의미하려는 목적도 있었죠. 두 사람 사이의 터질 듯한 긴장감을 계속 이어가기보다는 차라리 총에 맞는 게 낫겠다는 그런 느낌을 암시하고 있는 거예요."

카프라노스는 언젠가, 프란츠 퍼디난드는 여자들을 일으켜 세워 춤추게 할 만한 그런 음악을 만들고 싶었다는 말을 했다. "Take Me Out"은 그들의 목표를 확실히 달성시켜준다. **GR**

I Predict a Riot | Kaiser Chiefs (2004)

Writer | Andrew White, Nick Baines, Nick Hodgson,
Ricky Wilson, Simon Rix
Producer | Stephen Street
Label | B-Unique
Album | *Employment* (2005)

"우린 이 곡이 너무 펑키하다고
생각했지만, 우리 매니저는 10cc와
크래시가 만나 작업한 곡처럼
들린다고 하더라고요."

닉 호지슨, 2006

"돌려 돌려 말할 수도 있겠죠." 프론트맨 리키 윌슨이 말했다. "하지만 이건 어디까지나 영국적인 인디 팝 록이에요." 카이저 치프스의 원천에 오해의 소지란 전혀 없다. 특히 카이저의 가장 확연한 선행 그룹이라 할 수 있는 블러의 조타수였던 전형적 영국 프로듀서 스티븐 스트리트가 작업에 참여하게 되었으니, 이 이상 말은 필요 없다. 라디오 헤드의 수신호가 점점 희미해지고 오아시스가 점점 쇠퇴기를 걷게 되며, 2000년대 중반에는 새로운 혈통의 그룹들이 영국 차트와 미국 대학가를 메우기 시작했다. 프란츠 퍼디난드, 블록 파티, 그리고 '명예 영국인' 더 킬러스는 각진 기타 사운드와 추어올린 눈썹을 가지고 등장한다. 그러나 카이저는 뻔뻔한 대중 선동가였다. 이런 성격은 그들의 첫 싱글 "I Predict a Riot"에 가장 황홀하게 드러나 있다.

곡의 가사는 밴드의 고향 리즈를 향해 경의 아닌 경의를 표하고 있다. "전 제 친구 닉과 디제이 활동을 하곤 했었죠." 드러머 닉 호지슨이 가디언에 말했다. "저희는 집으로 운전해 가는 길에 대형 나이트클럽을 지나가곤 했어요. 거기에는 항상 많은 수의 경찰들과 사람들이 싸움을 벌이고 있었습니다. 전 집에 가서 피아노로 리프를 쓴 다음 가사를 약간 붙여 불러보았어요. 가사 중에는 'A friend of a friend / He got beaten(친구의 친구 1명이 / 두들겨 맞았지)'이라는 부분이 있었죠. 그건 닉의 친구였던 그 디제이를 말하는 거예요. 하루는 피그스 클럽에서 공연하는 날이었는데 '블랙 와이어'가 무대에 올라왔어요. 그들이 점점 미친 듯 달아올랐고 청중들도 빠져들었어요. 클럽 경비원들이 슬슬 움직이기 시작하는 게 보였습니다. 그리고 전 클럽 매니저에게 이렇게 말했어요. '폭동이 예상되는군요' 라고요." **BM**

▶ **Influenced by: Advert · Blur (1993)**
▶ **Influence on: Mirror Kissers · The Cribs (2005)**
● **Covered by: Girls Aloud (2006) · Bonzo Dog Doo-Dah Band (2007)**
★ **Other key tracks: Ruby (2007) · Never Miss a Beat (2008) · Hole in the Soul (2016)**

Portland, Oregon | Loretta Lynn featuring Jack White (2004)

Writer | Loretta Lynn
Producer | Jack White
Label | Interscope
Album | *Van Lear Rose* (2004)

"두리틀의 손에는 위스키 한 병과
나를 겨눈 권총 한 자루가 들려 있었다.
그것도 탄알이 장전된 총이…"

로레타 린, 2005

〈Van Lear Rose〉의 하이라이트를 장식한 "Portland, Orgeon"은 그녀의 진심 어린 이야기 전달력과 화이트의 가슴 따뜻한 제작의 완벽한 융화를 보여주었다. 화이트 스트라이프스는 2001년 그들의 앨범 〈White Blood Cells〉를 로레타 린에게 헌정했다. "그녀는 진실을 그대로 말해주는 노래를 무수히 썼죠." 메그 화이트가 모조에 말했다. "그리고 그 시대에 다른 사람들은 감히 하지 못할 말을 하곤 했어요." 린은 그들에게 감사를 표했고 그녀가 "Portland Oregon and a Sloe Gin Fizz(오리건주 포틀랜드 시와 슬로 진 피즈 한 잔)"라고 부른 곡에서 화이트와의 듀엣을 계획했다. "살짝 빠른 템포의 음악이었어요. 그리고 제 생각에 그가 이 곡을 좋아할 것 같더군요!" 일기의 한 페이지 같았던 곡의 가사는 로레타 린이 남편 올리버 "두리틀" 린과의 사이에서 일어난 사건을 각색한 것이었다. 그녀는 멍든 지혜의 광을 파는 데 오랜 세월을 보냈고, 이 곡은 린이 "21세기의 가장 위대한 여성 싱어-송라이터"라는 화이트의 주장을 뒷받침하는 또 하나의 증거였다. 화이트의 술에 취한 듯 아찔한 제작(롤링 스톤스의 〈Exile on Main St〉을 연상시키는 멋진 슬라이드 기타를 곁들였다)은 술김의 비행이 피우는 분위기를 잘 포착했다. 린은 남편의 관심을 끌기 위해 남자인 친구와 시시덕거렸던 일에 대해 노래한다. 가사 중에는, "진 피즈(gin fizz)"를 너무 많이 마신 결과 후회를 남긴 하룻밤의 정사로 이어졌다는 내용이 나온다.

수년 전 린은 불륜을 가장한 적이 있었다. 그때 두리틀은 부인이 다른 남자와 있는 걸 보면 그녀를 살해할 생각으로 샤워커튼 뒤에서 기다리고 있었다 한다. 큰 충격을 가져왔던 경험이 하나의 환상적인 노래에 밑거름이 된 것이다. **SC**

◀ **Influenced by: Torn and Frayed** • The Rolling Stones (1972)
▶ **Influence on: You Don't Know What Love is (You Just Do as You're Told)** • The White Stripes (2007)
★ **Other key tracks:** You Ain't Woman Enough (To Take My Man) (1966) • Coal Miner's Daughter (1970)

Jesus of Suburbia | Green Day (2004)

Writer | Billie Joe Armstrong, Mike Dirnt, Tré Cool
Producer | Rob Cavallo, Green Day
Label | Reprise
Album | *American Idiot* (2004)

"이 곡은 척 보고, '귀에 착 감기는 노래네'라고 말할 그런 종류가 아니에요. '이야, 이 노래에 맞춰 춤을 추고 싶다' 이런 것이죠."

빌리 조 암스트롱, 2005

Influenced by: Summer of '69 · Bryan Adams (1984)
**Influence on: American Eulogy: Mass Hysteria/
Modern World** · Green Day (2009)
Covered by: CMH Band (2007)
Other key tracks: Boulevard of Broken Dreams (2004)
American Idiot (2004) · Holiday (2004)

그린데이의 〈American Idiot〉에서 과거의 악령들과 현재의 악령들이 조우했다. 싱어이자 기타리스트인 빌리 조 암스트롱의 파워풀한 가사는 지저스 오브 서버비아(Jesus of Suburbia), 세인트 지미(St. Jimmy), 왓츠허네임(Whatshername)이란 3명의 등장인물이 얽힌 이야기를 통해 자전적 스토리와 국가를 향한 분노를 융화시키는 데 성공한다. "이건," 암스트롱도 이렇게 인정했다. "순서대로 전개되는 스토리 라인은 아니라고 봐야죠."

"Jesus of Suburbia"는 9분 길이의 대서사시적 록 오페라이다. "저희는 굉장한 개별 섹션들을 가지고 있었어요." 베이시스트 마이크 던트가 말했다. "하지만 저희는 그것들이 서로 조화를 이룰 수 있게 맞춰야 했어요. 때로는 거의 뭐라도 써내야 하는 경우가 발생했죠…한 파트에서 다른 파트로 넘어가려고요. 녹초가 될 만큼 힘들었어요."

이 곡은 총 5장으로 나뉘었다. "Jesus of Suburbia," "City of the Damned," "I Don't Care," "Dearly Beloved," 그리고 "Tales of Another Broken Home"이 바로 그것이었다. 팬들은 다양한 영감의 원천을 알아채고 즐거워했다. 그중에는 데이비드 보위의 "Moonage Daydream"("Jesus of Suburbia")와 블랙 사바스의 "Children of the Grave"("I Don't Care")를 비롯해, 모트 더 후플의 "All the Young Dudes," 모틀리 크루의 "On with the Show", 브라이언 애덤스의 "Summer of '69"("City of the Damned")도 있었다. 암스트롱에게 도입부 가사("I'm the son of rage and love / The Jesus of Suburbia(난 분노와 사랑의 아들 / 난 교외 지역의 예수)")는 앨범 전체 테마의 결정체나 다름없었다. 그가 말했다. "사람들은 곡을 쓴 사람이 빠져 있는 상황만을 노래로 투영시키는 게 아니에요. 동시에 자신들 삶 속에 모든 것을 뱉어내게 되죠…스스로에게 딸린 그 모든 감정적 짐이요. 드디어 그걸 발산할 수단을 가지게 된 것이라 봐야죠. 'Jesus of Suburbia'가 저에게 가지는 의미는 바로 그런 거예요." 팬들도 여기에 진심으로 동조했다. 2009년 롤링 스톤에서 실행한 독자 투표에서, 이 곡은 가장 좋아하는 그린데이 송 1위로 꼽혔다. **BM**

Mein Teil | Rammstein (2004)

Writer | C. Schneider, C. Lorenz, T. Lindemann,
P. Landers, R. Kruspe-Bernstein, O. Riedel
Producer | Jacob Hellner, Rammstein
Label | Universal
Album | *Reise, Reise* (2004)

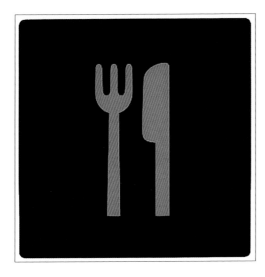

"펫 샵 보이즈는
이 노래가 좋았던 모양이에요."

틸 란데만, 2007

◀ **Influenced by: Just One Fix** · Ministry (1992)
▶ **Influence on: Blood** · Emigrate (2007)
● **Covered by:** Hayseed Dixie (2007) · Panzerballett
(2009)
★ **Other key tracks:** Keine Lust (2004) · Amerika (2004)
Ohne dich (2004)

'작은 빨간 수탉'부터 시작해서 '사랑의 총'까지, 송라이터들은 수십 년에 걸쳐 남성의 한 신체 부위에 부치는 서정시를 줄줄이 조제해왔다. 그러나 그 중 어느 것도 "Mein Teil"과 같은 노래는 없었던 것 같다. 독일의 인더스트리얼 메탈 미치광이들 람슈타인은 오랜 세월에 걸쳐, 근친상간부터 가학·피학성 성욕까지, 금기시 되는 주제들을 꿋꿋이 채굴해왔다. 그러나 이들이 아껴두었던 최고의 쇼크작은 4번째 앨범의 악명 높은 수록 곡 "Mein Teil"('나의 부위')이었다. 이 트랙은 한 남자가 다른 남자의 남근을 베어 요리해 먹은 식인 사건에서 영감을 끌어와 만들어졌다고 한다. "이건 저희가 상상한 게 아니에요." 싱어 틸 린더만이 플레이보이에 항변했다. "실제로 일어난 일이라고요."

이 곡은 필연적으로 원성을 불러일으킨다. "논란이 되는 건 즐거워요. 마치 금단의 열매를 훔치는 것 같죠." 키보디스트 독토 크리스티안 로렌스가 더 타임즈에게 말했다. "하지만 이것도 다 목적이 있어 하는 거예요. 저희는 청중이 저희 음악을 붙잡고 거기에 매달리기를 원하죠. 이제 사람들의 반응이 좀 더 많아졌어요." 특히, 만약 독일어를 이해하지 못한다면 팬들은 여기 다뤄지는 주제를 모른 채 넘어갈 수 있다. 왜냐하면 음악으로 따져봤을 때 이 곡은 선율이 살아 있는 '노이에 도이치 해르테("새로운 독일적 강인함")의 탁월한 본보기라고 할 수 있기 때문이다. 이 곡은 대형 해머의 힘으로 내려치며, 충돌하는 인더스트리얼 사운드와 헤비 메탈의 깊고 깔끔한 혼합으로 강타를 거듭한다. 린더만은 자신의 먹이를 추적하는 광인처럼 가사 사이로 맹렬히 전진해간다. 그가 무엇이라 말하고 있는지 이해하게 될 때, 비로소 통렬한 비아냥거림을 실감할 수 있다. "왜냐하면 당신이 먹는 음식이 곧 당신을 말한다잖아. 그리고 너는 그게 뭔지 알고 있어. 그건 나의 그 부위지."

이런 가사에도 불구하고, 어쩌면 이런 가사 덕에 곡은 큰 인기를 끌게 된다. 이 트랙으로 람슈타인은 그래미상 후보로 지목되었고, (밴드의 비전통적 음악 인생에 기이한 이변 중 하나로) 펫 샵 보이즈가 이 싱글의 리믹스 버전을 내놓기도 한다. 드러머 크리스토프 둠 슈나이더의 말을 빌리자면, 펫 샵 보이즈의 버전이 약간은 "춤곡 같다"고 한다. **JiH**

The Art Teacher
Rufus Wainwright (2004)

Writer | Rufus Wainwright
Producer | Marius De Vries
Label | Geffen
Album | *Want Two* (2004)

루퍼스 웨인라이트는 약물, 가족, 연인들과의 투쟁을 오페라적 관점으로 해석하여 유명세를 얻었다. 그러나 막상 그의 가장 완성도 높은 곡은 이 템플릿을 완전히 저버린 것이었다. "The Art Teacher"은 몬트리올에서 무대 녹음됐다. "그는 너무나도 카리스마 넘치는, 걸출한 라이브 공연가죠." 제작자 마리우스 드 브리즈가 말했다. "라이브로 녹음된 트랙이 있는 게 뭔가 느낌이 더 맞았어요." 여기에 웨인라이트는 풍성한 관현악 사운드 대신, 장식적이지 않은, 필립 글라스처럼 반복적인 피아노 연주와 구슬픈 프렌치 호른 솔로를 채워 넣었다.

이 곡의 화자는 한 부유한 가정주부이다. 여기에는 웨인라이트 특유의 위트가 드러나 있지만(그의 주인공은 "유니폼 같은 팬츠수트 같은 그런 것"을 입고 있다), 그렇다고 해서 이것이 짝사랑의 가슴 아픈 이야기로부터 주의를 산만하게 하지는 않는다. 지루함에 지친 이 주부는 학창 시절 자기반 학생들을 뉴욕의 메트로폴리탄 뮤지엄에 데려갔던 한 미술 선생님에 대한 몽상에 젖는다. "난 그때 그저 소녀일 뿐이었지" 웨인라이트가 낮고 감상적으로 노래한다. "그는 우리에게 가장 좋아하는 미술품이 무엇이냐고 물어봤지 / 하지만 난 그에게 말할 수 없었지, 그것은 그라는 걸." 교사는 이 소녀에게 터너(Turner)의 회화를 좋아한다고 전했고, 이제 어른이 된 주인공은 그 이후 "다른 남자에게 돌아선(turned) 적이 단 한 번도 없다"고 주장한다. 이건, 좀, 사실이 아니다. 그녀는 "한 우두머리급 회사 간부"와 결혼한 사실을 고백하고 이제 터너의 그림을 한 폭 소유하고 있음을 이야기한다. 그러나 이건 그녀에게 어린 시절 짝사랑을 기억나게 할 뿐이다. 동성애자인 남자의 목소리를 통해 전해지는 이 구절들은 너무도 통렬하게 다가왔다. **TB**

Dry Your Eyes
The Streets (2004)

Writer | Mike Skinner
Producer | Mike Skinner
Label | 679
Album | *A Grand Don't Come for Free* (2004)

힙합 그룹 더 스트리츠로 마이크 스키너가 발표한 데뷔 앨범 〈Original Pirate Material〉은 영국인들의 삶에 대한 관찰로 가득 차 있었다. 그의 후속 앨범은 뜻밖에도 컨셉트 앨범이었고, 여기 등장하는 주인공은 1천 파운드를 잃었다가 되찾는 한편, 한 여인을 찾았다가 잃기도 한다. 이 앨범은 이렇게 한 주기 동안 일어난 사건들을 발생 순서대로 기록하고 있는 동시에 인생의 교훈들도 무수히 담고 있었다.

이 곡은 본래 코러스 부분에서 콜드플레이의 크리스 마틴을 등장시켰다. "전 그가 여기서 아주 멋지게 들릴 거라 생각했죠." 스키너가 NME에 말했다. "그에게 전 녹음을 요청했고 그는 작업을 모두 마쳤어요. 그런데 이후 일이 도대체 어떻게 된 건지는 저도 확실히 몰라요. 제 생각엔 그의 레코드사가 별로 마음에 들지 않았던 것 같아요. 아니면 그 스스로 마음에 들지 않았었는지도 모르죠."

"Dry Your Eyes"는 한 관계가 끝이 날 때 스쳐가는 가슴 아픈 순간들을 조목조목 자세하게 전한다. 스키너는 여자친구에게 생각을 고쳐먹을 걸 애걸하며 느낀 망연자실함을 생생히 묘사한다. 트랙 중간 브레이크다운 섹션에서 스트링이 부풀어 오르고 그는 이렇게 읊조린다. "And I'm just standing there / I can't say a word 'cause everything's just gone / I've got nothing / Absolutely nothing(난 그냥 우두커니 서 있어 / 모든 게 사라져버린 나머지 한마디도 할 수 없어 / 난 가진 게 아무것도 없어 / 정말 아무것도)." 그리고 숨이 멎을 듯한 바로 그 순간, 당신은 그의 심정을 이해할 수밖에 없게 돼버릴 것이다. "'Dry Your Eyes'는 여자친구가 당신과 완전히 종지부를 찍었을 때 느끼는 완전한 공황 상태의 순간을 그리고 있죠…" **SO**

Chicago
Sufjan Stevens (2005)

Writer | Sufjan Stevens
Producer | Sufjan Stevens
Label | Asthmatic Kitty
Album | *Illinois* (2005)

"멜로디성 강한 애국적 노래들." 수프얀 스티브스가 자신의 야심찬 "Fifty States Project"를 가리켜 한 말이다. "그게 바로 제가 하는 일의 토대죠. 그저 전통적 작곡에 주안점을 두는 겁니다." 미국의 모든 주마다 거기 관련된 앨범을 각각 1장씩 내겠다는 것이 그의 목표였고, 그 결과, 평단의 찬양에 빛나는 〈Illinois〉(일명, <Sufjan Stevens Invites You to: Come on Feel the Illinoise>)가 탄생한다. 여기 수록된 "Chicago"는 이 인디 음유시인이 거둔 가장 위대한 성과라고 할 수 있었다.

이 (모호하긴 하지만) 탁월한 컨셉트 앨범 중 놀랄 만큼 두각을 나타냈던 "Chicago"에서, 스티브스는 그의 장식 없는 어쿠스틱한 접근 방식을 피하고, 대신 다양한 악기 사운드의 조화를 채택한다. 시작 부분을 장식하는 소란스러운 스트링 사운드는 수프얀의 은은한 보컬이 등장하면 한 걸음 뒤로 물러난다. "Chicago"는 호소력 깊은 가사와 음악적 위엄 양면으로 대단한 환호를 사게 된다. 팬들은 이 곡이 전하는 의미를 가지고 고투를 벌였는데 일부는 "You came to take us / All things go, all things go(당신은 우리를 데리러 왔다 / 모든 건 사라지게 마련)"가 그리스도와의 대인 관계를 의미한다고 주장했고 다른 이들은 "Freedom / From myself and from the land(자유 / 나로부터, 육지로부터)"라는 그의 외침이 일리노이와 중서부의 육지에 둘러싸인 벌판에서의 탈출을 의미하는 단순한 암시라고 믿기도 했다.

노래 전반에 걸쳐 도회적 분위기가 물씬 느껴진다. 호른, 스트링, 퍼커션 부대는 곡에 특별함과 축하연적 느낌을 가미시켰고, 이런 측면은, 패런트 앨범이 만국적 갈채를 받는 데 공신 역할을 한다. **JM**

Todo cambia
Mercedes Sosa (2005)

Writer | Julio Numhauser
Producer | "Chango" Farías Gómez
Label | Universal Classics
Album | *Corazón Libre* (2005)

급진주의적 '누에바 칸시온'(새로운 노래) 그룹 킬라파윤을 1965년 공동 결성한 칠레 싱어-송라이터 훌리오 눔하우세르는 1973년 아우구스토 피노체트 장군이 사회주의 정부를 몰아낸 후 목숨이 위태로워진 것을 깨닫게 된다. 눔하우세르는 칠레를 떠나 스웨덴에서 망명 생활을 했고, 그곳에서 "Todo cambia"("모든 건 변한다")를 작곡한다. 이 곡은 이후 라틴아메리카의 앤섬으로 자리 잡게 된다.

이 노래가 처음 모습을 드러낸 것은 1982년 발매된 그의 동명의 솔로 데뷔 앨범에서였다. 여기서 눔하우세르의 진지한 보컬은 어쿠스틱 기타와 삼포냐('zampona' 혹은 팬파이프)의 보조를 받고 있다. 곡의 가사는 아름다운 시적 심상을 줄줄이 등장시키고, 변화라는 것을 자연스러운 과정으로 수용할 필요성을 강조하고 있다. 모든 것은 바뀐다고 그는 단호히 말한다. 하지만 그의 사랑만은 예외였다. 멕시코 싱어인 니초 이노호사와 구아달루페 피네다를 포함한 여러 아티스트들이 곡의 커버 버전을 시도했다. 그러나 "Todo Cambia"가 세계 청중에게 소개된 것은, 이제 고인이 된 메르세데스 소사의 레퍼토리에 편성해 그녀의 앨범 〈Live in Europe〉(1990)에 수록되고 난 후에 일어난 일이다. 고국 아르헨티나가 "더러운 전쟁"에 휩쓸리게 된 후 1979년 유럽으로 망명하게 된 소사는 눔하우세르의 심정을 정확히 이해할 수 있었다. 그녀가 소유했던 유일무이한 음악 해석 능력 덕에 소사의 보컬에는 진지함이 적절히 실려 있다. 그녀는 이 곡을 여러 번 녹음했다. 하지만 그 중 가장 탁월했던 버전은 아마도 군더더기 하나 없이, 가장 필수만 남게 편곡한 〈Corazon Libre〉 수록 버전이라 할 수 있겠다. **JLu**

I Bet You Look Good on the Dancefloor | Arctic Monkeys (2005)

Writer | Alex Turner
Producer | Jim Abbiss
Label | Domino
Album | *Whatever People Say I Am, That's What I'm Not* (2006)

"악틱 몽키즈는요, 상당 부분이 재치 있는 말장난이 중심이 되죠. 가사가 정말 기가 막히거든요."

노엘 갤러거, 오아시스, 2006

◀ **Influenced by:** Disco 2000 · Pulp (1995)
▶ **Influence on:** The Age of the Understatement
The Last Shadow Puppets (2008)
● **Covered by:** Sugababes (2006) · Tom Jones
& Joe Perry (2007)
★ **Other key track:** Fake Tales of San Francisco (2005)

영국 차트 역사상 가장 빠른 판매 속도를 기록한 데뷔 앨범 중 하나를 써낸 장본인임에도 불구하고, 악틱 몽키즈 프론트맨 알렉스 터너는 스스로가 우연히 영웅이 된 경우라 말한다. "제가 보컬을 맡기 시작한 이유는 단지 하겠다는 사람이 하나도 없었기 때문이에요." 19세의 그가 데일리 레코드에 말했다. 그럼에도 그의 데뷔 싱글 "I Bet You Look Good on the Dancefloor"은 5주 동안 영국 차트 정상을 지켰고, NME는 터너를 "지구상에서 가장 멋진 남자"라 했다.

셰필드에서 온 십 대 소년의 아찔한 성공을 재촉하는 데 그의 밴드가 연출해 낸 추진력 강한 기타와 덜컥거리는 드럼 사운드가 한몫했음은 물론이다. 한편 터너의 날카로운 관찰력이 드러나는 냉소 섞인 가사는 박식한 인용이나 암시를 담은 구절들에 싸구려 시나리오를 섞어냈고, 도저히 흉내 낼 수 없는 잉글랜드 북부 억양으로 전달됐다. 펄프의 자비스 코커(그도 셰필드 출신이다)가 그랬듯, 터너도 자신이 아는 세계에 대해 써내려갔고, "Oh there is no love / Montagues or Capulets / Just banging' tunes and DJ sets and / Dirty dance floors and dreams of naughtiness(오, 사랑은 없어 / 몬태규와 캐이플릿 / 그저 신 나는 노래와 디제이들의 공연 / 그리고 뜨거운 댄스 플로어와 짓궂은 생각들 뿐)"와 같은 가사로 팬들의 마음을 앗아갔다.

밴드는 귀에 착 달라붙고 재미 있으며 자연스럽게 공감할 수 있는 데모 트랙들로, 웹 사용에 능하고 충성심 강한 추종자들을 확보해냈다. 그들은 온라인 메시지 보드들을 통해 입소문을 퍼뜨렸고, 그 덕에 소년들은 음반 계약을 맺게 되었으며, 급기야는 음악 역사에까지 돌파해 들어갔다.

"악틱 몽키즈는 음반 회사 조직 바로 바깥 공간에서 일을 진행해나갔고, 그건 매우 급진적인 일이었죠." NME의 부편집인 알렉스 니드햄이 말했다. 그는 또한 이렇게 덧붙인다. 터너는 "거의 새로운 종족의 록 스타라고 봐야 됩니다. 거의 영년 격이라고 봐야죠. 마치 청중에서 걸어 나와 바로 무대에 올라간 셈이에요." 그러나 터너는 자신의 1번째 히트 곡에 별다른 감흥을 받지 못했다고 단언한다. "가사가 별로죠. 바닥에 찌꺼기를 긁어낸 거예요…그 노래만으로 알려지는 건 원치 않아요. 그건 쓰레기 같거든요." **EP**

Welcome to Jamrock | Damian Marley (2005)

Writer | Damian Marley, Stephen Marley, Ini Kamoze
Producer | Stephen Marley, Damian Marley
Label | Ghetto Youths United
Album | *Welcome to Jamrock* (2005)

"미국은 현재
가장 극심했던 공황 중 하나를
겪고 있어요. 그런데도,
자메이카보다는 훨씬 사정이 낫죠."

데미안 말리, 2009

Influenced by: World-A-Music · Ini Kamoze (1984)
Influence on: Stand Up Jamrock · Bob Marley (2005)
Covered by: DJ Shepdog (2009)
Other key tracks: The Master Has Come Back (2005)
Road to Zion (2005) · Confrontation (2005) · Pimpa's
Paradise (2005) · Hey Girl (2005)

레게 명인 밥 말리의 막내아들 데미안 말리는 언론의 스포트라이트 속에 태어났다. 모친 신디 브레이크스피어는 밥과 교제할 당시 미스 자메이카이자 미스 월드 타이틀의 소유자였다. 그는 음악을 만들고 토스팅(이것은 레게 베이스 라인과 짝을 이루어 하는 자메이카 스타일 라이밍으로 랩보다 앞서 등장했고 랩에 영향을 주었다)을 하며 성장했다. 그가 소유한 기술 덕에 데미안은 사이프레스 힐, 그리고 나스와 같은 협력자들의 총애를 받게 되는 한편, 단순히 '밥 말리의 아들'로 활동하는 데 그치지 않고 자신만의 청중을 확보해나갈 수 있었다. 형 스티븐이 프로듀싱을 맡아 해준 "Welcome to Jamrock"은 데미안을 세계 청중에게 소개한다. "Jamrock"은 자메이카를 의미하는 말이었고, 이 곡은 자메이카가 (종종 밥 말리를 쾌활한 아이콘으로 사용하여) 관광객들에게 선전되는 방식에 대해 언급하고 있다. "전 제 아버지를 우러러봅니다." 데미안이 수트101닷컴(suite101.com)에 말했다. "그리고 전 그를 뮤지션으로서도 우러러보죠. 게다가 아버지가 다룬 주제들은 정말 훌륭한 것들이었어요. 그건 제가 곡을 쓸 때 다루고 싶은 그런 종류의 주제들입니다. 사람들에게 교훈을 주는, 뭔가 의식 있는 그런 것들, 의미 있는 것들 말이에요."

데미안의 이글거리는 토스팅은 '난폭한 범죄', '곤궁함의 만연', '부패한 정치가들'을 이 카리브해 섬의 가장 시급한 3대 문제점으로 꼽아 이야기한다. 여기서 사이렌 소리와 총성, 오싹한 코러스—"Out in the street, they call it murder(길거리에 나가면 / 사람들이 '살인이야'라고 소리쳐)!—는 곡의 불길한 낌새를 살리는 데 한몫한다. 자메이카 리듬 섹션의 대가 뮤지션들인 슬라이 던바와 로비 셰익스피어가 창조한 펌프질 같은 그루브가 이 격렬한 트랙에 연료가 되었다. 이 그루브는 던바와 셰익스피어가 프로듀싱을 맡은 이니 카모제의 1984년 레게 고전 "World-A-Music"에서 미리 첫선을 보였다. 한 편의 도심 구역 앤섬으로 처음 잉태된 "Welcome to Jamrock"은 거리 곳곳을 누비다 급기야는 라디오 스테이션에 다다르게 되었고, 데미안에게 대대적인 레게-랩 크로스오버 히트의 성공을, 거기다 2개의 그래미상까지 안겨준다. **GC**

Fix You
Coldplay (2005)

Writer | G. Berryman, J. Buckland, W. Champion, C. Martin
Producer | Ken Nelson, Coldplay
Label | Parlophone
Album | *X&Y* (2005)

2002년, 콜드플레이의 앨범 〈A Rush of Blood to the Head〉는 극적 대격변을 기록했다. 그들의 데뷔 앨범 〈Parachutes〉가 인상적인 판매 성과를 거두는 데 그친 반면, 그 후속 앨범은 전 세계를 상대로 1천1백만 장이나 판매되었기 때문이다. 이에 버금가는 성공을 재현해내야 한다는 중압감은 너무나 막중했고, EMI의 주가가 콜드플레이의 3번째 앨범에 달려 있다는 말이 떠돌기까지 했다. 3년 후, 여전히 쇼크에서 벗어나지 못한 크리스 마틴은 이렇게 선언했다. "주주들, 주식, 그런 모든 건 저랑 아무 상관 없어요."

다행히도, 〈X&Y〉는 성공을 거둔다. 콜드플레이는 전석 매진 밴드에게 기대되는 모든 조건 요소—앤섬, 만국적 주제, 소리쳐 따라 부를 코러스 등—를 여기 담아냈다. 하지만 "Fix You"는 단순한 직무 범위를 넘어선 경지를 보여주었다. 여기 담긴 황홀한 운율과 점진적인 배경 설정은 이 곡을 뇌리 깊이 자리매김시켰고, 오르간 코드들은 여기에 영적 힘을 부여했다(베이시스트 가이 베리먼은 이것이 지미 클리프의 1969년 고전 "Many Rivers to Cross"를 반향하고 있다고 말했다). 이 오르간은 마틴의 부인 기네스 팰트로가 고인이 된 부친으로부터 받은 것이었다. "제가 코드를 연결했는데 그게 한 번도 들어보지 못한 엄청난 사운드를 냈어요." 이 곡에 묻어나는 경건함은 트랙의 마지막 1/3에서 확고히 다져진다. 이 지점에서 밴드가 보컬에 합류하며, 폭발적 합창이 연출된다. 이 부분 덕에 "Fix You"는 라이브 무대에서 가장 사랑받는 곡이 되었고, TV의 감동적 장면에서 자주 활용되는 사운드트랙으로 굳어진다. 콜드플레이는 이 트랙으로 음악과 가사의 우수성을 모두 인정받는 아이보 노벨로 베스트 송 부문에 후보로 지목되기도 한다. **MH**

Let's Make Love and Listen to Death from Above | CSS (2005)

Writer | Adriano Cintra, Luísa Hanae "Lovefoxxx" Matsushita
Producer | Adriano Cintra
Label | Trama
Album | *Cansei De Ser Sexy* (2005)

5명의 멋진 여성—그것도 캣수트를 차려입는 현란한 리드 싱어 러브폭스를 포함하여—에 1명의 다재다능한 남성을 더하면 어떻게 될까? 바로 브라질 6인조 CSS가 그들이다. CSS는 "Cansei de ser sexy"의 약자로 "맨날 섹시한 내가 지겹다"라는 비욘세의 말을 포르투갈어로 전환시킨 것이다. 조롱 섞인 그들의 밴드명은 상파울루를 기반으로 활동하는 이 재미 있고 젊은 팝스타들에게 너무도 잘 어울리는 이름이었다.

그들의 노래 중 가장 유명한 "Let's Make Love and Listen to Death from Above"는 잔뜩 달아오르게 만드는 감질나는 일렉트로-팝 티저로, 동료 댄스-펑크 밴드인 '데스 프롬 어보브 1979'의 이름을 언급하고 있다. 현재 쇠퇴기를 맞이한 캐나다 밴드에 부치는 CSS의 송가 "Let's Make Love…"는 코끼리 마스크를 쓴 밴드가 등장하는 뮤직비디오를 통해 전혀 새로운 경지에 도달하게 된다('데스 프로어버브 1979'가 발표한 앨범들은 두 장 모두 코끼리 코를 단 듀오의 모습을 커버 디자인으로 실었다). 음악적 측면에서, 피치포크닷컴(Pitchfork.com)의 말을 빌리자면 이 곡은 "멋진 잔물결 같은 디스코 베이스 라인과 흐릿한 키보드의 지저귐, 록 기타가 장식하는 브레이크다운 섹션으로 실제 데스 프롬 어보브를 연상케 하는 사운드를 연출해낸다."

이 곡은 그들의 데뷔 앨범에서 싱글로 뽑혀 발매된다. (디플로, 스팽크 록, 시미안 모바일 디스코, 캘빈 해리스, 그리고 핫 클립을 포함한) 최신 유행 프로듀서들이 앞다투어 이 트랙을 리믹스했다. 유행의 최첨단을 걷는 것뿐 아니라, 농담조의 유혹적 가사("Wine then bed / Then more / Then again(술 마시고 잠자고 / 더 하고 / 다시 하고)")를 활기차게 전하는 러브폭스 덕택에, 듣는 이들은 대단한 즐거움을 선사받는다. **OM**

2007년, CSS의 프론트우먼이자 라이크라 재질 캣수트의 지지자인 러브 폭스가 공연 중이다. ➜

Best of You | Foo Fighters (2005)

Writer | Dave Grohl, Taylor Hawkins, Nate Mendel, Chris Shiflett
Producer | Nick Raskulinecz, Foo Fighters
Label | Roswell
Album | *In Your Honor* (2005)

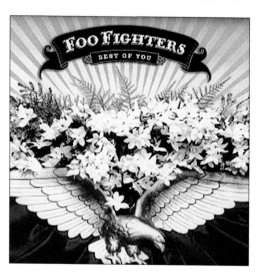

"흥미로운 멜로디를
생각하려 하지 않았어요.
노래가 재생되는 내내
고래고래 소리 지르기를 원했을 뿐이죠."

데이브 그롤, 2005

> **Influenced by: Something I Learned Today · Hüsker Dü** (1984)
> **Influence on: Armor and Sword · Rush** (2007)
> **Covered by: Pieter Embrechts, Thomas De Prins & The New Radio Kings** (2009)
> **Other key track: Friend of a Friend** (2005)

"'Best of You'는 저항의 노래입니다." 데이브 그롤이 MTV에서 말했다. "당신보다 더 큰 무엇, 혹은 당신이 사랑에 빠진 그 누군가에 의해 이용당하기를 거부하는 것에 대한 내용이에요." 그의 밴드가 음악 활동을 시작한 지 10년째 되던 시점에 그롤은 마침내 자신의 앤섬을 쓰게 된다.

마크 펠링턴은 불안감을 일으키면서도 감동을 전하는 뮤직비디오를 연출했고, 사용 중단된 한 병원 지붕 위에서 연주하는 밴드의 모습과 분노와 고통을 표출하는 자극적인 이미지들을 한데 섞어냈다. "그의 부인이 세상을 뜬 지 얼마 안 되었을 때였죠…" 드러머 테일러 호킨스가 말했다. "그리고 그는 이 곡에 진심 어린 감정적 애착을 가지게 됐어요. 처음에 그는 도저히 일을 할 수조차 없다고 말했죠. 이 곡이 그에게 너무 감정적 동요가 컸기 때문이었다고 해요." 사운드와 영상이 한데 힘을 합쳐 푸 파이터스에게 그들의 1번째 미국 플래티넘 싱글을 선사하게 된다. 그러나, 이 곡이 가장 큰 영향력을 발휘한 것은 바로 무대 위에서였다. "전 이렇게 생각했죠. '내가 이 곡을 라이브로 공연한다는 건 절대 말도 안 돼, 내 목에 피가 고이게 될 걸'이라고요. 하지만 이제는 아주 좋아요. 분출구라고 할 수 있죠. 관중 앞에 나가 가슴 깊은 곳으로부터 가사를 뱉어낼 때, 2배나 더 강하게 소리치게 되더군요."

2007년 열린 두 스타디움 공연은 특별한 의의를 가졌다. 1번째는 프린스가 마이애미에서 있었던 수퍼 볼 하프타임 쇼에서 커버 버전을 부른 일이었다. "그걸 봤을 때 막 눈물이 나더라고요. 전 프린스를 들으면서 자랐거든요." 그롤이 말했다. "그런 존재의 인물이 자기 노래의 커버 버전을 부르고 있다니, 스스로를 한번 꼬집어보게 되죠." 그리고 2번째는, 영국에서 있었던 〈라이브 어스(Live Earth)〉 쇼에 출연한 그들의 공연 모습이 세계에 방송된 일이었다. 이 기회를 통해 푸 파이터스는 그들이 초대형 공연장의 가치를 톡톡히 살리는 밴드임을 증명해 보였다. 하지만 이 곡의 가장 기막힌 버전은 〈Skin and Bones〉를 장식한다. **BM**

Hoppípolla | Sigur Rós (2005)

Writer | Jónsi Birgisson, Kjartan Sveinsson,
Orri Páll Dýrason, Georg Hólm
Producer | Sigur Rós, Ken Thomas
Label | EMI
Album | *Takk…* (2005)

"이건 오르가슴과 같은
해방감을 줍니다."

개리 라이트바디, 스노우 패트롤, 2006

Influenced by: Wake Up • Arcade Fire (2004)
Influence on: Poppiholla • Chicane (2009)
Covered by: We Are Scientists (2006) • Wenzel
Templeton & Robert Pegg (2008) • Vitamin String
Quartet (2009)

〈Takk…〉(아이슬랜드어로 "감사"라는 의미)는 시규어 로스에게 대단한 이탈 행위였다. 이 앨범은 바로 이전 발매된 것과 달리 실질적인 곡 제목들을 기재하였고, 그럼으로써 듣는 이와 소통하려는 욕구를 좀 더 많이, 그리고 즉각 피력하고 있었다. 이에 따라 주류 세계는 좀 더 이해하기 쉬웠던 이 트랙들을 광고, 트레일러, TV방송에서 부수 음악으로 사용해댔다. 그러나 이 중 그 어느 트랙도 "Hoppipolla"만큼 열광적으로 이용당한 곡도 없을 것이다.

이 곡의 매력은 놓치려야 놓칠 수 없다. 잔잔한 도입부는 터져버릴 듯 소용돌이치는 특징적 피아노 사운드에 재빨리 자리를 내주고 여기에는 스트링과 혼이 한데 엮여 자존심과 의기양양함을 수려하게 환기시켰다. 황홀함에 어쩔 줄 모르는 커다란 사운드를 자랑하는 곡이긴 하지만, 사실 여기 담긴 스토리는 매우 작다. "곡의 가사는 싱어 욘시 비르기손이 지어낸 말 '호플란디'로 이루어진, 뚫으려야 뚫을 수 없는 고치에 폭 싸여 있죠." 스노우 패트롤의 개리 라이트바디가 Q에 말했다. "마치 옆방의 대화를 들으려고 벽에 유리잔을 대고 있는 거나 다름없어요." "Hoppipolla"는 "물웅덩이에 뛰어들다"로 해석되며 어린 시절의 기억을 더듬고 있다. 이 곡에서 앤섬적 효과를 내는, 미끄러지는 듯한 음악적 흐름은 청춘의 자유분방함을 상징하고 있다. 비르기손은 이것을 가리켜, "난 코피가 나지 / 그러나 항상 다시 일어날 거야"라는 말로 표현하고 있다.

이 곡의 활용도는 가히 대단했다. BBC는 2006년 〈플래닛 어스〉 시리즈의 티저 영상에 이 곡을 사운드트랙으로 쓴다. "Hoppipolla"는 이와 같은 범세계적 프로그램에 완벽히 꼭 들어맞았고, 그 결과 발매 6개월 만에 영국 톱 30위를 기록한다. 하지만 이건 빙산의 일각일 뿐이었다. "Hoppipolla"는 감정 복받치는 영광의 순간을 나타내는 음악의 전형이 되어버린다. 그리하여 이 곡은 영화 〈슬럼독 밀리어네어〉의 트레일러에서 극적 분위기를 연출하는 데 사용됐고, TV중계 스포츠 경기 사운드트랙으로 쓰이는가 하면, 리얼리티 TV쇼의 눈물 짜는 순간을 장식하기도 했다. 비르기손은 이렇게 말했다. "모든 극적 엔딩에, 바로 이 노래, '큐!'라고 말이다. **MH**

Consolation Prizes
Phoenix (2006)

Writer | T. Mars, F. Moulin, C. Mazzalai, L. Brancowitz
Producer | Phoenix
Label | Virgin
Album | *It's Never Been Like That* (2006)

피닉스는 프렌치 팝과 흠잡을 데 없는 인연을 맺고 있다. 기타리스트 로랑 브랑코비츠는 다프트 펑크의 토마스 방갈테르, 기-마누엘 드 오맹-크리스토와 함께 막무가내였던 달링(Darlin')의 멤버로 활동했었다. 게다가 프론트맨 토마 마르스는 고든 트랙스라는 예명으로 에어의 'Virgin Suices'테마 곡 "Playground Love"를 부른 적이 있었다. 한편, 파리에 관련된 모든 것이 하우스와 디스코를 중심으로 돌아가는 듯 보일 시기, 피닉스는 1970년대 팝으로 신선하게 다가왔고, 스틸리 댄과 플릿우드 맥 같은 세련되고 다듬어진 그룹들을 환기시켰다.

그들의 데뷔 앨범 〈United〉(2000)는 장래성을 보였고 〈Alphabetical〉(2004)는 완벽주의자적 분위기를 풍겼다. 하지만 평단의 갈채는 음반 구매자들의 동기부여가 되기에는 역부족이었다. 그리하여 〈It's Never Been Like That〉에서 피닉스는 겉치레를 벗어 던지고 조용한 구석들의 진가를 인정하는 법을 배워야 했다. 이 앨범의 2번째 싱글 "Consolation Prizes"에는 너무 열심히 생각하면 느낄 수 없는 삶의 기쁨이 담겨 있으며, 스키플 셔플 리듬과 멋졌다 가기를 거듭하는, 핑거 스냅이 어울릴 페이스 속에서 황홀경에 흥청댄다. 모든 게 근심 걱정 없는 핑크빛만은 아니었다. 제2외국어 문장력 사이를("If one is easy then hard is two(하나가 쉬우면 둘은 어려워)") 비집고 자세히 들여다보면 마르스의 속마음이 담긴 말들을 읽어낼 수 있다. 그는 2인자를 원하지 않았다. 사실 이것은 달콤 쌉싸름한 팝이었다. 역경을 통해 얻은 교훈에, 귓전을 떠날 줄 모르는 활기찬 멜로디가 더해져 만들어진 팝 말이다. **MH**

We Are Your Friends
Justice vs. Simian (2006)

Writer | Gaspard Augé, Xavier de Rosnay, James Ford, Simon Lord, Alex MacNaughton, James Shaw
Producer | Justice
Label | Ten

"클럽 앤섬"이라는 지위를 수여받은 곡은 수두룩하지만, 정작 그런 타이틀을 받아 마땅한 곡은 많지 않다. 그러나, 어마어마한 "We Are Your Friends"만은 눈에 띄는 예외라 할 수 있겠다. 가스파르 아우게와 자비엘 드 로즈네―이들은 저스티스라는 이름으로 활동하는 디제이 겸 프로듀서들이다―는 영국 일렉트로-록 밴드 시미안의 〈We Are Your Friends〉 수록 곡 "Never Be Alone"에서 발췌한 부분을 다시 노래해 만든 샘플을 사용해 2003년 이 명작을 창조해낸다. "저희는 이 곡을 발매할 당시 프랑스에서 리믹스 대회를 개최했어요." 시미안의 제임스 포드가 이렇게 말했다. "저희는 곡 샘플들을 그냥 나눠줬어요. 무명의 프랑스인들로부터 10개의 리믹스 트랙들이 제출됐습니다. 저스티스도 그중 하나였어요. 제가 알기로는 이게 그들이 해본 1번째, 아니면 2번째 정식 작업이라던데요!"

"저희는 그걸 팝송으로 만들려고 시도해보았죠." 드 로즈네가 MTV에서 말했다. "저희가 디제이 활동을 할 때는 테크노를 즐겨 씁니다. 그것이 발산하는 에너지 때문이에요. 하지만 저희가 정작 듣는 음악의 99퍼센트는 팝이죠." 군중 선동적 코러스―"We! Are! Your! Friends! You'll never be alone again(우리는 너의 친구들! 넌 이제 다시는 혼자가 아니야!)"―를 대동한 이 곡은 저스티스에게 에드 뱅어 레이블과의 음반 계약을 안겨준다. 한편 시미안은 분열하게 되고, 멤버 중 두 사람은 좀 더 댄스 지향적인 시미안 모바일 디스코를 결성한다. 그리고 이 두 그룹의 이름을 모두 단 트랙이 2006년 발매된다. 이 트랙에 수반된―파티광들과 무너지는 물체들이 포착된―환상적인 뮤직비디오는 곧 2006년 MTV 유럽 뮤직 어워드에서 승리를 거머쥐게 된다. **OM**

Not Ready to Make Nice | Dixie Chicks (2006)

Writer | Natalie Maines, Martie Maguire, Emily Erwin, Daniel Wilson
Producer | Rick Rubin
Label | Columbia
Album | *Taking the Long Way* (2006)

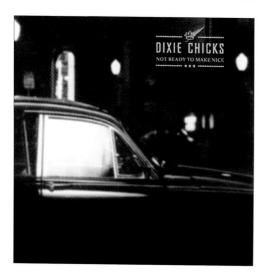

"이 노래를 부르는 첫 100번 동안은 흐르는 눈물을 멈출 수 없었죠."

마티 맥과이어, 2006

◄ **Influenced by: Courtesy of the Red, White, and Blue (The Angry American) •** Toby Keith (2002)
▶ **Influence on: Dear Mr. President •** Pink (2006)
● **Covered by:** Wanessa (2007)
★ **Other key tracks:** Everybody Knows (2006) • I Hope (2006) • The Long Way Around (2006)

"Traitors," "Dixie Sluts," 그리고 "Saddam's Angels." 딕시 칙스가 듣게 된 모욕적 말들 중 이건 그저 일각에 불과하다. 이것들은 2003년, 싱어 나탈리 메인즈가 조지 W. 부시 대통령이 자신의 고향 텍사스 출신이라는 것이 부끄럽다고 런던 청중에게 말한 소식이 전해진 후, 딕시 칙스에게 던져진 말들이었다. 이 소식은 공화당 정부의 미국과 서방 팬들을 분노에 휩싸이게 했다. 밴드는 살인 협박을 받고 라디오 블랙리스트에 올랐으며, 이들의 옛 팬들은 CD를 파괴하는 집회를 벌이기도 한다. 딕시 칙스는 브루스 스프링스틴과 마돈나를 포함한 여러 아티스트들로부터 지지를 받았고, 컨트리 전설 멀 해거드는 연합통신사에게 이렇게 말했다. "거의 미국의 과반수가 그들을 끽소리도 못하게 덮쳤습니다. 단지 의견을 표현했다는 이유만으로요. 마치 말로 하는 마녀사냥이나 린치 행위를 보는 듯했죠."

밴드는 2006년까지 새로운 트랙을 발표하지 않았다. "Not Ready to Make Nice"는 그때의 논란을 이야기하고 있다: "It's a sad, sad story when a mother will teach her daughter that she ought to hate a perfect stranger / And how in the world can the words that I said send somebody so over the edge / That they'd write me a letter sayin' that I better / Shut up and sing or my life will be over(엄마가 딸에게 전혀 모르는 낯선 이를 미워해야 한다고 가르치는 현실이 참 슬퍼 / 내가 한 말 때문에 누군가가 미쳐버릴 수 있다는 게 말이 돼? 그 사람들이 나에게 딴소리 지껄이지말고 노래나 부르라며, 그렇게 하지 않으면 죽여버릴 거라는 내용의 편지를 쓰게 할 만큼 말이야)?" 이 곡은 전통 컨트리 사운드에 작별을 고했다. 그리고 라디오 주파수를 별반 타지 못했음에도 불구하고 미국에서 차트 4위를 기록한다.

그러나 아직도 원성의 목소리는 완전히 가시지 않았다. 고참 엔터테이너 팻 분은 폭스 뉴스에서 이렇게 말했다. "음악 활동하는 이들이 대통령을 비난하는 말을 한다는 건 누가 됐건 간에 말도 안 되는 짓이라고 봐야 합니다." 그러나 2007년 이들은 그래미상 시상식에서 이 곡을 공연해 보복을 했고, 여기서 '올해의 레코드'와 '올해의 노래'. '베스트 컨트리 퍼포먼스' 부문 상들을 싹쓸이했다. **DC**

Crazy | Gnarls Barkley (2006)

Writer | Brian Burton, Thomas Callaway,
Gian Franco Reverberi, Gian Piero Reverberi
Producer | Brian "Danger Mouse" Burton
Label | Downtown
Album | *St. Elsewhere* (2006)

"씨 로가 그걸 처음으로 했을 때
마치 그는 뭔가에 홀린 듯했죠."

브라이언 "데인저 마우스" 버튼, 2006

▶ **Influenced by: Nel Cimitero di Tucson** · Gianfranco &
Gian Piero Reverberi (1966)
▶ **Influence on: American Boy** · Estelle featuring Kanye
West (2008)
● **Covered by:** The Kooks (2006) · Alice Russell (2008)
Violent Femmes (2008)

경제상황이 그다지 좋지 않았고 대부분의 서방 국민들이 세계 지도에서 딱 집어내지 못할 도시들에서 전쟁이 걷잡을 수 없이 계속되고 있었다. 또한 팝 라디오에서는 별 들을 가치 없는 음악만 계속 흘러나왔다. 여기에 구조의 손길을 뻗은 것—어쨌든 마지막으로 언급한 사태에서 만큼은 그렇다고 보자—이 바로 뜻밖의 구원자 날스 바클리였다.

이들 2인조—애틀랜타 그룹 구디 몹의 래퍼 겸 싱어 씨 로와 2004년 〈The Grey Album〉으로 유명해진 프로듀서 데인저 마우스—는 우리의 병들어가는 귀를 위한 확실한 치료제를 전달해주었다. 〈St. Elsewhere〉는 씨 로가 "일렉트릭 인터스트리얼 유로 소울"이라 부르는 상쾌한 칵테일 한 잔이었다. 그럼에도, 이 앨범은 그것의 리드 싱글이 드리운 그림자 속에 영원히 살게 될 것이다.

"Crazy"는 인간의 한계를 넘어선 신비한 힘으로 앨범과 밴드 모두를 마치 부속물인 양 무색하게 만들어버렸다. 이 곡을 듣는 이들은 모던한 비트와 올드스쿨적 소울의 융화에 빠져 정신을 잃게 될 것이다. 보컬이 발산하는 중성적 매력은 그것이 환기시키는 생생한 감정을 더욱 짙게 만들 뿐이었다. 따스한 스트링 편성과 같이 제작 과정에서 더해진 섬세한 마무리 작업과, 따라 부르기 제격인 잊을 수 없는 코러스를 대동한 결과물은 이 시대가 낳은 잊지 못할 수작들 중 하나로 자리 잡게 된다.

"'Crazy'는 단 한 테이크 만에 끝어선 신비한 마우스가 피치포크에게 말했다. "'씨 로'가 마이크에 대고 부르는 식으로 했고, 그래서 이 트랙이 지닌 사운드가 가능할 수 있었던 거죠…그는 막 '이거 어떻게 생각해, 어떤 것 같아?'라고 물었고, 저는 막 '오…정말 괜찮았어'라고 했죠."

이 트랙은 너무도 훌륭했던 턱에 실제 발매되기 몇 달 전 이미 히트를 기록한다. 그리고 트랙 구매가 실제 가능해지자, 팬들은 진정 '미쳐버리고' 만다!

그 결과 이 곡은 영국에서 다운로드 판매고만으로 차트 정상에 오른 최초의 싱글로 기록되게 된다. 또한 이 트랙은 유럽, 북미, 호주 모두에서 톱 10히트를 기록한다. 이후 프린스, 넬리 퍼타도, 레이 라몬테인 등 다양한 아티스트들이 커버 버전을 시도하기도 했다. **JiH**

Love Is a Losing Game | Amy Winehouse (2006)

Writer | Amy Winehouse
Producer | Mark Ronson
Label | Island
Album | *Back to Black* (2006)

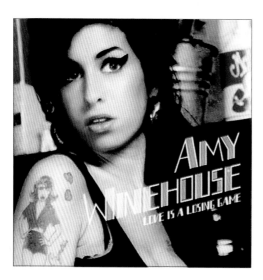

"그녀는 제 음악 경력 전체를 통틀어
제가 들어본 여성 보컬리스트 중
최고입니다.
최고의 송라이터 중 1명이기도 하죠."

조지 마이클, 2007

◀ **Influenced by: Remember (Walkin' in the Sand)**
The Shangri-Las (1964)
▶ **Influence on: If He Should Ever Leave You**
Tom Jones (2008)
● **Covered by:** The Temper Trap (2012)
★ **Other key tracks:** Back to Black (2006) • Rehab (2006)

에이미 와인하우스의 발매 데뷔 앨범 〈Frank〉(2003)는 재즈계 거물들과 비교되는가 하면 와인하우스를 고향 영국에서 스타로 만들어주었다. 영국 외에서의 반응은 여기에 견주어 그다지 뜨겁지 않았지만 이 모든 상황은 〈Back to Black〉과 함께 역전되고 만다.

이 시대가 낳은 가장 영향력 있는 앨범이었던 〈Back to Black〉은 60년대 초 걸 그룹 분위기를 십분 활용했고, 올드스쿨 소울과 R&B 음악의 소생에 기를 불어넣었다. 이 앨범은 부흥의 움직임에 합류하게 된 동료 뮤지션 더피와 아델 등이 스타덤에 오를 수 있게 길을 터주는 한편, 라파엘 사딕과 톰 존스 등 이미 인정받은 스타들이 발표할 새로운 음악에까지 영향을 미친다.

"Love Is a Losing Game"은 "Rehab"이 소유했던 색다름이나 "You Know I'm No Good"이 전한 건방진 재미를 자랑하는 대신, 와인하우스가 보여준 가장 가슴 아프도록 아름다운 보컬에 전체적 초점을 맞추었다. "모든 노래들은," 그녀가 설명했다. "당시 (그녀의 파트너였던) 블레이크 (필더-시빌)와 제가 처해 있던 상황에 관한 거예요."

이 성숙한, 시공을 초월하는 매력의 노래는 언뜻 보면 따라 부르기 쉬워 보이는 가사를 통해 쓸쓸한 지혜의 말들을 전하고 있다. 짙지 않으면서도 벨벳처럼 매끄러운 기악 편성이 노래에 담긴 메시지를 더 돋보이게 했으며, 그 결과물은 단순히 그럴듯한 레트로-소울을 초월한 그 이상이었다. "Love Is a Losing Game"은, 평단의 갈채에 빛나는 〈Back to Black〉 수록 곡 중 그 어느 것보다 더, 오랜 세월 잊혀졌다가 재발견된 60년대 명작같이 들렸다.

와인하우스 곡들 중 커버 버전으로서 가장 큰 인기몰이를 하는 건 "Rehab"이라고 하지만, 진정한 스탠더드 곡으로 정착될 최고의 잠재성을 가진 것은 "Love Is a Losing Game"이다. 프린스는 이 곡을 라이브 무대에 포함시켰고, 조지 마이클은 BBC라디오 프로그램 〈무인도의 음반들(Desert Island Discs)〉에서 자신이 가장 좋아하는 곡 중 하나로 이 노래를 선택했다. **JiH**

2007년, 에이미 와인하우스가 공연 중이다. 그녀는 음악에서뿐 아니라 패션 감각에서도 영향력을 발휘했다. ➡

Ain't No Other Man | Christina Aguilera (2006)

Writer | Christina Aguilera, Chris E. Martin, Charles Roane, Kara DioGuardi, Harold Beatty, Robert Marin
Producer | DJ Premier, C. Roane, C. Aguilera, R. Lewis
Label | RCA
Album | *Back to Basics* (2006)

"그녀는 지금 잘하고 있어요.
하지만 현재 좋은 음악들이 많이 없죠.
우리는 지구를 구해야 해요!"

디제이 프리미어, 2006

◀ **Influenced by: Car Wash** · Christina Aguilera
featuring Missy Elliott (2004)
▶ **Influence on: Until I Stay** · Jully Black (2007)
● **Covered by:** Frida Sanden (2007) · David Davis (2008)
Jordin Sparks (2008)
★ **Other key track:** Hurt (2006)

"'빅밴드' 같은 요소 그 전부가, 혼 섹션 전부와 이것저것 많은 일들이 벌어지고 있는 그 느낌이…" 크리스티나 아길레라가 흥분해서 마구 이야기했다. "이건 기분 좋게 즐기는 음악이라구요!" 〈Christina Aguilera〉는 그녀의 톡톡 튀는 팝 데뷔작이었고, 〈Stripped〉는 고개 드는 창의성을 예고했으며, 〈My Kind of Christmas〉는 그녀의…흠, 이건 말 안 해도 왠지 짐작할 수 있을 것 같다. 그러나 〈Back to Basics〉는 너무도 멋진 호화 행각이었다. 그건 "옛 블루스, 재즈, 소울의 요소를 활용한 1920년대, 30, 40년대의 부활"이었다.

이 더블 앨범의 2번째 디스크 키는 린다 페리가 잡았다. 페리는 〈Stripped〉 수록 명작 "Beautiful"과 뒤이어 이 앨범에서 "Hurt"까지 제작을 도맡은 인물이었다. 한편 1번째 디스크의 제작은 이렇게 묘사된다. "더욱 강한 비트의 프로듀서들로서 저에게 옛 흐름의 현란함, 사운드, 다양한 스크래치, 알아보기 힘든 잡다한 조각들을 첨가시켜 모던한 사운드를 창조하게 해주는 그런 사람들이죠. 강렬한 비트들을 그 지지대로 삼아서요."

단연 두드러지게 귀를 사로잡은 것은 "Ain't No Other Man"으로 이 곡은 갱 스타의 디제이 프레미어가 가지고 있던 보물 상자에서 파낸 주옥 같은 트랙들을 기반으로 만들어진, 현란한 금관 사운드로 건방지게 으스대는 스톰프 뮤직이었다. 여기 활용된 트랙 중에는 70년대 초반 활동한 텍사스 펑크 그룹 더 소울 세븐의 "The Cissy's Thing"도 있었고, 그 외에 뉴욕의 라틴 아메리카계 그룹 더 문 피플이 남긴 매력적인 "Hippy, Skippy, Moon Strut (Opus#1)"도 활용했다(후자의 경우, 1968년 "(I'll Be a) Happy Man"으로 첫 발매되었다가 데이브 코테즈가 오르간 트랙을 추가해 넣은 후 "Happy Soul (with a Hook)"로 다시 발매되었다).

"Ain't No Other Man"은 1999년 데뷔작 "Genie in a Bottle"이후 미국에서 아길레라가 처음으로 거둔 플래티넘 싱글이 된다. **BM**

Supermassive Black Hole | Muse (2006)

Writer | Matt Bellamy
Producer | Rich Costey, Muse
Label | Helium 3
Album | *Black Holes & Revelations* (2006)

"전 뉴욕의 클럽들을 돌아다니며 춤을
췄어요. 그게 'Supermassive Black Hole'
같은 트랙들을 만드는 데 도움이 됐죠."

맷 벨라미, 2006

◀ **Influenced by: Do Somethin'** · Britney Spears (2005)
▶ **Influence on: Where Did All the Love Go?**
Kasabian (2009)
● **Covered by:** Threshold (2007) · Billy Lunn (2009)
Tiffany Page (2010) · Theshold (2010)
★ **Other key track:** Knights of Cydonia (2006)

그들이 발매한 첫 앨범 3장을 통해 뮤즈는 불가능을 가능으로 실현시킨다. 우리로 하여금, 프로그 록을 다시 좋아할 수 있게 만든 것이다. 모두의 예상을 뒤엎고, 록 클럽 댄스 플로어에 어울리는 만큼 던전스 앤 드래곤스 토너먼트에 적합해 보이는 4번째 앨범 〈Black Holes & Revelations〉가 탄생한다. 어쿠스틱 발라드 음악과 뉴웨이브적 영향이 담겨 있었던 이 앨범에서 뭐니 뭐니 해도 가장 과감한 음악적 시도는 드러머 도미닉 하워드가 "프린스적 영향을 띤, 그루브에 기반한 록적 기괴함"이라 표현한 바로 그 노래에서 드러났다. 오랜 시간 "차세대 라디오헤드"라는 꼬리표를 달고 다닌 이들인지라 "Supermassive Black Hole"은 충격적인 사태 전환을 의미했다.

이 곡은 건방지게 거드름 피우는 록—맷 벨라미가 코브라처럼 찔러대는 비비 꼬인 기타 사운드와 하워드의 안정감 있는 비트가 한껏 분위기를 살리고 있다—과 펑키한 그루브를 융화시켰다. "이건 저희가 이제껏 해온 것들 중 가장 색다르다고요." 벨라미가 록맥에 말했다. "저희는 어느 정도 벨기에적 영향도 수용했어요. 밀리어네어, 데우스, 이블 수퍼스타스, 소울왁스…저희는 약간의 프린스와 카니예 웨스트를 가미했죠…밑에는 레이지 어겐스트 더 머신 리프들을 깔고요. 이 트랙에서 저희는 굉장히 많은 것들을 섞어 넣었어요. 약간의 일렉트로니카도 같이요. 색다르다고 보시면 돼요. 꽤 흥미롭죠."

이 화려한 소동 위로 벨라미의 티끌 하나 없는 팔세토가 부른 가사는, 비뚤어진 러브송이라는, 혹은, 유명세에 대한 그의 반응이라는 다양한 해석을 낳기도 했다. 후자의 설이 더 강력한 지지를 받게 된 데는 이 곡이 영화 〈트와일라잇〉에 삽입된 것이 계기가 되었다. "(영화 감독) 캐서린 하드윅은 어느 매우 긴 장면에 'Supermassive Black Hole'을 사용하길 원했죠. 전면에 대화를 많이 넣지 않은 상태에서요." 뮤즈의 매니저 클리프 번스타인이 빌보드에게 말했다. "저희는 이렇게 생각했어요. '이거 재미 있겠다. 그런 책들을 써낸다는 좋은 여성이 한 분 계신데, 그녀가 우리 팬이란 말이지. 이거 한번 해보자.' 뭐 이런 식이었죠. **JiH**

Please Read the Letter | Robert Plant & Alison Krauss (2007)

Writer | Charlie Jones, Jimmy Page, Michael Lee, Robert Plant
Producer | T. Bone Burnett
Label | Rounder
Album | *Raising Sand* (2007)

"'Please Read the Letter' 이 노래는 정말이지 솔직하고 숨김없는 정서를 담고 있어요. 마음을 무장 해제시키죠. 나도 그런 앨범을 만들고 싶어요."

릴리 알렌, 2009

Influenced by: Matty Groves · Fairport Convention (1969)
Influence on: Ruby · Dave Rawlings Machine ft Gillian Welch (2009)
★ **Other key tracks:** Big Log (1983) · Little by Little (1985) · Tall Cool One (1988) · One More Cup of Coffee (2002)

1980년 레드 제플린이 해체된 이후 싱어 로버트 플랜트는 오랜 시간 동안 제플린의 곡들을 솔로 공연에서 연주하지 않았지만 이따금 밴드의 창단자이자 프로듀서, 기타리스트였던 지미 페이지와 작업에 같이 참여했다. 90년대 중반, 플랜트는 MTV로부터 'Unplugged' 쇼에서 연주할 것을 요청받았고, 그는 페이지에게 함께 출연해줄 것을 부탁한다. 이후 〈No Quarter〉라는 성공적 기념품과 투어 공연이 뒤따르게 된다.

새로운 곡들로 채워진 페이지와 플랜트의 다음 앨범 (1998년 발매된 〈Walking into Clarksdale〉)에는 "Please Read the Letter"가 수록되어 있었다. 훗날 이 곡은 플랜트의 앨범을 위해 미국 블루그래스 가수이자 피들 주자인 앨리슨 크라우스와 재작업을 거치게 되고 상당 부분 변화하게 된다. "이 곡이 세상에 처음으로 태어났을 때" 플랜트가 2007년 이렇게 말했다. "지금 현재의 모습을 하고 있었어야 했죠." 이 트랙은 플랜트와 페이지를 비롯해, 사위 찰리 존스와 이전 컬트에서 드러머로 활동했던 마이클 리 등 플랜트의 이전 리듬 섹션 멤버들이 공동 작곡했다. "이건 간절한 동경의 노래예요." 플랜트가 엔터테인먼트 위클리에 말했다. "여기는 로큰롤적 성격이 전혀 없죠. 곡의 내면에는 상처받기 쉬운 면모가 자리하고 있어요. 이 곡은 아직 매듭 짓지 못한 두 사람 사이에 관한 겁니다."

플랜트와 크라우스는 레드벨리의 음악을 기리는 한 콘서트에서 처음 공연을 함께했었다. 그러고 난 후 이들은 티 본 버넷에게 접근하여 함께 녹음을 하자고 제안했다. 버넷은 음악 감독 역할을 하며, 두 사람이 커버 버전을 만들어도 괜찮을 만한 곡들을 얘기해주었다. 이 곡은 2009년 올해의 레코드 부문 그래미상을 수상하게 된다. 애석하게도 "Rasing Sand"의 후속곡은 미해결 문제로 남았다. "그 노래는 앨범에 담기지 않았어요." 플랜트는 잡지 롤링스톤에 슬퍼하며 이야기했다. "앨리슨 크라우스는 최고였어요. 그녀는 내가 좋아하는 사람 중 한 명이에요. 우린 다시 돌아올 거예요." **AG**

My People | The Presets (2007)

Writer | Julian Hamilton, Kim Moyes
Producer | Julian Hamilton, Kim Moyes
Label | Modular
Album | *Apocalypso* (2008)

"'My People'은 진짜 야생 그 자체예요!
내 음반이 왜 그런 방식으로
만들어졌는지에 대한 이유죠."

윌.아이.엠, 블랙 아이드 피스, 2009

◀ **Influenced by: Thunderstruck** · AC/DC (1990)
▶ **Influence on: My People** · Phrase meets
The Presets (2009)
● **Covered by:** Basement Birds (2010)
★ **Other key tracks:** This Boy's in Love (2008) · Talk Like
That (2008) · If I Know You (2008)

"My People"은 두근두근 고동치는 눈부신 일렉트로 펑크 뮤직이다. 이 트랙이 호주인이 발매한 싱글로, 호주 톱 100에 최다 주간을 머문 기록을 세웠다는 것은 그다지 놀랄 일이 아니다.

"처음엔 킥 드럼하고 베이스 라인으로 시작되었죠." 드러머이자 프로그래머인 킴 모이즈가 디스코 워크아웃에 이렇게 말했다. "그게 바로 이 트랙의 진짜 발단이었어요: '도 도 도 도 도, 두 두 두'—그건 정말로 '2천년대 초기 일렉트로클래시'처럼 들렸죠. 완전히 얼간이 같았어요. 하지만, 거기서 하나 좀 괜찮았던 게 있었는데, 그건 후에 버스 (verse)가 되었어요. 그리고 이 시점부터 정말 한판 노동을 해야 했죠. 6개월이란 시간과 여러 버전을 거쳐야 했지만, 저희는 그걸 파고 또 팠죠. '우리'답게 들릴 때까지요."

이 곡의 가사는 호주로 오는 이민자들을 주제로 다루고 있다. "이건 저희가 국외자들을 보는 시각에 관한 거죠." 싱어이자 키보드 주자인 줄리안 해밀턴이 말했다. "해외에서는, 사람들이 당신을 1명의 호주인으로 어떻게 보는지에 대해 훨씬 더 의식하게 돼요. 그리고 이건 저희가 뉴스에서 접한 고향에 관한 소식 모두에서 영감을 끌어와 만든 겁니다. 존 하워드(수상)와 보트 피플(망명을 시도하는 피난자들), 밀입국자 수용소, 크로널라 폭동들이요."

처음에는, 가공할 베이스 사운드를 입힌 논란 가능성 다분한 가사 탓에 라디오 방송 시간을 편성받지 못할 거라는 염려가 들기도 했다고 한다. 모예스는 롤링 스톤에 이렇게 말했다. "트리플 제이(호주 최대 독립 라디오 방송국)가 이 곡을 얼마나 후원해줄지에 대한 의구심까지 들 정도였죠. 상업적 스테이션들은 고사하고 말이에요." 다행히도 이런 두려움은 사실무근인 것으로 밝혀졌다. 실제로 이 곡은 4개월 뒤 〈Apocalypso〉 음반에 실려 호주 음반차트에서 쟁쟁한 곡들과 왕좌 자리를 다퉜다. **OM**

Paper Planes | M.I.A. (2007)

Writer | Maya Arulpragasam, Diplo, Mick Jones, Joe Strummer, Paul Simonon, Topper Headon
Producer | Diplo, Dave "Switch" Taylor
Label | XL
Album | *Kala* (2007)

"카냐 웨스트와 제이-지, 티아이,
게다가 릴 웨인까지.
도저히 거절할 수 없었죠."

엠아이에이, 2009

◀ **Influenced by: Rump Shaker** · Wreckx-N-Effect (1992)
◀ **Influence on: Swagga Like Us** · Jay-Z & T.I. featuring
Kanye West & Lil Wayne (2008)
● **Covered by: Ryu Maginn & Veze Skante (2007)** ·
Rihanna (2008) · Built to Spill (2008) · Street Sweeper
Social Club (2010) · This Century (2010)

"전 잠에서 막 깬 상태에서 그냥 한 번에 노래 전체를 다 불러버렸죠. 아침이었던 데다 그다지 많은 생각이 없었어요. 이도 안 닦은 상태였죠." 치아 위생 상태 면으로 따져 보자면, 신경 써야 될 부분이 없지 않았지만, 엠.아이.에이.의 2007년 트랙 "Paper Planes"는 우연히 굴러 들어온 복과 같았다.

프로듀서 디플로의 제안에 따라, 이 트랙은 클래쉬의 〈Combat Rock〉(1982) 수록 곡 "Straight to Hell"을 기반으로 만들어진다. 여기에 엠아이에이는 가사를 비롯해 총성과 금전 등록기 음향효과—이민자와 피난민들에 대한 부정적 시각을 암시한 것이었다—를 추가해 넣었다. "미국은 돈에 굉장히 집착해요." 그녀가 말했다. "그들이 이해할 거라 믿습니다."

그러나 미국은 이해하지 않았다. 악명 높았던 데이비드 레터맨 토크쇼 출연 사건과 MTV채널 양방에서 이 곡은 검열 편집을 거친다. 그럼에도, "Paper Planes"는 영화 〈파인애플 익스프레스〉의 예고편 영상과 〈슬럼독 밀리어네어〉의 사운드트랙으로 사용되었다. 갑자기 이 곡은 더 이상 피할 수 없는 존재가 되어버린다. "미국은 한참 경제 위기를 겪고 있었어요. 그리고 전 이민자들이 실제 어떻게 비추어지는지를 이야기하는 노래를 만든 거죠…" 엠아이에이가 로스앤젤레스 타임즈에 말했다. "'Paper Planes'가 표현하고자 했던 건 바로 그런 거예요. 어떤 사람들은 반전(反戰) 노래라 생각했지만 그게 아니라고요."

이 트랙은 제이-지와 티아이의 패거리 합동 스매시 히트 "Swagga Like Us"에 샘플링된 이후 더 많은 주목을 받게 된다. 그녀는 자신의 인기 절정 추종자들을 대동하고 2009년 그래미 시상식에서 이 노래를 공연한다. 출산이 임박했는데도 말이다. 그해 4월, 곡이 첫 발매된 지 18개월이 막 지난 시점에서 "Paper Planes"는 미국에서 더블 플래티넘 레코드 기록을 세우게 된다.

"'Paper Planes'가 적절한 시기에 나타나준 게 기뻐요…" 그녀가 스핀에 말했다. "사람들이 '그래, 나 허머 한 대 있고 모든 일이 잘 굴러가고 있어'라는 태도로 살아갈 때보다, 시기적으로 볼 때, 좀 더 적절했다고요." **BM**

Someone Great | LCD Soundsystem (2007)

Writer | James Murphy
Producer | The DFA
Label | DFA
Album | *Sound of Silver* (2007)

someone   great   lcdsoundsystem

"그건 마치 오랫동안 잊혀져 있던
휴먼 리그 음반 같아요.
정말 비길 데 없이 아름답죠."

마크 론슨, 2007

◀ **Influenced by:** Me and Giuliani Down by the
Schoolyard (A True Story) • !!! (2003)
▶ **Influence on:** Can I Be • Kid Cudi (2009)
● **Covered by:** Winter Gloves (2008) • Lissy Trullie
& The Fibs (2008) • Banjo or Freakout (2009)
★ **Other key track:** All My Friends (2007)

죽음에 대한 노래는 대게 댄스용으로 쓰기에 좀 어색하다. 그럼에도 "Someone Great"를 통해, (LCD 사운드시스템의 창단 멤버이자, 댄스-펑크 레이블 DFA의 공동 설립자인 싱어)제임스 머피는 한편의 놀라운 일렉트로 비가를 창조해낸다.

이 곡이 누군가의 죽음에 대한 것인지 아니면 연인 사이의 관계를 다룬 것인지는 분명치 않다. 어쨌든, 이 곡이 수록된 〈Sound of Silver〉를 헌정받은 사람은 제임스 머피의 정신 요법 의사 조지 케이먼 박사였다. "I miss the way we used to argue / Locked, in your basement(난 우리가 다투던 방식이 그리워 / 네 집 지하에 갇힌 채로 싸워댔지)"와 같은 구절은 머피의 의사, 어쩌면 그의 친구, 혹은 연인을 가리키는 듯하다. 일부는 이것이 세상에 탄생하기 이전 죽음을 맞이한 어느 태아에 대한 것이라는 설까지 내놓았다.

"Someone Great"의 기원이 된 것은 2006년 나이키 광고를 위해 만들어진 LCD 사운드시스템의 인스트루멘털 트랙 모음집 〈45:33〉이다. "실제로 처음에 발단이 된 게 바로 그것이었죠…" 머피가 더 빌리지 보이스에 말했다. "원래는 거기까지 하고 끝내려 했는데, 다른 아이디어들이 생겼어요… 제가 그 트랙들 작업 당시 전철을 타고 집에 가는 길에 아이팟을 들으며 녹음해놓은 것들을 점검하곤 했거든요. 그런데 그러는 중에 제가 계속 뭔가를 흥얼거리는 거예요. 그래서 전 생각했죠. '이 나이키 작업에다 보컬을 더해봐야겠다' 하고 말이에요. 하지만 앞뒤 정황을 따져보니 그게 그다지 적절해 보이지 않는 거예요…'나이키 사'에 물어봤더니 괜찮다는 거예요. 다행이었요. 왜냐하면 전 이 곡을 노래로 만든 게 아주 마음에 들거든요." 맥박처럼 고동치는 신스, 깜박이는 불빛같이 어른거리는 비트, 리듬감 있는 스크래칭, 글로켄슈필 멜로디는 그의 가슴 얼얼한 탄식을 한층 더 빛내준다.

달콤 씁쓸한 가사—"The worst is all the lovely weather / I'm sad, it's not raining(정말 최악인 것은 날씨가 좋다는 사실이야 / 비가 안 와서 난 슬퍼)"—는 "Losing My Edge"나 "Daft Punk Is Playing at My House"와 같은 우스꽝스런 노래들이 암시했던 것과는 다른, 좀 더 깊이 있는 머피의 모습을 입증해 보였다. 씁쓸한 느낌의 명작이다. **GK**

Sabali | Amadou & Mariam (2008)

Writer | Mariam Doumbia, Marc Antoine Moreau, Damon Albarn
Producer | Damon Albarn
Label | Because
Album | *Welcome to Mali* (2008)

"아프리칸 뮤지션들은 언제나
우리 음악에 팝과 락을 접목시켜요.
그래서인지 꽤 쿨하게 느껴지죠."

아마두 바가요코, 2009

◀ **Influenced by: Hymne à l'amour** • Edith Piaf (1949)
▶ **Influence on: Patience** • Nas and Damian Marley (2010)
★ **Other key tracks:** Moungou Koro Kadi (1990) • Do Be Mangan (c. 1993) • Baroni (2002) • Senegal Fast Food (2004)

마리암 둠비아와 아마두 바가요코는 70년대에 말리의 수도 바마코 소재인 '젊은 시각 장애인을 위한 기관'에서 첫 만남을 가진다. 음악에 대한 사랑을 공통 분모로 우정을 다져간 그들은 친구가 되고, 이후 연인이 된다. 게다가, 함께 음악을 시작한 이 두 사람은 급기야 말리의 뮤직 대표하는 국제적 스타가 된다. 2006년 축구 월드컵 공식 축가는 그들의 차지였다.

2000년, 블러의 싱어이자 고릴라즈의 총지휘관인 데이먼 올번은 구호 단체 옥스팜으로부터, 말리의 대사 활동을 해달라는 요청을 받는다. 올번은 승낙하지만 그는 말리 뮤지션들과 함께 작업을 진행하는 등, 임무를 스스로의 장점에 맞게 수정해 수행한다.

'아마두 앤 마리암'이 올번과 인연을 맺게 된 것은 2005년이 되어서였다. 올번은 자신의 프로젝트 아프리카 익스프레스를 위해 영국 뮤지션을 말리로 공수해 가 지역 아티스트들과 연주하는 화합의 자리들을 주선한다. 그의 열정에 감복한 2인조는 올번에게 자신들의 2008년 앨범 〈Welcome to Mali〉에 참여를 요청한다. 해서, 올번은 오프닝 트랙 "Sabali"에 공동 작곡가 겸 프로듀서로 참여했고 2인조의 트레이드마크적 사운드에 일렉트로닉 뮤직적 광택을 덧입혔다. 마리암의 목소리에 초점을 맞추는 대신 아마두의 기타 사운드를 희생시킨 결정에 대해 올번은 너서치닷컴(nonesuch.com)에 이렇게 말했다. "전 잠시 그녀의 목소리를 아마두의 사운드와 별개로 부각시키고 싶었죠." 앨범의 리드 싱글로 발매된 "Sabali"는 세계적으로 각광을 받았고 이 트랙은 피치포크가 선정한 2천년대 최고의 트랙 200편 리스트에서 15위를 기록한다. 2009년, 이 아프리카의 수퍼 스타들은 오바마 대통령 취임식에서의 공연을 끝으로, 빛났던 2천년대 초의 마지막을 멋지게 매듭짓는다. 그리고 2012년 이들은 밤바라어로 '음악'을 의미하는 6번째 앨범 〈folia〉를 발표했다. **DC**

Viva la Vida | Coldplay (2008)

Writer | Guy Berryman, Chris Martin,
Jonny Buckland, Will Champion
Producer | Coldplay, B. Eno, M. Dravs, R. Simpson
Label | Parlophone
Album | *Viva la Vida or Death and All His Friends* (2008)

"인생의 끝에 대한 생각과 이를
고찰할 기회를 준다는 점에서
'Viva la Vida'는 언제나 저를 매혹시키죠."

크리스 마틴, 2008

3장의 멀티플래티넘 앨범을 발표하고, 세계 최강 밴드 중 하나로 부상하는 과정에서, 콜드플레이는 흔히 거치게 되는 이정표적 사건들을 줄줄이 밟아나간다. 여전히 이들은 미국과 영국의 싱글 차트를 석권하지 않은 상태로 남아 있었다. 하지만 4번째 앨범 수록 곡 "Viva la Viva"의 등장과 함께, 밴드는 이 단계도 성공적으로 통과한다.

대서양 양편에서 스매시 히트를 기록한 데다 호주와 유럽 전역에 걸쳐 톱 10 히트를 기록한 이 곡은 그런 대기록에 적절한 웅대함까지 갖추고 있다. 즉시 중독될 수밖에 없는 리프를 소개하는 스트링이 등장하고, 뒤이어 싱어 크리스 마틴이 모습을 드러내 "한때 세상을 다스렸던" 남자에 대한, 언뜻 보기에 슬픈 이야기를 전하기 시작한다. 음악은 장엄할 만큼 눈부시다. 유투의 노래 전서에 나오는 그 어느 노래만큼이나 앤섬적 역량을 다분히 갖춘 이 곡은 그에 걸맞는 절묘한 언어로 된 제목을 지니고 있었다(이건 "인생 만세"라 해석된다). 롤링 스톤에 마틴이 전하기를, 그는 프리다 칼로의 그림에서 이 문구를 본 후 그렇게 제목을 선택하게 되었다 한다. "그녀는 너무나 많은 역경을 거쳐 갔죠…" 그가 이렇게 설명한다. "그러고 나서 그녀는 자신의 집에 'Viva la vida'라고 하는 커다란 그림을 그려나가기 시작했어요. 저는 거기 담긴 대담성이 아주 좋습니다. 모두들 그게 리키 마틴 노래에서 온 거라고 생각하긴 하지만요. 뭐 그래도 상관없긴 해요."

"Viva la Vida" 덕에 그 패어런트 앨범은 2008년 베스트셀러 음반이 되었지만, 이 곡은 적어도 3번의 표절 의혹을 받는다. 바로 크리키 보즈, 조 사트리아니, 유수프 이슬람(캣 스티븐스)이 의혹을 제기한 주인공들이다. **JiH**

◀ **Influenced by: Beautiful Day** · U2 (2000)
▶ **Influence on: Ruled the World** · Natti (2008)
● **Covered by:** Richard Cheese (2008) · Scala & Kolacny
Brothers (2010) · Weezer (2010) · Marston Smith (2011)
★ **Other key tracks:** Lost+ (2008) · Charlie Brown (2011) ·
Don't Let it Break Your Heart (2011) · Paradise (2011)

Mykonos | Fleet Foxes (2008)

Writer | Robin Pecknold
Producer | Phil Ek
Label | Sub Pop
Album | N/A

"이 곡은 가까운 친구들과
가족들에 대한 거예요.
하지만 모든 것을 털어놓고 싶진 않군요."

로빈 페크놀드, 2008

◀ **Influenced by: Suite: Judy Blue Eyes** • Crosby, Stills & Nash (1969)
▶ **Influence on: Wild Honey Never Stolen** • J. Tillman (2010)
● **Covered by: Rock Paper Scissors** (2008)
★ **Other key track:** White Winter Hymnal (2009)

2008년 시애틀에서 출현한 5인조 "바로크 하모닉 팝" 밴드 플릿 폭시즈가 일약 유명인사가 된 데에는 "Mykonos"가 큰 역할을 했다. 그들은 데뷔 앨범 〈Fleet Foxes〉의 작업을 마무리한 후 2008년 1월 초 두 번째 EP 〈Sun Giant〉를 급하게 만들어냈고, 이 트랙은 그것의 가장 주목할 만한 존재였다(《Sun Giant》는 발매 몇 달 안에 〈Fleet Foxes〉의 재발매 버전에 편승하는 재포장 과정을 거친다).

이렇게 덧붙이기식으로 만들어진 EP의 발생 동기는 순전히 상업적 필요에 기원하고 있다. 서브 팝 레이블의 수부치가 히트 쿼터스에 전한 바에 의하면, 이들 5인조는 당시 공연 여행 중 판매할 음반을 하나도 가지고 있지 않았다 한다. "그래서 저희는 아주 재빨리 그 음반들을 찍어냈죠…사람들은 그걸 정말, 정말 원했어요. 그래서 결국 저희는 이것을 정규 발매하게 된 거예요."

이 곡의 상당 부분을 메우고 있는 어쿠스틱 사운드는 사이먼 앤 가펑클, 비치 보이스, 크로스비 스틸스 앤 내쉬의 보컬 하모니에 많은 신세를 지고 있다. 게다가 작곡자 로빈 페크놀드는 이 모든 영향 요소들을 자진하여 인정하였다. 하지만 가사 측면에서, 이 곡은 좀 더 수수께끼 같은 면을 지니고 있다. 데뷔 앨범을 위해 페크놀드는 자신의 형 숀에 대한 것임이 분명한 노래 2곡을 작곡한다. 사실 이 곡도 숀에 대한 것일 가능성이 많다. 아마도 형에게 내면의 악마와 맞서 싸우라고 간청하는 말들인 듯싶다. 이 곡이 키클라데스제도의 한 섬이자 인기 휴양지인 미코노스와 어떤 연관이 있는지는 밝혀지지 않은 채 남아 있다.

발표 전 세간의 이목을 끈 스톱-모션 애니메이션 뮤직 비디오는 다름 아닌 숀 스스로가 감독을 맡아 제작한 것이었고, 이런 사실은 사람들을 한층 더 어리둥절하게 했다. 이 영상에는 육지와 바다 위로 떠나는 작은 삼각형 종이들의 여정이 담겨 있으며, 이러한 여정을 지켜보는 눈동자들의 행렬이 등장한다. 노래 자체는 두 개의 조각으로 나뉘어 있고, 밴드는 이것들을 아름답게 꿰매어 연결해놓았다. 빌보드는 2번째 부분을 가리켜 "귀를 위한 구원"이라 표현하기도 했다. **AG**

Time to Pretend | MGMT (2008)

Writer | Ben Goldwasser, Andrew VanWyngarden
Producer | Dave Fridmann
Label | Columbia
Album | *Oracular Spectacular* (2008)

"노래 전체를 다 듣지 않고서는,
우리가 장난하고 있다는 사실을
알아채지 못하실 거예요."

벤 골드바서, 2008

◀ **Influenced by: Overpowered by Funk · The Clash**
(1982)
▶ **Influence on: One More Time to Pretend (MGMT**
vs. Daft Punk) · Immuzikation (2008)
● **Covered by: Kaiser Chiefs (2008) · Digital Leather**
(2009) · Paolo Nutini (2009)

2008년, "Time to Pretend"가 부러움을 한몸에 사며 "이번 주 선정 곡(pick of the week)"으로 발돋움했을 당시, 곡의 이러한 매체 노출은 판매 증가와 원성을 동시에 불러왔다. 기이한 점은, 가장 자극적 가사를 담은 부분—방탕한 생활을 즐긴 록 스타의 삶에 대한 욕설 섞인 이야기—이 30초 티저용으로 선택되었다는 사실이다. "마치 보수주의적 기독교 연합 같은 것들 중 하나가 부모 군단을 전시 동원해 항의 메시지를 보내게 하고 저희를 비난하게 만든 것 같아 보였죠." 앤드류 밴웨인가든이 가디언에게 이렇게 말했다. "사람들은 저희를 '제멋대로의 마약쟁이' 취급하며 비난했어요." 밴웨인가든과 MGMT(엠지엠티) 공동 창단 멤버 벤 골드바서가 대학 재학 중 쓴 이 곡은 원래 그들의 애완용 사마귀—그들은 이 사마귀가 가장 좋아하는 곡이 클래쉬의 "Overpowered by Funk"라고 낄낄대며 말했다—에게 부치는 서정시였다. 이 곡은 2005년 EP로 처음 발매되었지만, 훗날 플레이밍 립스와 머큐리 레브의 프로듀서였던 데이브 프리드만과 재녹음 작업을 거친다(끈질기게 괴롭히는 신스 모티브는 두 버전 모두에 등장하지만, 프리드만의 버전이 약간 더 속도가 빠르며 좀 더 짜릿한 환희를 담고 있다).

먼저 언급한 2005년 버전은 이들에게 컬럼비아와의 음반 계약을 안겨준다. 하지만 이 괴팍한 남매생들은 그들의 록 스타 판타지를 살아보는 것은 고사하고 데이트 상대조차 구하지 못하는 지경이었고, 이것은 원성을 산 가사 부분을 완전히 아이러니하게 만드는 사실이 아닐 수 없었다. '쉬머링(shimmering)' 사운드의 기타, 레트로한 신스, 티렉스 스타일의 보컬(그리고 사이키델릭한 뮤직비디오)은 흠뻑 취하게 하는 히트 곡을 낳았고 이것은 그들에게 일약 돌파구를 마련해준다. 그것은 이들 밴드가 우연히 얻게 된 로큰롤 스타적 이미지만큼이나 어이없는 성과가 아닐 수 없었다. "저희는 밴드를 시작하고, 스스로를 홍보하고, 모든 공연 무대를 죄다 휩쓸고 하는 것 등에 별로 야심이 없었죠. 대부분의 밴드들이 관심을 끌 목적으로 하고자 원하는 그런 것들 말이에요." 골드바서가 이렇게 해명했다. "이 곡은 사실 저희가 그런 밴드들과 얼마나 다른 류의 사람들인지를 노래하고 있는 겁니다." **EP**

Sex on Fire | Kings of Leon (2008)

Writer | Caleb Followill, Nathan Followill, Jared Followill, Matthew Followill
Producer | Angelo Petraglia, Jacquire King
Label | RCA
Album | *Only by the Night* (2008)

"이 곡은 성적 관계에 대한 노래죠. 평생 동안 기억할 만한 뜨겁디 뜨거운 섹스를 나누는 그런 관계요."

케일럽 팔로윌, 2008

◀ **Influenced by: I'm on Fire** · Bruce Springsteen (1984)
▶ **Influence on: Sometime Around Midnight** · The Airborne Toxic Event (2009)
● **Covered by:** James Morrison (2008) · Sam Winters (2009) · Alesha Dixon (2009) · Tina Cousins (2009) Sugarland (2009) · Beyoncé (2011)

그다지 설명이 필요 없는 밴드다. 종교적 환경에서 성장한 3형제와 그들의 사촌 1명이 테네시에서 출현한다. 이들은 자극적 개러지 록을 담은 1번째, 2번째 앨범으로 유럽에 컬트적 움직임을 일으키는 데 성공한다. 3번째 앨범에 이르러 이들은 주류로 방향을 바꾸고 좀 더 단정하게 사운드를 재정비한다. 하지만 대형 콘서트장도 매우기 충분한 킹스의 능력을 정말 제대로 보여준 것은 바로 4번째 앨범의 첫 싱글, "Sex on Fire"였다.

이 세계적 스매시 히트작은 거의 탄생조차 못할 뻔했다. 하루는 싱어 케일럽 팔로윌이 스튜디오에서 멜로디 하나를 계속 만지작거리고 있었단다. 그는 "This sex is on fire(불타오르는 듯한 이 섹스)"라는 말을 흥얼거리기 시작했고, "이거 정말 형편없네"라고 스스로 생각했다. "하지만 다른 밴드 멤버들은 다들 이게 '그거 좋다, 혹이 될 성싶네'라고 하더라고요". 케일럽은 진통제를 복용한 채—형 네이선과 싸우고 난 후였다—가사를 썼고, 그런 탓에 영감이 되어준 것에 대한 기억이 가물가물 하다고 한다. "제 여자친구는 이 곡이 그녀에 기반한 이야기였으면 하는 것 같아요." 그가 선에 말했다. "어쩌면 이게 제 여자친구에 관한 걸지도 모르죠. 저희는 함께 정말 좋은 시간들을 보내기도 했거든요…근데 확실히는 저도 잘 모르겠네요."

"Sex on Fire"는 야심 찬 대작이다. 멋지게 노골적인 코러스("You, your sex is on fire(너와의 섹스가 불타오르듯 뜨거워)")가 치고 들어오기 전 솟구치는 기타 사운드와 "야아아"를 불러젖히는 케일럽의 정열적 보컬이 인상적이다. 그러나 이 곡이 발산한 크로스오버적 매력은 옛 킹스 오브 리온 팬들을 언짢게 만들었다. 게다가 〈더 엑스 펙터〉(영국의 〈아메리칸 아이돌〉이라 볼 수 있다)의 참가자가 이 곡을 불러 심사위원들의 환심을 산 일은 예전 팬들의 고통을 한층 더 짙게 만들 뿐이었다. 그러면 이 곡의 격을 실추시킨 가장 결정적인 사건은 바로 사이먼 카웰이 이곡을 따라 흥얼거린 것이다. 하지만, 이 곡이 지닌 탁월함보다 그 인기에 더 초점을 맞추는 것은 핵심에서 비껴가는 행위다. 이 곡의 진가는 보컬과 기타가 전하는 적나라한 아름다움, 그리고 그 단순성에서 빛을 발한다. **OM**

One Day Like This | Elbow (2008)

Writer | Guy Garvey, Craig Potter, Mark Potter, Pete Turner, Richard Jupp
Producer | Craig Potter
Label | Fiction
Album | *The Seldom Seen Kid* (2008)

"주로 전 삶과 사랑, 죽음, 우정, 욕망, 절망에 대해 곡을 쓰죠."

가이 가비, 2008

엘보우의 음악은 주로 절제와 친밀감의 미로로 빛을 발한다. 하지만 이들은 "One Day Like This"를 통해 스타디움 콘서트에 적합한 노래 만들기에 도전하였고, 결국 성공적 결실을 맺게 된다.

이 곡은 밴드의 4번째 앨범, 〈The Seldom Seen Kid〉를 위한 집(폴리도르 산하의 픽션 레이블)이 마침내 마련된 데서 온 희열의 산물이었다. "저희는 좋아서 어쩔 줄 몰랐죠. 바로 얼마 전 새로 계약을 맺었고, 그건 저희에게 마치 청량제 같았어요." 싱어이자 다양한 악기에 능했던 가비가 맨체스터 이브닝 뉴스에게 이렇게 말했다. "너무도 간단했죠. 저희는 뭔가 굉장히 고무적이고, 긍정적인 걸 하고 싶었어요. 'One day a year like this would see me right(1년에 이런 날이 하루만 있으면 난 제대로 살 수 있을 거야)'라는 가사가 나온 것도 바로 그 이유에서죠." 이 노래는 앨범 수록 트랙 중 가장 마지막으로 작곡된 곡이었음에도 재빨리 작업이 진행되었다(하지만 가비는, '부드러운 스웨이드 가죽'을 의미하는 "chamois(섀미 가죽)"라는 말을 적절하게 맞춰 넣느라 잠시 작업 진행 속도가 늦춰졌다고 고백한다).

가비가 예상했듯, "One Day Like This"는 대규모 공연장의 사랑받는 단골이 된다. 가비가 경기장을 가득 메운 관중을 향해 몇 번이고 눈을 돌려보면, 그들은 "얼굴에 함박웃음을 머금고" 이 노래를 따라 부르고 있다고 한다. 수년간 진가를 인정받지 못한 엘보우는 유쾌할 만큼 정기적으로 상을 수집하기 시작한다. 〈The Seldom Seen Kid〉는 머큐리 프라이즈상을 수상했고, 엘보우는 브릿 어워드 시상식 '베스트 영국 밴드' 부문에서 콜드플레이를 무찌른다. 게다가 "One Day Like This"는 '베스트 송 뮤지컬리 앤 리리컬리' 부문 아이보 노벨로상까지 거머쥔다(한편 앨범의 1번째 싱글이었던 "Grounds for Divorce"는 '베스트 컨템포러리송' 부문에서 승리한다). 그의 행동거지 하나하나에서 배어나는 온정을 풍기며, 가비는 라디오 방송 채널 Xfm에서 이렇게 말했다. "이 곡은 사랑에 관한 거예요. 아주 단순한 방식으로 말이죠. 하지만 궁극적으로 이 곡은 저희 5명이 오랜 친구로 지내왔고, 진정으로 저희가 하는 일을 즐기는 사람들이란 사실을 노래로 전하고 있죠." **CB**

◄ **Influenced by:** Hey Jude · The Beatles (1968)
► **Influence on:** Lifelines · Doves (2009)
● **Covered by:** Snow Patrol (2008)
★ **Other key tracks:** Lullaby (2008) · Every Bit the Little Girl (2008) · Li'l Pissed Charmin' Tune (2008) · Grounds for Divorce (2008)

Summertime Clothes
Animal Collective (2009)

Writer | Noah Lennox, David Portner, Brian Weitz
Producer | Ben H. Allen
Label | Domino
Album | *Merriweather Post Pavilion* (2009)

비록 별난 어린이 텔레비전 쇼 캐릭터 같은 이름들을 가지고 있다고는 하나, 에이비 테어, 디큰, 지올로지스트, 판다 베어(각각 본명 데이비드 포트너, 조시 딥, 브라이언 와이츠, 노아 레녹스)는 애니멀 콜렉티브라는 이름의 독특한 4인조를 가능하게 한 4명의 창의적 존재들이다.

주류적 활동 영역을 벗어난 음악적 실험에 몰두하는데 7년이란 고도로 생산적인 시간을 보낸 이 볼티모어 밴드는 2009년, 이제껏 작품 중 그나마 가장 라디오 방송에 적합하다고 할 수 있는 "Summertime Clothes"를 발표하게 된다. 이 결과물은 솟구치는 하모니와 디스토션 걸린 신스 사운드로 채워진 풍부하고 변화무쌍한 일렉트로 팝 음향의 세계였고, 약에 한껏 들뜬 사이키델릭의 절정에 다다른 비치 보이스를 연상케 했다(여기서 비틀스의 "Getting Better"적 반향도 느껴진다). 단순한 보컬 반복구 "I want to walk around with you(난 너와 함께 걸어다니고 싶어)"는 사랑에 흠뻑 취한 환희의 기운 찬 선언으로 승화된다.

"대개 가장 복잡한 애니멀 콜렉티브 노래를 쓰는 사람은 저예요…" 포트너가 폭스팝에 이렇게 인정했다. "하지만 전 이 곡이 가진 천진할 정도의 단순성을 그대로 간직하고 싶었죠." 콜렉티브의 사운드 배후에 얽히고 설켜 있는 수많은 음악적 영향에 대해 레녹스는 '선'에 이렇게 말했다. "제가 처음으로 홀딱 빠진 건 톱 40을 위주로 하는 라디오 채널이었고, 그러고 나서 고등학교 때 클래식 록 라디오에 빠지게 됐죠. 그 후엔 댄스 음악에 흥미를 느끼기 시작했어요. 디 오브나 에이펙스 트윈 같은 완전한 일렉트로닉 음악 말이에요. 그 시점에서 전 거꾸로 돌아가 디트로이트와 시카고 하우스 뮤직을 들었죠. 전 다프트 펑크도 굉장히 좋아해요." **EP**

Empire State of Mind
Jay-Z & Alicia Keys (2009)

Writer | A. Keys, Jay-Z, A. Hunte, J. Sewell-Ulepic,
B. Keyes, S. Robinson, A. Shuckburgh
Producer | Hunte, Sewell-Ulepic, Shuckburgh
Label | RocNation
Album | *The Blueprint 3* (2009)

"내가 바로 새로운 시나트라지." 숀 카터(일명 제이-지)가 "Empire State of Mind"에서 이렇게 뻐긴다. 이 곡은 뉴욕시에 보내는 명작 러브레터였고, 빌보드 핫 100의 정상에 4주간 머물렀다. 빅 애플의 테마 곡으로서 이토록 열렬한 지지를 한몸에 받은 것은 프랭크 시나트라의 "Theme from New York, New York"(1980) 발매 이후 처음인 듯하다.

제이-지의 힙합적 활보와 알리샤 키스의 열정 어린 훅은 "Love on a Two-Way Street"(모멘츠의 1970년 트랙)에 기반한 소울조 피아노 리프 위로 솟구쳐 오른다. 이 결과물은 제이와 키스 둘 모두가 태어나고 자란 5구에 바치는 감동적인 헌사였다. 노래의 훅 부분을 쓴 앤절라 헌트에게 이 곡은, 그녀가 작곡 파트너 자넷 슈얼-율레픽과 함께 런던에 머무르는 동안 시달렸던 고향에 대한 향수를 해독하는 방식이었다. 그녀는 빌보드에게 이렇게 말했다. "그날 밤 호텔을 떠나기 전, 저희는 우리의 고향에 대해 곡을 쓰게 될 것을 알고 있었죠."

8개월 후, 제이-지가 이 트랙을 건네 받게 된다. 그는 자신의 가사 부분을 적어 넣었고, 헌트의 기억에 따르면 "그날 밤 바로 녹음을 했다"고 한다. 알리샤 키스가 여기에 합류했을 때, "그녀는 그걸 바로 해치웠다"고 헌트는 증언했다.

힙합 사운드가 시나트라의 빅 밴드 사운드를 제치고 뉴욕시의 음악 세력으로 군림하게 되었듯, "Empire State of Mind"는 제이-지를 그의 도시 대표 이사로 확립시킨다. "Empire State of Mind'는 영감에 관한 거죠." 그가 단언했다. "그건 희망을 노래해요. 그게 바로 사람들을 감동시키는 이유라 생각합니다." **EP**

2009년 아메리칸 뮤직 어워드 시상식에서 제이-지와 알리샤 키스는 "Empire State of Mind"를 무대에 올렸다.

Dog Days Are Over
Florence & The Machine (2009)

Writer | Florence Welch, Isabella Summers
Producer | James Ford, Isabella Summers
Label | Moshi Moshi
Album | *Lungs* (2009)

케이트 부시와 같이 소용돌이치며 급변하는 음역, 피제이 하비가 소유한 대담한 열정, 아레사 프랭클린의 영적 소울, 이 모든 것이 플로렌스 웰치 안에 살아 숨 쉰다. 웰치의 매니저는 그녀의 노래를 처음 들었던 순간의 기억을 되살려 이렇게 말했다. "그토록 파워풀한 목소리를 들어본 건 처음이었죠! 문자 그대로 말이에요." 이 괴짜적 매력을 지닌 싱어는 "Dog Days Are Over"라는 한 편의 현대 걸작을 창조해내기에 이른다. 이 곡은 다운로드 덕분에 첫 발매 이후 2년이 지난 시점에서도 영국 차트를 떠날 줄 몰랐다. 그것도 처음에 이 트랙의 B사이드로 발매된 "You Got the Love"(캔디 스테이튼을 피처링한 '소스'의 곡이다)의 커버 송과 함께 말이다. 단순한 어쿠스틱 리프로 시작되는 "Dog Days Are Over"는 손뼉 소리, 만돌린 사운드와 함께 천천히 고조되어간다. 그러는 동안 플로렌스의 기막힌 목소리는 부풀고 솟구치기를 거듭하는데, 감질나게 만드는 침묵과 온화한 반복구가 끝나면 본격적 맹습이 시작되며 곡을 멋진 클라이맥스로 사정없이 몰고 간다.

믿기지 않는 일이지만, 음악의 상당 부분은 작은 야마하 키보드 하나로 만들어졌다. 웰치의 주장에 따르면 이 "정말 우연히 만들어진 비트"는 "벽에다 손을 대고 두드리는 동시에 아래에서 드럼을 쳐" 나온 것이라 한다. 추가적 퍼커션 사운드는 스튜디오 부엌에서 만들어졌다. "저희는 거기 서서 있는 대로 다 모든 걸 두들겨댔죠. 싱크대, 냄비, 전자레인지까지도요." 웰치에게 이 곡의 영감이 되어준 것은 그녀가 아침마다 자전거를 타고 지나칠 때 보는 동명의 거대 예술 설치물이었다. 언뜻 보기에 시련의 시기가 지나감을 노래하는 서정시인 듯 보이는 이 노래를 두고 웰치는 이렇게 고백했다. "아무 의미도 없는 노래다." **OM**

Harry Patch (In Memory Of)
Radiohead (2009)

Writer | Radiohead
Producer | Radiohead
Label | Self-released
Album | N/A

동료들보다 훨씬 앞선 혁신과 재능을 보여준 밴드라고는 하지만 제1차 세계대전 참호를 겪은 마지막 영국인 생존자와의 인터뷰를 노래로 만든다는 것은 좀체 쉽지 않은 일처럼 보였다. "Harry Patch (In Memory Of)"는 그 기막힌 아름다움으로 듣는 이를 꼼짝 못하도록 사로잡아버린다.

"그가 전쟁에 대해 말했던 것들이 저에게 지대한 영향을 끼쳤죠." 라디오헤드 프론트맨 톰 요크가 2005년 패치의 인터뷰를 듣고 이렇게 말했다(패치는 이 곡이 녹음된 후 얼마 지나지 않아 2009년 7월 25일 111의 나이로 세상을 뜬다). "해리와 같은 사람들이 우리에게 되새겨주지 않으면 우리 세대는 쉽게 전쟁의 진정한 참상을 잊게 될 거예요."

한 수도원 건물에서 녹음된 이 곡은 기타리스트 조니 그린우드가 직접 맡아 한 기막힌 관현악 편성을 자랑한다(그린우드는 폴 토마스 앤더슨의 2008년 영화 〈데어 윌 비 블러드〉의 사운드트랙을 작곡했던 이력도 있다). 보편적인 버스-코러스-버스의 구성을 찾아볼 수 없는 이 곡에 존재하는 유일한 음악은 천천히 타올라가는 스트링 사운드뿐이다. 요크의 별세계적 팔세토는 패치가 남긴 말들("지도자들에게 총을 하나씩 쥐여주고 그들에게 직접 싸우라고 하시오." "다음은 화학전일 거요, 하지만 그들은 결코 철들지 않겠지.")에 강력함을 더하고 있다. 이 위엄 있는 헌정의 노래는 라디오헤드의 웨이스트닷유케이닷컴(waste.uk.com)을 통해 발매되었고, 약소한 비용에 다운로드가 가능해졌다. 판매 수익은 영국 재향 군인회로 보내졌다. "제가 간절히 바라는 건요," 요크가 말했다. "이 곡이 마지막 생존자로서의 그를 추모하는 데 모자람이 없었으면 하는 거예요." 모자라지 않는다. 오히려 그 이상이다. **OM**

Stylo | Gorillaz (2010)

Writer | Damon Albarn, Jamie Hewlett, Mos Def
Producer | Gorillaz
Label | Parlophone
Album | *Plastic Beach* (2010)

"제일 마지막으로 기억나는 것은
제 머릿속에 들어 있던 생각입니다.
'오 신이시여,
제가 그것은 면하도록 허락해주세요.'"

바비 워맥, 2010

◄ **Influenced by:** Planet Rock • Afrika Bambaataa &
The Soulsonic Force (1982)
► **Influence on:** Stylo • Chiddy Bang (2010)
★ **Other key tracks:** Clint Eastwood (2001) • Tomorrow
Comes Today (2001) • Dare (2005) • Feel Good Inc.
(2005) • On Melancholy Hill (2010)

고릴라즈의 2005년 앨범 〈Demon Days〉는 데이먼 알반과 제이미 휴렛이 만든 만화책의 끝을 고하는 듯 보였다. 한시도 쉴 줄 모르는 창작자 알반은 더 큰 흥밋거리에 정신을 빼앗겨버린다. 우선 모범적 수퍼 그룹 사업 '더 굿, 더 배드 앤 더 퀸'이 있었고, 블러와 함께한 눈물 젖은 앙콜 공연, 게다가 좀 더 발달한 원숭이가 출연하는 오페라 〈Moneky: Journey to the West〉까지 눈 코 뜰 새 없이 지내게 된 것이다. 하지만 이 나이 먹은 유인원에게는 아직 목숨이 붙어 있었다. 막연히 환경적 주제를 다룬 컨셉트 앨범인 〈Plastic Beach〉는 "사이드 프로젝트"라고 하기에는 너무도 떠들썩했던 매스컴의 관심 속에 2010년 그 모습을 드러낸다. 여기에 골똘히 생각에 잠긴 개척자 한 명이 들어앉아 있었으니, 그 이름이 바로 "Stylo"였다.

밴드가 이전에 보여준 음악 세계는 만화 캐릭터라는 재미있는 허울로 잘 포장되어 있었지만, 이제 그들의 초점은 집산주의에 맞추어진다. 〈Plastic Beach〉는 VIP게스트들로 넘쳐흐른다. 모두들 한 이름 아래 모여 있지만 각자 없어서는 안 될 필수 부품 구실을 맡고 있다. "Stylo"에는 두 명의 주요 참여 인물이 등장한다. 초롱초롱한 눈망울의 모스 데프와 소울의 저명 인사 바비 워맥이 바로 그들이다. 2사람은 짓궂은 비트와 이를 악물게 하는 베이스에 자신들의 대담한 광채를 실어주었다.

모스 데프는 "일렉트릭(electric)"한 짜릿함을 랩으로 여유 있게 씹어냈고 메가폰을 사용하여 제법 그럴 듯한 잿빛 색채감을 연출했다. 하지만 여기에 고참병 워맥이 등장해 자신의 권위를 내세운다. 들리는 소문에 의하면, 그는 알반의 유령처럼 희미한 속삭임과 크라프트베르크와 전격작전의 만남 같은 그루브 위로 포효하며 성대결절 이상의 건강상 모험을 감행했다는 것이다. 당뇨병을 앓고 있던 워맥은 자신의 건강을 위험에 빠뜨리면서까지 온몸을 던져 노래했고 녹음을 마치자마자 스튜디오 바닥에 널브러져버렸다. 노력의 결실은 달콤했다. 그는 고결한 힘을 실어 폭발적 에너지를 발산했고 왕좌를 노리는 (비교적) 젊은 알반을 단숨에 때려 눕혔다. 스티븐 타일러가 런-디엠씨의 "Walk This Way"에서 불청객으로 군림했을 때와 같이 말이다. **MH**

Super Bass | Nicki Minaj (2010)

Writer | Nicki Minaj, Daniel Johnson, Jeremy Coleman, Kirk Hylton, Ester Dean
Producer | Kane Beatz (Daniel Johnson)
Label | Cash Money Records
Album | *Pink Friday* (2010)

"이 곡의 가사를 전부 따라 부르는 걸 보고 친구들이 엄청 놀라더라고요."

테일러 스위프트, 2011

◀ ▲ ▶ **Influenced by: Drop It Low** • Ester Dean (2009)
▼ ● ◆ **Influence on: World Go Boom** • DJ Earworm (2011)
★ **Covered by:** Jay Brannan (2012) • DJ Playback (2012)
Other key tracks: Fly (2010) • Right Thru Me (2010) • Starships (2012)

니키 미나즈는 느닷없이 등장해 최고의 자리까지 올라간 첫 래퍼는 아니었으나, 그래도 가장 화려한 래퍼였다. 건방지고 막 나가는 데다 충격적인 핑크색 머리까지, 그녀는 새로운 세대의 미시 엘리엇이었다. 로빈 시크, 머라이어 캐리 등의 앨범에 카메오로 출연하고 릴 킴과 불화까지 일으킨 뒤 미나즈는 단독 앨범 〈Pink Friday〉(2010)를 발표하며 최고의 위치에 올라섰다. 에미넴, 카니예 웨스트, 리한나, 나타샤 베딩필드까지 초호화 게스트를 자랑하는 이 앨범에서 미나즈는 드레이크가 피처링한 곡 "Moment 4 Life"과 같은 히트곡을 선보였다. 이 앨범의 하이라이트는 디럭스 에디션에 숨겨진 주옥같은 보너스 트랙이었다. 이 곡들은 마치 중독성 강한 양귀비 보석과도 같았다.

"Super Bass"는 테일러 스위프트가 라디오 방송에서 요청하지 않았더라면 세상에서 잊혔을지도 모르는 곡이었다. "난 이 노래를 반복해서 들어요." 스위프트가 랩 라인을 소개하기 전 말했다. 스위프트가 방송에서 소개한 뒤로 "Super Bass"에 대한 관심은 증폭되었다. 미나즈는 102.7 KIIS FM에서 "테일러 스위프트가 인터뷰에서 이 곡을 언급해 줬어요"라며 "인터뷰는 미국 전역을 강타했어요. 모든 일들이 어떻게 일어났는지 모르겠어요. 전혀 계획치 못한 일들이었어요"라고 밝혔다.

현란한 데이글로우 조명과 열정적인 뮤직비디오까지 "Super Bass"는 싱글 앨범으로 발매되자마자 니키 미나즈의 가장 유명한 히트곡이 되었다. 앨범은 훗날 400백만 장의 판매고로 그 가치를 입증했다. 유혹적인 선율과 눈길 사로잡는 비디오도 흥행에 한몫을 했으나, 미나즈의 재치 있는 말장난과 대담한 영국 발음 보컬 덕에 이 곡은 노토리어스 빅의 "Mo Money Mo Problems" 이후 사람들이 가장 많이 따라 부르는 랩이 되었다.

2011년 8월 미나즈는 LA쇼에서 스위프트와 함께 이 곡을 듀엣으로 부름으로써 호응에 보답했다. 미나즈는 열광하는 청중들에게 전했다. "테일러가 'Super Bass' 열풍을 일으켜 줬어요. 그녀에게 진심으로 고맙다고 말하고 싶어요." **BM**

Holocene | Bon Iver (2011)

Writer | Justin Vernon
Producer | Justin Vernon
Label | Jagjaguwar
Album | Bon Iver, Bon Iver (2011)

"지나가 버린 꿈을 내민
아이들의 손에 사탕을 쥐어줄 수 있는
어른이 되어야 한다는 생각을
이 비디오에 담았어요."

저스틴 버논, 2011

Influenced by: Glósóli · Sigur Rós (2005)
Influence on: OD · Ed Tullett (2012)
Covered by: Grace Weber (2012) · Jesuton (2012) ·
Brooke Gerhart (2013) · The Pitchforks (2013)
Other key tracks: Skinny Love (2007) · re: Stacks
(2007) · Woods (2009) · Calgary (2011)

2008년 〈For Emma, Forever Ago〉 앨범이 발매된 이후
(2007년 자체 출시), 본 이베어가 끌어 모은 수많은 팬들 중
에서도 카니예 웨스트는 가장 믿기 어려운 인물이었다. 슬
픈 곡조의 "Skinny Love"는 인디 음악계의 찬가가 되었고,
위스콘신은 영화 〈트와일라잇〉 사운드 트랙에 들어가며
특별한 영예를 얻었다. 저스틴 버논이 카니예 웨스트의
"My Beautiful Dark Twisted Fantasy" 노래에 카메오 참
여를 확정지으며 밴드의 위상은 나날이 높아졌고, 본 이베
어의 두 번째 앨범은 전 세계 음반판매에서 다섯 손가락
안에 꼽히는 인기를 얻었다.

〈Bon Iver〉 앨범은 어느 모로 보나 〈For Emma…〉 앨
범 못지않게 감동적이었다. 하지만 앞선 앨범보다는 더 화
려한 뮤지컬 같았다. 마지막 트랙에 담긴 "Beth/Rest"의
경우 1980년대 스티브 윈우드의 음악과 닮지는 않았지만,
팬들은 스티브 윈우드의 선구적인 앨범과 결이 같은 이 아
름다운 곡에 매료될 수밖에 없었다.

"Holocene는 포틀랜드에 있는 술집이에요." 버논이
NPR에 설명했다. "그러나 그건 지질시대-신기원의 이름
이기도 해요. 만약 당신이… 우리 삶의 대부분이 신기원이
라고 느낄 수 있다면…. 그게 바로 'Once I knew I was
not magnificent'이 말하고자 하는 바예요. 우리 삶은 새
시대처럼 느껴지지만, 실제로는 바람에 섞인 먼지에 불과
하죠. 대수롭지 않은 것에 오히려 중요한 의미가 있는 것
같아요."

그는 뉴욕타임스와의 인터뷰에서 그래미 어워드에 대
해 "우리는 커다란 공간에 모여 서로를 바라보며 이런 종
류의 시상식이 중요한 일인 양 구는 태도를 버려야 합니
다"라는 비판을 던졌음에도 불구하고, 버논은 "Holocene"
이 올해의 노래에 지명되자 시상식 현장에 참석했다. 수상
의 영광은 아델의 "Rolling in the Deep"에 돌아갔으나,
버논은 투표해준 모든 분들께 감사하다며 정중하게 인사
했다. 버논은 빌보드와의 인터뷰에서 이렇게 전했다. "제
게 정말 의미 있는 일이었어요. 더 깊이 있게 작업하고 더
열심히 노력하고 싶어지게 만들었죠. **BM**

Writer | Azealia Banks, Jef Martens
Producer | Jef Martens
Label | Interscope
Album | *Broke with Expensive Taste* (2014)

"저희 엄마가 이렇게 물으셨죠.
'아젤리아, 모든 노래가
꼭 섹스에 대한 내용이어야
할 필요가 있니?'"

아젤리아 뱅크스, 2011

Influenced by: Float My Boat · Lazy Jay (2009)
Influence on: Bad Jane · Phreeda Sharp (2012)
Covered by: Lily Kerbey (2012) · Wouter Hamel (2012) ·
Organ Donors (2012)
Other key track: Slow Hands (2010) · Jumanji (2012) ·
Liquorice (2012) · Yung Rapunxel (2013)

"난 그게 그렇게 공격적인지 몰랐어요." 아젤리아 뱅크스는 "212"가 가사 속 비속어에 대해 이렇게 말했다. 그럼에도 이 곡은 얼마나 가관이던지, 선정적인 것을 가리지 않는 릴 킴 같은 사람들조차 듣기 거북하게 만들었다. 벨기에 출신 프로듀서 제프와 툰 마틴즈(aka Lazy Jay)가 만들어낸 이 중독성 깊은 전자음 멜로디는 뱅크스를 니키 미나즈와 함께 '새로운 미시 엘리엇' 자리에 나란히 서게 만들었다.

이 할렘 출신 래퍼는 유명 프로듀서 디플로가 프로디지의 XL 레이블에 그녀를 데려갈 만큼 디플로를 매료시켰다. 하지만 디플로와 뱅크스의 결합은 서로 만족스럽지 못했다. 대신 그녀는 인터폴의 "Slow Hands" 커버곡을 선보이는 등 사람들의 주목을 끄는 창구로 유튜브를 효율적으로 사용했다.

"212"가 뱅크스를 전 세계 플레이리스트와 스타일 페이지에 올려놓지 못했다고 하더라도, 그녀는 아마 여전히 유행을 일으킨 괴짜로 남아있었을 것이다. 그녀는 노래 속 화자에 대해 "그 창녀는 발버둥치고 있고, 얻을 수 있는 것이라면 무엇이든 원해요"라고 설명했다. 때마침, 뱅크스는 레이지 제이(Lazy Jay)의 음악 샘플을 허락 없이 사용했고, 이 상황을 인지한 두 프로듀서는 저작권 문제를 해결하기 위해 뱅크스의 매니저에게 연락했다. 제프 마틴즈는 "한때, 아젤리아는 세상에 좋지 않은 말들을 뱉어 냈어요. 하지만 젊음의 열정이라고 부르고 싶어요"라고 패션 잡지 퓌스막(fussmag.be.)에 말했다.

논란에도 불구하고 이 장난꾸러기 뮤지션은 영국인들로부터 유독 많은 사랑을 받았다. "영국 문화는 진짜 점잖아요." 뱅크스가 GQ에 말했다. "하지만 분명한 건 영국 사람들도 신경질적으로 소리지르고 싶은 때가 있다는 거죠.'" 뱅크스의 직감은 그녀가 데이비드 카메론 수상의 아내, 사만다 여사를 만났던 2012년 확인되었다. "그녀가 저한테 '212'를 사랑한다고 말했어요." 뱅크스는 트위터에 이렇게 덧붙였다. "뿅 감." **BM**

Written on the Forehead
PJ Harvey (2011)

Writer | PJ Harvey
Producer | PJ Harvey, Mick Harvey,
John Parish, Flood
Label | Island
Album | *Let England Shake* (2011)

"이야기될 필요가 있다고 제가 느끼는 주제들…" 2011년 폴리 하비가 콰이어터스와의 인터뷰에서 말했다. "그런 주제들은 이야기되고 있지 않아요." 〈Let England Shake〉 앨범은 군사적인 갈등을 다루었다는 이유로 철저한 조사를 받았다. 이 앨범의 공동 제작자인 믹 하비는 웹진 드라운드 인 사운드에 이렇게 밝혔다. "그녀는 다른 사람들의 목소리를 대변하고 있어요. 애국심과 국가에 대한 보편적인 견해에 다다르기 위해 그 목소리들을 활용하고 있죠."

하비가 가사에 대해 이야기하길 주저하면서, 노래에 대한 해석은 청중의 몫으로 남겨졌다. "People throwing dinars at the belly-dancers / in a sad circus by a trench of burning oil (불타는 기름으로 가득 찬 참호에서 서글픈 곡예단, 밸리-댄서들에게 돈을 던지는 사람들) Some dove in the river and tried to swim away / through tons of sewage, fate written on their foreheads(수천 톤의 오물을 거쳐 강을 헤엄쳐 도망가려는 몇몇의 사람들, 그들 앞에 예고된 운명들)."

하지만 하비는 NME의 인터뷰에서 이 노래가 상상을 통해 만들어지긴 했으나 "오늘날 이라크에 대한 이야기"였다고 시인했다. 이후 그녀는 BBC에 "내가 정치적인 관점에서 노래할 자격은 안 된다고 생각하기 때문에, 항상 인간적 관점에서 생각하려고 노력한다"고 밝혔다.

이 곡의 가장 두드러지는 특징은 콕토 트윈즈 풍의 도입부에서 절정에 다다른다. 이 대목에서 하비의 연약한 목소리는 존 패리쉬의 전자 피아노 소리와 샘플곡으로 쓰인 나이니 디 옵저버의 "Blood and Fire" 가운데서 유영하듯 흘러나온다. "그의 이야기는 제가 전하고 싶었던 감정과 유사했어요. 그 점이 제게 희망을 주었어요. 그리고 사랑도요." 하비가 말했다. **BM**

Video Games
Lana Del Rey (2011)

Writer | Lana Del Rey, Justin Parker
Producer | Robopop (Daniel Omelio,
Brandon Lowry)
Label | Stranger Records
Album | *Born to Die* (2012)

엘리자베스 그랜트라는 본명을 가진 라다 델 레이는 메이 제일러와 리지 그랜트라는 예명으로 실패를 맛본 뒤 2011년 유튜브에 올린 섬세한 곡 "Video Games"의 성공으로 행운을 거머쥐었다.

라다 델 레이의 곡은 입소문을 타고 발매되기도 전부터 돌풍을 일으켰다. 그러나 흥행과 더불어 과거 행적, 집에서 제작한 비디오라는 주장의 진위 여부, 외모에 이르기까지 델 레이는 곧 비판의 대상이 되었다.

델 레이는 자신을 그다지 숨기지 않았다. 그녀는 GQ와의 인터뷰에서 "Video Games"를 두고 이렇게 언급했다. "그 가사를 쓰는 데 2시간이 걸렸어요. 런던으로 건너가 한창 긴 곡을 작업하던 중이었어요. 저스틴 파커는 화음을 넣고 저는 단어와 멜로디 작업에 집중했어요. 그렇게 피아노 라인으로만 이루어진 꽤 단순한 곡이 나왔죠."

이 곡에 매료된 대니얼 오멜리오와 브랜든 로리는 2011년 초 데모 음반을 제작했다. "라나는 템포가 느린 곡들로부터 영향을 받아요." 로리가 잡지 사운드 온 사운드에 이렇게 설명했다. "그래서 우리는 박자를 끌어서… 곡 전체가 느리게 흘러가는 것처럼 느껴지도록 녹음을 진행했어요."

"Video Games"의 성공은 연관성도 없는 그녀의 신념에 대한 의구심을 자아냈다. 델 레이는 BBC와의 인터뷰에서 "사람들이 저를 두고 안티 페미니스트라고 말하던데요"라며 혀를 찼다. "그 사람들은 제가 순종적인 여자의 입장에서 곡의 영감을 얻었다고 생각하겠죠. 하지만 실제로 이 곡은 상대와 함께 시간을 보내고 상대가 원하는 것을 한 공간에서 행복하게 즐기고 싶다는 내용을 담고 있어요." **BM**

"I liked it right away" 라나 델 레이의 곡 Video Games는 그녀를 스타로 만들어 주었다. ➡

Death to My Hometown
Bruce Springsteen (2012)

Writer | Bruce Springsteen
Producer | Ron Aniello, Bruce Springsteen
Label | Columbia
Album | *Wrecking Ball* (2012)

"여러분은 여러분이 정말 밀어붙일 수 있는 무언가가 있을 때 최선을 다해 일하는 경향이 있습니다." 브루스 스프링스틴이 2012년 언급했다. 시대적 상황에 부응해서 〈Wrecking Ball〉은 미국 사회의 모순과 관련해 씁쓸하지만 동시에 희망적인 메시지를 품고 있다. 이 음반은 경기 불황기에 금융기관과 정부로부터 배신당한 노동자들의 이야기에 집중하고 있다. "사람들이 집을 잃어 갔지만, 아무도 감옥에 가지 않았어요. 책임 따윈 없었거든요… 강도나 무단 침입, 상습적이지 않은 단순 절도 사건은 개인들이 현실의 벽에 부딪혔을 때 발생했어요." 그가 앞서 발매한 〈Nebraska〉(1982)와 〈The Ghost of Tom Joad〉(1995)이 내내 침울한 분위기를 자아냈다면 〈Wrecking Ball〉은 금관악기와 가스펠, 포크송 등이 가미되어 그 분위기가 다소 환기됐다.

하지만 그 어떤 노래도 "Death to My Hometown"보다 좋을 수는 없었다. 스프링스틴은 이 곡에 대해 조 스트러머가 활약하던 1970년대 다양한 장르와 결합해 새롭게 태어난 '아일랜드 포크송' 같다고 평했다. 〈Wrecking Ball〉은 스프링스틴이 처음으로 샘플 곡을 사용한 앨범이었다. 그중 이 노래는 1959년 앨런 로맥스가 녹음한 가스펠 "The Last Worlds of Copernicus"를 기반으로 만들어졌다. 그는 시드니 모닝 헤럴드 온라인(smh.com)에 다음과 같이 설명했다. "그 아이디어는 그 음악이 1930년대 이전, 그러니깐 1800년대… 에 발생한 역사적인 일들과 연관이 있을 거라는 점이었어요."

"평생 동안 대다수의 사람들은 사회적 불평등이 증가하는 걸 목격했어요." 스프링스틴은 사회적인 관측과 개인적인 논평을 바탕으로 롤링스톤과의 인터뷰에서 이렇게 말했다. "저 또한 어린 시절부터 일종의 역학을 경험해 왔어요. 집안의 남자가 직장을 구하기 힘들 때, 그리고 집에 있는 여성이 가장이 되었을 때 일어나는 일들을 경험해 왔죠." **BM**

Happy
Pharrell Williams (2013)

Writer | Pharrell Williams
Producer | Pharrell Williams
Label | Back Lot Music
Album | *Despicable Me 2: Original Motion Picture Soundtrack* (2013)

"어느 날, 한 기차가 선로에서 이탈했습니다." 퍼렐 윌리엄스가 영화 전문 잡지 콜라이더에 이렇게 말했다. "그다음 주, 또 다른 기차가 선로에서 이탈했습니다. 당신은 70억 명의 사람들을 상대하고 있고, 분명 일은 잘못될 수밖에 없었습니다. 하지만 행복한 편에 속한 이들은 어떨까요?"

퍼렐은 이 질문에 대해 직접 작곡한 〈슈퍼 배드2〉의 사운드트랙으로 답을 대신했다. 세임댓튠닷컴(samethattune.com)의 표현에 따르면 캐피톨스의 "Cool Jerk", 윌슨 피켓의 "Land of 1000 Dances", 스티비 원더의 "Fingertips, Part 2", 레이 찰스의 "What'd I say", 아레사 프랭클린의 "Chain of Fools", 마빈 게이의 "Ain't That Peculiar", 피프스 디멘션, 도노반, 카메오의 계보를 잇는 혼이 담긴 감미로운 곡이었다.

"Happy"를 처음 부른 건 날스 바클리 출신의 씨 로 그린이었다. 퍼렐은 DJ 하워드 스턴에게 "정말 놀라웠어요. 그가 내 노래를 불러주다니!"라고 소감을 표했다. 하지만 그린은 곧 법적인 분쟁에 휘말렸고, 이후 퍼렐은 로빈 시크의 앨범 〈Blurred Lines〉와 다프트 펑크의 앨범 〈Get Lucky〉 등에 피처링한 수록곡으로 재기에 성공했다.

2013년 말 발매된 "Happy"는 2014년 내내 라디오와 각종 음원차트를 휩쓸었고, 21세기 가장 많이 판매된 음반으로 선정되는가 하면, 오스카 시상식에서 겨울왕국 OST와 함께 나란히 주제가상 후보로 지명되면서 퍼렐이 일으킨 센세이션을 궁극적으로 증명해 보였다. 퍼렐은 실제로 수상까지 가지 못한 데 대해 GQ에 농담을 던졌다. "그들이 수상작을 발표했을 때, 내 표정은 정말 '얼음' 그 자체였어요. 하지만 바로 이렇게 생각했죠. 그냥 'Let it go' 해야겠다고." **BM**

퍼렐 윌리엄스가 〈슈퍼 배드2〉 속 캐릭터 미니언과 함께 서 있다. ➜

Two Weeks
FKA Twigs (2014)

Writer | Tahliah Debrett Barnett, Emile Haynie
Producer | E. Haynie, T.D. Barnett
Label | Young Turks
Album | *LP1* (2014)

"'이상한 것들이 섹시할 수 있어요.' 'FKA 트위그스'라는 예명으로 활동하는 탈리아 바넷이 가디언에 말했다. "단점이 곧 강점이죠. 우리가 항상 잘 나가기만 하거나 혹은 못 나가기만 한다면 얼마나 인생이 지루하겠어요?"

그 단점은 케이트 부시와 알리야 풍의 감각적인 곡 "Two Weeks"에서 잘 드러난다. 곡은 "My thighs are apart(내 허벅지는 벌어져 있어)," "I can fuck you better than her(그녀보다 더 잘해 줄 수 있어)"라며 약속한다. 에밀 헤이니(E. Haynie, 에미넴 군단을 떠나 라나 델 레이의 음반을 작업하고 있다)가 프로듀싱한 "Two Weeks"는 FKA 트위그스를 일약 스타로 만들었다('Twigs'라는 이름은 춤을 추기 전 손 관절을 꺾는 바넷의 버릇에서 비롯되었는데, 동명의 아티스트인 밴드 'The Twigs'와 구별하기 위해 앞에 'FKA: Formerly Known As'가 덧붙었다).

FKA 트위그스는 데뷔 전 카일리 미노그나 제시 제이의 백댄서로 활동했다. 그런 그녀가 영국 머큐리 뮤직 어워즈에 후보로 오르고, 타임스에 올해의 베스트 앨범 제작자로 꼽히는 것은 이전의 삶과는 꽤 이질적인 경험이었다. "빌어먹을. 그거 진짜 하기 싫었어요." 제시 제이의 "Price Tag" 뮤직비디오에 백댄서로 등장했던 일화를 꺼내자 트위그스가 말했다. "그땐 빚을 갚는 중이어서 어쩔 수 없었어요. 하긴, 제시가 지금 그녀 자리에 올라가기 전 별의별 일을 다 해야 했던 걸 생각하면 저는 별거 아니죠, 뭐."

트위그스는 "Pepi Pacify", "Water Me" 등과 같이 묘한 분위기의 뮤직비디오로 컬트 열풍을 일으키며 패션 매거진의 총애를 받고 있다. "Two Weeks"를 통해 '제2의 알리야' 자리에 오른 트위그스에 대해 디렉터 나빌 엘더킨은 다음과 같이 밝혔다. "그녀는 대중성을 위해서는 아무것도 희생하지 않아요. 트위그스는 상상력과 예술성이 뛰어나고, 그저 그녀가 원하는 방식대로 표현하죠." **BM**

Shake It Off
Taylor Swift (2014)

Writer | Taylor Swift, Max Martin, Karl Johan "Shellback" Schuster
Producer | Max Martin, Shellback
Label | Big Machine Records
Album | *1989* (2014)

"내 삶을 하나하나 나누어 본 적이 있어요. 내 선택들, 내 행동들, 내 말, 내 몸, 내 스타일, 그리고 내 음악까지." 테일러 스위프트가 롤링스톤에 말했다. "그렇게 하나하나 자신에 대해 살피고 나면, 자신의 틀을 깨거나, 문제를 잘 피해 가는 사람이 될 수 있어요. 어떤 문제가 닥쳤을 때, 그 문제를 떨쳐내려는 것도 저는 대처 방법이라고 생각해요."

이런 도전적인 태도를 음악적으로 드러내기 위해, 스위프트는 2012년 그녀의 히트곡인 "I know You Were Trouble"과 "We Are Never Ever Getting Back Together"를 공동 작곡했던 맥스 마틴과 쉘백을 찾아갔다. 이 스웨덴 출신 작곡가들은 새로운 곡 작업을 위해 고국에서 요나스 탄데르를 비롯한 금관악기 연주자들을 데려왔다. 탄데르는 마틴의 또 다른 히트곡이자 제시 제이, 아리아나 그란데, 니키 미나즈가 부른 "Bang Bang" 곡 작업에도 참여했던 색소폰 연주자였다. 결과는 스위프트가 컨트리 음악에서 팝으로 전환할 만큼 완벽했다.

"장벽에 부딪혔다고 생각했을 때는 코드 진행을 반복하고 또 반복하던 때였어요." 테일러가 USA 투데이에 말했다. "그러다 갑자기 한 소절이 툭 나왔어요. 'Cause the Players gonna play, play, play, play' 이 부분이 단번에 튀어나온 거예요. 우리가 특별한 무언가를 만들어 냈다는 걸 알아차렸죠. 나머지 부분도 그 코러스만큼 아주 특별하게 완성했어요."

스위프트는 자조적인 비디오 영상을 통해 이 노래를 가사 그대로 전달하려 했다. 예상과 달리 테일러가 선택한 감독은 마이클 & 자넷 잭슨 남매의 "Scream," 나인 인치 네일즈의 "Closer", 조니 캐시의 "Hurt"에서의 음울한 분위기로 잘 알려진 마크 로마넥이었다. **BM**

더 이상 제시 제이의 백댄서가 아닌 탈리아 디브렛 바넷(FKA 트위그스로 알려져 있다).

Hunger of the Pine
Alt-J (2014)

Writer | Cyrus, Nelly, Williams, Green, Newman, Unger-Hamilton
Producer | Charlie Andrew
Label | Infectious
Album | *This Is All Yours* (2014)

흔히 '마일리 사이러스' 하면 트워킹 안무(털기 춤)나 날름거리는 혓바닥, "레킹 볼" 뮤직비디오 속 나체 등이 연상된다. 한때 '포스트 해나 몬태나'라는 오명을 쓰기도 했던 사이러스도 알고 보면 스미스의 커버송을 부르고, 플레이밍 립스의 "Sgt. Pepper(비틀즈의 곡)" 커버송 작업을 도우며, 영국 웨스트요크셔 출신의 아트 록 밴드 리즈 트리오, 알트-제이와 함께 곡 작업을 진행한 유능한 가수다.

사이러스와 알트-제이의 인연은 사이러스가 그녀의 공연에서 알트-제이의 "Fitzpleasure"를 선보였던 시절로 거슬러 올라간다. 알트-제이의 드러머 톰 그린이 사이러스에게 먼저 곡 작업을 제안했고, 이후 사이러스는 앨범 〈Bangerz〉에 수록된 "4×4"(퍼렐 윌리엄스, 넬리 공동 작곡)의 리믹스 곡을 정식으로 알트-제이에게 의뢰했다. "곡을 의뢰 받은 건 'Hunger of the Pine'의 가사를 쓰고 있을 때였어요," 알트-제이의 키보디스트 거스 엉거-해밀턴이 BBC에 설명했다. "'4×4'의 한 소절인 'I'm a female rebel'은 톰의 리믹스와 같은 방식으로 흘러가요. 들어보면 꽤 비슷하죠. 그래서 우리는 사이러스의 곡에서 한 구절을 샘플링하기로 했어요." 기타리스트 조 뉴맨이 롤링스톤에 말했다. "샘플링 사용을 승인 받기 위해 형식적인 절차가 복잡하긴 했지만, 사이러스가 나서서는 '다들 진정하고 한 걸음 물러서서 진행해 보자'고 격려해 주었어요."

이들의 간절함은 음악적으로나 상업적으로나 모두 뚜렷한 결과로 보상받았다. 샘플링 된 사이러스의 가사는 마치 최면을 거는 듯하면서도 폭력적인 뮤직비디오(그린이 콘셉을 잡고 사진작가 나빌 엘더킨이 촬영했던)와 더불어 화제가 되었다. 이렇게 탄생한 〈This is All Yours〉 앨범은 인디 음악 팬들을 비롯해 대중적인 관심을 받으며, 세계적인 음반차트들의 정상에 오르는 등 선풍적인 인기를 끌었다. **BM**

Digital Witness
St. Vincent (2014)

Writer | Annie Clark
Producer | John Congleton
Label | Loma Vista
Album | *St. Vincent* (2014)

"이건 그동안 제가 해왔던 작업보다 더 원색적인 음반이라고 생각해요." 애니 클라크(aka 세인트 빈센트)가 네 번째 셀프-타이틀 솔로 앨범을 두고 언컷에 이렇게 말했다. "보편적으로 좀 더 밝은 곡이긴 하죠. 덜 심란하고요."

미국 오클라호마 출신 싱어송라이터 애니 클라크는 사이키델릭 팝 밴드 폴리포닉 스프리의 일원이기도 했다. 이 그룹에 소속돼 있던 시절 클라크는 투어를 다니며 열정적인 지지자와 뛰어난 동료들을 사귀었다. 이후 클라크는 2007년 데이비드 보위와 마이크 가슨 등이 참여한 데뷔 앨범 〈Merry Me〉을, 2012년 데이비드 번과 함께 합작 앨범 〈Love This Giant〉을 발매했다. 곡 후반부에 울려 퍼지는 관악기 소리는 〈Strange Mercy〉에 실린 "Cruel"의 늘어지는 듯한 분위기와 결합해, 한때 프린스와 쟈넬 모네이가 선보였던 일렉트로닉 펑크 향수를 불러일으켰다.

세인트의 음악적인 발전은 클라크와 오래 일해 온 프로듀서 존 콩글턴 덕분에 가능했다. 그는 작업자들끼리도 비밀을 유지하려고 철저히 노력했다. "우리는 각 노래별로 세 가지 버전을 만들었어요." 그가 라디오닷컴(radio.com)에 밝혔다. "원곡에다 발라드 버전과 업-템포 버전을 만들었죠. 레게톤 버전과 크라우트록 버전까지 만들었으면 했어요. 머리가 완전 돌 지경이었다니까요."

곡의 가사는 온라인에서 또 다른 삶을 살아야만 하는 강박관념을 주제로 삼는다. "정말 얼토당토않은 일이죠." 클라크가 언더 더 레이더에 말했다. "사람들은 이제 경험에 대해 논하지 않아요. 소셜 미디어에 기록하고 친구에게 보여주고, 그렇게 스스로 특별한 사람이고 가치 있는 사람이라는 걸 세상에 증명하는 일에 대해 관심을 가지죠. 온라인상에 존재하기 때문에 가치를 가지게 되는 거예요." **BM**

애니 클라크가 세인트 빈센트의 모습으로 무대에서 열창하고 있다. ➜

Eyes to the Wind
The War on Drugs (2014)

Writer | Adam Granduciel
(Adam Granofsky)
Producer | Adam Granduciel
Label | Secretly Canadian
Album | Lost in the Dream (2014)

"주방에서 4분 만에 일어난 일이었어요." 2014년 가장 많이 사랑 받은 노래 중 하나인 "Eyes to the Wind"를 쓴 아담 그랜두시엘이 워싱턴포스트에 다음과 같이 이야기했다. "Out of Time"의 데모곡 작업처럼 이 곡 또한 단순하게 시작되었다. 아담두시엘은 언더 더 레이더와의 인터뷰에서 당시 상황을 자세히 설명했다. "멜로디, 기타, 드럼 머신, 그리고 몇 개의 단어들… 그건 의식의 흐름이었어요." 밴드 동료인 로비 베넷과 함께 피아노 라인 작업을 포함, 몇 달 간의 작업 끝에 그랜두시엘은 노래의 보컬 부분을 잘라냈다. "가사의 한 5퍼센트 정도를 알아들었던 것 같아요. 그냥 30분 동안 앉아서 아이디어를 몇 개 적은 다음, 마이크를 켰어요. 그러고 나서 4시간 뒤였나요. 제가 운을 띄웠어요. 입에서 무언가가 튀어나온 거죠. 하고 싶던 그런 게. 음, 꽤 멋지더라고요."

그 결과는 더 워 온 드럭스가 그간 선보여 왔던 사이키델릭 클래식 록에 대한 동경으로 나타났다. 웹진 스테레오검은 〈Lost in the Dream〉 앨범에 '2014년 최고의 톰 페티 앨범'이라는 애정 어린 별명을 붙이며 "Eyes to the Wind"를 가장 '페티다운' 곡으로 언급했다. 한편 뉴욕 출신 뮤지션 에이미 클라인은 이 곡을 두고 "내버려두는 것(letting go)에 대한 거대한 찬사"라고 표현했다. "서사적인 성격은 여전히 남아 있었지만, 드문 곡이었어요." 그랜두시엘이 언더 더 레이더에 말했다. "그게 좋았어요, 종일 앉아서 기타 소리를 넣고 싶었죠. 그다음엔 하모니카와 오르간 소리도 넣고 싶었고요. 믹싱 작업 땐 밴드다운 사운드가 나올 때까지 정말 많이 뜯어고쳤어요. 그리고… 정말 순간이었어요. 상상하지 못했던 무언가가 나온 건요. 그런 때야말로 곡 작업에서 가장 짜릿함을 느끼는 순간이죠." **BM**

Lazaretto
Jack White (2014)

Writer | Jack White
Producer | Jack White
Label | Third Man Records
Album | Lazaretto (2014)

"어설픈 스페인어"와 힙합의 실험적 조화가 잭 화이트의 다채로운 작업 가운데 가장 펑키한 작품을 만들어 냈다. 화이트가 미국 록음악 전문 라디오 KROQ와의 인터뷰에서 말했다. 어떤 작곡가에 대해 들었어요. 다른 음악을 들으면서 잠시 고민하고, 머릿속에서 그 곡을 지워낸 뒤에 바로 새로운 곡을 쓴다고 하더라고요. 그렇게 제가 힙합 선구자 MC 라이트의 힙합 곡 'Cha Cha Cha'를 듣고 쓴 노래가 바로 이 곡입니다.

롤링스톤은 이 결과물을 두고 "펑키 리프", "사이키델릭 신디사이저", "무겁게 채워지는 드럼", 영상 디렉터 조나스 & 프랑수아의 뮤직비디오를 통해 스타가 된 드러머 다루 존스의 조합이라고 평했다.

화이트는 NPR 뮤직에 곡의 가사에 대해 이렇게 말했다. "힙합 노래 가사에 나오는 허세 섞인 라임이에요. 보시다시피 진심을 담아 노래하는 사람들은 무언가 이룬 것이 없어요. 그들의 삶이 엄청나게 흥미롭지는 않죠. 하지만 이 노래 속 화자는 실제로도 열심히 일하고 흥미로운 결과를 성취했어요. 솔직히 '나 열심히 일했어' 하는 가사를 노래로 부를 순 없잖아요. 그래서 이 말을 스페인어로 바꾸었죠. 좀 어설픈 스페인어라고 해야 할까요(한편 'Lazaretto'는 화이트의 환상에서 비롯된 제목으로, 격리 공간이나 구금 장소 등을 뜻한다. 하지만 화이트의 환상은 격리 병동에 있는 상태이지, 거기서 죽음을 맞는 것은 아니다)."

이 성공적인 실험곡은 화이트의 두 번째 앨범에서 타이틀곡 자리를 두고 겨룰 만했다. 바이올린을 연주했던 팻 캐플린이 흥분하며 말했다. "그는 거침이 없었어요. 본능에 충실하고, 작업 과정 전체를 신나게 만들었죠." **BM**

FourFiveSeconds
Rihanna ft Kanye West and Paul McCartney (2015)

Writer | Dallas Austin, Dave Longstreth, Elon
Rutberg, Kanye West, Kirby Lauryen, Mike Dean,
Noah Goldstein, Paul McCartney, Ty Dolla $ign
Producer | Kanye West, Paul McCartney
Label | Roc Nation

"폴이 '불안에 가득한' 누군가와 함께
일했던 때를 기억하나요?
그들이 만든 음악도요?"

카니예 웨스트, 2015

◄ **Influenced by: Only One** · Kanye West ft
Paul McCartney (2014)
▶ **Influence on: FourFiveSeconds (remix)** ·
DJ Mustard (2015)
● **Covered by:** Drake (2015)
★ **Other key track:** We Found Love (2011)

로스앤젤레스 타임스가 경탄했다. "가스펠 오르간 브리지
와 알앤비 옹호자인 타이 달라 사인의 보컬 사이에서
'FourFiveSeconds'는 팝의 디바 비욘세가 서핑보드를 '서
프볼트(surfbort)'라고 알린 이래 가장 의아하게 느껴지는
곡이다." 발매 2주 전, 리한나는 폴 매카트니와 피처링한
싱글을 돌연 발매한다(폴 매카트니는 제이지와 린킨 파크의 체스
터 베닝턴과 2006 그래미 시상식에서 공연한 이래, 비밀리에 힙합 곡
작업을 진행해 왔다). 한편 2014년 12월 31일 카니예 웨스트
는 비틀즈 소속이었던 이 멤버와 피처링한 또 다른 곡
"Only One"을 두고 담담하게 존경을 표했다(이는 2009년 웨
스트와 리한나가 함께한 제이지의 "Run This Town"보다는 예상치
못한 조합이었다).

"FourFiveSeconds"는 리한나의 목소리에 전자음을 입
혀 친근하고도 금방이라도 망가져버릴 듯한 목소리를 담
아냈다. 이는 웨스트가 진두지휘한 리한나의 앨범 〈R8〉이
카니예의 〈Yeezus〉만큼 놀라운 작업이 될 것을 시사했다.
2015 그래미 시상식에서 "FourFiveSeconds" 공연을 성공
적으로 끝내고 마돈나의 박수갈채에 기분이 좋아진 카니
예 웨스트가 곡의 탄생 비화를 밝혔다. "저는 리한나 앨범
의 제작 책임자였어요. 그녀의 앨범을 작업하는 동안 지나
가는 말로 그녀에게 이야기했죠. '나 폴 매카트니랑 곡 작
업을 몇 개 끝냈어.' 그러자 리한나는 이 녹음을 그냥 지나
칠 수 없다고 했어요. 자기 앨범에 노래를 꼭 실어야겠다
면서요."

"FourFiveSeconds"의 커버는 사람들이 기대하는 것처
럼 이 트리오가 기꺼이 앨범 밖으로 나갈 의사가 있음을
암시한다. 웨스트는 곡을 선보였던 컨퍼런스에서 매카트
니에게 비틀즈의 "Come Together"(실제 작곡가는 비틀즈의
다른 멤버 존 레논이었다)에 존경을 표한 뒤 이렇게 물었다고
한다. "60년대에 고양이가 좋아하는 건 뭐였나요?" **BM**

Drone Bomb Me
Anohni (2016)

Writer | Anohni, Hudson Mohawke
Producer | Anohni, Hudson Mohawke, Oneohtrix Point Never
Label | Secretly Canadian
Album | *Hopelessness* (2016)

"난 내가 세계 곳곳을 누비며 얻은 수익으로 뉴욕에 세금을 냈어요." 2016 아카데미 어워즈 영화 음악 부문 역대 최초의 트렌스젠더 후보자임에도 시상식 공연에서 제외된 아노니가 참석 거부 성명서를 통해 신랄한 비판을 던졌다. "하지만 그 돈은 미국 정부가 쿠바 관타나모 수용소나 무인 폭파 시설, 감시, 사형, 내부 고발자 구금시설 운영비나 기업 보조금 및 구제금에 보태졌습니다."

몇 주 뒤, 아노니는 '안토니 앤 더 존슨즈' 활동 시절 사용하던 '안토니 헤거티'라는 이름 대신 '아노니'라는 새 이름으로 "Drone Bomb Me"를 발매했다. 이 노래는 그녀의 초기 곡만큼 아름다웠으나 정치적인 주제로 관심사를 전환했음을 확인할 수 있는 곡이었다. "드론 폭격으로 가족을 잃은 한 소녀의 이야기를 다룬 곡이에요. 소녀는 너무 순수해서 화를 낼 수도 없었어요," 아노니가 엔터테인먼트 위클리와의 인터뷰에서 말했다. "소녀는 잔인함조차 사랑으로 용서해야 한다고 생각했어요. 분명 말도 안 되는 일이었고 또 가슴 아픈 일이지만, 이 상황에서 한 가지 입장만을 취해야 한다면 우리 역시 사랑하는 법을 배우는 쪽에 서야 할 겁니다."

아노니의 "Cut the World" 뮤직비디오를 감독했던 나빌 엘킨이 연출한 "Drone Bomb Me" 뮤직비디오는 울먹이며 등장하는 나오미 캠벨과 애플의 유료 TV 광고를 통해 볼 수 있다는 점으로 화제를 모으기도 했다. 그러나 어떤 점보다도 이 노래는, 아노니가 벽을 허물고자 노력하는 인물임을 확인시켜 준다. 아노니는 그녀를 입양한 고국 미국에 대해 다음과 같이 적었다. "(미국은)더 많은 힘과 지배력을 거느리기만을 열망하죠. 하지만, 나는 내 활용 가치를 극대화해서, 생명의 다양성과 인간의 존엄성을 옹호하고 싶어요." **BM**

You Want It Darker
Leonard Cohen (2016)

Writer | Leonard Cohen, Patrick Leonard
Producer | Adam Cohen
Label | Columbia
Album | *You Want It Darker* (2016)

"최근 들어 죽을 준비가 됐다고 말한 적이 있어요. 사실 그건 좀 과한 말이었던 것 같아요." 레너드 코헨이 2016년 10월에 열린 〈You Want It Darker〉 앨범 발매 리스닝 파티에서 이야기했다. 이어 던진 코헨의 농담 "난 영원히 살겠다고 마음먹었어요"는 마지막 유작이 된 이 노래에서 반쯤은 속삭이는 것처럼 들리던 보컬만큼이나 쓸쓸하게 느껴졌다. 그러나 이 곡에서 보여준 것처럼 코헨은 인생의 마지막까지 냉정함을 유지했다.

"You Want It Darker" 가사에는 자비로운 신과는 거리가 먼 전능자와 코헨 사이의 대립을 찾아볼 수 있다. 이 노래에서 코헨은 부당한 삶에 대해 당혹감을 가사로 전한다. "I didn't know I had permission / to murder and to maim(저에게 살인을 하고 누군가를 불구로 만들 권한이 있는지 몰랐어요)." 그의 신념은 절망의 순간 시험에 빠져든다. "A million candles burning / for the help that never came(결코 오지 않은 구원자를 향해 타고 있는 백만 개의 촛불)." 친근하게 전달하는 코헨의 노래는 콩그리게이션 샤어 해쇼마임 합창단이 주는 웅장함을 상쇄시킨다.

이어지는 후렴구는 앞서 언급한 모든 번뇌에 대해 깊고 겸허한 믿음을 선언한다. "Hineni Hineni / I'm ready my Lord(히네니 히네니, 나의 하나님, 저는 준비가 되어 있습니다)"라며 죽음을 위한 준비마저 수용하겠노라고 맹세한다. 한편 'Hineni'는 히브리어로 "나는 여기 있어요"를 의미하는데, 구약 성서에서 아브라함은 아들을 제물로 바칠 준비를 하면서까지 신의 뜻에 순순히 응한 바 있다. 노래의 종결 부분은 레너드가 유년 시절 참석했던 유대교 회당에서 울려 퍼지는 예배 선창만큼이나 감동적이다. 레너드 코헨은 이 기념비적인 마지막 음반을 발표하기 위해 고향으로 돌아갔다. **RD**

죽음에 대한 회피는 코헨의 계획에 있어 심각한 사안이 아니었다. ➜

Man
Skepta (2016)

Writer | Skepta,
Josh Homme
Producer | Skepta
Label | Boy Better Know
Album | *Konnichiwa* (2016)

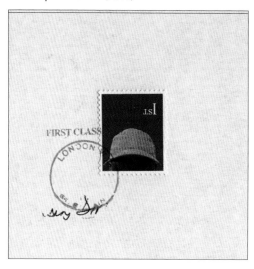

"제 주위에 있는 래퍼들은
가치 있는 주제들에 대해선 말하지 않아요.
저는 래퍼가 아니에요, 활동가죠."

스켑타, 2016

Influenced by: Regular John • Queens of the Stone
Age (1998)
Influence on: Man (Uniiqu3 & YK Jersey Club Remix) •
Uniiqu3 (2016)
Other key tracks: Lay Her Down (2013) • That's Not
Me (2014) • Shutdown (2015) • Numbers (2016)

스켑타에게 성공은 체리보다 더 쓴맛이었다. 2012년 앨범 〈Doin' It Again〉을 실패하고 미디어에 대한 25분짜리 비평을 유튜브에 올린 뒤로 그는 3년간 앨범 〈Honeymoon〉 한 장만을 발매했다. 그마저도 세 곡으로 구성된 앨범이었다.

그러나 스켑타의 부재는 팬들을 더 애틋하게 만들었고, 이후 발표된 곡 "That's Not Me"와 "Shutdown" 등은 흥행에 성공했다. "Shutdown"의 경우 영국 작가협회가 주최하는 이보 노벨로 어워즈에 후보로 오르기까지 했다. 흥행이 이어지면서 스켑타는 다른 그라임 씬 가수들과 함께 카니예 웨스트의 브릿 어워즈 시상 축하를 위해 현장에 자리하는가 하면, 동료들과 설립한 레이블 보이 베럴 노우에 드레이크를 합류시키는 등 유명인으로서 행보를 이어갔다. 그리고 이제 그는 비욘세의 공연에서 "That's Not Me"를 부르고 퍼렐 윌리엄스가 콜라보레이션을 요청할 정도로 거물이 되었다. 스켑타가 정규 앨범 〈Konnichiwa〉로 전작 〈The Honeymoon〉의 실패를 밟고 일어났을 때, 아델은 그녀의 SNS 계정에 하트 이모티콘과 함께 스켑타의 사진을 포스팅하기까지 했다.

호평으로 가득했던 앨범 〈Konnichiwa〉는 음반판매 1위, 머큐리상 수상 등 호재를 이어갔다. 대부분 스켑타 스스로 만들어낸 결과물이었다. "그들은 누군가의 말을 들을 거예요," 스켑타가 BBC에 경고했다. "복수하려는 누군가의 말을." 그는 곡 "Man"을 두고 그 '미친놈'은 런던에 있는 정신병원 세인트 앤즈에 가야 할지도 모른다고 인정했다. 퀸스 오브 더 스톤 에이지의 곡 "Regular John"의 찢어지는 듯한 기타 라인은 샘플링으로 사용되어 스켑타의 분노에 숨을 불어 넣었다. 영국 유력지 가디언은 이 결과물에 열광했다. "런 디엠씨가 그들의 트레이드마크인 아디다스 신발로 에어로스미스를 짓밟아버린 이래, 가장 훌륭한 기타와 박자의 만남이었다." 하지만 스켑타는 DJ 제인 로우에게 이렇게 말했다. "저는 영국을 대표할 의무가 있어요. 하지만 그라임 씬은 한 번도 존중받은 적이 없죠. 그래서 마냥 좋은 소리로 들리지만은 않아요." **BM**

Ultralight Beam | Kanye West (2016)

Writer | Kanye West, M. Dean, N. Goldstein, S. Griesemer, The-Dream, J. Potter, C. Young, Chance
Producer | K. West, M. Dean, Chance, Swizz Beatz
Label | G.O.O.D. MUSIC
Album | *The Life of Pablo* (2016)

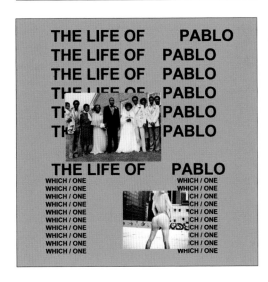

"챈스 더 래퍼가 피처링한 구절이 엄청나던데요. 챈스에게 그런 기회가 주어지다니 진짜 멋진 일이에요."

사모 사운드 보이, 2016

◀ **Influenced by: This Little Light of Mine** · Traditional (early 20th century)
▶ **Influence on: Ultralight Prayer** · Kanye West (2016)
● **Covered by:** Local Natives (2016) · TOYOMU (2016) · Stormzy (2017)
★ **Other key track:** Wolves (2016)

카니예의 팬들은 2013년 발표한 앨범 〈Yeezus〉와는 사뭇 다른, 덜 거친 음악을 기다리고 있었다. 그렇게 발매된 앨범 〈The Life of Pablo〉가 유료 음원 사이트 TIDAL의 차트 순위 아래쪽으로 떨어지자, 카니예 웨스트는 몇 주 동안이나 곡을 다시 믹싱하고 뜯어고쳤다. 이런 카니예의 작업을 두고 파블로는 "살아 숨 쉬는 창조적 표현의 변화"라며 트위터에 글을 올리기도 했다. 하지만 이 작업에서도 단 하나 바뀌지 않은 것이 있었다. 앨범의 오프닝 곡 "Ultralight Beam"이었다. "악보나 리듬, 드럼 비트에 삽입된 노래를 설명하긴 어려워요." 카니예가 DJ 스티브 하비에게 말했다. "스튜디오에서 일하는 젊은 직원이 인스타그램에 영상을 올렸더라고요. 어린 소녀가 '우리는 더 이상 집에 악마가 있는 것을 원하지 않아!'라고 외치는 영상이었죠. 소녀의 목소리를 앨범이 나오기 일주일 반 전쯤 곡에 삽입했어요. 이 곡은 앨범의 첫 번째 트랙이 되어야 했어요."

〈The Life of Pablo〉 앨범을 위해 잘 나가는 프로듀서들이 캐스팅되었다. "Ultralight Beam"은 작사하기 쉬운 곡이에요." 더-드림이 빌보드와의 인터뷰에서 밝혔다. "코드가 몇 개 있거든요. 앉은 자리에서 바로 훅을 썼어요." 〈Yeezus〉에서 다프트 펑크의 연금술을 선사했던 사모 사운드 보이와 DJDS의 제롬 LOL도 곡 작업에 참여했다. 사모는 곡에 대해 이렇게 설명했다. "지난 몇 주 동안 사전 준비 없이 모두들 모였어요. 오랫동안 카니예의 오른팔이었던 마이크 딘과 곡의 기본 틀을 잡았죠."

"Ultralight Beam"은 챈스 더 래퍼의 피처링 구절과 켈리 프라이스와 커크 프랭클린이 부른 가스펠 덕분에 보다 빛을 발할 수 있었다. "우리는 그냥 축복받았을 뿐이에요." 카니예가 곡의 시작을 4년 전 크리스마스라고 밝히며 말했다. "울트라라이트 빔이 우리에게 쏟아지던 그때 그 방에서 말이에요." 카니예는 2004년 발표한 곡 "Jesus Walks"에서 이렇게 털어놓은 바 있다. "신과 이야기하고 싶었지만 '우리가 오랫동안 이야기하지 않았기 때문에' 두려웠어요." 그는 〈Yeezus〉 음반을 통해 자신이 과대망상증과 싸우고 있는 중이라고 진술했다. "'Ultralight Beam'은 힙합, 종교, 은총과 결합한 셈이죠." **BM**

Formation | Beyoncé (2016)

Writer | Beyoncé, Mike WiLL Made-It, Aaquil Brown, Khalif Brown, Pluss
Producer | Beyoncé, Mike WiLL Made-It, Pluss
Label | Parkwood Entertainment
Album | *Lemonade* (2016)

"그녀라면 아마 정말로 가방에
핫소스를 넣어가지고 다닐 걸요!"

마이크 윌 메이드-잇, 2016

◀ **Influenced by: Katrina Clap** · Mos Def (2006)
▶ **Influence on: Nothing Is Promised** · Mike WiLL
Made-It x Rihanna (2016)
● **Covered by:** Boyce George Smith (2016) · Jonny
Hetherington (2016)
★ **Other key track:** Run The World (Girls) (2011)

"Formation"은 프로듀서 마이크 윌 메이드-잇과 그의 친구 스웨 리(칼리프 브라운), 슬림 지미(아퀼 브라운), 트랩 듀오 레이 스레머드에 의해 탄생했다. 그들은 "Formation"이 여성들의 찬가가 될 것이라 상상했으나, 페미니즘이나 섹슈얼리티는 비욘세에게 새로운 주제가 아니었다.

마이크가 레드불 뮤직 아카데미에서 말했다. "이 곡에는 그녀의 가계, 그녀의 헤리티지에 대한 이야기가 담겨 있죠." 다음 소절이 그 구체적인 예다. "My daddy Alabama, momma Louisiana / You mix that Negro with that Creole, make a Texas bama (우리 아빠는 앨라배마, 엄마는 루이지애나 출신이지/그들은 검둥이와 크리올을 섞어 텍사스 잡종을 만든 거야)." 음원 사이트 지니어스는 "흑인 무장 조직인 블랙 팬서의 리더 휴이 뉴턴은 '부모님 두 분 모두 미국 최남단에서 태어나셨다. 아버지는 앨라배마, 어머니는 루이지애나 출신이셨다'고 기록한 바 있다. 비욘세의 슈퍼볼 공연은 비욘세와 팬서와의 관련성을 더 명확히 증명했다"고 평했다.

비욘세의 혼잣말 역시 인상적이다. "Hot sauce in my bag, swag(내 가방 안에 있는 핫소스, 스웨그)", "I just might be a black Bill Gates(어쩌면 내가 검둥이 빌 게이츠일지도 몰라)" 같은 표현은 그녀 자신과 남편 제이지에 대한 이야기일 가능성이 높다. 비욘세는 뮤직비디오에서 마돈나의 "Like A Prayer" 이래 인종과 성별에 대해 가장 대담한 혼합체를 보여주었다. 마틴 루터 킹과 흑인 인권 운동 'Black Lives Matter', 비욘세의 딸은 물론이고 흑인 총격 사망 사건을 일으킨 뉴올리언즈의 경찰차가 물에 잠기는 장면과 허리케인 카트리나가 휩쓴 뒤 10년이 지난 남부의 모습 또한 뮤직비디오 속에 등장했다.

비욘세는 엘르 매거진에 "흑인의 뿌리와 문화를 찬양하는 것이 불편하게 느껴진다면, 아마 그 감정들은 저한테 느끼기 전보다 더 오래전부터 잠재되어 있던 것들일 거예요"라고 밝혔다. **BM**

Tilted | Christine & The Queens (2016)

Writer | Héloise Letissier
Producer | Christine & The Queens
Label | Because
Album | *Chaleur humaine* (2016)

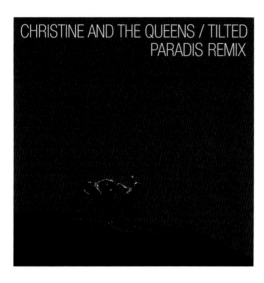

CHRISTINE AND THE QUEENS / TILTED
PARADIS REMIX

"불편한 주제를 가지고
쉬운 노래를 만들었어요."

엘로이즈 르티씨에, 2016

Influenced by: Cripple · Christine & The Queens (2012)
Influence on: Tilted Remixes · Christine &
The Queens (2016)
Other key tracks: iT (2014) · Saint Claude (2014) ·
Nuit 17 á 52 (2014) · No Harm is Done
(feat. Tunji Ige) (2016)

엘로이즈 르티씨에(aka 크리스틴)가 2012년 처음 이 곡을 녹음했을 때 붙였던 노래 제목은 "Cripple"이었다. 그러나 영국에서 진행한 라이브 공연에서 "Cripple"의 가사 중 "I actually do enjoy being a cripple(난 사실 내가 불구인 걸 즐겨)"에 그녀가 늘 담아내던 다층적인 의미가 들어가지 않았음에 경악하고, 프랑스로 돌아가 자신의 이름 "Christine"이라는 제목으로 곡 작업을 다시 시도했다. 그리고 머지않아 "Tilted"가 완성됐다.

소외감과 우울증을 다룬 가사임에도, 전체적인 곡의 분위기는 정교한 반주 덕에 절제되고 생기가 넘친다. 이는 시대에 뒤처진 전개 방식이긴 하지만 신선하게 느껴진다. "어떤 공간에서 벗어난 듯한 느낌, 사람들 사이의 균형을 맞추거나 우울한 기분에 빠지지 않고, 장난스러운 이미지를 떠올리면서 노래에 맞춰 춤 출 수 있는 곡이죠." 르티씨에는 타임지에서 언급했다. "실제로 이 안무와 함께 공연에 오르는 곡이에요. 전 정말 이 곡을 좋아해요. 다시 말하지만, 제 문제를 춤으로 표현한 거예요. "I'm doing my face / with magic marker(나는 매직 마커가 그려진 얼굴을 하고 있어요) I'm in my right place / Don't be a downer(나는 내게 맞는 자리에 있어요, 낙담하지 마세요)."

이 노래가 담고 있는 메시지는 성별 유동성과 범 성욕주의가 뜨거운 논란거리로 여겨지는 우리 시대에 특히 적합하다. 르티씨에는 그녀가 스스로 설정한 무대 캐릭터 '크리스틴'을 'Queer Character(동성애자, 범성애자)'로 지칭한다. 크리스틴 앤 더 퀸스에서 실재하지 않는 캐릭터 "퀸스"는 드랙 퀸(여장남자) 공연으로 유명한 런던의 술집 '마담 조조'에서 공연한 세 명의 가수들을 의미한다. 르티씨에는 뉴욕타임스에 이 캐릭터가 르티씨에 자신을 '여과하지 않은 버전'이라고 표현했다. 이렇게 그녀는 또 다른 자아를 창조해 내면서, 자기 회의를 음악적으로 승화시켰다.

가장 대중적인 팝송들이 그렇듯이 "Titled" 역시 가벼운 메시지를 담고 있으며 기억하기 쉽다. 타임스는 이 곡을 2016년 최고의 노래로 평가했다. 하지만 정작 가장 높이 평가되어야 할 점은 그녀가 제목을 바꾼 것이었다. **RD**

Million Reasons | Lady Gaga (2016)

Writer | Lady Gaga, Hillary Lindsey, Mark Ronson
Producer | BloodPop, Lady Gaga, Mark Ronson
Label | Streamline Records
Album | Joanne (2016)

"이 곡은 레이디 가가가
결코 선보이지 않았을 만한
스타일로 만들어졌어요."

마크 론슨, 2016

◀ **Influenced by: Jesus, Take the Wheel** • Carrie Underwood (2005)
▶ **Influence on: Million Reasons** • Mediatrix Music (2016)
● **Covered by:** Kelsea Ballerini (2016) • Travis Atreo and Marie Digby (2016) • Emma Heesters (2016)
★ **Other key track:** Til It Happens to You (2015)

"그 노래는 컨트리 송이라고 부를 필요도, 팝송이라고 부를 필요도 없어요." 레이디 가가와 진행한 곡 작업에 대해 미국 테네시 주 내슈빌 출신 작곡가 힐러리 린지가 롤링스톤과의 인터뷰에서 밝혔다. "그건 단지 음악이었어요."

이 스타는 〈ArtPop〉(2013)에서 보여주었던 것처럼 〈Cheek to Cheek〉(2015) 앨범에서도 디스코계의 앤디 워홀 같은 그녀의 능력을 발휘했다. 토니 베넷과의 콜라보레이션으로 이루어진 이번 앨범으로 가가는 전 세계 팬들을 맞이하게 되었다. "Million Reasons"는 그중에서도 비범한 목소리와 음악적인 멜로디가 돋보이는 곡이었다. 앨범 〈Joanne〉(이 타이틀은 그녀의 작고한 숙모 이름을 따서 붙여졌다)은 싱어송라이터 가가가 그녀와 함께 작업한 아티스트 군단(플로렌스 웰츠, 조쉬 호미, 벡, 파더 존 미스티, 테임 임팔라 소속의 케빈 파커)와 연관되어 소개되었다.

"Million Reasons"의 구슬픈 선율보다 더 가가의 가슴을 쓰라리게 하는 노래는 없는 듯 했다. "아빠, 남자친구, 그리고 제 삶에 들어와 있는 모든 남자들…," 그녀가 첫 라이브 공연 당시 관중에게 말했다. "전 그저 곁에 머무를 만한 한 가지 좋은 점만을 바랐어요. 하지만 그들은 제가 떠날 만한 백만 가지 이유를 주었죠."

작곡가 린지와 마크 론슨의 기타와 베이스, 가가의 피아노 작업이 가미된 기본적인 음악은 가스펠 스타일의 솟구치는 음색에서 벗어났음을 의미했다. 이 노래가 인기를 얻은 것은 제임스 코든의 TV 프로그램 카풀 가라오케에서 그녀가 즉석에서 선보인 입이 떡 벌어질 만한 보컬의 공이 컸다.

이로 인해 2017년 슈퍼볼 공연으로 가가의 노래들이 북미 차트 5위에 올랐음에도 불구하고 여전히 그녀의 곡 차트 가장 낮은 곳에 있던 "Milion Reasons"가 상업적으로 성공할 수 있었다. 하지만 이 곡의 성공은 가가에게 보다 본질적인 문제였다. "저는 그동안 많은 카우보이들과 데이트를 해왔어요. 그리고 이제는 정말 내 노래를 들어주는 여자를 만나길 원해요." 그녀가 DJ 하워드 스턴에게 말했다. "난 언제나 내 잘못에 대해서만 생각했죠. 하지만 이번 앨범은 그런 상처들을 치유하는 시간이었어요." **BM**

Lord | Young Fathers (2017)

Writer | Alloysious Massaquoi, Kayus Bankole, Graham "G" Hastings, Timothy London
Producer | Young Fathers, Timothy Londons
Label | Ninja Tune
Album | Cocoa Sugar (2018)

Young Fathers have finished a new album We hope you hear it sometime in the near future, for now here is a song, a song called L O R D You can't dance to it

"그들과 함께할 수 있다는 건 행운이다."

어빈 웰시, 〈트레인스포팅〉의 작가, 2017

◀ **Influenced by:** Cripple · Christine & The Queens (2012)
▶ **Influence on:** Tilted Remixes · Christine & The Queens (2016)
★ **Other key tracks:** iT (2014) · Saint Claude (2014) · Nuit 17 á 52 (2014) · No Harm is Done (feat. Tunji Ige) (2016)

블론디, 퀸, 더 클래시와 같은 위대한 밴드들과 어깨를 나란히 하며, 영 파더스는 2017년 개봉한 〈T2 트레인스포팅〉의 사운드 트랙에 3곡이 수록됐다. 감독 대니 보일은 이렇게 말했다. "그들의 노래는 이번 영화를 향한 내 생각의 근원과도 같다." 또한 보일의 음악 자문 담당이었던 언더월드의 릭 스미스는 "과도하게 힘을 들이지 않으면서 충동적인 느낌을 잘 표현해냈다. 완성도가 매우 뛰어나며, 음악에 소울이 담겨 있다"라는 평을 남겼다. 이런 찬사들 덕에 영 파더스의 멤버들(알로이셔스 마사쿠이, 카유스 반콜레, 그레이엄 G 해스팅스)은 데뷔 앨범 〈Dead〉가 머큐리 음악상을 수상하며 업계의 주목을 받은 지 3년 만에 다시 한번 중심에 섰다. 〈White Men are Black Men Too〉(2015)에 대한 평단의 극찬이 쏟아지는 가운데, 스코틀랜드 출신의 다인종 트리오는 매시브 어택과 협업하며 〈Ritual Spirit EP〉에서 콜라보레이션을 진행했으며, MIA의 강력한 지지로 런던의 멜트다운 페스티벌에 선보였다.

그들이 2008년 첫 싱글 "Straight Back on It"으로 세상에 처음 등장했을 때만 해도, 이러한 음악적 진화를 이뤄낼 것이라 생각하지 못했을 것이다. 그러나 2013년에 발매된 〈Tape Two EP〉의 "Ebony Sky"에서 드러나듯, 누구도 예상하기 어려운 새로운 사운드를 선보이며 많은 이들을 놀라게 했다. 이것은 2018년에 발매된 앨범 〈Cocoa Sugar〉의 첫 싱글인 "Lord"를 통해 정점을 찍었다. 남아프리카 여행에서 영감을 얻은 곡으로, "Lord"는 폭발하는 듯한 전자음과 가스펠의 융합이라는 다소 기이하면서도 독특한 조합을 선보인다. 콰이터스와의 인터뷰에서 마사쿠이는 이렇게 설명했다. ""Lord"는 우리 안에 내재된 '불안감'에 대한 이야기예요. 무언가 아름답고 멋진 것으로 변할 것이라 생각되는 순간, 노래는 여러분을 익숙한 상황에서 벗어나게 할 거예요." 곡 일부에서 느껴지는 다소 왜곡된 소음에 대해 물었을 때, 해스팅스는 이렇게 답했다. "누구든 그 부분에 도달하게 되면 이렇게 생각하겠죠. '이런, 방금 무슨 일이 일어난 거지?' 하고 곡을 꺼버릴 수도 있어요. 물론 누군가는 오히려 흥미를 느끼고 매료되겠죠." **BM**

Street Livin'
Black Eyed Peas (2018)

Writer | Black Eyed Peas, Pacífico Mascarenhas
Producer | Keith Harris, will.i.am
Label | Interscope
Album | N/A

블랙 아이드 피스는 힙합 팬들에게 아픈 손가락이었다. 한때 21세기의 푸지스로 불렸던 그들은 2010년에 발매된 "Everything Wonderful"에서 이렇게 노래했다. "I just wanna live my life, live my life in paradise(나는 그저 내 삶을 살고 싶어, 낙원에서 내 삶을 살고 싶어)." 이미 '낙원'에서 살 것 같은 이들의 말에 많은 사람들은 어리둥절했다. 그들의 앨범은 수천만 장이 팔리고, "I Gotta Feeling"과 "Boom Boom Pow"는 세계에서 가장 많은 다운로드 수를 기록했다. 그러나 6년여의 공백 끝에 윌.아이.엠, 애플딥, 타부, 퍼기는 올드스쿨 스타일의 보석 같은 작품으로 돌아왔다. 한 트윗에서는 이렇게 소개했다. "범산 복합체, 이민, 총기 폭력, 경찰 폭력… 이런 이슈들은 우리의 가족, 친구, 지역사회 그리고 세계에 큰 영향을 미치는 중대한 사안들이다. 항상 깨어 있어라. 지금, 행동하라."

브라질 그룹 '오스 카테드라치티코'의 "Pouca Duração"를 샘플링한 다소 음울한 도입부 위에, "Caught in the trap/Guns or books, sell crack or rap(덫에 걸려/총 또는 책, 마약 또는 랩을 팔아)"라는 가사와 함께 "Street Livin'"은 강력한 메시지를 던진다. 윌.아이.엠은 이렇게 말했다. "해답은 결국 '책'이다. 교육이 진정한 해결책이다." 나아가 수익에 매몰된 현행 수감 제도의 현실을 보여준다. "Ten years, no bail, is four years at Yale(10년간 보석금 없이 감옥에서 지내는 건 예일대를 4년 다닌 것 같아)." 그는 또 이렇게 말했다. "뉴욕에서 수감자 한 명에게 1년간 69,000달러가 든다는 구글 기사를 봤다. 즉, 누군가를 10년간 수감하는 비용은 누군가의 4년치 학비다. 이건 정말 미친 짓이다." 블랙 아이드 피스가 이런 곡들을 계속 낸다면, '힙합을 다시 위대하게' 만들지도 모른다. **BM**

Dancing
Kylie Minogue (2018)

Writer | Kylie Minogue, Steve McEwan, Nathan Chapman
Producer | Sky Adams
Label | BMG
Album | Golden (2018)

"Leader of the Pack"부터 "I'll Be Missing You"에 이르기까지, '죽음'이라는 소재와 팝은 언제나 단짝이었다. 그러나 삶의 아름다움을 노래했던 명작도 많다. 프리텐더스의 "Back on the Chain Gang", 더 스미스의 "There is a Light That Never Goes Out", 케샤의 "Die Young"… 그리고 지금, 카일리 미노그의 "Dancing"이 있다. 테일러 스위프트와 마일리 사이러스가 세계 팝 시장을 휩쓸 때, 한 시대를 주름잡았던 호주의 스타는 2017년 7월, A&R 전문가와 함께 내슈빌로 향했다. 카일리 미노그는 ew.com과의 인터뷰에서 이렇게 말했다. "제가 Parlophone(팔로폰)에 있을 때 거의 10년간 함께 일했던 사람이죠. "Can't Get You Out of My Head", "Spinning Around" 같은 곡을 함께 작업했어요. 그래서 그가 "컨트리 스타일의 노래 하나 해볼래?"라고 했을 때, 단번에 "그래!"라고 말했죠." 다소 충동적인 시도는 큰 성공을 거두었다. 초기 콘셉트는 공동 작곡가였던 스티브 맥이완의 아이디어였는데, 미리암 마케바, 에미넴과 함께 작업한 경력이 있다. 팬들의 반응은 뜨거웠으며, 특히 핵심 가사 "When I go out, I wanna go out dancing(내가 이곳을 떠날 때, 나는 춤추면서 떠나고 싶어)"은 '죽음'의 상징적인 표현으로 해석했다. 뮤직비디오 감독 소피 뮬러는 "'Day of the Dead(죽은 자들의 날)'를 만난 돌리 파튼"이라는 콘셉트를 활용한 독특한 비디오를 제작했다. 그녀의 히트곡 대부분이 명랑하고 활기찼지만, 이 곡은 다소 미묘한 메시지와 톤을 지녔다. 그러나 베테랑답게 환희와 차분함 사이에서 완벽한 밸런스를 잡았다. "곡의 해석은 여러분의 기분에 따라 달라질 수 있어요. 하지만… 한 가지 메시지는 분명해요. 떠나야 할 때가 온다면, '춤추면서' 떠나고 싶다는 거예요." **BM**

꼭 들어야 할 팝송 리스트
10,001

If those 1001 songs have left you begging for more, here is the
ultimate playlist: 10, 101 songs to download and listen to before
you die. Artists and songs that are reviewed in the book are
highlighted in bold type and indexed.

!!!
Heart of Hearts
Me and Giuliani Down by the
Schoolyard (a True Story)
? & The Mysterians
96 Tears, 184
2 Play featuring Raghav &
Naila Boss
It Can't Be Right
2Pac
Brenda's Got a Baby
Dear Mama, 738
Hail Mary
I Get Around
3rd Bass
Pop Goes the Weasel
5.6.7.8's
Woo Hoo
5th Dimension
Together Let's Find Love
10cc
Dreadlock Holiday
The Things We Do for
Love
16 Horsepower
Haw
Prison Shoe Romp
23 Skidoo
Coup
30 Seconds to Mars
Kings and Queens
50 Cent
I Get Money
In da Club
Just a Little Bit
100 Proof Aged in Soul
Everything Good Is Bad
360
Boys Like You (featuring Gossling)
411
On My Knees
Teardrops
808 State
Pacific
1000 Clowns
[Not] The Greatest Rapper
1910 Fruitgum Company
1,2,3 Red Light
Indian Giver
Simon Says
10,000 Maniacs
Because the Night, 704
Candy Everybody Wants
Hey Jack Kerouac
Trouble Me

A
A Falta de Pan
Mirabrás
A Filetta
N'en tarra n'en celu
A. R. Kane
Down
Aaliyah
Are You That Somebody?
Back and Forth
More Than a Woman, 814
Try Again
Aaron Neville
Tell It Like It Is
Abba
Dancing Queen, 366
Does Your Mother Know?
Fernando
Gimme! Gimme! Gimme! (A Man
After Midnight)
Knowing Me, Knowing You
Mamma Mia
Money, Money, Money
S.O.S.
Take a Chance on Me
Thank You for the Music
The Winner Takes It All, 458
Voulez-Vous, 436
Waterloo
ABC
Tears Are Not Enough
The Look of Love
Abdalhalim Hafez
Karia Al-Fingan (The Fortune Teller)
Abdel Aziz el Mubarak
Ya izzana
Abdel Gadir Salim
Mal wa ihtagab
Abdou
Kima bekkani n'bekkih
Abe Lyman & His Californians
Amen
Abida Parveen
Aandhi chali
Abyssinia Infinite featuring "Gigi"
Shibabaw
Gela
AC/DC
Back in Black, 467
Dirty Deeds Done Cheap
For Those About to Rock (We
Salute You)
Guns for Hire
Highway to Hell
Playing with Girls

Safe in New York City
Shot Down in Flames
T.N.T.
This Means War
Thunderstruck
War Machine
Who Made Who
Whole Lotta Rosie, 402
You Shook Me All Night Long
Accept
Fast as a Shark
Ace
How Long
Ace of Base
All That She Wants
Acidman
Under the Rain
Acker Bilk
Stranger on the Shore
Ad Libs
The Boy from New York City
Adam & The Ants
Antmusic
Dog Eat Dog
Kings of the Wild Frontier, 462
Physical (You're So)
Stand and Deliver
Zerox
Adam Ant
Goody Two Shoes
Adam Wade
The Writing On the Wall
Adamski
Killer
Add N to (X)
Plug Me In
Addis Black Widow
Innocent
Addrisi Brothers
Slow Dancin' Don't Turn Me
On
Adele
Chasing Pavements
Rolling in the Deep
Skyfall
Adem
These Are Your Friends
Adeva
Warning
Adnan Sami Khan
Lift kara de
Adriana Varela
Cada vez que me recuerdas
Adverts
Gary Gilmore's Eyes
Aerosmith
Amazing
Baby, Please Don't Go
Draw the Line
Dude (Looks Like a Lady)
Helter Skelter
Jaded
Janie's Got a Gun
Jig Is Up
My Fist Your Face
Pink
Sweet Emotion
Walk This Way, 354

Afghan Whigs
My Curse
Africa Unite
Mentre fuori piove
African Business
In Zaire Business
Africando
Doley mbolo
Afrika Bambaataa
Looking for the Perfect Beat
Planet Rock
Renegades of Funk
Zulu Nation Throw Down
Afroz Bano
Thumri in misra tilak kamod
Afterhours
Quello che non c'è
Aftershock
Slave to the Vibe
Age of Chance
Who's Afraid of the Big Bad
Noise
Agustin Lara
Veracruz
A-ha
Cosy Prisons
Cry Wolf
Hunting High and Low
Stay on These Roads
Take on Me
The Living Daylights
The Sun Always Shines on T.V.,
559
Train of Thought
Ahlam
Matheer
Ai Jing
My 1997
Aimee Mann
4th of July
Save Me, 778
The Moth
Air
All I Need
Au fond du rêve doré (featuring
Françoise Hardy)
Cherry Blossom Girl
Jeanne
Kelly Watch the Stars, 772
Le voyage de Pénélope
Modular Mix
One Hell of a Party (featuring Jarvis
Cocker)
Playground Love
Sexy Boy
Talisman
The Vagabond (featuring Beck)
You Make It Easy
Airborne Toxic Event
Sometime around Midnight
Airto Moreira
Samba de flora
Aisha Kandisha's Jarring Effects
Aisha
Aking
Against All Odds
Al Dexter & His Troopers
Too Late to Worry

Al Donohue
Jeepers Creepers
Al Green
Full of Fire
Here I Am (Come and Take Me)
I'm Still In Love with You
Let's Get Married
Look What You Done for Me
L-O-V-E (Love)
Sha-La-La (Makes Me Happy)
Tired of Being Alone, 290
You Ought to Be with Me
Al Hibbler
He
Al Hirt
Java
Sugar Lips
Al Jarreau
Moonlighting
Al Jolson
Anniversary Song
Avalon
I'm Sitting on Top of the World
Swanee
Al Martino
I Love You Because
I Love You More and More Every
Day
Just Yesterday
My Heart Would Know
Think I'll Go Somewhere and
Cry Myself to Sleep
Al Morgan
Jealous Heart
Al Stewart
Year of the Cat
Al Wilson
I've Got a Feeling (We'll Be
Seeing Each Other Again)
The Snake, 220
Alaap with Anuradha Pawdwal
Na dil mang ve
Alabama 3
Woke Up This Morning, 754
Alain Peters
Mangé pour le coeur
Alan Dale
Cherry Pink and Apple
Blossom White
Alan O'Day
Undercover Angel
Alanis Morissette
Thank You
Wunderkind
You Oughta Know, 735
Albert Hammond
It Never Rains in Southern
California
Albert King
As the Years Go Passing By
Alberto Naranjo y Su Trabuco
Calipso de el callao
Alberto Rojo
Chacarera del fuego
Aldebert
Carpe diem
Alejandro Fernández & Beyoncé
Amor Gitano

Aleksandar Sarievski
Zajdi, zajdi, jasno sonce
Alena Busilyova & Siberian
Gypsies
Probil vanyka lion y propil
Alex Chilton
Downtown
Alexander O'Neal
Criticize
If You Were Here Tonight
Alfredo Gutiérrez
Dos mujeres
Alfredo Marceneiro
Louco
Alfredo Zitarrosa
Doña soledad
Ali Akbar Khan with Asha Bhosle
Guru bandana
Ali Farka Touré
Amandari, 590
Hawa dolo
Savane
Alias
More Than Words Can Say
Alice Cooper
Billion Dollar Babies
Clones (We're All)
Dirty Diamonds
Elected, 301
Gimme
I'm Eighteen
It's Me
Might As Well Be on Mars
No More Mr Nice Guy
Only Women Bleed, 346
School's Out
Under My Wheels (featuring Guns
N' Roses)
Alice Donut
My Boyfriend's Back
Alice in Chains
Check My Brain
Get Born Again
Head Creeps
Hollow
No Excuses
Rooster
Alicia Keys
Fallin', 812
Like You'll Never See Me Again
You Don't Know My Name
Alick Nkhata
Shalapo
Alien Ant Farm
Smooth Criminal
Alim Qasimov
Mugham shour
Alison Limerick
Where Love Lives
Alison Moyet
Love Resurrection
Alive and Kicking
Tighter, Tighter
Alizée
Moi . . . Lolita
All Saints
Never Ever, 765
Pure Shores

All Seeing I
1st Man in Space
Beat Goes On
Allan Sherman
Hello Muddah, Hello Fadduh!
(a Letter from Camp)
Alle Möller Band
Bail
Allman Brothers Band
Hot 'Lanta
Jessica
One Way Out
Ramblin' Man
Whipping Post
Alpha Band
Born in Captivity
Alpha Blondy
Apartheid Is Nazism
Alpha Blondy & The Wailers
Travailler c'est trop dur
Alphabeat
Fascination
Alphaville
Forever Young
Alsou
Before You Love Me
Alt-J
Hunger of the Pine, 886
Altered Images
Happy Birthday
I Could Be Happy
Altern-8
Infiltrate, 202
Alternative TV
Love Lies Limp
The Force Is Blind
Althea & Donna
Uptown Top Ranking, 392
Alvin Robinson
Something You Got
Alvin Stardust
Jealous Mind
Alvino Rey & His Orchestra
Cement Mixer (Put-Ti Put-Ti)
Deep in the Heart of Texas
Alyson Williams
Sleep Talk
Amadou & Mariam
Koulibaly
Sabali, 866
Sénégal Fast Food
Amal Murkus
Hkaye
Amália Rodrigues
Barco Negro
Foi Deus, 55
Aman Aman
Sien drahmas al dia
Amazing Rhythm Aces
Third-Rate Romance
Amédée Breaux
Jolie Blonde
Amélie-les-Crayons
Ta p'tite flame
America
A Horse with No Name
I Need You
Lonely People

Sister Golden Hair
Tin Man
American Breed
Bend Me, Shape Me
Step Out of Your Mind
American Music Club
Western Sky
Amerie
1 Thing
Ames Brothers
Can Anyone Explain? (No, No, No!)
Melodie d'Amour
Sentimental Me
The Naughty Lady of Shady Lane
Amii Stewart
Knock on Wood
Amon Duul II
Luzifer's Ghilom
Amon Duul II
Restless Skylight-Transistor-Child
Amorf Ordogok
Parti Lany
Amr Diab
Wala Ala Balo
Amy Grant
Baby Baby
Amy Winehouse
Back to Black
Fuck Me Pumps, 827
Help Yourself
Know You Now
Love Is a Losing Game, 858
Rehab
Round Midnight
Stronger Than Me
Take the Box
(There Is) No Greater Love
What It Is
An Hyangnyon
The Song of Sim'chong
Ana Hato (with Deane Waretini)
Pokarekare, 23
Ancka Lazar
Od enga vrta bom zapeu
Ando Drom
Zsa Mo
Andrea Bocelli
Con te partirò
Andreas Johnson
Glorious
Andrew W. K.
Party Hard
Andrews Sisters
Ac-Cent-Tchu-Ate the Positive
Along the Navajo Trail
Civilization (Bongo, Bongo, Bongo)
Cuanto La Gusta
Don't Fence Me In
Down in the Valley
Get Your Kicks on Route 66!
I Hate to Lose You
I Wanna Be Loved
Is You Is or Is You Ain't (Ma' Baby)
Mister Five by Five
Andy Gibb
I Just Want to Be Your Everything
Andy Kim
Baby, I Love You

901

Black Rebel Motorcycle Club
Bad Blood
Sympathetic Noose
*Whatever Happened to My Rock 'n'
Roll? (Punk Song)*
Black Sabbath
Electric Funeral
Neon Knights
Supernaut
Symptom of the Universe
The Sign of the Southern Cross
Time Machine
War Pigs, 261
Zero the Hero
Black Sheep
The Choice Is Yours (Revisited)
Black Star
Definition
Black Uhuru
Black Uhuru Anthem
Black Umfolosi
Unity
Blackbyrds
Walking in Rhythm
Blackie Coronado
El pelicano
Blackstreet featuring Dr. Dre
No Diggity, 754
Blancmange
Living on the Ceiling
Blind Melon
No Rain, 687
Blink-182
First Date
Give Me One Good Reason
I Miss You
Stay Together for the Kids, 810
The Rock Show
All the Small Things
What's My Age Again?
Bloc Party
Flux
Blondie
Atomic, 450
Denis
Dreaming
English Boys
Fade Away and Radiate
Hanging on the Telephone
Heart of Glass, 406
Maria
Picture This
Rapture, 459
Rip Her to Shreds
Union City Blue
Blood, Sweat & Tears
And When I Die
Hi-De-Ho
So Long Dixie
Spinning Wheel
You've Made Me So Very Happy
Bloodhound Gang
The Bad Touch
Bloodstone
Natural High
Never Let You Go
Outside Woman
Blow Monkeys

Digging Your Scene
Blu Cantrell featuring Sean Paul
Breathe
Blue Boy
Remember Me
Blue Nile
From a Late Night Train
Happiness
Headlights on the Parade, 637
High
Let's Go Out Tonight
Stay
The Downtown Lights
Tinseltown in the Rain
Blue Öyster Cult
(Don't Fear) The Reaper, 363
Blue Rodeo
Rebel
Blue Swede
Hooked on a Feeling
Blues Explosion
Bellbottoms
Blues Image
Ride Captain Ride
Blues Incorporated
Down Town
Blues Magoos
(We Ain't Got) Nothin' Yet
Blues Traveler
Brother John
Bluetones
Slight Return
Blumfeld
Tausend Tränen Tief
Wir sind frei
Blur
Beetlebum
Coffee & TV
End of a Century, 706
For Tomorrow
Girls & Boys
Music Is My Radar
No Distance Left to Run
Popscene
Song 2, 766
Sweet Song
The Universal
There's No Other Way
This Is a Low
To the End
Bluvertigo
L' assenzio (The Power of Nothing)
Bo Diddley
I'm a Man, 69
Bo Donaldson & The Heywoods
Billy Don't Be a Hero
Who Do You Think You Are
Bob & Doug McKenzie
Take Off
Bob & Earl
Harlem Shuffle, 129
Bob and Marcia
(To Be) Young, Gifted and Black,
266
Bob B. Soxx & The Blue Jeans
Zip-A-Dee Doo-Dah
Bob Crosby
Blue Surreal

Whispers in the Dark
Bob Dylan
A Fool Such as I
Beyond Here Lies Nothin'
Blind Willie McTell, 674
Brownsville Girl
Desolation Row
Hurricane
Just Like a Woman
Lay Lady Lay
Lenny Bruce
Like a Rolling Stone, 160
Man in the Long Black Coat
Masters of War
Mississippi
Not Dark Yet
Positively 4th Street
Rainy Day Women #12 & 35
Someday Baby
Subterranean Homesick Blues,
166
Tangled Up in Blue, 354
The Times They Are A-Changin'
Things Have Changed
Tight Connection to My Heart
Bob Geldof
The Great Song of Indifference
Bob Kuban & The In-Men
The Cheater
Bob Lind
Elusive Butterfly
Bob Marley (& The Wailers)
Buffalo Soldier
Exodus, 401
Redemption Song, 463
Soul Rebel
Stand Up Jamrock
Bob Marley vs. Funkstar De Luxe
Sun Is Shining
Bob McFadden & Dor
The Beat Generation
**Bob Mould (see also Hüsker Dü,
Sugar, and Throwing Muses)**
I Hate Alternative Rock
Moving Trucks
See a Little Light
Bob Seger (& The Silver Bullet
Band)
Against the Wind
Like a Rock
Old Time Rock & Roll
Night Moves
Ramblin' Gamblin' Man
Roll Me Away
We've Got Tonite
Bobbi Martin
For the Love of Him
Bobbie Gentry
Ode to Billie Joe, 208
Bobby & Angelo
E iti tauroa
Bobby Bare
500 Miles Away from Home
All American Boy
Bobby Bland
*Ain't No Love in the Heart of
the City*, 336
Bobby Bloom

Montego Bay
Bobby Blue Bland
Stormy Monday Blues
This Time I'm Gone for Good
Bobby Brown
Every Little Step
Two Can Play That Game (K Klassic)
Bobby Byrd
Baby Baby Baby
Bobby Darin
18 Yellow Roses
Artificial Flowers
If I Were a Carpenter
Irresistible You
Lazy River, 117
Lovin' You
Mack the Knife, 105
Mame
Splish Splash
Things
You're the Reason I'm Livin'
Bobby Day
Rockin' Robin
Bobby Freeman
C'mon and Swim
Do You Want to Dance?
Bobby Fuller
I Fought the Law
Bobby Goldsboro
Autumn of My Life
Blue Autumn
Broomstick Cowboy
See the Funny Little Clown
Watching Scotty Grow
Bobby Hebb
Sunny
Bobby McFerrin
Don't Worry Be Happy
Bobby Moore & The Rhythm Aces
Searching for My Love
Bobby Rydell
Ding-a-Ling
Forget Him
Good Time Baby
Little Bitty Girl
Swingin' School
The Cha-Cha-Cha
Wild One
Bobby Sherman
Easy Come, Easy Go
Hey, Mister Sun
Julie, Do Ya Love Me
La La La (If I Had You)
Little Woman
Bobby Taylor & The Vancouvers
Does Your Mama Know About Me
Bobby Vee
Come Back When You Grow Up
How Many Tears
I'll Make You Mine
Look at Me Girl
Run to Him
Take Good Care of My Baby
The Night Has a Thousand Eyes
Bobby Vinton
Blue on Blue
Blue Velvet
Coming Home Soldier

909

Shine

Dovells
  Bristol Stomp
  You Can't Sit Down

Doves
  Here It Comes
  Lifelines
  Lost Souls
  Pounding
  The Cedar Room

Down
  Stone the Crow

Dr. Alimantado & The Rebels
  Born for a Purpose, 388

Dr. Dre (*see also* Blackstreet featuring Dr. Dre *and* Eminem)
  Deep Cover, 690
  Nuthin' But a "G" Thang
  Natural Born Killaz (featuring Ice Cube)
  Still D.R.E. (featuring Snoop Dogg)

Dr. Feelgood
  Milk and Alcohol, 409
  She Does It Right

Dr. Hook
  A Little Bit More
  Better Love Next Time
  Cover of the Rolling Stone
  Only Sixteen
  Sylvia's Mother

Dr. John
  Right Place Wrong Time
  Such a Night

Dr. Octagon
  Blue Flowers

Dr. West's Medicine Show & Junk Band
  The Eggplant That Ate Chicago

Drafi
  Marble Breaks and Iron Bends

DragonForce
  Heroes of Our Time

Dramatics
  Fell for You
  Hey You, Get Off of My Mountain
  In the Rain
  The Door to Your Heart
  Whatcha See Is Whatcha Get

D:Ream
  Things Can Only Get Better

Dream Academy
  Life in a Northern Town, 568
  Poised on the Edge of Forever
  Test Tape No. 3

Dream Theater
  Achille's Last Stand

Dream Warriors
  My Definition of a Boombastic Jazz Style

Drifters
  I Count the Tears
  I'll Take You Where the Music's Playing
  On Broadway, 130
  Please Stay
  Rat Race
  Save the Last Dance for Me, 109
  There Goes My Baby

This Magic Moment
Under the Boardwalk
Up On the Roof

Drive Like Jehu
  Here Come the Rome Plows

Drive-By Truckers
  Ronnie and Neil

Drugstore featuring Thom Yorke
  El President

Dsico
  Love Will Freak Us

Duane Eddy
  Because They're Young

Dubstar
  Stars

Duffy
  Mercy

Dukays
  The Girl's a Devil

Duke Ellington & His Famous Orchestra
  I Got It Bad (and That Ain't Good)
  I'm Beginning to See the Light
  Main Stem

Dulce Pontes
  Fado do sina

Dumb Angel
  Make a Sound

Duncan Sheik
  Barely Breathing

Duran Duran
  A View to a Kill
  Careless Memories
  Girls on Film, 478
  Hungry Like the Wolf
  Is There Something I Should Know?
  Night Boat
  Ordinary World
  Planet Earth
  Rio
  Save a Prayer, 505
  Skin Trade
  The Chauffeur
  The Reflex

Durutti Column
  Sketch for Dawn

Dusty Springfield
  A Brand New Me
  Goin' Back
  I Just Don't Know What to Do with Myself, 142
  Nothing Has Been Proved, 636
  Some of Your Lovin'
  Son of a Preacher Man
  The Look of Love, 198
  The Windmills of Your Mind
  Wishin' and Hopin'
  You Don't Have to Say You Love Me

Dwight Yoakam
  Buenas Noches from a Lonely Room (She Wore Red Dresses)

Dwight Yoakam
  The Heart That You Own

Dyke & The Blazers
  We Got More Soul

Dynatones
  The Fife Piper

Dzem

Wehikuł czasu

E

É Benoit
  Vive la Rose

E-40 featuring Keak Da Sneak
  Tell Me When to Go

E.S.G.
  U.F.O.

E.U.
  Da Butt
  Sho' Nuff' Bumpin'

Eagles
  Already Gone
  Desperado, 328
  Get Over It
  Heartache Tonight
  Hotel California, 371
  Life in the Fast Lane
  New Kid in Town
  One of These Nights
  Take It Easy
  The Best of My Love
  The Long Run
  Waiting in the Weeds
  Witchy Woman

Eagles of Death Metal
  Cherry Cola

Eamon
  Fuck It (I Don't Want You Back)

Earl Grant
  Swinging' Gently

Earth, Wind & Fire
  After the Love Has Gone
  Boogie Wonderland
  Devotion
  Getaway
  Keep Your Head to the Sky
  Let's Groove
  That's the Way of the World

Eartha Kitt
  Santa Baby

East 17
  Stay Another Day

Easy Star All-Stars
  Airbag (featuring Horace Andy)

Easybeats
  Friday on My Mind, 190

Ebenezer Kojo Samuels
  African Locomotion

Ebru Gündes
  Sen allahin bir lütfusun

Echo & The Bunnymen
  Back of Love
  Bring on the Dancing Horses
  Lips Like Sugar
  Never Stop
  Stars Are Stars
  The Cutter
  The Killing Moon, 541

Echobelly
  Dark Therapy
  Insomniac

Echoes
  Baby Blue

Ecstatic Orange
  World Keep Spinning

Ed Ames
  My Cup Runneth Over

Ed Harcourt
  Wind Through the Trees

Ed Lee Natay
  Sacred Mask Dance

Ed Motta
  Tem Espaço Na Van

Ed Tullett
  OD

Eddie Cochran
  Summertime Blues, 93

Eddie Fisher
  Any Time
  Count Your Blessings (Instead of Sheep)
  Downhearted
  I Need You Now
  I'm Walking Behind You
  I'm Yours

Eddie Floyd
  Bring It on Home to Me

Eddie Harris
  Listen Here

Eddie Hodges
  I'm Gonna Knock on Your Door
  New Orleans

Eddie Holland
  Just Ain't Enough Love

Eddie Holman
  Hey There Lonely Girl

Eddie Izzard
  Being for the Benefit of Mr. Kite

Eddie Kendricks
  Boogie Down
  Keep on Truckin'
  Shoeshine Boy

Eddie Money
  Take Me Home Tonight

Eddie Reader
  Willie Stewart

Eddie Vedder
  Guaranteed

Eddy Arnold
  Bouquet of Roses
  Just a Little Lovin' (Will Go a Long, Long Way)
  Somebody Like Me

Eddy Duchin
  I'll Sing You a Thousand Love Songs
  It's De-Lovely
  Lovely to Look At
  Moon over Miami
  You Are My Lucky Star

Eddy Grant
  Electric Avenue, 501
  I Don't Wanna Dance
  War Party

Eddy Howard
  I Wonder, I Wonder, I Wonder
  My Adobe Hacienda
  Room Full of Roses
  To Each His Own

Edgar Winter Group
  Frankenstein
  Free Ride

917

Flor Pucariña
Noche de luna
Florence & The Machine
Dog Days Are Over, 875
Drumming Song
Never Let Me Go
Flowered Up
Phobia
Weekender
Floyd Cramer
Last Date
On the Rebound
Your Last Goodbye
Fluffy
I Wanna Be Your Lush
Flying Burrito Brothers
Hot Burrito No. 1
Sin City
Flying Machine
Smile a Little Smile for Me
Flyleaf
This Close
Focus
Hocus Pocus
Foghat
Slow Ride
Fokofpolisiekar
Hemel op die platteland
Folk Implosion
Natural One
Folkes Brothers
Oh Carolina, 110
Fontane Sisters
Hearts of Stone
Playmates
Rock Love
Rollin' Stone
Fontella Bass
I Surrender
Rescue Me
Foo Fighters
All My Life
Alone+Easy Target
Best of You, 852
But, Honestly
Everlong
Learn to Fly
Foreigner
Cold as Ice
Feels Like the First Time
Head Games
I Want to Know What Love Is
Urgent
Fortunes
Here Comes That Rainy Day
  Feeling Again
You've Got Your Troubles
Forum
River Is Wide
Foster the People
Pumped Up Kicks
Foundations
Baby, Now That I've Found You
Build Me Up Buttercup
Fountains of Wayne
Prom Theme
Radiation Vibe
Sink to the Bottom

Stacy's Mom
Four Aces
Heart
Love Is a Many-Splendored Thing
Sin
Tell Me Why
Three Coins in the Fountain
Woman in Love
Four Jacks And A Jill
Master Jack
Four King Sisters
It's Love-Love-Love
Four Knights
*I Get So Lonely (When I Dream
  About You)*
Four Lads
Moments To Remember
No, No, Not Much
Standing on the Corner
Four of Us
One More Shot
Four Preps
Big Man
Twenty-Six Miles (Santa Catalina)
Four Seasons
Alone
Big Girls Don't Cry
Candy Girl
C'mon Marianne
Let's Hang On
Save It for Me
Sherry
Tell It to the Rain
Walk Like a Man
Working My Way Back to You
Four Tops
7 Rooms of Gloom
*Ain't No Woman (Like the One
  I've Got)*
Are You Man Enough?
Baby I Need Your Loving
Bernadette
Don't Walk Away
I Can't Help Myself
I Just Can't Get You Out of My Mind
It's the Same Old Song
Keeper of the Castle
Reach Out (I'll Be There), 185
Still Water (Love)
When She Was My Girl
France Joli
Come to Me
Francesco De Gregori
Rimmel, 357
Francis Craig & His Orchestra
Near You
Franco
Attencion na SIDA, 588
Franco Battiato
Prospettiva Nevski
Franco De Vita
Louis
No basta
Solo importas tu
Franco et le TPOK Jazz
Mabele
Françoise Hardy
Tous les garçons et les filles, 122

Frank & Walters
This Is Not a Song
Frank Black
Old John Amos
Frank Chacksfield & His
Orchestra
(Terry's Theme from) "Limelight"
Ebb Tide
Frank Gallop
The Ballad of Irving
Frank Ifield
I Remember You
Lovesick Blues
Please
Frank Mills
Music Box Dancer
Frank Ocean
Pyramids
Frank Sangroni y Las Voces
De Lara
Golpe Tocuyano
Frank Sinatra
All the Way
But Beautiful
Day by Day
Don't Forget Tonight Tomorrow
Granada
*I Dream of You (More Than
  You Dream I Do)*
If I Loved You
*In the Wee Small Hours of
  the Morning*, 64
I've Got You Under My Skin, 71
Love and Marriage
My Way, 234
Nancy (with the Laughing Face)
*One for My Baby (and One
  More for the Road)*, 96
Softly, As I Leave You
Somethin' Stupid
Strangers in the Night
**Frank Sinatra & Antônio
Carlos Jobim**
Corcovado, 195
Frank Weir & His Saxophone,
Chorus & Orchestra
The Happy Wanderer
Frank Yamma
One Lonely Night
Frank Zappa
Cocaine Decisions
*Murder by Numbers (featuring
  Sting)*
No Not Now
Porn Wars
Teen-Age Prostitute
Valley Girl, 512
Ya Hozna
You Are What You Is
Franka Potente & Thomas D
Wish (Komm zu mir)
Frankie Anderson
The Limbo Song
Frankie Avalon
Venus
Why
Frankie Carle & His Orchestra
Charmaine

Rumors Are Flying
*Saturday Night (Is the Loneliest
  Night in the Week)*
Frankie Goes to Hollywood
One February Friday
Rage Hard
Relax, 524
The Power of Love
Two Tribes, 535
War
Frankie Hi-NRG MC featuring
Riccardo Sinigallia
Quelli che benpensano
Frankie Knuckles
Tears
Frankie Laine
High Noon (Do Not Forsake Me)
I Believe
Jezebel
Making Memories
Moonlight Gambler
Mule Train
Rose, Rose, I Love You
Tell Me a Story
That Lucky Old Sun
You Gave Me a Mountain
You're All I Want for Christmas
Frankie Paul
War Is in the Dance
Frankie Smith
Double Dutch Bus
Frankie Valli
Can't Take My Eyes Off You
My Eyes Adored You
Swearin' to God (Single Version)
Frankie Valli & The Four Seasons
The Night, 310
Franz Ferdinand
Darts of Pleasure
Take Me Out, 841
Taxman
Fred Astaire
A Fine Romance
Nice Work If You Can Get It
*They Can't Take That Away from
  Me*, 54
Fred Waring's Pennsylvanians
I Found a Million Dollar Baby
Little White Lies
Freda Payne
Band of Gold, 262
Bring the Boys Home
Cherish What Is Dear to You
Deeper and Deeper
Freddie & the Dreamers
I'm Telling You Now
Freddie Mercury & Montserrat
Caballe
Barcelona
Freddie Scott
Hey, Girl
Freddie Slack & His Orchestra
Cow-Cow Boogie
Get On Board, Little Chillun
Mr. Five by Five
Riffette
Silver Wings in the Moonlight
Freddy Cannon

Alika
Gentrys
Every Day I Have to Cry
Keep on Dancing
Geoffrey Oryema
Makambo
George Baker Selection
Little Green Bag
Paloma Blanca
George Benson
Give Me the Night
This Masquerade
Turn Your Love Around
George Clinton
Atomic Dog, 503
Do Fries Go with That Shake?
Last Dance
Loopzilla
George Dalaras
Iy smyrni
George Harrison
All Those Years Ago
Any Road
Awaiting on You All, 270
Crackerbox Palace
Dark Horse
Give Me Love (Give Me Peace on Earth)
Got My Mind Set on You
Isn't it a Pity
My Sweet Lord
What Is Life
George Jones
He Stopped Loving Her Today
The Grand Tour, 342
George Martin & His Orchestra
Ringo's Theme (This Boy)
George McCrae
Rock Your Baby
George Michael
A Different Corner
Careless Whisper
Faith, 604
Fastlove
I Want Your Sex
Jesus to a Child
Outside
Waiting for That Day
George Olsen
Lullaby of the Leaves
Say It Isn't So
George Telek
Buniak ('Flying Bird')
George Thorogood & The Destroyers
Bad to the Bone
George Wassouf
Sehert el Leyel
Georges Brassens
Le gorille, 55
Les copains d'abord, 137
Georgia Gibbs
Dance with Me Henry
I Want You to Be My Baby
(If I Knew You Were Comin') I'd've Baked a Cake
Kiss of Fire
Seven Lonely Days

Sweet and Gentle
Georgia Satellites
Keep Your Hands to Yourself
Georgie Fame
The Ballad of Bonnie and Clyde
Geraldo Pino
Heavy Heavy Heavy
Gerry & The Pacemakers
Don't Let The Sun Catch You Crying
Ferry 'Cross the Mersey
Girl on a Swing
How Do You Do It?
Gert Vlok Nel
Beautiful in Beaufort-Wes
Gertrude Niesen
I Wanna Get Married
Gesang & Waldjinah
Bengawan solo
Geto Boys
Mind Playing Tricks on Me
Ghorwane
Majurugenta
Ghostface Killah
All That I Got Is You (featuring Mary J. Blige)
Biscuits
Gianfranco & Gian Piero Reverberi
Nel Cimitero di Tucson
Gianmaria Testa
Dentro del cinema
Gianna Nannini
Bello e impossibile
Giant Drag
Kevin Is Gay
Giant Sand
Temptation of Egg
Gigi D'Alessio
Un nuovo bacio
Gigolo Aunts
Where I Find My Heaven
Gil Scott Heron
Me and the Devil
The Bottle
The Revolution Will Not Be Televised, 289
Gilbert Montagné
On va s'aimer
Gilbert O'Sullivan
Alone Again (Naturally)
Clair
Get Down
Happiness Is Me and You
Gilberto Gil
Chiclete com banana
Giles, Giles, and Fripp
The Cheerful Insanity of Giles, Giles, and Fripp
Gillan
I'll Rip Your Spine Out
Gillian Welch
Hickory Wind
I Dream a Highway
The Devil Had a Hold of Me
Gilnata Stringband with Bob Brozman
You rai vui
Gin Blossoms

Hey Jealousy
Gino Paoli
Sapore di sale, 135
Giorgio Moroder with Philip Oakey
Together in Electric Dreams
Gipsy Kings
Aven, aven
Bamboleo, 589
Girl Talk
Non-Stop Party Now
Girls Against Boys
Let Me Come Back
Girls Aloud
Biology
Call the Shots
No Good Advice
Gisele MacKenzie
Hard to Get
Gisli
How About That?
Gladstone
A Piece of Paper
Gladys Knight
License to Kill
Gladys Knight & The Pips
Friendship Train
If I Were Your Woman
I've Got to Use My Imagination
Midnight Train to Georgia
On and on
The Best Thing That Ever Happened to Me
The End of Our Road
You Need Love Like I Do (Don't You)
Glass Tiger
Don't Forget Me (When I'm Gone)
Glasvegas
Geraldine
Glen Campbell
Country Boy (You Got Your Feet In L.A.)
Galveston
Honey Come Back
I Knew Jesus (Before He Was a Star)
Rhinestone Cowboy
Southern Nights
True Grit
Turn Around, Look at Me
Wichita Lineman, 222
Glen Gray
Blue Moon
Heaven Can Wait
Sunrise Serenade
When I Grow Too Old to Dream
Glen Gray & The Casa Loma Orchestra
My Heart Tells Me (Should I Believe My Heart?)
My Shining Hour
Glenn Frey
The Heat Is On
Glenn Miller & His Orchestra
Here We Go Again
(I've Got a Gal in) Kalamazoo
Moonlight Mood
Serenade in Blue
Skylark

Sweet Eloise
That Old Black Magic
(There'll Be Blue Birds Over) The White Cliffs of Dover
Glenn Yarbrough
It's Gonna Be Fine
Gloria Estefan
Tradición
Gloria Gaynor
Never Can Say Goodbye
Gloria Lynne
I Wish You Love
Gnarls Barkley
Crazy, 857
Gnonas Pedro & His Dadjes Band
Dadje von o von von
Go! Team
Ladyflash
Go-Betweens
Bachelor Kisses
Cattle and Cane, 510
Here Comes a City
Love Goes On!
Man o' Sand
Right Here
Godfathers
Birth School Work Death
Godsmack
I Stand Alone
Gogi Grant
Wayward Wind
Gogol Bordello
Wonderlust King
Go-Go's
Our Lips Are Sealed, 487
Golden Boy featuring Miss Kittin
Rippin Kittin
Golden Earring
Radar Love
Twilight Zone
Golden Silvers
True Romance (True No. 9 Blues)
Goldfrapp
Caravan Girl
Deer Stop
Hairy Trees
Human
Let It Take You
Lovely Head
Rocket
Sartorious
Strict Machine, 828
Train
Utopia
White Soft Rope
Goldie
Inner City Life, 705
Gonzales
Take Me to Broadway
Goo Goo Dolls
Black Balloon
Dizzy
Iris, 777
Name
Slide
Stay with You
Good, the Bad & the Queen

It's Almost Tomorrow
Jambalaya
That's for Me
There's No You
Whispering Hope
You Belong to Me
Joan Armatrading
Down to Zero
Drop the Pilot
Willow
Joan Baez
Diamonds and Rust
The Night They Drove Old
Dixie Down
Joan Jett
Bad Reputation
I Love Rock 'n Roll, 480
Joan Osborne
One of Us
Joan Weber
Let Me Go Lover
Joanie Sommers
Johnny Get Angry
Joanna Newsom
Monkey and Bear
Jocelyn Brown
Somebody Else's Guy
Jocelyne Beroard
Kole Sere
Jody Miller
Silver Threads and Golden Needles
Jody Reynolds
Endless Sleep
Jody Watley
Looking for a New Love
Joe & Cléoma Falcon
Allons à Lafayette, 22
Joe Arroyo
Ya mulemau
Joe Barry
Teardrops in My Heart
Joe Cocker
Delta Lady
Fun Time
Have a Little Faith in Me
Pardon Me Sir
Joe Cocker & Jennifer Warnes
Up Where We Belong
You Are So Beautiful
Joe Dowell
Wooden Heart
Joe Frank and Reynolds Hamilton
Fallin' in Love
Joe Henderson
Snap Your Fingers
Joe Henry & Madonna   ,
Guilty by Association, 740
Joe Higgs
There's a Reward
Joe Jackson
Steppin' Out
Joe Jeffrey Group
My Pledge of Love
Joe Jones
You Talk Too Much
Joe Rilla
Dry Your Eyes
Joe Simon

Drowning in the Sea of Love
Pool of Bad Luck
Power of Love
The Chokin' Kind
Joe South
Games People Play
Walk a Mile in My Shoes
Joe Strummer
Coma Girl
Joe Tex
Ain't Gonna Bump No More (with
No Big Fat Woman)
Hold What You've Got
I Gotcha
Show Me
Skinny Legs and All
You Got What It Takes
You Said a Bad Word
Joel Plaskett Emergency
Nowhere with You
Joey Beltram
Energy Flash, 646
Joey Dee & The Starliters
Peppermint Twist
Shout
Joey Powers
Midnight Mary
Joey Travolta
I Don't Want to Go
Johan Sara Jr. & Group
Himba
Johannes Kerkorrel
Halala Afrika
John Cale
Child's Christmas in Wales, 328
Reading My Mind
John Coltrane
India
John 'Cougar' Mellencamp
Jack & Diane
Key West Intermezzo (I Saw You
First)
Pink Houses
Small Town
Wild Night
John Denver
Annie's Song
Back Home Again
Fly Away
Looking for Space
Rocky Mountain High, 310
Sunshine on My Shoulders
Take Me Home, Country Roads
Thank God I'm a Country Boy
John Fogerty
Centerfield
Rockin' All Over the World
The Old Man Down the Road
John Fred & His Playboy Band
Judy in Disguise (with Glasses)
John Jacob Niles
Go 'Way from My Window, 148
John Lee Hooker
Boom Boom, 124
One Bourbon, One Scotch, One Beer
The Healer
John Legend
Save Room

John Lennon
Give Peace a Chance (Plastic Ono
Band)
God
Imagine, 285
Instant Karma (We All Shine On)
Mother
Nobody Told Me
Power to the People
Whatever Gets You Through the
Night
Woman
Working Class Hero, 276
John Leyton
Johnny Remember Me, 120
John Martyn
Solid Air, 329
John Mayall & The Bluesbreakers
Little Girl
John Mayer
Daughters
Kid A
Say
Waiting on the World to Change
Why Georgia
John Prine
It's a Big Old Goofy World
Other Side of Town
Sam Stone, 302
John Stewart
Gold
John Travolta (see also
Miley Cyrus & John Travolta)
Let Her In
Johnnie Johnston
(All of a Sudden) My Heart Sings
There Must Be a Way
Johnnie Ray
The Little White Cloud That Cried
Walkin' My Baby Back Home
Johnnie Taylor
Cheaper to Keep Her
Disco Lady
Take Care of Your Homework
We're Getting Careless with Our
Love
Who's Making Love
Johnny & The Expressions
Something I Want to Tell You
Johnny & The Hurricanes
Red River Rock
Johnny Alf
Rapaz de bem
Johnny Bond
10 Little Bottles
Johnny Burnette Trio
Honey Hush, 76
Johnny Cash
25 Minutes to Go
A Boy Named Sue
Aloha Oe
Daddy Sang Bass
Down There by the Train
Folsom Prison Blues, 79
(Ghost) Riders in the Sky
(featuring Willie Nelson)
God's Gonna Cut You Down
Here Comes That Rainbow Again

I Walk the Line, 76
Johnny 99
Let Me Help You Carry This Weight
New Moon over Jamaica
(featuring Paul McCartney)
One Piece at a Time
One Too Many Mornings
(featuring Waylon Jennings)
Rusty Cage
Sam Hall
The Baron
The Night Hank Williams Came
to Town
The Twentieth Century Is Almost
Over
Wanted Man
We Must Believe in Magic
What Is Truth?
Johnny Crawford
Cindy's Gonna Cry
Patti Ann
Johnny Cymbal
Cinnamon
Johnny "D" & Nicky P. aka Johnick
The Captain
Johnny Horton
North to Alaska
Sink the Bismarck
The Battle of New Orleans
Johnny Jenkins
I Walk on Guilded Splinters
Johnny Jordan
De Parel van de Jordan
Johnny Kemp
Just Got Paid
Johnny Kidd & The Pirates
Shakin' All Over, 114
Johnny Long & His Orchestra
I've Had This Feeling Before (but
Never Like This)
My Dreams Are Getting Better All
the Time
Johnny Lytle
The Loop
**Johnny Maddox & The
Rhythmasters**
Crazy Otto Medley
Johnny Mathis
Bye Bye Barbara
Chances Are
Gina
It's Not For Me to Say
Life Is a Song Worth Singing
What Will My Mary Say
Johnny Mercer
A Gal in Calico
Candy
I Lost My Sugar in Salt Lake City
On the Atchison, Topeka, and
Sante Fe
Personality
Sam's Got Him
San Fernando Valley
Strip Polka
Sugar Blues
Winter Wonderland
Johnny Nash
Hold Me Tight

931

in the Sky
So Why So Sad
Virginia State Epileptic Colony
You Love Us
Your Love Alone Is Not Enough
(featuring Nina Persson)
Mano Negra
Baby You're Mine
Mala Vida
Mansour Seck
Thiaroye
Mansun
The Chad Who Loved Me
Mantronix
King of the Beats
Manu Chao
Bongo bong
Clandestino, 802
La vida tombola
Me gustas tú
Manu Dibango
Abele Dance
Soul Makossa, 299
Maracaibo 15
Palo palo
Marc & The Mambas
Once Was
Marc Almond & Gene Pitney
Something's Gotten Hold of
My Heart
Marc Cohn
Walking in Memphis
Marc Lavoine
Elle a les yeux revolver
Marcels
Blue Moon, 121
Marcie Blaine
Bobby's Girl
Marcos Rapu Tuki & Christobal Pakarati
la orana
Marcos Valle
O cafona
Marcy Playground
Sex and Candy
Margaret Whiting
A Tree in the Meadow
Far Away Places
Forever and Ever
Guilty
The Wheel of Hurt
You Do
Mari Boine
Mielahisvuohta
Maria Alice
Falso testemunho
Maria Bethania
Sonho meu
María del mar Bonet
Mercè
Maria McKee
Show Me Heaven
Maria Muldaur
I'm a Woman
María Salgado
Siete modo de guisar las berenjenas
Maria Taylor
Song beneath the Song

María Teresa Vera
Arrolla Cubano
Maria Vidal
Body Rock
Mariah Carey
Anytime You Need a Friend
Breakdown, 757
Emotions
Fantasy
Honey
Vision of Love
Mariah Carey & Boyz II Men
One Sweet Day
Marianne Faithfull
I'll Keep It with Mine
Sister Morphine, 240
Sliding through Life on Charm
Marie Osmond
Paper Roses
Mariem Hassan with Leyoad
Id chab
Marika Ninou
Ta kavourakia
Marika Papagika
Bournovalio
Marillion
Kayleigh
Market Square Heroes
Marilyn Manson
Astonishing Panorama of the
Endtimes
Cake & Sodomy
Great Big White World
Heart-Shaped Glasses (When the
Heart Guides the Hand)
mOBSCENE
The Beautiful People, 748
The Fight Song
Marilyn McCoo & Billy Davis Jr.
You Don't Have to Be a Star (to Be
in My Show)
Marino de Rosas
Chelos de oro
Mario Lanza
Be My Love
The Loveliest Night of the Year
Mario Winans featuring Enya & P. Diddy
I Don't Wanna Know
Marion Marlowe
Man in the Raincoat
Marion Worth
Shake Me I Rattle (Squeeze Me I Cry)
Marisa Monte
Esta melodia
Marius M. Westerhagen
Sexy
Mariza
Oiça là o Senhor Vinho, 804
Mark Dinning
Teen Angel
Mark Knopfler & Emmylou Harris
This Is Us
Mark Lanegan with PJ Harvey
Hit the City
Mark Lindsay
Arizona
Silver Bird

Mark Morrison
Return of the Mack
Mark Pashku
Zenel kadria
Mark Ronson
Bang Bang Bang (featuring Q-Tip)
Oh My God (featuring Lily Allen)
Marketts
Out of Limits
Mar-Keys
Last Night
Markschneider Kunst
Kvasa kvasa
Markus Nikolai
Bushes
Marlene Dietrich
Lili Marleen, 39
Marlene Kuntz & Skin
La canzone che scrivo per te
Marlui Miranda with Uakti
Tchori tchori
Marmaduke Duke
Rubber Lover
Marmalade
Reflections of My Life
Maroon 5
If I Never See Your Face Again
(featuring Rihanna)
Makes Me Wonder
Moves Like Jagger (featuring
Christina Aguilera)
M|A|R|R|S
Pump Up the Volume, 596
Mars Volta
Televators, 835
Wax Simulacra
Marshall Hain
Dancin' in the City
Marshall Jefferson
Move Your Body, 582
Marshall Tucker Band
Heard It in a Love Song
Márta Sebestyén
Vision
Martha & The Muffins
Echo Beach
Martha & The Vandellas
Dancing in the Street, 142
Heat Wave
Honey Chile
I Can't Dance to That Music
You're Playin'
I'm Ready for Love
Jimmy Mack
Love Bug Leave My Heart Alone
Nowhere to Run
Quicksand
Martha Tilton
Stranger in Town
Texas Polka
Martika
Love ... Thy Will Be Done
Martin Carthy
Georgie
Martin Denny
Quiet Village
Marty Robbins
Begging to You

Don't Worry
El Paso
White Sport Coat (and a
Pink Carnation)
Martyn Bennet
Hallaig
Marv Johnson
Merry-Go-Round
(You've Got to) Move Two
Mountains
Marvelettes
Don't Mess with Bill
Here I Am Baby
He's a Good Guy (Yes He Is)
Playboy
Please Mr. Postman
The Hunter Gets Captured by the
Game
When You're Young and in Love
Marvin Gaye
Ain't Nothing Like the Real Thing
(with Tammi Terrell)
Ain't That Peculiar
Baby Don't You Do It
Fly Me to the Moon
How Sweet It Is to Be Loved By You
I Heard It Through the Grapevine,
223
I Want You
If I Could Build My Whole World
Around You (with Tammi Terrell)
I'll Be Doggone
*Inner City Blues (Make Me
Wanna Holler)*, 298
Let's Get It On
Mercy Mercy Me (the Ecology)
One More Heartache
Praise
Pride and Joy
Sexual Healing
That's the Way Love Is
Too Busy Thinking About My Baby
Trouble Man
What's Going On
Your Precious Love (with
Tammi Terrell)
Your Unchanging Love
You're All I Need to Get By
(with Tammi Terrell)
Marxman
All About Eve
Mary Chapin Carpenter
Grow Old with Me
Mary Hopkin
Goodbye
Those Were the Days
Mary J. Blige
Be Happy
Family Affair
Just Fine
Real Love, 689
Sweet Thing
You Remind Me
Mary Jane Girls
All Night Long
Mary Macgregor
Torn between Two Lovers
Mary Margaret O'Hara

Pilot
Novalima
Chinchiví
*N Sync
Bye Bye Bye
Nu Shooz
I Can't Wait
Nusrat Fateh Ali Khan
Allah hoo Allah hoo
Mustt Mustt (Lost in His Work),
655
Nuuk Posse
Oqariartuut
Nuyorican Soul
Runaway
N.W.A.
Alwayz into Somethin'
Straight Outta Compton, 615
Nyota Ndogo
Take Care

O

O. C. Smith
Daddy's Little Man
La La Peace Song
Little Green Apples
O. V. Wright
A Nickel and a Nail, 297
Oak Nga
Hati Kama
Oasis
Acquiesce
Champagne Supernova, 727
Cigarettes and Alcohol
Don't Look Back in Anger
Gas Panic!
I'm Outta Time
It's Getting Better (Man!!)
Live Forever, 712
Morning Glory
Songbird
The Importance of Being Idle
Oberkampf
Couleurs sur Paris
Ocean
Put Your Hand in the Hand
Ocean Colour Scene
Sway
The Riverboat Song
Odds
Someone Who's Cool
Odyssey
Going Back to My Roots
Of Montreal
The Past Is a Grotesque Animal
Wraith Pinned to the Mist and Other Games
Offspring
Come Out and Play
Pretty Fly (for a White Guy)
Ofra Haza
Im nin' alu, 551
Lefelach harimon
Yachilvi veyachali
'Ohana

Aloha Chant
Ohio Express
Chewy Chewy
Yummy Yummy Yummy
Ohio Players
Fire
Fopp
Funky Worm
Love Rollercoaster
Skin Tight
Sweet Sticky Thing
Who'd She Coo?
Oi Va Voi
Refugee
O'Jays
Backstabbers
I Love Music (Pt. 1)
Love Train
Put Your Hands Together
Ojos de Brujo
Busca lo bueno
Nueva vida
Tiempo de soléa, 815
Ventilador Rumba-80
O'Kaysions
Girl Watcher
Okkervil River
Our Life Is Not a Movie or Maybe
Okna Tsahan Zam
Edjin duun
Ol' Dirty Bastard
Brooklyn Zoo
Got Your Money (featuring Kelis)
Oleta Adams
Get Here
Oliver
Good Morning Starshine
Jean
Oliver Mtukudzi
Street Kid
Olivia Newton-John
Deeper Than the Night
Have You Never Been Mellow
...I Honestly Love You
If You Love Me (Let Me Know)
Let It Shine
Let Me Be There
Magic
Physical
Please Mr. Please
Sam
Something Better to Do
Olodum
Luz e blues
Om Kalsoum
Hayyaati albi
Omar Pene & Super Diamono De Dakar
Saï saï Sida/AIDS the Devil
Omara Portuondo
Siboney
OMC
How Bizarre
One Dove
Fallen
One Way
Cutie Pie
OneRepublic

Apologize
Only Ones
Another Girl, Another Planet, 427
Onyx
Throw Ya Gunz
Opeth
Burden
The Grand Conjuration
Opshop
One Day
Oran "Juice" Jones
The Rain
Orange Juice
Blue Boy
Rip It Up
What Presence?
Orb
Little Fluffy Clouds, 647
Orbital
Are We Here? (featuring Alison Goldfrapp)
Halcyon+On+On (featuring Kirsty Hawkshaw)
One Perfect Sunrise
Orchestra Baobab
Coumba
Dée moo wóor
Orchestra Makassy
Mke wangu
Orchestra Marrabenta Star de Moçambique featuring Wazimbo
Nwahulwana
Orchestra Matimila
Nalilia Mwana
Orchestra Poly-Rhythmo
Mille fois merci
Orchestral Manoeuvres in the Dark
Enola Gay
If You Leave
Joan of Arc (Maid of Orleans)
Walk Away
Orchestre Tropicana
Haiti, perle des Antilles
Ordinary Boys
Week In, Week Out
Organized Konfuzion
Walk into the Sun
Original Caste
One Tin Soldier
Originals
Baby I'm For Real
The Bells
Orioles
Crying in the Chapel, 58
It's Too Soon to Know
Orkestår Kristal
Restoranti, diskoteki
Orleans
Dance with Me
Love Takes Time
Still the One
Orlons
Don't Hang Up
South Street
The Wah Watusi
Orson

No Tomorrow
Os Mutantes
A minha menina, 228
Oscar Toney Jr.
For Your Precious Love
O-shen
Siasi
Osibisa
Dance the Body Music
Osmonds
Crazy Horses, 318
Double Lovin'
Down by the Lazy River
Hold Her Tight
One Bad Apple
Yo-Yo
Oswin Chin Behilia
Bendishon disfrasia
Otis Redding
Fa-Fa-Fa-Fa-Fa (Sad Song)
Hard to Handle, 227
I've Been Loving You Too Long (to Stop Now), 164
I've Got Dreams to Remember
Mr. Pitiful
(Sittin' on) The Dock of the Bay
Otto
Dedo de deus
Oumou Diabaté
Wambara
Oumou Sangare
Diaraby Nene, 655
Moussolou
OutKast
Gasoline Dreams
Hey Ya!
Ms. Jackson, 799
Rosa Parks
Outlaws
Hurry Sundown
There Goes Another Love Song
Outsiders
Respectable
Time Won't Let Me
Owl City
Fireflies
Oxide & Neutrino featuring Megaman, Romeo & Lisa Maffia
No good 4 me
Ozark Mountain Daredevils
Jackie Blue
Ozomatli
Who's to Blame
Ozzie Nelson
And Then Some
Ozzy Osbourne
Bark at the Moon
Crazy Train
Diary of a Madman
Flying High Again
I Don't Know
I Don't Wanna Stop
I Just Want You
Miracle Man
No More Tears, 659
Shot in the Dark

941

필자 소개

Andrew Greenaway (AG) is the author of *Zappa The Hard Way* and *The Beatles The Easy Way*. He sold his soul for rock 'n' roll, then bought it back for half the price: barg'in! Hear him on Thurrock Community Business Radio.

Billy Chainsaw (BC) leads a diverse life. He writes for various film and music publications in the UK, is an internationally renowned artist, and an actor, and has appeared in videos including Nick Cave & The Bad Seeds' "Fifteen Feet of Pure White Snow."

Bruno MacDonald (BM) contributed to and coedited *1001 Albums You Must Hear Before You Die*. His other books include *The Greatest Albums You'll Never Hear*, *Pink Floyd: Through the Eyes of . . .*, and *Air Guitar: A User's Guide*. He also copy-edited The Rolling Stones' official fiftieth anniversary book.

Chris Bryans (CB) has contributed to *Time Out*, the *Observer* and *1001 Albums You Must Hear Before You Die*. In the unlikely event that a film is made of his life, he'd like Jaz Coleman in the lead.

Chris Shade (CS) has finally given up on having a hit single and after traveling around South America, Kazakhstan, and Cambodia lives with his young family in a small cathedral city where he drinks red wine and listens to Krautrock and dub.

Craig Reece (CR) has written for *NME*, the *Independent* and *Scotland on Sunday*. He has DJed around the world and runs the independent label Starla Records of Scotland.

Daryl Easlea (DE) has written for a variety of publications, including *Record Collector*, *Mojo*, and the *Guardian*. He compiles and annotates CDs and was born to dance. He wrote *Talent Is an Asset: The Story of Sparks*.

David Crawford (DC) has worked for publications such as *Screen International* and *Radio Times*, writing on subjects ranging from Mozart and Smokey Robinson through to music in Communist Berlin.

David Hutcheon (DH) is a contributor to the *Sunday Times*, *Mojo*, *The Times*, *FRoots*, *Songlines*, *Today in English*, and *Southeast Asia Globe*.

David Hutter (DaH) was born in Germany and briefly lived in both England and France during his teens. He now lives in London and works as a freelance writer and editor.

David Roberts (DR) is a freelance writer, author, and former Managing Editor of the *Guinness Books of British Hit Singles & Albums*. He was chief copywriter and film interviewer to the British Music Experience visitor attraction at the 02 arena.

Eleanor Babb (EB) is a freelance photographer and community artist. She has been a Billy Bragg fan since taping a Town and Country Club gig off the radio at the age of thirteen.

Eloise Parker (EP) is a New York-based broadcast journalist who has written for outlets including the Press Association, *New York Daily News*, and *People* magazine. She appears on national television in the USA and UK.

Garth Cartwright (GC) is New Zealand born and South London based. He is an award-winning freelance journalist and author of *Princes Amongst Men: Journeys with Gypsy Musicians*.

Gary Rose (GR) is a writer, music fanatic, and occasional DJ who lives in Brighton. He works in London, where he reviews radio and television programs for *Radio Times*.

Gerry Kiernan (GK) was continuously turned away at a young age from the Haçienda-club epicenter of "Madchester" but made up for it by writing music features and interviewing bands for independent arts and culture magazines.

James Harrison (JJH)'s first song purchase was "Hippy Hippy Shake" by The Swinging Blue Jeans. Recovering from being Richard Hawleyfied, he dips into Jonquil, Wap Wap Wow, and, for Eighties metal, Bronz.

Jamie Dickson (JD) wrote rock features and reviews for the *Daily Telegraph* after studying popular music at Leeds University. He contributed to *1001 Albums You Must Hear Before You Die* and is currently features editor with *Cabinet Maker*.

Jamie Healy (JH) is a writer and subeditor for *Radio Times*. He was once turned down for a job in a record shop on the grounds of his music taste being "suspiciously too varied."

Jay Ruttenberg (JR) is editor of the *Lowbrow Reader* and a staff writer at *Time Out New York*. His work has appeared in the *New York Times*, *Spin*, *Vibe*, and *Details*.

Jim Harrington (JiH) is the longtime music critic for the *Oakland Tribune*. He spends his days following the Chicago Blackhawks and Oakland A's, listening to Throwing Muses and Roxy Music, and goofing around with his daughter.

Joe Minihane (JM) is a London-based freelance writer who has a worrying obsession with all things Americana. He has contributed to books including *The Greatest Albums You'll Never Hear*.

Joel McIver (JMc) is the author of twenty-six books on rock music, including *Justice For All: The Truth About Metallica*. His writing appears in the *Guardian* and *Classic Rock*, and he is the editor of *Bass Guitar Magazine*.

Johnny Law (JL) works at Channel 4, loves Josef K A-sides, Blur B-sides, and Men without Hats albums. He is a member of garage (and occasionally dining room) band the Erotic Utensils.

Jon Harrington (JoH) is a regular contributor to *Mojo*. He has also written for *Record Collector* and *1001 Albums You Must Hear Before You Die.*

Jon Lusk (JLu) is a New Zealand–born writer living in London. He specializes in popular and unpopular music from around the world. He recently co-edited the third edition of *The Rough Guide to World Music.*

Kat Lister (KL) is a London-based music journalist whose work has appeared in *NME*, *Clash*, and *Time Out*. In her spare time, she enjoys obsessing over Bob Dylan and promoting her music night, Dig a Pony.

Keeley Bolger (KBo) has contributed to *1001 Albums You Must Hear Before You Die*; written for the *Sun*, the BBC, and Channel 4; and is the author of *How to Win the X Factor.*

Louis Pattison (LP) is a writer and editor who has been published in *NME*, *Uncut*, the *Guardian*, the *Observer*, and *Plan B* magazine.

Louise Sugrue (LS) has written for *1001 Albums You Must Hear Before You Die*, *Record Collector*, *InStyle*, *RSA Journal*, and the *Daily Telegraph.*

Lynda Scott (LSc) was born in Milan, where she still lives. She studied art history and works in a gallery in addition to writing and translating.

Marcus Weeks (MW) works as a freelance musician and author. He is an award-winning composer of avant-garde music and plays trombone in various jazz and rock ensembles.

Matthew Horton (MH) is a freelance music journalist. He mainly writes

for *NME*, dishing up album reviews, features and opinion pieces, but also contributes to the *Guardian* and virginmedia.com.

Matthew Oshinsky (MO) is a news editor at the *Wall Street Journal* in New York. He has written about music and culture for the Daily Beast and Harvard University Press, among others.

Olivia McLearon (OM) is a production editor/chief subeditor from London. After discovering Madonna at age eight, there followed a teenage obsession with Britpop—skipping over her SAW phase between 9 and 10—and her passion for music has burned brightly ever since.

Pat Long (PL) lives in London with his Penguin crime paperbacks collection.

Peter Watts (PW) is a freelance journalist who has written for *The Times*, *Independent on Sunday*, *Sunday Times*, and *Uncut*.

Robert Dimery (RD) is a writer and editor who has worked on Tony Wilson's *24 Hour Party People* and *Breaking Into Heaven: The Rise and Fall of the Stone Roses*, plus countless other popular music publications. He was also general editor of the immensely popular *1001 Albums You Must Hear Before You Die* and has worked for a variety of magazines, including *Time Out London* and *Vogue*.

Shanthi Sivanesan (SS) had her suburban reverie shaped by *Sounds*, *Smash Hits*, *Melody Maker*, and *NME*. A London-based journalist and content editor for style magazines and digital sites, her karaoke song is "Modern Love" by Dame David Bowie.

Simon Adams (SA) is a long-standing contributor to *Jazz Journal* and other music magazines. When not listening to music, he ekes out a living as a writer of reference books and children's nonfiction.

Siobhan O'Neill (SO) has rocked for a long, long time. Now it's time for her to write instead. She's seen glam, punk, hair, grunge, and stoner. Now she's putting pen to paper. No more rocking for her. (With apologies to Tenacious D.)

Sloan Freer (SF) is a multimedia arts journalist and film critic. Former digital TV editor of the *Observer*, her credits also include *Q*, *Metal Hammer*, *Bizarre*, *Total Film*, *Radio Times*, and *Kerrang!*

Sophie Harris (SH) is a writer and broadcaster living in New York. She writes about music for *Time Out New York*, *Mojo*, and *The Times* and is a regular BBC commentator.

Stephen Patience (SP) spends most of his working life editing words by other people, on topics ranging from music to design, but from time to time he gets around to writing something himself.

Stevie Chick (SC) has contributed to titles including the *Guardian*, *Mojo*, *NME*, *The Times*, and *Kerrang!* and edits occasional 'zine *Loose Lips Sink Ships*.

Theunis Bates (TB) is a managing editor at *The Week* magazine in New York City, and has previously written for *Time*, *Fast Company*, *Playboy*, and AOLNews.com. A former metalhead, he now listens almost exclusively to depressing country music.

Tim Sheridan (TS) has contributed to *Mojo*, *Downbeat*, *Paste*, *All Music Guide*, *Raygun*, and *Launch*, among others. He also served as head writer for Steven Tyler of Aerosmith. He's not kidding.

Will Fulford-Jones (WF-J) is the editor of *Time Out*'s essay collection *1,000 Songs to Change Your Life*. He lives in London.

Yoshi Kato (YK) has written for *Vibe*, *Pulse*, and *DownBeat*, among others.

사진 출처

Every effort has been made to credit the copyright holders of the images used in this book. We apologize for any unintentional omissions or errors and will insert the appropriate acknowledgment to any companies or individuals in subsequent editions of the work.

2 Trinity Mirror/Mirrorpix/Alamy **18** Time & Life Pictures/Getty Images **21** Redferns **25** Getty Images **27** Getty Images **31** Retna **32** Time & Life Pictures/Getty Images **38** Getty Images **41** Time & Life Pictures/Getty Images **45** Michael Ochs Archives/Getty Images **46** Hulton-Deutsch Collection/Corbis **49** Ted Williams/Corbis **52** Michael Ochs Archives/Getty Images **56** Photofest/Retna **61** Redferns **63** Getty Images **65** Getty Images **66** Michael Ochs Archives/Getty Images **73** Time & Life Pictures/Getty Images **74** LA Media/Sunshine/Retna Pictures Picture Shows **77** Michael Ochs Archives/Getty Images **80** Redferns **83** Premium Archive **86** Michael Ochs Archives/Getty Images **88** Redferns **92** Retna **97** Roger Viollet/Getty Images **98** Time & Life Pictures/Getty Images **104** Time & Life Pictures/Getty Images **106** Hulton-Deutsch Collection/Corbis **108** Redferns **113** Redferns **115** Redferns **118** Getty Images **123** Dezo Hoffmann/Rex Features **126** LA Media/Sunshine/Retna Picture Shows **128** Getty Images **131** Michael Ochs Archives/Getty Images **136** Photofest/Retna UK **139** Retna **143** Popperfoto/Getty Images **147** Monitor Picture Library/Retna UK **149** Roger-Viollet/Rex Features **153** Getty Images **157** Monitor Picture Library/Retna UK **159** Retna **161** Getty Images **165** Redferns **168** Retna **177** Monitor Picture Library/Retna UK **181** Getty Images **187** Monitor Picture Library **188** Dezo Hoffmann/Rex Features **197** Michael Ochs Archives/Getty Images **203** Christian Rose/Dalle/Retna Pictures **205** Getty Images **211** AFP/Getty Images **215** Alain Dister/Dalle/Retna Pictures **221** Michael Ochs Archives/Getty Images **226** Michael Ochs Archives/Getty Images **232** Redferns **236** Redferns **241** LA Media/Sunshine/Retna Pictures Picture Shows **249** Tunick/Retna **253** Leni Sinclair/Dalle/Retna Pictures **255** Redferns **256** Getty Images **260** Michael Ochs Archives/ Getty Images **267** Michael Ochs Archives/Getty Images **269** Michael Ochs Archives/Getty Images **273** Michael Ochs Archives/ Getty Images **277** Getty Images **282** Sunshine/Retna Pictures **287** Chris Walter/Photofeatures/Retna Pictures **291** Retna **295** Michael Putland/Retna **296** Sunshine/Retna Pictures **300** Redferns **307** Redferns **313** Redferns **319** Mick Rock/Retna Pictures **321** Peter Mazel/Sunshine Photo/Retna Pictures **323** Sunshine/Retna Pictures **327** Mick Rock/Retna Pictures **333** Retna **337** Michael Putland/Retna UK **341** Redferns **345** Peter Mazel/Sunshine Photo/Retna Pictures **349** Retna **355** Sunshine/Retna Pictures **361** Fikisha Cumbo/Retna Pictures **362** Getty Images **365** Barry Schultz/Sunshine/Retna **368** Retna **373** Michael Putland/RetnaCelebs **376** Barry Schultz/Sunshine **379** Paul Slattery/Retna Pictures **386** Drian Boot/Retna **389** Leni Sinclair/Dalle/Retna Pictures **391** Barry Schultz/Sunshine **394** Peter Mazel/Sunshine/Retna Pictures **400** Retna **411** Neal Preston/Retna UK **417** Bettmann/Corbis **423** Redferns **431** Steven Richards/Retna UK **435** Steven Richards/ Retna UK **441** Redferns **445** Redferns **451** Mick Rock/Retna Pictures **456** Nik Wheeler/Corbis **498** Getty Images **502** Redferns **508** Redferns **513** Ferrandis/Dalle/Retna **521** Wirelmage **525** Richard Mann/Retna **529** Chase Roe/Retna **544** Michael Ochs Archives/Getty Images **549** Paul Slattery/Retna Pictures **554** Chase Roe/Retna **557** Andy Catlin/Retna UK **561** Retna **567** Steve Double/Retna UK **572** Retna **578** Paul Rider/Retna UK **583** Vincent/Dalle **587** Michael Putland/Retna Pictures **591** Jak Kilby/Retna **597** Tim Jarvis/Retna UK **603** Andre Csillag/Rex Features **608** Steve Double/Retna Pictures **614** Getty Images **625** Steve Double/Retna UK **639** Bernhard Kuhmstedt/Retna UK **640** PYMCA/Alamy **645** Alastair Indge/ Retna Pictures **651** Steve Double/Retna UK **654** Redferns **661** Ed Sirrs/Retna Pictures **667** Martyn Goodacre/Retna Pictures **671** Redferns **681** Ian Patrick/Retna Pictures **685** Joanne Savio/Corbis **692** Getty Images **697** Retna **702** FilmMagic **710** Michael Ochs Archives/Getty Images **715** Bernhard Kuhmstedt/Retna UK **721** Steven Richards/Retna UK **726** Paul Slattery/Retna Pictures **734** ÊJay Blakesberg/Retna **739** Getty Images **744** Retna **749** Muinomede/Dalle/Retna Pictures **755** Retna **759** Elliott Smith/Retna USA **764** Steve Double/Retna UK **771** Michael Schreiber/Retna Limited **775** Redferns **780** Verhnet/Dalle/Retna Pictures **785** Redferns **788** Martin Ruetschi/Keystone/Corbis **791** Retna **797** Redferns **803** Robin Francois/Retna Pictures **806** Cody Smyth/Retna **813** Retna **819** James Quinton/Retna Credit **822** Amanda Rose/ Retna UK **825** John Mather/Retna UK **829** Rob Cable/Retna UK **833** Debbie Brady/Retna UK **839** Kobus van Rensburg/Elite Photo Agency/Retna **851** Timothy Cochrane **856** Mattia Zoppellaro/Retna Pictures **954** C Flanigan/Wirelmage/Getty Images **859** Mattia Zoppellaro/Retna Pictures **872** Christopher Polk / Getty Image **874** George Chin/Retna Pictures **881** Getty Images **883** Mark Davies/Getty Images **884** Dimitri Hakke/Getty Images **887** Wirelmage/Getty Images **891** MediaPunch/REX/ Shutterstock **893** Redferns/Getty Images **894** Frank Micelotta/REX/Shutterstock

Quintessence would like to thank the following for their assistance in the creation of this book:

Helena Baser, Tristan de Lancey, Becky Gee, Carol King, Nicole Kuderer, Jon Lusk, Joel McIver, Anthony McAndrew at Retna, and Hayley Newman at Getty.

Rob Dimery would like to thank Bruno MacDonald and A Torre, Portuguese Restaurant, Crystal Palace, London, UK. Bruno MacDonald would like to thank Herita MacDonald for her patience.

"LONG TALL SALLY"
LITTLE RICHARD
"SLIPPIN' AND SLIDIN' "
SPECIALTY 572

OLDY

"TREASURE OF LOVE"
CLYDE McPHATTER
A LOVER'S QUESTION"
ATLANTIC OLDIES OS 13032

OLDY

G

G5

G6

DO YOU LOVE ME"
CONTOURS
KE SHAKE SHERRY"
MOTOWN 448

OLDY

G7 H

G8 H8

LOUIE, LOUIE"